[부록] 청소년상담사 3급 한권으로 끝내기

DSM-5 정신장애 진단 및 통계편람

최고의 교수진이 제공하는 풍부한 실무경험으로 합격을 앞당겨 드립니다!

청소년상담사 2·3급
국가 전문자격 합격은 역시 시대에듀!

장경은 교수

독고유리 교수

김윤수 교수

정경아 교수

홍시라 교수

**핵심이론부터 기출 유형까지! 광범위한 범위를 일목요연하게 정리!
초보자도 한 번에 이해 가능한 명쾌한 강의**

최신기출 무료제공

온라인 동영상 강의

최신기출해설 동영상 1회분 무료제공
청소년상담 전문가를 위한 완벽한 합격전략!

※ 강사구성 및 커리큘럼은 변경될 수 있습니다.
※ 자세한 정보는 시대에듀 홈페이지를 참고하시기 바랍니다.
시대에듀 홈페이지 www.sdedu.co.kr

시대에듀

끝까지 책임진다! 시대에듀!
QR코드를 통해 도서 출간 이후 발견된 오류나 개정법령, 변경된 시험 정보, 최신기출문제, 도서 업데이트 자료 등이 있는지 확인해 보세요! 시대에듀 합격 스마트 앱을 통해서도 알려 드리고 있으니 구글 플레이나 앱 스토어에서 다운받아 사용하세요.
또한, 파본 도서인 경우에는 구입하신 곳에서 교환해 드립니다.

편집진행 박종옥 · 오지민 | **표지디자인** 김지수 | **본문디자인** 조성아 · 김휘주

청소년
상담사 3급

DSM-5

정신장애 진단 및 통계편람

DSM-5의 주요 내용
(정신장애 진단 및 통계편람)

01 신경발달장애

● 지적장애

(1) 진단기준

지적장애(지적발달장애)는 발달시기에 시작되며, 개념·사회·실용 영역에서 지적기능과 적응기능에 결함이 있는 상태를 말한다. 지적장애로 진단하려면 다음 3가지 기준을 충족해야 한다.
① 추리, 문제해결, 계획, 추상적 사고, 판단, 학업, 경험학습 등과 같은 지적기능의 결함이 있는데, 이는 임상적 평가와 개별 표준화 지능검사 모두에서 확인되어야 한다.
② 개인 독립성 및 사회적 책임에 대한 발달적·문화적 기준을 충족시키지 못하는 적응기능에서의 결함이 있다. 지속적인 지원이 없다면, 적응 결함은 가정, 학교, 일터, 지역사회 등의 여러 환경에서 의사소통, 사회참여, 독립생활과 같은 일상생활 중 1가지 이상 제한을 가져온다.
③ 지적 및 적응 결함이 발달기에 발병한다. 심각도에 따라 가벼운(경도), 보통의(중등도), 심한(고도), 아주 심한(최고도) 정도로 구분한다.

(2) 지적장애의 구분기준

구 분	지능수준	특 징
경도 또는 가벼운 정도 (Mild Mental Retardation)	IQ 50/55에서 70 미만 (지적장애의 약 85%)	• 교육 가능한 범주 • 독립적 생활 또는 지도·지원에 의한 일상생활 가능
중등도 또는 보통의 정도 (Moderate Mental Retardation)	IQ 35/40에서 50/55까지 (지적장애의 약 10%)	• 초등학교 2학년 정도의 수준 • 지도나 감독에 의한 사회적·직업적 기술 습득
고도 또는 심한 정도 (Severe Mental Retardation)	IQ 20/25에서 35/40까지 (지적장애의 약 3~4%)	• 간단한 셈·철자의 제한적 습득 • 밀착된 지도감독에 의한 단순작업 수행
최고도 또는 아주 심한 정도 (Profound Mental Retardation)	IQ 20/25 미만 (지적장애의 약 1~2%)	• 지적 학습 및 사회적 적응이 거의 불가능함 • 지속적인 도움과 지도감독을 요함

(3) 치료
① 지적장애에 대한 최선의 치료는 예방이다.
② 지적장애 자체보다 이차적인 정신질환과 후유증 및 사회적응에 대한 치료가 필수적이다.
③ 개인정신치료를 포함한 가족치료와 행동치료 및 문제되는 행동에 대한 약물치료를 시행할 수 있으며, 간질과 같은 합병증 치료를 해야 한다.

● 의사소통장애

(1) 언어장애
① 진단기준
　㉠ 다음 증상을 포함하여, 이해나 생성의 결함으로 인하여 여러 양상(구어, 문어, 수화 등)에 걸친 언어 습득과 사용에서 지속적으로 곤란을 겪는다.

> • 한정된 어휘(단어지식과 사용)
> • 제한된 문장구조(문법 규칙과 형태론에 기초하여 문장을 형성하기 위한 단어 및 단어를 마무리를 하는 능력)
> • 손상된 화법(어떤 주제나 일련의 사건에 대해 설명하거나 대화할 때 단어를 사용하여 문장을 만드는 능력)

　㉡ 효과적인 의사소통, 사회참여, 학업수행, 작업수행 등에 기능적 제한을 가져와 언어능력이 연령에 따른 기대치보다 실제적이고 양적으로 떨어진다.
　㉢ 언어장애 증상들이 초기 발달기에 나타난다.
　㉣ 언어장애 증상이 청각이나 다른 감각 손상, 운동 기능장애 혹은 다른 의학적·신경학적 상태에 기인하지 않고, 지적장애나 광범위성 발달지연으로 설명되지 않는다.
② 치료
　㉠ 이비인후과, 소아과, 치과 등에서 감각적·신체적 문제가 있는지를 점검하는 것이 필요하다.
　㉡ 아동이 지니고 있을지 모르는 정서적 문제나 부모-자녀관계를 잘 탐색하여 이를 해결해 주는 것이 중요하다.

(2) 말소리장애

① 진단기준
  ㉠ 말소리장애가 말의 명료성을 저해하거나 언어적 의사소통을 방해한다.
  ㉡ 말소리 생성이 지속적으로 곤란하여 말소리장애가 사회참여, 학업수행, 작업수행 등을 방해하여 의사소통에 제한을 가져온다.
  ㉢ 말소리장애가 초기 발달기에 나타난다.
  ㉣ 말소리장애가 뇌성마비, 구개파열, 농이나 청각상실, 외상성 뇌손상, 기타 의학적·신경학적 상태 등과 같은 선천적 혹은 후천적 상태에 기인하지 않아야 한다.

② 치 료
  ㉠ 수술이나 심리치료 등을 통하여 음성학적 문제를 유발하는 신체적 또는 심리적 문제를 해결한다.
  ㉡ 언어치료사 등을 통하여 올바른 발성습관을 교육한다.

(3) 아동기 발병 유창성장애(말더듬)

① 진단기준
  ㉠ 말을 만드는 정상적인 유창성과 말 속도 장애로서, 개인의 연령과 언어기술에 적합하지 않으며 오랜 시간동안 지속된다. 다음과 같은 증상이 자주 뚜렷하게 발생한다.

  - 소리와 음절 반복
  - 자음과 모음을 길게 소리내어 말함
  - 분절된 단어(예 한 단어 내에서 끊김)
  - 유성/무성의 말의 막힘(block)
  - 단어 대치(문제 단어를 회피하기 위해 단어 대치)
  - 단어를 과도하게 힘주어 말함
  - 단음절 단어 반복(예 나, 나, 나는 그를 안다)

  ㉡ 장애가 말하기에 불안을 일으키거나 효과적인 의사소통, 사회참여, 학업 혹은 작업수행 등을 방해한다.
  ㉢ 이런 증상들이 초기 발달기에 나타난다.
  ㉣ 장애가 말-운동 결함, 신경학적 손상을 수반한 유창성장애나 다른 의학적 상태에 기인하지 않으며 또 다른 정신장애로 설명되지 않는다.

② 치료
　㉠ 말더듬증이 악화되는 상황과 그에 관련되는 심리적 요인에 대한 분석이 이루어진 후에 시행되어야 한다.
　㉡ 사회적 상황에서 과도하게 느끼는 불안과 공포를 완화시키는 치료를 통해 말더듬증이 개선될 수도 있다.

(4) 사회적 의사소통장애
① 진단기준
　㉠ 언어적·비언어적 의사소통의 사회적인 사용에 있어서 지속적인 어려움이 있고, 다음과 같은 양상이 모두 나타난다.

> - 사회적 맥락에 적절한 방식으로 인사 나누기나 사회적 목적의 의사소통을 하는 데 있어서의 결함
> - 사회적 맥락이나 듣는 사람의 요구에 맞춰 의사소통 방법을 바꾸는 능력 손상
> - 자기 순서에 대화하기, 상대방이 알아듣지 못했을 때 좀 더 쉬운 말로 바꾸어 말하기, 적절한 상호작용을 위한 언어적·비언어적 신호 사용하기 등과 같이 대화를 주고받는 규칙을 따르는 데 있어서의 어려움
> - 명시적으로 표현되지 않은 것이나 언어의 함축적·이중적 의미를 이해하는 능력 손상

　㉡ 결함이 효과적인 의사소통, 사회적 참여, 사회적 관계, 학업적 성취 또는 직업적 수행의 기능적 제한을 하나 이상 야기한다.
　㉢ 증상의 발병은 초기 발달기에 나타난다.
　㉣ 증상은 다른 의학적 또는 신경학적 상태나 부족한 단어 구조 영역과 문법 능력에 기인한 것이 아니며, 자폐 스펙트럼 장애, 지적장애, 전반적 발달지연 또는 다른 정신질환으로 더 잘 설명되지 않는다.

② 치료
　㉠ DSM-5에서 사회적 의사소통장애라는 새로운 진단범주를 사용함으로써, 적합한 치료를 효율적으로 사용할 수 있게 되었다.
　㉡ 일반적으로 신체적·심리적 요인의 분석을 통한 적절한 치료를 시행하여야 한다.

● 자폐 스펙트럼 장애

(1) 진단기준

① 다양한 맥락에 걸쳐 사회적 의사소통과 상호작용에 지속적인 결함이 나타난다. 이러한 결함은 현재 또는 과거에 다음과 같은 방식으로 나타난다.
  ㉠ 사회적-정서적 상호작용의 결함을 나타낸다. 예컨대, 다른 사람에게 비정상적인 방식으로 사회적 접근을 시도하고, 정상적으로 주고받는 대화를 하지 못하며, 다른 사람과 관심사나 감정을 공유하지 못하고, 심한 경우에는 사회적 상호작용을 시작하지 못하거나 그에 반응하지 못한다.
  ㉡ 언어적 의사소통뿐만 아니라 사회적 상호작용을 하기 위한 눈맞춤이나, 얼굴 표정, 몸의 자세, 몸짓 등 비언어적인 행동을 사용하는 데 결함이 있다. 따라서 부모나 친구들과 친밀한 관계를 형성하지 못한다.
  ㉢ 대인관계를 발전시키고 유지하며 이해하는 데 결함이 나타난다.
② 행동, 흥미 또는 활동에 있어서 제한적이고 반복적인 양상이 다음 중 2가지 이상의 증상으로 나타난다.
  ㉠ 정형화된 혹은 반복적인 운동 동작, 물체사용, 언어사용을 한다.
  ㉡ 동일한 것에 대한 고집, 일상적인 것에 대한 완고한 집착 또는 언어적·비언어적 행동의 의식화된 패턴을 나타낸다.
  ㉢ 매우 제한적이고 고정된 흥미를 지니는데, 그 강도나 초점이 비정상적이다.
  ㉣ 감각적 자극에 대한 과도한 혹은 과소한 반응성을 나타내거나 환경의 감각적 측면에 대해서 비정상적인 관심을 나타낸다.
③ 장애 증상들은 초기 발달기에 나타난다.
④ 장애 증상들은 사회적·직업적 기능 또는 다른 중요한 기능 영역에서 유의미한 고통과 손상을 초래한다.
⑤ 장애는 지적장애나 전반적 발달지연에 의해 더 잘 설명되지 않는다.

(2) 치료

① 자폐 스펙트럼 장애는 장애의 증상이 현재 기능뿐만 아니라 새로운 행동의 학습도 저해하기 때문에 원칙적으로 치료하기 어렵다.
② 치료에서 가장 중요한 점은 조기 발견과 중재이며, 장기간에 걸쳐 생애주기에 따라 적절한 치료가 필요하다. 치료목표는 결핍영역 기능의 개선과 동반 증상을 최소화하는 것이다.
③ 사용 가능한 치료방법으로는 약물치료, 행동치료, 특수교육, 부모교육 등이 있다.

● 주의력 결핍 및 과잉행동장애(ADHD)

(1) 진단기준

주의력 결핍 및 과잉행동장애의 진단은 아래 ① 또는 ②에 해당하는 경우에 내려진다.

① '부주의'에 관한 다음 증상 가운데 6가지 이상의 증상이 6개월 동안 부적응적이고 발달수준에 맞지 않는 정도로 지속된다.

- 종종 세부적인 면에 대해 면밀한 주의를 기울이지 못하거나, 학업, 작업, 또는 다른 활동에서 부주의한 실수를 저지른다.
- 종종 일을 하거나 놀이를 할 때 지속적으로 주의를 집중하지 못한다.
- 종종 다른 사람이 말을 할 때 경청하지 않는 것으로 보인다.
- 종종 지시를 완수하지 못하고 학업, 집일, 작업장에서의 임무를 수행하지 못한다(반항적 행동이나 지시를 이해하지 못해서가 아님).
- 종종 과업과 활동을 체계화하지 못한다.
- 종종 지속적인 정신적 노력을 요구하는 과업(학업 또는 숙제 등)에 참여하기를 피하고 싫어하며 저항한다.
- 종종 활동하거나 숙제하는 데 필요한 물건들(장난감, 학습과제, 연필, 책 또는 도구 등)을 잃어버린다.
- 종종 외부의 자극에 의해 쉽게 산만해진다.
- 종종 일상적인 활동을 잊어버린다.

② '과잉행동-충동'에 관한 다음 증상 가운데, 6가지 이상의 증상이 6개월 동안 부적응적이고 발달수준에 맞지 않는 정도로 지속된다.

과잉행동 증상	• 종종 손발을 가만히 두지 못하거나 의자에 앉아서도 몸을 꼼지락거린다. • 종종 앉아 있도록 요구되는 교실이나 다른 상황에서 자리를 떠난다. • 종종 부적절한 상황에서 지나치게 뛰어다니거나 기어오른다(청소년 또는 성인의 경우에는 주관적인 좌불안석으로 제한될 수 있음). • 종종 조용히 여가 활동에 참여하거나 놀지 못한다. • 종종 '끊임없이 활동하거나' 마치 '자동차(무엇인가)에 쫓기는 것'처럼 행동한다. • 종종 지나치게 수다스럽게 말을 한다.
충동성 증상	• 종종 질문이 채 끝나기 전에 성급하게 대답한다. • 종종 차례를 기다리지 못한다. • 종종 다른 사람의 활동을 방해하고 간섭한다. 예 대화나 게임에 참견한다.

③ 장애를 일으키는 과잉행동-충동 또는 부주의 증상이 12세 이전부터 있었다(DSM-IV에서는 7세였음).

④ 증상으로 인한 장애가 2가지 또는 그 이상의 장면에서 존재한다(예 학교 또는 직장, 가정).

⑤ 사회적·학업적·직업적 기능에 임상적으로 심각한 장애가 초래된다.

⑥ 증상이 광범위성 발달장애, 조현병 또는 기타 정신증적 장애의 경과 중에만 발생하는 것이 아니며, 다른 정신장애(예 기분장애, 불안장애, 해리성 장애, 또는 인격장애)에 의해 잘 설명되지 않는다.

(2) 치료

① ADHD에는 약물치료가 효과적이다. 80% 정도가 분명한 호전을 보이는데, 집중력·기억력·학습능력이 전반적으로 좋아진다.
② 약물치료는 도파민과 노르에피네프린에 관계하는 메틸페니데이트 또는 암페타민 계열의 각성제가 사용된다.
③ 약물치료로 모든 것이 해결되는 것이 아니므로 부모교육, 인지행동치료, 학습치료, 놀이치료, 사회성 그룹치료 등 다양한 치료가 아이의 필요에 맞게 병행되는 것이 좋다.

● 특정 학습장애

(1) 진단기준

① 다음 증상 중 1가지 이상이 6개월 이상 나타날 경우에 특정 학습장애로 진단한다.

> - 부정확하거나 부자연스러운 단어 읽기
> - 읽은 것의 의미를 이해하는 것이 어려움
> - 철자법이 미숙함
> - 글로 표현하는 것에 미숙함
> - 수 감각, 숫자로 이루어진 정보, 산술적 계산을 숙달하는 것이 어려움
> - 수학적 추론이 어려움

② 학습 기술이 표준화된 성취도 검사와 종합적인 임상평가를 통해 생활연령에 기대되는 수준보다 현저하게 양적으로 낮으며, 학업적·직업적 수행이나 일상생활을 현저하게 방해한다는 것이 확인되어야 한다.
③ 학습의 어려움은 학령기에 시작되나, 해당 학습 기술을 요구하는 정도가 개인의 능력을 넘어서는 시기가 되어야 분명히 드러날 수도 있다.
④ 학습의 어려움은 지적장애, 시력이나 청력 문제, 다른 정신적·신경학적 장애, 정신적 불행, 학습지도사가 해당 언어에 능숙하지 못한 경우, 불충분한 교육적 지도로 더 잘 설명되지 않는다.

(2) 치료

① 학습장애는 조기에 발견하여 치료하는 것이 치료효과나 아동의 적응을 위해 바람직하다. 아동이 학습장애로 인해 다른 아동과의 학습능력에 격차가 너무 벌어지기 전에 이를 교정해주는 것이 좋다.
② 학습장애의 치료는 아동에게 학습을 위한 기술을 가르치는 것, 아동에게 심리적인 지지를 해주어 자존감과 자신감을 키워주는 것, 아동이 가정과 학교에서 효과적으로 공부하고 자신의 생활을 관리할 수 있도록 지도하는 것으로 이루어진다.

● 운동장애

(1) 틱(Tic) 장애

DSM-5에서는 틱장애를 투렛장애, 지속성(만성) 운동 또는 음성 틱장애, 잠정적 틱장애 등 3가지 하위유형으로 구분한다.

① 투렛장애 DSM-5 진단기준
  ㉠ 18세 이전(보통 아동기)에 발병하며, 여아보다 남아에게서 더 많이 나타난다.
  ㉡ 틱장애 중 가장 심각한 유형으로서, 여러 '운동성 틱(Motor Tic)'과 한 가지 이상 '음성 틱(Vocal Tic)'이 일정 기간 나타난다. 두 가지 틱이 반드시 동시에 나타날 필요는 없다.
  ㉢ 틱은 1년 이상의 기간 동안 거의 매일 또는 간헐적으로 하루에 몇 차례씩(대개 발작적으로) 일어난다.
  ㉣ 장애는 물질의 생리적 효과나 다른 의학적 상태로 인한 것이 아니다.

② 지속성 운동 또는 음성 틱장애 DSM-5 진단기준
  ㉠ 한 가지 또는 여러 가지 운동성 틱이 나타나거나 음성 틱이 나타나는 경우이다. 운동성 틱과 음성 틱이 모두 나타나지는 않는다.
  ㉡ 틱 증상은 1년 이상의 기간 동안 거의 매일 또는 간헐적으로 하루에 몇 차례 일어난다.
  ㉢ 18세 이전에 발병한다.
  ㉣ 장애는 물질의 생리적 효과나 다른 의학적 상태로 인한 것이 아니고, 투렛장애의 진단기준에 맞지 않아야 한다.

③ 잠정적 틱장애 DSM-5 진단기준
  ㉠ 한 가지 또는 다수의 운동성 틱 또는 음성 틱이 존재한다.
  ㉡ 틱은 처음 틱이 나타난 시점으로부터 1년 미만으로 지속되었다.
  ㉢ 18세 이전에 발병한다.
  ㉣ 장애는 물질(예 코카인)의 생리적 효과나 다른 의학적 상태로 인한 것이 아니고, 투렛장애나 지속성 운동 또는 음성 틱장애의 진단기준에 맞지 않아야 한다.

(2) 발달성 협응장애(아동기 행동곤란증)

① 개념 : 연령에 비해서 앉기, 기어 다니기, 걷기, 뛰기 등 운동발달이 늦고 동작이 서툴러서 물건을 자주 떨어뜨리고 깨뜨리며, 운동이나 글씨 쓰기를 잘 하지 못하는 경우이다.

② 진단기준
  ㉠ 협응 운동의 습득과 수행이 개인의 연령과 기술 습득 및 사용 기회에서 기대되는 수준보다 현저하게 낮다. 장애는 운동기술 수행의 지연과 부정확성, 서툰 동작으로도 나타난다.
  ㉡ ㉠의 운동기술 결함이 생활연령에 걸맞은 일상생활에 지속적인 방해가 되며 학업이나 직업활동, 여가 및 놀이에 현저한 영향을 미친다.

ⓒ 증상은 초기 발달기에 시작된다.
ⓔ 운동기술의 결함이 지적장애나 시각 손상으로 더 잘 설명되지 않으며, 운동에 영향을 미치는 신경학적 상태에 기인한 것이 아니다.

(3) 상동증적(정형적) 운동장애
① 개념
ⓐ 특정 행동을 아무런 목적 없이 반복적이고 충동적으로 지속하여 정상적인 적응에 문제를 야기하는 운동장애이다.
ⓑ 상동증, 기행증, 음송증, 보속증, 강직증, 자동증, 거부증 등이 포함된다.
② 진단기준
ⓐ 억제할 수 없는 것처럼 보이고, 목적이 없는 것 같은 행동을 계속 반복한다.
ⓑ 반복적인 행동이 사회적·학업적·기타 활동을 방해하고, 자해의 원인이 되기도 한다.
ⓒ 초기 발달기에 발병한다.
ⓔ 반복적 행동은 물질의 생리적 효과나 신경학적 상태로 인한 것이 아니며, 다른 신경발달장애나 정신질환으로 더 잘 설명되지 않는다.

02 조현병 스펙트럼 및 기타 정신병적 장애

● 조현병(정신분열증)

(1) 진단기준
① 다음 증상 가운데 2가지 이상(ⓐ, ⓑ, ⓒ 중 하나는 반드시 포함) 해당해야 하며, 1개월 중 상당 기간 동안 나타난다(단, 성공적으로 치료된 경우는 기간이 짧을 수 있음).
ⓐ 망상
ⓑ 환각
ⓒ 와해된 언어/사고(예 빈번한 주제 이탈 혹은 지리멸렬)
ⓓ 심하게 혼란스러운 행동이나 긴장성 행동
ⓔ 음성증상(예 정서적 둔마, 무의욕증)
② 장애가 시작된 후 상당 부분의 시간 동안, 1가지 이상의 주요한 영역(직업, 대인관계, 자기돌봄)의 기능수준이 장애 시작 전보다 현저하게 저하된 경우이다(아동기나 청소년기에 시작될 경우에는 대인관계, 학업적 또는 직업적 기능에서 기대되는 수준에 이르지 못함).

③ 장애의 징후가 적어도 6개월 이상 지속되어야 한다. 6개월의 기간은 진단기준 ①을 충족시키는 증상(활성기 증상)이 존재하는 기간을 최소 1개월 이상 포함하고 있어야 하며, 또한 전구기(전구증상이 나타나는 시기) 또는 관해기(완화기)의 증상이 나타나는 기간을 포함한다. 이러한 전구기나 관해기 동안, 장애의 징후는 단지 음성증상만으로 나타나거나 기준 ①에 열거된 증상 중 다수가 약화된 형태로 나타날 수 있다.
④ 조현정동장애와 정신병적 특성을 나타내는 우울 또는 양극성 장애의 가능성이 배제되어야 한다. 이는 주요우울삽화나 조증삽화가 활성기 증상과 함께 동시에 나타난 적이 없고, 기분삽화가 활성기 증상과 함께 나타난다 해도 그것은 활성기와 잔류기의 전체 기간 중 짧은 기간 동안에만 존재하기 때문이다.
⑤ 장애는 물질(예 남용물질, 치료약물)이나 다른 신체적 질병의 생리적 효과에 의한 것이 아니다.
⑥ 아동기에 시작하는 자폐 스펙트럼 장애나 의사소통장애를 지닌 과거병력이 있을 경우, 조현병의 진단에 필요한 다른 증상에 더해서 현저한 망상이나 환각이 1개월 이상 나타날 경우에만 조현병을 추가적으로 진단한다.

(2) 치료

① 약물치료
 ㉠ 조현병 치료에 있어서 약물이 실질적인 효과가 있다는 것은 여러 모로 증명되어 있으며, 특히 그 증상을 경감시키는 데 결정적인 역할을 하고 있다.
 ㉡ 치료 초기에 급성이며, 격정 증상이 심할 때는 대량의 항정신병 약물을 급성 신경이완화(Rapid Neuroleptization)의 수단으로 투여한다.
 ㉢ 진정효과를 원할 때는 저역가(Low Potency) 약물 또는 벤조다이아제핀(Benzodiazepine) 병용이 효과적이다.
 ㉣ 그 이후에는 장기간의 유지요법을 시행한다. 장기치료 시 부작용으로 나타나는 비가역적인 자발성 운동장애를 주의해야 한다.
 ㉤ 대개 약물은 양성증상에 효과적이다. 음성증상을 위해서는 최근 클로자핀, 리스페리돈 등 비전형적 항정신병 약물이 소개되고 있다.

② 심리치료
 ㉠ 약물요법이 치료의 전부가 될 수는 없으며, 지속적 효과와 사회적 적응을 위해서는 심리치료가 필요하다.
 ㉡ 조현병의 심리치료에서 가장 중요한 것은 '의미 있는 관계 형성'이다. 또한 집단치료를 통해 많은 도움을 받을 수 있는데, 집단치료를 통해 동료로부터 지지를 받는 동시에 사회적 상호작용의 기술을 익히게 된다.

● 조현정동장애(분열정동장애)

(1) 개념
① 조현병과 함께 증상의 심각도와 부적응 정도가 가장 심한 장애로 분류된다.
② 조현병의 주요 증상에 대한 첫 번째 진단기준을 충족시키는 동시에 주요우울 또는 조증삽화가 함께 나타나는 경우이다.
③ 기분삽화가 없는 상태에서 망상이나 환각이 적어도 2주 이상 나타나야 한다.

(2) 진단기준
① 조현병 DSM-5 진단기준과 동시에 주요우울 또는 조증삽화가 있다.
② 유병기간 동안 주요우울 또는 조증삽화 없이 존재하는 2주 이상의 망상이나 환각이 있다.
③ 주요우울 또는 조증삽화의 기준에 맞는 증상이 병의 활성기 및 잔류기 전체 지속기간 동안 대부분 존재한다.
④ 장애가 물질의 효과나 다른 의학적 상태로 인한 것이 아니다.

● 조현양상장애(정신분열형장애)

(1) 개념
① 조현병과 동일한 임상적 증상을 나타내지만, 장애의 지속기간이 1개월 이상 6개월 이하인 경우를 말한다.
② 장애의 지속기간이 6개월 이상 지속될 경우에는 진단이 조현병으로 바뀌게 된다.
③ DSM-5 진단기준상 사회적·직업적 기능의 손상을 요구하지 않는다. 즉, 사회적·직업적 기능의 잠재적 손상이 있을 수 있지만 진단에 필수 조건은 아니다.

(2) 진단기준
① 다음 증상 중 2가지 이상이 1개월 기간 동안 상당 부분의 시간에 존재하고, 이들 중 최소한 하나는 ㉠, ㉡, ㉢ 증상이어야 한다.
  ㉠ 망상
  ㉡ 환각
  ㉢ 와해된 언어/사고
  ㉣ 심하게 혼란스러운 행동이나 긴장성 행동
  ㉤ 음성증상(예 정서적 둔마, 무의욕증)
② 장애의 삽화가 1개월 이상 6개월 이내로 지속된다. 회복까지 기다릴 수 없어 진단을 내려야 할 경우에는 '잠정적'을 붙여 조건부 진단을 내려야 한다.
③ 조현정동장애와 정신병적 양상을 동반한 우울 또는 양극성 장애는 배제된다(주요우울 또는 조증삽화가 활성기 증상과 동시에 일어나지 않고, 기분삽화가 활성기 증상 동안 일어난다고 해도 병의 전체 지속 기간의 일부에만 존재하기 때문에 배제함).
④ 장애가 물질의 생리적 효과나 다른 의학적 상태로 인한 것이 아니다.

● 단기 정신병적 장애

(1) 개념
① 조현병의 주요 증상 중 1가지 이상이 하루 이상 1개월 이내로 짧게 나타나며, 병전 수준의 기능으로 회복되는 경우를 말한다.
② 남성보다는 여성에게 2배 더 흔하며, 장애가 짧지만 손상의 수준은 심각할 수 있다.

(2) 진단기준
① 다음 증상 중 1가지 이상 존재하고, 이들 중 최소한 하나는 ㉠, ㉡, ㉢ 증상이어야 한다.
  ㉠ 망 상
  ㉡ 환 각
  ㉢ 와해된 언어/사고
  ㉣ 심하게 혼란스러운 행동이나 긴장성 행동
② 장애 삽화 기간은 최소 1일 이상 1개월 이하이며, 삽화 이후 병전 기능 수준으로 완전히 회복된다.
③ 장애가 정신병적 양상을 동반한 주요우울장애나 양극성 장애, 혹은 조현병이나 긴장증 같은 다른 정신병적 장애로 더 잘 설명되지 않으며, 물질의 생리적 효과나 다른 의학적 상태로 인한 것이 아니다.

● 망상장애

(1) 개념
① 망상장애는 환자의 현실 판단력에 장애가 생겨서 망상이 생기는 질환을 말한다.
② 망상장애에서의 망상은 조현병에서 보이는 망상과 달리 괴이하지 않은 망상이다.
③ 유형에는 색정형(애정형), 과대형, 질투형, 피해형, 신체형, 혼합형이 있다.

(2) 진단기준
① 기이하지 않은, 즉 실생활에서 충분히 일어날 수 있는 1가지 이상의 망상이 1개월 이상 지속되어야 한다.
② 조현병의 DSM-5 진단기준 ①에 부합되지 않는다.
③ 망상이나 그것으로 인한 영향 외에는 그 사람의 기능이 심하게 망가지지 않고, 행동도 두드러지게 이상하거나 기이하지 않다.
④ 기분장애의 삽화가 망상과 같이 있었다면, 그 기간이 망상이 있는 기간보다 상대적으로 짧다.
⑤ 신체이형장애 또는 강박장애 같은 다른 정신병적 장애로 더 잘 설명되지 않으며, 물질의 생리적 효과 또는 다른 의학적 상태로 인한 것이 아니다.

● **조현형 성격장애(분열형 성격장애)**

친밀한 인간관계를 불편해하고, 인지적 또는 지각적 왜곡과 더불어 기이한 행동을 하는 성격장애이다. '조현병 스펙트럼 및 기타 정신병적 장애'에 속하는 동시에 '성격장애'에도 속하는 장애이다.

03 양극성 및 관련 장애

● **조증삽화, 경조증삽화, 주요우울삽화 진단기준**

(1) 조증삽화

① 비정상적으로 의기양양하고 아무런 거리낌이 없으며, 과도하게 고양된 기분이 최소 1주간 거의 매일 하루 대부분 지속된다.
② 다음 증상 중 3가지 이상 심각한 정도로 나타나거나 4가지 이상 과민한 정도로 나타난다.

> - 자기존중감이 팽창하거나 지나치게 과장된 자신감
> - 수면 욕구 감소
> - 평소보다 말이 많아지거나 말을 계속함
> - 사고비약(Flight of Ideas)이 있거나 사고가 연이어 나타남
> - 지나친 주의산만
> - 목표 지향적 활동의 증가 또는 정신 운동의 초조
> - 고통스러운 결과에 이르는 쾌락적 활동에 과도하게 몰두함

③ 기분장애가 직업적 기능이나 통상적인 사회활동 또는 다른 사람과의 관계가 심각한 장애를 초래할 만큼 심하거나, 자신이나 타인에게 해를 입히는 것을 방지하기 위하여 입원을 요할 만큼 심하거나 또는 정신병적 증상을 동반한다.
④ 증상이 물질이나 일반적인 의학적 상태의 직접적인 생리적 효과에 의한 것이 아니다.

(2) 경조증삽화

① 비정상적으로 의기양양하고 아무런 거리낌이 없으며, 과도하게 고양된 기분이 최소 4일 이상 거의 매일 하루 중 대부분 지속된다.
② 조증삽화의 ②가 3가지 이상 심각한 정도로 나타나거나 4가지 이상 과민한 정도로 나타난다.
③ 삽화는 증상이 없었더라면 그 사람에게 나타나지 않을 정도의 기능변화와 관련이 있다.
④ 기분의 장애와 기능의 변화는 다른 사람의 눈에 띌 정도이다.
⑤ 삽화가 사회적 또는 직업적으로 심각한 장애를 초래하거나 입원을 필요로 할 만큼은 심하지 않다.
⑥ 증상이 물질의 생리적 효과에 의한 것이 아니다.

(3) 주요우울삽화

① 다음 중 5가지 이상 증상이 2주 지속되며, 이전과 비교할 때 기능상태의 변화를 보인다. 증상 가운데 적어도 하나는 ㉠이거나 ㉡이어야 한다.
  ㉠ 하루 중 대부분 거의 매일 지속되는 우울 기분
  ㉡ 하루 중 대부분 거의 매일 거의 모든 일상 활동에 대해 흥미나 즐거움 저하
  ㉢ 체중 조절을 하지 않는 상태에서 의미 있는 체중 감소나 체중 증가, 거의 매일 나타나는 식욕 감소나 증가
  ㉣ 거의 매일 나타나는 불면이나 과다수면
  ㉤ 거의 매일 나타나는 정신운동 초조나 지연
  ㉥ 거의 매일 나타나는 피로 또는 활력 상실
  ㉦ 거의 매일 나타나는 자기무가치감 또는 부적절한 죄책감
  ㉧ 거의 매일 나타나는 사고력·집중력·판단력 감소
  ㉨ 죽음에 대한 반복적인 생각 또는 자살 시도나 자살 수행 계획
② 증상이 사회적·직업적 또는 다른 중요한 기능 영역에서 임상적으로 유의미한 고통이나 손상을 초래한다.
③ 삽화가 물질의 생리적 효과나 다른 의학적 상태로 인한 것이 아니다.

● 양극성 장애의 유형

(1) 제1형 양극성 장애

① 양극성 장애 유형 중 가장 심한 형태로서, 유전 같은 생물학적 요인이 강한 편이다.
② DSM-5 '조증삽화(Manic Episode)' 진단기준에 적어도 1회 부합한다. 조증삽화는 적어도 1주일 이상 지속되는데, 경조증삽화나 주요우울삽화에 선행하거나 뒤따른다.
③ 제1형 양극성 장애에 동반되는 세부 양상 유형 : 불안증 동반, 혼재성 양상 동반, 급속 순환성 동반, 멜랑콜리아 양상 동반, 비전형적 양상 동반, 기분과 일치하는 또는 일치하지 않는 정신병적 양상 동반, 긴장증 양상 동반, 계절성 양상 동반, 주산기 발병 동반

(2) 제2형 양극성 장애

① 조증삽화보다 정도가 약한 '경조증삽화' 진단기준에 적어도 1회 부합하고, 주요우울삽화의 진단기준에 부합한다. 단 조증삽화는 1회도 없어야 한다. 조증삽화가 나타나는 경우 제1형 양극성 장애로 변경된다.

② 경조증과 우울증의 잦은 교체로 인한 예측 불가능성은 사회적·직업적 기능 또는 다른 중요한 기능 영역에서 임상적으로 유의미한 고통이나 손상을 초래한다.
③ 제2형 양극성 장애에 동반되는 세부 양상 유형 : 불안증 동반, 혼재성 양상 동반, 급속 순환성 동반, 기분과 일치하는 또는 일치하지 않는 정신병적 양상 동반, 긴장증 양상 동반, 계절성 양상 동반, 주산기 발병 동반

● 순환성 장애(순환감정 장애)

(1) 진단기준
① 적어도 2년 동안(아동·청소년은 1년) 다수의 경조증 기간과 우울증 기간이 있다.
② 2년 이상(아동·청소년은 1년) 경조증 기간과 우울증 기간이 절반 이상 차지하고, 증상 없는 기간이 2개월 이상 지속되지 않는다.
③ 주요우울삽화, 조증삽화, 경조증삽화가 존재하지 않는다.
④ 진단기준 ①의 증상이 조현병 스펙트럼 및 기타 정신병적 장애로 더 잘 설명되지 않는다.
⑤ 증상이 물질의 생리적 효과나 다른 의학적 상태로 인한 것이 아니다.
⑥ 증상이 사회적·직업적 또는 다른 중요한 기능 영역에서 임상적으로 유의미한 고통이나 손상을 초래한다.
⑦ 불안증을 동반할 수 있다.

(2) 치료
① **약물치료** : 전통적인 치료약물인 리튬(Lithium) 이후 다양한 약물이 개발되어 진료 현장에서 활용되고, 전반적인 치료 성과를 거두고 있다.
② **인지치료** : 양극성 장애는 흔히 만성적인 경과를 나타내며 재발하는 경향이 높기 때문에, 지속적인 투약과 더불어 자신의 증상을 지속적으로 관찰하고 생활스트레스를 관리하는 인지행동적 치료가 함께 병행되어야 한다.
③ **대인관계 및 사회적 리듬 치료** : 대인관계의 안정과 사회적 일상생활의 규칙성이 양극성 장애의 재발을 막는 데 효과적이다.

04 우울장애

● **주요우울장애**

(1) 진단기준

① 다음 '우울삽화' 중 5가지 증상 이상이 거의 매일 연속적으로 최소 2주간 지속되며, 그러한 상태가 이전 기능과의 차이를 나타내야 한다. 해당 증상 중 우울한 기분(㉠)이나 흥미의 상실(㉡)을 반드시 하나 이상 포함해야 한다.
  ㉠ 하루 중 대부분 거의 매일 지속되는 우울 기분
  ㉡ 하루 중 대부분 거의 매일 거의 모든 일상 활동에 대해 흥미나 즐거움 저하
  ㉢ 체중 조절을 하지 않는 상태에서 의미 있는 체중 감소나 체중 증가, 거의 매일 나타나는 식욕 감소나 증가
  ㉣ 거의 매일 나타나는 불면이나 과다수면
  ㉤ 거의 매일 나타나는 정신운동 초조나 지연
  ㉥ 거의 매일 나타나는 피로 또는 활력 상실
  ㉦ 거의 매일 나타나는 자기무가치감 또는 부적절한 죄책감
  ㉧ 거의 매일 나타나는 사고력·집중력·판단력 감소
  ㉨ 죽음에 대한 반복적인 생각 또는 자살 시도나 자살 수행 계획
② 증상이 물질의 생리적 효과 또는 다른 의학적 상태로 인한 것이 아니고, 사회적·직업적·기타 중요한 기능 영역에서 임상적으로 유의미한 고통이나 손상을 초래한다.
③ **주요우울장애에 동반되는 세부 양상 유형**: 불안증 동반, 혼재성 양상 동반, 멜랑콜리아 양상 동반, 비전형적 양상 동반, 기분과 일치하는 또는 일치하지 않는 정신병적 양상 동반, 긴장증 양상 동반, 계절성 양상 동반, 주산기 발병 동반

(2) 치료

① **정신역동적 치료**: 내담자의 무의식적 갈등을 잘 파악하여 내담자에게 적절한 방법으로 직면시키고 해석해 준다.
② **인지치료**: 내담자의 사고내용을 탐색하여 인지적 왜곡을 찾아 교정함으로써 현실적이고 긍정적인 신념과 사고를 지니도록 한다.
③ **약물치료**: 삼환계 항우울제, MAO억제제, 세로토닌 흡수제 등을 사용하면 효과적이지만, 우울장애의 근본적인 치료방법은 아니며 부작용의 우려가 많다.

● 지속성 우울장애(기분저하증)

(1) 진단기준
① 우울 증상이 최소 2년간 하루 대부분 지속되며, 증상이 없는 날보다 있는 날이 더 많다.
② 다음 중 2가지 이상의 증상이 나타난다.

> - 식욕부진 또는 과식
> - 불면 또는 과다수면
> - 기력(활력) 저하 또는 피로감
> - 자존감 저하
> - 집중력 감소 또는 우유부단
> - 절망감

③ 장애를 겪는 2년(아동·청소년은 1년) 동안 증상 지속 기간이 최소 2개월이며, 진단기준 ①과 ②의 증상이 존재하지 않는 경우가 없다.
④ 주요우울장애의 진단기준을 만족하는 증상이 2년 동안 지속적으로 나타날 수 있다.
⑤ 조증삽화나 경조증삽화가 없어야 하고, 순환성 장애의 진단기준에 부합하지 않는다.
⑥ 증상이 물질이나 일반적인 의학상태의 직접적인 생리적 효과로 인한 것이 아니고, 사회적·직업적 기타 중요한 기능 영역에서 임상적으로 심각한 고통이나 손상을 초래한다.

(2) 치료
① 항우울제와 인지행동치료가 기분부전증을 개선하는 데 가장 효과적인 것으로 알려져 있다.
② 신체적 운동과 수면 패턴의 개선도 증상이 악화되지 않도록 하는 데 효과적이다.

● 월경전 불쾌감 장애

(1) 진단기준
① 대부분 월경주기마다 월경이 시작되기 1주 전에 다음 중 5가지 증상 이상이 시작되고, 월경이 시작된 후 수일 안에 호전되며 월경이 끝난 후에는 증상이 경미하거나 사라진다.
② 다음 중 적어도 1가지 이상 증상이 나타난다.

> - 현저한 정서적 불안정
> - 현저한 과민성이나 분노 또는 대인관계의 갈등 증가
> - 현저한 우울기분, 무기력감 또는 자기비하적 사고
> - 현저한 불안, 긴장 또는 안절부절못하는 느낌

③ 다음 중 적어도 1가지 이상의 추가 증상이 존재하며, 진단기준 ②에 해당하는 증상과 더불어 총 5가지 증상이 나타난다.

> • 일상 활동에 대한 흥미 감소
> • 주의집중의 곤란
> • 무기력감, 쉽게 피곤해짐
> • 식욕의 현저한 변화
> • 과다수면 또는 불면
> • 압도되거나 통제력을 상실할 것 같은 느낌
> • 신체적 증상(예 유방의 압통 또는 팽만감)

(2) 치료
① 약물치료로는 세로토닌 재흡수 억제제를 비롯한 항우울제가 사용된다.
② 월경전기에 경험하는 사건들을 기술해 보고 불쾌감정을 현실적으로 변화시키는 인지적 재구성의 과정을 갖도록 한다.

● 파괴적 기분조절 부전장애(파괴적 기분조절 곤란장애)

(1) 진단기준
① 언어 또는 행동을 통하여 심한 분노폭발을 반복적으로 나타낸다. 이러한 분노는 상황이나 촉발자극의 강도나 기간에 비해서 현저하게 과도한 것이어야 한다.
② 분노폭발은 발달수준에 부적합한 것이어야 한다.
③ 분노폭발은 평균적으로 매주 3회 이상 나타나야 한다.
④ 분노폭발 사이에도 거의 매일 하루 대부분 짜증이나 화를 내며, 이러한 행동은 다른 사람에 의해서 관찰될 수 있다.
⑤ 이상 증상(①~④)이 12개월 이상 지속적으로 나타나야 한다.
⑥ 이상 증상(①~④)이 3가지 상황(가정, 학교, 또래와 함께 있는 상황) 중 2가지 이상에서 나타나야 하며, 1가지 이상에서 심하게 나타나야 한다.
⑦ 이 진단은 6~18세 이전에만 적용될 수 있다.
⑧ 이상 증상(①~⑤)이 10세 이전에 시작되어야 한다.

(2) 치료
① **비지시적 놀이치료** : 다양한 인형과 장난감을 통하여 아동이 자유롭게 표현하면서 좌절감을 해소할 수 있는 내면적 공상을 촉진시킨다.
② **가족치료** : 가족 간의 갈등을 해소하고 부모의 양육행동을 긍정적으로 변화시킨다.

05 불안장애

● 범불안장애(Generalized Anxiety Disorder)

(1) 진단기준
① 여러 사건이나 활동에 대해 과도한 불안과 걱정을 하며, 그 기간이 6개월 이상 이어진다.
② 자기 스스로 걱정을 통제하는 것이 어렵다고 느낀다.
③ 불안과 걱정은 다음 6가지 증상 중 3가지 이상과 연관된다(아동의 경우 1가지 이상).

> • 안절부절못함 또는 긴장이 고조되거나 가장자리에 선 듯한 느낌
> • 쉽게 피로해짐
> • 주의집중이 어렵거나 정신이 멍한 듯한 느낌
> • 과민한 기분상태
> • 근육 긴장
> • 수면 장해(Sleep Disturbance)

④ 불안이나 걱정 또는 신체 증상이 사회적·직업적 기능 또는 다른 중요한 기능 영역에서 임상적으로 유의미한 고통이나 손상을 초래한다.

(2) 치료
① 약물치료 : 벤조다이아제핀 계열의 약물이 사용되는데, 과민성을 저하시키고 진정 효과를 나타낸다. 진정 효과를 발휘하지 못하거나 부작용, 금단현상이 생기는 등의 문제점을 지니고 있다.
② 인지행동적 치료방법
  ㉠ 흔히 경험하는 주된 내용의 걱정을 치료시간에 떠올리게 하여, 그 걱정이 과연 현실적인 것이며 효율적인 것인지에 대해 구체적인 논의를 하는 방식으로 진행된다. 이 과정에서 환자가 걱정의 비현실성과 비효율성을 인식하게 하는 동시에 걱정에 대한 긍정적 신념 역시 수정할 수 있게 된다.
  ㉡ 걱정이 떠오를 경우에 이를 조절하고 대처하는 방법을 습득하는 것이 중요한 목표가 된다.

● 공포증

(1) 특정공포증
① 진단기준
  ㉠ 특정 대상이나 상황에 대해 현저한 공포·불안을 느끼는데, 실제적인 위험과 사회문화적 맥락을 고려할 때 과도한 양상을 보인다.
  ㉡ 공포 대상이나 상황은 거의 즉각적인 공포나 불안을 야기한다.

ⓒ 공포 대상이나 상황이 유발하는 극심한 공포나 불안을 회피하거나 견디려는 모습을 보인다.
ⓓ 공포, 불안, 회피는 보통 6개월 이상 지속되는데, 사회적·직업적 기능 또는 다른 중요한 기능 영역에서 임상적으로 유의미한 고통이나 손상을 초래한다.

② 치료
ⓐ 체계적 둔감법 : 혐오스러운 느낌이나 불안한 자극에 대한 위계목록을 작성한 다음, 낮은 수준의 자극에서 높은 수준의 자극으로 상상을 유도함으로써 혐오나 불안에서 서서히 벗어나도록 유도한다.
ⓑ 참여적 모방학습 : 다른 사람이 공포자극을 불안 없이 대하는 것을 관찰하도록 하여 공포증을 치료하는 방법이다.
ⓒ 노출치료 : 반복적인 노출을 통해 공포자극에 적응하도록 유도하는 치료방법이다.
ⓓ 이완훈련법 : 불안과 공존할 수 없는 신체적 이완상태를 유도하는 기술을 가르쳐 공포증을 극복하게 한다.

(2) 광장공포증

① 진단기준
ⓐ 다음 상황 중 2가지 이상의 경우에서 공포나 불안이 나타난다.

> • 대중교통수단을 이용하는 상황
> • 개방된 공간에 있는 상황
> • 폐쇄된 공간에 있는 상황
> • 줄을 서 있거나 군중 속에 있는 상황
> • 집 밖에 혼자 있는 상황

ⓑ 공포, 불안, 회피는 보통 6개월 이상 지속되는데, 사회적·직업적 기능 또는 다른 중요한 기능 영역에서 임상적으로 유의미한 고통이나 손상을 초래한다.
ⓒ 공포와 불안은 그 상황과 맥락을 고려할 때 실제로 주어지는 위험에 비해 과도한 양상을 보인다.
ⓓ 광장공포 유발 상황을 피하려고 하거나, 동반자를 필요로 하거나, 강렬한 공포·불안을 느끼며 이를 견딘다.
ⓔ 광장공포증은 공황장애의 유무와 관계없이 진단된다.

② 치료
ⓐ 약물치료 : 대표적인 약물로는 선택적 세로토닌 재흡수 억제제(SSRI ; Selective Serotonin Reuptake Inhibitor)와 같은 항우울제 약물과 벤조다이아제핀 계열의 항불안제 약물이 있고, 필요에 따라 다른 계열의 약물을 사용하기도 한다.
ⓑ 인지행동치료 : 광장공포증의 치료에는 잘못된 인지과정을 수정하고 신체감각에 대한 민감성을 둔화시키는 인지행동치료가 효과적인 것으로 보고되고 있다.

(3) 사회공포증(사회불안장애)

① 진단기준
- ㉠ 타인에 의해 면밀히 관찰될 수 있는 1가지 이상의 사회적 상황에 노출되는 것에 대한 과도한 공포나 불안을 느낀다.
- ㉡ 불안 증상이나 부정적으로 비치는 행동을 하는 것에 대해 두려워한다.
- ㉢ 사회적 상황은 거의 항상 공포나 불안을 야기하므로, 회피하거나 강렬한 공포·불안을 느끼며 이를 견딘다.
- ㉣ 공포, 불안, 회피는 보통 6개월 이상 지속되는데, 사회적·직업적 기능 또는 다른 중요한 기능 영역에서 임상적으로 유의미한 고통이나 손상을 초래한다.
- ㉤ 공포와 불안은 그 상황과 맥락을 고려할 때 실제로 주어지는 위험에 비해 과도한 양상을 보인다.

② 치료
- ㉠ 약물치료 : 선택적 세로토닌 재흡수 억제제(SSRI)와 벤조다이아제핀계 약물이 대표적으로 사용되고 있다.
- ㉡ 인지치료 : 불안유발 상황에 직면하도록 하는 노출훈련(Exposure Training)과 함께 인지행동적 집단치료가 효과적인 것으로 보고된다. 특히 인지행동적 집단치료는 인지적 재구성, 반복적 노출, 역할연습, 긴장이완훈련 등이 활용된다.

● 공황장애

(1) 진단기준

① 다음 공황발작의 13가지 증상 중 4가지 이상이 나타나는 경우 공황장애로 진단한다.

- 가슴 두근거림
- 땀 흘림
- 몸 떨림 또는 손발 떨림
- 숨이 가쁘거나 막히는 느낌
- 질식할 것 같은 느낌
- 흉부 통증 또는 답답함
- 구토감 또는 복부 통증
- 현기증, 비틀거림, 몽롱함, 기절 상태의 느낌
- 몸에 한기나 열기를 느낌
- 감각 이상
- 비현실감 또는 이인증
- 통제불능에 대한 공포
- 죽을 것 같은 두려움

② 최소 1회 이상의 발작 이후 1개월 이상 다음 중 1가지 혹은 2가지의 양상이 나타나야 한다.

- 추가적인 공황발작이나 그로 인한 결과들에 대한 지속적인 염려나 걱정
- 공황발작과 관련된 행동에서의 유의미한 부적응적 변화

(2) 치료

① **약물치료** : 벤조다이아제핀 계열의 약물, 삼환계 항우울제, 세로토닌 재흡수 억제제 등이 사용되는데, 부작용의 가능성이 있다.
② **심리치료** : 인지행동치료가 효과적이라고 보고되는데, 복식호흡훈련, 긴강이완훈련, 광장공포증과 관련된 공포상황에의 점진적·체계적 노출 등의 요소로 구성된다.

● 분리불안장애

(1) 진단기준

① 다음 증상들 중 최소 3가지 증상 이상이 나타난다.
  ㉠ 집이나 주요 애착대상으로부터 분리를 경험하거나 이를 예상할 때 반복적으로 심한 고통을 느낀다.
  ㉡ 주요 애착대상을 잃는 것 혹은 그들에게 질병·부상·재난·사망 같은 일이 일어나지 않을까 지속적으로 과도하게 근심한다.
  ㉢ 분리불안으로 인해 집으로부터 멀리 떠나거나 학교나 직장에 가는 것을 지속적으로 꺼리거나 거부한다.
  ㉣ 혼자 있는 것 혹은 주요 애착대상 없이 집이나 다른 장소에 있는 것에 대해 지속적으로 꺼리거나 과도한 공포를 느낀다.
  ㉤ 집으로부터 멀리 떠나 잠을 자는 것 혹은 주요 애착대상이 가까이 없이 잠을 자는 것에 대해 지속적으로 꺼리거나 거부한다.
  ㉥ 분리의 주제를 포함하는 악몽을 반복적으로 꾼다.
  ㉦ 주요 애착대상으로부터 분리되거나 이를 예상하게 될 때 신체증상을 반복적으로 호소한다.
② 공포, 불안, 회피 반응이 최소 6개월 이상(아동·청소년은 4주) 지속된다.
③ 장애는 사회적·학업적·직업적 기능 또는 다른 중요한 기능 영역에서 임상적으로 유의미한 고통이나 손상을 초래한다.

(2) 치료

① 아이의 마음을 이해하기 위한 면담이나 놀이치료, 행동치료, 가족치료가 필요하다.
② 그 밖에 등교, 심부름 보내기, 잠자리 분리를 목표로 한 긍정적 강화 요법, 긴장 이완 요법, 체계적 탈감각법 등의 인지행동치료가 시행되어야 한다.
③ 지속적으로 등교를 거부할 경우에는 약물치료를 병행해야 하며, 때로는 정신과적 입원이 필요하다. 최근에는 선택적 세로토닌 재흡수 억제제(SSRI), 벤조다이아제핀 등 여러 약물이 시도되고 있다.

● 선택적 함구증(무언증)

(1) 진단기준

① 다른 상황에서는 말을 할 수 있음에도 불구하고, 특정한 사회적 상황에서 지속적으로 말을 하지 못한다.
② 장애가 학업적·직업적 성취나 사회적 의사소통을 저해한다.
③ 증상이 적어도 1개월은 지속되어야 한다(입학 후 처음 1개월은 포함되지 않는다).
④ 말하지 못하는 이유가 사회생활에서 요구되는 언어에 대한 지식이 없거나 그 언어에 대한 불편과 관계가 없는 것이어야 한다.
⑤ 장애가 의사소통장애에 의해 잘 설명되지 않고, 전반적 발달장애, 조현병, 다른 정신병적 장애의 기간 중에만 발생되는 것은 아니다.

(2) 치료

① **인지행동적 놀이치료** : 아동과의 작업에 인지-행동원리에 입각한 이론적 틀을 제공한다. 인지행동적 놀이치료는 단기적으로 제한된 시간 안에 구조화되고, 직접적·문제중심적인 치료이다.
② **행동수정 및 행동치료** : 자기모델링 4단계 기법, 신비의 동기유발물(Mystery Motivators) 기법, 둔감법, 자극약화법 등이 있다.

06 강박 및 관련 장애

● 강박장애

(1) 진단기준

① 강박사고 또는 강박행동 중 어느 하나가 존재하거나 둘 다 존재한다.

강박사고 (Obsession)	• 심한 불안이나 곤란을 초래하는 반복적·지속적인 사고, 충동 또는 이미지들(침투적 사고)이 침입적이고 원치 않게 경험되며, 현저한 불안과 고통을 유발한다. • 그러한 사고, 충동, 이미지들을 무시하거나 억압하려고 노력하거나, 다른 사고나 행동으로 중화시키려고 노력한다.
강박행동 (Compulsion)	• 각 개인이 강박사고에 대한 반응으로서 해야만 한다고 느끼거나 엄격한 규칙에 따라 행하는 반복적인 행동(예 손 씻기, 순서 매기기, 점검) 또는 정신적 행위(예 기도, 숫자 세기, 속으로 단어 반복하기)를 말한다. • 이 같은 행동이나 정신적 행위는 불안·고통을 방지하거나 감소시키고, 무서운 사건이나 상황을 방지할 목적이어야 한다. 그러나 이 같은 행동이나 정신적 행위는 그것이 방지하거나 감소시키고자 하는 상황과 실제적으로 관련이 없거나, 명백히 과도한 행위어야 한다.

② 강박사고나 강박행동이 많은 시간을 소모시키거나(하루 1시간 이상), 개인의 정상적 일상생활, 직업(또는 학업) 기능 또는 통상적 사회활동이나 대인관계에 명백히 지장을 준다.
③ 이 장애가 물질 또는 일반적 의학 상태에 의한 직접적인 생리적 효과 때문이 아니고, 다른 정신장애의 증상으로 설명될 수 없다.

(2) 치료

① **약물치료** : 선택적 세로토닌 재흡수 억제제(SSRI) 처방이 대표적이다.
② **노출 및 반응방지법** : 학습이론에 근거한 행동치료적 기법으로서, 강박행동의 수정에는 불안 유발 자극에 대한 노출치료가 효과적이다.
③ **사고중지법** : 강박사고가 떠오를 때마다 환자 자신이 강박사고를 중지하려고 함으로써 강박사고에 집착하는 것을 완화시키는 방법이다.
④ **역설적 의도법** : 강박사고를 억누르기보다 오히려 과장된 방식으로 하려고 행동하는 방법이다.
⑤ **자기주장훈련** : 강박장애자는 자신의 감정을 과도하게 억제하는 경향이 있으므로, 상대방을 공격하지 않으면서 자신의 감정과 의견을 솔직하게 표현하도록 훈련하는 방법이다.
⑥ **인지적 치료기법**
    ㉠ 침투적 사고에 대해서 과도한 책임감과 통제의무감을 느끼게 만드는 자동적 사고를 확인하고 변화시킴으로써, 강박적 사고와 행동을 감소시키는 방법이다.
    ㉡ 침투적 사고에 대한 책임감을 감소시키기 위해 파이기법, 이중기준기법 등을 사용한다.

● 신체이형장애(신체변형장애)

(1) 진단기준
① 다른 사람이 알아볼 수 없거나 아주 경미한 신체의 결점이 인식되는 것에 집착한다.
② 외모 걱정에 대한 반응으로 반복행동(거울 보기, 과도한 꾸미기, 피부 뜯기 등) 또는 정신활동(외모 비교)을 행한다.
③ 외모에 대한 집착이 사회적·직업적 기능 또는 다른 중요한 기능 영역에서 임상적으로 유의미한 고통이나 손실을 초래한다.
④ 외모 집착은 섭식장애의 진단기준을 충족하는 경우로서 체지방 또는 몸무게를 걱정하는 것으로 더 잘 설명되지 않는다.

(2) 치료
① **약물치료** : 선택적 세로토닌 재흡수 억제제(예 클로미프라민, 플루복사민)를 사용한 약물치료는 망상 수준의 신체이형장애에 효과적인 것으로 알려져 있다.
② **인지치료** : 인지행동적 치료방법의 하나인 노출치료와 반응억제(ERP) 방법은 경미한 정도의 효과가 있다.

● 수집광(저장장애)

(1) 진단기준
① 실제 가치와 관계없이 소유물을 버리거나 분리하는 데 있어 지속적인 어려움을 겪는다. 이러한 어려움은 물건을 버리는 것에 연관되는 고통이나 물건을 보유하려는 필요성으로 인한 것이다.
② 소유물이 축적되어서 생활공간이 채워지고 혼잡해지며, 사용목적이 상당히 손상되는 결과를 야기한다. 만약 생활공간이 어지럽혀지지 않았다면, 제3자(가족, 청소부)의 개입으로 인한 것이다.
③ 증상은 사회적·직업적 기능 또는 다른 중요한 기능 영역에서 임상적으로 유의미한 고통이나 손실을 초래한다. 또한 다른 의학적 상태로 인한 것이 아니고, 다른 정신병적 장애로 더 잘 설명되지 않는다.

(2) 치료
① **약물치료** : 세로토닌이라는 신경전달물질이 강박증에 영향을 미치는 것으로 밝혀지면서 우울증 치료제로 개발된 선택적 세로토닌 재흡수 억제제(SSRI)를 사용해서 신경을 안정시켜 준다.
② **인지치료** : 수집광 환자에게 왜 물건을 수집하는지 원인을 찾아 스스로 깨닫게 하고, 동시에 소유물을 가치와 유용성에 따라 분류하는 방법을 가르친다.

● 발모광(모발뽑기 장애)

(1) 진단기준
① 반복적인 모발뽑기 행동으로 모발 손실을 초래한다.
② 모발뽑기를 줄이거나 중단하려고 반복적으로 시도한다.
③ 모발뽑기가 사회적·직업적 기능 또는 다른 중요한 기능 영역에서 임상적으로 유의미한 고통이나 손실을 초래한다.
④ 모발뽑기나 모발 손실이 다른 의학적 상태로 인한 것이 아니고, 다른 정신장애의 증상으로 잘 설명되지 않는다.

(2) 치료
① **약물치료** : 국소적 스테로이드, 항우울제, 세로토닌 제제, 항정신약물 등을 투여할 수 있고, 강박장애에 투여하는 클로미프라민(Clomipramine)과 선택적 세로토닌 재흡수 억제제(SSRI) 계열의 항우울제를 사용한다.
② **행동치료** : 자기관찰, 습관반전훈련, 자극통제 등을 통해 자신의 증상을 자각하게 하고 심리적 상태를 확인하여 회피하도록 한다.

● 피부뜯기 장애(피부벗기기 장애)

(1) 진단기준
① 반복적인 피부뜯기로 인해 피부 병변으로 이어진다.
② 피부뜯기를 줄이거나 중단하려고 반복적으로 시도한다.
③ 피부뜯기가 사회적·직업적 기능 또는 다른 중요한 기능 영역에서 임상적으로 유의미한 고통이나 손실을 초래한다.
④ 피부뜯기가 물질의 생리적 영향 또는 다른 의학적 상태로 인한 것이 아니고, 다른 정신장애의 증상으로 잘 설명되지 않는다.

(2) 치료
① **약물치료** : 강박장애의 치료약물과 선택적 세로토닌 재흡수 억제제(SSRI) 계열의 항우울제가 처방된다.
② **행동치료** : 모발뽑기 장애와 유사한 치료법을 사용한다.

07 외상 및 스트레스 관련 장애

● 외상 후 스트레스 장애

(1) 진단기준

① 실제 죽음이나 죽음에 대한 위협, 심각한 상해 또는 성폭력에 다음 중 1가지 이상의 방식으로 노출된다.

- 외상 사건을 직접 경험
- 외상 사건이 다른 사람에게서 일어나는 것을 목격
- 외상 사건이 가까운 가족성원이나 친구에게 일어난 것을 알게 됨(실제 죽음이나 죽음에 대한 위협에 노출된 경우, 그 외상 사건은 반드시 폭력적이거나 불의의 사고여야 함)
- 외상 사건의 혐오스러운 세부 내용에 반복적 혹은 극단적 노출

② 외상 사건이 일어난 후 외상 사건과 관련된 침투 증상이 다음 중 1가지 이상 나타난다.

- 외상 사건의 고통스러운 기억을 자기 의지와 상관없이 반복적·침투적으로 경험
- 외상 사건과 관련된 내용 또는 정서가 포함된 고통스러운 꿈을 반복적으로 경험
- 외상 사건이 마치 되살아나는 듯한 행동이나 느낌이 포함된 해리 반응 경험
- 외상 사건과 유사하거나 이를 상징화한 내적·외적 단서에 노출되는 경우 강렬한 혹은 장기적인 심리적 고통 경험
- 외상 사건의 특징과 유사하거나 이를 상징화한 내적·외적 단서에 대한 현저한 생리적 반응

③ 외상 사건이 일어난 후 외상 사건과 관련된 지속적인 자극 회피가 다음 중 1가지 이상의 방식으로 나타난다.

- 외상 사건 또는 그것과 밀접하게 연관된 고통스러운 기억, 생각, 감정을 회피하거나 회피하려는 노력
- 외상 사건 또는 그것과 밀접하게 연관된 고통스러운 기억, 생각, 감정을 유발하는 외적인 단서들을 회피하거나 회피하려는 노력

④ 외상 사건이 일어난 후 혹은 악화된 이후 외상 사건과 관련된 인지와 기분의 부정적인 변화가 다음 중 2가지 이상 나타난다.

- 외상 사건의 중요한 측면을 기억하지 못함
- 자기 자신, 타인 혹은 세상에 대한 과장되거나 부정적인 신념·기대를 지속적으로 나타냄
- 외상 사건의 원인이나 결과에 대한 왜곡된 인지를 지속적으로 나타내며, 자기 자신이나 타인을 책망함
- 부정적인 정서 상태를 지속적으로 나타냄
- 중요한 활동에 대한 관심이나 참여가 현저히 감소
- 다른 사람으로부터 거리감 혹은 소외감을 느낌
- 긍정적인 감정을 느끼지 못하는 상태가 지속됨

⑤ 외상 사건이 일어난 이후 혹은 악화된 이후 외상 사건과 관련된 각성 및 반응성에서 현저한 변화가 다음 중 2가지 이상 나타난다.

- 사람이나 사물에의 언어적 또는 물리적 공격으로 나타나는 짜증스러운 행동과 분노 폭발
- 무모한 행동 혹은 자기파괴적 행동
- 과도한 경계
- 과도한 놀람 반응
- 주의집중 곤란
- 수면 장해

⑥ 위에 제시된 ②~⑤ 장애증상이 1개월 이상 나타난다.
⑦ 장애가 사회적·직업적 기능 또는 다른 중요한 기능 영역에서 임상적으로 유의미한 고통이나 손실을 초래한다.
⑧ 위 진단기준은 성인, 청소년, 만 6세 이상 아동에게 적용된다. 만 6세 미만 아동에 대해서는 별도의 진단기준을 적용한다.
⑨ 이인증, 비현실감 같은 해리 증상을 동반할 수 있다.

(2) 치료

① **약물치료** : 선택적 세로토닌 재흡수 억제제(SSRI)가 우선적으로 고려되는 약물로서, 이 약물은 우울증 및 다른 불안장애의 증상과 유사한 증상뿐만 아니라 외상 후 스트레스 장애 고유의 증상도 호전시킨다.
② **정신치료** : 정신역동적 정신치료가 도움이 될 수 있다. 이 밖에 행동치료, 인지치료, 최면 요법, 지속적 노출치료, 안구운동 둔감화 및 재처리(EMDR ; Eye Movement Desensitization and Reprocessing) 치료 등이 심리요법으로 활용되고 있다.

● 급성 스트레스 장애

(1) 진단기준

① 실제 죽음이나 죽음에 대한 위협, 심각한 상해 또는 성폭력에 다음 어느 1가지 이상의 방식으로 노출된다.

- 외상 사건을 직접 경험
- 외상 사건이 다른 사람에게서 일어나는 것을 목격
- 외상 사건이 가까운 가족성원이나 친구에게 일어난 것을 알게 됨(실제 죽음이나 죽음에 대한 위협에 노출된 경우, 그 외상 사건은 반드시 폭력적이거나 불의의 사고여야 함)
- 외상 사건의 혐오스러운 세부 내용에 반복적 혹은 극단적 노출

② 침습, 부정적 정서, 해리, 회피, 각성의 5가지 영역에 해당하는 증상 중 9개 이상이 외상 사건 이후 나타나거나 악화된다. 증상 지속 기간은 사고 이후 최소 3일 이상 최대 4주까지이다.

침 습	• 반복적 · 불수의적 · 침습적으로 괴로운 외상 기억이 자꾸 떠오른다. • 외상 사건과 관련된 내용이나 정서를 포함한 고통스러운 꿈이 반복된다. • 외상 사건이 다시 일어나고 있는 것 같은 해리 반응이 나타난다. • 외상 사건과 유사하거나 상징적인 내적 혹은 외적 단서에 노출되었을 때 나타나는 지속적이고 극심한 심리적 고통 혹은 생리적 반응이 나타난다.
부정적 정서	긍정적인 감정(행복, 만족, 사랑)을 지속적으로 경험할 수 없다.
해 리	• 자기 자신이나 주변에 대한 현실감이 떨어진다. • 외상 사건의 중요한 측면을 기억하지 못한다.
회 피	• 외상 사건과 관련된 고통스러운 기억, 생각, 감정을 회피하거나 회피하려고 노력한다. • 외상 사건을 생각나게 하는 요소들(사람, 장소, 대호, 활동, 물건, 상황)을 회피하거나 회피하려고 노력한다.
각 성	• 수면 장해 • 과각성 : 과잉 경계 • 집중 곤란 • 과도한 놀람 반응 • 타인이나 물체에 대한 언어적 또는 신체적 공격으로 표현되는 과민한 행동과 분노

③ 증상이 사회적 · 직업적 기능 또는 다른 중요한 기능 영역에서 임상적으로 유의미한 고통이나 손실을 초래한다.
④ 증상이 물질의 생리적 반응이나 또는 다른 의학적 상태에 기인한 것이 아니다.

(2) 치 료

노출과 인지적 재구성을 통한 인지행동치료가 증상을 완화시키는 데 효과적이다.

● 애착장애

(1) 반응성 애착장애

① 진단기준
  ㉠ 아동이 주양육자에 대해 거의 항상 정서적으로 억제되고 위축된 행동이 다음 2가지 양상으로 나타난다.

  > • 아동이 스트레스를 느낄 때 거의 위안을 구하지 않거나 최소한의 위안만을 구한다.
  > • 아동이 스트레스를 느낄 때 양육자의 위안에 거의 반응하지 않거나 최소한의 반응만을 나타낸다.

  ㉡ 지속적인 사회적 · 정서적 장해가 다음 중 최소 2가지 이상 나타난다.

  > • 다른 사람에 대하여 최소한의 사회적 · 정서적 반응만 보인다.
  > • 긍정적인 정서가 제한적으로 나타난다.
  > • 양육자와의 비위협적인 상호작용 중에 이유 없이 짜증, 슬픔, 공포를 나타낸다.

ⓒ 불충분한 양육의 극단적인 형태를 경험했다는 것이 다음 중 1가지 이상으로 나타난다.

- 위안, 자극, 애정에 대한 기본적인 욕구가 양육자에 의해 지속적으로 결핍되어 사회적 방임이나 박탈의 형태로 나타난다.
- 주된 양육자가 자주 바뀜으로 인해서 안정된 애착을 형성할 기회가 극히 제한된다.
- 선택적인 애착을 형성할 기회가 극히 제한된 비정상적인 환경에서 양육된다.

ⓓ 진단기준 ⓒ의 불충분한 양육이 진단기준 ⓐ의 장애 행동을 초래한 것으로 추정된다.
ⓔ 진단기준이 자폐 스펙트럼 장애에 해당하지 않아야 한다.
ⓕ 이러한 장애는 아동의 연령 5세 이전부터 나타났다.
ⓖ 아동의 발달연령이 최소 9개월 이상이어야 진단이 가능하다.

② 치료
ⓐ 정신사회적 지지 서비스 : 양육이나 가사 보조자 고용, 가정의 물리적 환경 개선, 경제적 상태의 호전을 위한 노력, 가족 간 고립 줄이기
ⓑ 정신치료적 중재 : 개인정신치료, 약물치료, 부모치료, 가족치료, 부부치료
ⓒ 교육상담 서비스 : 집단교육, 부모교육, 양육기술 교육, 아이의 정서적·신체적 안녕의 개선에 대한 집중적인 관찰

(2) 탈억제성 사회적 유대감 장애(탈억제 사회관여 장애)

① 진단기준
ⓐ 아동이 낯선 사람에게 적극적으로 접근해서 상호작용하려는 행동이 다음 중 2가지 이상 나타난다.

- 낯선 성인에게 접근하거나 상호작용하는 데 주저함이 없다.
- 지나치게 친밀한 언어적 또는 신체적 행동을 나타낸다.
- 낯선 상황에서도 주변을 탐색·경계하는 정도가 떨어지거나 부재한다.
- 낯선 성인을 망설임 없이 기꺼이 따라 나선다.

ⓑ 진단기준 ⓐ의 행동이 충동성에 국한되지 않고, 사회적 탈억제 행동을 포함한다.
ⓒ 불충분한 양육의 극단적인 형태를 경험했다는 것이 다음 중 1가지 이상으로 나타난다.

- 위안, 자극, 애정에 대한 기본적인 욕구가 양육자에 의해 지속적으로 결핍되어 사회적 방임이나 박탈의 형태로 나타난다.
- 주된 양육자가 자주 바뀜으로 인해서 안정된 애착을 형성할 기회가 극히 제한된다.
- 선택적인 애착을 형성할 기회가 극히 제한된 비정상적인 환경에서 양육된다.

ⓓ 진단기준 ⓒ의 불충분한 양육이 진단기준 ⓐ의 장애 행동을 초래한 것으로 추정된다.
ⓔ 아동의 발달연령이 최소 9개월 이상이어야 진단이 가능하다.
ⓕ 장애가 12개월 지속되었다면 '지속성'임을 명시하여 진단을 내려야 한다.

② 치료 : 반응성 애착장애와 치료방법이 유사하다.

● 적응장애

(1) 진단기준

① 분명히 확인될 수 있는 스트레스 사건에 대한 반응으로 부적응 증상이 나타난다. 부적응 증상은 스트레스 사건이 발생하고 3개월 이내에 시작된다.
② 증상이나 행동이 임상적으로 유의미하고 다음 중 1가지 이상에 해당한다.

> • 외부 상황이나 사회문화적 요인을 고려해볼 때, 스트레스 사건의 심각성이나 강도에 비해 현저하게 높은 고통을 나타낸다.
> • 증상이나 행동이 사회적·직업적 기능 또는 다른 중요한 기능 영역에서 유의미한 손상을 초래한다.

③ 스트레스와 관련되는 장애는 다른 정신장애 진단기준을 만족하지 않으며, 이전에 존재하던 정신장애가 악화된 것이 아니다.
④ 증상이 사별에 의해 나타나는 것이 아니다.
⑤ 스트레스 요인이 종결되면, 증상은 종결 후 6개월 이상 지속되지 않는다.
⑥ **적응장애에 동반되는 세부 양상 유형** : 우울 기분 동반, 불안 동반, 불안 및 우울 기분 동시 동반, 품행장애 동반, 정서 및 품행장애 동시 동반 등

(2) 치료

① **심리치료** : 사건에 대한 내담자의 심리적 고통과 충격을 공감하며 심리적인 지지를 제공할 뿐 아니라 내담자의 대처행동을 좀 더 효과적으로 변화시키도록 돕는다.
② **약물치료** : 적응장애에 수반되는 심리적 증상에 따라 항불안제, 항우울제, 수면제 등 소량으로 단기간 사용될 수 있다.

08 해리장애

● 해리성 정체감 장애

(1) 진단기준

① 둘 또는 그 이상의 각기 구별되는 정체감이나 인격 상태가 존재한다. 정체감의 분열은 자기 개념의 불연속성으로 인하여 정서, 행동, 의식, 기억, 지각, 인지 및 감각운동 기능의 변동을 수반한다. 이러한 증상은 다른 사람 또는 자기 자신에 의해 보고될 수 있다.
② 일상적인 망각으로 설명하기에는 너무 광범위하고, 중요한 개인적 정보를 회상하지 못한다.

③ 증상은 사회적·직업적 또는 다른 중요한 기능 영역에서 임상적으로 유의미한 고통이나 손상을 초래한다.
④ 장애는 물질(알코올 중독 상태에서의 일시적인 의식 상실 또는 무질서한 행동)이나 다른 의학적 상태로 인한 것이 아니다.

(2) 치료
① 정신치료적 접근이 효과적인 것으로 알려져 있고, 항우울제나 항불안제 등의 약물 요법이 보조적으로 사용된다.
② 여러 성격에 대해 파악하고 상대적으로 적절한 성격과 치료적 동맹을 형성한 후, 부정적이고 문제 있는 성격에 대한 심리치료를 시행하기도 한다.
③ 해리성 정체감 장애 심리치료를 위한 3가지 지침

- 환자와 치료자 간에 견고한 치료적 관계를 형성한다.
- 환자로 하여금 과거의 외상 경험을 드러내고 이를 정화시킬 수 있도록 돕는다.
- 환자에게서 나타나는 다양한 인격들 간의 원활한 소통·협동이 이루어지도록 유도한다.

● 해리성 기억상실증

(1) 진단기준
① 통상적인 망각과는 일치하지 않는, 보통 외상성 또는 스트레스성의 중요한 자전적 정보를 회상하는 능력의 상실이다. 해리성 기억상실에는 주로 특별한 사건이나 사건들에 대한 국소적 또는 선택적 기억상실이 있다. 또한 정체성과 생활사에 대한 전반적 기억상실도 있다.
② 증상이 사회적·직업적 또는 다른 중요한 기능 영역에서 임상적으로 유의미한 고통이나 손상을 초래한다.
③ 장애는 물질의 생리적 효과나 신경학적 상태 또는 기타 의학적 상태(예 복합 부분 발작, 일과성 전기억상실, 두부 손상에 의한 후유증/외상성 뇌손상, 다른 신경학적 상태)로 인한 것이 아니다.
④ 장애는 해리성 정체감 장애, 외상 후 스트레스 장애, 급성 스트레스 장애, 신체증상장애, 주요 및 경도 신경인지장애로 더 잘 설명되지 않는다.

(2) 치료
① 상실된 기억을 회복시키는 것이 중요하다. 바르비투르(Barbiturate) 계열의 약물을 정맥주사로 투여하면 효과가 빨리 나타난다.
② 최면치료나 심리치료를 통해 환자의 정신적 충격과 정서적 갈등을 완화시켜 기억을 회복시키기도 한다.

● 이인증/비현실감 장애

(1) 진단기준

① 비현실, 분리의 경험, 또는 자신의 생각, 느낌, 감각, 신체 또는 행동에 대해 외부의 관찰자가 되는 경험을 지속적으로 또는 반복적으로 경험한다.
② 이인증/비현실감을 경험하는 동안 현실 검증력은 손상되지 않은 채로 남아 있다.
③ 임상적으로 심각한 고통이나 사회적·직업적 또는 다른 중요한 기능 영역에서 임상적으로 유의미한 고통이나 손실을 초래한다.
④ 이인증 경험은 정신분열증, 공황장애, 급성 스트레스 장애, 또는 기타 해리성 장애의 경과 중에만 일어나는 것이 아니고, 물질의 생리적 효과나 다른 의학적 상태로 인한 것이 아니다.

(2) 치 료

① **약물치료** : 선택적 세로토닌 재흡수 억제제(SSRI), 기분조절제, 항정신병약물, 벤조디아제핀 등이 활용된다.
② **정신치료** : 정신역동적 정신치료, 인지치료, 인지행동치료, 최면치료, 지지요법 등이 있다. 증상이 심한 이인증 환자들에게 장기간의 지지적 치료가 필요하다. 스트레스 조절, 이완요법, 운동 등도 도움이 될 수 있다.

09 신체증상 및 관련 장애

● 신체증상장애

(1) 진단기준

① 1가지 이상 신체증상이 고통을 유발하거나 일상생활에서 유의미한 지장을 초래한다.
② 신체증상이나 건강에 대한 과도한 사고, 감정 또는 행동이 다음 중 1가지 이상의 방식으로 나타난다.

> • 자신이 지닌 증상의 심각성에 대해서 부적합하고 지속적인 생각
> • 건강이나 증상에 대한 지속적으로 높은 수준의 불안
> • 증상과 건강염려에 대하여 과도한 시간과 에너지를 소모

③ 신체증상에 대한 과도한 사고와 염려가 6개월 이상 지속된다.

④ 중증도를 다음과 같이 명시한다.

> • 경도 : 진단기준 ②의 구체적인 증상들 중 단 1가지만 충족
> • 중(등)도 : 진단기준 ②의 구체적인 증상들 중 2가지 이상 충족
> • 고도 또는 중증도 : 진단기준 ②의 구체적인 증상들 중 2가지 이상 충족되고, 여러 가지 신체적 증상(또는 하나의 매우 심한 신체증상)이 있음

(2) 치 료

① 매우 치료하기 어려운 장애로, 환자들이 신체적 증상이 심리적 요인에 의한 것임을 인정하려 하지 않아 심리치료에 저항적이다.
② **심리치료** : 다각적인 심리치료적 노력을 통해 현저하게 호전될 수 있다. 신체증상장애를 지닌 사람들의 부정적 감정을 격려하고, 자기주장훈련을 통해 대인관계에서 부정적 감정이 누적되지 않도록 해야 한다.
③ **약물치료** : 신체증상장애를 직접적으로 치료하는 약물은 없지만, 우울증이나 불안장애와 같은 정신장애를 동반할 경우에는 적절한 약물치료가 필요하다.

● 질병불안장애

(1) 진단기준

① 심각한 질병이 있다는 두려움이나 생각에 과도하게 집착한다.
② 신체적 증상이 존재하지 않거나 존재하더라도 그 강도가 경미하다. 다른 질병이 있는 경우라 하더라도 이러한 질병 집착은 명백히 과도한 것이다.
③ 건강에 대한 불안 수준이 높으며, 개인적 건강상태에 관한 사소한 정보에도 과도하게 반응한다.
④ 건강과 관련된 과도한 행동이나 부적응적 회피행동을 나타낸다.
⑤ 질병에의 집착이 최소 6개월 이상 지속되어야 하며, 두려워하는 질병이 그 기간 동안에 변화할 수 있다.
⑥ 질병에 대한 집착이 다른 정신질환 신체증상장애로 잘 설명되지 않는다.

(2) 치 료

① **약물치료** : 프로작, 졸로푸트 등 우울증 치료제를 처방하면 증세가 좋아지기도 한다.
② **인지행동치료** : 환자에게 스스로 생각을 바꾸도록 유도한 다음 신체의 변화를 자각하게 하고, 마지막으로 의사나 병원을 방문하여 질병을 확인하고 안심시키는 것이 필요하다.

● 전환장애

(1) 진단기준
① 수의적 운동기능이나 감각기능에 영향을 미치는 1가지 이상의 증상이 있다.
② 증상과 확인된 신경학적 또는 의학적 상태간의 불일치를 보여주는 임상적인 증거가 있다.
③ 증상이 다른 신체적 질병이나 정신장애로 더 잘 설명되지 않는다.
④ 증상이 임상적으로 현저한 고통을 초래하거나 일상생활의 중요한 적응기능에 현저한 장애를 나타내야 한다.
⑤ **명시해야 할 증상 유형** : 쇠약감이나 마비 동반, 이상 운동 동반, 삼키기 증상 동반, 언어 증상 동반, 발작 동반, 무감각증이나 감각 손실 동반, 특정 감각 증상 동반, 혼합 증상 동반
⑥ **전환장애의 4가지 유형** : 운동기능 이상, 감각기능 이상, 경련이나 발작, 복합적 증상

(2) 치료
① 전환장애를 나타내는 사람은 흔히 신체증상장애 경향을 함께 나타내는 경우가 많기 때문에 신체증상장애에 적용되는 치료방법이 사용된다.
② 특히 전환장애 환자를 치료할 때는 전환증상을 유발한 충격적인 스트레스 사건을 확인하고, 이러한 부정적 상황이 지속될 경우에는 이를 제거하도록 노력해야 한다.

● 인위성(허위성) 장애

(1) 진단기준
① 스스로에게 부과된 인위성 장애
  ㉠ 분명한 속임수와 관련되어 신체적 또는 심리적인 징후나 증상을 조작하거나, 상처나 질병을 유도한다.
  ㉡ 다른 사람에게 자기 자신이 아프고 장애가 있거나 부상당한 것처럼 표현한다.
  ㉢ 명백한 외적 보상이 없는 상태에서도 기만적 행위가 분명한다.
  ㉣ 행동이 망상장애나 다른 정신병적 장애와 같은 다른 정신질환으로 더 잘 설명되지 않는다.
② 타인에게 부과된 인위성 장애
  ㉠ 분명한 속임수와 관련되어 다른 사람의 신체적 또는 심리적인 징후나 증상을 조작하거나, 상처나 질병을 유도한다.
  ㉡ 제3자(피해자)가 아프고, 장애가 있거나 부상당한 것처럼 다른 사람에게 내보인다. 이때 제3자가 아닌 가해자가 인위성 장애 진단을 받는다.
  ㉢ 명백한 외적 보상이 없는 상태에서도 기만적 행위가 분명하다.
  ㉣ 행동이 망상장애나 다른 정신병적 장애와 같은 다른 정신질환으로 더 잘 설명되지 않는다.

(2) 치료

① 환자 스스로 자신의 증상이 허위성 장애임을 인식하는 것이 중요하다.
② 심리치료를 통하여 환자가 자신의 허위증상을 인정하도록 하는 것이 치료에서 가장 핵심적인 요소이다.

10 급식 및 섭식장애

● 이식증

(1) 진단기준

① 적어도 1개월 동안 비영양성·비음식 물질을 지속적으로 먹는다.
② 비영양성·비음식 물질을 먹는 것이 발달 수준에 적합하지 않다.
③ 먹는 행동이 문화적으로 허용되거나 사회적 통념에 부합하지 않는다.
④ 먹는 행동이 다른 정신장애(예 지적장애, 광범위성 발달장애, 정신분열증)의 기간 중에만 나타난다면, 이 행동이 별도의 임상적 관심을 받아야 할 만큼 심각한 것으로 보아야 한다.

(2) 치료

① 부모와 아동에 대한 교육이 필요하다.
② 영양분 결핍에 의해 이식증이 초래된 경우 결핍된 양분을 보충해준다.

● 되새김장애(반추장애)

(1) 진단기준

① 적어도 1개월 동안 음식물의 반복적인 역류와 되씹기 그리고 뱉어내는 행동을 한다.
② 장애 행동은 위장상태 또는 일반적인 의학적 상태(예 식도역류, 유문협착증)로 인한 것이 아니다.
③ 장애 행동은 신경성 식욕부진증, 신경성 폭식증, 폭식장애 그리고 회피적/제한적 음식섭취장애의 경과 중에만 발생하지 않는다.
④ 만약 이 증상이 지적장애 또는 광범위성 발달장애의 경과 중에만 발생한다면, 별도로 임상적 관심을 받아야 할 만큼 심각한 것으로 보아야 한다.

(2) 치료

① 부모가 아이에게 정서적 유대관계를 가지고 음식을 먹이는 방법을 교육한다.
② 체중감소, 탈수, 성장지연, 영양부족 등 증세를 나타낼 경우에 외과적 처치가 필요하다.

● 회피적/제한적 음식섭취 장애

(1) 진단기준

① 섭식 또는 급식장애(음식 섭취에 대한 명백한 관심 결여, 음식의 특성에 기초한 회피, 음식 섭취 후 결과에 대한 우려)가 지속적으로 나타나며, 다음 중 1가지 이상과 연관이 있어야 한다.

> • 심각한 체중감소
> • 심각한 영양결핍
> • 위장관 급식 또는 영양 보충제에 의존
> • 정신사회적 기능 장애

② 이 장애는 음식을 구할 수 없는 상황 또는 문화적인 관행으로 설명되지 않는다.
③ 신경성 식욕부진증이나 신경성 폭식증 경과 중 나타나는 것이 아니고, 체중이나 체형에 관한 장애의 증거가 없다.
④ 이 장애는 동반이환의 의학적 상태로 인한 것이 아니고, 다른 정신장애로 더 잘 설명되지 않는다. 섭식장애가 다른 증상 또는 장애와 관련하여 발생한다면, 추가적으로 임상적 진단이 필요하다.

(2) 치료

① 치료를 위해서는 먼저 장애의 근본 원인을 파악해야 한다. 식도역류, 위장장애 등 질환이 있는지 살펴보아야 하고, 신체적인 문제가 없다면 체계적 둔감화 기법과 노출치료를 포함한 인지행동치료가 효과적이다.
② 부모의 식사교육이나 지지가 부족한 경우가 많아 부모교육이 중요하다.

● 신경성 식욕부진증(거식증)

(1) 진단기준

① 음식섭취를 지나치게 제한함으로써 연령, 성별, 발달 수준의 맥락에서 심각한 저체중 상태를 초래한다. 저체중은 최소한의 정상 수준 또는 최소한의 기대수치 이하의 체중을 말한다.
② 심각한 수준의 저체중임에도 불구하고 체중증가와 비만에 대한 극심한 두려움을 지니거나 체중증가를 저지하는 지속적인 행동을 나타낸다.
③ 체중과 체형을 왜곡하여 인식하고, 체중과 체형이 자기평가에 지나친 영향을 미치거나 현재 나타내고 있는 체중미달의 심각함을 지속적으로 부정한다.
④ '제한형'과 '폭식/제거형'으로 구분하여 명시한다.

> • 제한형: 체중 관리, 단식 및 과도한 운동으로 인해 병이 유발된 경우로서, 지난 3개월 동안 폭식 또는 제거 행동이 반복적으로 나타나지 않았다.
> • 폭식/제거형: 지난 3개월 동안 폭식 또는 제거 행동이 반복적으로 나타났다.

(2) 치 료

① 신경성 식욕부진증 환자의 치료에서 가장 중요한 것은 음식섭취를 통해 체중을 늘리는 것이다.
② 정신과적 문제와 더불어 심각한 내과적 문제가 동반되는 경우가 많기 때문에, 필요한 경우 입원 등을 고려한 포괄적인 치료가 진행되어야 한다.
③ 개인 및 가족치료가 동시에 이루어지는 것이 효과적이다. 인지행동 요법 등의 정신치료와 더불어 적절한 약물치료가 필요하다.

● 신경성 폭식증

(1) 진단기준

① 폭식행동을 반복적으로 한다. 이러한 폭식행동은 아래 2가지 특징을 보인다.

> • 일정한 시간 동안(2시간 이내) 먹는 음식의 양이 대부분의 사람이 유사한 상황에서 먹는 양에 비해 현저하게 많다.
> • 폭식행위 동안 먹는 것에 대한 조절 능력 상실감(예 먹는 것을 멈출 수 없으며, 먹는 양을 조절할 수 없다는 느낌)을 느낀다.

② 체중증가를 억제하기 위한 반복적이고 부적절한 보상행동(설사제, 이뇨제, 관장약, 기타 약물의 남용, 금식, 스스로 유도한 구토, 과도한 운동)이 나타난다.
③ 폭식행동과 부적절한 보상행동 모두 평균적으로 적어도 주 1회 이상 3개월 동안 일어나야 한다.
④ 체형과 체중이 자기 평가에 과도한 영향을 미친다.
⑤ 문제행동들이 신경성 식욕부진증 기간 동안에만 나타나는 것이 아니다.

(2) 치 료

① 신경계의 세로토닌 시스템을 항진시키는 항우울제 약물치료가 가장 많이 시행되며, 항우울제는 폭식증의 증상을 경감시켜 준다.
② 폭식과 관련된 식이행동을 조절하고, 음식·체중·체형 등에 대한 잘못된 신념을 교정하는 인지행동치료가 도움이 될 수 있다.
③ 무의식적인 정신역동을 다루는 정신분석치료가 적용되기도 한다. 치료는 정신과 전문의의 진단 및 권유에 따라 적절한 치료법을 선택하여 적용하는 것이 바람직하다.

● 폭식장애

(1) 진단기준

① 폭식행동을 반복적으로 한다. 이러한 폭식행동은 아래 2가지 특징을 보인다.

- 일정한 시간 동안(2시간 이내) 먹는 음식의 양이 다른 사람이 유사한 상황에서 먹는 양에 비해 현저하게 많다.
- 폭식행위 동안 먹는 것에 대한 조절 능력 상실감(예 먹는 것을 멈출 수 없으며, 먹는 양을 조절할 수 없다는 느낌)을 느낀다.

② 폭식행동이 나타날 때 다음 중 3가지 이상과 관련되어야 한다.

- 정상보다 더 빨리 많이 먹는다.
- 불편할 정도로 포만감을 느낄 때까지 먹는다.
- 신체적으로 배고프지 않을 때에도 많은 양의 음식을 먹는다.
- 너무 많은 양을 먹음으로 인한 당혹감 때문에 혼자 먹는다.
- 먹고 나서 자신에 대한 혐오감, 우울감 또는 심한 죄책감을 느낀다.

③ 폭식행동에 대한 현저한 고통을 느낀다.
④ 폭식행동이 평균적으로 주 1회 이상 3개월 동안 나타나야 한다.
⑤ 폭식행동이 신경성 폭식증의 경우처럼 부적절한 보상행동과 함께 나타나지 않아야 한다.
⑥ 폭식행동이 신경성 식욕부진증 또는 신경성 폭식증 상태에서만 나타나는 것이 아니어야 한다.

(2) 치료

① 환자가 자신의 섭식행동을 지속적으로 관찰하고 변화시킬 수 있는 인지행동치료를 한다.
② 심리치료를 통하여 스트레스를 폭식이 아닌 다른 방법으로 해결하도록 유도한다.
③ 신경계의 세로토닌 시스템을 항진시키는 항우울제를 이용한 약물치료가 가장 많이 시행되며, 항우울제는 폭식증의 증상을 경감시켜 준다.

11 배설장애

● 유뇨증

(1) 진단기준
① 침구나 옷에 반복적으로 소변을 본다.
② 장애 행동이 주 2회 이상의 빈도로 적어도 3개월 동안 연속 일어난다.
③ 증상이 사회적·학업적 또는 다른 중요한 기능 영역에서 임상적으로 유의미한 고통이나 손상을 초래한다.
④ 아동의 발달연령이 최소 5세 이상이어야 진단이 가능하다.
⑤ 장애 행동이 물질이나 일반적인 의학적 상태의 직접적 생리적 효과로 기인한 것이 아니다.
⑥ 야간 수면 시에 나타나는 '야간형 단독', 깨어있는 동안 나타나는 '주간형 단독', 밤낮 구분없이 나타나는 '주야간형 복합'을 구분하여 명시한다.

(2) 치료
① 유뇨증 증세는 저절로 호전되는 경향이 있다.
② 전자식 경보장치를 활용한 행동치료적 기법이 효과적인 것으로 알려져 있다. 행동수정, 긍정적 강화요법도 활용한다.
③ 행동요법으로 호전되지 않을 경우에는 약물치료를 활용한다. 이미프라민, 옥시부틸린, 미니린 등을 사용할 수 있다.

● 유분증

(1) 진단기준
① 부적절한 장소에서 반복적으로 대변을 본다.
② 장애 행동이 매달 1회 이상 빈도로 적어도 3개월 동안 연속 일어난다.
③ 아동의 발달연령이 최소 4세 이상이어야 진단이 가능하다.
④ 장애 행동이 물질이나 일반적인 의학적 상태의 직접적 생리적 효과로 기인한 것이 아니다.
⑤ 변비 및 범람 변실금을 동반하는 경우가 있다.

(2) 치료
① 유분증 치료는 대변가리기 훈련, 행동치료, 심리치료가 활용된다. 규칙적으로 대변을 보게 하는 습관을 기르거나, 대변을 잘 가리는 행동에 대해서 보상을 주는 행동치료 기법이 효과적이다.
② 가족 내에서 아동을 수용하는 분위기를 유도하는 동시에, 유분증으로 인해 낮아진 아동의 자존심을 높여주는 것이 중요하다.

12 수면-각성장애

● 불면장애

(1) 진단기준

① 수면 시간이나 질에 대해 불만족감이 현저하며, 다음 중 1가지 이상의 증상과 관련된다.

> • 수면 개시의 어려움(아동의 경우 보호자 없이 잠들기 어려움)
> • 수면 유지의 어려움(수면 중 자주 깨거나 깬 뒤에 다시 잠들기 어려움)
> • 이른 아침 각성하여 다시 잠들기 어려움

② 수면 장애가 사회적·직업적·교육적·학업적·행동적 또는 다른 중요한 기능 영역에 임상적으로 유의미한 고통이나 손상을 초래한다.
③ 수면 문제가 적어도 주 3회 이상 발생하고, 3개월 이상 지속된다.
④ 수면 문제는 적절한 수면의 기회가 주어졌음에도 불구하고 발생한다.
⑤ 불면증이 다른 수면각성장애로 잘 설명되지 않고, 또 다른 수면각성장애의 경과 중에만 증상이 나타나는 것이 아니다.
⑥ 불면증은 물질의 생리적 효과로 인한 것이 아니고, 공존하는 정신질환과 의학적 상태가 현저한 불면증 호소를 충분히 설명할 수 없다.
⑦ 증상이 적어도 1개월 이상 3개월 미만으로 지속되는 '삽화성', 증상이 3개월 이상 지속되는 '지속성', 2회 이상의 삽화가 1년 내에 발생하는 '재발성'을 구분하여 명시한다.

(2) 치료

① **약물치료** : 벤조디아제핀계 수면제가 주로 사용된다.
② **인지행동치료** : 수면위생교육, 자극통제, 긴장 이완 훈련, 인지적 재구성 등의 요소로 치료한다.

● 과다수면장애

(1) 진단기준

① 주요 수면 시간이 7시간 이상인데도 과도한 졸림을 호소하며, 다음 중 1가지 이상의 증상을 보인다.

> • 동일한 날에 반복적으로 깜박 잠이 들거나 잠에 빠져드는 일이 발생한다.
> • 매일 9시간 이상 지속적으로 잠을 자는데도 계속 피곤하다.
> • 갑자기 깬 후에 완전한 각성 상태를 유지하기 어렵다.

② 과다수면이 주 3회 이상 나타나고, 적어도 3개월 이상 지속된다.
③ 과다수면이 인지적 · 사회적 · 직업적 또는 다른 중요한 기능 영역에서 유의미한 고통이나 손상을 초래한다.
④ 과다수면이 다른 수면장애로 더 잘 설명되지 않으며, 다른 수면장애의 경과 중에만 발생하지 않는다.
⑤ 과다수면이 물질의 생리적 효과로 인한 것이 아니다.
⑥ 공존하는 정신질환과 의학적 장애가 현저한 과다수면 호소를 충분히 설명할 수 없다.
⑦ 장애 지속 기간이 1개월 미만인 '급성', 지속 기간이 1~3개월인 '아급성', 지속 기간이 3개월 이상인 '지속성'으로 구분하여 명시하고, 중증도를 명시한다.

(2) 치료

① 과다수면장애를 초래하는 질환이 있는지 먼저 확인하고, 코골이나 비염 같은 질환이 원인이 되어 수면의 질을 떨어뜨린다면 먼저 치료해야 한다.
② 정확한 검사와 진단 후 적절한 약물치료를 시행한다. 메틸페니데이트나 모다피닐 같은 중추성 신경자극제를 활용한다.

● 기면증(수면발작증)

(1) 진단기준

① 저항할 수 없는 졸음, 깜박 잠이 드는 것, 낮잠이 하루에 반복적으로 나타난다. 적어도 주 3회 이상 3개월 동안 발생한다.
② 다음 중 1가지 또는 2가지 증상이 동시에 나타난다.
  ㉠ 다음으로 정의되는 탈력발작이 1개월에 수차례 발생한다.

> • 장기간 유병 환자의 경우 : 웃음이나 농담으로 유발되는 짧은 삽화의 의식이 있는 상태에서 양측 근육긴장의 갑작스러운 소실
> • 발병 6개월 이내 환자나 아동의 경우 : 분명한 계기 없이 혀를 내밀거나 근육긴장 저하를 동반한 얼굴을 찡그리거나 턱이 처지는 삽화

  ㉡ 야간 수면다원 검사에서 잠복기 15분 이내로 REM수면이 나타나거나 또는 수면 잠복기 반복 검사에서 평균 수면 잠복기가 8분 이내로 나타나고, 2회 이상의 수면개시 REM수면이 나타난다.
  ㉢ 뇌척수액 하이포크레틴(Hypocretin-1) 면역반응성 수치를 이용하여 측정된 하이포크레틴 결핍증이다.

ⓔ 다음을 구분하여 명시하고, 중증도를 명시한다.

- 탈력발작이 없지만, 하이포크레틴 결핍증이 있는 기면증
- 탈력발작이 있지만, 하이포크레틴 결핍증이 없는 기면증
- 상염색체 우성 소뇌실조, 난청 및 기면증
- 상염색체 우성 기면증, 비만 및 제2형 당뇨
- 다른 의학적 상태로 인한 이차성 기면증

(2) 치료
① 메틸페니데이트나 암페타민과 같이 각성수준을 증가시키는 약물로 치료한다.
② 이 외에도 식이요법, 운동이나 사회적 활동수준을 증가시켜 적절한 각성수준을 유지하는 방법, 심리치료의 방법 등을 활용한다.

● 호흡관련 수면장애

구 분	진단기준
폐쇄성 수면무호흡 /저호흡	다음 ①이나 ② 중 1가지 이상 증상이 있다. ① 수면다원 검사에서 수면 시간당 적어도 5회 이상 폐쇄성 무호흡이나 저호흡이 있고, 다음 중 1가지 이상의 수면 증상이 있다. 　• 야간 호흡 장애 : 코골이, 거친 콧숨/헐떡임, 또는 수면 중 호흡 정지 　• 충분한 수면을 취했음에도 주간 졸림, 피로감 ② 동반된 증상과 관계없이 수면다원 검사에서 확인된 수면 시간당 15회 이상 폐쇄성 무호흡 또는 저호흡을 나타낸다. ③ 중증도를 명시한다.
중추성 수면무호흡증	① 수면다원 검사에서 수면 시간당 5회 이상의 중추성 무호흡이 존재한다. ② 장애가 다른 수면장애로 더 잘 설명되지 않는다. ③ '특발성 중추성 수면무호흡증', '체인 스토크스 호흡', '아편계 사용과 동반이환된 중추성 수면무호흡증'을 각각 구별하여 명시하고, 중증도를 명시한다.
수면관련 환기저하증	① 수면다원 검사에서 이산화탄소 농도의 상승과 연관한 호흡저하 삽화들이 나타난다. ② 장애가 현재의 다른 수면장애로 더 잘 설명되지 않는다. ③ '특발성 환기저하', '선천성 중추성 폐포 환기저하', '동반이환된 수면관련 환기저하'로 구분하여 명시하고, 중증도를 명시한다.

● 일주기리듬 수면-각성 장애

(1) 진단기준

① 일차적으로 일주기리듬의 변화 또는 내인성 일주기리듬과 개인의 환경 또는 사회적·직업적 일정에 의해 요구되는 수면-각성 일정 사이의 조정 실패로 인한 수면 장해가 지속되거나 반복된다.
② 수면 방해가 과도한 졸림이나 불면, 또는 2가지 모두 초래한다.
③ 수면 장해가 사회적·직업적 또는 다른 중요한 기능 영역에서 임상적으로 유의미한 고통이나 손상을 초래한다.
④ 다음 세부 유형을 명시한다.

- 수면위상 지연형 : 개인의 수면-각성 주기가 사회적으로 요구되는 것보다 지연되는 경우
- 수면위상 전진형 : 개인의 수면-각성 주기가 사회적으로 요구되는 것보다 앞서 있는 경우
- 불규칙한 수면-각성형 : 수면-각성 주기가 일정하지 못해서 하루에도 여러 번 낮잠을 자고 밤에 주된 수면을 취하지 않는 경우
- 비24시간 수면-각성형 : 개인의 수면-각성 주기가 24시간 환경과 일치하지 않아서 잠들고 깨어나는 시간이 매일 지속적으로 늦어지는 경우
- 교대근무형 : 교대근무에 의해 요구되는 수면-각성 주기와 개인의 수면-각성 주기가 불일치하는 경우

⑤ 증상이 1~3개월 나타나는 '삽화성', 증상이 3개월 이상 지속되는 '지속성', 2회 이상의 삽화가 1년 내에 발생하는 '재발성'으로 구분하여 명시한다.

(2) 치 료

주기적으로 빛에 노출시켜 규칙적인 일주기리듬을 형성하도록 하여 치료한다.

● 수면이상증(Parasomnias ; 사건수면)

구 분	진단기준
비REM수면 각성장애	① 대개 주된 수면삽화 초기 1/3 동안 발생하는 잠에서 불완전하게 깨는 반복적인 삽화가 있고, 수면보행증이나 야경증을 동반한다. ② 꿈을 전혀 또는 거의 기억하지 못한다. ③ 삽화를 기억하지 못한다. ④ 삽화가 사회적·직업적 또는 다른 중요한 기능 영역에서 임상적으로 유의미한 고통이나 손상을 초래한다. ⑤ 장애가 물질의 생리적 효과로 인한 것이 아니고, 동반이환되는 정신질환과 의학적 장애로 설명할 수 없다.

악몽장애	① 대개 생존, 안전, 신체적 온전함에 대한 위협을 피하고자 노력하는 광범위하고 극도로 불쾌하며 생생하게 기억나는 꿈들의 반복적 발생이 일반적으로 야간 수면 시간의 후기 1/2 동안 일어난다. ② 불쾌한 꿈으로부터 깨어나면 빠르게 지남력을 회복하고 각성한다. ③ 수면 장해가 사회적·직업적 또는 다른 중요한 기능 영역에서 임상적으로 유의미한 고통이나 손상을 초래한다. ④ 악몽 증상이 물질의 생리적 효과로 인한 것이 아니고, 동반이환되는 정신질환과 의학적 장애가 악몽에 대한 호소를 충분히 설명할 수 없다. ⑤ 악몽기의 지속 기간에 따라 급성, 아급성, 지속성을 구분하여 명시하고, 중증도를 명시한다.

REM수면 행동장애	① 발성 및 복합 운동 행동과 관련된 수면 중 각성의 반복적인 삽화가 나타난다.
	② 이러한 행동들은 REM수면 중 발생하므로 적어도 수면 개시 후 90분 이후에 발생하며, 수면 후반부에 빈번하다. 낮잠 중에는 드물게 발생한다.
	③ 삽화로부터 깨어날 때, 개인은 완전히 깨어나고 명료하며 혼돈되거나 지남력을 상실하지 않는다.
	④ 다음 중 1가지에 해당한다.
	  • 수면다원 검사 기록상 무긴장증이 없는 REM수면
	  • REM수면 행동장애로 추정되는 과거력, 시누클레인병증 진단(예 파킨슨병, 다계통위축)
	⑤ 이러한 행동들은 사회적·직업적 또는 다른 중요한 기능 영역에서 임상적으로 유의미한 고통이나 손상을 초래한다.
	⑥ 장애는 물질의 생리적 효과나 다른 의학적 상태로 인한 것이 아니고, 공존하는 정신질환 및 의학적 장애로 설명할 수 없다.

● 하지불안(초조성다리) 증후군

(1) 진단기준

① 대개 다리에 불편하고 불쾌한 감각을 동반하거나, 이에 대한 반응으로 다리를 움직이고 싶은 충동이 다음 내용을 모두 충족한다.

> • 다리를 움직이고 싶은 충동이 쉬고 있거나 활동을 하지 않는 동안에 시작되거나 악화됨
> • 다리를 움직이고 싶은 충동이 움직임에 의해 부분적으로 또는 완전히 악화됨
> • 다리를 움직이고 싶은 충동이 낮보다 저녁이나 밤에 악화되거나 저녁이나 밤에만 발생함

② 진단기준 ①의 증상이 1주에 적어도 3회 이상 발생하고, 3개월 이상 지속된다.
③ 진단기준 ①의 증상이 사회적·직업적·교육적·학업적·행동적 또는 다른 중요한 기능 영역에서 유의미한 고통이나 손상을 초래한다.
④ 진단기준 ①의 증상이 약물의 생리적 효과나 다른 의학적 상태로 인한 것이 아니고, 공존하는 정신질환 및 의학적 장애로 설명할 수 없다.

(2) 원인

① 유병률은 2~2.7%로 나타나고, 주로 40대 이상에서 진단된다.
② 원인은 생물의학적 입장에서 논의되고 있고, 수면 중의 도파민 수준 저하가 하지불안 증후군을 유발할 수 있다고 본다.

13 성 관련 장애

● 성기능부전

(1) 유형

① **사정지연** : 대부분 동반자가 있는 성적 활동의 상황에서 개인이 원치 않는데도 사정지연을 하거나 사정부재를 경험한다.
② **발기장애** : 대부분 성적 활동 상황에서 발기와 관련된 어려움을 겪는다.
③ **여성 극치감 장애** : 성적 활동 중 극치감이 지연되거나 부재하는 경우를 말한다.
④ **여성 성적 관심/흥분 장애** : 성적 활동에 대한 관심이 없거나 극히 감소한 경우, 내적·외적 성적 암시에 대한 반응이 없거나 극히 감소한 경우를 말한다.
⑤ **성기-골반 통증/삽입 장애** : 성교 중 삽입통이 있거나 관련된 통증이 있는 경우를 말한다.
⑥ **남성 성욕감퇴 장애** : 성과 관련된 생각이나 성적 활동에 대한 욕구가 결여·부재한 경우를 말한다.
⑦ **조기사정** : 동반자와의 성적 활동 동안 질 내에 삽입 후 1분 안에 사정하는 것을 반복하는 것을 말한다.

(2) 치 료

① 개인보다는 부부를 주된 치료대상으로 하고, 치료자도 남녀 두 명으로 구성한다.
② 치료에 앞서 신체적 검사와 심리사회적 검사를 통해 성기능장애의 증상과 관련요인을 다각적으로 평가한다.
③ 성기능부전의 원인을 확인하고, 각 질환에 적절한 약물치료를 활용한다.

● 성별불쾌감

(1) 진단기준

① **아동의 성별불쾌감** : 자신의 경험된 성별과 타고난 성별 사이의 현저한 불일치가 최소 6개월 동안 다음 중 6가지 이상 나타난다(㉠을 반드시 포함한다).
㉠ 반대 성이 되고 싶은 강한 갈망 또는 자신이 반대 성이라고 주장함
㉡ 반대 성 옷을 입거나 반대 성 흉내내기를 선호함
㉢ 가상놀이나 환상놀이에서 반대 성 역할을 강하게 선호함
㉣ 반대 성이 사용하는 장난감이나 활동을 강하게 선호함
㉤ 반대 성 놀이 친구를 강하게 선호함
㉥ 타고난 성의 전형적인 놀이와 활동을 강하게 거부함
㉦ 자기 성별을 강하게 혐오함
㉧ 반대 성의 1차 성징 및 2차 성징에 해당하는 것을 강렬히 원함

② **청소년 및 성인의 성별불쾌감** : 자신이 경험한 성별과 타고난 성별 사이의 현저한 불일치가 최소 6개월 동안 다음 중 2가지 이상 나타난다.
  ㉠ 자신에게 부여된 1차적 성과 자신이 경험한 성에 있어서의 현저한 불일치
  ㉡ 타고난 성과 경험한 성의 현저한 불일치 때문에 자신의 1차 또는 2차 성징을 제거하려는 강한 욕구
  ㉢ 반대 성의 1차 또는 2차 성징을 얻고자 하는 강한 욕구
  ㉣ 반대 성이 되고 싶은 강한 욕구
  ㉤ 반대 성으로 대우받고 싶은 강한 욕구
  ㉥ 자신이 반대 성의 전형적 감정과 반응을 지니고 있다는 강한 신념

(2) 치료
성 정체성 장애에 수반되는 우울이나 불안 등의 심리적 문제를 다루어 주는 심리치료를 활용한다.

● 변태성욕장애(성도착장애)

(1) 유형

노출장애	낯선 사람에게 성기를 노출시키는 행위를 반복하며, 때로는 성기를 노출시키면서 또는 노출시켰다는 상상을 하면서 성적 흥분을 느끼는 경우이다.
관음장애	• 다른 사람이 옷을 벗고 있는 모습을 몰래 훔쳐보면서 강한 성적 흥분을 느끼는 경우로, 성적 흥분이 성적 공상·충동·활동으로 발현된다. • 18세 이상부터 진단이 가능하다.
마찰도착장애	• 동의하지 않는 사람에게 자신의 성기나 신체 일부를 접촉하거나 문지르는 행위를 반복적으로 나타내는 경우이다. • 이들은 체포될 염려가 없는 밀집된 지역(예 대중교통수단, 붐비는 길거리)에서 행위 중 피해자와 비밀스런 애정관계를 맺게 된다는 상상을 하기도 한다.
아동성애장애	• 사춘기 이전의 소아(보통 13세 이하)를 대상으로 하여 성적 공상이나 성행위를 반복적으로 나타내며, 적어도 6개월 이상 지속된다. • 위협이나 폭력이 사용되기도 하며, 근친강간이 발생할 수 있다. • 16세 이상부터 진단이 가능하며, 피해 아동보다 적어도 5세 연상이어야 한다. • 성적으로 남녀 모두 선호하는 경우도 있다.
성적피학장애	굴욕을 당하거나, 매질을 당하거나 묶이는 등 고통을 당하는 행위를 중심으로 성적 흥분을 느끼거나 성적 행위를 반복하는 경우이다.
성적가학장애	다른 사람의 신체적 또는 심리적 고통을 통해 성적 흥분을 느끼거나 그러한 성적 행위를 반복하는 경우이다.
물품음란장애	무생물인 물체를 이용하거나 성기가 아닌 특정 신체 부위에 집착하면서 성적 흥분을 느끼는 경우이다.
복장도착장애	성적 흥분을 목적으로 이성의 옷으로 바꿔 입는 경우를 말하며, 물품음란장애를 동반한다.

(2) 치 료

① 일반적인 치료목표는 환자가 자신의 변태성욕장애를 인정하여 치료에 응하도록 하고, 성도착행위의 피해자가 느낄 수 있는 고통과 불쾌감에 공감할 수 있도록 하는 것이다.
② 사회적 고립과 부적절한 대인관계를 개선하도록 유도하고, 성도착 행동이 유발되기 쉬운 상황을 인식하여 회피하는 방법을 비롯한 재발 예방 계획을 세우는 것이 중요하다.

14 파괴적, 충동조절 및 품행장애

● 적대적 반항장애

(1) 진단기준

① 분노와 과민한 기분, 논쟁적·반항적 행동, 보복적 양상이 적어도 6개월 이상 지속된다.
② 다음 중 적어도 4가지 이상 증상이 나타나고, 형제나 자매가 아닌 적어도 1명 이상의 다른 사람과의 상호작용에서 나타난다.
  ㉠ 분노/과민한 기분

  - 종종 욱하고 화를 냄
  - 종종 과민하고 쉽게 짜증을 냄
  - 종종 화를 내고 크게 격분함

  ㉡ 논쟁적/반항적 행동

  - 권위자와의 잦은 논쟁
  - 종종 적극적으로 권위자의 요구를 무시하거나 규칙을 어김
  - 종종 고의적으로 타인을 귀찮게 함
  - 종종 자신의 실수나 잘못된 행동을 남의 탓으로 돌림

  ㉢ 보복적 양상

  - 지난 6개월 동안 적어도 두 차례 이상 앙심을 품음

③ 행동 장애가 개인 자신 또는 사회적 맥락에 있는 상대방에게 고통을 주며, 그 결과가 사회적·학업적·직업적 또는 다른 중요한 기능 영역에서 부정적인 영향을 미친다.

(2) 치료

① 문제 행동을 보이는 아동만 치료하는 것이 아니라 가족 전체가 치료에 참여해야 한다.
② 아동의 자존감이 낮고, 발달이 미숙한 면이 있다는 점에서 개인 정신치료로 아동의 문제적 갈등과 부모에 대한 무의식적 공격성을 다뤄 올바른 방향으로 발달을 계속해 나갈 수 있도록 돕는 것도 필요하다.

● 품행장애

(1) 진단기준

① 다른 사람의 기본적인 권리를 침해하고, 사회 규범 및 규칙을 위반하는 지속적·반복적 행동 양상으로서, 다음 중 3가지 이상이 지난 12개월 동안 나타났고, 적어도 1가지 이상이 지난 6개월 동안 나타났다.

㉠ 사람과 동물에 대한 공격성

- 종종 다른 사람을 괴롭히거나 위협함
- 종종 신체적인 싸움을 걺
- 다른 사람에게 심각한 신체적 손상을 입힐 수 있는 무기 사용
- 다른 사람에게 신체적으로 잔인하게 대함
- 동물에게 신체적으로 잔인하게 대함
- 피해자가 보는 앞에서 도둑질을 함
- 다른 사람에게 성적 활동을 강요함

㉡ 재산 파괴

- 심각한 손상을 입히려는 의도로 고의적으로 불을 지름
- 다른 사람의 재산을 의도적으로 파괴함

㉢ 사기 또는 절도

- 다른 사람의 집·건물 또는 자동차에 무단침입함
- 종종 어떤 물건을 얻거나 환심을 사기 위해 또는 목적을 갖고 거짓말을 함
- 피해자와 대면하지 않은 상황에서 귀중품을 훔침

㉣ 심각한 규칙 위반

- 부모의 제지에도 불구하고 13세 이전부터 종종 밤 늦게까지 집에 들어오지 않음
- 부모와 같이 사는 동안 밤에 적어도 2회 이상 가출 또는 장기간 가출이 1회 있음
- 13세 이전에 무단결석을 종종 함

② 행동의 장애가 사회적, 학업적 또는 직업적 기능에 임상적으로 유의미한 고통이나 손실을 초래한다.
③ 18세 이상일 경우 반사회성 성격장애의 진단기준에 맞지 않아야 한다.

(2) 치료
① 긍정적이고 사회적으로 용인되는 행동, 공격적인 언행이 아닌 적절한 말과 행동을 할 때 긍정적 피드백과 적절한 보상을 해주는 행동요법이 효과적이다.
② 치료자는 부모, 가족, 교사, 지역사회 등 다각적인 치료 프로그램으로 접근하는 것이 좋다. 사회기술훈련, 가족교육과 혼란스러운 가족 간의 갈등을 치유하는 가족치료를 병행한다.

● 반사회성 성격장애
반사회성 성격장애는 사회적 규범이나 타인의 권리를 무시하는 행동양상을 주된 특징으로 나타내며, 성격장애의 한 유형범주에 포함된다.

● 간헐적 폭발장애

(1) 진단기준
① 공격적 충동을 조절하지 못하여 반복적으로 행동폭발을 나타내고, 다음 항목 중 1가지를 보인다.

> • 언어적 공격성 또는 재산·동물·타인에게 가하는 신체적 공격성이 3개월 동안 주 2회 이상 발생(재산 피해나 재산 파괴를 초래하지 않으며, 동물·사람에게 상해를 입히지 않는다)
> • 재산 피해 또는 동물이나 사람에게 상해를 입힐 수 있는 신체적 폭행을 포함하는 폭발적 행동을 12개월 이내에 3회 보임

② 반복적 행동폭발 동안 표현된 공격성의 정도는 스트레스 요인에 의해 촉발되는 정도를 심하게 넘어선 것이다.
③ 반복되는 공격적 행동폭발은 미리 계획된 것이 아니며, 분명한 목적(예 돈, 권력, 위협)을 가지고 행해지는 것이 아니다.
④ 반복되는 공격적 행동폭발은 개인에게 심리적 고통을 유발하거나, 직업적 또는 대인관계 기능에 손상을 주거나, 경제적 또는 법적 문제를 불러일으킨다.
⑤ 생활연령이 적어도 6세 이상이어야 진단이 가능하다.

(2) 치 료

① 심리적인 방법으로는 과거에 누적된 분노나 적개심을 비공격적인 방법으로 표출하고, 심리사회적 스트레스에 대해 인내력을 증대시키는 방법이 도움이 될 수 있다.
② 변연계 이상 등 신경생물학적 요인이 관여될 수 있다.
③ 리튬, 카바마제핀, 벤조다이아제핀 등이 효과를 나타낸다는 보고가 있으며, 최근에는 세로토닌이 공격행동과 관련된다는 연구에 근거하여 세로토닌 재흡수를 차단하는 약물이 효과적이라고 제안되고 있다.

● 병적도벽(도벽증)

(1) 진단기준

① 개인적으로 쓸모가 없거나 금전적으로 가치 없는 물건을 훔치려는 충동을 저지하는 데 반복적으로 실패한다.
② 훔치기 직전에 고조되는 긴장감이 나타난다.
③ 훔쳤을 때의 기쁨, 만족감 또는 안도감이 있다.
④ 훔치는 행위는 분노나 복수 또는 망상이나 환각에 대한 반응이 아니다.
⑤ 훔치는 행위가 품행장애, 조증삽화 또는 반사회성 성격장애로 더 잘 설명되지 않는다.

(2) 치 료

도벽증 환자에 대한 정신역동적 치료의 사례들이 보고되고 있으며, 체계적 둔감법, 혐오적 조건형성, 사회적 강화요인의 변화 등을 통한 행동치료가 유용한 것으로 보고되고 있다.

● 병적방화(방화증)

(1) 진단기준

① 1회 이상의 고의적이고 목적 있는 방화 행위를 한다.
② 방화 행위 전의 긴장 또는 정서적 흥분이 나타난다.
③ 불과 연관된 상황적 맥락에 대한 매혹, 흥미, 호기심을 가지고 있다.
④ 불을 지르거나 불이 난 것을 목격하거나 참여할 때 기쁨, 만족 또는 안도감을 보인다.
⑤ 방화는 금전적 이득, 사회·정치적 신념의 표현, 범죄행위 은폐, 분노나 복수심의 표현, 생활환경 개선, 망상이나 환각에 대한 반응, 손상된 판단력의 결과(예 주요 신경인지장애, 지적장애, 물질 중독)에 기인한 것이 아니다.
⑥ 방화 행위는 품행장애, 조증삽화 또는 반사회성 성격장애로 더 잘 설명되지 않는다.

(2) 치 료

다른 충동통제 장애와 마찬가지로, 정신역동치료나 행동치료를 통한 치료사례가 보고되고 있다.

15 물질관련 및 중독 장애

● 물질관련 장애

(1) 알코올 관련 장애

하위유형	진단기준
알코올 사용장애	다음 중 2가지 이상이 12개월 사이에 나타난다. • 알코올을 예상했던 것보다 더 많은 양 또는 더 오랜 기간 마신다. • 알코올 사용을 줄이거나 통제하려는 지속적인 노력을 기울이지만 매번 실패한다. • 알코올을 획득하고 사용하거나 그 효과로부터 회복하는 데 많은 시간을 허비한다. • 알코올을 마시고 싶은 갈망이나 강렬한 욕구를 지닌다. • 반복적인 알코올 사용으로 인해서 직장, 학교나 가정에서의 주된 역할과 의무를 수행하지 못한다. • 알코올의 효과에 의해서 초래되거나 악화되는 사회적 또는 대인관계적 문제가 반복됨에도 불구하고 지속적으로 알코올을 사용한다. • 알코올 사용으로 인해서 중요한 사회적, 직업적 또는 여가 활동이 포기되거나 감소된다. • 신체적 위험이 존재하는 상황에서도 반복적으로 알코올을 사용한다. • 알코올에 의해서 초래되거나 악화될 수 있는 지속적인 신체적 또는 심리적인 문제가 있음을 알면서도 알코올 사용을 계속한다. • 내성이 나타난다(중독 또는 원하는 효과를 얻기 위해 전보다 현저히 많은 양의 알코올을 필요로 하거나, 동일한 양의 알코올을 지속적으로 사용함에도 전보다 현저히 감소된 효과를 보임). • 금단이 나타난다(전형적인 알코올 금단증후군이 나타나거나, 금단증상을 완화·회피하기 위해 알코올 또는 알코올 관련 물질을 섭취함).
알코올 중독	• 최근 알코올 섭취가 있고, 알코올 섭취 동안 또는 그 직후에 임상적으로 심각한 문제적 행동 변화 및 심리 변화가 있다. • 알코올 섭취 동안 또는 그 직후에 다음 증상 중 1가지가 나타난다. ① 불분명한 언어 ② 운동조정곤란 ③ 불안정한 보행 ④ 안구진탕 ⑤ 주의·기억 손상 ⑥ 혼미 또는 혼수 • 증상은 다른 의학적 상태로 인한 것이 아니며, 다른 물질 중독을 포함한 다른 정신질환으로 더 잘 설명되지 않는다.
알코올 금단	• 장기적으로 섭취하던 알코올을 중단한 지 수 시간 또는 수일 이내 다음 증상 중 2가지 이상이 나타난다. ① 자율신경계 기능항진 ② 손 떨림 증가 ③ 불면증 ④ 오심 또는 구토 ⑤ 일시적인 환각 또는 착각 ⑥ 정신운동 초조증 ⑦ 불안 ⑧ 대발작 • 증상은 사회적·직업적 또는 다른 중요한 기능 영역에서 임상적으로 유의미한 고통이나 손상을 초래하고, 다른 의학적 상태로 인한 것이 아니다.

(2) 카페인 관련 장애

하위유형	진단기준
카페인 중독	250mg 이상의 카페인(끓는 커피 2~3컵)을 섭취하는 동안 또는 그 직후에 다음 중 5가지 이상의 징후 또는 증상이 나타난다. ① 안절부절못함 ② 신경과민 ③ 흥분 ④ 불면 ⑤ 안면홍조 ⑥ 이뇨 ⑦ 위장관계장애 ⑧ 근육연축 ⑨ 두서없는 사고와 언어의 흐름 ⑩ 빈맥 또는 심부정맥 ⑪ 지칠 줄 모름 ⑫ 정신운동성 초조
카페인 금단	지속적으로 매일 카페인을 사용하고, 카페인 사용을 갑자기 중단 또는 감량한 이후 24시간 이내에 다음의 징후 또는 증상 중 3가지 이상이 나타난다. ① 두통 ② 현저한 피로나 졸음 ③ 불쾌 기분, 우울 기분, 과민성 ④ 주의 저하 ⑤ 독감 유사 증상(오심, 구토 혹은 통증이나 뻣뻣함)
기 타	기타 카페인으로 유발된 장애, 명시되지 않은 카페인 관련 장애

(3) 대마 관련 장애

하위유형	진단기준
대마사용장애	11가지의 진단기준 중 2가지 이상에 해당되는 경우 진단
대마 중독	대마 사용 후 2시간 이내에 다음 징후 또는 증상 중 2가지 이상이 나타난다. ① 결막 충혈 ② 식욕 증가 ③ 입마름 ④ 빈맥
대마 금단	대마를 과도하게 장기적으로 사용하다가 중단한 이후 약 1주 이내에 다음의 징후 또는 증상 중 3가지 이상이 나타난다. ① 과민성, 분노 또는 공격성 ② 신경과민 또는 불안 ③ 수면 문제 ④ 식욕 감퇴 또는 체중 감소 ⑤ 안절부절못함 ⑥ 우울 기분 ⑦ 복통, 흔들림(떨림), 발한, 열, 오한 혹은 두통 중 한 가지 이상
기 타	기타 대마로 유발된 장애, 명시되지 않은 대마 관련 장애

(4) 환각제 관련 장애

하위유형	진단기준
펜시클리딘 사용장애 및 기타 환각제 사용장애	10가지 진단기준 중 2가지 이상에 해당되는 경우 진단
펜시클리딘 중독	사용 후 1시간 이내에 다음 징후 또는 증상 중 2가지 이상이 나타난다. ① 수직적 또는 수평적 안구진탕 ② 고혈압 혹은 빈맥 ③ 감각이상 또는 통증에 대한 반응 감소 ④ 실조 ⑤ 구음장애 ⑥ 근육경직 ⑦ 발작 또는 혼수 ⑧ 청각과민
기타 환각제 중독	환각제 사용 또는 그 직후에 다음 징후 또는 증상 중 2가지 이상이 나타난다. ① 동공산대 ② 빈맥 ③ 발한 ④ 가슴 두근거림 ⑤ 시야혼탁 ⑥ 떨림 ⑦ 운동조정곤란
기 타	환각제 지속성 지각장애, 기타 펜시클리딘으로 유발된 장애, 기타 환각제로 유발된 장애, 명시되지 않은 펜시클리딘 관련 장애, 명시되지 않은 환각제 관련 장애

(5) 흡입제 관련 장애

하위유형	진단기준
흡입제 사용장애	10가지 진단기준 중 2가지 이상에 해당되는 경우 진단
흡입제 중독	휘발성 흡입제 노출 중 또는 그 직후에 심각한 문제적 행동 변화 및 심리적 변화가 나타나고, 다음 증상 중 2가지 이상이 나타난다. ① 현기증 ② 안구진탕 ③ 운동조정곤란 ④ 불분명한 언어 ⑤ 불안정한 보행 ⑥ 기면 ⑦ 반사의 감소 ⑧ 정신운동성 지연 ⑨ 떨림 ⑩ 전반적인 근육 약화 ⑪ 시야혼탁이나 복시 ⑫ 혼미나 혼수 ⑬ 다행감
기 타	기타 흡입제로 유발된 장애, 명시되지 않은 흡입제 관련 장애

(6) 진정제, 수면제, 항불안제 관련 장애

하위유형	진단기준
진정제·수면제·항불안제 사용장애	11가지 진단기준 중 2가지 이상에 해당되는 경우 진단
진정제·수면제·항불안제 중독	진정제, 수면제, 항불안제 물질의 사용 도중 또는 그 직후에 다음 징후 또는 증상 중 1가지 이상이 나타난다. ① 불분명한 언어 ② 운동조정곤란 ③ 불안정한 보행 ④ 안구진탕 ⑤ 인지 손상(예: 주의, 기억) ⑥ 혼미나 혼수
진정제·수면제·항불안제 금단	진정제·수면제·항불안제를 과도하게 장기적으로 사용하다가 중단 또는 감량한 이후 수 시간에서 수일 내에 다음 중 2가지 이상이 나타난다. ① 자율신경계 항진 ② 손 떨림의 증가 ③ 불면 ④ 오심 또는 구토 ⑤ 일시적인 시각적·촉각적·청각적 환각이나 착각 ⑥ 정신운동성 초조 ⑦ 불안 ⑧ 대발작 경련
기 타	기타 진정제·수면제·항불안제로 유발된 장애, 명시되지 않은 진정제·수면제·항불안제 관련 장애

(7) 자극제 관련 장애

하위유형	진단기준
자극제 사용장애	11가지 진단기준 중 2가지 이상에 해당되는 경우 진단
자극제 중독	자극제의 사용 도중 또는 그 직후에 다음 징후 또는 증상 중 2가지 이상이 나타난다. ① 빈맥 또는 서맥 ② 동공산대 ③ 혈압 상승 또는 하강 ④ 발한 또는 오한 ⑤ 오심 또는 구토 ⑥ 체중 감소의 징후 ⑦ 정신운동성 초조 또는 지연 ⑧ 근육 약화, 호흡 억제, 흉통, 심부정맥 ⑨ 의식 혼란, 경련, 운동실조, 근육긴장이상증 또는 혼수
자극제 금단	자극제 사용 중단한 수 시간에서 수일 이내에 불쾌한 기분과 함께 다음의 생리적 변화 중 2가지 이상이 나타난다. ① 피로 ② 생생하고 기분 나쁜 꿈 ③ 불면 또는 과다수면 ④ 식욕 증가 ⑤ 정신운동성 지연 또는 초조
기 타	기타 자극제로 유발된 장애, 명시되지 않은 자극제 관련 장애

(8) 아편계 관련 장애

하위유형	진단기준
아편계 사용장애	11가지 진단기준 중 2가지 이상에 해당되는 경우 진단
아편계 중독	아편계의 사용 도중 또는 그 직후에 동공축소(또는 동공산대)와 함께 다음 징후 또는 증상 중 1가지 이상이 나타난다. ① 졸음 또는 혼수 ② 불분명한 언어 ③ 주의 또는 기억 손상
아편계 금단	진단기준 이후 수 분에서 수일 이내에 다음 중 3가지 이상이 나타난다. ① 불쾌 기분 ② 오심 또는 구토 ③ 근육통 ④ 눈물 흘림, 콧물 흘림, ⑤ 동공산대, 입모(털이 곤두서는 것) 또는 발한 증가 ⑥ 설사 ⑦ 하품 ⑧ 발열 ⑨ 불면
기 타	기타 아편계로 유발된 장애, 명시되지 않은 아편계 관련 장애

(9) 담배(타바코) 관련 장애

하위유형	진단기준
담배사용장애	11가지 진단기준 중 2가지 이상에 해당되는 경우 진단
담배 금단	금연 후 24시간 이내에 다음 징후 또는 증상 중 4가지 이상이 나타난다. ① 과민성, 욕구불만 또는 분노 ② 불안 ③ 주의 저하 ④ 식욕 증가 ⑤ 안절부절못함 ⑥ 우울 기분 ⑦ 불면
기 타	기타 담배로 유발된 장애, 명시되지 않은 담배 관련 장애

(10) 치 료

① 알코올 관련 장애
  ㉠ 입원치료 : 일상생활에 많은 지장을 줄 경우 입원이 필요하다.
  ㉡ 약물치료 : 진정제, 최면제, 수면제 등은 보조적 역할이며, 근본적인 치료는 아니다.
  ㉢ 심리치료 : 스트레스 대처훈련, 사회적 기술훈련, 의사소통훈련, 감정표현훈련, 자기주장 훈련, 부부관계 증진훈련 등을 통해 심리적 갈등을 완화하는 기술을 습득시켜 물질에 대한 의존도를 약화시킨다.
  ㉣ 행동치료 : 혐오치료, 대체치료 등을 사용한다.
  ㉤ 집단치료 : AA(알코올 중독자들) 등의 자조집단을 통한 치료가 효과적이다.
② 기타 관련 장애
  ㉠ 정신분석적 치료 : 정신분석적 입장에서는 치료과정은 물질로 인한 장애를 겪고 있는 사람이 자신의 무의식적 동기와 갈등을 알아가는 과정이라고 본다. 정신분석적 입장에서는 현재보다 과거의 사건들에 관심을 두며 자유연상, 꿈의 분석, 전이분석, 저항분석 등의 치료기법을 사용한다.
  ㉡ 행동주의적 치료 : 행동주의적 치료방법에서는 잘못된 학습에 의해 형성된 이상행동을 제거하거나, 적응적 행동을 학습시켜 대체하게 하고자 노력한다. 소거, 혐오적 조건형성, 체계적 둔감법 등의 치료기법을 사용한다.
  ㉢ 생물학적 치료 : 생물학적 입장에서는 물질장애를 하나의 질병으로 보고 치료한다. 약물치료, 전기충격치료, 뇌절제술 등의 치료기법을 사용한다.

● 비물질관련장애(도박장애)

(1) 진단기준
① 다음 중 4가지 이상의 항목에 해당하는 도박행동이 12개월 동안 지속적이고 반복적으로 일어나서 사회적·직업적 부적응을 초래한다.

- 돈의 액수가 커질수록 더 흥분감을 느끼기 때문에 액수를 계속 늘리면서 도박하려는 욕구가 있다.
- 도박행동을 줄이거나 그만두려고 시도할 때 안절부절못하거나 신경이 과민해진다.
- 스스로 도박행동을 조절하거나 줄이거나 중단하려는 노력이 거듭 실패로 돌아간다.
- 도박에 집착한다.
- 무기력감, 죄책감, 불안감, 우울감 등과 같은 정신적 문제에 부딪혔을 때, 여기에서 탈출하기 위한 수단으로 도박을 하거나 불쾌한 기분을 가라앉히기 위한 수단으로 도박을 한다.
- 도박으로 돈을 잃고 나서 이를 만회하기 위해 다음 날 다시 도박을 한다.
- 자신이 도박에 빠져 있는 정도를 숨기기 위해서 가족들, 치료자, 다른 사람들에게 거짓말을 한다.
- 도박으로 인해서 중요한 대인관계가 위태로워지거나, 직업상이나 교육상의 기회, 출세의 기회를 잃어버리게 된다.
- 도박으로 인한 절망적인 경제 상태에서 벗어나기 위해 다른 사람에게 돈을 빌린다.

② 도박행동이 조증삽화로 더 잘 설명되지 않는다.

(2) 치료
① 병적 도박은 원인이 다양한 만큼 치료법도 다양하게 제시되지만, 치료가 매우 어렵고 재발률이 높다. 도박광들은 대부분 자발적으로 치료를 받으려 하지 않으며, 가족이나 법원에 의해서 강제로 치료에 응하는 경우가 많다.
② 치료기법
  ㉠ 행동치료 : 도박에 대한 매혹을 제거하고 오히려 혐오감을 형성시킴으로써, 도박을 멀리하게 하는 혐오적 조건형성이 사용되기도 한다.
  ㉡ 약물치료 : 클로미프라민이나 세로토닌 억제제가 병적 도박에 효과적이라는 주장이 있다.
  ㉢ 기타 : 집단치료와 병적 도박자들이 도박의 유혹을 극복하도록 돕는 자조모임인 GA(Gamblers Anonymous)가 회복에 도움이 된다.

16 신경인지장애

● 주요 신경인지장애

(1) 진단기준

① 이전 수행 수준에 비해 1가지 이상 인지영역에서 인지 저하가 현저하다는 증거가 다음에 근거한다.

- 환자 또는 환자를 잘 아는 사람이 현저한 인지기능 저하를 걱정함
- 인지 수행의 현저한 손상이 표준화된 신경심리 검사 또는 다른 정량적 임상평가에 의해 입증됨

② 인지 결손은 일상 활동의 독립적인 수행을 방해한다.
③ 인지 결손은 섬망이 있는 상황에서만 발생하는 것이 아니고, 다른 정신질환으로 더 잘 설명되지 않는다.
④ 병인에 따라 알츠하이머병, 전두측두엽 변성, 루이소체병, 혈관 질환, 외상성 뇌손상, 물질/치료약물 사용, HIV 감염, 프라이온병, 파킨슨병, 헌팅턴병, 다른 의학적 상태, 다중 병인 등으로 명시한다.

(2) 특 징

① 일련의 증상이 급격하게 갑자기 나타나고, 그 원인을 제거하면 증상이 갑자기 사라지는 경우가 많다.
② 주요 신경인지장애에서 인지 저하는 본인이 인식하지 못할 수 있다.

● 경도 신경인지장애

(1) 진단기준

① 이전 수행 수준에 비해 1가지 이상 인지영역에서 인지 저하가 경미하게 있다는 증거가 다음에 근거한다.

- 환자 또는 환자를 잘 아는 사람이 경미한 인지기능 저하를 걱정함
- 인지 수행의 경미한 손상이 표준화된 신경심리 검사 또는 다른 정량적 임상평가에 의해 입증됨

② 인지 결손은 일상 활동의 독립적인 수행을 방해하지 않는다.
③ 인지 결손은 섬망이 있는 상황에서만 발생하는 것이 아니고, 다른 정신질환으로 더 잘 설명되지 않는다.
④ 병인에 따라 알츠하이머병, 전두측두엽 변성, 루이소체병, 혈관질환, 외상성 뇌손상, 물질/치료약물 사용, HIV 감염, 프라이온병, 파킨슨병, 헌팅턴병, 다른 의학적 상태, 다중 병인 등으로 명시한다.

(2) 특징
① 인지기능이 과거 수행수준에 비해 상당히 저하되었지만, 이러한 인지 저하로 인해 일상생활을 독립적으로 영위할 수 있는 능력이 저해되지는 않는다.
② 주요 신경인지장애처럼 알츠하이머병, 뇌혈관 질환, 충격에 의한 뇌손상, HIV 감염, 파킨슨병 등과 같은 다양한 질환에 의해 유발될 수 있다.

● 섬망

(1) 진단기준
① 주의 장애와 의식 장애를 주된 특징으로 한다.

> • 주의 장애 : 주의를 기울이고, 집중, 유지 및 전환하는 능력 감소
> • 의식 장애 : 환경에 대한 지남력 감소

② 장애는 단기간(몇 시간 또는 며칠)에 걸쳐 발생하고, 기저 상태의 주의와 의식으로부터 변화를 보이며, 하루 중 심각도가 변하는 경향이 있다.
③ **부가적 인지장애** : 기억 결손, 지남력 장애, 언어, 시공간 능력 또는 지각
④ 진단기준 ①과 ③의 장애는 다른 신경인지장애로 더 잘 설명되지 않고, 혼수와 같은 각성 수준이 심하게 저하된 상황에서 일어나는 것이 아니다.
⑤ 물질 중독 섬망, 물질 금단 섬망, 약물치료로 유발된 섬망, 다른 의학적 상태로 인한 섬망을 구별하여 명시한다.

(2) 특징
① 섬망은 주의 장애와 의식 장애를 주된 특징으로 하며, 부가적 인지장애가 나타난다.
② 의식이 혼미해지고, 현실감각이 급격히 혼란되어 시간과 장소에 대한 인식에 장애가 나타나며, 주위를 알아보지 못하고, 헛소리를 하거나 손발을 떠는 증상들이 나타난다.
③ 단기간에 발생하여 악화되며, 하루 중에도 그 심각도가 변동된다.

17 성격장애

● 일반적 성격장애(General Personality Disorder)

(1) 진단기준
① 내적 경험과 행동의 지속적인 양식이 개인이 속한 문화에서 기대하는 바로부터 현저하게 벗어나 있고, 다음 중 2가지 이상에서 나타난다.

- 인지 : 사람 및 사건을 지각하는 방법
- 정동 : 감정 반응의 범위, 불안전성, 적절성
- 대인관계 기능
- 충동 조절

② 내적 경험과 행동의 지속적인 양식이 변하지 않으며, 개인적·사회적 영역에서 전반적으로 나타난다.
③ 장애가 사회적·직업적 또는 다른 중요한 기능 영역에서 임상적으로 유의미한 고통이나 손상을 초래한다.
④ 장애가 오랜 기간 동안 있어 왔으며, 최소한 청년기 혹은 성인기 초기부터 시작된다.
⑤ 장애가 다른 정신질환의 현상이나 결과로 더 잘 설명되지 않고, 물질의 생리적 효과나 다른 의학적 상태로 인한 것이 아니다.

(2) 특 징
① 비사회성, 깊이 있는 정서적 교감의 결여, 집단과 개인에 대한 믿음 결여, 자신의 성격이나 태도에 대한 통찰력 부족 등의 특징을 나타낸다.
② 성격장애는 시간이 지나더라도 쉽게 변하지 않으며, 그로 인한 고통과 장애를 동반한다.
③ 성격장애는 증상의 유사성에 따라 3가지 유형으로 분류된다.

구 분	특 징	종 류
A군 성격장애	사회적으로 고립되어 있고 기이한 성격특성을 나타내는 성격장애	• 편집성 성격장애(Paranoid Personality Disorder) • 조현성 성격장애(Schizoid Personality Disorder) • 조현형 성격장애(Schizotypal Personality Disorder)
B군 성격장애	감정적이며 변화가 많고 극적인 성격특성을 나타내는 성격장애	• 반사회성 성격장애(Antisocial Personality Disorder) • 연극성(히스테리성) 성격장애(Histrionic Personality Disorder) • 경계선 성격장애(Borderline Personality Disorder) • 자기애성 성격장애(Narcissistic Personality Disorder)
C군 성격장애	불안하고 두려움을 많이 느끼는 성격특성을 나타내는 성격장애	• 의존성 성격장애(Dependent Personality Disorder) • 강박성 성격장애(Obsessive-Compulsive Personality Disorder) • 회피성 성격장애(Avoidant Personality Disorder)

● A군 성격장애

(1) 편집성 성격장애

① 진단기준
㉠ 다른 사람의 동기를 악의가 있는 것으로 해석하는 등 타인에 대한 전반적인 불신과 의심이 있으며, 다음 중 4가지 이상이 나타난다.

- 타인이 자신을 이용하고 속이며 해를 입힌다고 의심한다.
- 친구나 동료의 진실성이나 신뢰성에 대해 부당하게 의심한다.
- 정보가 자신에게 악의적으로 사용될 수 있다는 두려움으로 인해 타인에게 자신의 속내를 드러내지 않는다.
- 타인의 사소한 말이나 사건 속에 자신에 대한 비하와 위협의 의도가 있는지 파악하고자 한다.
- 모욕, 손상 또는 경멸 등 자신이 품은 원한을 오랫동안 간직한다.
- 타인의 의도와 관련 없이 자기 인격이나 명성이 공격당한 것으로 간주하여 즉각 화를 내거나 반격한다.
- 특별한 이유 없이 자신의 배우자나 성적 상대자의 정절을 의심한다.

㉡ 성인기 초기에 시작되며 여러 상황에서 나타난다.

② 치료
㉠ 치료목표는 환자가 겪고 있는 문제와 갈등의 근본 원인이 환자 자신에게 있음을 자각하고, 스스로 변화하기 위해 실제적 노력을 하게 하는 것이다.
㉡ 의심으로 인해 치료적 관계 형성이 매우 어렵다.
㉢ 솔직하고 개방적인 자세로 신뢰감을 심어주는 것이 치료결과에 중요한 영향을 미친다.

(2) 조현성(분열성) 성격장애

① 진단기준
㉠ 다양한 형태의 사회적 유대로부터 반복적으로 유리되고, 대인관계에서 전반적으로 제한된 감정 표현이 나타나며, 다음 중 4가지 이상이 나타난다.

- 타인이나 가족성원과 친밀한 관계를 맺고자 하지 않는다.
- 거의 모든 활동에 있어서 혼자 선택하며 홀로 행동한다.
- 타인과 성적 관계를 가지는 것에 흥미가 없다.
- 즐거움을 얻는 활동이 거의 없거나 극히 소수이다.
- 가족 이외에 속내를 털어놓을 수 있는 친구가 없다.
- 타인의 칭찬이나 비난에 무관심한 반응을 보인다.
- 정서적으로 냉담하고 고립적이며, 단조로운 정동을 보인다.

㉡ 성인기 초기에 시작되며 여러 상황에서 나타난다.

② 치 료
  ㉠ 정서적이거나 개입적인 치료가 아니라 과제 제시형 접근을 하는 것이 대부분 더 성공적이며, 치료의 목표를 강요하지 않는 것이 중요하다. 조현성 성격장애 환자들이 사회적 참여에 대해 원하는 정도가 증가하지는 않더라도, 치료를 통해 다른 사람들과 의사소통하거나 사회적 관계를 맺을 수 있는 능력을 키울 수 있다.
  ㉡ 지지적 정신치료를 할 수 있으며, 주로 상황대처, 사회기술훈련, 자아존중감, 의사소통 등과 관련된 분야가 중심이 된다. 일부 환자에서는 정신분석적 정신치료가 도움이 될 수 있는데, 통찰할 수 있는 능력이 적어 비효과적이라는 의견도 있다. 또한, 일부 환자에서는 집단치료도 유용할 수 있는데, 점차적인 신뢰 형성이 치료과정에서 중요하다. 대인관계 기술이 부족하므로 적절한 대인관계 행동을 역할극을 통해 연습하는 행동치료도 도움이 된다.
  ㉢ 약물치료는 항정신병 약물, 항우울제, 정신자극제 등을 환자 증상 양상에 따라서 일부 환자에서 사용해 볼 수 있다. 세로토닌 제제는 거절에 대한 민감함을 누그러뜨리는 데 효과가 있다는 보고가 있고, 벤조디아제핀 제제는 대인관계의 불안을 줄일 수 있다는 보고가 있다.

(3) 조현형(분열형) 성격장애
① 진단기준
  ㉠ 친밀한 관계를 급작스럽게 불편해하고, 친밀한 관계를 맺는 능력의 감퇴 및 인지·지각의 왜곡, 행동의 기괴성으로 드러나는 사회적·대인적 결함이 광범위하게 나타난다. 다음 중 5가지 이상이 나타난다.

> - 관계 사고 : 우연한 사고나 사건이 자신과 특별한 관계가 있다고 잘못 해석함
> - 하위문화권 기준에 맞지 않는 마술적인 사고 : 미신, 천리안, 텔레파시 등에 대한 믿음, 기이한 공상
> - 신체적 착각을 포함한 이상한 지각 경험
> - 괴이한 사고와 언어
> - 편집증적인 생각 또는 의심
> - 부적절하고 제한된 정동
> - 기묘한 또는 괴팍한 행동이나 외모 : 이상한 동작, 혼잣말, 기묘한 말
> - 가족을 제외하면 가까운 친구나 친한 사람이 없음
> - 부적절하거나 위축된 정서 : 정서가 냉담하고 동떨어져 있음

  ㉡ 성인기 초기에 시작되며 여러 상황에서 나타난다.

② 치료
　㉠ 약물치료 : 항정신병 약물치료를 시행한다.
　㉡ 인지행동치료

> - 사회적 고립을 줄이는 건전한 치료적 관계를 수립한다.
> - 다음으로 사회적 기술훈련과 적절한 언행의 모방학습을 통해 사회적으로 적절한 행동을 증가시킨 후, 내담자의 두서없는 사고양식에 의해 방해받지 않도록 치료 회기를 구조화하여 체계적으로 진행한다.
> - 마지막으로 내담자가 정서적 느낌보다는 객관적 증거에 의거하여 자신의 사고를 평가하도록 돕는다.

● B군 성격장애

(1) 반사회성 성격장애

① 진단기준
　㉠ 15세 이후 시작되고, 다른 사람의 권리를 무시하는 행동 양상이 있고, 다음 중 3가지 이상을 충족한다.

> - 체포 사유가 되는 행위를 반복하는 등 준법 행위를 존중하거나 사회적 규범에 맞추지 못함
> - 반복적으로 거짓말을 함
> - 충동적이거나 미리 계획을 세우지 못함
> - 신체적 싸움이나 폭력 등에서 반복적으로 나타나는 불안정성 및 공격성
> - 자신이나 타인의 안전을 무시하는 무모성
> - 일정한 직업을 갖지 못하거나 재정적 의무를 다하지 못하는 등 지속적인 무책임성
> - 다른 사람을 학대하거나 다른 사람 물건을 훔치는 것에 대한 양심의 가책 결여 또는 합리화

　㉡ 18세 이상부터 진단이 가능하며, 품행장애의 증상이 15세 이전부터 있었다.
　㉢ 반사회적 행동은 조현병이나 양극성장애의 경과 중에만 나타나는 것이 아니다.

② 치료
　㉠ 인지행동치료적 접근에서 치료자는 치료적인 협력관계를 형성하기 위해 힘겨루기를 피해야 하고, 통제하려는 태도를 비추지 말아야 하며, 중립적이고 수용적인 태도를 유지해야 한다.
　㉡ 이들을 치료할 때에는 양심, 죄책감, 후회를 불러일으키기보다는, 친사회적인 행동을 통해 얻을 수 있는 장기적인 이익과 물질적 가치에 초점을 두는 것이 효과적이다. 동반된 정신과 증상에 따라 정신과 약물은 대증적으로 시도해 볼 수 있다.

(2) 연극성(히스테리성) 성격장애

① 진단기준
  ㉠ 감정이 과도하며 관심을 요구하는 것이 광범위한 양상으로 나타나고, 다음 중 5가지 이상이 나타난다.

  - 자신이 주목받지 못하는 상황을 불편하게 생각한다.
  - 다른 사람과의 관계에서 부적절할 정도로 성적으로 유혹적이거나 자극적이다.
  - 감정 표현이 자주 바뀌고, 피상적으로 표현한다.
  - 자신에 대한 관심을 계속해서 유지하기 위해서 외모를 이용한다.
  - 연극적인 방식으로 말을 하고, 말하는 내용에 세부적인 사항이 결여되어 있다.
  - 자신을 극적인 방식으로 표현하고, 연극적인 태도를 보이며, 감정을 과장해서 표현한다.
  - 다른 사람이나 환경에 쉽게 영향을 받는다.
  - 다른 사람과의 관계를 실제보다 더 친밀한 것으로 잘못 생각한다.

  ㉡ 성인기 초기에 시작되며 여러 상황에서 나타난다.

② 치료
  ㉠ 환자의 증상을 치료하기 위해서는 정신치료적인 접근이 우선되어야 하며, 환자 자신의 실제 감정을 구체화시켜 스스로 인식하도록 도와주는 것이 치료의 목표이다.
  ㉡ 정신치료의 경우, 최소 수개월 이상 장기간에 걸쳐 규칙적인 면담이 이루어져야 한다. 치료에 대한 환자 스스로의 동기가 낮은 경우에는 치료효과가 떨어질 수 있다.
  ㉢ 동반 증상에는 약물치료가 보조적으로 사용될 수 있는데, 우울증이나 신체 증상을 호소하는 경우에는 항우울제, 불안을 호소하는 경우에는 항불안제 등이 사용될 수 있다.
  ㉣ 인지치료에서는 전반적 인상에 근거하여 모호하게 생각하는 내담자의 사고 양식을 좀 더 구체적이고 체계적인 문제중심적 사고로 바꾸는 방법으로 치료한다.

(3) 경계선(경계성) 성격장애

① 진단기준
  ㉠ 대인관계, 자아상 및 정동의 불안정성과 충동성이 광범위하게 나타나며, 다음 중 5가지 이상이 나타난다.

  - 실제 유기 또는 가상 유기를 피하기 위해 필사적으로 노력한다.
  - 대인관계에 있어서 상대방에 대한 이상화와 평가절하의 교차가 극단적이고 반복적으로 나타난다.
  - 자아상이나 자기지각이 지속적으로 심각한 불안정성을 보인다.
  - 낭비, 물질 남용, 성관계, 난폭운전, 폭식 또는 폭음 등 자신에게 손상을 줄 수 있는 충동성을 2가지 이상 나타낸다.
  - 반복적으로 자해나 자살의 위협을 보이며, 실제로 자해 행위를 시도한다.
  - 현저한 기분 변화로 인해 정서가 불안정하다.
  - 만성적인 공허감을 느낀다.
  - 부적절하고 심한 분노를 느끼거나, 분노를 조절하는 데 어려움을 느낀다.
  - 스트레스에 의한 망상적 사고 또는 심한 해리증상이 있다.

ⓒ 성인기 초기에 시작되며 여러 상황에서 나타난다.
② 치료
　　　㉠ 개인 심리치료가 가장 일반적이고 정신치료와 인지행동치료, 약물치료가 모두 포함된다.
　　　ⓒ 환자가 정신치료를 통하여 치료자와 안정적이고 믿을 수 있는 인간관계를 발전시킴으로써, (비록 자기 성격의 문제점에 대한 깨달음을 얻지 않더라도) 호전될 수 있다.
　　　ⓒ 변증법적 행동치료(Dialectical Behavior Therapy)와 도식-중심 치료(Schema-focused Therapy)의 인지행동치료의 효과가 밝혀져 있다.
　　　㉣ 약물치료로는 분노, 충동성, 정서 불안정 등을 조절하기 위하여 항우울제나 항정신병 약물 또는 기분 조절제 등이 증상에 따라 이용된다.

(4) 자기애성 성격장애

① 진단기준
　　　㉠ 과대성 행동과 사고, 숭배의 요구, 공감능력 결여가 광범위한 양상으로 있고, 다음 중 5개 이상이 나타난다.

> - 자신의 중요성에 대해 과장된 지각을 한다.
> - 성공과 권력, 탁월함과 아름다움, 이상적인 사랑에 대한 공상을 자주 한다.
> - 자신은 매우 특별하고 독특하므로 특별하거나 지위가 높은 사람만이 자신을 이해할 수 있으며, 자신 또한 그들과 어울려야 한다고 생각한다.
> - 타인으로부터 과도한 찬사를 요구한다.
> - 특권의식을 가지며, 특별대우에 대한 불합리한 기대감에 사로잡힌다.
> - 자기 목표를 위해 타인을 이용하려고 한다.
> - 공감 능력 결여로 인해 타인의 감정이나 요구를 무시한다.
> - 타인을 질투하거나 또는 자신이 타인의 질투 대상이라고 생각한다.
> - 오만방자한 행동이나 태도를 보인다.

　　　ⓒ 청년기에 시작되며 여러 상황에 나타난다.
② 치료
　　　㉠ 치료는 환자 스스로 자기애(Narcissism)를 포기하도록 하는 것인데, 본인이 심리적인 문제를 가지고 있다는 것을 인정하는 것부터 자존감과 관련되기 때문에 심리치료를 수용하기 어려운 경우가 많다. 치료자에 대해서도 특별하고 최고라고 생각될 때 치료에 참여한다.
　　　ⓒ 치료에서는 이상화나 평가절하의 태도를 다루는 과정이 중요하다.
　　　ⓒ 약물치료는 제한적이나, 리튬과 세로토닌 제제를 사용해 볼 수 있다.

● C군 성격장애

(1) 회피성 성격장애
① 진단기준
㉠ 사회관계의 제한, 부적절감, 부정적 평가에 대한 예민함이 광범위한 양상으로 나타나고, 다음 중 4가지 이상이 나타난다.

> - 비판이나 거절, 인정받지 못함 등 때문에 대인 접촉이 관련되는 직업 활동을 회피한다.
> - 자신을 좋아한다는 확신 없이는 대인 관계를 피한다.
> - 창피를 당하거나 놀림을 받는 것에 대한 두려움 때문에 친근한 대인 관계 이내로 자신을 제한한다.
> - 사회적 상황에서 비판의 대상이 되거나 거절당하는 것에 대해 집착한다.
> - 부적절감으로 인해 새로운 대인관계를 맺는 것이 힘들다.
> - 자신을 사회적으로 미숙하고, 매력이 없고, 다른 사람에 비해 열등한 사람으로 바라본다.
> - 당황하는 인상을 줄까 두려워 어떤 새로운 일에 관여하거나 혹은 개인적인 위험을 감수하는 것을 매우 주저한다.

㉡ 청년기에 시작되며 여러 상황에서 나타난다.

② 치 료
㉠ 일부 회피성 성격장애 환자에게는 정신역동치료가 유용한데, 이 경우 거절에 예민하기 때문에 치료동맹을 효과적으로 형성하려는 노력이 필요하다. 치료가 조기에 중단되지 않도록 예방하여야 한다.
㉡ 자기주장 훈련이나 점진적 노출, 긴장이완훈련, 일반적인 사회기술 훈련이 도움이 되고, 집단치료를 통해서 거절에 대한 과민성이 다른 사람들에게 미치는 영향을 이해할 수 있도록 돕는다. 이는 거절에 대한 지나친 예민함을 감소시킬 수 있다.
㉢ 약물치료는 불안과 우울 증상이 수반되었을 때 사용해 볼 수 있다.

(2) 의존성 성격장애
① 진단기준
㉠ 돌봄을 받고자 하는 광범위하고 지나친 욕구가 복종적이고 매달리는 행동과 이별 공포를 초래하며, 다음 중 5가지 이상이 나타난다.

> - 일상적인 결정에 대해서도 타인의 충고와 보장을 필요로 한다.
> - 자기 인생의 중요한 부분까지도 떠맡길 수 있는 타인을 필요로 한다.
> - 지지와 칭찬을 상실할지도 모른다는 두려움으로 인해 타인에게 반대의견을 제시하지 못한다.
> - 자신의 일을 단독으로 시작하거나 수행하는 데 어려움을 느낀다.
> - 타인의 지지와 보호를 얻기 위해서라면 어떠한 일이든 마다하지 않는다.
> - 자신이 혼자 일을 처리해야 하는 경우 과장된 두려움과 불안감을 느낀다.
> - 의존 상대와의 친밀한 관계가 끝나는 경우 서둘러 다른 지지와 보호의 대상을 찾는다.
> - 스스로를 돌봐야 하는 상황에 처하는 것에 대해 비현실적으로 집착한다.

ⓒ 청년기에 시작되며 여러 상황에서 나타난다.
　② 치 료
　　　㉠ 환자의 의존적인 성향과 치료에 순응하는 태도 때문에 '착한 환자'로 보일 수 있지만, 오히려 그러한 모습은 성공적인 치료를 통해 독립적인 성인으로서 살아가는 데 장애물이 된다.
　　　㉡ 의존성 성격장애를 가진 사람은 치료실 안에서 자신이 의지할 사람을 찾게 되고 치료자에게 순종하게 되는데, 이를 극복하지 못하면 치료의 진전 없이 병리적인 관계가 계속 반복될 수밖에 없다.
　　　㉢ 의존성 성격장애를 가진 사람은 심층적인 정신치료를 통해 그들이 겪는 불안감의 원인에 대해 탐색하고 직면해야 한다. 때로는 스스로 무력하고 무능하게 느껴질 때의 대처 방안으로 인지행동치료적 접근방식이 도움이 될 때도 있다.

(3) 강박성 성격장애(Obsessive-Compulsive Personality Disorder)
　① 진단기준
　　　㉠ 융통성 · 개방성 · 효율성을 찾아보기 어렵고, 정돈 · 완벽 · 정신적 통제 · 대인관계 통제에 지나치게 집착하는 양상이 광범위하게 나타나며, 다음 중 4가지 이상에 해당한다.

> - 내용의 세부사항, 규칙, 목록, 순서, 조직, 형식에 집착하여 일을 전체적으로 보지 못한다.
> - 지나치게 엄격한 완벽주의 성향으로 인해 오히려 과제를 완수하기 어렵다.
> - 일과 생산성에 지나치게 몰두하여 여가활동을 즐기거나 가까운 사람들과 즐거운 시간을 가지지 못한다.
> - 도덕적 · 윤리적 · 가치적 측면에서 지나치게 양심적이고 고지식하며, 융통성이 결여되어 있다.
> - 실용적으로도 감상적으로도 아무런 가치가 없는 물건을 쉽게 버리지 못한다.
> - 자신이 일하는 방식에 따르지 않는 사람에게는 일을 위임하거나 함께 일하려고 하지 않는다.
> - 미래의 재난에 대비하기 위해 돈을 쌓아두어야 한다는 생각으로 인해, 자신이나 타인에게 매우 인색하다.
> - 경직되고 완고한 모습을 보인다.

　　　㉡ 청년기에 시작되며 여러 상황에 나타난다.
　② 치 료
　　　㉠ 약물치료, 지나치게 엄격한 초자아를 수정하는 개인 정신역동적 치료, 내담자가 호소하는 문제에 초점을 맞추어 구체적인 목표를 세우고 해결해 나가는 인지행동치료 등을 시도해 볼 수 있으나, 각각의 치료효과에 대해서는 아직 연구자들 간에 이견이 많다.
　　　㉡ 다른 인격장애와는 달리, 환자 스스로 자신의 어려움과 고통을 인지하고 도움을 요청하는 경우가 적지 않다.
　　　㉢ 다른 인격장애의 치료와 마찬가지로 체계적인 계획을 바탕으로 장기간 치료가 필요하다.
　　　㉣ 약물치료로는 최근에 SSRI 등이 사용되기도 하지만, 강박적 성격특성 자체를 변화시키는지에 대해서는 아직 미지수이며, 우울증이나 불안장애 등이 동반되었을 때 약물치료를 시행하면 동반증상에 대해 상당한 호전이 있는 것으로 보고된다.

기출문제 완전 정복은
기출이 답이다
청소년상담사 3급

5개년(2020~2024년) 기출문제로 최신 출제유형 완벽 숙지!

상세하고 친절한 해설로 빈틈없는 학습 가능!

※ 도서의 이미지와 구성은 변경될 수 있습니다.

실전 대비 모의고사는 최종모의고사

청소년상담사 3급

실전 유형 최종모의고사 5회로 필기시험 완벽 대비!

최신기출 키워드 소책자로 휴대하며 복습 가능!

※ 도서의 이미지와 구성은 변경될 수 있습니다.

Win-Q 청소년상담사 3급

초단기 합격은 단기합격

시험에 꼭 나오는 **핵심이론** & 기출 기반 **핵심예제**로 **효율적인 학습 가능!**

최신기출 1회분 & 상세한 해설로 **2024년 시험 완벽 대비!**

※ 도서의 이미지와 구성은 변경될 수 있습니다.

 모든 자격증·공무원·취업의 합격정보  합격 과 좋아요! 정보 알림설정까지!

55.9%

*2024년 청소년상담사 3급 필기 합격률

CBT 모의고사로 최종 합격 점검!

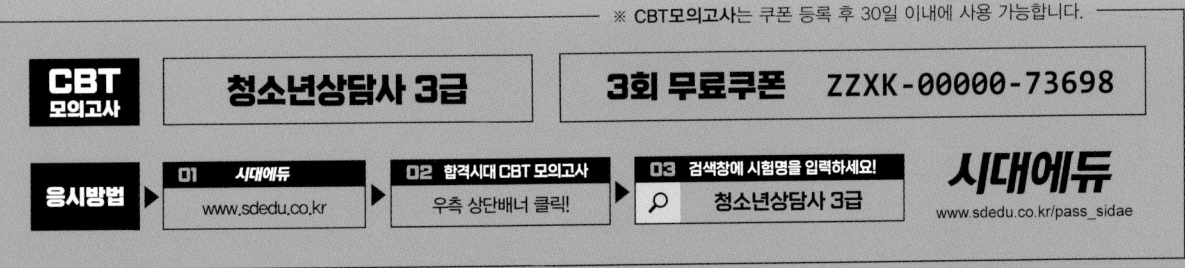

▶ 청소년상담사 관련 정보는?
NAVER 카페 https://cafe.naver.com/sdwssd

 20년 연속 청소년상담사 부문
판매량/적중률/선호도 1위 YES24 기준, 청소년상담사 수험서 분야 판매량 1위(2005.12.~2025.6.)

 온라인 강의

시대에듀

발행일 2025년 2월 10일 | **발행인** 박영일 | **책임편집** 이해욱
편저 시대청소년상담사 수험연구소 | **발행처** (주)시대고시기획
등록번호 제10-1521호 | **대표전화** 1600-3600 | **팩스** (02)701-8823
주소 서울시 마포구 큰우물로 75 [도화동 538 성지B/D] 9F
학습문의 www.sdedu.co.kr

※ 이 책은 저작권법에 의해 보호를 받는 저작물이므로 동영상 제작 및 무단전재와 복제를 금합니다.

2025

편저 시대청소년상담사 수험연구소

합격에듀 시대에듀

20년 연속 청소년상담사 부문 1위

시험 준비부터 합격까지!

ARE YOU *READY?*

필수1과목 | 발달심리 · 필수2과목 | 집단상담의 기초 · 필수3과목 | 심리측정 및 평가 · 필수4과목 | 상담이론

[1교시]

청소년상담사

3급 한권으로 끝내기

필수5과목 · 선택2과목 핵심이론 + 적중예상문제

DSM-5 정신장애 진단 및 통계편람 | 청소년윤리강령 | 2024년 기출문제해설+무료강의

CBT 모의고사 3회 무료쿠폰 제공

시대에듀

청소년상담사

3급 한권으로 끝내기

시대에듀

2025 청소년상담사 3급
한권으로 끝내기

Always with you

사람의 인연은 길에서 우연하게 만나거나 함께 살아가는 것만을 의미하지는 않습니다.
책을 펴내는 출판사와 그 책을 읽는 독자의 만남도 소중한 인연입니다.
시대에듀는 항상 독자의 마음을 헤아리기 위해 노력하고 있습니다.
늘 독자와 함께하겠습니다.

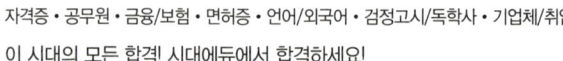

머리말

현대사회는 학교폭력, 가출, 학업중단, 왕따, 집단 괴롭힘, 약물남용 및 청소년성매매 등 다양화되고 심각해지고 있는 청소년 문제에 현실적으로 대처하기 위한 전문상담인력의 필요성이 점차 커지고 있습니다. 이런 분위기 속에서 청소년상담사의 역할과 중요도 역시 나날이 증가하고 있는 추세입니다.

청소년상담사 국가자격제도의 목적은 일반상담과 차별화된 청소년 문제에 초점을 맞춘 전문상담자의 양성 및 청소년상담의 전문화와 상담사의 자질 향상, 그리고 청소년 문제에 대한 열의와 관심, 높은 자질을 지닌 인력을 선발하는 데 있습니다.

수험문화를 선도하는 1등 교육출판 **시대에듀**에서는 청소년상담사 자격증의 필요성을 이해하고, 이에 맞춰 청소년상담사 3급 시험을 준비하는 수험생 여러분들을 위해 〈**청소년상담사 3급 한권으로 끝내기**〉 개정판을 출간하게 되었습니다. 본서는 최근 높아진 출제수준에 맞추어 수험생들이 최소 시간으로 최대 효과를 누릴 수 있도록 다음과 같이 구성하였습니다.

도서의 특징

첫째 출제기준에 맞게 목차를 구성하였습니다.

청소년상담사 최신 출제영역에 맞도록 목차를 구성하고, 과목별로 출제기준의 주요항목과 세부항목에 알맞게 이론을 재배치하여 독자님들이 학습하시기에 편리하도록 하였습니다.

둘째 최신 출제경향을 완벽히 분석하여, 총 7과목의 방대한 이론 가운데 핵심 내용만을 담았습니다.

2014년 12회부터 최근 2024년 23회 기출문제까지의 출제경향을 완벽히 반영하여, 기존의 불필요한 내용은 삭제하고 시험에 필요한 내용은 새롭게 추가하여 2025년 시험에 완벽하게 대비할 수 있도록 대폭 개정된 수험서입니다.

셋째 다양한 학습장치를 통해 독자 여러분들의 심도 있는 학습을 지원합니다.

연도별 기출표시, 중요표시 및 빈출되는 키워드를 중심으로 한 중요한 핵심이론을 한눈에 파악할 수 있도록 구성하였습니다. 또한, 지식IN 박스, 용어설명 박스 등을 통해 강약 있게 학습할 수 있도록 구성하였습니다.

편저자 씀

이 책의 구성과 특징 STRUCTURES

분권소개 1권 (DSM-5 정신장애 진단 및 통계편람)

청소년상담사 3급 시험이 갈수록 어렵게 출제되고 있습니다. 청소년상담사 2급 이상심리 과목에서 다루는 내용들이 최근 청소년상담사 3급 필기시험에 출제되는 등 3급 시험의 난도가 높아지고 있으므로, 그동안 3급 도서에서 깊이 다루지 않았던 DSM-5(정신장애 진단 및 통계편람)의 핵심 내용들을 정리하여 수록하였습니다.

1권 부 록

DSM-5 정신장애 진단 및 통계편람

합격의 공식 Formula of pass | 시대에듀 www.sdedu.co.kr

분권소개 **2권**(1교시 시험과목) + **3권**(2교시 시험과목)

〈2025 시대에듀 청소년상담사 3급 한권으로 끝내기〉 도서는 2014년 12회부터 최근 2024년 23회 기출문제까지의 출제 경향을 완벽하게 반영하여, 기존의 불필요한 내용은 삭제하고 시험에 필요한 내용은 새롭게 추가하여 2025년 시험에 완벽하게 대비할 수 있도록 대폭 개정된 수험서입니다.

2권 1교시 시험과목
- 필수 01 발달심리
- 필수 02 집단상담의 기초
- 필수 03 심리측정 및 평가
- 필수 04 상담이론

3권 2교시 시험과목
- 필수 05 학습이론
- 선택 06 청소년이해론
- 선택 07 청소년수련활동론
- 부록 2024년 기출문제해설

이 책의 구성과 특징 STRUCTURES

출제기준 항목과 똑같은 목차구성

청소년상담사 출제영역에 맞도록 목차를 새로이 구성하여, 과목별로 출제기준의 주요항목과 세부항목에 알맞게 내용을 재배치하였습니다. 필수 5과목과 선택 2과목, 총 7과목의 핵심이론이 〈2025 시대에듀 청소년상담사 3급 한권으로 끝내기〉에 모두 수록되어 있습니다.

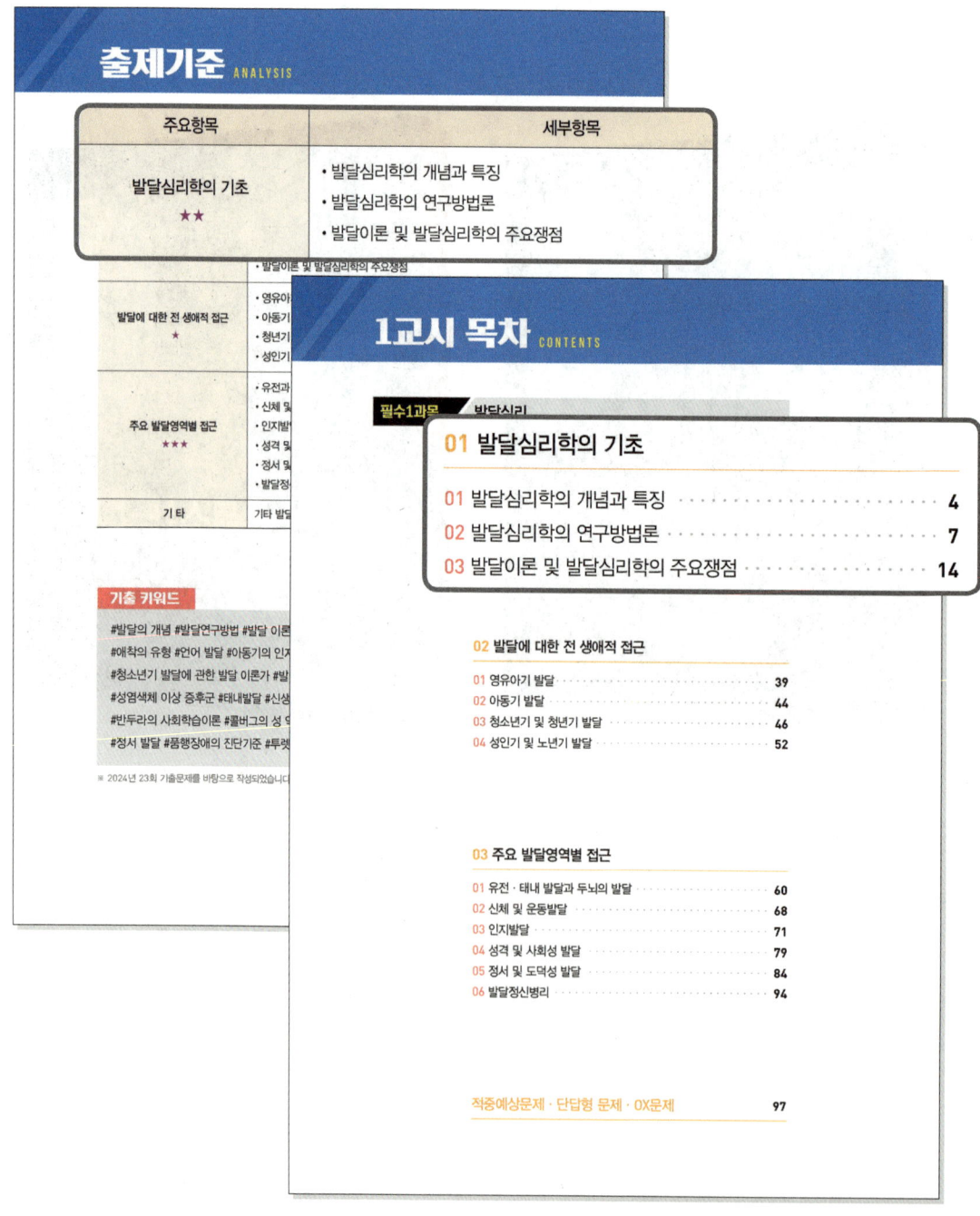

과목별 핵심이론과 다양한 학습장치

연도별 기출표시, 빈출되는 키워드를 중심으로 한 중요한 핵심내용을 한눈에 파악할 수 있도록 하였습니다. 지식 IN 박스, 용어설명 박스 등을 통해 강약 있게 학습할 수 있도록 효과적으로 구성하였습니다.

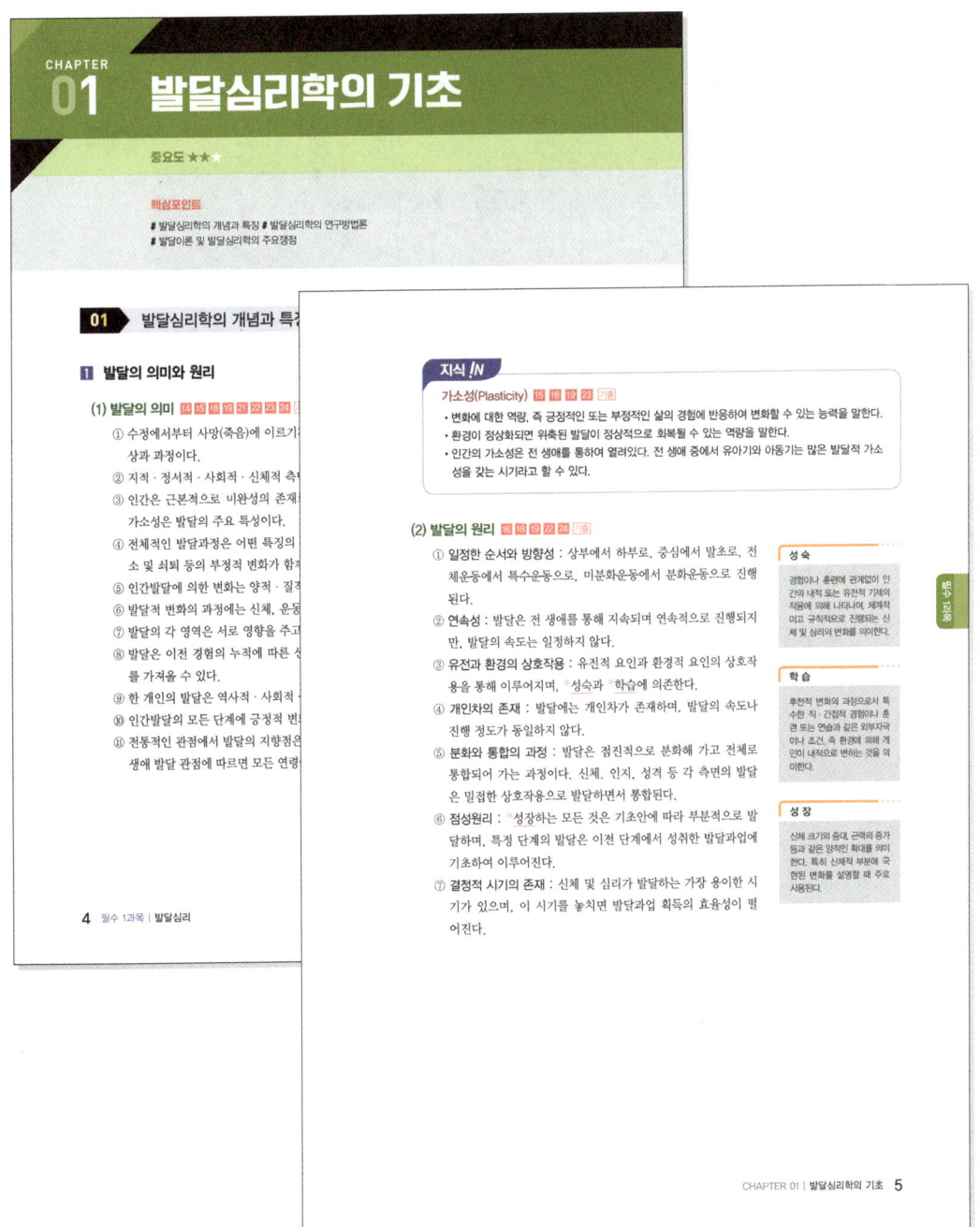

이 책의 구성과 특징 STRUCTURES

적중예상문제 + 단답형 문제 + OX 문제

과목별, 챕터별로 적중예상문제, 단답형 문제, OX 문제를 구성하여 빈틈 없이 학습할 수 있습니다. '적중예상문제'를 통해 출제경향을 파악하고, '주관식 단답형 문제, 기출문항 OX 문제'를 통해 핵심 키워드를 한 번 더 숙지하여 최종적으로 정리할 수 있습니다.

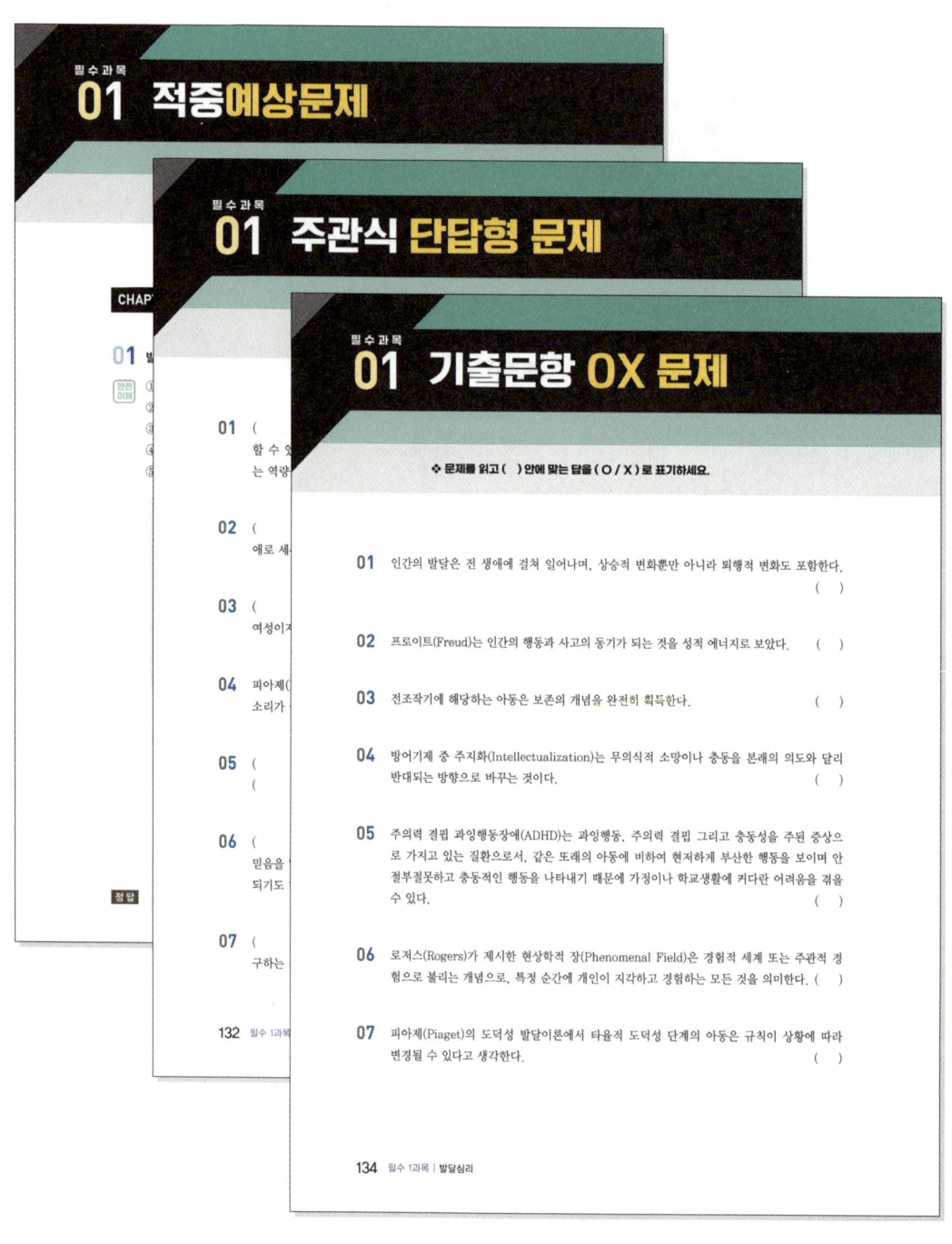

합격의 공식 Formula of pass | 시대에듀 www.sdedu.co.kr

부록 · 최신기출문제(2024년 23회 기출)

필수 5과목 + 선택 2과목, 총 7과목의 핵심이론과 과목별 적중예상문제의 학습을 완벽하게 마쳤다면, 학습의 마지막 단계에서 최신기출문제를 풀어보면서 출제경향을 파악하고 최종 마무리 정리를 할 수 있도록, 2024년 23회 기출문제해설을 수록하였습니다.

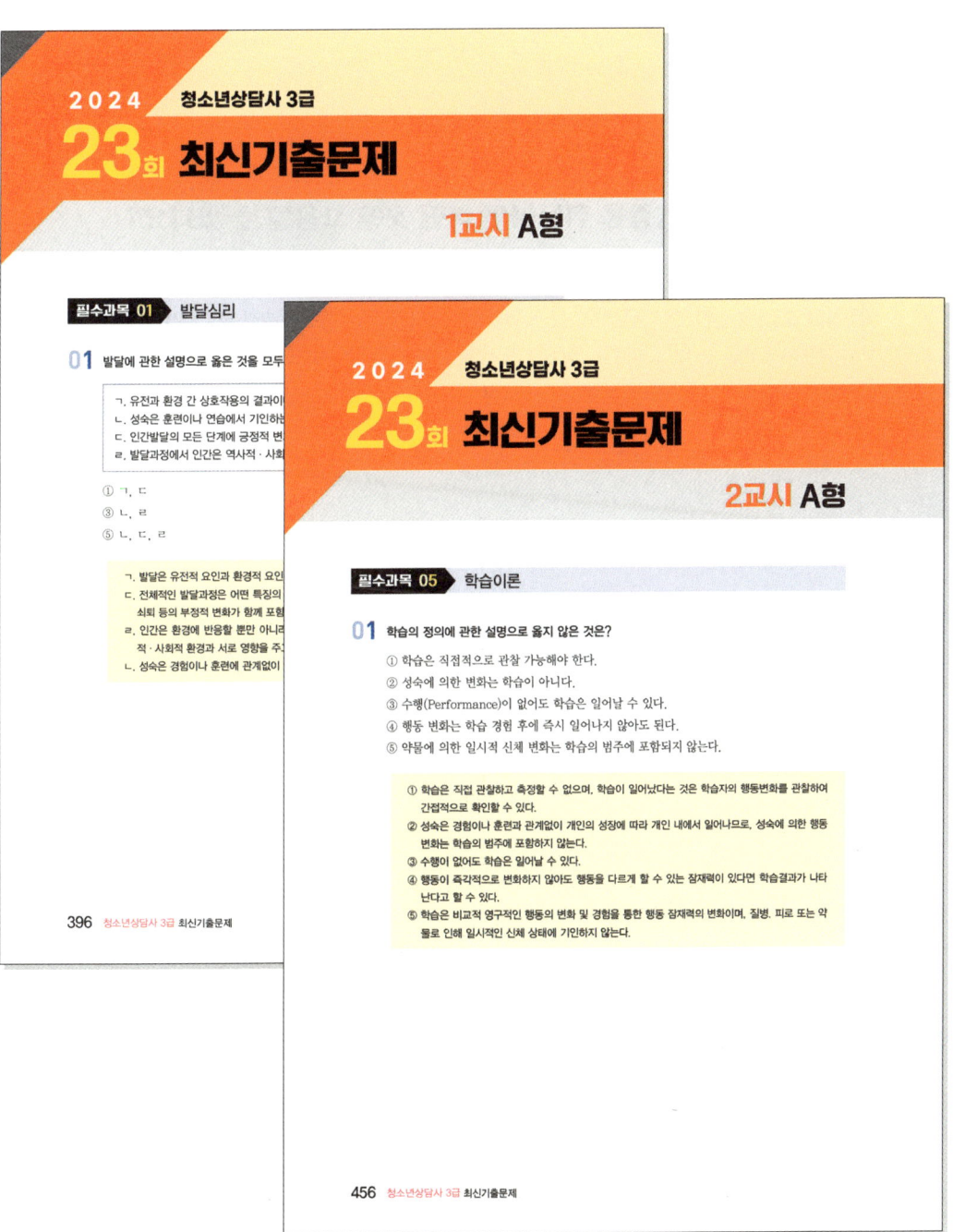

청소년상담사 Q&A QUESTION & ANSWER

Q 청소년상담사 자격증은 어떤 자격증인가요?

청소년상담사는 청소년기본법 제22조 제1항에 의거하여 실시되는 '청소년 상담'과 관련된 국내 유일의 국가자격증으로, 자격시험에 합격하고 연수기관에서 실시하는 100시간 이상의 과정을 마친 사람에게 여성가족부장관이 부여하는 자격증입니다.

Q 청소년상담사 자격증을 취득하면 어떤 곳에 사용될 수 있나요?

개인의 역량에 따라 국가 차원의 청소년상담기관인 한국청소년상담복지개발원, 시·군·구 청소년지원센터를 비롯하여 청소년수련관, 청소년문화의 집, 사회복지관, 청소년쉼터, 청소년 관련 복지시설 및 청소년 업무지원부서 등에서 활동할 수 있게 됩니다. 그러나 청소년상담사 자격증을 취득한다고 해서 국가가 취업을 보장하는 것은 아닙니다.

Q 청소년상담사 자격의 취득 절차는 어떻게 되나요?

자격검정(필기시험, 면접시험, 응시자격서류 심사) ➡ 자격연수(100시간) ➡ 자격증 취득

필기시험은 과목별 5지 선다형 / 객관식 25문항으로 구성되어 있으며, 필기시험 합격예정자에 대하여 응시자격 증빙서류를 심사하게 됩니다. 면접시험은 응시자격 증빙서류 심사 합격자를 대상으로 개별면접 또는 집단면접으로 실시합니다. 면접시험까지 통과하시게 되면, 자격연수를 받으신 이후 자격증을 받으실 수 있습니다.

필기시험 합격기준은 어떻게 되나요?

매 과목 100점 만점으로 하여 매 과목 40점 이상, 전 과목 평균 60점 이상을 득점한 자(절대평가 기준)입니다.

합격의 공식 **Formula of pass** | 시대에듀 www.sdedu.co.kr

 연수는 언제까지 이수해야 하나요?

자격검정 최종 합격 이후 연수를 받아야 하는 기한이 제한되어 있지는 않습니다. 자격검정에 최종 합격한 연도에 연수를 받지 못하더라도 합격이 취소되지는 않으며, 연수를 받을 수 있는 해에 신청하여 받으면 됩니다(단, 신청한 회차에 100시간 이상 연수를 모두 이수해야 함).

 대학원에서 상담 관련 분야 전공을 수료했습니다. 응시자격이 되나요?

수료는 해당되지 않고, 학위를 취득한 경우 응시 가능합니다. 참고로 상담 관련 학과 박사학위를 취득하셨다면 1급, 상담 관련 학과 석사학위를 취득하셨다면 2급, 상담 관련 학과 학사학위를 취득하셨다면 3급 응시가 가능합니다.

 응시자격과 관련하여 상담 관련 학과란 어느 학과를 말하나요?

청소년상담사 기본 응시자격은 상담 관련 학과(분야) 학위가 있으시거나, 상담 실무경력이 있어야 합니다. 상담 관련 학과는 청소년학, 청소년지도학, 교육학, 심리학, 사회사업학, 사회복지학, 정신의학, 아동학, 아동복지학, 상담학과가 해당됩니다. 그 외의 경우 법령에 명시된 10개의 상담 관련 학과가 아니므로, 상담의 이론과 실제(상담원리·상담기법), 면접원리, 발달이론, 집단상담, 심리측정 및 평가, 이상심리, 성격심리, 사회복지실천(기술)론, 상담교육, 진로상담, 가족상담, 학업상담, 비행상담, 성상담, 청소년상담 또는 이와 내용이 동일하거나 유사한 과목이 재학 당시 전공 커리큘럼에 4과목 이상 개설되어 있는지를 학교 학과사무실 등을 통해 확인하셔야 합니다.

작년도 서류심사에서 떨어졌습니다. 필기시험을 다시 봐야 하나요?

필기시험에 합격했다 하더라도 서류심사에 통과하지 못하였을 경우 내년도 필기시험에 다시 응시하셔야 합니다. 필기시험 합격예정자는 응시자격 증빙서류가 제출·승인되어야 필기시험이 최종 합격 처리됩니다.

자격상세정보 INFORMATION

○ 청소년상담사 개요

청소년상담기관인 한국청소년상담복지개발원, 시·도 청소년종합상담센터, 시·군·구 청소년상담센터를 비롯하여 청소년수련관, 청소년문화관, 사회복지관, 청소년쉼터, 청소년관련 복지시설 및 청소년업무 지원부서 등에서 청소년의 보호선도 및 건전생활의 지도, 수련활동의 여건조성 장려 및 지원, 청소년단체의 육성 및 활동지원, 청소년을 위한 지역사회의 유익한 환경의 조성 및 유해 환경의 정화활동 등의 직무를 수행합니다.

전문 상담자 양성	상담자 자질 향상	높은 자질을 지닌 인력 선발
청소년 문제에 초점을 맞춘 전문 상담자 양성	청소년상담사의 전문화와 상담자의 자질 향상	청소년 문제에 대한 열의와 관심, 높은 자질을 지닌 인력 선발

○ 주최·주관기관

- **여성가족부** : 정책수립
- **한국산업인력공단** : 필기시험, 면접시험, 응시자격서류 심사
- **한국청소년상담복지개발원** : 자격시험 연수, 자격증 교부

○ 2025년 시험일정

회 차	원서접수	빈자리접수	필기시험	필기합격자 발표일	면접접수	면접시험	최종합격자 발표일
24회	7.21(월)~ 7.25(금)	9.4(목)~ 9.5(금)	9.13(토)	10.22(수)	11.3(월)~ 11.7(금)	11.24(월)~ 11.29(토)	12.24(수)

※ 시험일정은 변경될 수 있으니, 반드시 해당 홈페이지를 확인하시기 바랍니다(www.q-net.or.kr/site/sangdamsa).
※ 필기시험 정답은 www.q-net.or.kr/site/sangdamsa에서 "합격자발표 → 가답안/최종정답공개"에서 확인할 수 있습니다.

청소년상담사의 역할

구 분	주요 역할	세부 내용
1급 청소년 상담사	청소년상담을 주도하는 전문가 (지도인력)	• 청소년상담 정책 개발 및 행정업무 총괄 • 상담기관 설립 및 운영 • 청소년들의 제 문제에 대한 개입 • 2급 및 3급 청소년상담사 교육 및 훈련
2급 청소년 상담사	청소년 정신을 육성하는 청소년상담사 (기간인력)	• 청소년상담의 전반적 업무 수행 • 청소년의 각 문제영역에 대한 전문적 개입 • 심리검사 해석 및 활용 • 청소년상담과 관련된 독자적 연구 설계 및 수행 • 3급 청소년상담사 교육 및 훈련
3급 청소년 상담사	유능한 청소년상담사 (실행인력)	• 기본적인 청소년상담 업무 수행 • 집단상담의 공동지도자 업무 수행 • 매체상담 및 심리검사 등의 실시와 채점 • 청소년상담 관련 의뢰체계를 활용 • 청소년상담실 관련 제반 행정적 실무를 담당

청소년상담사 양성현황

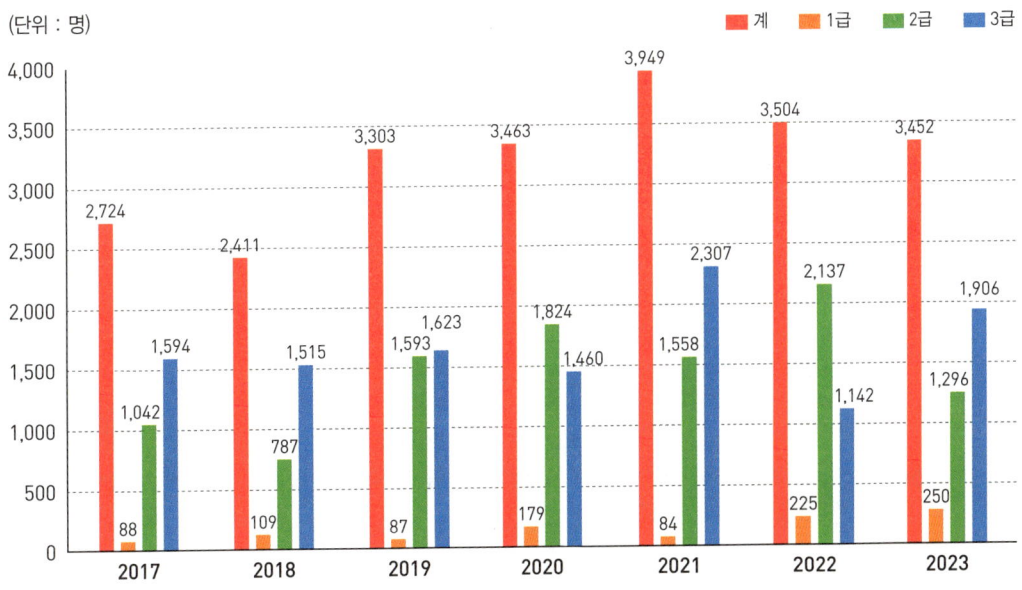

※ 출처 : 한국청소년상담복지개발원(2023)

자격상세정보 INFORMATION

◯ 시험과목 및 시험시간 ※ 각 과목당 25문항, 객관식 5지선다

구분	교시	시험과목	시험시간
1급 청소년상담사 (5과목)	1교시(필수)	• 상담사 교육 및 사례지도 • 청소년 관련법과 행정 • 상담연구방법론의 실제	9:30 ~ 10:45 (75분)
	2교시(선택)	비행상담, 성상담, 약물상담, 위기상담 중 2과목	11:40 ~ 12:30 (50분)
2급 청소년 상담사 (6과목)	1교시(필수)	• 청소년상담의 이론과 실제 • 상담연구방법론의 기초 • 심리측정 평가의 활용 • 이상심리	9:30 ~ 11:10 (100분)
	2교시(선택)	진로상담, 집단상담, 가족상담, 학업상담 중 2과목	11:40 ~ 12:30 (50분)
3급 청소년 상담사 (6과목)	1교시(필수)	• 발달심리 • 집단상담의 기초 • 심리측정 및 평가 • 상담이론	9:30 ~ 11:10 (100분)
	2교시 (필수+선택)	• 학습이론(필수) • 청소년이해론, 청소년수련활동론 중 1과목	11:40 ~ 12:30 (50분)

◯ 합격기준

구분	합격결정기준
필기시험	• 매 과목 100점을 만점으로 하여 매 과목 40점 이상 • 전 과목 평균 60점 이상 득점한 자
면접시험	• 면접위원(3인)의 평정점수 합계가 모두 15점(25점 만점) 이상인 사람 • 다만, 면접위원의 과반수가 어느 하나의 평가사항에 대하여 1점으로 평정한 때에는 평정점수 합계와 관계없이 불합격으로 함

※ 필기시험 및 면접시험 합격예정자는 응시자격 서류를 제출하여야 하며, 정해진 기간 내 응시서류를 제출하지 않거나 심사 결과 부적격자일 경우 필기시험을 불합격 처리합니다.

◉ 필기시험 시행현황

구 분		1급	2급	3급
2020년	응시자	470명	4,468명	5,822명
	합격자	85명	2,050명	3,056명
	합격률	18.09%	45.88%	52.49%
2021년	응시자	677명	4,485명	5,608명
	합격자	350명	2,802명	1,469명
	합격률	51.70%	62.47%	26.19%
2022년	응시자	646명	4,047명	5,526명
	합격자	471명	1,854명	2,859명
	합격률	72.91%	45.81%	51.74%
2023년	응시자	734명	4,189명	4,851명
	합격자	374명	2,157명	2,334명
	합격률	50.95%	51.49%	48.11%
2024년	응시자	1,987명	5,479명	4,779명
	합격자	1,352명	3,870명	2,672명
	합격률	68.04%	70.63%	55.91%

※ 2024년 시행현황은 합격예정자 기준으로 작성되었습니다.

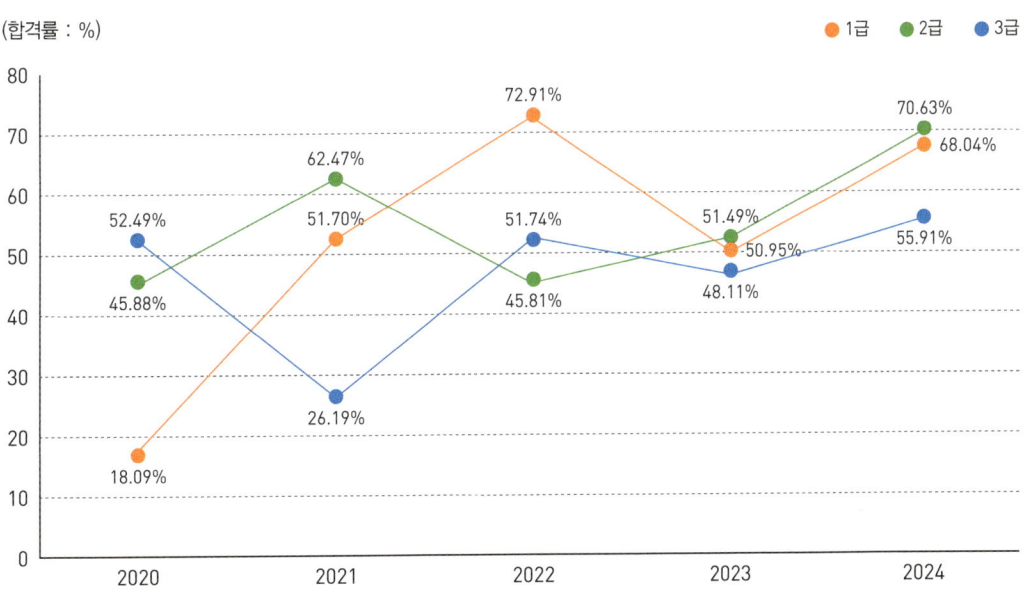

출제기준 ANALYSIS

01 필수과목　발달심리

주요항목	세부항목
발달심리학의 기초 ★★	• 발달심리학의 개념과 특징 • 발달심리학의 연구방법론 • 발달이론 및 발달심리학의 주요쟁점
발달에 대한 전 생애적 접근 ★	• 영유아기 발달 • 아동기 발달 • 청년기 발달 • 성인기 및 노년기 발달
주요 발달영역별 접근 ★★★	• 유전과 태내발달 • 신체 및 운동발달 • 인지발달 • 성격 및 사회성 발달 • 정서 및 도덕성 발달 • 발달정신병리
기 타	기타 발달심리에 관한 사항

기출 키워드

#발달의 개념 #발달연구방법 #발달 이론가별 주장 #피아제의 인지발달단계(전조작기) #대상영속성 #애착의 유형 #언어 발달 #아동기의 인지발달 #청소년기 인지발달 #청소년기 발달에 관한 발달 이론가 #발테스의 성공적 노화 #노년기 발달 #발달에 미치는 영향요인 #성염색체 이상 증후군 #태내발달 #신생아의 반사행동 #소근육 운동 발달 순서 #이론가별 지능 #반두라의 사회학습이론 #콜버그의 성 역할 발달 #콜버그의 도덕성 발달단계 #공격성 발달 #정서 발달 #품행장애의 진단기준 #투렛장애 진단기준

※ 2024년 23회 기출문제를 바탕으로 작성되었습니다.

02 필수과목 집단상담의 기초

주요항목	세부항목

집단상담의 개론
★★★
	• 집단상담의 기초
	• 집단상담의 지도성 및 집단상담자의 기술
	• 집단상담의 계획 및 평가
	• 집단상담의 윤리기준
	• 집단상담의 제 이론
	  – 정신분석 접근 – 개인심리학 접근
	  – 행동주의 접근 – 실존주의 접근
	  – 인간중심 접근 – 게슈탈트 접근
	  – 합리정서행동 접근 – 인지치료 접근
	  – 현실치료/해결중심 접근 – 교류분석 접근
	  – 예술적 접근 등 기타 접근
	    (심리극, 미술, 음악 등)

집단상담의 실제 ★★	• 집단역동에 대한 이해 • 집단상담의 과정(초기, 중기, 종결)
청소년 집단상담 ★★	• 청소년 집단상담의 특징 • 청소년 집단상담의 제 영역 • 청소년 집단상담자의 기술
기 타	기타 집단상담의 기초에 관한 사항

기출 키워드

#집단상담의 개념 #집단상담의 유형 #집단상담기술 #집단상담 평가 #집단상담자의 윤리적 행동
#합리적정서행동치료의 ABCDE 모형 #해결중심 집단상담 질문기법 #집단상담 이론과 목표
#집단상담 이론 #집단상담의 이론과 기법의 연결 #방어 기제 #심리극 집단상담 단계 #집단역동
#집단역동 중 개인 내적 역동 #코리의 집단발달단계 중 초기단계의 집단상담사 역할
#코리의 집단상담 과도기 단계의 특징 #집단발달단계 #집단상담의 종결단계
#학교의 청소년 집단상담 #청소년상담사 윤리강령 중 사전동의 #종결기의 효과적인 개입전략
#집단원 선정 시 제외해야 할 대상 #집단상담자의 반응 기술 #청소년 집단상담자의 공감반응
#청소년 집단상담의 기법과 효과의 연결

※ 2024년 23회 기출문제를 바탕으로 작성되었습니다.

출제기준 ANALYSIS

03 필수과목 심리측정 및 평가

주요항목	세부항목

심리측정의 기본개념
★★★
	• 검사, 측정, 평가의 개념
	  – 검사개발의 원리, 난이도, 변별도, 유용도
	• 표준화 검사의 개념과 개발
	  – 표준화의 개념과 개발, 규준의 개념과 개발, 검사점수의 해석, 규준참조 해석, 준거참조 해석
	• 통계의 기초
	  – 척도의 종류와 해설, 명명/서열/등간/비율, 기본 개념의 적용
	• 신뢰도
	  – 신뢰도의 개념, 신뢰도의 종류와 특성, 신뢰도에 영향을 주는 요인, 신뢰도의 평가 및 적용
	• 타당도
	  – 타당도의 개념, 타당도의 종류와 특성, 타당도에 영향을 주는 요인, 타당도의 평가 및 적용

검사의 선정과 시행
★
	• 검사의 종류
	  – 투사적 검사, 정의적 검사, 행동관찰 및 면접
	• 검사선정 시 고려사항
	  – 측정학적 문제, 의뢰목적
	• 검사시행 시 고려사항
	  – 라포형성, 피검자 변인, 검사자 변인, 검사상황 변인, 검사시행 준비
	• 윤리적 문제
	  – 비밀보장, 이중관계, 검사결과 피드백, 성추행 및 성관계, 실시 및 해석자의 자격

인지적 검사
★★
	• 지능검사
	  – 지능의 개념과 측정, Wechsler식 지능검사, 지능지수의 해석, 집단용 지능검사 및 기타 사항
	• 성취도 검사
	  – 성취도(학습기능)의 개념, 표준화 성취도 검사의 해석

정의적 검사
★★★
	• MMPI
	  – 실시 목적과 방법, 채점과 타당도 척도의 해석, 임상척도의 해석
	• 기타 성격검사
	  – 성격의 기본차원, 객관성격검사 사용의 유의사항, MBTI 검사의 활용, PAI 검사의 활용
	• 적성검사
	  – 적성의 개념, 표준화 적성검사의 해석방안

투사적 검사 ★★	• 투사검사의 개관 - 투사검사의 특성, 투사검사의 활용방안 • HTP 검사 • SCT 검사 • Rorschach 검사 • TAT 검사
기 타	기타 심리측정 및 평가에 관한 사항

기출 키워드

#평균(M)과 표준편차(SD) #의미변별척도의 단점 #통 계 #문항반응이론의 기본가정
#Kuder-Richardson 계수 #신뢰도에 영향을 주는 요인 #문항반응이론 중 문항별 능력추정치
#공인 타당도 #교육검사 #로저스 #심리검사 및 평가의 윤리 #법적 대리인의 동의 #K-WAIS-IV
#K-WISC-IV와 K-WISC-V #K-WAIS-IV의 숫자 소검사 #지능에 관한 개념과 이론 #벤더 도형 검사
#MMPI-2의 임상척도 2번(D) #MMPI-2의 임상척도 4번(Pd) #5요인 성격검사의 성실성 하위요인
#성격평가질문지 척도 #투사 검사의 특성 #문장완성검사 #MMPI-2와 문장완성검사
#로샤 검사 종합체계 결정인 채점기호

※ 2024년 23회 기출문제를 바탕으로 작성되었습니다.

출제기준 ANALYSIS

04 필수과목 상담이론

주요항목	세부항목
청소년상담의 기초 ★	• 상담의 본질 • 상담의 기능 • 상담자의 자질 • 상담자 윤리
청소년상담의 이론적 접근 ★★★	• 정신분석　　　　　　• 개인심리학 • 행동주의 상담　　　• 실존주의 상담 • 인간중심 상담　　　• 게슈탈트 상담 • 합리정서행동 상담　• 인지치료 • 현실치료/해결중심 상담　• 교류분석 • 여성주의 상담　　　• 다문화 상담 • 통합적 접근
청소년상담의 실제 ★★	• 상담계획과 준비 • 상담목표 • 상담과정과 절차 • 상담기술과 기법
기타	기타 상담이론에 관한 사항

기출 키워드

#상담의 개념 #상담관계 #비밀유지 원칙의 예외 상황 #개인심리학적 상담기법
#인지오류의 유형과 예시 #합리정서행동치료의 ABCDE 모델 #정신분석 #행동주의 상담
#게슈탈트 상담이론의 접촉경계 혼란 현상 #게슈탈트 상담 #인간중심 상담이론
#실존주의 상담의 인간관 #이야기치료와 교류분석 #현실치료 #해결중심상담
#상담이론과 설명의 연결 #수용전념치료 #변증법적 행동치료 #통합적 접근 #여성주의 상담
#다문화 사회정의 및 옹호 상담자 #상담을 시작하기 전 준비해야 할 사항 #상담목표 #호소문제
#상담자의 자기개방

※ 2024년 23회 기출문제를 바탕으로 작성되었습니다.

05 필수과목 학습이론

주요항목	세부항목
학습의 개념 ★★	• 학습의 정의, 개괄 • 학습관련 연구의 쟁점
행동주의 학습이론 ★★★	• 고전적 조건학습이론 • 조작적 조건학습이론
인지주의 학습이론 ★★★	• 사회인지이론 • 정보처리이론
신경생리학적 학습이론 ★	신경생리학적 이론
동기와 학습 ★★	• 동기와 정서 • 동기와 인지
기 타 ★	기타 학습이론에 관한 사항

기출 키워드

#학습의 정의 #손다이크의 연합주의 이론 #처벌 : 타임아웃 #학습된 무기력
#고전적 조건형성의 적용 사례 #고전적 조건형성의 개념 #고차적 조건화 #이요인 이론
#고정비율강화계획 #프리맥 원리 #관찰학습 이론 #관찰학습의 과정 #통찰학습
#비고츠키의 인지발달이론 #앳킨슨과 쉬프린의 이중기억모형 #암 송 #기억의 역행간섭 사례
#파이비오의 이중부호이론 #정보처리수준 이론 #뇌의 가소성 : 신경생성 #헵의 최적각성수준
#몰 입 #매슬로우의 욕구위계이론 #레퍼와 호델의 내재적 동기의 원칙 #드웩의 성취목표지향성

※ 2024년 23회 기출문제를 바탕으로 작성되었습니다.

출제기준 ANALYSIS

06 선택과목 청소년이해론

주요항목	세부항목
청소년 심리 ★★	• 청소년 심리의 이해 • 청소년의 심리적 발달(생물, 인지, 도덕성, 성격, 자아정체감, 정서 등) • 청소년기의 사회적 맥락(성·성역할, 학업과 진로, 친구관계, 여가 등)
청소년 문화 ★	• 청소년 문화 관련 이론 • 청소년 문화 실제(대중문화, 여가문화, 소비문화, 사이버 문화 등) • 가족·지역사회 • 또래집단·학교
청소년 복지와 보호 ★★★	• 청소년비행 이론 • 학교부적응·학업중단 • 폭력, 자살, 가출 • 중독(약물, 인터넷, 게임 등) • 청소년 보호 • 청소년 복지 기초 • 청소년 복지 실제 • 청소년 자립지원 • 청소년 사례 통합관리 • 지역사회안전망 운영 • 청소년 인권과 참여
기 타	기타 청소년이해론에 관한 사항

기출 키워드

#청소년기의 다양한 관점 #에릭슨과 프로이트의 심리사회적 및 심리성적 발달단계 #개인적 우화
#마샤의 정체감 지위이론 #콜버그의 도덕발달 단계 #청소년기 신체적 발달
#청소년기 성역할 고정관념의 증가현상 #청소년기 또래집단의 기능 #진로 및 직업발달 이론
#브론펜브레너의 생태학적 체계 #청소년 문화 중 하위문화 #의제설정 기능 #차브 패션
#허쉬의 사회유대이론 #학교폭력대책심의위원회의 기능 #청소년기 자살 #청소년 유해약물 분류
#학교부적응 요인 #인터넷게임 중독 #과몰입 등의 예방 및 피해 청소년 지원 #청소년복지
#청소년치료재활센터 #청소년의 권리와 책임 #청소년증 #취업지원 #지역사회 청소년통합지원체계

※ 2024년 23회 기출문제를 바탕으로 작성되었습니다.

07 선택과목 청소년수련활동론

주요항목	세부항목	
청소년활동 이해 ★	• 기본 개념 • 활동관련 이론	• 교육적 의의
청소년활동 프로그램 이론 ★★	• 프로그램 개발 • 프로그램 평가	• 프로그램 실행
청소년활동 지도 ★★	• 지도원리 • 청소년지도자(배치 등)	• 지도방법
청소년활동기관 설치 및 운영 ★★★	• 수련시설 · 기관 운영	• 청소년단체 등
청소년활동 실제 ★★★	• 수련활동 • 문화활동 • 참여활동	• 교류활동 • 동아리활동 • 기타 활동
청소년활동 제도 및 지원 ★★	• 활동관련 정책사업	• 안전 및 시설 관리
청소년활동 여건과 환경 ★★★	• 교육제도 및 연계	• 지역사회 연계
기 타	기타 청소년수련활동론에 관한 사항	

기출 키워드

#청소년활동 중 스카우트 활동 #칙센트미하이의 몰입이론 #요구분석 기법 중 델파이법
#위험도가 높은 청소년 수련활동 #스터플빔의 CIPP 평가모형 #콜브의 경험학습모델
#국립청소년수련시설 #제7차 청소년정책 기본계획 #청소년특화시설 #프로그램 개발 통합모형
#수련시설의 운영대표자의 자격 #청소년수련시설 건립심의위원회
#청소년수련활동인증제의 인증기준 #청소년수련활동인증제
#숙박형 등 청소년수련활동 신고 수리 통지 기간 #청소년 문화활동의 지원 #청소년운영위원회
#청소년 방과 후 활동 지원의 근거가 되는 법 #안전교육 #인증심사원의 자격 및 선발
#수련시설의 종합평가 #합숙활동의 최소 활동기준 #청소년자기도전포상제의 운영기준
#청소년방과후아카데미의 운영유형 #지방청소년활동진흥센터 수행 사업

※ 2024년 23회 기출문제를 바탕으로 작성되었습니다.

합격수기 REVIEW

청소년상담사 3급 합격수기

작성자 : 김*형

안녕하세요~ 딱 오늘 청소년상담사 3급 면접 합격 발표날입니다. '두근두근' 거리는 마음으로 합격발표를 확인했더니 "합격" 두 글자가 저를 반겨주네요. 작년에는 다른 브랜드의 강의와 책을 보고 시험에 도전했었지만,, 떨어졌었습니다ㅠㅠ. 물론 그곳의 탓보단 제가 부족한 탓도 있었을 겁니다. 그래도 포기하지 않고, 이번 년도에도 원서접수를 하고 공부를 시작했습니다.

저번 시험에 떨어진 기억에 다른 책을 찾아보자 수소문하여 시대에듀를 발견하였고, 후기도 좋고, 준비하는 사람들이 많이들 찾는 것 같아서 저도 바로 구입하였습니다. 단순히 책에 대한 기대보단 '내가 조금 더 잘하면 되겠지?'라는 생각으로 구매했던 것 같습니다.

그런데, 생각보다 정리가 너무 잘 되어 있었고~ 세세한 부분도 놓치지 않는데~ 제일 좋았던 건 "모를 법한 단어들도 작은 용어설명 박스"에 따로 정리가 되어있어서 책 한권으로 모든 걸 할 수 있었습니다. 작년에는 책 한권 펴놓고, 인터넷 창으로 이것저것 검색해가며 공부를 했었는데, 이번에는 책 한권으로, 검색할 필요 전혀 없이 공부할 수 있어서 가장 좋았습니다.

필기는 작년에 그나마 공부를 조금 해놨던 게 있어서 <한권으로 끝내기> 교재만 보기엔 너무 지루(?)하다고 느껴져, <기출문제집> 위주로 문제를 열심히 풀고, 대신 기출에서 틀린 것을 답지로 확인하지 않고, <한권으로 끝내기>로 돌아가서 직접 찾아보고, 왜 다른 건지를 하나하나 써보고 오답정리를 하는 방식으로 꼼꼼하게 필기시험 준비를 했습니다.

이번 필기시험을 치루고 제일 놀라웠던 건, 제일 자신 없었고 작년 시험에서 과락이었던 '심리측정 및 평가' 과목의 점수가 잘 나와서 오히려 평균점수를 올려주는 역할을 해주었다는 겁니다. 유후~♬ 저는 시대에듀가 좋은 기운을 주었다고 믿고, 바로 시대에듀 <청소년상담사 2차 면접대비> 책을 구매하였습니다. 부랴부랴 면접 책을 펴고, 어떤 식으로 진행하는 지부터 인지를 하고~ 면접 질문에 대한 관련 답안을 달달~ 외우기보단 청소년에 대한 제 생각 및 상담 신념을 정리하는 식으로 말도 해보고 적어도 보았습니다.

면접보러 갔을 때 다들 시대에듀 책을 보고 있어서 와~ "역시는 역시구나" 생각했습니다. 이렇게 이미지 트레이닝을 했던 게 있어서 생각보다 떨지 않고 면접을 잘 치뤘던 것 같았는데, 오늘 드디어 합격여부가 나오는 날인데, 확인하니 또 저를 웃게 만드는 두 글자가 보이네요. "합격"이라는 두 단어를 선물해 주신 시대에듀에게 정말 정말~ 감사합니다!!

청소년상담사 3급 합격수기

작성자 : 최*정

안녕하세요, 저는 8월에 심리학과를 졸업하고 시험을 준비하게 되었습니다. 처음엔 〈청소년상담사 3급 한권으로 끝내기〉 책을 정독하는 식으로 공부했지만, 심리학 전공자임에도 불구하고 개념을 익히는 데 큰 어려움을 겪었습니다. 그래서 시험이 2달 정도 남았을 즈음, 시대교육 인강을 구매해 빠르게 돌렸습니다.

처음에는 개념을 공부하고 바로 문제를 푸는 것이 너무 힘들었지만, 인강을 듣고 바로바로 노트에 개념정리하고, 틀린 문제들과 모호한 개념들을 오답정리하면서 부족한 부분을 채워나갔습니다.

시대에듀 책이 좋았던 이유는, 개념마다 언제, 얼마나 자주 빈출되었는지 한 눈에 파악할 수 있어 주요 개념을 알 수 있었다는 점입니다. 막판에 자주 빈출된 개념 위주로 암기하여 효율적으로 공부할 수 있다는 점이 장점인 것 같습니다. 핵심 외에 다른 세부적인 개념들도 세세하게 설명이 잘 되어있어서, 예상하지 못한 문제들도 잘 대비할 수 있었습니다.

공부한 과정은
1. 인터넷 강의로 개념 1회독
2. 책 읽으면서 주요개념 노트정리
3. 단원 끝나고 확인문제 풀기
4. 오답, 찍은 문제 오답정리

이렇게 돌렸고, 막판 3주에는 〈청소년상담사 최종모의고사〉 책으로 모의고사를 풀면서 실제 시험에 익숙해지려고 노력했습니다. 모의고사 역시 틀린 문제, 모호한 개념 위주로 오답정리 했고, 부족한 부분을 채워나가려 했습니다.

짧은 준비기간에도 불구하고, 시대에듀의 책과 강의의 도움을 받아 좋은 결과를 받을 수 있었습니다. 시험은 발달심리학이 어려워서 조금 당황했지만, 그래도 과락 없이 총 평균 74점으로 합격할 수 있었습니다.

면접 역시 시대에듀 인강으로 준비했는데요, 시대에듀 인강의 교안을 반복해서 읽으면서 연습했습니다. 면접도 합격이라는 좋은 결과를 받아들이게 되었고, 이렇게 청소년상담사 시험을 졸업하게 되었습니다.

저는 학생이라 준비 시간이 많아서 두 달 남짓한 짧은 기간에도 합격할 수 있었지만, 다른 일 병행하시면서 공부하시는 분들은 정말 대단하신 것 같습니다...!! 모쪼록 제 수기가 조금이라도 도움이 되시길 바라겠습니다. 감사합니다:)

합격수기 REVIEW

청소년상담사 3급 합격수기

작성자 : 정*

안녕하세요! 저는 청소년상담사라는 자격증을 21년 8월이 조금 넘어서 알게 되었고, 그 당시 필기시험까지는 약 두 달 밖에 남지 않은 상황이었습니다. 급히 인강과 책을 구매하고 수험서와 기출문제들을 훑어보면서, '내용들이 전부 가물가물하고 새로 보는 것 같은 느낌이 드는데, 이 짧은 기간 동안 내가 과연 성공을 할 수 있을까?'라는 의문과 두려움이 밀려왔습니다. 1년에 한 번뿐이라는 사실이 30대인 저에게는 큰 부담으로 다가왔기 때문입니다.

하지만 공부를 하려면 동기와 목표 그리고 마인드컨트롤이 중요한 부분임을 알기 때문에 제가 가지고 있던 강점들을 생각해 보았습니다. 상담이란 분야를 정말로 오랫동안 진지하게 생각해왔기에 자격증 취득이 절실했었고, 직장을 그만둬서 공부에 올인할 수 있었고, 마지막으로 수험생에게 최적화된 시대에듀를 통해 많은 사람들이 자격증을 취득했으니 믿고 의지할 선생님이 있다는 점이었습니다.

1. 먼저 큰 흐름을 파악하기 위해서 6과목의 목차를 분석
2. 하루에 인강 한 과목씩 완강
3. 기출문제를 풀어서 유형과 중요한 부분을 파악해서 수험서에 표시
4. 목차와 내용을 계속 생각하면서 인강을 들으면서 수험서도 같이 공부
5. 한 챕터가 끝나면 기출문제를 풀어보면서 시험에 대한 감을 익히고, 계속 큰 흐름을 이해하여 암기
6. 시험일이 가까워 질 때 이틀 동안 한과목만 공부하는 식으로 했는데, 필기시험까지 모든 과목 정독하여 3회독 완료, 한 과목이 끝나면 무조건 기출문제 풀이
   → 모르거나 어려운 부분은 그 부분 다시 인강을 돌려보고 계속 암기, 그래도 이해가 안 되는 것은 시대에듀에 질문하고 넘어감

공부할 시간이 짧거나 긴 수험생활에 대한 두려움 등 여러 가지 이유로 자신의 꿈에 다가가는 것이 두려우신 분들께, 제 수기가 용기를 얻는데 도움이 될 수 있을까 하는 마음으로 합격수기를 써봤습니다. 결과가 좋았던 것은 저도 많은 노력을 하긴 했었지만, 시대에듀를 전적으로 믿었기 때문에 가능한 일이었습니다. 혼자서는 그 방대한 내용들을 정리하며 공부하기에 약 3달은 불가능한 기간이 아니었을까 합니다.

또한 시대에듀의 잘 정리된 청소년상담사 수험서를 공부하면서 대학원 준비에도 많은 도움이 되었습니다. 덕분에 저는 2022년 자격증 취득과 함께 대학원에도 진학하게 되었으며, 대학원을 졸업할 즈음에는 또 시대에듀를 통해서 청소년상담사 2급에 도전할 생각입니다. 아무튼 수험생 여러분들 모두 파이팅입니다!!

※ 해당 후기는 시대에듀 합격자 수기 게시판에 남겨주신 내용을 재구성하였습니다.

윤리강령 DOCTRINE

청소년상담사는 청소년의 인지, 정서, 행동, 발달을 조력하는 유일한 상담전문 국가자격증이다. 청소년상담사는 항상 청소년과 그 주변인들에게 인간으로서의 존엄성을 높이고자 노력하고, 청소년이 스스로 결정할 수 있도록 도와주며, 청소년의 아픔과 슬픔에 대해 청소년상담사로서의 책임을 다한다. 청소년상담사는 청소년이 사랑하는 가족, 이웃과 더불어 행복하게 살아갈 수 있도록 지원하기 위해 다음과 같이 윤리규정을 숙지하고 준수할 것을 다짐한다.

◐ 제정 목적
❶ 청소년상담사의 책임과 의무를 분명하게 제시하여 내담자를 보호한다.
❷ 청소년상담사가 직무 중에 발생하는 문제를 처리할 수 있는 기준을 제공한다.
❸ 청소년상담사의 활동이 전문직으로서의 상담의 기능 및 목적에 저촉되지 않도록 기준을 제공한다.
❹ 청소년상담사의 활동이 지역사회의 도덕적 기대에 부합하도록 준거를 제공한다.
❺ 대한민국 청소년들의 건강·성장을 책임지는 전문가로서의 청소년상담사를 보호하는 기준을 제공한다.

◐ 청소년상담사로서의 전문적 자세
❶ 전문가로서의 책임
　㉠ 청소년상담사는 청소년기본법에 따라 청소년의 권리와 책임을 다 할 수 있게 지원해야 한다.
　㉡ 청소년상담사는 자기의 능력 및 기법의 한계를 인식하고, 전문적 기준에 위배되는 활동을 하지 않도록 한다.
　㉢ 청소년상담사는 검증되지 않고 훈련 받지 않은 상담기법의 오·남용을 하지 않도록 유의한다.
　㉣ 청소년상담사는 청소년과 관련된 정책·규칙·법규에 대해 정통해야 하고, 청소년 내담자를 보호하며 청소년 내담자가 최선의 발달을 이루도록 노력해야 한다.

❷ 품위유지 의무
　㉠ 청소년상담사는 전문상담자로서 품위를 손상하는 행위를 하지 않는다.
　㉡ 청소년상담사는 현행법을 우선적으로 준수하되, 윤리강령이 보다 엄격한 기준을 설정하고 있다면, 윤리강령을 따른다.
　㉢ 청소년상담사는 상담적 배임행위(내담자 유기, 동의를 받지 않은 사례 활용 등)를 하지 않는다.

윤리강령 DOCTRINE

❸ 보수교육 및 전문성 함양
㉠ 청소년상담사는 자신의 전문성을 유지·향상시키기 위해 법적으로 정해진 보수교육에 반드시 참여한다.
㉡ 청소년상담사는 다양한 사람들을 상담함에 있어 상담에 필요한 이론적 지식과 전문적 상담 및 연구능력을 향상시키기 위해 교육, 자문, 훈련 등 지속적인 노력을 기울여야 한다.

○ 내담자의 복지

❶ 내담자의 권리와 보호
㉠ 청소년상담사는 내담자의 복지를 증진하고 존엄성을 존중하는 것에 최우선 가치를 둔다.
㉡ 청소년상담사는 내담자가 상담 계획에 참여할 권리, 상담을 거부하거나 개입방식의 변경을 거부할 권리, 거부에 따른 결과를 고지 받을 권리, 자신의 상담 관련 자료를 복사 또는 열람할 수 있는 권리 등을 보장해주어야 한다. 단, 기록물에 대한 복사 및 열람이 내담자에게 해악을 끼친다고 판단될 경우 내담자의 기록물 복사 및 열람을 제한할 수 있다.
㉢ 청소년상담사는 외부 지원이 적합하거나 필요할 때 의뢰를 요청할 수 있으며, 이를 청소년 내담자 및 보호자(만 14세 미만 내담 청소년의 경우)에게 알리고 서비스를 받을 수 있도록 노력한다.
㉣ 청소년상담사는 자신의 질병, 죽음, 이동, 퇴직 등으로 인하여 상담을 중단해야 하는 경우 이에 대한 적절한 조치를 취해야 한다.
㉤ 청소년상담사는 청소년 내담자에게 무력, 정신적 압력 등을 사용하지 않는다.

❷ 사전 동의
㉠ 청소년상담사는 상담을 시작할 때 내담자가 충분한 설명을 듣고 선택할 수 있도록 적절한 정보를 제공해야 하고, 상담자와 내담자 모두의 권리와 책임에 대해 알려줄 의무가 있다.
㉡ 청소년상담사는 내담자에게 상담 과정의 녹음과 녹화 여부, 사례지도 및 교육에 활용할 가능성에 대해 설명하고, 내담자에게 동의 또는 거부 권리가 있음을 알려야 한다.
㉢ 청소년상담사는 내담자가 만 14세 미만의 청소년인 경우, 보호자 또는 법정대리인의 상담 활동에 대한 사전 동의를 구해야 한다.
㉣ 청소년상담사는 내담자에게 상담의 목표와 한계, 상담료 지불방법 등을 명확히 알려야 한다.

❸ 다양성 존중
㉠ 청소년상담사는 모든 인간의 기본적인 권리, 존엄성, 가치를 존중하며 성별, 장애, 나이, 성적 지향, 사회적 신분, 외모, 인종, 가족형태, 종교 등을 이유로 내담자를 차별하지 않는다.
㉡ 청소년상담사는 내담자의 다양한 문화적 배경을 이해하고, 청소년상담사 자신의 고유한 문화적 정체성이 상담 과정에 영향을 주지 않도록 노력해야 한다.
㉢ 청소년상담사는 자신의 개인적 가치, 태도, 신념, 행위를 자각하고 내담자에게 자신의 가치를 강요하지 않는다.

상담관계

❶ 다중관계
- ㉠ 청소년상담사는 법적, 도덕적 한계를 벗어난 다중관계를 맺지 않는다.
- ㉡ 청소년상담사는 내담자와 연애 관계 및 기타 사적인 관계를 맺지 않는다.
- ㉢ 청소년상담사는 내담자와 상담 비용을 제외한 어떠한 금전적, 물질적 거래 관계도 맺지 않는다.
- ㉣ 청소년상담사는 내담자와 상담 이외의 다른 관계가 있거나, 의도하지 않게 다중관계가 시작된 경우에는 적절한 조치를 취해야 한다.

❷ 부모/보호자와의 관계
- ㉠ 청소년상담사는 부모(보호자)의 권리와 책임을 존중하고, 청소년 내담자의 건강한 성장을 위해 부모(보호자)에게 상담자의 역할에 대해 설명하여 협력적인 관계를 성립하도록 노력한다.
- ㉡ 청소년상담사는 내담자의 성장과 복지에 필요하다고 판단되는 경우, 내담자의 동의하에 부모(보호자)에게 내담자에 관한 최소한의 정보를 제공한다.

❸ 성적 관계
- ㉠ 청소년상담사는 내담자 및 내담자의 가족, 중요한 타인에게 자신의 지위를 이용하여 성적 접촉 및 성적 관계를 가져서는 안 된다.
- ㉡ 청소년상담사는 이전에 연애 관계 또는 성적인 관계를 가졌던 사람을 내담자로 받아들이지 않는다.

비밀보장

❶ 사생활과 비밀보장의 의무
- ㉠ 청소년상담사는 내담자와 부모(보호자)의 사생활과 비밀보장에 대한 권리를 최대한 존중해야 한다.
- ㉡ 청소년상담사는 상담기관에 소속된 모든 구성원과 관계자, 수퍼바이저, 주변인들에게도 내담자의 사생활과 비밀이 보호되도록 주지시켜야 한다.
- ㉢ 청소년상담사는 청소년 내담자 상담 시 사전에 상담에 대한 내담자의 동의를 받고 상담 과정에 부모나 보호자가 참여할 수 있으며, 비밀보장의 한계에 따라 정보를 제공할 수 있음을 알린다.
- ㉣ 청소년상담사는 청소년 내담자 상담 시, 상담 의뢰자(교사, 경찰 등)에게 내담자 및 보호자(만 14세 미만 내담 청소년의 경우)의 동의하에 정보를 제공할 수 있다.
- ㉤ 청소년상담사는 비밀보장의 의미와 한계에 대하여 청소년 내담자의 발달단계에 적합한 용어로 알기 쉽게 설명해주어야 한다.
- ㉥ 청소년상담사는 강의, 저술, 동료자문, 대중매체 인터뷰, 사적 대화 등의 상황에서 내담자의 신원 확인이 가능한 정보나 비밀 정보를 공개하지 않는다.

윤리강령 DOCTRINE

❷ 기록 및 보관
㉠ 청소년상담사는 내담자에게 전문적인 서비스를 제공하기 위해 상담 내용을 기록하고 보관한다.
㉡ 기록의 보관은 공공기관이나 교육기관 등은 각 기관에서 정한 기록 보관 연한을 따르고, 이에 해당하지 아니한 경우에는 3년 이내 보관을 원칙으로 한다.
㉢ 청소년상담사는 기록 및 녹음에 관해 내담자의 사전 동의를 구한다.
㉣ 청소년상담사는 면접기록, 심리검사자료, 편지, 녹음 및 동영상 파일, 기타 기록 등 상담과 관련된 기록을 보관하고 처리하는 데 있어서 비밀을 준수해야 한다.
㉤ 청소년상담사는 원칙적으로 내담자 및 보호자(만 14세 미만 내담 청소년의 경우)의 동의 없이 상담의 기록을 제3자나 기관에 공개하지 않는다.
㉥ 청소년상담사는 내담자와 보호자가 상담 기록의 삭제를 요청할 경우 법적, 윤리적 문제가 없는 한 삭제하여야 한다. 상담 기록을 삭제하지 못할 경우 타당한 이유를 내담자와 보호자에게 설명해 주어야 한다.
㉦ 청소년상담사는 퇴직, 이직 등의 이유로 상담을 중단하게 될 경우, 기록과 자료를 적절한 절차에 따라 기관이나 전문가에게 양도한다.
㉧ 전자기기 및 매체를 활용하여 상담관련 정보를 기록·관리하는 경우, 기록의 유출 또는 분실 가능성에 대해 경각심과 주의 의무를 가져야 하며, 내담자의 정보 보호를 위해 적극적인 노력을 해야 한다.
㉨ 내담자의 기록이 전산 시스템으로 관리되는 경우, 접근 권한을 명확히 설정하여 내담자의 신상이 공개되지 않도록 조치를 취한다.

❸ 상담 외 목적을 위한 내담자 정보의 사용
㉠ 청소년상담사는 자신의 사례에 대해 보다 나은 전문적 상담을 위해 내담자 및 보호자(만 14세 미만 내담 청소년의 경우)의 동의를 구한 후, 내담자에 대해 사실적이고 객관적인 정보만을 사용하여 동료나 수퍼바이저에게 자문을 받을 수 있다.
㉡ 청소년상담사는 교육이나 연구 또는 출판을 목적으로 상담 관련 자료를 사용할 때에는 내담자 및 보호자(만 14세 미만 내담 청소년의 경우)의 동의를 구해야 하며, 신상 정보 삭제와 같은 적절한 조치를 취하여 내담자에게 피해를 주지 않도록 한다.

❹ 비밀보장의 한계
㉠ 청소년상담사는 상담 시 비밀보장의 1차적 의무를 내담자의 보호에 두지만, 비밀보장의 한계가 있는 경우 청소년의 부모(보호자) 및 관계기관에 공개할 수 있다.
㉡ 비밀보장의 한계가 있는 경우는 다음과 같다.
- 청소년상담사는 내담자의 생명이나 사회의 안전을 위협하는 경우 비밀을 공개하여 그러한 위험의 목표가 되는 사람을 보호하기 위한 합당한 조치 등 안전을 확보한다.
- 청소년상담사는 법적으로 정보의 공개가 요구되는 경우 내담자에게 그 사실을 알리고 최소한의 정보만을 제공한다.
- 청소년상담사는 내담자에게 감염성이 있는 치명적인 질병이 있을 경우 관련 기관에 신고하고, 그 질병에 노출되어 있는 제3자에게 정보를 공개할 수 있다.
㉢ 청소년상담사는 아동학대, 청소년 성범죄, 성매매, 학교폭력, 노동관계 법령 위반 등 관련 법령에 의해 신고 의무자로 규정된 경우 해당 기관에 관련 사실을 신고해야 한다.

심리평가

❶ 심리검사의 실시
- ㉠ 청소년상담사는 심리검사를 실시하고 해석할 수 있는 능력을 배양해야 한다.
- ㉡ 청소년상담사는 심리검사 실시 전에 내담자 및 보호자(만 14세 미만 내담 청소년의 경우)에게 사전 동의를 받아야 한다.
- ㉢ 청소년상담사는 검사 도구를 선택, 실시, 해석함에 있어서 모든 전문가적 기준을 고려하여 사용한다.
- ㉣ 청소년상담사는 내담자에게 적절한 심리검사를 선택해야 하며 검사의 타당도와 신뢰도, 제한점 등을 고려한다.
- ㉤ 청소년상담사는 다문화 배경을 가진 내담자를 위한 검사 선택 시 내담자의 사회문화적 맥락을 신중히 고려해야 한다.

❷ 심리검사의 해석
- ㉠ 청소년상담사는 심리검사 해석에 있어 성별, 나이, 장애, 성적 지향, 인종, 종교, 문화 등의 영향을 고려하여 검사 결과를 해석한다.
- ㉡ 청소년상담사는 청소년이 이해할 수 있도록 심리검사의 목적, 성격, 결과에 대한 설명을 제공한다.
- ㉢ 청소년상담사는 심리검사 결과를 다른 이들이 오용하거나 외부에 유출하지 않도록 하여야 한다.

수퍼비전

❶ 수퍼바이저의 역할과 책임
- ㉠ 수퍼바이저는 사례지도 방법과 기법들에 대한 교육과 훈련을 지속적으로 받음으로써 사례지도 역량을 향상시키기 위해 노력한다.
- ㉡ 수퍼바이저는 전자 매체를 통하여 전송되는 모든 사례지도 자료의 비밀보장을 위해서 주의하고, 필요한 조치를 취한다.
- ㉢ 수퍼바이저는 사례지도를 시작하기 전에, 진행 과정에 대해 충분히 설명한 후 동의를 받음으로써 수퍼바이지의 적극적 참여를 독려할 책임이 있다.
- ㉣ 수퍼바이저는 수퍼바이지에게 전문가적 · 윤리적 규준과 법적 책임을 숙지시킨다.
- ㉤ 수퍼바이저는 지속적 평가를 통해 수퍼바이지의 한계를 파악하고, 그가 자신의 한계를 인식하고 보완할 수 있도록 돕는다.

❷ 수퍼바이저와 수퍼바이지의 관계
- ㉠ 수퍼바이저는 수퍼바이지와 상호 존중하며 윤리적, 전문적, 개인적 그리고 사회적 관계를 명료하게 정의하고 유지한다.
- ㉡ 수퍼바이저와 수퍼바이지는 성적 혹은 연애 관계, 그 외에 사적인 이익관계를 갖지 않는다.
- ㉢ 수퍼바이저와 수퍼바이지는 상호간에 성희롱 또는 성추행을 해서는 안 된다.
- ㉣ 수퍼바이저는 가족, 친구, 동료 등 상대방에 대한 객관성을 유지하기 힘든 사람과 수퍼비전 관계를 맺지 않는다.

윤리강령 DOCTRINE

○ 청소년 사이버상담

❶ 사이버상담에서의 정보 관리
- ㉠ 운영 특성상, 한 명의 내담자가 여러 명의 사이버상담자를 만나게 되는 경우 상담자들 간에 정보를 공유할 수 있음을 내담자에게 알린다.
- ㉡ 사이버상담 운영기관에서는 이용자가 다른 사람의 신분을 도용하지 않도록 절차를 마련해야 한다.

❷ 사이버상담에서의 책임
- ㉠ 사이버상담자는 만약에 있을지 모르는 위기개입 등의 상황을 대비하기 위해서 내담자의 신분을 확인할 방법을 가지고 있어야 한다.
- ㉡ 사이버상담이 내담자에게 부적절하다고 간주될 경우, 상담자는 대면상담 연계 등 이에 적합한 서비스 연계를 하여야 한다.

○ 지역사회 참여 및 제도 개선에 대한 책임

❶ 지역사회를 돕는 전문가 역할
- ㉠ 청소년상담사는 경제적 이득이 없는 경우에도 청소년의 최선의 유익을 위하여 지역사회의 기관, 조직 및 개인과 협력하고 사회공익을 위해 전문적 활동에 헌신함으로써 사회에 공헌하도록 한다.
- ㉡ 청소년상담사는 내담자가 다른 정신건강 전문가와 상담을 받고 있음을 알게 되면, 내담자의 동의하에 그 전문가와 긍정적이고 협력적인 관계를 맺도록 노력한다.

❷ 제도 개선 노력
- ㉠ 청소년상담사는 청소년 및 복지관련 법령, 정책 등의 적용과 개선을 위해 노력한다.
- ㉡ 청소년상담사는 자문을 요청한 내담자나 기관의 문제 혹은 잠재된 사회문제를 규명하고 해결하는 데 도움을 준다.

○ 상담기관 설립 및 운영

❶ 상담기관 운영자의 역할
- ㉠ 청소년 상담기관을 운영하고자 할 경우, 운영자로서의 전문성 및 역량을 갖추도록 노력해야 한다.
- ㉡ 상담기관 운영자는 직원이나 학생, 수련생, 동료 등을 교육·감독하거나 평가 시에 착취하는 관계를 가져서는 안 된다.
- ㉢ 상담기관 운영자는 자신과 현재 종사하고 있는 직원의 전문적 역량 향상에 책임이 있다.
- ㉣ 상담비용은 내담자의 재정 상태 등을 고려하여 합리적으로 책정한다.
- ㉤ 상담기관 운영자는 직원 채용 시 자격 있는 사람을 채용해야 한다.

❷ 상담기관 종사자의 역할
- ㉠ 청소년상담사는 자신이 종사하는 기관의 목적과 운영방침을 따라야 하며, 기관의 성장 발전을 위해 노력해야 한다.
- ㉡ 청소년상담사는 고용기관에 손해를 끼칠 수 있는 상황이나 기관의 효율성에 제한을 줄 수 있는 상황에 대해 미리 알려주어야 한다.

○ 연구 및 출판

❶ 연구활동
㉠ 청소년상담사는 청소년 문제 해결을 위해 윤리적 기준에 따라 과학적인 방법으로 연구를 계획하고 수행한다.
㉡ 청소년상담사는 연구 대상자를 심리적·신체적·사회적 불편이나 위험으로부터 보호하여야 한다.
㉢ 청소년상담사는 연구 참여자들에게 연구의 본질, 결과 및 결론에 대한 정보를 제공하는 것이 과학적 가치와 인간적 가치를 손상시키지 않는 한, 연구 참여자들이 이에 대한 정보를 얻을 수 있는 기회를 제공한다.

❷ 출판활동
㉠ 청소년상담사는 연구 결과를 출판할 경우에 자료를 위조하거나 결과를 왜곡해서는 안 된다.
㉡ 청소년상담사는 투고논문, 학술발표원고, 연구계획서를 심사할 경우 제출자와 제출내용에 대해 비밀을 유지하고 저자의 저작권을 존중한다.

○ 자격취소

❶ 청소년상담사는 청소년기본법 제21조의2(자격의 취소)에 해당하는 경우 자격이 취소된다.
㉠ 청소년기본법 제21조의 결격사유에 해당하게 된 경우
- 미성년자, 피성년후견인 또는 피한정후견인
- 파산선고를 받고 복권되지 아니한 사람
- 금고 이상의 형을 선고받고 그 집행이 끝나거나 집행을 받지 아니하기로 확정된 후 3년이 지나지 아니한 사람(3호)
- 금고 이상의 형을 선고받고 그 집행유예의 기간이 끝나지 아니한 사람(4호)
- 3호 및 4호에도 불구하고 다음 아래의 어느 하나에 해당하는 죄를 저지른 사람으로서, 형 또는 치료감호를 선고받고 확정된 후 그 형 또는 치료감호의 전부 또는 일부의 집행이 끝나거나(집행이 끝난 것으로 보는 경우를 포함한다) 집행이 유예·면제된 날부터 10년이 지나지 아니한 사람
  – 「아동복지법」 제71조 제1항의 죄
  – 「성폭력범죄의 처벌 등에 관한 특례법」 제2조의 성폭력범죄
  – 「아동·청소년의 성보호에 관한 법률」 제2조 제2호의 아동·청소년대상 성범죄
- 법원의 판결 또는 법률에 따라 자격이 상실되거나 정지된 사람
㉡ 거짓이나 그 밖의 부정한 방법으로 자격을 취득한 경우
㉢ 자격증을 다른 사람에게 빌려주거나 양도한 경우

○ 청소년상담사 윤리강령 제·개정 및 해석

❶ 한국청소년상담복지개발원은 청소년상담사 윤리강령 교육·보급을 위해 노력해야 한다.
❷ 한국청소년상담복지개발원은 청소년상담사 대상 의견수렴 및 전문가 토론회, 자격검정위원회의 보고 등 자문을 통해 청소년상담사 윤리강령 개정안을 수립한 후 청소년상담사 윤리강령을 개정할 수 있다.
❸ 윤리강령과 관련하여 의견이 있거나 공문 등을 통해 윤리적 판단을 요청할 경우, 한국청소년상담복지개발원에서 전문적 해석을 제공할 수 있다.

1교시 목차 CONTENTS

필수1과목 | 발달심리

01 발달심리학의 기초

- 01 발달심리학의 개념과 특징 · **4**
- 02 발달심리학의 연구방법론 · **7**
- 03 발달이론 및 발달심리학의 주요쟁점 · · · · · · · · · · · · · · · · · · **14**

02 발달에 대한 전 생애적 접근

- 01 영유아기 발달 · **39**
- 02 아동기 발달 · **44**
- 03 청소년기 및 청년기 발달 · **46**
- 04 성인기 및 노년기 발달 · **52**

03 주요 발달영역별 접근

- 01 유전 · 태내 발달과 두뇌의 발달 · **60**
- 02 신체 및 운동발달 · **68**
- 03 인지발달 · **71**
- 04 성격 및 사회성 발달 · **79**
- 05 정서 및 도덕성 발달 · **84**
- 06 발달정신병리 · **94**

적중예상문제 · 단답형 문제 · OX문제　　　　　　　　　　　**97**

필수2과목 / **집단상담의 기초**

01 집단상담의 개론

01 집단상담의 개요 · · · · · · · · · · · · · · · · · · · 138
02 집단상담자의 지도성 · · · · · · · · · · · · · · · · 143
03 집단상담의 윤리기준 · · · · · · · · · · · · · · · · 149
04 집단상담의 제 이론 · · · · · · · · · · · · · · · · · 154
- 정신분석 접근
- 해결중심 접근
- 게슈탈트(형태주의) 접근
- 행동주의 접근
- 심리극
- 현실치료 접근
- 인간중심 접근
- 개인심리학 접근
- 교류분석 접근
- 인지행동치료 접근
- 실존주의 접근
- 다문화 상담

02 집단상담의 실제

01 집단에 대한 이해 · · · · · · · · · · · · · · · · · · · 185
02 집단상담의 계획 및 평가 · · · · · · · · · · · · · 196
03 집단상담의 치료적 요인 · · · · · · · · · · · · · · 202
04 집단상담의 과정 · · · · · · · · · · · · · · · · · · · 206
05 집단상담의 기술 · · · · · · · · · · · · · · · · · · · 211
06 집단상담자의 역할 · · · · · · · · · · · · · · · · · 221

03 청소년 집단상담

01 청소년 집단상담의 개요 · · · · · · · · · · · · · · 227
02 청소년 집단상담의 제 영역 · · · · · · · · · · · · 230
03 청소년 집단상담자의 기술과 자질 · · · · · · · 232

적중예상문제 · 단답형 문제 · OX문제   **235**

1교시 목차 CONTENTS

필수3과목 | 심리측정 및 평가

01 심리측정의 기본개념

01 검사, 측정, 평가의 개념 · 270
02 표준화 검사의 개념과 규준 · · · · · · · · · · · · · · · · · · 278
03 통계의 기초 · 283
04 측정의 신뢰도 · 289
05 측정의 타당도 · 292

02 검사의 선정과 시행

01 검사의 종류 · 297
02 검사 선정 · 시행 · 결과 전달 시 고려사항 · · · · · · 301
03 윤리적 문제 · 303

03 인지적 검사

01 지능검사 · 306
02 성취도 검사 · 326

04 정의적 검사

01 미네소타 다면적 인성검사(MMPI) · · · · · · · · · · · · 327
02 기타 성격검사 · 339
03 적성검사 · 350

05 투사적 검사

01 집–나무–사람 그림검사(HTP) · · · · · · · · · · · · · · · 355
02 문장완성검사(SCT) · 360
03 로샤검사(Rorschach Test) · · · · · · · · · · · · · · · · · · 362
04 주제통각검사(TAT) · 373
05 벤더게슈탈트 검사(BGT) · · · · · · · · · · · · · · · · · · · 377

적중예상문제 · 단답형 문제 · OX문제　　　　　　380

필수4과목 | 상담이론

01 청소년상담의 기초

01 상담의 본질 · 428
02 상담자의 자질 및 태도와 역할 · 430
03 청소년상담자의 윤리 · 431

02 청소년상담의 이론적 접근

01 정신분석 상담 · 435
02 개인심리학적 상담 · 441
03 행동주의 상담 · 445
04 실존주의 상담 · 451
05 인간중심 상담 · 454
06 형태주의 상담(게슈탈트 상담) · 459
07 합리정서행동 상담(REBT) · 465
08 인지치료 상담 · 470
09 현실치료 상담 · 474
10 해결중심 상담 · 478
11 의사교류분석 상담 · 483
12 여성주의 상담과 다문화 상담 · 491
13 통합적 접근 · 495

03 청소년상담의 실제

01 상담의 기본 조건 및 준비 · 499
02 상담의 목표와 원리 · 501
03 상담 과정 · 505
04 상담의 공통요인과 관계원리 및 기법 · 509

적중예상문제 · 단답형 문제 · OX문제 521

2교시 목차 CONTENTS

필수5과목 | 학습이론

01 학습의 개념
- 01 학습의 정의, 개괄 · 4
- 02 학습관련 연구의 쟁점 · 9

02 행동주의 학습이론
- 01 행동주의 학습이론의 개요 · · · · · · · · · · · · · · · · · 12
- 02 고전적 조건형성이론 · 14
- 03 조작적 조건형성이론 · 17
- 04 기타 행동주의 학습이론 · · · · · · · · · · · · · · · · · · · 19
- 05 행동주의의 기법 · 22

03 인지주의 학습이론
- 01 사회인지학습이론 · 30
- 02 정보처리이론 · 37
- 03 기타 인지주의 학습이론 · · · · · · · · · · · · · · · · · · · 52

04 신경생리학적 학습이론
- 01 뇌의 구조와 기능 · 59
- 02 학습에 대한 신경학적 설명 · · · · · · · · · · · · · · · · 65

05 동기와 학습
- 01 동기와 정서 · 68
- 02 학습에 영향을 주는 요소 · · · · · · · · · · · · · · · · · · 81
- 03 기타 학습이론 · 86

적중예상문제 · 단답형 문제 · OX문제   95

선택6과목 청소년이해론

01 청소년 심리

01 청소년 심리의 이해 · **144**
02 청소년의 심리적 발달 · **149**
03 청소년기의 사회적 맥락 · **162**

02 청소년 문화

01 청소년 문화 관련 이론 · **172**
02 청소년 문화 실제 · **177**
03 가족 · 지역사회 · **185**
04 또래집단 · 학교 · **188**

03 청소년 복지와 보호

01 청소년비행이론 · **191**
02 학교부적응 · 학업중단 · **198**
03 폭력, 자살, 가출 · **200**
04 중 독 · **206**
05 청소년 보호 · **211**
06 청소년 복지 및 실제 · **220**
07 청소년 인권과 참여 · **228**

적중예상문제 · 단답형 문제 · OX문제 · · · · · · · · · · · · · · · **233**

선택7과목 청소년수련활동론

01 청소년활동 이해

01 청소년활동의 기본개념과 교육적 의의 · · · · · · · · · · · **266**
02 청소년활동 관련 이론 · **270**

02 청소년활동 프로그램 이론

01 청소년활동 프로그램 개발 · **274**

2교시 목차 CONTENTS

02 청소년활동 프로그램 실행 · **284**
03 청소년활동 프로그램 평가 · **286**

03 청소년활동 지도

01 지도원리 · **289**
02 지도방법 · **295**
03 청소년지도자 · **300**

04 청소년활동기관 설치 및 운영

01 수련시설 · 기관 운영 · **307**
02 청소년단체 · **316**

05 청소년활동 실제

01 수련활동 · **319**
02 교류활동 · **325**
03 문화활동 · **327**
04 동아리활동 · 체험활동 · 봉사활동 · · · · · · · · · · · · · · · · · · **328**
05 기타 활동 · **333**

06 청소년활동 제도 및 지원

01 활동 관련 정책사업 · **337**
02 안전 및 시설관리 · **350**

07 청소년활동 여건과 환경

01 교육제도 및 연계 · **351**
02 지역사회 연계 · **355**

적중예상문제 · 단답형 문제 · OX문제 · · · · · · · · · · · · · · · · · **358**

부록 | 최신기출문제

2024년 23회 기출문제 및 정답 · **396**

청소년 상담사 3급

1교시

필수 1과목 발달심리
필수 2과목 집단상담의 기초
필수 3과목 심리측정 및 평가
필수 4과목 상담이론

필수 ❶과목

발달심리

01 발달심리학의 기초
02 발달에 대한 전 생애적 접근
03 주요 발달영역별 접근

적중예상문제

"필수 1과목 발달심리" 과목에서는 자폐스펙트럼 장애, 주의력 결핍 및 과잉행동장애, 불안장애 등 DSM-5의 구체적인 내용을 묻는 문제가 꾸준히 2~3문제 정도의 비중으로 출제되고 있으므로 이에 대비한 학습이 필요합니다. 또한 영유아기, 아동기, 청소년기에 관련된 발달 이론들이 자주 출제되는 편이므로 신경 써서 학습해야 합니다. 특정 시기와 관련된 발달·사회 이론들은 다소 생소한 영역에서 출제되는 경우도 있으므로 주의를 요합니다. 문제의 유형 면에서 살펴보면, 최근 시험에서는 여러 학자의 이론을 한 문제로 엮어서 출제하는 경우가 늘어나고 있습니다. 또한 단순암기형 문제보다는 암기한 지식을 변형하여 물어보는 활용형 문제들이 출제되고 있으므로 이에 대비하여야 할 것입니다. 자주 등장하는 굵직한 이론을 중심으로 학습하되, 회독을 거듭하면서 세세한 이론까지 보완해 나가는 전략이 필요합니다.

✓ 최근 2024년도 23회 기출키워드

- 발달의 개념
- 발달연구방법
- 발달 이론가별 주장
- 피아제(J. Piaget)의 인지발달단계(전조작기)
- 대상영속성
- 애착의 유형
- 언어 발달
- 아동기의 인지발달
- 청소년기 인지발달
- 청소년기 발달에 관한 발달 이론가
- 발테스(P. Baltes)의 성공적 노화
- 노년기 발달
- 발달에 미치는 영향요인
- 성염색체 이상 증후군
- 태내발달
- 신생아의 반사행동
- 소근육 운동 발달 순서
- 이론가별 지능
- 반두라(A. Bandura)의 사회학습이론
- 콜버그(Kohlberg)의 성 역할 발달
- 콜버그(L. Kohlberg)의 도덕성 발달단계
- 공격성 발달
- 정서 발달
- 품행장애의 진단기준
- 투렛장애 진단기준

정오표 ▲

CHAPTER 01 발달심리학의 기초

중요도 ★★★

핵심포인트
\# 발달심리학의 개념과 특징 \# 발달심리학의 연구방법론
\# 발달이론 및 발달심리학의 주요쟁점

01 발달심리학의 개념과 특징

1 발달의 의미와 원리

(1) 발달의 의미 14 15 18 19 21 22 23 24 기출

① 수정에서부터 사망(죽음)에 이르기까지 전 생애 단계에 걸쳐 계속적으로 일어나는 변화의 양상과 과정이다.
② 지적·정서적·사회적·신체적 측면 등 전인적인 측면에서 변화하는 것이다.
③ 인간은 근본적으로 미완성의 존재로서 풍부한 가소성(Plasticity)을 가지고 있으며, 이러한 가소성은 발달의 주요 특성이다.
④ 전체적인 발달과정은 어떤 특징의 양적 증대 및 기능적 발달 등의 긍정적인 변화와 양적 감소 및 쇠퇴 등의 부정적 변화가 함께 포함된다.
⑤ 인간발달에 의한 변화는 양적·질적 변화, 상승적·하강적 변화로 나타난다.
⑥ 발달적 변화의 과정에는 신체, 운동기능, 사고, 언어, 성격, 사회성 등이 포함된다.
⑦ 발달의 각 영역은 서로 영향을 주고받는 복합적인 관계에 있다.
⑧ 발달은 이전 경험의 누적에 따른 산물이며, 삶의 중요한 사건이나 경험이 발달상의 큰 변화를 가져올 수 있다.
⑨ 한 개인의 발달은 역사적·사회적·문화적 맥락의 영향을 받는다.
⑩ 인간발달의 모든 단계에 긍정적 변화와 부정적 변화가 모두 존재한다.
⑪ 전통적인 관점에서 발달의 지향점은 성숙이며, 노화의 지향점은 죽음이라고 가정하였으나, 전 생애 발달 관점에 따르면 모든 연령에서의 발달은 성장과 감소를 동시에 포함하는 개념이다.

> **지식 IN**
>
> **가소성(Plasticity)** 15 18 19 23 기출
> - 변화에 대한 역량, 즉 긍정적인 또는 부정적인 삶의 경험에 반응하여 변화할 수 있는 능력을 말한다.
> - 환경이 정상화되면 위축된 발달이 정상적으로 회복될 수 있는 역량을 말한다.
> - 인간의 가소성은 전 생애를 통하여 열려있다. 전 생애 중에서 유아기와 아동기는 많은 발달적 가소성을 갖는 시기라고 할 수 있다.

(2) 발달의 원리 16 18 19 22 24 기출

① **일정한 순서와 방향성** : 상부에서 하부로, 중심에서 말초로, 전체운동에서 특수운동으로, 미분화운동에서 분화운동으로 진행된다.

② **연속성** : 발달은 전 생애를 통해 지속되며 연속적으로 진행되지만, 발달의 속도는 일정하지 않다.

③ **유전과 환경의 상호작용** : 유전적 요인과 환경적 요인의 상호작용을 통해 이루어지며, *성숙과 *학습에 의존한다.

④ **개인차의 존재** : 발달에는 개인차가 존재하며, 발달의 속도나 진행 정도가 동일하지 않다.

⑤ **분화와 통합의 과정** : 발달은 점진적으로 분화해 가고 전체로 통합되어 가는 과정이다. 신체, 인지, 성격 등 각 측면의 발달은 밀접한 상호작용으로 발달하면서 통합된다.

⑥ **점성원리** : *성장하는 모든 것은 기초안에 따라 부분적으로 발달하며, 특정 단계의 발달은 이전 단계에서 성취한 발달과업에 기초하여 이루어진다.

⑦ **결정적 시기의 존재** : 신체 및 심리가 발달하는 가장 용이한 시기가 있으며, 이 시기를 놓치면 발달과업 획득의 효율성이 떨어진다.

성숙

경험이나 훈련에 관계없이 인간의 내적 또는 유전적 기제의 작용에 의해 나타나며, 체계적이고 규칙적으로 진행되는 신체 및 심리의 변화를 의미한다.

학습

후천적 변화의 과정으로서 특수한 직·간접적 경험이나 훈련 또는 연습과 같은 외부자극이나 조건, 즉 환경에 의해 개인이 내적으로 변하는 것을 의미한다.

성장

신체 크기의 증대, 근력의 증가 등과 같은 양적인 확대를 의미한다. 특히 신체적 부분에 국한된 변화를 설명할 때 주로 사용된다.

(3) 발달에 영향을 미치는 요인(Baltes) 24 기출

① 전 생애 동안의 발달이 개인의 생물학적 요인과 환경적 요인의 상호작용을 바탕으로 규범적 연령 관련 요인, 규범적인 역사 관련 요인, 비규범적 요인들의 영향을 받는다.
② 영향 요인

규범적인 연령 관련 요인	사춘기, 폐경기 등을 경험하는 것과 같이 연령과 밀접하게 연결된 예측가능하고 보편적인 경험
규범적인 역사 관련 요인	• 전쟁, 기근, 전염병, 경제성장, 자동차 및 TV의 기술적 진보, 인터넷 사용, 남녀평등 사상의 영향 등 • 역사 관련 요인들은 동일한 역사적 시기에 태어난 출생동시집단 간에 차이를 가져와 출생동시집단 효과를 만들어냄
비규범적 요인	각 개인의 독특한 경험으로 심각한 질병, 사고, 실직, 이직이나 직업전환, 또는 우연한 만남 등 개인이 미리 계획하거나 예측하지 못한 사건

2 발달의 특징과 영역

(1) 발달의 특징

① **적기성** : 어떤 발달과업을 성취하는 데에는 결정적인 시기가 있다.
② **기초성** : 인간발달의 과업은 대부분 초기에 이루어지므로, 초기의 발달상 지체가 후일의 발달에 지대한 영향을 미친다.
③ **불가역성** : 어떤 특정한 시기에 발달이 잘못되는 경우, 추후 그것을 교정·보충하는 데 한계가 있다.
④ **누적성** : 발달상의 결손은 누적이 되어 회복을 더욱 어렵게 한다.
⑤ **상호관련성** : 아동발달의 여러 측면들은 서로 밀접하게 연관되어 있다.

(2) 발달의 영역

① **신체적 발달** : 외적 변화(몸무게, 키 등), 내적 변화(근육, 감각기관 등), 신체적 건강상태(운동능력)를 말한다.
② **인지적 발달** : 사고와 문제해결에 대한 정신적 과정, 언어, 기억, 지능, 추론 등으로 구성되어 있다.
③ **심리사회적 발달** : 사회성 및 정서, 사회적 관계·행동, 자아개념, 성격과 대인관계 능력으로 구성되어 있다.
④ **규준적 발달** : 구성원을 특징짓는 발달적 변화, 즉 전형적인 발달 패턴을 의미한다.
⑤ **개별적 발달** : 발달 속도, 정도 또는 모든 방향에서의 개인적인 발달을 의미한다.

02 발달심리학의 연구방법론

1 과학적 연구

(1) 발달심리학의 개념 23 기출
① 발달심리학은 연령에 따른 체계적인 변화를 연구하는 학문이다.
② 발달심리학은 다학문적이다.
③ 인류학, 생물학, 가정학, 심리학, 사회학 등 다양한 학문 분야에서 이루어진 연구 성과들을 종합적으로 연구하는 응용 학문이다.
④ 발달심리학은 규준적 발달과 개별적 발달 수준을 진단한다.

(2) 과학적 연구의 과정

문제의 제기 ▶ 중요한 요인의 발견 ▶ 문제의 검증 ▶ 가설의 수락 또는 기각

(3) 과학적 연구의 요소
① 개 념
  ㉠ 개념의 의미 : 현상을 설정, 예측하기 위한 명제나 이론의 전개에 있어서 그 밑바탕을 이루는 역할을 하는 추상적 표현이다.
  ㉡ 개념의 기능 : 현상에 대한 이해, 연구방향의 제시, 연구범위의 제시, 연역적 결과의 도출
  ㉢ 개념의 조건 : 한정성, 명확성, 통일성, 범위의 고려, 체계적 의미
  ㉣ 개념적 정의와 조작적 정의

개념적 정의 (Conceptual Definition)	• 연구대상이 되는 사람 또는 사물의 행태 및 속성, 다양한 사회적 현상들을 개념적으로 정의하는 것이다. • '사전적 정의'라고도 하며, 하나의 개념을 정의하기 위해 다른 개념을 사용함으로써 그 자체로 추상적·일반적·주관적인 양상을 보인다. • 개념적 정의는 정의하는 것에 대해 특성이나 자질을 지적해야 하는 반면, 그것과 구별되는 것에 대해 배타적이어야 한다. • 개념적 정의는 단정적이어야 하며, 중의성을 띠어서는 안 된다.
조작적 정의 (Operational Definition)	• 추상적인 개념들을 경험적·실증적으로 측정이 가능하도록 구체화한 것이다. 예 성별 → 남녀, 신앙심 → 종교의식 참여 횟수, 서비스 만족도 → 재이용 의사 유무, 소득 → 월 급여액 • 실행 가능하고 관찰 가능한 조작을 좀 더 명확하게 표현한 용어로 구성된 것이며, 확인이 가능한 정의에 불과하다. • 확인하고자 하는 의미의 정확한 전달 및 행동의 지침이 되는 기능으로서 재생가능성을 특징으로 한다. • 조작적 정의는 조사목적과 관련하여 상당히 실용주의적인 측면을 포함하고 있다.

  ㉤ 개념의 구체화 과정 : 개념 → 개념적 정의(개념화) → 조작적 정의(조작화) → 현실세계 (변수의 측정)

② 이 론
　㉠ 이론의 의미 : 경험적으로 검증이 가능하고, 어느 정도의 법칙적인 일반성을 포함하는 체계적 연관성을 가진 일련의 진술을 말한다.
　㉡ 이론의 기능 : 과학의 주요방향 결정, 현상의 개념화 및 분류화, 요약, 사실의 예측 및 설명, 지식의 확장, 지식의 결함 지적
　㉢ 이론 평가의 기준 : 정확성, 일반성, 간명성, 인과성
③ 변 수
　㉠ 변수의 의미
　　• 변수는 두 가지 또는 그 이상의 값으로 경험적으로 분류할 수 있는 개념이다.
　　• 연구대상의 경험적 속성을 나타내는 동시에 그 속성에 계량적 수치, 계량적 가치를 부여할 수 있는 개념을 의미한다.
　　• 사상(事象)에 대한 계량적 수치, 계량적 가치가 부여된 속성 또는 상징이라고 할 수 있다.
　㉡ 변수의 종류 18 기출

독립변수	'원인적 변수' 또는 '가설적 변수'라고도 하며, 일정하게 전제된 원인을 가져다주는 기능을 하는 변수이다.
종속변수	'결과적 변수'라고도 하며, 독립변수의 원인을 받아 일정하게 전제된 결과를 나타내는 기능을 하는 변수이다.
통제변수	독립변수와 종속변수 간의 관계를 명확하게 파악하기 위해 그 관계에 영향을 미칠 수 있는 제3의 변수를 통제하는 변수이다.
매개변수	독립변수와 종속변수 간의 직접적인 관련이 없으나, 제3의 변수가 두 변수의 중간에서 매개자 역할을 하여 두 변수 간에 간접적인 관계를 맺도록 하는 변수이다. 매개변수는 독립변수의 결과인 동시에 종속변수의 원인이 된다.
외생변수 (외재변수)	독립변수와 종속변수 간에 상관관계가 있는 것처럼 보이지만, 실제로는 두 변수가 우연히 어떤 변수와 연결됨으로써 마치 인과적 관계가 있는 것처럼 보이도록 하는 변수이다.
선행변수	인과관계에서 독립변수에 앞서면서 독립변수에 유효한 영향력을 행사하는 변수를 말한다.
억압변수 (억제변수)	두 개의 변수 간에 상관관계가 있으나, 그와 같은 관계가 없는 것처럼 보이게 하는 제3의 변수를 말한다.
왜곡변수	두 변수 간의 관계를 어떤 식으로든 왜곡시키는 제3의 변수이다.

ⓒ 상관관계 16 18 22 기출

상관관계 (Correlation)	• 둘 또는 그 이상의 변수 간에 존재하는 관계 정도를 뜻한다. 상관관계로 인과관계를 결정할 수 없다. • 정적 상관관계 : 한 변수가 증가하면 다른 변수도 증가하는 경우 • 부적 상관관계 : 한 변수가 증가하면 다른 변수는 감소하는 경우
상관분석	• 변수 간의 상호관계 정도를 분석하는 통계적 기법이다. • 한 변수가 변할 때 다른 변수가 어떻게 변하는지를 설명한다. • 한 변수가 다른 변수와 어느 정도의 관련성을 가지고 변하는지 알아보기 위해 사용한다.
상관계수	• 두 변수 간의 상관 정도를 하나의 값으로 요약하는 수치이다. • 두 변수 또는 여러 변수 간의 관계 정도를 나타내는 계수이다.

④ 가설
　㉠ 가설의 의미 : 둘 이상의 변수 또는 현상 간의 관계를 설명하는 검증되지 않은 *명제이다.

> **명제**
> 실세계에 대한 하나의 진술을 말하는 것으로서, 경험적 근거가 확인된 가설이라 할 수 있다. 이러한 명제는 항상 두 개 이상의 개념을 포함하는 것으로서, 개념 간의 관계에 의해서 실세계를 나타낼 수 있어야 한다.

　㉡ 가설의 종류

연구가설 (대립가설)	• 연구문제에 대한 잠정적인 대답으로서, 연구자가 제시한 작업가설에 해당한다. • 경험적으로 검증 가능하도록 진술한 가설로서, 흔히 '실험적 가설' 혹은 '과학적 가설'이라고도 한다. • "A는 B보다 ~이다" 또는 "A는 B와 관계(차이)가 있다"는 식으로 표현된다. 　예 남학생과 여학생 간 성적에는 차이가 있을 것이다.
영가설 (귀무가설)	• 연구가설과 논리적으로 반대의 입장을 취하는 가설이다. • 처음부터 버릴 것을 예상하는 가설로서, 대상 간에 차이 및 관계가 없거나 그것이 유의미하지 않은 경우의 가설에 해당한다. • 연구가설은 영가설이 직접 채택될 수 없을 때 자동적으로 받아들여지는 가설로서 직접 검증할 필요가 없는 반면, 영가설은 직접 검증을 거쳐야 하는 가설이다. • 보통 "A는 B와 관계(차이)가 없다"는 식으로 표현된다. 　예 남학생과 여학생 간 성적에는 차이가 없을 것이다.

　㉢ 가설의 조건
　　• 가설은 이론적인 근거를 토대로 해야 하며, 경험적인 검증이 가능해야 한다.
　　• 가설은 구체적이어야 하고, 현상과 관련성을 가져야 한다.
　　• 가설은 간단명료하며, 계량화가 가능해야 한다.
　　• 가설은 광범위한 범위에 적용 가능해야 한다.
　　• 가설은 둘 또는 셋 이상 변수들의 상관관계 방향에 대해 한정적으로 정확히 밝혀야 한다.
　　• 가설은 연구자의 가치, 편견, 주관적인 견해에서 벗어나 가치중립적이어야 한다.
　　• 가설은 조건문 형태의 복문으로 나타낸다.

2 표집(표본추출)

(1) 표집의 의의 및 과정
① 표집의 의의 : 연구 대상자 전체의 특성을 반영하는 모집단을 대표할 수 있는 일부의 대상을 선택하는 과정이다.
② 표집의 과정

모집단 확정 > 표집틀 선정 > 표집방법 결정 > 표집크기 결정 > 표본추출

(2) 확률표집의 의의 및 방법
① 확률표집의 의의 : 모집단의 각 표집단위가 추출될 기회를 모두 가지고 있으며, 각각의 표집단위가 추출될 확률을 정확히 알고 무작위 방법에 기초하여 표집하는 경우를 말한다.
② 확률표집의 방법 : 단순무작위 표집(난수표, 제비뽑기, 컴퓨터를 이용한 난수의 추출 방법 등), 계통표집(체계적 표집), *층화표집, 집락표집(군집표집)

> **층화표집**
> 모집단을 집단 내 구성이 동질적인 몇 개의 집단으로 나눈 후, 각 층으로부터 단순무작위 표집을 하는 방법이다.

(3) 비확률표집의 의의 및 방법
① 비확률표집의 의의 : 조사자나 면접자의 주관적인 판단에 의해 모집단에서 표본의 구성원들을 추출하는 것이다. 특히 표집될 확률이 동일하지 않은 경우 많이 사용된다.
② 비확률표집의 방법 : 할당표집, 판단표집(유의표집), 임의표집(편의표집), 누적표집(눈덩이표집)

3 자료수집방법 19 20 기출

(1) 관찰법
① 응답자가 행동을 통해 나타내는 태도나 의견 등을 조사하고 분석하는 방법으로 '현장연구'라고도 한다.
② 대상자가 비협조적이거나 면접을 거부하는 경우에도 가능하며, 대상자의 무의식적인 행동을 포착할 수 있다.
③ 관찰자의 선택적 관찰이 문제가 되며, 시간과 비용과 노력이 많이 소요된다.
④ 자연관찰법은 어떠한 개입 없이 일상적인 환경에서 참여자의 행동을 기록한다.

(2) 면접법

① 개념 및 특징
  ㉠ 면접자와 대상자 간의 질문과 대답에 의해 자료를 수집하는 방법으로, 다양한 조사내용을 비교적 장기간에 걸쳐 조사할 수 있다.
  ㉡ 질문지를 사용하며, 적절한 질문을 현장에서 결정할 수 있는 융통성이 있다.
  ㉢ 비용과 시간이 많이 소요되며, 응답자에 대한 편의가 제한적이다.
  ㉣ 면접자의 특성은 자료수집 과정에 영향을 미친다.

② 종류

구조화된 면접	면접자가 면접조사표를 만들어서 모든 응답자에게 동일한 질문순서와 동일한 질문내용으로 자료를 수집하는 방법이다.
비구조화된 면접	면접자가 면접조사표의 질문내용, 형식, 순서를 미리 정하지 않은 채 면접상황에 따라 자유롭게 응답자와 상호작용을 통해 자료를 수집하는 방법이다.
반구조화된 면접	몇몇 중요한 질문은 구조화하고, 그 외의 질문은 비구조화하는 방법이다.

(3) 질문지법

① 질문을 위해 제작된 설문지를 이용하여 응답자가 직접 작성하도록 하는 방법으로, 많은 피험자를 한꺼번에 연구할 수 있다.
② 장점 : 시간과 비용이 절약되며, 조사자의 편견이 배제될 수 있다.
③ 단점 : 융통성이 낮고 회수율이 떨어지며, 응답자의 비언어적인 행위를 기록할 수 없다.

(4) 전화조사법

① 전문 전화조사원이 전화를 이용하는 방법이다.
② 장점 : 비용과 신속성 측면에서 매우 경제적이며, 넓은 분포성을 가진다.
③ 단점 : 조사 분량이 제한되며, 응답자의 주변상황이나 표정 및 태도를 확인할 수 없다.

(5) 우편조사법

① 조사자와 응답자가 우편으로 교류하는 방법이다.
② 장점 : 시간과 공간에 제약이 없고 조사자의 편견이 배제되며, 응답자의 익명성이 보장된다.
③ 단점 : 회수율이 낮고, 융통성이 부족한 것이 단점이다.

(6) 사례연구 16 19 기출

① 현상과 맥락 간의 경계가 불분명한 경우, 다면적 증거 원천들을 사용함으로써 현재의 현상을 실생활의 맥락 내에서 연구하는 질적 · 경험적 탐구방법이다.
② 관찰연구가 비교적 많은 수를 대상으로 하는 것에 반해, 사례연구는 소수(한두 명)의 대상을 깊이 있게 연구함으로써 개인의 복잡한 내적 현상을 기술한다.
③ 대부분의 경우 사례연구는 독특한 상황을 경험하거나 인생의 어려움에 처해있는 경우를 주의 깊게 관찰한다.
④ 사례연구는 현상에 대한 자세한 기술 및 설명 · 평가를 목적으로 한다.

(7) 비교문화연구

① 에믹(Emic) 접근법 : 한 문화권의 사람들에게만 중요한 의미를 갖는 행동을 묘사하는 것으로 특정 문화에 국한된 것이다.
② 에틱(Etic) 접근법 : 다른 문화권에도 일반화할 수 있는 행동을 묘사하는 것으로 범문화적이다.

(8) 정신생리학적 방법

① 행동이나 심리적 특성의 기저에 있는 생리학적 기초를 파악한다.
② 심장박동률, 호르몬, 뇌파검사(EEG), 사건 관련 전위(ERPs), 자기공명영상(MRI) 등을 통해서 정보를 수집한다.

4 인간발달연구의 접근법

(1) 시간적 차원에 따른 분류

① 횡단적 연구 16 17 22 23 24 기출
  ㉠ 어느 한 시점에서 다수의 분석단위에 대한 자료를 수집하는 연구로서, 어떤 현상의 단면을 분석한다.
  ㉡ 만 5세, 7세, 9세 아동 각각 100명을 표집하고 이들을 대상으로 실험을 실시하는 것이 그 예이다.
  ㉢ 연령이 다른 개인 간의 발달적 차이를 단기간에 비교하려는 경우 사용한다.
  ㉣ 자료수집이 비교적 짧은 기간에 이루어지며, 간단하고 비용이 절감된다.
  ㉤ 어떤 현상의 진행과정 변화에 대한 측정이 불가능하고, 개인이 어떻게 변화하는지 알 수 없으며, 성장과 발달에 있어서 증가나 감소가 명확하지 않다.
  ㉥ 연령 차이는 그 자체의 영향이라기보다는 *동시대 출생집단(Cohort) 효과 때문일 수 있고, 동시대 출생집단 효과가 연령 효과에 혼입될 우려가 있다.
  ㉦ 연구결과는 연령집단 간 차이를 기술하며, 피험자 손실의 문제가 거의 없다.
  ㉧ 한 시점에서만 관찰하기 때문에 개인이 어떻게 발달하는지는 알 수 없다.

> **동시대 출생집단 효과**
> 동시대 출생집단 사이의 연령과 관련된 차이보다는 사회문화적·역사적 요인의 영향을 밝히기 위한 분석이다.

② 종단적 연구 15 18 21 22 24 기출
  ㉠ 둘 이상의 시점에서 동일한 분석단위를 장기간에 걸쳐 추적하여 연구한다.
  ㉡ 3세 아동들을 표집하여 이 아동들을 6세, 9세, 12세에 반복 측정함으로써 각 연령단계에서 인지능력의 변화를 살펴보는 연구가 그 예이다.
  ㉢ 개인의 연령에 따른 연속적인 변화 양상을 파악하려는 경우 사용한다.
  ㉣ 비용이 많이 들고, 시간 소모가 크다.
  ㉤ 오랜 시간에 걸쳐 연구되므로 피험자의 탈락이 발생할 수 있다.
  ㉥ 특정 개인이나 특정 집단에서 얻은 자료를 일반화하는 데 한계가 있다.

Ⓢ 반복검사로 인한 연습효과가 존재하여 결과가 왜곡될 수 있다.
Ⓞ 동시대 출생집단(Cohort) 효과의 영향을 받지 않는다.

지식 IN

횡단적 연구와 종단적 연구의 비교

횡단적 연구	종단적 연구
• 서로 비슷한 변인을 가진 다수의 표집 • 연령에 따른 성장의 특성을 밝혀 일반적인 성향을 파악함 • 개선된 최신의 검사도구를 충분히 활용할 수 있어 선택이 비교적 자유로움 • 연구대상의 관리 및 선정이 비교적 용이함 • 상대적으로 경비·시간·노력이 절감됨 • 성장의 일반적 경향 파악만 가능할 뿐, 개인적 특성은 알 수 없음 • 표집된 대상의 대표성을 확인하기 어려움 • 연구결과는 연령집단 간 차이를 기술함 • 피험자 손실의 문제가 거의 없음	• 대표성을 고려한 비교적 소수의 표집 • 성장과 발달의 개인적 변화 파악 가능 • 연구 도중 사용하던 도구를 변경하면 검사결과를 비교할 수 없음 • 초기와 후기의 인과관계를 규명하는 주제에 용이함 • 표집된 연구대상의 중도탈락 또는 시간의 흐름에 따른 특성의 변화가 문제시됨 • 연구목적 외의 개인 내 변화 등 유의미한 정보 획득 가능 • 한 대상에게 반복적으로 같은 도구를 사용하므로 신뢰성이 문제시됨 • 동시대 출생집단(Cohort) 효과의 영향을 받지 않음 • 연습효과 때문에 결과가 왜곡될 수 있음

③ 계열적 연구 14 22 24 기출
㉠ 몇 개의 동시대 출생집단을 몇 차례에 걸쳐 측정하는 것으로서, 횡단적 연구와 종단적 연구의 장점을 혼합한 것이다.
㉡ 연령효과와 동시대 출생집단 효과, 측정시기 효과를 분리해서 볼 수 있는 연구접근법이다.
㉢ 상이한 연령의 피험자를 선별하여 이 집단들 각각을 얼마 동안의 기간에 걸쳐서 연구한다.
㉣ 시간과 노력의 측면에서 비경제적이고, 결과의 일반화가 어려울 수 있다.

(2) 자료의 성격에 따른 분류

① 양적 연구방법
㉠ 현상의 속성을 계량적으로 표현하고 그들의 관계를 통계분석을 통해 밝혀낸다.
㉡ 정형화된 측정도구를 사용하여 객관적인 연구를 수행한다.
㉢ 연역법에 기초하며 연구결과의 일반화가 용이하다.
㉣ 실증주의적 인식론에 바탕을 두며, 객관성과 보편성을 강조한다.
㉤ 방법론적 일원주의를 주장한다.
㉥ 관찰에 근거하지 않은 지식의 공허함을 주장한다.
Ⓢ 일반화 가능성이 높지만, 구체화에 문제가 있다.
Ⓞ 질문지연구, 실험연구, 통계자료분석 등이 해당된다.

② 질적 연구방법 [20] [기출]
  ㉠ 현상학적 인식론을 바탕으로 연구자와 대상자 간의 긴밀한 상호작용을 통해 진행된다.
  ㉡ 언어, 몸짓, 행동 등 상황과 환경적 요인을 연구한다.
  ㉢ 연구자의 개인적인 준거틀을 사용하여 비교적 주관적인 연구를 수행한다.
  ㉣ 관찰자의 해석으로부터 독립된 객관적인 관찰은 존재하지 않음을 주장한다.
  ㉤ 행위자가 자신의 경험에 부여하는 의미의 파악을 중시한다.
  ㉥ 탐색적 연구에 효과적이며, 사회과학에서 많이 사용한다.
  ㉦ 귀납법에 기초하며 연구결과의 일반화에 어려움이 있다.
  ㉧ 외부감사자에 의해 연구의 정밀성을 검토한다.
  ㉨ 인간 경험의 심미적 차원을 해석한다.
  ㉩ 현지연구, 근거이론연구, 담화분석, 행동연구, 사례연구 등이 해당된다.

03 발달이론 및 발달심리학의 주요쟁점

1 정신분석이론

(1) 프로이트(Freud)의 심리성적발달이론 [15] [기출]
① 인간은 비합리적인 힘, 무의식적인 동기, 생애 초기 경험에 따라 성격이 결정된다고 보았다.
② 지형학적 모형(정신의 3요소)
  ㉠ 의식(Consciousness) : 어떤 순간에 우리가 알거나 느낄 수 있는 모든 감각과 경험으로서, 특정 시점에 인식하는 모든 것이다.
  ㉡ 전의식(Preconsciousness) : 의식과 무의식의 교량역할을 하는 것으로서, 현재는 의식하지 못하지만, 주의를 집중하는 경우 의식으로 가져올 수 있는 정신작용의 부분이다.
  ㉢ 무의식(Unconsciousness) : 의식적 사고와 행동을 전적으로 통제하는 힘으로서, 자신이 전혀 의식하지 못하는 정신작용의 부분이다.
③ 구조적 모형(성격의 3요소) [16] [기출]
  ㉠ 원초아(Id)
    • 출생 시 타고나는 성격의 가장 원초적인 부분으로서, 본능적 충동과 쾌락의 원리에 의해 지배되므로 충동적·비합리적·자애적으로 나타난다.
    • 1차적 사고과정은 원초아(Id)가 긴장을 해소하기 위해 사용하는 기제이다.
  ㉡ 자아(Ego) : 출생 후에 발달하기 시작하는 것으로서, 성격의 조직적·합리적·현실지향적인 체계이다.
  ㉢ 초자아(Superego) : 무엇이 옳고 그른가를 판단하는 데 관여하는 성격의 일부분으로서 도덕성 및 죄책감과 연관되며, 양심(Conscience)과 자아 이상(Ego Ideal)이라는 두 가지 과정에 의해 형성된다.

지식 IN

정신의 구조와 성격의 구조

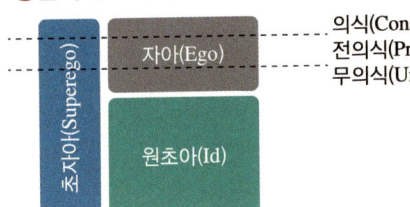

- 정신의 구조(지형학적 모형) : 의식, 전의식, 무의식
- 성격의 구조(구조적 모형) : 원초아, 자아, 초자아

④ 인간발달의 단계 15 20 21 23 기출

단계	내용	용어
구강기 (0~1세)	• 아동의 *리비도(Libido)는 입, 혀, 입술 등 구강에 집중되어 있다. • 구강기 전기에는 빨기·삼키기에서 자애적 쾌락을 경험한다. • 구강기 후기에는 이유에 대한 불만에서 어머니에 대한 최초의 양가감정을 경험한다. • 이 시기에 고착되는 경우 손가락 빨기, 손톱 깨물기, 과음, 과식 등의 행동이 나타날 수 있다.	**리비도(Libido)** 성본능·성충동의 본능적인 성적 에너지를 말하는 것으로서, 개인의 사고 및 행동에 지대한 영향을 미친다.
항문기 (1~3세)	• 배변으로 생기는 항문자극에 의해 쾌감을 얻으려는 시기이다. • 배변훈련을 통한 사회화의 기대에 직면한다. • 이 시기에 고착되는 경우 결벽증이나 인색함 등이 나타날 수 있다.	**오이디푸스 콤플렉스** 남아가 반대 성인 어머니에 대하여 무의식적 욕망을 느끼고 갈등을 경험하는 것을 말한다.
남근기 (3~6세)	• 리비도가 성기에 집중되어 성기를 자극하고, 자신의 몸을 보여주거나 다른 사람의 몸을 보면서 쾌감을 얻는다. • 심리적 변화가 크게 일어나며 남아는 *오이디푸스 콤플렉스(Oedipus Complex), 여아는 *엘렉트라 콤플렉스(Electra Complex)를 경험하게 된다. 이때 남아는 거세불안을 경험하며, 여아는 남근선망을 갖게 된다. • 아동은 동성 부모와의 동일시 및 적절한 역할습득을 통해 양심과 자아 이상을 발달시키며, 이 과정에서 초자아가 성립된다.	**엘렉트라 콤플렉스** 여아가 반대 성인 아버지에 대하여 무의식적 욕망을 느끼고 갈등을 경험하는 것을 말한다.
잠복기 또는 잠재기 (6~12세)	• 다른 단계에 비해 평온한 시기로서, 리비도가 잠복되어 성적 충동 등이 잠재되어 있는 시기이다. • 리비도의 대상은 동성친구로 향하고, 동일시 대상도 주로 친구가 된다. • 잠복기 아동의 에너지는 지적인 활동, 운동, 친구와의 우정 등에 집중된다. • 운동과 놀이를 통하여 역할을 습득하고 교육을 통하여 사회적 기술과 도덕적 가치를 습득한다.	
생식기 (12세 이후)	• 잠복되어 있던 성적 에너지가 되살아나는 시기이다. • 리비도의 대상이 동성친구에서 또래의 이성친구에게로 옮겨간다. • 이 시기에 사춘기를 경험하며, 2차 성징이 나타난다.	

⑤ 불안과 고착
  ㉠ 불안 : 자아가 위험이 가까이 있다는 신호를 느끼는 것으로서, 그 종류로는 현실적 불안, 신경증적 불안, 도덕적 불안이 있다.
  ㉡ 고착 : 불안과 좌절로 인해 리비도가 더 이상 나아가지 못하고 정지해 있는 것으로서, 그 종류로는 좌절, 방임 등이 있다.
⑥ 방어기제 : 불안에 대처하는 무의식적 방법으로 경험을 왜곡하거나 위장하는 것으로 억압, 반동형성, 퇴행, 동일시, 보상, 합리화, 대치, 전치, 투사, 분리, 부정, 승화, 해리, 내면화, 전환, 신체화, 지성화 등이 있다.

(2) 에릭슨(Erikson)의 심리사회이론

① 에릭슨 심리사회이론의 의의
  ㉠ 인간의 전 생애에 걸친 발달과 변화를 강조하였고, 인간을 합리적인 존재이자 창조적인 존재로 보았다.
  ㉡ 기존의 정신분석적 방법과 달리, 인간에 대해 정상적인 측면에서 접근하였다.
  ㉢ 인간의 행동이 자아(Ego)에 의해 동기화된다고 보았고, 개인의 심리적 요인과 사회문화적 영향의 상호작용으로 형성된다고 보았다.
  ㉣ 문화적·역사적 요인과 성격구조의 관련성을 중시하였다.
  ㉤ 창조성과 자아정체감의 확립을 강조하였다.
  ㉥ 특정 발달단계에서의 위기를 극복하지 못했다고 하더라도 일정 연령에 달하며 다음 단계로 발달이 진행된다고 보았다.
② 주요 개념 14 기출
  ㉠ 자아(Ego) : 인간이 신체적·심리적·사회적 발달과정에서 외부환경에 적응하는 과정을 통해 형성되며, 성격의 자율적 구조로서 원초아(Id)로부터 분화된 것이 아닌 그 자체로 형성된 것이다.
  ㉡ 자아정체감(Ego Identity)
    • 총체적인 자기지각을 의미하는 것으로서, 시간적 자기동일성과 자기연속성에 대한 인식을 통해 시간의 흐름에 따른 변화 속에서도 자기 존재의 동일성과 독특성을 지속·고양하는 자아의 자질을 말한다.
    • '내적 측면'과 '외적 측면'으로 구분할 수 있으며, 내적 측면이 시간적 자기동일성과 자기연속성의 인식이라고 한다면, 외적 측면은 문화의 이상과 본질적 패턴에 대한 인식 및 동일시를 말한다.
  ㉢ 점성원리(Epigenetic Principle)
    • 인간은 발달을 위한 기본적인 요소들을 가지고 있으며, 시간이 경과함에 따라 그 요소들이 결합 또는 재결합하여 새로운 구조를 형성하게 된다.
    • 건강한 성격은 각 요소가 다른 요소와 체계적으로 연결됨으로써 적절하게 연속적으로 발달하게 된다.

ⓐ 위기(Crisis)
- 인간의 발달단계마다 사회는 개인에게 어떤 심리적 요구를 하는데 이것을 '위기'라고 한다.
- 각 심리단계에서 개인은 위기에서 야기되는 스트레스와 갈등에 적응하려고 노력하며, 이러한 위기를 성공적으로 해결하지 못하는 경우 자아정체감의 혼란이 야기된다.

> **지식 IN**
>
> **청소년기 정체감 형성이 중요한 이유(에릭슨 발달이론)** 14 기출
> - 내적인 충동의 질적·양적 변화가 일어나기 때문
> - 아동도 성인도 아닌 주변인으로서의 특성 때문
> - 진로나 중요 과업에 대해 자기 선택을 강요받기 때문
> - 추상적 사고를 하게 되면서 자신의 미래와 존재에 대해 고민하는 기회가 많아지기 때문

③ 에릭슨의 인간발달단계 14 15 16 17 19 23 기출

시 기	심리사회적 위기	프로이트 발달단계
유아기(출생~18개월)	신뢰감 대 불신감	구강기
초기아동기(18개월~3세)	자율성 대 수치심·회의	항문기
학령전기(3~5세)	주도성 대 죄의식	남근기
학령기(5~12세)	근면성 대 열등감	잠복기
청소년기(12~20세)	자아정체감 대 정체감 혼란	생식기
성인 초기(20~24세)	친밀감 대 고립감	–
성인기(24~65세)	생산성 대 침체	–
노년기(65세 이후)	자아통합 대 절망	–

(3) 아들러(Adler)의 개인심리이론

① 아들러 개인심리이론의 의의
  ㉠ 무의식이 아닌 의식을 성격의 중심으로 보았다.
  ㉡ 인간을 전체적·통합적으로 보고, 창조적이고 책임감 있는 존재로 보았다.
  ㉢ 인간은 성적 동기보다 사회적 동기에 의해 동기화된다고 보았으며, 목적적·목표지향적으로 행동한다고 보았다.
  ㉣ 열등감과 보상이 개인의 발달에 동기가 된다.
  ㉤ 사회적 관심은 한 개인의 심리적 건강을 측정하는 유용한 척도이다.
  ㉥ 인간은 미래에 대한 기대로서 가상의 목표를 가진다.
  ㉦ 개인의 행동과 습관에서 타인 및 세상에 대한 태도 등 삶에 전반적으로 적용되고 상호작용하는 통합된 생활양식이 나타난다.

② 주요 개념
　㉠ 열등감과 보상 : 열등감은 개인이 잘 적응하지 못하거나 해결할 수 없는 문제에 직면했을 때 나타나는 무능력감에서 생긴다. 이러한 열등감은 동기유발의 근거로 작용하며, 연습이나 훈련을 통한 보상에의 노력으로 이어진다.
　㉡ 우월을 향한 노력 : 인간의 궁극적인 목적은 우월하게 되는 것이다. 우월은 모든 인간이 가지는 기본적인 동기로서 선천적이며, 열등감을 보상하려는 욕구에서 나온다.
　㉢ 사회적 관심 : 개인이 이상적인 공동사회를 목표로 달성하려는 성향을 말하는 것으로서, 개인의 목표를 사회적 목표로 전환하는 것이다.
　㉣ 생활양식 : 인생목표, 자아개념, 성격, 문제에 대처하는 방법, 행동, 습관의 독특한 형태 등 삶에 전반적으로 적용되고 상호작용하는 통합된 양식을 의미한다.

지배형	사회적 관심은 거의 없으면서 활동수준이 높아 공격적이고 주장적인 유형
획득형	기생적인 방법으로 외부세계와 관계를 맺으며, 타인에게 의존하여 욕구를 충족하는 유형
회피형	참여하려는 사회적 관심도 적고 활동수준도 낮은 유형
사회적으로 유용한 형	사회적 관심이 크므로 자신과 타인의 욕구를 동시에 충족시키며, 인생과업을 완수하기 위해 다른 사람과 협력하는 유형

　㉤ 창조적 자아 : 자아의 창조적인 힘이 인생목표와 목표추구 방법을 결정하고, 사회적 관심을 발달시킨다.
　㉥ 가상적 목표 : 개인이 추구하는 궁극적 목적은 현실에서 검증되지 않은 가상의 목표로서, 이는 미래에 실재하는 어떤 것이 아닌, 현재의 행동에 영향을 미치는 미래에 대한 기대로서의 이상을 의미한다.
　㉦ 가족형상 : 가족성원 간의 관계와 정서적 유대, 가족의 크기 및 성별 구성, 출생순위 등이 개인의 성격형성에 지대한 영향을 미친다.

첫째아이(맏이)	'폐위된 왕', 권위를 행사하고 규칙과 법을 중시하는 경향
둘째아이(중간아이)	항상 자신이 맏이보다 뛰어나다는 것을 증명하려는 경쟁심을 보임
막내아이	과잉보호의 대상, 독립심이 부족하며, 열등감을 경험하기도 함
외동아이(독자)	응석받이, 자기중심적이고 의존적, 자신의 중요성에 대한 과장된 견해를 보임

(4) 융(Jung)의 분석심리학
① 융 분석심리이론의 의의
　㉠ 인격을 '의식'과 '무의식'으로 구분하고, 무의식을 다시 '개인무의식'과 '집단무의식'으로 구분하였다.
　㉡ 전체적인 성격을 정신(Psyche)으로 보았으며, 성격의 발달을 자기(Self) 실현의 과정으로 보았다.

ⓒ 인간이 태어날 때 본질적으로 양성을 가지고 태어났다는 양성론적 입장을 취하였다.
　　ⓓ 중년기의 성격발달을 중요하게 다루었으며, 중년기를 전환점으로 자아가 자기에 통합되면서 성격발달이 이루어진다고 보았다.
② 주요 개념
　ⓐ 개인무의식 : 프로이트가 말한 전의식에 해당하는 영역으로서, 자아와 인접된 영역에서 자아에 의해 인정되지 않은 경험이 저장되는 곳이다. 이와 같은 개인무의식의 내용은 의식으로 변화될 수 있으며, 개인무의식과 자아 사이에는 빈번히 상호교류가 일어난다.
　ⓑ 집단무의식 : 모든 인류에게 공통적으로 존재하는 것으로서, 개인적 경험과는 상관없이 조상 또는 종족 전체의 경험 및 생각과 관계가 있는 원시적 공포, 사고, 성향 등을 포함하는 무의식을 말한다.
　ⓒ 원형 : 집단무의식을 구성하는 것이며, 시간·공간·문화나 인종의 차이에 관계없이 보편적으로 존재하는 인류의 가장 원초적인 행동유형이다.
　ⓓ 자기(Self) : 의식과 무의식을 포함한 전체 정신의 중심으로서, 태어날 때부터 존재하는 핵심 원형이다. 자아(Ego)가 의식의 중심으로서 의식의 영역만을 볼 수 있는 반면, 자기(Self)는 의식과 무의식의 주인으로서 전체를 통합할 수 있다.

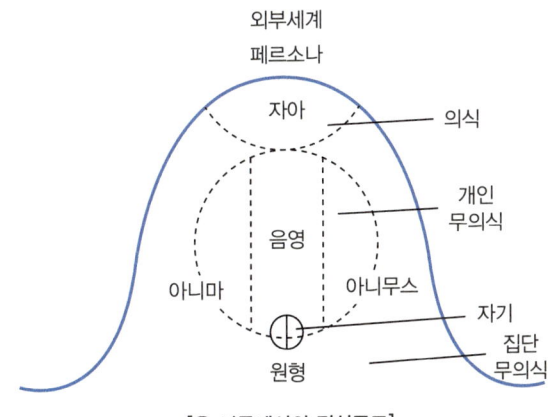

[융 이론에서의 정신구조]

의식		자아	의식의 주체로서 의식적 지각, 기억, 사고 및 감정으로 구성
무의식	집단무의식 (원형)	자기	의식과 무의식이 통합된 가장 완전한 인격의 통일을 달성하기 위해 노력하는 원형
		아니마	무의식 속에 존재하는 남성의 여성적인 측면
		아니무스	무의식 속에 존재하는 여성의 남성적인 측면
		음영 (그림자)	동물적 본성을 포함하는, 스스로 인식하기 싫은 자신의 부정적인 측면
		페르소나	자아의 가면으로 외부에 표출되는 개인의 이미지 혹은 가면
	개인무의식	콤플렉스	• 현실적인 행동이나 지각에 영향을 미치는 무의식의 감정적 관념 • 프로이트의 전의식과 무의식을 포함하는 개념

③ 심리적 유형

자아의 태도	자아의 기능	심리유형
외향형 내향형	사고/감정 감각/직관	• 외향적 사고형 : 객관적 사고와 실천적 · 실제적 행동을 한다. • 외향적 감정형 : 사고보다 감정을 우위에 놓는다. • 외향적 감각형 : 외부세계에 대한 사실 파악에 몰두한다. • 외향적 직관형 : 외부세계의 새로운 가능성 발견에 몰두한다.
		• 내향적 사고형 : 생각이 내면으로 향해 있다. • 내향적 감정형 : 독창적이며 자신의 감정을 감춘다. • 내향적 감각형 : 주관적 현실과 정신적 감각에 몰두한다. • 내향적 직관형 : 원형의 이미지에 몰두한다.

④ 융의 발달단계

발달단계	연 령	특 징
아동기	출생~ 사춘기	• 유아기는 본능이 지배하는 시기이다. • 자아가 아직 형성되지 않은 시기로서 심리적 문제는 없다. • 초년의 생존을 위한 활동에 리비도의 영향을 중시한다. • 5세 이전 리비도가 나타나 청년기에 최고조에 이른다.
청년 및 성인 초기	사춘기~ 40세 전	• 사춘기는 문제와 갈등, 적응의 시기이다. • 생의 전반기, 외적 · 신체적으로 팽창하는 시기로서 자아가 발달하고, 외부세계에 대처하는 역량이 발휘된다. • 남성과 여성의 각 성적 측면이 발달하고, 외향적인 사람이 더 순조롭게 이 시기를 보낸다.
중년기	40~65세	• 융이 가장 중요하다고 강조한 시기이다. • 좀 더 자신의 내면에 초점을 맞추는, 성격발달의 정점에 해당하는 시기이다. • 정서적 위기를 수반하는 발달적 위기를 겪어 추구하던 목표를 잃고 절망과 비참함을 느낄 수 있다. • 자아를 외적 · 물질적 차원에서 내적 · 정신적 차원으로 전환시킨다. • 성격 원형의 본질적 변화 → 페르소나, 그림자, 아니마, 아니무스 변화
노년기	중년기 이후	• 명상과 회고가 많아지고, 내면적 이미지가 큰 비중을 차지한다. • 생의 본질을 이해하려 한다. • 내세에 대한 이미지가 없다면 건전한 방식으로 죽음을 맞기 어렵다.

지식 IN

융 이론과 프로이트 이론의 비교

구 분	프로이트	융
이론적 관점	인간행동과 경험의 무의식적 영향에 대한 연구	의식과 무의식의 대립적 관점이 아닌, 통합적 관점
리비도	성적 에너지에 국한	일반적인 생활에너지 및 정신에너지로 확장
성격형성	과거의 사건에 의해 결정	과거는 물론 미래에 대한 열망을 통해서도 영향을 받음
정신구조	의식, 무의식, 전의식	의식, 무의식(개인무의식, 집단무의식)
강조점	인간 정신의 자각 수준에 초점을 맞추어 무의식의 중요성을 강조	인류의 정신문화 발달에 초점
발달단계	5단계 (구강기, 항문기, 남근기, 잠재기, 생식기)	4단계 (아동기, 청년기, 중년기, 노년기)

2 인지발달이론

(1) 피아제(Piaget)의 인지발달이론

① 피아제 인지발달이론의 의의 16 18 19 기출
  ㉠ 피아제는 인간이 주관적인 존재로서 나름대로 의미를 부여하는 주관적인 현실만이 존재한다고 주장하였다.
  ㉡ 각 개인의 정서·행동·사고는 개인이 현실세계를 구성하는 방식에 따라 다르다.
  ㉢ 인간은 변화하고 성장하는 존재로서 인간의 의지 또한 환경과 상호작용하면서 변화하고 발달한다.
  ㉣ 인간은 '인지적 적응', '인지적 조직화', '인지적 평형화'의 기본적 성향을 통해 학습하며, 인지적 성장을 이룬다.
  ㉤ 인지발달의 단계 순서는 변하지 않는다.

② 주요 개념 16 18 19 23 기출
  ㉠ 도식 : 사물이나 사건에 대한 전체적인 윤곽 또는 지각의 틀, 즉 인간의 마음속에서 어떤 개념 또는 사물의 가장 중요한 측면이나 특징을 인식하고 표현하는 능력이다.
  ㉡ 적 응
    • 자신의 주위환경의 조건을 조정하는 능력으로서, 주위환경과 조화를 이루고 생존하기 위해 변화하는 과정을 말한다.
    • 동화와 조절의 상보적 활동에 의하여 이루어진다.

• 유 형

동 화	새로운 지각물이나 자극이 되는 사건을 자신이 이미 가지고 있는 도식이나 행동양식에 맞춰가는 인지적 과정이다.
조 절	기존 도식이 새로운 대상을 동화하는 데 적합하지 않은 경우, 새로운 대상에 맞도록 기존의 도식을 변경하여 인지하는 과정이다.
평형상태	동화와 조절의 결과 조직화된 유기체의 각 구조들이 균형을 이루는 것이다.

ⓒ 조직화 : 서로 다른 감각의 입력 정보들을 상호 관련시키거나, 심리적 측면에서 조직화하여 떠오르는 생각들을 이치에 맞도록 종합하는 것이다.
ⓓ 보존 : 질량은 양적 차원에서는 동일하지만, 모양의 차원에서는 변할 수 있다는 개념이다.
ⓔ 자아중심성 : 유아가 사물을 자신의 입장에서만 보고 다른 사람의 관점을 고려하지 못하는 것으로서, 유아기 초기에는 자신과 주변의 대상들을 구분하지 못하고, 청소년기에는 자신의 관념과 다른 사람의 관념을 구분하지 못한다.

③ 인지발달단계 14 15 16 18 19 20 21 23 24 기출

구 분	연 령	특 징
감각 운동기	0~2세	• 감각경험과 운동을 조합하여 세상에 대한 지식을 형성하는 단계 • 6개의 하위단계 : 반사활동기, 1차 순환반응기, 2차 순환반응기, 2차 도식의 협응기, 3차 순환반응기, 정신적 표상 • 대상영속성을 이해하기 시작함 • 목적지향적 행동이 나타남 • 자신과 외부대상을 구분하지 못함
전조작기	2~7세	• 정신적 표상에 의한 사고가 가능하나 아직 개념적 조작능력이 충분히 발달하지 않은 단계로서, 문제를 해결할 때 주로 지각된 외양으로 판단함 • 2개의 하위단계 : 전개념적 사고기, 직관적 사고기 • 상징적 사고, 직관적 사고, 인공적 사고, 전환적 추론 등이 나타남 • 대상영속성이 확립됨 • 상징놀이와 물활론(무생물체도 생명이 있다고 봄), 자아중심성의 특징을 가짐 • 자아중심성, 집중성, 비가역성으로 인해 논리적 사고가 어려움
구체적 조작기	7~12세	• 구체적 사물을 조작함으로써 문제를 해결하는 단계 • 자아중심성 및 비가역성의 극복으로 논리적 사고가 가능해지고, 보존개념이 획득됨 • 유목화(사물을 공통의 속성에 따라 분류), 서열화(무게 등의 속성에 따라 항목을 순서대로 배열)가 가능함
형식적 조작기	12세 이상	• 현실적 세계를 넘어 추상적으로 사고를 할 수 있는 단계 • 추상적 사고, 가설의 설정 및 검증 · 연역적 사고, 체계적 사고가 나타나며, 논리적 조작에 필요한 문제해결능력이 발달함

(2) 비고츠키(Vygotsky)의 사회문화적 인지이론 15 17 18 19 24 기출

① 비고츠키 사회문화적 인지이론의 의의
ⓐ 피아제(Piaget)의 인지발달이론에 사회문화적인 접근을 시도함으로써 새로운 인지발달이론을 전개하였다.

ⓒ 개인의 인지적·심리적 발달을 사회문화 현상 및 사람들과의 상호작용에 의한 것으로 간주하였다.
　　ⓓ 학습은 아동 스스로 학습하려는 노력과 함께 부모나 교사 또는 좀 더 능력이 있는 또래와의 상호작용을 통해서 이루어진다고 주장하였다.
② **주요 개념**
　　㉠ 언어발달 : 언어는 인지과정 자체의 일부분이자, 아동의 사회적 지식교환에 의한 인지발달을 가능하게 하는 중요한 도구이다. 비고츠키는 언어를 사회적 언어와 사적 언어로 나누었다. 21 기출

사회적 언어	• 의사소통을 가능하게 하는 것이다. • 사회적 지식과 사고체계, 태도 등을 내면화하는 것이다.
사적 언어	• 유아의 혼잣말(Private Speech) 등을 말하며, 문제해결능력을 조절하는 인지적 자기안내 체계이다. • 비고츠키는 혼잣말과 같은 사적 언어가 아동의 문제해결능력을 돕고 행동을 조절할 수 있게 해준다고 보았다. • 유아는 혼잣말을 통해 자신의 사고를 정리하고 촉진한다. • 유아는 적절히 어려운 문제를 수행할 때 혼잣말을 많이 사용하므로 유아의 혼잣말이 증가하는 것은 도움이 필요하다는 의미이기도 하다. • 유아는 외적 언어에서 내적 언어로 전환하는 과정에서 혼잣말을 사용한다.

　　㉡ 근접발달영역(ZPD ; Zone of Proximal Development) : 사회적 상호작용의 영역으로서, 아동 스스로 해결할 수 있는 문제에 의해 결정되는 실제적 발달수준과 다른 동료 학습자 또는 성인의 지원에 의해 문제해결이 가능한 잠재적 발달수준 간의 차이를 의미한다. 즉, 혼자서 성취하기는 어렵지만 유능한 타인의 도움으로 성취 가능한 것의 범위를 말한다.
　　㉢ 비계설정(발판화, Scaffolding) : 근접발달영역과 밀접한 관계가 있는 개념으로서, 아동이 혼자서 잘할 수 있을 때까지 성인이나 또래가 지원해 주는 것을 말한다. 즉, 비계설정은 근접발달영역 내에서 개인정신 간의 국면이 개인정신 내의 국면으로 전환하는 것을 말한다.
　　㉣ 상호주관성(Intersubjectivity) : 과제수행 시 서로 다르게 이해하고 있던 두 사람이 공유된 이해에 도달하는 과정을 말한다.
　　㉤ 모방 : 아동에게 모방의 대상은 교사나 더 높은 수준의 동료 학생이며, 처음에는 이들을 모방하다가 아동에게 내면화되었을 때 잠재적 발달 수준이 실제적 발달 수준이 된다.
　　㉥ 가장놀이(Pretend Play) : 놀이를 통해 추상적 사고가 발달한다.
　　㉦ 유도된 참여 : 아동이 성인의 활동을 관찰하고 이에 참여함으로써 아동 자신의 인지와 사고방식을 형성하는 것을 말한다.
　　㉧ 협동학습(Cooperative Learning) : 서로 다른 또래와의 집단구성을 통해 근접발달영역 내에서 서로를 이끌어 문제를 해결하는 학습방법을 말한다.

3 행동주의 이론

(1) 행동주의 이론의 의의 16 기출
① 당시 지배적이었던 정신분석에 반대하는 관점을 제시하며 성격이론의 확대에 기여했다.
② 인간의 인지, 감각, 의지 등 주관적 또는 관념적 특성을 나타내는 것들을 과학적인 연구대상에서 제외시키고자 하였다.
③ 초기 연구에서는 직접적으로 관찰이 가능한 인간의 행동에 연구의 초점을 맞추었다.
④ 인간의 행동은 학습될 수도, 학습에 의해 수정될 수도 있다.
⑤ 인간은 학습을 통해 다양한 지식과 경험을 습득하며, 태도와 가치관을 형성한다.
⑥ 아동발달에서 생물학적 요인보다 환경적 요인을 더 강조한다.
⑦ 행동주의 이론에서는 자극과 반응 간의 관계를 강조한다.

(2) 행동주의 이론의 특징
① 인간행동은 내적 충동보다 외적 자극에 의해 동기화된다.
② 인간행동은 결과에 따른 보상 혹은 처벌에 의해 유지된다.
③ 인간행동은 법칙에 따라 결정되고, 예측이 가능하며, 통제될 수 있다.
④ 인간행동은 환경의 자극에 의해 동기화된다.
⑤ 자아나 인지기능, 내면적인 동기로는 인간의 행동을 설명할 수 없다.
⑥ 개인의 행동발달 유형은 개인의 유전적 배경 및 환경적 조건에 따라 다르게 나타난다.
⑦ 강화된 행동은 자극일반화와 자극변별을 가능하도록 한다.
⑧ 조작적 조건형성이론에서는 강화와 처벌의 역할을 강조한다.

(3) 고전적 조건형성
① 의 의
  ㉠ 파블로프(Pavlov)에 의해 처음 연구된 것으로서, 개에게 종소리를 들려준 후 먹이를 주자, 이후 종소리만 들려주어도 개가 침을 흘리는 실험과정에서 비롯되었다.
  ㉡ 어떠한 조건 자극이 조건 반응을 유도하는 힘을 가지게 된 후 다른 제2의 자극과 연결되는 경우, 제2의 자극에 대한 무조건 자극으로써 새로운 조건 반응을 야기할 수 있다. 이를 '2차적 조건형성'이라고 한다.
  ㉢ 학습은 체계적·과학적 방법에 의해 외부로부터 유도될 수 있으며, 그 결과는 예측 가능하다.
② 파블로프의 개 실험에서의 자극과 반응
  ㉠ 무조건 자극(UCS ; Unconditioned Stimulus) : 먹이
  ㉡ 무조건 반응(UCR ; Unconditioned Response) : 먹이로 인해 나오는 침
  ㉢ 중성(중립) 자극(NS ; Neutral Stimulus) : 조건화되기 이전의 종소리
  ㉣ 조건 자극(CS ; Conditioned Stimulus) : 조건화된 이후의 종소리
  ㉤ 조건 반응(CR ; Conditioned Response) : 종소리로 인해 나오는 침

③ 학습의 원리
  ㉠ 습관화 : 반사를 유발하는 소리, 광경 및 기타 자극을 반복해서 제시할 때 반사 강도가 작아지거나 또는 반사의 빈도가 줄어드는 방식으로 제시 자극에 익숙해지는 과정
  ㉡ 탈습관화 : 같은 자극의 반복 제시에 의해서 반응이 감소된 습관화된 자극과 지각적으로 변별이 가능한 새로운 자극을 제시했을 때 반응행동으로서 반사 강도나 빈도가 회복되는 것
  ㉢ 역조건형성 : 부적응적인 조건형성을 없애는 치료적 방법
  ㉣ 자발적 회복 : 소멸이 상당 시간 지난 후 다시 조건 자극을 제공하면 일시적으로 조건 반응이 나타나는 것
  ㉤ 자극일반화 : 조건 자극에 대한 조건 반응으로서, 유사한 다른 자극에도 반응을 일으키는 것
  ㉥ 자극변별 : 조건화가 완전해짐으로써 다른 유사한 자극에 대해 반응을 일으키지 않는 것
  ㉦ 체계적 둔감법 : 혐오스런 느낌이나 불안한 자극에 대한 위계목록을 작성한 다음, 낮은 수준의 자극에서 높은 수준의 자극으로 상상을 유도함으로써 불안이나 공포에서 서서히 벗어나도록 하는 것

(4) 조작적 조건형성 19 기출
① 의 의
  ㉠ 스키너(Skinner)가 고전적 조건형성을 확장한 것으로서, 자신이 고안한 '스키너 상자(Skinner Box)'에서의 쥐 실험을 통해 구체화하였다.
  ㉡ 인간이 환경의 자극에 능동적으로 반응하여 나타내는 행동인 조작적 행동을 설명한다.
  ㉢ 인간의 자극에 대한 수동적·반응적 행동에 몰두하는 파블로프의 고전적 조건형성과 달리, 행동이 발생한 이후의 결과에 관심을 가진다.
  ㉣ 어떤 행동의 결과에 대해 보상이 이루어지는 경우 그 행동이 재현되기 쉬우며, 반대의 경우 행동의 재현이 어렵다는 점을 강조한다. 즉, 강화와 처벌의 역할을 강조한다.
② 기본원리 : 강화의 원리, *소거의 원리, 조형의 원리, 자발적 회복의 원리, 변별의 원리

> **소 거**
> 강화물을 계속 주지 않을 때 반응의 강도가 감소하는 것을 말한다.

③ 강화와 처벌

강 화	• 행동이 다시 발생할 빈도를 증가시키는 것
	• 정적 강화 : 유쾌 자극을 제시하여 행동의 빈도를 증가시키는 것
	  예 밥을 잘 먹는다고 칭찬을 하는 것
	• 부적 강화 : 불쾌 자극을 철회하여 행동의 빈도를 증가시키는 것
	  예 발표자에 대한 보충수업을 면제하여 발표 동기를 높이는 것

처 벌	• 행동이 다시 발생할 빈도를 줄이는 것
	• 정적 처벌 : 불쾌 자극을 제시하여 행동의 빈도를 줄이는 것
	  예 잘못된 행동에 대해 매를 가하는 것
	• 부적 처벌 : 유쾌 자극을 철회하여 행동의 빈도를 줄이는 것
	  예 방 청소를 소홀히 한 아이에게 컴퓨터를 못하게 하는 것

④ 강화스케줄(강화계획)

계속적 강화		반응의 횟수나 시간에 상관없이 기대하는 반응이 나타날 때마다 강화를 부여한다. 예 아이가 공부를 열심히 하는 경우 TV 시청을 허락하는 것
간헐적 강화	고정간격계획	• 요구되는 행동의 발생 빈도에 상관없이 일정한 시간 간격에 따라 강화를 부여한다. • 지속성이 거의 없고, 강화시간이 다가오면서 반응률이 증가하는 반면, 강화 후 떨어진다. 예 주급, 월급, 일당, 정기적 시험 등
	가변간격계획	• 강화 시행의 간격이 다르지만, 평균적으로 확인할 수 있는 시간 간격이 지난 후에 강화를 부여한다. • 느리고 완만한 반응률을 보이며, 강화 후에도 거의 쉬지 않는다. 예 1시간에 3차례의 강화를 부여할 경우 25분, 45분, 60분으로 나누어 부여
	고정비율계획	• 일정한 횟수의 바람직한 반응이 나타난 다음에 강화를 부여한다. • 빠른 반응률을 보이지만 지속성이 약하다. 예 옷 공장에서 옷을 100벌 만들 때마다 1인당 100만 원의 성과급 지급
	가변비율계획	• 반응행동에 변동적인 비율을 적용하여 불규칙한 횟수의 바람직한 행동이 나타난 후 강화를 부여한다. • 처음에는 강화 비율을 낮게 하였다가, 점진적으로 비율을 높이는 것이 효과적이다. • 반응률이 높게 유지되고 지속성이 높다. 예 카지노의 슬롯머신, 복권 등

⑤ 스키너의 초기 행동주의 관점으로서 ABC 패러다임
  ㉠ 스키너(Skinner)는 인간의 '행동(Behavior)'이 '선행요인 또는 선행조건(Antecedents)'으로서 환경적 자극에 의해 동기화되며, 행동에 따르는 '결과(Consequences)'에 의해 전적으로 결정된다고 보았다.
  ㉡ 행동주의 이론에서는 환경적인 선행요인과 결과에 관심을 두며, 이를 '선행요인(Antecedents) → 행동(Behavior) → 결과(Consequences)'의 머리글자에 따라 행동의 'ABC 패러다임'이라고 한다.

(5) 반두라(Bandura)의 사회학습이론 20 24 기출

① 반두라 사회학습이론의 의의
  ㉠ 인간의 행동이 외부자극에 의해 통제된다는 행동주의 이론에 반박하여 인간의 인지능력에 관심을 가졌다.
  ㉡ 직접경험에 의한 학습보다는 모델링을 통한 관찰학습과 모방학습을 강조한다.
  ㉢ 학습은 모델의 행동을 모방하거나 대리적 조건형성을 통해 이루어진다.
  ㉣ 관찰과 모방에 의한 사회학습을 통해 클라이언트의 문제행동이 제거될 수 있음을 보여주었다.
  ㉤ 반두라의 보보인형 실험은 관찰학습이 존재함을 증명하기 위해 실시되었으며, 그 후 관찰학습에 대한 많은 실험을 촉발하는 계기가 되었다.

② 주요 개념

자기강화 (Self-Reinforcement)	자신이 통제할 수 있는 보상을 자기 스스로에게 주어서 자신의 행동을 유지하거나 변화시키는 과정이다.
자기효율성 (Self-Efficacy)	내적표준과 자기강화에 의해 형성되는 것으로서, 어떤 행동을 성공적으로 수행할 수 있다는 신념이다.
자기조절 (Self-Regulation)	수행과정, 판단과정, 자기반응과정을 통해 자신의 행동을 스스로 평가하고 감독하는 것이다.

③ 관찰학습의 과정

주의집중 과정	모델에 주의를 집중하는 과정으로서, 모델의 행동에 주의하고 중요한 측면들을 확인하며, 뚜렷한 특징들을 변별한다.
보존과정 (기억과정)	모방한 행동을 상징적 형태로 기억 속에 담는다. 즉, 반응패턴을 상징적 형태로 기억 속에 표상한다.
운동재생 과정	모델을 모방하기 위해 심상 및 언어로 상징적으로 부호화된 표상을 외형적인 행동으로 전환한다.
동기화 과정 (자기강화 과정)	강화는 학습한 행동을 수행할 가능성을 높인다. 행동은 실제로 주어지는 강화에 의해서만 결정되는 것이 아닌, 예상된 강화에 의해서도 결정된다.

4 생태체계이론

(1) 생태체계이론의 특징

① 인간과 다른 생물체계 그리고 그들 간의 교류를 설명하고 분석하기 위해 사용되는 체계이론이다.
② 인간과 환경 간의 복잡한 상호보완성을 설명하는 데 역점을 둔다.
③ 사회체계이론이 다방면의 포괄적인 시각을 갖는 반면, 생태체계이론은 가족체계를 강조하는 경향이 있다.
④ 인간발달단계에 대해 거시적으로 접근한다.
⑤ 생태체계이론은 환경 속의 인간이라는 기본관점을 반영하고 있다.
⑥ 개인과 생태학적 체계 간의 관계는 양방향적이다.

(2) 브론펜브레너(Bronfenbrenner)의 생태학적 체계모델에 의한 5가지 체계 16 17 20 23 기출

미시체계	• 개인과 아주 가까운 주변에서 일어나는 활동과 상호작용을 나타낸다. • 각 개인이 그 체계 안에 있는 다른 사람에게 영향을 주고, 또 다른 사람으로부터 영향을 받는 발달의 진정한 역동적 맥락이다. 예 부모와 자녀 간의 관계
중간체계	• 가정, 학교, 또래집단과 같은 두 가지 이상의 미시체계들 간의 연결이나 상호관계를 나타낸다. • 미시체계 간의 강하고 지지적인 연결에 의해 발달이 이루어지며, 비지지적인 연결은 문제를 초래할 수 있다. 예 가정과 학교와의 관계
외체계 (외부체계)	아동과 청소년들이 그 맥락의 일부를 이루고 있지는 않지만, 아동과 청소년의 발달에 영향을 줄 수 있는 환경적 요소들로 구성된다. 예 부모의 직장과 사회적 관계망

거대체계 (거시체계)	• 개인이 속한 사회의 이념이나 제도, 즉 정치, 경제, 문화 등의 광범위한 사회적 맥락을 의미하며, 하위체계에 지지기반과 가치 준거를 제공한다. • 청소년이 추구해야 하는 목표가 무엇인지를 규정하는 전체를 둘러싸고 있는 광범위한 이데올로기이다. 예 청소년기 부모의 양육관, 사회구성원의 청소년관
시간체계	아동이 성장함에 따라 겪게 되는 부모의 죽음 등의 외적인 사건이나 심리적 변화 등의 내적인 사건을 구성요소로 전 생애에 걸쳐 일어나는 변화와 사회역사적인 환경을 포함한다.

5 인본주의 이론

(1) 매슬로우(Maslow)의 욕구이론

① 기본전제
  ㉠ 각 개인은 통합된 전체로 간주되어야 한다.
  ㉡ 인간의 본성은 본질적으로 선하며, 인간의 악하고 파괴적인 요소는 나쁜 환경에서 비롯된 것이다.
  ㉢ 창조성이 인간의 잠재적 본성이다.

② 인간욕구의 위계 5단계

제1단계	생리적 욕구	• 의·식·주, 종족 보존 등 최하위 단계의 욕구 • 인간의 본능적 욕구이자 필수적 욕구
제2단계	안전 또는 안정에 대한 욕구	• 신체적·정신적 위험에 의한 불안과 공포에서 벗어나고자 하는 욕구 • 추위·질병·위험 등으로부터 자신의 건강과 안전을 지키고자 하는 욕구
제3단계	애정과 소속에 대한 욕구	• 가정을 이루거나 친구를 사귀는 등 어떤 조직이나 단체에 소속되어 애정을 주고받고자 하는 욕구 • 사회적 욕구로서 사회구성원으로서의 역할수행에 전제조건이 되는 욕구
제4단계	자기존중 또는 존경의 욕구	• 소속단체의 구성원으로서 명예나 권력을 누리려는 욕구 • 타인으로부터 자신의 행동이나 인격이 승인을 얻음으로써 자신감, 명성, 힘, 주위에 대한 통제력 및 영향력을 느끼고자 하는 욕구
제5단계	자아실현의 욕구	• 자신의 재능과 잠재력을 충분히 발휘하여 자기가 이룰 수 있는 모든 것을 성취하려는 최고수준의 욕구 • 사회적·경제적 지위와 상관없이 자신이 소망한 분야에서 최대의 만족감과 행복감을 느끼고자 하는 욕구

③ 인간욕구의 위계 7단계

제1단계	생리적 욕구	
제2단계	안전(안정)에 대한 욕구	결핍욕구
제3단계	애정과 소속에 대한 욕구	
제4단계	자기존중 또는 존경의 욕구	

제5단계	인지적 욕구	
제6단계	심미적 욕구	성장욕구(존재욕구)
제7단계	자아실현의 욕구	

④ 인간욕구의 특성
  ㉠ 욕구위계에서 하위에 있는 욕구가 더 강하고 우선적이다.
  ㉡ 욕구위계에서 상위의 욕구는 전 생애 발달과정에서 후반에 점차 나타난다.
  ㉢ 욕구위계에서 상위의 욕구의 만족은 지연될 수 있다.
  ㉣ 하위욕구는 생존에 필요하고, 상위욕구는 성장에 필요하다.
  ㉤ 욕구를 충족시키기 위한 행동은 선천적인 것이 아니라 학습에 의한 것이며, 사람마다 차이가 있다.
  ㉥ 제1형태의 욕구로서 결핍성 욕구는 생존적인 경향이 강한 욕구인 반면, 제2형태의 욕구로서 성장욕구는 잠재능력, 기능, 재능을 발휘하려는 경향이 강한 욕구이다.
  ㉦ 욕구위계는 일반성을 가지나 절대적인 것은 아니다.

(2) 로저스(Rodgers)의 현상학 이론

① 로저스 현상학 이론의 의의
  ㉠ 인간에게는 주관적 현실세계만이 존재한다.
  ㉡ 모든 인간행동은 개인이 세계를 지각하고 해석한 결과이다.
  ㉢ 인간은 스스로 자신의 삶의 의미를 능동적으로 창조하며, 주관적 자유를 실천해 나간다.
  ㉣ 인간은 유목적적 존재로서, 인간의 자기실현경향, 즉 미래지향성은 인간행동의 가장 기본적인 동기이다.

② 주요 개념
  ㉠ 현상학적 장(Phenomenal Field) : 경험적 세계 또는 주관적 경험으로 불리는 개념으로서, 특정 순간에 개인이 지각하고 경험하는 모든 것을 의미한다.
  ㉡ 자아 : 현재 자신이 어떤 존재인가에 대한 개념으로 자기 자신에 대한 자아상이다. 현재 자신에 대한 인식인 현실자아(Real Self)와 앞으로 어떤 존재가 되기 원하는 이상적 자아(Ideal Self)로 구분된다.
  ㉢ 자아실현경향 : 인간은 자아실현의 욕구를 가지며, 자아실현의 과정을 통해 삶의 의미를 찾고 주관적인 자유를 실천함으로써 점진적으로 완성된다.
  ㉣ 가치 조건 : 개인은 스스로 자기를 찾고자 노력하는 대신, 부모나 사회에 의해 설정된 기준(조건)에 자신을 맞추려고 함으로써 자아실현에 실패할 수 있다.

> **지식 IN**
>
> **로저스가 제시한 '완전히 기능하는 사람(Fully Functioning Person)'의 특징**
> - 창조적으로 살아간다.
> - 개방적으로 체험한다.
> - 삶에 충실하다.
> - '자신'이라는 유기체를 신뢰한다.
> - 자신의 느낌과 반응에 따라 충실하고 자유롭게 산다.
> - 자신의 선택에 따른 실존적인 삶을 추구한다.

6 동물행동학적 이론

(1) 개요 14 16 기출

① 동물행동학은 진화론적 관점에서 동물과 인간의 행동을 연구하는 학문으로 인간발달에서 생물학적인 역할을 강조한다.
② 인간도 어떤 사회적 행동을 유발하는 종 특유의 신호나 행동경향을 지니고 태어난다. 종 특유의 행동은 유기체의 생존가능성을 높이며 진화의 산물이다.
③ 즉, 유아는 울며 보채거나 혹은 옹알이를 하거나 미소를 짓는 등 자신의 생존에 필요한 애착대상의 보살핌과 보호를 이끌어낼 수 있는 유발자극을 선천적으로 가지고 있다.
④ 따라서 유아는 단순히 보살핌을 받는 피동적인 존재가 아니라, 스스로 보살핌을 이끌어내는 '적극적인 역할'로 양육자와 관계를 유지해 나가며, 성인에게도 유아의 신호에 반응할 수 있는 생득적 능력이 있어서 유아와 서로 상호작용을 하다 보면 상호유대감이나 애착이 형성된다.
⑤ 동물행동학은 모든 문화권의 인간이 공통적으로 갖는 발달의 생물학적 뿌리를 탐색하는 데 도움이 된다.
⑥ 동물행동학적 관점에서 볼 때, 어머니와 유아 간의 애착은 생존을 위한 것이다.

(2) 로렌츠(Lorenz)의 각인이론 16 19 23 기출

① 로렌츠 각인이론의 의의
  ㉠ 로렌츠(Lorenz)는 다윈의 진화론적 관점과 동물행동학적 방법을 토대로 동물의 행동을 연구한 현대 행동학의 창시자이다. 그는 모든 종(種)의 개체발달이 진화과정에 내재된 생물학적 역사와 함께 환경적 조건에 의해 영향을 받는다고 보았다.
  ㉡ 로렌츠는 어미 청둥오리의 알들을 둘로 구분하여, 한쪽은 어미 청둥오리에게 부화하도록 하고, 다른 한쪽은 로렌츠 자신이 부화하였다. 그러자 로렌츠에 의해 부화된 청둥오리 새끼들이 마치 로렌츠를 자신의 어미인 양 따라다니는 행동을 보였다. 로렌츠는 이와 같은 실험을 통해 '각인(Imprinting)'의 개념을 제시하였다.

ⓒ 각인은 새끼가 생후 초기의 특정한 시기에 어떤 대상과 소통을 하게 되는 경우 이후 그 대상에 대해 애착을 가지게 되는 것을 말한다. 이때 각인은 생후 초기의 제한된 기간 내에 발생하며, 그 대상은 보통의 경우 어미에 해당한다.

ⓔ 로렌츠는 각인을 통해 아동발달에 있어서 '결정적 시기'의 주요 개념을 도출하였다. 여기서 '결정적 시기'란, 아동이 적응적인 행동을 획득하기 위해 생물학적으로 준비되어 있는 특정의 시기를 말하는 것으로서, 이 시기에 각인이 이루어지지 않는 경우, 이후 그와 같은 행동을 습득하기가 매우 어렵다는 것이다.

ⓜ 아동은 제한된 시간 내에 특정한 적응행동을 습득하도록 생물학적으로 준비되어 있으며, 이를 위해 적절하고 자극적인 환경이 지원되어야 한다.

② 각인이론의 공헌점과 비판점

공헌점	• 진화론적 관점과 동물행동학적 방법 등을 인간행동의 연구에 접목시킴으로써 새로운 접근방식을 제시하였다. • 아동 연구에 대한 관찰법의 적용에 영향을 미쳤다. • '각인'과 '결정적 시기'의 개념을 제시하였다. • 성장의 신호에 대한 적절한 반응의 필요성을 주지시켰다. • 애착이 형성되는 결정적 시기의 관계형성이 인간발달에 있어서 매우 중요한 요소임을 인식시켰다. • 보울비(Bowlby) 등 아동발달을 연구한 학자들에게 영향을 미쳤다.
비판점	• 고전적 발달이론에 비해 아직 객관적·체계적인 검증과 비판이 축적되지 못한 상태이다. • '결정적 시기'의 개념을 지나치게 강조하였다. • 인간발달에 있어서 학습과 경험의 역할 및 기능을 도외시하였다.

7 성숙주의 이론

(1) 홀(Hall)의 아동 및 청소년 연구 16 기출

① 홀의 아동연구

㉠ 스탠리 홀(Stanley Hall)은 20세기 초 가장 영향력 있는 심리학자로서 아동연구운동의 창시자이기도 하다.

㉡ 아동행동에 대한 주관적인 내성법적 방법에서 탈피하여, 과학적이고 객관적인 관찰법, 질문지법, *일화기록법 등을 통해 아동행동을 연구하였다.

㉢ 프뢰벨(Fröbel)의 교육 사상에서 나타나는 신비주의를 비판하며, 아동의 신체운동과 건강을 중시하였다.

㉣ 다윈의 진화론에 영향을 받아 인간발달이 예정된 순서에 따라 진행된다고 보았다.

㉤ '아동이 무엇이 될 것인가'는 그 아동의 유전적 특성과 연관되며, 그러므로 아동교육은 아동 중심적이어야 하고 아동의 발달적 특성에 반응해야 하는 것으로 보았다.

> **일화기록법**
> 관찰대상 영유아의 행동과 언어뿐만 아니라 중요한 사건과 다른 사람들의 반응 등을 상세하게 기록하는 방법이다.

② 홀의 청소년 연구
　　㉠ 홀은 청소년기에 대한 실질적이고 과학적인 연구를 통해 '청소년심리학의 아버지'로 불린다.
　　㉡ 1904년 『청소년기(Adolescence)』라는 책을 출간함으로써, 청소년기를 인생의 특별한 시기로 제시하였다.
　　㉢ 다윈(Darwin), 헤켈(Haeckel), 루소(Rousseau), 라마르크(Lamarck)에게서 영향을 받았으며, 루소와 마찬가지로 인간발달을 유아기, 아동기, 전청소년기, 청소년기 등으로 구분하였다.
　　㉣ 사춘기에서 22~25세까지를 청소년기로 간주하였으며, 이 시기가 인간의 진화과정에서 과도기적 단계에 해당한다고 보았다.
　　㉤ 홀은 청소년이 아동도 성인도 아닌 위치에서 정체성 혼란을 겪으며, 갈등과 혼돈의 중심에서 극단적인 정서를 체험한다는 의미에서, 이 시기를 '질풍노도의 시기(A Period of Storm and Stress)'로 묘사하였다.
　　㉥ 청소년기를 새로운 탄생의 시기로 보았으며, 이 과정을 거쳐 보다 높은 수준의 인간 특성이 새롭게 나타난다고 주장하였다.

(2) 게젤(Gesell)의 성숙이론 15 기출

① 게젤 성숙이론의 의의
　　㉠ 게젤(Gesell)은 루소(Rousseau)의 자연주의 이론을 토대로 아동의 내재적 능력의 자연적 계발을 강조하였다.
　　㉡ 인간의 내적인 힘으로서 성숙(Maturation)이 성장의 모든 면을 좌우하며, 성장을 통해 형태화 과정 행위가 체계화된다.
　　㉢ 아동은 타고난 유전적 요인에 의해 성장과 발달이 이루어지며, 발달속도의 개인차는 유전적 기제의 차이에서 비롯된다.
　　㉣ 인간의 신체적 성숙은 물론 행동 또한 계획된 방식으로 발달이 이루어지므로, 이와 같은 발달과정을 어느 정도 예측할 수 있다.
　　㉤ 환경적 요인은 성장 과정을 지지하거나 수정할 뿐 근본적인 발달의 진전을 유발하지는 못한다. 또한 환경적 요인은 개인의 행동 발달과 밀접하게 연관되어 있으나, 그 작용은 매우 개별적·제한적이다.
　　㉥ 부모나 교사는 아동의 성숙 수준에 부합하는 과제를 제시하여, 아동 스스로 내적 계획에 따라 발달할 수 있도록 충분한 시간을 부여해야 한다.
　　㉦ 부모나 교사가 아동의 발달에 대해 지나친 기대를 가진 나머지 아동의 성숙 수준을 넘어서는 성취를 요구하는 것은 오히려 아동의 발달에 부적절하며, 아동의 부적응 행동을 야기한다.
　　㉧ 개인의 자질과 성장유형은 그 아동이 속한 문화와 관련이 있으며, 바람직한 문화는 아동의 독특한 개성을 맞춰줄 수 있는 문화이다.

② 성숙이론에 의한 발달의 원리
  ㉠ 자기규제의 원리 : 아동은 자기규제를 통해 자신의 수준과 능력에 맞게 성장을 조절해 나간다.
  ㉡ 상호적 교류의 원리 : 발달상 서로 대칭되는 양측은 점차적으로 효과적인 체제화를 이루어 나간다.
  ㉢ 기능적 비대칭의 원리 : 발달은 구조상 대칭적이더라도 기능상 약간 불균형을 이루어서 어느 한쪽이 우세한 경우 오히려 더욱 기능적이다.
  ㉣ 개별적 성숙의 원리 : 성숙은 내적 요인에 의해 통제되는 과정으로서, 외적 요인의 영향을 거의 받지 않는다.
  ㉤ 발달 방향의 원리 : 특정한 순서대로 진행되도록 성숙에 의해 지속적으로 지시받는다.

8 진로발달이론

(1) 긴즈버그(Ginzberg)의 진로발달이론 19 기출

① 의 의
  ㉠ 직업선택은 하나의 발달과정으로서, 단일결정이 아니라 장기간에 걸쳐 이루어지는 일련의 결정이다.
  ㉡ 직업선택 과정은 바람(Wishes)과 가능성(Possibility) 간의 타협으로 보았다.

② 직업선택의 3단계

환상기	직업선택의 문제에서 자신의 능력이나 가능성, 현실 여건 등을 고려하지 않고 욕구를 중시
잠정기	흥미단계(11~12세) → 능력단계(13~14세) → 가치단계(15~16세) → 전환단계(17~18세)
현실기	탐색단계 → 구체화 단계 → 특수화 단계

(2) 수퍼(Super)의 진로발달이론 16 21 기출

① 의 의
  ㉠ 긴즈버그(Ginzberg)의 진로발달이론을 비판하고 보완하면서 발전한 이론이다.
  ㉡ 직업정체감의 확립은 일생을 통해 나타난다.
  ㉢ 자신의 흥미, 욕구, 능력 등을 포함하는 자아상과 정체감에 일치하는 직업을 선택하게 된다.
  ㉣ 전 생애 동안 사회적 관계에서의 다양한 생애 역할을 통해 자아개념이 발달한다.

② 진로발달단계

1단계	성장기(0~14세)	자아개념과 역량, 태도, 흥미, 욕구 등이 발달하는 시기
2단계	탐색기(15~24세)	진로가 완전히 결정되지는 않았지만, 선택을 좁히며 직업을 탐색하는 시기
3단계	확립기(25~44세)	자신에게 맞는 직업을 찾아 종사하며, 생활 터전을 잡아가는 안정화의 시기
4단계	유지기(45~64세)	비교적 안정된 기반 위에서 자신의 직업적 위치와 상황을 지속적으로 조정하여 더 향상시키고자 하는 시기
5단계	쇠퇴기(65세 이상)	대부분 은퇴하고 직업 외에 자신이 만족할 수 있는 새로운 역할을 찾는 시기

③ 진로발달과업

구체화 (결정화)	14~18세	자원, 우연성, 흥미, 가치에 대한 인식과 선호하는 직업에 관한 계획을 통해 일반적인 직업목표를 형식화하는 인지적 단계의 과업이다.
특수화	18~21세	시험적인 직업선호에서 특정한 직업선호로 바뀌는 시기의 과업이다. 자세한 자료와 진로선택의 다양성을 뚜렷하게 인식하여 진로계획을 구체화하는 것이다.
실행화	21~24세	직업선호를 위한 훈련을 완성하고 고용에 참가하는 시기의 과업이다.
안정화	24~35세	직업에서 실제 일을 수행하고 재능을 활용함으로써 진로선택이 적절한 것임을 보여주고, 자신의 위치를 확립하는 시기의 과업이다.
공고화	35세 이상	승진을 하고 지위를 획득하면서 자신이 선택한 직업을 공고화하는 시기의 과업이다.

9 레빈슨(Levinson)의 인생 사계절론 16 20 기출

(1) 인생 사계절론의 이해 21 24 기출

① 레빈슨은 인간발달의 전 생애를 '성인 이전 시기, 성인 전기, 성인 중기(중년기), 성인 후기(노년기)'의 4개의 시기로 나누고, 이들 주기를 봄·여름·가을·겨울의 사계절에 비유하여 인생 사계절론(Seasons of Life)을 제시하였다.

② 레빈슨은 성인 후기(노년기)를 '다리 위에서의 조망(One's View from the Bridge)'이라 표현하였다.

③ 레빈슨의 *인생구조(Life Structure)는 변화에 따라 발달단계를 구분하였고, 각각은 20년 정도 지속되며 매우 안정적이다.

> **인생(생애)구조**
> 일정한 시기에 있어서의 개인의 삶의 양식과 설계를 말한다.

④ 인생구조는 "지금 내 삶은 어떠한 모습인가?"라는 의문에 대해 스스로 제시할 수 있는 대답을 의미한다. 레빈슨은 결혼과 가족, 직업 등 개인이 중요하게 여기는 사람들과의 관계를 인간발달의 가장 중요한 요소로 설명하고 있다.

⑤ 각 시대 사이에는 '안정기'와 '전환기'가 있어 이 두 시기가 반복하여 나타난다.

⑥ 전환기는 현재의 인생구조를 재평가하여 종결하고, 그 다음의 새로운 인생구조를 위해 준비하는 시기이다.

⑦ 레빈슨의 '인생 사계절론'은 '성인기 사계절론'으로도 불린다.

(2) 레빈슨의 성인기 생애주기 이론모형과 주요과업

① 생애주기 이론모형

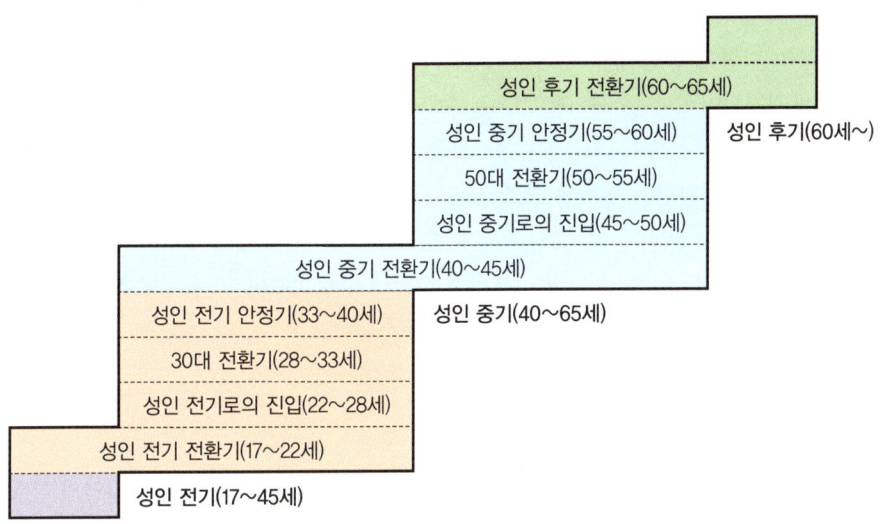

② 발달단계에 따른 주요과업

성인 전기 전환기 (17~22세)	성인으로서의 삶을 준비하는 과도기 과정, 가능성을 탐색
성인 전기 입문기 (22~28세)	첫 번째 인생구조 형성, 결혼·가족으로부터의 분리, 꿈 추구
30대 전환기 (28~33세)	첫 번째 인생구조의 문제점 인식 및 재평가, 새로운 선택 탐색
성인 전기 안정기 (33~40세)	성인 전기 두 번째 인생구조 형성, 직장·가정·친구·사회에 열정적
성인 중기 전환기 (40~45세)	전기와 중기의 가교 역할, 지난날의 삶에 대한 의문 시작, 자신의 삶의 가치에 대한 재평가 시도, 위기의식
성인 중기 입문기 (45~50세)	새로운 인생구조의 형성을 위한 여러 가지 노력, 가정에서 관계 재정립, 직장에서 과업 수행 방식 재조명
50대 전환기 (50~55세)	인생구조 재평가, 성인 중기 전환기에 위기가 없었다면 이 시기에 위기가 올 확률이 높음
성인 중기 안정기 (55~60세)	두 번째 성인 중기의 인생구조 형성, 중년기를 마무리하는 단계, 성공적으로 자아를 변화시켰다면 만족의 시기
성인 후기 전환기 (60~65세)	은퇴와 신체적 노화에 대비하는 시기, 인생주기에 있어서 중요한 전환점

10 발달심리학의 주요쟁점 16 기출

(1) 유전 vs 환경

① 발달의 과정이 유전적인 요인에 의해 통제된다는 시각은 인간의 성장과 발달이 유전적으로 이미 결정되어 있다는 신념을 기초로, 개인이 나타내는 특성들은 그들의 부모에게서 물려받은 것이므로 개인들이 나타내는 개인차는 유전자의 차이에 의해 발생한다고 본다.
② 인간발달에서 환경의 영향을 강조하는 학자들은 개인차의 원인을 양육환경이나 개인의 경험에서 비롯된다고 본다.
③ 최근에는 '유전' 혹은 '환경'의 이분법적 시각에서 탈피하여, 인간발달은 연령이 증가함에 따라 두 요인이 서로 영향을 주고받으면서 형성된다고 본다. 즉, 유전과 환경 중 어느 한쪽만 주장하는 것은 설득력이 없다.

(2) 연속성 vs 불연속성 15 16 17 21 기출

① 프로이트(Freud)와 피아제(Piaget) 등의 초기 발달심리학자들은 인간발달의 본질을 이해할 때 질적인 측면을 강조하였다. 이에 따라 발달에는 일련의 단계가 있고, 인간발달은 각 단계로의 순차적인 변화를 통해 불연속적으로 이루어진다고 주장하였다.
② 행동주의자와 같이 기계론적 관점을 지닌 학자들은 발달을 양적인 변화로 규정하고, 인간의 발달을 과거 경험에 새로운 지식 혹은 기술이 습득되어 가는 연속적인 과정으로 이해하고 있다.
③ 연속성과 불연속성의 쟁점은 양적·질적 변화의 문제와 관련된다.
④ 발달의 연속성에 관한 이론 15 16 22 기출

구 분	연속성 이론	불연속성 이론
의 의	• 발달과정이 급격한 변화가 없이 점진적으로 완만한 성장곡선을 보인다는 이론이다. • 인간의 발달을 과거 경험에 새로운 지식 혹은 기술이 습득되어 가는 연속적인 과정으로 이해한다. • 한번 씨로부터 싹이 나면 계속 크기만 하고, 모양은 변하지 않는 식물의 성장에 비교된다.	• 성장과정이 계단식의 발달과정을 거치며, 각 발달단계는 서로 구별되는 생의 기간으로, 특정한 정서, 동기, 행동이 각 생의 기간마다 독특한 특징을 보인다는 이론이다. • '알-유충-애벌레-성충'의 과정을 지나고, 각 과정은 각기 다른 단계와 구별되는 독특한 특성을 지니는 곤충의 성장에 비교된다.
특 징	양적 변화 : 아동이 해가 갈수록 점점 더 커지고 성장속도가 점점 더 빨라지며, 세상에 대한 지식을 더 많이 획득하는 것이 그 예이다.	질적 변화 : 어렸을 때와 기본적으로 다르게 변화하는 것으로, 올챙이에서 개구리로의 변형이 그 예이다.
주요학자	행동주의자와 같이 기계론적 관점을 지닌 학자	프로이트, 피아제, 콜버그, 에릭슨 등의 초기 발달심리학자

(3) 성숙 vs 학습
① **성숙** : 발달적 변화들이 유전적 요인으로 인해 통제되는 생물학적 과정으로서, 연습이나 훈련에 의한 것이 아니라 종의 특성으로 본다.
② **학습** : 발달적 변화들이 학습이나 훈련에 의해 변하는 것으로서, 그 결과는 개별적이고 특수하다고 본다.

(4) 안정성 vs 불안정성
① **안정성** : 발달의 특정 측면은 시간이 경과해도 일관적이고 예측이 가능하다.
② **불안정성** : 발달은 환경에 반응하여 변화한다.
③ 안정성과 불안정성의 쟁점은 집단 내 개인의 상대적 위치 변동과 관련된다.

(5) 결정적 시기 16 기출
① 동물을 대상으로 한 실험과 인간을 대상으로 한 연구를 토대로, 1960년대에는 영아의 사회성 발달에 결정적 시기가 존재한다고 보았다.
② 1960년대 이후 여러 연구에 의해 결정적 시기가 존재한다는 가설에 대한 반론이 제기되었고, 특정한 시기에 형성된 특정한 특성들이 이후에 충분히 변화될 수 있다고 보았다.
③ 최근에는 한 번 형성되면 변화가 불가능하다는 의미를 내포하는 '결정적 시기'라는 용어보다는, 일단 형성되면 지속성이 강한 특성이 쉽게 형성되는 시기라는 의미를 갖는 '민감기'라는 용어를 사용하고 있다.
④ 언어발달의 결정적 시기란 특정 시기(기회의 창)를 놓치면 언어 습득이 불가능하다는 것으로서, 18세기 말 프랑스 아베롱에서 12세 소년의 발견으로 설명되었다.

> **지식 IN**
>
> **아베롱의 야생 소년**
> 18세기 말(1800년) 프랑스 남부에 위치한 한 작은 마을 아베롱(Aveyron)의 산 속에서 혼자 살고 있던 12세 가량의 소년이 발견되었다. 그는 말을 전혀 하지도 알아듣지도 못했다. 사람들이 서로의 생각을 전달하기 위해 언어를 사용한다는 이해조차 없었다. 오랜 훈련으로 인해 그는 혼자서 옷을 입고 세수를 하고 머리를 빗는 등 많이 문명화되었으나, 끝내 말은 배우지 못했다.

(6) 수동적 존재 vs 능동적 존재
① 아동이 환경을 다루고 선택하며 결정하는 능동적 존재인지 아니면, 일방적으로 환경에 지배받는 수동적 존재인지에 대한 쟁점이다.
② 아동은 환경에 따라 많은 부분 영향을 받지만, 환경을 조성하는 데 능동적인 역할과 책임을 수행하기도 한다.

(7) 초기 경험 vs 후기 경험

① **초기 경험 강조** : 유아기 때 애정 어린 보살핌을 받지 못하면 이후의 발달이 최적의 상태에 이르지 못한다는 것을 강조한다.
  예 플라톤 – 유아기에 흔들 그네를 많이 탄 아이가 나중에 커서 훌륭한 운동선수가 된다.
② **후기 경험 강조** : 발달은 끊임없이 변하는 과정이므로 초기뿐만 아니라 후기 경험 또한 매우 중요함을 강조하였다.
③ 초기 경험을 강조하는 학자에 비해, 후기 경험을 강조하는 학자들은 발달의 변화가능성을 더 크게 평가한다.

CHAPTER 02 발달에 대한 전 생애적 접근

중요도 ★★★

핵심포인트
\# 영유아기 발달(영아기 – 유아기) \# 아동기 발달(전기아동기 – 후기아동기)
\# 청소년기 및 청년기 발달 \# 성인기 및 노년기 발달

01 영유아기 발달

1 영아기(출생~18개월 또는 2세)

(1) 개 요
① 프로이트의 구강기, 에릭슨의 유아기(신뢰감 대 불신감), 피아제의 감각운동기에 해당한다.
② 신체적 성장 및 인지적 성장이 급속도로 이루어지고, 부모와의 애착형성이 매우 중요하다.

(2) 신체발달 14 17 18 21 23 24 기출
① 인간의 일생에서 신체적 성장이 가장 빠른 속도로 이루어지는 시기로서, 제1성장급등기에 해당한다.
② 몸무게는 생후 1년 이내에 2~3배 정도 증가하며, 남아가 여아에 비해 약간 더 나간다.
③ 신생아는 머리 크기가 성인 머리의 약 70%에 이를 만큼 머리부터 발달한다.
④ 잡기 기능은 '물건을 가슴으로 덮치듯이 잡기 → 팔로 끌어당기기 → 손바닥으로 잡기 → 손가락으로 잡기' 순으로 발달한다.
⑤ 이행운동 기능은 '머리 들기 → 뒤집기 → 혼자 앉기 → 혼자 서기 → 기구 잡고 걷기 → 잘 걷기 → 계단 오르기' 등의 순으로 발달한다.
⑥ 대략 5개월이 지나면 눈으로 보는 것을 잡을 수 있는 협응기능이 발달하기 시작한다.
⑦ 촉각은 환경에 대한 지식을 습득하는 주요 수단으로서, 출생 시 입술과 혀에 집중되어 있다.
⑧ 생후 1개월 된 영아는 엄마의 젖 냄새와 다른 사람의 젖 냄새를 구분한다.
⑨ 생후 1개월 된 신생아도 쓴맛, 단맛, 신맛을 구별한다.
⑩ 생후 1개월 된 영아는 단순한 소리의 크기와 음조를 구분하며, 사람의 목소리와 같은 복잡한 소리를 선호한다.
⑪ 생후 1개월 이내의 신생아는 끈적끈적하고 검초록색을 띠며 냄새가 없는 태변(태아의 첫 번째 장내 배설물)을 본다.
⑫ 생후 1개월 이내의 신생아는 렘(REM)수면이 전체 수면의 75% 정도를 차지한다.

⑬ **영아기의 시각발달** 21 23 23 기출
  ㉠ 시각은 영아의 감각 중 가장 늦게 발달하며 신생아의 가시거리는 약 20~30cm 정도이다.
  ㉡ 신생아는 정지된 것보다는 움직이는 물체를 더 선호한다.
  ㉢ 팬츠(Fantz)의 실험에서 신생아는 직선보다는 곡선을 선호하는 것으로 나타났다.
  ㉣ 신생아는 2개의 다른 시각자극을 구분할 수 있으며, 생후 3~4개월의 영아는 성인 수준으로 색깔을 구분할 수 있다.
  ㉤ 워크와 깁슨(Walk & Gibson)의 시각벼랑(Visual Cliff) 실험에서 6~7개월 된 영아는 깊이를 지각하는 것으로 나타났다.

⑭ **반사운동** 16 19 23 24 기출

빨기반사	입술을 오므려 젖꼭지를 입안에 넣고 모유가 입안으로 들어갈 수 있도록 하는 반응으로서, 삼키는 반사, 숨쉬기와 연결된다.
근원반사 (젖찾기 반사)	영아의 입 주위나 뺨 등을 손가락 끝으로 가볍게 찌르면, 어머니의 젖을 빨 때처럼 입을 움직이는 반응이다.
모로반사	영아가 갑작스러운 큰 소리를 듣게 되면, 자동적으로 팔과 다리를 쫙 펴는 반응이다.
걷기반사	바닥에 아이의 발을 닿게 하여 바른 자세가 갖추어지면, 아이가 걷는 것처럼 두 발을 번갈아 떼어 놓는 반응이다.
쥐기반사 (파악반사)	영아의 손바닥에 무엇을 올려놓으면, 손가락을 쥐는 것과 같은 반응을 한다.
바빈스키 반사	영아의 발바닥을 간지럽게 하면, 발가락을 발등 위쪽으로 부채처럼 펴는 반응이다.

(3) 인지발달 16 17 24 기출
① **목적의식의 발달** : 인지적 성장은 영아기에 급속도로 이루어지며, 출생 시에는 몇 가지 반사능력만 가지고 태어났으나, 점차 목적의식을 가지고 행동하는 존재로 발달한다.
② **지각에의 의존** : 자신이 직접 보고, 듣고, 느끼고, 행동하는 것에 의존하여 이해하고 기억한다.
③ **다양한 감각의 습득** : 자기 스스로 정보를 받아들이면서 다양한 감각을 배운다.
④ **대상영속성에 대한 이해의 시작** : 대상이 보이지 않더라도 대상이 계속해서 존재한다는 대상영속성을 점차 이해하기 시작한다.
⑤ **원인론 및 의도적인 행동수행** : 원인과 결과 사이의 관계에 대한 인식인 원인론을 이해하고, 자신의 욕구를 충족하기 위한 의도적인 행동을 수행한다.
⑥ *습관화 절차를 통해 영아기 학습능력을 관찰할 수 있다.

> **습관화 절차**
> 반복적으로 제시되는 자극에 주의를 덜 기울이고 반응이 감소하는 현상이다.

(4) 사회정서발달 15 22 기출
① 영아기의 정서는 특정 자극에 대해 특정 행동을 하도록 하는 동기를 부여한다.
② 영아와 양육자 간의 친밀한 정서적 유대감이 강조되며, 어머니는 영아의 애정의 대상이 된다.
③ 부모와의 긍정적인 애착형성은 이후 사회적 관계형성 능력의 기초가 된다.
④ 자신을 인식하게 되면서 자의식적 정서가 나타난다.

⑤ 영아들은 8~10개월이 되면, 불확실한 상황에 대한 부모나 타인의 정서적 반응을 관찰하고 자신의 행동을 조절하기 위해 그 정서적 반응을 해석한 정보를 사용한다. 이를 '사회적 참조'라고 하는데, 연령이 증가하면서 더욱 일반화되고 확장된다.

(5) 영아기의 자기인식 16 기출

① 영아가 자신이 다른 사람과 분리되어 있으며, 다르다는 것을 분명히 이해하는 것이다.
② 자신의 본능적 욕구, 충동, 정서를 통제하여 외부세계에 적응할 수 있는 행동을 할 수 있게 된다.
③ 주관적 자기가 먼저 발달하며, 이를 기초로 객관적·외현적 자기가 발달한다.
④ 객관적 자기는 타인과의 관계에서 외현적인 자기인식을 말하며, 18개월 정도에 나타난다.
⑤ 자기인식이 가능해지면 자긍심·죄책감·수치심 등의 2차 정서가 나타난다.

> **지식 IN**
>
> **루이스와 브룩스-건(Lewis & Brooks-Gunn)의 빨간 코 실험** 16 기출
>
> 영아들의 코에 립스틱을 묻힌 후, 거울에 비친 자신을 인식하는지 알아보는 실험으로, 자기인식 발달 연구 목적으로 시행되었다. 실험 결과는 다음과 같다.
> - 5~8개월 : 거울을 보고 웃음
> - 9~12개월 : 거울 속의 상을 만지려고 손을 뻗음
> - 15~17개월 : 자기 코를 닦음(거울 속의 '나'라는 관념 획득)
> - 18~24개월 : 나와 남을 확실히 구별(자기인식 완전 획득)

2 유아기(18개월 또는 2세~4세)

(1) 개요

① 프로이트의 항문기, 에릭슨의 초기아동기(자율성 대 수치심), 피아제의 전조작기 초기에 해당하는 시기이다.
② 자아가 발달하며, 자기중심적이고 정신적 표상에 의한 상징놀이가 가능하다.
③ 정서적 또는 주관적으로 지각하고, 배변훈련이 가능하다.
④ 성 안정성을 획득한다.
⑤ 언어의 과잉일반화 현상이 나타난다.

(2) 신체발달 15 21 23 기출

① 두미 방향(머리에서 발끝 방향)과 근위-원위 방향(신체 중심에서 말단 방향)으로 발달이 이루어진다.
② 영아기만큼 빠른 속도는 아니지만, 신장과 체중이 점진적으로 증가한다.
③ 성장함에 따라 활동량과 활동반경이 확대된다.
④ 걷기, 달리기 등이 발달하고 소근육, 대근육이 발달한다.

⑤ 유아의 신체성장과 발달에는 개인차와 유전, 환경, 문화적 차이 등이 있다.

(3) 인지발달 24 기출
① **상징적 사고** : 정신적 표상에 의한 상징놀이가 가능하다.
② **자기중심적 사고** : 자기중심성 때문에 다른 사람의 입장에서 볼 수 없다.
③ **물활론적 사고** : 생명이 없는 대상에게 감정과 생명을 불어 넣는다.
④ **전환적 추론** : 전개념적 사고의 한계 때문에 귀납적 추론이나 연역적 추론을 하지 못하는 대신 전환적 추론을 한다.
⑤ **인공론적 사고** : 자기중심적 사고의 특성으로 인해 사물이나 자연현상이 자신을 위해 존재한다고 생각한다.

(4) 사회정서발달
① 부모의 훈육에 의해 사회화의 기초가 형성되며, 경쟁하거나 협동한다.
② 정서표현에 대해 많은 것을 이해하게 되며, 정서를 표현하는 단어를 사용하거나 이해하는 능력이 급속도로 증가한다. 다만, 사람들이 진짜로 느끼는 정서와 표현하는 정서를 잘 구별하지 못하는 정서이해능력의 한계를 보이기도 한다.
③ 정서 표현을 규제하는 능력인 정서규제능력이 크게 증가한다.

(5) 파튼(Parten)의 놀이의 유형 14 15 18 기출
① **기능적으로 분류한 놀이** : 탐사놀이, 창작놀이, 상상놀이, 탐험놀이, 인지적 놀이, 모방놀이 등
② **사회적 수준에 따른 놀이** : 유아기에 접어들면 놀이는 상호작용에 근거한 사회화된 형태로 발전하며, 놀이를 통한 사회성 발달이 세 단계로 진행된다.

비사회적 놀이	몰입되지 않은 행동	유아는 놀고 있지 않은 것처럼 보이지만 주변의 일에 흥미를 가지고 있으며, 주로 자신의 신체를 가지고 논다.
	방관자적 행동	다른 유아가 노는 것을 관찰하면서 말을 하거나 제안을 하지만, 자신이 직접 놀이에 참여하지는 않는다.
	혼자놀이	곁에 있는 유아와 상호작용을 하기보다는 혼자 장난감을 가지고 논다.
제한적 사회적 활동	평행놀이 (병행놀이)	• 다른 아동들 틈에서 놀기는 하지만, 서로 접촉하거나 간섭을 하지 않고 혼자서 논다. • 서로의 놀이에 직접적인 영향을 미치지 않지만, 마음속으로는 서로를 의식한다.
진정한 사회적 상호작용	연합놀이	둘 이상의 아동이 함께 공통적인 활동을 하고, 장난감을 빌려주고 빌리기도 하면서 논다.
	협동놀이	아동은 한 가지 활동을 함께하고 서로 도우며, 조직된 집단으로 편을 이루어 논다.

3 신생아·아동 발달검사 20 기출

(1) 아프가(Apgar) 척도
① 막 태어난 신생아의 상태를 평가할 수 있는 기준으로, 5가지 항목의 첫 글자와 이 테스트를 제안한 아프가 박사의 이름을 딴 것이다.
② 피부색(Appearance), 심박동 수(Pulse), 자극에 대한 반사(Grimace), 근긴장도(Activity), 호흡 능력(Respiration)의 다섯 가지 하위척도에서, 각 영역별로 2점씩 총 10점 만점으로 평가한다.
③ 신생아 생후 1분 후와 5분 후 총 2회에 걸쳐 검사를 한다.

(2) 브레젤톤(Brazelton) 신생아 행동평가척도
① 신생아가 주위 환경에 어떻게 반응하는지를 알아보는 행동 검사이다.
② 출생 후 1주일 경에 약 30분간 실시하는데 신생아의 집중력 및 활동수준, 근육상태, 스트레스에 대한 생리적 반응, 사람 얼굴과 목소리에 대한 사회적 반응 등을 평가한다.

(3) 덴버(Denver) 발달선별검사
① 생후 1개월에서 6세까지의 유아를 검사하여 발달장애가 있을 가능성이 있는 아동을 조기에 선별하는 검사이다.
② 104개의 검사항목이 개인성과 사회성, 미세운동과 적응성, 언어, 전체운동 등 4개의 발달영역으로 구분되어 구성되어 있다.

(4) 베일리(Bayley) 영아발달검사 21 기출
① 아동의 현재 발달기능을 검사하여 그 수준을 측정하고, 지적능력과 운동능력의 지연 정도를 수치화하여 행동특성을 비교함으로써 발달 지연에 대한 치료 계획을 세우기 위한 검사이다.
② 생후 1개월부터 생후 42개월까지의 영유아가 대상이다.
③ 검사는 정신척도, 운동척도, 행동평가척도로 구성되고, 인지·언어·사회성·운동발달 영역에서 발달을 측정한다.

(5) 게젤(Gesell) 발달검사
① 영유아용 발달검사 중 가장 오래된 검사이다.
② 검사내용은 적응, 운동, 언어 및 사회적 행동의 네 범주로 구성되어 있으며, 행동항목의 수행여부에 따라 +나 −로 채점한다.

(6) 카텔(Cattell) 영아척도
① 2~30개월 영유아의 지능을 측정하기 위한 척도이다.
② 많은 문항들이 게젤의 척도와 비슷하지만, 대근육 운동과 개인적·사회적 문항이 제외된다.

02 아동기 발달

1 전기아동기(학령전기, 4~6세)

(1) 개 요
① 프로이트의 남근기, 에릭슨의 학령전기(주도성 대 죄의식), 피아제의 전조작기 중·후기에 해당하는 시기이다.
② 초기적 형태의 양심인 초자아가 발달하며, 부모를 모방하는 동일시를 시작한다.

(2) 신체발달
① 신체의 양적 성장은 상대적으로 감소하나, 지속적으로 이루어진다.
② 걷기·달리기 등의 운동기능은 더욱 발달한다.
③ 5세경에 신장은 출생 시의 약 2배가 되며, 6세경에는 뇌의 무게가 성인의 90~95%에 달한다.
④ 유치가 빠지고, 머리 크기는 성인의 크기가 되며, 신경계의 전달 능력도 향상된다.

(3) 인지발달 24 기출
① **직관적 사고** : 개념적 조작능력이 발달하지 않은 상태이기에 서열화·유목화를 할 수 없으며, 직관에 의존한 판단을 하므로 전체와 부분 간의 관계를 정확히 파악하지 못한다.
② **중심화 및 비가역적 사고** : 두 개 이상의 차원을 동시에 고려하지 못하며, 역으로 추리하는 사고도 미비하다.
③ **도덕적 사고** : 초자아 형성과 함께 가족과 사회의 규칙을 내면화한다.

(4) 사회정서발달 16 19 기출
① 놀이를 통해 또래와의 관계를 확장하며, 협동과 상호작용의 즐거움을 경험한다.
② 집단놀이는 상상놀이와 팀 스포츠의 과도기적 놀이형태에 해당한다.
③ 사회가 각 성(性)에 적합한 것으로 규정한 행동이나 태도를 자신의 것으로 내면화함으로써, 자신의 성에 적합한 성역할 개념을 습득하게 된다.
④ 집단놀이 과정을 통해 자아중심성이 완화되며, 개인이 특정한 역할을 하게 되면 타인은 그에 따른 행동을 기대한다는 것을 알게 된다.
⑤ 아동의 정서조절은 외적 규제에서 내적 자기조절로 발달한다.
⑥ 정서의 발달은 5세경까지 분화(分化)가 이루어져서, 10~11세경이면 일단 정리가 되어 침착한 상태에 도달한다.

2 후기아동기(학령기, 6~12세)

(1) 개요 19 기출
① 프로이트의 잠복기, 에릭슨의 학령기(근면성 대 열등감), 피아제의 구체적 조작기에 해당하는 시기이다.
② 자신감과 독립심이 발달하며, 자신만의 습관과 가치관을 형성한다.
③ 이성 및 동성과의 관계, 또래와의 관계를 통해 사회화를 이룬다.

(2) 신체발달
① 비교적 완만하고 꾸준한 발달이 이루어진다.
② 10세 이전에는 남아가 여아보다 키와 몸무게에서 우세하지만, 11~12세경에는 여아의 발육이 남아보다 우세해진다.
③ 성장기 아동의 10~20%가 근육이 당기는 듯한 느낌의 성장통을 경험한다.
④ 운동능력이 왕성하고 다양한 활동을 한다.

(3) 인지발달 24 기출
① **보존개념의 획득** : 물체가 외형상 변화함에도 불구하고 이로부터 빼거나 더하지 않으면 그 물체의 본래의 양은 변하지 않는다는 보존개념을 획득한다.
② **논리적 사고** : 자기중심화 및 비가역적 사고에서 벗어나 더 논리적인 사고 수준으로 발달한다.
③ **복합적 사고** : 다양한 변수를 고려하여 상황과 사건을 파악하고 조사하는 등 좀 더 복잡한 사고를 할 수 있다.
④ **유목화 및 서열화** : 대상을 공통의 속성에 따라 분류하거나 순서에 따라 배열하는 능력을 획득한다.

(4) 사회정서발달
① 자아개념의 발달을 통해 자신이 독특하고 타인과 구별되는 분리된 실체임을 인식한다.
② 목표를 달성하기 위해 순간의 충동적인 욕구나 행동을 억제할 수 있는 자기통제능력을 발휘한다.
③ 자신이 스스로 상황을 극복할 수 있다는 자기효능감을 가진다.
④ 도덕성의 발달로 인해 사회적 규칙과 질서를 이해하며, 다른 사람의 승인을 얻거나 사회질서의 유지를 위해 사회적인 규범을 따르려 한다.
⑤ 또래집단을 통해 동성의 친구와 친밀감을 유지하려고 하며, 집단의 규범과 압력에 점점 더 민감해진다.
⑥ 아동은 집단의 목표를 개인의 목표보다 상위에 놓는 것을 배우며, 경쟁의 여러 측면을 깨닫게 된다.
⑦ 목표를 성취하기 위한 효과적인 전략이라는 분업의 원리를 배우며, 사회적 공동체의 조직화 원리를 이해하기 시작한다.

03 청소년기 및 청년기 발달

1 청소년기(12~19세) 19 기출

(1) 청소년기 발달의 특성 21 24 기출
① 청소년기는 아동기에서 성인기로 전환하는 과도기적 특성을 갖는다.
② '질풍노도의 시기', '제2의 반항기', 사회적으로 아직 주변인에 머물러 있으므로 '사회적 주변인의 시기'라고도 한다.
③ 발달이론가가 제시한 청소년기 발달의 특성
  ㉠ 프로이트(Freud) : 생식기에 해당하고, 이성에 대한 호기심을 가지며 성숙한 성관계 확립을 하는 시기이다.
  ㉡ 에릭슨(Erikson) : 자아정체감 및 정체감혼란의 시기이다.
  ㉢ 피아제(Piaget) : 형식적 조작기에 해당하며, 명제적 사고와 조합적 사고 등이 발달하는 시기이다.
  ㉣ 설리반(Sullivan) : 성·친밀감·안전 욕구 간의 충돌로 질풍노도의 시기를 겪는다.
  ㉤ 홀(Hall) : 청소년기의 혼란은 인간이 진화하는 과정에서 나타나는 과도기적 단계에 대한 반영이다.
  ㉥ 미드(Mead) : 청소년기의 전환이 반드시 혼란스러운 것은 아니라는 관점을 제시하면서, 아동기에서 성인기로의 전환이 순탄하고 점진적으로 이루어지는 문화권에서는 청소년기가 결코 질풍노도의 시기가 아님을 강조하였다.

(2) 신체발달 14 16 24 기출
① 급격한 신장의 증가와 함께 뼈와 근육의 성장이 이루어지므로 제2성장급등기라고 한다.
② 성장폭발, 성장가속화, 성장불균형, 성장의 개인차 등의 특징이 나타난다.
③ 사춘기를 경험하며, 2차 성징과 함께 생식기관의 성숙이 뚜렷이 나타난다.
④ 사춘기를 아동기와 구분할 수 있는 중심적인 특징은 '생식능력'이며, 사춘기의 성적 성숙에 영향을 주는 요인에는 유전, 건강, 영양 등이 있다.
⑤ 남성 호르몬인 안드로겐과 여성 호르몬인 에스트로겐의 작용으로 2차 성징이 나타난다.
⑥ 청소년의 성장급등은 남학생보다 여학생에게서 먼저 나타난다.
⑦ 11~13세에는 여자가 남자보다 키와 몸무게에서 우세하지만, 이후에는 남자가 여자보다 우세해진다.
⑧ 남자는 어깨가 넓어지고 근육이 발달하여 남성다운 체형으로 변모하고, 여자는 골반이 넓어지고 피하지방이 축적되어 여성다운 체형으로 변모한다.
⑨ 머리 크기가 신체에서 차지하는 비중이 작아지고, 전체적인 윤곽이 달라진다.
⑩ 자신의 신체적 이미지에 대해 관심을 갖게 되면서 섭식장애를 보이기도 한다.
⑪ 청소년의 성적 성숙은 그 시기에 있어서 개인차를 보인다.

⑫ 사춘기가 오는 시기는 청소년의 발달에 영향을 미친다.

(3) 인지발달 15 16 24 기출

① 추상적 사고, 가설·연역적 사고, 체계적·조합적 사고, 이상주의적 사고, 논리적 추론, 미래 사건 예측 등이 가능하다.
② **자아정체감** : 청소년기는 아동에서 성인으로 발달하는 과도기의 단계로서, 이성문제, 진학문제 등의 다양한 선택과 결정을 내리는 과정에서 자아정체감을 형성해 나간다.
③ **상대론적 사고** : 자신과 자신이 속한 세계에 대해 상대론적 입장에서 사고할 수 있다.
④ **사회인지** : 사회적 관계를 이해하는 능력인 사회인지를 통해 다른 사람의 감정, 생각, 의도, 사회적 행동을 이해한다.
⑤ **인상형성** : 다른 사람에게서 어떤 인상을 받는가, 즉 다른 사람에 대한 판단은 어떻게 이루어지는가 하는 인상형성이 급속도로 발달한다.
⑥ **역할수용** : 역할수용을 통해 다른 사람의 입장이 되어 그 기분을 이해할 수 있다.
⑦ 뇌량의 수초화가 완성되는 반면, 전전두엽의 발달은 아직 미성숙하다.
⑧ 메타인지가 발달하면서 자신의 인지과정을 계획하고 조정할 수 있다.

지식 IN

청소년기 신경계 특징 17 18 기출

- '쾌락 중추'라고 불리는 측좌핵의 발달이 급속도로 일어난다. 이것은 도파민의 분비와 기능이 최고조에 달하기 때문이다.
- 뇌신경의 수초화가 계속 진행되며, 그 진행속도는 뇌 영역마다 차이가 있다.
- 전두엽에서 사용되지 않는 시냅스가 계속해서 가지치기를 하며 제거된다.
- 청소년기에 뇌의 발달이 멈추는 것이 아니라 평생 동안 발달한다.

(4) 사회정서발달 14 19 기출

① 질풍노도의 시기로서 정서 변화가 심하고, 극단적인 정서경험을 한다.
② 심리적 이유기로 부모나 가족으로부터 분리되어 친구나 자기 자신에게 의존하려는 경향을 보인다.
③ 안정애착은 아동기에서 성인기로 넘어가는 과도기와 관련한 우울과 불안, 정서적 혼란 등을 완화해 주는 역할을 한다.
④ 이성관계가 새로운 관심의 대상이 되지만, 동성 간의 친구관계를 더 소중히 여긴다.
⑤ 심리사회적 유예는 청소년들에게 가치, 믿음, 역할 등을 시험해 볼 자유를 허락하며, 각자의 장점을 극대화하여 사회로부터 긍정적인 인정을 획득함으로써 사회에 최상으로 적응할 수 있도록 한다.
⑥ 청소년의 공격성 발달은 어떤 또래들과 어울리는가에 의해 영향을 많이 받는데, 청소년기 남성은 신체적 공격, 여성은 관계적 공격에서 높은 수준을 보인다.
⑦ 청소년의 충동적 행동은 전전두엽과 변연계의 상호작용이 원활하지 않기 때문이다.

(5) 청소년기의 사고 16 22 24 기출

① **자아중심성** : 아동기에 비해 덜하기는 하지만, 청소년들은 자신의 생각과 관념 속에 사로잡히게 되어 자신은 특별한 존재라는 착각에 빠지거나 자신이 우주의 중심이 된다고 믿을 만큼 강한 자의식을 보이게 된다.
② **개인적 우화** : 자신이 마치 독특한 존재이기라도 한 것처럼 자신의 사고와 감정이 다른 사람과 근본적으로 다르다고 믿는 것이다.
③ **상상적 청중** : 마치 무대 위의 주인공처럼 자신이 다른 사람들로부터 주의와 관심의 대상이 된다고 믿는 것이다.

> **지식 IN**
>
> **청소년기 자기/자아중심성에 대해 엘킨드(Elkind)가 주장한 개념** 15 16 18 20 21 기출
> - 청소년기 자기/자아중심성(Egocentrism)을 초보적인 형식적 · 조작적 사고의 결과로 보았다.
> - 대표적 현상으로 개인적 우화와 상상적 청중이 있다.
> - 개인적 우화와 상상적 청중은 후기 청소년기가 되면서 점차 사라진다.
>
> | 개인적 우화
(Personal Fable) | • 자신의 사고와 감정이 너무나 독특해서 남들이 이해할 수 없을 것이라고 생각하는 것이다.
• 어떠한 사건을 자신에게 적용시킬 때는 일반적인 확률을 무시하거나 왜곡하는 현상이다.
예 "나의 독특성을 어른들은 이해하지 못해", "약물을 복용해도 나의 독특성으로 인해 중독현상 같은 건 없을 거야." |
> |---|---|
> | 상상적 청중
(Imaginary Audience) | • 과장된 자의식으로 인해 타인의 집중을 받고 있다고 여긴다.
• 사소한 실수에도 크게 당황하고 작은 비난에도 심한 분노를 보인다.
• 다양한 대인관계 경험을 통해 타인도 나름대로의 관심사가 있다는 것을 이해하면서 점차 사라진다. |

(6) 마샤(Marcia)의 자아정체감 14 15 16 17 18 19 20 22 23 24 기출

① **정체감 성취(Achievement)** : 자아정체감의 위기를 성공적으로 극복하여 신념, 직업, 정치적 견해 등에 대해 스스로 의사결정을 할 수 있는 상태를 말한다.
② **정체감 유예(Moratorium)** : 현재 정체감 위기의 상태에 있으면서 자아정체감 형성을 위해 다양한 역할, 신념, 행동 등을 실험하고 있으나 의사결정을 내리지 못한 상태를 말한다.
③ **정체감 유실(Foreclosure)** : 자신의 신념, 직업선택 등의 중요한 의사결정에 앞서 수많은 대안에 대하여 생각해 보지 못하고, 부모나 역할모델의 가치나 기대 등을 그대로 수용하여 그들과 비슷한 선택을 하는 경우를 말한다.
④ **정체감 혼미(Diffusion)** : 자아에 대해 안정되고 통합적인 견해를 갖는 데 실패한 상태를 말한다. 위기를 경험해 보지 않았고, 직업이나 이념선택에 대한 의사결정을 하지 않을 뿐만 아니라 이러한 문제에 관심도 없는 상태를 말한다.

지식 IN

마샤(Marcia)의 자아정체감 범주

구 분	정체감 성취	정체감 유예	정체감 유실	정체감 혼란(혼미)
위 기	+	+	−	−
관여(전념)	+	−	+	−

(7) 또래관계 15 기출

① 청소년기 또래집단의 의의
  ㉠ 청소년들의 또래집단이란, 비교적 비슷한 성숙수준과 비슷한 연령의 청소년들이 공동의 관심사를 가지고 형성하여 상호작용 과정을 통해 서로의 행동을 통제하는 집단을 말한다.
  ㉡ 또래집단은 사회적 비교를 통해 자신을 평가할 수 있는 기준을 제공한다.
  ㉢ 또래관계에서 발생하는 갈등의 극복 양상은 우정을 지속하는 데 중요한 영향을 미친다.
  ㉣ 자신의 가치관과 또래집단의 기대 간의 불일치가 크면 긴장과 갈등이 초래된다.
  ㉤ 또래압력은 긍정적인 방향으로 작용할 수 있다.

② 또래집단에 의한 감정
  ㉠ 연대감(Affiliation) : 청소년들은 또래집단과 연대를 가지므로, 동일 연령집단으로부터 심리적·사회적인 지지를 받을 수 있다. 청소년들은 또래집단과 상호작용하면서 자신의 유아적인 충동적 욕구를 조절하고, 적절한 성역할 행동을 발전시키게 되며, 사회적·도덕적 가치를 형성하게 된다.
  ㉡ 자신감(Competence) : 청소년들은 부모들로부터의 의존관계에서 점차 벗어나 또래들로부터 수용을 받으면서 자기가치감, 자기존중감, 자기유능감을 형성하게 된다.
  ㉢ 인기(Popularity) : 또래집단 내에서의 인기는 집단 내에서의 지위, 집단의 다른 성원들이 나를 어떻게 지목하는가와 관련된다.

지식 IN

또래와의 연대가 갖는 기능
정체감 형성, 인기 획득, 동조감 형성, 지지 획득, 우정관계 형성, 활동성

(8) 청소년 비행

① 비행청소년의 분류
  ㉠ 촉법소년 : 10세 이상 14세 미만으로 형벌법령에 저촉되는 행위를 하였으나, 형사책임 능력이 없는 관계로 처벌을 받지 아니하며 보호처분의 대상이 된 소년
  ㉡ 범죄소년 : 14세 이상 19세 미만으로 범죄를 저질러 형사책임이 있는 소년

ⓒ 우범소년 : 10세 이상 19세 미만으로 장래 형벌법령에 저촉되는 행위를 할 우려가 있는 소년
② 비행청소년의 특성
ⓐ 에릭슨(Erikson)은 청소년 비행을 청소년이 자아정체감을 성공적으로 해결하지 못한 결과로 보고, 비록 부정적인 정체감일지라도 정체감을 형성하려는 시도로 본다.
ⓑ 청소년 비행은 허용되는 행위와 허용되지 않는 행위로 명확히 구분하기 어려우며, 특히 충동적인 성향으로 인해 자기 통제능력의 결여에 따라 발생하기도 한다.
ⓒ 저소득층의 청소년은 교육기회의 부족, 좋은 직장을 얻을 기회의 부족과 같은 사회경제적 요인과 관련하여 비합법적인 수단으로 원하는 것을 얻고자 비행을 하기도 한다.

(9) 청소년기의 발달과제
① 일반적인 발달과제
ⓐ 자신의 신체적·지적 능력을 객관적으로 인지하고, 자신의 적성을 수용함으로써 자아정체감을 형성한다.
ⓑ 또래 친구들과 성숙한 교우관계를 맺으며, 사회에서 기대하는 성역할을 인지하는 등의 사회적인 역할을 획득한다.
ⓒ 부모나 다른 성인들로부터의 경제적인 독립을 위해 직업을 준비하며, 감정적인 독립을 통해 결혼과 새로운 가족생활을 준비한다.
ⓓ 사회적 가치관이나 윤리체계를 획득하며, 이념을 발달시킨다.
② 하비거스트(Havighurst)의 발달과제
ⓐ 급격한 신체적·정신적 발달에 적응하며, 각자의 성역할과 기능을 인식한다.
ⓑ 이성에 대해 성숙한 교우관계 또는 남녀관계를 성립한다.
ⓒ 부모나 다른 성인으로부터의 정신적 독립을 요구한다.
ⓓ 경제적 독립의 필요성을 인정한다.
ⓔ 직업 선택 및 준비에 몰두한다.
ⓕ 시민생활을 위한 지식, 기능, 태도를 습득한다.
ⓖ 사회적으로 책임 있는 행동을 실천한다.
ⓗ 결혼 및 가정생활을 준비한다.
ⓘ 논리적·추상적 사고력을 배양하며, 가치체계와 윤리관을 확립한다.

2 청년기(19~29세)

(1) 개 요
① 에릭슨의 성인 초기(친밀감 대 고립감), 피아제의 형식적 조작기 전기에 해당하는 시기이다.
② 부모의 보호로부터 벗어나 정서적·경제적 독립을 이루게 된다.

(2) 신체의 발달
① 신체적 황금기이므로 신체적 성숙이 거의 완성되며, 근육은 25~30세 사이에 최대한 발달하고 이후 점차 쇠퇴한다.
② 신체발달이 사회적 · 경제적 · 정서적 과업을 달성하기에 충분하며, 이러한 최적의 건강상태는 중년기에 건강이 쇠퇴하기 시작할 때까지 지속된다.

(3) 인지발달
① 청소년기에 형식적 조작사고가 발달하기 시작한 이후, 청년기의 어느 시점에 이르러 인지발달이 더 이상 이루어지지 않는다고 주장하는 학자들도 있고, 그 이후에도 인지발달이 지속적으로 이루어진다고 주장하는 학자들도 있다.
② 일반적으로 청년기에는 지능발달이 거의 없는 한편, 인지기능의 상실도 뚜렷이 나타나지 않는다.

(4) 사회정서발달
① **부모로부터의 독립** : 부모로부터 독립하는 것에 대한 갈망과 분리에 대한 불안이라는 양가감정을 갖기도 한다.
② **직업준비와 직업선택** : 직업을 통해 경제적으로 자립하고, 자신의 인생을 개척해 나가면서 자아실현을 하는 시기이다.
③ **결혼과 가족형성** : 결혼을 하고 자녀를 낳아 부모가 되면서 인생에 정착하는 시기이다.
④ 성역할에 대한 정체감이 확고해짐으로써 성적 사회화(Sexual Socialization)가 이루어진다.

(5) 청년기의 발달과제
① 레빈슨(Levinson)의 발달과제
  ㉠ 아직 현실에 기반을 두지 못하고, 다소 과장된 목표로 구성되어 있는 꿈과 희망을 명확하게 정의해야 한다.
  ㉡ 목표를 인정해주고 기술이나 지혜를 가르쳐주며, 청년이 자신의 경력에서 전진하도록 영향력을 발휘하고 자신감을 갖도록 해주는 지도자를 발견해야 한다.
  ㉢ 직업을 선택하고 나아가 경력을 쌓으며 발전시켜 나가야 한다.
  ㉣ 친밀한 관계를 형성해야 한다.
② 하비거스트(Havighurst)의 발달과제
  ㉠ 배우자를 선택한다.
  ㉡ 배우자와 함께 생활하는 방법을 학습한다.
  ㉢ 가정을 꾸민다.
  ㉣ 자녀를 양육하고 가정을 관리한다.
  ㉤ 직업생활을 시작한다.
  ㉥ 시민의 의무를 완수한다.
  ㉦ 마음 맞는 사람들과 사회적 집단을 형성한다.

04 성인기 및 노년기 발달

1 성인기(중년기, 30~65세)

(1) 개요
① 에릭슨의 성인기(생산성 대 침체), 피아제의 형식적 조작기 중·후기에 해당하는 시기이다.
② 중년기를 성인 초기, 성인 중기, 성인 후기로 구분한다.

(2) 신체적 변화 16 19 기출
① 아직 양호한 건강과 에너지를 가지고 있으나, 신체적 능력과 건강은 감퇴하기 시작한다.
② 신진대사의 저하가 일어나고, 체중이 늘기 시작한다.
③ 스트레스를 받거나 신체 한 부분에 기능 이상이 있은 뒤 회복 능력이 감소한다.
④ 시력저하, 청각신경세포의 둔화 등 감각기관의 능력이 감소한다.
⑤ 청각 기능이 약화되고, 저음보다 고음에 대한 감퇴가 먼저 발생한다.
⑥ 여성은 40대 후반~50대 초반에 여성호르몬인 에스트로겐의 감소와 함께 폐경을 경험하며, 폐경으로 인해 골밀도 감소가 가속화된다.
⑦ 갱년기 현상이 나타나며, 특히 남성의 갱년기는 여성의 갱년기에 비해 늦게 시작되어 서서히 진행된다.
⑧ 직업적 스트레스의 누적으로 암, 고혈압, 심장질환, 뇌졸중 등의 질병에 걸릴 위험이 매우 높은 시기이다.
⑨ 급격한 에너지 소모를 필요로 하는 일보다 지구력을 요하는 일이 더 유리하다.
⑩ 나이가 들수록 남성과 여성 간 성역할 정체성의 차이는 감소하는 경향이 있다.

(3) 인지적 변화 15 16 19 21 기출
① 인지능력이 감소한다는 견해와 인지능력은 감소하지 않고 오히려 특정 측면의 인지능력은 강화된다는 견해가 있다.
② 단기기억력은 약화되지만 장기기억력에는 변화가 없고, 오랜 인생의 경험에서 터득한 지혜 때문에 현실 문제해결능력은 높아진다는 견해가 있다.
③ 정신기능의 잠재력은 거의 변화가 없고 인지기능은 성인기 후반까지 향상되지만, 잠재능력에 비해 수행능력은 떨어진다.
④ 개성화(Individuation)를 통해 자아의 에너지를 외적·물질적인 차원에서 내적·정신적인 차원으로 전환한다.
⑤ 지혜는 연령이 증가할수록 발달하는 경향이 있는 등 *후형식적 사고는 성인기 이후에 발달한다.
⑥ 유동성 지능은 50세(성인 초기) 이후 급격히 감소하지만, 결정성 지능은 70세까지도 증가한다.

> **후형식적 사고**
> 사물을 상대적으로 이해하며, 상호 모순된 사고와 경험을 반영적으로 통합할 수 있게 되는 사고능력을 말한다.

⑦ 언어능력은 비교적 안정적인 반면, 비언어적 능력은 계속 감소하는 양상을 보인다.
⑧ 에릭슨(Erikson)은 전 생애 발달 중 마지막 제8단계에서 자아통합감 대 절망감의 갈등을 성공적으로 해결한 결과로서 지혜(바람직한 미덕)가 얻어진다고 보았다.
⑨ 연령이 증가함에 따라 자극에 대한 반응속도가 느려진다.

(4) 성인기 사고의 특성 15 21 22 기출

① 아르린(Arlin)의 문제발견적 사고
  ㉠ 아르린은 피아제의 인지발달단계 중 제4단계인 '형식적 조작기' 다음에 '문제발견의 단계'라는 제5단계가 있다고 주장하였다.
  ㉡ 이 단계의 특징은 창의적 사고, 확산적 사고, 새로운 문제해결 방법의 발견 등이다.

② 리겔(Riegel)과 바센체스(Bassenches)의 변증법적 사고 16 기출
  ㉠ 리겔은 '성숙한 사고'가 성인기 사고의 특징이라 하였다. 이는 어떤 사실이 진실일 수도 있고, 아닐 수도 있음을 받아들이는 것이다.
  ㉡ 리겔은 철학에서 변증법이란 용어를 빌려와 다섯 번째의 인지발달단계를 변증법적 사고의 단계라고 하였다.
  ㉢ 리겔의 변증법적 사고에서는 모순과 한계를 인식하는 불평형 상태에서 인지발달이 이루어진다고 보았다.
  ㉣ 바센체스 또한 성인의 유일한 추론 형태가 변증법적 사고라고 가정하고, 성인기의 인지적 성장은 변증법적 도식의 형태를 취한다고 주장하였다.

③ 라부비비에(Labouvie-Vief)의 실용적 사고
  ㉠ 성인기에 새로운 사고의 통합이 발생한다고 주장하였다.
  ㉡ 성인기에는 형식적·논리적 사고에서 실용적 사고로 전환된다고 보았다.
  ㉢ 성인기에는 문제를 해결함에 있어 논리적 사고에 덜 의존하게 되고, 현실적인 면을 많이 고려하게 된다고 하였다.

④ 페리(Perry)와 시노트(Sinnott)의 다원론적 사고
  ㉠ 페리는 성인이 되면 이원론적 사고에서 벗어나 다원론적 사고(상대적 사고)로 옮겨가는 변화가 일어난다고 주장하였다.
  ㉡ 시노트는 성인기에는 다차원의 세계와 복잡한 인간관계에 직면하면서 인지발달이 이루어진다고 보았다.

⑤ 크레이머(Kramer)의 후형식적 사고 15 기출
  ㉠ 성인기 사고의 특성을 후형식적·조작적 추론에서 찾았다.
  ㉡ 후형식적 사고를 하는 사람들은 서로 모순되는 사고나 감정 또는 경험을 통합하는 능력이 있고, 지식에 대한 상대주의적 태도를 취한다. 또한 상반된 감정을 갖는 등 모순을 부정하지 않는다.

⑥ 레빙거(Loevinger)의 자아발달이론 16 20 기출
  ㉠ 인간의 전 생애주기 동안에 일어나는 인간발달이나 인격의 성장에 관한 연구를 하였다.
  ㉡ 인간의 자아발달이 점점 더 세련된 수준의 인간을 만든다고 하면서, 이러한 자아발달단계를 10단계로 구성하였다.
  ㉢ 각 발달단계는 특정한 연령과 관련되어 있지 않다. 즉, 동일한 연령의 성인이라도 자아의 발달단계는 다를 수 있다.
  ㉣ 다음 단계로의 이동은 이전 단계의 발달을 완전하게 이룬 후에야 가능하다.
  ㉤ 개인이 각 단계를 이동하는 속도와 도달하는 마지막 단계는 개인에 따라 다르다.
⑦ 샤이(Schaie)의 인지발달단계 모형 20 23 기출
  ㉠ 성인기가 되면 형식적·조작적 사고를 넘어서지는 않지만, 지식의 습득단계에서 아는 지식을 실생활(직업발달이나 가족발달 등)에 적용하는 단계로 전환하게 된다고 주장하였다.
  ㉡ 성인기 인지발달단계를 '획득(습득)-성취-책임 및 실행-재통합'으로 제시하였다.

단계	연령	특징
획득단계	아동기와 청소년기	아동과 청소년이 정보와 기술을 습득하는 단계
성취단계	성인 초기	스스로 세운 인생의 목적에 적합한 과업에 최선을 다하는 단계
책임단계	성인 중기	배우자, 자녀의 욕구충족에 관한 책임과 직업인·사회일원으로서의 책임을 지는 단계
실행단계	성인 중기	사회체계에 책임을 지고 여러 면에서 복잡한 관계를 통합하는 단계
재통합단계	성인 후기, 노년기	자신의 노력을 기울여야 할 과업에 대해 보다 선택적인 단계

⑧ 하잔과 쉐버(Hazan & Shaver) 20 기출
  ㉠ 보울비의 애착이론은 1980년대 말 하잔과 쉐버에 의해 성인 낭만적 관계로 확장되었다.
  ㉡ 어릴 적 양육자 간의 애착형태가 성인기 연인관계에 미치는 영향을 연구하였다. 즉, 영아기의 애착의 형태는 상당히 지속적인 영향을 미쳐서 성인이 된 후의 사랑의 관계에까지 반복된다는 것이다.
  ㉢ 성인의 애착형태에는 안정, 불안정-몰입, 거부-회피, 두려움-회피 등 네 가지가 있다.

> **지식 IN**
>
> **베이런트(Vaillant)의 방어기제 성숙도 이론** 22 기출
> • 특징
>   - 방어기제의 성숙도에 따른 위계론을 주장하였으며, 미성숙한 방어기제 사용단계에서 성숙한 방어기제 사용단계로 발달해 나간다고 보았다.
>   - 베이런트는 프로이트(Freud)의 방어기제 중에는 더 성숙한 방어기제도 있다고 간주하였다.
>   - 시련이나 위기에 직면한 개인이 나타내는 심리적 적응방식에서의 발달적 변화에 관심을 가졌다.
>   - 개인생활과 직업생활에서 성공적인 사람들은 미성숙한 방어기제보다는 더 성숙한 방어기제를 사용하는 쪽으로 이동한다고 보았다.

- 방어기제의 성숙도 4수준
  - 1수준 : 정신병적 방어기제(Pathological Defenses) 예 억압, 부정, 왜곡, 망상적 투사 등
  - 2수준 : 미성숙한 방어기제(Immature Defenses) 예 환상, 투사, 신체화 등
  - 3수준 : 신경증적 방어기제(Neurotic Defenses) 예 주지화, 반동형성, 전위, 치환, 해리 등
  - 4수준 : 성숙한 방어기제(Mature Defenses) 예 유머, 기대, 승화 등

2 노년기(65세 이후)

(1) 개 요
① 자아통합의 시기로서, 사회관계망의 축소로 인해 사회적 역할 변화를 경험한다.
② 급속한 노화가 이루어지는 시기이며, 경제적인 위기와 불안정한 생활에 빠지기도 한다.

(2) 신체적 변화
① 신체적으로 건강하면서 자립적인 활동이 가능한 노년 전기(65~74세)와 신체적 기능의 약화로 인해 일상생활을 타인에게 전적으로 의존할 수밖에 없는 노년 후기(75세 이후)로 구분한다.
② 쇠약해지는 체력에 적응하고, 알맞은 운동 및 섭생으로 지병이나 쇠약함에 적절히 대처해야 한다.

(3) 인지적 변화 14 17 21 24 기출
① 노인의 지적능력의 감퇴는 다양한 측면에서 일어나며, 단기기억이 장기기억보다 더욱 심하게 감퇴한다. 특히 일화기억이 노화로 인해 가장 많이 쇠퇴하게 된다.
② 노년 후기에는 정보를 과정화하는 속도와 같은 인지적 측면은 감소하는 경향이 있으나, 논리적 추리력 등 경험의 축적을 통해 습득된 능력은 유지된다.
③ 연령의 변화에 따른 지능의 변화에는 속도요인이 작용한다. 시간제한이 있는 검사를 할 때와 시간제한이 없는 검사를 할 때 연령의 변화에 따른 지능의 변화의 정도가 다르다. 즉, 지능발달의 경향은 지능의 영역에 따라 다르게 나타난다.
④ 유동성 지능(학습능력에 관계되는 요인)은 점차 감소하고, 결정성 지능(의식과 행위에 관계되는 지능)은 증가 또는 유지한다.
⑤ 노인들은 인지기능의 쇠퇴에 직면하여 목표 범위를 좁혀나가는 등의 최적화 책략을 사용한다.
⑥ 관련 없는 정보를 억압하는 능력이 점차 감퇴되어 과제에 집중하기 힘들어진다.
⑦ 인지발달의 변화 양상에서 개인차가 더 커지게 된다.

(4) 애칠리(Atchley)의 은퇴의 과정 7단계 19 기출

① **원격단계(Remote Phrase)** : 은퇴준비를 거의 하지 않은, 구체적인 계획이나 생각이 없는 단계이다.
② **근접단계(Near Phrase)** : 퇴직이 가까워지면서 재정계획, 구체적인 수입 등을 생각하는 단계이다.
③ **밀월단계(Honeymoon Phrase)** : 퇴직 직후 직장의 제약과 의무에서 벗어나 은퇴를 행복하게 생각하는 단계이다.
④ **환멸단계(Disenchantment Phrase)** : 은퇴계획이 현실적이지 못함을 깨닫는 단계이다.
⑤ **적응단계(Reorientation Phrase)** : 은퇴 후의 생활에 대해 보다 현실적인 대안을 생각하고 탐색·평가하는 단계이다.
⑥ **안정단계(Stability Phrase)** : 은퇴에 필요한 선택사항에 대해 기준과 수행방법을 결정하는 단계이다.
⑦ **종결단계(Termination Phrase)** : 자립할 수 있는 기능이 없게 되어 은퇴의 역할이 의존자의 역할로 대체되는 단계이다.

(5) 노화이론

① **노화와 관련된 생물학적 이론**

㉠ 유전적 이론 14 23 기출
- 노화시계이론(유전적 계획이론) : 이미 계획된 유전자에 의해 예정된 순서에 맞추어 노화가 진행되는 것으로 보며, 내분비체계와 면역체계의 변화 및 기능상실로부터 노화가 시작된다고 주장한 이론이다.
- 유전자 손상의 축적이론(DNA 작용 과오 이론) : DNA의 여러 요인에 의해 손상이 축적되고, 이것이 결국 노화를 촉진하게 된다는 이론이다.

㉡ 비유전적 세포이론
- 마모이론 : 손상이론이라고도 하며, 인체를 장기간 사용함으로써 기능이 약화되고 구조가 와해되어서 노화가 된다는 이론이다.
- 활성산소이론 : 활성산소의 독성 때문에 암이나 관절염 등의 질병이 발생하고, 이것의 축적으로 노화가 된다는 이론이다.
- 교차연결이론 : 뼈나 피부 내에 존재하는 단백질의 일종인 콜라겐 분자들이 서로 부착되어 움직일 수 없게 되고, 세포 분열을 불가능하게 만들어 영양과 노폐물의 이동이 어려워져 단백질을 굳게 만들며, 각막 및 피부 등에 탄력성을 잃게 하여 노화를 촉진한다는 이론이다.
㉢ 자동면역이론 : 면역성을 지닌 세포가 바이러스나 세균 등 외부의 이물질과 자신을 구별하지 못하고, 자신의 물질에 저항하는 항체를 생성하여 자체의 세포를 공격함으로써 노화를 일으킨다는 이론이다.

- ② 텔로미어(Telomere) 이론 18 기출
  - 염색체 양끝에 있는 DNA 염기서열 '텔로미어(Telomere)'가 짧아져 염색체가 제대로 복제되지 못하고 세포분열도 멈추어 노화가 일어난다고 보는 이론이다.
  - 텔로미어(Telomere)는 그리스어 '텔로스(끝)'와 '메로스(부분)'의 합성어로 염색체 말단의 염기서열 부위를 말한다.
- ⑩ 헤이플릭 한계(Hayflick Limit) 20 기출
  - 미국 레오날드 헤이플릭(Leonard Hayflick)이라는 학자가 제시한 인간의 성장과 노화 이론을 밝혀준 이론이다.
  - 인간의 세포는 평균 40~60회 정도 분열한 뒤에는 노화해 사라진다는 개념이다.

② **노화와 관련된 심리학적 이론**
- ㉠ 에릭슨(Erikson)의 심리사회이론 : 노년기의 심리사회적 위기인 자아통합 대 절망은 중·장년기의 생산성 대 침체의 위기를 어느 정도 성공적으로 극복하였는지에 따라 그 결과가 달라진다고 보았다.
- ㉡ 퀴블러-로스(Kübler-Ross)의 죽음의 적응(직면) 단계 20 23 기출

부정단계	자신이 곧 죽는다는 사실을 부인한다.
분노단계	자신이 죽어야 할 이유를 알지 못하여 주위사람들에게 질투와 분노를 표출한다.
타협단계	죽음을 받아들이기 시작하며, 인생과업을 마칠 때까지 생이 지속되기를 희망한다.
우울단계	이미 죽음을 실감하기 시작하고, 극심한 우울상태에 빠진다.
수용단계	발생할 결과를 받아들이며, 머나먼 여정을 떠나기 전 평온한 상태에 이르는 것을 말한다.

- ㉢ 노년기의 발달에 관한 펙(Peck)의 3가지 발달과업
  - 자아분화 대 직업역할에 대한 몰두 : 은퇴에 대한 대처, 자기가치 재평가
  - 신체초월 대 신체몰두 : 건강 및 외모의 변화에 대한 적절한 대처
  - 자아초월 대 자아몰두 : 인생의 종합 및 죽음을 초월한 이상적·종교적인 삶
- ㉣ 하비거스트(Havighurst)의 노년기 발달과제
  - 신체적 건강상태의 약화에 따른 적응
  - 퇴직과 경제적 수입 감소에 따른 적응
  - 배우자의 죽음에 대한 적응
  - 동년배 집단과의 유대관계 강화
  - 사회적 역할에 융통성 있게 적응
  - 생활에 적합한 물리적 생활환경의 조성

③ 노화와 관련된 사회학적 이론 21 23 24 기출
  ㉠ 활동이론(Activity Theory) : 근로자, 부모 등 개인의 역할이 삶에서 만족을 얻을 수 있는 주요 원천이며, 활동참여 정도가 높을수록 노인의 심리적 만족감과 생활 만족도가 높다.
  ㉡ 역할이론(Role Theory) : 노인이 되면서 직업, 배우자, 부모 등 역할의 상실로 인해 무력감을 느끼기 때문에, 노인의 역할을 새롭게 부여해 줌으로써 새로운 역할을 수행하며 행복함을 느끼게 한다.
  ㉢ 하위문화 이론(Subculture Theory) : 노인들은 그들의 공통된 특성과 사회·문화적인 요인으로 인해 그들만의 집단을 형성하며, 이러한 집단 내부에서의 상호작용에 의해 노인 특유의 하위문화가 생성된다.
  ㉣ 은퇴/분리/유리 이론(Disengagement Theory) : 노인은 젊은이에 비해 건강이 약화되고 죽음에 임하게 될 확률이 높으므로, 개인 입장에서의 최적의 만족과 사회체계 입장에서의 중단 없는 계속을 위해 노인과 사회는 상호 간에 분리되기를 원하며, 이러한 분리는 정상적이고 불가피한 것이다. 즉, 노인과 사회의 상호 철회 과정을 부정적으로 보지 않고 성공적인 노화로 본다.
  ㉤ 연령계층화 이론(Age Stratification Theory) : 사회는 연령층으로 구분되어 있으며, 각각의 연령층에 따라 사람들은 동시대의 유사한 경험을 가진다. 그로 인해 그들의 관념이나 가치, 태도 등은 동 연령대 사람들과 거의 흡사하지만, 다른 연령대 사람들과는 사뭇 다르다. 이러한 차이로 인해 각각의 연령층에 부여되는 권리와 특권 또한 다르게 나타난다.
  ㉥ 현대화 이론(Modernization Theory) : 생산기술의 발달, 도시화 및 교육의 대중화 등 현대화의 제 양상으로 인해 노인들의 지위는 낮아지고 역할은 상실된다.
  ㉦ 교환이론(Exchange Theory) : 사회적 행동은 적어도 두 사람 사이의 활동의 교환으로 보며, 노인은 대인관계나 보상에서 불균형을 초래하게 된다. 노인들이 젊은이와 상호작용 시 훨씬 적은 권한을 가지고 있으며, 이는 노인들이 가지고 있는 자원의 부족(낮은 수입, 낮은 교육 등) 때문이다.
  ㉧ 사회정서적 선택 이론(Socioemotional Selectivity Theory) : 개인의 사회적 욕구와 감정적 욕구는 연령에 따라 변화하는데, 노년기에 이르면 시간의 한정성 등으로 인하여 현재의 사회적 관계와 감정적 경험에 집중하려는 경향이 강해진다.
④ 발테스와 발테스(P. Baltes & M. Baltes)의 SOC 이론 15 17 23 24 기출
  ㉠ 노년기의 성공적인 삶은 '선택'과 '최적화', '보상'의 3가지를 모두 필요로 한다.

선 택	나이가 들어감에 따라 쇠퇴 및 감소분이 증가하므로, 자신에게 중요한 활동이나 목표를 선택적으로 남겨놓고 다른 영역은 무시하는 것을 말한다.
최적화	노인들이 보존하고 있는 능력들을 선택한 다음 그것을 충분히 증대시키는 것을 의미하는데, 양적·질적 측면 모두에서 선택한 것을 극대화하는 노력을 말한다.
보 상	생물학적·사회적·인지적 기능의 상실이 일어났을 때, 어떠한 학습이나 보조기구, 외부적 도움, 심리적 보상기제 등으로 그 부족함을 보완하는 것을 말한다.

ⓛ 전 생애적 관점에서 연령에 따른 획득의 최대화와 상실의 최소화를 적응적 발달로 본다.
ⓒ 노화에 따른 내적·외적 자원의 제약과 상실로 인해 선택과정이 필요한 것으로 본다.
ⓔ 선택한 목표 달성을 위해 최선의 노력을 다하는 최적화를 중시한다.

지식 !N

뉴가튼(Neugarten)과 웨인슈타인(Weinstein)의 조부모 역할유형

- 공식적 유형 : 손자녀에게 관심을 가지고 때때로 필요할 때 돌봐주기도 하지만, 자녀양육 문제에 간섭하는 것을 삼간다.
- 기쁨 추구형 : 손자녀와 비공식적이고 재미있는 상호작용을 유지한다.
- 대리부모형 : 부모가 모두 직업을 가진 경우, 아이의 양육을 대신 책임진다.
- 지혜의 원천형 : 조부모가 지혜·기술·자원을 베풀고, 부모 및 손자녀는 이에 복종하는 다소 권위적인 관계이다.
- 원거리형 : 생일 또는 명절 때나 방문하며, 보통 손자녀와 거의 접촉이 없는 유형이다.

CHAPTER 03 주요 발달영역별 접근

중요도 ★★★

핵심포인트

\# 유전·태내 발달과 두뇌의 발달 \# 신체 및 운동발달 \# 인지발달 \# 성격 및 사회성 발달
\# 정서 및 도덕성 발달 \# 발달정신병리

01 유전·태내 발달과 두뇌의 발달

1 유전의 기제

(1) 유전과 유전인자

① 인간의 모든 유전적 잠재성은 46개의 염색체에 의해 결정된다. 23쌍의 염색체 중 22개는 상염색체이고, 23번째 쌍이 성염색체(여성은 XX, 남성은 XY)이다.
② 염색체에는 유전의 기본 단위인 유전인자가 들어있으며, 이는 DNA(Deoxyribonucleic Acid) 화학물질로 구성되어 있다.
③ DNA는 뉴클레오티드(Nucleotide)로 구성되어 있으며, 이는 핵산을 형성하는 세포의 유전물질이다.
④ 유전은 DNA상에 존재하는 유전자의 물리적인 법칙에 의해 지배되며, 이는 다음 세대에 영향을 미친다.
⑤ 유전적 성질을 가지고 있는 질병으로는 암, 고혈압, 당뇨, 심장병 등이 있다.
⑥ 건강한 체질과 정상적인 신체기능을 가진 자녀를 출산하기 위해서는 결혼 전에 유전적 질환 여부 및 가족력을 알아보는 등의 준비가 필요하다.
⑦ 유전병은 돌연변이에 의해 발생할 수도 있으므로, 이를 피하기 위해 적정 연령에 아이를 낳거나 임신 초기에 염색체 검사를 시행하는 등의 노력이 필요하다.

(2) 유전자 이상에 의한 질병

① 헌팅턴병(Huntington's Disease)
  ㉠ 대부분의 유전병이 열성인자에 의한 것인 데 반해, 헌팅턴병은 비정상 특성이 우성인자에 의해 전달되어 상염색체(4번 염색체)상에서 우성으로 유전된다.
  ㉡ 유전성 뇌질환의 하나로 성인기에 발병하여 서서히 진행하는 이상운동증(*무도증, 보행 이상, 발음 장애, 음식물 삼키기 어려움), 성격변화와 치매를 보이는 질환이다.

> **무도증(Chorea)**
> 팔과 다리가 불수의적으로 춤추듯이 움직이는 증상이다.

② 페닐케토뉴리아(PKU ; Phenylketonuria) 16 기출
  ㉠ 페닐케토뉴리아 또는 페닐케톤뇨증은 필수 아미노산 중 하나인 '페닐알라닌(Phenylalanine)'을 '타이로신(Tyrosine)'으로 변환하는 효소인 '페닐알라닌 하이드록실라제(PAH ; Phenylalanine Hydroxylase)' 기능에 이상이 발생하여 페닐알라닌이 체내에 분해되지 못한 채 축적됨으로써 비정상적인 두뇌발달을 초래하는 유전병이다.
  ㉡ 혈족결혼에 의해 많이 발병하며, 지능지수 50 이하의 지능장애와 함께 운동신경장애를 동반하기도 한다.
  ㉢ 멜라닌(Melanin) 형성부전으로 피부가 하얗고, 체모는 적갈색을 띠며, 눈의 공막은 약간 청색을 띤다.

③ 혈우병(Hemophilia)
  ㉠ X염색체에 있는 유전자 이상으로 발병하는 선천성 유전병이다.
  ㉡ 혈액 내에 피를 굳게 하는 혈액응고인자가 부족하여, 경미한 외상에 의해서도 쉽게 출혈이 발생하며, 지혈이 잘 되지 않는다.
  ㉢ 반성열성유전으로 어머니의 유전자 이상을 물려받아 거의 대부분의 경우 남성에게서 나타난다. 여성의 경우, 유전자 이상이 있더라도 다른 정상 X염색체가 혈액응고인자 생산을 보완하므로, 발병률이 상대적으로 낮다.
  ㉣ 혈장 속 부족한 응고인자의 종류에 따라 A형과 B형으로 구분되며, 그중 A형 혈우병이 전체의 약 80%를 차지한다.

> **만성성인형**
> 간장·비장이 커지고, 혈소판이 감소한다. 더 악화되지 않고 지능장애 등 신경계 장애 증상 없이 성장하며, 병적인 골절이나 호흡장애가 나타날 수도 있다.

④ 고셰병(Gaucher's Disease)
  ㉠ 체내 '글루코세레브로시데이즈(Glucocerebrosidase)'라는 효소가 유전자 이상으로 결핍되어 발병하는 상염색체 열성 유전질환이다.
  ㉡ 효소 부족으로 지방의 분해가 원활히 이루어지지 못함으로써 간이나 비장, 골수 등에 지방이 축적되며, 혈소판 감소 등의 혈액 이상이나 뼈의 이상을 야기한다.
  ㉢ 발병 시기와 진행 속도에 따라 *만성성인형, *급성유아형, *아급성연소형으로 구분한다.

> **급성유아형**
> 간과 췌장이 비대해지고, 중추신경계의 증세 악화로 1세 전후에 사망한다.

> **아급성연소형**
> 급성유아형과 만성성인형의 중간적인 형태이다.

(3) 염색체 이상에 의한 질병 14 15 16 18 23 24 기출

① 다운 증후군(Down's Syndrome)
  ㉠ 대부분(약 95%)은 21번째 염색체가 3개(정상은 2개) 있어서 전체 염색체 수가 47개(정상은 46개)인 기형이다.
  ㉡ 흔히 나이가 많은 초산부(35세 이상)에게서 태어나며, 600~700명 중 1명꼴로 나타난다.
  ㉢ 두개골이 넓고 짧으며, 눈가에 두꺼운 주름이 있는 등 특징적인 외모를 가지고 있고, 지적장애나 발달장애를 동반한다.

② 에드워드 증후군(Edward's Syndrome)
  ㉠ 18번 염색체가 3개인 선천적 기형증후군으로서, 전체 47개의 염색체를 가진다.
  ㉡ 1:3 또는 1:4 정도로 여성이 더 많고, 신생아 7,000명 중 1명꼴로 나타난다.
  ㉢ 심한 지적장애, 관절 이상이 나타나고, 입과 코가 작다.
  ㉣ 90% 이상이 생후 6개월 이내에 사망하고, 5%만 1세까지 생존이 가능하다.
  ㉤ 저출생체중, 성장지연, 심각한 영양 장애, 약한 울음, 반복적 무호흡증이 특징이다.

③ 클라인펠터 증후군(Klinefelter's Syndrome) 21 기출
  ㉠ 정상인의 성염색체는 남성 XY, 여성 XX를 나타내지만, 이 증후군에서는 X염색체가 더 많은 XXY, XXXY 등의 비정상적인 형태를 나타낸다.
  ㉡ 남성염색체가 있음에도 불구하고 고환의 위축, 무정자증, 유방의 발달 등 여성의 신체적 특성을 보인다.

④ 터너 증후군(Turner's Syndrome)
  ㉠ 성염색체 이상으로 X염색체가 1개이며, 전체 염색체 수가 45개이다.
  ㉡ 외견상 여성이지만, 2차적 성적 발달이 없고 생식력이 없으며, 목이 짧은 것이 특징이다.
  ㉢ 언어성 지능은 정상이고, 심적 회전(Mental Rotation)과 같은 공간추론 능력이 평균 이하이다.

⑤ 파타우 증후군(Patau's Syndrome)
  ㉠ 13번 염색체가 3개인 선천적 기형증후군으로, 약 1만 명당 1명꼴로 발생하며, 대부분 자연유산되거나 출생 후 1년 이내에 사망한다.
  ㉡ 소두증, 소안구증 등의 안면기형이나 손가락, 발의 사지기형이 나타나며, 선천성 심장기형을 동반하기도 한다.

⑥ 슈퍼남성(메일) 증후군(Supermale Syndrome)
  ㉠ 남성의 성염색체에 여분의 Y염색체가 있는 질환으로, 남아 500~1,000명 가운데 1명꼴로 나타난다.
  ㉡ 야콥 증후군(Jacob Syndrome), Double Y(XYY)증후군이라고도 한다.
  ㉢ 언어적 측면에서 결함이 나타나며, 정상적인 남성에 비해 공격적인 성격을 가지고 있어서 폭력행위를 저지르기 쉽다.

⑦ 취약 X증후군(X염색체 결함증후군, Fragile X Syndrome)
  ㉠ X염색체에 취약한 부분이 있어서, 지적장애를 일으키는 유전성 질환이다.
  ㉡ 다운 증후군(Down's Syndrome) 다음으로 흔한 지적장애의 원인이다.
  ㉢ 남자 4,000~9,000명당 1명꼴로, 여자 6,000~8,000명당 1명꼴로 발생하며, 지적장애 환자에서 남자 중 5.9%, 여자 중 0.3%를 차지하는 것으로 알려져 있다.
  ㉣ 주로 어머니의 X염색체 이상이 아들이나 딸에게 전달되어 나타나는데, 정상적인 X염색체보다 구부러져 있거나 지나치게 가늘다.
  ㉤ 얼굴이 길고, 당나귀 귀 모양이며, 고환이 비대하다.
  ㉥ 지적장애, 언어장애, 자폐증 등이 나타난다.
⑧ 삼중 X증후군(Triple X Syndrome)
  ㉠ 3개의 X염색체가 있는 질환이다.
  ㉡ 머리가 조금 작고, 귀 모양 이상 등이 나타날 수 있다.
  ㉢ 키가 평균보다 크고, 하체가 길며, 발달지연이나 지적장애는 없다.

2 태내 발달 14 15 16 17 18 19 20 21 22 24 기출

(1) 태내 발달의 특징
① 신체 성장이 일생 중 가장 빠른 속도로 이루어진다.
② 기본적인 신체 구조와 기관이 형성된다.
③ 태내 발달은 배종기, 배아기, 태아기로 나뉜다.
④ 라누고(Lanugo)는 태아의 신체를 덮고 있는 가는 털을 말한다.
⑤ 기형발생물질이 태내 발달에 영향을 미치는 민감한 시기가 있다.

(2) 태내 발달의 단계
① 배종기(배포기, 발아기)
  ㉠ 정자와 난자가 결합한 수정란이 급격하게 세포분열을 하는 시기이다.
  ㉡ 자궁 속으로 들어온 후 배포(자궁에 도착할 무렵에 58개로 분할된 세포)가 자궁벽에 착상되어 임신이 이루어지는 약 2주간의 기간이다.
② 배아기 23 기출
  ㉠ 배아기의 의의 : 수정 후 2주가 경과한 시점에서 8주까지의 기간을 말한다.
  ㉡ 배아기의 특징
    • 배아기는 주요 신체기관과 신경계가 분화되고 형성되는 시기인데, 배아기 초기에 다음 3개의 층이 형성된다.

외층 혹은 외배엽	머리카락, 피부 표피, 신경계를 형성한다.
중간층 혹은 중배엽	근육, 뼈, 순환계를 형성한다.
내층 혹은 내배엽	소화계와 폐를 형성한다.

- 태반, 탯줄, 양막, 양수 등 생명 유지체계가 발달한다.
- 배아기에는 심장이 형성되어 심장박동이 시작된다.
- 배아기는 기형발생물질에 의한 구조적 기형이 발생할 가능성이 가장 큰 태내 발달 단계이다.

③ 태아기
㉠ 배아기보다 중추신경계가 더 빠르게 발달하는 시기이다.
㉡ 모든 기관체계가 정교해지는 시기이다.
㉢ 임신 3개월에는 팔, 다리, 손, 발의 형태가 나타난다.
㉣ 임신 중기에 해당하는 4~6개월에는 손가락, 발가락, 피부, 지문, 머리털이 형성된다.
㉤ 임신 말기에 해당하는 7~9개월에는 태아가 모체에서 분리되어도 생존이 가능하다.
㉥ 임신 후기에 지방층의 발달로 태아의 체중이 급격히 증가한다.

(3) 태아에게 영향을 미치는 요인 22 24 기출

① 임산부의 영양상태
㉠ 태내에서 영양공급이 충분하지 못한 경우 사산, 유산, 조산아나 미숙아가 태어날 확률이 증가한다.
㉡ 출산 시 영아의 체중은 지능이나 성취도에 영향을 미친다.

② 약물복용과 치료
㉠ 임신 초기인 1~3개월에 약물을 복용하는 경우 태아에게 큰 영향을 미친다.
㉡ 풍진이나 성병 등의 질병은 태아의 기형이나 각종 선천성 장애를 유발하고, 심지어는 사망에까지 이르게 한다.
㉢ 기형을 유발하는 요인으로는 약물, 부적합한 혈액형, 환경오염물질, 질병의 감염, 영양실조, 어머니의 스트레스 및 부모의 고령 등이 있다.

③ 연령 및 출산횟수
㉠ 노산은 자연유산, 임신중독증, 난산, 미숙아 출산의 원인이 되며, 다운증후군의 발병 비율을 급격히 증가시킨다.
㉡ 둘째의 경우, 첫째보다 출생 결함이나 기형이 나타나는 비율이 상대적으로 낮다.

④ 알코올과 흡연
㉠ 알코올 : 태아 알코올증후군을 유발하며, 출생 후 지적장애나 주의력 결핍, 과잉행동 등의 이상을 나타낼 수 있다.
㉡ 흡 연
- 저체중아 출산의 대표적인 원인으로서, 뇌 결함이나 구개파열 장애를 유발하고 조산아가 태어날 확률이 높아진다.
- 임산부가 간접흡연에 노출되면 그 독성물질이 태반을 통해 태아에게 그대로 전달된다.

⑤ 정서상태와 사회 · 경제적 요인
  ㉠ 정서상태 : 임산부의 신체적 · 생리적인 변화에 따른 우울증상 및 스트레스는 태아의 건강 및 행동상의 문제를 야기한다.
  ㉡ 사회 · 경제적 요인 : 적은 수입, 낮은 사회경제적 지위 등

> **지식 IN**
>
> **기형발생물질** 14 17 기출
> - 기형발생물질(Teratogen)은 신체적 기형이나 심각한 성장 제한, 시각장애, 뇌 손상 및 사망을 유발하는 것으로서, 발달하는 배아나 태아에게 해를 끼칠 수 있는 질병, 약물 혹은 다른 환경적 작용물질을 말한다.
> - 어떤 기형발생물질들은 아동의 삶에서 더 나중에야 나타나는 수면효과(Sleeper Effect)가 있을 수 있다.
> - 신체발달에 유해한 영향을 미치는 시기는 신체기관에 따라 다르며, 노출된 물질의 양에 따라 효과도 다르다.

3 뇌의 발달

(1) 뇌의 구조와 기능 23 기출

① 뇌의 구조
  ㉠ 성인 뇌 무게는 1.4~1.6kg 정도이며, 두개골과 뇌척수막에 쌓여있다.
  ㉡ 뇌의 아래는 척수와 연결되어 있고, 그 안은 뇌척수액이 흐르고 있다.
  ㉢ 뇌는 척수와 함께 중추신경계를 구성하며, 온몸에 퍼져 있는 말초 신경계와 연결되어 있다.
② 뇌의 기능
  ㉠ 우리 몸의 움직임과 행동을 관장하고 신체의 항상성을 유지시키며, 인지 · 감정 · 기억 · 학습기능 등을 담당한다.
  ㉡ 뇌는 형태와 기능에 따라 대뇌, 소뇌, 간뇌, 뇌줄기(뇌간)로 구분한다.

대 뇌	• 뇌의 대부분을 차지하며, 좌우 2개의 반구로 구성되어 있다. • 인지 · 감정 · 기억 · 학습 등 정신활동을 담당하며, 감각과 운동의 중추이다. • 대뇌는 피질(겉질)과 속질로 구분하는데, 피질은 뉴런의 신경세포체가 모여 있는 회백질이고, 속질은 축색돌기가 모여 있는 백색질이다. • 대뇌피질은 위치에 따라 전두엽 · 두정엽 · 측두엽 · 후두엽으로 구분한다. 　– 전두엽 : 기억력, 사고력, 의사결정, 문제해결, 사고 등 고등사고에 관여한다. 　– 두정엽 : 일차 체감각 기능, 감각 통합과 공간인식 등에 관여한다. 　– 측두엽 : 기억저장, 정서, 청각, 언어에 관여한다. 　– 후두엽 : 시각 자료를 분석 처리한다. • 뇌의 좌반구 하측 전두엽에 위치한 브로카 영역은 언어의 표현, 구사 능력에 중요한 기능을 담당하며, 뇌의 좌반구 측두엽에 위치한 베르니케 영역은 언어의 이해에 중요한 기능을 담당한다.

소뇌	• 대뇌의 아래쪽에 위치하며, 뇌 전체의 10%를 차지한다. • 몸의 자세와 근육 긴장도를 교정하여 보다 정밀한 운동이 가능하도록 해주며, 몸의 평형을 유지한다.
간뇌	• 시상과 시상하부로 구성되며, 시상하부 끝에 뇌하수체가 달려있다. • 항상성 유지의 중추로, 자율신경과 내분비샘의 기능을 조절한다.

뇌줄기
(뇌간)
	• 뇌줄기는 중간뇌, 뇌교, 연수로 구성되어 있다.
	  - 중간뇌 : 안구운동과 홍채운동을 조절한다.
	  - 뇌교 : 대뇌와 소뇌 사이 정보를 전달한다.
	  - 연수 : 뇌와 척수를 연결하는 신경이 지나가는 곳으로, 신경의 좌우 교차가 일어나며, 심장박동·호흡운동·소화운동 등을 조절한다.
	• 뇌줄기는 생명 유지에 중요한 역할을 하며, 뇌줄기 손상 시 생명을 잃을 수 있다.

(2) 뇌 발달의 특징 14 16 20 23 기출

① 뇌의 발달속도와 특징 21 기출

㉠ 뉴런은 뇌와 신경계의 기본 단위로, 태아의 신경관에서 만들어진다.

㉡ 뇌는 출생 시에는 성인 무게의 25%이며, 생의 초기에 놀라운 속도로 성장한다.

㉢ 성인 뇌 무게의 절반 이상이 영유아기에 만들어지므로, 영유아기는 일생 중 뇌 발달이 가장 급격하게 이루어지는 시기이다.

㉣ 신경계의 뉴런 생성은 일단 많이 만들어 놓고, 불필요한 것을 버리는 방식이다(*뉴런과 시냅스의 과잉 생성 후 가지치기).

㉤ 사람은 누구나 태어날 때 개개인의 고유한 두뇌를 조각하기에 충분한 뇌세포 덩어리를 공평하게 부여받는다.

㉥ *수초화는 영아기에 활발하게 이루어지며, 수초화가 이루어지면 뇌에서 보내는 신호를 처리하는 속도가 빨라져 정보전달의 효율성이 높아진다.

㉦ 가소성(회복력)은 *대뇌 편재화가 완료되기 전인 생애 초기에 가장 크고, 대뇌 편재화 이후 점차 쇠퇴한다.

㉧ 뇌의 발달속도는 각 부위마다 다르다.

② 뇌의 부위별 발달 특징

㉠ 뇌 발달은 환경적 자극의 양과 종류에 영향을 받는다.

㉡ 뇌줄기(뇌간)의 기본적인 기능은 호흡, 심혈관, 수면, 의식에 관계된다.

㉢ 뇌의 우반구는 신체의 왼쪽을 통제하고, 공간지각능력·촉각·음악 등 비언어적 소리와 슬픔 등의 부정적 정서표현을 관장한다.

㉣ 뇌의 좌반구는 신체의 오른쪽을 통제하고, 언어·청각·언어기억·의사결정·기쁨 등의 긍정적 정서표현을 관장한다.

㉤ 청소년의 충동적 행동은 전두엽과 변연계의 상호작용이 원활하지 않기 때문이다.

㉥ 뇌의 브로카 영역과 베르니케 영역의 손상은 언어장애를 초래한다.

뉴런

신경계의 기본단위로서 신경 세포체, 수상돌기, 축색돌기로 구성된다.

수초화

수초(Myelin)라고 불리는 지방성 물질이 축색돌기에 막을 형성하는 현상이다.

대뇌 편재화

대뇌의 어느 한쪽 반구에 기능적인 전문화가 이루어지는 현상이다.

ⓢ 뇌량은 대뇌의 좌반구와 우반구를 이어주는 신경섬유 다발로, 뇌량에 이상이 생기면 신체적·지적·감정적·사회적 장애가 나타날 수 있다.
ⓞ 대뇌피질(겉질)은 수의적인 신체 움직임, 학습, 사고와 관련된 대뇌 바깥층을 말한다.
ⓩ 편도체는 공포 및 불안과 같은 정서 기억 형성에 중요한 역할을 하는 변연계의 한 부분이다.
ⓧ 투쟁-도피 반응은 스트레스를 받거나 응급한 상황에서 자율신경계 교감 신경이 활성화되어 공격, 방어, 도피에 필요한 신체 자원들의 에너지를 동원하여 반응하게 하는 것을 말한다.

(3) 뇌 발달과정 19 21 23 기출

① 신경계의 정보처리 단위로 두뇌발달에 중요한 뉴런이라고 불리는 뇌세포는 1,000억 개 정도 아이의 뇌 속에 존재하는데, 신체의 다른 부분을 구성하는 세포와 달리 죽거나 손상되었을 때 쉽게 재생되지 않기 때문에 생후 8개월에 가장 많고, 그 이후에는 대체로 감소하는 것으로 알려져 있다.
② 뉴런을 연결해주는 시냅스도 뉴런 하나당 1,000~100,000개 정도 되는데, 일단 36개월까지 필요한 시냅스의 150~200%까지 만든 다음, 사용되지 않거나 효율성이 떨어지는 시냅스를 없애는 방식으로 신경망을 정교화하고 형태를 가다듬는다.
③ 시냅스의 핵심적인 특징은 가소성이다. 가소성은 뇌의 신경회로가 외부의 자극, 경험, 학습에 의해 구조적으로 움직이면서 재조직을 되풀이하는 것을 의미한다. 감각뉴런은 외부세계로부터 정보를 수용하고, 이 정보를 척수를 통해 뇌로 전달한다.
④ 시냅스란 뇌의 발달 역사에 따라, 그리고 경험과 외부환경의 풍요로움, 감각경험의 다양함과 복잡함에 따라 일생에 걸쳐서 변화될 수 있다.
⑤ 뇌의 각 영역의 시냅스 생성 시기는 동일하지 않은데, 시각피질(visual cortex)이 위치한 후두엽 쪽의 시냅스 생성은 출생 후 약 1년쯤 정점을 이루고, 전두엽 쪽의 시냅스 생성은 4세쯤에 정점을 이룬다.
⑥ 수초화 과정은 임신 4개월부터 1세 사이에 시작하여 2세 무렵에 가장 활발하고, 이후 10대 중반까지 점진적으로 진행된다.
⑦ 영아는 성인보다 많은 수의 시냅스를 갖고 있다.
⑧ 대뇌피질의 발달은 영아기 이후에도 진행된다.
⑨ 감정을 관장하는 전전두엽 피질은 초기 성인기까지 발달하는데, 이에 따라 인지적 통제기능이 점차 향상된다.

02 신체 및 운동발달

1 신체적 성장의 과정

(1) 신체 크기의 변화
① 영아기는 신체적 성장이 일생에서 가장 빠른 시기이다.
② 성장비율은 생후 6개월 동안이 가장 빠르며, 그다음 6개월은 다소 느려진다.
③ 영아의 신장발달은 체중 증가에 비해 늦다.
④ 영아기는 인간의 발달과정에 있어 급속한 성장이 이루어지므로 '성장급등기'라 부른다.
⑤ 유아기의 신체발달은 빠른 속도로 꾸준히 진행되며, 머리 크기가 몸 전체에서 차지하는 비율이 점차 줄어든다.
⑥ 이목구비가 뚜렷해지고 턱과 목이 길어지며, 유치 20개가 모두 나고 5세 말에 이갈이가 시작된다.
⑦ 아동기 때 신체 성숙도는 완만해지며, 최근에는 2차 성징이 아동기 후반부터 나타나기 시작하는 추세이다.

(2) 신체 비율의 변화
① 성장급등은 주로 다리, 몸통 부분에서 일어난다.
② 신체발달은 영·유아기에 상부에서 하부로, 중심부위에서 말초부위로 진행하므로, 머리·가슴·몸통이 먼저 성장하고 그다음 팔과 다리, 손과 발의 순서로 발달하여 영·유아기에는 비율이 안 맞는 것처럼 보일 수 있다.
③ 사춘기에는 유아기와 달리 손, 다리, 발의 성장이 가속화되고, 그다음에 몸통이 성장한다.

(3) 근육과 지방 구성의 변화
① 태내기의 마지막 몇 주 동안 증가하고, 출생 후 지속적으로 증가해서 9개월경에 절정에 이른다.
② 신생아의 지방의 증가는 체온을 일정하게 유지하는 데 도움을 준다.
③ 여아가 남아보다 지방이 더 많고 이후에도 더 증가하는 현상을 보인다.
④ 대근육이 소근육보다 일찍 발달하며 여아가 남아보다 일찍 발달한다.
⑤ 근육은 사춘기 때 남녀 모두 증가하고, 골격근육과 심장 폐활량이 발달한 남아에게서 더 나타난다.

(4) 골격 성장
① 태아의 골격은 연골이며, 부드럽고 유연한 조직으로 이루어져 있다.
② 신생아의 머리 중심부에 있는 숫구멍은 9~12개월이 되어야 완전히 닫힌다.
③ 출생 직전에 골단이라 불리는 뼈 속의 특별한 성장 중추가 신체의 긴 뼈 양 끝부분에 나타난다.
④ 성장 중추가 없어지면 뼈 길이는 더 이상 성장하지 않는다.
⑤ 청소년기에는 성호르몬의 작용으로 골격의 변화에 큰 차이를 보인다.

2 영·유아기의 신체성장과 운동능력 변화

(1) 영아기의 신체발달 21 22 기출
① 영아의 운동발달은 중추신경계, 골격, 근육의 성숙 정도에 영향을 받는다.
② 운동발달의 속도는 개인차가 있으며, 발달의 전개는 시간적으로나 계통적으로 일정한 순서가 있다.
③ 대체로 다리, 발을 능숙히 사용하기 전에 머리, 목의 통제가 가능하다.
④ 신체의 대근육이 먼저 발달하고, 소근육이 점차 발달한다.
⑤ 소근육 활동 발달은 주로 팔, 손, 손가락 등의 움직임을 말한다.
⑥ 소근육이 발달하면 생후 4개월경 정확하게 사물을 향해 팔을 뻗을 수 있고 6개월이면 매달린 물체를 팔을 뻗어 잡을 수 있다.
⑦ 미분화된 전체운동에서 분화된 특수운동으로 발달한다.
⑧ 신체의 중앙부분에서 발달하여 가까운 부분, 즉 팔이나 다리 등의 말초부분으로 발달한다.

(2) 유아기의 신체발달
① 두미 방향, 중심에서 말단 방향으로 발달한다.
② 영아기만큼 빠른 속도는 아니지만, 신장과 체중이 점진적으로 증가한다.
③ 괄약근이 발달하여 배변훈련을 통해 대소변을 가리기 시작한다.
④ 뇌와 머리는 신체의 다른 어떤 부분보다 빠르게 성장하는데, 특히 눈이나 뇌 등의 상부가 턱과 같은 하부보다 빠른 성장을 이룬다.
⑤ 신체성장과 발달에는 개인적·문화적 차이가 있다.

(3) 영·유아기의 운동발달
① 영아기에는 운동기술이 발달하지 못하고 운동형태만 발달하는 반면, 유아기에는 새로운 운동형태와 함께 걷기, 달리기, 뛰기 등 보다 많은 운동기술을 배운다.
② 성장함에 따라 활동량과 활동반경이 확대된다.
③ 유아의 운동능력은 보다 안정되고 정교해진다.

(4) 나이에 따른 운동기능의 발달 17 기출

나 이	대근육 운동기능	소근육 운동기능
2~3세경	• 걷기 : 율동적으로 잘 걷는다. • 달리기 : 몸을 뻣뻣하게 세우고 달린다. 방향을 바꾸거나 갑자기 멈추는 것이 어렵다. • 뛰기 : 두 발로 깡충깡충 뛴다. • 페달밟기 : 장난감 자동차에 올라타고 두 발로 민다. • 오르기 : 계단을 오를 때 한쪽 발을 먼저 올려놓고, 그다음 다른 쪽 발을 그 옆에 놓는다. 높은 곳에 올라갈 수 있지만 내려오지는 못한다. • 던지기 : 목표물을 향해 공을 던지는 데 두 팔을 사용한다. 발이나 몸은 움직이지 못한다.	• 손가락으로 물건을 잡을 수 있으며, 많은 양의 액체가 담긴 컵이나 용기를 엎지르지 않고 옮길 수 있다. • 주전자에 담긴 물을 다른 용기에 부을 수 있으며, 옷의 큰 단추와 지퍼를 채울 수 있다. • 검지, 중지와 엄지손가락을 사용하여 크레용을 잡을 수 있으며, 끄적거리기 단계에서 발전하여 가로, 세로, 둥근 선을 긋는다.
3~4세경	• 걷기 : 팔을 앞뒤로 흔들며 걷는다. 직선 위를 잘 걷는다. • 달리기 : 유연하게 잘 달리고 출발과 정지를 잘한다. • 뛰기 : 두 발로 높이 뛰어오른다. 한 발로 장애물을 뛰어 넘는다. • 페달밟기 : 세발자전거를 탈 수 있다. • 오르기 : 계단을 오를 때는 한발로 차례차례 오르지만, 내려올 때는 두 발을 모아서 내려온다. • 던지기 : 몸을 앞뒤로 흔들며 한쪽 팔로 공을 던진다.	• 실로 작은 구슬을 꿸 수 있고, 올바른 방식으로 크레용을 쥘 수 있다. • 목적을 가지고 그림을 그리지만 대부분 뜻대로 잘 되지 않고, 자신의 이름과 몇 개의 숫자를 쓸 수도 있다. • 3세경에는 직선을 그리고 원을 베낄 수 있다. • 4세경에는 가위로 선을 따라 자를 수 있고, 서툴지만 글씨를 쓸 수 있다.
4~5세경	• 걷기 : 곡선 위를 걷는다. 평균대 위를 걷는다. • 달리기 : 빨리 잘 달리고, 달리면서 방향을 바꿀 수 있다. • 뛰기 : 깡충깡충 뛰면서 앞으로 나간다. • 페달밟기 : 세발자전거를 빠르고 유연하게 잘 탄다. • 오르기 : 발을 번갈아가면서 계단을 오르내린다. 사다리, 정글짐, 미끄럼틀, 나무 등을 타고 오르내린다. • 던지기 : 팔꿈치를 사용해서 공을 던진다.	• 연필을 정확하게 잡을 수 있으며, 선 안에 색을 칠할 수 있다. • 펜을 쥐고 균형 잡힌 문자를 빠르게 쓸 수 있다. • 유아기에는 그리기, 오리기, 자르기, 붙이기, 찢기, 접기 등의 활동을 통해 소근육 운동을 발달시킬 수 있다. • 소근육이 발달함에 따라 그리는 능력이 발달한다. • 5세경에는 신발끈을 묶을 수 있고, 지퍼를 내리고 올릴 수 있다.
5~6세경	• 걷기 : 성인처럼 걷는다. • 달리기 : 속력을 내서 잘 달린다. • 뛰기 : 높이뛰기, 멀리뛰기, 줄넘기를 한다. • 페달밟기 : 두발자전거를 탈 수도 있다. • 오르기 : 성인처럼 오르내린다. • 던지기 : 발을 앞으로 내밀고 팔을 쭉 뻗어 공을 던진다.	-

3 운동발달이론

(1) 성숙이론
① 운동발달에 있어 성숙을 중요한 요인으로 보는 관점이다.
② 성장이 유전의 영향을 받아 순서대로 전개되어 간다고 보는 관점이다.
③ 성숙이 운동발달의 기초가 되며, 연습은 성숙이 가능하게 한 기술들을 완성해 갈 수 있도록 하는 것이다.

(2) 역동 체계이론(Dynamic System Theory) 16 기출
① 환경을 탐색하거나 또는 다른 목표를 만족하는 효율적인 방식을 찾기 위해서 시도되는 이미 숙달된 능력들의 재조직화로 운동기술을 보는 이론이다.
② 인간의 운동발달에는 하나 이상의 많은 요인이 작용하며, 운동기술은 별개의 능력들이 합쳐진 하나의 체계이다.
③ 인간의 몸은 생물학적 시스템의 복합체로 그 안에는 다양한 시스템이 존재하므로, 능동적으로 기존의 운동기술을 새롭고 복잡한 운동체계로 재조직한다.
④ 영아가 기존의 운동능력을 새롭고 복잡한 행동체계로 능동적으로 재조직한 결과 새로운 운동기술이 나타난다고 보는 이론으로, '만지고 싶은 물건에 도달하기'와 같은 목표가 운동기술의 발달에 영향을 미친다.

03 인지발달

1 영유아기의 인지발달

(1) 영아기의 감각운동기 인지발달 14 17 18 22 23 24 기출
① 피아제의 영아기 인지발달단계는 감각운동기로, 감각운동기는 6개의 하위단계로 나눈다.
② 감각운동기의 단계

1단계	반사활동기 (0~1개월)	반사가 효율적으로 이루어지지만, 행동과 욕구를 분별하지 못한다.
2단계	1차 순환반응기 (1~4개월)	유쾌한 자극에 대해 의도적인 행동을 반복하며, 선천적인 반응을 자신의 신체에 적용시켜 새로운 반응을 획득한다. 예 엄지손가락 빨기
3단계	2차 순환반응기 (4~10개월)	선천적인 반사를 넘어서 학습을 통해 획득한 반응의 양상을 보이며, 이전에 획득한 반응을 의도적으로 새로운 상황에 적용한다. 예 공 굴리기, 딸랑이 흔들기

4단계	2차 도식의 협응기 (10~12개월)	• 이전 단계에서 획득한 도식이 새로운 상황을 통해 확대된다. • 목적달성을 위해 도식을 수단적으로 사용하며 여러 방법으로 조합한다. 예 TV를 보고 싶은 아기가 엄마의 손을 잡아끌어서 TV전원 스위치로 가져가는 행동을 할 수 있게 됨
5단계	3차 순환반응기 (12~18개월)	흥미로운 것을 발견하기 위해 행동을 반복하며, 인과적 상황에 대한 실험 및 시행착오적인 행동을 보인다.
6단계	정신적 표상 (18~24개월)	• 점차 시행착오적인 행동에서 벗어나, 행동하기 전에 상황에 대해 사고한다. • 상징적 능력이 발달하여 정신적 표상이 증가한다. 예 대상영속성 획득, 지연 모방, 언어 사용, 가상놀이

③ 단계별 대상영속성 개념의 발달

1단계(0~1개월)	움직이는 물건이 보이면 눈으로 그 물건을 따라가다가 시야에서 사라지면 관심을 보이지 않는다. 대상영속성의 개념이 전혀 없는 단계이다.
2단계(1~4개월)	영아의 눈앞에 물건이 보이면 눈을 움직여 물건을 따라간다. 그러나 물건이 사라지면 물건이 사라지기 바로 전에 머물렀던 지점을 잠시 바라보다가 고개를 돌린다.
3단계(4~8개월)	눈에서 물건이 보이지 않아도 어딘가에 존재한다는 사실을 어렴풋이 이해하는 단계이지만, 감춰진 물건을 찾으려고 하지는 않는다.
4단계(8~12개월)	영아가 다른 사람이 감춘 물건을 찾을 수 있게 되는 단계이다. 그러나 영아는 지켜보고 있는 동안에 물건을 처음 감춘 장소에서 다른 장소로 옮겨놓아도 처음 감추었던 장소에서 그 물건을 찾으려고 한다.
5단계(12~18개월)	영아가 보는 앞에서 빠른 속도로 물건을 이리 저리 숨겨놓아도 그것을 찾을 수 있는 단계이다.
6단계(18~24개월)	대상영속성의 개념이 완전하게 발달하는 단계이다. 물건을 보이는 곳에 숨겼을 경우뿐만 아니라, 보이지 않는 곳의 물건도 모두 찾아낼 수 있다.

(2) 유아기의 전조작기 인지발달

① *상징적 표상의 사용 : 이 시기의 아이들은 사물을 이용하여 창의적인 상징적 관계를 만들어 낸다.

② 사고의 중심화 : 자아중심성이 대표적이다. 유아의 자아중심성 경향을 보여 주는 예는 피아제의 '세 산 실험(Three Mountain Experiment)'이다. 연령이 증가하면서 자아중심적 사고도 서서히 줄어든다.

③ *보존개념의 부재 : 이 시기의 유아는 하나의 두드러진 지각적 특징에 집중하고 덜 두드러진 다른 특징에는 반응을 보이지 않는다.

> **상징적 표상**
> 상징적 표상이란 한 사물을 다른 사물로 대치하는 행위를 말한다.

> **보존개념**
> 물체의 외관이 달라졌다 해도 물체의 특정 속성은 변함이 없는 것을 말한다.

2 지능발달

(1) 지능연구 16 19 20 21 22 23 24 기출

① 비네(Binet) : 일반지능설 → 지능은 개인의 판단 또는 양식, 실용적 감각, 창의력, 상황에 대한 적응능력과 연관되며, 이해력·판단력·논리력·추리력·기억력 등 다양한 요소들 간의 포괄적인 관계로 구성된다.

② 스피어만(Spearman) : 2요인설 → 지능에 대한 최초의 요인분석으로서, '요인(Factor)'의 개념을 도입하였다.

일반요인 (G Factor)	생득적인 것으로서, 모든 유형의 지적 활동에 공통적으로 작용한다. 예 이해력, 관계추출능력, 상관추출능력 등
특수요인 (S Factor)	일반요인만으로 해결하기 어려운 특수한 과제를 수행하기 위해 작용한다. 예 언어능력, 수리능력, 정신적 속도, 상상력 등

③ 손다이크(Thorndike) : 다요인설 → 지능은 진리 또는 사실의 견지에서 올바른 반응을 행하는 능력으로서, 추상적 지능, 구체적 지능, 사회적 지능으로 구성된다.

④ 써스톤(Thurstone) : 다요인설 → 지능은 각각 독립적인 기능을 가진 개별적인 능력들로 구성된다(언어이해, 수, 공간지각, 지각속도, 기억, 추리, 단어유창성).

⑤ 길포드(Guilford) : 복합요인설(입체모형설) → 써스톤의 이론을 발전시켜 지능은 다양한 방법으로 상이한 정보들을 처리하는 다각적 능력들의 체계적인 집합체라고 주장하였다.

⑥ 카텔과 혼(Cattell & Horn) : 위계적 요인설 → 인간의 지능을 유동성 지능(Fluid Intelligence)과 결정성 지능(Crystallized Intelligence)으로 구분하였다.

유동성 지능(Fluid Intelligence, Gf)	결정성 지능(Crystallized Intelligence, Gc)
• 일반적으로 경험을 통해 얻을 수 없는 명제적 지식을 말한다. • 유전적·선천적으로 주어지는 능력으로서, 경험이나 학습의 영향을 거의 받지 않는다. • 기억력과 도형 지각 능력 등 정보처리의 속도와 정확성에 관여한다. • 결정성 지능보다 중추신경계의 기능에 더 의존한다. • 공간지각 및 추론 능력과 관련된다. • 성인 중기 전후에 퇴보하기 시작한다. • 새로운 문제를 다루는 능력이다. • 뇌손상이나 노령화에 민감하고 영향을 잘 받는다.	• 삶의 오랜 시간 속에서 점차 확대되어 가는 지식을 말한다. • 환경이나 경험, 문화적 영향에 의해 발달되는 지능으로서, 유동성 지능을 토대로 후천적인 발달이 이루어진다. • 언어적 이해력, 수에 관련된 기술, 귀납적 추론 등이 포함된다. • 나이가 들수록 더욱 발달하는 경향이 있다. • 노화와 뇌손상의 영향을 적게 받는다.

※ 결정성 지능과 유동성 지능이 절정에 달하는 시기는 각기 다르다.

⑦ 가드너(Gardner) : 다중지능이론 → 인간의 지능은 다양한 차원으로 구성되어 있다.

⑧ 스턴버그(Sternberg) : 삼원지능이론 → 개인의 내부세계와 외부세계에서 비롯되는 경험 측면에서 성분적 지능, 경험적 지능, 맥락적 지능으로 구분된다.

> **지식 !N**
>
> **가드너(Gardner)의 다중지능이론** 15 기출
> - 지능을 하나의 일반지능으로 기술하는 것을 비판하였다.
> - 석학증후군(Savant Syndrome, 서번트 신드롬 : 지능이 떨어지지만 특정 분야에서 뛰어난 재능을 보이는 현상)은 지능이 독립적이라는 증거가 된다.
> - 8개 다중지능(언어, 논리-수학, 시각-공간, 신체운동, 음악, 대인관계, 개인 내적, 자연탐구)으로 구성하였다.

(2) 지능검사의 발달

① **비네-시몽검사** : 최초의 체계적인 지능검사이며, 주로 아동의 학습 능력을 감별하기 위한 것이었다.

② **스텐포드-비네검사** : 20세기의 가장 대표적인 어린이용 지능검사의 하나로서, 기존의 비네검사를 개정한 언어중심의 개인지능검사이다.

③ **웩슬러 검사** : 지능을 개인이 합목적적인 행동과 합리적인 사고를 통해 환경을 이해하고 그것에 적응할 수 있는 종합적·전체적인 능력으로 본 검사이다.

④ **카우프만 아동용 진단검사** : 인지처리능력을 나타내는 유동성 지능(Fluid Intelligence)과 습득력·성취력을 나타내는 결정성 지능(Crystallized Intelligence)으로 나눈 지능검사이다.

  ㉠ 유동성 지능(Fluid Intelligence) 측정 : 기존에 사용되고 있는 지능을 처리과정 중심으로 측정하는 것으로서, 선천적 인지처리 능력을 평가하는 것이다.

  ㉡ 결정성 지능(Crystallized Intelligence) 측정 : 가정이나 학교 등 환경적 자극을 받아 후천적으로 학습된 아동의 능력을 측정하는 것으로서, 또래와 비교하여 지식을 어느 정도 습득하고 있는지를 평가하는 것이다.

> **지식 !N**
>
> **지능검사** 14 기출
> - 학습불능 어린이나 지적장애아를 식별하기 위해 제작되기 시작하였다.
> - 다양한 인지 능력을 측정한다.
> - 비네-시몽(Binet-Simon)검사에서 IQ점수는 비율점수를 말한다.
> - 지능검사 점수는 학업성취와 사회정서적 적응과도 상관이 있다.

(3) 플린(Flynn) 효과 16 24 기출
① 세대가 지날수록 IQ지수가 점점 증가하는 현상이다.
② 뉴질랜드의 정치학자 제임스 플린(James Flynn)이 발견한 현상으로서, 1950년대부터 1980년대까지 평균 지능점수가 10년마다 3점씩 상승한다는 사실을 밝혀냈다.
③ IQ의 상승을 지적 능력의 발전에서 기인한다기보다는, 정신적 활동을 점점 더 많이 요구하는 현 사회현상의 반영으로 보고 있다.

3 정보처리모형 20 기출

(1) 의 의
① 새로운 정보가 투입되고 저장되며 기억으로부터 인출되는 방식을 학습자의 내부에서 학습이 발생하는 기제로 설명하는 이론이다.
② 정보처리이론에서는 인간의 정보처리 과정을 '환경적 자극의 부호화(기억에 입력)-저장(기억에 보관)-인출(기억으로부터 회상)'의 3단계로 설명한다.
③ 기억의 유형으로는 감각기억, 단기기억, 장기기억이 있고, 단기기억에는 정보를 기억에 저장하거나 기억으로부터 인출하는 작동/작업기억이 있다.
④ 인지적 정보처리이론은 이러한 정보처리 과정에 근거해서 정보가 지각, 저장, 변형, 인출, 학습, 망각되는 것과 같은 현상을 설명한다.
⑤ 정보처리의 일반모형

감각기억	시각이나 청각 등의 감각기관으로 들어온 정보를 순간적으로 저장하는 기억이다.
단기기억 (작동/작업기억)	• 현재의 의식에서 능동적으로 정보를 처리하는 활동 중 기억이다. • 감각기억에 들어온 환경에 관한 정보 중 일부가 이 단계로 전환된다.
장기기억	감각기억과 단기기억의 과정을 거쳐 장기적으로 저장되는 기억이다.

(2) 기억전략의 종류 19 21 23 기출
① **정교화** : 어떤 정보에 조작을 가하여 정보가 갖는 의미의 깊이와 폭을 더욱 확장시키거나 심화하는 전략이다.
② **조직화** : 기억하려는 정보를 의미적으로 관련 있는 것끼리 묶어서 범주화함으로써 기억의 효율성을 높이는 전략이다.
③ **시연** : 기억해야 할 정보를 여러 번 반복해서 암송하는 전략이다.
④ **심상(부호)화** : 정보를 시각적 이미지로 만들어 제공하는 전략이다.

(3) 관련 이론

① 앳킨슨과 쉬프린(Atkinson & Shiffrin)의 이중기억모형
  ㉠ 기억의 과정을 '감각등록기, 단기기억, 장기기억'의 3가지 구조로 분리하였다.
  ㉡ 기억의 구조를 고정된 것으로 보고, 통제과정의 예로 약호화(Coding Procedures), 시연조작(Rehearsal Operations), 탐색방략(Search Strategies) 등을 들었다.
  ㉢ '자극(정보) → 감각기억 → 작업기억(단기기억) → 장기기억'의 순으로 정보가 뇌에 입력된다고 보았다.

② 크레이크와 록하트(Craik & Lockhart)의 정보처리의 수준모형
  ㉠ 무엇이 얼마나 잘 기억되는지는 그것이 얼마나 깊이 있게 처리되었는지에 달려 있다고 주장하였다.
  ㉡ 단기기억과 장기기억이 분명하게 구별된다는 점을 부정하면서, 일차적 기억과 이차적 기억으로 구분하였다.
  ㉢ 정보처리 과정을 일련의 연속적인 과정으로 설명하고, 정보처리의 순서를 가정하지 않았다.

③ 메타인지
  ㉠ 인지에 대한 인지 또는 자기가 아는 것에 대한 지식, 즉 자신의 사고과정에 대하여 알 수 있는 능력이나, 자신이 무엇을 알고 있으며 무엇을 할 줄 아는지에 대한 지식으로서, 간단히 사고에 관한 지식이라고 볼 수 있다.
  ㉡ 메타인지는 자신의 사고과정에 대해서 알고, 자신을 조절하는 것을 통해 체계적·조합적인 사고가 가능하다.
  ㉢ 자기 공부 습관을 이해하고 자기 한계를 인식하여 능률적이고 효과적인 방법으로 자기 목표를 성취하도록 자신의 학습을 조절하는 것이다('계획하기-점검하기-수정하기-평가하기-예견하기' 기능).

④ 지식 표상
  ㉠ 개념적 지식표상 : 위계적 망모형, 세부특징 비교모형, 활성화 확산모형
  ㉡ 명제적 지식표상 : 명제표상, ACT 모형
  ㉢ 도식적(스키마) 표상 : 도식이론, *스크립트
  ㉣ 범주 지식표상 : 한 대상에 대한 범주를 판단
  ㉤ 심상 지식표상 : 심상적 표상의 행동적 증거, 심상과 지각의 관계, 심상의 명제적 특성과 위계적 특성
  ㉥ 절차적 지식표상 : 서술적 지식의 형태로 표상 → 반복적 훈련을 통해 절차적 지식으로 변환 → 절차적 지식이 확장·정교화

> **스크립트(Scripts)**
> 식당에서 음식을 주문할 때나 상점에서 물건을 사는 것과 같이 일상생활에서 여러 가지 상황들을 틀에 박힌 일련의 행동으로 나타내는 사건 도식을 말한다(섕크와 아벨슨, Schank & Abelson). 16 기출

⑤ 영아기 기억상실증 14 기출
  ㉠ 개념 : 생의 초기에 대한 기억의 실패를 말한다.
  ㉡ 원 인
    • 영아기에 언어적 부호화 능력이 발달하지 못했기 때문이다.

- 영아기에 명시적 기억이 충분히 발달하지 않았기 때문이다.
- 영아기에 자기개념이 충분히 발달하지 않았기 때문이다.
- 영아기에 기억과 관련된 신경구조가 충분히 성숙되지 않았기 때문이다.

4 언어발달

(1) 생득주의 이론

① 촘스키(Chomsky)의 생득주의 23 기출
  ㉠ 모든 인간은 선천적으로 언어습득장치(LAD)를 가지고 태어난다고 설명하였다.
  ㉡ 외부에서 언어자극이 입력되면, 언어습득장치를 통해 언어를 습득한다는 것이다.
  ㉢ 경험주의 철학을 배경으로 한 구조주의 문법을 비판하고, 이성주의 언어학파를 계승한 변형생성문법을 주장하였다.
  ㉣ 언어습득장치의 설정으로 언어습득 과정을 설명하고, 체계적인 문법을 학습할 수 있다는 점을 기술하였다.

> **지식 IN**
>
> **언어습득장치(LAD ; Language Acquisition Device)** 16 기출
> - 미국의 언어학자 촘스키(Chomsky)는 인간은 태어날 때부터 언어습득장치를 가지고 태어나며, 어떤 언어적 환경에 있더라도 이를 통해서 자동으로 언어를 인식하여 습득하게 된다고 보았다.
> - 언어습득장치는 나이가 어릴 때 작동되며, 사춘기로 접어들면 이 능력은 현저히 저하된다고 하였지만 언어습득장치를 증명하기는 쉽지 않다.

② 르네버그(Lennerberg)의 생득주의 22 23 기출
  ㉠ 촘스키와 마찬가지로 언어습득의 선천성을 주장했지만, 언어습득의 생물학적 기반(성숙)에 대한 연구를 발전시켰다.
  ㉡ 인간의 언어습득에는 결정적 시기가 존재한다고 주장하였다.

(2) 언어발달단계 19 23 기출

① 언어 준비 단계에서는 울음, 옹알이, 목울림 등에서 호흡, 발성, 의사소통 방법을 연습하여 말하기의 기초를 쌓게 된다.
② 대부분의 영아는 수용언어가 표현언어보다 먼저 발달하므로 다양한 말을 많이 들려주는 것이 필요하다.
③ 일반적으로 생후 1년 정도에 의미가 있는 첫 언어를 말한다.
④ **일어문 시기** : 생후 1년~18개월 사이 영아들은 한 단어를 문장처럼 사용한다.
⑤ **이어문 시기** : 생후 18개월경이 되면 두 단어를 조합하여 문장처럼 사용한다.
⑥ 이어문 시기에는 조사나 접속사 등을 생략하고 중요 단어만 조합하는 전보식(Telegraphic) 언어가 나타난다.

⑦ 생후 18개월경이 되면 어휘폭발이 일어난다.
⑧ 생후 1~2년경 유아가 언어를 습득하는 과정에서 '과잉확장'과 '과소확장'이 일어난다.
⑨ 유아는 문법 형태소를 획득하면서 말을 점점 길게 구사한다.
⑩ 유아는 언어에 점점 익숙해지면서 언어와 관련된 맥락이나 사람 간의 관계, 언어적 상호작용의 법칙 등을 이해하기 시작한다.
⑪ 유아의 단어의미 이해 15 24 기출

신속표상대응	짧은 순간에 어떤 단어를 한 번만 듣고도 그 단어의 의미를 습득한다.
어휘대조론	유아는 익숙하지 않은 단어를 들었을 때 그 새로운 단어가 이미 알고 있는 단어들과는 다른 독특한 의미를 갖는다고 생각한다.
상호배타성의 원칙	각각의 사물은 하나의 명칭만을 가진다고 생각한다. 예 멍멍이, 야옹이 등
전체-사물 가정	단어가 사물의 일부분이나 부분적 특성보다는 사물 전체를 의미한다고 생각한다.
과잉확대/과잉확장 (Over Extension)	• 어떤 단어를 실제 그 단어가 의미하는 것보다 더 광범위한 대상을 지칭하여 말하는 것이다. • 멍멍이를 강아지 외에 고양이나 소, 양과 같이 네 발이 달리고 털이 있는 동물을 가리킨다고 생각하는 경우이다. 예 차 → 버스, 기차, 트럭, 소방차, 구급차를 지칭
과잉축소/과소확장 (Under Extension)	• 어떤 단어를 그 단어의 실제 의미가 허용하는 것보다 더 적은 범위의 지시물에 적용하여 사용하는 것이다. • '개'라는 단어를 자기 집 개에게만 축소해서 적용하는 경우이다. 예 고양이를 가리켜 "야옹이"라고 했을 때, 자신이 본 고양이와 다르게 생긴 고양이를 "야옹이"라고 부르지 않음 • 2세경에는 단어가 사물의 특성이나 부분만이 아니라 전체를 의미한다는 것을 이해한다. 예 강아지 → 강아지의 부분이 아닌 전체의 모습을 의미

⑫ 언어의 과잉일반화(Over-Generalization) 17 24 기출
  ㉠ 지금까지 배운 문법적 지식을 가지고 그 규칙이 적용되리라 생각하는 곳에 적용하는 것을 말한다. 예 선생님이가, 곰가, 도둑놈가 등
  ㉡ 어떤 개념이나 단어의 뜻을 너무 넓은 범위에 대하여 일반화하는 것을 말한다.
  ㉢ 어떤 결과를 그와 비슷한 상황에 적용함으로써 먼저 습득한 일반화의 원리나 법칙을 지나치게 적용하려는 현상을 말한다.
⑬ 언어의 구성요소 18 기출
  ㉠ 음운론적 지식 : 언어의 소리체계를 의미하는 것으로, 소리의 강약, 억양, 발음 등을 포함
  ㉡ 형태론적 지식 : 형태소에서 단어까지 언어의 문법적 표시에 관한 규칙
  ㉢ 구문론적 지식 : 의미 있는 구와 절 그리고 문장을 형성하기 위해 단어가 배열되는 방식
  ㉣ 의미론적 지식 : 단어와 문장의 의미에 관한 규칙
  ㉤ 화용론적 지식 : 의사소통을 효율적으로 하기 위해 언어를 적절하게 사용하는 규칙

04 성격 및 사회성 발달

1 기질

(1) 정 의 16 19 기출
① 한 개인의 행동양식과 정서적 반응유형을 의미하는 것으로 활동수준, 사회성, 과민성과 같은 특성을 포함한다.
② 유아들의 외형이 다르듯이 행동유형에도 각자 차이가 있다.
③ 기질은 반응성과 자기조절에 있어서 안정된 정서적 반응양식의 양적 · 질적 특성이다.
④ 영아의 발달은 영아의 기질과 부모의 기질 간 상호작용의 산물이다.
⑤ 영아의 기질과 부모의 양육행동이 조화를 이루지 못하면 모두 갈등을 경험한다.
⑥ 주양육자가 아동의 기질을 고려하여 적절하게 양육한다면, 아동의 까다로운 기질이 반드시 불안정 애착으로 이어지는 것은 아니다.

(2) 기질에 대한 연구
① 토마스와 체스(Thomas & Chess) 15 16 17 19 기출
  ㉠ 범주 : 최초의 기질연구에서 각 영아에 대한 행동특성을 9개의 범주로 구분하여 평가하였다.

활동성	젖먹기, 목욕하기, 옷입기 등 일상생활에서 영아가 하는 신체활동량
규칙성	수유시간, 수면주기, 배변습관 등의 예측 가능성
접근/회피	새로운 사건이나 자극에 영아가 보이는 반응
적응성	상황의 변화에 대한 적응의 용이성
반응강도	영아가 보이는 긍정적 또는 부정적 반응의 강도
반응역치	영아의 반응을 유발하는 데 필요한 자극의 양
기분특성	불행하거나 부정적인 행동에 대한 행복하고 기분 좋은 반응의 빈도
주의산만성	영아의 진행 중인 행동이 외부의 사태나 자극에 의해 쉽게 방해받는 정도
지구력	영아의 활동 지속기간과 장애에 직면했을 때 활동을 계속하려는 의지

  ㉡ 기질의 유형

순한 기질의 아동	수면이나 식사 등의 몸의 리듬이 규칙적이고 순조롭다. 대체로 즐거운 감정표현이 많고, 긍정적인 정서를 가지며, 새로운 환경에 비교적 쉽게 적응하는 유형이다.
까다로운 기질의 아동	수면이나 식사 등의 몸의 리듬이 불규칙적이고, 칭얼대는 방식으로 부정적인 감정을 나타내며, 환경변화에 민감하기 때문에 새로운 환경에 적응하는 데 시간이 많이 걸리는 유형이다.
반응이 느린 기질의 아동	낮은 행동수준을 가지고 있으며, 다소 부정적이고 낮은 강도의 기분을 나타낸다. 순한 면도 있지만, 새로운 환경에서 움츠러들며 적응하는 데 시간이 걸리는 유형이다.

ⓒ 조화의 적합성 14 15 16 19 21 기출
- 영아의 기질적 유형과 어머니의 성격 및 양육방식 간의 관계를 나타내는 개념이다.
- 이 둘 간의 부조화는 긴장과 문제, 갈등을 불러일으키므로, 어머니가 영아의 타고난 기질적 성향을 파악하고 수용하여 양육방식을 조절함으로써 아동발달을 최적화할 수 있다.
- 까다로운 기질의 영아도 지지적이고 일관된 양육을 받은 경우 긍정적 발달을 보이게 된다.
- 생활습관이 불규칙한 영아도 양육자가 허용적일 때 양육자와의 갈등이 줄어들 수 있다.

> **지식 IN**
>
> **기질의 3요소**
> - 외향성(긍정적 정서성과 접근) : 강한 기쁨, 높은 활동수준, 미소와 웃음, 충동성, 수줍어하지 않음
> - 부정적 정서성 : 수줍음, 불쾌, 공포, 분노-좌절, 쉽게 달래지지 않음
> - 의도적 통제 : 억제적 통제, 주의집중, 약한 기쁨, 지각적 민감성

② 로스바트(Rothbart) 모형 : 기질은 '반응성'과 '자기규제'의 두 차원에서 나타나는 아동의 생리적 기능의 개인차이다.
  ㉠ 반응성 : 자극에 대한 반응속도를 말한다.
  ㉡ 자기규제 : 아동이 스스로 자신의 반응을 증가 또는 감소시키는 통제능력을 말한다.

2 사회성 발달

(1) 사회성 발달의 개념 14 16 17 19 22 24 기출

① 사회성의 발달은 친사회적 행동인 이타성과 반사회적인 행동인 공격성의 발달로 나눈다.
② 친사회적 행동은 다른 사람에게 이익을 주는 개인의 사회적 반응이다. 이타적 자기도식과 관련성이 높다.
③ 반사회적 행동은 다른 사람들에게 부정적으로 영향을 미치는 모든 행동을 의미한다. 반사회적 행동을 형벌로 다스리기보다는, 이를 예방하기 위한 사회복지 차원의 대응이 중요하다.
④ 친사회적 행동은 아동기부터 연령과 함께 증가하며 인지능력의 발달을 반영하고, 사회적 *조망수용능력과 높은 관련성이 있다. 여기서 사회적 조망수용능력이란 자신을 타인의 입장에 놓고 상상하여 타인의 의도나 태도 또는 감정, 욕구를 추론하는 능력을 말한다.

> **조망수용능력**
> 다른 사람의 관점이나 사고, 행동, 시각을 이해하고, 그 사람의 사고와 태도를 식별하고 이해하며 판단하는 것이다.

⑤ 셀만(Selman)은 사회적 조망 단계를 0단계 미분화 조망수용, 1단계 사회정보적 조망수용, 2단계 자기반성적 조망수용, 3단계 제3자적 조망수용, 4단계 사회적 조망수용 총 5단계로 구분하였다.
⑥ 까꿍놀이와 같은 사회성 놀이는 대상영속성을 알게 하고 언어 표현력을 키워준다.
⑦ 아이젠버그(Eisenberg)에 의하면, 아동의 공감능력은 친사회성 발달을 촉진한다.

(2) 공격성

① **공격성의 개념** : 생명체에 의도적으로 해를 가하려 하는 언어적·신체적 행동을 말한다.

② **공격성 발달양상** 24 기출

2~3세	물리적 공격성	때리고 밀치는 등 물리적 공격 위주
3~6세	언어적 공격성	놀리거나 흉보고 욕하는 등의 언어적 공격 위주
6~7세	적대적 공격성	타인의 우연한 공격적 행동의 원인을 고의로 해를 가하려 했다는 공격적 의도로 추론하는 경향으로 인해 나타남
7~11세	선택적 공격성	의도적인 공격과 비의도적인 공격을 구분할 수는 있지만, 자신을 화나게 하거나 약 오르게 할 때의 반응

③ **공격성의 유형** 14 15 24 기출

우연적 공격성	놀이를 하면서 종종 아무 생각 없이 타인을 해칠 수 있는 행동이다.
표현적 공격성	• 우연히 다른 사람을 다치게 하거나 타인의 권리를 방해하는 신체적 활동을 통해 즐거움을 찾을 때 생기는 것으로 공격자는 이를 통해 즐거운 신체감각을 느끼려 한다. • 표현적 공격성은 분노, 적대감정, 좌절을 수반하지 않는다.
도구적 공격성	• 원하는 것을 얻기 위한 혹은 자신의 소유물을 지키기 위한 수단으로 발생하는 공격행동이다. • 다른 사람을 해칠 의도가 없는 행동이다.
적대적 공격성	• 타인에게 해를 가하는 것 자체가 목적인 행동이다. • 의도 자체가 적대적이며 공격적이다. • '개인지향적 공격성'으로 타인에 대한 보복이나 지배권을 차지하기 위해 다른 사람에게 상처를 입히고자 하는 경우에 표출되는 공격성이다.
반응적 공격성	타인의 행동을 적대적으로 해석하고 그것에 대한 보복으로 활용되는 공격성이다.
외현적 공격성	신체적 공격성(신체적으로 해를 입히거나 위협을 가하는 공격)과 언어적 공격성(협박 등)을 포함하는 개념이다.
관계적 공격성	• 집단에서 한 아동을 고의로 따돌림하여 우정과 감정을 해치는, 즉 사회적 배척을 통해 또래관계에 손상을 가하는 행동을 말한다. • 남자보다 여자에게서 더 높은 수준으로 나타난다.

④ **공격성 발달의 특징** 22 24 기출

㉠ 공격성은 대체로 18개월을 전후해서 나타난다.

㉡ 2세에 공격적인 행동이 시작되지만, 5세까지 유아의 공격적 행동의 양은 증가하지 않는다.

㉢ 6세를 전후해서 급격히 적대적 공격성으로 변하는데, 그 이유는 상대의 의도에 대한 유아의 잘못된 귀인판단으로 인한 것이다.

㉣ 외현적 공격성과 관계적 공격성은 13~15세경 절정에 이르다가 이후 감소하지만, 대신 간접적 방법으로 표출된다.

㉤ 공격성이 잘못된 사회인지적 판단에 기인한다는 사회적 정보처리 모델을 제시한 닷지(Dodge)에 의하면, 공격적 아동은 적대적 귀인편향을 보인다.

ⓑ 영아의 공격성은 대체로 물건을 차지하기 위한 도구적 공격성이다.
ⓢ 보상이론가들은 공격적 행동은 그러한 행동이 결과적으로 공격자에게 보상을 가져다주기 때문에 발달한다고 주장하였다.

⑤ **공격성의 발달에 영향을 미치는 요인**
  ㉠ 생물학적 요인 : 남성호르몬을 공격성을 유발하는 주요 요인으로 본다.
  ㉡ 사회적 요인 : 공격성은 모방과 강화에 의해 획득되는 경향이 높으므로, 아동이 성장하고 있는 사회 환경은 공격성 발달에 중요한 영향을 미친다.
  ㉢ 기질적 요인 : 공격적인 아동은 대체로 공격적 행동의 결과에 대해서 보다 긍정적인 기대를 갖고 있다. 즉, 공격적 행동이 원하는 바를 얻게 해준다고 믿으며, 공격성이 타인의 나쁜 행동을 멈추게 하고, 자신의 자존감을 높여준다고 믿으며 공격성에 높은 가치를 부여한다(Boldizar, D. Perry & L. Perry).

⑥ **공격성의 통제방법**
  ㉠ 감정정화법(카타르시스 가설) : 프로이트(Freud)는 공격성을 인간 본성의 일부로 간주하였고, 무의식에 있다고 하였다. 이러한 충동은 적절한 간격으로 타인에게 해를 주지 않으면서 방출하면 해소된다는 카타르시스를 강조했다. 그러나 최근에 카타르시스 가설은 효과가 없고, 공격충동을 감소시키지 못한다는 비판을 받는다.
  ㉡ 대체반응법(Incompatible Response Technique) : 바람직하지 않은 행동은 무시하고, 바람직한 행동이 나타나면 즉시 강화해 주는 것이다.
  ㉢ 보상제거법 : 공격적 행동으로 원하는 것을 얻었을 때 그것을 제거하는 방법이다.
  ㉣ 일시격리법(타임아웃 기법) : 공격적인 행동을 한 아동을 그 상황에서 격리시켜 공격적 행동이 강화받지 않도록 하는 것이다.
  ㉤ 모델링과 직접지도법 : 공격성과 양립할 수 없는 바람직한 행동을 가르친다.
  ㉥ 공감훈련 : 아동의 공격적인 행동을 유발하는 분노를 공감으로 대치하거나, 공감을 증진시키는 훈련을 통해 공격성을 감소시킨다. 타인의 감정에 이입할 수 있도록 도움을 줌으로써 조망수용능력을 증진시킨다.
  ㉦ 사회인지적 개입 : 공격성을 유발하는 상황을 교사와 아동이 직접 행동으로 시범을 보이고 이 상황에서 문제가 무엇이며, 어떻게 해결해야 할지 생각해보고 소리 내어 말하게 하는 훈련을 시킨다.
  ㉧ 강화 : 어떤 상황에서 공격적인 행동을 하지 않을 때 즉시 보상해 주는 것이다.

(3) 이타성

① **정 의** 14 19 21 기출
  ㉠ 타인의 행복에 대해 관심을 갖고 배려하는 내재적인 심리 특성으로, 이타적 행동은 타인에게 유익하지만 물질적·사회적 보상을 거의 받지 못할 뿐만 아니라 때때로 위험 부담을 감수하기도 한다.
  ㉡ 집단원으로서 이타성이 행동으로 나타나는 것을 '친사회적 행동'이라고 한다. 친사회적 행동으로는 나누기, 돕기, 위로하기, 협조하기 등이 있다.

ⓒ 친사회적 행동에 대한 이론
- 정신분석이론에서 친사회적 행동은 초자아의 발달과 관련되어 있다.
- 사회교환이론에 따르면 친사회적 행동으로 인한 손해가 보상보다 클 때 친사회적 행동은 감소한다.
- 사회학습이론에 따르면 친사회적 행동에 대한 보상의 관찰은 친사회적 행동을 증진시킨다.

② 이타성의 발달
ⓐ 2세 이전의 영아들도 친사회적 행동특성을 나타냄으로써, 친사회적 행동이 인간본성의 일부임을 보여준다.
ⓑ 영아가 다른 아동에 해를 가했을 때 주양육자가 어떻게 반응하는지에 따라 영아의 공감적 반응의 정도가 달라지는 것으로 알려져 있다.
ⓒ 아동의 연령이 증가함에 따라 친사회적 행동도 증가하는 경향이 있지만, 자발적인 자기희생적 친사회적 행동은 드물게 나타난다.
ⓓ 이타적 행동은 유아기보다 아동기에 더 많이 발생하는데, 4~6세부터 서서히 증가하여 9~10세에 가장 높은 수준에 이른다.

③ 이타성 발달에 영향을 주는 요인 : 역할수행기술, 공감, 강화, 모방

(4) 바움린드(Baumrind)의 4가지 자녀양육 유형 16 19 기출

양육방식	특 성	아동의 행동
허용적 양육방식	애정적·대응적이지만, 자녀에 대한 통제가 거의 없다(일관성 없는 훈육).	부모가 있을 때는 자신감도 있고 적응을 잘 하는 편이나, 부모가 없을 때는 낯선 환경에 잘 적응하지 못하는 모습을 보인다.
방임적 양육방식	• 애정이 없고, 냉담하다. • 엄격하지도 않으며, 무관심하다.	• 독립심이 없고 자기통제력이 부족하다. • 문제행동을 많이 보인다.
권위 있는 양육방식 (민주적 양육방식)	• 애정적·대응적이고, 자녀와 항상 대화한다. • 자녀의 독립심을 격려하고, 훈육 시 논리적 설명을 한다.	책임감, 자신감, 사회성이 높다.
권위주의적 양육방식	• 엄격한 통제와 정해진 규칙을 따르도록 강요한다. • 훈육 시 체벌을 사용하고, 논리적 설명을 하지 않는다.	• 비효율적 대인관계, 사회성 부족, 의존적·복종적·반항적 성격이 강하다. • 불안, 걱정, 긴장이 높은 편이다.

05 정서 및 도덕성 발달

1 정서

(1) 정서의 개념 15 18 24 기출

① 정서의 광의적 기능은 개인적 목적달성을 목표로 하는 행동에 활기를 주는 것이다.
② 각 개인의 마음상태나 민감성으로 인하여 긍정적 혹은 부정적 정서반응이 일어난다.
③ 정서적인 반응의 반복적인 경험들은 이후 자신들의 바람에 영향을 미친다.
④ 정서는 환경평가에서 추론된 준비된 행동경향이다.
⑤ 정서는 모든 인간의 노력의 핵심이다. 이 핵심은 인지적, 사회적 행동 및 신체적 건강까지 포함한다.
⑥ 정서적 유능성은 사회적 유능성 발달의 중요한 요인이다.
⑦ 수치심, 죄책감, 질투심, 자부심 등은 출생 후 자신에 대한 의식이 생겨난 이후에 보이는 정서 즉, '2차적 정서'에 해당한다.
⑧ 인류가 보편적으로 경험하는 기본 정서(1차적 정서)에는 행복, 기쁨, 분노, 공포, 슬픔 등이 있다.
⑨ 남아에 비해 여아가 자신의 속마음을 감추는 데 더 능숙하다.
⑩ 연령이 증가할수록 만족지연 능력이 증가한다.
⑪ 유아는 사람들이 진짜로 느끼는 정서와 그들이 표현하는 정서를 잘 구별하지 못한다.

(2) 영아의 정서적 기능 17 22 기출

① 영아에게 사회적 접촉을 촉진시키고, 양육자에게 그들의 행동을 영아의 욕구나 목표에 맞추도록 돕는 적응의 기능을 한다.
② 인생 초기의 정신능력을 발달시키거나 사람들과의 관계를 형성하는 데 중점적인 역할을 한다.
③ 여러 가지 정서의 분화단계를 거치며 빠르게 발달하여 1차·2차 정서는 거의 영아기에 발달한다.
④ 인간관계의 기본이 되는 신뢰감이 이 시기에 형성된다.
⑤ 생후 8~10개월 사이에 '사회적 참조'가 나타나는데, '사회적 참조'란 낯선 상황 또는 불확실한 상황에서 그러한 상황을 인식하고 자신의 행동을 선택하기 위하여 타인의 정서를 참조하고 타인의 정서적 반응에 의존하는 것을 말한다.
⑥ 영아는 6개월경에 다른 사람들의 정서를 인식할 수 있게 되면서, 정서조절과 사회적 정서표출 규칙을 학습하기 시작한다.

> **지식 IN**
>
> **정서표출 규칙** 17 기출
> - 어떤 정서들을 어떤 환경에서 표현해야 하는지 혹은 표현하지 말아야 하는지를 명시하는 문화적으로 정의된 규칙들을 말한다.
> - 모든 사회는 눈에 보이지는 않지만 정서가 표현되거나 혹은 표현되지 말아야 하는 일정한 정서표출 규칙을 갖고 있다.

(3) 마음이론(Theory of Mind) 16 19 기출

① 마음이론의 의의
  ㉠ 우리가 '안다', '생각한다', '느낀다', '바란다'를 언어로 표현하는 등 마음의 상태를 정확하게 이해하는 능력이다.
  ㉡ 인간의 행동이 믿음, 바람, 의도와 같은 마음 상태에서 비롯된다는 것을 이해하고, 그 마음의 상태를 추론하는 능력을 말한다.
  ㉢ 마음이론은 궁극적으로 사회성 발달과 연관된다.
  ㉣ 마음이론의 발달에는 생물학적 요인, 언어능력, 가상놀이가 영향을 준다.
  ㉤ 형제가 있는 아동은 없는 아동보다 틀린 믿음을 더 잘 이해한다.
  ㉥ 부모와 대화가 풍부한 아동은 틀린 믿음을 잘 이해한다.
  ㉦ 만 4세 때가 마음이론 발달의 중요한 분기점이 된다. 3세 때는 마음을 읽는 과제를 실패할 확률이 높기 때문이다.
  ㉧ 유아의 사회적 행동에 영향을 끼치며, 마음이론의 발달은 인지발달에 기여한다.

> **감정이입**
> 다른 사람의 입장에서 느끼고 볼 수 있는 능력이다.

  ㉨ 마음이론은 타인의 감정을 이해하는 인지적 측면(역할수용, 조망수용), 타인과 같은 감정을 공유하는 정의적 측면(*감정이입, 감정조망수용, 정서식별)을 포함한다.
  ㉩ 자폐 스펙트럼 장애를 가진 아동들은 마음이론의 결함으로 인해 추상적·상징적 학습에 어려움을 겪는다.
  ㉪ 마음이론에 대한 연구는 주로 '틀린(거짓) 믿음 과제(False Belief Task)'를 활용한다.

② 발달시기별 특성

발달시기	발달특성
1세	• 욕구와 관련된 용어를 사용하기 시작한다. • 대화에서 감정 표현에 관한 어휘를 언급하기 시작한다.
2세	• 사물, 상황을 가상적으로 상징화하는 행동이 나타난다. • 자신과 타인의 욕구를 명백하게 구분할 수 있고, 자신과 타인의 느낌에 관해 말할 수 있다. • 내적 욕구와 바람이 행동을 결정한다는 사실에 대한 이해가 가능하다. • 타인의 감정이 자신과 다르다는 것을 조망하기 시작한다.

3세	• 단순한 인과 관계를 파악할 수 있고, 비의도적인 행동(실수)을 구별한다. • 타인의 생각이나 신념을 표상하고 이해할 수 있다. • 가까운 대상에게 감정이입을 할 수 있다. • 언어가 발달하고, 틀린 믿음에 대한 이해 능력이 높아지기 시작한다.
4세	• 틀린 믿음에 대한 이해가 가능하다. • 정신적 표상과 관련된 지식이 계속 증가한다. • 욕구와 의도적 행동의 결과를 구별할 수 있다.

지식 IN

틀린 믿음 17 기출
- 주어진 상황에서 진실이 아닌 어떤 사건을 진실이라고 믿는 것을 일컫는다.
- 틀린 믿음을 이해한다는 것은 마음의 표상적 특징을 이해하여 마음이론을 이해한다는 것이다.

(4) 귀인이론

① 내적 귀인과 외적 귀인
  ㉠ 내적 귀인 : 내부로 원인을 돌리는 것 예 수치심, 죄책감, 재능, 노력 등
  ㉡ 외적 귀인 : 외부환경으로 원인을 돌리는 것 예 난이도, 경쟁률, 타인의 상황, 운 등
② 귀인과 각 차원과의 관계 14 기출

구 분	내 부		외 부	
	안 정	불안정	안 정	불안정
통제 가능	평소의 노력 (꾸준한 장기적인 노력)	특수한 노력	타인의 지속적인 도움이나 방해 (예 친구의 도움)	타인의 특수한 도움이나 방해 (예 외부인의 방해)
통제 불가능	능력·적성	기 분	과목 특성, 과제난이도	운(행운, 불운), 우연한 기회

지식 IN

자의식적 복합정서로서의 죄책감과 수치심 14 16 기출
- 죄책감은 자신의 잘못을 보상하도록 동기화하는 것으로서, 자기 행동(Doing)에 초점을 맞춘다.
- 수치심은 타인으로부터 숨거나 피하도록 동기화하는 것으로서, 자기 존재(Being)에 초점을 맞춘다.
- 죄책감과 수치심은 2차 정서이며, 모두 자의식적 복합정서이다.

2 애착

(1) 애착의 정의 19 21 기출

① 인간은 본능적으로 대상을 추구하며 애착을 형성해 나가는 존재이다.
② 생후 7, 8개월 전후로 형성되고 결정적 시기는 출생부터 2세까지이다. 생의 초기에 형성된 애착이 전 생애에 영향을 미친다.
③ 애착은 주양육자와 아동 간에 형성되는 친밀한 정서적 유대감으로, 애착의 질에는 개인차가 존재한다.
④ 영아가 지니고 있는 귀여운 모습은 애착을 이끌어내는 한 요인이 된다.
⑤ 낯선이 불안(낯가림)과 분리불안은 주양육자에 대한 인지적 표상이 형성되었음을 말해준다.
⑥ 양육자와 분리될 때 아동이 보이는 반응은 양육방식의 문화적 차이로 인해 달라질 수 있다.
⑦ 애착형성 과정에서 발달시킨 내적 작동 모델(Internal Working Model)은 이후의 인간관계에 영향을 미친다.

> **지식 IN**
>
> **내적 작동 모델(Internal Working Model)**
> - 애착이론의 창시자인 보울비(Bowlby)가 제안한 개념이다.
> - 주양육자와 형성한 애착유형에 따라 자신과 타인에 대한 긍정적 혹은 부정적인 태도를 형성하는 것을 말한다.

(2) 영유아기의 애착 14 18 19 21 기출

① 애착은 지적호기심과 학업성취도 등의 인지발달에 영향을 준다.
② 영아의 신호에 대한 양육자의 민감성과 반응성은 애착형성에 중요하다.
③ 영아기에 형성된 애착유형은 성장 후에도 지속되는 경향이 있다.
④ 안정애착을 형성한 아동은 또래관계, 주도성, 사회적 기술이 우수하다.
⑤ 주양육자의 비일관적 양육행동은 불안정 애착을 야기하며, 불안정 애착은 정서발달에 부정적인 영향을 준다.
⑥ 아버지 애착은 아버지와 아동 간 맺게 되는 정서적 유대로서, 아버지의 민감하고 반응적인 양육은 안정애착 발달에 기여한다.
⑦ 아버지는 주로 신체적 놀이를 통해 자녀와 애착 관계를 형성하며, 아버지와의 안정애착은 자녀의 정서적 안정 및 사회적 유능성에 긍정적 영향을 준다.
⑧ 낯가림과 분리불안을 통해 영아가 주양육자와 애착을 형성했음을 알 수 있다.
⑨ 안정애착을 보이는 영아의 양육자는 자녀의 신호와 욕구에 민감하고 일관되게 반응하는 특성을 보인다.
⑩ 영아는 어머니 외에 다른 대상에게도 동시에 애착을 형성할 수 있다.

(3) 보울비(Bowlby)의 애착이론 14 22 23 기출

① 보울비(Bowlby)는 동물행동학 이론을 영아와 어머니 사이의 관계에 적용하여 애착이론을 발전시켰다.
② 애착을 인간에게서 나타나는 종 특유의 행동으로 간주하여, 유아가 자신의 어머니에게 애착을 형성하는 과정을 이론적으로 제시하였다.
③ 애착형성을 본능적 반응의 결과로 설명하였으며, 어린 시절 애착관계 형성이 아동발달에 영향을 미친다는 점을 강조하였다.
④ 사회적 관계의 질에 결정적인 영향을 미치는 민감한 시기를 '최적의 시기'로 보았다.
⑤ 애착형성의 단계 17 기출

애착 전 단계 (출생~6주)	애착 대상과 낯선 대상을 구분하지 않는다.
애착형성단계 (6주~6개월 내지 8개월)	낯익은 사람과 낯선 사람을 구분하기 시작하나 분리불안은 나타나지 않는다.
애착단계 (6개월 내지 8개월~18개월)	애착 대상에 대해 강한 집착을 보이며, 대상영속성 개념이 완전히 획득되지 않아 심한 분리불안을 나타낸다.
상호관계 형성단계 (18~24개월)	애착 대상이 다시 돌아온다는 사실을 알게 되며, 분리불안이 감소한다.

(4) 에인즈워스(Ainsworth)의 낯선 상황실험 14 16 17 18 19 23 기출

① 낯선 상황실험의 방법
  ㉠ 유아는 어머니와 함께 장난감이 있는 실험실에 들어간다.
  ㉡ 유아가 장난감을 가지고 노는 동안 어머니가 가까이에 앉아 있어야 한다.
  ㉢ 낯선 사람이 들어와 어머니와 이야기를 나눈다.
  ㉣ 어머니가 홀로 밖으로 나간다. 어머니가 없는 사이에 낯선 사람이 유아와 상호작용을 하며, 이때 유아가 불안반응을 보이는 경우 진정시킨다.
  ㉤ 어머니가 돌아와서 유아를 반기며, 필요한 경우 유아를 진정시킨다.
② 실험에 의한 애착유형
  ㉠ 안정애착 24 기출
    • 낯선 곳에 혼자 있거나 낯선 사람과 함께 있으면 때때로 불안을 보인다.
    • 어머니가 잠시 떠나는 것에 대해 크게 *격리불안을 보이지 않으며, 영아의 약 65%가 해당한다.
    • 어머니가 돌아오면 반갑게 맞고 신체접촉과 눈맞춤으로 안도감을 느낀 후, 다시 놀이를 시작한다.

격리불안
영아가 애착 대상인 어머니에게서 떨어질 때 나타나는 불안 반응을 말한다.

ⓒ 불안정 애착 21 23 기출

회피애착	• 대략 15~20% 정도의 유아에게서 나타나며, 유아는 어머니에게 별다른 반응을 보이지 않고, 어머니가 밖으로 나가더라도 울지 않는다. • 유아는 정서적 신호나 요구에 무감각하고, 낯선 사람과 단둘이 있을 때나 어머니와 함께 있을 때에도 비슷한 반응을 보인다.
저항애착	• 어머니의 부재에 대해 불안을 느낀다. • 어머니가 돌아오면 접촉 추구와 함께 분노나 저항을 보이면서도 곁에 머무르려고 하는 양가적 행동을 보이며, 잘 놀지 않고 달래지지 않는다. • 어머니가 있을 때조차 낯선 사람을 경계한다.
혼란애착	• 불안정하면서도 회피와 저항의 어느 쪽에도 분류되지 않는다. • 일관성이 없고 혼란스러운 양상을 보인다. • 때때로 접촉욕구가 강하면서도 어머니의 무시나 구박에 대한 공포를 보이기도 한다. • 어머니의 일관성 없는 양육태도나 우울증이나 학대에서 비롯되기도 한다.

(5) 쉐퍼와 에멀슨(Schaffer & Emerson)의 애착발달단계 16 18 19 기출

비사회적 애착단계 (0~6주)	• 사람이나 물체 등에 특별한 반응이 없다. • 이 단계가 끝날 때쯤에는 사람의 얼굴과 웃는 표정에 더 반응을 보인다.
비변별적 애착단계 (6주~6, 7개월)	• 사람들과 자주 미소짓고 사람과 사회적 자극을 좋아한다. • 사람과 떨어지는 것을 싫어하고, 혼자 남겨두거나 바닥에 내려놓는 것을 싫어한다.
특정인 애착단계 (약 7~9개월)	• 특정한 사람이나 낯선 사람을 두려워하고 경계한다. • 주양육자와 떨어졌을 때 저항·불안 증세를 보이며 낯가림이 시작된다.
다인수 애착단계 (약 9~18개월)	주양육자 외의 다른 사람, 즉 아버지, 형제자매, 할아버지, 할머니 등에게도 애착을 형성한다.

(6) 애착형성이론 21 기출

① 정신분석 이론
  ㉠ 프로이트 : 애착은 영아와 영아의 빨기욕구를 충족시켜 주는 대상과의 사이에서 형성되는 밀접한 관계이며, 영아는 구강 만족을 통해 애착을 경험한다고 주장하였다.
  ㉡ 에릭슨 : 영아에게 수유욕구를 만족시켜 주는 것뿐 아니라 자녀의 욕구에 대한 어머니의 전반적인 반응성이 더 중요하다고 하였다.
② 학습이론 : 영아에게 음식을 제공하여 즐거움을 느끼고 긍정적 반응을 하도록 유도함으로써 유쾌한 감정을 학습하게 한다. 음식을 주면서 느끼는 따뜻함과 접촉 등이 2차적 강화물이 된다.
③ 인지발달이론 : 사회적 애착을 형성하는 영아의 능력은 전반적인 인지발달과 밀접하게 관련되어 있다. 안정된 애착관계를 위해서는 대상영속성이 발달되어 있어야 한다.
④ 동물행동학적 이론 15 19 22 23 기출
  ㉠ 할로우와 짐머만((Harlow & Zimmerman)은 원숭이 대리모 실험을 통해 애착발달의 주요 요인이 수유욕구의 충족만이 아니라 접촉위안에 있음을 발견하였다.
  ㉡ 아기 원숭이들은 음식을 주는 것과 상관없이 철사 대리모보다 천으로 싸인 대리모를 더 선호하였고, 이를 통해 신체 접촉이 애착형성에 중요한 역할을 하는 것을 알 수 있다고 하였다.

3 성 역할의 발달

(1) 기본개념 16 기출

① *성 도식화(Gender Scheme) : 남성과 여성에 대한 조직화된 신념과 기대
② 성 유형화(Sex Typing) : 성에 대한 문화적 고정관념에 부합하는 행위, 습성, 역할을 내면화하는 것
③ 성 고정관념(Gender Stereotype) : 남성과 여성이 가져야 한다고 여겨지는 특성에 관한 일반적 관념
④ 성 역할(Sex Role) : 남성이 해야 할 일과 여성이 해야 할 일을 역할분담하는 것
⑤ 심리적 양성성 : 한 사람 내에 여성적 특성과 남성적 특성이 공존하는 것
⑥ 산드라 벰(Sandra Bem)은 성 도식 이론을 주장하였다.

> **성 도식화**
> 성 도식에 근거하여 자신에 관한 정보를 포함한 모든 정보를 부호화하고 조직화하는 성향을 말한다.

> **지식 IN**
> **벰(Bem)과 마틴(Martin)의 성 도식 이론** 17 23 기출
> • 성 역할 개념의 습득과정을 설명하는 정보처리 이론으로서, 남성적인 것 또는 여성적인 것과 관련되어 있는 특성들의 인지적 표상을 말한다.
> • 성 도식화 과정을 통해서도 성 유형화가 형성된다고 본 이론이다.

(2) 성 역할기준과 고정관념

① 성 역할기준은 특정의 성에 적합하다고 생각되는 가치관 및 행동양식, 동기 등을 말한다.
② 성 역할기준은 남성과 여성이 어떻게 행동해야 하는가를 기대하는 고정관념을 형성하는 기반이 된다.
③ 성 고정관념은 남성성(Masculinity)과 여성성(Femininity)으로 나누어지며, 남성과 여성에게 적절하다고 여겨지는 특성에 관한 일반적 관념을 말한다.
④ 남성은 수단적(Instrumental)이어서 이성적·독립적·객관적·목표지향적 특징을 지닌다.
⑤ 여성은 표현적(Expressive)이어서 주관적·감성적·의존적이며, 수동적 특징을 지닌다.
⑥ 남성과 여성의 고정관념에 따라, 남성은 경쟁과 활동성이 필요한 사회적 역할에 적합하고, 여성은 타인을 배려하고 돌보는 역할에 적합함이 강조되었다.
⑦ 성 고정관념에 따른 문화적 차이는 범문화적으로 크게 다르지 않지만, 남녀의 성격은 사회문화적 요구에 따라 달라졌다.

(3) 성 역할 발달에 영향을 주는 요인

생물학적 요인	• 염색체, 호르몬 같은 생득적인 생물학적 요인의 영향을 받는다. • 남성 호르몬 '안드로겐' 분비 : 신체적 힘과 공격성과 관련된다. • 여성 호르몬 '에스트로겐' 분비 : 여성으로서의 2차 성징과 관련된다.
환경적 요인	부모의 영향, 또래의 영향, 학교와 교사의 역할, 대중매체의 영향 등이 있다.

(4) 콜버그(Kohlberg)의 성 역할 발달 21 24 기출

성 정체성 발달	3세경	남자와 여자를 범주화하는 능력이 발달한다.
성 안정성 발달	4세경	남아는 남자 어른, 여아는 여자 어른이 된다는 인식이 발달한다.
성 항상성(일관성) 발달	6세경	성이란 놀이, 복장, 외모의 변화에도 불구하고 변하지 않는다는 인식이 발달한다.

4 도덕발달 21 기출

(1) 피아제(Piaget)의 도덕발달 16 20 기출

① 개 념
  ㉠ 도덕추리는 인지발달과 관계가 있다.
  ㉡ 지능지수나 역할수행 기술이 높은 아동이 낮은 아동보다 도덕적 판단수준이 높다고 본다.

② 피아제의 도덕발달 단계

1단계 전도덕 단계	아직 규칙을 이해하지 못하며 규칙위반에 대해 판단하지 못함
2단계 타율적 도덕성 (6세경에 시작)	• 전조작기 수준의 도덕성 • 규칙에 대한 일방적인 존중을 나타내며, 규칙은 절대적이고 고정된 것이며 바뀔 수 없는 것으로 생각함(도덕적 실재론) • 의도보다는 결과에 의해 도덕성을 판단함(객관적 책임) • 규칙을 깨뜨리면 부모나 교사 또는 신으로부터 반드시 처벌이 뒤따른다고 믿음(내재적 정의) • 잘못한 일에 대해 합리적 설명을 들은 유아보다 잘못에 대한 처벌을 받은 유아의 행동교정이 더 잘 이루어짐 • 성인에 대한 거짓말은 나쁘지만, 유아들 상호 간의 거짓말은 그다지 나쁘지 않다고 생각함 • 공정성에 대한 개념이 거의 없고, 권위의 명령에 복종하는 것이 공정한 것이라는 생각에서 무조건적 평등을 중시하는 상호호혜성의 단계로 나아감
3단계 자율적 도덕성 (9세경에 시작)	• 구체적 조작기 수준의 도덕성 • 규칙은 상호협의에 의해서 바뀔 수도 있다고 생각함(도덕적 상대주의) • 결과보다는 의도를 고려하여 도덕성을 판단함(주관적 책임) • 사회적 규칙 위반에 항상 벌이 따르지 않는다는 것을 알게 되어 내재적 정의를 믿지 않으며, 처벌에 대한 객관적인 관점을 가짐 • 처벌에 대해서는 상응하는 벌 쪽을 택하며, 잘못에 대한 처벌을 받은 아동보다 잘못한 일에 대해 합리적 설명을 들은 아동의 행동교정이 더 잘 이루어짐 • 거짓말은 성인에 대한 것이든 아동에 대한 것이든 나쁘다고 생각함 • 평등을 가장 우선으로 생각하는 단계에서, 각 개인이 처한 상황을 고려하여 권위의 명령에 복종할지 말지를 결정하는 형평성을 중시하는 단계로 나아감

③ 피아제(Piaget)는 도덕성의 발달과 인지적 측면을 기술하는 데 매우 탁월한 업적을 냈다.

(2) 정신분석이론의 도덕발달 19 기출

① 프로이트는 도덕성을 *초자아(Superego)의 발달과 밀접한 관련이 있는 것으로 보았다.
② 도덕성은 초자아를 형성하는 남근기에 부모와 동일시함으로써 발달된다고 보았다(같은 성의 부모와 동일시하며 부모의 도덕적 기준을 내면화).
③ 초자아의 두 가지 요소, 즉 양심과 이상적 자아는 결국 부모와의 동일시 결과로 이루어진다고 보아, 점차 아동은 자기 자신의 가치관을 형성해 가고 더 이상 부모의 처벌이나 승낙을 기준으로 하여 행동하는 일은 하지 않게 된다고 보았다.

> **초자아**
> 자기 스스로 자신의 행동에 대해 일정한 상과 벌을 줄 수 있는 개인 내적인 기준과 힘을 말한다.

(3) 행동주의 관점(사회학습이론)의 도덕발달 19 기출

① 사회학습이론가들은 도덕성 형성에 있어 환경의 영향을 강조하였고, 도덕성의 행동적 요소에 초점을 두었다.
② 환경이 도덕적 행동을 학습시키는 기제를 보상체계와 모방으로 설명하였다.
③ 반두라(Bandura)는 강화, 처벌, 모방 등으로 도덕적 행동의 학습을 설명하였다.
④ 어른들을 모델로 하여 이들의 도덕적 행동을 보고 배우는 모델학습(Modeling Learning)을 통해 도덕성을 획득하며, 도덕적으로 옳은 행동을 했을 때는 보상을 받고 도덕적으로 부적절한 행동에 대해서는 처벌을 받음으로써 억압되는 강화의 원리가 크게 작용한다.
⑤ 타인이 같은 방식으로 강화받는 것을 보고 배우는 대리강화(Vicarious Reinforecment)도 중요한 도덕성의 학습기제가 된다.

(4) 콜버그(Kohlberg)의 도덕발달 15 16 17 18 19 20 23 24 기출

① 개념
  ㉠ 콜버그는 인간의 도덕성 추론 능력의 발달이 인지적 발달과 연관되며, 발달의 순서는 모든 사람과 모든 문화에서 동일하게 나타난다고 보았다.
  ㉡ 피아제의 도덕성 발달에 관한 이론을 청소년기와 성인기까지 확장하였다.
  ㉢ 도덕발달은 일정한 순서에 따라 진행되며, 사회적 경험은 도덕발달에 영향을 미친다.
  ㉣ 인지적 능력은 도덕발달의 필수조건이지만, 충분조건은 아니다.
  ㉤ 인지발달 수준 및 도덕적 갈등상황에 대한 판단능력에 따라 도덕성 발달수준을 3가지 수준의 총 6단계로 구분하였다.

② 콜버그의 도덕적 발달단계

제1수준 전인습적 수준 (4~10세)	제1단계 타율적 도덕성	• 처벌과 복종을 지향한다. • '힘이 곧 정의다', '적자생존'과 같은 힘의 원리를 지향한다.
	제2단계 개인적 · 도구적 도덕성	• 상대적 쾌락주의에 의한 개인의 욕구충족을 지향한다(도구적 상대주의 지향). • 자기 자신을 가장 우선적으로 생각한다.

제2수준 인습적 수준 (10~13세)	제3단계 대인관계적 도덕성	• 다수 의견에 따른 개인 상호 간의 사회적 조화를 지향하며, 사회적 인습에 따른다. • 착한 소년 · 소녀를 지향한다.
	제4단계 법 · 질서 · 사회체계적 도덕성	• 현존하는 법률, 질서와의 일치 여부에 따라 도덕성을 판단한다. • 사회질서 유지를 위해 법에 복종해야 한다는 점을 중시한다.
제3수준 후인습적 수준 (13세 이상)	제5단계 민주적 · 사회계약적 도덕성	민주적 절차로 수용된 법을 존중하는 한편, 법을 상호합의에 의한 것으로 인식하고 변경 가능성을 인정한다.
	제6단계 보편윤리적 도덕성	성문화된 법체계뿐만 아니라 개인의 양심과 보편적인 윤리 원칙에 따라 옳고 그름을 인식한다.

(5) 길리건(Gilligan)의 도덕적 발달단계 15 19 20 22 24 기출

① 개념
  ㉠ 콜버그의 추상적 도덕원리를 강조하는 '정의지향적 도덕성'과는 달리, 인간관계의 보살핌 · 애착 · 책임 · 희생 등을 강조하는 '대인지향적 도덕성' 이론을 제시하였다.
  ㉡ 여성은 남성보다 타인과의 관계를 고려하고, 타인의 요구에 민감하게 반응하는 경향이 있다고 주장하였다.
  ㉢ 남성은 옳고 그름의 '정의'를 중시하는 입장에서, 여성은 '보살핌'을 중시하는 입장에서 도덕적 추론이 이루어져 남성은 정의 · 공정성 · 합리성 · 공평성을, 여성은 배려 · 책임 · 애착 · 희생을 강조한다.

② 길리건의 도덕발달단계

수준 1	자기이익 지향	• 여성이 자신의 이익과 생존에 자기중심적으로 몰두하는 단계이다. • 어떤 상황이나 사건이 자신의 욕구와 대치되는 경우에만 도덕적 사고와 추론을 시작한다.
수준 2	타인에 대한 책임으로부터 선의 선별	• 청년기 동안 도덕성의 사회적 조망이 발달한다. • 자신의 욕구를 억제하고, 자기희생과 타인에 대한 배려를 지향하는 단계이다. • 여성의 대인관계에 있어서 남성에 대한 의존과 예속을 초래한다.
수준 3	자신과 타인의 역동	• 자신의 욕구와 타인에 대한 책임을 조율하는 단계이다. • 자신을 수동적인 존재로 여기지 않고, 의사결정 과정에 적극적으로 참여한다.

06 발달정신병리

1 발달정신병리학의 정의 및 발달경로

(1) 발달정신병리학의 정의
① 1970년대 후반에 활성화된 학문이며, 정상적인 발달이론을 연구했던 발달심리학과 임상심리학 및 정신의학이 통합된 학문이다.
② 통합된 관점을 적용하였으므로 여러 가지 관련 학문들을 종합하여 연구하는 다학문적 입장이다.

(2) 발달경로
① 발달정신병리학적 입장에 따르면 비정상적인 행동은 갑작스럽게 생긴 것이 아니라 환경과의 상호작용 속에서 서서히 생겨난다.
② 다양한 경로 또는 요인들이 동일한 결과(동일결과론)를 가져올 수 있고, 하나의 경험이 수많은 다른 결과(다중결과론)를 가져올 수 있다.

2 정신장애의 진단 및 통계편람(DSM)

(1) DSM(정신장애 진단 및 통계편람)의 특징
① 1945년 제2차 세계대전이 끝난 후 급증하는 정신질환과 신경질환에 대한 이론들을 정리하고 정신의학적 진단의 타당성과 신뢰성을 확보하기 위해 미국정신의학회(APA)에서 처음 출간하였다. 1952년 DSM-1이 출간된 이후 현재 DSM-5에 이르고 있다.
② 정신장애의 원인보다는 질환의 증상과 징후들에 초점을 두며, 정신질환자들의 분류체계를 제시하여 진단에 효율적으로 적용할 수 있는 발판이 되고 있다.
③ DSM-5는 다양한 심리장애를 크게 20가지 범주로 분류하여, 각 범주를 여러 하위 장애로 세분하였다.

(2) DSM-5 14 15 16 17 18 19 20 22 23 24 기출

범주	하위 장애	범주	하위 장애
신경발달 장애 21 기출	• 지적장애 • 의사소통장애 • 자폐스펙트럼 장애 • 주의력 결핍 및 과잉행동장애 • 특정 학습장애 • 운동장애-틱장애	조현병 스펙트럼 및 기타 정신병적 장애	• 조현병(정신분열증) • 조현정동장애(분열정동장애) • 조현양상장애(정신분열형장애) • 단기 정신병적 장애 • 망상장애 • 조현형(성격)장애(분열형성격장애)

양극성 및 관련장애	• 제1형 양극성 장애 • 제2형 양극성 장애 • 순환성 장애(순환감정 장애)	우울장애	• 주요우울장애 • 지속성 우울장애(기분저하증) • 월경전 불쾌감 장애 • 파괴적 기분조절 부전장애 (파괴적 기분조절 곤란장애)
불안장애	• 범불안장애 • 특정공포증 • 광장공포증 • 사회공포증(사회불안장애) • 공황장애 • 분리불안장애 • 선택적 함구증(무언증) 21 기출	강박 및 관련 장애	• 강박장애 • 신체이형장애(신체변형장애) • 수집광(저장장애) • 발모광(모발뽑기 장애) • 피부뜯기 장애(피부벗기기 장애)
외상 및 스트레스 관련 장애	• 외상 후 스트레스 장애 • 급성 스트레스 장애 • 반응성 애착장애 • 탈억제성 사회적 유대감 장애 (탈억제 사회관여 장애) • 적응장애	해리장애	• 해리성 기억상실증 • 해리성 정체감 장애 • 이인증/비현실감 장애
신체증상 및 관련 장애	• 신체증상장애 • 질병불안장애 • 전환장애 • 인위성(허위성) 장애	급식 및 섭식장애	• 이식증 • 되새김장애(반추장애) • 회피적/제한적 음식섭취 장애 • 신경성 식욕부진증(거식증) • 신경성 폭식증 • 폭식장애
배설장애	• 유뇨증 • 유분증	수면-각성 장애	• 불면장애 • 과다수면장애 • 기면증(수면발작증) • 호흡관련 수면장애 • 일주기리듬 수면-각성장애 • 사건수면(수면이상증) • 하지불안 증후군(초조성다리 증후군)

분류			분류	
성 관련 장애	성기능 부전	• 사정지연 • 발기장애 • 여성 극치감장애 • 여성 성적 관심/흥분 장애 • 성기 골반 통증/삽입 장애 • 남성 성욕감퇴 장애 • 조기사정	성격장애	A군 성격장애	• 편집성 성격장애 • 조현성(분열성) 성격장애 • 조현형(분열형) 성격장애
	변태 성욕장애 (성도착 장애)	• 관음장애 • 노출장애 • 마찰도착장애 • 성적피학장애 • 성적가학장애 • 아동성애장애 (소아애호장애) • 물품음란장애 (성애물장애) • 복장도착장애 (의상전환장애)		B군 성격장애	• 반사회성 성격장애 • 연극성 성격장애 • 경계선 성격장애 • 자기애성 성격장애
	성별 불쾌감	• 아동의 성별불쾌감 (성불편증) • 청소년 및 성인의 성별불쾌감		C군 성격장애	• 회피성 성격장애 • 의존성 성격장애 • 강박성 성격장애
파괴적, 충동조절 및 품행장애		• 적대적 반항장애(반항성 장애) • 품행장애 • 반사회성 성격장애 • 간헐적 폭발장애 • 병적도벽(도벽증) • 병적방화(방화증)	신경인지 장애		• 섬망 • 주요 및 경도 신경인지장애
물질관련 및 중독 장애	물질관련 장애	• 알코올 관련 장애 • 카페인 관련 장애 • 대마 관련 장애 • 환각제 관련 장애 • 흡입제 관련 장애 • 아편계 관련 장애 • 진정제, 수면제 또는 항불안제 관련 장애 • 자극제 관련 장애 • 담배 관련 장애	기타 정신장애		• 다른 의학적 상태에 기인한 달리 명시된 정신장애 • 다른 의학적 상태에 기인한 명시되지 않은 정신장애 • 달리 명시된 정신장애 • 명시되지 않은 정신장애
	비물질 관련장애	도박장애			

※ DSM-5의 구체적 내용은 부록 참고

01 적중예상문제

❖ 완벽하게 이해된 부분에 체크하세요.

CHAPTER 01 발달심리학의 기초

01 발달의 일반적 특징에 관한 설명으로 옳지 않은 것은?

① 발달은 이전 경험의 누적에 따른 산물이다.
② 삶의 중요한 사건이나 경험이 발달상의 큰 변화를 가져올 수 있다.
③ 한 개인의 발달은 역사·문화적 맥락의 영향을 받는다.
④ 발달의 각 영역은 상호의존적이기보다는 서로 배타적이다.
⑤ 대부분의 발달적 변화는 성숙과 학습의 산물이다.

> 발달의 각 영역(신체, 언어, 인지, 사회, 정서 등)은 상호 밀접한 연관이 있으며, 발달은 분화와 통합의 과정을 거친다.
>
> 발달의 원리
> - 발달에는 일정한 순서가 있고 누적적이다.
> - 발달은 일정한 방향으로 진행된다.
> - 발달에는 개인차가 있다.
> - 발달은 계속적인 과정이지만 발달 속도는 일정하지 않다.
> - 발달에는 결정적 시기가 있다.
> - 발달의 각 영역은 상호 밀접한 연관이 있다.
> - 발달은 분화와 통합의 과정을 거친다.

정답 01 ④

02 발달에 관한 설명으로 옳지 않은 것은?

① 머리에서 발 방향으로 진행된다.
② 발달 순서는 개인마다 제각기 다르다.
③ 유전과 환경의 상호작용을 통해 발달한다.
④ 인지적·사회정서적·신체적 발달은 상호작용한다.
⑤ 전 생애에 걸쳐 이루어지는 모든 변화의 양상과 과정이다.

> 발달은 일정한 순서대로 이루어지지만, 속도와 양상은 제각기 다르다.

03 3세 아동들을 표집하여 이 아동들을 6세, 9세, 12세에 반복 측정함으로써, 각 연령단계에서 인지능력의 변화를 살펴보는 연구설계는?

① 종단적 설계
② 시간-지연 설계
③ 계열적 설계
④ 비교연구 설계
⑤ 횡단적 설계

> 종단적 설계 중 '코호트(Cohort) 설계'에 해당한다. 코호트 조사는 공통된 특징을 가진 집단(예 베이비붐 세대)의 삶을 시간의 흐름에 따라 추적하는 조사이다.

04 발달연구에서 연령효과, 동시대 출생집단 효과, 측정시기 효과를 분리해서 볼 수 있는 연구접근법은?

① 횡단적 접근법
② 종단적 접근법
③ 계열적 접근법
④ 자기보고 접근법
⑤ 직접관찰 접근법

> 계열적 접근법은 상이한 연령의 피험자를 선별하여 이 집단들 각각을 얼마 동안의 기간에 걸쳐서 연구하는 것으로서, 횡단적 연구와 종단적 연구의 장점들을 혼합하여 연구하는 방법을 말한다.

05 다음 보기의 특징을 나타내는 발달 개념은?

○ 변화에 대한 역량
○ 긍정적인 또는 부정적인 삶의 경험에 반응하여 변화할 수 있는 능력
○ 환경이 정상화되면 위축된 발달이 정상적으로 회복될 수 있는 역량

① 성숙(Maturation)
② 가소성(Plasticity)
③ 연속성(Continuity)
④ 특수화(Specification)
⑤ 최적화(Optimization)

> 가소성(Plasticity)
> • 변화에 대한 역량, 즉 긍정적인 또는 부정적인 삶의 경험에 반응하여 변화할 수 있는 능력을 말한다.
> • 환경이 정상화되면 위축된 발달이 정상적으로 회복될 수 있는 역량을 말한다.
> • 인간의 가소성은 전 생애를 통하여 열려 있다. 전 생애 중에서 유아기와 아동기는 발달적 가소성이 가장 큰 시기라고 할 수 있다.

정답 02 ② 03 ① 04 ③ 05 ②

06 발달연구에서 자료수집 방법에 관한 설명으로 옳지 않은 것은?

① 관찰법은 인간의 행동을 관찰하고 기록하는 연구방법이다.
② 질문지법은 많은 피험자를 한꺼번에 연구할 수 있다.
③ 사례연구법은 많은 수의 피험자를 연구하고 대부분 정상인을 대상으로 한다.
④ 정신생리학적 방법은 심장박동률, 호르몬, MRI 등을 통해서 정보를 수집한다.
⑤ 면접법에서 면접자의 특성은 자료수집 과정에 영향을 미친다.

> 사례연구법은 소수(한두 명)의 피험자를 깊이 있게 연구함으로써 개인의 복잡한 내적 현상을 기술하는 방법이다.

07 에릭슨(E. Erikson)의 발달단계 중 (가) 시기에 해당하는 프로이트(S. Freud)의 발달단계에 관한 설명으로 옳은 것을 모두 고른 것은?

| 주도성 대 죄책감 | → | (가) | → | 정체감 형성 대 역할 혼미 |

ㄱ. 리비도가 몸 전체에 잠복된다.
ㄴ. 사회적, 도덕적 가치를 습득한다.
ㄷ. 구순적 경험을 통해 쾌감을 느낀다.
ㄹ. 리비도가 항문에서 생식기로 이동한다.

① ㄱ, ㄴ
② ㄴ, ㄷ
③ ㄷ, ㄹ
④ ㄱ, ㄴ, ㄷ
⑤ ㄴ, ㄷ, ㄹ

> 제시된 내용에서 (가)에 들어갈 말은 '근면성 대 열등감'으로, 이는 에릭슨(E. Erikson)의 발달단계 중 학령기(5~12세)의 특징이며, 학령기는 프로이트 발달단계 중 잠복기에 해당한다.
> ㄱ · ㄴ. 잠복기는 리비도가 몸 전체에 잠복되어 다른 단계에 비해 평온한 시기이며, 지적인 활동, 운동, 친구와의 우정 등에 집중하며 사회적 · 도덕적 가치를 습득하는 시기이다.
> ㄷ. 구순적 경험을 통해 쾌감을 느끼는 시기는 구강기(0~1세)이다.
> ㄹ. 리비도가 항문에서 생식기로 이동하는 시기는 남근기(3~6세)이다.

08 에릭슨(E. Erikson)의 심리사회적 발달이론에서 다음의 아동에 해당되는 단계는?

> 5세 슬기에게 엄마가 '이제 많이 컸으니 동생을 잘 보살펴야 한다'고 말씀하신다. 슬기는 혼자서 신나게 놀고 싶은 생각이 있지만, 한편으로 동생을 챙겨야 한다는 책임감도 느끼고 있다. 슬기는 동생에게 놀이터에서 자전거를 타자고 적극적으로 말할지 말지 고민하고 있다.

① 주도성 대 죄의식
② 정체감 확립 대 정체감 혼란
③ 근면성 대 열등감
④ 자율성 대 수치심
⑤ 신뢰 대 불신

> 학령전기 또는 유희기(3~5세)
> 이 시기의 아동은 주도성을 가지고 계획을 세우고 목표를 설정하며 그것을 달성하고자 노력하지만, 부모는 그런 주도성을 제한하고 책임감과 죄의식을 통해 양육한다.

09 프로이트(S. Freud)의 심리성적 발달이론에 관한 설명으로 옳지 않은 것은?

① 인간의 정신적 지각 수준인 무의식, 전의식, 의식의 세 영역 중 무의식 세계를 가장 중시한다.
② 방어기제를 습관적으로 반복 사용하는 것은 건강하지 못한 성격의 징표로 볼 수 있다.
③ 다섯 단계로 이루어지는 성격 발달단계는 누구든 차례대로 거치게 된다.
④ 자아가 원초아의 세력을 조절하지 못해서 두려움을 느끼는 경우 도덕적 불안을 경험하게 된다.
⑤ 인간의 모든 행동에는 그 원인이 있다는 심리적 결정론을 주장한다.

> 자아(Ego)가 본능적 충동인 원초아(Id)를 통제하지 못할 경우 발생하는 불상사에 대해 위협을 느낌으로써 나타나는 불안은 신경증적 불안(Neurotic Anxiety)이다. 도덕적 불안(Moral Anxiety)은 양심에 의한 두려움과 연관되며, 초자아(Superego)가 자아(Ego)를 압도하여 자아가 초자아에 의해 처벌의 위협을 받는 경우 나타난다.

정답 06 ③ 07 ① 08 ① 09 ④

10 아들러(A. Adler) 개인심리학에 관한 설명으로 옳지 않은 것은?

① 범인류적 유대감(공동체감)을 중시한다.
② 인간을 전체적 존재로 본다.
③ 증상의 원인을 찾는데 초점을 둔다.
④ 사회 및 교육 문제에 관심을 갖는다.
⑤ 역경을 이겨내는 능력을 발달시키기 위해 격려를 사용한다.

> 개인심리상담은 내담자를 치료의 대상으로 보는 대신, 개인으로 하여금 자신에 대한 개념을 바꾸도록 돕는데 중점을 둔다. 즉, 개인의 행동패턴을 바꾸고 증상을 제거하는 일보다는 인생의 목적, 자아개념, 사고방식 등을 바꾸는 데 주된 관심을 갖는다.

11 발달이론에 관한 설명으로 옳은 것을 모두 고른 것은?

> ㄱ. 피아제(J. Piaget)의 인지발달이론은 인지발달의 연속성(Continuity)을 강조한다.
> ㄴ. 프로이트(S. Freud)의 심리성적이론은 성격발달에 있어 생애초기 경험을 중시한다.
> ㄷ. 동물행동학적 이론은 발달에서 '결정적 시기'라는 개념을 주장한다.
> ㄹ. 브론펜브레너(U. Bronfenbrenner)의 생태학적 이론에서 부모와 아동의 상호작용은 중간체계에 해당한다.

① ㄱ, ㄴ ② ㄴ, ㄷ
③ ㄷ, ㄹ ④ ㄱ, ㄴ, ㄷ
⑤ ㄴ, ㄷ, ㄹ

> ㄱ. 피아제(J. Piaget)는 인간발달은 각 단계로의 순차적인 변화를 통해 불연속적으로 이루어진다고 주장하였다.
> ㄹ. 브론펜브레너(U. Bronfenbrenner)의 생태학적 이론에서 부모와 아동의 상호작용은 미시체계에 해당한다.

12 발달의 비연속적 측면을 강조하는 이론이 아닌 것은?

① 피아제(J. Piaget)의 인지발달이론
② 브레이너드(C. Brainerd)의 흐릿한 흔적이론
③ 프로이트(S. Freud)의 정신분석이론
④ 콜버그(L. Kohlberg)의 도덕성 발달이론
⑤ 에릭슨(E. Erikson)의 심리사회이론

발달의 연속성에 관한 이론

구 분	연속성 이론	비연속성 이론
의 의	• 발달과정이 급격한 변화가 없이 점진적으로 완만한 성장곡선을 보인다는 이론이다. • 인간의 발달을 과거 경험에 새로운 지식 혹은 기술이 습득되어 가는 연속적인 과정으로 이해한다. • 한번 씨로부터 싹이 나면, 계속 크기만 하고 모양은 변하지 않는 식물의 성장에 비교된다.	• 성장과정이 계단식의 발달과정을 거치며, 각 발달단계는 서로 구별되는 생의 기간으로서 특정한 정서·동기·행동이 각 생의 기간마다 독특한 특징을 보인다는 이론이다. • '알-유충-애벌레-성충'의 과정을 지나고 각 과정은 각기 다른 단계와 구별되는 독특한 특성을 지니는 곤충의 성장에 비교된다.
특 징	양적 변화 : 아동이 해가 갈수록 점점 더 커지고 성장속도가 점점 더 빨라지며, 세상에 대한 지식을 더 많이 획득하는 것이 그 예이다.	질적 변화 : 어렸을 때와 기본적으로 다르게 변화하는 것으로써 올챙이에서 개구리로의 변형이 그 예이다.
주요 학자	행동주의자와 같이 기계론적 관점을 지닌 학자	프로이트, 피아제, 콜버그, 에릭슨 등의 초기 발달심리 학자

13 피아제(J. Piaget)의 구체적 조작기에 관한 내용으로 옳은 것은?

① 보존개념이 획득된다.
② 비가역적 사고를 한다.
③ 물활론적 사고를 한다.
④ 자아중심성이 확장된다.
⑤ 분류화, 서열화를 할 수 없다.

①·⑤ 피아제의 인지발달단계에서 구체적 조작기(7~12세)는 구체적 사물을 조작함으로써 문제를 해결하는 단계로, 자아중심성 및 비가역성의 극복으로 논리적 사고가 가능해지고, 유목화(분류화)·서열화가 가능하며, 보존개념을 획득한다.
②·③·④ 피아제의 인지발달단계에서 전조작기(2~7세)에 관한 내용이다.

14. 다음 보기의 설명에 해당하는 피아제(J. Piaget) 감각운동기의 하위단계는?

> 영아는 우연히 수행한 어떤 행동이 흥미 있는 결과를 초래할 경우, 다시 그 결과를 유발하기 위해 그 행동을 반복한다.

① 반사운동기
② 일차 순환반응기
③ 이차 순환반응기
④ 이차 순환반응의 협응기
⑤ 삼차 순환반응기

이차 순환반응기(4~10개월)에는 선천적인 반사를 넘어서 학습을 통해 획득한 반응의 양상을 보이며, 이전에 획득한 반응을 의도적으로 새로운 상황에 적용한다.

감각운동기의 단계

1단계	반사활동 (0~1개월)	반사가 효율적으로 이루어지지만, 행동과 욕구를 분별하지 못한다.
2단계	1차 순환반응 (1~4개월)	유쾌한 자극에 대해 의도적인 행동을 반복하며, 선천적인 반응을 자신의 신체에 적용시켜 새로운 반응을 획득한다. 예 엄지손가락 빨기
3단계	2차 순환반응 (4~10개월)	선천적인 반사를 넘어서 학습을 통해 획득한 반응의 양상을 보이며, 이전에 획득한 반응을 의도적으로 새로운 상황에 적용한다. 예 공굴리기, 딸랑이 흔들기
4단계	2차 도식의 협응 (10~12개월)	• 이전 단계에서 획득한 도식이 새로운 상황을 통해 확대된다. • 목적달성을 위해 도식을 수단적으로 사용하며 여러 방법으로 조합한다. 예 TV를 보고 싶은 아기가 엄마의 손을 잡아끌어서 TV전원 스위치로 가져가는 행동을 할 수 있게 됨
5단계	3차 순환반응 (12~18개월)	흥미로운 것을 발견하기 위해 행동을 반복하며, 인과적 상황에 대한 실험 및 시행착오적인 행동을 보인다.
6단계	정신적 표상 (18~24개월)	• 점차 시행착오적인 행동에서 벗어나, 행동하기 이전 상황에 대해 사고한다. • 상징적 능력이 발달하여 정신적 표상이 증가한다. 예 대상영속성 획득, 지연 모방, 언어 사용, 가상놀이

15 수퍼(D. Super)의 직업적 자아개념이론에 관한 설명으로 옳지 않은 것은?

① 청년은 자아상과 정체감에 일치하는 직업을 선택한다.
② 전 생애 동안 사회적 관계에서의 다양한 생애 역할을 통해 자아개념이 발달한다.
③ 결정화(Crystallization) 단계에서는 특정 직업을 선택하고, 직업을 자아개념의 일부로 간주하기 시작한다.
④ 강화(Consolidation) 단계에서는 자신이 선택한 분야에서 더 높은 지위에 오르기 위해 노력한다.
⑤ 직업정체감의 확립은 일생을 통해 일어난다.

> 결정화(Crystallization) 단계에서는 직업에 관해 막연하고 일반적인 생각을 가지고 있다가 점차 확고한 정체감을 확립하여 직업정체감이 함께 발달하는 시기로 청년 초기에 해당한다. 자신의 직업을 자아개념의 일부로 간주하기 시작하는 것은 확립(Establishment) 단계이다.

16 발달의 동물행동학적 이론에 관한 설명으로 옳은 것을 모두 고른 것은?

> ㄱ. 인간발달에 있어 진화론적 관점을 강조한다.
> ㄴ. 종 특유 행동은 생존을 위한 진화의 산물이다.
> ㄷ. 로렌츠(K. Lorenz) 이론에서 각인은 결정적 시기와 상관없이 이루어지는 본능적 행동이다.
> ㄹ. 동물행동학적 관점에서 볼 때 어머니와 유아 간 애착은 생존을 위한 것이다.

① ㄱ, ㄴ
② ㄷ, ㄹ
③ ㄱ, ㄴ, ㄷ
④ ㄱ, ㄴ, ㄹ
⑤ ㄱ, ㄴ, ㄷ, ㄹ

> 로렌츠(K. Lorenz)는 각인을 통해 아동발달에 있어서 '결정적 시기'의 주요 개념을 도출하였다. 여기서 '결정적 시기'란 아동이 적응적인 행동을 획득하기 위해 생물학적으로 준비되어 있는 특정의 시기를 말하는 것으로서, 이 시기에 각인이 이루어지지 않는 경우, 이후 그와 같은 행동을 습득하기 매우 어렵다는 것이다.

17 다음 보기의 사고방식에 해당되는 피아제(J. Piaget)의 인지발달 단계는?

- 자신이 좋아하는 TV프로그램을 아빠가 재미없어 하는 것을 이해하지 못한다.
- 동일한 양의 주스가 넓은 유리잔에 담겨있을 때보다 좁고 긴 유리잔에 담겨있을 때 더 많다고 말한다.
- 해가 지는 것은 해님이 잠을 자러 가기 때문이라고 생각한다.

① 감각운동기
② 전조작기
③ 구체적 조작기
④ 형식적 조작기
⑤ 후형식적 사고기

> **피아제(J. Piaget)의 전조작기**
> - 사고는 가능하나 직관적인 수준이며, 아직 논리적이지 못하다.
> - 감각운동기에 형성되기 시작한 대상영속성을 획득한다.
> - 보존개념을 어렴풋이 이해하기 시작하지만, 아직 획득하지 못한 단계이다.
> - 전조작기 사고를 나타내는 대표적인 예는 상징놀이와 물활론, 자아중심성이다.
> - 전조작기의 논리적 사고를 방해하는 요인은 자아중심성, 집중성, 비가역성이다.

18 발달이론가와 성인발달에 관한 주장의 연결이 옳은 것은?

① 헤이플릭(L. Hayflick) : 인생주기는 네 개의 시기로 구분된다.
② 레빈슨(D. Levinson) : 세포의 수명은 유전적 프로그램에 한정되어 있다.
③ 하비거스트(R. Havighurst) : 성공적 노화는 선택, 최적화, 보상의 요인과 연결되어 있다.
④ 레빙거(J. Loevinger) : 전 생애 동안 개인의 자아는 단계적으로 발달하고, 발달이 진행될수록 개인은 더 성숙한 자아발달 상태를 지향한다.
⑤ 발테스와 발테스(P. Baltes & Baltes) : 능동적이고 적극적인 생활양식이 성인후기의 안녕감과 만족도를 높인다.

> ④ 레빙거(J. Loevinger) : 인간의 자아발달이 점점 더 세련된 수준의 인간을 만든다고 하면서, 이러한 자아발달 단계를 10단계로 구성하였다.
> ① 헤이플릭(L. Hayflick) : 정상 체세포의 분열 횟수에 제한이 있는 현상(헤이플릭 한계)을 발견한 사람이다.
> ② 레빈슨(D. Levinson) : 인간발달의 전 생애를 '성인 이전 시기, 성인 초기, 성인 중기, 성인 후기'의 네 개의 시기로 구분하였다.
> ③ 하비거스트(R. Havighurst) : 에릭슨의 영향을 받아 건강한 발달에 필요한 주요 발달과업에 대해서 설명하였다.
> ⑤ 발테스와 발테스(P. Baltes & Baltes) : 전 생애 발달심리학의 관점에서 성공적 노화를 개인과 환경의 상호작용 과정으로 보는 SOC 모델을 제시하였다.

19 에릭슨(Erikson)의 심리사회적 발달이론에 기초할 때, 청소년기에 정체감 형성이 중요한 이유로 옳지 않은 것은?

① 내적인 충동의 질적·양적 변화가 일어나기 때문이다.
② 추상적 사고를 하게 되면서 자신의 미래와 존재에 대해 고민하는 기회가 많아지기 때문이다.
③ 아동도 성인도 아닌 주변인으로서의 특성 때문이다.
④ 진로나 중요 과업에 대해 자기 선택을 강요받기 때문이다.
⑤ 이성과의 진실한 관계를 희망하고, 성역할의 고착화가 일어나기 때문이다.

> 이성과의 진실한 관계를 희망하고, 성역할의 고착화가 일어나는 것은 성인 초기(20~24세)에 대한 설명이다. 청소년기에 정체감 형성이 중요한 이유는 내적인 충동의 질적·양적 변화, 자신의 미래와 존재에 대한 고민, 주변인으로서의 특성, 진로나 중요 과업의 선택에 대한 압박감, 증대된 인지능력, 과거 동일시했던 모델의 유용성 상실 등이 있다.

20 비고츠키(L. Vygotsky)의 인지발달이론에 관한 설명으로 옳은 것을 모두 고른 것은?

> ㄱ. 인지발달을 촉진시키는 데 부모나 교사의 역할을 중시한다.
> ㄴ. 아동보다 유능한 사람의 도움을 받으면 아동은 현재보다 더 잘할 수 있다.
> ㄷ. 아동의 인지는 같은 수준의 친구와의 놀이를 통해 주로 발달된다.
> ㄹ. 인지발달을 촉진시키는 방법으로 발판화(Scaffolding)와 유도된 참여가 있다.

① ㄱ, ㄴ, ㄷ ② ㄱ, ㄴ, ㄹ
③ ㄱ, ㄷ, ㄹ ④ ㄴ, ㄷ, ㄹ
⑤ ㄱ, ㄴ, ㄷ, ㄹ

> 아동의 인지는 아동 스스로 학습하려는 노력과 함께 다른 사람, 즉 부모나 교사 또는 좀 더 능력이 있는 또래와의 상호작용을 통해서 이루어진다고 주장한다.

21 레빈슨(D. Levinson)의 인생 사계절 이론에 관한 설명으로 옳지 않은 것은?

① 인간발달의 전 생애를 '성인 이전 시기, 성인 초기, 성인 중기, 성인 후기'의 네 개의 시기로 나눈다.
② 인생구조란 '일정한 시기에 있어서의 개인의 삶의 양식과 설계'를 의미한다.
③ 전환기는 현재의 인생구조를 재평가하여 종결하고, 그다음의 새로운 인생구조를 위해 준비하는 시기이다.
④ 성인 초기와 성인 중기는 '초보인생구조, 전환기, 절정인생구조'로 구분한다.
⑤ 성인의 인생주기 모형을 7개의 주요 단계로 구성하였다.

> 레빈슨(D. Levinson)은 성인의 인생주기 모형을 9개의 주요 단계로 구성하였다.
> 발달단계에 따른 주요 과업
> • 성인 초기(17~22세)
> • 성인 초기 초보인생구조(22~28세) - 성인 초기 입문기
> • 30대 전환기(28~33세)
> • 성인 초기 절정인생구조(33~40세) - 성인 초기 안정기
> • 성인 중기 전환기(40~45세)
> • 성인 중기 초보인생구조(45~50세) - 성인 중기 입문기
> • 50대 전환기(50~55세)
> • 성인 중기 절정인생구조(55~60세) - 성인 중기 안정기
> • 성인 후기 전환기(60~65세)

22. 다음 설명이 모두 해당되는 브론펜브레너(U. Bronfenbrenner)의 생태학적 체계는?

○ 특정한 맥락이 아니라 문화적 가치, 법, 관습, 자원들로 구성된다.
○ 한국에서 태어난 아이가 미국으로 이민을 가서 그 문화권의 영향을 받는다.

① 외체계
② 거시체계
③ 중간체계
④ 미시체계
⑤ 시간체계

생태학적 체계모델에 의한 5가지 체계

미시체계	• 개인과 아주 가까운 주변에서 일어나는 활동과 상호작용을 나타낸다. • 각 개인이 그 체계 안에 있는 다른 사람에게 영향을 주고 또 다른 사람으로부터 영향을 받는 발달의 진정한 역동적 맥락이다. 예 부모와 자녀 간의 관계
중간체계	• 가정, 학교, 또래집단과 같은 미시체계들 간의 연결이나 상호관계를 나타낸다. • 미시체계 간의 강하고 지지적인 연결에 의해 발달이 이루어지며, 비지지적인 연결은 문제를 초래할 수 있다. 예 가족과 학교 간의 관계
외체계 (외부체계)	• 아동과 청소년들이 그 맥락의 일부를 이루고 있지는 않지만, 아동과 청소년의 발달에 영향을 줄 수 있는 맥락들(환경적 요소들)로 구성된다. 예 부모의 직장과 사회적 관계망
거대체계 (거시체계)	• 개인이 속한 사회의 이념이나 제도, 즉 정치, 경제, 문화 등의 광범위한 사회적 맥락을 의미하며, 하위체계에 지지기반과 가치 준거를 제공한다. • 청소년이 추구해야 하는 목표가 무엇인지를 규정하는 전체를 둘러싸고 있는 광범위한 이데올로기이다. 예 청소년기 부모의 양육관, 사회구성원의 청소년관
시간체계	아동이 성장함에 따라 겪게 되는 부모의 죽음 등의 외적인 사건이나 심리적 변화 등의 내적인 사건이 구성요소이며, 전 생애에 걸쳐 일어나는 변화와 사회역사적인 환경을 포함한다.

CHAPTER 02 발달에 대한 전 생애적 접근

01 영아기 신체발달에 관한 설명으로 옳은 것을 모두 고른 것은?

> ㄱ. 신생아는 머리 크기가 성인 머리의 약 70%에 이를 만큼 머리부터 발달한다.
> ㄴ. 잡기 기능은 '물건을 가슴으로 덮치듯이 잡기 – 팔로 끌어당기기 – 손바닥으로 잡기 – 손가락으로 잡기' 순으로 발달한다.
> ㄷ. 촉각은 환경에 관한 지식을 습득하는 주요 수단으로, 출생 시 손과 발에 집중되어 있다.
> ㄹ. 이행운동 기능은 '머리 들기 – 뒤집기 – 혼자 앉기 – 혼자 서기 – 가구 잡고 걷기 – 잘 걷기 – 계단 오르기' 등의 순으로 발달한다.
> ㅁ. 눈으로 보는 것을 잡을 수 있는 협응기능은 4세경에 발달한다.

① ㄱ, ㄴ, ㄷ ② ㄱ, ㄷ, ㅁ
③ ㄱ, ㄴ, ㄹ ④ ㄴ, ㄷ, ㄹ
⑤ ㄴ, ㄹ, ㅁ

> ㄷ. 영아기 때 촉각은 환경에 관한 지식을 습득하는 주요 수단이고, 출생 시 입술과 혀에 집중되어 있다.
> ㅁ. 대략 5개월이 지나면 눈으로 보는 것을 잡을 수 있는 협응기능이 발달하기 시작한다.

02 다음 보기의 설명이 모두 해당되는 검사는?

> ○ 신생아의 건강상태를 검사하기 위한 것으로, 출생 후 바로 실시한다.
> ○ 검사내용은 심장박동률, 호흡, 근육, 강도, 피부색, 반사민감성이다.

① 덴버(Denver) 발달선별검사 ② 베일리(Bayley) 영아발달검사
③ 게젤(Gesell) 발달검사 ④ 아프가(Apgar) 척도
⑤ 카텔(Cattell) 영아척도

> **아프가(Apgar) 척도**
> 갓 태어난 신생아의 상태를 평가할 수 있는 검사인 5가지 항목의 첫 글자와 이 테스트를 제안한 아프가 박사의 이름을 딴 것이다. 검사내용은 피부색(Appearance), 심박동 수(Pulse), 자극에 대한 반사(Grimace), 근긴장도(Activity), 호흡능력(Respiration)의 다섯 가지 하위척도에서 각 영역별로 2점씩 총 10점 만점으로 측정한다.

03 다른 유아가 노는 것을 관찰하면서 말을 하거나 제안을 하지만, 자신이 직접 놀이에 참여하지 않는 놀이유형은?

① 방관자적 놀이
② 몰입되지 않은 놀이
③ 혼자 놀이
④ 협동 놀이
⑤ 연합 놀이

② 몰입되지 않은 놀이 : 유아는 놀지 않는 것처럼 보이지만, 주변의 일에 흥미가 있으며 주로 자신의 신체를 가지고 논다.
③ 혼자 놀이 : 유아는 곁에 있는 유아와 상호작용을 하기보다 혼자 장난감을 가지고 논다.
④ 협동 놀이 : 아동은 한 가지 활동을 함께 하고 서로 도우며, 조직된 집단으로 편을 이루어 논다.
⑤ 연합 놀이 : 둘 이상의 아동이 함께 공통적인 활동을 하고, 장난감을 빌려주고 빌리기도 하면서 논다.

04 유아기 신체발달의 특징에 관한 설명으로 옳지 않은 것은?

① 두미 방향, 중심에서 말단 방향으로 이루어진다.
② 영아기만큼 빠른 속도는 아니지만 신장과 체중이 점진적으로 증가한다.
③ 성장함에 따라 활동량과 활동반경이 확대된다.
④ 뇌와 머리는 신체의 다른 부분보다 느리게 성장한다.
⑤ 신체성장과 발달에는 개인차와 문화적 차이가 있다.

유아기는 발달이 머리에서부터 점차 신체의 하부로 확산된다. 즉 뇌와 머리는 신체의 다른 부분보다 빠르게 성장하는 특징이 있다.
유아기 발달의 특징
- 발달이 영아기처럼 급속도로 이루어지지는 않으나 꾸준한 성장을 보인다.
- 뇌와 신경계의 성숙으로 새로운 운동기술과 인지능력을 발달시킨다.
- 발달이 머리 부분에서 점차 신체의 하부로 확산된다.
- 달리기와 뛰기 등 운동능력이 발달하며, 대근육과 소근육 운동의 활동을 한다.

정답 01 ③ 02 ④ 03 ① 04 ④

05 아동기 정서조절의 발달에 관한 설명으로 옳지 않은 것은?

① 다양한 정서조절 전략을 융통성 있게 사용하는 능력이 증가한다.
② 연령이 증가함에 따라 정서 자극에 대한 반응 강도가 증가한다.
③ 행동조절 전략에서 인지조절 전략으로 변화한다.
④ 부모에게 의지하기보다는 스스로 조절하는 능력이 증가한다.
⑤ 경험하는 정서와 표현하는 정서를 구별하는 능력이 증가한다.

> 정서는 특정 자극에 대해 행동하도록 동기를 부여하고 특정 행동을 반복하도록 하는 역할을 하는 것으로서, 여러 가지 정서의 분화 단계를 거치며 빠르게 발달한다. 정서의 발달은 5세경까지 분화(分化)가 이루어져서, 10~11세경이면 일단 정리가 되어 침착한 상태에 도달한다.

06 마샤(J. Marcia)의 이론으로 A의 정체감 유형을 옳게 분석한 것은?

> 부모님은 유아교사가 되기를 원하시나 A는 아직 진로에 대해 고민해 본 적이 없다.

① 정체감 유실
② 정체감 혼미
③ 정체감 유예
④ 정체감 성취
⑤ 정체감 획득

> **정체감 혼미(Diffusion)**
> 자아에 대해 안정되고 통합적인 견해를 갖는 데 실패한 상태를 말한다. 위기를 경험해 보지 않았고, 직업이나 이념 선택에 대한 의사결정을 하지 않을 뿐만 아니라 이러한 문제에 관심도 없는 상태이다.
> **마샤(J. Marcia)의 자아정체감**
>
> | | |
> |---|---|
> | 정체감 성취 | 자아정체감의 위기를 성공적으로 극복하여 신념, 직업, 정치적 견해 등에 대해 스스로 의사결정을 할 수 있는 상태를 말한다. |
> | 정체감 유예 | 현재 정체감 위기의 상태에 있으면서 자아정체감 형성을 위해 다양한 역할, 신념, 행동 등을 실험하고 있으나, 의사결정을 내리지 못한 상태를 말한다. |
> | 정체감 유실 | 자신의 신념, 직업선택 등의 중요한 의사결정에 앞서 수많은 대안에 대하여 생각해 보지 못하고, 부모나 다른 사람의 역할모델의 가치나 기대 등을 그대로 수용하여 그들과 비슷한 선택을 하는 경우를 말한다. |
> | 정체감 혼란 (혼미) | 자아에 대해 안정되고 통합적인 견해를 갖는데 실패한 상태를 말한다. 위기를 경험해 보지 않았고, 직업이나 이념 선택에 관한 의사결정을 하지 않을 뿐만 아니라 이러한 문제에 관심도 없는 상태를 말한다. |

07 청소년기 자아정체감에 관한 설명으로 옳은 것은?

① 자아정체감에 대한 고민은 구체적 조작기의 인지적 특징과 관련이 깊다.
② 부모의 가치를 그대로 수용하여 비슷한 선택을 하는 경우를 '정체감 성취'라 한다.
③ 자아정체감은 청소년기에 대부분 완벽하게 확립된다.
④ 청소년의 연령과 가족은 정체감 발달에 영향을 미치지 않는다.
⑤ 정체감 위기의 상태에 있으면서 아직 의사결정을 못한 상태를 '정체감 유예'라 한다.

> ① 자아정체감에 대한 고민은 형식적 조작기의 인지적 특징과 관련이 깊다.
> ② 부모의 가치를 그대로 수용하여 비슷한 선택을 하는 경우를 '정체감 유실'이라고 한다.
> ③ 정체감 형성은 아동기의 경험과의 동일시에 그 뿌리를 두는 것이며, 청소년기를 거쳐 성인기에 이르기까지 발달이 계속된다.
> ④ 부모는 청소년 자녀의 정체감 형성과 발달에 크게 영향을 미친다.

08 청소년기 발달에 관한 설명으로 옳지 않은 것은?

① 급격한 신체 발달과 성적 성숙이 일어난다.
② 조숙과 만숙은 성별에 따라 미치는 영향이 다르다.
③ 신체상(Body Image)은 자아존중감에 영향을 미친다.
④ 청소년은 주로 구체적 경험에 근거해 사고한다.
⑤ 이상주의적 사고와 미래 가능성에 관한 사고가 가능해진다.

> 청소년기는 현실적 세계를 넘어 추상적으로 사고할 수 있는 단계이다.

09 청소년기 자기중심성에 대해 엘킨드(D. Elkind)가 주장한 개념을 모두 고른 것은?

> ㄱ. 전환적 추론
> ㄴ. 개인적 우화
> ㄷ. 중심화(Centration)
> ㄹ. 상상적 청중

① ㄱ, ㄷ
② ㄱ, ㄹ
③ ㄴ, ㄷ
④ ㄴ, ㄹ
⑤ ㄴ, ㄷ, ㄹ

> **엘킨드(D. Elkind)의 자아중심성 이론**
> 엘킨드는 청소년기의 자아중심성을 개인적 우화(Personal Fable)와 상상적 청중(Imaginary Audience)의 개념으로 설명하였다. '개인적 우화'는 청소년기 특유의 비합리적이고 허구적인 자아 관념을 말하며, '상상적 청중'은 다른 사람들로부터 주의와 관심의 대상이 되고 있다고 믿는 것이다.

10 발달이론가와 청소년기 발달에 관한 주장의 연결로 옳지 않은 것은?

① 설리반(H. Sullivan) - 성·친밀감·안전 욕구 간의 충돌로 질풍노도의 시기를 겪는다.
② 프로이트(S. Freud) - 생식기에 해당하고, 이성에 대한 호기심을 가지며 성숙한 성관계 확립을 하는 시기이다.
③ 미드(M. Mead) - 혼돈과 곤혹의 시기를 맞아 오랜 기간 동안 갈등과 혼란을 겪는 시기이다.
④ 피아제(J. Piaget) - 형식적 조작기에 해당하며, 명제적 사고와 조합적 사고 등이 발달하는 시기이다.
⑤ 홀(S. Hall) - 청소년기의 혼란은 인간이 진화하는 과정에서 나타나는 과도기적 단계에 대한 반영이다.

> 미드(M. Mead)는 청소년기의 전환이 반드시 혼란스러운 것은 아니라는 관점을 제시하였다. 즉, 아동기에서 성인기로의 전환이 순탄하고 점진적으로 이루어지는 문화권에서는 청소년기가 결코 질풍노도의 시기가 아님을 강조하였다.

11 성인기 인지발달에 관한 설명으로 옳은 것은?

① 리겔(K. Riegel)은 형식적 사고에서 실용적 사고로 전환된다고 본다.
② 샤이(K. Schaie)는 문제발견의 단계를 제5단계로 본다.
③ 페리(W. Perry)는 이원적 사고에서 상대적 사고로 옮겨 간다고 본다.
④ 아르린(P. Arlin)은 성인기부터 변증법적 사고를 한다고 본다.
⑤ 라부비비에(G. Labouvie-Vief)는 인지발달단계를 습득-성취-책임(실행)-재통합으로 제시한다.

① 라부비비에(G. Labouvie-Vief)의 실용적 사고에 해당한다.
② 아르린(P. Arlin)의 문제발견적 사고에 해당한다.
④ 리겔(K. Riegel)의 변증법적 사고에 해당한다.
⑤ 샤이(K. Schaie)의 인지발달단계 모형에 해당한다.

12 애칠리(R. C. Atchley)의 은퇴 과정을 순서대로 바르게 나열한 것은?

ㄱ. 준비	ㄴ. 안정
ㄷ. 적응	ㄹ. 환멸
ㅁ. 밀월	ㅂ. 종결

① ㄱ → ㄴ → ㄷ → ㄹ → ㅁ → ㅂ
② ㄱ → ㄷ → ㅁ → ㄴ → ㄹ → ㅂ
③ ㄱ → ㄹ → ㅁ → ㄷ → ㄴ → ㅂ
④ ㄱ → ㅁ → ㄹ → ㄴ → ㄷ → ㅂ
⑤ ㄱ → ㅁ → ㄹ → ㄷ → ㄴ → ㅂ

애칠리(R. Atchley)의 은퇴의 과정 7단계
- **원격단계(Remote Phrase)** : 은퇴 준비를 거의 하지 않은, 구체적인 계획이나 생각이 없는 단계이다.
- **근접단계(Near Phrase)** : 퇴직이 가까워지면서 재정계획, 구체적인 수입 등을 생각하는 단계이다.
- **밀월단계(Honeymoon Phrase)** : 퇴직 직후 직장의 제약과 의무에서 벗어나 은퇴를 행복하게 생각하는 단계이다.
- **환멸단계(Disenchantment Phrase)** : 은퇴 계획이 현실적이지 못함을 깨닫는 단계이다.
- **적응단계(Reorientation Phrase)** : 은퇴 후의 생활에 대해 보다 현실적인 대안을 생각하여 재정립하는 단계이다.
- **안정단계(Stability Phrase)** : 은퇴에 필요한 선택사항에 대해 기준과 수행방법을 결정하는 단계이다.
- **종결단계(Termination Phrase)** : 자립할 수 있는 기능이 없게 되어 은퇴의 역할이 의존자의 역할로 대체되는 단계이다.

13 노년기 발달에 관한 설명으로 옳지 않은 것은?

① 노년기에 일화기억은 의미기억과 달리 연령에 따른 영향을 받지 않는다.
② 에릭슨(E. Erikson)은 8단계인 노년기에 발달되는 바람직한 미덕으로 지혜를 제안한다.
③ 레빈슨(D. Levinson)은 노년기를 '다리 위에서의 조망(One's view from the bridge)'이라 표현한다.
④ 유리 이론(Disengagement Theory)에서는 노인과 사회의 상호 철회 과정을 부정적으로 보지 않고 성공적 노화로 본다.
⑤ 활동 이론(Activity Theory)은 근로자, 부모 등 개인의 역할이 삶에서 만족을 얻을 수 있는 주요 원천으로 본다.

> 노인의 지적능력의 감퇴는 다양한 측면에서 일어나며, 단기기억이 장기기억보다 더욱 심하게 감퇴한다. 특히 일화기억이 노화로 인해 가장 많이 쇠퇴한다.

14 퀴블러-로스(Kübler-Ross)가 제시한 임종의 5단계를 순서대로 올바르게 나열한 것은?

① 부정 – 분노 – 타협 – 우울 – 수용
② 분노 – 부정 – 우울 – 타협 – 수용
③ 부정 – 우울 – 타협 – 분노 – 수용
④ 부정 – 우울 – 분노 – 타협 – 수용
⑤ 분노 – 부정 – 타협 – 우울 – 수용

> **임종의 5단계**
> • 부정단계 : 자신이 곧 죽는다는 사실을 부인한다.
> • 분노단계 : 자신의 죽음의 이유를 알지 못하여 주위사람들에게 질투, 분노를 표출한다.
> • 타협단계 : 죽음을 받아들이기 시작하며, 인생과업을 마칠 때까지 생이 지속되기를 희망한다.
> • 우울단계 : 이미 죽음을 실감하기 시작하며, 극심한 우울상태에 빠진다.
> • 수용단계 : 발생할 결과를 받아들이며, 머나먼 여정을 떠나기 전 평온한 상태에 이르는 것을 말한다.

15 다음에서 설명하고 있는 노화이론은?

○ 사회적인 활동을 철회하는 것
○ 일에 대한 스트레스와 책임이 줄어드는 것
○ 신체 및 인지적 쇠퇴에 적응하며 내면에 더 집중하는 것

① 활동 이론(Activity Theory)
② 유리 이론(Disengagement Theory)
③ 손상 이론(Wear-and-tear Theory)
④ 사회정서적 선택 이론(Socioemotional Selectivity Theory)
⑤ 보상을 수반한 선택적 최적화 이론(Selective Optimization with Compensation Theory)

> 유리 이론(Disengagement Theory)
> 노인 스스로 사회로부터 멀어지려 하고 사회도 노인을 멀리하려는 상호 철회에 초점을 둔 이론으로, 노인과 사회의 상호 철회 과정을 부정적으로 보지 않고 성공적 노화로 본다.

16 샤이(K. Schaie)가 제시한 성인기 인지발달 단계로 옳은 것은?

① 획득 → 성취 → 책임(실행) → 재통합
② 획득 → 책임(실행) → 재통합 → 성취
③ 획득 → 책임(실행) → 성취 → 재통합
④ 성취 → 획득 → 재통합 → 책임(실행)
⑤ 성취 → 재통합 → 책임(실행) → 획득

> 샤이(K. Schaie)의 인지발달단계 모형
>
> | 단계 | 연령 | 특징 |
> |---|---|---|
> | 획득단계 | 아동기와 청소년기 | 아동과 청소년이 정보와 기술을 습득하는 단계 |
> | 성취단계 | 성인 초기 | 스스로 세운 인생의 목적에 적합한 과업에 최선을 다하는 단계 |
> | 책임단계 | 성인 중기 | 배우자, 자녀의 욕구충족에 관한 책임과 직업인·사회일원으로서의 책임을 지는 단계 |
> | 실행단계 | 성인 중기 | 사회체계에 책임을 지고 많은 수준에서 복잡한 관계를 통합하는 단계 |
> | 재통합단계 | 성인 후기 | 자신의 노력을 기울여야 할 과업에 대해 보다 선택적인 단계 |

정답 13 ① 14 ① 15 ② 16 ①

17 발테스와 발테스(P. Baltes & M. Baltes)의 SOC(Selective Optimization with Compensation) 이론에 관한 설명으로 옳지 않은 것은?

① 전 생애적 관점에서 연령에 따른 획득의 최대화와 상실의 최소화를 적응적 발달로 본다.
② 선택, 최적화, 보상을 발달적 조절의 세 가지 중심적 과정으로 제안한다.
③ 노화에 따른 내적·외적 자원의 제약과 상실로 인해 선택과정이 필요한 것으로 본다.
④ 노화에 따른 상실을 보상하기 위해서는 타인의 도움이나 부가적 자원의 동원 없이 스스로 대응해야 한다고 제안한다.
⑤ 선택한 목표 달성을 위해 최선의 노력을 다하는 최적화를 중시한다.

> 발테스와 발테스(P. Baltes & M. Baltes)의 SOC(Selective Optimization with Compensation) 이론에서의 보상이란 생물학적·사회적·인지적 기능의 상실이 일어났을 때, 어떠한 학습이나 보조기구, 외부적 도움, 심리적 보상기제 등으로 상실을 보완하는 것을 말한다.

CHAPTER 03 주요 발달영역별 접근

01 유전 발달에 관한 설명으로 옳은 것은?

① 접합체의 발달은 감수분열을 통해 발생한다.
② 다운 증후군은 성염색체 장애이다.
③ 생식세포는 22개의 상염색체와 1개의 성염색체를 갖고 있다.
④ 정상적인 인간 접합체는 48개의 염색체를 갖고 있다.
⑤ 클라인펠터(Klinefelter) 증후군은 여아에게 발생한다.

> ① 접합체는 감수분열이 아니라 수정과정에 의해 난자와 정자가 융합되어 만들어진 세포이다.
> ② 다운 증후군은 성염색체 장애가 아니라, 21번 상염색체가 정상보다 1개 더 많은 3개가 존재하여 지적장애, 신체기형, 전신기능 이상, 성장장애 등을 일으키는 유전 질환이다.
> ④ 정상적인 인간 접합체는 46개의 염색체를 가지고 있으며 많은 유전자로 구성되어 있다.
> ⑤ 클라인펠터(Klinefelter) 증후군은 X염색체 이상으로 남성에게 일어나는 질환으로, 무정자증, 유방의 발달 등 여성화 징후를 보인다.

02 21번 염색체의 이상으로 나타나는 증후군은?

① 다운 증후군
② 터너 증후군
③ XYY 증후군
④ X결함 증후군
⑤ 클라인펠터 증후군

> 다운 증후군은 대부분 21번째 염색체가 3개여서 전체 염색체 수가 47개인 기형이다. 두개골이 넓고 짧으며 눈가에 두꺼운 주름이 있는 등 특징적인 외모를 하고 있고, 지적장애나 발달장애를 동반한다.

03 다음 보기의 설명에 해당하는 성염색체 이상 증후군은?

> ○ 남아가 X염색체를 하나 더 갖고 있어 남성적 특성이 약하고 가슴과 엉덩이가 발달하는 여성적인 2차 성징이 나타난다.
> ○ 남아이지만 정자를 배출하지 못하여 생식능력을 갖고 있지 않다.

① X결함 증후군
② 터너 증후군
③ 클라인펠터 증후군
④ XYY 증후군
⑤ 다운 증후군

클라인펠터 증후군
- 정상인의 성염색체는 남성 XY, 여성 XX를 나타내지만, 이 증후군에서는 X염색체가 더 많은 XXY, XXXY 등의 비정상적인 형태를 나타낸다.
- 남성염색체가 있음에도 불구하고 고환의 위축, 무정자증, 유방의 발달 등 여성의 신체적 특성을 보인다.

04 태내 발달에 관한 설명으로 옳지 않은 것은?

① 배아기는 주요 신체기관과 신경계가 형성되는 시기이다.
② 배아기는 기형발생물질에 민감하게 영향을 받는 시기이다.
③ 태아기는 신체기관의 분화가 일어나는 시기이다.
④ 태아기는 배아기보다 중추신경계가 더 빠르게 발달하는 시기이다.
⑤ 태아기는 모든 기관체계가 정교해지는 시기이다.

신체기관의 분화가 일어나는 시기는 배아기이다.
태내 발달

배포기	수정 후 약 2주간	• 수정란이 급격한 세포분열을 하는 시기 • 자궁 속으로 들어온 후 배포가 착상되어 임신이 이루어지는 시기
배아기	임신 후 2주~ 8주 사이	• 신체기관이 분화하는 시기 • 주요 신체기관과 신경계가 형성되는 시기 • 기형발생물질에 민감하게 영향을 받는 시기 • 임신기간 중 환경이 가장 치명적인 영향력을 발휘하는 시기
태아기	임신 후 8주~ 출생까지	• 신체기관이 발육하는 시기 • 배아기보다 중추신경계가 더 빠르게 발달하는 시기 • 모든 기관체계가 정교해지는 시기

05 영아기 운동발달에 관한 설명으로 옳은 것은?

① 대체로 다리, 발을 능숙히 사용하기 전에 머리, 목의 통제가 가능하다.
② 운동기술의 발달속도는 개인차가 없다.
③ 일반적으로 말단에서 중심 방향으로 발달한다.
④ 소근육 운동 기능은 생후 6개월 안에 완성된다.
⑤ 대근육 운동인 기기와 손 뻗기는 영아의 주변 탐색을 가능하게 한다.

② 운동발달의 속도는 개인차가 있으며, 발달의 전개는 시간적으로나 계통적으로 일정한 순서가 있다.
③ 신체의 중앙부분에서 발달하여 가까운 부분, 즉 팔이나 다리 등의 말초부분으로 발달한다.
④ 소근육이 발달하면 생후 4~5개월경 사물을 향해 팔을 뻗을 수 있고 6개월이면 매달린 물체를 팔을 뻗어 잡을 수 있다. 소근육 활동 발달은 주로 팔, 손, 손가락 등의 움직임을 말한다.
⑤ 대근육이 발달하면 개인차가 있으나, 보통 4~12개월경 기기와 손 뻗기를 통해 이동을 시작하고 주변 탐색이 가능해진다.

06 뇌와 신경계 발달에 관한 설명으로 옳지 않은 것은?

① 영아는 성인보다 많은 수의 시냅스를 갖고 있다.
② 청소년기보다 영아기에 뇌의 성장 급등이 이루어진다.
③ 대뇌피질의 발달은 영아기 이후에도 진행된다.
④ 영아의 뇌는 성인의 뇌보다 가소성이 뛰어나다.
⑤ 뇌의 수초화(Myelination)는 두 반구의 기능분화를 의미한다.

> **수초화(Myelination)**
> 수초(Myelin)라고 불리는 지방성 물질이 축색돌기에 막을 형성하는 현상이다. 수초화가 이루어지면 뇌에서 보내는 신호를 처리하는 속도가 빨라져 정보전달의 효율성이 높아진다. 어느 한쪽 반구에 기능적인 전문화가 이루어지는 현상은 대뇌 편재화이다.

07 정서발달에 관한 설명으로 옳지 않은 것은?

① 정서적 유능성은 사회적 유능성 발달의 중요한 요인이다.
② 남아에 비해 여아가 실망스러운 선물을 받은 후 자신의 속마음을 감추는 데 더 능숙하다.
③ 수치심, 죄책감, 질투심, 자부심 등은 인류가 보편적으로 경험하는 기본 정서이다.
④ 불확실한 상황을 인식하기 위해 다른 사람의 정서적 반응에 의존하는 것을 사회적 참조라고 한다.
⑤ 감정이입이 항상 친절과 도움 행동을 가져오는 것은 아니다.

> 수치심, 죄책감, 질투심, 자부심 등은 출생 후 자신에 관한 의식이 생겨난 이후에 보이는 정서 즉, '2차적 정서'에 해당한다. 인류가 보편적으로 경험하는 기본 정서에는 행복, 기쁨, 분노, 공포, 슬픔 등이 있으며, 이렇듯 선천적으로 타고난 정서를 '1차적 정서'라고 한다.

08 공격성에 관한 설명으로 옳지 않은 것은?

① 반응적 공격성은 타인의 행동을 적대적으로 해석하고, 그것에 관한 보복으로 활용되는 공격성을 의미한다.
② 관계적 공격성은 남아에 비해 여아에게 많이 나타난다.
③ 부모의 비일관적 훈육과 애정철회는 자녀의 공격성 발달에 영향을 미친다.
④ 관계적 공격성은 사회적 배척을 통하여 또래관계에 손상을 가하는 행동을 의미한다.
⑤ 적대적 공격성은 개인적 목표를 획득하거나 힘을 과시하기 위한 전략으로 활용되는 공격성을 의미한다.

> '적대적 공격성'은 타인에게 해를 가하는 것 자체가 목적인 것으로서, 의도 자체가 적대적이며 공격적이다. 또한 '개인지향적 공격성'으로 타인에 대한 보복이나 지배권을 차지하기 위해 다른 사람에게 상처를 입히고자 하는 경우에 표출되는 공격성을 말한다.

09 길리건(C. Gilligan)은 남성과 여성이 지향하고 선호하는 도덕성이 다르다고 본다. 다음에서 남성과 여성의 도덕성의 특징이 바르게 연결된 것은?

① 남성 – 정의, 여성 – 배려
② 남성 – 원칙, 여성 – 친밀감
③ 남성 – 책임감, 여성 – 우정
④ 남성 – 정의, 여성 – 친밀감
⑤ 남성 – 우정, 여성 – 배려

> 길리건(C. Gilligan)의 도덕성 발달이론
> • 남성의 도덕성 : 개인의 권리와 독립성을 강조하는 정의 도덕성
> • 여성의 도덕성 : 인간관계와 상호 의존성, 책임을 강조하는 배려 도덕성

10 콜버그(L. Kohlberg)의 도덕발달이론에서 집단따돌림 가해자가 무서워서 그에 동조하는 청소년에게 해당하는 단계는?

① 벌과 복종 지향 단계
② 도구적 상대주의 지향 단계
③ 착한 아이 지향 단계
④ 법과 질서 지향 단계
⑤ 사회계약 지향 단계

콜버그(L. Kohlberg)의 도덕성 발달이론

제1수준 전인습적 수준 (4~10세)	제1단계 타율적 도덕성	• 처벌과 복종을 지향한다. • '힘이 곧 정의다', '적자생존'과 같은 힘의 원리를 지향한다.
	제2단계 개인적·도구적 도덕성	• 상대적 쾌락주의에 의한 개인의 욕구충족을 지향한다(도구적 상대주의 지향). • 자기 자신을 가장 우선적으로 생각한다.
제2수준 인습적 수준 (10~13세)	제3단계 대인관계적 도덕성	• 다수 의견에 따른 개인 상호 간의 사회적 조화를 지향하며, 사회적 인습에 따른다. • 착한 소년·소녀를 지향한다.
	제4단계 법·질서·사회체계적 도덕성	• 현존하는 법률, 질서와의 일치 여부에 따라 도덕성을 판단한다. • 사회질서 유지를 위해 법에 복종해야 한다는 점을 중시한다.
제3수준 후인습적 수준 (13세 이상)	제5단계 민주적·사회계약적 도덕성	민주적 절차로 수용된 법을 존중하는 한편, 법을 상호 합의에 의한 것으로 인식하고 변경 가능성을 인정한다.
	제6단계 보편윤리적 도덕성	성문화된 법체계뿐만 아니라 개인의 양심과 보편적인 윤리원칙에 따라 옳고 그름을 인식한다.

11 다음 보기의 내용과 같이 주장한 학자는?

> 부모-자녀 관계의 중요성을 강조했던 다른 정신분석이론가와 달리 청년기 발달에서 친구관계의 역할을 강조하였고, 몇몇 친한 동성친구와 친밀한 관계를 형성하는 것을 '단짝관계(Chumship)'라 칭하였다.

① 설리반(H. S. Sullivan)
② 브레이너드(C. Brainerd)
③ 브론펜브레너(U. Bronfenbrenner)
④ 호나이(K. Horney)
⑤ 에릭슨(E. Erikson

> 설리반(H. Sullivan)은 부모-자녀 관계의 중요성을 강조했던 다른 정신분석이론가와 달리 청년기 발달에서 친구관계의 역할을 강조하였고, 몇몇 친한 동성친구와 친밀한 관계를 형성하는 것을 '단짝관계(Chumship)'라고 하였다.

12 친사회적 행동에 관한 설명으로 옳지 않은 것은?

① 이타성이 행동으로 나타난 것을 말한다.
② 다른 사람보다 자신의 욕구에 더 관심을 갖는다.
③ 이타적 자기도식과 관련성이 높다.
④ 사회적 조망수용능력과 높은 관련성이 있다.
⑤ 아동기에 연령과 함께 증가하며 인지능력의 발달을 반영한다.

> 친사회적 행동은 다른 사람에게 이익을 주는 개인의 사회적 반응이다.

13. 셀만(R. Selman)의 조망수용 발달단계 중 (가) 단계에 관한 설명으로 옳은 것은?

미분화된 조망수용 → 사회정보적 조망수용 → (가) → 제삼자적 조망수용 → 사회관습적 조망수용

① 자신과 상대방의 입장에서 벗어나 제삼자의 입장에서 자신과 상대방이 어떻게 보일지 상상할 수 있다.
② 자신의 생각, 감정, 행동을 다른 사람의 입장에서 볼 수 있으며, 다른 사람도 이렇게 할 수 있음을 알게 된다.
③ 자신과 타인이 다른 생각과 감정을 가진다는 사실을 알지만 종종 혼동한다.
④ 사람들이 다른 정보를 가지고 있으면 다른 조망을 가지게 된다고 생각한다.
⑤ 제삼자의 입장이 사회적 가치체계의 영향을 받을 수 있음을 이해한다.

> 셀만(R. Selman)은 사회적 조망 단계를 0단계 미분화된 조망수용, 1단계 사회정보적 조망수용, 2단계 자기반성적 조망수용, 3단계 제삼자적 조망수용, 4단계 사회관습적 조망수용의 총 5단계로 구분하였다.
> ② 2단계 자기반성적 조망수용 단계에서는 다른 사람의 입장에서 자신의 생각과 행동을 조망할 수 있다.
> ① 3단계 제삼자적 조망수용 단계
> ③·④ 1단계 사회정보적 조망수용 단계
> ⑤ 4단계 사회관습적 조망수용 단계

14. 동물행동학적 이론과 애착에 관한 설명으로 옳지 않은 것은?

① 종 특유의 행동은 유기체의 생존가능성을 높이며 진화의 산물이다.
② 어떤 동물이 생후 특정 시기에 어떤 대상을 뒤따르거나 그 대상의 특정 행동을 습득하게 되는 것을 각인이라고 한다.
③ 동물행동학은 모든 문화권의 인간이 공통적으로 갖는 발달의 생물학적 뿌리를 탐색하는 데 도움이 된다.
④ 아기의 미소짓기와 옹알이, 귀여움은 아기를 보살피는 어머니의 모성행동을 유발하는 중요한 유발자극이다.
⑤ 보울비(J. Bowlby)는 애착을 측정하기 위해 '낯선 상황 실험장치'를 고안하였다.

> 보울비(J. Bowlby)는 영아의 안정애착이 인간의 건강한 발달에 결정적인 요인이라는 이론을 주창하였다. 에인즈워스(M. Ainsworth)가 애착이론을 더 발전시켰는데, 그 대표적 연구가 '낯선 상황'이라 불리는 실험이다.

15 애착 이론에 관한 설명으로 옳은 것은?

① 회피애착아는 주양육자에 대한 분리불안이 높다.
② 저항애착아는 주양육자에게 양가적 태도를 보인다.
③ 보울비(J. Bowlby)는 낯선 상황 실험을 고안해 애착을 측정하였다.
④ 에인즈워스(M. Ainsworth)는 애착형성을 4단계로 분류하였다.
⑤ 할로우(H. Harlow)는 새끼 조류의 행동을 연구해 각인 개념을 제시하였다.

> ② 저항애착아는 주양육자에게 접촉 추구와 함께 분노나 저항을 보이면서도 곁에 머무르려고 하는 양가적 행동을 보인다.
> ① 회피애착아는 주양육자에게 별다른 반응을 보이지 않으며, 양육자가 밖으로 나가더라도 울지 않는다.
> ③ 에인즈워스(M. Ainsworth)는 낯선 상황 실험을 고안해 애착을 측정하였다.
> ④ 보울비(J. Bowlby)는 애착형성을 4단계로 분류하였다.
> ⑤ 로렌츠(K. Lorenz)는 새끼 조류의 행동을 연구해 각인 개념을 제시하였다. 할로우(H. Harlow)는 원숭이 대리모 실험을 통해 애착발달의 주요 요인이 수유욕구의 총족만이 아니라 접촉위안에 있음을 발견하였다.

16 애착에 관한 설명으로 옳지 않은 것은?

① 할로우(H. Harlow)와 동료들은 원숭이 대리모 실험을 통해 접촉의 중요성을 발견하였다.
② 영아가 지니고 있는 귀여운 모습은 애착을 이끌어내는 한 요인이 된다.
③ 낯선이 불안과 분리불안은 주양육자에 관한 인지적 표상이 형성되었음을 말해준다.
④ 양육자와 분리될 때 아동이 보이는 반응은 양육방식의 문화적 차이로 인해 달라질 수 있다.
⑤ 양육방식은 애착형성에 결정적인 영향을 주지만, 아동의 기질은 애착형성에 영향을 주지 않는다.

> 애착은 주양육자와 아동 간에 맺어진 강한 정서적 유대를 말하는 것으로서, 양육방식(태도), 아동의 기질에 따라 서로 다른 애착을 형성한다.

17 바움린드(D. Baumrind)의 부모양육 유형에 관한 내용이다. (   )에 들어갈 내용으로 옳은 것은?

○ (ㄱ) 부모는 애정 수준은 높으나 통제수준은 낮다.
○ (ㄴ) 부모는 애정과 통제 수준이 모두 높다.

① ㄱ - 권위 있는(Authoritative), ㄴ - 권위주의적(Authoritarian)
② ㄱ - 허용적(Permissive), ㄴ - 권위주의적(Authoritarian)
③ ㄱ - 허용적(Permissive), ㄴ - 권위 있는(Authoritative)
④ ㄱ - 무관심한(Neglecting), ㄴ - 허용적(Permissive)
⑤ ㄱ - 무관심한(Neglecting), ㄴ - 권위주의적(Authoritarian)

바움린드(D. Baumrind)의 4가지 자녀양육 유형

권위 있는 부모	자녀의 독립심을 격려하며 훈육 시 논리적으로 설명하고 애정과 통제를 모두 갖춘 부모이다.
권위주의적 부모 (독재형)	부모는 자녀에게 무조건적인 규칙을 따르도록 하지만, 자녀가 원하는 것에는 상당히 둔감한 유형이다.
허용적 부모	부모는 자녀에게 애정적이지만, 단호한 제한을 설정하지 못한 채 자녀의 요구사항을 거의 수용한다. 즉 일관성 없는 훈육을 하고 자녀에 대한 통제가 거의 없다.
방임적 부모	부모는 애정이 없고 무관심하며, 방임적인 부모 밑에서 자란 자녀는 반사회적 성향을 보이고, 청소년기로 갈수록 비행 경향이 높아지는 부정적인 모습을 보이게 된다.

정답 15 ② 16 ⑤ 17 ③

18 콜버그(L. Kohlberg)의 성역할 발달단계를 순서대로 바르게 나열한 것은?

① 성 정체성 – 성 일관성 – 성 안정성
② 성 정체성 – 성 안정성 – 성 일관성
③ 성 안정성 – 성 일관성 – 성 정체성
④ 성 안정성 – 성 정체성 – 성 일관성
⑤ 성 일관성 – 성 정체성 – 성 안정성

콜버그(L. Kolberg)의 성역할 발달	
성 정체성 발달(3세경)	남자와 여자를 범주화하는 능력이 발달한다.
성 안정성 발달(4세경)	남아는 남자 어른이 되고, 여아는 여자 어른이 된다는 사실을 인식한다.
성 항상성(일관성) 발달(6세경)	성이란 놀이, 복장, 외모의 변화에도 불구하고 변하지 않는다는 인식이 생긴다.

19 주의력결핍 과잉행동장애(ADHD)에 관한 설명으로 옳지 않은 것을 모두 고른 것은?

ㄱ. 청소년기에 주로 발병한다.
ㄴ. DSM-5에서 정서장애로 분류된다.
ㄷ. ADHD를 치료할 때에는 중추신경계를 자극하는 약물을 사용한다.
ㄹ. 주로 연령이 높아질수록 과잉행동이 증가하며 주의산만은 감소한다.
ㅁ. ADHD 청소년의 대인관계 기술향상을 위해서는 뇌파치료가 가장 효과적이다.

① ㄴ, ㄷ
② ㄱ, ㄴ, ㄷ
③ ㄱ, ㄹ, ㅁ
④ ㄱ, ㄴ, ㄷ, ㄹ
⑤ ㄱ, ㄴ, ㄹ, ㅁ

ㄱ. 아동기에 많이 나타나는 장애로서, 지속적으로 주의력이 부족하여 산만하고 과다활동, 충동성을 6개월 이상 지속적으로 보이는 상태를 말한다.
ㄴ. DSM-5에서 신경발달장애로 분류된다.
ㄷ. 중추신경계 자극 약물은 뇌의 활성을 증가시켜서 각성상태를 유지하게 한다. 메틸페니데이트(Methylphenidate) 같은 중추신경계 자극 약물은 주의력 부족 장애로 알려진 어린이의 행동질환에서 주의집중 향상에 도움이 된다.
ㄹ. 과다활동은 초기 청소년기로 접어들면서 유의미하게 감소하나, 일부 환자의 경우 지속적인 결함을 보인다.
ㅁ. ADHD에는 약물치료가 효과적이다. 이외에 인지행동치료, 학습향상을 위한 학습치료, 놀이치료 등 다양한 치료를 병행하는 것이 좋다.

20 죄책감과 수치심에 관한 설명으로 옳지 않은 것은?

① 죄책감은 외적 귀인, 수치심은 내적 귀인과 관련된다.
② 죄책감은 자신의 잘못을 보상하도록 동기화한다.
③ 수치심은 타인으로부터 숨거나 피하도록 동기화한다.
④ 죄책감과 수치심은 모두 자의식적 복합정서이다.
⑤ 죄책감은 자기 행동(Doing)에, 수치심은 자기 존재(Being)에 초점을 맞춘다.

> 죄책감과 수치심 모두 내적 귀인과 관련된다.
> **내적 귀인과 외적 귀인**
> • 내적 귀인 : 내적으로 원인을 돌리는 것 예 재능, 노력
> • 외적 귀인 : 외부환경으로 원인을 돌리는 것 예 난이도, 경쟁률, 타인의 상황, 운

21 다음 보기의 설명이 모두 해당되는 이론으로 옳은 것은?

> ○ 자폐스펙트럼 장애를 가진 아동의 사고특성을 보여준다.
> ○ 타인의 욕망과 행위 사이의 연결을 이해할 수 있다.
> ○ 거짓믿음 검사를 활용한다.

① 사회인지이론
② 대인관계이론
③ 인지발달이론
④ 마음이론
⑤ 성역할발달이론

> **마음이론**
> • 우리가 '안다', '생각한다', '느낀다', '바란다'를 언어로 표현하는 등 마음의 상태를 정확하게 이해하는 능력이다.
> • 인간의 행동이 믿음, 바람, 의도와 같은 마음 상태에서 비롯된다는 것을 이해하고, 그 마음의 상태를 추론하는 능력을 말한다.
> • 자폐스펙트럼 장애를 가진 아동들은 마음이론의 결함으로 인해 추상적 · 상징적 학습에 어려움을 겪는다.
> • 마음이론에 대한 연구는 주로 '틀린(거짓) 믿음 과제(False Belief Task)'를 활용한다.

22 다음에서 밑줄 친 '이것'이 설명하는 것은?

- 이것은 한 개인의 행동양식과 정서적 반응유형을 의미하는 것으로 활동수준, 사회성, 과민성과 같은 특성을 포함한다.
- 이것이 사회적 환경과 이루는 '조화의 적합성'은 아동이 유능하고 건강하게 발달하는 데 중요하다.
- 토마스(A. Thomas)와 체스(S. Chess)는 이것을 순한, 까다로운, 반응이 느린 아동의 세 유형으로 구분하였다.

① 기질
② 애착
③ 성격
④ 정체성
⑤ 자기개념

> 기질은 개인의 행동양식과 정서적 반응유형을 의미하는 것으로 활동수준, 사회성, 과민성과 같은 특성을 포함하고 있다. 토마스와 체스(Thomas & Chess)는 9가지 특성을 기준으로 하여 유아의 기질을 순한 유아, 까다로운 유아, 반응이 느린 유아 등 세 유형으로 구분하였다. 또한 '조화의 적합성'은 영아의 기질적 유형과 어머니의 성격 및 양육방식 간의 관계를 나타내는 개념으로서, 아동이 유능하고 건강하게 발달하는 데 중요하다.

23 DSM-5의 주요 및 경도 신경인지장애의 병인에 해당하는 것을 모두 고른 것은?

| ㄱ. 알코올 중독 | ㄴ. 혈관질환 | ㄷ. 파킨슨병 |
| ㄹ. 알츠하이머병 | ㅁ. 외상 후 스트레스 | |

① ㄱ, ㄴ, ㄹ
② ㄱ, ㄷ, ㅁ
③ ㄴ, ㄷ, ㄹ
④ ㄱ, ㄴ, ㄹ, ㅁ
⑤ ㄱ, ㄴ, ㄷ, ㄹ, ㅁ

> DSM-5에 따른 주요 및 경도 신경인지장애의 진단은 병인에 따라 알츠하이머병, 전두측두엽 변성, 루이소체병, 혈관질환, 외상성 뇌손상, 물질/치료약물 사용, HIV 감염, 프라이온병, 파킨슨병, 헌팅턴병, 다른 의학적 상태, 다중 병인 등으로 명시한다.

24. 아동의 발달과정에서 정신적 표상의 사용 증거가 아닌 것은?

① 대상영속성 이해
② 지연 모방
③ 언어 사용
④ 2차 순환반응
⑤ 가상놀이

> 2차 순환반응은 4~10개월에 나타나는 반응으로서, 선천적인 반사를 넘어서 학습을 통해 획득한 반응의 양상을 보이며, 이전에 획득한 반응을 의도적으로 외부환경에 적용하는 것이다.
>
> 정신적 표상(18~24개월)
> - 점차 시행착오적인 행동에서 벗어나 행동하기 이전에 상황에 대해 사고한다.
> - 상상력이 발달하고, 가상놀이 및 언어 사용이 나타난다.
> - 상징적 능력이 발달하여 정신적 표상이 증가한다.
> - 대상영속성(어떤 대상이 더 이상 보이지 않을 때도 그 대상은 계속해서 존재한다는 개념)을 획득한다.
> - 지연 모방(어떤 행동을 목격한 후 바로 모방하는 것이 아니라, 일정한 시간이 지난 후에 그 행동을 재현하는 것)을 나타낸다.

필수과목 01 주관식 단답형 문제

❖ 문제를 읽고 (　　　) 안에 들어갈 단어를 적어주세요.

01 (　　　)은/는 변화에 대한 역량으로 긍정적인 또는 부정적인 삶의 경험에 반응하여 변화할 수 있는 능력을 말한다. 즉, 환경이 정상화되면 위축된 발달이 정상적으로 회복될 수 있는 역량을 말한다.

02 (　　　)은/는 다양한 심리장애를 크게 20가지 범주로 분류하여, 각 범주를 여러 하위 장애로 세분하였다.

03 (　　　)은/는 성염색체 이상으로 X염색체가 1개이며 전체 염색체 수가 45개로서, 외견상 여성이지만, 2차적 성적 발달이 없고 생식력이 없는 것이 특징이다.

04 피아제(Piaget)의 인지발달 이론에 의하면, 유아에게는 어떤 대상이 시야에서 사라지거나 소리가 들리지 않아도 계속 존재한다고 믿는 (　　　)이/가 있다.

05 (　　　)은/는 보상을 제공하여 특정 행동에 대한 반응을 강력하게 하는 것을 말하며,
    (　　　)은/는 더 이상 강화를 받지 못해서 행동이나 반응이 사라지거나 약화되는 것이다.

06 (　　　)은/는 바람직한 효과를 산출하는 행동을 성공적으로 수행할 수 있다는 개인적인 믿음을 말하며, 자신이 행동할지의 여부와 얼마나 오래 수행할 수 있을지를 결정하는 근거가 되기도 한다.

07 (　　　)은/는 상이한 연령의 피험자를 선별하여 이 집단들 각각을 일정 기간에 걸쳐서 연구하는 것으로서, 횡단적 연구와 종단적 연구의 장점들을 혼합하여 연구하는 방법이다.

08 (   )은/는 청소년들이 마치 무대 위의 주인공처럼 자신이 다른 사람들로부터 주의와 관심의 대상이 되고 있다고 믿는 것이다.

09 유아의 사고 특성 중 (   )은/는 유아가 사물을 자신의 입장에서만 보고 다른 사람의 관점을 고려하지 못하는 것을 말한다.

10 길포드(Guilford)가 제시한 지능의 구조는 (   )의 3차원적 입체모형으로 이루어졌다.

정답

01 가소성(Plasticity)
02 DSM-5
03 터너 증후군(Turner's Syndrome)
04 대상영속성
05 강화, 소거
06 자기효율성 또는 자기효능감
07 계열적 연구
08 상상적 청중
09 자아중심적 사고
10 내용, 조작, 결과(산출)

01 기출문항 OX 문제

❖ 문제를 읽고 (　) 안에 맞는 답을 (O / X)로 표기하세요.

01 인간의 발달은 전 생애에 걸쳐 일어나며, 상승적 변화뿐만 아니라 퇴행적 변화도 포함한다.
(　　)

02 프로이트(Freud)는 인간의 행동과 사고의 동기가 되는 것을 성적 에너지로 보았다. (　　)

03 전조작기에 해당하는 아동은 보존의 개념을 완전히 획득한다. (　　)

04 방어기제 중 주지화(Intellectualization)는 무의식적 소망이나 충동을 본래의 의도와 달리 반대되는 방향으로 바꾸는 것이다. (　　)

05 주의력 결핍 과잉행동장애(ADHD)는 과잉행동, 주의력 결핍 그리고 충동성을 주된 증상으로 가지고 있는 질환으로서, 같은 또래의 아동에 비하여 현저하게 부산한 행동을 보이며 안절부절못하고 충동적인 행동을 나타내기 때문에 가정이나 학교생활에 커다란 어려움을 겪을 수 있다. (　　)

06 로저스(Rogers)가 제시한 현상학적 장(Phenomenal Field)은 경험적 세계 또는 주관적 경험으로 불리는 개념으로, 특정 순간에 개인이 지각하고 경험하는 모든 것을 의미한다. (　　)

07 피아제(Piaget)의 도덕성 발달이론에서 타율적 도덕성 단계의 아동은 규칙이 상황에 따라 변경될 수 있다고 생각한다. (　　)

08 영아기는 프로이트의 구강기, 에릭슨의 유아기, 피아제의 전조작기에 해당한다. ( )

09 할로우(Harlow)는 '낯선 상황 실험'을 고안하여 애착에 관한 연구를 하였다. ( )

10 샤이(Schaie)는 성인기 인지발달 단계를 획득 → 성취 → 책임 → 실행 → 재통합으로 제시하였다. ( )

정답 및 해설

01 ○ 02 ○ 03 × 04 × 05 ○ 06 ○ 07 × 08 × 09 × 10 ○

03 전조작기는 보존개념을 어렴풋이 이해하기 시작하지만 아직 획득하지 못한 단계이다. 보존개념을 획득하는 단계는 구체적 조작기에 해당한다.

04 주지화(Intellectualization)는 위협적이거나 고통스러운 정서적 문제를 피하기 위해, 또는 그것을 둔화시키기 위해 사고·추론·분석 등의 지적능력을 사용한다거나 종교, 문학 등의 지적 활동에 몰입함으로써 불안을 회피하려는 것이다.

07 피아제(Piaget) 이론에서 타율적 도덕성 단계의 아동은 '규칙은 절대적이고 고정된 것이며 바뀔 수 없는 것'으로 생각한다.

08 영아기는 프로이트의 구강기, 에릭슨의 유아기, 피아제의 감각운동기에 해당한다.

09 에인즈워스(Ainsworth)는 '낯선 상황 실험'을 고안하여 애착에 관한 연구를 하였다. 할로우(Harlow)는 원숭이 대리모 실험을 통해 애착발달의 주요 요인이 수유욕구의 충족만이 아니라 접촉위안에 있음을 발견하였다.

필수 2과목

집단상담의 기초

- 01 집단상담의 개론
- 02 집단상담의 실제
- 03 청소년 집단상담

적중예상문제

"필수 2과목 집단상담의 기초"의 전체적인 난이도는 응용문제의 증가로 점차 어려워지고 있는 경향을 보입니다. 코리(G. Corey)의 집단상담 단계 및 집단상담자의 특성, 얄롬(I. Yalom)의 치료적 요인, 집단상담의 단계별 과업 등이 자주 등장하고 있으며, 집단상담 기법을 개별 문제로 취급하는 경우도 있었지만, 한데 묶어 여러 기법을 하나의 문제에서 모두 물어보는 경향도 보입니다. 이론과 사례를 연결하여 묻는 문제가 자주 출제되고 있으므로, 집단상담의 이론을 완벽하게 숙지하고, 그 이론을 바탕으로 사례와 연관지어 깊이 있게 학습하시기 바랍니다.

✓ 최근 2024년도 23회 기출키워드

- 집단상담의 개념
- 집단상담의 유형
- 집단상담기술
- 집단상담 평가
- 집단상담자의 윤리적 행동
- 합리적정서행동치료(REBT)의 ABCDE 모형
- 해결중심 집단상담 질문기법
- 집단상담 이론과 목표
- 집단상담 이론
- 집단상담의 이론과 기법의 연결
- 방어 기제
- 심리극 집단상담 단계
- 집단역동
- 집단역동 중 개인 내적 역동
- 코리(G. Corey)의 집단발달단계 중 초기단계의 집단상담사 역할
- 코리(G. Corey)의 집단상담 과도기 단계의 특징
- 집단발달단계
- 집단상담의 종결단계
- 학교의 청소년 집단상담
- 청소년상담사 윤리강령 중 사전동의
- 종결기의 효과적인 개입전략
- 집단원 선정 시 제외해야 할 대상
- 집단상담자의 반응 기술
- 청소년 집단상담자의 공감반응
- 청소년 집단상담의 기법과 효과의 연결

정오표 ▲

CHAPTER 01 집단상담의 개론

중요도 ★★★

핵심포인트
집단상담의 개요 # 집단상담자의 지도성 # 집단상담의 윤리기준
집단상담의 제 이론

01 집단상담의 개요

1 집단상담의 개념과 요건

(1) 집단상담의 개념 16 기출
① 집단상담은 의식적 사고와 행동, 그리고 허용적 현실에 초점을 둔 정화, 상호신뢰, 돌봄, 이해, 수용 및 지지 등의 치료적 기능들을 포함하는 역동적인 상호교류 과정이다.
② 치료적 기능들은 집단원들과 상담자가 하나의 작은 집단에서 사적인 관심거리들을 서로 털어놓고 이야기함으로써 이루어진다.
③ 집단상담에서는 상담자와 집단원들이 상호작용하며 문제해결의 과정을 거친다.
④ 집단상담이란 집단원 개개인의 실제적인 행동의 변화를 가져오는 것이다.
⑤ 집단원들은 가치와 목표를 이해하고 수용하는 능력을 증대시키며, 집단 상호작용을 통해 새로운 태도와 행동을 학습하고 이미 학습한 것 중 바람직하지 못한 것을 소거할 수 있다.
⑥ 집단상담은 다양한 자원 및 인간적 성장을 위한 환경을 제공한다는 점, 실생활의 축소판으로 기능하여 문제를 예방하는 효과가 있고 상담에 대한 긍정적인 인식을 확대한다는 점, 그리고 경제성, 효율성, 실용성의 측면 등에서 강점이 있다.

(2) 집단상담의 요건 16 기출
① 집단상담의 대상
  ㉠ 집단원은 포괄적인 성격의 변화를 요구할 정도로 심한 문제를 가지고 있지 않은, 비교적 정상 범위의 적응수준에 속하는 사람들이다.
  ㉡ 집단원의 주된 대상 문제는 개인의 정상적인 발달과업의 문제들, 또는 정상인의 태도와 행동 변화이다.
  ㉢ 집단원에게 집단의 특성과 목적, 내용 등을 명확하게 안내해야 한다.

② **전문가로서의 상담자** : 상담자는 성공적인 개인상담 경험, 성격 역동에 관한 광범위한 이해, *집단역동에 관한 올바른 이해, 타인과의 의사소통 및 인간관계 형성 능력 등을 갖춘 훈련받은 전문가이다.

> **집단역동**
> 집단원 상호 간, 집단상담자와 집단원 사이에 발생하는 지속적인 상호작용 및 상호관계를 의미한다.

③ **상호신뢰와 무조건적 수용** : 상담집단의 분위기는 신뢰적이고 수용적이어야 한다. 집단원 상호 간에 있는 그대로 자신을 노출하고 자기를 발견할 수 있도록 하며, 자신의 느낌 및 신념과 행동을 용납할 수 있도록 무조건적인 수용이 필수적으로 요구된다.

④ **지속적인 과정** : 집단상담은 역동적인 대인관계의 과정이며, 집단원 상호 간의 계속적인 관계의 과정이다.

⑤ **교정적 정서체험** : 과거에는 다룰 수 없었던 외상 경험의 수정을 위해 집단원을 더 안전하고 지지적인 환경에 노출시키는 것을 뜻한다.

2 집단상담의 목표와 원리

(1) 집단상담의 목표 15 기출

① 집단 전체의 목표와 집단원 개인의 목표 공존
② 자신과 타인에 대한 신뢰감 형성과 자신에 대한 지식 습득 및 정체성 확립
③ 인간의 욕구나 문제들의 공통성과 보편성 인식
④ 자기수용(Self-Acceptance)·자신감·자기존중감 증진 및 자신에 대한 시각 개선
⑤ 정상적인 발달문제와 갈등을 해결하는 새로운 방식 발견
⑥ 자신과 타인에 대한 주도성·자율성·책임감 증진
⑦ 자신의 결정에 대한 자각과 지혜로운 결정 능력 증진
⑧ 효과적인 사회적 기술 학습
⑨ 타인의 욕구와 감정에 대한 민감성 증진
⑩ 타인에 대한 배려와 염려를 바탕으로 한 직면의 기술 습득
⑪ 타인의 기대에 부응하는 태도에서 벗어나 자신의 기대에 부응하는 방식 습득
⑫ 가치관의 명료화, 가치관의 수정 여부 및 수정 방식 결정

> **지식 IN**
>
> **상담목표를 설정할 때 고려해야 할 사항 4가지**
> • 목표는 구체적이어야 한다.
> • 목표는 실현가능해야 한다.
> • 목표는 집단원이 원하고 바라는 것이어야 한다.
> • 집단원의 목표는 상담자의 기술과 양립 가능해야 한다.

(2) 집단상담의 원리 17 기출

① **자기이해** : 자신의 몸과 마음에 관한 모든 것을 사실 그대로(긍정적인 면과 부정적인 면을 포함) 이해하는 것이며, 자신에 대한 이해는 다른 사람에 대한 이해를 촉진시킨다.
② **자기수용** : 이해한 그대로의 자신을 인정하고 받아들이는 것으로서, 자기만을 수용하는 것으로 끝나는 것이 아니라 상대방, 더 나아가 모든 사람이나 자연 현상을 수용할 수 있게 된다.
③ **자기개방** : 자신에 대한 이해와 수용을 통해 자신을 있는 그대로 나타내 보이는 것이며, 타인의 개방을 촉진시켜 상호 이해의 폭을 넓히고, 넓어진 이해와 신뢰를 근거로 더 깊은 자기개방을 하게 한다. 자기개방은 상담 중기 이후에 하는 것이 효과적이다.
④ **자기주장** : 상대방에게 피해를 주지 않으면서 자신이 나타내고자 하는 바를 그대로 나타내는 학습된 행동이다. 이는 자신의 인권을 포함한 권리와 의견 등을 보다 적극적으로 상대에게 알리는 것이다.
⑤ **자기평가** : 현실 속에서 자신의 행동을 의미 있는 기준에 비추어 보는 것으로서, 인과관계 추론을 통해 자신의 행동에 대한 타당성을 평가하며, 자신의 행동이 현실적으로 유효하고 적합한 것인지 검토한다.
⑥ **자기도전** : 새롭게 학습된 행동이나 사고·감정 등을 시도하는 것으로서, 연습을 통해 새로운 행동을 시도하며, 그 결과에 대해 상담자의 객관적인 평가를 받는다.

3 집단상담의 특성

(1) 집단상담의 장점 14 15 16 18 20 기출

① 편안하고 친밀감이 생긴다.
② 대리학습이 가능하다.
③ 구체적으로 실천할 수 있는 경험을 할 수 있다.
④ 현실을 검증해 볼 수 있는 기회를 얻는다.
⑤ 새롭게 터득한 사회기술과 행동을 연습하는 장이 된다.
⑥ 소속감, 연대감, 유대감 및 동료의식과 협동심을 발전시킬 수 있다.
⑦ 새로운 대인관계를 비롯한 여러 경험을 학습할 수 있다.
⑧ 자신에 대한 타인의 지각을 즉각적으로 확인할 수 있다.
⑨ 상담자로서의 역할을 통해 지도성이 확대된다.
⑩ 이야기나 행동을 경청하고 관찰할 수 있다.
⑪ 한정된 시간에 보다 많은 내담자와 상담할 수 있어, 개인상담에 비해 시간과 비용면에서 효율적이다.
⑫ 집단원으로 하여금 개인상담에 응하도록 유도할 수 있다.

(2) 집단상담의 단점 16 18 24 기출

① 개인상담에 비해 개인의 문제를 깊게 다루는 데 한계가 있다(개인작업의 제한성).
② 현실도피의 기회를 제공할 우려가 있다.
③ 변화에 따른 부작용이 나타날 수 있다.
④ 집단의 압력이 오히려 집단에 대한 저항감을 야기할 수 있다.
⑤ 비밀보장이 철저하지 않을 경우 사회적·법적 문제를 야기할 수 있다.
⑥ 집단상담자의 전문성이 부족할 수 있다.
⑦ 집단상담자의 특정한 지도로 인해 오히려 피해를 볼 수 있다.
⑧ 집단원에게 도움이 되더라도 훈련받지 않은 기법은 또 다른 문제를 일으킬 수 있다.

(3) 집단상담이 필요한 경우 15 18 기출

① 여러 사람들을 보다 잘 이해하고, 다른 사람이 자기를 어떻게 보는지를 알아야 할 것으로 판단되는 경우
② 성격, 생활배경 등으로 보아 다른 사람들에 대한 배려와 존경심을 습득해야 할 것으로 판단되는 경우
③ 다른 사람과의 대화를 포함한 사회화 기술의 습득이 필요한 경우
④ 다른 사람과의 유대감, 소속감 및 협동심의 향상이 필요한 경우
⑤ 자기의 관심사나 문제에 대해 다른 사람의 반응 및 조언이 필요한 경우
⑥ 동료나 타인의 이해와 지지가 도움이 되리라고 판단되는 경우
⑦ 자기 문제에 관한 검토·분석을 기피하거나 유보하기를 원하고, 자기 노출에 대해 필요 이상의 위협을 느끼는 경우
⑧ 인정받으려고 노력하고 대인관계에 관심이 많은 경우

(4) 개인상담이 필요한 경우 15 16 18 기출

① 문제가 위급하고, 원인과 해결방법이 복잡하다고 판단되는 경우
② 집단원 본인과 관련 인물들의 신상을 보호하고 비밀을 유지할 필요가 있는 경우
③ 심리검사 결과를 해석해 주는 면담이 필요한 경우
④ 집단에서 공개적으로 발언하는 것에 대해 심한 불안·공포가 있는 경우
⑤ 집단원이 비정상적으로 말하는 것에 두려움을 느끼는 경우
⑥ 상담집단의 동료들로부터 수용될 수 없을 정도로 대인관계가 좋지 못한 경우
⑦ 상담자나 다른 사람들로부터의 주목과 인정을 강박적으로 요구할 것으로 판단되는 경우
⑧ 폭행이나 비정상적인 성적 행동을 취할 가능성이 있는 경우
⑨ 자신의 감정, 동기, 행동에 대한 인식이 매우 부족한 경우
⑩ 반사회적이거나 주의산만하고 충동적 행동을 하는 경우
⑪ 자아가 와해된 경우나 극도로 의존적이거나 의심이 심한 경우
⑫ 극도로 예민하고 정신적으로 병적인 경우

(5) 집단상담과 개인상담의 유사점

① 집단원의 자기이해를 촉진한다.
② 생활상의 문제 해결을 돕는다.
③ 집단원의 자기공개, 자기수용이 중요하다.
④ 이해하고 허용하는 상담분위기의 조성과 유지가 필요하다.
⑤ 사적인 정보의 비밀을 보호한다.
⑥ 상담자의 기법 면에서 집단원이 이야기한 것을 비판하지 않고, 의미를 요약하며 더 분명하게 해주는 기법을 사용한다.

(6) 집단상담, 집단지도, 집단치료, 집단훈련의 비교

집단상담	• 중심은 어떤 주제가 아닌 집단원 개개인 자체이다. • 집단원 개인의 행동 변화와 성장이 중심이다. • 정상적이고 발달적인 문제를 주로 취급한다. • 자기이해의 증진, 태도의 변화 및 직업선택과 관련하여 일어나기 쉬운 갈등 등을 취급한다. • 개인적 · 정서적 문제의 해결에 치중한다. • 집단원 간의 상호작용을 통해 집단원의 감정 및 행동양식을 탐색한다. • 집단상담의 규모는 보통 5~15명 또는 6~12명이며, 상담횟수는 5~25회 정도이다.
집단지도	• 주로 학교 등에서 이루어지며, 교육적 경험의 내용을 주제로 취급한다. • 정보를 제공하고 전달하는 일종의 직접적 · 인지적 과정이다. • 직접적인 정보의 획득, 새로운 문제에 관한 오리엔테이션, 학생활동 및 계획 실천, 직업 및 교육적 결정에 필요한 자료수집 활동에 직접 관여한다. • 적극적이고 예방적 입장을 취한다. • 집단지도의 규모는 10~60명 또는 최대 100~300명이며, 상담횟수는 1~8회 정도이다.
집단치료	• 임상적으로 훈련된 전문가가 정신적 · 성격적 장애를 일으킨 집단원들의 교정 · 치료를 하는 과정이다. • 무의식적 동기에 관심을 기울인다. • 주로 성격장애의 문제를 다룬다. • 현재나 미래보다는 과거(즉, 부정적 행동의 원인)에 더 강조점을 둔다. • 보다 깊은 수준의 성격구조의 변화에 관여하는 과정이다. • 현재의 문제나 병을 해결하고 치료하는 데 관심을 기울인다. • 집단치료의 규모는 4~8명이며, 상담횟수는 10~50회 정도이다.
집단훈련	• 어떤 특정한 영역에 대한 기술을 익히는 과정으로 구성된다. • 집단지도와 집단상담의 중간 영역에 해당하며 양자의 특성을 공유한다. 즉, 집단훈련은 집단지도처럼 공동의 목적을 가지는 동시에 집단상담처럼 집단원 개인의 문제에 접근한다. • 집단원들에게 필요한 기술을 체계적으로 교육하고 연습시키는 과정이 포함된다. • 집단훈련의 규모는 보통 8~30명 정도이며, 훈련기간은 4~12회, 1회에 2~3시간 정도로 한다. • 취업면접 훈련, 발표력 · 창의력 훈련, 사회성 훈련, 감수성 훈련, T-집단 등이 대표적이다.

02 집단상담자의 지도성

1 집단의 리더십

(1) 리더십의 의의 및 구성요소
① 리더십의 의의
  ㉠ 리더십은 '지도성'을 의미하는 것으로서 '직위로서의 리더십'과 '능력으로서의 리더십'으로 나타난다.

직위로서의 리더십	어떤 상황에 대한 통제 책임 및 지도·관리의 역할을 부여받은 직위를 의미
능력으로서의 리더십	집단원 간의 관계에 영향을 미쳐 집단지도자 또는 집단상담자가 의도한 바람직한 방향으로 이끄는 재능 및 기술을 의미

  ㉡ 리더십은 조직 또는 집단의 공동 목표를 달성하기 위해 집단원들이 목표지향적인 행동을 할 수 있도록 집단의 상호작용을 돕는 지도자의 영향력 있는 행동이라 할 수 있다.
② 리더십의 구성요소 : 지속성, 타협성, 창의성, 관대함, 시간관리 등이 있다.

> **지식 IN**
>
> **리더십의 다양한 정의(스톡딜, Stogdill)**
> - 활동 및 행동
> - 집단과정의 초점
> - 권력 관계
> - 상호작용 효과
> - 복종 유도의 기술
> - 조직 또는 집단의 주도 및 유지
> - 목표달성의 수단
> - 퍼스낼리티와 그 효과
> - 영향력의 행사
> - 분화된 역할
> - 설득의 기술

(2) 리더십의 이론적 접근
① 특성이론 또는 자질이론(Trait Theory)
  ㉠ 리더십이 어떤 사람은 가지고 있고, 또 다른 사람은 가지고 있지 않은 개인적 특성에서 나타나는 것이라고 가정하며, 지도자들이 가지는 공통요소를 규명하고자 한다.
  ㉡ 리더로서 개별적인 동시에 공통적인 요소를 가지고 있다면, 그가 처해 있는 상황이나 환경이 바뀌더라도 항상 리더가 될 수 있다.
  ㉢ 효과적인 리더의 자질로는 활력 및 인내심, 설득력, 결단력, 지적 능력, 책임감 등이 있다.
  ㉣ 리더는 신체적·배경적·인지적·성격적·사회적·과업적인 면에서 특별한 특성을 가진다. 특히 신체적·배경적 특성이 비교적 선천적인 데 반해, 인지적·성격적·사회적·과업적 특성은 후천적으로 학습될 수도 있다.

신체적 특성	연령, 신장, 체중, 외모 등
배경적 특성	교육수준, 사회적 지위, 가족적 배경, 사교적 관계 등
인지적 특성	판단력, 표현력, 결단력 등
성격적 특성	자신감, 독립성, 지배성(독점성), 공격성(자극성) 등
사회적 특성	대인관계기술, 관리능력, 협조성, 청렴성, 권력욕구 등
과업적 특성	책임감, 솔선력, 지구력, 문제해결능력, 성취욕구, 안정욕구 등

② 행동이론(Behavior Theory)
  ㉠ "지도자는 어떤 행동을 하며, 어떻게 행동하는가?"라는 관점에 초점을 두고 적합한 지도자의 행동 유형을 규명하고자 한다.
  ㉡ 효과적인 지도자는 집단원의 자존감을 높여주며, 그들과 상호협력적인 관계를 맺는다. 또한 집단원들의 입장을 고려한 의사결정을 하며, 과업수행의 목표를 구체적으로 설정한다.
  ㉢ 아이오와대학, 오하이오주립대학, 미시간대학의 연구, 블레이크와 머튼(Blake & Mouton)의 관리망 연구 등이 대표적이다.

아이오와대학 연구	지도자의 행위 유형을 집단의 태도 및 생산성의 관점에서 '권위적 리더', '민주적 리더', '자유방임적 리더'로 구분하였다. • 권위적 리더 : 계획 수립에서 정책 결정에 이르기까지 지도자가 단독으로 결정 • 민주적 리더 : 필요한 정보를 확인하여 계획을 수립하며, 활동과정 및 정책 결정을 집단의 결정에 맡김 • 자유방임적 리더 : 집단원들에게 제반 활동과정을 일임하며, 자신이 임의대로 구체적인 계획이나 정책 결정을 내리지 않음
오하이오주립대학 연구	리더십 행동의 구성요소로서 '구조성(구조 주도)'과 '배려성(배려 주도)'을 제시하였으며, 구조성과 배려성이 낮은 경우 불평수준과 이탈율이 높다고 보았다. • 구조성 : 구성원들에 대한 지시적 행동, 역할의 명확화, 업무성과에 대한 질책 및 독려 등을 특징으로 함 • 배려성 : 지도자의 우호적·지원적 행동, 구성원들의 이해관계 대변, 개방적 의사소통 등을 특징으로 함
미시간대학 연구	리더십의 유형으로 '직무 중심적 리더십'과 '구성원 중심적 리더십'을 제시하였다. • 직무 중심적 리더십 : 세밀한 감독과 합법적이고 강제적인 권력을 활용함 • 구성원 중심적 리더십 : 인간지향적이고 책임의 위임과 구성원의 복지 및 욕구, 개인의 성장에 관심을 가짐
블레이크와 머튼의 관리망 연구	• 오하이오 연구를 발전시킨 것으로서, 횡축과 종축을 따라 각각 9개의 위치로 설정된 관리망을 통해 총 81종의 합성적 리더십 유형을 제시하였다. • 특히 네 모퉁이와 중앙 등 기본적인 5개의 리더십 유형으로 방임형 또는 무기력형(1,1), 인간중심형 또는 컨트리클럽형(1,9), 생산지향형 또는 과업형(9,1), 중도형(5,5), 이상형 또는 팀형(9,9)을 강조하였다.

③ 거래적-변혁적 리더십이론(Transactional-Transformational Leadership Theory)
  ㉠ 안정을 지향하는 유형과 변화를 지향하는 유형, 즉 거래적 리더십과 변혁적 리더십으로 구분한다.
  ㉡ 거래적 리더십이 기존의 리더십 이론에서 제시된 일반적인 리더의 특징에 해당한다면, 변

혁적 리더십은 조직구성원에 대한 보다 깊은 관심과 함께 기존의 문제에 대한 새로운 접근방식을 통해 조직구성원의 변화를 이끌어내는 리더의 특징을 말한다.
ⓒ 거래적 리더십이 성과에 대한 적절한 보상, 규칙에 의한 관리, 의사결정에 있어서의 자유방임을 특징으로 하는 반면, 변혁적 리더십은 카리스마와 영감, 조직구성원에 대한 개인별 고려 및 지적 자극 등을 특징으로 한다.
ⓔ 거래적 리더십은 업무 할당, 업무결과 평가, 의사결정 등의 일상적인 역할에 주력하는 반면, 변혁적 리더십은 조직의 합병, 신규부서 조직, 조직구성원의 능력 발전, 새로운 조직문화 창달 등을 주도한다.

④ 상황이론(Situational Theory)
㉠ 상황이론은 지도자의 행동은 상황에 따라 달라질 수 있다는 가정에 기초하고 있다. 즉, 그 때의 상황이 지도자의 행동을 결정하는 요인이 된다고 보고, 상황이 달라짐에 따라 다른 리더십이 요청될 수도 있다고 보는 입장이다.
㉡ 리더십에 영향을 미치는 상황으로는 지도자가 속한 집단, 집단목표, 구조, 성격, 사회문화적 요인, 시간적·공간적 요인 등을 들 수 있다.
㉢ 피들러(Fiedler)의 상황적합 이론, 하우스(House)의 목표-경로 이론, 첼라두라이(Chelladurai)의 다차원 이론 등이 대표적이다.

상황적합 이론	• 리더십의 유형을 '과업지향적 리더십'과 '관계지향적 리더십'으로 구분하였으며, LPC(Least-Preferred Coworker) 척도를 고안하였다. • LPC 평점이 높은 사람은 배려 또는 인간관계 중심적·대인관계 지향형 리더로 간주되며, LPC 평점이 낮은 사람은 과업지향형 리더로 간주된다.
목표-경로 이론	• 지도자의 특성보다는 상황과 지도자의 행동에 초점을 맞추어 리더십을 지시적·지지적·참여적·성취지향적 리더십으로 분류하였다. • 상황변수로서 부하의 특성과 근무환경적 특성을 고려하면서 효과적인 리더의 행동에 대해 설명하였다.
다차원 이론	• 지도자의 특별한 행동이 특정 상황에 매우 효율적이라는 가정에 기초한다. • 집단의 수행 및 구성원의 만족도에 따라, 상황이 요구하는 행동(요구된 행동), 실제 리더가 취하는 행동(인지된 행동), 집단원이 좋아하는 리더의 행동(선호된 행동)으로 구분한다. • 특정 상황이 요구하는 행동을 리더가 취하는 경우, 집단의 수행 및 집단원의 만족도가 매우 높다.

2 집단상담자의 자질 15 16 17 기출

(1) 인간적 자질

① 개방적 태도
㉠ 새로운 경험, 자신의 것과는 다른 유형의 삶과 그 가치를 기꺼이 수용하는 자세이다.
㉡ 개방적 태도는 집단원들의 자기개방에 동기를 부여한다.

ⓒ 개방적 태도를 지닌 집단상담자의 특징 : 쉽게 위협을 느끼지 않고, 쉽사리 정서적으로 불안해 하지 않으며, 집단원의 긍정적 피드백은 물론 부정적 피드백도 솔직하게 다룬다.
② 타인의 복지에 대한 관심
ㄱ 다른 사람의 복지에 관심이 깊은 것이다.
ㄴ 집단상담자가 자신의 이익을 위해 집단을 이용하지 않는 것이기도 하다.
③ 유머감각
ㄱ 치료 측면에서 집단원들에게 웃음을 안겨줄 수 있는 말이나 행동을 할 수 있는 능력이다.
ㄴ 웃음을 통해 집단원의 문제를 새로운 각도에서 조망해 볼 수 있다.
ㄷ 유머의 효과
- 공유된 경험을 구축한다.
- 창의성을 발휘할 수 있게 한다.
- 큰 저항 없이 금기시되던 주제를 다룰 수 있게 한다.
- 마치 양념과 같은 기능이 있어서 통찰을 촉진한다.
- 긴장을 감소시키고, 심리적인 중압감에서 잠시 벗어나게 한다.
ㄹ 유머의 사용은 상대에 대한 존중, 배려, 돌봄이 전제되어야 한다.
④ 심리적 에너지
ㄱ 집단원 개개인을 이해하고 그들의 욕구를 충족하기 위해 활용되는 역동적 자원을 말한다.
ㄴ 이러한 자원은 전문가로서의 카리스마로 이어지기도 한다.
⑤ 창의성 : 상담 및 심리치료 관련 이론들을 토대로 다양한 창의적 기법과 활동 및 작업전략을 창출하여 집단상담에 적용할 수 있는 능력이다.
⑥ 자기수용
ㄱ 자기를 있는 그대로 받아들이며 인정하는 것, 자신의 강점뿐만 아니라 약점까지도 받아들이며 인정하는 것이다.
ㄴ 내면에 대한 깊이 있는 반성과 성찰이 선행되어야 한다.
⑦ 집단상담에 대한 사명의식 : 집단상담은 집단원들에게 봉사하도록 부름을 받은 사람이 집단원들을 사랑하는 마음으로 수행하는 성스러운 행동이라는 사명감을 느끼는 것이다.
⑧ 공감적 이해 능력
ㄱ 공감적 이해란 집단원들의 감정을 함께 느끼고 이해한 것을 언어 및 비음성 언어로 나타내는 것으로서, 상대방의 감정을 함께 경험하고 나누는 것을 말한다.
ㄴ 꼭 공감을 해야 하는 것이 아니라, 집단상담자 자신이 집단원을 이해하고자 하고, 이러한 욕구를 집단원에게 전달하는 것이다.
⑨ 자발적 모범
ㄱ 집단원들의 행동 변화를 위해 자발적으로 모범을 보이는 것이다.
ㄴ 집단상담자가 개방적 태도, 수용적 자세, 적극적 경청, 자기개방, 타인에 대한 존중과 배려, 즉각적인 긍정적 피드백 등을 몸소 실천함으로써, 집단원들에게 대리학습의 기회를 제공하는 것이다.

지식 IN

코리(Corey)의 집단상담자의 인간적 특성 22 기출

유머	자신에 대해 웃을 수 있고, 자신의 인간적인 취약점을 유머와 함께 드러낼 수 있는 능력
개인적 힘	자신이 타인에게 미치는 영향력을 인식하며, 집단원들의 역량을 강화시키는 것
용기	상담자라는 역할 뒤에 숨지 않고, 실수를 인정하며 자신의 통찰과 신념에 따라 행동하는 것
함께함	자신의 감정을 자각하고 표현하며, 집단원들과 마음을 함께 나누는 것
집단 과정에 대한 신뢰	집단의 치료적 힘을 믿고 집단 내에서 발생하는 갈등을 조정하기 위해 노력하는 것
창의성	의식으로 굳어진 기법이나 습관화된 진행방식을 탈피하고, 새로운 아이디어로 집단을 진행하는 것

(2) 전문적 자질

① 개인상담 경험
　㉠ 내담자로서의 경험 : 개인상담을 통해 자기이해, 즉 상담자가 되고자 하는 동기탐색과 더불어 상담의 필요성과 그 효과를 몸소 체험해 볼 수 있다.
　㉡ 상담자로서의 경험 : 상담자로서 집단원에 대해 개인상담을 직접 실시함으로써 새로운 사람을 만나 치료적 대화를 나누는 일에 자신감을 느끼게 되고, 이러한 자신감은 집단원들과의 치료적 의사소통과 인간관계 형성·유지 기술로 전이되어 집단작업의 촉매가 된다.

② 집단상담 경험

자기탐색 집단	예비 집단상담자로서 개인적인 문제에 직면해봄으로써 자기탐색과 자기이해를 높이는 데 도움을 준다.
교육지도 실습 집단	• 예비 집단상담자의 교육과 훈련을 목적으로 운영되는 집단이다. • 구성원들의 피드백에 대한 자신의 반응, 경쟁심, 인정욕구, 질투심, 불안, 타인에 대한 감정, 공동리더나 집단원들과의 힘겨루기 등과 같은 집단운영에서의 다양한 쟁점을 배운다.
집단상담 실습	• 수련감독자의 지도·감독하에 예비 집단상담자가 단독 혹은 공동 리더로서 실제 집단원들로 구성된 집단을 이끌어 보는 일련의 과정을 말한다. • 집단상담자가 되기 위해 반드시 참여해야 하는 필수과정이다.

③ **집단계획 및 조직능력** : 집단의 목적부터 평가에 이르기까지 구체적·체계적 계획을 수립하고, 전체 일정을 조직할 수 있는 역량이 있어야 한다.
④ **상담 및 심리치료 이론에 관한 지식** : 상담이론에 관한 해박한 지식을 임상적으로 적용할 수 있는 능력을 갖추어야 한다.
⑤ **인간에 관한 폭넓은 식견** : 집단원의 발달과정에 따른 과업을 신체적·인지적·심리사회적·성격적·문화적·도덕적 측면에서 조망할 수 있어야 한다.

3 공동지도력

(1) 공동지도력(협동상담, 공동리더십)의 의의 14 15 16 20 기출
① 둘 혹은 그 이상의 집단상담자가 협력해서 함께 상담하는 경우를 말한다.
② 집단원이 10명을 넘어 혼자서 모두를 관찰하거나 비언어적 의사소통의 메시지를 파악하기 어려울 때는 협동상담자를 둔다.
③ 협동상담은 둘 혹은 그 이상의 집단상담자가 동등하게 주 상담자로서 역할을 분담할 수도 있고, 한 사람이 주 상담자, 다른 한 사람이 보조 상담자로서의 역할을 담당할 수도 있다.
④ 남성 상담자와 여성 상담자일 때 그 역할이 보완적이어서 집단에 도움이 된다.
⑤ 공동상담자의 이론적 배경이 같아야 집단에 도움이 되며, 공동상담자의 인간적 성향과 이론적 배경이 상반될수록 집단응집력이 저하되어 집단에 도움이 되지 않는다.
⑥ 집단상담의 효과성 향상을 위해 공동지도력을 활용하는 것도 좋지만, 그로 인해 발생할 수 있는 지도자들 간 갈등 등의 문제를 충분히 유념해야 한다.

(2) 공동지도력(협동상담, 공동리더십)의 장·단점 14 15 16 21 기출
① 장 점
　㉠ 한 상담자가 직접 집단활동에 참여하거나 집단을 지도하는 동안, 다른 상담자는 집단 전체를 객관적인 입장에서 관찰할 수 있으므로, 집단원의 상호작용을 관찰할 수 있는 범위가 넓어진다.
　㉡ 한 상담자는 과업목표에 치중하고, 다른 상담자는 사회적·정서적 문제에 집중하는 식으로 역할을 분담함으로써, 집단활동을 효율적으로 이끌어 갈 수 있다.
　㉢ 두 상담자 간의 상호작용을 통해 집단원들에게 시범을 보임으로써, 집단원 간 갈등상황에서 적절한 갈등 해결방법의 모델이 될 수 있다.
　㉣ 두 상담자 간의 피드백을 통해 서로 다른 관점에서 상호작용할 수 있으므로, 집단 내 전문성 향상을 가져올 수 있고, 각자의 전문성을 적절하게 활용할 경우 집단역동을 활성화시킬 수 있다.
　㉤ 서로 다른 관점을 교환함으로써 더욱 효과적인 방안을 모색할 수 있다.
　㉥ 집단원의 전이 반응을 촉진할 수 있다.
　㉦ 공동지도자가 참석해 있으므로, 역전이를 어느 정도 방지할 수 있다.
　㉧ 정신역동적 집단에서는 상담자의 역전이 반응을 다른 상담자가 점검할 수 있다.
　㉨ 집단원의 욕구를 충족하기 위한 역할을 구조화하는 기회를 얻는다.
　㉩ 상담자의 신체적·정서적 소진을 감소시킬 수 있다.
　㉪ 한 집단상담자가 부득이하게 불참할 경우 다른 집단상담자가 집단상담을 진행할 수 있다.
　㉫ 초보 지도자의 훈련에 가장 효과적인 방법이 될 수 있다.

② 단 점
- ㉠ 상담자들이 각자 자신의 역할과 기능을 제대로 발휘하지 못하는 경우, 치료적 역할모델로서 기능할 수 없다.
- ㉡ 상담자들이 자신의 입장을 고수하거나 상대방의 능력을 인정하지 않는 경우, 권력다툼이나 갈등·경쟁관계가 발생할 수 있다.
- ㉢ 상담자들 간 화합이 이루어지지 않은 채 의견충돌이 일어나면 집단이 양극화될 수 있다.
- ㉣ 한 상담자가 집단원들과 결탁하여 다른 상담자에 대항할 수 있다.
- ㉤ 절친한 상담자들의 경우, 자신들의 사적인 문제를 해결하기 위해 집단을 이용할 수 있다.
- ㉥ 집단의 유지 및 발전에 지장을 초래하기도 하며, 비용도 많이 든다.

(3) 집단상담에서 공동지도자의 올바른 행동 23 기출

① 집단 회기 전후에 공동지도자와 집단에 대한 계획과 소감, 서로의 협력에 대해 논의한다.
② 집단계획, 세부목표, 규범에 대해 협의하고 결정한다.
③ 공동지도자들이 회기별·상황별로 적절하게 역할을 나누어 수행한다.
④ 공동지도자는 서로 마주 보고 앉는 것이 바람직하다.
⑤ 한 상담자가 개입 활동에 주력할 때, 다른 상담자는 집단원 관찰에 주의를 기울인다.
⑥ 공동지도자 간 경쟁관계는 집단응집력을 저하해 집단에 도움이 되지 않는다.

03 집단상담의 윤리기준

1 집단상담 전문가 윤리규준의 필요성

(1) 서비스 수혜자와 전문가 보호 18 기출

① **서비스 수혜자 보호** : 전문가 윤리규준은 우선 서비스 수혜자를 보호하기 위해 필요하다. 집단원의 변화에 초점을 두면서 집단원들의 권리를 보호·존중하는 동시에 집단의 권리도 함께 존중될 수 있도록 해야 한다. 또한 집단의 성격과 목표, 특성 등을 집단원들에게 분명하게 안내해야 한다.
② **전문가 보호** : 수혜자뿐만 아니라 전문가 자신을 위해서도 필요하며, 전문가는 스스로의 행동규범을 정하고 그것에 따르려고 노력함으로써 전문가집단 전체를 존속시킨다.

(2) 전문가에 대한 신뢰와 자율성 확보

① 일반인들에게 전문가의 활동이 그가 속한 지역사회의 사회적 규범이나 도덕적 기대에 대한 세심한 배려를 바탕으로 수행될 것이라는 확신을 갖도록 돕는다.
② 전문가 윤리규준은 전문가의 자율권을 확립하는 데 필수적이다.

2 집단상담에서의 윤리적 문제

(1) 상담전문가 윤리규준의 기본원칙

① 높은 윤리의식 유지
② 미세한 오류에 대한 관심
③ 집단원의 존엄성 존중과 복지 증진
④ 독립적 존재로의 인정과 협조관계 형성
⑤ 집단원 권리 존중
⑥ 다양성 존중

> **지식 IN**
>
> **집단원(집단상담 참가자)의 권리** 19 22 기출
> - 참가 동의를 거부할 수 있는 권리
> - 폐쇄집단인 경우라도 나갈 수 있는 권리
> - 비밀을 보장받을 권리
> - 강요나 부당한 압력을 받지 않을 권리
> - 성장을 위해 집단의 자원을 사용할 수 있는 동등한 대우와 기회를 가질 권리
> - 자신이 기대한 것이 나타나지 않았을 때 집단을 떠날 권리

(2) 집단상담 전문가 윤리규준의 구체적 쟁점들 14 15 16 17 22 24 기출

① 집단 참여와 관련된 쟁점 18 20 기출

사전동의 절차의 문제 24 기출	• 집단상담 전문가는 상담이 시작될 때나 상담과정 전체에 걸쳐 사전에 집단원과 협의함으로써 상호 간의 동의를 이루어야 한다. • 집단상담에 대해 집단원이 충분한 설명을 듣고 선택할 수 있도록 적절한 정보를 제공해야 하며, 여기에는 상담의 목적과 목표, 상담에서 사용할 기법, 상담서비스로부터 얻을 수 있는 이익과 상담의 한계, 상담 중에 발생할 수 있는 위험, 집단상담자와 집단원 모두의 권리와 책임 등에 대한 정보가 포함된다. • 아동·청소년 집단상담에서 18세 이하의 경우, 부모의 동의를 얻는 것이 법적으로 규정되어 있는 것은 아니다. 단, 만 14세 미만의 경우에는 법정대리인이 동의서를 작성해야 한다. • 집단원이 자발적으로 참여를 희망할 경우에도 사전동의 절차를 밟는다.
비자발적인 참여의 문제 23 기출	• 집단원은 집단상담 참여 여부에 대해 선택할 권리가 있으며, 집단원의 자발적인 참여는 곧 상담에 대한 집단원의 동기와 직결되기 때문에 집단상담이 성공적으로 운영되기 위한 필수조건이다. • 집단상담자는 우선 집단원들이 자신의 선택권이 제한되는 부분에 대해서 설명을 들을 자유와 권리가 있다는 점을 이해하고, 강제적으로 집단상담을 하게 된 것에 대해 참여자 자신의 느낌과 생각 및 불편한 감정을 이야기하는 기회를 주어야 한다. • 적극적인 집단참여가 집단 밖의 삶에 다방면으로 영향을 줄 수 있다는 사실 등이 집단원에게 명료하고 충분하게 전달되도록 각별히 많은 노력을 기울여야 한다. • 집단의 성격과 목표, 집단에서 적용할 절차, 특정 활동을 거부할 집단원의 권리, 비밀유지의 한계 등을 안내한다. • 집단원으로서의 책임과 권리를 인식할 수 있도록 한다. • 감당할 수 있을 만큼의 자기개방을 하도록 안내한다. • 집단상담을 완료하지 못할 경우 어떤 결과가 초래되는지 안내한다.

② 비밀보장과 관련된 쟁점 14 15 16 18 19 20 기출
　㉠ 상담자는 집단원의 사생활이 보호되고, 불법적인 정보유출이 이루어지지 않도록 필요한 조치를 강구해야 한다. 또한 동일한 학급에 소속된 집단원들을 대상으로 한 청소년 집단상담의 경우 비밀유지의 문제를 더 중요하게 다뤄야 한다.
　㉡ 집단상담자는 문서 · 사진 · 컴퓨터 파일 등의 형태로 된 집단원의 정보와 비밀보장의 한계, 정보를 얻어야 하는 목적 및 활용에 대해 집단원(집단원이 어릴 경우 부모, 법적 보호자) 등에게 구체적으로 알려야 한다.
　㉢ 녹음이나 녹화를 할 경우 집단원의 허락을 받아야 하며, 관계법령에서 따로 정한 경우를 제외하고는 집단원의 동의 없이 상담의 기록을 제3자나 기관에 공개하지 않는다.
　㉣ 집단원의 정보를 공개할 경우에는 사전에 동의를 구하며, 꼭 필요한 최소한의 정보만 공개한다.
　㉤ 집단원을 대상으로 실시된 연구의 결과물은 해당 집단원의 요구가 있는 경우에는 다른 집단원과 관련된 사적인 정보를 제외하고 제공하도록 한다.
　㉥ 집단원의 사생활과 비밀은 상담기관의 다른 상담전문가, 사무원, 자원봉사자들로부터도 보장되도록 최선의 노력을 다해야 한다.

지식 IN

비밀보장의 한계 19 20 기출

다음과 같은 경우에 집단상담자는 집단원의 비밀을 사전동의 없이 관련자에게 공개할 수 있다.
- 집단원이나 집단원 주변인에게 닥칠 위험이 분명하고 위급한 경우
- 법원의 명령이 있는 경우
- 집단원의 생명이나 사회의 안전을 위협하는 경우 예 약물 남용 등
- 집단원에게 감염성이 있는 치명적인 질병이 있을 경우

③ 상담관계와 관련된 쟁점 19 20 기출
　㉠ 집단상담자는 상담의 내용과 특성에 따라 집단원과 다양한 관계방식을 맺을 수 있다. 원칙적으로 집단상담자는 집단원과 평등관계가 이루어지도록 하며, 특히 상담의 시작에서 종결에 이르기까지 조력관계를 지속하는 것이 바람직하다.
　㉡ 집단상담자는 상담의 과정에서 집단원과 단순하고 직업적인 관계만을 맺는 것은 아니다. 집단상담자가 집단원과 가지게 되는 이중관계는 윤리적인 문제를 야기할 수 있는 반면, 상담과정을 유연하게 할 수도 있다.
　㉢ 집단상담자와 집단원 간 성적 이중관계는 전문적인 상담관계를 해칠 수 있다.
　㉣ 이중관계의 범위에는 집단원뿐만 아니라 수퍼바이저와의 관계도 포함된다.
　㉤ 종결단계에 이르는 경우, 집단원은 그로 인한 감정적 반응을 보이게 된다. 집단상담자는 종결에 대한 감정을 다루고 변화가 지속될 수 있도록 유도해야 한다.
　㉥ 상담료는 잠재적 집단원들의 재정 상태와 지위를 고려하여 결정한다.

      ⓢ 다른 전문가에게 상담을 받고 있는 잠재적 집단원에게는 그 전문가에게 집단참여 사실을 알리도록 조언해야 한다.
  ④ 상담자의 능력과 관련된 쟁점
      ㉠ 집단상담자는 자신의 능력에 대해 정확하게 평가하고 있어야 한다. 자신의 능력을 평가한다는 것은 상담자 스스로 자신감을 가지고 집단원에게 도움을 제공할 수 있는 문제영역의 경계와 자신이 사용하는 기법의 유형 등에 대해 잘 알고 있어야 한다는 의미이다.
      ㉡ 집단과 관련된 훈련이나 교육, *수퍼비전을 받는 등 집단상담자로서의 최소한의 준비와 자격을 갖춘 후에 진행해야 하며, 전문가로서 가져야 할 능력의 수준과 영역을 유지·확장해 나가야 한다.

> **수퍼비전**
> 어떤 목적을 달성하기 위해 전문적·기술적 지식과 경험 등을 전수받는 것이다.

      ㉢ 집단상담자는 자신이 제공하는 상담서비스의 효과에 대해서도 지속적으로 점검해야 한다.
      ㉣ 집단상담자는 윤리규준을 이행해야 할 의무가 있으며, 자신의 신체적·정신적·정서적 결함이 집단원이나 다른 사람들에게 해를 줄 우려가 있는 경우 전문적 서비스를 제공하지 않아야 한다.
  ⑤ 집단상담에서 경험할 수 있는 심리적 위험과 관련된 쟁점
      ㉠ 집단상담은 다수의 집단원들이 상담의 전 과정에 함께 참여하므로, 개인상담에 비해 심리적인 위험에 더 많이 노출되어 있다.
      ㉡ 집단의 압력에 의해 개인의 주도적인 선택권이나 자율권을 포기하게 되는 경우가 있다.
      ㉢ 집단상담 중에는 때로 집단원에게 익숙한 사회적 규범과 다른 행동을 요구하기도 한다.
      ㉣ 과도한 개방이나 새로운 경험으로 인해 집단원에게 급작스러운 심리적 혼란이 일어날 수 있다.
      ㉤ 강력한 집단경험을 한 후, 그들 자신의 생활뿐만 아니라 그들의 주변 사람들의 생활에까지 영향을 미쳐 무분별한 중대 결단을 내리는 경우가 있다.
      ㉥ 집단상담자는 집단이나 집단원들을 비윤리적으로 조종할 수 있고, 또한 집단원의 개인적인 관심과 이익에 반대되는 행위를 할 수 있는 위치에 있다.
      ⓢ 집단상담자는 집단원들 스스로에게도 비밀보장에 대한 윤리적 책임이 있다는 사실을 주지시켜야 한다.
  ⑥ 집단상담 및 치료의 잠재적인 위험 23 기출
      ㉠ 집단상담자의 과도한 힘의 사용
      ㉡ 집단원의 사적인 삶의 무분별한 공유
      ㉢ 희생양 만들기
      ㉣ 집단원의 한계를 넘어서는 직면

3 윤리적 문제의 해결을 위한 절차

(1) 윤리적 문제의 해결을 위한 필수 절차 15 기출
① 윤리적 문제나 딜레마가 있는지 확인한다.
② 현재 상황에서 문제가 되는 중요한 가치와 원리가 무엇인지 확인한다.
③ 전문가적인 판단에 비추어볼 때, 지금 초점이 되는 주제와 딜레마에 가장 관련성이 깊은 가치나 윤리적 원칙부터 순서를 정한다.
④ 딜레마 상황에 가장 핵심적인 가치와 일치하는 행동계획을 세운다.
⑤ 가장 적절한 기법과 기술을 가지고 계획을 실행한다.
⑥ 집단원의 자료를 연구·교육·출판의 목적으로 사용할 때, 집단원의 신원이 드러나지 않도록 신상정보를 삭제 또는 익명으로 하거나 자료를 변형하여야 한다.
⑦ 청소년상담사는 퇴직, 이직 등의 이유로 상담을 중단하게 될 경우 기록과 자료를 적절한 절차에 따라 기관이나 전문가에게 양도한다.
⑧ 지금까지 내린 윤리적인 결정들의 효과를 검토한다.

(2) 윤리적 문제의 전문적 해결을 위한 고려사항
① 청소년상담사는 자신의 사례에 대해 보다 나은 전문적 상담을 위해 집단원의 동의를 구한 후, 집단원에 대해 사실적이고 객관적인 정보만을 사용하여 동료나 수퍼바이저에게 자문을 구하고 지도·감독을 철저히 받는다.
② 주변으로부터의 도움과 지지를 구해야 한다.
③ 정확한 판단은 시간이 걸린다는 점을 기억해야 한다.

지식 IN

르웬버그와 돌고프(Loewenberg & Dolgoff)의 윤리적 원칙에 따른 우선순위

윤리원칙 1 (생명보호의 원칙)	인간의 생명보호가 다른 모든 원칙에 우선한다.
윤리원칙 2 (평등과 불평등의 원칙)	인간은 개개인의 능력과 권력에 따라 동등하게 또는 차별적으로 취급받을 권리가 있다.
윤리원칙 3 (자율과 자유의 원칙)	인간의 자유와 자율에 대한 권리는 소중하지만, 무제한적인 것은 아니다.
윤리원칙 4 (최소 해악·손실의 원칙)	집단원의 특정문제 해결을 위해 부득이 대안을 선택할 수밖에 없는 경우, 언제나 집단원에게 최소로 유해한 것을 선택한다.
윤리원칙 5 (삶의 질 원칙)	삶의 질을 긍정적인 방향으로 발전시킬 수 있도록 선택이 이루어져야 한다.
윤리원칙 6 (사생활 보호와 비밀보장의 원칙)	집단원의 인격과 사생활 보호를 위해 집단원의 비밀은 보호되어야 한다.
윤리원칙 7 (진실성과 정보 개방의 원칙)	상담자는 집단원에게 진실된 태도를 유지해야 하며, 관련 정보는 공개해야 한다.

04 집단상담의 제 이론

1 정신분석 접근

(1) 의의 및 특징
① 인간심리에 대한 구조적 가정 및 여러 가지 형태의 부적응 행동에 대한 역동적 이해 등의 이론적 배경에 기초를 둔다.
② 인생의 초기 경험을 중시하며, 무의식 혹은 심층에 숨어 있는 문제의 원인을 분석하여 그것을 의식의 세계로 노출시킴으로써 자아의 기능을 강화한다.
③ 건전한 성격이란 자아(Ego)가 초자아(Superego)와 원초아(Id)의 기능을 조정할 능력이 있어서 적절한 심적 균형을 유지하는 것을 말한다.
④ 정신분석적 모형은 집단활동을 통해 과거의 일을 재경험하도록 하므로, 무의식적 갈등을 의식화하게 하여 그 갈등을 해소할 수 있는 경험의 기회를 제공하는 것을 목표로 한다.
⑤ 집단정신분석은 무의식적 심리과정과 동기에 대한 이해를 촉진하고, 역사적인 근거를 탐색함으로써 현재의 문제행동을 해결하는 것을 치료의 초점으로 삼는다.
⑥ 무의식적 자료에 접근하기 위해 환자들의 관념이나 느낌, 환상 등을 우선 거리낌 없이 자유롭게 표현하도록 하는 방법을 사용한다.
⑦ '지금-여기'보다 '그때-거기'에 더 주의를 기울인다.

(2) 집단상담 기술 [20] [기출]
① **자유연상**: 집단원의 무의식적 감정과 동기를 통찰하기 위해 마음속에 떠오르는 것을 의식의 검열을 거치지 않은 채 표현하도록 격려한다.
② **해석**: 해석을 통해 상담자와 집단원은 집단에서 일어나는 여러 가지 행동의 숨은 의미에 대해 통찰을 얻게 된다. 집단원의 저항이나 전이 등이 해석의 주요 대상이 된다.
③ **전이**: 애정, 욕망, 기대, 적개심 등 과거 중요한 사람에게 가졌던 감정을 상담자에게 표현하도록 격려한다.
④ **저항의 분석**: 집단원이 무의식적 내용의 의식화에 따른 불안감에서 벗어나도록 하여 집단원의 갈등을 해소하고 상담의 진행을 원활히 한다.
⑤ **꿈의 분석**: 집단원의 꿈 속에 내재된 억압된 감정과 무의식적인 욕구를 꿈의 내용을 분석함으로써 통찰하도록 한다.

(3) 정신분석 집단상담에서 나타나는 저항의 종류 [14] [15] [22] [기출]
① 자주 늦게 도착하거나 전혀 나타나지 않는 것
② 자기만족 혹은 무관심한 태도를 유지하는 것
③ 과도하게 지적으로 말하려 하는 것
④ 집단에서 남을 도와주려는 과장된 욕구를 나타내는 것

⑤ 비협조적이며 과장되게 행동하는 것
⑥ 단순한 사회활동을 위해 집단을 이용하는 것
⑦ 자기를 개방하는 대신 타인의 문제만을 다루려 하는 것
⑧ 관찰자의 자세를 취하거나 남을 의식하는 것
⑨ 침묵을 지키거나 도움받을 문제가 없는 것처럼 행동하는 것

(4) 집단상담자의 역할과 기능

① 코리와 코리(M. Corey & G. Corey)에 의한 집단상담자의 역할
  ㉠ 전이와 저항에 대해 항상 주의를 기울인다.
  ㉡ 적절한 때에 집단원에게 해석해 주고, 언어화를 통해 통찰하도록 돕는다.
  ㉢ 집단원들이 어린 시절의 경험을 재생할 수 있도록 돕는다.

② 슬라브슨(Slavson)에 의한 집단상담자의 기능
  ㉠ 지도적 기능 : 집단이 뚜렷한 목적이나 결론 없이 지나치게 피상적인 대화의 수렁에 빠져 헤어날 수 없는 상황이 되었을 때, 집단상담자는 숨은 주제를 지적해 주어 표면화시키는 지도적 기능을 수행한다.
  ㉡ 자극적 기능 : 억압, 저항, 정서적 피로, 혹은 흥미의 상실 등으로 인해 그 집단이 무감각 상태에 빠지거나 활기를 상실했을 때 집단상담자는 자극적 기능을 수행한다.
  ㉢ 확충적 기능 : 집단의 의사소통이나 상호작용이 한 영역에 고착되어 있을 때, 이를 확장시키는 데 힘쓴다.
  ㉣ 해석적 기능 : 집단상담자는 해석적 기능을 잘 이행할 수 있어야 한다. 해석이란 집단원들의 마음 속에 숨은 무의식을 의식화시키려는 집단상담자의 노력으로 볼 수 있다.

(5) 정신분석적 집단상담의 진행단계

제1단계 예비적인 개별분석	• 각 집단원과 개별적인 면담을 통해 집단상담에 적합한 자아를 지니고 있는지를 살펴본다. • 현재의 어려움, 집단참여 목적, 인생에서의 소망, 자신의 장·단점에 대한 신념 등을 탐색하여 집단원의 성격구조를 인식하고, 각 집단원의 문제에 일차적인 진단을 내린다.
제2단계 꿈과 환상을 통한 촉진관계의 정립	• 잠자는 동안에는 방어기제가 휴식상태에 들어가면서, 평소에 억압되었던 욕망과 감정이 의식의 표면에 떠오르게 된다. • 꿈이나 환상을 이야기하면 꿈속의 주요 소재(등장인물, 무대)에 관한 자유연상을 시키고, 이를 토대로 의식하지 못하고 있던 소망 및 충동의 발산기제 등을 해석해 준다. • 이렇게 무의식적 자료를 정리함으로써, 집단원이 자신의 내면세계와 문제영역에 대해 통찰을 얻도록 도와주는 것이다.
제3단계 저항의 분석	• 저항은 상담의 진전을 방해하고, 상담자에게 협조하지 않으려는 집단원의 무의식적 행동을 말한다. • 집단원이 저항하는 이유는 자신의 억압된 충동이 노출되었을 때 느끼게 되는 불안으로부터 자아를 보호하기 위함이다.

제4단계 전이의 분석	• 분석적 집단상담에서 가장 중요한 것은 전이의 발견, 분석 및 해결이다. • 전이는 무의식적 갈등과 관련 있는 타인, 즉 과거에 중요하게 생각했던 사람에 대한 정서적 반응(감정)이 상담자를 향해 나타나는 것이다. • 전이의 분석은 집단원들이 다른 집단원과 상담자에게 자기의 부모나 형제 및 다른 중요 인물들의 특성을 투사하는 정도를 각 구성원이 깨닫게 하는 것이다. • 이 단계를 성공적으로 통과하기 위해서는 상담자 및 다른 구성원들의 해석에 의해 자신의 전이행동에 대한 통찰을 획득하고 전이감정을 해소해야 한다.
제5단계 훈습 15 21 기출	• 정신분석 집단상담은 강박적이고 반복적인 행동들이 더 이상 나타나지 않도록 장기간의 훈습과정을 거치는 것을 특징으로 한다. • 훈습은 자기 내면의 문제를 인식하고, 일상적인 생활 속에서 자기를 변화시키려는 노력을 끊임없이 하는 과정이다. • 집단상담자는 집단원들이 획득한 통찰을 생활의 여러 측면에서 검증하도록 하며, 이를 실제 생활에 옮기도록 조력한다. • 훈습에 의해 집단원들의 변화된 행동이 안정수준에 이르게 되면 종결을 준비한다.
제6단계 재교육 및 사회적 통합	• 집단원이 현재의 여러 대인관계기술 및 사회적 능력들을 검토하고 확인하는 것이다. • 집단원들에게 집단상담을 통한 긍정적인 효과가 지속적으로 나타나도록 재교육하며, 사회의 일원으로서 발전할 수 있도록 돕는다.

2 개인심리학 접근 19 기출

(1) 의의 21 기출

① 아들러(Adler)가 개발한 성격이론과 심리치료 이론체계로서, 아들러식 상담이론이라고도 한다.
② 결정론적 인간관에 반대하여 생물학적 본능보다는 사회적인 면을, 성격의 무의식적인 면보다는 의식적인 면을 강조하였다.
③ 인간은 주로 성적 동기보다 사회적 충동에 의해 동기화되는 사회적 존재로, 자기의 삶을 결정하는 창조적인 능력을 가진 존재라고 하였다.
④ 모든 인간의 행동은 목표지향적이므로, 그 개인을 이해하기 위해서는 그의 목표가 무엇인지를 알아야 한다고 하였다.
⑤ 인간의 목표로서 열등감의 보상과 우월성의 추구를 제시하고, 우월성 개념을 자기완성 또는 자기실현의 의미로 사용하였다.
⑥ 집단에 대한 소속감을 강화하여 타인과의 일체감과 연대감을 촉진한다.
⑦ 집단상담에 있어서 집단이 인간행동의 본보기를 제공하며, 이를 통해 집단원은 자신에 대한 통찰을 발달시킨다고 보았다.
⑧ 집단원의 친밀감 형성과 열등감에 대한 인식의 변화를 강조하며, 새로운 행동에의 시도를 위해 두려움을 극복하도록 돕는다.

(2) 주요 개념

① **열등감과 보상**
  ㉠ 사람들은 신체적 열등감을 극복하려고 훈련과 연습을 통한 보상적 노력을 하게 되는데, 이러한 노력은 한 개인에 있어 괄목할 만한 성공을 가져다주기도 하지만, 이러한 시도가 성공적으로 이루어지지 못했을 경우 병적인 열등감에 머물게 될 수도 있다.
  ㉡ 개인은 신체의 열등감뿐만 아니라 심리적·사회적인 무능력감으로부터 생기는 주관적인 열등의식도 보상하고자 한다.

② **우월성의 추구**
  ㉠ 열등감에 대한 보상의 노력은 결국 우월성의 추구라는 개념으로 연결되며, 아들러는 인간이 추구하는 궁극적인 목적을 바로 우월성의 추구로 보았다.
  ㉡ 여기서 우월성의 추구는 열등감을 극복한다는 소극적인 입장에서 더 적극적인 향상과 완성으로 나아가는 것을 의미한다. 즉, 자기완성 또는 자기실현의 의미로 사용한다.

③ **사회적 관심**
  ㉠ 사회적 관심을 집단원의 정신건강의 중요한 준거로 삼는다. 이상적인 공동사회의 목표를 달성하고자 개인의 목표를 사회적 목표로 전환하는 것으로서, 사회적 관심이 발달함에 따라 열등감과 소외감이 감소된다.
  ㉡ 타인의 안녕에 대한 개인의 헌신을 기본으로 하는 정신건강을 설명해 주며, 이타주의·사회적 행동·대인 상호 간의 접촉에 대한 요구 등과 같은 구성 개념을 지니게 된다.

④ **생활양식**
  ㉠ 개인심리학에서 개인의 지각·신념·감정은 그 개인의 생활양식에 기초하여 이루어지기 때문에 집단원의 생활양식을 이해해야 한다.
  ㉡ 생활양식이란 개인의 행동과 습관에서부터 타인 및 사회에 대한 태도 등 삶에 전반적으로 적용되고 상호작용하는 통합된 양식(개인의 신념체계 및 개인이 자신의 삶을 이끌어갈 수 있게 하는 감정·행동방식·목표·신념·태도 등)을 말한다.
  ㉢ 개인은 자신의 생활양식을 통해 문제들에 대처하는 방법, 목표를 추구하는 방법 등을 결정한다.
  ㉣ 생활양식의 유형은 '사회적 관심'과 '활동수준'에 따라 지배형, 획득형, 회피형, 사회적으로 유용한 형이 있다.

⑤ **창조적 자아**
  ㉠ 창조적 자아는 인간이 스스로 자신의 삶을 만들어나가는 존재라는 것을 의미한다.
  ㉡ 개인은 자신에게 주어진 유전적 조건과 삶의 다양한 경험을 통한 현상을 자신의 관점으로 해석함으로써 스스로 성격을 구축한다.

⑥ **가상적 목표**
  ㉠ 개인이 추구하는 궁극적 목표는 현실에서는 검증되지 않은 가상의 목표이다.
  ㉡ 가상의 목표는 미래에 실재하는 어떤 진실을 의미하는 것이 아니라, 진실이라고 믿는 일종의 미래에 대한 기대를 말한다.

⑦ 출생순위(가족형상) : 사회적 요인이 성격에 미치는 영향을 강조하면서, 개인의 가족 내 출생순위가 생활양식 형성에 영향을 준다고 하였다.
⑧ 공동체감
  ㉠ 인간은 공동체감 형성과 사회적 관심 없이는 열등감 극복, 정신의 발달, 문화의 발달 등이 절대 불가능하다.
  ㉡ 공동체감은 인간이 사회적 존재로 살아갈 때 삶의 과제를 해결할 수 있는 동기를 제공한다.
  ㉢ 집단상담을 통해 개인이 소속감을 갖게 하는 것을 목표로 한다.

(3) 상담의 과정 15 16 22 기출

① 제1단계 : 상담(치료)관계 형성 단계
  ㉠ 상담자와 집단원은 우호적이며 대등한 관계를 형성해야 한다.
  ㉡ 상담자는 집단원과 대등한 관계를 맺을 수 있도록 상호신뢰와 존경을 바탕으로 노력해야 한다.
  ㉢ 상담자는 집단원과 함께 협동하여 상호 동의하에 목표를 설정하고 목표 달성을 위하여 노력해야 한다.
  ㉣ 상담자에 의한 허용적이고 온화한 분위기 속에서 집단원은 자신이 수용되고 있다는 사실을 느낄 것이며, 처음으로 자신의 열등감을 공개할 수 있게 될 것이다.

② 제2단계 : 분석·사정 단계 18 기출
  ㉠ 집단원의 역동성을 탐색하고 분석한다.
  ㉡ 집단원의 부적절한 생활양식을 파악하고, 집단원의 신념·감정·동기·목표를 이해한다.
  ㉢ 일과 사회적 상황에서 어떻게 기능하고 있는가를 조사한다.
  ㉣ '지금-여기'에서 행동하는 방식 이면에 숨겨진 동기를 다룬다.
  ㉤ 생활양식 조사에 포함되는 주요 내용

가족 구도	• 가족 구도에서 차지하는 심리적 위치를 파악한다. • 출생순위, 형제에 대한 진술, 형제의 속성에 대한 분석, 형제들과의 상호 관계, 부모에 관한 내용으로 구성되어 있다.
초기기억 회상 (어린 시절의 회상, Early Recollections) 탐색 23 기출	• 아들러는 한 개인이 어린 시절부터 기억하는 사건은 그 개인이 현재 주로 가진 관심과 긴밀히 연결되어 있다고 하였다. • 초기기억 회상은 일종의 투사기법으로, 초기기억과 현재의 개인이 어떻게 연결되어 있는지를 파악하여 그 개인을 이해하고자 하는 것이다. • 초기기억 회상 기법을 사용하는 목적은 자기, 타인, 세상, 윤리적 입장에 대한 개인의 확신을 탐색하고자 하는 것이다.

③ 제3단계 : 해석 · 통찰 단계
  ㉠ 상담자는 집단원의 진술에 대한 해석을 통해 집단원의 자각과 통찰을 돕는다.
  ㉡ 상담자는 집단원이 자신의 생활양식, 현재의 심리적인 문제, 잘못된 신념, 즉 '기본적 오류'를 깨닫도록 해주고, 그것이 어떻게 해서 집단원에게 문제가 되는지를 해석해 준다.
  ㉢ 상담자는 집단원의 언행의 불일치, 이상과 현실 간의 불일치 등에 대해 직면함으로써 집단원이 자신에 대한 통찰을 얻을 수 있도록 해야 한다.
  ㉣ 해석을 통하여 특히 집단원의 장점을 지적하고 격려해야 한다.
④ 제4단계 : 재정향(Reorientation) 단계
  ㉠ 해석을 통해 획득된 집단원의 통찰이 실제 행동으로 전환하게 하는 재교육 단계, 원조 단계이다.
  ㉡ 집단원이 자신의 비효율적인 신념과 행동에 대한 대안을 선택하여 변화를 추구한다.
  ㉢ '마치 ~인 것처럼'과 같은 행동지향적 기법을 자주 사용한다.
  ㉣ 집단원이 자기 행동의 의미와 자기가 추구하는 목표를 이해하게 되면, 대안으로 어떤 행동을 해야 할지를 알고 결정하게 된다.
  ㉤ 집단원은 과거의 잘못된 신념 · 행동 · 태도를 버리고 새로운 생활양식을 갖게 되며, 궁극적으로 상담의 목표인 사회적 관심을 가질 수 있도록 도움을 받는다.
  ㉥ 새로운 결정이 이루어지고 목표가 수정된다.

(4) 집단상담의 기술 14 20 기출

① 즉시성 : 현재 이 순간에 무엇이 일어나고 있는지를 다루는 기법이다. 이것은 집단원으로 하여금 상담시간에 일어나는 것이 일상생활에서 일어나는 것의 표본이라는 점을 깨닫도록 돕는 것이다.
② 충고하기 : 충고를 활용하되, 집단원의 의존성을 부추기지 않도록 해야 한다. 그리고 집단원의 자기지도력과 자립능력을 격려하도록 조심하면서 충고를 해야 한다.
③ 격려하기 : 집단원으로 하여금 성장을 위한 모험을 시도할 수 있도록 하며, 내적 자원을 개발하도록 용기를 북돋워 준다.
④ 수렁(악동) 피하기 : 사람들이 흔히 빠지는 함정과 난처한 상황을 피하도록 돕는다. 집단원의 자기 파괴적인 행동을 변화시키기 위해 예측하지 못했던 새로운 방식을 제안할 수 있다.
⑤ 역설적 의도(개입) : 문제 또는 증상에 대한 집단원의 저항에 대항하지 않고 문제에 편승하게 하는 기법이다. 즉, 원하는 대로 하게 하고, 그 결과에 대한 책임이 집단원 자신에게 있다는 사실을 알게 한다.
⑥ 시범 보이기 : 상담자는 집단원에 대해 사회적 관심의 대표자로서, '진실한 인간, 완전한 인간'이 아닌, 실수할 수 있는 '보통의 인간'으로서의 역할을 보여주어야 한다. 결국 상담자는 집단원이 모방하려는 가치를 행동으로 나타내 보여야 한다.

⑦ '마치 ~인 것처럼' 행동하기 : 집단원이 바라는 행동을 실제 장면이 아닌 허구 장면에서 '마치 ~인 것처럼' 해보게 하는 것 또는 바람직한 자신의 모습을 상상하고, 실제로 그렇게 해보도록 요청하는 것이다. 상담자는 집단원 자신이 원하는 역할을 할 수 있도록 역할놀이 상황을 설정하고 역할을 실제로 수행한 후 무슨 일이 일어났는지를 보고하도록 한다.

⑧ 단추 누르기 : 집단원에게 유쾌한 경험과 유쾌하지 않은 경험을 번갈아 가면서 생각하도록 하고, 각 경험과 관련된 감정에 관심을 가지도록 하는 것이다. 이 기법의 목적은 집단원에게 그들이 무엇을 생각할지를 결정하여 자신이 원하는 감정은 무엇이든지 만들어낼 수 있다는 사실을 가르치려는 것이다.

⑨ 수프에 침 뱉기 : 집단원의 자기패배적 행동 뒤에 감춰진 의도나 목적을 드러내 밝힘으로써 집단원이 그 행동을 하는 것을 주저하게 하는 기법이다. 집단원의 행동과 흡사한 행동을 재현하여 집단원 자신의 부정적인 행동을 종식하도록 한다.

⑩ 타인을 즐겁게 하기 : 사회적 관심의 상실은 집단원을 실망시키는 주요 요인 중의 하나이기 때문에, 상담자는 집단원에게 밖으로 나가 다른 사람을 위해 좋은 일을 하라고 지시한다. 이 방식은 집단원을 사회적인 주 흐름 속으로 되돌아오도록 촉진한다.

⑪ 스스로 억제하기 : 집단원이 원하지 않는 행동을 하고 있는 순간에 상담자가 정신적인 '억제 신호'들의 목록을 제공하여 집단원의 모습이나 행동을 억제하게 하는 방법이다.

⑫ 과제부여 : 집단원의 문제해결을 위하여 치료자가 특정한 과제를 개발하여 집단원에게 이를 부과하고 이행하도록 함으로써, 집단원이 성공감을 맛보고 새로운 일에 자신감을 갖고 도전할 수 있도록 하는 기법이다.

(5) 집단상담자의 역할

① 집단상담자는 집단원의 부적절한 생활방식이나 목표를 수정하도록 돕는다.
② 사회적 관심을 집단원의 정신건강을 나타내는 중요한 준거로 삼고, 사회적 관심을 증진시켜 사회구성원으로서 기여하도록 돕는다.
③ 집단에서 상호존중에 기초를 둔 공감적 관계를 수립하여 집단원들이 타인도 자신과 비슷함을 느끼도록 하며, 집단이 집단원을 격려하고 서로에게 더 나은 대안과 새로운 선택을 할 수 있도록 분위기를 조성한다.
④ 집단상담을 통해 개인이 소속감을 얻게 하는 것을 목표로 한다.

3 행동주의 접근

(1) 의의 16 기출

① 정서적 학습에 초점을 둔 파블로프(Pavlov)의 학습개념과 함께 *유관강화를 통해 관찰 가능한 행동의 변화에 초점을 둔 스키너(Skinner)의 방법에 기초한다. 전자는 '행동주의적 심리치료', 후자는 '행동수정'이라고 한다.

> **유관강화**
> 목표로 하는 반응 시 강화를 제공함으로써, 반응과 강화 간에 일정한 인과관계가 형성되도록 하는 것이다.
> ↔ 비유관강화

② 기본적으로 집단원의 행동을 변화시키려는 목적에서 고안된 것이다.
③ 문제란 학습과정을 통해 습득된 부적응 행동에 불과하므로, 그 부적절한 행동을 제거하고 보다 적절한 새로운 행동을 학습하도록 도움을 주는 과정이 바로 '상담'이다.
④ 모방에 의한 사회적 학습 또는 관찰학습이론이 집단상담에 효과적으로 적용될 수 있다.
⑤ 행동주의 상담에서 행동시연은 사회성을 기르는 데 유용하다.

(2) 집단상담의 기술

① 행동을 강화하는 기술
   ㉠ 정적강화(Positive Reinforcement) : 바람직한 행동이 계속될 때마다 보상해 줌으로써 그 행동을 강화시키는 기법이다.
   ㉡ 부적강화(Negative Reinforcement) : 바람직한 행동을 할 때마다 싫어하는 것을 제거해 줌으로써 그 행동을 강화시키는 방법이다.
   ㉢ 차별강화(Differential Reinforcement) : 여러 가지 행동 중 어느 하나만을 선택하여 강화하는 방법이다.
   ㉣ 행동조형(Shaping) : 목표 행동을 여러 단계로 나누고 강화하여, 그 행동에 점진적으로 접근하게 하는 방법이다.
   ㉤ 간헐강화(Intermittent Reinforcement) : 어떤 행동이 발생할 때마다 강화하지 않고, 강화물의 투입시기와 방법을 다르게 하여 부분적으로 강화하는 방법이다.
   ㉥ 모델링(Modeling) : 어떤 대상을 모델로 하여 그 모델의 행동을 모방하도록 함으로써 그대로 해낼 수 있도록 하는 방법이다.
   ㉦ 행동계약(Behavior Contracts) : 일정한 목표를 정해놓은 후 그 목표의 달성 여부에 따라 강화물을 제공하는 방법이다.
   ㉧ 토큰경제체제(Token Economy System) : 바람직한 행동을 구체적으로 미리 정해놓고, 이를 수행하였을 때 약속한 토큰을 줌으로써 행동을 강화하는 방법이다.
   ㉨ 프리맥의 원리(Premack's Law) : 빈도가 높은 행동은 빈도가 낮은 행동에 대해서 강화력을 갖는다는 원리이다.

② 행동을 약화시키는 기술
  ㉠ 소거 : 바람직하지 못한 행동에 강화를 주지 않음으로써 그 출현빈도를 줄이는 방법이다.
  ㉡ 양립할 수 없는 행동의 강화 : 양립할 수 없는 두 개의 행동 중 하나를 강화해 줌으로써, 다른 하나를 약화시키는 방법이다.
  ㉢ 체계적 둔감법/탈감법(체계적 과민성 제거)
    - 혐오스러운 느낌이나 불안한 자극에 대한 위계목록을 작성한 다음, 낮은 수준의 자극에서 높은 수준의 자극으로 상상을 유도함으로써 혐오나 불안에서 서서히 벗어나도록 하는 것이다.
    - 이완을 불안상태의 역조건화에 이용하는 한 방법이다. 즉, 집단원이 이완 상태에서 불안한 상황을 상상하게 하여 그 불안을 극복하게 하는 것이다.
  ㉣ 심적 포화 : 강화를 포화상태에 이르기까지 계속 주게 되면 그 강화의 가치가 상실되고, 오히려 그 반대의 효과를 나타내게 되는 방법이다.
  ㉤ 벌 : 바람직하지 못한 행동을 했을 때 그 행동이 다시 발생하는 확률을 감소시키는 자극이다.
③ 스스로 행동을 통제 또는 지도할 수 있도록 집단원을 돕는 기술
  ㉠ 자기지시(Self-Instruction) : 부적응 행동에 있어 불안을 줄이거나 적응행동을 할 수 있도록 자기 자신에게 지시하거나 말하는 방법이다.
  ㉡ 사고중지(Thought-Stopping) : 스스로 통제할 수 없는 강박적이고 비생산적인 불안사고에 빠져 다른 일에 정신을 집중하기 어려운 집단원의 경우에 쓰는 방법이다.

(3) 집단상담자의 역할
① 집단상담자는 집단원의 구체적인 문제를 제거하는 동시에 더 생산적인 행동 및 바람직한 인간관계의 증진을 도우려고 노력한다.
② 집단상담자는 집단의 참여자인 동시에 관찰자이다. 집단원으로 하여금 스스로 선택한 목표를 향해 나아가도록 암시를 주고, 진보가 나타날 때는 즉시 강화를 한다.
③ 집단원의 부정적 인지와 스트레스 상황의 조건들을 해소하도록 하며, 개인적 자원과 지지적 환경을 살핀다.
④ 적응적 행동의 강화와 부적응적 행동의 약화를 통해 행동의 바람직한 수정을 도모한다.

> **지식 IN**
>
> **BASIC-ID** 14 15 21 23 기출
>
> BASIC-ID는 미국의 행동주의 심리학자 라자루스(Lazarus)에 의해 개발된 체계적이고 포괄적인 심리치료이다.
>
> | B
행동
(Behavior) | • 관찰하고 측정할 수 있는 행위, 습관, 반응에 관한 것
• 당신이 변화시키고 싶은 것은 무엇입니까?, 당신은 얼마나 적극적입니까?, 당신은 어떤 행동을 시작하고 싶습니까? |
> |---|---|
> | A
감정
(Affect) | • 감정, 기분, 강한 느낌에 관한 것
• 어떤 감정을 가장 많이 느낍니까?, 당신을 웃게 하는 것은 무엇입니까?, 어떤 감정이 당신에게 문제가 됩니까? |
> | S
감각
(Sensation) | • 촉각·미각·후각·시각·청각의 기본적 오감에 관한 것
• 당신이 특히 보고, 냄새 맡고, 듣고, 만지고, 먹기를 좋아하거나 싫어하는 것은 무엇입니까?, 자신이 좋아하는 음악을 들을 때 행복을 느낍니까? |
> | I
심상
(Imagery) | • 자신의 자기상, 기억, 꿈, 공상 등을 포함
• 반복되는 꿈이나 분명한 기억들에는 어떤 것들이 있습니까?, 당신의 신체상은 어떻습니까?, 당신은 현재의 당신을 어떻게 봅니까? |
> | C
인지
(Cognition) | • 기본적 가치, 태도, 신념을 형성하는 통찰, 철학, 생각, 의견, 자기-말, 판단 등을 의미
• 지적 요구를 충족시키는 방법은 무엇입니까?, 당신의 사고가 당신의 감정에 어떻게 영향을 미칩니까?, 당신이 가장 소중하게 여기는 가치나 신념은 무엇입니까?, 일을 분석하고 계획을 수립하여 추진하는 과정의 추론을 좋아하고 잘 합니까? |
> | I
대인관계
(Interpersonal Relationships) | • 타인과의 상호작용을 의미
• 당신 자신은 얼마나 사교적입니까?, 어느 정도의 친밀감을 원합니까?, 삶에서의 중요 인물에게 무엇을 기대합니까?, 집단활동에 적극적으로 참여할 뿐 아니라 같은 반 학생들과도 잘 어울리고 있습니까? |
> | D
약물·생리
(Drugs or Biological Factor) | • 약물 이상의 의미를 가지며, 섭식 습관이나 운동 양식을 포함
• 당신은 건강하거나 건강한 의식을 가지고 있습니까?, 당신은 자신의 건강에 대해 걱정을 합니까?, 섭식, 운동, 신체적 외모에 관한 당신의 습관은 무엇입니까?, 흡연과 음주로 인한 처벌로 학교생활에 지장을 받고 있습니까? |

(4) 행동치료 집단상담을 다문화상담에 적용할 때의 이점 15 기출

① 행동치료 집단상담은 집단원의 과거보다는 현재의 삶에 더 초점을 맞추고, 체계적으로 구조화된 방식의 훈련을 통해 집단원이 현재 겪고 있는 문제의 해결을 촉진하는 단기적인 접근을 시도한다.

② 행동주의 집단상담은 교육으로 간주되며, 집단상담자는 교사의 역할을 하므로 교육과 예방을 할 수 있는 이점이 있다.

③ 집단원에 대한 개인적 평가와 집단과정에서의 행동평가 등을 근거로 집단원 개인별로 맞추고, 집단원 개개인은 상담의 목표설정뿐만 아니라 과정에 최대한 관여하도록 하고 있다.

④ 동양권의 집단원들은 평소에 의식되지 않았던 감정세계(내면세계)에 대한 공개적 탐색 및 표현에 익숙하지 않을 뿐더러, 특히 상담자의 유도에 의한 부정적 측면의 감정표현에는 저항하는 경향이 있다. 행동치료 집단상담은 강렬한 감정표현을 중시하지 않으므로, 감정표현 억제를 미덕으로 하는 문화권의 집단원은 감정을 드러내지 않아도 된다.

4 실존주의 접근 21 기출

(1) 의의 16 기출
① 기존의 정신분석이론 및 행동주의 이론에 반발하여 인본주의 심리학에 기초를 둔다.
② 인간의 본질에 대한 철학적인 탐구를 강조하며, 인간의 가장 직접적인 경험으로서 자기 자신의 존재에 초점을 둔다.
③ 인간 존재의 불안의 원인을 본질적인 시간의 유한성과 죽음 또는 비존재의 불안에서 기인하는 것으로 본다.
④ 자유의 상황에서 개인의 선택 및 그에 따른 책임을 강조한다.
⑤ 인간 존재의 참된 의미를 발견하는 것을 근본적인 목적으로 하며, 집단원의 주관적인 세계를 중시하고 성장을 돕는다.
⑥ 프랭클(Frankl)은 '의미에의 의지(Will to Meaning)'를 강조하며, '의미요법(Logotherapy)'을 개발하였다.

(2) 실존주의 집단상담의 목적
① 집단원들이 스스로 정직하게 되는 등 자기 자신을 신뢰하게 만들기
② 집단원들이 자기 자신과 세상을 바라보는 관점을 확장하기
③ 집단원들의 현재와 미래 삶에 대한 의미를 명확하게 하기
④ 집단원들이 삶의 목적과 중요성에 대한 답을 타인에게서가 아닌 자기 자신에게서 발견하는 법 깨닫게 하기
⑤ 집단원들이 과거, 현재, 미래의 위기에 대해 성공적으로 협상할 수 있도록 하기

(3) 실존주의 집단상담의 이론적 접근
① 집단의 목표는 자신이 삶의 주인이어야 한다는 자유를 인식하고 수용하는 것이다.
② 집단원이 스스로를 새롭게 이해하고 선택하도록 돕기 위해 집단원의 주관적인 세계를 이해해야 한다.
③ 집단원의 행동을 주관적 관점에서 이해하는 것을 추구한다.
④ 집단상황을 집단원이 실제로 살고 기능하는 세계의 축소판으로 본다.
⑤ 집단원들을 불안의 원천인 죽음이라는 실존적 조건 속에서 살아가는 존재로 본다.
⑥ 집단원들은 기본적으로 자유로운 존재이기에 자유에 동반되는 책임을 받아들여야 한다.

(4) 실존주의의 궁극적 관심사와 관련한 주제

① **죽음(존재와 비존재)** : 죽음의 불가피성과 삶의 유한성 때문에 보다 진지하게 '지금-여기'에 충실한 삶을 살아가도록 자극한다.
② **실존** : 실존이란 현존재의 본래적인 존재방식을 의미한다. "실존은 본질에 앞선다"라는 전제는 인간이 자신의 본질을 결정하는 데 있어 절대적으로 자유로운 존재임을 의미한다.
③ **자유와 책임** : 인간은 여러 선택 중에서 어느 것을 선택할 수 있는 자유를 가진 존재이며, 개인 스스로의 결단으로 자신의 인생행로에 대해 책임져야 하는 존재이다. 존재의 나아갈 방향을 결정하는 것은 각 개인이지 그가 속한 환경이 아니다.
④ **삶의 의미** : 삶의 중요성과 목적을 향한 노력은 인간의 독특한 특성임을 강조한다.
⑤ **진실성** : 개인이 실존을 획득하기 위해서 얼마나 노력하며 살아가고 있는가에 대한 것으로, 진실한 존재로 있다는 것은 우리를 정의하고 긍정하는 데 필수적인, 어떤 것이든지 한다는 것을 의미한다.

(5) 집단상담의 기술 18 기출

① **역설적 의도** : 집단원이 증상이나 불안을 피하는 대신에 오히려 그 증상이나 불안을 과장하거나 직면하게 함으로써 문제해결을 시도하는 방법이다.
② **방관** : 문제에 대해 지나치게 주의를 집중하는 집단원의 관심을 다른 데로 돌리고 문제를 무시하도록 함으로써, 그 집단원의 의식을 긍정적이고 생산적인 쪽으로 전환할 수 있게 돕는 방법이다.
③ **직면** : 집단원이 겪는 실존적인 불안이나 공허감이 4가지의 궁극적인 관심사(죽음, 자유, 고립, 무의미성)와 관련되어 있다는 전제하에 그러한 문제에 진솔하게 직면할 수 있도록 격려하는 방법이다.
④ **탈숙고(Dereflection)** : 반성을 제거하는 기법으로서, 지나친 자기관찰에서 벗어나 의미와 가치를 주는 다른 것에 관심을 보이도록 이끄는 기법이다. 지나친 숙고는 개인의 자발성과 활동성에 방해가 된다. 지나친 숙고를 상쇄함으로써 개인의 자발성과 활동성을 회복시키고, 지나친 숙고로 인한 기대불안의 악순환에서 벗어나게 하기 위해 사용한다.

(6) 집단상담자의 역할 15 기출

① 집단원들이 실존적 문제를 나눔으로써 자신을 발견하도록 돕는다.
② 집단원의 경험이 어떻게 의식으로 나타나는지를 규명한다.
③ 집단원이 오랫동안 회피해 왔던 불안에 직면하도록 돕는다.
④ 집단원의 현존 중 어떤 것을 드러내든 항상 친절하게 격려하며 존중하는 허용적 태도를 지녀야 한다.
⑤ 집단원들 간의 의미 있는 관계를 만드는 것이 상담자의 중요한 역할 중 하나이다.

5 인간중심 접근

(1) 의의
① 로저스(Rogers)는 인간은 스스로 이해받고 존경받고 있다고 느낀다면 점차 신뢰감을 쌓고 성장할 수 있는 능력이 있다는 인간중심이론을 주장하였다.
② 상담자는 집단원이 스스로 치료할 수 있는 능력을 지니고 있다고 믿기 때문에, 바람직한 행동을 가르치거나 숨겨진 의도를 해석하기보다는 집단원의 잠재력이 발휘될 수 있도록 분위기를 제공하는 조력자 역할을 해야 한다.
③ 집단이 지향하는 방향으로 나아가기 위해서 집단원들은 자신들이 감추었던 부분을 드러내고 새로운 행동을 시도할 수 있는 수용과 이해의 분위기로 집단을 발전시켜야 한다.

(2) 목표 22 기출
① 인간중심상담에서는 집단원의 자아개념과 유기체적 경험 사이의 불일치를 제거하도록 돕는다.
② 집단원이 경험에 보다 개방적이 되고 자기신뢰감을 가지게 하며, 내적 기준에 의한 평가를 발달시키고, 기꺼이 계속적인 성장을 하려는 존재가 되도록 돕는 것이다.
③ 집단원이 느끼는 자아에 대한 위협을 감소시키고, 자아의 방어적 행동을 야기하는 가치 조건들의 해제를 도와 각 집단원과 집단 전체에 기본적 자아실현 경향성이 자유롭게 표현되는 분위기를 창조한다.

(3) 주요 개념 16 22 기출
① 심리적 부적응
  ㉠ 인간은 성장하면서 다른 사람들의 가치 기준들을 알아가게 되고, 이에 따라 이 가치에 맞춰 살아가려는 자신의 자아개념과 유기체적 자기 경험 간의 불일치가 생겨나게 된다.
  ㉡ 인간은 타인에게서 충족받으려고 하는 긍정적인 자기 관심의 욕구 또는 자기 존중의 욕구 때문에 자아개념과 자신의 경험 사이에 불일치가 커지게 되고, 그 결과 불안을 경험하게 되는데, 이것이 심리적 부적응 상태이다.
② 왜곡과 부인
  ㉠ 인간은 부적응 상태, 불안에서 벗어나고자 '왜곡'과 '부인' 두 방어기제를 사용한다.
  ㉡ 왜곡 : 부적응적 경험이 의식으로 허용되기는 하지만, 이것이 단지 개인의 현재 자아상과 일치하는 형태로만 허락된다. 왜곡은 일종의 합리화로서, 자신의 자아개념이 손상받지 않는 방향으로 경험을 사실대로가 아니라 그릇되게 지각하는 것이다.
  ㉢ 부인 : 위협적인 경험의 의식화를 완전히 피함으로써 자기의 자아구조의 통합을 보존하는 것으로 자신의 자아개념과 일치하지 않는 경험은 그 존재 자체를 무시하고 부정하는 것이다.
③ 자아실현 경향성의 촉진
  ㉠ 인간중심 집단상담의 기본 이론은 "If ~ Then"의 가설로 설명할 수 있다.
  ㉡ "If ~ Then"의 가설이란 "만약(If) 상담자의 태도에서 '어떤 조건'이 나타난다면, 그때 (Then) 집단원에게 긍정적인 변화가 일어날 것이다"라는 의미이다.

ⓒ '어떤 조건'이란 일치성(진실성, 사실성), 무조건적 긍정적 존중과 수용, 공감적 이해라는 필요충분조건을 말하는데, 이를 로저스는 인간의 자아실현 경향성을 촉진하는 상담자의 3가지 태도라고 하였으며, 그 내용은 다음과 같다.

일치성 (진실성/사실성)	• 상담자가 순간순간 경험하는 자신의 감정이나 태도를 있는 그대로 표현하고 개방하는 진솔한 태도이다. • '지금-여기'의 경험과 관련하여 현재에 집중하고, 높은 수준의 자각을 유지한다. • 자기수용과 자기신뢰를 가지며, 집단원과의 인간적 만남을 위해 노력한다.
무조건적 긍정적 존중과 수용	집단원의 느낌이나 생각을 평가하거나 판단하지 않고 애정을 전달하는 것을 의미한다.
공감적 이해	상담시간 순간순간의 상호작용에서 나타내는 집단원의 경험과 감정들을 민감하고 정확하게 이해하는 것이다.

(4) 집단상담자의 역할 15 19 20 21 기출

① 집단원에 대한 상담자의 태도와 개인적 특성이 상담에서 핵심 역할을 한다.
② 문제해결보다는 집단원에게 초점을 맞추고, 계획된 방법을 사용하기보다는 집단과정 그 자체를 중요시한다.
③ 지시적이기보다는 촉진적 분위기 조성에 중점을 두어 집단원들이 자신을 표현하도록 돕는다(촉진자 역할).
④ 집단원에 대해 주의 깊고 민감하게 경청하고, 집단원들과 심리적 접촉상태를 형성·유지하기 위해 노력한다.
⑤ 지성적인 면보다는 감성적인 면에 초점을 맞추고, 집단원들이 집단에서 현재의 순간을 충분히 경험하도록 한다.
⑥ 상담자 자신의 감정을 노출하고 활용하는 것을 중요하게 생각한다.
⑦ 집단원의 행동의 원인을 해석·논평하는 데 초점을 두지 않는다.
⑧ 상담자의 직접적인 개입이 없어도 집단이 발전해 나갈 수 있다고 믿고, 집단원의 성장을 신뢰한다.

> **지식 IN**
>
> **로저스(Rogers)의 성격변화의 6가지 필요조건**
> • 두 사람이 심리적 접촉 상태에 있다.
> • 집단원은 부조화 또는 불안을 경험하고 있다.
> • 상담자는 내담자와의 관계에서 일관성을 보이며 통합적이다.
> • 상담자는 집단원에게 무조건적인 긍정적 관심과 수용의 자세를 보인다.
> • 상담자는 집단원의 내적 준거틀을 공감적으로 이해하고, 이러한 경험을 집단원에게 전달하려고 노력한다.
> • 상담자의 공감적 이해와 수용이 집단원에게 어느 정도는 전달되어야 한다.

6 게슈탈트(형태주의) 접근 19 기출

(1) 의의
① 형태주의적 접근모형은 펄스(Perls)에 의해 개발되고 보급되었다.
② 상담과정에서 집단원들 간의 상호작용에 초점을 두기보다는 상담자가 중심이 되어 한 번에 한 집단원의 문제를 집중적으로 다룬다.

(2) 목표 14 24 기출
① 통찰을 행동으로 옮기고, 자기 내부의 양극단을 통합시킨다.
② 집단원이 자신과 타인 간의 접촉을 경험할 수 있게 하고, 집단원 자신의 한계를 분명하게 정의할 수 있게 한다.
③ 집단원이 자신과 환경을 이해하고 자신을 수용하며 접촉할 힘을 증진하게 하여, 에너지의 집중을 통해 집단원이 하고자 하는 일을 할 수 있도록 돕는다.
④ *게슈탈트 상담에서 가장 중요한 시제는 현재이다. 과거에 가졌던 미해결 과제를 현재로 가져와 그것을 충분히 이해하고 해결하게 하여, 과거의 일에 집착하지 않고 현재에 집중할 수 있게 한다.

> **게슈탈트**
> 형태(形態), 모양을 의미하는 독일어인 게슈탈트는 전체는 부분들의 합 이상의 의미를 지니므로, 인간을 부분이 아닌 조합으로 구성된 전체로 인식한다.

⑤ 집단원은 타인의 권리를 침해하지 않으면서, 자신의 욕구를 충족시킬 수 있는 기술을 학습한다.
⑥ 중요한 현상들을 있는 그대로 지각하고 체험하여, 집단원 스스로 목표를 발견하고 실현하게 한다.
⑦ 실존적인 자세로 자신과 타인의 존재를 있는 그대로 수용하고, 자신의 고유한 삶을 살아가게 한다.
⑧ 중요한 목표는 '알아차림'과 '접촉의 증가'이며, 유기체의 자각 또는 알아차림을 통한 접촉 결여를 주요 문제로 간주한다. 자신의 욕구와 감정을 분명히 알아차리고 수용하며, 환경과의 접촉을 통해 문제를 해소하도록 돕는다.

(3) 특징 15 18 기출
① 여러 행동지향적 기법들이 사용될 수 있으며, 이 기법들은 모두 현재의 감정들에 대한 자각과 즉시적 경험을 심화시킨다.
② 인간생활을 형태(도형과 배경으로 구성)의 점진적 형성과 소멸의 과정으로 본다.
③ 형태의 형성과 소멸의 과정 자체가 바로 적응에 대한 기준이 된다.
④ '어떻게'와 '무엇을'을 '왜'보다 더 중요시한다.
⑤ '그것' 혹은 '그 사람'(3인칭) 대신에 '나'(1인칭)를 사용하도록 함으로써 계속적인 현재의 자기 각성이 이루어지도록 한다.

(4) 집단상담의 기술 16 20 기출

① **뜨거운 자리** : 집단상담자가 문제의 해결을 희망하는 사람을 빈 자리로 맞아들이며, 두 사람 간의 상호작용을 통해 직접적으로 문제에 접근한다.
② **차례로 돌아가기** : 집단원들이 한 사람씩 차례로 돌아가면서 문제에 대한 자신들의 감정이나 행동을 표현하도록 한다.
③ **신체언어** : 마음속에서 일어나는 일이 신체적인 행동으로 이어진다는 점에 착안하여, 신체의 반응이나 구체적인 행동에 주목한다.
④ **질문형을 진술형으로 고치기** : 보다 직접적인 표현방식으로의 전환을 통해 순간 경험의 더 명확한 각성이 이루어지도록 하며, 스스로의 행동에 책임을 지도록 한다.
⑤ **빈 의자 기법** : 현재 치료 장면에 없는 사람과 상호작용할 필요가 있는 경우 내담자에게 그 인물이 맞은편 빈 의자에 앉아 있다고 상상하도록 하여 대화하는 기법이다. 상대 인물을 등장시키는 대신에 빈 의자를 사용하여 주로 주인공의 내적 갈등(내면에 억압된 자기와의 접촉)을 극화시켜 다룬다. 이를 통해 내사된 가치관을 의식화함으로써 부인하고 있을지 모르는 자신의 어떤 측면에 접촉하도록 도와준다.
⑥ **창조적 투사하기** : 자신의 투사를 자각하여 투사물이 자기 자신이 만들어낸 것임을 알아차리는 경우를 말한다. 예컨대, 사람들이 너무 이기적이라고 불평하는 집단원에게 이기적인 사람이 되어 연기해 보도록 권유함으로써, 그러한 이기적인 욕구나 감정이 자신의 것임을 알아차리도록 하는 것이 이에 해당한다.

(5) 집단상담자의 역할 15 기출

① 정서를 심화시키기 위한 기법들을 도입함으로써 집단을 구조화한다.
② 집단상담자는 기법들을 능숙하고 적절하게 사용해야 하며, 집단원은 적극적인 자세로 스스로를 해석해야 한다.
③ 일종의 저항에 해당하는 봉쇄된 에너지를 보다 적극적인 행동으로 전환하도록 돕는다.
④ '지금(Now)', '경험(Experience)', '각성(Awareness)', '현실(Reality)'에 초점을 둔다.
⑤ 상담자가 집단원의 현재의 경험에 중점을 두고, '지금-여기'의 경험을 강조하며 그것에 대한 집단원의 자각이 이루어지도록 돕는다.
⑥ 상담자는 알아차림과 접촉 및 집단원의 감각 사용을 촉진하며, 집단원의 신체언어와 접촉한다.

7 인지행동치료(CBT) 접근

(1) 의의 및 특징 24 기출

① 타 이론의 효과적 기법들을 수용한 복합적, 다요인적 접근이다.
② 인지이론과 행동주의적 요소가 결합된 개념으로서, 생각하고 정보를 처리하는 과정인 인지과정의 연구로부터 도출된 개념과 함께 행동주의와 사회학습이론으로부터 나온 개념들을 통합하여 적용한 것이다.

③ 개인의 역기능적인 사고가 잘못된 생각 또는 인지체계에 의해 나타나며, 그것이 정서상의 왜곡과 함께 행동에 직접적인 영향을 미친다는 것을 기본전제로 한다.
④ 집단원의 인지기능은 정서 및 행동과 밀접하게 연관되므로, 그와 같은 인지기능에 대해 경험적으로 탐색한다.
⑤ 집단원으로 하여금 자신의 문제에 대해 파악하도록 하고, 사고 및 행동의 통제를 위한 *대처기제를 학습하도록 하기 위해 교육적인 접근을 강조한다.
⑥ 집단원의 자기결정권과 책임성을 강조하며, 집단원을 능동적·적극적인 참여자로 간주한다.
⑦ 단기적 접근방법에 해당하므로 문제중심으로 개입하며, 집단원의 과거 경험을 탐색하기보다는 현재의 문제에 초점을 둔다.
⑧ 엘리스(Ellis)의 합리적·정서적 행동치료와 벡(Beck)의 인지치료가 대표적이다.

> **대처기제**
> 위험, 도전, 문제 상황에 처했을 때 대처하기 위해 사용하는 기제이다.

(2) 엘리스(Ellis)의 합리정서행동 치료(REBT) 19 기출

① 개 념
  ㉠ 1955년 엘리스(Ellis)는 인본주의적 치료와 철학적 치료, 행동주의적 치료를 혼합하여 '인지적(합리적) 치료(RT ; Rational Therapy)'를 고안하였으며, 1962년 '합리적 정서치료(RET ; Rational-Emotive Therapy)'로 명칭을 변경하였다. 이후 1993년 행동의 중요성이 강조됨에 따라 '합리정서행동 치료(REBT ; Rational-Emotive Behavior Therapy)'로 명칭을 변경하였으며, 이는 앞선 치료 및 상담의 영역들을 포괄적으로 지칭한다.
  ㉡ 엘리스는 인간의 정서적인 문제가 일상생활에서 구체적으로 경험하는 사건 자체에 기인하는 것이 아닌, 이를 합리적이지 못한 방식으로 받아들이는 것에서 비롯된다고 보았다.
  ㉢ 인간의 비합리적 사고 또는 신념이 부적응을 유발한다고 보고, 인지 재구조화를 통해 비합리적 사고를 합리적인 사고로 대치하고자 하였다.

② ABCDE 모델 24 기출

선행사건 (Activating Event)	집단원의 감정을 동요시키거나 집단원의 행동에 영향을 미치는 사건을 의미한다.
비합리적 신념체계 (Belief System)	선행사건에 대한 집단원의 비합리적 신념체계나 사고체계를 의미한다.
결 과 (Consequence)	선행사건을 경험한 후 자신의 비합리적 신념체계를 통해 그 사건을 해석함으로써 느끼게 되는 정서적·행동적 결과를 말한다.
논 박 (Dispute)	집단원이 가지고 있는 비합리적 신념이나 사고에 대해 그것이 사리에 부합하는 것인지 논리성·현실성·효용성에 비추어 반박하는 것으로서, 집단원의 비합리적 신념체계를 수정하기 위한 것이다.
효 과 (Effect)	논박으로 인해 나타나는 효과로서, 집단원이 가진 비합리적인 신념이 합리적인 신념으로 대체된다.

③ 집단상담자의 역할 17 기출
  ㉠ 집단원들로 하여금 비합리적인 사고에서 벗어나도록 하며, 그러한 사고들을 합리적인 것으로 대체하도록 돕는다.
  ㉡ 능동적이며 지시적·설득적인 방법을 통해 집단원의 비합리적인 사고에 대해 논박하거나 직접적으로 맞선다.
  ㉢ 집단원이 합리적으로 사고하도록 방법을 지도한다.
  ㉣ 상담자의 무조건적 수용 태도를 통해 집단원으로 하여금 자신이 받아들여질 것이라고 믿게 한다.

④ 집단상담의 기술
  ㉠ 인지적 치료법 : 집단원의 비합리적인 용어 사용('절대로', '반드시' 등)에 주목하여 비합리적인 생각과 합리적인 생각을 구별하도록 지도한다.
  ㉡ 감정적-환기적 방법 : 집단원의 가치관에 변화를 주기 위한 것으로서, 역할놀이나 시범 보이기 등을 동원한다. 여기서 역할놀이는 행동을 연습하기 위한 것이 아니며, 그 역할과 관련된 감정을 각성하고 극복하도록 하는 것이다.
  ㉢ 행동치료 방법 : 집단원 자신 또는 다른 구성원들에 대한 의식의 극적인 변화를 일으키도록 돕기 위한 노력이다.
  ㉣ 그 외 논박, 강의, 행동수정, 독서치료, 시청각적 자료, 활동중심의 과제 등 여러 가지 방법들과 함께 자기주장훈련, 감정둔화, 유머, *조작적 조건화, 암시, 지지 등 여러 가지 기술들을 활용한다.

> **조작적 조건화**
> 어떤 반응에 대해 선택적인 보상으로 그 반응이 일어날 확률을 증가시키거나 감소시키는 방법이다.

(3) 벡(Beck)의 인지치료(Cognitive Therapy)

① 개념
  ㉠ 엘리스(Ellis)가 개인이 가진 비합리적 사고나 신념에 문제의 초점을 두었다면, 벡(Beck)은 개인이 가지고 있는 정보처리 과정상의 인지적 왜곡에 초점을 두었다.
  ㉡ 벡은 사람들이 느끼고 행동하는 방식이 경험의 지각과 구조화의 방식에 의해 결정된다고 보았다.
  ㉢ 벡의 인지치료는 개인이 정보를 수용하여 처리하고 반응하기 위한 지적인 능력을 개발시키는 방법을 말한다.
  ㉣ 역기능적이고 자동적인 사고 및 도식, 신념, 가정의 대인관계 행동에서의 영향력을 강조하며, 이를 수정하여 집단원의 정서나 행동을 변화시키는 데 역점을 두었다.
  ㉤ 벡은 집단원의 협동적 역할과 자가치료의 중요성을 언급하면서, '물고기를 대신 잡아주는 것'이 아니라 '물고기를 잡는 기술을 배우는 것'을 강조하였다.

② 주요 인지적 오류
  ㉠ 이분법적 사고(Dichotomous Thinking) : 모든 경험을 한두 개의 범주로만 이해하고, 중간지대가 없이 흑백논리로써 현실을 파악하는 것이다.
  ㉡ 선택적 요약(축약) 또는 선택적 추상화(Selective Abstraction) : 다른 중요한 요소들은 무시한 채 사소한 부분에 초점을 맞추고, 그 부분적인 것에 근거하여 전체 경험을 이해하는 것으로 '정신적 여과'라고도 표현한다.
  ㉢ 임의적 추론(Arbitrary Inference) : 어떤 결론을 지지하는 증거가 없거나, 그 증거가 결론에 위배됨에도 불구하고 그와 같은 결론을 내리는 것이다.
  ㉣ 개인화(Personalization) : 특정 개인과 관련시킬 근거가 없는 외부사건을 개인과 관련시키는 성향을 말한다.
  ㉤ 과잉일반화(Overgeneralization) : 한두 가지의 고립된 사건에 근거해서 일반적인 결론을 내리고 그것을 서로 관계없는 상황에 적용하는 것이다.
③ 인지적 치료기술
  ㉠ 재귀인(Reattribution) : 사건에 대한 모든 변인들을 고려하여 집단원으로 하여금 자동적 사고와 가정을 검증하도록 하는 것이다. 이는 집단원이 사건의 원인을 개인화하거나 단일 변수를 유일한 원인으로 결론짓는 경우에 사용한다.
  ㉡ 재정의(Redefining) : 문제가 자신의 개인적인 통제를 넘어선 것이라고 믿는 집단원의 부적절한 신념을 수정하는 것이다. 이는 집단원이 부정적인 사고로 인해 무기력한 상태에 놓이는 경우에 사용한다.
  ㉢ 탈중심화(Decentering) : 다른 사람들의 관심이 자신에게 집중되어 있다고 믿는 집단원의 부적절한 신념을 수정하는 것이다. 이는 특히 집단원이 불안 증상을 보이는 경우에 사용한다.

(4) 인지행동이론의 주요 기술
① **설명(Explanation)** : 집단원의 정서가 어떻게 행동에 영향을 미치는지를 '사건-인지-정서적 결과'의 ABC 모델을 통해 설명하기 위해 사용된다.
② **기록과제(Written Homework)** : 집단원이 정서에 대한 ABC 모델을 활용하는 방법에 대해 읽고 기록할 수 있도록 한다.
③ **경험적 학습(Experiential Learning)** : 집단원이 자신의 인지적 오류에 부합하지 않는 행동을 경험함으로써 자신의 인지적 오류를 발견하도록 한다.
④ **역설적 의도(Paradoxical Intention)** : 특정행동에 대한 집단원의 불안을 감소시키기 위해 의도적으로 문제의 행동을 하도록 지시를 내린다.
⑤ **인지 재구조화(Cognitive Restructuring)** : 집단원의 역기능적 사고를 순기능적 사고로 대치할 수 있도록 돕는다.
⑥ **모델링(Modeling)** : 관찰학습 과정을 통해 집단원이 원하는 행동을 학습할 수 있도록 한다.
⑦ **시연(Rehearsal)** : 긍정적인 행동에 대한 반복적인 연습을 통해 이에 숙달되도록 하는 것이다.

(5) 마음챙김 및 수용 기반 인지행동치료의 접근법 17 기출

① **마음챙김 기반의 스트레스 감소 프로그램(MBSR ; Mindful-Based Stress Reduction)** : 존 카밧진(Jon Kabat-Zinn)이 개발한 마음챙김 명상을 활용하여 스트레스를 관리하도록 돕는 방법으로서, 바디스캔 명상, 정좌 명상, 하타요가 등이 8주 프로그램으로 구성되어 있다. 음식 먹기, 호흡, 소리 등 하나의 대상에 집중함으로써 '지금-여기'의 존재를 있는 그대로 발견하고 탐욕, 이기심 등으로부터 벗어나게 한다.

② **마음챙김 기반의 인지치료(MBCT ; Mindfulness-Based Cognitive Therapy)** : 우울증의 재발을 방지하기 위해 최근에 개발된 치료법으로서, 마음챙김 훈련을 통해 우울증을 유발하는 자동적 사고의 부정적 영향력을 약화시키는 것이 주요 목표이다.

③ **변증법적 행동치료(DBT ; Dialectical Behavior Therapy)** 23 24 기출
   ㉠ 인지행동치료의 '제3의 동향'으로서 기존 인지행동치료를 보완·혁신하는 방법이다.
   ㉡ 마샤 리네한(Marsha Linehan)이 경계선 성격장애 치료를 위해 개발하였다.
   ㉢ 고통감내기술, 의미창출기술 등을 통해 정서를 수용하도록 돕는 역설적인 치료법이다.
   ㉣ 정서적 취약성을 타고난 경우 어려움을 겪는다고 가정한다.
   ㉤ 파괴적 행동의 수정과 감정의 비판단적 수용을 강조한다.
   ㉥ 기술훈련모듈에는 마음챙김, 감정조절, 고통감내, 대인조절 등 네 가지가 있다.

④ **수용전념치료(ACT ; Acceptance and Commitment Therapy)** 21 23 24 기출
   ㉠ 인지행동치료의 '제3의 동향'으로서 기존 인지행동치료를 보완·혁신하는 방법이다.
   ㉡ 인지적 탈융합과 마음챙김을 통해 심리적 건강과 삶의 질을 향상시킬 수 있다고 보는 이론으로 스티븐 헤이즈(S. Hayes)에 의해 발전되었다.
   ㉢ 생각과 느낌을 수용하고 현재에 존재하며, 가치 있는 방향을 선택하고 행동을 취하는 방법이다.
   ㉣ 인간의 고통을 보편적·정상적인 것으로 본다.
   ㉤ 정신병리가 경험 회피와 인지적 융합으로 인한 심리적 경직성에 의해 발생한다고 본다.
   ㉥ 상담목표는 심리적 유연성을 증대시키는 것이다.
   ㉦ 핵심 원리로는 가치 탐색, 전념 행동, 현재에 머무르기, 인지적 탈융합 등이 있다.

8 현실치료 접근 16 18 기출

(1) 의의

① 글래서(Glasser)가 정신분석의 결정론적 입장에 반대하여, 그에 반대되는 치료적 접근 방법으로 개발하였다.
② 글래서는 불행의 가장 주된 근원을 중요한 사람과의 관계라고 보았다.
③ 기존의 정신병적 개념에의 접근에서 벗어나 실존주의적·현상론적 관점을 강조한다.
④ 집단원의 욕구와 목적적 행동을 강조한다.

⑤ 인간은 특정한 욕구를 가졌으며, 그러한 욕구를 충족하기 위해 환경을 통제할 수 있다고 가정한다.
⑥ 집단원의 매 순간의 모든 행동은 욕구충족을 위한 선택의 결과라는 것과 그 결과에 스스로 책임질 것을 강조한다.
⑦ 바람직한 방법으로 자신의 욕구를 충족할 수 있도록 하는 데 있어 책임(Responsibility), 현실(Reality), 옳고 그름(Right or Wrong) 등 3R을 강조한다.
⑧ 문제를 해결하고 사회의 현실적 요구에 대처하는 데 초점을 두고 있으므로, 활동적·지시적·교훈적·훈시적이다.

(2) 현실치료 집단상담의 주요기술 18 19 24 기출

① 질문(Ask) : 현실치료에서는 상담의 각 과정마다 적절한 질문을 사용한다.
② 유머(Humor) : 상담 과정에서 '상담관계 형성단계'에 도움이 되는 기술로, 상담자는 때에 따라 적절한 유머를 사용하여 집단원의 긴장감을 풀어주는 것이 중요하다.
③ 토의와 논쟁 : 현실치료 이론에서 강조하는 욕구 및 이의 충족을 위한 방법이 현실성이 있는지와 그 책임성에 초점을 두고 집단원과 토의 또는 논쟁을 한다.
④ 맞닥뜨림(직면, Confrontation) : 질문과 토의 및 논쟁 중에 현실적 책임과 관련된 모순성이 보이게 되면, 상담자는 집단원과 직면을 해야 한다.
⑤ 역설적 방법 : 집단원이 기대하지 않았던 전혀 다른 관점에서 문제를 생각해 볼 수 있게 하는 방법이다.

(3) 집단상담자의 역할

① 집단원 모두가 집단에 관여하도록 하며, 현실의 문제에 직접 관여하도록 돕는다.
② 집단원으로 하여금 자신이 선택한 행동의 책임을 받아들이도록 하며, 현명한 선택을 통해 자신의 삶을 효과적으로 통제할 수 있다는 점을 깨닫게 한다.
③ 이전과는 다른 행동과 생각을 선택함으로써 자신들의 느낌을 통제할 수 있다는 점을 이해하게 한다.
④ 현재 행동을 평가하고, 욕구실현이 가능하도록 계획하고 실천하게 돕는다.

(4) 현실치료의 지침 – 우볼딩(Wubbolding) 16 20 기출

우볼딩은 현실치료에 적합한 상담환경을 가꾸기 위해 다음과 같은 지침을 따를 것을 주장하였다.
① 주의 기울이기 : 얼굴표정, 수용적 자세, 바꾸어 말하기 등은 상담자와 집단원 간의 관계를 증진한다.
② ABs법칙 실시하기 : 항상 침착하고 예의바를 것, 항상 신념을 가질 것, 항상 열성적일 것, 항상 확고할 것, 항상 진실할 것
③ 판단을 보류하기 : 집단원의 어떠한 행동도 일단은 집단원 자신의 욕구를 충족시키려는 최선의 선택으로 보아야 한다는 것이다.

④ 예상하지 않은 행동하기 : 집단원으로 하여금 자신의 또다른 바람을 탐색하도록 하여, 잠시나마 고통의 상태에서 벗어나게 한다.
⑤ 유머 사용하기 : 웃음은 고통에 대한 치유약이므로, 상담 중에 유머를 적극적으로 활용한다.
⑥ 자기스럽게 상담하기 : 가장 자기다운 모습으로 상담해야 한다.
⑦ 자기자신 개방하기 : 상담자 자신의 부족한 모습을 보이는 등 개방적이어야 한다.
⑧ 은유적 표현에 귀 기울이기 : 심미적이고 정서적인 강도를 표현할 수 있게 한다.
⑨ 주제에 귀 기울이기 : 주제로부터 이탈되지 않게 효과적으로 방향을 설정해 간다.
⑩ 요약하기와 초점맞추기 : 상담내용을 요약하여 진실로 원하는 것에 초점을 맞출 수 있도록 도와준다.
⑪ 자기선택에 대한 결과 책임지기 : 집단원의 옳지 않은 행동에 대해 책임을 지게 한다.
⑫ 침묵 허용하기 : 집단원이 침묵하는 동안 자신의 생각에 몰두하게 하여 문제해결을 할 수 있도록 도와준다.
⑬ 윤리적이기 : 상담자는 윤리강령에 따라 집단원의 궁극적인 복지를 위해 상담을 전개한다.

(5) 현실치료의 단계 – 우볼딩(Wubbolding)의 WDEP 구조 17 기출

① WDEP는 모든 단계에 걸쳐 질문기술을 활용한다.
② 토의 · 논박 · 직면 · 언어충격 · 유머 등의 기술을 활용한다.
③ WDEP 구조 21 기출

제1단계	Wants 바람 · 소망 파악하기	집단원이 진정 원하는 것이 무엇인지 명확히 하기 예 "어떤 사람이 되기를 소망합니까?"
제2단계	Doing(Direction) 행동(방향) 파악하기	현재 자신의 행동양식 파악하기 예 "지금 무엇을 하고 있습니까?"
제3단계	Evaluation 평가하기	현재 행동양식이 자신의 욕구를 충족시키는 데 도움이 되는지 또는 해가 되는지를 평가하기 예 "지금 하고 있는 행동이 도움이 됩니까?"
제4단계	Planning 계획하기	진정으로 원하는 것을 얻기 위해 효과적인 계획 세우기 예 "원하는 것을 얻을 수 있는 효과적인 방법은 무엇입니까?"

(6) 욕구충족에 효과적인 계획의 특징 – 현실치료의 SAMIC 14 기출

Simple	계획은 구체적이면서 이해하기 쉽고 간단해야 한다.
Attainable	계획은 집단원의 능력만으로도 수행할 수 있어야 한다.
Measurable	계획의 달성에 도달했는지 여부와 행동양식이 변화했는지를 객관적으로 측정할 수 있어야 한다.
Immediate & Involved	계획은 빠른 시간 내에 직접 실행할 수 있어야 한다.
Controlled	일관성이 있고, 타인의 행동양식과는 상관없이 집단원이 독립적으로 통제하고 실행할 수 있어야 한다.

(7) 집단상담의 과정

제1단계 상담관계 형성	• 상담자와 집단원은 자율적으로 친밀한 관계를 형성하며, 이러한 관계는 상담의 시작에서 종결에 이르기까지 지속되어야 한다. • 상담자와 집단원 간의 친밀한 관계는 상담자의 집단원에 대한 책임이나, 집단원의 상담자에 대한 의존을 의미하지는 않는다.
제2단계 욕구 탐색	• 상담자는 집단원에게 진정으로 무엇을 원하는지 질문한다. • 상담자는 집단원으로 하여금 자신이 원하는 것은 물론, 충족 상태에 이르지 못한 욕구를 스스로 찾을 수 있도록 돕는다.
제3단계 현재 행동에 초점두기	• 상담자는 과거보다는 현재에, 집단원의 감정보다는 행동에 초점을 둔다. • 탐색대상을 집단원의 외부환경이나 변명 등에 두지 않고 집단원 자체에 둔다.
제4단계 집단원 행동평가	• 상담자는 집단원으로 하여금 자신의 행동에 대해 평가하도록 돕는다. • 상담자는 집단원의 현재 행동이 욕구를 충족시키는 데 적절한 것인지 혹은 부적절한 것인지 판단하도록 돕는다.
제5단계 계획세우기	• 상담자는 집단원의 욕구 충족과 관련하여 현재의 행동 가운데 부적절하거나 비효과적인 것을 찾아내어, 이를 적절하거나 효과적인 것으로 수정할 수 있도록 계획을 세운다. • 계획은 집단원의 동기와 능력 등을 고려하여 간단하게 달성할 수 있으며, 지속적이고 측정 가능하도록 세운다.

9 해결중심 접근

(1) 의의 및 특징 17 기출

① 1990년대에 들어서 새롭게 대두된 모델로서, 정신조사연구소(MRI ; Mental Research Institute)의 문제중심 단기치료와 사회구성주의적 관점의 영향을 받았다.
② 문제의 원인을 규명하기보다는 집단원이 가지고 있는 자원을 활용하여 해결방안을 마련하는 단기적 접근방법에 해당한다.
③ 집단원의 병리적 측면에 관심을 기울이기보다는 성공경험, 강점과 자원, 능력과 잠재력 등 집단원의 건강한 측면에 초점을 둔다.
④ 문제에 접근하기 위한 다양한 해결책이 존재한다는 점을 강조하며, 탈이론적·탈규범적인 양상을 보인다.
⑤ 집단원의 의견과 관점을 수용하므로 집단원 중심의 치료적 접근이 가능하다.
⑥ 인간의 삶에 있어서 안정은 일시적인 반면 변화는 지속적이므로, 변화 자체를 치료를 위한 해결책으로 활용한다.

(2) 해결중심모델에서 사용하는 주요 질문기법 20 21 24 기출

① 면담 전 변화에 관한 질문
  ㉠ 집단원이 집단 회기에 참여하기 전까지 경험한 변화에 대해 알아보는 것은 문제 해결에 중요한 단서가 될 수 있으므로, 그러한 변화를 매우 관심 있게 관찰하고 이것을 근거로 해결방안을 찾아내는 데 이용한다.

ⓒ 집단 회기에 참여하기 전 변화가 있는 경우 집단원이 이미 보여준 해결능력을 인정하며, 이를 강화하고 확대할 수 있도록 격려한다.
② **기적질문** : 문제가 해결된 상태를 상상해보는 것으로서, 해결을 위한 요구사항들을 구체화·명료화하는 데 도움을 준다.
③ **예외질문** : 문제해결을 위해 우연적이고 성공적으로 실행한 방법을 찾아내어, 이를 의도적으로 실행하도록 하는 것이다.
④ **척도질문** : 숫자를 이용하여 집단원에게 자신의 문제, 문제의 우선순위, 성공에 대한 태도, 정서적 친밀도, 자아존중감, 치료에 대한 확신, 변화를 위해 투자할 수 있는 노력, 진행에 관한 평가 등의 수준을 수치로 표현하도록 하는 것이다.
⑤ **대처질문** : 어려운 상황에서의 적절한 대처 경험을 상기시키도록 함으로써, 집단원으로 하여금 스스로의 강점을 발견하도록 돕는 것이다.
⑥ **관계성 질문** : 집단원과 중요한 관계에 있는 사람들의 관점에서, 그들이 집단원 자신의 문제에 대해 어떻게 생각할지 추측해 보도록 하는 것이다.
⑦ **간접칭찬(질문)** : 집단원의 어떤 측면이 긍정적이라는 것을 암시하는 질문으로, 집단원이 자신의 강점이나 자원을 스스로 발견하도록 하므로 직접적인 칭찬보다 더욱 바람직하다고 볼 수 있다.

(3) 집단상담자의 역할 19 기출

① **해결중심적 대화** : 집단원이 문제를 다른 시각에서 바라보게 하며, 집단원의 생활에서 문제시되지 않았거나 문제가 해결되는 시점의 예외적 상황을 발견하도록 도움을 준다.
② **알지 못함의 자세(Not-Knowing Posture)** 21 23 기출
　　⊙ 집단원이 자기 삶의 전문가라고 믿고 '알지 못함(Not-Knowing)'의 자세를 취한다.
　　ⓒ 집단상담자가 언어적·비언어적 행동으로 집단원에게 풍부하고 진실한 호기심을 전달한다.

10 교류분석(TA) 접근 15 16 기출

(1) 의 의

① 1950년대 초에 미국의 정신과 의사인 번(Berne)에 의해 개발된 집단치료의 방법으로서, 인간의 약점이나 결함보다는 강점에 초점을 두는 이론이다.
② 교류분석(TA ; Transaction Analysis)은 '상호교류분석' 또는 '의사교류분석'이라고도 한다.
③ 어떤 자아상태에서 인간관계를 하는지 그 교류를 분석하여 자기통제를 돕고, 의사소통 훈련을 통해 자아상태의 긍정적인 변화를 유도한다.
④ 개인의 성장과 변화를 위한 체계적 심리치료법으로서 성격이론, 의사소통이론, 게임이론, 각본이론, 스트로크이론 등을 포함하고 있다.
⑤ 집단원들이 각자 자신의 자아상태 교류양식의 특성을 이해하여 건설적인 인생각본을 설계하도록 돕는다.

⑥ 일상생활의 요구에 따라 자신의 모든 자아상태가 적절히 기능하도록 돕는다.
⑦ 교류분석의 목표는 자율성의 획득인데, 자율성이란 자신의 현실 세계에 대한 현실적인 이해(자각), 게임 형식을 취하지 않고도 정서를 표현할 수 있는 능력(자발성), 타인과 사랑하고 친교할 수 있는 수용능력(친밀성)이라는 3가지 능력을 회복하는 것을 말한다.
⑧ 개인을 고유한 존재로 보고 자율성을 성취하도록 돕는다.

(2) 주요 개념 14 기출

① 행동의 동기
  ㉠ 자극의 욕구 : 일종의 인정의 욕구로서, 일차적 욕구이다. 자극의 상호교환이 바로 의사교류이므로 의사교류는 사회적 상호교섭의 한 단위가 된다.
  ㉡ 구조의 욕구 : 한 개인이 필요로 하는 인정자극을 받을 가능성을 높이기 위해 그의 생활을 조직하고자 하는 욕구이다.
  ㉢ 자세의 욕구 : 개인이 자신의 전 생애를 통해 어떤 확고한 삶의 자세를 갖고자 하는 욕구이다.

② **성격의 구조와 그 기능** : 번(Berne)은 인간이 부모 자아(P ; Parent), 어른 자아(A ; Adult), 어린이 자아(C ; Child)의 3가지 자아상태를 가지고 있다고 보았다.

부모 자아	• 비판에 의한 교정됨이 없이 바로 받아들여져서 내면화되어 형성된다. • 양육적 기능과 통제적 혹은 비판적 기능의 두 가지 기능을 하고, 도덕과 가치판단의 모체가 내포되어 있다.
어른 자아	• 합리적인 사고를 하고 현실지향적인 행동을 하며, 내적 욕구와 외적 욕구를 중재하는 중재자로서의 역할을 한다. • 상황에 따라 각 자아가 적합한 기능을 할 수 있도록 하며, 어른 자아가 기능을 제대로 할 수 있을 때 개인은 잘 적응하는 생활을 영위할 수 있다.
어린이 자아	• 어린 시절에 실제로 느꼈거나 행동했던 것과 똑같은 감정이나 행동을 나타내는 자아상태를 말한다. • 순응적 어린이 자아와 자연적 혹은 자유 어린이 자아로 구분된다.

③ TA모형 : 집단상담 및 치료의 목적은 궁극적으로 개인생활을 자기긍정-타인긍정(I'm OK, You're OK)의 자세가 지배하는 생활로 변화시키고자 하는 것이라 할 수 있다.

④ 의사교류의 기본유형

상보교류	• 의사소통의 제1규칙으로서, '무갈등 교류'를 말한다. • 상보교류는 어떤 자아상태에서 보내지는 메시지에 대해 예상대로의 반응이 되어 돌아오는 것이다. • 단지 두 개의 자아상태만이 관련되며, 자극과 반응의 방향이 수평적이다.
교차교류	• 의사소통의 제2규칙으로서, '갈등 교류'를 말한다. • 교차교류는 다른 사람의 어떤 반응을 기대하기 시작한 교류에 대해 예상 외의 반응이 되돌아오는 것이다. • 3~4개의 자아상태가 관련되며, 자극과 반응의 방향은 항상은 아니지만 자주 교차된다.

이면(암시적) 교류	• 의사소통의 제3규칙으로서, 사회적 자아와 심리적 자아가 서로 다른 의사교류를 말한다. • 이면교류는 상대방의 하나 이상의 자아상태를 향해서 현재적인 교류와 잠재적인 교류의 양쪽이 동시에 작용하는 복잡한 교류로서, 가식적인 메시지가 전달되는 것이다. • 표면적으로 당연해 보이는 메시지를 보내고 있는 것 같으나, 그 주된 욕구나 의도 또는 진의 같은 것이 이면에 숨겨져 있는 것이 특색이다.

⑤ 스트로크, 라켓 감정(Racket Feeling), 게임

스트로크	• 스트로크는 친한 신체적 접촉이라는 일반적 용어가 확대되어, 타인에 대한 존재의 인정을 뜻하는 모든 행위를 포함하는 개념이다. • '긍정적/부정적', '조건적/무조건적', '신체적/상징적' 스트로크 등으로 구분된다.
라켓 감정 23 기출	• 생의 초기에 중요한 인물과의 상호작용을 통해 형성된 만성적 부정 감정양식이다. • 어린 시절에 격려받고 학습된 친숙한 정서로서 다양한 상황에서 경험한다. • 자신의 진정한 감정이 아니라 부모나 환경의 요구에 맞춰 허용되었던 감정이다. • 조작적이고 파괴적인 행동과 연관된 감정이다.
게임	• 표면적으로는 합리적이고 친밀한 대화처럼 보이지만, 그 이면에는 정형화된 함정이나 속임수가 내표되어 있는 교류이다. • 모두에게 불쾌한 라켓 감정을 불러일으키는 의사소통을 말한다.

(3) 집단상담의 기술 14 18 19 기출

구조분석	• 집단원들로 하여금 각 개인의 자아구조 상태를 검토해볼 수 있도록 돕는 과정이다. • 과거의 경험적 자료들에 의한 자아구조의 혼합 등을 살핀다. • 비효율적인 사고·행동·감정을 변화시키는 방법이다.
의사교류분석	• 구조분석을 기초로 하여 집단원 각 개인이 집단상담자나 다른 집단원과의 관계에서 행하고 있는 의사교류 혹은 의사소통의 양상과 성질을 파악하는 분석법이다. • 의사교류의 기본유형은 상보적 의사교류, 교차적 의사교류, 이면(암시적) 의사교류로 구분할 수 있다. • 부적절한 교차적 교류나 이면적 교류를 중단하도록 촉진하는 데 활용된다.
게임분석	• 숨겨진 일련의 암시적·이중적 거래를 분석한다. • 이면(암시적) 의사교류를 게임의 종류 및 만성 부정 감정의 유형과 연관지어 분석한다.
인생각본 (생활각본) 분석	• 인생각본은 생의 초기에 개인이 경험한 외적 사태들에 대한 자신의 해석을 바탕으로 하여 결정·형성된 반응양식이다. • 집단원 개인의 인생계획이나 이전 결정의 내용 등을 면밀히 검토하여, 건설적인 인생각본을 새로 설계할 수 있는 토대를 제공한다.
라켓분석	생의 초기에 형성된 만성적 부정 감정이자 인생각본의 기본이 되는 라켓 감정을 분석한다.

(4) 집단상담자의 역할 15 기출

① 집단원들 각자의 목표를 명확하고 구체적으로 기술한다.
② 질문, 명료화, 직면, 설명, 예증, 확인, 해석, 구체화 등의 기술을 활용한다.
③ 교사, 분석자, 평가자, 촉진자 역할을 한다.

교사 역할	교류분석이 무엇인지를 집단원에게 가르치는 역할
분석자 역할	집단원의 자아상태가 적절하게 기능하는지를 파악하는 역할
평가자 역할	타인과의 교류분석이 적절하게 이루어지는지를 판단하는 역할
촉진자 역할	부적절한 인생각본을 새로운 각본으로 재구성해서 살아가도록 촉진하는 재결단 촉진 역할

④ 집단원이 자각, 자발성, 친밀성을 회복하도록 조력한다.
⑤ 집단상담자는 집단원이 재결단을 통해 경직되고 비합리적인 초기 결정을 유연하고 합리적인 인생각본으로 수정하도록 돕는다.

11 심리극(Psychodrama) 14 15 16 18 20 기출

(1) 의의

① *심리극(Psychodrama)은 '정신(Psyche)'과 '극(Drama)'의 합성어로서, 모레노(Moreno)가 개발한 심리요법이다.
② 자신의 문제에 대하여 말보다는 행동으로 실연함으로써 연극적 방법으로 문제를 해결하도록 조력하는 집단상담 기법이다.
③ 창조성에 대한 인간의 잠재력을 성격의 핵심요인으로 간주한다.
④ 진솔한 '지금-여기'에서의 상호교환 또는 참만남을 통해 사람들이 서로 깊이 있게 이해할 수 있게 된다.

> **심리극**
> 연극을 통해 집단원이 자신이 경험하는 어떤 사건을 재연하고, 자신의 역할과 한계를 넘어서서 새로운 행동을 실천해 봄으로써 자아와 사건에 대한 새로운 인식과 정화, 대안을 획득하는 체험적 과정이다.

(2) 주요 개념

① **자발성** : 자발적으로 자신이 느끼는 문제(개인의 내면)와 세계를 무대 위에서 연기를 통해 드러낸다.
② **창조성** : 심리극을 통해 주인공은 자신 안에서 잠자던 자발성과 창조성을 깨우게 되며, 삶 속에서 좀 더 자유롭게 자신의 능력을 충분히 발휘하며 살아갈 수 있게 된다.
③ **즉흥성(현재성)** : '지금-여기'라는 즉흥성(현재성)을 특징으로 한다.
④ **역할교대** : 각각 다른 사람의 역할로 들어가 탐색하여 자신과 타인을 새로운 눈으로 볼 수 있게 한다.
⑤ **참만남** : 보조자아에 의해 묘사되는 중요한 사람과 관련하여 즉각적이고 의미 있게 자신을 직면할 때 일어나는 경험이다.

⑥ 텔레(Tele) : 사람들 간의 느낌의 흐름을 말하며, 타인에게서 자아를 인지하거나 자신에게서 타인을 인지하는 능력, 타인의 감정을 알아차리고 자신에 대한 인식을 만들어 가는 능력 등이다.

(3) *심리극의 구성요소 19 20 기출

① 주인공(Protagonist) : 심리극에서 주인공은 심리극 연기의 주체가 되는 사람을 말한다.

> **심리극의 5대 구성요소**
> 주인공, 보조자아, 연출자, 관객, 무대

② 보조자아(Auxiliary Ego) : 심리극에는 주인공이 극을 엮어가는 과정에서 극의 진행을 도와줄 인물이 필요한데, 이러한 인물을 보조자아라고 한다. 보조자아는 극 중에서 주인공의 상대역을 하고, 주인공이 극을 진행하는 데 촉진자 역할을 한다.

③ 연출자(Director) : 주인공이 자신의 문제를 탐구하기 위해 심리극의 방법을 사용할 수 있도록 극을 이끌어가는 사람이다.

④ 관객(Audience) : 심리극이 진행되는 동안 참석하여 주인공의 이야기를 보고 있는 나머지 사람들을 말한다. 관객은 정신치료집단이거나, 집단상담의 경우 집단원의 가족구성원일 수도 있다. 심리극의 관객은 일반 연극 관객과는 달리, 주인공이 자신의 감정들을 탐구하는 과정에 직접 참여하는 적극적인 역할을 맡는다.

⑤ 심리극의 장소와 무대 : 심리극의 토대는 가상적 역할을 해보는 것이므로 거실, 사무실, 교실, 정원 어느 곳이든 무대가 될 수 있다.

⑥ 무대소품과 조명·음향 : 무대 위에 몇 가지 소도구들이 있으면 편리하다. 가벼운 의자들과 단순한 디자인의 탁자, 베개, 침대 등 다양한 소도구들이 사용될 수 있다. 조명이나 음향기기 같은 보조기구들은 필수적인 것은 아니지만 상당한 효과를 줄 수 있다. 잔잔히 흐르는 배경음악이라든지 의미 있는 감정을 유발하는 녹음된 노래 같은 음악도 역시 심리극에 강력한 부속물이 될 수 있다.

(4) 심리극의 기술 19 22 기출

역할놀이	심리극의 가장 기본적인 기법으로서, 연출자(상담자)는 주인공(집단원)으로 하여금 자신의 위치에서 어떠한 역할을 선택하여 연기하도록 요구한다.
역할전환	남편이 아내의 역할을, 교사가 학생의 역할을 하는 등 일상생활 속에서 역할을 바꾸어 연기해 봄으로써, 상대방을 이해하는 동시에 자기중심적인 습관에서 벗어날 수 있게 된다.
이중자아 기법	자신의 감정을 명확히 표현하지 못하는 주인공에게 매우 유효한 기법으로서, 보조자아가 주인공 뒤에서 주인공의 또 다른 자아로서의 역할을 수행하며, 주인공이 실제로 표현하기 주저하는 내면심리를 대신하여 표현한다.
빈 의자 기법	연출자는 빈 의자를 무대 중앙에 놓은 채 주인공에게 그 의자에 누가 앉아 있는지, 그 사람은 누구인지 상상해 보도록 하여, 그동안 마음속으로 하고 싶었으나 실행에 옮기지 못한 말과 감정을 쏟아놓도록 유도한다.

거울기법	주인공이 지켜보는 가운데 보조자아가 주인공의 역할을 대신함으로써, 주인공이 관중 입장에서 자신의 행동을 이해하고 평가하도록 하는 기법이다.	
미래투사 기법	주인공이 생각할 수 있는 장래의 범위 또는 가능한 행위의 범위를 탐색하여 이를 현실과 결부시킴으로써, 주인공의 현재 상황이나 문제를 볼 수 있도록 하는 기법이다.	
독백기법	주인공의 숨겨진 생각이나 감정이 말을 통해 드러남으로써, 주인공의 감정을 이해하는 데 도움을 준다.	
암전기법	전 극장을 어둡게 하여 비록 행동은 하고 있으나, 주인공이 고통스러운 경험을 관찰당하지 않고 혼자 있는 것 같은 경험을 유지할 수 있다.	
죽음장면 기법	주인공 자신의 주체감을 강화하고, 타인에 대한 감정을 명료화하는 데 좋은 방법이다.	
마술상점 기법	주인공이 바라는 것을 자신의 소중한 무언가와 교환하는 기법이다.	

(5) 심리극의 진행단계 24 기출

워밍업 단계	• 집단원들이 집단 밖에서 일어났던 일로부터 현재 이 순간 집단에서 일어나고 있는 것으로 관심을 돌리는 단계이다. • 심리극이 시작되기 전 집단의 목표, 한계 등을 안내한다. • 연출자의 준비, 신뢰감 형성 등의 활동이 포함된다. • 참여하고자 하는 사람들이 진실로 참여할 수 있게끔 도와주는, 비교적 긴장감이 덜한 중립적 활동이 가장 필수적인 과제이다.
시연(실연) 단계	• 구체적으로 문제를 다루며 보조자아 등이 등장하여 주인공이 문제를 탐색할 수 있도록 도와준다. • 연출자가 다양한 기법을 활용하여 주인공의 무의식 속 욕망, 갈등 등이 드러나게 한다. • 시연(실연)을 통해 비로소 주인공은 자신의 문제를 통찰하고, 억압했던 감정들을 상징적으로 행동화시킴으로써 감정의 정화(Catharsis)를 맛본다.
종결단계	• 시연(실연)에서 활성화된 사고나 감정을 나눔으로써 재통합하는 단계이다. • 관객들(참여자들)이 자신의 느낌이나 유사한 경험을 개방하고 공유한다. • 연출자는 관객들(참여자들)이 심리극 과정에 참여하면서 느낀 소감을 주인공과 함께 나누도록 돕는다. • 시연(실연)하였던 주인공을 분석하거나 비판해서는 안 된다.

> **지식 IN**
>
> **이야기치료** 17 22 24 기출
> - 사회구성주의와 포스트모더니즘의 원리 및 철학에 토대를 두고 있다.
> - 대표 학자는 화이트(M. White)와 엡스턴(D. Epston)이다.
> - 내담자(집단원)와 문제를 분리하고, 새로운 관점에서 삶과 미래를 재저작하는 것을 강조하는데, 이때 내담자(집단원)는 자신의 경험에 대한 주 해석자이다.
> - 내담자(집단원)가 지역사회에서 문화적인 배경 및 자신의 지식과 기술을 근거로 대화의 골격을 새롭게 만드는 것을 돕는다.
> - 목표를 성취하기 위해 치료자(상담자)는 내담자(집단원)에게 이야기의 골격을 만들도록 질문을 한다. 즉, 삶에 대한 지식과 기술을 서술하도록 하는 질문을 매체로 사용한다.
> - 외재화/외현화(Externalization) 23 기출
>   - 외재화/외현화 대화법은 이야기 치료에서 사용하는 기법으로, 문제를 개인으로부터 분리하여 자신의 문제를 새로운 방식으로 볼 수 있도록 돕는 기법이다.
>   - 자신의 정체성을 문제로부터 분리하기 위해 문제에 이름을 붙이고 의인화하는 작업을 수행하는 것인데, 이때 내담자(집단원)가 문제로 이야기한 표현을 사용한다.
>
> **표현예술치료** 17 기출
> 성장과 치유를 촉진하는 지지적인 환경을 만들어 내기 위해 다양한 장르, 즉 음악, 글쓰기, 회화, 소리 등을 이용하여 치료하는 것을 말한다. 즉, 여러 형태의 예술을 통해 내면으로부터 일어나는 자신을 발견해 나가는 과정을 말한다.

12 다문화상담 20 기출

(1) 의의

① 한 사회 내에 다양한 집단의 문화적 차이와 개인적 특성이 나타나기에 문화적 차이에 따른 상담적 접근은 매우 중요하다.
② 우리나라도 다문화 사회에 진입했기 때문에, 다문화상담에 대한 학문적인 연구와 준비가 필요하다.
③ 다문화 가정을 위한 상담 및 심리치료 등에 어려움이 있기 때문에 적극적인 대처가 필요하다.
④ 돌봄과 상담의 임상현장에서 의사소통 문제가 심각하기 때문에 현명한 상담이 필요하다.

(2) 집단상담자의 역할

① 문화적 특성이 고려된 다양한 개입방법을 사용한다.
② 집단원들의 문화적 가치와 경험들을 존중한다.
③ 집단원에게 상담자의 문화적 가치를 강요하지 않는다.
④ 집단원의 문화적 배경에 대해 학습한다.
⑤ 집단원의 행동을 각 집단원이 가진 문화적 배경에 따라 개별적으로 이해한다.

(3) 효과적인 다문화 상담기술
① 언어장벽을 보완한다.
② 효과적인 상담기법을 발견하고 활용한다.
③ 상담 방법의 융통성을 추구한다.
④ 상담자는 적극적이고 지시적인 접근을 사용한다.
⑤ 타 문화 전문가와의 접촉을 유지하고, 전통적인 조력자와 협업하는 자세가 중요하다.

(4) 상담기법
① **재진술** : 집단원이 어려워하는 말들을 상담자가 명확히 하여 한국어 습득에도 도움을 줄 수 있다. 재진술을 할 때는 내용에 초점 맞추기, 간결하게 표현하기, 집단원이 한 말을 그대로 표현하기, 집단원에 대한 피드백 하기 등을 하여야 한다.
② **공감적 이해** : 힘들어하는 다문화 집단원에게 공감적 이해의 태도와 행동을 보여주어야 촉진적인 관계를 형성할 수 있다.
③ **무조건적 존중** : 집단원을 무조건적으로 수용하고 인정하며 존중하는 마음을 가져야 집단원이 존중받는다는 느낌을 받아 자기 경험과 생각을 잘 표현할 수 있다.
④ **질문** : 개방적 질문과 폐쇄적 질문을 적절히 사용한다.
⑤ **구조화** : 상담자가 상담 과정, 제한 조건, 방향에 대하여 집단원에게 정보를 준다.

CHAPTER 02 집단상담의 실제

중요도 ★★★

핵심포인트
\# 집단에 대한 이해 \# 집단상담의 계획 및 평가 \# 집단상담의 치료적 요인
\# 집단상담의 과정 \# 집단상담의 기술 \# 집단상담자의 역할

01 집단에 대한 이해

1 집단의 발달과 집단규범

(1) 집단의 발달 21 기출

① 집단은 시간이 경과하면서 구조나 의사소통, 집단원의 상호작용, 집단응집력 등이 만들어지면서 변화하는데, 이러한 변화를 집단의 발달이라 한다.

② 집단의 발달과정
  ㉠ 집단은 역동적, 지속적으로 변화하는 특징이 있다.
  ㉡ 같은 집단 발달단계의 집단원들이라 하여도 집단원 개개인의 특성에 따라 진전 속도는 다를 수 있다.
  ㉢ 다음 단계에 진입해서 정체되기도 하고, 일시적으로 이전 단계로 퇴보하는 경우도 있다.
  ㉣ 집단의 발달단계는 실제로 중첩되기도 한다.
  ㉤ 집단 과업이 달성된 후에도 새로운 갈등이 일어날 수 있다.
  ㉥ 집단은 모두 똑같은 발달단계를 밟아나가지 않는데, 전 단계로 되돌아갈 수도 있고, 어떤 단계에서 오래 머무를 수도 있으며, 빠르게 발달하는 집단도 있을 수 있다.

③ 집단응집력
  ㉠ 집단에서 집단원들 사이의 친밀한 관계를 유지하는 정도나 힘을 말한다.
  ㉡ 응집력이 높은 집단의 특성 14 16 19 20 기출
    • 자발적인 출석률과 집단참여도가 높아지며 모임시간을 엄수한다.
    • 자신을 개방하고, 자신의 느낌과 생각을 즉각 표현한다.
    • 더 많은 모험과 새로운 시도, 자기 탐색에 도전한다.
    • 집단에 대한 애착과 정서적 관여도가 높아서 고통을 함께 나누고 해결해 나가며, 일체감을 가지고 집단활동에 적극 동참한다.

- 갈등을 인식하면 부정적 감정과 갈등을 표현하고 해결책을 모색하며, 이를 통해 집단원들 간에 친밀감이 형성된다.
- 건강한 유머를 통해 친밀해지고 기쁨을 함께하며, 서로 보살피고 배려하면서 정직한 피드백을 교환한다.
- 집단원과 상담자 간 상호작용보다 집단원 간 상호작용이 활발하다.
- 집단원들은 상호협조적이며 깊은 인간관계를 맺고, 수용·지지·경청의 경험을 공유한다.
- 집단의 규범을 준수하고, 집단규범을 어기는 집단원이 있을 때 기꺼이 도전하며, 규칙을 지키지 않는 다른 집단원에게 압력을 행사한다.
- 집단상담자의 역할을 집단원들이 공유하고 상호신뢰가 높다.
- '지금-여기'에서 상호작용이 촉진된다.

(2) 집단규범 15 16 17 19 기출

① 개념
  ㉠ 집단에서 바람직하다고 생각되는 태도나 역할 또는 행동양식이다.
  ㉡ 구성원들이 어떤 상황에서 어떤 행동을 취할지를 알려주는 신호이다.
  ㉢ '해야 할 것'과 '해서는 안 되는 것'을 집단원이 공유하여 수용할 수 있는 행동기준이다.

② 역할
  ㉠ 집단의 유지·발전, 구성원 간 동질성 유지에 필요하다.
  ㉡ 목표 달성에 중요한 역할을 하며, 명확하게 제시될수록 목표 달성에 도움이 된다.
  ㉢ 통제력을 가지고 집단 개개인의 행동에 영향을 미친다.
  ㉣ 집단원들이 집단참여를 통해 얻고자 하는 것의 성취를 촉진하는 기능이 있다.

③ 집단상담자의 역할 21 기출
  ㉠ 집단상담자는 집단규범을 제시하는 등의 방법으로 규범 형성에 영향을 끼친다.
  ㉡ 집단상담자는 집단원 스스로 규범을 확립할 수 있도록 돕는다.
  ㉢ 집단규범 형성을 위한 상담자의 역할 23 기출
    - 자기개방을 격려하기
    - 비생산적인 행동에 대해 개입하기
    - 솔직하고 자연스러운 언행을 촉진하기
    - '지금-여기'에서 집단원의 느낌을 표현하도록 격려하기

④ 설정 및 변경
  ㉠ 집단 초기단계에 정하는 것이 좋다.
  ㉡ 집단규범은 집단원들이나 집단상담자 어느 한쪽이 독단적으로 정하기보다는, 집단상담자와 집단원 간의 상호협력을 거쳐 확립해야 한다.
  ㉢ 집단규범은 설정 이후에도 논의를 거치고 동의를 얻어 변경하거나 확장할 수 있다.
  ㉣ 집단원들의 선입견에 의해 형성된 암묵적 규범은 집단에 부정적인 영향을 줄 수 있으므로 명시화하는 것이 좋다.

2 집단역동

(1) 집단역동의 의의 24 기출

① 집단역동의 개념
  ㉠ 집단원들이 목적을 달성하기 위해 노력할 때 일어나는 상호작용적 힘이다.
  ㉡ 집단에서 발생하는 다양한 상호작용과 역동적인 과정을 포괄하는 개념이다.
  ㉢ 집단역동이라는 단어를 최초로 사용한 학자 루빈(K. Lewin)은 "소집단 안에서 일어나는 모든 것을 의미한다."라고 하였다.
  ㉣ 집단의 성격과 방향에 영향을 미쳐서 집단의 분위기를 만든다.
  ㉤ 집단발달에 긍정적으로 작용할 수도 있고, 부정적일 수도 있다. 즉, 집단원에게 해를 끼칠 가능성도 있다.

② 집단역동의 구성요소
  ㉠ 집단구조 및 의사소통
  ㉡ 집단 내 상호작용
  ㉢ 집단응집력
  ㉣ 집단규범과 가치
  ㉤ 집단원의 지위와 역할
  ㉥ 집단지도력 및 집단문화갈등

③ 집단역동의 내용적 측면과 과정적 측면 20 기출
  ㉠ 내용적 측면 : 집단원들이 무엇에 관하여 이야기하고 있는지에 관심을 둔다.
  ㉡ 과정적 측면
    • 집단원이 어떻게, 왜 그런 말을 했는지에 대해 관심을 둔다.
    • 과정적 측면을 이해하기 위해 시선, 동작, 태도에도 주의를 기울여야 한다.
    • 언어로 표현된 것보다 이면에 있는 무의식적인 동기나 의도를 더 중시한다.
  ㉢ 내용적 측면과 과정적 측면 중 어느 한쪽으로 치우쳐서는 안 된다.

④ 집단역동의 세 가지 차원(Level) 24 기출

차 원	역동을 파악하기 위한 내용
개인 내적 역동	집단원의 생각, 감정, 태도, 동기, 방어, 어린 시절의 기원
대인 간 역동	집단 내에서 발생하는 갈등, 연합, 동맹
전체 역동	집단의 발달 단계·규범, 리더십 유형 및 역학, 집단 유대감, 희생양 만들기, 집단 수준의 저항

(2) 집단역동에 영향을 주는 요인 15 19 20 기출

① 일반적인 집단역동 관련 요인

집단상담자	집단상담자의 전문성, 사회성, 의사소통능력 등
집단원	집단원의 성과 연령 등에 따른 참여도와 상호작용의 형태 등
집단 발달단계	집단이 발달단계 중 어느 과정에 있는지에 따라 집단원의 참여태도, 개방 정도 등이 달라짐
집단의 배경	처음 만난 집단인지의 여부, 참가자의 성향, 집단참여 경험(유무와 비율), 집단모임 장소, 집단의 크기, 집단모임 시간, 집단에 대한 집단원들의 기대와 요구 정도
집단의 참여형태	상담자 중심의 집단과 집단원 중심의 집단의 참여형태, 어떤 개인이나 비형식적인 하위집단이 집단을 지배하는 식의 참여형태
의사소통의 형태	집단원들 간의 깊은 이해와 그들의 사상, 가치관, 감정을 분명하게 전달하고 있는지의 문제
집단의 응집성	집단원들이 하나의 통합된 전체로 묶여있는 유대관계 및 매력의 정도와 관심도
집단의 분위기	집단모임이 풍기는 정서적인 분위기
집단행동의 규준	집단에서 용납될 수 있는 행동이 무엇인지에 관한 원리 혹은 표준
집단원들의 사회적 관계유형	집단원 간의 호감 또는 우정과 반감의 관계성, 즉 집단원들 간의 사회적 관계의 유형
신뢰 수준	집단원 상호 간에 어느 정도로 깊은 관계를 맺을 수 있는지의 정도

② 집단 성장에 부정적인 영향을 미치는 집단역동 관련 요인

비공식적 하위집단 22 기출	명성이나 능력에 따라 형성되어 집단 내에서 주도권을 잡거나 파벌을 이루는 집단
주제의 회피	다루어야만 할 가치를 지닌 대화 주제임에도 불구하고, 무의식 중에 회피하고 어색하지 않은 주제만 취급
지도성의 경쟁	지정된 상담자가 집단의 지도성을 공유할 만한 여지를 보이거나, 지위가 확립되어 있지 못할 때 나타나는 경쟁
숨겨진 안건 (Hidden Agenda) 17 기출	• 집단원 자신만이 알고 집단에서 노출하지는 않고 있지만, 집단활동에 영향을 초래할 수 있는 관심거리나 문제 • 숨겨진 안건에는 가정불화로 인한 개인적 갈등부터 집단과정 중 형성된 갈등, 집단 이전에 형성된 집단원 간 갈등, 강제적 참여, 탈락된 집단원에 대한 감정 등 다양한 감정, 특정 종교 등이 포함될 수 있음 • 숨겨진 안건이 있을 경우, 집단원은 자신을 방어하는 한편 위험을 감수하려 하지 않음 • 집단상담자는 집단원이 숨겨진 안건을 알아차려서 말로 표현하도록 도전할 필요가 있고 숨겨진 안건 때문에 집단활동에 문제가 있을 경우, 이 사실을 표면화시켜 해소되도록 도와야 함
제안의 묵살	어떤 집단원의 의견이 묵살되는 경우

(3) 집단상담자가 집단역동을 파악하기 위한 관찰 요소 16 기출
① 집단원들 간의 신뢰감
② 집단원들의 집단에 대한 소속감
③ 집단원들 간의 반응과 서로에게 느끼는 감정
④ 집단원들의 집단 참여에 대한 반응
⑤ 집단원들의 책임감
⑥ 집단원들 간의 동맹 및 힘의 과시
⑦ 집단원들의 집단상담자에 대한 태도

(4) 집단상담자의 역할 17 기출
① **집단활동의 시작 돕기** : 집단이 시작될 때, 참가자들이 서먹함을 느끼고 어떻게 할 바를 모를 때 서로 상호작용을 시작하도록 이끈다.
② **집단의 방향 제시와 집단규칙의 발달 돕기** : 집단상담자는 솔선하여 집단규준의 발달과 유지에 도움을 주어야 한다.
③ **집단의 분위기 조성하기** : 진솔하고 온화한 분위기를 만드는 워밍업 활동을 진행한다.
④ **의사소통 및 상호작용 촉진** : 부정적 요인을 극복하고 원활한 상호관계를 발달시키도록 도와주는 일이다.
⑤ **행동의 모범 보이기** : 바람직한 행동의 모범을 보이는 것(Modeling)이 집단상담자의 가장 중요한 기능 중 하나이다.
⑥ **회기 종결 돕기** : 종결활동을 구조화하여 미완성 문장을 돌아가면서 완성하게 한다.
⑦ 소외된 참가자를 참여시키거나, 공격받는 참가자 보호하기
⑧ 혼자 주도권을 쥐려는 참가자 제재하기
⑨ 집단역동을 촉진하는 상담자의 기술은 집단 회기의 상황에 맞춰 사용할 때 가장 유용하다.

(5) 청소년 집단상담과 집단역동
① **청소년 집단상담의 목표와 집단역동**
  ㉠ 청소년 집단상담의 목표는 자아정체감의 성취라는 청소년기 발달과제를 중심으로 결정된다.
  ㉡ 자존감의 회복, 성적 갈등의 해소, 외로움과 고립감의 극복, 새로운 가치의 추구, 자아발견과 진로결정, 자아정체감의 발달 등이 청소년 집단상담의 주요 대상이다.
  ㉢ 청소년기 발달과업 성취와 관련된 집단의 목표 아래 집단원들은 서로 상호작용하고 학습하며, 변화를 추구하고 성장 및 발달을 도모한다.
② **청소년 집단상담의 변화기능과 집단역동**
  ㉠ 모방행동 : 집단상담에 참여하는 청소년들은 상담자나 다른 동료 참여자들의 바람직한 측면들을 모방하게 되어 개인상담보다 모방과정이 보다 더 확산된다.
  ㉡ 이타심 : 집단원들은 서로 지지·위로·제안·통찰을 제공하며, 이러한 내용을 진지하게 경청하고 수용한다.

ⓒ 보편성 : 청소년들이 겪는 대부분의 어려운 문제는 자기 자신과 주위환경에 대한 객관적인 이해의 부족에서 비롯되기 쉽다.
ⓔ 안정감과 긴장감 : 집단원들이 집단에서 편안함을 느낄 때 자신의 본래 모습과 느낌을 개방하게 된다.
ⓜ 변화를 시도하는 자유 : 집단은 새로운 행동을 실제로 시도해보기 위한 안전한 장소가 된다.
ⓗ 피드백(Feedback) : 집단원들은 다른 사람들로부터 피드백을 받음으로써 다른 사람들에게 보이는 그들의 행동효과를 점검한다. 또한, 피드백은 집단원에게 자신의 행동이 다른 집단원들에게 미치는 영향을 인식하도록 돕는다.
ⓢ 정보교환 : 상담자와 다른 집단원들이 문제해결을 위해 서로 주고받는 정보는 집단상담에 참여한 청소년들의 발달상 보편적인 문제를 고려할 때 문제해결에 직접적 도움이 될 수 있다.
ⓞ 인간관계형성 기법의 학습 : 집단원들은 집단상담을 통해 인간관계형성 능력을 기르는 방법을 배울 수 있다.

지식 IN

청소년 집단상담의 집단응집력 21 기출
- 집단응집력은 그 자체가 강력한 치료적인 힘이다.
- 집단원의 내면세계를 정서적으로 공유하고 집단으로부터 수용되는 것이다.
- 개인상담의 치료적 관계와 유사한 개념이다.
- 집단응집력이 높을수록 출석, 참여, 상호지지의 비율이 더 높아진다.

3 집단의 유형 21 24 기출

(1) 구조와 형태에 따른 집단의 유형 14 16 기출

① 구조화 집단과 비구조화 집단 15 기출
  ㉠ 구조화 집단
  - 내용중심집단으로서, 사전에 설정된 주제를 다룬다.
  - 내용중심집단이란 자기주장 훈련이나 사회성 훈련과 같이 구체적인 내용 또는 문제를 가진 사람들이 그 문제를 극복하도록 돕는 데 초점을 둔 집단이다.
  - 집단의 목표, 과정, 내용, 절차, 활동방법 등을 미리 체계적으로 구성해 둔다.
  - 특정 주제와 목표를 달성하기 위하여 일련의 구체적 활동으로 구성되고, 집단리더가 정해진 계획과 절차에 따라 주도적으로 이끌어가는 집단의 형태이다.
  - 사전에 정한 절차에 따라 진행되므로 초보 집단상담자가 운영하기 용이하다.
  - 활동 자체보다는 활동이 의미 있는 경험이 되도록 진행하는 것이 중요하다.

- 구조화 집단의 활동 유형

글읽기형	짝지어 자기소개하기 등
글쓰기형	유서 쓰기, 롤링페이퍼 등
체험형	타인의 시선에서 자기소개하기, 별명 소개하기 등
의사결정형	참여자 피드백해 주기 등
신체접촉형	포옹하기, 악수하기 등

- 집단상담 구조화 23 기출
    - 이론적 배경에 따라 구조화의 정도와 종류가 다르다.
    - 초기단계의 구조화는 집단원의 집단참여에 대한 불안을 어느 정도 줄여준다.
    - 구조화 집단에서 갈등이 발생할 경우 구조화 활동을 잠시 미루고 갈등을 다루는 것이 바람직하다.
    - 지나친 구조화는 집단의 발달을 방해한다.
    - 심리교육집단은 교육적 결핍과 심리적 장애를 예방하는 것을 목표로 운영하는 집단으로 특정 주제에 대한 구조화된 프로그램을 많이 사용한다.

ⓒ 비구조화 집단
- 과정중심집단으로서, 사전에 정해진 활동은 없다.
- 과정중심집단이란 자기 성장이나 자아실현과 같은 목표에 도달하는 방법을 훈련하는 과정에 초점을 두는 집단으로, 구성원 개개인의 경험과 관심을 토대로 상호작용함으로써 집단의 치료적 효과를 얻고자 하는 집단 형태이다.
- 구조화된 집단상담의 경우에는 회기마다 계획된 의제나 주제를 지켜야 하지만, 비구조화된 집단상담의 경우에는 의제나 주제를 정하지 않는다.
- 활동 내용과 활동 방법 등을 순차적으로 구성하지 않은 상태에서 집단상담의 과정 자체와 집단원 간에 일어나는 '지금-여기'에서의 상호작용에 초점을 두는 과정중심 활동을 의미한다.
- 활동 내용이 정해져 있는 구조화 집단에 비해 훨씬 폭넓은 자기탐색이 이루어질 수 있다.

• 비구조화 집단의 활동 유형

감수성 훈련집단 또는 T-집단 (T-Group)		• 레빈(Lewin)을 중심으로 개발된 행동개선법[실험실 훈련(Laboratory Training)]을 토대로 만들어졌다. • 미국 NTL(National Training Laboratory)에서 최초로 집단상담 형식을 시도하여 강력한 치유 경험을 제공하면서 널리 알려졌으며, 이때부터 '감수성훈련' 또는 '소집단훈련[T-Group(Training Group)]'으로 불리게 되었다. • 소집단훈련이란 '사회적 훈련', '대인관계 훈련'을 의미한다. • 이러한 집단은 학습방법을 학습하기 위한 실험실과 같은 기능을 한다. • 실험실 교육 프로그램의 방법을 활용하므로 '실험실적 접근'이라고도 부르며, 소집단을 통한 훈련이 핵심이므로 '훈련집단'이라고도 한다. • 정서적 경험에 초점을 맞추고 참가자의 이해, 타인과의 관계 회복, 공동체 형성 등을 목표로 하는 인간관계 훈련집단이다. • 집단의 역동과 조직에 대한 이해·개선을 도모한다. • 집단원은 모두 집단과정에 참여하여 자신의 목표를 정하고 서로 피드백을 주고받으며, 집단활동을 계획·관찰·분석·평가하는 등 직접 경험하면서 주로 인간관계 형성 기술과 집단과정에 대해 배운다.
참만남집단 (Encounter Group) 16 기출		• 개인 경험에 중점을 두며, '체험집단'이라고도 불린다. • 집단원들에게 성장과 발달에 필요한 중요한 사항을 가르치고, 그들이 설정한 목표를 성취하도록 돕는 데 중점을 둔다. • 집단원들이 상호 친밀감을 느끼고 경험과 느낌을 교환하도록 격려하며, 개방적이고 정직한 관계 형성을 통한 태도, 가치관, 생활양식의 변화 등 개인의 변화를 목적으로 한다. • 몇 시간에서 며칠간 진행되기도 한다. • 감수성 훈련 등의 방법이 많이 사용된다. • 학자들이 제시한 참만남집단 모형은 다음과 같다.
참만남집단 (Encounter Group) 16 기출	스톨러 (Stoller) 모형	• '마라톤 참만남집단'이라고도 불린다. • 집단훈련의 시간적 집중성을 강조한다. • 24시간 또는 48시간 동안의 집중적인 집단활동으로 피로해진 있는 그대로의 모습을 드러내도록 한다. • 행동으로 모범을 보이거나 설명을 통해 돕는 것을 집단상담자의 가장 중요한 역할로 제시하였다.
	슈츠 (Schutz) 모형 19 기출	• '개방적 참만남집단'이라고도 불린다. • 특히 신체적 느낌과 신체적 에너지의 이완을 통한 개인의 정서적 문제의 해방에 관심을 갖는다. • 집단상담자는 지적인 이해보다 '행함(Doing)'과 '경험(Experiencing)'을 강조한다. • 언어적인 방법들, 심리극, 도형, 신체 운동 연습 혹은 명상의 방법들이 사용된다.
	로저스 (Rogers) 모형	• 인간중심상담으로, 특별히 사전에 꾸며진 계획도 없고 기법도 중요하지 않다. • 상담자는 안내자, 촉진자로서의 역할을 수행한다. • 일치성과 진실성, 공감적 이해와 경청, 무조건적인 긍정적 관심 또는 존중을 주요 기술로 한다. • 궁극적 목표는 현실 자아(Real Self)를 되찾는 것이며, 집단상담에서 감정과 사고를 솔직하게 표현하는 것을 강조한다.

② 개방집단과 폐쇄집단 14 16 20 기출

개방집단	• 새로운 집단원의 아이디어나 자원을 활용할 수 있으며, 다른 관점에서 피드백을 받을 수도 있다. • 집단원의 변동이 가능하므로 폐쇄집단보다 다양한 사람들과 상호작용할 수 있다. • 새로운 집단원의 참여로 집단 전체의 분위기를 조성할 수 있다. • 집단원 교체에 따른 안정성이나 집단 정체성에 문제가 발생할 수 있다. • 새로운 집단원의 참여가 기존 집단원의 집단과업 과정에 방해요소가 될 수 있다. • 새로운 집단원 참여에 따른 집단구조의 불안정성을 치료적으로 활용하는 전략이 필요하다. • 한 회기 내에 다룰 수 있는 문제에 초점을 맞춘다. • 회기마다 회기 종결에 대한 느낌을 탐색할 수 있는 시간을 충분히 확보한다. • 꾸준히 참여하는 핵심 집단원들을 확보한다. • 타당한 이유 없이 지각과 결석을 반복하는 집단원에게는 집단 참여의 제한을 고려한다.
폐쇄집단	• 집단상담이 시작될 때의 참여자들로만 끝까지 운영되며, 같은 집단원의 지속적인 유지로 인해 결속력이 매우 높다. • 안정적인 구성으로 집단원의 역할행동을 예측할 수 있고 응집력이 높다. • 집단원의 결석이나 탈락이 집단에 부정적인 영향을 미친다. • 일부 집단원이 중도에 탈락할 경우 집단 크기가 너무 작아질 염려가 있다. • 새로운 정보의 유입이 이루어지지 않으므로 효율성이 떨어질 수 있다. • 소수 의견이 집단의 논리에 의해 무시될 수 있다.

③ 집중집단과 분산집단

집중집단	• 2박 3일 혹은 3박 4일 등 일정 기간 집중적으로 상담을 실시한다.
	• 집중집단의 한 형태인 마라톤 집단의 특징은 다음과 같다.
	  - 심화된 상호작용의 활성화를 꾀하기 위한 집단이다.
	  - 상담이 12시간, 24시간 혹은 48시간(쉬고, 자고, 밥 먹는 시간 제외) 동안 진행되기도 한다.
	  - 계속적인 상호작용과 수면부족에서 오는 피로현상 등을 통해 집단원들이 통상적 가면을 벗고 자신을 그대로 노출하도록 한다.
	  - 긴 시간의 활동을 전개하는 이유는 강력한 정서적 몰입과 맞닥뜨림을 촉진하기 위함이다.

분산집단	사전에 계획된 전체 회기가 끝날 때까지 일반적으로 주 1회의 형태로 나누어서 집단상담을 실시한다.

④ 동질집단과 이질집단 20 기출

동질집단	• 동질적인 사람들로 구성되거나 집단원들의 배경이 비슷하므로 결속력·응집력이 높다. • 이질집단보다 빨리 자기개방이 이루어지고 유대감이 형성될 수 있다. • 상호 간에 즉각적 지지가 가능하여 갈등 수준이 비교적 낮은 집단의 형태이다.
이질집단	개인적·경험적 배경, 학력, 연령 등 서로 배경이 다른 집단원들로 구성된 집단의 형태이다.

⑤ 자발적 집단과 비자발적 집단 19 기출

자발적 집단	스스로의 성장과 변화의 동기를 가지고, 자발적으로 집단에 참여한다.
비자발적 집단	자신의 의지와 동기와는 무관하게 의무적으로 집단에 참여한다.

(2) 기능에 따른 집단의 유형 22 기출

① 교육집단
- ㉠ 집단원들의 지식과 정보 및 기술 향상을 목적으로 하는 집단이다.
- ㉡ 부모역할 훈련집단, 청소년 성교육집단, 위탁가정의 부모가 되려는 집단, 입양에 관심이 있는 부모집단, 특정 질병에 대해 정보를 얻고자 하는 집단 등이 있다.
- ㉢ 교육집단의 상담자는 집단원의 학습효과를 극대화하기 위해 교육자와 촉진자의 역할을 동시에 수행한다.

② 과업집단
- ㉠ 수행해야 할 과업을 달성하거나, 성과물을 산출해 내기 위해 또는 명령을 수행하기 위해 만들어진 집단이다.
- ㉡ 위원회, 이사회, 연합체, 협의체, 행정집단, 팀, 치료회의, 사회행동집단 등이 해당한다.

③ 성장집단
- ㉠ 집단원들의 자기인식 증진 및 사고 변화를 목적으로 한다.
- ㉡ 자기성장에 대한 욕구를 가진 일반인을 대상으로 운영된다.
- ㉢ 참만남 집단, 자기성장 집단, 감수성 훈련집단이 해당한다.
- ㉣ 부부의 결혼생활 향상 집단, 청소년 대상 가치명료화 집단, 여성을 위한 의식 고양 집단, 퇴직을 준비하는 집단, 잠재력 계발 집단 등이 있다.

④ 심리치료집단
- ㉠ 병리적 증상의 제거 및 완화를 위한 정신장애 치료 및 심리치료를 주된 목적으로 한다.
- ㉡ 정신장애, 성격장애 등 주로 임상 장면에서 환자들을 대상으로 운영되는 집단이다.
- ㉢ 사회공포증 극복을 위한 심리치료집단, 우울증 치료를 위한 환자집단 등이 있다.

⑤ 지지집단
- ㉠ 공통적인 관심사가 있는 집단원들로 구성되어 특정문제와 관심사에 대해 공유하면서, 장차 일어날 사건에 좀 더 효과적으로 적응하기 위한 대처기술을 발전시킴으로써 집단원들이 삶의 위기에 대처하도록 돕는 집단이다.
- ㉡ 지도자가 간접적인 도움을 제공하는 자조집단과 달리, 지지집단의 지도자는 대체로 적극적·전문적 역할을 한다.
- ㉢ 이혼가정의 취학아동모임, 암환자 가족모임, 자녀양육의 어려움을 공유하는 한부모집단 등이 있다.

⑥ 자조집단 14 기출
- ㉠ 특정 목적을 성취하고 집단원 상호 간의 원조를 목적으로 형성되는 자발적 소집단이다.
- ㉡ 비전문가들이 이끌어 간다는 점에서 치료집단과 구분되며, 핵심적인 공동의 관심사가 있다는 점에서 과업집단과도 구별된다.

ⓒ 지도자의 전문적 도움 없이 집단원들 간에 서로를 돕는 특성이 강한 집단이다.
　　ⓔ 마약중독이나 공격적 행동, 정신질환, 장애, 도박, 가정폭력, 에이즈 등의 공유문제에 지지를 제공한다는 점에서 지지집단과 비슷하지만, 주도적인 역할을 하지 않고 다만 지지와 상담만을 제공한다는 점에서 차이가 있다.
　　예 단주모임, 단약모임, 정신장애인 가족모임

(3) 상담집단과 토의집단

① 상담집단 17 18 20 기출
　　㉠ 상담집단은 지도집단과 대조적으로 주제나 문제보다는 개인에게 주목한다.
　　㉡ 특히 개인적·교육적·사회적·직업적 문제에 초점을 두며, 치료적·예방적·교육적 목표달성을 위해 집단역동과 과정을 활용한다.
　　㉢ 전문적인 훈련을 받은 지도자와 복수의 집단원들로 이루어진다.
　　㉣ 집단원들은 주로 일상생활에서 어려움을 경험하는 일반인들로 구성된다.
　　㉤ 집단원들의 일상적인 삶의 문제 해결에 주력하면서 대인관계 과정에 주목한다.
　　㉥ 집단원들의 자기이해 증진, 부적응 행동의 극복에 초점을 맞춘다.
　　㉦ 집단원들의 일상적인 삶의 문제 해결에 초점을 두므로 가족관계, 대인관계, 자아개념 등 개인적인 문제를 다룰 수 있는 분위기를 만들기 위해 노력한다.
　　㉧ 상호피드백과 집단원의 자발성 및 주관성에 초점을 둔다.
　　㉨ 과거 문제의 탐색보다 '지금-여기'에 초점을 둔 상담기술을 주로 사용한다.
　　㉩ 비교적 단기간에 해결 가능한 문제를 다루며 성장지향적인 특징이 있다.
② 토의집단 : 해결해야 할 분명한 주제나 문제 등 토의될 내용을 중시하는 집단이다.
③ 토의집단과 상담집단의 차이 17 기출
　　㉠ 내용 대 과정 : 토의집단은 명확한 주제를 중심으로 토의될 내용을 중시하는 반면, 상담집단은 내용보다 집단의 과정을 더 강조한다.
　　㉡ 양극성 대 통일성 : 토의집단은 양측 혹은 분파가 생겨 승패 혹은 옳고 그름의 시비를 가리는 반면, 상담집단은 상반된 의견이 수용되고 장려되어 통일성을 이룬다.
　　㉢ 형식성 대 자발성 : 토의집단은 원활한 토의진행을 위해 규칙과 질서를 강조해야 하므로 형식적이 되기 쉽다. 상담집단은 형식을 필요로 하지 않으며, 집단원의 자발적인 참여에 강조점을 둔다.
　　㉣ 객관성 대 주관성 : 토의집단은 주로 사실을 취급하고, 상담집단은 주관적인 측면을 더 강조한다.
　　㉤ 제한성 대 솔직성 : 토의집단은 일정한 목적을 향해 진행하므로 언행에 항상 제약을 받는 반면, 상담집단은 감정과 사고를 솔직히 표현하도록 격려된다.

ⓑ 지도성의 차이 : 토의집단은 형식에 따른 지도자의 역할이 있고, 지도자가 목적 달성을 위한 토의를 이끈다. 상담집단은 정해진 지도자의 역할이 없고 집단의 자유로운 분위기를 이끈다.

구 분	토의집단	상담집단
내용과 과정의 차이	토의될 내용 중시	집단의 과정을 더 강조
양극성 대 통일성	승패나 시비를 가림(양극성)	상반된 의견을 허용(통일성)
형식성 대 자발성	형식성	자발성
객관성 대 주관성	객관성	주관성
제한성 대 솔직성	제한성	솔직성
지도성의 차이	토의 인도 및 집단 통제	자유로운 분위기 조성

02 집단상담의 계획 및 평가

1 집단상담의 계획 20 기출

(1) 효과적인 집단상담을 위한 고려사항 16 기출

① 집단의 장소와 분위기
  ㉠ 집단상담실의 위치, 크기 및 분위기는 집단원의 수, 연령, 그리고 주된 활동 프로그램에 따라 다를 수 있다.
  ㉡ 집단상담실은 대체로 심리적인 안정감을 줄 수 있고, 아늑하여 집단과정에 몰입하는 데 방해를 주지 않을 정도로 정돈되어 있으며, 참여자들이 자유롭게 신체적 활동을 할 수 있을 정도로 커야 한다.
  ㉢ 상담의 효과를 높이기 위해 흔히 시청각 기재를 활용할 수도 있으며, 이 경우 사전에 집단원들에게 분명히 알리고 동의를 얻어야 한다.
  ㉣ 대기실은 집단원이 편안하게 서비스를 기다릴 수 있는 공간으로서, 조용한 음악이나 스스로 서비스할 수 있는 차 등의 음료가 준비되어 있으면 집단원들이 불안을 감소시키고 심리적 안정과 정서적으로 편안함을 느낄 수 있다.
  ㉤ 상담자는 대기실에서 기다리는 태도 등으로 집단원의 동태에 관한 자료를 얻을 수 있다.
② 집단의 크기
  ㉠ 구성원의 성숙도, 집단상담자의 경험, 집단 유형, 탐색할 문제나 관심의 범위, 타인에 대해 알고자 하는 집단원의 요구 등 여러 요인에 따라 다를 수 있다.
  ㉡ 모든 집단원이 원만한 상호작용을 할 수 있을 정도로 커야 하고, 동시에 모든 집단원이 정서적으로 집단활동에 관여하여 집단감정을 느낄 수 있을 정도로 작아야 한다.

ⓒ 전문가들의 의견을 종합해 볼 때, 집단의 치료적 효과는 5~15명의 범위 내에서 유효하며, 학자들에 따라 7~8명 또는 8~12명 정도가 이상적이다.
ⓔ 보통 나이가 어릴수록 적은 수로 구성하는 것이 바람직하며, 성인에 가까울수록 다소 많은 수로 조직할 수 있다.

③ 집단의 구성
㉠ 집단의 성공 여부는 강한 동기와 참여의식을 느끼고 자발적으로 참여하는 집단원으로 구성되느냐, 그렇지 못하느냐에 달려 있다.
㉡ 집단이 유지되기 위해서 집단은 동질적이면서, 이질적이어야 한다.

동질집단	• 출석률·참여율이 비교적 높다. • 결속력·응집력이 크므로 보다 쉽게 공감을 이끌어 낸다. • 상호 간에 즉각적인 지지가 가능하며, 갈등 수준이 비교적 낮다. • 집단원 상호 간의 관계가 오히려 피상적인 수준에 머물 수 있다. • 새로운 자극을 접할 기회가 감소하므로, 영속적 행동 변화 가능성이 낮다. • 반론을 제기할 수 있는 기회가 감소하므로, 현실검증의 계기 마련이 어렵다. • 아동을 대상으로 하는 집단의 경우, 남아와 여아를 따로 모집하여 동성의 집단을 이루는 것이 효과적이다. • 학생의 경우, 공동의 관심사를 교류하면서 서로 어울릴 수 있도록 같은 또래로 구성하는 것이 효과적이다.
이질집단	• 서로 간의 차이점을 발견하고 이해하게 되며, 현실검증 기회도 더욱 풍부하다. • 집단원들은 서로에게 다양한 관점과 견해를 제공함으로써 개인의 문제를 해결하는 데 자극이 될 수 있다. • 집단원 상호 간에 공통점이 없으므로, 자기노출에 소극적인 양상을 보인다. • 집단 내 다른 성원들과 유대관계를 형성하는 데 시간이 오래 걸린다. • 집단 초기, 방어와 저항의 태도로 집단원 탈락이 상대적으로 많은 편이다. • 청소년을 대상으로 하는 경우, 남자와 여자를 혼합하여 서로 어울릴 수 있는 집단을 이루는 것이 효과적이다. • 성인의 경우, 서로의 경험을 교환할 수 있도록 다양한 연령층으로 구성하는 것이 효과적이다.

ⓒ 심각한 행동장애가 있는 경우를 제외하고, 대부분의 청소년 집단상담에 있어서 혼성집단이 동성집단보다 더 바람직하다.
ⓔ 청소년기 초기에 해당하는 15세 이전 청소년의 경우 그들의 성적 정체감에 몰두하여 다른 동성의 또래들과 비교하려는 욕구가 강하므로, 혼성집단보다는 동성집단이 더 바람직하다.

④ 집단의 개방성
㉠ 집단은 신규 집단원을 받아들일 것인지(개방집단), 받아들이지 않고 기존 집단원으로만 집단활동(폐쇄집단)을 할지 결정해야 한다.
㉡ 집단의 개방 정도는 집단목표와 환경에 따라 달라질 수 있다.

⑤ 집단의 기간 21 기출
㉠ 집단원들이 제각기 참여의 기회를 얻을 수 있고 정서적으로 자신을 투입할 수 있으며, 원만한 집단활동이 전개될 수 있을 정도로 이루어져야 한다.
㉡ 집단상담자는 상담이 약속된 시간 규칙에 따라 전개되도록 해야 한다.

ⓒ 집단상담을 시작할 때 미리 그 기간을 분명히 하고, 종결의 시일도 정해 두어야 한다.
ⓔ 전문가들의 의견을 종합해 볼 때, 일반적으로 모임의 시간은 보통 90~120분 정도가 적당하며, 특히 아동의 경우 30~40분, 청소년의 경우 1시간, 성인의 경우 2~3시간 정도가 적절하다는 주장도 있다.
ⓜ 나이가 어리거나 정신적 기능 수준이 낮은 사람들로 구성되는 집단의 회기는 모임 시간의 길이를 짧게(60분 이내) 하는 대신 더 자주 모임을 갖는 것이 좋다.

⑥ 집단의 조직성
ⓐ 집단원 중심의 집단은 보통 비조직적인 형태를 취하며, 집단상담자 중심의 집단은 집단상담자가 사전에 정한 절차에 따라 지시적으로 진행되는 고도의 조직성을 보인다.
ⓑ T-집단의 집단상담자는 처음 시작할 때부터 자신은 아무것도 하지 않은 채, 집단원들이 리더십을 발휘하고 집단을 스스로 이끌어나갈 수 있도록 기다린다.
ⓒ 행동주의적 집단에서는 집단상담자가 미리 조직적인 프로그램을 고안하여 임하며, 집단활동 전 과정을 그 프로그램에 따라 진행한다.
ⓔ 지나치게 비조직적 집단에서는 집단원들이 우왕좌왕하기 때문에 시간과 노력을 낭비할 우려가 크다.
ⓜ 지나치게 엄격한 조직은 집단원의 자발성과 창의성의 발달을 막는 결과를 초래할 수 있다.
ⓗ 사전에 설정된 주제를 다루기 위해 구조화집단으로 운영하고, 학급단위 집단상담은 대체로 심리교육집단 형태로 운영한다.
ⓢ 집단원 간의 신뢰와 응집력을 높이기 위하여 폐쇄집단으로 구성한다.

⑦ 집단상담을 계획할 때 집단상담자가 주의할 점 19 기출
ⓐ 집단상담에 맞는 적절한 활동을 선택한다.
ⓑ 너무 많은 활동 계획을 무리하게 세우지 않는다.
ⓒ 시간이 부족하지 않도록 계획을 세운다.
ⓔ 집단활동 순서를 적절하게 배정한다.

(2) 효과적인 집단상담 진행을 위한 사전준비

① 집단상담 오리엔테이션 21 기출
ⓐ 집단의 목적·목표를 명확히 하며, 집단상담 과정에 관한 정보를 제공한다.
ⓑ 집단원과 함께 집단의 기본규칙에 관하여 논의하여 상담 중 지켜야 할 규칙을 수립한다.
ⓒ 집단에서 이루어지는 작업은 쉽지 않음을 알리고 적극적인 참여를 독려한다.
ⓔ 집단원의 집단에 대한 기대를 탐색한다.
ⓜ 집단원의 집단참여에 대한 불안감 해소를 돕는다.
ⓗ 집단상담에 대한 일반적 오해와 비현실적 기대를 해소할 수 있다.

② 집단원의 선정
ⓐ 집단원을 주의 깊게 선정함으로써 집단상담의 효과를 올릴 수 있으므로, 후보자들을 일일이 면접한다.

ⓒ 집단원 선정 시 고려사항
　　　　・집단의 유형 또는 집단원의 구성
　　　　・집단의 목표 및 목적
　　　　・집단의 크기
　　　　・회합의 시간ㆍ장소ㆍ빈도ㆍ길이
　　　　・집단 가입절차
　　　　・집단상담을 통해 기대할 수 있는 것
　　　　・집단상담에 사용될 기법 및 소요되는 비용
　　　　・집단역할과 그에 따른 권리와 책임 등
　③ 개인적 행동목표 및 집단의 전체 목표 설정
　　　ⓐ 개인적 행동목표 설정
　　　　・행동목표를 설정함으로써 성장 여부나 행동 변화 여부 등에 대한 효과를 평가할 수 있다.
　　　　・행동목표는 집단원에 의해서도 그 달성 여부가 판별될 수 있을 정도로 가시적ㆍ구체적ㆍ조작적으로 진술되어야 하고, 전 집단과정을 통해 주기적으로 재고ㆍ평가ㆍ재개정되어야 한다.
　　　ⓑ 집단의 전체 목표 설정 : 집단상담자는 집단원들의 목표나 특성, 집단상담이론, 집단상담자 자신의 특성 등을 종합적으로 고려하여 집단이 나아가야 할 방향을 미리 설정하여야 한다.

(3) 구조화 집단상담 계획(전체 회기에 대한 계획) 18 20 22 기출
　① 구조화된 집단상담일 경우에는 반드시 전체 회기에 대한 계획을 구체적으로 세워야 한다(비구조화된 집단상담일지라도 개괄적이고 전체적인 틀은 가지고 있어야 한다).
　② 한 회기 동안 적절한 활동을 계획하여 집단원들이 충분히 생각할 시간을 주어야 한다.
　③ 집단과 집단원의 특성을 이해하고 에너지 수준 및 집단의 발달단계를 고려하여 회기별 활동을 계획한다.
　④ 회기별 계획을 세울 때에는 주제와 활동 외에 소요시간도 결정한다.
　⑤ 회기를 계획할 때는 초반, 중반, 후반의 회기 간 차이를 염두에 두어야 한다.
　⑥ 회기 초반에는 효율적인 집단분위기 형성에 도움이 되는 계획을 세울 필요가 있다.
　⑦ 집단상담 과정 중에 참여하지 않거나 지각 혹은 탈락한 집단원을 위한 계획도 수립한다.

(4) 집단상담 계획서(집단상담 제안서)에 반드시 포함해야 할 내용 14 17 18 23 기출
　① 집단의 필요성과 목적
　② 집단의 활동 내용
　③ 집단의 구성
　④ 집단의 유형
　⑤ 집단원 선발 방법
　⑥ 집단의 크기와 집단의 일정(대상, 모임 시간, 전체 길이)

⑦ 집단 모임 장소
⑧ 집단상담자의 수
⑨ 집단 홍보
⑩ 기대효과와 평가방법 및 계획
⑪ 집단에 대한 명확하고 설득력 있는 근거

2 집단상담의 평가

(1) 의의 16 기출

① 집단상담의 평가란 집단활동을 통해 어느 정도 목표가 달성되었으며, 얼마만큼의 진전이 이루어졌는지에 대해 알아보는 과정이다.
② 평가는 일종의 자기 개선방안으로, 이를 통해 집단은 자체의 문제점을 발견하고, 필요한 개선방안에 대해 학습하며, 집단상담 서비스의 질을 관리·발전시킬 수 있다.
③ 평가를 집단활동 일부분으로 포함함으로써, 집단기술의 발달 및 개인행동의 변화 등 긍정적인 효과를 얻을 수 있다.
④ 평가 과정을 통해 집단의 분위기를 형성하고 응집성을 높이며, 집단원 상호 간에 우호적인 관계로 발전할 수 있다.
⑤ 집단상담 계획단계에서부터 집단상담 평가에 대한 방향을 설정하고, 집단상담 효과성 평가를 위한 계획을 수립해야 한다.
⑥ 집단상담 실시 이전에 집단상담 수요 평가, 집단원 행동 기초선 평가를 실시할 수 있다.
⑦ 일반적으로 집단상담 평가의 주체는 집단상담자이며, 평가 대상은 집단원이다.
⑧ 청소년 상담기관에서 집단상담을 실시할 경우 상담기관이 평가주체가 될 수 있다.
⑨ 집단상담자, 집단원, 프로그램, 상담기관 모두 평가의 대상이 될 수 있다.
⑩ 집단원은 평가 대상이면서 평가자가 되기도 한다.
⑪ 평가방법은 주로 면접, 심리검사, 관찰 등으로 이루어진다.
⑫ 솔직히 털어놓고 의견을 교환하는 평가방식은 평가규준이 불분명하다.
⑬ 평가결과는 집단상담 계획·유지 및 내용과 방법에 대한 보완·수정·폐기 여부에 반영된다.

(2) 집단상담 평가의 시기

① 매 모임이 끝날 무렵 : 모임의 전체 길이가 2시간 정도 될 경우, 약 15분 정도의 시간을 평가에 할애할 수 있다.
② 집단기간의 중간과 마지막
  ㉠ 전체 집단과정의 중간에 온전히 한 번의 모임을 할애하여 평가에 활용할 필요가 있다.
  ㉡ 사전에 평가시기를 정하고 모든 집단원이 미리 준비하도록 해야 한다.
  ㉢ 집단상담 전 과정이 끝날 무렵 한 번 혹은 두 번의 모임을 할애하여 집단상담의 전체 경험에 대해 평가해야 하며, 이 경우 집단 경험 전반에 대한 집단원의 반응을 다루는 것과 개

개 집단원의 행동목표의 달성도에 대해 평가하는 두 가지 측면이 포함된다.
ㄹ. 평가가 효과적으로 이루어지도록 하기 위해 집단원 상호 간에 솔직한 피드백을 주고받고, 정직한 평가가 이루어질 수 있는 분위기를 만드는 데 유의해야 한다.

③ 추후평가(추수평가) 22 23 24 기출
ㄱ. 전체 집단원을 대상으로, 집단상담의 전 과정이 끝나고 2~3개월 후에 실시한다.
ㄴ. 집단경험이 일상생활에 어떤 결과를 가져왔는지, 그때의 변화가 어느 정도 계속되고 있으며, 집단상담의 효과가 어느 정도인지 등에 대해 평가해볼 수 있다.

(3) 집단평가 방법

① 공개 토의방식
ㄱ. 사전에 특별한 준비 없이 집단과정 혹은 집단원 간의 상호작용에 대해 느끼거나 생각하는 바를 솔직히 털어놓고 의견을 교환하는 방법이다.
ㄴ. 공개 토의방식은 평가할 규준이 불분명하여 시간 낭비의 우려가 있다.

② 단어 연상법
ㄱ. 질문에 대해 즉각적으로 머리에 떠오르는 반응단어를 집단원 모두에게 종이 위에 쓰도록 하거나 대표 한 사람이 칠판에 쓰도록 하는 방법이다.
ㄴ. 시간을 절약할 수 있고, 정직한 느낌을 반영하면서도 집단에 대한 의미 있는 자료를 제공해 줄 수 있으므로 자주 사용된다.

③ 관찰자 혹은 기록자를 이용하는 방법 : 특정 집단원을 선정하여 집단과정과 집단원의 행동에 대해 관찰 및 기록을 한 후, 집단에 피드백을 하도록 하는 방법이다.

④ 녹음이나 녹화장치를 이용하는 방법
ㄱ. 관찰자 대신에 녹음기나 녹화기를 사용할 수 있다.
ㄴ. 집단활동의 시작과 끝을 하나도 빠뜨리지 않고 기록할 수 있을 뿐만 아니라, 특히 억양의 변화나 정서적인 특질까지도 관찰할 수 있으므로 매우 효과적이다.
ㄷ. 기계를 통한 피드백에는 주관적인 가치판단이 개입되지 않으므로 객관성을 유지할 수 있는 장점도 있다.

⑤ 측정도구를 이용하는 방법 : 무기명으로 답할 수 있는 질문지나, *평정척도를 사용하여 다른 방법으로는 얻을 수 없는 여러 가지 정보들을 간단하고 쉽게 얻을 수 있다.

⑥ 양적 평가 : 심리검사를 통해 수치화된 정보를 수집하고 통계적으로 분석하는 것을 양적 평가라 한다.

> **평정척도**
> 평정자가 타인 또는 자신, 사물 등을 판단하기 위해 일정한 척도에 의해 특정한 수치에 등급을 부여하게 만든 검사도구이다.

(4) 집단평가의 내용

① 집단 자체에 대한 평가 내용

젠킨스(Jenkins)	NTL(National Training Laboratory)
• 목표지향적인 방향성 • 집단토의나 활동의 성취도 • 성취 혹은 진전의 속도 • 집단 자원의 활용도 • 집단활동의 개선책	• 효율적인 집단 기능 • 더 광범위한 사회적 목표에 대한 인식 • 집단 자원의 충분한 활용 • 집단원 성장의 증진

② 집단원 개인의 행동에 대한 평가 내용

집단원으로서의 역할행동 평가	• 집단과업의 성취를 돕는 역할행동 • 집단의 유지와 발전을 돕는 역할행동 • 집단에서 개인의 욕구충족을 위한 역할행동
집단원 개인의 행동목표 달성 평가	• 집단상담이 시작되기 전 작성한 개인의 상담목표 평가 • 각 개인이 작성한 행동목표에 포함된 내용 활용

③ 평가도구의 예 : 행동서술질문지, 집단활동체크리스트, 집단활동평가서, 집단활동참여태도척도, 집단행동평정표, 집단과정체크리스트

03 집단상담의 치료적 요인 15 16 18 20 기출

1 얄롬(Yalom)의 치료적 요인 22 23 기출

희망 심어주기	• 참가한 집단이 집단원들에게 문제가 개선될 수 있다는 희망을 심어주는데, 이때 희망 그 자체가 긍정적 치료효과를 가질 수 있다. • 집단형성 전 오리엔테이션에서 환자의 긍정적 기대를 강화시키고, 집단의 치료효과를 분명하게 전달함으로써 치료가 시작된다.
보편성	• 집단원 자신만 심각한 문제, 생각, 충동을 가진 것이 아니라, 다른 사람들도 자기와 비슷한 갈등과 생활경험, 문제를 가지고 있다는 것을 알고 위로를 얻는다. • 모임의 초기단계에서 나만의 문제점이 아니라는 것을 심어주는 것은 집단원에게는 큰 위안이 된다.
정보교환	• 집단원들은 집단상담자에게서 다양한 정보를 습득함으로써 자신의 문제를 보다 명확하게 이해한다. • 동료 집단원에게서 직·간접적인 제안, 지도, 충고 등을 얻는다.
이타심 (이타주의)	• 집단원들은 위로, 지지, 제안 등을 통해 서로 도움을 주고받는다. • 자신도 누군가에게 도움을 줄 수 있고, 타인에게 중요할 수 있다는 발견은 자존감을 높여준다.

1차 가족집단의 교정적 재현	• 집단은 가족과 유사한 점이 있다. 다시 말해 집단상담자는 부모가 되고, 집단원은 형제자매가 되는 것이다. • 집단원은 부모형제들과 교류하면서 집단 내에서 상호작용을 재현하는데, 그 과정을 통해 그동안 해결되지 못한 갈등상황에 대해 탐색하고 도전한다.
사회화 기술의 발달	• 집단원으로부터의 피드백이나 특정 사회화 기술에 대한 학습을 통해 대인관계에 필요한 사회화 기술을 개발한다. • 사회화 기술인 사회적 학습은 모든 집단치료에서 작용하는 치료적 요인이다.
모방행동	• 집단상담자와 집단원은 새로운 행동을 배우는 데 좋은 모델이 될 수 있다. • 모방행동은 집단상담의 후기보다는 초기에 더 중요한 역할을 한다.
대인관계학습 21 기출	• 집단원과의 상호작용을 통해 자신의 대인관계에 대한 통찰과 자신이 원하는 관계형성에 대한 아이디어를 가질 수 있다. 또한, 집단은 대인관계 형성의 새로운 방식을 시험해 볼 수 있는 장이 된다. • 대인관계 입력[대인 간 학습-투입(Interpersonal Learning-Input)] : 집단이 나에게, 내가 다른 사람들에게 어떤 인상을 주는지에 대해 알게 된다. • 대인관계 출력[대인 간 학습-산출(Interpersonal Learning-Output)] 　- 다른 집단원에게 상호 관계를 분명히 하기 위해 자신을 솔직히 표현한다. 　- 다른 집단원의 반응을 살피기보다 더 건설적으로 주장하는 방식으로 나 자신을 드러낸다. 　- 사람과 잘 지내는 기술의 개선은 집단과 타인에 대해 신뢰감을 더욱 느끼게 하여 집단 내의 한 특정한 집단원과의 어려움도 극복하게 한다.
집단응집력 (응집성) 17 18 23 기출	• 집단 내에서 자신이 인정받고 수용된다는 소속감은 그 자체로써 집단원의 긍정적인 변화에 영향을 미친다. • 집단응집력은 자신의 내면세계를 타인과 공유하고 수용받는 것으로 집단상담에 있어 강력하게 작용한다. • 집단 내에서 함께 하는 느낌 또는 공동체라는 느낌을 의미하며, 집단원들은 더는 혼자라는 느낌을 받지 않으며, 다른 사람들과 친밀한 접촉을 지속한다. • 집단원들이 집단에 남아 있도록 하는 힘으로, 자신의 수치스러운 면이 드러나더라도 여전히 집단에 수용된다. • 초기부터 종결단계까지 항상 중요하며, 더 높은 출석률과 더 많은 참여를 이끌어낸다. • '지금-여기'에 초점을 맞추어 피드백을 하려는 집단원의 의지는 집단응집력 지표 중 하나이다.
정화 (Catharsis)	• 집단 내의 비교적 안전한 분위기 속에서 집단원은 그동안 억압되어 온 감정을 자유롭게 발산할 수 있다. • 정서를 개방적으로 표현하는 것은 집단상담 과정에 절대적으로 필요하다.
실존적 요인들 19 20 23 기출	• 집단원과의 경험 공유를 통해 자기 자신이 다른 사람에게 아무리 많은 지도와 후원을 받는다고 해도 타인으로부터 받을 수 있는 도움에는 한계가 있다는 점, 그리고 자신들의 인생에 대한 궁극적인 책임은 스스로에게 있다는 것을 배운다. • 인생이 때로는 부당하고 공정하지 않다는 것을 인식한다. • 인생의 고통이나 죽음은 피할 수 없음을 인식하고 홀로 인생에 맞닥뜨려야 함을 깨닫는다. • 나의 삶과 죽음에 대한 기본적 문제를 직면함으로써 나의 삶을 영위하고 사소한 일에 얽매이지 않는다. • 아무리 가까운 사이라 할지라도 타인과는 함께할 수 없는 어떤 부분이 있다는 점을 깨닫게 된다. • 집단의 종결단계로 갈수록 부각되는 치료적 요인이다.

> **지식 IN**
>
> **얄롬(Yalom)의 '지금–여기' 활성화 기법** 23 기출
> - 지금–여기(Here and Now)란 상담(치료) 시간에 일어나는 즉각적인 사건을 말한다. 즉, 여기(Here), 이 상담실, 이 관계, 나와 당신 사이에서, 지금(Now), 이 순간 어떤 일이 일어나고 있는지를 일컫는다.
> - 얄롬(Yalom)은 '지금–여기'를 "상담(치료)적인 힘의 주요 원천이며, 상담(치료)의 핵심이며, 상담자(치료자)나 집단원(환자)의 가장 절친한 친구"라고 표현하였다. 그리하여 지금–여기를 "상담자(치료자)와 집단원(환자) 사이에서 즉각적으로 일어나는 일"로 정의하고 "지금–여기를 적극 활용하라"라고 조언하였다. 이것은 일차적으로 상담자(치료자)와 집단원(환자)이 그들 사이에서 일어나고 있는 일에 초점을 맞추어야 한다는 의미이다.

2 Bloch & Crouch(1979)의 치료적 요인 18 기출

수용	얄롬(Yalom)의 집단응집력 요인과 유사한 것으로 소속감, 온정, 우호성, 편안함을 느낄 때 작용한다.
이타주의	다른 사람을 도움으로써 자신에 대해 더 긍정적으로 인식하게 된다는 것을 학습할 때 생기는 것이다.
정화	정화의 기초는 정서적 방출이므로, 안도감 측면에서 감정을 분출하는 것을 의미한다.
지도	상담자나 집단원에게 지시·지도·제안을 받거나 명백한 충고를 받는 경우, 일반적인 정보를 습득하는 경우 등이 해당한다.
희망의 고취	집단과정에서 일어나는 바람직한 변화나 그 가능성에 대해 낙관적인 느낌을 갖는 것을 의미한다.
대인 간 행동을 통한 학습	집단 내에서 건설적이고 적응적으로 관계하려 시도하는 것을 말한다.
자기노출	집단에서 사적이고 개인적인 정보를 제시하는 행동을 의미한다.
자기이해	자신에 대해 중요한 어떤 것을 학습하는 것으로 환상, 가정, 동기, 무의식적인 생각, 자신이 겪는 문제의 본질에 대한 단서 등으로 얄롬(Yalom)의 1차 가족집단의 교정적 재현 요인과 결합한다.
보편성	자신의 문제와 감정만이 독특한 것이 아니라는 것을 인식할 때 작용한다.
대리학습	다른 집단원 관찰을 통해 자신에게 가치 있는 것을 경험하는 것으로 얄롬(Yalom)의 모방행동 요인과 유사한 개념이다.

3 기타 다른 학자들의 견해

(1) Corsini & Rosenberg(1955)의 치료적 요인

① 수 용
② 이타주의
③ 보편성
④ 주지화
⑤ 현실검증
⑥ 전 이
⑦ 상호작용
⑧ 관찰자 치료
⑨ 감정과 사고의 표출
⑩ 기타 요인들(승화, 자발성, 지도자 권위, 이완, 경쟁, 강화 등)

(2) M. Corey & G. Corey(2000)의 치료적 요인

① 자기개방
② 보편성
③ 피드백
④ 응집력
⑤ 희 망
⑥ 실험을 해보는 자유
⑦ 관심과 이해
⑧ 변화하겠다는 결단
⑨ 감정 정화
⑩ 인지적 재구조화
⑪ 직면, 유머, 힘

지식 IN

대표적인 학자별 치료적 요인 17 기출

코시니와 로젠버그 (Corsini & Rosenberg)	얄롬(Yalom)		블로흐(Bloch) 등
	1975년(12개)	1985년(11개)	
보편성	보편성	보편성	보편성
주지화	지 도	정보교환	지 도
관찰자 치료	모방학습(동일시)	모방학습	대리학습
현실검증	자기이해	–	자기이해
감정과 사고의 표출	감정정화	감정정화	감정정화
수 용	집단응집력	집단응집력	수 용
전 이	희망의 고취	희망의 고취	희망의 고취
–	대인관계학습(투입)	대인관계를 통한 학습	대인관계를 통한 학습
–	대인관계학습(산출)		
이타주의	이타주의	이타주의	이타주의
–	실존적 요인	실존적 요인	–
상호작용	가족 재구조화	일차적 가족관계 재현	자기노출
		사회화 기술의 발달	

04 집단상담의 과정 20 24 기출

1 개요

① 집단상담의 과정과 발달단계는 코리(Corey)의 4단계, 한센(Hansen)의 5단계 등 여러 학자가 다양한 단계를 제시해왔다.
② 일반적으로 '시작단계-갈등단계-생산단계-종결단계'의 4단계로 구분할 수 있으며, 좀 더 간단히 '초기-중기-종결'의 3단계로 구분하기도 한다(3단계와 4단계의 맨 앞과 뒤에, 준비단계나 추수단계 등을 넣는 학자도 있다).
③ '시작단계-갈등단계-생산단계-종결단계'는 학자마다 부르는 이름이 조금씩 다르므로, 학자별로 어느 단계에 해당하는지를 알아두고, 이름이 다르더라도 각 단계의 특징과 과제, 집단상담자의 역할 등은 공통된다는 것을 알아둔다. 특히 코리의 4단계로 묻는 경우가 많다.

구 분		코리(Corey)	한센(Hansen)
초 기	시작단계	초기단계	시작단계
	갈등단계	과도기단계	갈등단계
중 기	생산단계	작업단계	응집단계
			생산단계
종 결	종결단계	종결단계	종결단계

2 시작단계(초기단계) 16 17 18 19 20 기출

이 단계는 근심과 불안, 걱정으로부터 구성원들이 서로 친밀해질 수 있도록 노력하고 집단의 한계를 찾으며, 집단의 규칙을 세워 힘과 영향력을 행사하고, 개인과 집단의 목표를 정하는 단계이다.

(1) 특성

① 집단상담에 대한 기대와 희망을 가지고 있지만, 낯선 상황에 대한 어색함과 두려움, 주저함 등의 긴장과 불안을 느낀다.
② 위험을 감수하는 행동이 상대적으로 적고 관망하는 자세를 취하며, 탐색도 머뭇거리며 일어난다.
③ 집단원들은 집단상담자에게 의존하는 성향을 보이며, 자기 역할을 파악하기 위해 노력한다.

(2) 집단상담자의 역할 18 21 22 24 기출

① 집단상담자는 첫 번째 모임이 시작하기 전에 사전면담을 통하여 개별적인 집단원의 특징을 미리 파악하고 있어야 한다.
② **집단상담의 구조화** : 분명한 집단목표 및 개인목표, 그리고 기본규칙과 집단규범을 설정한다.
③ **초기 집단응집력 형성** : 집단상담자를 포함하여 집단원들 간에 친밀성과 소속감에 기반을 둔 정서적 유대와 신뢰가 형성되도록 돕는다.

④ 상호작용 촉진
  ㉠ 집단원들의 염려와 질문을 개방적으로 다룬다.
  ㉡ 집단원들이 상호작용하면서 유사한 감정과 관심을 가졌다는 사실을 깨닫도록 돕는다.
  ㉢ 적극적으로 경청하고 반응하기와 같은 기본적인 대인관계 기술을 알려준다.
⑤ 수용 : 집단상담자는 이 시기 집단원의 불안과 저항을 어떤 모험을 시작하기 전에 자연스럽게 나타나는 반응으로 이해하고 존중한다.

지식 IN

집단상담을 준비하는 개별 면담과정에서 집단상담자의 임무 16 기출
- 집단상담에 대한 이해 도모
- 발생 가능한 문제 파악
- 집단참여를 촉진하기 위한 정보 제공
- 집단상담에 대한 현실적 기대형성 조력

회기 시작 시 집단원의 참여 활성화를 위한 집단상담자의 작업 22 기출
- 지난 회기에서 다루었던 주요 내용을 언급하면서 이번 회기의 계획을 말해준다.
- 이번 회기에서 나누고 싶은 이야기를 집단원들이 돌아가면서 한두 문장 정도로 소개하도록 한다.
- 집단상담에 방해가 되지 않는 범위 내에서 집단의 주제와 관련 있는 뉴스나 날씨 등에 대해 간략히 언급한다.
- 긴급한 질문이나 대답을 요하는 문제가 있다면 시간을 할애해서 다룬다.
- 특정 집단원을 언급하고 관심을 갖는 것은 다른 집단원을 당황하게 할 수 있으므로 바람직하지 않다.

3 갈등단계(과도기단계) 19 기출

시작단계(초기단계)를 지나면서 집단원들 사이에 친밀감이 형성되지만, 그에 따라 집단원들의 불안감이 더 고조되고, 갈등과 저항 등의 행동이 나타나는 시기이다.

(1) 특 성 24 기출

① 불안 고조 : 불안이 증가하고 고조되는 단계로 방어와 주저하는 행동이 다양하게 나타난다.
② 갈등과 저항
  ㉠ 집단원들이 서로 부정적인 정서 반응을 나타내면서 갈등과 저항, 경쟁 등이 일어난다.
  ㉡ 통제와 힘과 관련된 문제가 드러나거나 집단 내의 다른 사람들과 갈등을 경험하기도 한다.
  ㉢ 갈등의 원천을 이해하고, 갈등 상황이 발생할 때 이를 터놓고 다루어야 집단상담이 바람직한 방향으로 진행될 수 있다.
③ 집단상담자에 대한 도전
  ㉠ 저항의 일종으로 집단상담자의 권위와 능력을 시험하고 도전하는 집단원이 나타난다.
  ㉡ 집단원은 집단 환경이 얼마나 안전한지 판단하기 위해 집단상담자와 다른 집단원들을 시험한다.

> **지식 IN**
>
> **집단상담 과정에서 방어와 저항으로 해석될 수 있는 행동** 15 기출
> - 침묵을 지키고 상호 간에 어색한 웃음을 교환한다.
> - 관찰자의 자세를 취한다.
> - 말을 많이 하거나 질문과 충고를 주고받는다.
> - 대체로 안전한 문제나 집단 밖의 이야기를 늘어놓거나 지적인 내용에 호소한다.
> - 자기를 개방하는 대신 타인의 문제만을 다루려 한다.
> - 자신은 도움받을 문제가 없는 것처럼 행동하기도 한다.
> - 상호 간에 조심스럽게 지지적이고 예의를 갖춘 행동을 한다.
> - 의사소통이 대체로 피상적이고 제한적이며 틀에 박힌 것들로 이루어진다.
>
> **표출된 갈등을 중재하는 기술** 14 16 21 기출
> - 부적절한 공격행동은 차단한다.
> - 집단원들의 의사소통 내용과 갈등을 명료화·재진술화한다.
> - 집단응집력을 기반으로 갈등을 직접 다루어야 한다.
> - 생산적으로 처리하면 상호 간에 신뢰하는 집단분위기가 조성된다.
> - 갈등은 필연적인 것이며, 잘 관리할 경우 신뢰성을 강화하는 계기가 된다.

(2) 집단상담자의 역할 21 23 기출

① 집단원의 망설임이나 불안, 방어, 갈등 등을 자각하고 정리하도록 도와준다.
② 집단원의 저항을 자연스러운 반응으로 이해하고 존중한다.
③ 집단원의 저항과 갈등을 적절히 다루어 응집력을 높이고, 상담자에 대한 도전도 다루어야 한다.
④ 집단원의 전이와 자신의 역전이 감정을 다루어 나가야 한다(참여자의 역할).
⑤ 집단원이 저항과 갈등 등을 탐색하고 솔직히 표현하도록 격려하고 촉진한다(촉진자의 역할).
⑥ 적절하고도 부드러운 직면을 시키는 행동모델로서의 모습을 보여줘야 한다.
⑦ 집단원이 스스로 책임감을 가지고 자발적으로 풀어가도록 도와줘야 한다(조력자의 역할).
⑧ 규칙을 잘 지키도록 도와주는 집단규준의 증진자로서의 역할도 한다.

4 생산단계(작업단계) 16 18 19 21 기출

생산단계는 집단상담에서 가장 핵심적인 단계로 심리치료, 문제해결, 학습과 성장을 위해 노력하는 과정이 주를 이룬다.

(1) 특성 23 기출

① 강한 집단응집력 형성
  ㉠ 집단원 간 또는 집단상담자와 갈등이 있음을 인정하고 그것에 대해 논의하고 해결한다.
  ㉡ 갈등과 저항이 표현되고 잘 다루어져 '우리 집단'이라는 소속감이 생긴다.
  ㉢ 조화롭고 협력적인 집단분위기와 강한 집단응집력이 형성된다.

② 집단 내의 의사소통이 개방적이며, 자신이 경험한 것을 정확히 표현한다.
③ 다소 거부감을 일으킬 수 있는 일이라도 주저 없이 노출한다.
④ 내재된 적대감과 불신을 표현하고, 역기능적인 행동 패턴을 탐색하며 변화를 도모하고 과감하게 시도한다.
⑤ **피드백 교환 활성화** : 피드백을 자유롭게 주고받으며 충분한 숙고를 한다.
⑥ **깊은 신뢰관계 형성** : 집단원들의 신뢰와 결속력이 높아지고, 자신이 지지받고 있다고 느껴 새로운 행동을 과감히 시도한다.
⑦ 집단원은 대개 리더의 지시 없이도, 자발적이고 적극적으로 집단활동에 참가하려고 한다.
⑧ '지금-여기'에 초점을 두고 원활하고 직접적인 소통이 이루어진다.

(2) 집단상담자의 역할 22 기출

① 자기노출과 감정의 정화를 통해 자기를 내보인다.
② 적절한 행동모델이 된다.
③ 집단의 응집력을 강화한다.
④ '맞닥뜨림(직면)'과 '공감' 같은 적절한 반응에 대해 모범을 보인다.
⑤ 집단원의 사고와 정서변화를 촉진한다.
⑥ 집단원의 비효과적인 행동패턴을 탐색하고 행동변화를 촉진한다.
⑦ 집단 전체와 개인이 보이는 패턴에도 관심을 두며, 자신이 관찰한 것을 개방한다.
⑧ 집단원의 공통된 주제나 강렬한 정서를 찾아 다루며 보편성을 제공한다.
⑨ 집단에서 치료적 요인에 항상 주목하고, 이런 요인들을 최대한 활용한다.
⑩ 집단원이 깊은 수준의 자기탐색을 할 수 있게 돕는다.
⑪ 집단원의 모험적인 시도를 진지하게 받아들이고 지지하며 격려한다.

5 종결단계 16 19 20 24 기출

집단원들이 집단경험을 통해 변화되고 학습한 것들을 총체적으로 정리하는 단계로, 집단상담자는 종결 전에 집단원에게 어느 정도의 기간을 두고 종결 시점을 상기시켜 주어야 한다.

(1) 특 성

① **좌절 감정 다루기와 극복하기** : 집단원들이 바람직하지 못한 행동에서 벗어나 새로운 행동을 학습함으로써 목표를 달성하고, 집단에서 다루려고 했던 문제를 완결한다.
② **분리에 대한 감정과 복합적 감정** : 유대관계의 분리로 인해 아쉬운 감정을 느끼는 한편, 집단으로부터 벗어난다는 해방감이 교차하는 복합적 감정을 느낀다.
③ **과제회피 경향** : 자신의 문제가 해결됨으로써 집단원의 자기노출이 점차 감소하고, 집단원들이 소극적인 태도를 취하며 과제회피가 나타난다.
④ 집단상담자와 집단원은 집단과정에 대해 반성하며, 일상생활에서의 적용에 대해 토의한다.
⑤ 집단활동에 대한 애착과 정서적 관여가 감소한다.
⑥ 집단원의 성장과 변화를 평가한다.

(2) 집단상담의 회기 종료를 위한 방법 19 기출

① 라운드
  ㉠ 회기의 가장 인상적이었던 점을 간단하게 평가하는 것이다.
  ㉡ 라운드는 짧고 명료할 때 회기 종료에 효과적이다.
② 집단원이 요약하기
  ㉠ 한 명 또는 그 이상의 집단원이 회기 중 일어난 일을 간단하게 말하는 것이다.
  ㉡ 집단원이 요약한 후 다른 집단원도 느낌을 언급하면 좋다.
③ 지도자가 요약하기
  ㉠ 지도자가 회기 중 일어난 일을 간단하게 요약하는 것이다.
  ㉡ 지도자가 요약한 후 집단원이 추가 내용을 요약할 수 있다.
④ 반응쓰기

(3) 집단상담자의 역할 14 15 17 18 21 23 24 기출

① 분리감정 다루기 : 집단상담자는 종결에 따른 아쉬움과 이별의 감정 및 상실감을 다루어야 한다.
② 학습내용 개관하기 : 집단 과정의 전반적인 내용을 개관하고 요약해야 한다.
③ 목표달성 점검 : 집단원의 성장 및 변화를 평가하고, 집단상담의 초기 지각과 후기 지각을 비교한다.
④ 미해결 문제 다루기 : 집단과정에서 일어난 미해결 문제를 표현하고 다루며, 집단원의 지속적인 성장 또는 미해결 문제에 대한 해결 계획을 수립해야 한다.
⑤ 학습결과의 적용문제에 대해 집단원과 논의하며 피드백을 주고받아야 한다.
⑥ 집단원들의 변화를 강화하고, 특별한 기술들을 다양한 일상에서 적용하도록 돕는다.
⑦ 종결 후의 추수집단 모임을 결정해야 한다.
⑧ 최종적인 마무리와 작별인사를 하도록 한다.

6 추수(Follow-Up)면담 16 21 22 기출

① 집단상담이 종결된 후 수주 혹은 수개월 후에, 지금까지 해온 집단의 효과를 재검토하는 단계이다.
② 집단상담 마지막 회기에 미리 추수면담 장소와 시간을 집단원들과 협의한다.
③ 종결 후 집단원들이 경험한 어려움이 무엇인지 탐색한다.
④ 집단이 어떤 부정적인 영향을 끼치지는 않았는지, 집단이 일상생활에 어떤 긍정적 영향을 끼치고 있는지 등을 확인한다.
⑤ 집단의 효과가 지속되고 있는지 등을 돌아본다.
⑥ 도움이 필요한 집단원에게 추수면담 이후의 개인상담이나 상담프로그램 정보를 제공한다.
⑦ 추수면담 집단회기에 참석하지 못한 집단원을 위해 개별 추수면담을 실시할 수 있다.
⑧ 집단상담 종결과 추수상담에서 그동안 진행된 집단원의 집단 경험을 평가한다.

05 집단상담의 기술 24 기출

1 관심 기울이기

(1) 개념
① 집단상담은 집단원과 집단원 간뿐만 아니라 집단상담자와 집단원 간에 이루어지는 의사소통의 과정이라고 할 수 있다.
② 집단상담자는 집단원들에게 전적으로 관심을 기울이면서 집단원이 전달하고자 하는 메시지를 제대로 듣고 이해할 수 있어야 한다.
③ '관심 기울이기'는 집단상담자가 집단원들의 메시지를 정확하게 이해할 수 있는 수단이 될 뿐만 아니라 그들을 존중한다는 점을 보여주는 방법이기도 하다.
④ '관심 기울이기'를 한다는 것은 집단원이 입으로 표현하는 말의 내용뿐만 아니라 그 외의 비언어적인 것들에 대해서까지도 민감한 관심을 기울이는 것을 의미한다.

(2) '관심 기울이기'의 행동요소
대화할 때 서로 시선을 부드럽게 마주치기, 몸짓과 얼굴 표정을 통해 관심 보이기, 간단한 말이나 동작으로 즉각적인 반응 보이기 등

2 공감적 반응하기 18 19 20 24 기출

(1) 개념
① 집단상담자가 집단원 입장에서 그 느낌 또는 내적 경험을 이해하고, 이를 직접 말로 전달하는 것이다.
② 집단원이 집단상담자와 집단을 수용하고 신뢰감을 느낄 수 있게 하는 효과를 발휘한다.
③ 이해한 것을 적절히 말로 표현하여 그 집단원 자신이 이해받고 있다는 사실을 느끼도록 하는 것이 중요하다.
  예 "선생님이 노력한 것을 알아주지 않아 서운했겠네요."

(2) '공감적 반응하기'의 적용 방법
① 집단원의 생각과 느낌을 파악하기 위해 집단상담자 스스로가 그 집단원의 입장에서 생각하고 느껴보도록 한다.
② 집단원의 생각과 느낌을 가장 잘 나타낼 수 있는 단어를 찾아낸다.
③ 집단상담자가 그 집단원을 이해하고 있다는 사실을 구체적인 단어로 직접 말해준다.

3 자기노출하기 15 19 기출

(1) 개 념
① 집단상담자가 효과적인 상담의 진행을 위해 상담에 참여한 집단원에게 자신에 대한 주관적인 정보를 노출하는 기술이다.
② 집단상담자는 자기노출을 통해 집단원에게 유사성과 친근함을 전달할 수 있고, 집단상담자와 집단원 간의 심도 깊은 이해가 가능하도록 한다.
③ 중요한 기술 중 하나이며, 적절한 모험심과 용기가 필요한 기술이다.

(2) '자기노출하기'의 유형

'지금-여기'의 자기노출	집단원과 대화하는 동안 경험하는 자신의 생각이나 느낌을 부정적인 정서까지도 진솔하게 이야기한다.
과거 경험의 자기노출	과거에 있었던 자신의 경험과 느낌이 현재 집단원의 경험과 유사성이 있는 경우 그것을 솔직하게 이야기한다. 예 "저도 과거에 당신과 같은 우울증을 경험한 적이 있어요. 그래서 당신이 느끼는 기분을 어느 정도 이해할 수 있을 것 같아요."

4 피드백(Feedback) 주고받기 15 16 17 19 20 24 기출

(1) 개 념
① 타인의 행동에 대한 자신의 반응을 상호 간에 솔직하게 이야기해주는 과정을 말한다.
② '피드백 주고받기'는 집단상담의 중요한 목적 가운데 하나로서, 집단원이 타인이 자신을 어떻게 보고 있으며, 동시에 자신이 타인에게 어떻게 반응하는지에 대해 학습할 수 있는 기회를 제공한다.
③ 집단원의 변화가 가능하도록 동기를 부여할 수 있으며, 상담자의 피드백을 통해 집단원에게 교육적 효과를 제공한다.
④ 집단원은 자신의 행동이 타인에게 미치는 영향을 이해할 수 있다.
⑤ 상담자는 자신의 피드백에 대한 집단원의 반응을 면밀히 관찰해야 한다.

(2) '피드백 주고받기'의 유의점 15 17 23 기출
① 사실적인 진술을 하되, 가치판단을 하거나 변화를 강요하지 않는다.
② 구체적으로 관찰 가능한 행동에 대해 그 행동이 일어난 직후 적용하는 것이 효과적이다.
③ 변화 가능한 행동에 대해 피드백을 해야 하며, 가능한 대안도 함께 제시해 주는 것이 좋다.
④ 집단에서의 행동과 관련된 '지금-여기' 피드백이 모호한 피드백보다 더 도움이 된다.
⑤ 한 사람보다는 집단의 여러 사람으로부터의 피드백이 더욱 의미가 있다.
⑥ 피드백을 받는 사람은 겸허하게 받아들여야 한다.

⑦ 피드백의 대상이 되는 집단원의 내적 준비 정도와 피드백을 주고받는 이들이 서로 피드백을 생산적으로 활용할 마음의 준비가 되어 있는지 충분히 고려한 후 적용한다.
⑧ 집단 초기단계에서 상담자가 직접 시의적절한 피드백을 제공함으로써 집단원들이 이를 모방, 실천할 수 있도록 한다.
⑨ 긍정적인 피드백이 부정적인 피드백보다 더 잘 받아들여진다.
⑩ 부정적인 피드백은 긍정적인 피드백 이후에 줄 때 더 쉽게 받아들여진다.
⑪ 집단 초기에는 긍정적 피드백으로 행동 변화의 가능성을 높여 주고, 집단원들 간의 신뢰감과 응집력을 높일 수 있도록 한다.
⑫ 집단 발달이 어느 정도 이루어지고 신뢰 관계가 형성되었을 때 부정적인 피드백을 하는 것이 효과적이다.
⑬ 종결단계에서는 긍정적 피드백으로 집단원이 자신감이나 희망을 가지고 집단을 떠나도록 해야 한다.

5 직면하기(맞닥뜨리기) 16 18 19 20 23 기출

(1) 개 념
① 집단원의 말이나 행동이 일치하지 않거나 모순점이 있을 때 그것을 지적해주는 기술이다.
② 상대방에게 공격이나 위협으로 받아들여질 수 있으므로 사용 시 주의하여야 한다.
   예 "너는 한편으로 좋은 성적을 받아 부모님을 기쁘게 해드리고 싶다고 하면서도, 다른 한편으로는 친구와 컴퓨터 게임하는 것을 더 좋아하는구나."
   "긴장되지 않는다고 이야기하면서 다리를 계속 떨고 있는데, 알고 있나요?"

(2) '직면하기'의 유의점
① 평가나 판단을 하지 않으며, 사실을 있는 그대로 진술하고 보고하도록 한다.
② 변화를 강요해서는 안 되며, 변화의 주체는 집단원 자신이어야 한다.
③ 시기적으로 적절한 때에 기술을 적용하는 적시성(Timing, 어떤 시기에 적합한 성질)이 중요하다.
④ 구체적이고 관찰 가능한 행동에 초점을 맞출 때 훨씬 더 효과적이다.
⑤ 돌보는 태도와 존중하는 방식으로 한다.
⑥ 집단원이 스스로에 대해 정직한 평가를 할 수 있도록 돕는다.

(3) '직면하기'의 적용 상황
① 이전에 한 말과 지금 하는 말이 불일치할 때
② 말과 행동이 불일치할 때
③ 집단원이 스스로에 대해 인식하는 것과 다른 사람이 인식하는 것이 불일치할 때
④ 집단원의 말과 정서적 반응 간에 차이가 있을 때
⑤ 집단원이 말하는 내용이 집단상담자가 그에 대해 느낀 바와 다를 때

6 경청하기

(1) 개념
① 집단상담자가 집단원이 하는 말을 귀담아 들어주는 것을 말한다.
② 집단상담자는 집단원이 하는 말의 내용을 파악함은 물론 몸짓, 표정, 음성에서의 섬세한 변화에도 주의를 기울인다. 즉, 집단상담자는 집단원의 잠재적인 감정과 반응에 주목하면서 집단원의 이야기에 집중하고 있음을 표시한다.

(2) '경청하기'의 중요성
① 집단상담자는 경청을 통해 집단원의 메시지에 구체적으로 초점을 맞출 수 있다.
② 집단상담자는 집단원 및 집단원의 의사소통에 대해 완전하고 정확한 이해를 할 수 있다.
③ 집단원에게 집단상담자의 관심과 흥미를 보일 수 있다.
④ 말을 하고 있는 집단원의 완전하고 개방되며 정직한 표현을 촉진한다.
⑤ 상호작용 중에 '타인중심'의 접근법을 발달시킨다.

(3) 경청의 요소
① **청취** : 물리적인 소리를 듣는 것
② **이해** : 메시지를 해석하고, 그 이면에 숨겨진 감정까지 포괄적으로 이해하는 것
③ **기억** : 청취한 바를 기억하는 능력
④ **반응** : 정확하게 듣고 있다는 반응 보이기

7 반영하기 16 19 20 기출

① 집단원이 스스로 전달하고자 하는 의사의 본질을 인식할 수 있도록, 집단상담자가 집단원의 말과 행동에 나타난 감정·생각·태도를 다른 참신한 말로 표현하는 기술이다.
② '반영하기'는 집단원이 지금 자신이 하는 말을 좀 더 명확히 인식할 수 있도록 돕는다.
  예 "너는 가까운 친구가 너를 다른 사람들이 보는 앞에서 비난한 것에 대해 무척 불쾌한 감정을 품고 있구나."

8 명료화하기(명확화하기) 14 18 19 24 기출

① 핵심이 되는 주제에 초점을 맞추게 하거나 어떤 중요한 문제 밑바닥에 깔린 혼란스럽고 갈등적인 감정을 분명하게 정리해 주는 기술이다.
② 질문, 재진술, 다른 집단원들을 활용하여 명료화하는 방법 등의 기법을 이용한다.
  예 "~라고 말한 것은 구체적으로 무엇을 뜻합니까?", "~에 대해 자세하게 말해줄 수 있니?"
  "방금 언급한 부정적인 감정이 구체적으로 무엇을 의미하는 것이죠?"

9 요약하기 19 20 22 기출

(1) 개념
① 집단상담자가 집단원의 생각이나 감정, 그가 한 이야기 등을 전체적으로 묶어 간략하게 정리하는 것이다.
② 집단원들은 이야기의 핵심을 제대로 파악하지 못하거나 전체적인 집단과정에서 방향을 제대로 잡지 못하고 방황할 때도 있다. 이때 집단상담자는 요약의 기술을 이용하여 집단과정을 도울 수 있다.
예 "집단상담을 마치기 전에 오늘 여러분들이 경험한 것에 대해 잠시 이야기를 나눠보죠."

(2) '요약하기'의 적용
① 한 집단원이 이야기를 필요 이상으로 길게 하는 경우 요약하기가 도움이 된다.
② 다른 주제로 넘어가기 전에 앞의 주제에 대한 요약이 이루어지면 주제의 연결이 원활하게 되며, 집단원들의 이해도를 높일 수 있다.
③ 한 회기의 집단상담이 끝날 때 마지막으로 그날 집단의 전체 활동내용이나 과정을 요약할 수 있다.

10 해석하기 14 18 19 20 21 기출

(1) 개념
집단상담자가 집단원이 표면적으로 표현하거나 인식한 것 이면에 숨겨진 문제를 제대로 파악할 수 있도록, 행동·사고·감정에 새로운 의미를 부여하거나 새롭게 설명하는 것을 말한다.
예 "상우는 혹시 충고하는 도준이가 형처럼 생각되어 도준이의 의견에 계속 반대하는 모습을 보이는 것은 아닐까요? 형이 자신의 모든 것을 아는 것처럼 잘난척하고 충고한다고 말했었죠."

(2) '해석하기'의 목적
① 통찰을 촉진하도록 한다.
② 집단원의 감정을 확인하고 경험하도록 한다.
③ 자기통제력을 향상시킴으로써 집단원이 자신의 행위에 대한 책임을 지도록 한다.

(3) '해석하기'의 유의점
① 집단원이 받아들일 준비가 되어있는지 확인한 후에 사용한다.
② 집단원의 지적능력을 고려하여 사용해야 하고, 정중하고 사려 깊게 한다.
③ 단정 지어 사용하지 않도록 하며, 잠정적인 가설이나 질문의 형태로 집단원의 의향을 묻는 것이 좋다.

> **지식 !N**
>
> **바람직한 해석의 방향**
> - 과거 또는 미래 → '지금-여기'
> - '사람들' 또는 '우리들' → '나' 또는 '너'
> - 자기방어 → 자기개방
> - 일반적인 것 → 구체적인 것
> - 간접적인 것 → 직접적인 것
> - 가정 또는 추측 → 확인 및 탐색지식

11 질문하기

(1) 개 념

구체적인 정보를 얻고 문제를 더 깊이 있게 탐색하거나 각 정보들 간의 관련성을 알아보기 위해 사용한다. 따라서 집단상담자는 집단원의 자기탐색과 표현을 방해해서는 안 된다.

(2) 질문의 종류와 형식

① 개방적 질문과 폐쇄적 질문 16 18 20 기출

개방적 질문	• 집단원이 자유롭게 자신의 생각을 표현할 수 있도록 한다. • 집단원에 대한 다양한 정보를 수집할 수 있는 장점이 있다. • 자신의 생각이나 감정을 표현하는 데 익숙지 않은 집단원의 경우 오히려 부담감을 줄 수 있다.
폐쇄적 질문	• 대답할 수 있는 범위를 한정하여 그 범위 내에서만 대답을 요구한다. • 위기상황에 유용하게 사용할 수 있는 장점이 있다. • 일반적으로 '예/아니오'나 단답식으로 대답하게 되는 질문이므로, 제한된 정보만 얻을 수 있다. 예 "오늘 아침 식사를 하고 왔나요?"

② 직접질문과 간접질문

직접질문	직접질문은 직접적 · 직선적으로 물어본다. 예 "친구가 가출했다는 소식을 들었을 때 어떤 기분이 들었나요?"
간접질문	간접질문은 간접적 · 우회적으로 물어본다. 예 "친구가 가출했다는 소식을 듣고 어떤 느낌이 들었는지 궁금하군요."

③ 집단상담 시 피해야 할 질문

유도질문	집단원이 특정한 방향의 응답을 하도록 이끄는 질문이다. 예 "자신의 행동이 잘못됐다고 생각해 보지는 않았나요?"
모호한 질문	집단원이 질문의 방향을 명확히 인지하지 못하거나 받아들이지 못하는 형태의 질문이다. 예 "누가 왜 그렇게 말했으리라 생각하나요?"

이중질문	한 번에 두 가지 이상의 내용을 담은 질문이다. 예 "지금 이 상황이 너에게 유리하다고 생각하니? 또 사람들이 너를 더 지지해 줄 것이라 생각하니?"
'왜' 질문	'왜(Why)' 의문사를 남용함으로써 집단원이 비난을 받고 있다고 느끼도록 하는 질문이다. 예 "너는 왜 상담받기를 꺼리니?"

④ 집단상담 시 유용한 질문

기적질문	문제가 해결된 상태를 상상해 보는 것으로서, 해결을 위한 요구사항들을 구체화·명료화하는 데 도움을 준다. 예 "너의 변화를 네 친구는 어떻게 알 수 있을까?"
예외질문	문제해결을 위해 우연적이며 성공적으로 실행한 방법을 찾아내어 이를 의도적으로 실행하도록 하는 것이다. 예 "문제가 발생하지 않은 때는 언제인가요?"
대처·극복 질문	어려운 상황에서의 적절한 대처 경험을 상기시킴으로써, 집단원이 스스로의 강점을 발견하도록 돕는다. 예 "그렇게 힘든 과정 속에서 어떻게 지금의 상태를 유지할 수 있었나요?"

12 연결하기 16 17 18 19 20 21 23 기출

① 한 집단원의 말과 행동을 다른 집단원의 관심과 연결하고 관련짓는 기술이다.
② 집단원이 제기하는 여러 가지 문제의 관련 정보나 자료들을 서로 연관시키며, 집단원 간 상호작용과 응집력을 촉진한다.
③ 집단원이 자신의 문제를 다른 각도에서 보게 하여 문제의 진정한 원인이나 해결책을 찾는 데 도움을 줄 수 있다.
④ 집단원들에게 보편성을 체험하게 할 때 사용하며, 집단원의 자기노출 시 다른 집단원의 피드백이 뒤따르지 않는다.

13 심적 지지해주기 18 기출

① 집단원이 집단상담 과정에서 불편함을 느끼거나 불안감을 느끼는 경우 또는 어떠한 이유로 심적인 상처를 입었거나 그러할 우려가 있는 경우 적용하는 기술이다.
② 집단상담자는 집단원이 집단으로부터 후퇴를 하거나 실망 또는 좌절하지 않도록 지지하면서 용기를 북돋워 주고, 집단활동에 적극적으로 임하도록 격려한다.
③ 침묵하던 집단원이 조심스럽게 자기개방을 했을 때에는 지지와 격려를 해준다.

14 행동을 제한하기 15 기출

(1) 개념
특정 집단원을 비난하거나 공격하는 것이 아니라, 집단 발전에 도움이 되지 않는 비생산적인 행동을 하지 못하도록 제한하는 것으로서, 집단상담자는 집단활동이 원활히 이루어지도록 노력할 의무가 있다.

(2) 집단상담자가 비생산적인 집단에 개입해야 하는 상황 23 기출
① 지나치게 질문만 계속하는 경우
② 제3자에 대해 험담을 하는 경우
③ 각자가 다른 사람을 대변하는 경우
④ 집단 외부의 이야기를 길게 늘어놓는 경우
⑤ 집단 밖의 사람에 관해서만 이야기하는 경우
⑥ 집단원이 '난 항상 그래왔다'로 넘겨버릴 경우
⑦ 다른 집단원의 사적인 비밀을 캐내려고 강요하는 경우
⑧ 한 집단원이 장황하게 설명하여 다른 집단원들이 지루해 할 경우

15 촉진하기

(1) 개념
① 집단원들 간 의사소통의 장애요소를 제거하며, 집단원들이 더 개방적인 자세로 자신을 표현하도록 유도하는 것이다.
② 집단상담자는 집단이 더 활성화되고 모든 집단원들이 더욱 적극적으로 집단상담 과정에 참여함으로써 개인적 목표와 집단적 목적을 동시에 달성할 수 있도록 노력해야 한다.

(2) 집단과정을 촉진할 때 유의할 점 16 19 기출
① 집단원들이 자신의 느낌을 솔직하게 말할 수 있도록 돕는다.
② 안전하고 수용적이며 신뢰적인 분위기를 조성하는 데 힘쓴다.
③ 집단원이 개인적인 문제를 탐색하거나 새로운 행동을 실험해 보고자 할 때 격려와 지지를 해준다.
④ 초청 혹은 도전을 통해 가능한 한 많은 집단원을 참여시킨다.
⑤ 집단상담자에게 의존하는 경향을 줄이고, 불안과 긴장을 표현할 수 있도록 격려한다.
⑥ 갈등이나 의견의 불일치를 공공연히 표현하도록 장려하고, 의사소통의 장벽을 극복하도록 돕는다.

16 강화해주기

① 집단원의 말과 행동에 대해 집단상담자가 긍정적인 피드백을 주어 그 특정 행동을 조장하기 위한 기술이다.
② 집단상담자는 집단원의 행동에 개입하여 보상교환 등을 통해 정적 행동을 유도하며, 집단원 간 원만한 관계가 형성되도록 노력한다.

17 초점 맞추기 20 기출

(1) 개 념

집단원의 표현이 혼돈되거나 산만하고 내용이 모호할 때 집단에서 논의하는 대화의 주제에 초점을 맞추는 것으로, 이를 통해 집단원의 내면을 탐색할 수 있다.

(2) '초점 맞추기'의 종류

초점 유지	"정희가 자신의 이야기를 끝낼 때까지 계속 진행할까요?" "새로운 이야기를 하기 전에 이 주제를 마무리해 봅시다." "동호가 더 할 얘기가 있는 것 같아요. 좀 더 들어볼까요?"
초점 이동	"이제 새로운 주제로 옮겨가겠습니다."
초점 심화	"여러분, 지금 이야기하는 내용에 대해 곰곰이 생각해 봅시다. 여러분이 친구들과 다투게 되는 상황에서 어떤 패턴이 있는지 더 이야기를 나누어 볼까요?"

18 저항의 처리 19 기출

① 처음으로 집단에 참여한 사람들은 자연히 불안과 긴장을 느끼게 된다. 그로 인해 집단활동에 참여하기를 주저하며 쉽게 자신을 개방하지 않는다.
② 집단원이 과거의 일이나 제3자에 관한 이야기를 늘어놓는 것도 일종의 저항에 해당한다.
③ 집단상담자는 집단원이 저항하는 자세를 보이는 경우, 그 집단원이 불안과 긴장을 해소할 수 있도록 돕고, 그 집단원이 자신의 감정을 이야기하도록 하거나, 모임이 끝난 후에 그러한 저항의 이유를 묻도록 한다.
④ 비자발적 참여자가 저항하는 경우에는 집단원이 표현하는 분노·좌절·방어 등을 예견하고, 비판적인 태도와 더불어 수용하고 인내하는 태도를 유지하며, 집단원이 자발성을 회복할 수 있도록 직면 등의 방법을 사용한다.

19 전이의 취급

① 전이는 과거의 경험에서 어떤 이유로든 억압된 느낌을 현재의 비슷한 대상에게 표현하려는 현상을 말한다.
② 집단상담자는 집단원이 문제에 대한 통찰의 수준을 높여 경험적 확신을 가질 수 있도록 훈습을 통해 반복적으로 설명하고 분석하여야 한다.
③ 전이를 취급하는 주된 목적은 집단원이 자아통합을 공고히 하도록 하는 것이다.

20 역전이의 취급

① 역전이는 집단원들에 대한 집단상담자의 의식적 또는 무의식적인 정서상의 반응을 말한다.
② 역전이는 집단상담자가 집단원의 태도나 외형적 행동에 자신의 개인적인 정서를 투사하는 것이다.
③ 집단상담자는 과거의 경험이 현재 자신에게 미치는 영향에 대해 지속적으로 점검해야 할 필요가 있다.
④ 집단상담자는 집단원에게 그와 같은 사실을 감추기보다는 자신의 감정을 집단에 솔직히 내어놓고 이야기하는 것이 좋다.

21 적시성에 유의하기

① 집단상담의 기술도 그것을 사용하는 시간이나 시기가 적절하지 못한 경우 오히려 역효과를 초래할 수 있다.
② 집단상담자는 시기나 때에 맞추어 적절한 기술을 적시에 사용할 수 있는 감각과 능력을 기르도록 노력해야 한다.

22 차단하기(Blocking) 14 16 18 20 21 기출

① 집단과정에 부정적 영향을 주거나 집단원의 성장·발달을 저해하는 의사소통에 집단상담자가 직접 개입하여 집단원의 역기능적 언어행동 혹은 비언어행동을 중지시키는 기술이다.
② 개인상담보다 집단상담에 더 활용도가 높다.
③ 부드러운 어조와 태도로 차단할 수 있다.
④ 다른 집단원의 피드백과 병행해서 사용할 수 있다.
⑤ 질문을 사용하여 차단할 경우 집단원에게 변명할 기회가 되지 않도록 유의해야 한다.
⑥ 집단원의 행동이 집단에 부정적인 영향을 미칠 수 있다고 판단되는 시점에 즉각 개입하는 것이 필요하다.

⑦ 청소년집단 상담자가 '차단하기' 기술을 사용해야 하는 상황 22 기출
  ㉠ 집단의 주제를 벗어나는 이야기가 계속될 때
  ㉡ 지도자가 주제의 초점을 변경하고자 할 때
  ㉢ 발언권을 가진 집단원이 횡설수설하고 있을 때
  ㉣ 집단원이 중언부언할 때
  ㉤ 집단원 간에 논쟁이 생겼을 때
  ㉥ 집단원이 상처를 주는 말을 할 때
  ㉦ 회기가 끝나가는 시점에 새로운 문제를 꺼낼 때
  ㉧ 집단이 비생산적인 분위기로 흘러가서 분위기 전환이 필요할 때

23 침묵 개입 16 17 기출

① 침묵 이면에 숨겨진 의미를 탐색할 수 있도록 촉진한다.
② 상담자가 집단원의 침묵 행동을 조장할 수도 있으므로 상담자 자신을 탐색해 본다.
③ 다른 집단원이 침묵하는 집단원을 비난하거나 공격적인 태도를 취하지 않도록 개입한다.
④ 회기에 대한 준비 부족으로 나타나는 침묵은 적극 개입하여 집단활동을 하도록 유도한다.
⑤ 집단원이 침묵할 때에 상담자는 수용적인 태도를 보여준다.

06 집단상담자의 역할 14 기출

1 집단상담에서 상담자의 역할

(1) 일반적인 역할

① 집단활동의 시작을 돕는다.
② 집단의 방향을 제시하고 집단규준의 발달을 돕는다.
③ 집단의 분위기 조성을 돕는다.
④ 행동의 모범을 보인다.
⑤ 의사소통 및 상호작용을 촉진시킨다.
⑥ 집단원 간 상호작용을 촉진하기 위해 집단원들이 반응을 보일 때까지 잠시 기다려준다.
⑦ 집단원을 보호하고, 집단활동의 종결을 돕는다.

> **지식 !N**
>
> **집단 중심 역할행동**
>
> | 집단과업 성취를 위한 역할행동 | 솔선해서 제안하기, 정보를 요구하고 제시하기, 의견을 묻고 제공하기, 상세히 설명하기, 조정하기, 방향을 제시하기, 평가하기, 활기를 띠게 하기, 진행을 돕기 |
> |---|---|
> | 집단의 유지·발전을 위한 역할행동 | 격려하기, 조화시키기, 타협하기, 의사소통 촉진하기, 규범 정하기, 집단 관찰하기, 따르기 |

(2) 시간제한적 단기 집단상담에서 상담자의 역할 17 기출

① 특별히 주의를 기울여 집단원을 선별해야 한다.
② 초점을 명확히 하여 집단발달과 응집력을 촉진해야 하며, 초점을 유지하기 위해 진행과정을 꾸준히 평가해야 한다.
③ 상담의 목표를 빠른 시간 내에 구체적으로 설정하고, 그 목표를 해결하는 데 초점을 두므로, 상담자는 적극적 자세로 임해야 한다.

(3) 집단상담자의 문제행동 22 기출

① **방어적 태도** : 집단상담자가 집단원이 자신에 대해 부정적인 평가를 내리며 비판할 경우 보일 수 있는 태도이며, 이러한 태도는 집단원 또한 방어적으로 만들고 이로 인해 적대감이 형성되어 집단의 작업을 방해할 수 있다.
② **지나친 개입** : 집단상담자가 집단원의 말 한마디 한마디에 개입하여 계속 대화하는 것은 집단원들의 상호작용으로 이루어지는 집단역동을 방해할 수 있다.
③ **폐쇄적 태도** : 집단상담자가 집단상담 과정 중에 자신의 개인적인 이야기를 되도록 하지 않으려 하는 태도로, 이러한 태도는 집단원 또한 폐쇄적으로 만들고 자기개방을 꺼리게 할 수 있다.
④ **과도한 자기개방** : 집단상담자가 집단상담 과정 중에 자신을 개방하는 것이 상담에 효과가 있다고 생각하여 자신에 대한 개인적인 이야기를 너무 많이 하는 것으로, 이것이 지나치면 집단상담자와 집단원의 역할이 모호해질 수 있다.

2 집단원의 문제행동과 그에 따른 상담자의 역할 14 15 16 기출

(1) 문제행동을 보이는 집단원이 있을 때 상담자의 개입전략 22 기출

① 집단원과 집단의 진행과정에 대해 솔직하게 이야기를 나눈다.
② 문제행동을 보이는 집단원의 인격을 폄하하지 않는다.
③ 갈등을 회피하지 않고 탐색할 수 있는 방법을 찾는다.
④ 방어하는 행동을 멈추도록 강요하지 않는다.

(2) '대화 독점'의 경우

① 개념 : 특정 집단원이 집단상담 시간을 독차지하여 사용하는 경우이다.

② 상담자의 역할
  ㉠ 대화를 독점하기 전에 그 집단원이 가졌던 생각과 느낌을 탐색하게 한다.
  ㉡ 그러한 탐색 기회를 제공하는 미완성 문장을 제시하여, 마음속에 가장 먼저 떠오르는 생각을 적거나 말하게 하고, 발표할 때 집단원들 간에 피드백을 교환하게 한다.
  ㉢ 독점 행동을 통해 얻고자 하는 것이 무엇인지를 탐색할 수 있게 한다.

(3) '소극적 참여'의 경우 18 19 20 기출

① 개념 : 침묵으로 대응하거나 적극적으로 참여하지 않는 경우이다.

생산적 침묵	• 깊이 숙고하거나 집단 경험을 통합하느라 말이 없는 경우이다. • 잠시 기다리면서 생각과 감정을 정리한 후 이야기할 수 있도록 여유를 주는 것이 좋다.
비생산적 침묵	• 두려움, 분노, 지루함으로 인해 머뭇거리는 경우 • 상담자가 즉각 개입함으로써 집단원이 본인의 태도가 지니는 의미를 탐색할 수 있도록 도와야 한다.

② 집단원의 침묵과 참여 부족의 이유 : 비밀누설에 대한 두려움, 말보다는 침묵이 더 효과적이라는 생각, 자신은 말할 가치가 별로 없다는 느낌, 집단원이나 지도자에 대한 표현되지 않는 분노감, 다른 집단원과 비교하여 자신은 기대에 미치지 못한다는 느낌 등

③ 상담자의 역할 : 침묵하는 집단원의 경우, 상담자는 이들이 적극 참여할 수 있는 기회를 제공해야 한다. 또한 다른 집단원들이 소극적인 집단원을 비난하거나 공격적인 태도를 취하지 않도록 개입해야 한다.

(4) '습관적 불평'의 경우

① 개념 : 집단과정에서 습관적으로 불평을 하는 경우이다.

② 상담자의 역할 : 불평 이유를 파악하되 논쟁이 유발되지 않도록 유의한다.

(5) '일시적 구원(상처 싸매기)'의 경우 18 기출

① 개념 : 다른 집단원의 고통을 지켜보는 것이 어려워 상처를 어루만져 주고 기분 좋게 해주는 가식적 지지 행동으로, 자신의 내면적 불안감을 감소시키고 안정을 취하려는 욕구의 표현이다.

② 상담자의 역할 : 이러한 행동이 본인에게 어떤 의미가 있고, 자신의 느낌이 무엇인지를 성찰하도록 돕는다.

(6) '사실적 이야기 장황하게 늘어놓기'의 경우 17 18 기출

① 개념 : 과거 사건이나 사실 중심의 이야기를 두서없이 늘어놓는 경우이다.

② 상담자의 역할
  ㉠ '지금-여기'에 초점을 맞추고, 감정을 진솔하게 표현하도록 돕는다.
  ㉡ 사실적 이야기를 장황하게 말하는 것과 자기개방을 구분해 줄 필요가 있다.

ⓒ 구체적이고 명료하게 자신을 표현하도록 가르칠 필요가 있다.
　　ⓔ 공감적 이해를 통해 과거 사건이 현재에 미친 영향을 표현하도록 돕는다.
　　ⓜ 장황한 이야기로 집단원을 지루하게 하는 경우 지루함도 하나의 중요한 정보로 여긴다.
　　ⓗ 집단상담자의 '역전이'에 주의를 기울인다.

(7) '질문 공세'의 경우
　① 개념 : 연속해서 계속 질문을 독점하는 경우이다.
　② 상담자의 역할 : 질문 속에 핵심내용을 포함하게 하고 자신을 주어로 해서 표현하게 한다.

(8) '충고 일삼기'의 경우
　① 개념 : 집단원이 다른 참여자에게 충고를 계속하는 경우이다.
　② 상담자의 역할 : 다른 참여자에게 충고를 하게 된 동기에 대해 스스로 탐색하도록 해주며, 그와 관련된 느낌을 표현하도록 돕는다.

(9) '적대적 태도'의 경우 19 기출
　① 개념 : 마음속에 쌓여있던 부정적인 감정을 표출하고 방어하는 경우이다.
　② 상담자의 역할
　　⊙ 집단상담자는 적대적 태도가 집단응집력 형성에 미치는 영향을 살피면서 다른 집단원이 적대적 태도로부터 받은 느낌을 표현하게 하여 적대적 집단원이 이를 경청하도록 한다.
　　ⓛ 집단상담자는 해당 집단원이 적대적 태도 이면의 감정을 자각하도록 돕고, 그러한 태도를 집단에서 다루기 힘든 경우에는 개인상담을 병행한다.

(10) '의존적 자세(도움 구걸하기)'의 경우 18 기출
　① 개념 : 상담자나 다른 집단원에게 모든 것을 의존하고 그들이 결정해 줄 것을 기대하는 경우이다.
　② 상담자의 역할 : 집단원이 자신의 문제를 스스로 바르게 인식할 수 있도록 돕고, 타인에게서 얻는 내용들의 연결 고리를 끊어주어야 한다.

> **지식 IN**
>
> **청소년 집단상담에서 집단원의 의존성을 조장할 위험이 있는 경우** 21 기출
> • 상담자가 상담 진행으로 발생하는 경제적 보상을 우선순위로 하는 경우
> • 집단을 통해 사회생활에서 결핍된 상담자 자신의 욕구를 채우길 기대하는 경우
> • 집단을 이용하여 상담자가 자신의 미해결 과제에 대해 작업하려고 시도하는 경우
> • 상담자가 청소년들의 삶에 대해 방향을 제시하는 부모와 같은 어른이 되고 싶은 욕구를 가질 경우

(11) '우월한 태도'의 경우
① 개념 : 자신의 능력이 탁월하거나 도덕적인 사람인 것처럼 군림하면서 다른 집단원의 행동을 비판·비평·판단하는 경우이다.
② 상담자의 역할 : 집단원이 자신의 느낌이나 집단을 통해 얻고자 하는 점을 스스로 탐색하게 하여, 방어적이지 않은 상태에서 자신의 태도를 점검해 볼 수 있는 기회를 제공한다.

(12) '감정에 호소하기'의 경우
① 개념 : 매사에 눈물 등 감정에 호소하면서 자신의 문제를 처리하려 하는 경우이다.
② 상담자의 역할 : 자신의 고통 때문인지, 동정에 호소하려 하는 것인지를 파악하여 생각과 감정을 나누게 한다.

(13) '공격하기'의 경우
① 개념 : 집단원이 직접적인 공격이나 적대적인 행동을 하는 경우이다.
② 상담자의 역할 : 집단상담자는 그와 같은 공격적인 표현의 원인에 직접 맞닥뜨려야 한다.

(14) '문제없는 사람으로 자처하기'의 경우 18 기출
① 개념 : 집단원이 스스로 문제없는 사람으로 자처하는 경우이다.
② 상담자의 역할 : 집단상담자는 그의 행동에 대한 솔직한 피드백을 제시한다.

(15) '다른 사람들의 기분 맞추기'의 경우
① 개념 : 집단원이 다른 사람들의 기분을 맞추는 행동을 하는 경우이다.
② 상담자의 역할 : 집단원이 솔직하게 자신의 내면을 표현할 수 있도록 유도한다.

(16) '집단과 관계없는 이야기하기'의 경우
① 개념 : 집단원이 집단활동과 아무런 관련이 없는 이야기를 하는 경우이다.
② 상담자의 역할 : 집단원이 집단 외부의 일이 자신에게 어떠한 의미가 있는지 관심을 갖도록 하여, 주관적인 경험을 표현할 수 있도록 돕는다.

(17) '세월의 경험이 약이라고 치부하기'의 경우
① 개념 : 집단원이 세월의 경험을 언급하며 현실의 문제를 외면하고자 하는 경우이다.
② 상담자의 역할 : 집단원이 당시 경험에 따른 감정을 구체적으로 표현할 수 있도록 돕는다.

(18) '주지화(지성에만 호소하기)'의 경우 20 기출
① 개 념
㉠ 집단원이 자신의 내면적인 세계와 감정을 드러내기보다 지적인 토론을 통해 자기 은폐를 하고자 하는 경우이다.
㉡ 개인의 불안, 자아에 대한 위협, 불편한 감정과 정서적 문제 등을 피하거나 둔화시키기 위해 그와 관련된 감정을 직접 표현하고 경험하는 대신, 궤변이나 분석적 사고, 추론 같은 인지적 과정을 사용하는 것이다.

② 상담자의 역할
- ㉠ '지금-여기'에서 느끼는 주관적인 정서체험을 자각하도록 해준다.
- ㉡ 집단원이 말하는 내용과 관련된 감정을 인식하고 직접 경험할 기회를 제공해야 한다.
  - 역할연습을 통해 자신의 감정을 인식하게 하여 표현을 유도한다.
  - 집단상담자가 감정 표현하는 것을 보여줌으로써 집단원이 정서를 표현할 수 있게 한다.
  - 비언어적 수단을 통해 용납하기 어려운 충동 및 감정을 인식하고 감정을 표현하게 한다.

(19) 상담자를 도와 공동지도자가 되려 하는 경우 21 기출
① 집단원은 상호 간에 동등한 관계가 되어야 한다.
② 집단상담자는 집단원이 동등한 관계로 상호작용할 수 있도록 도와야 한다.

CHAPTER 03 청소년 집단상담

중요도 ★★★

핵심포인트

\# 청소년 집단상담의 개요 \# 청소년 집단상담의 제 영역 \# 청소년 집단상담자의 기술과 자질

01 ▶ 청소년 집단상담의 개요

1 청소년 집단상담의 개념

(1) 청소년 집단상담의 의의
① 청소년상담은 청소년 및 청소년 관련인과 청소년 관련기관을 대상으로 하여 직접 봉사, 자문 활동, 그리고 매체 등을 통하여 청소년의 바람직한 발달 및 성장을 추구하는 활동이다.
② 청소년 상담활동에서는 청소년이 일차적 상담대상이지만, 청소년 관련인 및 청소년 관련기관 역시 청소년상담의 대상이 될 수 있다.
③ 한 명의 상담자와 여러 명의 청소년들이 함께 모여 일정기간 동안 정기적으로 만나면서, 생활 과정에서 직면하는 문제나 사건 등 그들의 관심사에 대해 각자의 느낌, 반응, 행동, 생각들을 대화를 통해 서로 교환한다.

(2) 청소년 집단상담의 목표 16 기출
① 청소년 집단상담은 근본적으로 청소년의 성장과 발달에 중점을 둔다.
② 자아정체감을 형성하는 과도기에서 각자 자신이 처한 환경을 이해하고 수용하도록 돕는다.
③ 발달과정상의 다양한 요구들을 충족시키도록 하며, 다양한 경험을 하도록 돕는다.
④ 집단활동을 통해 다른 사람들과 관계를 형성하며, 그들의 일상생활이나 문제해결 과정을 살피도록 하여 유용한 정보와 가치를 습득하도록 돕는다.
⑤ 청소년들로 하여금 행동의 동기를 이해하고 자신감을 가지도록 한다.
⑥ 학교의 주된 관심사를 주제로 선정한다.

(3) 청소년 집단원의 일반적 특징 16 기출

① *형식적 조작기에 해당하기 때문에 가설의 설정·검증·*연역적 사고가 가능하다.
② 상담 동기가 부족한 경우, 장시간 진행되는 자기탐색 활동에 집중해서 참여하는 것이 어렵다.
③ 동시다발적으로 다양한 관심을 가지고 있으며, 관심의 변화속도가 빠른 경향이 있다.
④ 기성세대에 대한 편견과 왜곡된 기대로 인해 성인 상담자를 부정적으로 지각하는 경향이 있다.

> **형식적 조작기**
> 피아제의 인지발달이론 중 추상적 개념을 논리적·체계적·연역적으로 사고할 수 있는 시기인 청소년기의 발달단계를 지칭한다.

> **연역적 사고**
> 일반적 사실이나 법칙 혹은 원리에서 보다 특수한 다른 사례나 결론, 혹은 원리 등을 이끌어 내는 사고 과정이다.

(4) 학교현장에서 실시하는 집단상담 21 24 기출

① 주로 예방 및 발달을 돕는 개입으로 이루어진다.
② 학교에서 정한 교육 목표를 이루기 위한 교육 활동이라 할 수 있다.
③ 또래와의 관계를 발달시킬 수 있는 기회를 제공한다.
④ 시험불안 감소를 위한 집단 운영도 가능하다.
⑤ 집단을 통해 이혼가정 자녀들의 불안감소와 학업 수행 능력을 증진시킬 수 있다.
⑥ 대개 강제로 참여하게 되므로 자발성이 떨어질 수 있다.
⑦ 학급단위 집단상담은 대체로 심리교육집단 형태로 운영한다.
⑧ 학교 관계자에게 집단상담이 학생의 행동 및 정서 변화에 효과적이라는 증거를 제시하는 것이 좋다.
⑨ 학교에서 진행되는 집단상담은 집단 밖으로 비밀이 새어 나가기 쉽다는 점을 민감하게 살펴보아야 한다.
⑩ 보호자 및 교육적 필요에 의해 비밀유지가 제한될 수 있다.
⑪ 학생의 보호자 및 학교교육 책임자의 승인과 관련자의 협조를 필요로 한다.

2 청소년 집단상담의 특성과 장점 및 규칙

(1) 청소년 집단상담의 특성 15 17 23 기출

① 허용적·현실적·감정정화적·상호신뢰적·수용적·지원적인 집단의 응집력과 치료적 분위기를 통해 상호이해를 촉진함으로써 긍정적인 변화를 모색한다.
② 집단에 참여한 청소년들이 각자의 느낌, 태도, 경험, 행동, 생각 등 자신들의 관심사를 서로 나누는 가운데 성격 변화와 발달이 이루어진다.
③ 개인의 목표를 현실적인 수준에서 달성 가능하도록 설정하는 것이 좋다.
④ 특정 시기에 공통적으로 겪을 수 있는 문제해결에 초점을 맞춘다.
⑤ 자발성이 낮은 집단인 경우 집단 초기에 재미있는 활동들을 활용하는 것이 좋다.
⑥ 중학생을 대상으로 집단상담을 실시할 때는 구조화 집단상담으로 진행하는 것이 좋다.

⑦ 매 회기를 철저히 준비하되 주어진 회기마다 구성과 주제를 조절할 수 있는 융통성이 있어야 한다.
⑧ 집단상담에 적합하지 않은 청소년을 선별하여 제외한다.
⑨ 정신질환과 같은 비정상적이며 병적인 문제들을 주로 다루는 심리치료적 기능보다는, 대부분 일상생활의 적응이나 대인관계 등 정상적 청소년들이 자아정체감 발달과정에서 겪고 있거나 관심을 두는 문제들을 다룬다.
⑩ 계획 · 준비 시 집단상담의 주제 선정을 위한 요구조사가 권장된다.
⑪ 계획 · 준비 시 집단상담의 이점에 대해 학교행정가와 교사, 부모에게 설명한다.
⑫ 집단상담 시작 전에 참여 학생의 학부모로부터 참여동의서를 받는다.
⑬ 청소년 집단상담 운영 및 아동 · 청소년에 관련된 법률을 충분히 숙지하여야 한다.
⑭ 부모나 교사에 의해 집단상담이 의뢰된 경우, 상담에 대한 의심과 적대감을 표출하는 경향이 있는데, 부모나 선생님, 또는 특정 기관에 저항하는 모습을 보이는 아동이나 청소년들을 편들어서는 안 된다.

(2) 청소년 집단상담의 장점 14 15 기출

① 자아 발견 및 진로 결정에 도움을 준다.
② 청소년이 다른 사람에 대한 이해와 관심을 통해 사회적 존재로서 성숙할 수 있는 기회를 제공한다(탈 자기중심화).
③ 부정적인 감정을 극복하고, 자신감과 자존감을 회복하게 한다.
④ 이성과의 접촉에 대해 두려움과 죄책감으로 이어질 수 있는데, 이를 적절히 해소시킨다.
⑤ 신체적 발달과 심리적 발달의 불균형으로 인한 심리적 불안정함에서 초래되는 외로움과 고립감을 극복하는 데 도움을 준다.
⑥ 집단상담은 '나만이 특이하다'라는 생각을 바꿔줌으로써 자신의 감정과 경험을 타인과 나눌 수 있다는 사실을 아는 것 자체로 힘을 얻을 수 있게 한다.
⑦ 상담자가 제공하는 안전한 구조 속에서 독립적 행동을 연습할 수 있는 기회를 제공한다.
⑧ 성인 상담자와의 관계에서 오는 불편함을 적당하게 완화시켜 준다.
⑨ 청소년기의 자기애적 사고에 도전하고 자기중심적인 태도를 제한함으로써 타인에 대한 배려를 느끼게 할 수 있다.
⑩ 집단원들의 자아 강도를 높일 수 있는 기회를 제공한다.
⑪ 감정이입, 존중, 상대방에 관한 관심 등 새로운 사회적 기술을 연습시킨다.
⑫ 의존성과 독립성을 연습해 볼 수 있는 기회를 제공한다.
⑬ 또래집단원들도 자신과 비슷한 감정이나 경험을 갖고 있다는 사실을 깨달을 수 있게 한다.
⑭ 또래집단원들과의 연대감을 통해 자아를 강화시킨다.

(3) 청소년 집단상담의 규칙 16 기출

① 집단 내에서의 상담과 관련된 내용을 집단 외부에 발설하지 않도록 한다.
② 참여자 전원의 논의와 다수의 동의를 통해 구체적인 사항을 결정하며, 결정된 사항에 대해 참여자 전원이 지키도록 한다.
③ 새로운 가입희망자가 있는 경우 집단원 전원의 논의를 거쳐 결정한다.
④ 중도 탈퇴를 하고자 하는 경우 모임에 참석하여 사유를 밝히도록 한다.
⑤ 집단 외부에서의 개인 간의 만남은 추후 다른 참여자들에게 알리도록 한다.
⑥ 지각이나 결석은 삼가며, 부득이한 경우 그 사유를 사전에 상담자나 다른 참여자에게 알리도록 한다.

> **지식 IN**
>
> **타의에 의해 집단에 참여하게 된 청소년을 위한 상담자의 행동** 21 기출
> - 집단원의 권리 및 책임에 관해 친절하고 철저하게 안내한다.
> - 본인이 원할 경우 집단을 떠날 권리가 있으나, 이때 예상되는 결과에 대해 알려준다.
> - 집단을 떠나기 전에 그 이유를 집단에 알리도록 안내한다.
> - 자신과 타인을 위협하는 경우를 포함하여 비밀보장이 되지 않는 모든 상황을 알려야 한다.

02 청소년 집단상담의 제 영역

1 청소년 집단상담의 여러 가지 형태

(1) 청소년 집단지도

① 교육적·사회적 정보를 제공하는 형식으로 이루어진다.
② 신입 오리엔테이션, 취업지도, 성교육, 학습방법, 여가선용 등의 프로그램을 이용한다.

(2) 청소년 집단훈련

① 어떤 특정한 영역에 대한 기술을 익히는 과정을 말한다.
② 창의성 훈련, 사회성 훈련, 감수성 훈련, 인간관계 훈련, 집단과정에 대한 학습 등이 있다.

(3) 청소년 집단치료

① 무의식적 동기를 주로 탐색 및 해석하여 정서적 장애를 치료하는 것을 말한다.
② 임상적으로 비정상적인 구성원을 대상으로 한다.

(4) 비행청소년 집단상담 22 기출

① 초기단계에서 집단원은 집단과 상담자에 대한 신뢰감이 낮고 무반응을 보이는 경우가 많다.
② 상담자는 집단응집력을 높이기 위한 활동을 도입한다.
③ 필요한 경우, 상담자는 집단원의 왜곡된 사고나 감정의 불일치를 알아차릴 수 있도록 직면을 사용한다.
④ 상담자는 집단원 스스로 대안을 찾을 수 있도록 격려한다.

> **지식 !N**
>
> **청소년상담의 문제영역**
> - 진로문제 : 진학결정, 문과·이과 선택, 흥미·적성문제, 취업 등
> - 성문제 : 성폭력, 성매매, 임신 및 낙태, 왜곡된 성의식
> - 비행문제 : 음주, 흡연, 가출, 폭행, 갈취
> - 대인관계문제 : 따돌림, 친구관계, 이성관계
> - 학업문제 : 시험불안, 성적 압박으로 인한 정서불안, 학업에 대한 반감과 동기 부족, 학업능률 저하
> - 인터넷 중독문제 : 게임중독, 인터넷중독으로 인한 후유증
> - 위기상황과 관련된 문제 : 자살문제
> - 가족문제 : 부모-자녀 관계, 이혼·재결합 가정 등

2 청소년 집단상담 프로그램

(1) 진로탐색 프로그램
① 자신의 적성과 흥미에 맞는 진로를 발견한다.
② 진로에 대한 올바른 탐색의 기회를 제공한다.

(2) 성격이해 프로그램
① 성격유형 검사를 통해 자신의 성격적 특성을 이해한다.
② 자신과 다른 사람의 성격적 차이를 이해함으로써 바람직한 대인관계를 형성한다.

(3) 자기성장 프로그램
① 자기이해와 자기수용, 자기개방을 통하여 자아정체감을 형성한다.
② 건전한 가치관을 형성한다.

(4) 또래상담자훈련 프로그램
① 상담훈련을 받은 청소년들이 또래 친구들의 심리적인 고민과 갈등을 해결한다.
② 청소년지원센터와의 연계를 도모한다.

(5) 학습증진 프로그램
① 비효율적인 학습습관과 생활습관을 점검한다.
② 올바른 학습방법과 학습전략을 습득한다.

(6) 친구사귀기 프로그램(왕따예방 프로그램)
① 대인관계 기술이 부족한 청소년에게 효과적인 친구사귀기 방법과 집단따돌림의 예방방법을 학습시킨다.
② 학습한 방법에 따라 학교생활에 적응할 수 있도록 돕는다.

(7) 기 타
① 성가치관 정립 프로그램 : 올바른 성의식과 미혼 부·모 예방 및 올바른 *양성평등의 가치관을 형성할 수 있도록 한다.
② 인터넷중독 예방 프로그램 : 무분별한 인터넷 사용을 예방하고, *인터넷중독의 증상을 보이는 청소년들에게 대처 방안을 제공한다.
③ 학교폭력 예방 프로그램 : 학교폭력이 무엇인지 파악하고, 학교폭력이 일어났을 때의 적절한 대처방법 그리고, 학교폭력을 예방할 수 있는 방법을 익힌다.
④ 약물 오·남용 예방 프로그램 : 음주, 흡연 및 기타 약물에 노출될 가능성이 있는 취약한 청소년들에게 약물남용 실태 및 위험성에 대한 교육을 통해 약물의 오·남용을 예방하고 재발을 방지한다.

> **양성평등**
> 모든 영역에서 인간을 성에 의해 서로 차별하지 않고 동등하게 대우하여 똑같은 기회, 권리, 이익을 누릴 수 있게 하는 것이다.

> **인터넷중독**
> 인터넷 등 컴퓨터를 사용하는 행동이 사회생활이나 일상생활에 해가 될 정도로 지나친 강박행동적인 상태이다.

03 청소년 집단상담자의 기술과 자질

1 청소년 집단상담자의 기본적 기술 17 기출

(1) 청소년 집단원들이 변화할 수 있는 요인들을 형성하기 위한 기법
① 경청하기 : 청소년 집단원이 하는 말을 귀담아 듣는 것이다.
② 반영하기 : 청소년 집단원의 말과 행동에서 표현되는 감정·생각·태도의 본질을 집단원 본인이 제대로 인식할 수 있도록 다른 참신한 말로 되돌려 주는 기술이다.
③ 명료화하기 : 혼동되고 갈등하는 느낌을 가려내어 분명히 해주는 기술이다.

(2) 새로운 관점에서 문제를 볼 수 있도록 하는 기법

① **해석하기** : 사고나 감정에 대해 새로운 의미를 부여하거나 새롭게 설명하는 것이다.
② **질문하기** : 문제를 보다 깊이 탐색하기 위해 사용하는 기술이다.
③ **연결하기** : 공통의 관심사를 연결하여 집단의 응집력을 높이는 기술이다.
④ **직면시키기** : 말이나 행동이 일치하지 않을 때 지적해 주는 기술이다.
⑤ **지지하기** : 위기에 처했을 때 실망하고 좌절하지 않도록 용기를 주는 기술이다.

(3) 청소년 집단원들의 권리와 인권을 보호하기 위한 기법

① **행동제한** : 집단에 도움이 되지 않는 행동을 하지 못하도록 제한하는 것이다.
② **현실검증** : 집단이 제시하는 대안을 현실적으로 평가하도록 격려하는 것이다.
③ **평가하기** : 현재 진행 중인 과정과 집단역동을 평가하는 기술이다.
④ **촉진하기** : 집단원들이 보다 개방적인 자세로 자신들을 표현하도록 유도하는 기술이다.
⑤ **공감하기** : 집단원들이 이해받고 있다는 사실을 느낄 수 있도록 하는 기술이다.
⑥ **자기 표출하기** : 집단원들에게 자신에 대한 주관적인 정보를 노출하는 기술이다.
⑦ **피드백 주고받기** : 집단원들의 행동에 대한 자신의 반응을 솔직하게 이야기해 주는 과정이다.
⑧ **저항의 처리** : 저항을 처리하기 위해서 감정이입적 이해에 의한 라포를 형성한다.

2 청소년 집단상담자의 자질 14 16 19 기출

(1) 인간적 자질

① **유머감각** : 치료적 측면에서 집단원들에게 웃음을 안겨줄 수 있는 말이나 행동을 할 수 있는 능력이다. 웃음을 통해 집단원의 문제를 새로운 각도에서 조망해 볼 수 있게 한다.
② **개방성** : 새로운 경험, 자신의 것과는 다른 유형의 삶과 그 가치에 대해 기꺼이 수용하는 자세이다. 개방적 태도는 집단원들의 자기개방에 동기를 부여한다.
③ **집단에 접근하는 새로운 방식에 대한 독창성** : 상담 및 심리치료 관련 이론들을 토대로 다양한 창의적 기법과 활동 및 작업전략들을 창출하여 집단상담에 적용할 수 있는 능력이다.
④ 자신의 청소년기에 대한 통찰

(2) 전문적 자질(전문성) 14 16 22 기출

① 상담자는 다음과 같은 방법으로 전문적 자질(전문성)을 습득해야 한다.
  ㉠ 상담이론에 대한 지식 함양
    • 인간 행동에 대한 이해가 선행되어야 한다.
    • 자발적인 집단과 비자발적인 집단의 특성을 이해해야 한다(비자발적인 청소년집단의 경우, 초기 회기 동안 집단원이 부정적인 감정이나 행동을 표현할 수 있도록 허락하는 등).
  ㉡ 실습경험(개인상담 경험)과 훈련
  ㉢ 자격을 갖춘 수퍼바이저의 지도

② 상담자는 청소년 집단에 대한 폭넓은 식견이 필요하다.
    ㉠ 각 연령집단의 발달과업 특성
    ㉡ 청소년의 정상 행동범위
    ㉢ 청소년 환경
    ㉣ 청소년심리 · 발달 등
    ㉤ 청소년들이 성장하면서 경험하게 되는 갈등의 종류
③ 상담자는 의사소통기술을 갖추어야 한다.
    ㉠ 청소년 집단원에게 적합한 의사소통기술
    ㉡ 청소년의 유행, 비속어, 은어 등 숙지
    ㉢ 청소년의 부모(주변인)와 협력할 수 있는 대인관계 기술 및 의사소통기술
④ 상담자는 자신의 가치관이 다문화 청소년에게 미칠 수 있는 영향을 인식해야 한다.
⑤ 상담자는 집단상담의 집중도를 높일 수 있도록 역할극 및 게임이나 활동 등 다양한 매체 활용 능력을 갖추어야 한다.

필수과목 02 적중예상문제

❖ 완벽하게 이해된 부분에 체크하세요.

CHAPTER 01 집단상담의 개론

01 집단상담의 원리에 대한 설명이 바르게 연결된 것은?

ㄱ. 자기이해를 통해 이해한 자신을 있는 그대로 인정하고 받아들이는 것
ㄴ. 현실 속에서 자신의 행동을 의미 있는 기준에 비추어 보는 것
ㄷ. 상대방에게 피해를 주지 않으면서 자신이 나타내고자 하는 바를 그대로 나타내는 학습된 행동

① ㄱ : 자기수용, ㄴ : 자기평가, ㄷ : 자기주장
② ㄱ : 자기개방, ㄴ : 자기평가, ㄷ : 자기도전
③ ㄱ : 자기평가, ㄴ : 자기도전, ㄷ : 자기수용
④ ㄱ : 자기수용, ㄴ : 자기이해, ㄷ : 자기주장
⑤ ㄱ : 자기평가, ㄴ : 자기개방, ㄷ : 자기도전

집단상담의 원리
- 자기이해 : 자신의 몸과 마음에 관한 모든 것을 사실 그대로 이해하는 것이다.
- 자기수용 : 이해한 그대로의 자신을 인정하고 받아들이는 것이다.
- 자기개방 : 자신에 대한 이해와 수용을 통해 자신을 있는 그대로 나타내 보이는 것이다.
- 자기주장 : 상대방에게 피해를 주지 않으면서 자신이 나타내고자 하는 바를 그대로 나타내는 학습된 행동이다.
- 자기평가 : 현실 속에서 자신의 행동을 의미 있는 기준에 비추어 보는 것이다.
- 자기도전 : 새롭게 학습된 행동이나 사고, 감정 등을 시도하는 것이다.

정답 01 ①

02 집단상담의 장점에 대한 설명으로 옳은 것을 모두 고른 것은?

ㄱ. 다양한 구성원들이 참여하므로 학습경험이 풍부해질 수 있다.
ㄴ. 집단적인 힘을 사용하므로 심각한 성격구조의 변화에 효과적이다.
ㄷ. 자신에 대한 타인의 지각을 즉각적으로 확인할 수 있다.
ㄹ. 개인상담에 비해 개인의 문제를 깊게 다룰 수 있다.
ㅁ. 개인은 비난이나 처벌의 두려움 없이 새로운 행동을 시험해 보며 현실을 검증해 볼 수 있는 기회를 얻는다.

① ㄱ, ㄴ, ㄷ
② ㄱ, ㄷ, ㅁ
③ ㄴ, ㄹ, ㅁ
④ ㄱ, ㄴ, ㄷ, ㄹ
⑤ ㄱ, ㄴ, ㄷ, ㄹ, ㅁ

ㄴ. 보다 깊은 수준의 성격구조에 관여하여 변화를 이끌어내는 것은 '집단치료'의 효과에 해당한다.
ㄹ. 집단상담은 집단에 적합하지 않은 성격적 특징이나 지극히 개인적인 문제를 가지고 있는 경우, 그와 같은 개인적인 문제가 충분히 다루어지지 않을 수 있다는 단점이 있다.

집단상담의 장점
- 개인상담에 비해 시간과 비용면에서 효율적이다.
- 편안하고 친밀감이 생긴다.
- 구체적으로 실천할 수 있는 경험을 할 수 있다.
- 현실 검증의 기회를 얻는다.
- 소속감, 연대감, 유대감 및 동료의식과 협동심을 발전시킬 수 있다.
- 새로운 대인관계를 비롯한 여러 경험을 학습할 수 있다.
- 자신에 대한 타인의 지각을 즉각적으로 확인할 수 있다.
- 상담자로서의 역할을 통해 지도성이 확대된다.
- 이야기나 행동을 경청하고 관찰할 수 있다.
- 집단원으로 하여금 개인상담에 응하도록 유도할 수 있다.

03 집단상담보다는 개인상담 참여를 권유해야 할 청소년을 모두 고른 것은?

ㄱ. 자아가 와해된 청소년
ㄴ. 인정받으려고 노력하는 청소년
ㄷ. 극도로 의존적인 청소년
ㄹ. 반사회적이거나 충동적 행동을 하는 청소년

① ㄱ, ㄹ
② ㄴ, ㄷ
③ ㄱ, ㄷ, ㄹ
④ ㄴ, ㄷ, ㄹ
⑤ ㄱ, ㄴ, ㄷ, ㄹ

> 개인상담이 필요한 경우
> • 문제가 위급하고, 원인과 해결방법이 복잡하다고 판단되는 경우
> • 내담자 본인과 관련 인물들의 신상을 보호하고 비밀을 유지할 필요가 있는 경우
> • 심리검사 결과를 해석해 주는 면담이 필요한 경우
> • 집단에서 공개적으로 발언하는 것에 대해 심한 불안·공포가 있는 경우
> • 집단원이 비정상적으로 말하는 것에 두려움을 가지고 있는 경우
> • 상담집단의 동료들로부터 수용될 수 없을 정도로 대인관계가 좋지 못한 경우
> • 상담자나 다른 사람들로부터의 주목과 인정을 강박적으로 요구할 것으로 판단되는 경우
> • 폭행이나 비정상적인 성적 행동을 취할 가능성이 있는 경우
> • 자신의 감정·동기·행동에 대한 인식이 매우 부족한 경우
> • 반사회적이거나 주의산만하고 충동적 행동을 하는 경우
> • 자아가 와해된 경우나 극도로 의존적이거나 의심이 심한 경우
> • 극도로 예민하고 정신적으로 병적인 경우

04 개인심리학에 근거한 집단상담에 관한 설명으로 옳은 것을 모두 고른 것은?

ㄱ. 사회적 관심을 집단원의 정신건강의 중요한 준거로 삼는다.
ㄴ. 집단과정에서 집단원에게 이중자아의 역할을 해보게 한다.
ㄷ. 우월성 개념을 자기완성 또는 자기실현의 의미로 사용한다.
ㄹ. 집단상담을 통해 개인이 소속감을 얻게 하는 것을 목표로 한다.

① ㄱ, ㄷ
② ㄴ, ㄹ
③ ㄱ, ㄷ, ㄹ
④ ㄴ, ㄷ, ㄹ
⑤ ㄱ, ㄴ, ㄷ, ㄹ

> 집단원에게 이중자아의 역할을 해보게 하는 것은 심리극(Psychodrama) 집단상담에 대한 설명이다. 심리극이란 연극을 통해 집단원이 자신이 경험하는 어떤 사건을 재연하고, 자신의 역할과 한계를 넘어서서 새로운 행동을 실천해 봄으로써 자아와 사건에 대한 새로운 인식과 정화, 대안을 획득하는 체험적 과정이다. 심리극에는 역할놀이, 역할전환, 이중자아, 빈 의자 기법, 거울기법, 미래투사기법, 독백, 암전기법, 죽음장면기법, 마술상점기법 등의 다양한 기법이 활용된다.

05 아들러(A. Adler) 집단상담에서 초기기억 회상의 목적으로 옳은 것은?

① 초기 유아기의 트라우마 분석
② 자기, 타인, 세상, 윤리적 입장에 대한 개인의 확신 탐색
③ 유아 시절 대상관계 역동의 분석
④ 삶의 각본과 심리적 자세의 탐색
⑤ 현상학적 자기와 실제 자기 간의 일치점 발견

> ② 아들러(A. Adler) 집단상담에서 초기기억 회상은 '집단상담 과정 제2단계(분석·사정 단계)'에서 진행하는 '생활양식조사'에 포함되는 내용으로, 그 목적은 자기, 타인, 세상, 윤리적 입장에 대한 개인의 확신 탐색이다.
> 아들러의 초기기억 회상(Early Recollections, 어린 시절의 회상)
> • 아들러는 한 개인이 어린 시절부터 기억하는 사건은 그 개인이 현재 주로 가진 관심과 긴밀히 연결되어 있다고 하였다.
> • 초기기억 회상은 일종의 투사기법으로, 초기기억과 현재의 개인이 어떻게 연결되어 있는지를 파악하여 그 개인을 이해하고자 하는 것이다.

06 강박적이고 반복적인 행동들이 더 이상 나타나지 않도록 장기간의 훈습과정을 거치는 것을 특징으로 하는 집단상담의 이론적 접근은?

① 정신분석
② 현실치료
③ 인지치료
④ 교류분석
⑤ 중다양식치료

> 정신분석적 집단상담의 상담자는 집단원이 문제에 대한 통찰의 수준을 높여 경험적 확신을 가질 수 있도록, 훈습을 통해 반복적으로 설명하고 분석하여야 한다.

07 다음 중 로저스(Rogers)의 인간중심상담에 대한 설명으로 옳지 않은 것은?

① 내담자가 '현실자아(Real Self)'를 되찾는 것이 궁극적 목표가 된다.
② 로저스는 집단을 움직이게 하기 위해 기법이 중요하다고 보았다.
③ 집단상담을 성공적으로 이끄는 데 중요한 수용과 신뢰의 분위기를 조성하기 위해 공감적 이해는 필수라고 본다.
④ 집단을 조직하고 운영하는 특정한 규칙이나 절차는 없고, 회기에 대한 규칙을 만드는 것은 집단참가자이다.
⑤ 내담자가 이미 스스로 문제를 해결하고 건강상태를 되찾을 수 있는 능력을 가지고 있다고 본다.

> 인간중심상담은 집단을 위한 특수한 목적도, 집단활동에 필요한 특별히 사전에 꾸며진 진행계획이나 기법도 중요시하지 않는다. 집단상담자는 그 집단이 자체의 활동방향을 발전시킬 수 있도록 안내자, 촉진자로서의 역할을 수행한다.

정답 04 ③ 05 ② 06 ① 07 ②

08 다음 보기의 설명에 적합한 집단상담의 이론적 접근은?

○ 집단원의 행동을 주관적 관점에서 이해하는 것을 추구한다.
○ 집단상담자는 집단원의 경험이 어떻게 의식으로 나타나는지를 규명한다.
○ 삶의 중요성과 목적을 향한 노력은 인간의 독특한 특성임을 강조한다.
○ 집단상담자는 집단원이 오랫동안 회피해 왔던 불안에 직면하도록 돕는다.

① 현실치료
② 정신분석
③ 실존치료
④ 분석심리학
⑤ 게슈탈트 치료

> **실존치료(실존주의 상담이론)**
> • 실존주의적 접근은 기존의 정신분석이론 및 행동주의이론에 반발하여 인본주의 심리학에 기초를 둔다.
> • 인간의 본질에 대한 철학적인 탐구를 강조하며, 인간의 가장 직접적인 경험으로서 자기 자신의 존재에 초점을 둔다.
> • 인간 존재의 불안의 원인을 본질적인 시간의 유한성과 죽음 또는 비존재의 불안에서 기인하는 것으로 본다.
> • 자유의 상황에서 개인의 선택 및 그에 따른 책임을 강조한다.
> • 인간 존재의 참된 의미를 발견하는 것을 근본적인 목적으로 하며, 내담자의 주관적인 세계를 중시하고 성장을 돕는다.
> • 프랭클(Frankl)은 '의미에의 의지(Will to Meaning)'를 강조하며, '의미요법(Logotherapy)'을 개발하였다.

09 형태주의 이론(게슈탈트 집단상담)에 대한 설명으로 옳은 것을 모두 고른 것은?

ㄱ. 신체언어(Body Language) - 마음 속에서 일어나는 일이 신체적인 행동으로 이어진다는 점에 착안하여 신체의 반응이나 구체적인 행동에 주목한다.
ㄴ. 뜨거운 자리(The Hot Seat) - 현재 치료 장면에 없는 사람과 상호작용할 필요가 있는 경우 내담자에게 그 인물이 맞은편 빈 의자에 앉아 있다고 상상하도록 하여 대화하는 기법이다.
ㄷ. 질문형을 진술형으로 고치기 - 보다 직접적인 표현방식으로의 전환을 통해 순간 경험의 보다 명확한 각성이 이루어지도록 하며, 스스로의 행동에 책임을 지도록 한다.
ㄹ. 빈 의자 기법 - 집단상담자가 문제의 해결을 희망하는 사람을 빈 자리로 맞아들이며, 두 사람 간의 상호작용을 통해 직접적으로 문제에 접근한다.

① ㄱ, ㄴ, ㄹ
② ㄱ, ㄷ
③ ㄴ, ㄹ
④ ㄹ
⑤ ㄱ, ㄴ, ㄷ, ㄹ

ㄴ. 빈 의자 기법, ㄹ. 뜨거운 자리

게슈탈트 집단상담의 기술
- **뜨거운 자리** : 집단상담자가 문제의 해결을 희망하는 사람을 빈 자리로 맞아들이며, 두 사람 간의 상호작용을 통해 직접적으로 문제에 접근한다.
- **차례로 돌아가기** : 집단원들이 한 사람씩 차례로 돌아가면서 문제에 대한 자신들의 감정이나 행동을 표현하도록 한다.
- **신체언어** : 마음속에서 일어나는 일이 신체적인 행동으로 이어진다는 점에 착안하여 신체의 반응이나 구체적인 행동에 주목한다.
- **질문형을 진술형으로 고치기** : 직접적인 표현방식으로의 전환을 통해 순간 경험의 명확한 각성이 이루어지도록 하며, 스스로의 행동에 책임을 지도록 한다.
- **빈 의자 기법** : 현재 치료 장면에 없는 사람과 상호작용할 필요가 있는 경우 내담자에게 그 인물이 맞은편 빈 의자에 앉아 있다고 상상하도록 하여 대화하는 기법이다. 상대 인물을 등장시키는 대신에 빈 의자를 사용하여 주로 주인공의 내적 갈등(내면에 억압된 자기와의 접촉)을 극화시켜 다룬다. 이를 통해 내사된 가치관을 의식화함으로써 부인하고 있을지 모르는 자신의 어떤 측면에 접촉하도록 도와준다.

10 다음 보기의 설명에 적합한 집단상담의 이론적 접근은?

> ○ 의사소통 훈련을 통해 자아 상태의 긍정적인 변화를 유도한다.
> ○ 행동의 동기로서 자극의 욕구는 일차적 욕구에 해당한다.
> ○ 인간의 자아는 부모 자아, 어른 자아, 어린이 자아의 세 가지 상태로 나타난다.
> ○ 집단원들이 건설적인 인생각본을 지니도록 돕는다.

① 현실치료
② 의사교류분석
③ 게슈탈트 치료
④ 정신분석
⑤ 인간중심치료

교류분석 이론(의사교류분석 이론/상호교류분석 이론)
- 미국의 정신과 의사인 번(Berne)에 의해 개발된 집단치료의 방법으로서, 인간의 약점이나 결함보다는 강점에 초점을 두는 이론이다.
- 어떤 자아상태에서 인간관계의 교류를 분석하여 자기통제를 돕고, 의사소통 훈련을 통해 자아상태의 긍정적인 변화를 유도한다.
- 개인의 성장과 변화를 위한 체계적 심리치료법으로서 성격이론, 의사소통이론, 게임이론, 각본이론, 스트로크이론 등을 포함하고 있다.
- 집단원들이 각자 자신의 자아상태 교류양식의 특성을 이해하여 건설적인 인생각본을 설계하도록 돕는다.
- 인간은 부모 자아(P ; Parent), 어른 자아(A ; Adult), 어린이 자아(C ; Child)의 3가지 자아상태를 가지고 있다고 보았다.

11 다음 중 현실치료 집단상담에 관한 설명으로 옳은 것을 모두 고른 것은?

> ㄱ. 집단원의 욕구와 목적적 행동을 강조한다.
> ㄴ. 인간은 욕구를 충족하기 위해 환경을 통제할 수 있다고 가정한다.
> ㄷ. 실존주의적·현상론적 관점을 강조한다.
> ㄹ. WDEP의 단계별로 모든 단계에 걸쳐 질문기술을 활용한다.

① ㄱ, ㄴ, ㄹ ② ㄱ, ㄷ
③ ㄴ, ㄹ ④ ㄹ
⑤ ㄱ, ㄴ, ㄷ, ㄹ

> **현실치료 이론**
> • 인간은 특정한 욕구를 가졌으며, 그러한 욕구를 충족하기 위해 환경을 통제할 수 있다고 가정한다.
> • 집단원의 욕구와 목적적 행동을 강조한다.
> • 기존의 정신병적 개념의 접근에서 벗어나 실존주의적·현상론적 관점을 강조한다.
> • 집단원의 매 순간 모든 행동은 욕구충족을 위한 선택의 결과임을 강조하며, 그 결과에 스스로 책임질 것을 강조한다.
> • WDEP(소망, Want ; 추구행동, Direction and Doing ; 자기평가, Evaluation ; 계획, Planning)의 단계별로 진행하고, 모든 단계에 걸쳐 질문기술을 활용한다.
> • 토의, 논박, 직면, 언어충격, 유머 등의 기술을 활용한다.

12 행동주의 집단상담에서 행동을 강화하는 기술에 해당하는 것을 모두 고른 것은?

> ㄱ. 소 거 ㄴ. 양립할 수 없는 행동의 강화
> ㄷ. 체계적 과민성 제거 ㄹ. 행동계약

① ㄱ, ㄴ, ㄷ ② ㄱ, ㄷ
③ ㄴ, ㄹ ④ ㄹ
⑤ ㄱ, ㄴ, ㄷ, ㄹ

> **행동주의 집단상담의 기술**
> • 행동을 강화하는 기술 : 행동계약, 정적강화, 모델링, 프리맥의 원리 등
> • 행동을 약화시키는 기술 : 소거, 양립할 수 없는 행동의 강화, 체계적 과민성 제거, 심적 포화 등

13 심리극에 관한 설명으로 옳지 않은 것은?

① '지금-여기'에서의 진솔한 참만남을 강조한다.
② 일반적으로 워밍업, 실연, 종결 단계로 진행된다.
③ 집단 내의 개인과 개인 혹은 집단과 집단 간의 관계에 초점을 맞춘다.
④ 창조성에 대한 인간의 잠재력을 성격의 핵심요인으로 간주한다.
⑤ 언어보다는 행동을 기반으로 한 실연을 통해 문제해결을 꾀한다.

> 심리극은 주인공이 자발적으로 자신이 느끼는 문제(개인의 내면)와 세계를 무대 위에서 연기를 통해 드러내려 하는 것으로, 이 점에서 집단 내의 개인 대 개인 혹은 개인 대 집단 간의 관계에 초점을 맞추는 사회극의 문제(갈등)와 차이가 있다.

14 교류분석 집단상담자의 역할에 관한 설명으로 옳은 것을 모두 고른 것은?

> ㄱ. 교사, 분석자, 평가자 역할을 한다.
> ㄴ. 집단원이 자각, 자발성, 친밀성을 회복하도록 조력한다.
> ㄷ. 격려기법을 통해 집단원이 자신감을 형성하고 용기를 얻도록 돕는다.
> ㄹ. 집단원이 재결단을 통해 유연하고 합리적인 인생각본으로 수정하도록 돕는다.

① ㄱ, ㄷ
② ㄴ, ㄹ
③ ㄱ, ㄴ, ㄹ
④ ㄴ, ㄷ, ㄹ
⑤ ㄱ, ㄴ, ㄷ, ㄹ

> ㄷ. 격려기법을 통해 집단원이 자신감을 형성하고 용기를 얻도록 돕는 것은 아들러(A. Adler)의 개인심리 상담의 집단상담자의 역할이다.
> ㄱ. 교류분석 집단상담자는 교사, 분석자, 평가자 외에도 촉진자 역할을 한다.
>
> 교류분석 집단상담자의 역할
>
> | | |
> |---|---|
> | 교사 역할 | 교류분석이 무엇인지를 집단원에게 가르친다. |
> | 분석자 역할 | 집단원의 자아상태가 적절하게 기능하는가를 파악한다. |
> | 평가자 역할 | 타인과의 교류분석이 적절하게 이루어지는가를 판단한다. |
> | 촉진자 역할 | 부적절한 인생각본을 새로운 각본으로 재구성해서 살아가도록 촉진한다. |
>
> ㄴ. 교류분석의 목표는 자율성의 획득인데, 자율성이란 자신의 현실 세계에 대한 현실적인 이해(자각), 게임 형식을 취하지 않고도 정서를 표현할 수 있는 능력(자발성), 타인과 사랑하고 친교할 수 있는 수용 능력(친밀성)이라는 3가지 능력을 회복하는 것을 말한다.
> ㄹ. 집단상담자는 집단원이 재결단을 통해 경직되고 비합리적인 초기 결정을 유연하고 합리적 인생각본으로 수정하도록 돕는다.

15 BASIC-ID 모델에 대한 설명으로 옳은 것을 모두 고른 것은?

> ㄱ. B(행동) – 관찰하고 측정할 수 있는 행위, 습관, 반응에 관한 것
> ㄴ. S(감각) – 촉각, 미각, 후각, 시각, 청각의 기본적 오감에 관한 것
> ㄷ. I(심상) – 자신의 자기상, 기억, 꿈, 공상 등을 포함
> ㄹ. D(약물/생리) – 감정, 기분, 강한 느낌에 관한 것

① ㄱ, ㄴ, ㄷ
② ㄱ, ㄷ
③ ㄴ, ㄹ
④ ㄹ
⑤ ㄱ, ㄴ, ㄷ, ㄹ

> **BASIC-ID 모델**
> - 미국의 행동주의 심리학자 라자루스(A. Lazarus)에 의해 개발된 체계적·포괄적인 심리치료이다.
> - B(Behavior, 행동) : 관찰하고 측정할 수 있는 행위, 습관, 반응에 관한 것이다.
> - A(Affect, 감정) : 감정, 기분, 강한 느낌에 관한 것이다.
> - S(Sensation, 감각) : 촉각·미각·후각·시각·청각의 기본적 오감에 관한 것이다.
> - I(Imagery, 심상) : 자신의 자기상, 기억, 꿈, 공상 등을 포함한다.
> - C(Cognition, 인지) : 기본적 가치, 태도, 신념을 형성하는 통찰·철학·생각·의견·자기-말·판단 등을 의미한다.
> - I(Interpersonal Relationships, 대인관계) : 타인과의 상호작용을 의미한다.
> - D(Drugs or Biological Factor, 약물·생리) : 약물 이상의 의미를 가지며, 섭식 습관이나 운동 양식을 포함한다.

16 집단상담에서 공동지도자의 행동으로 옳은 것은?

① 집단회기 전후에 공동지도자와 집단에 대한 계획과 소감, 서로의 협력에 대해 논의한다.
② 공동지도자와 의사소통하지 않고 회기계획과 목표를 세운다.
③ 공동지도자보다 자신이 더 좋은 사람으로 보이도록 노력한다.
④ 공동지도자와 함께 촉진하는 대신에 돌아가며 한 회기씩 집단을 이끈다.
⑤ 공동지도자와 옆자리에 앉아서 지속적으로 눈 맞춤과 사인을 주고받는다.

① 집단상담에서 공동지도자는 둘 혹은 그 이상의 집단상담자가 협력해서 함께 상담하는 경우를 말한다. 집단회기 전후에 공동상담자 간 토의하는 시간을 갖는 것이 집단을 이끄는 데 도움이 된다.
② 공동지도자는 집단계획, 세부목표, 규범에 대해 협의하고 결정한다.
③ 공동지도자 간의 경쟁관계는 집단응집력을 저하시켜 집단에 도움이 되지 않는다.
④ 공동지도자들이 회기를 교대로 진행해야 하는 것이 아니고, 회기별·상황별로 적절하게 역할을 나누어 수행한다.
⑤ 공동지도자는 서로 마주 보고 앉는 것이 바람직하며 한 공동지도자가 활동 참여와 지도하고 있을 동안 다른 공동지도자는 집단을 객관적인 입장에서 관찰한다.

17 집단상담자의 윤리적 행동에 해당하는 것은?

① 중도이탈하려는 학생에게 징계로 인한 집단참여이므로 이탈할 수 없다고 말해준다.
② 절친한 친구의 자녀를 자신의 집단상담 프로그램에 참여시켰다.
③ 학교폭력으로 힘들어서 자살에 관한 구체적인 계획을 세웠다는 학생의 이야기를 듣고, 이 사실을 학부모와 담임교사에게 알린다.
④ 바쁜 일정 때문에 집단의 목적과 절차에 대한 설명을 집단 2회기에 하였다.
⑤ 집단사례를 발표하기 위해 학생의 동의서를 받으려고 했으나 연락이 닿지 않아 익명으로 발표하였다.

③ 집단원이나 그 주변인에게 닥칠 위험이 분명하고 위급한 경우 또는 법원의 명령이 있는 경우, 집단상담자는 집단원의 비밀을 사전동의 없이 관련자에게 공개할 수 있다.
① 원칙적으로 집단에의 참여와 집단으로부터의 이탈은 자발적이어야 한다.
② 객관성과 전문적인 판단에 영향을 미칠 수 있는 이중 관계(가족, 친척, 친구 등)는 피해야 한다.
④ 집단상담자는 상담이 시작되기 전 집단의 목적과 절차에 대한 설명을 해주어야 한다.
⑤ 집단원의 정보를 공개할 경우에는 사전에 동의를 얻어야 하며, 꼭 필요한 최소한의 정보만 공개한다.

18 집단상담자가 갖추어야 할 '인간적 자질'에 관한 설명으로 옳지 않은 것은?

① 유머감각 – 치료적 측면에서 집단원들에게 웃음을 안겨줄 수 있는 말이나 행동을 할 수 있는 능력이다.
② 자기수용 – 자기를 있는 그대로 받아들이며 인정하는 것이다.
③ 공감적 이해 능력 – 상대방의 감정을 함께 경험하고 나누는 것을 말한다.
④ 자발적 모범 – 집단원들의 행동변화를 위해 자발적으로 모범을 보이는 것이다.
⑤ 개방적 태도 – 집단상담 방식에 지속적인 변화를 추구하는 것이다.

> **개방적 태도**
> 새로운 경험, 자신의 것과는 다른 유형의 삶과 가치를 기꺼이 수용하는 자세로, 집단원들의 자기개방에 동기를 부여한다. 개방적 태도를 지닌 집단상담자의 특징은 쉽게 위협을 느끼지 않고, 쉽사리 정서적으로 불안해 하지 않으며, 집단원의 긍정적 피드백은 물론 부정적 피드백도 솔직하게 다룬다.

CHAPTER 02 집단상담의 실제

01 집단역동에 영향을 주는 요인에 관한 설명으로 옳지 않은 것은?

① 집단의 배경 – 집단에 대한 집단원들의 기대와 요구 정도
② 집단의 응집성 – 집단원들이 하나의 통합된 전체로 묶여져 있는 유대관계 및 매력의 정도와 관심도
③ 집단의 분위기 – 집단모임이 풍기는 정서적인 분위기
④ 숨겨진 안건 – 어떤 집단원의 의견이 묵살되는지 여부
⑤ 신뢰수준 – 집단원 상호 간에 어느 정도로 깊은 관계를 맺을 수 있는지의 정도

> 어떤 집단원의 의견이 묵살되는지 여부는 '제안의 묵살'에 해당한다. '숨겨진 안건'은 집단원 자신만이 알고 집단에서 노출하지는 않고 있지만 집단활동에 영향을 초래할 수 있는 관심거리나 문제를 말한다.
>
> **집단역동**
> • 집단원들이 목적을 달성하기 위해 노력할 때 일어나는 상호작용적 힘이다.
> • 집단상담자가 집단역동을 파악하기 위해서는 집단원 간의 신뢰감 · 책임감, 집단원 간의 동맹이나 힘의 과시, 응집력, 정서적 유대, 피드백 등을 관찰하여야 한다.

02 집단응집력이 높다는 것을 알 수 있는 지표를 모두 고른 것은?

> ㄱ. 자발적인 집단참여
> ㄴ. 모임 시간의 엄수
> ㄷ. 수용, 지지, 경청의 경험
> ㄹ. 타인의 반응에 민감하고, 조심스러운 반응 표출

① ㄱ, ㄷ
② ㄴ, ㄹ
③ ㄱ, ㄴ, ㄷ
④ ㄴ, ㄷ, ㄹ
⑤ ㄱ, ㄴ, ㄷ, ㄹ

> 응집력이 높은 집단의 특성
> • 자기 자신을 개방하고 자기 탐색에 집중한다.
> • 자발적으로 집단에 참여하며 모임 시간을 엄수한다.
> • 고통을 함께 나누며 해결해 나간다.
> • 자유로운 분위기에서 집단활동에 적극적으로 동참한다.
> • 즉각적으로 자신의 느낌과 생각을 표현한다.
> • 서로 보살피고 배려하며, 있는 그대로 수용해 준다.
> • 부정적 감정과 갈등을 표현하고, 정직한 피드백을 교환한다.
> • 건강한 유머를 통해 친밀해지고 기쁨을 함께 한다.
> • 새로운 시도와 모험에 도전한다.

03 다음 중 집단의 구조와 형태에 관한 설명으로 옳지 않은 것은?

① 구조화 집단은 집단의 목표, 과정, 내용, 절차 등을 체계적으로 구성해 둔다.
② 비구조화 집단은 과정중심집단이다.
③ 개방집단은 집단원들 간의 친밀감을 빨리 증진시킬 수 있다.
④ 폐쇄집단은 안정적인 구성으로 집단원의 역할행동을 예측할 수 있다.
⑤ 집중집단은 일정 기간 집중적으로 상담을 실시하는 형태이며, 마라톤 집단을 그 예로 들 수 있다.

> 집단원들 간의 친밀감을 빨리 증진시킬 수 있는 것은 '폐쇄집단'이다. 폐쇄집단은 집단상담이 시작될 때의 참여자들로만 끝까지 운영되며, 같은 집단원의 지속적인 유지로 인해 결속력이 매우 높다.

04 다음 중 기능에 따른 집단의 유형에 관한 설명으로 옳지 않은 것은?

① 교육집단은 집단원들의 지식과 정보 및 기술 향상을 목적으로 하는 집단이다.
② 지지집단은 지도자의 전문적 도움 없이 집단원들 간에 서로를 돕는 특성이 강한 집단이다.
③ 자조집단은 지도자가 주도적인 역할을 하지 않고, 지지와 상담만을 제공한다.
④ 성장집단은 집단원들의 자기인식 증진 및 사고를 변화시키는 것을 목적으로 한다.
⑤ 과업집단은 수행해야 할 과업을 달성하거나, 성과물을 산출해 내기 위해 또는 명령을 수행하기 위해 만들어진 집단이다.

> 지도자의 전문적 도움 없이 집단원들 간에 서로를 돕는 특성이 강한 집단은 '자조집단'이다. 자조집단은 특정 목적을 성취하고 집단원 상호 간의 원조를 목적으로 형성되는 자발적 소집단으로서 비전문가들이 이끌어가며, 핵심적인 공동 관심사가 있다. 지지집단에서는 지도자가 대체로 적극적·전문적 역할을 한다.

05 다음 보기의 내용에 해당하는 것은?

> ○ 개인경험에 중점을 두며 '체험집단'이라고도 불린다.
> ○ 집단원들이 상호 친밀감을 느끼고 경험과 느낌을 교환하도록 격려한다.

① 참만남집단
② T-집단
③ 상담집단
④ 자조집단
⑤ 치료집단

참만남집단(Encounter Group)
- 집단원들에게 성장과 발달에 관한 중요한 사항을 가르치고, 그들이 설정한 목표를 성취하도록 돕는 데 중점을 둔다.
- 집단원들이 상호 친밀감을 느끼고 경험과 느낌을 교환하도록 격려하며, 개방적이고 정직한 관계를 형성하도록 강조한다.
- 감수성 훈련 등의 방법이 많이 사용된다.

06 집단상담계획서에 반드시 포함되어야 할 내용이 아닌 것은?

① 집단목적
② 집단유형
③ 집단규칙
④ 집단 활동내용
⑤ 기대효과 및 평가계획

> 집단상담계획서 작성
> • 집단의 필요성과 목적
> • 집단의 구성과 유형
> • 집단의 크기
> • 집단의 일정, 집단 모임장소, 집단상담자의 수
> • 기대효과와 평가방법 및 계획
> • 집단의 활동내용
> • 집단원 선발 방법
> • 집단 홍보

07 집단상담을 실시하고자 할 때 고려해야 할 사항으로 옳은 것은?

① 중학생을 대상으로 집단상담을 실시할 때는 구조화 집단상담으로 진행하는 것이 좋다.
② 집단원의 수가 5명 이상이면 협동상담자를 두어야 한다.
③ 남자 중학생들에게는 강렬한 정서체험이 필요하므로 12시간 이상의 마라톤 집단으로 진행하는 것이 좋다.
④ 기능 수준이 낮은 사람을 대상으로 할 경우 쉬운 수준의 활동으로 3시간 연속 진행하는 것이 좋다.
⑤ 자발성 향상을 돕기 위해 개방집단의 형태로 진행하는 것이 좋다.

> ① 초·중학생들에게는 주로 구조화된 집단상담을 진행함으로써 짧은 시간 동안 집단상담을 통해 얻을 수 있는 목표에 이를 수 있도록 한다.
> ② 집단원이 10명을 넘어 혼자서 모두를 관찰하거나 비언어적 의사소통의 메시지를 파악하기 어려울 때는 협동상담자를 둔다.
> ③ 집단상담의 시간은 보통 90~120분이 적당하며, 아동의 경우 30~40분, 청소년은 1시간, 성인의 경우 2~3시간이 적절하다고 본다.
> ④ 나이가 어리거나 정신적 기능 수준이 낮은 사람들로 구성되는 집단의 회기는 모임 시간의 길이를 짧게(60분 이내) 하는 대신 더 자주 모임을 갖는 것이 좋다.
> ⑤ 자발성 향상을 돕는 데 적당한 집단의 형태는 비구조화 집단이다. 비구조화 집단은 목표, 과제, 활동방법 등을 미리 정해놓지 않기 때문에 내담자의 자발성이 더욱 요구된다.

정답 04 ② 05 ① 06 ③ 07 ①

08 집단상담에 적용되는 규범에 관한 설명으로 옳은 것은?

① 집단의 규칙이므로 변경되어서는 안 된다.
② 집단의 유지, 발전과 관련된 요소로 구성된다.
③ 집단 전체가 아닌 집단원 개개인의 목표 달성에 필수요소가 된다.
④ 집단은 상호작용을 바탕으로 진행하는 것이므로, 규범은 명시화하지 않아야 한다.
⑤ 집단원들 스스로 규범을 정하는 것보다 집단상담 초기에 집단상담자가 정하여 제시해야 한다.

> ① 집단의 목적 달성을 위해 필요한 경우 집단원의 동의를 얻어 변경할 수 있다.
> ③ 집단원 개개인의 목표뿐만 아니라, 집단 전체의 목표 달성에도 필수요소가 된다.
> ④ 집단원들의 선입견에 의해 형성된 암묵적 규범은 집단에 부정적인 영향을 줄 수 있으므로, 집단규범은 명시화하는 것이 좋다.
> ⑤ 집단원들이나 집단상담자 어느 한쪽이 독단적으로 정하기보다는, 집단상담자와 집단원 간의 상호 협력을 거쳐 확립해야 한다.

09 집단상담에서 피드백(Feedback)에 관한 설명으로 옳지 않은 것은?

① 긍정적인 피드백이 부정적인 피드백보다 더 잘 받아들여진다.
② 부정적인 피드백은 긍정적인 피드백 이후에 줄 때 더 쉽게 받아들여진다.
③ 집단 초기단계에서 상담자가 피드백 시범을 보이는 것은 집단원의 피드백 교환에 도움이 되지 않는다.
④ 집단에서의 행동과 관련된 '지금-여기' 피드백이 모호한 피드백보다 더 도움이 된다.
⑤ 집단 발달이 어느 정도 이루어지고 신뢰관계가 형성되었을 때 부정적인 피드백을 하는 것이 효과적이다.

> ③ 집단 초기단계에서 상담자가 직접 시의적절한 피드백을 제공함으로써 집단원들이 이를 모방, 실천할 수 있도록 한다.
>
> **피드백(Feedback)**
> • 타인의 행동에 대한 자신의 반응을 상호 간에 솔직하게 이야기해주는 과정을 말한다.
> • '피드백 주고받기'는 집단상담의 중요한 목적 가운데 하나로, 집단원이 타인이 자신을 어떻게 보고 있으며, 동시에 자신이 타인에게 어떻게 반응하는지에 대해 학습할 기회를 제공한다.
> • 집단원의 변화가 가능하도록 동기를 부여할 수 있으며, 상담자의 피드백을 통해 집단원에게 교육적 효과를 제공한다.
> • 집단원은 자신의 행동이 타인에게 미치는 영향을 이해할 수 있다.
> • 상담자는 자신의 피드백에 대한 집단원의 반응을 면밀히 관찰해야 한다.

10 청소년 집단상담의 발달단계별 상담자의 주요 활동내용이 바르게 연결된 것은?

① 기획 및 준비 단계 – 집단원 간의 기초적인 유대 관계를 형성하도록 한다.
② 시작단계 – 집단에서의 경험과 학습내용을 통합하고 강화하도록 돕는다.
③ 중간단계 – 집단원 간의 갈등을 직면하게 하고, 논의하며 해결해 간다.
④ 종결단계 – 집단경험과 관련하여 평가 대상, 내용 및 방법을 구성한다.
⑤ 추수단계 – 집단원 간의 피상적인 의사소통을 다루고 저항을 효과적으로 처리한다.

③ 중간단계는 코리(Corey) 4단계 중 생산단계(작업단계)에 해당하는 단계로, 이 단계에서는 집단원 간 또는 집단원과 집단상담자 간 갈등이 있음을 인정하고 그것에 대해 논의하고 해결한다.
① 집단원 간의 기초적인 유대 관계를 형성하도록 하는 것은 '시작단계'에서의 역할이다.
② 집단에서의 경험과 학습내용을 통합하고 강화하도록 돕는 것은 '종결단계'에서의 역할이다.
④ 집단경험과 관련하여 평가 대상, 내용 및 방법을 구성하는 것은 '기획 및 준비단계'에서의 역할이다.
⑤ 집단원 간의 피상적인 의사소통을 다루고, 저항을 효과적으로 처리하는 것은 '갈등단계'에서의 역할이다.

집단상담의 발달단계
- 집단상담의 과정과 발달단계는 코리의 4단계, 한센의 5단계 등 여러 학자가 다양한 단계를 제시하였다.
- 일반적으로 '시작단계–갈등단계–생산(작업)단계–종결단계'의 4단계로 구분할 수 있으며, 좀 더 간단히 '초기–중기–종결'의 3단계로 구분하기도 한다.
- 3단계와 4단계 앞뒤로 '준비단계'나 '추수단계' 등을 넣는 학자도 있다.

11 집단상담의 발달과정 중 다음 보기의 내용에 해당하는 단계는?

○ 집단원들이 서로 부정적인 정서 반응을 나타내면서 갈등과 저항이 일어난다.
○ 저항의 일종으로 집단상담자의 권위와 능력을 시험하고 도전하는 집단원이 나타난다.

① 시작단계　　　　　　　② 갈등단계
③ 생산단계　　　　　　　④ 종결단계
⑤ 추수단계

갈등단계(과도기단계)의 특징
- 불안 고조 : 불안이 증가하고 고조되는 단계이다.
- 갈등과 저항 : 집단원들이 서로 부정적인 정서 반응을 나타내면서 갈등과 저항이 일어난다.
- 집단상담자에 대한 도전 : 저항의 일종으로 집단상담자의 권위와 능력을 시험하고 도전하는 집단원이 나타난다.

12 '생산단계'에서의 집단상담자의 역할에 대한 설명으로 옳은 것을 모두 고른 것은?

ㄱ. 분명한 집단목표와 집단규범을 설정한다.
ㄴ. 집단원의 사고와 정서변화를 촉진한다.
ㄷ. 자기노출과 감정의 정화를 통해 자기를 내보인다.
ㄹ. 집단원의 지속적인 성장 또는 미해결 문제에 대한 해결 계획을 수립한다.

① ㄱ
② ㄱ, ㄴ
③ ㄱ, ㄴ, ㄷ
④ ㄴ, ㄷ
⑤ ㄴ, ㄷ, ㄹ

> ㄱ. 시작단계(초기단계), ㄹ. 종결단계에서의 집단상담자의 역할이다.
> 생산단계(작업단계)에서의 집단상담자의 역할
> • 자기노출과 감정의 정화를 통해 자기를 내보인다.
> • 적절한 행동모델이 된다.
> • 집단의 응집력을 강화한다.
> • '맞닥뜨림(직면)'과 '공감'같은 적절한 반응에 대해 모범을 보인다.
> • 집단원의 사고와 정서변화를 촉진한다.
> • 집단 전체와 개인이 보이는 패턴에도 관심을 보이며 자신이 관찰한 것을 개방한다.
> • 집단원의 공통된 주제나 강렬한 정서를 찾아 다루며 보편성을 제공한다.
> • 집단에서 치료적 요인에 항상 주목하고, 이런 요인들을 최대한 활용한다.
> • 집단원이 깊은 수준의 자기탐색을 할 수 있게 돕는다.
> • 집단원의 모험적인 시도를 진지하게 받아들이고 지지하며 격려한다.

13 다음 보기와 같은 특징이 모두 나타나는 집단의 발달단계는?

○ 소극적인 태도를 취한다.
○ 과제회피가 나타난다.
○ 집단활동에 대한 애착과 정서적 관여가 감소한다.
○ 집단원의 성장과 변화를 평가한다.

① 면접단계
② 시작단계
③ 갈등단계
④ 생산단계
⑤ 종결단계

집단상담의 종결단계의 특징
- 좌절 감정 다루기와 극복하기 : 집단원들이 바람직하지 못한 행동에서 벗어나 새로운 행동을 학습함으로써, 목표를 달성하고 집단에서 다루려고 했던 문제를 완결한다.
- 분리에 대한 감정과 복합적 감정 : 유대관계의 분리로 인해 아쉬운 감정을 느끼는 한편, 집단으로부터 벗어난다는 해방감이 교차하는 복합적 감정을 느낀다.
- 과제회피 경향 : 집단원들은 자신의 문제가 해결됨으로써 집단원의 자기노출이 점차 감소하고, 집단원들이 소극적인 태도를 취하며 과제회피가 나타난다.
- 집단상담자와 집단원은 집단과정에 대해 반성하며, 일상생활에서의 적용에 대해 토의한다.
- 집단활동에 대한 애착과 정서적 관여가 감소한다.
- 집단원의 성장과 변화를 평가한다.

14 집단상담의 치료적 요인과 집단원의 경험을 옳게 연결한 것은?

① 실존적 요인 – "내 삶의 의미는 내가 찾아야 해. 내 삶에 책임을 지는 사람은 결국 나 자신이야."
② 감정 정화 – "이 집단을 통해 나의 문제를 해결하고 나 자신도 변화할 수 있을 거야."
③ 이타주의 – "저 사람의 행동과 태도를 잘 관찰하고 배워서 따라 해야겠다."
④ 자기노출 – "내가 다른 사람에게 도움이 된 것 같아."
⑤ 동일시 – "나만 외롭다고 생각했는데 아니구나."

① 실존적 요인은 집단원과의 경험 공유를 통해 자기 자신이 다른 사람에게 아무리 많은 지도와 후원을 받는다고 해도 타인으로부터 받을 수 있는 도움에는 한계가 있다는 점, 그리고 자신들의 인생에 대한 궁극적인 책임은 스스로에게 있다는 것을 배울 수 있다는 것이다.
② 감정 정화는 집단 내 비교적 안전한 분위기 속에서 집단원이 그동안 억압되어 온 감정을 자유롭게 발산할 수 있는 것을 말한다. 해당 예시는 '희망 심어주기'에 해당하는 예시로, '희망 심어주기'는 참가한 집단이 집단원들에게 문제가 개선될 수 있다는 희망을 심어주는데, 이때 희망 그 자체가 긍정적 치료 효과를 가질 수 있다는 것이다.
③ 이타주의는 집단원들이 위로, 지지, 제안 등을 통해 서로 도움을 주고받으면서 자신도 누군가에게 도움을 줄 수 있고, 타인에게 중요할 수 있다는 것을 발견하게 되는데, 이것이 자존감을 높여준다는 것이다. 해당 예시는 '모방행동'에 해당하는 예시로, '모방행동'은 집단상담자와 집단원이 새로운 행동을 배우는 데 좋은 모델이 될 수 있다는 것이다.
④ 자기노출은 집단에서 사적이고 개인적인 정보를 제시하는 행동을 의미한다. 해당 예시는 '이타주의'에 해당하는 예시이다.
⑤ 동일시(모방행동)는 집단상담자와 집단원이 새로운 행동을 배우는 데 좋은 모델이 될 수 있다는 것이다. 해당 예시는 '보편성'에 해당하는 예시로, '보편성'은 자신만 심각한 문제, 생각, 충동을 가진 것이 아니라, 다른 사람들도 자기와 비슷한 갈등과 생활경험, 문제를 가지고 있다는 것을 알고 위로를 얻는 것을 말한다.

15 얄롬(I. Yalom)이 제안한 집단상담의 치료적 효과에 해당하는 것을 모두 고른 것은?

ㄱ. 희망의 주입	ㄴ. 피드백
ㄷ. 정 화	ㄹ. 직 면

① ㄱ, ㄷ ② ㄴ, ㄹ
③ ㄱ, ㄴ, ㄹ ④ ㄴ, ㄷ, ㄹ
⑤ ㄱ, ㄴ, ㄷ, ㄹ

> 얄롬(I. Yalom)의 집단상담의 치료적 효과
> - 희망의 주입
> - 보편성
> - 정보교환
> - 사회화 기술의 발달
> - 집단응집력
> - 이타심
> - 모방행동(동일시)
> - 대인관계학습
> - 1차 가족집단의 교정적 재현
> - 실존적 요인들
> - 정화(Catharsis)

16 집단상담자의 개입을 집단 발달단계에 따라 순서대로 바르게 나열한 것은?

> ㄱ. "집단에서 자신에 대해 배운 것들 중 가장 중요한 것은 무엇인가요?"
> ㄴ. "집단을 신뢰하고 자신을 드러내는 것을 주저하는 것은 자연스러운 일이에요. 두 명씩 짝을 지어 무엇을 주저하고 있는지 말해 볼까요?"
> ㄷ. "앞으로도 이런 감정이 들 때 회피하지 않기 위해 여기서 아버지를 떠오르게 하는 사람에게 자신의 감정을 말해 보겠어요?"
> ㄹ. "이 집단에서 얻고 싶은 것이 무엇인가요?"

① ㄴ - ㄱ - ㄷ - ㄹ ② ㄴ - ㄷ - ㄹ - ㄱ
③ ㄷ - ㄴ - ㄱ - ㄹ ④ ㄹ - ㄴ - ㄷ - ㄱ
⑤ ㄹ - ㄷ - ㄴ - ㄱ

> 집단 발달단계(집단상담의 과정)는 '시작단계(초기단계) - 갈등단계(과도기단계) - 생산단계(작업단계) - 종결단계'의 4단계로 나눌 수 있다.
> - ㄹ. 시작단계 : 집단상담의 목표 확인
> - ㄴ. 갈등단계 : 집단원의 망설임이나 불안 · 방어 · 갈등 등을 자각하고, 정리하도록 도와주기
> - ㄷ. 생산단계 : 갈등의 감정 해결하기
> - ㄱ. 종결단계 : 집단상담에 대한 정리, 평가

17 개인상담에 비해 집단상담 장면에서 활용도가 더 높은 상담기술을 모두 고른 것은?

ㄱ. 반영하기	ㄴ. 직면하기
ㄷ. 해석하기	ㄹ. 차단하기
ㅁ. 연결하기	

① ㄱ, ㄴ
② ㄴ, ㄷ
③ ㄹ, ㅁ
④ ㄱ, ㄹ, ㅁ
⑤ ㄴ, ㄷ, ㅁ

ㄹ. 차단하기 : 상담자는 집단원의 바람직하지 못한 행동을 제한할 책임을 지고 있다. 이때 그 집단원을 비난하거나 공격하지 않고 비생산적인 행동만을 제한한다.

ㅁ. 연결하기 : 한 집단원의 말과 행동을 다른 집단원의 관심과 관련지어 주는 기술이다. 예를 들면, 한 집단원이 죽음에 대한 공포를 이야기하고 있다면, 이와 비슷한 이야기를 했던 다른 집단원과 연결 지어 서로 느낌을 나누게 할 수 있다.

18 집단상담자의 '자기노출'에 관한 설명으로 옳은 것은?

① 집단원과 대화하는 동안 집단상담자가 자신의 감정이나 집단원에 대한 감정을 진솔하게 말해주는 것이다.
② 현재 집단원이 경험하고 있는 것과 관련하여 자신이 알고 있는 정보를 알려주는 것이다.
③ 집단상담자의 부정적인 정서는 표현하지 않아야 한다.
④ 집단상담자에 대한 존경심이 생겨 오히려 집단원의 개방을 어렵게 한다.
⑤ 집단원이 생각하고 느끼는 수준보다 높게 표현하는 것이 효과적이다.

'자기노출하기'는 집단상담자가 상담을 효과적으로 이끌기 위해 상담에 참여한 집단원에게 자신에 대한 주관적인 정보를 노출하는 기술이다. 집단상담자는 자기노출을 통해 집단원에게 유사성과 친근감을 전달할 수 있고, 집단상담자와 집단원 간의 깊은 이해를 발전시킬 수 있다.

19 청소년 집단상담에서 상담자가 사용한 기법은?

> 상담자 : 부모님에 대해 무척 좋은 분이라고 말하고 있으면서 부모님에 대한 자신의 생각을 이야기
> 할 때 다소 목소리가 커지고 흥분되어 보이네요.

① 노출하기　　　　　　　　　② 직면하기
③ 공감하기　　　　　　　　　④ 요약하기
⑤ 재진술하기

② 직면하기 : 집단원의 말이나 행동이 일치하지 않거나 모순점이 있을 때 그것을 지적해 주는 기술이다.
① 노출하기 : 집단상담자가 효과적인 상담의 진행을 위해 상담에 참여한 집단원에게 자신에 대한 주관적인 정보를 노출하는 기술이다.
③ 공감하기 : 집단상담자가 집단원 입장에서 그 느낌 또는 내적 경험을 이해하고, 이를 직접 말로 전달하는 것이다.
④ 요약하기 : 집단상담자가 집단원의 생각이나 감정, 그가 한 이야기 등을 전체적으로 묶어 간략하게 정리하는 것이다.
⑤ 재진술하기 : 내담자가 한 말을 거의 똑같이 다시 한 번 말해주는 것이다.

20 다음 보기의 내용과 연관된 집단상담의 기술로서 가장 적절한 것은?

> "그래, 오늘 우리는 반 친구들과 사이좋게 지내는 방법에 대해 이야기를 했어요. 가장 중요한 것은
> 상대방의 입장에서 서로 배려할 줄 아는 마음을 가져야 한다는 것이었죠."

① 요약하기　　　　　　　　　② 명료화하기
③ 반영하기　　　　　　　　　④ 해석하기
⑤ 연결하기

'요약하기'는 집단상담자가 집단원의 생각이나 감정, 그가 한 이야기 등을 전체적으로 묶어 간략하게 정리하는 것이다. '요약하기'는 새로운 회기를 시작할 때 이전 회기에서 다룬 내용을 다시 확인하게 하여 상담을 자연스럽게 연결할 수 있도록 한다. 또한 지금까지 다룬 내용을 명확하고 간결하게 정리할 수 있게 한다.

21 집단상담 평가에 관한 설명으로 옳은 것은?

① 추수 평가는 집단상담의 전 과정이 끝나고 2~3개월 후에 실시한다.
② 집단원 행동 변화를 평가할 때 평가의 주체와 대상은 집단원 자신이다.
③ 집단상담 평가 단계에서부터 집단상담 평가에 대한 방향을 설정하여야 한다.
④ 심리검사를 통해 수치화된 정보를 수집하고 통계적으로 분석하는 것을 질적 평가라 한다.
⑤ 집단상담 실시 이후에 집단상담 수요 평가, 집단원 행동 기초선 평가를 실시할 수 있다.

> ① 추수 평가는 전체 집단원을 대상으로, 집단상담의 전 과정이 끝나고 2~3개월 후에 실시하며, 집단경험이 일상생활에 어떤 결과를 가져왔는지, 그때의 변화가 어느 정도 계속되고 있으며, 집단상담의 효과가 어느 정도인지 등을 평가한다.
> ② 집단원 행동 변화를 평가할 때 평가의 주체는 상담자, 평가 대상은 집단원이 된다.
> ③ 집단상담 계획 단계에서부터 집단상담 평가에 대한 방향을 설정하여야 한다.
> ④ 심리검사를 통해 수치화된 정보를 수집하고 통계적으로 분석하는 것을 양적 평가라 한다.
> ⑤ 집단상담 실시 이전에 집단상담 수요 평가, 집단원 행동 기초선 평가를 실시할 수 있다.

22 청소년 집단원의 문제행동과 그에 대한 집단상담자의 대처방법의 연결이 옳지 않은 것은?

① 습관적 불평 – 불평 이유를 파악하되 논쟁이 유발되지 않도록 유의한다.
② 소극적 참여 – 지루함으로 인해 침묵할 경우 숙고한 후 이야기할 수 있도록 기다려준다.
③ 하위집단 형성 – 하위집단 형성에 따른 문제점을 전체 집단 내에서 개방적으로 다룬다.
④ 대화 독점 – 독점 행동을 통해 얻고자 하는 것이 무엇인지를 탐색할 수 있게 한다.
⑤ 지성화 – 집단원에게 자신이 말하는 내용과 관련된 감정을 인식하고 표현할 수 있게 한다.

> 소극적 참여에서 생산적 침묵(집단 경험 통합, 숙고)의 경우에는 기다려주는 것이 좋으나, 비생산적 침묵(두려움, 분노, 지루함으로 인한 머뭇거림)의 경우에는 즉각적인 개입이 필요하다.

23 사실적 이야기를 장황하게 말하는 집단원에 대한 상담자의 개입방법으로 옳지 않은 것은?

① 사실적 이야기를 장황하게 말하는 것과 자기개방을 구분해 줄 필요가 있다.
② 이야기의 세부 사항보다 그 사건에 대한 집단원의 감정과 생각에 초점을 맞추도록 돕는다.
③ 구체적이고 명료하게 자신을 표현하도록 가르칠 필요가 있다.
④ 방어의 한 형태이므로 연결하기(Linking) 기법을 통해 그 행동을 멈추도록 돕는다.
⑤ 공감적 이해를 통해 집단원의 사실적 이야기가 현재에 미친 영향을 표현하도록 돕는다.

> 연결하기(Linking)는 한 집단원의 말과 행동을 다른 집단원의 관심과 관련지어 주는 기술이다. 예를 들면, 한 집단원이 죽음에 대한 공포를 이야기한다면, 이와 비슷한 이야기를 했던 다른 집단원과 연결 지어 서로 느낌을 나누게 할 수 있다. 따라서 장황하게 이야기하는 집단원에 대한 개입방법으로는 적당하지 않다.

CHAPTER 03 청소년 집단상담

01 학교 기반의 집단상담을 계획하고 준비하는 과정에 관한 설명으로 옳지 않은 것은?

① 반사회적 성향이 있어 담임교사로부터 의뢰된 학생은 집단원 선별 과정을 생략한다.
② 특정 시기에 공통적으로 겪을 수 있는 문제해결에 초점을 맞춘다.
③ 집단상담의 주제 선정을 위한 요구조사가 권장된다.
④ 집단상담 시작 전에 참여학생의 학부모로부터 참여동의서를 받는다.
⑤ 집단상담의 이점에 대해 학교행정가와 교사에게 설명한다.

> 선별과정은 집단원에게 미칠 수 있는 잠재적인 해를 예방하는 데 목적이 있으므로, 반사회적 성향이 있어 의뢰된 학생도 다시 선별 과정을 거쳐야 한다.

02 청소년 집단상담의 목표 및 특징이 아닌 것은?

① 청소년 집단상담은 근본적으로 청소년의 성장과 발달에 중점을 둔다.
② 자아정체감을 형성하는 과도기에서 각자 자신이 처한 환경을 이해하고 수용하도록 돕는다.
③ 발달과정상의 다양한 요구들을 충족시키도록 하며, 다양한 경험을 하도록 돕는다.
④ 학급단위 집단상담은 대체로 현장실습집단 형태로 운영한다.
⑤ 청소년들로 하여금 행동의 동기를 이해하고 자신감을 가지도록 한다.

학급단위 집단상담은 대체로 심리교육집단 형태로 운영한다.

03 학교폭력 가해자가 교칙에 따라 의무적으로 참여하는 청소년 집단상담에서 상담자의 역할로 옳은 것은?

① 집단원의 참여거부권을 수용해야 한다.
② 부모나 법적 보호자의 허락을 확인하지 않아도 된다.
③ 사전동의 절차를 진행하지 않아도 된다.
④ 비밀보장을 반드시 지켜야 한다.
⑤ 집단원에게 집단이탈 시 발생하는 결과에 대해 고지하지 않아도 된다.

② 집단상담 시작 전에 참여학생의 학부모로부터 참여동의서를 받는다.
③ 사전동의 절차를 진행하여야 한다.
④ 비밀보장은 지켜져야 하지만 예외적인 경우가 있다.
⑤ 집단원에게 집단이탈 시 발생하는 결과에 대해 고지하여야 한다.

04 청소년의 경우 개인상담에 비해 집단상담이 지니는 장점을 모두 고른 것은?

ㄱ. 집단원들과의 교류를 통해 자기만의 피해의식으로부터 벗어날 수 있다.
ㄴ. 집단상담자가 제공하는 안전한 구조 속에서 독립성을 연습해 볼 수 있다.
ㄷ. 자기중심적인 태도를 제한함으로써 타인에 대한 배려를 확장시킬 수 있다.
ㄹ. 집단이 주는 힘의 균형은 성인 상담자와의 불편한 관계를 완화시켜 줄 수 있다.

① ㄱ, ㄷ
② ㄴ, ㄹ
③ ㄱ, ㄴ, ㄹ
④ ㄴ, ㄷ, ㄹ
⑤ ㄱ, ㄴ, ㄷ, ㄹ

> **청소년 집단상담의 장점**
> • 집단상담은 '나만이 특이하다'는 생각을 바꾸어준다. 자신의 감정과 경험을 타인들과 서로 나눌 수 있다는 사실을 아는 것 자체로 그들은 힘을 얻을 수 있다.
> • 상담자가 제공하는 안전한 구조 속에서 독립적 행동을 연습한다.
> • 성인 상담자와의 관계에서 오는 불편함을 적당하게 완화시켜 준다.
> • 청소년기의 자기애적 사고에 도전하며, 자기중심적인 태도를 제한한다.
> • 집단원들의 자아 강도를 높일 수 있는 기회를 제공한다.
> • 감정이입, 존중, 상대방에 관한 관심 등 새로운 사회적 기술을 연습시킨다.

05 청소년 집단상담 시 집단구성에 대한 설명으로 옳지 않은 것은?

① 집단상담자는 가능한 경우 연령의 범위를 제한하는 것이 좋다.
② 15세 이전 청소년들의 경우 혼성집단보다는 동성집단이 더 바람직하다.
③ 같은 반 학생들 또는 동아리 친구들은 집단상담의 훌륭한 구성원이 될 수 있다.
④ 심각한 행동장애가 있는 경우, 혼성집단이 동성집단보다 더 바람직하다.
⑤ 집단의 친밀감은 오히려 집단원의 자기개방을 방해하기도 한다.

> 청소년 집단상담의 경우 혼성집단이 동성집단보다 더 바람직하다. 그러나 심각한 행동장애가 있는 경우 혼성집단의 구성은 더 큰 문제를 야기할 수 있으므로 바람직하다고 볼 수 없다.

06 학교 현장에서 집단상담을 실시할 때 사용한 전략으로 옳지 않은 것은?

① 집단의 형태 중 심리교육집단 형태로 운영하였다.
② 학생의 보호자 및 학교 교육 책임자에게 협조를 구하였다.
③ 청소년이 담임선생님에 대해 불평해도 무조건 청소년 편을 들지는 않았다.
④ 집단 밖으로 비밀이 새어 나가는 것은 어쩔 수 없으므로 상관하지 않았다.
⑤ 관계자에게 집단상담이 학생의 행동 및 정서 변화에 효과적이라는 증거를 제시하였다.

> 학교에서 진행되는 집단상담은 집단 밖으로 비밀이 새어 나가기 쉽다는 점을 민감하게 살펴보아야 한다.

07 아동·청소년 집단상담에서 사용하는 전략으로 옳지 않은 것은?

① 부모나 특정 기관에 맞서서 전적으로 아동이나 청소년의 편을 들어야 한다.
② 집단 종결 전에 집단원에게 어느 정도의 기간을 두고 종결 시점을 상기시켜 준다.
③ 매 회기를 철저히 준비하되 주어진 회기마다 구성과 주제를 조절할 수 있는 융통성이 있어야 한다.
④ 아동·청소년과 관련된 법률을 숙지하고 있어야 한다.
⑤ 아동과 청소년이 집단에서 얻을 수 있는 이점을 학교 담당자, 교사, 부모에게 명확히 설명해야 한다.

> ① 부모나 선생님, 또는 특정 기관에 저항하는 모습을 보이는 아동이나 청소년들을 편들어서는 안 된다. 부모나 선생님은 그들이 양육·교육하는 아동이나 청소년들과 거의 매일 함께 생활하지만, 집단상담자는 보통 매주 한 시간씩만 만난다는 사실을 고려하여, 저항하는 아동이나 청소년들의 불만을 현실에 맞게 다루어야 한다.

08 청소년 집단상담자의 '인간적 자질'로 옳은 것을 모두 고른 것은?

> ㄱ. 유머감각
> ㄴ. 자신의 청소년기에 대한 통찰
> ㄷ. 청소년의 유행과 비속어, 은어에 대한 숙지
> ㄹ. 대인관계 기술
> ㅁ. 창의성

① ㄱ, ㄴ, ㄷ ② ㄱ, ㄴ, ㅁ
③ ㄴ, ㄷ, ㄹ ④ ㄴ, ㄷ, ㅁ
⑤ ㄱ, ㄷ, ㄹ, ㅁ

ㄷ · ㄹ. 청소년 집단상담자의 '전문적 자질'에 속한다.

청소년 집단상담자의 자질

인간적 자질	• 유머감각 • 개방성 • 집단에 접근하는 새로운 방식에 대한 독창성 • 자신의 청소년기에 대한 통찰
전문적 자질	• 개인상담 경험 • 청소년 집단에 대한 폭넓은 식견 • 청소년 집단원에게 적합한 의사소통 기술과 청소년의 유행, 비속어, 은어 등에 대한 숙지 • 청소년의 부모(주변인)와 협력할 수 있는 대인관계 기술 및 의사소통 기술 • 역할극 및 다양한 매체 활용에 대한 능력

09 청소년 집단상담자가 갖추어야 할 전문적 자질에 해당하지 않는 것은?

① 치료적·예방적·발달적 집단을 동일한 관점에서 이끌어간다.
② 청소년의 부모와 협력할 수 있는 기술을 갖는다.
③ 각 연령집단의 발달과업을 이해한다.
④ 청소년 집단원에게 적합한 의사소통 기술을 갖춘다.
⑤ 자신의 가치관이 다문화 청소년에게 미칠 수 있는 영향을 인식한다.

> 청소년 집단상담자는 치료적·예방적·발달적 집단을 각 집단의 특성에 맞는 관점에서 이끌어간다.
> 청소년상담사의 전문적 자질
> • 개인상담 경험을 필요로 한다.
> • 청소년상담자는 인간 행동에 대한 이해가 선행되어야 한다.
> • 청소년 집단에 대한 폭넓은 식견(각 연령집단의 발달과업 특성, 청소년의 정상 행동범위, 청소년 환경, 청소년심리·발달 등)이 필요하다.
> • 청소년 집단원에게 적합한 의사소통기술을 갖추어야 하며, 청소년의 유행·비속어·은어 등에 대한 숙지가 필요하다.
> • 자신의 가치관이 다문화 청소년에게 미칠 수 있는 영향을 인식해야 한다.
> • 청소년의 부모(주변인)와 협력할 수 있는 대인관계 기술 및 의사소통 기술을 갖추어야 한다.
> • 역할극 및 다양한 매체 활용에 대한 능력을 갖추어야 한다.
> • 상담자의 전문적 자질은 상담이론에 대한 지식, 실습경험과 훈련, 자격을 갖춘 수퍼바이저의 지도 등을 통해 습득된다.

필수과목 02 주관식 단답형 문제

❖ 문제를 읽고 (　　　) 안에 들어갈 단어를 적어주세요.

01　(　　　)은/는 '내용중심' 집단으로서, 집단의 목표·과정·내용·절차 등을 체계적으로 구성해 둔다. 반면에 (　　　)은/는 사전에 정해진 활동은 없으며, 구성원 개개인의 경험과 관심을 토대로 상호작용함으로써 집단의 치료적 효과를 얻고자 하는 집단의 형태로서 T-집단, 참만남집단 등이 있다.

02　(　　　)에서는 출석률이 좋고 더 쉽게 공감이 이루어지며, 상호 간에 즉각적인 지지가 가능하고 갈등이 적어 응집력이 강해진다. 반면에 (　　　)에서는 다양한 대인 간의 상호작용이 가능하므로 상호 간에 의미 있는 자극을 주고받을 수 있으며, 서로 간의 차이점을 발견하고 이해할 수 있다.

03　(　　　)은/는 집단지도와 집단상담의 중간 영역에 해당하며 양자의 특성을 공유한다. 즉, (　　　)은/는 집단지도처럼 공동의 목적을 가지는 동시에 집단상담처럼 집단원 개인의 문제에 접근한다.

04　게슈탈트 상담에서 제시한 접촉경계 장애 중 (　　　)은/는 감당하기 힘든 내적갈등이나 환경자극에 노출될 때, 이에 압도당하지 않으려고 자신의 감각을 둔화시켜서 환경과의 접촉을 피하거나 약화시키는 것이다.

05　(　　　)은/는 상담자가 중심이 되어 한 번에 한 집단원의 문제를 집중적으로 다루고 집단원의 현재의 경험에 중점을 두어 그것에 대한 집단원의 자각이 이루어지도록 도우며, 뜨거운 자리·차례로 돌아가기·신체 언어·질문형을 진술형으로 고치기 등의 집단기술을 사용한다.

06　(　　　)은/는 생의 초기에 중요한 인물과의 상호작용을 통해 형성된 만성적 부정 감정양식을 의미한다.

07 BASIC-ID는 미국의 행동주의 심리학자 라자루스(Lazarus)에 의해 개발된 체계적이고 포괄적인 심리치료로서, 행동(B), (　　　)(A), 감각(S), 심상(I), (　　　)(C), (　　　)(I), 약물·생리(D)를 의미한다.

08 (　　　)은/는 집단원에게 유쾌한 경험과 유쾌하지 않은 경험을 번갈아 가면서 생각하도록 하고 각 경험과 관련된 감정에 관심을 가지도록 하는 기법이며, (　　　)은/는 집단원의 행동과 흡사한 행동을 재현하여 내담자가 자신의 부정적인 행동을 종식하도록 하는 기법이다.

09 집단 내에서의 집단원들 사이, 전문가와 집단원들 사이를 통틀어 발생하는 역동적인 상호작용을 집단과정이라 하며, 집단과정에서 만들어진 힘을 (　　　)(이)라 한다.

10 르웬버그와 돌고프(Loewenberg & Dolgoff)가 제시한 윤리적 원칙에 따른 우선순위에서 가장 우선시 되는 제1의 윤리법칙은 (　　　)이다.

✅ 정답

01 구조화 집단, 비구조화 집단
02 동질집단, 이질집단
03 집단훈련
04 편향
05 게슈탈트 집단상담(형태주의 이론)
06 라켓 감정(Racket Feeling)
07 감정, 인지, 대인관계
08 단추 누르기, 수프에 침 뱉기
09 집단역동
10 생명보호의 원칙

필수과목 02 기출문항 OX 문제

❖ 문제를 읽고 ( )안에 맞는 답을 (O / X)로 표기하세요.

01 집단상담의 대상은 비교적 정상범위의 적응수준에 속하는 사람들이며, 주 취급문제는 개인의 정상적인 발달과업의 문제들 또는 정상인의 태도와 행동의 변화이다. ( )

02 마라톤 집단은 며칠 동안 연이어 회기를 가짐으로써 집단원들의 방어를 감소시켜 친밀감을 창출하며, 더 집중적이고 심화된 상호작용을 가능하게 하여, 인간적 성장을 이루어내는 집단을 말한다. ( )

03 집단상담의 발달단계 중 생산단계에서 성취해야 할 기본적인 과업은 분명한 집단목표와 집단규범을 설정하는 것이다. ( )

04 일반적으로 청소년을 대상으로 하는 집단상담은 혼성집단으로 구성하는 것보다 동성집단으로 구성하는 것이 효과적이다. ( )

05 집단상담은 궁극적으로 개인의 성장을 목적으로 하며, 그 원리로는 자기이해, 자기수용, 자기주장, 자기개방, 자기평가, 자기도전이 있다. ( )

06 '해석하기'는 집단상담자가 집단원에게 새로운 방식으로 자신의 문제를 바라볼 수 있도록 행동·사고·감정에 대해 새로운 의미를 부여하거나 새롭게 설명하는 것을 말한다. ( )

07 집단상담기법 중 타인의 행동에 대한 자신의 반응을 상호 간에 솔직히 이야기해 주는 과정은 '자기노출하기'이다. ( )

08 의사교류분석 이론의 '구조분석'은 집단원 개인의 인생계획이나 이전 결정의 내용 등을 면밀히 검토하여 재결단할 수 있는 토대를 제공한다. ( )

09 심리극의 구성요소로는 주인공, 보조자아, 연출자, 관객, 심리극의 장소와 무대, 무대소품과 조명·음향 등을 들 수 있으며, 자발성·창조성·즉흥성의 원리를 기초로 한다. ( )

10 저항의 개념은 과거의 경험에서 어떤 이유로든 억압된 느낌을 현재의 비슷한 대상에게 표현하려는 현상이다. ( )

정답 및 해설

01 ○   02 ○   03 ×   04 ×   05 ○   06 ○   07 ×   08 ×   09 ○   10 ×

03 '시작단계'에 대한 설명이다. '생산단계'의 기본적인 과업은 강한 집단응집력을 형성하고, 자유로운 피드백을 통해 행동변화를 촉진하는 것이다.

04 심각한 행동장애가 있는 경우를 제외하고, 대부분의 청소년 집단상담에 있어서 혼성집단이 동성집단보다 더 바람직하다. 이는 남녀 혼성집단에서 이성 간 상호작용으로 청소년기 발달단계에서 야기되는 욕구를 충족시켜 줄 수 있기 때문이다.

07 타인의 행동에 대한 자신의 반응을 상호 간에 솔직하게 이야기해주는 과정은 '피드백(Feedback) 주고받기'이다.

08 '인생각본(생활각본) 분석'에 대한 설명이다. 인생각본은 생의 초기에 개인이 경험하는 외적 사태들에 대한 자신의 해석을 바탕으로 하여 결정·형성된 반응양식이다.

10 '전이'의 개념에 대한 설명이다.

심리측정 및 평가

- 01 심리측정의 기본개념
- 02 검사의 선정과 시행
- 03 인지적 검사
- 04 정의적 검사
- 05 투사적 검사

적중예상문제

"필수 3과목 심리측정 및 평가" 과목은 수험생들이 어렵다고 느끼는 과목 중에 하나입니다. 지식 확인형 문제가 주로 출제되고 있으며, 심리검사 결과 해석문제가 다수 출제되는 등 응용문제의 증가로 전체적인 난이도가 점차 어려워지고 있는 경향을 보이고 있습니다. 어려운 과목은 다른 방법이 없습니다. 회독 수를 늘려 반복하는 학습이 가장 좋은 방법입니다. 다양한 심리검사들의 특성을 꼼꼼하게 학습해야 하는 과목으로서, 이론을 완벽하게 숙지하여 깊이 있게 학습하시기 바랍니다.

✓ 최근 2024년도 23회 기출키워드

- 평균(M)과 표준편차(SD)
- 의미변별척도의 단점
- 통계(변산도, 비모수통계, 비율척도, 유층표집, 리커트 척도)
- 문항반응이론의 기본가정
- Kuder-Richardson 계수
- 신뢰도에 영향을 주는 요인
- 문항반응이론 중 문항별 능력추정치 (Ability Estimate)
- 공인(Concurrent) 타당도
- 교육검사
- 로저스(Rogers)
- 심리검사 및 평가의 윤리
- 법적 대리인의 동의
- K-WAIS-IV
- K-WISC-IV와 K-WISC-V
- K-WAIS-IV의 숫자(Digit Span) 소검사
- 지능에 관한 개념과 이론
- 벤더 도형 검사(BGT)
- MMPI-2의 임상척도 2번(D)
- MMPI-2의 임상척도 4번(Pd)
- 5요인 성격검사(Neo-PI-R)의 성실성 하위요인
- 성격평가질문지(PAI) 척도
- 투사 검사의 특성
- 문장완성검사
- MMPI-2와 문장완성검사(SCT)
- 로샤(Rorschach) 검사 종합체계 결정인 채점기호

정오표▲

CHAPTER 01 심리측정의 기본개념

중요도 ★★★

핵심포인트
\# 검사, 측정, 평가의 개념 \# 표준화 검사의 개념과 규준 \# 통계의 기초
\# 측정의 신뢰도 \# 측정의 타당도

01 검사, 측정, 평가의 개념

1 심리검사와 심리평가의 개념

(1) 검사의 개요

① 검사의 의의
  ㉠ 검사는 어떤 행동이나 속성을 측정할 때 사용하는 모든 종류의 도구, 기술 및 절차를 말한다.
  ㉡ 검사는 문제와 관련된 정보를 입수하기 위해 내담자에게 일련의 체계적인 질문과 과제를 제시하는 것이다.
  ㉢ 검사의 대상이 되는 행동이란 심리학적 측면에서 말하기, 글쓰기 등의 외적 행동은 물론 의견·사고·판단 등의 내적 행동을 모두 포함한다.

② 검사와 관련된 개념 16 기출
  ㉠ 검사논리 : 행동이나 속성을 *측정하기 위한 논리나 이론, 방법을 말하는 것으로서, 지능 측정방법, 적성 측정방법 등 추상적인 의미를 지닌다.
  ㉡ 검사도구 : 한국판 성인용 웩슬러 지능검사(K-WAIS), 다면적 인성검사(MMPI), 성격유형검사(MBTI) 등 검사논리에 의해 구체적으로 가시화된 도구를 의미한다.
  ㉢ 검사점수 : 검사의 타당도 및 신뢰도 또는 검사 간의 관계에서 나타나는 수치적 지수를 의미한다.
  ㉣ 검사관행 : 검사의 과정상 논리, 도구 만들기, 점수계산 등에 적용되는 일반적인 관행을 의미한다.
  ㉤ 검사자료 : 수검자의 원점수, 환산점수, 검사자극에 관한 수검자의 반응, 진술 및 행동을 지칭하는 것이다.

> **측정(Measurement)**
> 사람이나 사건의 특징을 수치로 기술하는 것이다. 검사보다 광의의 개념으로서 크기, 무게, 질량 등에 대한 측정에서 인간의 심리적인 측정에 이르기까지 다양한 속성들을 수량화한다.

(2) 심리검사에 대한 이해 14 18 20 21 23 기출

① 심리검사의 의의
  ㉠ 인간의 심리적 속성을 객관적이고 정확하게 나타내기 위한 과학적 방법이다.
  ㉡ 행동을 계량화하는 심리학적 측정기법이고, 검사명칭이 같아도 측정내용이 다를 수 있다.
  ㉢ 표집된 행동(행동표본)을 대상으로 그 결과를 수치로 나타내어 이를 점수로써 기술하는 측정도구이다.
  ㉣ 행동표본을 일정한 과정과 절차에 따라 측정하는 표준화된 측정도구이고, 심리생리적 측정방식은 자기보고 편파가 작다.
  ㉤ 제한된 규준을 통해 개인의 행동을 예측하기 위한 기술적 과정이고, 사용자의 자격은 검사 종류에 따라 제한되어야 한다.
  ㉥ 규준의 표본크기가 큰 경우에도 신뢰도와 타당도 검증이 필요하다.
  ㉦ 심리검사는 조작적 정의를 통해 구성개념과 관련된 행동의 일부를 측정하는 것이다.
  ㉧ 검사의 종류에 따라 동일한 구성개념도 측정 결과가 다를 수 있다.
  ㉨ 검사자는 검사실시의 표준절차를 따라야 한다.
  ㉩ 검사자의 성격특성은 검사결과에 영향을 미친다.
  ㉪ 심리적 특성에 대한 개인 간 차이 또는 개인 내 차이를 확인하는 방법이다.
  ㉫ 심리적 구성개념을 측정하는 도구이다.
  ㉬ 올바른 활용을 위해 기능과 용도를 정확하게 알아야 한다.

② 심리검사의 기능
  ㉠ 상담자(검사자)의 주관적 판단에 의한 오류를 방지한다.
  ㉡ 개인에 대한 객관적인 정보를 제공한다.
  ㉢ 개인 간의 비교가 가능하다.
  ㉣ 심리평가의 근거 자료 중 하나이다.

③ 심리적 구성(구인)개념
  ㉠ 심리학자들이 상상으로 만들어낸 추상적이고 가설적인 개념이며, 개인의 '성실성'이나 '외향성'의 심리적 속성들은 추상적이어서 직접적으로 측정할 수 없다.
  ㉡ 심리적 구성개념은 간접적인 방법을 이용한다. 행동을 관찰하여 추론하는 등 심리적 구성개념을 측정하는 방법은 여러 가지가 있다.
  ㉢ 추상적·사전적으로 표현된 구성을 구체적인 행위로 연결시켜 측정 가능하도록 한 것이 측정을 위한 '조작적 정의'이다. 각 연구마다 객관적으로 그 개념을 다루어야 하므로 조작적 정의는 모든 연구에서 동일하지 않다.

(3) 심리평가에 대한 이해

① **심리평가의 의의** 14 15 기출
  ㉠ 어떤 대상에 대한 다양한 정보를 얻어 종합적으로 기술하는 과정이다.
  ㉡ 심리검사와 상담, 행동관찰, 개인력 등 여러 가지 방법을 토대로 자료를 수집하여 얻은 정보를 종합하고 해석하여 *평가를 내리는 전문적인 작업과정이다.
  ㉢ 심리검사 등에서 얻은 결과를 기계적으로 판정하는 과정만이 아니라, 인간에 대한 심리학적 지식, 정신병리와 *진단에 대한 지식, 임상적 경험 등을 통합하는 과정이다.
  ㉣ 단순히 심리검사 결과를 제시하는 것이 아닌, 다양한 정보를 종합하여 문제해결에 도움을 주는 과정이다.

② **심리평가의 기능** 16 기출
  ㉠ 문제의 명료화 및 세분화
  ㉡ 수검자에 대한 이해 및 치료적 관계 유지
  ㉢ 문제해결을 위한 상담계획 세우기
  ㉣ 상담결과와 효과에 대한 평가
  ㉤ 수검자에게 통찰의 기회 제공
  ㉥ 개인의 인지적 기능 및 강점 평가

③ **심리평가의 구성요소** 15 기출
  ㉠ 심리검사 : 검사도구를 사용하여 인간의 다양한 심리들을 측정하고 평가하는 과정이다.
  ㉡ 면담 : 심리평가 과정에서 자료를 모으는 중요한 수단이며, 내담자의 행동·특징·반응 등을 알 수 있어 라포를 형성할 수 있다.
  ㉢ 행동관찰 : 내담자들이 평가과정을 수행하는 것을 관찰하여 가치 있는 정보를 얻는 것을 말한다.
  ㉣ 정신병리에 대한 전문지식

④ **심리평가 시행단계** 20 기출

> 의뢰 문제 분석 → 평가방법 및 절차 선택 → 면담 → 심리평가 결과보고

평가(Assessment)
측정과 검사를 모두 포함하는 개념으로서, 올바른 판단을 위해 객관적인 자료와 정보를 수집하는 것 외에 수집된 자료와 정보를 종합하여 전문적인 결정을 내리는 과정도 포함한다.

진단(Diagnosis)
내담자의 문제를 분류하고 명명하여 문제의 실제를 객관화하는 것으로서, 다분히 기술적(Descriptive)이고 정적(Static)인 경향을 보인다.

(4) 정신상태평가에 대한 이해 15 16 18 기출

① 정신상태평가의 의의
  ㉠ 면담 때 환자의 증상과 징후를 체계적으로 평가하는 것이다.
  ㉡ 며칠 사이에 증상이 변할 수 있으므로, 현재의 정신상태를 평가하는 것이 중요하다.
  ㉢ 면담 중 관찰된 환자의 외모, 말, 행동 및 생각 등을 기술하는 것이다.

② 정신상태평가의 주요 항목

일반적 기술	전반적 외모, 행동과 정신운동활동, 면담 시 태도
감정과 정서	기분, 정서적 표현, 적절성
말(언어)	양, 속도, 연속성
지 각	환각, 착각
사 고	사고과정, 사고내용
감각과 인지	의식, *지남력, 집중력, 기억력, 계산력, 상식과 지능, 추상적 사고능력
판단과 *병식	상황적·사회적 판단력과 자신이 병을 앓는다는 사실에 대한 이해 정도
정신기능 사정척도	정신건강과 정신장애의 가설적인 연속선상에서 심리적·사회적 기능을 고려하여 나타낸 점수

> **지남력**
> 시간, 장소 사람과의 관계 속에서 현재 자신의 상황을 파악하고 이해하는 능력이다.

> **병 식**
> 정신과적으로 환자가 본인의 증상, 감정과 태도, 행동의 의미와 원인을 이해하고 인지하는 것을 의미한다. 분열증의 진단 시 중요한 지표가 된다.

2 심리검사의 개발 23 기출

(1) 심리검사 제작과정 15 20 22 기출

① 검사 목적의 설정(명료화) : 검사제작자는 사전에 검사의 목적을 구체적으로 정의하여야 한다. 측정하고자 하는 것, 주요 검사대상자, 검사의 용도 등을 명확히 기술한다.
② 검사 설계(검사 내용 정의 및 방법 결정) : 검사제작자는 검사의 실시형태, 검사의 길이, 반응형태 등과 같은 검사설계와 관련된 내용을 정의하고 방법을 결정한다.
③ 문항준비(문항 개발 및 작성) : 검사제작자는 문항의 형태 및 반응의 형태, 그리고 문항의 채점형태를 고려하여 예비 문항을 개발 및 작성한다.
④ 문항분석 : 예비검사 단계, 통계분석 단계, 최종문항 선택 단계로 이루어진다.

예비검사	수검자의 수검과정에서의 느낌, 예상치 못한 반응, 문항에 대한 잘못된 해석 가능성 등을 검토한다.
통계분석	문항의 난이도, 변별도 등에 대한 통계적 분석을 통해 구성된 문항들이 양질의 문항인지 확인한다.
최종문항 선택	문항의 적절성 여부를 통해 수검자의 특성을 유의미하게 반영할 수 있는 최종문항들로 확정한다.

⑤ **표준화 및 규준표 작성** : 표준화과정은 검사에 규준을 제공하는 것으로서, 문항의 최종적인 선택 이후 실시되며, 검사결과 점수에 대한 객관적이고 의미 있는 해석을 위해 규준을 설정하고, 신뢰도와 타당도에 대한 연구를 병행한다.

⑥ **검사도구 및 관련자료 출판** : 출판은 검사도구 및 검사책자를 포함하여 검사매뉴얼, 채점보고서 등을 제작하는 과정이다. 간단한 검사의 경우 검사책자, 채점판, 지시사항 등을 포함하나, 복잡한 검사의 경우 부가적으로 해석지침, 특수전문보고서, 채점 및 보고를 위한 컴퓨터 프로그램 등을 포함한다.

(2) 심리검사 개발 시 유념해야 할 사항 22 23 기출

① 검사 본래의 개념화가 통계분석 등의 구체적인 과정보다 더욱 중요하다.
② 사전 검사설계 단계에서부터 최종 검사점수 보고에 대해 고려해야 한다.
③ 검사는 최종 시행에 앞서 비공식적인 예비시행의 과정을 거쳐야 한다.
④ 검사의 전체 제작기간은 검사 개발자가 예상한 기간보다 오래 걸릴 수 있다.
⑤ 문항은 최대한 단순하고 일반적인 이해를 요하는 것이 좋다.
⑥ 문항이 독창적인 경우 오류의 원인이 되어 잘못된 결과를 초래할 수도 있다.
⑦ 문항분석의 통계적인 기법을 통해서도 부적절한 문항은 남아있을 수 있다.
⑧ 통계적인 관점에서 표준화 집단은 무조건 크다고 좋은 것이 아니다.
⑨ 문항 제작에 앞서 해당 검사 분야에 대한 충분한 연구가 이루어질 필요가 있다.
⑩ 문항 준비단계에서 충분한 분량의 문항을 작성해 두는 것이 바람직하다.
⑪ 검사의 표준화를 위해 최종 매뉴얼을 제작하여야 한다.
⑫ 심리검사에서 우수한 문항은 불필요한 정보를 담고 있지 않다.
⑬ 진위형 문항(True/False Item)은 사실적 정보에 대한 지식을 평가하는 데 유용하다.
⑭ 예비검사의 대상은 그 검사를 실제 사용할 모집단의 성격을 잘 대표할 수 있도록 구성한다.
⑮ 비교 대상이 되는 표집된 규준집단에 실시한 검사 결과를 토대로 만든 것이 규준표인데 대표성은 물론 최신성이 확보되어야 하므로 가능하면 5년 내 재표준화를 실시하고 규준표를 개정해야 한다.

(3) 심리검사 제작자의 자격조건 20 23 기출

① 검사목표 및 내용, 검사과정에 대해 충분히 이해해야 하고 검사실시 과정에서 발생할 수 있는 문제들을 고려해야 한다.
② 연령, 언어 및 학습발달 수준, 이해력 수준 등 수검자 집단의 특성을 충분히 파악해야 한다.
③ 문항유형 및 특징, 문항 제작의 세부과정 등 문항작성법에 대해 충분히 숙지해야 한다.
④ 신뢰도와 타당도, 문항의 난이도와 변별도, 문항분석방법 등 검사와 관련된 다양한 검사 이론들을 숙지해야 한다.
⑤ 수검자의 이해력 및 창의성 등을 보다 효과적으로 분석·종합하기 위해 그 자신이 고등 수준의 정신능력을 보유해야 한다.
⑥ 검사문항 내용을 간결하고 명확하게 기술할 수 있는 탁월한 문장력을 보유해야 한다.

⑦ 다른 평가자나 검토자 등의 의견에 대해 수용적인 태도를 유지하여야 하고, 어떠한 편견도 가져서는 안 된다.
⑧ 문항 제작 경험을 지속적으로 쌓아감으로써 다양한 문항들을 제작·분석·수정·보완하는 과정을 통해 보다 새롭고 창의적인 문항을 제작할 수 있어야 한다.

3 문항분석방식 19 기출

(1) 고전검사이론에 의한 문항분석 15 기출

① 고전검사이론의 개념
  ㉠ 검사도구의 총점에 의하여 분석되는 이론으로 검사에 의한 관찰점수는 *진점수와 오차점수에 의하여 합성됨을 가정하여 전개한 검사이론이다.
  ㉡ 피험자의 진점수를 알 수 없기 때문에 이론적으로 동일 검사를 동일 피험자에게 무한 반복 실시하여 얻은 점수들의 평균점수로 추정한다.
  ㉢ 진점수와 측정오차의 상관관계는 '0'이며, 모든 피험자에 대한 측정의 오차는 동일하다고 가정한다.
  ㉣ 피험자가 재고 있는 능력의 정도가 검사도구의 특성에 따라 다르게 추정된다.
  ㉤ *문항분석을 하기 위해서는 사전에 총점계산, 집단구분 등을 마련해 놓아야 한다.

> **진점수**
> 피험자가 측정오차 없이 검사에서 얻을 수 있는 평균값이다.

> **문항분석**
> 검사의 양호도를 평가하기 위해서 검사에 포함되어 있는 문항들 각각의 특성을 분석하는 것을 말한다.

② 문항의 난이도(Item Difficulty) 15 18 기출
  ㉠ 검사문항의 쉽고 어려운 정도를 뜻한다.
  ㉡ 문항난이도 지수란 한 문항에서 총 반응 수에 대한 정답반응 수의 비율로 표시한다. 따라서 실제적으로는 한 문항의 쉬운 정도를 나타낸다.

> [문항난이도 지수 산출 공식]
> $$P = \frac{R}{N}$$ (N: 총 피험자 수, R: 문항의 답을 맞힌 피험자 수)

  ㉢ 문항난이도 지수의 범위는 0.0~1.0이며, 0.0~0.25(어려운 문항), 0.25~0.75(적절한 문항), 0.75~1.0(쉬운 문항)으로 분류한다.
  ㉣ 검사문항 개발 과정에서 문항난이도를 알아보는 목적은 적절한 난이도의 문항을 고르기 위함이다.
  ㉤ 문항난이도는 최대수행검사(정답이 있는 검사)인 성취검사나 적성검사에 주로 사용된다.
  ㉥ 문항난이도는 수검자의 문항에 대한 본래 지식과 추측에 의해 영향을 받는다.

③ 문항의 변별도(Item Discrimination) 22 기출
  ㉠ 한 검사에서 각 문항이 피험자의 능력 수준을 변별할 수 있는 정도를 나타낸다.
  ㉡ 수검자의 능력 수준에 따라 문항의 정답을 맞힐 확률을 나타내며, 개별 문항이 총점이 높은 사람과 낮은 사람을 구분해 주는 정도를 나타낸다.
  ㉢ 문항의 *변별도 지수는 문항점수와 피험자 총점의 상관계수에 의하여 추정된다.
  ㉣ 문항변별도 지수는 -1.0~1.0의 값을 가지며, 1에 가까울수록 변별력이 크다고 해석한다.
  ㉤ 문항변별도 지수가 음수인 문항은 나쁜 문항으로 검사에서 제외하여야 한다.
  ㉥ 개별 문항점수와 전체 점수 간의 상관이 높으면, 문항의 변별도가 높아진다.
  ㉦ 문항의 변별도가 높으면, 검사의 신뢰도는 높아진다.
  ㉧ 문항변별도는 문항난이도에 따라 다른 값을 가지게 되므로 문항난이도의 영향을 받는다.

> **상하부 지수(ULI ; Upper-Lower Index)**
> 컴퓨터를 사용하지 않고 쉽게 계산할 수 있는 방법으로서 간단하게 변별도 지수(DI ; Discrimination Index)라고도 한다.

④ 문항의 추측도 : 문항의 답을 모르고 추측으로 문항의 답을 맞힌 비율을 말한다.
⑤ 오답지의 매력도(능률도)
  ㉠ 선다형 문항의 경우 피험자가 오답을 정답으로 보고 택할 가능성을 의미하며, 오답지에 대한 응답비율에 의하여 결정된다.
  ㉡ 오답의 매력도(능률도)는 문항의 각 답지에 대한 반응의 분포상태(문항반응분포)를 분석함으로써 파악할 수 있다.

(2) 문항반응이론에 의한 문항분석 16 18 19 21 24 기출

① 문항반응이론의 개념
  ㉠ 피험자의 검사결과에 영향을 미치는 관찰할 수 없는 잠재적 특성이 있다고 가정하고, 피험자의 검사점수로부터 잠재적 특성을 추정하는 절차와 관련된 일련의 이론이다.
  ㉡ 고전검사이론에서 측정오차가 피험자 집단의 성질에 관계없이 동일하다고 가정한 것에 대한 문제점을 극복하기 위해 제안된 검사이론이며, 문항반응이론에서는 피험자에 따른 측정오차는 상이하다고 본다.
  ㉢ 피험자의 잠재된 능력수준과 문항에 대한 반응의 관계를 수학적으로 나타내며, 피험자가 능력에 따라 문항의 답을 맞힐 확률을 나타내는 문항특성곡선에 기초한다.

② 문항반응이론의 기본가정
  ㉠ 일차원성 가정 : 하나의 특성으로 문항점수나 문항들의 상호관계를 설명할 수 있다는 가정으로서, 한 검사의 모든 문항들은 반드시 하나의 잠재적 특성만을 재어야 한다는 것이다.
  ㉡ 지역독립성 가정
    • 수검자의 능력 수준은 능력을 측정하기 위해 사용하는 문항에 따라 달라지지 않아야 한다.
    • 특정 문항에 대한 반응은 다른 문항에 대한 반응에 전혀 영향을 미치지 않아야 한다.
    • 문항 특성은 표본의 특성 분포와 관계없이 일정해야 한다.

③ 문항특성곡선(ICC ; Item Cahracteristic Curve)
  ㉠ 특정 문항을 맞출 확률을 잠재적 능력의 함수로 나타낸 것으로, 피험자 능력에 따라 문항의 답을 맞힐 확률을 나타내는 곡선이다.
  ㉡ 정답이 없는 성격검사의 경우에도 적용할 수 있고, 문항의 난이도에 관한 정보를 제공해준다.
  ㉢ 잠재적 능력은 평균 0, 표준편차 1, 범위는 $-\infty$(무한대)에서 $+\infty$(무한대)까지 이르는 분포라고 가정한다.
  ㉣ 문항변별도는 문항특성곡선의 기울기가 크면(가파르면) 높아지고, 기울기가 작으면(완만하면) 낮아진다.
  ㉤ 문항특성곡선의 수평축은 검사 총점이고 수직축은 각 문항에 정답을 한 수검자의 비율이다.
④ 문항의 난이도
  ㉠ 문항의 답을 맞힐 확률이 0.5에 해당하는 능력 수준을 말한다.
  ㉡ 고전검사이론과 반대로 어려운 문항일수록 문항난이도의 값이 높아지게 된다.
  ㉢ 문항난이도의 이론적 범위는 $-\infty$에서 $+\infty$이지만, 일반적으로 -2에서 +2 사이에 존재한다.
  ㉣ 언어적 용어로 '매우 쉽다, 쉽다, 중간이다, 어렵다, 매우 어렵다'의 5가지로 구분한다.
  ㉤ 문항난이도는 수검자 집단의 특성에 의해 영향을 받지 않는다.
⑤ 문항의 변별도
  ㉠ 문제가 학습자의 능력 수준을 상하로 구별해 주는 정도로서, 문항의 난이도를 나타내는 지점에서의 기울기를 말한다.
  ㉡ 문항특성곡선의 기울기가 가파를수록 문항변별도가 높다.
  ㉢ 문항변별도의 이론적 범위는 $-\infty$에서 $+\infty$이지만, 문항변별도가 음수값을 가져서는 안 된다.
⑥ 문항 추측도(추측 정답 가능성) : 능력이 전혀 없음에도 불구하고 문항의 답을 맞힐 확률이다.

지식 IN

고전검사이론과 문항반응이론 18 기출

구 분	고전검사이론	문항반응이론
기본가정	관찰점수는 진점수와 오차점수의 합	일차원성 가정과 지역독립성 가정
진점수 추정	반복측정 가정	반복측정 불필요
문항모수 설명	비교적 간편한 계산공식	복잡한 수리적 모형
문항특성 추정	수검자 특성에 의해 변함	수검자 특성에 영향을 받지 않음
피험자능력 추정	검사도구의 특성에 의해 변함	불변성을 지님
측정오차	피험자에 따른 측정오차 동일	피험자에 따른 측정오차 상이
신뢰도 검증	오차점수의 분산과 관계있음	검사정보 함수는 피험자의 능력수준에 따라 다름

02 표준화 검사의 개념과 규준

1 표준화 검사의 개념

(1) 검사의 표준(Standard)

① 검사의 표준은 검사의 타당성을 확보하기 위한 필수조건이다.
② 검사의 표준은 제작, 실시, 채점, 해석 등에 이르는 검사의 제반 과정에서 지켜야 할 검사관행과 연관된다.

(2) 검사의 표준화

① 검사의 *표준화는 검사의 제반 과정에 대한 일관성을 확보하기 위한 노력이다.
② 동일한 검사를 여러 사람에게 실시하는 경우, 수검자 또는 응답자가 다르더라도 검사의 실시 및 채점 등의 조건은 같아야 한다.
③ 검사의 표준화를 위해 개발자는 검사의 진행상 지시사항을 교본에 상세하게 기재하여야 한다.
④ 검사자는 교본에 기재된 내용에 따라 충실히 검사에 임해야 한다.
⑤ 개인의 검사점수 비교 및 해석을 위해 일정한 규준 및 분할점수 등이 설정되어야 한다.

> **표준화**
> 검사의 구성요소, 실시과정, 채점방법, 결과해석기법 등을 구조화하는 것이다.

(3) 표준화 검사 17 18 기출

① 표준화 검사는 검사의 실시, 사용, 해석을 위한 명확한 지침이다.
② 표준화 검사는 경험적으로 제작되며, 적절한 규준 및 기준점수, 타당도 및 신뢰도의 자료를 제시한다.
③ 표준화 검사는 제반 검사상황에 있어서 일관성을 보장해주는 수단이다.
④ 표준화 검사에서 검사자는 수검자가 동기를 가질 수 있도록 독려할 수 있다.
⑤ 표준화된 검사의 경우 표준화된 절차에 따른다.
⑥ 표준화 검사는 시행과 채점이 일정한 방식으로 진행된다.

> **지식 IN**
>
> **표준화 검사를 평가하기 위한 항목**
> • 검사의 목적, 구성개념, 검사의 규모
> • 규준, 기준점수, 변환점수
> • 표본
> • 측정의 양호도
> • 검사실시 및 채점절차의 구체성
> • 검사실시 및 해석을 하는 사람의 자격에 대한 명시
> • 검사의 과학적 기초 및 논리를 지지하는 내용 및 증거

2 규준의 개념과 개발

(1) 규준의 개념 18 기출

① 규준은 특정 모집단을 대표하는 *표본을 선정하고, 이들에게 검사를 실시하여 얻은 점수를 체계적으로 분석하여 작성하는 것이다.

② 규준은 하나의 분포를 이루는 점수집단의 형태로 나타나며, 심리검사 등 상대적 점수의 해석을 위한 일정한 기준이 된다.

③ 규준을 설정하기 위해서는 전집을 대표할 수 있는 적정한 크기의 표본집단(규준집단)을 선정하고, 이들에게 검사를 실시하여 나타난 점수를 통계적으로 처리하여 변환점수로 만든다. 이 변환점수가 곧 규준이 된다.

④ 규준집단은 구성이 명확하게 규정되어야 하며, 최신성이 유지되어야 한다.

⑤ 규준은 규준집단의 점수 분포를 반영하고, 규준집단은 전집의 대표적인 표본이어야 한다.

> **표본**
> 모집단에서 특정 방법으로 일부를 통계의 자료로 선택한 부분으로서 전집의 하위집단이다.

(2) 규준의 종류 15 18 기출

집단 내 규준	개인의 원점수를 규준집단의 수행과 비교해 볼 수 있도록 만든 규준이다. 예 백분위 점수, 표준점수, 편차 IQ, 표준등급 등
발달규준	수검자가 정상적인 발달경로에서 얼마나 이탈해 있는지를 표현하는 방식으로, 수검자의 생활연령과 정신연령을 함께 표시한다. 예 연령규준, 학년규준, 추적규준(서열규준) 등
전국규준	어떤 검사를 표준화할 때 전국적으로 거주지역, 연령, 남녀, 사회계층, 교육수준, 종교 등과 같은 인구통계학적 유층을 고려하여 모집단을 대표할 수 있도록 표집한 규준집단에서 수집한 자료를 사용하여 작성한 규준이다.
특수규준	검사의 특정 목적에 맞추어 엄밀히 규정한 규준이다. 예 하위집단규준, 특수집단규준, 특수규준 등

(3) 집단 내 규준의 종류

① 백분위점수 14 15 16 17 19 23 기출

  ㉠ *원점수의 분포에서 100개의 동일한 구간으로 점수들을 분포시켜 변환점수를 부여한 것이다.

  ㉡ 등위점수로서 한 점수가 분포상에서 서열로 따져 몇 %에 위치하고 있는가를 알려주는 서열척도에 해당한다.

  ㉢ 개인의 점수가 다른 사람과 비교하여 얼마나 높은지의 상대적인 정보를 얻고자 하는 검사이므로, 규준-참조점수에 해당한다.

  ㉣ 규준집단 내에서 수검자의 상대적 위치를 알 수 있다.

  ㉤ 원점수가 같아도 백분위는 속한 규준집단에 따라 다르게 나타날 수 있다.

  ㉥ 백분위 점수는 원점수의 최저 점수부터 정하며, 백분위 점수가 낮을수록 개인의 원점수가 낮다.

  ㉦ 객관적 검사의 경우 백분위 점수는 검사대상에 관계없이 사용할 수 있다.

> **원점수**
> 문항당 배점의 합에 의해 채점 결과를 얻은 그대로의 점수이다.

② 표준점수 14 16 18 22 23 24 기출
  ㉠ 원점수를 주어진 집단의 평균을 중심으로 표준편차 단위를 사용하여 도출한 선형변환 점수를 말한다.
  ㉡ 원점수를 표준점수로 변환함으로써 상대적인 위치를 추측할 수 있으며, 검사결과를 비교할 수도 있다.
  ㉢ 표준점수는 평균에서 이탈된 정도를 알려준다.
  ㉣ 표준점수는 평균으로부터 떨어진 거리와 방향을 동시에 나타낼 수 있다.
  ㉤ 가장 보편적인 표준점수로서 Z점수, T점수, H점수 등이 있다.

Z점수	• 원점수를 평균이 0, 표준편차가 1인 Z분포상의 점수로 변환한 점수 • Z점수 = (원점수 − 평균) ÷ 표준편차
T점수	• 평균이 50, 표준편차가 10이 되도록 Z점수를 변환한 점수 • T점수 = 10 × Z점수 + 50
H점수	• T점수를 변형한 것으로서 평균이 50, 표준편차가 14인 표준점수 • H점수 = 14 × Z점수 + 50

③ 표준등급(스테나인 점수) 16 17 19 21 기출
  ㉠ 원점수를 백분위 점수로 변환한 다음, 비율에 따라 1~9의 구간으로 구분하여 각각의 구간에 일정한 점수나 등급을 부여한 것이다. 스테나인 점수의 최고 점수는 9, 최저 점수는 1, 그리고 평균에 해당하는 중간 점수는 5가 된다.
  ㉡ 학교에서 실시하는 성취도검사나 적성검사의 결과를 나타낼 때 주로 사용하며, 결과 점수를 일정한 범주로 분포시킴으로써 학생들 간의 점수차가 적은 경우 발생할 수 있는 해석상의 문제를 미연에 방지할 수 있는 장점이 있다.
  ㉢ 정규분포에서 스테나인에 해당하는 면적 비율

스테나인	1	2	3	4	5	6	7	8	9
백분율(%)	4	7	12	17	20	17	12	7	4

(4) 발달규준의 종류 19 23 기출
① 연령규준(정신연령규준) : 심리검사의 문항들이 연령 수준별 척도로 구성되어, 해당 검사를 통해 주어지는 결과점수가 수검자의 정신연령 수준을 반영하도록 되어 있다. 설정 시 수검자가 어리다면 연령 간격을 좁게 해야 한다.
② 학년규준 : 주로 학교에서 실시하는 성취도검사에 이용하기 위해 학년별 평균이나 중앙치를 이용하여 규준을 제작한다.
③ 추적규준(서열규준) : 발달검사 과정에서 개인의 행동을 관찰하여 행동 발달단계상 어디에 위치하는지를 나타나게 하는 방법으로, 측정 시 연령별로 동일한 백분위를 갖는다고 가정한다.

3 규준참조검사와 준거참조검사

(1) 규준참조검사

① 규준참조검사의 의의
  ㉠ 개인의 점수를 해석하기 위해 유사한 다른 사람들의 점수를 비교하여 평가하는 상대평가 목적의 검사이다.
  ㉡ 상대평가를 위해 대상자집단의 점수분포를 고려하며, 이때 점수분포가 규준(Norm)에 해당한다.

② 규준참조검사의 특징 14 16 19 21 22 기출
  ㉠ 개인의 점수를 규준이 되는 집단 내에서 상대적으로 비교·평가할 수 있다.
  ㉡ 개인의 위치를 알아보기 위해 유도된 점수(Derived Score)를 사용한다. 보통 점수분포에 따른 평균·표준편차·분포모양 등이 제시되며, 원점수·표준점수·백분위점수(또는 백분위서열) 등이 기재된다.
  ㉢ 검사해석의 참조 틀은 특정한 내용영역이 아니라, 특정한 전집이다.
  ㉣ 주요 관심은 특정 행동의 달성 여부가 아니라, 상대적 서열이나 위치이다.
  ㉤ 점수들이 높은 점수 쪽에 몰려 있을 때 '부적 편포'라고 말하며, 부적 편포는 검사가 상대적으로 그 집단들에게 쉬웠을 때 생긴다. 반면, '정적 편포'는 검사가 상대적으로 어려울 경우에 일어난다. 이상적인 점수분포는 0의 편포를 갖는 정상분포이다.

(2) 준거참조검사

① 준거참조검사의 의의
  ㉠ 절대적 준거를 사용하여 검사결과를 해석하는 검사로서, 학습자의 현재 성취수준 정도를 알아보는 방법이다.
  ㉡ 특정 기준에 근거하여 점수를 해석하는 절대평가 목적의 검사에 해당한다.

② 준거참조검사의 특징 16 19 21 기출
  ㉠ 특정 내용에 대한 숙달 여부를 검사할 수 있다.
  ㉡ 보통 범주를 구분하기 위해 기준점수(분할점수 또는 경계선점수)를 설정하며, 원점수를 설정된 기준에 비추어 판단한다.
  ㉢ 운전면허시험을 비롯한 각종 국가자격시험, 국가 수준의 학업성취도평가, 정해진 점수를 기준으로 개인의 우울 여부를 판정하는 검사 등이 준거참조검사에 해당한다.
  ㉣ 검사에서는 측정하려고 하는 지식이나 기술영역을 명확하게 규정해야 한다.

4 표집방법

(1) 확률 표집방법 14 기출

유층(층화)표집	• 모집단을 동질성을 갖는 여러 계층으로 구분하고, 각 계층에서 단순무작위 표집을 하는 방법이다. • 집단 내 요소는 동질적, 집단 간 요소는 이질적 특징을 가진다. 예 인구가 1,000명인 지역사회의 남녀 비율이 6 : 4 이면, 100명 표본 추출 시 남자에서 60명, 여자에서 40명을 추출하는 방법이다.
군집(집락)표집	• 모집단을 많은 수의 집락(집단)으로 구분하고, 그 집락들 중에서 대상 집락을 무작위 추출하여 추출된 집락에서 표본을 추출한다(일반적으로 집락은 행정단위로 구분). • 집단 내 요소는 이질적, 집단 간 요소는 동질적 특징을 가진다. 예 경기도 주민을 대상으로 청소년 문제에 관한 의견조사를 할 때, 경기도의 시·군 중에서 몇 개의 시·군을 추출하는 경우이다.
단순무작위표집	모집단 내에서 개별적인 사례나 개인이 표본으로 선택될 확률이 동일하고, 각각의 선택이 서로 간에 영향을 미치지 않도록 표본을 추출하는 방법이다.
계통(체계적)표집	확률적·객관적 표집방법의 하나로서, 전집의 모든 사례를 어떤 순서로 나열하였을 때 매 K번째의 사례만을 표집하여 필요한 표집수를 얻는 방법이다.

(2) 비확률 표집방법

할당표집	• 연구자의 모집단에 대한 사전지식을 기초로 하여 모집단의 특성을 나타내는 하위 집단별로 표본수를 할당한 다음 표본을 추출하는 방법이다. • 모집단의 대표성이 비교적 높으나, 분류의 과정에서 편견이 개입될 소지가 많다.
편의(임의)표집	• 모집단의 정보가 거의 없는 경우, 구성요소 사이의 차이가 크게 없다고 판단될 때 임의대로 선정하는 방법이다. • 손쉽게 이용 가능한 대상만을 선택하는, 접근가능하고 용이한 표본을 선정하는 표집방법이다.
유의(판단)표집	연구자의 주관적 판단 기준에 따라 연구목적 달성에 도움이 될 수 있는 구성요소를 의도적으로 추출하는 방법이다.
눈덩이(누적)표집	처음에는 소수의 인원을 표본으로 추출하여 조사한 다음, 그 소수 인원을 조사원으로 활용하여 다른 사람들을 소개하도록 하여 조사하는 표집방법이다.

03 통계의 기초

1 통계의 기본개념

(1) 변 인 22 기출
① 변인(변수)의 정의 : 서로 다른 수치를 부여할 수 있는 모든 대상의 속성으로 가설을 진술하기 위한 기초개념이다.
② 변인(변수)의 종류
  ㉠ 연속변인과 불연속변인 : 연속변인은 무한하게 세분되고 그 의미가 한정되어 있지 않는 것(등간척도, 비율척도)을 말하고, 불연속변인은 항상 정수의 숫자로 표시되고 한정된 의미를 부여(명명척도, 서열척도)하는 것을 말한다.
  ㉡ 독립변인과 종속변인 : 독립변인은 하나의 원인이 되는 변인이고, *종속변인은 결과가 되는 변인을 말한다.
③ 실험가설 : 사건이나 행동의 잠정적인 설명으로, 독립변인(조작변인)을 실험자가 의도적으로 조작하고, 그에 따른 종속변인의 변화(결과)를 확인하여 실험가설의 진위 여부를 확인할 수 있다.

> **종속변인**
> 독립변인의 변화에 따라 값이 결정되는 다른 변인을 말한다.

(2) 측정과 척도
① 측정은 추상적 · 이론적인 개념을 현실적 · 경험적으로 검증하기 위한 작업이다.
② 척도는 측정을 하기 위한 도구로서, 수치를 체계적으로 할당하는 데 사용된다.

2 척도의 의의와 종류

(1) 척도의 의의
① 척도는 측정하고자 하는 대상에 수치나 기호를 부여하는 것이다.
② 척도는 체계적 · 논리적으로 연관되어 있는 여러 문항으로 이루어진 복합적인 측정도구이다.

(2) 척도의 종류 14 15 16 17 18 19 20 21 22 23 24 기출
① 명명척도
  ㉠ 단순한 분류의 목적을 위해 측정대상의 속성에 수치를 부여하는 것을 말한다.
  ㉡ 상호배타적인 특성을 가지며, 동일한 집단에 속해 있는 대상은 동일한 척도값을 가져야 한다.
  ㉢ 가장 낮은 수준의 측정으로서 이름을 부여하는 명목적인 것을 의미하며, 여기에 부여된 숫자는 질적이고 수치적 의미는 없다.
  ㉣ 개인 간의 순위에 관한 정보를 알 수 없다.
  ㉤ 성별, 인종, 종교, 결혼 여부, 직업 등의 구별이 해당한다.

② 서열척도
- ㉠ 일종의 순위척도로서 그 측정대상을 속성에 따라 서열이나 순위를 매길 수 있도록 수치를 부여한 척도이다.
- ㉡ 서열 간의 간격이 동일하지 않으며 절대량을 의미하지 않는다.
- ㉢ 단위 사이의 간격에 관한 정보가 없다.
- ㉣ 사회계층, 선호도, 서비스 효율성 평가, 석차, 청소년상담사 자격등급 등의 측정에 이용된다.

③ 등간척도
- ㉠ 일종의 구간척도로서 측정하고자 하는 대상이나 현상을 분류하고 서열을 정할 수 있을 뿐만 아니라, 이들 분류된 범주 간의 간격까지도 측정할 수 있는 척도이다.
- ㉡ 등간격이므로 산술계산에 사용될 수 있으나, 절대영점이 없다.
- ㉢ 선형변환은 가능하나 수치 간의 비율적 정보는 가능하지 않으며, 수치 사이의 간격이 동일하다는 정보를 제공한다.
- ㉣ 지능, 온도, 시험점수 등이 해당한다.

④ 비율척도
- ㉠ 척도를 나타내는 수가 등간일 뿐만 아니라 절대영점을 가지고 있는 경우에 이용되는 척도이다.
- ㉡ 연령, 무게, 키, 수입, 출생률, 사망률, 이혼율, 가족 수, 졸업생 수 등이 해당한다.

(3) 심리검사 척도구성법 19 21 22 23 24 기출

① 써스톤(Thurstone) 척도
- ㉠ 수검자에게 다수의 문항들을 제시하여 동의하는 문항들에는 모두 표시하게 하고, 동의하지 않은 문항에는 표시하지 않도록 하는 것이다.
- ㉡ 수검자의 점수는 표시를 해놓은 각 문항들에 부여되어 있는 척도치를 모두 합한 값을 표시한 문항수로 나누어 구하는 방식으로, 대체로 12~46개 정도의 문항으로 구성된다.
- ㉢ 등간의 성격을 위해 사전평가를 시행하고 결과를 분석하여 각 문항에 대한 중앙값을 척도값으로 부여한다.
- ㉣ 척도값은 측정 변인의 연속선상에서 문항이 놓이는 위치로, 주어진 문항에 대해 일치한다고 반응한 수검자에게 주어지는 점수이다.

② 리커트(Likert) 척도
- ㉠ 측정하려고 하는 특성에 관해 5단계(전혀 그렇지 않다/그렇지 않다/잘 모르겠다/그렇다/매우 그렇다)로 나누어 수검자가 동의하는 어느 하나에 표시하도록 하는 것이다.
- ㉡ 수검자의 점수는 응답한 각 문항의 선택지에 부여되어 있는 점수를 합하여 구한다.

③ 거트만(Guttman) 척도
- ㉠ 써스톤 척도와 비슷하지만 길이가 더 짧고 6~7문항으로 구성되었다.
- ㉡ 최선의 거트만 척도를 구성하기 위해서는 오차에 대한 기준이 필요하다.

④ 의미변별척도
　⊙ 양극단의 형용사 단어들 사이에서 대상이 어느 쪽에 얼마만큼 가까운지를 답변하도록 하는 척도이다.
　ⓒ 개념, 척도, 개인 간의 차이 등을 쉽게 밝힐 수 있어서 집단을 비교하는 데 효과적으로 활용할 수 있다.
⑤ 형용사 체크리스트 : 지적 감수성, 정서적 안정성-신중성, 인지적 특성, 사회적 적응성, 능동적 동기, 사회적 안정성, 사회성, 사회적 순응성, 사회적 수혜요인 등 9개 의미 있는 요인으로 구성되었다.

3 기본 개념의 적용

(1) 집중경향치(대푯값) 14 23 기출
① 자료 분포의 중심을 보여주는 값이며, 자료 전체를 대표할 수 있는 값을 이르는 말이다. 종류에는 평균(Mean), 중앙값(Median), 최빈수(Mode) 등이 있고, 가장 많이 쓰이는 것은 평균(산술평균, 기하평균, 조화평균)이다.
② 평균값에 대한 모든 점수의 편차 합은 항상 '0'이다.
③ 최빈값은 빈도가 가장 높은 점수로 2개 이상이 될 수 있다.
④ 평균값은 중앙값이나 최빈값과 달리 모든 사례의 영향을 받으며, 특히 극단 값의 영향을 크게 받는다.
⑤ 사례의 수가 짝수(2n)인 경우, 중앙값은 n번 째 점수와 n+1번 째 점수의 평균으로 계산할 수 있다.
⑥ 좌우대칭이고 봉우리가 두 개인 양봉분포의 경우, 평균값과 중앙값은 같으나 최빈값이 서로 다른 두 개의 값을 가진다.

(2) 산포도
① 통계자료들이 퍼져 있는 정도를 말한다.
② 산포도를 나타내는 척도로 가장 일반적으로 사용되는 것으로는 분산, 변동계수, 범위 등이 있다.

(3) 상관계수와 지수
① **상관계수** : 두 자료 간의 상호의존관계를 나타내 주는 척도이다.
② **지수** : 시간의 흐름에 따라 통계량이 변화되는 것을 쉽게 파악하기 위해 만든 통계이다.

(4) 변동률
① 어느 통계의 기준시점에 대한 비교시점에서의 증감률을 말한다.
② 경제지표를 해석하는 데 사용되는 중요한 도구이다.

(5) 빈도분포 23 기출

① 각 응답 범주(Category)에 속한 사람들의 수를 측정 척도에 따라 도표화한 것으로 빈도표나, 빈도 그래프로 나타낼 수 있다.
② 측정 척도를 드러내는 응답 범주의 집합체를 보여주고 각 응답 범주의 빈도를 보여준다.
③ 빈도분포나 그래프는 집단에서 개인의 위치를 확인하는 데 유용하다.

> **지식 IN**
>
> **중앙치(Median)**
> - 한 집단의 점수분포에서 전체 사례를 상위 1/2과 하위 1/2로 나누는 점을 말한다. 즉, 이 중앙치를 중심으로 전체 사례의 반이 중앙치 상위에, 나머지 반이 중앙치 하위에 있게 된다.
> - 예를 들어, '12, 13, 16, 19, 20'과 같이 5개의 사례가 크기 순서로 나열되어 있는 경우, 그 중앙에 위치한 '16'이 중앙치가 된다. 엄격히 말하면, 중앙에 위치한 16을 가진 사례가 중앙치가 되는 것이 아니라, 전체 사례 5를 상위 2.5와 하위 2.5로 나누는 '16.0'이 중앙치가 되는 것이다. 만약 22라는 점수를 가진 사례가 하나 더 있다면 총 사례수는 짝수가 되므로, (16+19)/2=17.5, 즉, '17.5'가 중앙치가 된다.
>
> **최빈치(Mode)** 22 기출
> - 가장 많은 빈도를 지닌 점수를 말한다.
> - 11개 사례의 값이 '12, 12, 14, 14, 18, 18, 18, 18, 19, 20, 20'인 경우, '18'은 그 빈도가 4로 가장 많으므로, '18'이 최빈치가 된다. 빈도의 크기가 모두 같은 경우 최빈치는 없다.

(6) 범위(Range)

① 점수분포에서 최고점수와 최하점수 사이의 거리를 의미한다.
② 범위를 'R'이라고 간단히 표현하면, 'R = 최고점수 − 최저점수 + 1'의 공식으로 나타낸다. 여기서 '+1'은 최고점수 정확상한계와 최저점수 정확하한계 사이의 거리까지를 범위에 포함한 것이다. 예를 들어, '2, 5, 6, 8' 네 점수가 있는 경우 이것의 범위는 '8 − 2 + 1 = 7'이 된다.

(7) 사분편차(Interquartile Range)

① 자료를 일렬로 늘어놓고 제일 작은 쪽에서 1/4, 3/4 지점에 있는 자료 두 개를 택하여 그 차이를 2로 나눈 값이다.
② 사분편차는 범위가 양극단의 점수에 의해 좌우된다는 단점을 가지므로, 점수 분포상에서 양극단의 점수가 아닌, 어떤 일정한 위치에 있는 점수 간의 거리를 비교하고자 하는 것이다. 즉, 백분위 50을 중심으로 상·하위 쪽으로 백분위 25가 되는 평균거리를 가지고 비교하는 것이다.

(8) 표준편차(Standard Deviation)

① 점수집합 내에서 점수들 간의 상이한 정도를 나타내는 산포도 측정도구이다.
② 변수값이 평균값에서 어느 정도 떨어져 있는지를 알 수 있도록 한다.

③ 표준편차가 클수록 평균값에서 이탈한 것이고, 표준편차가 작을수록 평균값에 근접한 것이다.

④ 표준편차는 *분산의 양의 제곱근으로 산출한다.

> **분산(Variance)**
> 각 자료값과 평균과의 거리인 편차를 측정하여 계산하는 것이다.

(9) 표준오차(Standard Error)

① 표집 과정에서 발생하는 오차와 연관된 것으로서, 추정량의 정도를 나타내는 측정도구이다.

② 각 표본들의 평균과 전체 평균 간의 간격을 의미한다.

③ 표준편차를 표본크기의 양의 제곱근으로 나누어 산출한다.

(10) 측정의 표준오차(SEM ; Standard Error Of Measurement) 16 기출

① 검사를 실시할 때마다 달라지는 평균의 오차범위를 말한다.

② 일련의 피험자들에게 같은 검사를 두 번 실시하여 이들의 점수분포로 오차의 변산 정도를 추정하는데, 이때 얻은 점수들의 차이를 말한다.

③ 관찰점수의 표준편차와 신뢰도 계수를 사용하여 추정한다.

④ 진점수를 중심으로 관찰된 점수의 분포를 알려 주는 유용한 지수이다.

4 분포도의 분석

(1) 정규분포 곡선 15 기출

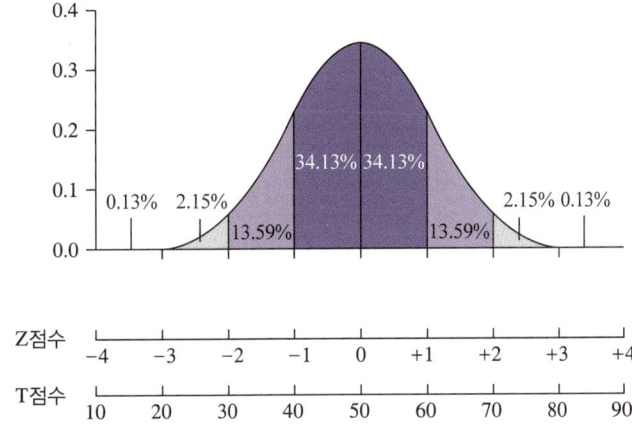

① 정상분포에 해당하는 것으로서, 평균치가 최빈치 및 중앙치와 일치하고 좌우대칭이다.

② X축에 접근하는 종을 엎어놓은 양상을 보이는 분포이다.

③ 첨도는 0, 평균은 0, 표준편차는 1이다.

④ 평균값 0에서 전체 도수의 34.13%가 속해 있는 Z값은 1, 47.72%가 속해 있는 Z값은 2이다.

⑤ -1과 1 사이의 Z값은 68.26%, -2와 2 사이의 Z값은 95.44%, -3과 3 사이의 Z값은 99.74%로 나타난다.

⑥ 표본이 크고 이질적일수록 정규분포에 더 가까운 모양으로 나타난다.

(2) 편포와 왜도

① 대부분의 통계적 가설 검정은 표집분포의 *정상성을 토대로 한다.
② 검사점수가 정상성에서 벗어나 정규분포와 크게 차이를 보인다면, 이는 해당 검사에 문제가 있음을 의미한다.
③ 편포(Skewed Distribution)는 어느 한쪽으로 치우친 분포를 의미하는 것으로서, 오른쪽으로 치우친 것을 부적 편포, 왼쪽으로 치우친 것을 정적 편포라고 한다.
④ 왜도(Skewness)는 분포의 비대칭 정도를 의미하는 것으로서, 분포가 기울어진 방향 및 정도를 나타낸다. 왜도가 0보다 적은 경우 부적 편포, 0보다 큰 경우 정적 편포가 되며, 왜도가 0과 일치한다면 정규분포에 해당한다.

> **정상성**
> 여러 시간 구간마다 모두 동일한 통계적 특성을 갖춘 것을 말한다.

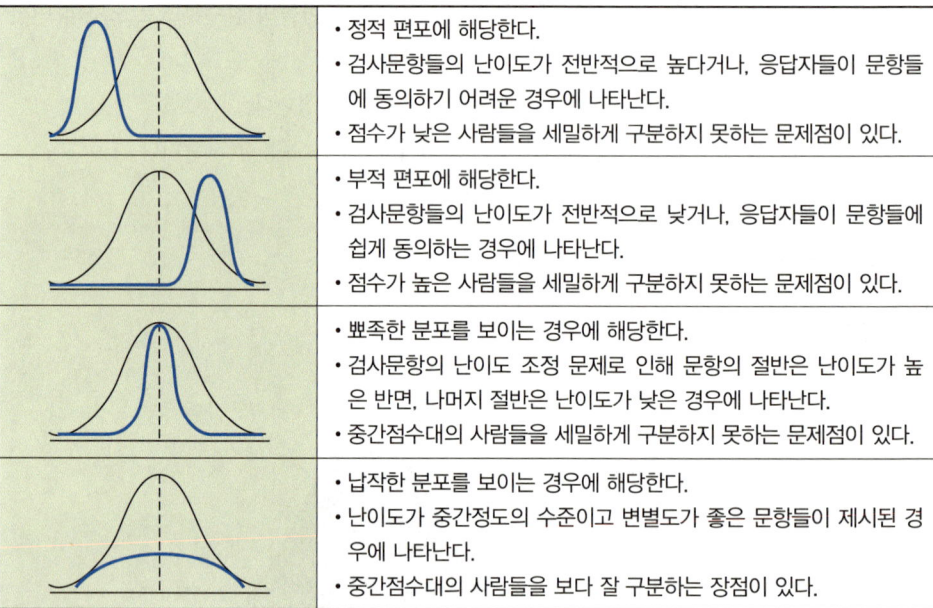

- 정적 편포에 해당한다.
- 검사문항들의 난이도가 전반적으로 높다거나, 응답자들이 문항들에 동의하기 어려운 경우에 나타난다.
- 점수가 낮은 사람들을 세밀하게 구분하지 못하는 문제점이 있다.

- 부적 편포에 해당한다.
- 검사문항들의 난이도가 전반적으로 낮거나, 응답자들이 문항들에 쉽게 동의하는 경우에 나타난다.
- 점수가 높은 사람들을 세밀하게 구분하지 못하는 문제점이 있다.

- 뾰족한 분포를 보이는 경우에 해당한다.
- 검사문항의 난이도 조정 문제로 인해 문항의 절반은 난이도가 높은 반면, 나머지 절반은 난이도가 낮은 경우에 나타난다.
- 중간점수대의 사람들을 세밀하게 구분하지 못하는 문제점이 있다.

- 납작한 분포를 보이는 경우에 해당한다.
- 난이도가 중간정도의 수준이고 변별도가 좋은 문항들이 제시된 경우에 나타난다.
- 중간점수대의 사람들을 보다 잘 구분하는 장점이 있다.

지식 IN

분포에 따른 중심경향값
- 정규분포 : 평균 = 중앙값 = 최빈값
- 부적편포 : 평균 < 중앙값 < 최빈값
- 정적편포 : 평균 > 중앙값 > 최빈값

04 측정의 신뢰도

1 신뢰도의 개념

(1) 신뢰도의 의의 15 17 18 19 20 21 22 23 기출
① 신뢰도는 측정의 일관성(안정성), 측정 결과의 반복가능성을 의미한다.
② 동일한 대상에 대해 같거나 유사한 측정도구를 사용하여 반복적으로 측정할 경우, 동일하거나 비슷한 결과를 얻을 수 있는 정도를 나타낸다.
③ 신뢰도는 관찰점수(진점수+오차점수)의 변량 중 진점수의 변량이 차지하는 비율이다.
④ *후광(Halo)효과는 채점자 간 신뢰도에 영향을 미친다.
⑤ 평정자 간 점수 차이는 신뢰도에 영향을 준다.
⑥ 문항들의 내용이 동질적일수록 신뢰도는 높아진다.

> **후광(Halo)효과**
> 개인의 긍정적인 특성 하나가 그 사람의 다른 면을 평가하는 데 긍정적인 영향을 미치는 것을 말한다.

(2) 신뢰도 계수의 특징 22 기출
① 추측해서 우연히 맞을 수 있는 문항이 많으면 신뢰도 계수가 작아진다.
② 신뢰도 계수는 점수 분포의 분산에 의해 영향을 받는다.
③ 측정오차가 크면 신뢰도 계수는 작아진다.
④ 신뢰도 계수는 검사의 난이도에 따라 달라진다.
⑤ 개인차가 클수록 검사점수의 변량이 커져 신뢰도 계수는 커진다.

(3) 신뢰도의 평가기준 19 20 기출
① 안정성(일관성) : 서로 다른 시점에서의 측정결과가 안정된 값을 가지는 것이다.
② 동등성(등가성) : 둘 이상의 측정연장이 겉으로는 다르지만 내용은 같아야 한다는 것이다.
③ 평정자 간 신뢰도는 두 명 이상의 평가자가 필요하다.

2 신뢰도의 종류와 특성 17 18 19 20 22 23 기출

(1) 검사-재검사 신뢰도(안정성 계수) 20 21 23 기출
① 가장 기초적인 신뢰도 검증방법으로서, 동일한 대상에 동일한 측정도구를 서로 상이한 시간에 두 번 측정한 다음 그 결과를 비교한다.
② 재검사에 의한 반복측정을 통해 그 결과에 대한 상관관계를 계산함으로써 도출된 상관계수로 신뢰도의 정도를 추정한다.

③ 검사실시 간격은 오차의 원인이 되며, 신뢰도 계수에도 영향을 미친다. 검사 간격이 짧은 경우 신뢰도가 높게 나타나는 반면, 검사 간격이 긴 경우 신뢰도가 상대적으로 낮게 나타난다.
④ 연습효과는 기억효과로 인해 후의 시험결과가 높게 나타날 수 있어 검사-재검사 신뢰도에 영향을 미친다.

(2) 동형검사 신뢰도(대안법, 유사양식법, 평행양식법) 16 21 기출

① 두 개 이상의 유사한 측정도구를 사용하여 동일한 표본에 적용한 결과를 서로 비교하여 신뢰도를 추정하는 방법이다.
② 검사-재검사 신뢰도의 단점을 보완한 것으로서, 각각의 측정도구가 매우 유사해야만 신뢰도를 추정할 수 있는 수단으로 인정받을 수 있다.
③ 문항수, 문항 표현방식, 문항 내용 및 범위, 문항난이도, 검사 지시내용, 구체적인 설명, 시간제한 등 다양한 측면에서 동등성이 검증되어야 한다.
④ 검사내용의 차이에 따른 오차가 생길 수 있다.
⑤ 일반적으로 두 검사점수 간의 적률상관계수(동형성 계수)로 추정한다.
⑥ 실제로 완벽하게 동형검사를 제작하기가 매우 어렵다.

(3) 반분신뢰도(반분법) 21 기출

① 검사를 한 번 실시한 후 이를 적절한 방법에 의해 두 부분의 점수로 분할하여, 그 각각을 독립된 두 개의 척도를 사용하여 신뢰도를 추정한다.
② 단 한 번의 시행으로 신뢰도를 구할 수 있으나, 반분하는 방식에 따라 각기 다른 신뢰도를 추정하므로 단일의 측정치를 산출하지 못한다.
③ 측정도구를 반분하는 과정에서 검사의 초반과 후반에 연습효과나 피로효과가 발생할 수 있는지, 특정 문항군이 함께 묶여 제시되는지 확인해야 한다.
④ 검사-재검사 신뢰도보다 비용 측면에서 장점이다.
⑤ 반분된 두 검사 간에 얻어진 신뢰도 계수는 어디까지나 반분된 검사의 신뢰도이므로, 실제 사용되는 전체 검사의 신뢰도를 추정하기 위해서는 *스피어만-브라운 공식을 사용하여 교정한다.

> **스피어만-브라운 공식**
> 반분된 두 검사 각각의 표준편차(변량)가 같다고 가정한 상황에서 계산된 것을 말한다.

⑥ 검사 문항수가 증가하면 반분신뢰도는 높아진다.
⑦ 반분신뢰도를 추정하기 위해 가장 많이 사용하는 방법에는 전후 반분법, 기우 반분법, 짝진 임의배치법이 있다.
⑧ 신뢰도가 과소평가 되는 경향이 있다는 단점이 있다.

(4) 문항내적 합치도(내적 일관성 분석법) 15 16 18 20 24 기출

① 개 념
  ㉠ 한 검사 내에 있는 문항 하나하나를 각각 독립된 별개의 검사로 간주하여, 문항들 간 정답과 오답 사이의 일관성을 일종의 상관계수로 표시한다.
  ㉡ 반분신뢰도의 개념을 더욱 확장시킨 것이다.

② 종류

쿠더-리차드슨 20 (KR-20)	• 이분채점문항['예/아니오' 또는 '정(正)/오(誤)']인 검사에 사용된다. • 문항점수가 0과 1일 때 사용한다.
쿠더-리차드슨 21 (KR-21)	문항점수가 리커트 척도와 같이 연속변수일 때 검사의 신뢰도를 추정하는 방법이다.
호이트 신뢰도	1941년 분산분석의 반복설계를 이용하여 호이트(Hoyt)에 의하여 제안된 방법이다.
크론바흐 알파계수 (Cronbach's Alpha Coefficient)	• 신뢰도 측정의 계수를 '크론바흐 알파(α)값'이라 한다. • 내적 일관성 분석법에 따라 신뢰도를 측정하는 척도이다. • 신뢰도가 낮은 경우 신뢰도를 저해하는 항목을 찾을 수 있다. • 계수는 0~1의 값을 가지며, 값이 높을수록 신뢰도가 높다. • α는 0.7 이상이 바람직하며, 0.8~0.9 정도를 신뢰도가 높은 것으로 본다.

(5) 관찰자 신뢰도 23 기출

① 개념 : 관찰의 안정성을 기초로 한 신뢰도 측정방법으로서, '관찰자 내 신뢰도'와 '관찰자 간 신뢰도'로 구분된다.

② 종류

관찰자 내 신뢰도	한 사람의 관찰자가 반복관찰하여 관찰 결과의 상관관계를 파악하는 재검사적 관찰자 신뢰도를 말한다.
관찰자 간 신뢰도 (평정자 간 신뢰도)	관찰 결과가 관찰자들 사이에서 얼마나 유사한가를 의미하는 대안적 관찰자 신뢰도를 말하며, 두 명 이상의 평가자가 필요하다.

3 신뢰도에 영향을 미치는 요인과 신뢰도 제고 방법

(1) 신뢰도에 영향을 미치는 요인 14 21 23 24 기출

① 검사의 길이(문항수)나 사례 수
② 문항의 난이도
③ 집단의 동질성
④ 신뢰도 추정방법
⑤ 개인차의 정도
⑥ 문항의 반응 수
⑦ 검사 시행 후 경과시간
⑧ 무선적인 오차
⑨ 검사점수의 변산도

(2) 신뢰도 제고 방안

① 측정 항목을 증가시키고, 유사하거나 동일한 질문을 2회 이상 시행한다.
② 측정 항목의 모호성을 줄이고 되도록 구체화해야 한다.
③ 기존에 신뢰도가 있다고 인정된 측정도구를 활용하는 것이 유리하다.

④ 면접자들의 일관된 면접방식과 태도로 보다 일관성 있는 답변을 유도한다.
⑤ 조사 대상자가 무관심하거나 잘 모르는 내용은 측정하지 않는 것이 좋다.
⑥ 보다 많은 수의 문항으로 검사를 실시할 때 측정의 오차를 줄일 수 있다.
⑦ 문항의 난이도가 적절할 때 신뢰도가 증가한다.
⑧ 문항의 변별도가 높을 때 신뢰도가 증가한다.
⑨ 검사도구의 측정 내용이 보다 좁은 범위의 내용일 때 검사의 신뢰도가 증가한다.
⑩ 검사시간이 충분할 때 신뢰도가 증가한다.

(3) 신뢰도의 제고 방법

① **체계적 분산의 극대화** : 독립변수에 의해 영향을 받는 종속변수의 분산을 극대화함으로써, 독립변수가 종속변수에 미치는 영향을 명확화한다.
② **오차분산의 극소화** : 신뢰도와 타당도가 높은 측정도구를 사용하여 체계적 오류와 비체계적 오류를 축소함으로써 측정상의 오차를 최소화한다.
③ **외부변수의 통제** : 연구목적과 관련이 없는 외부변수들을 무작위할당하거나 외부변수를 제거하는 등의 방법을 통해 효과적으로 통제한다.

05 측정의 타당도

1 타당도의 개념

(1) 타당도의 의의 23 기출

① 타당도는 실증적 수단인 조작적 정의나 지표가 측정하고자 하는 개념을 제대로 반영하는 정도를 말한다.
② 측정하고자 하는 개념이나 속성을 얼마나 실제에 가깝게 정확히 측정하고 있는지의 정도를 나타낸다.
③ 측정의 타당도는 조사자가 측정하고자 한 것을 실제로 정확히 측정했는가의 문제이다.

(2) 심리검사의 타당도가 양호하게 산출되는 조건 14 기출

① 검사의 신뢰도가 낮기보다는 높은 경우
② 심리검사의 문항수가 적기보다는 많은 경우
③ 소규모보다는 대규모 표본에서 검증하는 경우
④ 심리검사 결과가 *기본구성비율(Base Rate)보다 민감도가 높은 경우
⑤ 심리검사 결과가 실제 선발 여부와 유의한 관계가 있을 때, 선발 확률을 높이기보다는 낮추는 경우

> **기본구성비율**
> 선발되지 않은 집단에서 어떤 현상이 발생하는 기본 비율을 말한다.
> 예 전체 인구에서 특정 질병의 발병률

(3) 타당도와 신뢰도의 관계

① 타당도가 높기 위해서는 신뢰도가 높아야 한다.
② 신뢰도가 높다고 하여 반드시 타당도가 높은 것은 아니다.
③ 타당도가 낮다고 하여 반드시 신뢰도가 낮은 것은 아니다.
④ 타당도가 없어도 신뢰도를 가질 수 있다.
⑤ 타당도가 있으면 반드시 신뢰도가 있다.
⑥ 타당도는 신뢰도의 충분조건이고, 신뢰도는 타당도의 필요조건이다.
⑦ 타당도와 신뢰도는 비대칭적 관계이다.

(4) 타당도에 영향을 주는 요인 23 기출

① **검사의 길이** : 일반적으로 검사의 길이가 늘어나면 타당도가 증가한다. 그러나 검사의 길이가 길다고 반드시 타당도가 높아지는 것은 아니다.
② **검사 또는 준거검사의 신뢰도** : 검사와 준거검사 간의 신뢰도 계수가 낮으면 타당도 계수도 낮아진다.
③ **신뢰도와의 관계** : 검사의 신뢰도가 높다 하여 타당도도 높은 것은 아니다. 그러나 검사가 타당하기 위해서는 신뢰도가 높아야 한다.
④ **수검자의 반응 경향이나 허위반응** : 반응 경향은 수검자가 일정한 흐름으로 응답하는 것이고 허위반응은 자기 자신을 숨기려고 하는 것으로 타당도에 영향을 준다.

2 타당도의 종류와 특성

(1) 내용타당도 19 20 기출

① **의 의**
　㉠ 측정도구에 포함된 지표가 측정하고자 하는 내용을 얼마나 대표하는지, 그 정도를 나타낸다. 즉, 측정도구의 대표성 또는 표본문항의 적절성을 의미한다.
　㉡ 논리적 사고에 입각한 논리적인 분석 과정으로 판단하는 주관적인 타당도로서, 객관적 자료에 근거하지 않는다.

② **특 징**
　㉠ 연구자의 직관이나 전문가의 의견을 통해 파악하는 방식이므로, 비교적 적용이 쉬우며 시간절약에 유리하다.
　㉡ 연구자나 전문가의 주관적 판단에 의존하므로 오류의 가능성이 있다.
　㉢ 측정하려는 속성과 항목 간의 상관관계를 파악할 수 없다.
　㉣ 추상적인 개념에 대한 내용을 파악하기 어려우며, 통계적 검증이 어렵다.
　㉤ 다양한 외부적인 관점을 포함해 주관성의 소지를 최대한 줄이는 것이 관건이다.
　㉥ 성격검사나 적성검사보다 능력이나 숙련도에 관한 검사에서 더 중요하게 다루어진다.

③ 안면타당도(표면타당도) 23 기출
  ㉠ 내용타당도와 마찬가지로 측정항목이 연구자가 의도한 내용대로 실제로 측정하고 있는지에 대한 것으로서, 전문가가 아닌 일반인 수검자들의 시각에서 검사 목적 혹은 주제가 검사에 잘 반영되어 있는지 확인하는 방법이다.
  ㉡ 문항의 적절성 판단은 주로 수검자의 평가로 이루어진다. 즉, 수검자가 측정하고자 하는 내용을 얼마나 타당하게 느끼는지의 정도를 나타낸다.

(2) 기준타당도 15 16 19 20 23 24 기출

① 의 의
  ㉠ '준거타당도, 경험적 타당도, 실용적 타당도'라고도 한다.
  ㉡ 특정한 측정도구의 측정치를 이미 타당도가 경험적으로 입증된 기준이 되는 측정도구의 측정치와 비교하여 나타난 관련성의 정도를 의미한다.

② 종 류

공인타당도 (Concurrent Validity)	• 준거의 기준시점에 따라 현재를 기준으로 한 경우이다. • 한 검사가 그 준거로 사용된 현재의 어떤 행동이나 특성과 관련된 정도를 나타내는 타당도를 말한다. • 검사점수와 동시간대 존재하는 준거변인의 점수 간 상관계수를 계산하는 것이다. • 검사점수 간 상관이 높을수록 공인타당도가 높아진다. • 검사점수와 준거점수가 동일한 시점에서 수집된다. • 계량화되어 있어 타당도에 대한 객관적인 정보를 제공할 수 있다.
예언타당도 (Predictive Validity)	• 준거의 기준시점에 따라 미래를 기준으로 한 경우이다. • 미래의 행동유형을 측정하고자 하는 검사에 주로 사용된다. • 검사점수와 예측행동 자료가 일정한 시간을 두고 수집된다. • 검사도구가 미래의 행위를 예언해 준다는 장점이 있다.

③ 특 징
  ㉠ 검사점수와 준거측정치 간의 상관계수를 사용하여 추정한다.
  ㉡ "현재의 점수로 미래의 수행수준을 예언할 수 있을까?"라는 의문과 관련이 있다.
  ㉢ 새로 개발된 측정도구에 의해 산출된 측정결과들이 비교의 기준이 되는 다른 측정결과들과 상관성이 높은 경우 기준타당도가 높다고 할 수 있다.
  ㉣ 외부 기준으로 동원된 측정치 자체에 대한 타당도와 신뢰도를 살펴볼 경우, 이미 타당도와 신뢰도를 널리 인정받은 측정치를 선택해야 한다.
  ㉤ 타당도 계수를 계산해 냄으로써 내용타당도에 비해 훨씬 객관적이고 비교가 용이하다.
  ㉥ 공인타당도와 예언타당도는 검사점수와 준거변인 중 하나라도 점수의 범위가 제한되면 *상관계수 크기가 작아지는 문제점이 있다.

> **상관계수**
> 두 변량 사이의 상관관계의 정도를 나타내는 수치(계수)이다.

  ㉦ 공인타당도와 예언타당도 모두 통계적 수치가 타당도 계수로 제공되는 공통점이 있지만, 예언타당도의 경우 자료의 절단으로 인해 추정된 상관계수가 실제 타당도 계수보다 과소 추정되는 문제가 발생할 수 있다.

ⓞ 공인타당도는 평가의 기준변수를 현재에 둔 예언타당도의 일종이므로, 공인타당도를 예언타당도의 대안으로 사용이 가능하다.
ⓩ 검사에서 사용하는 준거는 검사의 목적에 따라 다르다.

(3) 구성타당도 15 17 19 21 23 기출

① 의 의
   ㉠ '개념타당도, 구인타당도, 구조적 타당도'라고도 하며, 각 요인의 부하량에 의해 영향을 받는다.
   ㉡ 측정되는 개념을 관련 구성개념이나 가정에 비추어 봄으로써 평가하는 타당도를 말한다.
   ㉢ 연구자가 측정하고자 하는 추상적 개념이 실제로 측정도구에 의해 제대로 측정되었는지의 정도를 나타낸다.
   ㉣ 추상화 정도가 높은 개념을 '구성개념'이라고 부르는데, 이것은 연구자가 연구목적에 따라 내리는 개념적 정의에 의해 의미가 규정된다.

② 종 류

수렴적 타당도 (집중적 타당도)	• 같은 개념을 상이한 측정방법으로 측정했을 때, 그 측정치 사이의 상관관계가 높은 경우 그 측정지표는 타당도가 높게 나타난다. • 아동의 정서장애에 대한 개념을 측정하기 위해 전문상담자가 고안한 측정도구에서 나타난 결과와 정신과 의사가 사용한 측정도구에서 나타난 결과 간에 상관관계가 높게 나타나는 경우, 수렴적 타당도가 높다고 볼 수 있다.
차별적 타당도 (변별적 타당도)	• 서로 다른 이론적 구성개념을 나타내는 측정지표들 간의 상관관계가 낮은 경우, 그 측정지표는 타당도가 높게 나타난다. • 학업성취만족도의 개념과 학업스트레스의 개념을 측정도구로 측정한 결과, 두 개념 사이의 상관관계가 낮게 나타난다면 차별적 타당도가 있다고 할 수 있다.
수렴변별타당도	• 수렴타당도와 변별타당도를 동시에 확인할 수 있는 타당도를 말한다. • (중)다특성-(중)다방법 행렬(Multitrait-Multimethod Matrix)에 따른 실험설계를 통해 확인하는 타당도이다.

> **지식 IN**
>
> **(중)다특성-(중)다방법 행렬**
> • 캠벨(Campbell)과 피스케(Fiske)가 제안한 방법으로 2개 이상의 특성을 2개 이상의 방법으로 측정하여 그 결과를 분석함으로써 수렴적 타당성과 변별적 타당성을 동시에 평가하는 방법이다.
> • 동일한 특성을 서로 다른 방법에 의해 측정한 점수들 간의 상관계수(수렴타당도)가 높고 정적인 상관인지 확인하며, 이 상관계수들이 이질적인 특성을 동일한 방법으로 측정한 점수(변별타당도)들 간의 상관계수보다 높은지를 확인하는 것이다.

③ **특 징** 16 21 22 기출

> **요인분석법**
> 구성타당도를 점검하기 위해 가장 많이 사용되는 통계적 방법으로서, 검사를 구성하는 문항들 간의 상호 상관관계를 분석해서 서로 상관이 높은 문항들을 묶어주는 것이다.

㉠ 구성타당도는 검사가 대상 행동을 설명하는 이론을 얼마나 잘 반영하는지를 검증한다.

㉡ 복잡한 변수들 간의 상호관계를 분석하여 상관이 높은 변수들을 요인으로 규합하는 *요인분석법을 위해 매우 많은 수의 응답자를 필요로 한다.

㉢ 지적 특성이나 성격 특성과 같은 복잡한 행동패턴을 측정하고자 할 때 특히 유용하다.

㉣ 심리적 특성에 부여한 조작적 정의의 타당성을 입증함으로써 다양한 연구의 기초가 된다.

㉤ 응답자료를 계량적인 방법으로 검증하므로 과학적이고 객관적인 방법이라고 할 수 있으나, 행복이나 만족도 등과 같은 추상적인 개념을 소재로 하므로, 그것이 제대로 측정된 것인지 객관적으로 확인하기 어렵다.

㉥ 측정하고자 하는 개념의 추상성이 높은 경우 개념타당도를 확보하기가 상대적으로 더욱 어렵다.

㉦ 구성타당도를 평가하는 방법으로는 요인분석(Factor Analysis), 상관관계분석(Correlation Analysis), 실험처치 비교(Experimental Treatment), 능력 및 연령에 따른 발달적 변화, (중)다특성-(중)다방법 행렬(Multi-trait Multi-method Matrix) 등이 있다.

CHAPTER 02 검사의 선정과 시행

중요도 ★★★

핵심포인트
검사의 종류(투사적 검사, 객관적 검사, 행동관찰 및 면접)
검사 선정·시행·결과 전달 시 고려사항 # 윤리적 문제

01 검사의 종류

1 투사적 검사

(1) 투사적 검사의 의의 14 16 18 23 기출

① 투사적 검사(Projective Test)는 비구조적 검사 과제를 제시하여 개인의 다양한 반응을 무제한적으로 허용하므로, '비구조적 검사(Unstructured Test)'라고도 한다.
② 투사적 검사는 검사 지시 방법이 간단하고 일반적인 방식으로 주어지며, 개인의 독특한 심리적 특성을 측정하는 데 주목적을 둔다.
③ 모호한 자극을 검사자료로 활용하여 수검자의 응답 및 반응양식을 파악함으로써 수검자 내면의 무의식적 동기와 갈등이 표출되도록 한다.
④ 수검자로 하여금 '사회적 바람직성'에 의한 왜곡에서 벗어나도록 하여 수검자의 전반적인 성격특성을 효과적으로 파악하도록 해준다.
⑤ 머레이(Murray)는 검사자극 내용이 모호할수록 수검자가 지각적 자극을 인지적으로 해석하는 과정에서 심리구조의 영향을 더욱 강하게 받는다고 주장하였다.
⑥ 검사자극 내용을 불분명하게 함으로써 막연한 자극을 통해 수검자가 자신의 내면적인 욕구나 성향을 외부에 자연스럽게 투사할 수 있도록 유도한다.
⑦ 로샤검사(Rorschach Test), 주제통각검사(TAT), 집-나무-사람검사(HTP), 문장완성검사(SCT), 인물화 검사(Draw-A-Person), 벤더게슈탈트 검사(BGT), *동작성 가족화 검사(KFD) 등이 해당한다.

> **동작성 가족화 검사(KFD)**
> 가족 내에서 느끼는 주관적이고 심리적인 감정이 시각적으로 표현되는 검사이다.

(2) 투사적 검사의 장·단점 14 16 17 20 21 22 23 24 기출

장 점	• 반응의 독특성 : 비구조적인 검사 과제가 제시됨으로써 수검자의 규격화되지 않은 다양하고 독특한 투사적 검사반응이 나타나 수검자에 대한 이해에 매우 효과적이다. • 방어의 어려움 : 모호한 검사자극은 그 의도를 파악하기 어려우므로 수검자의 의도된 방어적 반응에 적절히 대처할 수 있다. • 반응의 풍부함 : 모호한 검사자극과 제한적이지 않은 검사 지시 방법이 수검자의 반응을 다양하게 표현되게 해주며, 이러한 반응의 다양성이 수검자의 독특한 심리적 특성을 반영해 준다. • 무의식적 내용의 반응 : 자극적 성질이 매우 강렬하여 평소에는 의식화되지 않던 사고나 감정이 자극됨으로써, 이러한 전의식적이거나 무의식적인 심리적 반응을 유도할 수 있다.
단 점	• 객관적 검사에 비해 신뢰도가 낮으며, 타당도의 검증이 어렵다. • 객관적 검사에 비해 채점과 해석이 복잡하고, 검사자에게 상당한 전문성이 요구된다. • 검사의 채점 및 해석이 대부분 상담자의 주관적인 기준에 의해 선택·제시되므로 그 과정을 표준화하기 어렵다. • 검사자의 성별·연령·인종·경험수준 등 다양한 상황적 요인의 영향을 받아 객관성이 결여된다.

2 객관적 검사

(1) 객관적 검사의 의의

① 검사과제가 구조화되어 있어 구조적 검사(Structured Test)라고도 한다.
② 검사에서 평가되는 내용이 검사의 목적에 부합하여 일정하게 준비되어 있으며, 수검자가 일정한 형식에 따라 반응하도록 되어 있다.
③ 객관적 검사의 목적은 개인의 독특성을 측정하기보다는 개인마다 공통적으로 지니고 있는 특성이나 차원을 기준으로 하여 개인들을 상대적으로 비교하는 데 있다.
④ 사회적 바람직성에 의한 영향과 함께 수검자가 일정한 흐름으로 응답하는 *반응경향성 등이 나타나며, 검사자의 감정이나 신념 등을 배제함으로써 비교적 단순한 결과에 머무르기 쉽다.

> **반응경향성**
> 습관의 강도에 의해서 형성되는 행동일지라도 상황에 따른 인간의 구체적인 충동과의 상승적인 관계가 인간의 행동에 영향을 주게 되는 것을 말한다.

⑤ 한국판 성인용 웩슬러 지능검사(K-WAIS), 다면적 인성검사(MMPI), 성격유형검사(MBTI), 성격평가질문지(PAI), 기질 및 성격검사(TCI), 16성격 요인검사(16PF), NEO 인성검사(NEO-PI-R), 일반 직업적성검사(GATB) 등이 해당한다.

(2) 객관적 검사의 장·단점

장 점	• 시행과 채점, 해석이 투사적 검사에 비해 간편하며, 시행시간이 비교적 짧다. • 투사적 검사에 비해 검사 제작과정에서 신뢰도와 타당도 검증이 잘 이루어지며, 검사가 표준화되기 때문에 신뢰도와 타당도가 상대적으로 높다. • 투사적 검사에 비해 검사자 변인이나 검사상황 변인에 따른 영향을 적게 받는다. • 개인 간 비교가 객관적으로 제시될 수 있으므로, 검사자의 주관성이 배제될 수 있다.
단 점	• 문항의 내용이 사회적으로 바람직한 내용인가가 문항에 대한 응답 결과에 영향을 미친다. • 개인의 응답 방식에 나타나는 일정한 흐름이 결과에 영향을 미친다. • 객관적 검사문항이 개인의 특성 중심적 문항에 머무르므로, 특정 상황에서의 특성과 상황 간의 상호작용에 대한 내용이 밝혀지기 어렵다. • 응답의 범위가 제한되어 있으므로 개인의 독특한 문제에 대한 진술 기회가 상대적으로 적으며, 수집된 자료에 개인의 문제가 노출되지 않을 수 있다.

3 행동관찰 및 면접

(1) 행동관찰법 14 기출

① 의 의
  ㉠ 개인이나 집단의 심리학적 성질을 알기 위하여 사용하는 연구법이다.
  ㉡ 개인이 특정한 상황에서 어떤 행동을 하는지를 잘 관찰하여 그 행동 내용을 구체적으로 기술하고, 그 빈도나 강도를 수량화하는 방법이다.
  ㉢ 관찰할 행동에 대한 조작적 정의가 명확해야 한다.
  ㉣ 자연적 상황의 관찰은 인위적 상황의 관찰보다 반응성 문제가 적다.
  ㉤ 평정자가 한 번에 관찰해야 하는 *표적행동의 개수는 적을수록 좋다.

> **표적행동**
> 관찰할 행동이나 최종 목표로 삼는 행동 또는 문제행동을 발견하기 위해 관찰하게 되는 행동을 일컫는다.

② 종 류 17 20 기출

자연관찰법	• 관찰자가 실제 생활환경에서 내담자의 자연스러운 행동을 관찰하는 방법이다. • 여러 상황에 걸쳐 많은 정보를 확보하도록 함으로써 문제행동에 대한 리스트 작성 및 기초자료수집에 효과적이다. • 내담자의 문제행동이 나타나는 데 시간이 오래 걸리며, 비용면에서도 효율적이지 못하다.
유사관찰법 (통제된 관찰법 또는 실험적 관찰법)	• 관찰자에 의해 미리 계획되고 조성된 상황의 전후 관계에 따라 특정한 환경 및 행동조건에서 내담자의 행동을 부각시키기 위한 방법이다. • 내담자의 문제행동을 포착하는 데 시간이 적게 걸리며, 비용면에서도 효율적이다. • 내담자의 반응요인으로 인해 외적 타당도가 저해될 수 있다.
참여관찰법	• 내담자와 자연스러운 환경에서 생활하는 사람에게 관찰대상을 관찰·기록하게 하여 그에 대한 결과를 보고하도록 하는 방법이다. • 자연스러운 환경에서의 자료수집이 가능하며, 광범위한 문제행동에 적용이 가능하다. • 관찰자의 편견이나 선입견이 개입될 수 있으며, 관찰 이전의 상호작용에 의해 관찰기록의 정확성을 확신하기 어렵다.

자기관찰법 (자기-감찰 또는 자기-탐지)	• 관찰자가 자기 자신의 행동을 스스로 관찰하며, 자신과 환경 간의 상호작용에 대해 기록하는 방법이다. • 관찰자 자신의 행동에 대한 피드백을 통해 문제행동을 통제할 수 있다. • 관찰자가 자신에 대한 관찰 및 기록을 왜곡할 수 있다.

③ 기록방법 14 22 기출

서술기록법	특정 사건이나 행동의 모든 것을 이야기하듯 있는 그대로 사실적으로 묘사하는 방법이다.
간격기록법	관찰기간을 일정한 간격으로 나누고, 각 간격마다 관찰대상 행동이 발생했는지를 기록하는 것으로서, 발생빈도가 매우 높은 행동의 관찰에 적합하다.
사건기록법	관찰기간 동안 지속적으로 관찰하여 관찰대상 행동이 발생할 때마다 기록하는 방법이다.
평정기록법	관찰대상 행동을 관찰한 후, 사전에 준비된 평정수단을 사용하여 행동의 특성, 정도 또는 유무를 판단하여 기록하는 방법이다.

④ 특 징
  ㉠ 간접 조사보다 신뢰도를 높일 수 있고, 심화된 자료를 얻을 수 있다.
  ㉡ 관찰할 수 없는 대상이나 내용이 있을 수 있고, 관찰결과의 해석에 주관성이 개입될 가능성이 있다.

(2) 면접법

① 면접법의 의의
  ㉠ 언어적·비언어적으로 교환되는 의사소통을 통하여 면담자와 피면담자 간에 정보와 아이디어, 태도, 감정, 메시지를 교환하는 과정이다.
  ㉡ 일정한 조건에서 언어를 매개체로 질문하여 응답을 얻어 내는 방법이다.
  ㉢ 구조화되어 있는 정도에 따라 면접을 분류할 수 있다.

② 면접의 유형

구조적 면접	반구조적 면접	비구조적 면접
• 표준화된 면담, 체계적 면담 • 질문할 항목과 질문순서의 규격화 • 면담자 간의 일치도를 높여주는 규준이 제시되기 때문에 신뢰도가 높음	• 반표준화된 면담 • 질문하는 문항이 갖추어져 있지만, 내담자의 반응과 상황에 따라 면담자가 내용과 절차를 수정해서 사용할 수 있음	• 개방적 면담 • 면담내용이 일정하게 정해져 있지 않음 • 면담 시의 상황과 내담자가 제공하는 반응 및 정보에 따라 유연성 있게 진행 • 검사자의 숙련된 경험과 기술이 요구됨

> **지식 IN**
> **검사실시 전 시행되는 면접의 목적**
> • 친숙한 관계 형성
> • 검사목적에 대한 합의
> • 검사동기를 높이는 기회

③ 면접법의 장·단점

장 점	• 모든 사람에게 실시할 수 있다. • 질문지법보다 더 공정한 *표본을 얻을 수 있다. • 복잡한 질문을 할 수 있고 정확한 답을 구할 수 있다. • 환경을 통제하거나 표준화할 수 있다.
단 점	• 절차가 복잡하고 불편하며, 시간·비용·노력이 많이 든다. • 면접자에 따라 면접내용에 편차가 있을 수 있다. • 답에 대한 표준화가 어렵다. • 응답자의 컨디션에 따라 부정적인 결과를 초래할 수 있다. • 익명성이 요구되는 경우 정확한 결과를 얻기 어렵다.

> **표본**
> 모집단을 대표하는 집단으로 연구에 실제 참여하는 집단을 말한다.

02 검사 선정·시행·결과 전달 시 고려사항

1 검사 선정 시 고려사항

(1) 심리검사 선정 시 고려사항
① 심리검사의 목적을 분명히 하고, 그 목적달성에 적절한 검사를 선정해야 한다.
② 수검자의 학력, 문화적 배경 등 수검자의 특성에 적합해야 한다.
③ 신뢰도와 타당도가 높은 표준화된 검사이어야 한다.
④ 심리검사의 경제성과 실용성을 고려해 보아야 한다. 즉, 검사 제작연도, 검사 시행과 채점의 간편성, 시행시간, 심리검사지의 경제성 등을 검토해야 한다.
⑤ 객관적 검사와 투사적 검사의 장단점을 고려해 선정한다.
⑥ 여러 검사 중 수검자에게 가장 필요한 정보를 제공해 줄 수 있는 검사를 선정한다.

(2) 심리검사 시 고려해야 할 변인 14 19 23 기출
① **검사자 변인** : 검사자의 연령, 성별, 인종, 직업적·사회적 지위, 성격, 경험, 외모 등
② **수검자 변인** : 수검자의 연령, 성별, 인종, 심신상태, 검사불안, 수검능력(교육배경), 수검동기, 검사경험과 코칭, 위장반응, 반응태세와 반응양식(저항감) 등
③ **검사상황 변인** : 상담실의 소음, 채광, 통풍, 내부 공간 및 좌석의 안정감, 외부 간섭 등

2 심리검사의 시행 및 결과 전달 시 고려사항

(1) 심리검사 시행 시 고려사항 18 23 기출
① 자격을 가진 사람이 검사를 실시해야 한다.
② 검사 시행 전 검사의 필요성과 검사 유형 및 용도를 설명해야 한다.
③ 심리검사의 시행 시 표준절차를 사용해야 한다.
④ 중립적 검사 시행도 라포 형성이 전제되어야 한다.
⑤ 표준절차 외의 부가적 절차로써 산출된 결과는 규준에 의하여 해석하지 않는다.
⑥ 검사 시행 시 수검자의 심신 상태를 고려해야 한다.
⑦ 검사를 자동화된 컴퓨터 검사로 전환하더라도 원 검사에 대한 전문적 훈련은 요구된다.
⑧ 표준화검사에서 검사자는 수검자가 동기를 가질 수 있도록 독려할 수 있다.
⑨ 검사가 표준화된 조건에서 시행되지 않거나 검사시간에 비정상적인 행동이 발생할 경우, 그러한 내용을 기록해야 한다.

(2) 심리검사 결과 전달 시 고려사항 16 기출
① 검사자는 수검자에게 검사 결과를 설명해 주어야 한다.
② 심리검사 결과 해석 시 수검자가 쉽게 이해할 수 있는 용어를 사용하며, 수검자의 연령과 교육수준에 맞게 설명해야 한다.
③ 검사 결과에 대한 수검자의 정서적 반응을 살피고, 검사 결과를 이해할 수 있도록 돕는다.
④ 검사 결과가 수검자의 삶에 영향을 줄 수 있음을 인식해야 한다.
⑤ 검사 결과가 수검자에게 어떻게 받아들여졌는지 확인하는 과정을 갖는 것이 바람직하다.
⑥ 보호자의 서면 동의 하에 교사가 검사를 의뢰한 경우에는 검사 결과를 교사나 학교에 전달할 수 있다.

지식 IN

검사결과 해석의 4단계(Tinsley & Bradley)

1단계 - 해석준비	상담자는 내담자가 검사결과를 충분히 이해하고 있는지 숙고한다.
2단계 - 수용준비	내담자가 검사결과를 받아들일 수 있도록 준비시킨다.
3단계 - 정보전달	상담자는 내담자에게 검사결과를 전달한다.
4단계 - 추후활동	내담자와 상담결과에 대하여 이야기를 나누고, 내담자가 어떻게 이해했는지 확인한다.

03 윤리적 문제

1 비밀보장과 이중관계 및 성관계

(1) 비밀보장
① 검사자의 윤리적 의무이면서 법적 의무이다.
② 검사에서 알게 된 정보를 제3자에게 노출할 수 없음을 뜻한다.
③ 검사내용, 내담자 관련 정보, 검사진행 관련 사항 등을 대상으로 한다.
④ 수검자에 대한 비밀정보의 보호를 의미한다.
⑤ 검사자는 수검자에게 검사가 어떻게 사용되는지를 말해주고, 비밀보장의 한계를 설명해 주어야 한다.
⑥ 수검자는 컴퓨터, 이메일, 팩시밀리, 전화, 음성메일, 자동응답기 그리고 다른 전자 *테크놀로지를 사용해 정보를 전송할 때는 비밀이 유지될 수 있도록 사전에 주의를 기울여야 한다.

> **테크놀로지**
> 과학적 지식을 이용하여 개발된 기계장치 및 도구류를 말한다.

> **지식 IN**
> **비밀보장의 한계** 20 24 기출
> • 생명이나 사회의 안전을 위협할 때
> • 감염이나 치명적인 질병이 있다는 확실한 정보가 있을 때
> • 심각한 학대를 당하고 있다고 판단될 때
> • 법적으로 정보 공개가 요구될 때

(2) 이중관계
① 검사자가 수검자와의 관계에서 두 가지 이상의 역할을 동시에 수행할 때 성립된다.
② 수검자를 위해하거나 착취할 가능성이 있기 때문에 피해야 한다.
③ 검사자의 판단력을 손상시키고, 치료관계에 문제를 야기한다.
④ 수검자와의 성관계는 이중관계에 해당한다.
⑤ 특별한 경우를 제외하고는 검사자는 수검자와 사적인 관계를 유지하지 않는다.
⑥ 검사자와 수검자가 상담 이외의 다른 관계가 있다면 다른 검사자에게 의뢰한다.

(3) 성추행 및 성관계
① 검사자는 수검자 또는 수검자의 가족들과 성적 관계를 맺거나 어떤 형태의 친밀한 관계를 맺지 않는다.
② 검사자는 수검자 또는 수검자의 가족과 성적 관계를 맺었거나 유지하는 경우 상담관계를 형성하지 않는다.

③ 검사자는 상담관계가 종결된 이후에도 최소 2년 내에는 내담자와 성적 관계를 맺지 않는다.
④ 검사자는 상담종결 이후 2년이 지난 후에 내담자와 성적 관계를 맺게 되는 경우에도 이 관계가 착취적이 아니라는 것을 철저하게 검증할 책임이 있다.
⑤ 검사자는 다른 상담자가 자신의 내담자와 성적 관계를 맺는 것을 알았을 경우, 묵과하지 않고 적절한 조치를 취한다.

2 심리검사 및 심리평가의 윤리적 고려사항

(1) 검사자의 윤리적 의무 15 16 17 20 23 기출

① 검사자는 실시하는 검사의 제작 방식에 대한 충분한 지식을 갖추어야 한다.
② 검사규준 및 검사도구와 관련된 최근 동향과 연구방향을 민감하게 파악해야 한다.
③ 검사자는 열정적이면서 객관적인 태도를 유지해야 한다.
④ 검사 목적에 맞게 검사를 선정하여 사용해야 한다.
⑤ 가장 적은 시간과 노력을 들여 가장 타당하게 평가할 수 있는 검사를 선택한다.
⑥ 검사자는 수검자에게 검사문항을 사전에 보여주어서는 안 된다.
⑦ 검사자는 자신이 제시한 결과 해석에 책임을 져야 한다.
⑧ 심리검사는 완벽한 도구가 아니므로 겸허하게 오류의 가능성을 인정해야 한다.
⑨ 수검자의 현실을 반영하는 타당하고 세부적인 정보를 제공하기 위해 최선의 노력을 기울여야 한다.

(2) 심리검사 및 심리평가의 윤리적 고려사항 16 17 18 19 20 22 24 기출

① 심리 검사 및 평가에 관한 동의를 받을 때 비밀보장과 그 예외조항을 설명해야 한다.
② 검사 동의를 구할 때에는 수검자에게 비밀보장의 한계에 대해 알려야 한다.
③ 수검자가 자해 위험이 있는 경우, 비밀보장의 원칙은 지키지 않아도 된다.
④ 동의할 능력이 없는 사람에게도 평가의 본질과 목적을 알려야 하며 부모 또는 법정대리인의 동의를 받아야 한다.
⑤ 검사결과에 대해 수검자가 설명을 요구할 권리를 존중한다.
⑥ 평가결과의 해석은 내담자가 그 내용을 이해할 수 있어야 한다.
⑦ 평가서를 보여주면 안 되는 경우에는 사전에 수검자에게 이 사실을 알려야 한다.
⑧ 평가 의뢰인과 수검자가 동일하지 않을 경우에, 평가서와 검사보고서는 의뢰인이 동의할 때 수검자가 열람할 수 있다.
⑨ 법이 요구할 경우 검사결과는 수검자의 동의 없이 공개할 수도 있다.
⑩ 능력검사의 검사 자극이나 문항이 대중매체에 노출되지 않도록 해야 한다.
⑪ 기관에서는 검사자료에 대한 접근을 엄격히 통제해야 한다.
⑫ 임상 수련생은 수련감독자의 지속적인 감독하에 심리평가를 실시해야 한다.
⑬ 검사가 필요한 이유를 설명하고 수검자의 사전 동의를 얻는다.

⑭ 검사재료를 안전하게 보관하고 자격 없는 사람이 접근하지 못하도록 한다.
⑮ 검사를 통해 얻은 개인정보는 지정된 목적을 위해서만 사용되어야 한다.
⑯ 검사 매뉴얼에 맞게 검사를 실시한 후 채점하고 해석한다.
⑰ 검사가 일상적인 교육적, 제도적 활동 또는 기관의 활동(취업 시 검사)으로 실시되는 경우 평가 동의를 받지 않아도 된다.

3 그 밖의 윤리적 고려사항과 피드백 시 유의사항

(1) 심리검사의 실시, 채점, 해석 시에 윤리적 고려사항 20 기출
① 수검자가 알아듣기 쉬운 방식으로 충분히 설명해야 한다.
② 심리검사나 평가기법을 개발할 때 가급적 과학적 과정을 따라야 한다.
③ 평가 결과나 측정치가 잘못 사용되지 않도록 한다.
④ 해석을 내릴 때 절차의 타당성에 대한 증빙자료를 제시하도록 한다.
⑤ 전문적 교육과 훈련을 받지 않은 사람이 자유롭게 사용해서는 안 된다.

(2) 심리검사 결과 피드백 시 유의사항 20 기출
① 수검자가 이해하기 쉬운 언어를 사용하도록 한다.
② 검사점수를 등수가 아닌, 수준 범위로 말해주는 것이 옳다.
③ 주관적인 판단을 배제하여야 하고, 객관적인 입장에서 설명한다.
④ 수검자의 반응을 고려하여 피드백하여야 한다.
⑤ 검사결과가 악용되어서는 안 된다.
⑥ 수검자가 스스로 생각할 수 있게 하고 동기를 부여한다.

CHAPTER 03 인지적 검사

중요도 ★★★

핵심포인트
지능검사(웩슬러 지능검사 – 성인용, 아동용)
성취도 검사

01 지능검사

1 지능의 개념과 연구

(1) 지능의 의의
① 웩슬러(Wechsler) : 지능은 개인이 합목적적으로 행동하고, 합리적으로 사고하며, 환경을 효율적으로 다룰 수 있는 총체적인 능력이다.
② 비네(Binet) : 지능은 판단(Judgement) 또는 양식(Good Sense), 실용적 감각(Practical Sense), 창의력(Initiative), 상황에의 적응능력을 의미한다.
③ 터만(Terman) : 지능은 추상적 사고를 하는 능력이다.
④ 디어본(Dearborn) : 지능은 학습된 능력 즉, 경험에 의해 습득되는 능력이다.
⑤ 스피어만(Spearman) : 지능은 사물의 관련성을 추출할 수 있도록 하는 정신작용이다.

(2) 지능에 대한 연구 14 15 18 19 21 기출
① 스피어만(Spearman)의 2요인설 : 스피어만은 지능은 다음과 같이 구성된다고 하였다.

21 23 기출

일반요인(G요인)	모든 개인이 공통적으로 가지고 있는 요인
특수요인(S요인)	언어나 숫자 등 특정한 부분에 대한 능력으로서의 요인

② 써스톤(Thurstone)의 다요인설 : 스피어만의 2요인설에 대한 비판으로서, 지능이 일반적인 특성으로 설명되기보다는 언어이해 요인, 수 요인, 공간시각화 요인, 지각속도 요인, 기억 요인, 추리 요인, 단어유창성 요인 등 7가지 개별적인 능력(PMA ; Primary Mental Abilities)들로 구성되어 있다고 보았다. 15 16 20 21 23 24 기출

언어이해 요인 (V Factor)	• 언어의 개념화, 추리 및 활용 등에 대한 능력이다. • 어휘력 검사와 독해력 검사로 측정한다.

수 요인 (N Factor)	• 계산 및 추리력, 즉 수를 다루며 계산하는 능력이다. • 더하기나 곱하기, 큰 숫자나 작은 숫자 찾기 등의 기초적인 산수문제로 측정한다.
공간시각화 요인 (S Factor)	• 공간을 상상하고 물체를 시각화할 수 있는 능력이다. • 상징물이나 기하학적 도형에 대한 정신적 조작을 요하는 검사로 측정한다.
지각속도 요인 (P Factor)	• 어떤 대상이나 현상을 빠르고 정확하게, 구체적이고 객관적으로 파악하는 능력이다. • 상징들의 신속한 재인을 요하는 검사로 측정한다.
기억 요인 (M Factor)	• 지각적·개념적 자료들을 명확히 기억하고 재생할 수 있는 능력이다. • 단어, 문자 등을 이용한 회상 검사로 측정한다.
추리 요인 (R Factor)	• 주어진 자료들로써 일반원칙을 밝히며, 이를 목표달성을 위해 생산적으로 적용·추리하는 능력이다. • 유추검사나 수열완성형 검사로 측정한다.
단어유창성 요인 (W Factor)	• 상황에 부합하는 유효적절한 단어를 빠르게 산출해낼 수 있는 능력이다. • 제한시간 내에 특정 문자(예 '가' 또는 'A')로 시작하는 단어를 최대한 많이 제시하도록 요구하는 방식의 검사로 측정한다.

③ 길포드(Guilford)의 복합요인설 16 21 23 기출
  ㉠ 써스톤의 지능요인들을 확장시켜 지능구조모형 SOI(Structure-of-Intellect Model)를 만들었다.
  ㉡ 길포드가 제시한 지능의 구조는 *내용, 조작, 결과(산출)의 3차원적 입체모형으로 이루어지며, 이들의 조합에 의해 180개의 조작적인 지적 능력으로 나타난다.

> 내용, 조작, 결과
> • 내용차원 : 시각, 청각, 상징, 의미, 행동
> • 조작차원 : 평가, 수렴적 생산, 확산적 생산, 기억파지, 기억저장, 인지
> • 결과차원 : 단위, 유목, 관계, 체계, 변환, 함축

④ 카텔(Cattell)의 위계적 요인설 : 카텔은 지능을 유전적·신경생리적 영향에 의해 발달이 이루어지는 유동성 지능과 경험의 누적에 의해 형성되는 결정성 지능으로 구분하였다. 21 기출

유동성 지능 (Fluid Intelligence, Gf)	• 유전적·신경생리적 영향에 의해 발달이 이루어진다. • 경험이나 학습의 영향을 거의 받지 않는다. • 신체적 요인에 따라 청소년기에 이르기까지 발달이 이루어지다가, 이후 퇴보현상이 나타난다. 예 기억력, 추리력, 추론능력 등
결정성 지능 (Crystalized Intelligence, Gc)	• 경험적·환경적·문화적 영향에 의해 발달이 이루어진다. • 교육 및 가정환경 등에 영향을 받으며, 나이가 들수록 증가하는 경향이 있다. 예 문제해결능력, 언어능력 등

⑤ 가드너(Gardner)의 다중지능이론 : 가드너는 지능을 문제해결능력 또는 특정 문화상황에서의 창조력으로 보았으며, 8가지의 독립된 지능을 제시하였다. 21 23 24 기출

언어지능	언어분석 및 이해의 능력 예 시인, 소설가, 저널리스트 등	음악지능	음악에 대한 다각적인 감각능력 예 작곡가, 지휘자 등
논리-수학 지능	상징적 논리력 및 계산의 능력 예 과학자, 엔지니어, 컴퓨터프로그래머 등	대인관계 지능	타인에 대한 이해력 및 상호작용능력 예 정치가, 사업가, 교육가 등

시각-공간 지능	3차원적 사고, 공간 조정능력 예 화가, 조각가, 건축가 등	개인내적 지능	자신에 대한 객관적 또는 직관적 이해능력 예 철학자, 심리학자, 정신분석가 등
신체운동 지능	신체 조정능력 및 신체적 기술 활용 능력 예 운동선수, 무용가 등	자연탐구 지능	자연에 대한 관찰능력, 자연 및 인공 체계의 이해능력 예 식물학자, 생태학자, 농부 등

⑥ 스턴버그(Sternberg)의 삼원지능이론 15 20 기출

㉠ 스턴버그는 지능을 개인의 내부세계와 외부세계에서 비롯되는 경험의 측면에서 성분적 요소, 경험적 요소, 상황적(맥락적) 요소로 구분하였다.

성분적 요소 (분석적 능력)	• 지능을 원초적으로 구성하는 성분 • 상위성분, 수행성분, 지식습득성분
경험적 요소 (창의적 능력)	• 경험을 통하여 새로운 과제를 통찰력 있고 신속하게 처리하는 능력 • 정보처리가 자동적으로 이루어지며, 창의성과 연관됨
맥락적 요소 (실제적 능력)	• 외부환경에 대응하는 능력 • 현실상황에의 적응력과 연관됨

㉡ 스턴버그는 성공지능을 분석적, 창의적, 실제적 능력의 총합으로 보았으며, 이 세 측면은 상호 관련되어 있다고 주장하였다.

⑦ 비네-시몽검사(Binet-Simon Scale)

㉠ 최초로 체계적인 지능검사를 개발한 사람은 프랑스의 비네(Binet)로서, 그는 정신과 의사인 시몽(Simon)과 함께 학습지진아 선별을 목적으로 한 최초의 아동용 지능검사를 개발하였다.

㉡ 주로 아동의 학습능력을 감별하는 데 사용되었고, *정신연령(Mental Age)이라는 용어를 사용하였다.

> **정신연령, 생활연령**
> 정신연령은 나이가 들어감에 따라 계속적으로 증가하지 않지만, 생활연령은 계속적으로 증가한다.

⑧ 스탠포드-비네(Stanford-Binet) 검사 16 20 기출

㉠ 1916년 미국의 스탠포드대학에서 터만(Terman)은 비네의 방식을 미국의 문화에 부합하도록 수정하여 스탠포드-비네 검사를 제시하였다.

㉡ 스탠포드-비네 검사는 처음으로 지능지수(IQ ; Intelligence Quotient)의 개념을 사용하였다.

㉢ 스탠포드-비네 검사에서 산출되는 지능지수를 '비율 지능지수(Ratio IQ)'라고 한다.

$$\text{비율 지능지수(Ratio IQ)} = \frac{\text{정신연령}(MA)}{\text{생활연령}(CA)} \times 100$$

⑨ K-ABC(카우프만 아동평가도구, Kaufman Assessment Battery for Children) 17 기출

㉠ 지능과 습득도를 측정하기 위해 개발된 개인지능검사로서, 신경심리학과 인지처리과정 이론을 근거로 개발되었다.

㉡ 정신적 처리과정능력을 아동의 인지처리능력과 습득도, 즉 아동이 가정이나 학교 등 환경적 자극을 받아 후천적으로 습득한 사실적 지식을 분리하여 측정한다.

ⓒ 인지처리능력은 순차처리능력과 동시처리능력으로 나뉘고, 순차처리측정의 하위검사는 손동작, 수회생, 단어배열이 있고, 동시처리측정의 하위검사는 마법의 창, 얼굴기억, 그림통합, 삼각형, 시각유추, 위치기억, 사진순서 등이 있다. 습득도를 측정하는 소검사는 표현어휘, 인물과 장소, 산수, 문자해독, 문장이해가 있다.
ⓔ K-ABC는 특수아동의 지능과 성취를 구분·측정할 수 있다. 즉, 지능과 성취를 구별하여 측정하므로 학습장애의 진단에 유용하다.
ⓜ 비언어성 척도를 마련하여 언어장애 아동의 지능을 효과적으로 평가할 수 있다.
ⓗ 전국적인 표집계획에 따라 2세 6개월~12세 6개월까지의 정상아동 및 특수아동들을 표집하여 표준화하였다.
ⓢ 16개의 하위검사로 이루어져 있으며, 처리과정 중심의 결과로 검사결과에 근거한 교육적 처치가 가능하다.
ⓞ 아동의 생활연령에 근거하여 소검사를 실시하는데, 한 아동에게 16가지 소검사를 모두 실시하는 것이 아니라, 생활연령 및 인지발달 수준에 따라 7~13개의 하위 소검사를 실시한다.

지식 IN

한국판 K-ABC II
- 한국판 K-ABC II는 전국적인 표집계획에 따라 3~18세의 아동들을 표집하여 표준화되었다.
- K-ABC의 16개의 하위검사 중 다음과 같이 8개가 제외되고, 12개가 새롭게 추가되었다.
  - 제외 : 마법의 창, 위치기억, 시각유추, 사진순서, 인물과 장소, 산수, 문자해독, 문장이해
  - 추가 : 이름기억, 관계유추, 이야기완성, 빠른길찾기, 이름기억(이름기억-지연), 언어지식, 암호해독, 블록세기, 형태추리, 암호해독(암호해독-지연)
- 순차처리, 동시처리, 계획력, 학습력, 지식(CHC 모델에만 해당) 척도를 측정한다.

⑩ **아미 알파(Army Alpha) 지능검사** 19 20 기출
  ㉠ 미국의 제1차 세계대전 개입과 함께 군 입대 대상자의 선정과 부대배치를 위한 성인용 집단지능검사이다.
  ㉡ 일반적 언어성 검사인 '군대 알파(Army α) 검사'와 외국인이나 문맹자를 위한 '군대 베타(Army β) 검사'가 개발되었다.

⑪ **CHC(Cattell-Horn-Carroll)의 심리측정모델** 24 기출
  IQ 테스트는 주로 하부(Stratum I) 구성요소 중에서 2, 3가지 이상을 측정하여 중간층(Stratum II)의 지적 능력을 영역별로 판단한 다음 전체 지능 g를 산출하도록 만들어져 있다.

3층위(Stratum III)	일반 인지능력 g
2층위(Stratum II)	유동성 지능(Gf), 결정성 지능(Gc), 작동 기억력(Gsm 또는 MW), 장기 기억력(Glr), 시각-공간지각력(Gv), 청각 지각력(Ga), 속도 처리능력(Gs) 등이 있고, 3층위 요인에 수렴
1층위(Stratum I)	숙달 정도와 수행 속도 등을 가리키는 수많은 좁은 인지능력으로 구성되어 있고, 서로 상관하는 정도와 요인 부하량에 따라 2층위의 넓은 인지능력으로 수렴

(3) 지능검사의 목적 17 기출

① 개인의 전반적인 지적능력 수준을 평가한다.
② 개인의 인지적 특성을 파악한다.
③ 임상적 진단을 명료화한다.
④ 기질적 뇌손상 또는 뇌손상에 따른 인지적 손상을 평가한다.
⑤ 지능검사 결과를 토대로 합리적인 치료목표를 수립한다.
⑥ 개인의 성격을 측정하는 도구로 활용할 수 있다.
⑦ 학습과 진로지도 자료로 활용할 수 있다.
⑧ 지능지수가 높다고 해서 반드시 높은 학업성취를 보이는 것은 아니다.
⑨ 검사의 전체 소요시간은 여러 요인에 따라 달라질 수 있다.

2 지능검사의 유형

(1) 일반지능검사와 특수지능검사

① 일반지능검사 : 지능을 종합적·혼합적으로 측정하도록 구성되어 있는 검사이다.
② 특수지능검사 : 추리력검사, 기억력검사, 주의력검사와 같이 특수한 정신능력을 독립적으로 측정하도록 구성되어 있는 검사로서, 이는 적성검사와 연관된다.

(2) 언어검사와 비언어검사

① 언어검사 : 검사의 문항이 주로 언어에 의존하고 있어 수검자가 주어진 *언어자극을 통해 문제를 이해하고, 언어를 사용해서 문항에 대답하도록 구성되어 있으며, 이와 같은 형식의 검사를 통칭해서 '알파(α)검사'라고 부르기도 한다.

> **언어자극**
> 아이의 언어 습득에 기본 조건으로 언어 자극을 충분히 주지 않으면 아이가 말을 배울 기회가 적어진다.

② 비언어검사 : 문항구성이 언어자극을 최소화하고 도형, 그림, 기호, 실제의 작업을 통해 지능을 측정하도록 구성된 검사이다. 대개 취학 전 아동, 문맹인, 언어장애인, 노인, 외국인들을 대상으로 지능을 측정하기 위해 개발된 검사로서, '베타(β)검사'라고 부르기도 한다.

(3) 동작검사와 필답검사

① 동작검사 : 수검자에게 구체적 재료를 가지고 어떤 작업이나 동작을 수행하도록 요구하는 검사이다. 동작검사에서는 나무토막이나 그림, 나사, 연장, 종이, 간단한 기구 등을 가지고 실제 작업을 하도록 하고, 그 결과에 의해 지능수준을 측정한다.
② 필답검사 : 종이 위에 모든 검사문항이 제시되어 있어서 문항을 읽고 생각해서 쓰는 것 이외의 작업을 요구하지 않는다.

(4) 개인지능검사와 집단지능검사 14 기출

① 개인지능검사
  ㉠ 수검자 한 사람을 대상으로 검사를 실시하도록 되어 있는 검사를 말한다.
  ㉡ 개인지능검사에서는 수검자의 행동을 빠짐없이 관찰할 수 있으므로, 수검자의 심리상태나 결함 혹은 장점을 파악하는 데 도움이 된다.
  ㉢ 장점으로는 타당성과 실시의 정확성, 임상적인 해석 가능성 등을 들 수 있다.
  ㉣ 단점으로는 실시의 복잡성, 검사자를 위한 고도의 훈련과 기술의 요구, 오랜 검사시간 등을 들 수 있다.

② 집단지능검사
  ㉠ 한 번에 여러 사람에게 동시에 실시할 수 있도록 구성되어 있는 검사를 말한다.
  ㉡ 장점으로는 개인검사에 비하여 비용이 적게 들고, 적은 시간에 많은 학생들을 대상으로 실시할 수 있으며, 동시에 실시하므로 검사의 시행조건이 균일화된다는 장점이 있다.
  ㉢ 단점으로는 검사장면에서 발생할 수 있는 여러 가지 오차 요인을 통제하기가 곤란하므로, 신뢰성이 떨어진다는 점을 들 수 있다.
  ㉣ 수검자의 건강상태나 피로, 걱정 등의 이유로 검사 점수가 영향을 받을 수 있는 등 여러 가지 제한점을 갖기 때문에 그 해석에 주의해야 한다.
  ㉤ 수검자와 라포(Rapport)를 형성하거나 수검자의 관심을 지속적으로 유지시킬 수 있는 기제가 내재되어 있지 않으며, 개인용 검사만큼의 시험 운용의 융통성이 부족하다.
  ㉥ 개인지능검사보다 수검자의 반응범위가 제한되며, 정서상태가 불안정한 수검자에게 권장되지 않는다.
  ㉦ 집단적으로 이루어지므로 수행을 방해하는 개인적 요인의 탐지가 어렵다.

> **지식 IN**
>
> **신경심리검사** 21 기출
> - 숫자폭 검사(Digit Span Test) : 여러 개의 숫자 자극을 앞에서부터 뒤로 순서대로 따라하게 하느냐(음운단기기억), 아니면 뒤에서 앞으로 거꾸로 따라하게 하느냐(음운작업기억)를 통해 음운기억을 측정한다.
> - 시공간폭 검사(Visual Span Test) : 시공간적 자극에 대한 주의 기술과 주의 폭을 평가하는 것으로, 모니터에 9개의 원이 순서대로 깜빡이면 위치와 순서를 기억한 후, 화면을 손으로 눌러 검사한다.
> - 연속수행 검사(CPT ; Continuous Performance Test) : 사람의 지속적이고 선택적인 주의력과 충동성을 측정하는 심리학 검사로 시·청각적인 자극(Stimuli)을 사용한다. 이때 자극은 수검자가 반응해야 할 표적(Target)과 반응하지 말아야 할 비표적(Non-Target)으로 나뉜다.
> - 스트룹 색채-단어 간섭검사(Stroop Color-Word Interference Test) : 주로 주의와 간섭에 대한 억제력을 측정하며, 수검자가 색채를 구분하고 단어를 읽을 수 있는지 확인한 후 검사를 수행한다. 주의, 자동화, 읽기, 의미기억 등의 연구에도 사용된다.
> - 위스콘신 카드 분류검사(WCST) : 추상화 능력과 환경적 변화에 따라 반응해야 할 때 인지적 전략을 전환하는 능력을 평가하기 위한 신경심리검사이다.

3 웩슬러(Wechsler) 지능검사 16 17 19 20 23 기출

(1) 웩슬러 지능검사의 의의

① 지능검사는 잠재력을 평가하는 표준화된 과제들로 구성된 정신기능 측정검사이다.
② 지능은 다요인적, 중다결정적이며 전체적인 능력이다.
③ 지능은 인지적 요인뿐만 아니라 비인지적 요인도 평가대상에 해당한다.
④ 정신연령과 생활연령을 비교한 스탠포드-비네 검사의 *비율지능지수 방식에서 벗어나, 개인의 지능을 동일 연령대 집단에서의 상대적인 위치로 규정한 *편차지능지수 방식을 사용하였다.
⑤ 개인의 성격을 측정하는 도구로도 사용할 수 있다.
⑥ 개인의 인지적 강점과 약점에 관한 정보를 제공하며, 학업성취와 신경심리학적 손상까지 예측할 수 있다.

> **비율지능지수**
> 실제 연령에 비해 정신 연령이 얼마나 높은지를 판단하는 지능지수이다.

> **편차지능지수**
> 같은 연령대에서 얼마나 높은 위치에 있느냐에 따른 지능지수이다.

(2) 웩슬러 지능검사의 구성

① 검사의 구성 : 6개의 언어성 검사와 5개의 동작성 검사로 총 11개의 소검사로 구성된다.
  ㉠ 언어성 검사(Verbal) : 기본지식, 숫자외우기, 어휘문제, 산수문제, 이해문제, 공통성 문제
  ㉡ 동작성 검사(Performance) : 빠진 곳 찾기, 차례맞추기, 토막짜기, 모양맞추기, 바꿔쓰기
② '편차 IQ'의 개념 사용 : 동일 연령을 대상으로 실시하여 평균 100, 표준편차 15를 적용하여 산출한다. 이러한 편차 IQ는 규준 집단 내에서 수검자 지능의 상대적 위치에 대한 정보를 제공해 주기 때문에 개인 간 비교가 용이하다는 장점이 있다.

(3) 지능지수 산출

$$지능지수(IQ) = 15 \times \frac{(개인점수 - 해당\ 연령\ 규준의\ 평균)}{해당\ 연령\ 규준의\ 표준편차} + 100$$

(4) 웩슬러 지능검사의 분류 16 기출

유아용 (만 4~6세)	WPPSI(Wechsler Preschool & Primary Scale of Intelligence) → WPPSI-R → WPPSI-III → WPPSI-IV(2012)
아동용 (만 6~16세)	WISC(Wechsler Intelligence Scale for Children) → WISC-R → WISC-III → WISC-IV → WISC-V(2014)
성인용 (만 16세 이상)	WAIS(Wechsler Adult Intelligence Scale) → WAIS-R → WAIS-III → WAIS-IV(2008)

(5) 검사실시 시 주의할 점

① 소검사는 쉬운 질문부터 시작해서 점점 난이도가 있는 검사로 진행한다.
② 모든 수검자에게 제시된 모든 문제를 풀 수 있는 것은 아니라는 것을 인지시킨다.
③ 수검자가 검사에 대한 내용을 오해하는 부분이 있다면 교정해준다.
④ 시간 제한이 있는 경우 시간을 정확히 측정하여 기록한다.
⑤ 차례맞추기는 카드 순서가 뒤섞이지 않게 한다.
⑥ 토막짜기는 수검자의 정중앙에 오도록 한다.
⑦ 모양맞추기는 지침서에 제시된 순서대로 조각을 제시한다.
⑧ 바꿔쓰기는 지우개가 달리지 않고 심이 뭉툭한 연필 두 자루를 준비한다.
⑨ 숫자외우기 · 순서화는 1초에 숫자(글자)를 하나씩 불러 주고, 마지막 숫자(글자)는 음조를 약하게 낮춰 불러준다.
⑩ 어휘 · 이해 소검사는 수검자의 반응을 놓치지 말고 그대로 기록한다.

(6) 웩슬러 지능검사의 해석지침 15 기출

① 지능검사는 인지능력의 결함이나 손상을 진단하기 위해 실시할 수 있다. 예컨대, 지능검사를 통하여 재난사고로 인해 뇌가 어느 정도 손상되었는지, 그에 따른 인지적 능력이 얼마나 손상되었는지를 평가할 수 있다.

언어성 검사	검사들의 성격상 아동기로부터 축적되고 조직화된 경험과 지식에 바탕을 두고 있다.
동작성 검사	비교적 덜 조직화되어 있으면서 보다 즉각적인 문제해결능력을 요구한다.

② 언어성 검사와 동작성 검사의 지능점수의 차이는 유용한 임상적 진단자료로서, 통계적으로 유의한 차이가 나기 위해서는 언어성 지능과 동작성 지능은 15점 이상 차이가 나야 하며, 소검사 간에 3점 이상의 차이가 나야 한다.
③ 두 검사 간의 차이가 비정상적인 수준(20점 이상)이면, 뇌손상이나 정신장애와 연관이 있을 가능성을 검토해봐야 한다.

언어성 IQ > 동작성 IQ	학력이 높고 교육적 요소에 의한 지적 활동이 지배적이나, 새로운 사태에 대한 즉각적인 대응력은 낮은 편이다.
언어성 IQ < 동작성 IQ	교육수준은 낮은 편이지만, 일상생활에서의 대처능력은 높은 경향이 있다.

④ 지능검사는 객관적 검사로 검사결과는 수검자별로 해석되어야 한다. 한 수검자에게서 그러한 프로파일 양상이 나타난 이유에 대해서 각 수검자 고유의 과거력, 행동특징, 현재 상황 등을 고려해서 개별적인 해석을 하여야 그 수검자에게 가장 유용한 정보를 제공해 줄 수 있다.

(7) 한국판 웩슬러 성인용 지능검사 4판(K-WAIS-Ⅳ) 17 18 24 기출

① 의 의
   ㉠ K-WAIS-Ⅳ는 미국 원판인 WAIS-Ⅳ(2008)를 한국판으로 번안하여 표준화한 개인용 지능검사로서, 15개의 소검사로 구성되어 있다.
   ㉡ K-WAIS-Ⅳ는 16세 0개월~69세 11개월까지의 청소년과 성인의 인지능력을 개인적으로 평가할 수 있도록 만들어진 임상도구이다.

② 특징
- ㉠ 웩슬러 성인용 지능검사의 가장 최신판으로서, 소검사들과 합산점수로 이루어져 있다.
- ㉡ 이전 판에서 제공되던 3가지 지능지수 중 전체 지능지수만 제공되고, 언어성 및 동작성 지능지수는 제공되지 않는다.
- ㉢ 언어이해, 지각추론, 작업기억, 처리속도의 4요인 구조 그대로 적용되었다.
- ㉣ 소검사들 중 '차례맞추기'와 '모양맞추기' 소검사가 없어지고, '행렬추론', '동형찾기', '퍼즐', '순서화', '무게비교', '지우기'와 같은 새로운 형식의 소검사가 추가되었다.
- ㉤ 연령교정 표준점수로서 환산점수와 조합점수를 제공한다. 환산점수는 평균 10, 표준편차 3인 표준점수로 변환한 것이다. 반면, 조합점수는 소검사 환산점수들의 다양한 조합을 토대로 평균 100, 표준편차 15인 표준점수로 변환한 것이다.
- ㉥ 전체 지능 지수(FSIQ) 범위의 최고 점수는 160, 최하 점수는 40으로 설계되었다.

③ 소검사 구성 16 17 기출

구 분	언어이해(VCI)	지각추론(PRI)	작업기억(WMI)	처리속도(PSI)
핵심소검사	공통성 어 휘 상 식	토막짜기 행렬추리 퍼 즐	숫 자 산 수	동형찾기 기호쓰기
보충소검사	이 해	무게비교 빠진 곳 찾기	순서화	지우기

④ 소검사의 특징 24 기출

구 분	소검사	내 용
언어이해 (Verbal Comprehension)	공통성 (Similarities)	• 총 18문항으로, 쌍으로 짝지어진 낱말들을 제시하여 그들 간의 공통점이 무엇인지 찾도록 한다. • 유동성 지능과 결정성 지능을 잘 반영하는 소검사로, 측정의 주요 내용은 언어적 개념형성능력, 논리적·추상적 추론능력, 연합 및 범주적 사고력, 본질과 비본질을 구분하는 능력 등이다.
	어 휘 (Vocabulary)	• 총 30문항으로, 27개의 어휘문항과 3개의 그림문항으로 구성되어 있다. • 수검자는 어휘문항에서 인쇄된 글자와 함께 구두로 제시되는 단어의 뜻을 말하며, 그림문항에서 시각적으로 제시되는 물체의 이름을 말한다. • 반응내용은 매우 중요한 질적 분석의 기초로서, 수검자의 공포, 흥미, 배경, 사고집착, 기괴한 사고 등을 분석할 수 있게 한다. • 일반지능을 나타내는 중요한 지표로 간주되어 수검자의 병전지능(원래의 지능수준)을 추정할 때 사용된다. • 측정되는 주요 내용은 언어발달정도, 단어지식 및 언어적 개념형성능력, 언어사용 및 축적된 언어학습능력, 우수한 학업성취 및 교육적 배경, 장기기억 등이다.

	상식 (Information)	• 총 26문항으로, 개인이 평균적으로 획득할 수 있는 지식을 요구하는 문항으로 구성되어 있다. • 개인이 소유한 기본지식, 즉 개인이 소유한 일반적인 지식의 정도를 측정한다. • 일반지능의 가장 좋은 측정치 중 하나로서, 전체지능지수(FSIQ)와 높은 상관을 보인다. • 측정되는 주요 내용은 일반적·실제적 지식의 범위, 과거의 학습 또는 학교교육, 지적 호기심 또는 지식을 얻고자 하는 욕구, 장기기억과 정보 축적, 결정성 지능, 획득된 지식 등이다.
	이해-보충 (Comprehension)	• 총 18문항으로, 대부분 개방형 질문으로 구성되어 있어 수검자가 다양한 반응을 할 수 있도록 되어 있다. • 일상생활에서의 사회적 상황과 관련된 여러 가지 문항들에 대해 자신의 이해를 토대로 답하도록 한다. • 반응을 정확히 채점하기 위해 실시 단계에서 중립적인 태도로 추가적인 탐색 질문을 할 필요가 있다. • 이해 소검사에서의 낮은 점수는 빈약한 사회적 판단력, 초자아의 약화 등을 시사한다. • 측정되는 주요 내용은 사회적 상황의 이해력 및 사회적 성숙도, 관습적 행동규준에 관한 지식 정도, 과거경험 평가 및 사용능력, 실질적 지식과 판단력, 언어적 추론 및 개념화, 언어적 이해와 표현 등이다.
지각추론 (Perceptual Reasoning)	토막짜기 (Block Design)	• 총 14문항으로, 모형이 그려진 카드를 보고 빨간색과 흰색이 칠해진 나무토막을 도구로 사용하여 이를 맞추어 보도록 한다. • 과제를 수행하는 데 시간제한이 있으며, 수검자가 빠르고 정확하게 과제를 수행할 경우 추가점수를 받게 된다. • 일반지능과 상관이 높으므로 상식(Information), 어휘(Vocabulary) 소검사와 더불어 병전지능을 추정하는 데 사용된다. • 특히 뇌의 우반구 손상에 민감하며, 알츠하이머병 환자들이 가장 낮은 수행을 보이는 것으로 알려져 있다. • 측정되는 주요 내용은 시각적 자극의 분석 및 통합능력, 시각-운동협응능력, 지각적 조직화능력, 비언어적 개념형성능력 등이다.
	행렬추론 (Matrix Reasoning)	• 총 26문항으로, 일부가 누락된 행렬을 보고 이를 완성할 수 있는 반응선택지를 고르도록 한다. • 수검자가 약 30초 이내에 반응하지 않는 경우 검사자는 단지 반응을 촉구할 뿐 시간제한을 하지 않으며, 특히 시각적 추론의 적절성을 평가하는 데 유효하다. • 측정되는 주요 내용은 광범위한 시각적 지능, 부분과 전체의 관계를 파악하는 능력, 지각적 조직화능력, 시공간정보에 대한 동시적 처리능력, 유동성 지능 등이다.
	퍼즐 (Visual Puzzles)	• 총 26문항으로, 완성된 퍼즐을 모델로 하여 제한된 시간 내에 해당 퍼즐을 만들 수 있는 세 개의 조각을 찾도록 한다. • 이 소검사는 퍼즐맞추기와 유사하지만, 수검자가 실제로 퍼즐조각을 조작하거나 맞춰볼 수는 없다. • 측정되는 주요 내용은 광범위한 시각적 지능, 부분들 간의 관계를 예상할 수 있는 능력, 시각적·지각적 조직화능력, 시각적 기억능력, 공간적 표상능력 등이다.

	무게비교 -보충 (Figure Weights)	• 총 27문항으로, 양쪽 무게가 달라 불균형 상태에 있는 저울 그림을 보고 균형을 맞추는 데 필요한 반응선택지를 고르도록 한다. • 이 소검사는 수학적 추론을 비언어적으로 측정하며, 귀납적 및 연역적 추론이 강조된다. • 지속적 주의집중력을 필요로 한다는 점에서 산수(Arithmetic) 소검사와 유사하나, 산수(Arithmetic) 소검사가 작업기억과 연관된 반면, 이 소검사는 문항이 시각적으로 제시되므로 기억의 영향력이 최소화된다. • 측정되는 주요 내용은 양적 · 수학적 추론능력, 유추적 추론능력, 시각적 조직화 및 주의집중력 등이다.
	빠진 곳 찾기 -보충 (Picture Completion)	• 총 24문항으로, 특정 부분이 생략된 그림을 보고 해당 부분을 찾도록 한다. • 수검자의 시각적 예민성과 연관된 것으로서, 수검자의 특이한 반응이나 오류에 대한 내용분석이 중요하며, 반응시간이 지나치게 길거나 짧은 경우에 주목해야 한다. • 측정되는 주요 내용은 시각적 · 지각적 조직화능력, 대상의 핵심적인 세부사항을 시각적으로 인식해 내는 능력, 본질과 비본질을 구분하는 능력, 시각적 기억능력, 환경적 세부사항에 대한 인식 등이다.
작업기억 (Working Memory)	숫 자 (Digit Span)	• 바로 따라하기, 거꾸로 따라하기, 순서대로 따라하기의 3가지 과제로 구성되며, 한 문항당 두 번의 시행이 포함된 각 8개의 문항으로 이루어져 있다. • '바로 따라하기'는 자릿수가 점차적으로 증가하는 일련의 숫자를 듣고 동일한 순서로 따라 하는 즉각적인 회상과제이며, '거꾸로 따라하기'는 이를 역순으로 반복하여 집중력의 범위를 측정하는 과제이다. • 수검자의 작업기억과 연관된 것으로서, 수검자의 불안이나 긴장의 증가로 인해 저하될 수 있다. 특히, 알츠하이머병과 외상성 뇌손상의 영향에 민감한 소검사로 알려져 있다. • 측정되는 주요 내용은 청각적 단기기억능력, 즉각적인 기계적 회상능력, 연속적 정보처리능력, 암기학습능력, 주의력 및 주의집중력 등이다.
	산 수 (Arithmetic)	• 총 22문항으로, 제한된 시간 내에 간단한 계산문제를 암산으로 풀도록 한다. • 모든 문항에 시간제한이 있으며, 특히 수검자의 반응시간을 측정하고 오답을 기록하는 것이 질적 분석에서 매우 중요하다. • 충동적이고 성급한 수검자, 집중력이 부족한 수검자, 산수공포증이 있는 수검자의 경우 좋은 점수를 받기 어렵다. • 측정되는 주요 내용은 청각적 단기기억능력, 연속적 정보처리능력, 주의력 및 주의집중력, 수리적 추론능력, 계산능력, 단기 및 장기기억 등이다.
	순서화-보충 (Letter-Number Sequencing)	• 숫자와 요일을 지시에 따라 순서대로 암기하도록 하는 과제로 구성되며, 한 문항당 세 번의 시행이 포함된 10개의 문항으로 이루어져 있다. • 본래 WAIS-Ⅳ의 경우 알파벳을 글자로 사용하였으나, K-WAIS-Ⅳ에서는 영어 알파벳에 상응하는 한글 자음의 발음이 변별하기 어렵고, 순서가 알파벳만큼 보편적이지 않으므로 요일 이름으로 대체한 것이다. • 측정되는 주요 내용은 청각적 단기기억능력, 주의력 및 주의집중력, 정신적 조작능력, 순차적 처리능력 등이다.

처리속도 (Process- ing Speed)	동형찾기 (Symbol Search)	• 총 60문항으로, 쌍으로 이루어진 도형이나 기호들이 표적부분과 반응부분으로 제시되며, 해당 두 부분을 훑어본 후 표적모양이 반응부분에 있는지 여부를 지적하도록 한다. • 수검자의 처리속도를 측정하기 위해 고안된 소검사로서, 수검자의 완벽주의적 성향이나 강박적 문제해결양식 등을 반영하기도 한다. • 측정되는 주요 내용은 정보처리속도, 시각-운동협응능력, 시각적 단기기억능력, 시각적 변별력, 주의력 및 주의집중력 등이다.
	기호쓰기 (Coding)	• 총 135문항으로, 제한된 시간 내에 기호표를 사용하여 숫자와 짝지어진 기호를 그려 넣도록 한다. • 이 소검사는 읽기 및 쓰기 경험이 풍부한 수검자에게 유리한 반면, 불안이나 우울, 우유부단, 완벽주의 등에 의해 저하될 수 있다. • 지속적인 집중력, 빠르고 기민한 반응, 양호한 미세운동 조절력 등이 요구되는 과제로서, 특히 뇌손상에 가장 민감한 소검사로 알려져 있다. • 측정되는 주요 내용은 정보처리속도, 시각-운동협응능력, 시각적 단기기억능력, 시각적 지각능력 및 탐색능력, 주의력 및 주의집중력, 사무적 과제의 속도 및 정확성, 친숙하지 않은 과제를 학습하는 능력, 새로운 시각적 학습자극에 대한 모방능력 및 연합능력 등이다.
	지우기-보충 (Cancellation)	• 제한된 시간 내에 조직적으로 배열된 도형들 속에서 표적대상과 색깔 및 모양이 동일한 도형을 찾도록 한다. • 이 소검사의 과제는 본래 반응억제나 운동보속증 등을 측정하는 신경심리검사에서 널리 사용되어 왔다. 특히 주의력 결핍 및 과잉행동장애(ADHD), 외상성 뇌손상에서 나타나는 주의산만을 측정하는 데 유효한 것으로 알려져 있다. • 측정되는 주요 내용은 정보처리속도, 시각-운동협응능력, 시각적 단기기억능력, 선택적 주의력, 속도와 정확성 등이다.

(8) 한국판 웩슬러 아동용 지능검사 4판(K-WISC-Ⅳ)

① 의 의

㉠ 한국판 웩슬러 아동용 지능검사(K-WISC-Ⅳ)는 6세 0개월~16세 11개월까지의 아동의 인지적 능력을 평가하기 위한 개별 검사도구이다.

㉡ 기존의 한국판 웩슬러 아동용 지능검사(K-WISC-Ⅲ)를 개정한 것으로서, 개정과정에서 인지발달, 지적평가, 인지과정에 대한 최근 연구들을 통합하여, 전반적인 지적능력(전체지능지수, FSIQ)을 나타내는 합산점수는 물론, 특정 인지영역에서의 지적기능을 나타내는 소검사의 합산점수를 제공한다.

② 특 징

㉠ 소검사 추가 : K-WISC-Ⅲ와 동일한 10개 소검사에 5개의 새로운 소검사(공통그림찾기, 순차처리, 행렬추리, 선택, 단어추리)가 추가되었다.

㉡ 합산점수 산출 : 5가지 합산점수를 얻을 수 있으며, 아동의 전체적인 인지능력을 나타내는 전체지능지수(FSIQ)를 제공한다(15개의 소검사로 이루어져 있지만, 합산점수를 얻기 위해서는 대부분 10개의 주요검사만 실시).

ⓒ 처리점수 산출 : 3개의 소검사(토막짜기, 숫자, 선택)에서 7개의 처리점수를 제공한다. 처리점수는 다른 소검사 점수로 대체할 수 없으며, 합산점수에도 포함되지 않는다.
ⓔ 심리교육적 도구 : 전반적인 인지적 기능에 대한 포괄적인 평가를 할 때 사용할 수 있다.
ⓜ 다양한 인지기능 평가에 활용된다.

③ 소검사 구성 16 18 20 23 기출

구 분	언어이해(VCI)	지각추론(PRI)	작업기억(WMI)	처리속도(PSI)
주요소검사	공통성 어 휘 이 해	토막짜기 행렬추리 공통그림찾기	숫 자 순차연결	동형찾기 기호쓰기
보충소검사	상 식 단어추리	빠진 곳 찾기	산 수	선 택

④ 하위 소검사의 유형 16 19 기출
㉠ 언어이해(VCI)

소검사		목 적	방 법
주요 소검사	공통성 (SI)	• 언어적 추론과 개념 형성을 측정 • 청각적 이해, 기억, 본질적인 특성과 비본질적인 특성 간의 구분, 언어적 표현과 관련됨	• 아동이 공통적인 사물이나 개념을 나타내는 두 개의 단어를 듣고, 두 단어가 어떻게 유사한지를 말함 • 총 23문항이며, 이 중 12개는 새로운 문항으로 채점 연구를 통해 채점 기준을 새로이 마련하였으며, 시작 전 아동으로부터 좋은 반응을 요구하기 위해 예시 문항이 개정됨
	어휘 (VC)	• 아동의 언어 지식과 언어적 개념 형성을 측정 • 아동의 지식 축적, 학습 능력, 장기 기억, 언어 발달의 정도 측정	• 그림 문항에서 아동은 소책자에 있는 그림들의 이름을 말하고, 말하기 문항에서 아동은 검사자가 크게 읽어주는 단어의 정의를 말함 • 4개의 그림 문항과 32개의 언어 문항을 포함하여 총 36문항이 있고, 그림 문항은 하한선을 늘리기 위해 추가됨
	이해 (CO)	언어적 추론과 개념화, 언어적 이해와 표현, 과거 경험을 평가하고 사용하는 능력, 실제적 지식을 발휘하는 능력 측정	• 아동은 일반적인 원칙과 사회적 상황에 대한 이해에 기초하여 질문에 대답함 • 총 21문항으로 구성되어 있고, 이 중 11개 문항이 추가되었고 10개의 문항은 단어가 조금 바뀌거나 전혀 바뀌지 않고 유지됨

	소검사	목적	방법
보충 소검사	상식 (IN)	• 아동이 일반적이고 사실적인 지식을 획득하고, 유지하고, 인출하는 능력을 측정 • 결정화된 지능, 장기기억, 학교와 환경으로부터 얻은 정보를 유지하고 인출하는 능력과 관련됨	• 아동이 일반적 지식에 관한 광범위한 주제를 다루는 질문에 대답함 • 총 33문항 중 15개 문항이 추가되었고, 18개의 문항은 단어가 조금 바뀌거나 전혀 바뀌지 않고 유지됨
	단어 추리 (WR)	언어적 이해, 유추 및 일반적 추론능력, 언어적 추상화, 특정 분야의 지식, 서로 다른 유형의 정보를 통합 및 종합하는 능력, 대체 개념을 만들어내는 능력을 측정	• 아동이 일련의 단서에서 공통된 개념을 찾아내어 단어로 말함 • K-WISC-IV의 새로운 소검사이며, 총 24문항으로 구성됨

ⓒ 지각추론(PRI)

	소검사	목적	방법
주요 소검사	토막 짜기 (BD)	• 특정 제한 시간 내에 적-백 토막을 이용하여 소책자에 있는 그림의 모양을 다시 만들어내도록 요구 • 추상적 시각자극을 분석하고 종합하는 능력을 측정 • 비언어적 개념형성, 시지각 및 시각적 조직화, 동시처리, 시각-운동 협응 등과 관련됨	• 아동이 제한시간 내에 흰색과 빨간색으로 이루어진 토막을 사용하여 제시된 모형이나 그림과 똑같은 모양을 만듦 • 총 14문항이며, 이 중 11개 문항은 K-WISC-III에서 유지되었거나 약간 수정되었고, 3개의 문항은 상한선을 늘리기 위해 추가됨
	행렬 추리 (MR)	• 유동성 지능의 좋은 측정치이며, 일반 지적 능력에 대한 신뢰할 만한 추정치를 측정 • 시각적 정보처리와 추상적 추론능력을 신뢰성 있게 측정하기 위해 4가지 유형의 문항을 고안	• 아동은 불완전한 행렬을 보고, 다섯 개의 반응 선택지에서 제시된 행렬의 빠진 부분을 찾아냄 • 총 35문항으로 구성됨
	공통 그림 찾기 (PCn)	• 추상화와 범주적 추론능력을 측정하기 위해 새롭게 고안된 검사 • 추상적 추론능력을 측정	• 아동에게 두 줄 또는 세 줄로 이루어진 그림들을 제시하며, 아동은 공통된 특성으로 묶일 수 있는 그림을 각 줄에서 한 가지씩 고름 • 총 28문항이며, 추론능력이 점점 더 요구되는 순서로 되어 있음
보충 소검사	빠진 곳 찾기 (PCm)	시지각 및 시각적 조직화, 집중력, 사물의 본질적인 세부에 대한 시각적 재인을 측정	• 아동이 그림을 보고 제한시간 내에 빠져있는 중요한 부분을 가리키거나 말함 • 총 38문항이며, 13개의 새로운 문항과 K-WISC-III에서 유지된 25개의 문항으로 이루어져 있음

ⓒ 작업기억(WMI)

소검사		목 적	방 법
주요 소검사	숫자 (DS)	• 청각적 단기기억, 계열화능력, 주의력, 집중력을 측정 • '숫자 바로 따라하기'는 기계적 암기학습과 기억, 주의력, 부호화, 청각적 처리와 관련됨 • '숫자 거꾸로 따라하기'는 작업기억, 정보 변환, 정신적 조작, 시공간적 형상화와 관련됨 • '숫자 바로 따라하기'에서 '숫자 거꾸로 따라하기' 과제로의 전환에는 인지적 유연성과 정신적 기민함이 요구됨	• '숫자 바로 따라하기'에서는 검사자가 큰소리로 읽어 준 것과 같은 순서로 아동이 따라함 • '숫자 거꾸로 따라하기'에서는 검사자가 읽어준 것과 반대 방향으로 아동이 따라함 • '숫자 바로 따라하기' 8문항, '숫자 거꾸로 따라하기' 8문항이 있음
	순차 연결 (LN)	계열화, 정신적 조작, 주의력, 청각적 단기기억, 시공간적 형상화, 처리속도와 관련됨	• 아동에게 연속되는 숫자와 글자를 읽어주고, 숫자가 많아지는 순서와 한글의 가나다 순서대로 암기하도록 함 • 각각 3개의 시행으로 이루어진 총 10문항으로 구성됨
보충 소검사	산수 (AR)	• 정신적 조작, 집중력, 주의력, 단기기억 및 장기기억, 수와 관련된 추론능력, 정신적 기민함과 관련됨 • 계열화, 유동적 추론, 논리적 추론과도 관련됨	• 아동이 구두로 주어지는 일련의 산수문제를 제한 시간 내에 암산으로 계산함 • 총 34문항이며, 21개의 문항은 새로 개발됨(상한선과 하한선, 그리고 심리측정적 속성을 강화하기 위해)

ⓔ 처리속도(PSI)

소검사		목 적	방 법
주요 소검사	기호 쓰기 (CD)	처리속도에 더하여, 단기기억, 학습능력, 시지각, 시각-운동 협응, 시각적 주사 능력, 인지적 유연성, 주의력, 동기를 측정	• 아동은 간단한 기하학적 모양이나 숫자에 대응하는 기호를 그리고, 기호표를 이용하여 해당하는 모양이나 빈칸 안에 각각의 기호를 주어진 시간 안에 그림 • 두 개의 연령 집단별로 〈기호쓰기〉 소검사의 형식을 나눈 것은 K-WISC-Ⅲ에서 유지됨
	동형 찾기 (SS)	처리속도와 함께, 시각적 단기기억, 시각-운동 협응, 인지적 유연성, 시각적 변별, 집중력과 관련됨	• 아동은 반응 부분을 훑어보고, 반응 부분의 모양 중 표적 모양과 일치하는 것이 있는지를 제한 시간 내에 표시함 • 두 개의 연령집단별로 나눈 것이 K-WISC-Ⅲ에서 유지되었고, 상한선을 늘리기 위해 〈동형찾기 B〉에서 15문항이 추가됨

보충 소검사	선택 (CA)	처리속도, 시각적 선택주의, 각성, 시각적 무시를 측정	• 아동이 무선으로 배열된 그림과 일렬 로 배열된 그림을 훑어봄 • 제한 시간 안에 표적 그림들에 표시함 • 시각적 자극이 무선으로 배열되었을 때와 일렬로 배열되었을 때, 이렇게 두 개의 문항으로 구성됨

(9) 한국 웩슬러 아동용 지능검사 5판(K-WISC-V) 21 24 기출

① 의 의
  ㉠ 기존 한국 웩슬러 아동지능검사 4판의 개정판으로 전반적인 지적 능력(전체지능지수, FSIQ)은 물론, 특정 인지영역(언어이해, 시공간, 유동추론 등)의 지적 기능을 나타내는 소검사 및 지표검사를 제공한다.
  ㉡ 추가적인 임상적 활용을 위한 여러 점수(처리점수)를 제시해준다.

② 특 징
  ㉠ 이전 판과는 달리, 지능 이론은 물론이고 인지발달, 신경발달, 인지신경과학, 학습과정에 대한 최근 심리한 연구들에 기초하고 있다.
  ㉡ 16개의 소검사로 이루어져 있으며, 유동적 추론의 측정을 강화하는 새로운 3개의 소검사(무게비교, 퍼즐, 그림기억)가 추가되었고, 4판에서 13개의 소검사(토막짜기, 공통성, 행렬추리, 숫자, 기호쓰기, 어휘, 동형찾기, 상식, 공통그림찾기, 순차연결, 선택, 이해, 산수)가 유지되었으나, 소검사의 실시 및 채점 절차가 수정되었다.
  ㉢ 구조적으로 변화한 전체 IQ(FSIQ), 5가지 기본지표점수(언어이해, 시각공간, 유동추론, 작업기억, 처리속도), 5가지 추가지표점수(양적추론, 청각작업기억, 비언어, 일반능력, 인지효율)를 제공한다는 점에서 이전 4판과 다르다.

③ 소검사 구성

구 분	언어이해(VCI)	시각공간(VSI)	유동추론(FRI)	작업기억(WMI)	처리속도(PSI)
주요소검사	공통성 어 휘	토막짜기 퍼 즐	행렬추리 무게비교	숫 자 그림기억 (= 그림폭)	기호쓰기 동형찾기
보충소검사	상 식 이 해	-	공통그림찾기 산 수	순차연결	선 택

(10) 웩슬러 지능검사의 분석과 해석(K-WAIS-Ⅳ)

① 웩슬러 지능검사의 지능지수 산출방법 19 21 기출
  ㉠ 소검사의 원점수를 구하기 : 각각의 소검사 문항에서 얻은 점수를 합하여 소검사의 원점수를 구한다. 원점수는 각 소검사 문항에서 획득한 점수의 단순한 합에 불과하며, 규준을 참조한 점수가 아니므로 그 자체만으로는 무의미하다.

ⓒ 원점수를 표준점수로 환산하여 환산점수를 도출하기 : 수검자의 수행을 해석하기 위해서는 원점수를 표준점수로 환산해야 한다. 소검사의 원점수를 환산점수표를 토대로 환산점수로 변환한다. 이때 환산점수는 각 소검사와 처리점수(과정점수)에 대해 각 연령집단의 원점수 총점을 평균 10, 표준편차 3인 분포상의 점수로 변환한 것이다.

ⓒ 조합점수(합산점수)를 도출하기 : 조합점수(합산점수)는 연령에 따른 준거집단 환산점수의 합계에 근거한다. 조합점수의 적절한 구성을 위해 5개의 환산점수, 즉 언어이해, 지각추론, 작업기억, 처리속도, 전체검사의 환산점수 합계를 계산하며, 이를 평균 100, 표준편차 15인 분포상의 점수로 제시한다.

ⓔ 환산점수 및 조합점수 대응 표준편차와 백분위

환산점수	조합점수	표준편차	백분위
19	145	+3	99.9
18	140	+2⅔	99.6
17	135	+2⅓	99
16	130	+2	98
15	125	+1⅔	95
14	120	+1⅓	91
13	115	+1	84
12	110	+⅔	75
11	105	+⅓	63
10	100	0(평균)	50
9	95	−⅓	37
8	90	−⅔	25
7	85	−1	16
6	80	−1⅓	9
5	75	−1⅔	5
4	70	−2	2
3	65	−2⅓	1
2	60	−2⅔	0.4
1	55	−3	0.1

② K-WAIS-Ⅳ의 조합점수별 측정내용 24 기출

언어이해지수 (VCI)	언어 이해능력, 언어적 정보처리능력, 언어적 기술 및 정보의 새로운 문제해결을 위한 적용능력, 어휘를 이용한 사고능력, 결정적 지식, 인지적 유연성, 자기감찰 능력 등을 반영한다.
지각추론지수 (PRI)	지각적 추론능력, 시각적 이미지에 대한 사고 및 처리능력, 시각-운동 협응능력, 공간처리 능력, 인지적 유연성, 제한된 시간 내에 시각적으로 인식된 자료를 해석 및 조직화하는 능력, 유동적 추론능력, 비언어적 능력 등을 반영한다.

작업기억지수 (WMI)	작업기억, 청각적 단기기억, 주의집중력, 수리능력, 부호화 능력, 청각적 처리기술, 인지적 유연성, 자기감찰 능력 등을 반영한다.
처리속도지수 (PSI)	시각정보의 처리속도, 과제 수행속도, 시지각적 변별능력, 정신적 수행의 속도 및 정신운동 속도, 주의집중력, 시각-운동 협응능력, 인지적 유연성 등을 반영한다.
전체지능지수 (FSIQ)	개인의 인지능력의 현재 수준에 대한 전체적인 측정치로서, 언어이해지수(VCI), 지각추론지수(PRI), 작업기억지수(WMI), 처리속도지수(PSI) 등 4가지 지수를 산출하는 데 포함된 소검사 환산점수들의 합으로 계산한다.
일반능력지수 (GAI)	언어이해의 주요소검사(공통성, 어휘, 상식)와 지각추론의 주요소검사(토막짜기, 행렬추리, 퍼즐)로 구성된 조합점수이다.
인지효능지수 (CPI)	작업기억의 주요소검사(숫자, 산수)와 처리속도의 주요소검사(동형찾기, 기호쓰기)로 구성된 조합점수이다.

③ K-WAIS-IV에 의한 지능의 진단적 분류

IQ	분류	이론적 정규분포(%)	표본분포(%)
130 이상	최우수(Very Superior)	2.5	2.3
120~129	우수(Superior)	7.2	6.8
110~119	평균상(High Average)	16.6	17.1
90~109	평균(Average)	49.5	50.2
80~89	평균하(Low Average)	15.6	15.0
70~79	경계선(Borderline)	6.5	6.1
69 이하	장애수준(Defective)	2.1	2.5

(11) K-WISC-IV의 실시와 해석

① K-WISC-IV 실시 지침 23 기출

㉠ 표준 소검사 실시 순서

> 토막짜기 → 공통성 → 숫자 → 공통그림찾기 → 기호쓰기 → 어휘 → 순차연결 → 행렬추리 → 이해 → 동형찾기 → 빠진 곳 찾기 → 선택 → 상식 → 산수 → 단어추리

㉡ 토막짜기가 첫 번째 소검사로 시행되는 이유는 검사자가 수검자와의 라포를 형성하는 데 도움이 되기 위함이다.

㉢ '토막짜기, 기호쓰기, 동형찾기, 빠진 곳 찾기, 선택, 산수'는 초시계를 사용하여 정확한 시간을 측정한다(행렬추리는 완성되지 않은 행렬을 보고 행렬을 완성시키기 위해 보기를 선택하는 것으로서, 정확하게 시간을 측정해야 하는 것은 아니다). 제한시간을 초과한 경우 0점으로 처리한다.

㉣ 소근육에 어려움이 있는 아동은 토막짜기 대신 빠진 곳 찾기로 대체하는 등 핵심소검사를 시행하기 어려운 경우 보충소검사로 대체할 수 있다.

㉤ 소검사 대체는 각 지표점수 내에서 단 한 번씩만 허용된다.

② K-WISC-Ⅳ 실시 규칙
  ㉠ 시작점
    - 각 소검사 실시는 전문가 지침서와 기록용지에 명시되어 있는 특정 연령의 시작점에서 시작하고, 시작점에 대한 연령 범위는 포괄적이다.
    - '숫자', '선택' 두 개의 소검사만이 모든 연령에 대해 단 하나의 시작점을 갖고, 나머지 다른 모든 소검사들에서는 시작점이 아동의 연령에 따라 달라진다.
  ㉡ 역순규칙
    - 특정 연령용 시작점이 있는 대부분의 소검사에 적용되고, 어린 아동들이나 지적 결손으로 의심되는 나이가 많은 아동용으로 고안된 것이다.
    - 역순 문항들이 있는 소검사에서는 처음 실시되는 두 문항에서 아동이 완벽한 점수를 받으면 시작점 이전의 미실시 항목들에 대해서 모두 만점을 부여하고, 그 소검사를 계속한다.
  ㉢ 중지규칙 23 기출

주요소검사	중지규칙
토막짜기	연속하여 3문항이 0점일 때 중지
공통성	연속하여 5문항이 0점일 때 중지
어휘	연속하여 5문항이 0점일 때 중지
기호쓰기	120초 후 중지
동형찾기	120초 후 중지

③ K-WISC-Ⅳ 검사실시의 유의사항
  ㉠ 토막짜기 시 수검자의 정중앙에 토막을 놓는다.
  ㉡ '어휘', '이해' 소검사에서는 수검자의 반응을 놓치지 않고 그대로 기록한다.
  ㉢ '숫자', '순차연결' 소검사에서는 문항 반복을 허용하지 않는다.
  ㉣ 실시와 채점의 객관도를 유지하기 위해 검사문항이나 실시 지시문을 변경하지 않아야 한다.
  ㉤ 아동이 검사시작 전까지는 도구를 보지 못하도록 한다.
  ㉥ 특정 반응이 옳은지 틀린지에 대해서는 피드백을 주어서는 안 된다. 아동의 자발적인 반응이 명백히 틀렸고 추가 질문을 할 필요가 없으면, 두 번째 반응을 요구하지 않고 실패한 문항으로 간주한다.
  ㉦ 아동이 기록용지나 지침서를 보게 해서는 안 된다.
  ㉧ 그 문항의 실시 지침에 추가 탐문할 것이 언급되어 있지 않는 한, 명백히 틀린 대답에 대해서는 추가 질문하지 않는다.

④ K-WISC-Ⅳ 기록용지 작성 16 18 23 기출

P(Pass : 통과)	올바른 반응 또는 수행 시
F(Fail : 실패)	틀린 반응 또는 수행 시
Q(Question : 추가질문이나 탐문)	검사자가 반응을 명료화하기 위하여 추가질문한 것
DK(Don't Know : 모름)	아동이 "모르겠어요"라고 말했거나 답에 대한 지식이 부족함을 나타냈을 때
NR(No Response : 무반응)	아동이 말이나 행동으로 문항에 반응하지 않을 때
INC(Incomplete : 미완성)	아동이 시간제한이 있는 문항에서 시간 내에 완성하지 못했을 때
R(Rotation : 회전)	토막짜기 소검사에서 회전 시
R(Repeat : 반복)	문항을 반복했을 때
PC(Point Correctly : 바르게 지적)	아동이 빠진 그림의 위치를 바르게 지적했을 때

⑤ K-WISC-Ⅳ의 합산점수별 측정내용

언어이해지표 (VCI)	• 언어적 개념형성, 언어적 추론 및 이해, 획득된 지식, 언어적 자극에의 주의력 등에 대한 측정치에 해당한다. • 기존의 언어성 IQ(VIQ) 점수보다 인지기능상의 보다 협소한 영역을 측정하며, 다른 인지 기능보다 덜 혼입되어 있다. 따라서 언어이해지표(VCI)는 기존의 언어성 IQ(VIQ)에 비해 언어적 추론에 대한 보다 순수한 측정치로 간주된다.
지각추론지표 (PRI)	• 유동적 추론, 공간처리, 세부에 대한 주의력, 시각-운동 통합에 대한 측정치에 해당한다. • 처리속도에 덜 혼입되어 있으므로, 저조한 처리속도 능력을 갖춘 개인의 진정한 비언어적 추론능력을 보다 잘 반영한다.
작업기억지표 (WMI)	• 입력된 정보의 일시적인 저장, 계산 및 변환처리 과정, 계산 및 변환의 산물(출력)이 발생하는 작업기억에 대한 정신적 용량을 측정한다. • 작업기억은 학습의 핵심적인 요소이므로, 작업기억에서의 차이를 통해 수검자의 주의력, 학습용량, 유동적 추론 등에 대한 개인차의 분산을 설명한다.
처리속도지표 (PSI)	• 수검자가 단순하거나 일상적인 정보를 오류 없이 신속하게 처리할 수 있는지를 나타낸다. • 학습은 일상적인 정보처리와 복잡한 정보처리의 조합이므로, 처리속도상에 문제가 있는 경우 새로운 정보와 관련된 과제를 수행하는 데 보다 오랜 시간이 걸리며, 과제 수행에서도 어려움을 겪게 된다.
전체검사 지능지수 (FSIQ)	• 수검자의 인지기능상의 전반적인 수준을 추정하는 종합적인 합산점수에 해당한다. • 보충소검사를 제외한 주요소검사 10개 점수의 합계로서, 보통 일반요인 또는 전반적인 인지적 기능에 대한 대표치로 간주된다.

02 성취도 검사

1 성취도 검사의 개념

(1) 성취도 검사의 개요
① 기초적인 학습 능력이나 학습 가능성을 진단하고 평가한다.
② 성취도 검사는 적성검사와 달리 개인의 현재까지 축적된 과거의 경험을 측정 대상으로 한다.
③ 훈련(Training)이나 수업(Instruction) 등의 체계화된 교수를 통해 학습된 기술 및 지식을 측정하는 표준화된 검사이다.

(2) 대표적 검사
① 우드콕-존슨 학습능력평가 심리학적 배터리(WJPB ; Woodcock-Johnson Psychoeducational Battery)
② 광범위 성과 테스트(WRAT ; Wide-Range Achievement Test)
③ 스탠포드 성취도 검사(SAT ; Stanford Achievement Test)

2 성취도 검사의 종류

(1) 기초학습기능검사
① 한국교육개발원에서 유치원 및 초등학교 수준의 정상아동 및 장애아동을 대상으로 학업에 기초가 되는 능력을 평가하는 데 사용하기 위한 목적으로 표준화된 개인검사용 기초학습진단검사이다.
② 정보처리, 셈하기, 읽기 I, 읽기 II, 쓰기 등 5개 소검사로 구성되어 있다.

(2) 기초학습기능 수행평가체제
① 초등학교 1~3학년 아동을 대상으로 실제 학생들이 배우는 기초학습 기능에 근거하여 학생의 수행정도를 평가하기 위해 개발되었다.
② 읽기, 쓰기, 수학 등 3개의 검사로 구성되어 있다.

CHAPTER 04 정의적 검사

중요도 ★★★

핵심포인트
미네소타 다면적 인성검사(MMPI, MMPI-2, MMPI-A)
기타 성격검사 # 적성검사

01 미네소타 다면적 인성검사(MMPI)

1 MMPI의 이해

(1) MMPI(Minnesota Multiphasic Personality Inventory)의 의의 [18][20][23] 기출

① 1943년 미국 미네소타 대학의 해서웨이와 매킨리(Hathaway & McKinley)가 이전의 논리적 제작방식을 탈피하여 경험적 제작방식을 이용하여 개발하였다.
② 처음에는 MMPI가 있었지만 오랜 기간 사용되면서 개편의 필요성이 존재했으며 절판되었고, 현재는 MMPI-2와 MMPI-2-RF, MMPI-A가 존재한다.
③ MMPI-2는 현재 가장 널리 쓰이고 연구된 검사이며, MMPI-2-RF는 MMPI-2를 사용하기에 적합하지 않은 클라이언트를 위해 개발된 문항축소형 MMPI-2이다.
④ MMPI-A는 중·고등학생들을 위한 심리검사이며, 표본집단 또한 중·고등학생으로서 MMPI-2에 나온 일부 성인용 문항을 제거한 심리검사이다.

(2) MMPI의 목적

① 정신과적 진단 분류를 측정하고, 개인의 인성 특징의 비정상성 혹은 징후를 평가하여 상담 및 정신치료에 도움을 주고자 하는 검사이다.
② 비정상적이고 건전하지 못한 방향으로 가는 것을 미리 차단하여 예방 및 지도책을 도모하고자 함이다.

(3) MMPI의 특징 [16] 기출

① 550개 문항을 포함하고 있는데, 이 중 16문항이 중복되어 총 566문항으로 구성되어 있다.
② 수검자는 각 문항에 대해 '그렇다' 혹은 '아니다'의 두 가지 답변 중 하나를 택하여 반응하게 되어 있다.

③ 이와 같은 반응은 주요 비정상행동을 측정하는 10가지 임상척도와 수검자의 검사태도를 측정하는 4가지 타당성 척도에 따라 채점된다.
④ 표준화된 규준을 가지고 있으며, 수검태도와 검사결과의 타당성을 확인하는 척도가 있다.
⑤ MMPI의 임상척도와 MMPI-2의 기본 임상척도의 수는 동일하다.

(4) MMPI의 구성 18 19 20 23 기출

① 4가지 타당도 척도

? 척도 (무응답 척도)	• 응답하지 않은 문항 또는 '예', '아니오' 모두에 응답한 문항들의 총합이다. • 문항의 누락은 보통 검사지시에 따라 좌우된다. 즉, 모든 문항에 응답하도록 요청하면 별로 빠뜨리는 문항 없이 응답하며, '그렇다', '아니다'를 결정할 수 없는 경우에는 답하지 않아도 된다는 지시를 주면 무응답 문항이 많아지게 된다.
L척도 (부인척도)	• 본래 수검자가 자신을 좋게 보이려고 하는 다소 고의적이고 부정직하며 세련되지 못한 시도를 측정하려는 척도이다. • MMPI의 모든 척도가 경험적 방법에 의해 도출된 문항으로 구성된 반면, L척도만은 논리적 근거에 의해 선발된 15개의 문항으로 구성되어 있다. • 이 척도는 사회적으로 찬양할 만하나, 실제로는 극도의 양심적인 사람에게서나 발견되는 태도나 행동을 측정한다.
F척도 (비전형 척도)	• 64개의 문항에 대해 비전형적인 방식으로 응답하는 사람들을 탐지하기 위한 것으로, 일반인의 생각이나 경험과 다른 정도를 측정한다. • F척도 점수가 높을수록 수검자는 대부분의 정상적인 사람들이 하는 것처럼 반응하지 않는 것으로, 그가 가지고 있는 문제영역이 많고 문제의 정도가 심각한 것을 나타낸다.
K척도 (교정척도)	• 분명한 정신적인 장애를 지니면서도 정상적인 프로파일을 보이는 사람들을 식별하기 위한 것이다. • 총 30개의 문항으로 구성되어 있으며, 방어성과 경계심을 측정한다. • L척도의 측정내용과 중복되기도 하지만, L척도보다는 은밀하고 세련된 사람들에게서 발견되는 태도나 행동을 측정한다는 점이 다르다.

② 타당도 척도의 해석 14 기출

삿갓형 (∧형)	• 가장 자주 나타나는 척도형태이다. • L척도와 K척도가 T점수 50 이하 / F척도는 T점수 60 이상 : 자신의 신체적·정서적 곤란을 인정하고, 이런 문제를 스스로 해결할 능력 부족으로 도움을 요청한 상태 • L척도와 K척도가 T점수 50~60 사이 / F척도는 T점수 70 이상 : 자신의 문제 인정과 동시에 방어하고자 노력하지만, 문제해결을 못하고 만성적인 적응곤란을 경험하고 있는 상태 • L척도가 T점수 50 이하 / F척도는 K척도 이상 / K척도는 T점수 55 이하 : 오랫동안 지속된 문제를 가지고 있으나, 적응되어 불편을 느끼지 않으며 문제점만 인정한 상태
브이형 (V형)	• L척도와 K척도는 T점수 60~70 사이, F척도는 T점수 50 이하인 경우이다. • 자기가 가진 바람직하지 못한 충동, 감정, 문제를 부인하거나 회피하며, 가능한 한 자신을 좋게 보이려 한다. • 직업응모자들, 방어적인 정상인들, 히스테리 환자, 건강염려증 환자들에게 주로 나타나는데, 치료에 자발적이지 않다. • 주된 방어기제로 억압과 부인이 있다.

정(+)적 기울기 (／모양)	• L < F < K 상태이다(L척도의 T점수는 40 정도이며, F척도는 50~55, K척도는 60~70). • 일상생활의 여러 가지 문제를 해결할 능력이 있고, 현재는 별로 갈등이나 스트레스를 느끼지 않는 정상인들에게서 볼 수 있는 전형적인 형태이다.
부(-)적 기울기 (＼모양)	• L > F > K 상태이다(L척도의 T점수는 60 이상이며, F척도는 T점수 50 정도이고, K척도는 40~45). • 순박하고 덜 세련되어 있으면서도 좋게 보이려고 한다. • 교육수준이 낮거나 사회경제수준이 낮은 출신들이 많다.

③ 10가지 임상척도 14 16 17 18 21 22 24 기출

척도 1 Hs (Hypochondriasis, 건강염려증)	• 수검자가 호소하는 신체적인 증상의 수를 반영한다. • 높은 점수는 만성적인 경향이 있는 모호한 여러 신체증상을 나타낸다. • 높은 점수의 수검자들은 일반적으로 불행감을 느끼고 자기중심적이며, 애처롭게 호소하는 동시에 적대적이고 타인의 주의집중을 바란다. • 원판 MMPI에서는 총 33문항으로 구성되어 있으나, MMPI-2에서는 내용상 문제의 소지가 있는 1문항을 삭제하여 총 32문항으로 구성되었다.
척도 2 D (Depression, 우울증)	• 검사수행 당시 수검자의 우울한 기분, 자신에 대한 과소평가, 열등감 등을 반영한다. • 높은 점수의 수검자들은 우울하고 비관적이며, 근심이 많고 무기력하다. 또한 지나치게 억제적이며 쉽게 죄의식을 느낀다. • 점수 증가는 심한 심리적 고통, 변화나 증상 완화에 대한 소망을 반영한다. • 원판 MMPI에서는 총 60문항으로 구성되어 있으나, MMPI-2에서는 3문항이 제외되어 총 57문항으로 구성되었다.
척도 3 Hy (Hysteria, 히스테리)	• 현실적 어려움이나 갈등을 회피하는 방법으로 부인을 사용하는 경향 및 정도를 반영한다. • 높은 점수는 스트레스 처리에 있어서 부정과 억압방어와 같은 신경증적 방어 사용을 나타낸다. 이들은 의존적이고 소박하고 외향적이며, 유아적이고 자기도취적이다. • 원판 MMPI의 총 60문항이 MMPI-2에서도 유지되었다.
척도 4 Pd (Psychopathic Deviate, 반사회성)	• 갈등의 정도, 특히 가정이나 권위적 대상 일반에 대한 불만, 자신 및 사회와의 괴리, 권태 등을 반영한다. • 반항, 가족관계 분열, 충동성, 학업이나 직업문제, 범법행위, 알코올이나 약물남용 등 반사회적 행동을 나타낸다. • 높은 점수의 수검자들에게 반사회적 인격장애가 흔하다. 이들은 외향적·사교적이며, 남에게 호감을 주고 남을 잘 속인다. 또한 쾌락에 탐닉하고 자기 과시적이며, 신뢰할 수 없고 미성숙하며 적대적이다. • 원판 MMPI의 총 50문항이 MMPI-2에서도 유지되었다.

척도	내용
척도 5 Mf (Masculinity -Femininity, 남성성-여성성)	• 대인관계 상황에서 수줍음, 직업에 대한 흥미를 측정, 심미적이고 종교적인 취향, 능동성과 수동성에 대한 내용을 포함하고 있다. • 높은 점수의 남성은 예민하고 탐미적이며, 수동적·여성적인 경향이 있다. 이들은 성적 정체감에 대한 갈등, 이성애적 욕구의 저하를 나타낸다. 낮은 점수의 남성은 남성적·공격적이며, 거칠고 모험을 즐긴다. 또한 무모하고 실질적이며 관심이 좁다. • 높은 점수의 여성은 남성적이고 거칠며, 공격적이고 자신감이 있다. 이들은 감정적이지 않으며 무딘 경향이 있다. 낮은 점수의 여성은 수동적이고 복종적이다. 또한 흠을 잡는 잔소리꾼이고 과민하다. • 원판 MMPI에서는 총 60문항으로 구성되어 있으나, MMPI-2에서는 4문항이 제외되어 총 56문항으로 구성되었다.
척도 6 Pa (Paranoia, 편집증)	• 대인관계에서의 민감성, 의심증, 집착증, 피해의식, 자기 정당성 등을 반영한다. • 높은 점수의 수검자는 투사하고 남을 비난하며 원망한다. 이들은 일반적으로 적대적이거나 따지기를 좋아한다. • 원판 MMPI의 총 40문항이 MMPI-2에서도 유지되었다.
척도 7 Pt (Psychasthenia, 강박증)	• 심리적 고통이나 불안의 정도를 반영하며, 걱정을 많이 하는 성격(특성불안)에서의 만성적 불안과 연관된다. • 높은 점수는 긴장되고 불안하며 생각에 집착한다. 또한 강박적이고 공포를 느끼며 융통성이 결여되어 있다. • 원판 MMPI의 총 48문항이 MMPI-2에서도 유지되었다.
척도 8 Sc [Schizophrenia, 조현병 (정신분열증)]	• 정신적 혼란과 불안정 상태를 반영한다. • 높은 점수는 전통적인 규범에서 벗어나는 정신분열성 생활방식을 반영한다. 이들은 위축되어 있고 수줍어하며 우울하다. 또한 열등감과 부족감을 느끼고 긴장되며 혼란되어 있다. 이들은 흔치 않은 이상한 생각을 품고 있다. • 원판 MMPI의 총 78문항이 MMPI-2에서도 유지되었다.
척도 9 Ma (Hypomanina, 경조증)	• 심리적·정신적 에너지의 수준을 반영한다. • 높은 점수는 사교적이고 외향적·충동적 성향과 힘이 넘쳐흐르며, 낙관적인 상태를 반영한다. 반면에 쉽게 지루해하고 인내력이 부족하다. 이들은 자유분방한 도덕관념을 가지고 있다. • 원판 MMPI의 총 46문항이 MMPI-2에서도 유지되었다.
척도 0 Si (Social Introversion, 내향성)	• 혼자 있는 것을 좋아하는 정도(내향성)를 반영한다. • 높은 점수는 내성적이어서 수줍어하며 위축되어 있다. • 높은 점수는 사회적으로 보수적이고 순응적이며, 지나치게 억제적이고 무기력하다. 또한 긴장하고 융통성이 없으며, 죄의식에 잘 빠진다. • 원판 MMPI에서는 총 70문항으로 구성되어 있으나, MMPI-2에서는 1문항이 제외되어 총 69문항으로 구성되었다.

④ MMPI의 주요 상승척도쌍 유형에 대한 해석

유형	해석
1-2 또는 2-1 (Hs & D)	• 신체 기능에 몰두함으로써 수반되는 다양한 신체적 증상에 대한 호소와 염려를 보인다. • 정서적으로 불안감과 긴장감을 느끼며, 감정 표현에 어려움이 있다. • 신체형 장애, 불안장애의 가능성이 있다.
1-3 또는 3-1 (Hs & Hy)	• 심리적인 문제가 신체적인 증상으로 전환되어 나타난다. • 자신의 외현적 증상이 심리적인 요인에 의한 것임을 인정하지 않으려 한다. • 부인(Denial)의 방어기제를 사용하여 자신의 우울감이나 불안감을 잘 드러내지 않는다. • 전환장애의 가능성이 있다.

1–9 또는 9–1 (Hs & Ma)	• 소화기 장애, 두통, 피로감 등과 같은 신체증상과 심한 마음의 고통을 호소한다. • 외향적이고 수다스러워 보이지만, 내면적으로는 수동–의존적이며 긴장되어 있다.
2–6 또는 6–2 (D & Pa)	• 심각한 정서적 어려움을 겪고 있는 정신병 초기의 환자에게서 종종 나타난다. • 평소 우울한 상태에 있으며, 그러한 우울한 감정에는 분노와 적개심이 내재해 있다. • 편집증적 경향이 현저하게 나타나기도 한다.
2–7 또는 7–2 (D & Pt)	• 불안하고 우울하며, 긴장하고 예민한 모습을 보인다. • 스트레스를 받는 경우 식욕부진, 불면증 등의 신체적인 증상을 호소하며, 이는 환자의 만성적인 긴장상태를 반영한다. • 우울장애, 불안장애, 양극성 장애의 가능성이 있다.
2–8 또는 8–2 (D & Sc)	• 심한 불안과 우울, 자제력 상실에 대한 공포를 가지고 있다. 또한 사고장애를 보이거나 강박적 명상에 빠지기도 한다. • 대인관계를 회피하는 경향이 있으며, 자살을 생각하는 경우도 있다. • 우울장애, 불안장애, 분열정동성 장애의 가능성이 있다.
3–8 또는 8–3 (Hy & Sc)	• 심각한 불안과 긴장, 우울감과 무기력감을 호소한다. • 주의력 장애 및 집중력 장애, 지남력 상실, 망상 및 환각 등의 사고장애를 보인다. • 정신분열증, 신체형 장애의 가능성이 있다.
3–9 또는 9–3 (Hy & Ma)	• 두통, 심혈관계통 증상이나 흉통 등과 같은 신체적 증상을 급성으로 호소한다. • 외향적이고 사교적이며 타인과 어울리기를 좋아하지만, 대인관계는 피상적이다.
4–6 또는 6–4 (Pd & Pa)	• 사회적 부적응이 현저하고 공격적 태도를 보이는 비행청소년에게서 종종 나타난다. • 미성숙하고 자기중심적인 성향을 보이며, 다른 사람들에게서 관심과 동정을 유도한다. • 수동–공격성 성격장애, 편집형 정신분열증의 가능성이 있다.
4–8 또는 8–4 (Pd & Sc)	• 특이한 행동이나 심리상태를 가지고 있는 비행청소년에게서 종종 나타난다. • 분열성 또는 분열형의 성격을 가지고 있으며, 타인과의 친밀한 관계형성을 회피하여 사회적으로 고립되어 있다. • 정신분열증, 분열성 성격장애, 분열형 성격장애의 가능성이 있다.
4–9 또는 9–4 (Pd & Ma)	• 재범 우려가 있는 범죄자나 신체노출, 강간 등의 성적 행동화를 보이는 사람, 결혼 문제나 법적 문제 등에 연루된 사람에게서 종종 나타난다. • 충동적·반항적 성격과 함께 과격하고 공격적인 행동을 특징으로 한다. • 반사회성 성격장애의 가능성이 있다.
6–8 또는 8–6 (Pa & Sc)	• 편집증적 경향과 사고장애 등으로 편집증적 정신분열병이 의심되는 사람에게서 종종 나타난다. • 피해망상, 과대망상, 환청 등으로 작은 고통에도 괴로워한다. • 편집형 정신분열증, 분열성 성격장애의 가능성이 있다.
7–8 또는 8–7 (Pt & Sc)	• 불안하고 우울하며, 긴장하고 예민한 모습을 보인다. • 주의집중에 어려움을 호소하며, 사고력이나 판단력에 있어서 장애를 보이기도 한다. • 우울장애, 불안장애, 분열성 성격장애, 분열형 성격장애의 가능성이 있다.
8–9 또는 9–8 (Sc & Ma)	• *편집증적 망상과 환각, 공상으로 많은 시간을 보낸다. • 사고는 기태적이며, 정서는 부적절하다. • 조현병(정신분열증), 양극성 장애의 가능성이 있다.

> **편집증**
>
> 고도의 체계적 망상이 만성적으로 진행되어 나타나는 상태를 말한다.

(5) 검사실시상의 유의사항

① 수검자가 MMPI에 제대로 응답할 수 있는지의 여부를 결정해야 하며, 이때 가장 중요한 요인은 독해력이다.
② 독해력 다음으로 중요한 것은 수검자의 연령과 지능수준이다.
③ 수검자의 상태 역시 고려 대상이다.
④ 검사 소요시간은 대부분의 사람들(90% 이상)에서 60분 내지 90분이면 보통이다. 때로는 검사용지를 주어 집에서 하게 할 수도 있으나, 가능하면 검사자가 지정하는 곳에서 검사자의 감독하에 실시하는 것이 바람직하다.
⑤ 검사실시 전 검사의 목적, 결과의 용도, 누가 이 결과를 보게 되는지, 그리고 결과의 비밀보장 등에 대해 솔직하고 성실하게 설명해 준다. 또한 수검자의 검사에 대한 제반 질문에 친절하게 답변함으로써 수검자의 협조를 얻도록 노력한다.
⑥ 검사 도중 검사자는 수검자에게 방해되지 않게 한두 번 정도 검사진행을 확인할 필요가 있다.
⑦ 검사실시와 함께 보호자나 주변인물과의 면접을 실시함으로써 수검자에 대한 생활사적 정보와 수검자의 현 상태에 대한 객관적인 정보를 얻는 것이 필요하다.
⑧ 마지막으로 실시한 검사를 채점한 후에 다시 수검자와 면접을 실시해야 한다.

2 MMPI-2 검사

(1) MMPI-2의 특징 15 24 기출

① MMPI가 개발된 이후 사회문화적인 변화에 따른 문항들의 새로운 규준의 필요성이 제기되었다.
② 1989년 MMPI-2가 출판되었으며, 여기에는 총 567개의 문항과 함께 내용척도, 보충척도, PSY-5 척도 등이 포함되었다.
③ 수검태도를 반영하는 타당도 척도와 10개의 임상척도, 그 밖에 재구성 임상척도, 성격 병리 5요인 척도, 내용척도, 보충척도 및 결정적 문항 등으로 구성되어 있다.
④ 원판 MMPI의 기본 타당성 척도 및 임상척도의 틀은 그대로 유지되었다.
⑤ 원판에서는 미네소타주 인근지 소지역의 기혼자 백인 숙련직공을 대상으로 제작되었는데, MMPI-2에서는 지역적·문화적·인종적·민족적 집단을 확대 및 추가하여 규준의 *대표성을 확보하였다.

> **대표성**
> 여러 사람이나 집단을 대표하여 드러낼 수 있는 성질을 말한다.

⑥ 구시대적인 표현, 성차별적인 문구 등이 제외되는 대신, 새로운 오락문화, 성적 표현, 자살 및 약물문제, 부부문제, Type A 행동 등이 포함되었다.
⑦ 원판 MMPI의 문항 선정에 사용된 예비문항의 폭이 좁았기 때문에, 많은 임상가들이 중요하게 간주하고 있는 성격특성을 충분히 평가하지 못한다는 우려가 제기되었으므로 내용차원을 확충하였다.

⑧ 수검태도의 성실성을 평가하는 데에는 무선반응 비일관성(VRIN) 척도, 고정반응 비일관성(TRIN) 척도가 MMPI-2에서 새로 추가되어 사용되며, 각 척도는 수검자가 문항에 비일관적으로 응답하는 경향이 있는지 문항내용과 상관없이 무분별하게 '그렇다' 혹은 무분별하게 '아니다'로 응답하는 경향이 있는지 탐지하기 위해 사용된다.

⑨ 원판에서는 성인용과 아동용의 구분이 없었으며, 개정된 MMPI-2는 18세 이상의 성인을 대상으로 하며, 18세 이하의 청소년용으로 개정된 것은 MMPI-A이다.

⑩ MMPI-2 검사의 시간제한은 없으나 많은 문항을 수록하고 있는 방대한 검사이기 때문에 될 수 있는 대로 빨리 읽고 빨리 답하도록 한다.

(2) MMPI-2의 구성 15 17 18 20 21 23 기출

① **타당도 척도** : MMPI-2에서는 원판 MMPI의 타당성 척도 외에 VRIN, TRIN, Fb와 Fp, FBS, S척도가 추가되었다.

VRIN척도, TRIN척도	VRIN척도 (무선반응 비일관성 척도)	• 수검자의 무선반응을 탐지하는 척도로서, 문항의 내용을 제대로 읽지도 않고 응답했거나, 무선적으로 반응했기 때문에 비일관성을 보이는 사람들을 확인할 수 있다. • 내용이 서로 비슷하거나 상반되는 문항으로 이루어져 있고, T점수가 80 이상이면 무효 프로파일일 가능성이 있으며, 비전형(F)척도와 함께 해석하면 유용한 결과를 얻을 수 있다.
	TRIN척도 (고정반응 비일관성 척도)	• 수검자가 척도문항의 내용과 상관없이 무분별하게 문항 모두에 대해 '그렇다' 또는 '아니다'로 반응하는 경향을 탐지하는 척도로서, 내용이 서로 상반되는 문항 쌍만으로 이루어져 있다. • 20개의 문항 쌍으로 되어 있으며, T점수가 80 이상일 경우 검사자료가 타당하지 않다고 판단하여 해석하지 않는다.
Fb척도, Fp척도	Fb척도 (비전형-후반부 척도)	• 검사 후반부의 비전형 반응을 탐색하는 척도로 검사과정에서 수검자의 태도변화를 알 수 있다. T점수는 수검자의 검사태도가 변화되었는지를 파악하는 목적으로만 사용되며, Fb척도 점수가 높으면 검사 후반부에 위치한 내용척도들을 해석하는 데 주의해야 한다. • 임상 장면에서는 T점수가 110 이상일 경우, 비임상 장면에서는 T점수가 90 이상일 경우 검사자료가 타당하지 않다고 본다.
	Fp척도 (비전형-정신병리 척도)	• F척도에 비해 심각한 정신병리에 덜 민감하지만, F척도 상승이 실제 정신병적인 문제에 기인한 것인지, 아니면 의도적으로 부정적인 모습을 보이려고 하는 것인지 판단하는 데 유용한 척도이다. • T점수가 100 이상일 경우 검사자료가 타당하지 않다고 본다. T점수가 70~99인 경우, 도움을 청하려는 의도로서 증상을 과장되게 보고했을 가능성을 고려하여 해석한다.

FBS척도 (증상타당도 척도)	• 개인상해 소송이나 신체적 장애 판정 시에 F척도가 타당하지 못하기 때문에 이를 보완하는 목적으로 개발된 척도이다. • 개인상해 소송 시 꾀병으로 판단된 사람과 꾀병이 아닌 사람의 반응을 비교하여 선정된 43개 문항으로 이루어져 있다. • T점수가 100 이상일 경우, 과대보고가 시사되기 때문에 검사자료가 타당하지 않다고 본다. T점수가 70~99일 경우, 신체적·인지적 증상들에 대한 신뢰할 수 없는 답변으로 인해 과대보고의 가능성이 있다고 본다.
S척도 (과장된 자기제시 척도)	• 자신을 매우 정직하고, 책임감 있고, 심리적 문제가 없고, 도덕적 결함이 없고 남들과 잘 어울리는 원만한 사람인 것처럼 보이려는 경향성을 측정하는 척도이다. • K척도와 함께 방어성을 측정하는 척도로 두 척도 간 상관이 상당히 높은 특징을 보인다. • 임상장면에서 T점수 70 이상인 경우, 비임상 장면에서 T점수 75 이상인 경우에 프로파일이 타당하지 않을 수 있다.

② 임상척도 : 원판 MMPI의 틀을 그대로 유지하였다.
③ 해리스-링구스(Harris-Lingoes) 소척도 20 23 기출
  ㉠ 임상척도의 문항들 중 내용이 유사하거나 동일한 태도, 특성을 반영하는 문항들을 주관적으로 함께 묶어 소척도를 작성하였다.
  ㉡ 임상척도 중 Hs, Mf, Pt, Si는 소척도가 없다.

D(우울)	주관적 우울감(D1), 정신운동지체(D2), 신체적 기능장애(D3), 둔감성(D4), 깊은 근심(D5)
Pd(반사회성)	가정불화(Pd1), 권위불화(Pd2), 사회적 침착성(Pd3), 사회적 소외(Pd4), 내적 소외(Pd5)
Pa(편집증)	피해의식(Pa1), 예민성(Pa2), 순진성(Pa3)
Sc(조현병)	사회적 소외(Sc1), 정서적 소외(Sc2), 자아통합 결여-인지적(Sc3), 자아통합 결여-동기적(Sc4), 자아통합 결여-억제부전(Sc5), 기태적 감각경험(Sc6)
Hy(히스테리)	사회적 불안의 부인(Hy1), 애정욕구(Hy2), 권태-무기력(Hy3), 신체증상호소(Hy4), 공격성의 억제(Hy5)
Ma(경조증)	비도덕성(Ma1), 심신운동항진(Ma2), 냉정함(Ma3), 자아팽창(Ma4)

④ 내용척도(15개) 20 21 22 23 기출

MMPI-2 내용척도	높은 점수의 의미	MMPI-A 내용척도
ANX(불안) 23문항	• 불안하고, 신경이 예민해져 있고, 걱정이 많고, 염려한다. • 집중하기 힘들며, 수면 문제를 호소한다. • 의사결정을 하는 데 어려움을 느낀다. • 강박증상을 보고하거나 신체적 증상을 호소할 수 있다. • 슬프거나, 침울하거나, 우울한 기분을 보고할 수 있다. • 인생살이가 힘들다고 느끼며, 비관적이다. • 불안정감을 느끼며 자기확신이 부족하다. • 일상의 책임에 압도된다고 여긴다.	A-anx
FRS(공포) 23문항	• 두렵고 불안한 경우가 많으며, 두려움이나 공포를 보고한다. • 소심한 경향이 있고 지나치게 경쟁하지 않는다.	-

척도	설명	청소년
OBS(강박성) 16문항	• 결정을 내리는 데 매우 어려움을 느끼고, 변화를 싫어한다. • 초조해 하고 사소한 일을 걱정하며, 흥미를 느끼지 못한다. • 자신감이 부족하며, 우울하거나 슬프거나 의기소침할 수 있다. • 흔히 수면장애를 호소하며 강박증상을 보고한다.	A-obs
DEP(우울) 33문항	• 우울하거나 울적해 하거나 낙담하며 슬퍼한다. • 피로감이 있고 흥미가 없으며, 잘 운다. • 최근 죽음과 자살 생각에 빠져 있고, 자살을 시도한 적 있다. • 우유부단하고 자신감이 부족하고 인생살이가 힘들다고 느낀다. • 외로움과 공허함을 느끼며, 친구가 없다. • 대인관계에 매우 민감하며 사람을 잘 사귀지 못한다.	A-dep
HEA(건강염려) 36문항	• 신체적으로 건강하지 않다고 여긴다. • 신체 기능에 집착하고 다양한 신체증상을 호소한다. • 스트레스에 대한 반응으로 신체증상을 보일 수 있다.	A-hea
BIZ(기태적 정신상태) 24문항	• 정신병적 증상을 보고할 수 있고, 비현실감을 호소한다. • 매우 이상한 사고와 경험을 보고한다. • 타인을 의심하거나 누군가 자신을 해치려 한다고 믿는다.	A-biz
ANG(분노) 16문항	• 분노·적대감을 느끼며, 공격적이고 비판적·논쟁적이다. • 조급하며 고집스럽고 자제력이 없어 신체적 폭력을 가할 수 있다. • 충동적이고 좌절을 이겨내는 힘이 약하다.	A-ang
CYN(냉소적 태도) 23문항	• 타인을 정직하지 못하고 이기적이며 배려심이 없다고 여긴다. • 타인의 동기를 의심하며 타인을 경계하고 믿지 못한다. • 타인에게 요구가 많지만, 타인의 요구에는 분개한다.	A-cyn
ASP(반사회적 특성) 22문항	• 학교에서 말썽을 부리거나 법적인 문제를 일으킨 적이 있다. • 법을 어기지 않는 선에서 하는 행동은 나쁘지 않다고 본다. • 자신의 어려움에 남 탓을 하며 자기중심적이며 타인에게 냉담하다. • 권위에 분개하며 공격적이고 화를 내며 격분한다.	–
TPA(A유형 행동) 19문항	• 정력적이고 민첩하며 일에 있어 성취지향적이다. • 기다리거나 방해받는 것을 싫어하며 서두른다. • 쉽게 성질을 내고 심혈관계 문제가 일어날 확률이 높다.	–
LSE(낮은 자존감) 24문항	• 자신을 보잘것없다고 생각하고 쉽게 포기한다. • 자신을 다른 사람과 비교하여 부정적으로 평가한다. • 비판과 거절에 지나치게 민감하고 칭찬받는 것을 불편해한다. • 대인관계가 매우 소극적이며 의사결정이 힘들다.	A-lse
SOD(사회적 불편감) 24문항	• 수줍고 내향적이며 사회생활에 서툴다. • 혼자 있는 것을 즐기고 먼저 대화를 시작하지 않는다. • 흥미 범위가 좁고 활력수준이 낮다.	A-sod

FAM(가정 문제) 25문항	• 현재 가족 혹은 원가족 간에 상당한 불화가 있다고 여긴다. • 자신의 가족은 사랑, 이해 및 지지가 부족하다고 여긴다. • 가족들의 요구나 충고에 분개하며, 가족들에게 적대적이다. • 종종 살면서 부당한 대우를 받고 있다고 느낀다.	A-fam
WRK(직업적 곤란) 33문항	• 직무수행이 어렵고 직업 선택에 회의를 느끼며 활력이 없다. • 가족이 자신의 직업을 인정해 주지 않는다고 여기고 직장 동료에 대해 부정적이다. • 종종 스트레스에 눌려 대처할 수 없다고 여긴다. • 걱정이 많고 스스로 보잘것없다고 여긴다. • 의사결정이 어렵고 판단력이 부족해 보일 수 있다.	–
TRT(부정적 치료 지표) 26문항	• 전문가에 대해 부정적 태도를 보이며 아무도 자신을 이해할 수 없다고 여긴다. • 문제를 쉽게 포기하고 삶에서 중요한 변화를 끌어낼 수 없다고 느낀다.	A-trt

⑤ 보충척도(15개) 22 23 기출

- 불안(A, 39문항)
- 자아 강도(Es, 52문항)
- 사회적 책임감(Re, 30문항)
- 적대감(Ho, 50문항)
- 중독 인정(AAS, 13문항)
- 남성적 성역할(GM, 47문항)
- 결혼생활 부적응(MDS, 14문항)
- MacAndrew의 알코올중독(MAC-R, 49문항)
- 억압(R, 37문항)
- 지배성(Do, 25문항)
- 대학생활 부적응(Mt, 41문항)
- 적대감 과잉통제(O-H, 28문항)
- 중독 가능성(APS, 39문항)
- 여성적 성역할(GF, 46문항)
- 외상 후 스트레스 장애(PK, 46문항)

⑥ PSY-5 척도(5개) 23 기출

- 공격성(AGGR, 18문항)
- 통제 결여(DISC, 29문항)
- 내향성/낮은 긍정적 정서성(INTR, 34문항)
- 정신증(PSYC, 25문항)
- 부정적 정서성/신경증(NEGE, 33문항)

⑦ 재구성 임상척도 19 23 기출

특징	• 더 정제된 해석을 하고, 진단적 변별성을 증대할 목적에서 개발 • 임상척도들에서 공통적으로 반영되는 일반요인을 추출하여 의기소침 척도(RCd)로 명명 • 척도 간 중복문항이 많고, 높은 상관을 보이는 임상척도의 문제점을 보완 • RC척도는 T점수 65점 이상을 유의미한 상승으로 간주 • RC6, RC8을 제외하고는 낮은 점수에 대해서도 해석 가능 • RC3의 경우 3번 임상척도(Hy)의 점수와 반대 방향으로 해석 • 타당도 척도를 통해 과소보고 가능성이 있을 경우 제한적 해석 또는 무해석
구성	• RCd : 의기소침(dem) → 전반적인 정서적 불편감 • RC1 : 신체증상 호소(som) → 신체 건강에 대한 염려와 집착, 신체증상 호소 • RC2 : 낮은 긍정 정서(lpe) → 긍정적인 정서 경험 부족, 불행감, 우울증 발병 위험 • RC3 : 냉소적 태도(cyn) → 임상 척도 3과 반대 방향으로 채점 • RC4 : 반사회적 행동(asb) → 분노, 공격성, 논쟁 등 • RC6 : 피해의식(per) → 불신, 의심 • RC7 : 역기능적 부정 정서(dne) → 불안감, 과민함, 짜증 • RC8 : 기태적 경험(abx) → 정신증적 가능성 • RC9 : 경조증적 상태(hpm) → 심신에너지 항진, 과도한 자신감

지식 IN

MMPI-2와 MMPI-A의 내용척도 비교

MMPI-2에만 있는 척도	MMPI-A에만 있는 척도
반사회성 특징 A유형 행동 공 포 직업적 곤란	품행 문제 소 외 낮은 포부 학교 문제

3 MMPI-A 검사

(1) 특징

① MMPI는 본래 성인을 대상으로 한 것으로서, 일부 문항에서 청소년에게 부적절한 문항이 포함되거나 청소년기의 특징을 담아내지 못하는 한계를 지니고 있었다.
② MMPI-A는 청소년을 위해 개발된 것으로서, 가족이나 학교, 또래집단에서의 문제 등과 관련된 내용을 포함하고 있다.
③ MMPI의 타당도 척도와 임상척도의 큰 틀을 유지한 채 청소년들에게 적절한 문항을 제시하고 그들의 특징을 담아내고 있다.

④ 일부 청소년에게서 나타나는 정체감 혼란으로 인해 자신의 증상을 극단적으로 과장함으로써 F척도의 T점수가 성인에 비해 높게 나타나는 문제를 고려하였다.
⑤ 총 478개의 문항과 함께 타당도 척도, 임상척도, 내용척도, 보충척도로 구성되어 있으며, 이들 중에는 청소년을 위해 새롭게 개발된 척도들도 포함되어 있다. 다만, 재구성 임상척도는 포함되어 있지 않다.

(2) MMPI-A에 새롭게 포함된 척도 17 20 22 23 기출

① 청소년을 위해 개발된 내용척도 4개
  ㉠ 소외(A-aln) : 점수가 높은 청소년은 다른 사람들과 큰 정서적 거리를 느낀다.
  ㉡ 품행 문제(A-con) : 점수가 높은 청소년은 자신이 절도, 좀도둑질, 거짓말, 기물 파손, 무례한 행동, 욕설, 반항적 행동을 했다고 말한다.
  ㉢ 낮은 포부(A-las) : 점수가 높은 청소년은 성공하는 것에 대해 흥미를 보이지 않는다.
  ㉣ 학교 문제(A-sch) : 점수가 높은 청소년은 낮은 성적, 정학, 무단결석, 교사에 대한 부정적 태도, 학교 혐오 등을 나타낸다.

② 청소년을 위해 개발된 보충척도 3개
  ㉠ 알코올/약물 문제 인정(ACK) : 점수가 높은 청소년은 자신이 알코올 및 다른 약물 문제를 인정하고 있음을 나타낸다.
  ㉡ 알코올/약물 문제 가능성(PRO) : 또래집단의 부정적 영향, 자극 추구, 규칙 위반, 성취에 대한 부정적 태도, 부모와의 갈등, 판단력 문제 등을 포함한다.
  ㉢ 미성숙(IMM) : 미래를 계획하기보다는 현재에만 관심을 집중, 자신감 결여, 통찰과 내성의 결여, 인지적 복합성의 결여, 대인관계에서의 불편감, 의심 및 소외, 적대감과 반사회적 태도, 자기중심성, 비난의 *외재화 등의 내용을 포함한다.

> **외재화**
> 개인의 내적 현상을 외부 세계로 옮겨놓는 정신과정을 말한다.

지식 IN

MMPI-A를 해석할 때 검토해야 할 질문 15 기출

- 반응태도
- 학교문제
- 대인관계
- 강점과 장점
- 증상과 행동
- 알코올 및 약물 문제
- 신체적/성적 학대

02 기타 성격검사

1 성격의 기본차원

(1) 성격 및 성격검사의 의의

① 성 격
  ㉠ 한 개인을 특징짓는 통합되고 조직화된 행동을 말한다.
  ㉡ 성격은 개인의 행동상 특징, 행동의 동기, 발달과정 등에 의해 한 개인을 다른 개인으로부터 구별할 수 있도록 하는 개인의 독특한 심리적 특징을 말한다.
  ㉢ 각각의 개인이 환경과의 상호작용을 통해 드러내는 독특하고 지속적이며 일관된 전체적 특징을 의미한다.
  ㉣ 성격은 독특성, 안정성을 특징으로 하며, 인성의 내용을 포함한다.

② 성격검사
  ㉠ 성격검사는 개인의 정서, 무의식적 동기 및 갈등, 개인적 선호 등에 대한 측정을 통해 개인의 성격 구조와 발달, 병리현상 등을 파악한다.
  ㉡ 채점과정과 표준화 유무에 따라 객관적 검사(구조적 검사)와 투사적 검사(비구조적 검사)로 나뉜다.

구조적 검사	비구조적 검사
폐쇄적 질문	개방형 질문

  ㉢ 개인의 공통적인 요인을 추출하는 요인분석법은 준거집단 방법처럼 경험적 접근방법이다.
  ㉣ 심리검사에서 말하는 '성격검사'는 개인의 적성, 성취, 흥미를 측정하는 검사와 구별되는 것으로서, 개인의 정서적이고 사회적인 특성과 행동 및 개인이 가지고 있는 성향이나 기질 등을 측정하는 검사이다.
  ㉤ 검사자가 검사의 제작과정, 해석, 활용방법을 알고 숙지하고 있어야 한다.
  ㉥ 객관적 성격검사는 유형론적 입장의 성격검사와 특성론적 입장의 성격검사의 두 가지 범주로 구분할 수 있다.

유형론	성격을 사람들을 구별하는 불연속적 범주의 한 집합으로 간주한다.
특성론	성격을 연속적인 차원에 따라 기술한다.

(2) 성격검사 개발방법 15 기출

① 논리적·이론적 방법
  ㉠ 어떤 '이론'이나 '모델'을 바탕으로 검사문항을 구성하는 연역적 방법이다. 특정 성격이론이 제시하는 심리적 구인을 측정하기 위한 문항을 개발하고, 검사결과가 이론과 일치하는지 구인타당도를 산출한다.
  ㉡ 대표적인 검사로는 머레이(Murray)의 욕구이론에 바탕을 둔 잭슨(Jackson)의 성격조사검사와 융(Jung)의 성격유형 이론에 바탕을 둔 MBTI가 있다.

② 준거집단 방법
  ㉠ 실제 임상자료를 바탕으로 성격검사를 개발하는 경험적 방법이다. 예컨대, 임상적으로 정신분열증으로 진단된 사람에게서 특징적으로 나타나는 성격특성을 표집하여 검사문항을 구성한 후, 정상집단의 사람에게 실시하여 이 두 집단을 지속적으로 잘 구별해주는 문항을 추려내어 검사를 제작하는 것이다.
  ㉡ 대표적인 검사로는 미네소타 다면적 인성검사(MMPI) 등이 있다.

③ 요인분석 방법
  ㉠ 준거집단 방법처럼 경험적인 방법으로서, 성격특성을 기술하는 문항을 개발하여 요인분석이라는 통계분석 방법을 사용하여 성격요인을 추출하고, 그에 해당하는 문항들로 검사를 구성하는 것이다.
  ㉡ 대표적인 검사로는 카텔(Cattell)의 16성격 요인검사, NEO-PI 검사 등이 있다.

2 객관적 성격검사 사용의 유의사항

(1) 심리검사 선정 시 유의사항
① 평가목적을 확실히 하여 그에 맞게 적절한 검사를 선정한다.
② 좋은 검사도구가 되기 위해서는 타당도, 객관도, 신뢰도 등을 반드시 검토해야 한다.
③ 표준화된 검사도구를 선정한다.

(2) 검사실시 전의 유의사항
① 검사의 목적 혹은 이유, 결과의 용도, 결과의 비밀보장 등에 관하여 솔직하고 성실하게 설명해 주어야 한다.
② 검사에 대한 피검사자의 기타 질문에 친절하게 답변해 주고 협조를 구해야 한다.
③ MMPI의 경우 독해력, 연령과 지능수준, 수검자의 상태, 검사장소 등을 고려해야 한다.

(3) 검사실시와 채점
① 시행 및 해석하려는 사람은 반드시 검사이론, 성격이론, 정신병리학, 정신과적 진단에 관한 충분한 지식이 있어야 한다.
② 전문적인 해석을 위해서는 반드시 전문가의 감독(Supervision)이 필요하다.

3 MBTI(성격유형검사) 검사의 활용

(1) MBTI의 의의 14 17 23 기출

① MBTI(Myers-Briggs Type Indicator)는 융(Jung)의 심리유형이론을 토대로 마이어스와 브릭스(Myers & Briggs)가 제작한 객관적 검사 또는 *자기보고형 검사이다.
② MBTI는 인간의 건강한 심리에 기초를 두어 만들어진 심리검사 도구이다.
③ 성격의 선천적 선호성을 알려주는 검사이다.

> **자기보고형**
> 수검자가 설문 형식의 문항들을 직접 읽고 푸는 형식을 말한다.

(2) MBTI의 특징 16 18 19 21 22 23 기출

① 개인이 비교적 쉽게 응답할 수 있는 자기보고식의 문항들을 통해 선호 경향들을 추출한 다음, 그러한 경향들이 행동에 어떠한 영향을 미치는지 파악한다.
② 총 95개의 문항으로 구성되어 있으며, 검사에만 약 30분 정도의 시간이 소요된다.
③ MBTI는 '외향(Extroversion)/내향(Introversion)', '감각(Sensing)/직관(Intuition)', '사고(Thinking)/감정(Feeling)', '판단(Judging)/인식(Perceiving)'이라는 4가지 차원을 기본 축으로 구성하고 성격유형을 총 16가지로 분류·제시하여 자신과 가족, 타인의 이해에 깊이 있는 통찰력을 제공해준다.

에너지 방향 '외향(E) / 내향(I)'	• 인식과 판단이 외부세계 및 내부세계 중 주로 어느 곳에 초점을 두는지 확인한다. • E : 폭넓은 활동력, 적극성, 정열, 말로 표현, 경험 우선 등 • I : 깊이와 집중력, 신중함, 조용함, 글로 표현, 이해 우선 등
인식기능 '감각(S) / 직관(N)'	• 인식과정에서 감각 및 직관 중 주로 어떤 방식을 선호하는지 확인한다. • S : 실용적 현실감각, 실제 경험 강조, 정확한 일처리, 나무를 보려는 경향 등 • N : 미래 가능성 포착, 아이디어, 신속한 일처리, 숲을 보려는 경향 등
판단기능 '사고(T) / 감정(F)'	• 의사결정과정에서 사고 및 감정 중 주로 어떤 종류의 판단을 더욱 신뢰하는지 확인한다. • T : 논리와 분석력, 원리와 원칙, 옳고 그름, 지적 비평 등 • F : 온화함과 인정, 의미와 영향, 좋고 나쁨, 우호적 협력 등
생활양식 '판단(J) / 인식(P)'	• 외부세계에 대한 대처방식에 있어서 주로 판단적 태도를 취하는지 인식적 태도를 취하는지 확인한다. • J : 조직력과 계획성, 통제성, 명확한 목적의식, 확고한 자기의사 등 • P : 적응성과 융통성, 수용성, 개방성, 재량에 의한 포용성 등

(3) MBTI에 의한 16가지 성격유형

	S	S	N	N	
I	ISTJ (세상의 소금형)	ISFJ (임금 뒷편의 권력형)	INFJ (예언자형)	INTJ (과학자형)	J
I	ISTP (백과사전형)	ISFP (성인군자형)	INFP (잔다르크형)	INTP (아이디어뱅크형)	P
E	ESTP (수완 좋은 활동가형)	ESFP (사교적 유형)	ENFP (스파크형)	ENTP (발명가형)	P
E	ESTJ (사업가형)	ESFJ (친선도모형)	ENFJ (언변능숙형)	ENTJ (지도자형)	J
	T	F	F	T	

(4) MBTI의 심리적 기능에 따른 4가지 기능별 분류 15 기출

구 분		특 징
SF (ISFJ, ISFP, ESFJ, ESFP)	장 점	• 인간적인 따뜻함을 가지고 있다. • 응집력이 있는 작업관계를 만드는 능력이 있다. • 사람들에게 관심이 있으며, 그들을 위해서 일할 것이다. • 사람들을 지원하고 도와주는 데 익숙하다. • 집단과정을 촉진시키는 데 익숙하다. • 기꺼이 경청하고 상담하며 타협한다. • 사회적이고, 대인관계에 대해서 잘 알고 있다. • 타인에 대한 고마움과 칭찬을 기꺼이 그리고 쉽게 할 수 있다.
	단 점	• 다른 사람들에 의해 쉽게 상처를 받으며, 비판에 대해 지나치게 민감하다. • 지나치게 감정적이다. • 사람들이 자신에 대해 어떻게 생각하는지에 지나치게 민감하여, 중요한 문제에 자기 주장을 못하는 경우도 있다. • 사람들에 대해 객관적인 태도를 취하기가 어렵다. • 자신이 믿고 있는 것을 굳게 유지하기 힘들 때가 있다. 또는 자신이 반대하는 것에 확고하게 반대하는 것이 힘들다.
ST (ISTJ, ISTP, ESTJ, ESTP)	장 점	• 과제를 조직하고 지시하며 완성할 수 있다. • 능률적이고 실질적이며 신뢰적이다. • 판단에 있어서 객관적·논리적이고 비개인적이며 공정하다. • 구조화된 환경을 선호하며, 정확하고 올바른 것을 좋아한다. • 잘 정의된, 연습이 잘 된 일을 수행한다. • 바로 '회사를 위한 사람'이다. • 사실과 이전의 경험을 가장 잘 다루는 사람이다.
	단 점	• 직원들이 한 인간이라는 것을 망각하고, 사무실에서 대인관계의 측면을 잘 이해하지 못한다. • 매우 지시적이며, 과제를 잘 수행하려는 직원들의 욕구를 무시한다. • 부모와 같은 태도는 서로 다른 유형의 사람을 멀리하는 경향이 있어서 문제 상황에 대한 필요한 피드백을 받지 못하는 경향이 있다. • 사무 절차의 변화를 직원들의 불성실 때문이라고 생각하는 경향이 있다. • 자신이 생각하는 대로 일하지 않는 사람들을 무시하려는 경향이 있다.

NT (INTJ, INTP, ENTJ, ENTP)	장 점	• 자료를 조직하고 통합하는 능력이 있다. • 어려운 과제를 수행하는 데 있어 인내할 줄 알고 지속적이다. • 장기적인 계획을 세우고, 해야 할 일을 구조화하며, 목표를 달성하는 능력이 있다. • 판단이 객관적이며, 편파적이지 않고 비개인적이다. • 능력과 완벽을 추구하여 자신이나 다른 사람이 실수를 하면 싫어한다. • 간결하고 정확한 것을 좋아한다. • 이전에 배운 것을 새로운 상황에 적용하는 능력이 있다.
	단 점	• 자신과 다른 사람들에게 지나치게 비판적이다. • 때때로 다른 사람들의 욕구와 감정에 둔감하다. • 동료나 부하들에 대해서 여러 가지 부정확한 가정을 많이 한다. 즉, 그들이 자신이 하는 대로 생각하고 행동할 것이라고 여긴다. • 협동하여 일하는 능력이 부족하다. • 냉정하고 거리감이 느껴진다. • 자신과 같은 방식으로 일하지 않는 사람들을 무시하는 경향이 있다.
NF (INFJ, INFP, ENFJ, ENFP)	장 점	• 다른 사람들에게 필요한 변화에 대한 열정과 몰입을 끌어내는 능력이 있다. • 언제 변화를 시도해야 하는지를 알고, 대안과 가능성, 새로운 접근, 이전에 일어나지 않았던 일들에 관심을 갖는다. • 변화를 필요한 것으로 인식하며, 새로운 아이디어, 비범한 것, 비논리적인 것에도 개방적이며 전통의 구애를 받지 않는다. • 사실과 세부사항들을 해석하여 광범위한 사실로 수렴하는 능력이 있다. • 인간의 복지 문제를 해결하는 데 관심이 있다. • 다양하고 탐색하는 방법으로 과제에 접근한다. • 규칙이나 지시가 다소 애매하고, 불분명한 상황에서도 편안한 마음으로 일한다.
	단 점	• 때때로 계획을 완수하지 못하거나, 자신의 아이디어나 영감을 따르지 못한다. • 문제를 현실적으로 다루는 데 어려움이 있다. • 새로운 미래의 필요를 위해서 현재 해야 할 일을 간과하는 수가 있다.

(5) 검사실시상의 유의사항

① 검사자는 검사실시를 위해 검사지 및 답안지, 필기도구를 준비한다.

② 검사자는 수검자에게 '검사를 받기 전 읽어볼 사항'을 충분히 숙지하도록 지시한다.

③ 검사자는 수검자에게 MBTI가 개인의 능력을 평가하거나 진단을 내리기 위한 것이 아닌, 심리적 경향 및 그에 따른 성격역동을 파악하기 위한 검사임을 강조하며, 정답이 없음을 주지시킨다.

④ 검사자는 수검자가 응답할 때 오래 생각할 필요가 없으며, 평소 자신의 생각이나 느낌을 자연스럽게 반영하도록 요구한다.

> **지식 IN**
> **MBTI 심리기능의 위계와 특징**
> - 주기능 : 기본적인 정신적 도구들을 모두 사용할지라도, 4가지 기능 중 사람마다 어느 하나에 대한 자연스러운 선호가 있기 때문에 유형이 발달한다.
> - 부기능 : 주기능을 보좌하고, 균형을 유지하기 위해 사용되는 기능을 말한다. 주기능이 인식형(감각형S 또는 직관형N)이라면, 부기능은 판단형(사고형T 또는 감정형F)이다.
> - 3차 기능 : 부기능에 반대되는 개념으로 정의된다. 3차 기능이 정상적으로 사용되는 태도(외향성E 혹은 내향성I)의 양상은 다른 세 가지 기능이 보여주는 태도의 양상보다는 일관적이지 않다.
> - 열등기능 : 주기능의 반대로서, 정신활동의 에너지가 가장 적게 작용하므로 가장 덜 발달되어 있다.

4 성격평가질문지(PAI) 23 기출

(1) 개요

1991년 미국의 심리학자 모리(Morey)가 성격과 정신병리를 평가하기 위한 객관검사로서, 임상장면에서 환자나 내담자에 대한 중요한 정보를 제공하기 위해 개발한 자기보고형 검사를 말한다.

(2) 특징

① 총 344문항으로 구성되어 있고, 22개의 척도들을 4개의 타당성 척도, 11개의 임상척도, 5개의 치료척도, 2개의 대인관계 척도 등 서로 다른 영역을 평가하는 척도들로 분류하고 있다.
② 환자집단의 성격 및 정신병리적 특징과 동시에 정상 성인의 성격평가에도 매우 유용하다.
③ 우울, 불안, 정신분열병 등과 같은 축Ⅰ장애뿐만 아니라 반사회적, *경계선적 성격장애와 같은 축Ⅱ장애를 포함하고 있어서 DSM-5의 진단분류에 정보를 제공한다.
④ 대부분의 질문지형 성격검사가 '그렇다-아니다'의 양분법적 반응양식으로 되어 있지만, 성격평가질문지(PAI)는 4점 평정척도로 이루어져 있어 행동의 손상 정도 또는 주관적 불편감 수준을 정확히 측정하고 평가한다.
⑤ 분할점수를 사용한 각종 장애의 진단과 꾀병이나 과장 및 무선적 반응과 같은 부정적 왜곡, 물질 남용으로 인한 문제의 부인과 같은 긍정적·방어적 반응 왜곡의 탐지에도 유용하다.
⑥ 각 척도는 3~4개의 하위척도로 구분되어 있어, 장애의 상대적 속성을 정확히 측정하고 평가할 수 있다.
⑦ 문항을 중복시키지 않아 변별타당도가 높고, 여러 가지 지표가 있어 유용하다.

> **경계선적 성격장애**
> 신경증적과 정신증적의 경계선에 있으므로 불안정한 상태의 정서와 행동을 보이는 경우를 말한다.

⑧ 환자가 질문지에 반응하는 데 그치지 않고 임상장면에서 반드시 확인해야 할 위기문항을 제시하고 있어, 그 내용을 직접 환자에게 물어봄으로써 추가 정보를 수집할 수 있고, 임상척도의 의미를 보다 정확하게 평가할 수 있다.

⑨ 잠재적 위기상황의 지표에 관한 중요한 내용으로 구성되어 있는 27개의 결정문항이 있어 위기상황에 즉각적으로 개입할 수 있다.

(3) 척 도 14 16 17 18 19 20 21 23 24 기출

① 타당도 척도

ICN(비일관성)	경험적으로 도출한 척도로서, 내용이 유사한 문항에 대한 수검자의 반응일치성을 평가하기 위한 척도
INF(저빈도)	무선반응, 무관심, 부주의, 정신적 혼란 또는 독해력 결함 등으로 인해 문항에 대해 제대로 반응하지 못한 수검자를 찾아내는 데 유용한 척도
NIM(부정적 인상)	바람직하지 못한 인상을 과장하기 위해 반응을 왜곡하거나 또는 매우 기이하고 희한한 증상과 관련된 문항들을 포함하고 있는 척도
PIM(긍정적 인상)	수검자가 매우 바람직한 방향으로 반응했거나, 어떠한 사소한 결점도 부정하려는 내용으로 구성되어 있는 척도

② 임상척도

SOM (신체적 호소)	• 신체적 기능 및 건강과 관련된 문제에 대한 관심을 반영하는 문항들을 포함 • 전환, 신체화, 건강염려 등 3개 하위척도 포함
ANX(불안)	• 불안을 경험할 때 공통적으로 나타나는 임상적 특징들을 측정 • 인지적, 정서적, 생리적 불안 등 3개 하위척도 포함
ARD (불안관련 장애)	• 불안장애와 관련된 3가지 상이한 증후군의 임상적 특징을 측정 • 강박장애, 공포증, 외상적 스트레스장애 등 3개 하위척도 포함
DEP(우울)	• 우울증후군에 공통적인 임상적 특징을 측정하는 척도 • 인지적, 정서적, 생리적 우울 등 3개 하위척도 포함
MAN(조증)	• 조증과 경조증의 임상적 특징을 측정하는 척도 • 활동수준, 자기확대, 초조감 등 3개 하위척도 포함
PAR(편집증)/망상	• 편집증적인 사람들이 가지고 있는 증상적 및 성격적 요소와 관련된 특징적 현상을 측정하는 척도 • 지나친 경계, 피해의식, 원한 등 3개 하위척도 포함
SCZ(조현병)	• 조현병의 다양한 측면을 측정하기 위한 척도 • 정신병적 경험, 사회적 위축, 사고장애 등 3개 하위척도 포함
BOR (경계선적 특징)	• 대인관계 및 정서의 불안정성을 반영하는 척도 • 정서적 불안정, 정체감 문제, 부정적 관계, 자기손상 등 4개 하위척도 포함
ANT (반사회적 특징)	• 반사회적 성격의 구성개념과 관련된 특징 및 행동을 평가하기 위한 척도 • 반사회적 행동, 자기중심성, 자극추구 등 3개 하위척도 포함
ALC(알코올문제)	알코올의 사용·남용·의존과 관련된 행동과 그 결과를 평가하기 위한 척도
DRG(약물문제)	약물의 사용·남용·의존과 관련된 행동과 그 결과를 평가하기 위한 척도

③ 치료 고려 척도

AGG(공격성)	공격성, 분노, 적개심과 관련된 태도와 행동적 특징을 평가하기 위한 척도
SUI(자살관념)	죽음이나 자살과 관련된 사고 및 구체적인 계획 등에 관한 생각을 평가하기 위한 척도
STR(스트레스)	개인이 현재 경험하고 있거나 최근에 경험한 생활 상황적 스트레스를 평가하기 위한 척도
NON(비지지)	사회적 관계의 가용성과 질을 포함한 지각된 사회적 지지의 부족을 평가하기 위한 척도
RXR(치료거부)	심리적·정서적 변화에 대한 개인적 관심과 관련된 속성과 태도를 평가하기 위한 척도

④ 대인관계 척도

DOM(지배성)	대인관계에서의 통제적·순종적 또는 자율적인 정도를 평가하기 위한 척도
WRM(온정성)	대인관계에서 관여하고 공감하는 정도와 거절하고 불신하는 정도를 평가하기 위한 척도

5 16PF와 다요인 인성검사

(1) 16PF 20 기출

① 16PF는 1949년 카텔(Cattell)이 자신의 성격(특질)이론을 입증하기 위해 고안한 검사도구로, 인간의 행동을 기술하는 수많은 형용사에서 최소한의 공통요인을 추출한 요인분석 방법이다.
② 카텔은 성격 특성과 연관된 4,500여 개의 개념들에서 160개의 상반된 단어들을 선정하고, 여기에 11개의 개념을 추가하여 171개를 선정하였다. 이후 질문지법을 동원하여 결과를 상관분석한 후 최종적으로 16개의 요인을 발견하였다.
③ 카텔은 16개의 1차 요인을 다시 요인분석하여 4개의 2차 요인을 추출하였고, 각 척도는 높고 낮은 대조적인 성격특성을 나타낸다.

(2) 다요인 인성검사

① 개념
㉠ 다요인 인성검사는 카텔의 16PF를 토대로 한국의 실정에 맞게 표준화한 검사로서, 카텔이 주창한 근원 특성들을 중심으로 요인분석법을 통해 성격특성들을 추출한 것이다.
㉡ 다요인 인성검사는 지필 검사로 되어 있으며, 각 문항은 '아주 그렇다(1)'에서 '전혀 아니다(5)'까지 5단계로 응답할 수 있도록 되어 있다. 척도로는 타당도 척도인 무작위 반응척도 및 14개의 성격척도들로 이루어져 있다.
㉢ 현재 사용되고 있는 것은 2003년에 수정한 것으로, 1차 요인 중 B요인과 L요인을 제외하고 14개의 1차 요인과 5개의 2차 요인, 2개의 특수 척도로 구성되었다.

② 척도의 구성
  ㉠ 다요인 인성검사의 1차 요인

1차 요인명	내 용	1차 요인명	내 용
A요인	온정성 척도 (냉정성 / 온정성)	M요인	공상성 척도 (실제성 / 공상성)
C요인	자아강도 척도 (약한 자아강도 / 강한 자아강도)	N요인	실리성 척도 (순진성 / 실리성)
E요인	지배성 척도 (복종성 / 지배성)	O요인	자책성 척도 (편안감 / 자책감)
F요인	정열성 척도 (신중성 / 정열성)	Q1요인	진보성 척도 (보수성 / 진보성)
G요인	도덕성 척도 (약한 도덕성 / 강한 도덕성)	Q2요인	자기결정성 척도 (집단의존성 / 자기결정성)
H요인	대담성 척도 (소심성 / 대담성)	Q3요인	자기통제성 척도 (약한 통제력 / 강한 통제력)
I요인	예민성 척도 (둔감성 / 예민성)	Q4요인	불안성 척도 (이완감 / 불안감)

  ㉡ 다요인 인성검사의 2차 요인

2차 요인명	내 용
EXT(외향성)	내향성 / 외향성
ANX(불안성)	약한 불안 / 강한 불안
TOU(강정성)	유약성 / 강인성
IND(자립성)	종속성 / 자립성
SUP(초자아 강도)	약한 초자아 강도 / 강한 초자아 강도

  ㉢ 다요인 인성검사의 특수척도명

특수척도	요인명	내 용
동기왜곡 척도	MD	솔직한 대답 / 잘 보이려는 대답
무작위 척도	RANDOM	진지한 대답 / 불성실한 대답

6 NEO 인성검사(NEO-PI-R)

(1) NEO-PI-R의 의의

① 1992년 코스타와 맥크레이(Costa & McCrae)가 고안한 요인분석 방법이다.
② 기존의 *신경증(Neuroticism), *외향성(Extraversion), 개방성(Openness)의 3요인 중심 검사에 수용성(Agreeableness), 성실성(Conscientiousness)을 추가하여 수정된 검사방법이 개발되었다.
③ 5가지 요인에 해당하는 상위척도들은 다시 각각 6개의 하위척도들로 세분되고, 하위척도들은 다시 8개의 문항으로 구성됨으로써, 총 240개의 항목으로 이루어진다.
④ 골드버그(Goldberg)는 5가지 요인을 'Big Five'라는 명칭으로 불렀다.

> **신경증**
> 심리적 원인에 의해 일어나는 정신적 또는 신체적 증상을 일으키는 질병을 말한다.

> **외향성**
> 흔히 '사교적'으로 표현되며, 에너지가 외부로 향하는 것을 말한다.

(2) 척도의 구성 16 17 20 24 기출

요인명	내용		
N요인(신경증)	• N1 – 불안 • N4 – 자의식	• N2 – 적대감 • N5 – 충동	• N3 – 우울 • N6 – 심약성
E요인(외향성)	• E1 – 온정 • E4 – 활동성	• E2 – 사교성 • E5 – 자극 추구	• E3 – 자기주장 • E6 – 긍정적 감정
O요인(개방성)	• O1 – 상상 • O4 – 행동 개방	• O2 – 심미 • O5 – 사고 개방	• O3 – 감정 개방 • O6 – 가치 개방
A요인(친화성)	• A1 – 신뢰 • A4 – 순응성	• A2 – 정직 • A5 – 겸양	• A3 – 이타심 • A6 – 동정
C요인(성실성)	• C1 – 능력감 • C4 – 성취동기	• C2 – 질서 • C5 – 자기통제	• C3 – 충실성 • C6 – 신중성

(3) NEO 인성검사의 특징 14 22 기출

① N요인(신경증)
  ㉠ 흥분과 침울, 기쁨과 슬픔 등 감정의 양 극단을 오가는 정도 즉 '정서적 안정성'을 말한다.
  ㉡ 정서적으로 얼마나 안정되어 있고, 자신이 세상을 얼마나 통제할 수 있으며, 세상을 위협적이지 않다고 생각하는지의 정도를 나타낸다.

② E요인(외향성)
  ㉠ 자신의 감정을 솔직하게 표현할 수 있고, 사람 사귀기를 좋아하는 성격이다.
  ㉡ 이들은 다양한 사람, 특히, 새로운 사람과의 관계를 쉽게 형성하는 장점이 있다. '사교적인', '어울리기 좋아하는', '말을 많이 하는', '자기 주장적인', '모험을 좋아하는', '활동적인', '활기에 찬', '포부 있는' 등의 언어로 대표된다.

③ O요인(개방성)
  ㉠ 새로운 경험이나 혁신에 대한 거부감이 적은 것을 말한다.
  ㉡ '경험에 대한 개방성'을 의미하는데, 이것이 높은 사람은 조직생활에서 상상력과 호기심이 많고, 새로운 정보를 잘 받아들이며, 변화에 대한 수용도가 높다.
④ A요인(친화성)
  ㉠ 다른 사람과 더불어 잘 지내는 성격을 말한다. 자신을 지나치게 내세우기보다 전체적인 화합을 중시하고, 주변 사람들을 신뢰하는 성격이다.
  ㉡ '예의바른', '착한', '융통성 있는', '믿음직한', '협조적인', '너그러운', '감정 이입적인', '보살피는', '마음이 고운', '인내심 있는' 등과 같은 특질들을 일관적으로 포함하고 있다.
⑤ C요인(성실성)
  ㉠ 수행중인 과업과 목표 달성에 관심과 노력을 잘 집중하며, 실수 없이 자신의 일을 잘 추진해가는 성격이다.
  ㉡ 성실성 요인에서 높은 점수를 보이는 사람들은 열심히 일하고, 신중하고, 철저하고, 책임감이 강하고, 계획성이 있고, 신뢰감을 주는 특성을 나타낸다. '세심한', '철저한', '책임감 있는', '조직적인', '계획적인' 등과 같은 특질을 포함한다.

7 에니어그램(Enneagram)

(1) 어 원

에니어그램은 아홉이란 뜻의 '에네아스(Enneas)'와 단위를 의미하는 '그라마(Grama)' 두 단어의 합성어이다.

(2) 목 적

① 자신의 성격 유형을 발견해 내며, 문제점을 발견하면 집착을 따를 것인지 않을 것인지 결정할 수 있어서 새로운 자유를 누릴 수 있다.
② 에니어그램은 3가지 단계(자기 자신의 집착을 찾아내는 단계 → 집착의 원인을 이해하는 단계 → 집착을 극복하는 단계)를 거쳐 이루어지는 자아 발견의 여정이다.

(3) 성격 유형 17 기출

1번 유형	완벽을 추구하는 사람	2번 유형	타인에게 도움을 주려는 사람
3번 유형	성공을 추구하는 사람	4번 유형	특별한 존재를 지향하는 사람
5번 유형	지식을 얻고, 관찰하는 사람	6번 유형	안전을 추구하고, 신중한 사람
7번 유형	즐거움을 추구하고, 계획하는 사람	8번 유형	강함을 추구하고, 자기를 주장하는 사람
9번 유형	조화와 평화를 바라는 사람		-

03 적성검사

1 적성의 개념

(1) 적성의 의의
① 적성은 직업이나 전문 분야에 알맞은 개인의 적합한 특성을 말한다.
② 적성은 능력, 성격, 흥미의 3가지 요소를 합친 것이다.
③ 적성은 일반적 지식이나 특수한 기술을 습득 · 숙달할 수 있는 개인의 잠재력을 말하는 것으로서, 학업적성이나 직업적성 등을 포함한다.

(2) 적성검사의 개요
① 적성검사는 인지적 검사로서 개인의 특수한 능력 또는 잠재력을 발견하도록 하여 학업이나 취업 등의 진로를 결정하는 데 정보를 제공하며, 이를 통한 미래의 성공 가능성을 예측한다.
② 차이적성검사(DAT ; The Differential Aptitude Test), 일반 직업적성검사(GATB) 등이 해당한다.

2 일반 직업적성검사(GATB ; The General Aptitude Test Battery)

(1) 일반 직업적성검사(GATB)의 의의
① 일반 직업적성검사는 1947년 미국 연방정부 직업안정국(United States Employment Service)이 일반 적성검사 배터리를 표준화한 것이다.
② 포괄적인 적성을 측정하는 종합적성검사로서, 11개의 지필검사와 4개의 수행검사(동작검사)를 포함한 총 15개의 하위검사로 구성되어 있다.
③ GATB를 통해 총 9개 분야의 적성이 검출된다.

(2) GATB의 구성
① 지필검사 : 기구대조검사, 형태대조검사, 명칭비교검사, 타점속도검사, 표식검사, 종선기입검사, 평면도판단검사, 입체공간검사, 어휘검사, 산수추리검사, 계수검사
② 수행검사(동작검사) : 환치검사, 회전검사, 조립검사, 분해검사

(3) GATB에 의해 검출되는 적성의 분류 16 기출
① 지능(G ; General Intelligence) : 일반적인 학습능력, 설명이나 지도내용과 원리를 이해하는 능력, 추리 · 판단하는 능력, 새로운 환경에 신속하게 순응하는 능력 등
② 언어능력(V ; Verbal Aptitude) : 언어의 뜻과 함께 그와 관련된 개념을 이해하고 사용하는 능력, 언어 상호 간의 관계와 문장의 뜻을 이해하는 능력, 보고 들은 것이나 자신의 생각을 발표하는 능력 등
③ 수리능력(N ; Numerical Aptitude) : 신속하고 정확하게 계산하는 능력 등

④ 사무지각(Q ; Clerical Perception) : 문자나 인쇄물, 전표 등의 세부를 식별하는 능력, 잘못된 문자나 숫자를 찾아 교정하고 대조하는 능력, 직관적인 인지능력의 정확도나 비교·판별하는 능력 등
⑤ 공간적성(S ; Spatial Aptitude) : 공간상의 형태를 이해하고 평면과 물체의 관계를 이해하는 능력, 기하학적 문제해결능력, 2차원이나 3차원의 형체를 시각적으로 이해하는 능력 등
⑥ 형태지각(P ; Form Perception) : 실물이나 도해 또는 표에 나타나는 것을 세부까지 바르게 지각하는 능력, 시각으로 비교·판별하는 능력, 도형의 형태나 음영, 근소한 선의 길이나 넓이 차이를 지각하는 능력, 시각의 예민도 등
⑦ 운동반응(K ; Motor Coordination) : 눈과 손 또는 눈과 손가락을 함께 사용하여 빠르고 정확하게 운동할 수 있는 능력, 눈으로 겨누면서 정확하게 손이나 손가락의 운동을 조절하는 능력 등
⑧ 손가락 재치(F ; Finger Dexterity) : 손가락을 정교하고 신속하게 움직이는 능력, 작은 물건을 정확하고 신속하게 다루는 능력 등
⑨ 손의 재치(M ; Manual Dexterity) : 손을 마음대로 정교하게 조절하는 능력, 물건을 집고 놓고 뒤집을 때 손과 손목을 정교하고 자유롭게 운동할 수 있는 능력 등

지식 IN

일반 직업적성검사(GATB)의 하위검사 및 검출되는 적성

측정방식	하위검사명	검출되는 적성
지필검사	기구대조검사	형태지각(P)
	형태대조검사	
	명칭비교검사	사무지각(Q)
	타점속도검사	운동반응(K)
	표식검사	
	종선기입검사	
	평면도판단검사	공간적성(S)
	입체공간검사	공간적성(S), 지능(G)
	어휘검사	언어능력(V), 지능(G)
	산수추리검사	수리능력(N), 지능(G)
	계수검사	수리능력(N)
수행검사	환치검사	손의 재치(M)
	회전검사	
	조립검사	손가락 재치(F)
	분해검사	

(4) GATB의 채점 및 적용

① **채점 및 원점수 산출** : 지필검사는 맞은 문항수를, 수행검사는 완성한 개수를 센다. 단, 종선기입검사, 타점속도검사, 표식검사는 진행한 수를 세는데, 이때 해당 수치가 원점수가 된다.
② **환산점수 산출** : 검사요강에 수록된 환산표를 참조하여 원점수를 그에 부합하는 환산점수로 변환한다.
③ **적성별 점수 산출** : 환산점수를 이용하여 9개의 적성분야별 점수를 산출한다.
④ **적정 직무군 선정** : GATB는 2~3개의 적성분야를 조합하여 모두 15개의 직무군을 제공하고 있으며, 각 직무군에서 필요로 하는 적성분야의 점수에 따라 다시 2~3개의 하위직무군으로 분류하고 있다. 이 분류는 직무군별로, 직무군 내 하위직무군별로 적성분야의 기준점수를 제시하고 있으며, 수검자의 적성분야별 점수를 이 기준과 비교하여 수검자의 적정한 직무군을 판별한다.

> **지식 IN**
>
> **직무와 관련된 특수적성검사** 14 기출
> - 잠재적 능력을 측정한다.
> - 미래의 수행능력을 예측한다.
> - 미래의 적응도를 예측한다.
> - 직무와 관련된 인지적 강점과 약점을 알려줄 수 있다.

3 홀랜드(Holland) 주요 이론

(1) 홀랜드 이론의 의의

① 개인의 특성과 직업세계의 특징과의 최적의 조화를 가장 강조하였다.
② 개인의 행동양식이나 인성유형이 직업선택과 발달에 매우 중요한 영향을 미친다고 보았다.
③ 대부분의 사람들은 실재적(Realistic), 탐구적(Investigative), 예술적(Artistic), 사회적(Social), 기업적(Enterprising), 관습적(Conventional)의 6가지 유형 중의 하나로 분류될 수 있다.

(2) 홀랜드 이론의 주요 개념

① 직업적 흥미가 곧 성격의 한 측면이라는 것을 가정한다.
② 직업 선택이 곧 성격을 나타내는 것이며, 특정 직업의 구성원들이 서로 비슷한 성격적 특징과 발달과정을 가지고 있다고 보았다.
③ 개인의 직업 성취도, 안정성, 만족도 등은 성격과 가지고 있는 직업 환경 간의 일치성의 정도에 따라 좌우된다고 보았다.

(3) 홀랜드의 6가지 성격유형과 모형 14 16 18 19 20 21 22 23 기출

① 6가지 성격유형

현실(실재)형 (Realistic)	• 추상적인 것보다 확실하고 현재적인 것을 지향한다. • 솔직하고, 성실하고, 검소하며, 지구력이 있고, 신체적으로 건강하다. • 직접 손을 사용하고 사물을 다루어 보상되는 금전·소유·힘을 추구하며, 확실하고 예측 가능한 환경을 선호한다. 예 기술자, 항공기 조종사, 정비사, 농부, 엔지니어, 운동선수 등
탐구형 (Investigative)	• 추상적인 것과 문제 해결을 지향한다. • 학문적·과학적인 성공을 선호하고 지식을 존중하며, 지식이 세상을 다루는 도구라고 믿는다. • 지위와 인정을 존중하고 보상을 중시한다. 예 생물학자, 화학자, 물리학자, 인류학자, 지질학자, 의료기술자, 의사 등
예술형 (Artistic)	• 어떤 것의 시비보다는, 상상적이고 창조적인 것을 지향한다. • 이들의 환경은 추상적·예술적·창의적인 세계이며, 인정·지위·창조적인 자유를 추구한다. 예 예술가, 작곡가, 음악가, 인테리어 장식가, 작가, 배우, 디자이너 등
사회형 (Social)	• 인간의 문제와 성장, 인간관계를 지향하고, 사람과 직접 일하기를 좋아하며, 원만한 대인관계를 맺는다. • 이들의 환경은 인간세계이며, 항상 변화하는 관계를 지닌다. • 사회적인 기법과 타인의 변화를 촉진하는 능력을 존중한다. 예 사회복지가, 교육자, 간호사, 유치원 교사, 종교지도자, 상담사 등
진취(기업)형 (Enterprising)	• 정치적·경제적 도전을 지향한다. • 다른 성격유형보다 자기주장이 강하고 지배적이며, 자기확신이 강하다. • 이들의 환경은 새로운 도전이 계속되는 세계이며, 힘·지위·금전을 추구한다. 예 기업경영인, 기업실무자, 정치가, 판사, 영업사원, 연출가 등
관습형 (Conventional)	• 규칙을 따르고 관례적이며, 구조적·예언적인 것을 좋아한다. • 자료를 가지고 일하며, 사무적·수리적 능력의 일에 적합하다. • 이들의 환경은 자료 및 세부사항에 대한 실제적 관리에 대해 격려와 보상을 받는 곳이며, 실제적이고 조직적인 사실을 다루는 곳이다. 예 공인회계사, 은행원, 세무사, 사무직 근로자, 감사원, 사서 등

② 6각형 모형에서 일관성 정도
  ㉠ 일관성은 6가지 직업적 성격유형 중 어떤 쌍들은 다른 유형의 쌍들보다 공통점을 더 가지고 있다는 것을 나타낸다.
  ㉡ 높은 일관성은 홀랜드의 6각형 모형에서 첫 두문자가 인접할 때 나타난다. 따라서 6각형 모형상에서 대각선에 해당하는 유형으로 서로 대비되는 특성을 지닌 유형들은 일관성이 가장 낮은 성격유형이 된다.

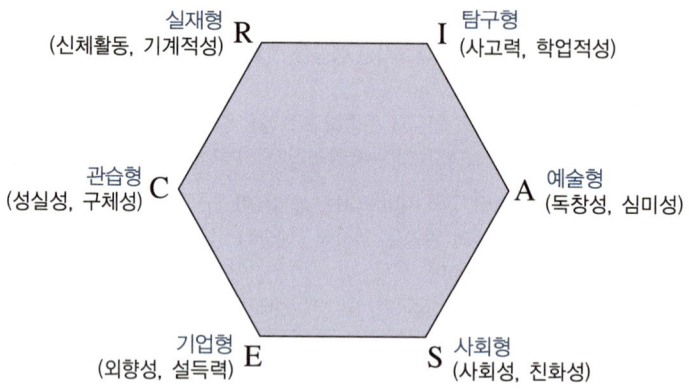

(4) 홀랜드의 적성검사
① **진로발달검사** : 초등학생들을 대상으로 하는 흥미검사이다.
② **진로탐색검사** : 중·고등학생을 대상으로 하는 흥미검사이다.
③ **진로적성검사** : 무엇을 잘 할 수 있는지를 측정하는 능력검사이다.

> **지식 IN**
>
> **기타 진로검사** 17 기출
> - **한국판 스트롱 직업흥미검사** : 고등학생 이상 성인에게 적용 가능하도록 제작된 검사로서 일반직업분류(GOT), 기본흥미척도(BIS), 개인특성척도(PSS) 등 3개로 구성되어 있다.
> - **커리어넷의 직업가치관검사** : 직업과 관련된 여러 욕구와 가치에 대해 개인이 상대적으로 중요시하는 것이 무엇이며, 어느 정도 더 중요시하는지에 대한 정보를 제공하는 것으로서, 직업경험을 통하여 충족하고자 하는 욕구 또는 상대적으로 중요시하는 것을 평가한다.

CHAPTER 05 투사적 검사

중요도 ★★★

핵심포인트
\# 집-나무-사람 그림검사 \# 문장완성검사 \# 로샤검사 \# 주제통각검사
\# 벤더게슈탈트 검사

01 집-나무-사람 그림검사(HTP)

1 HTP의 의의 및 기본가정 16 18 기출

(1) HTP(House-Tree-Person)의 의의
① HTP는 1948년 벅(Buck)이 처음 개발하여 이후 벅과 해머(Hammer)가 발전시킨 투사적 그림검사이다.
② 기존의 인물화 검사(DAP)에 의한 결과보다 더 많은 정보를 입수할 수 있으므로, 개인의 성격구조를 이해하는 데 효과적이다.
③ 이 검사에서는 집, 나무, 사람의 그림을 통해 수검자 개인의 성격 및 환경에 대한 견해를 평가하게 된다.

(2) HTP의 기본가정
① 집, 나무, 사람은 나이 어린 수검자에게 친숙하다.
② 집, 나무, 사람은 수검자의 연령과 지식수준 등을 고려할 때, 다른 어떠한 주제보다도 받아들이기 쉽다.
③ 집, 나무, 사람은 다른 소재를 그릴 때보다 더욱 자유롭고 솔직하게 자신을 담아낼 수 있다.
④ 집, 나무, 사람은 수검자의 무의식과 관련된 상징을 드러내 줌으로써, 더욱 풍부한 정보를 제공한다.
⑤ 집, 나무, 사람의 순서대로 그리도록 한다.
⑥ 언어 표현이 어려운 사람(외국인, 문맹자, 억압된 자)에게도 적용이 가능하다.

(3) HTP의 투사적 상징

① 집(House) : 자기-지각(Self-awareness), 가정생활의 질, 자신의 가족 내 관계에 대한 지각
② 나무(Tree) : 무의식적·원시적 자아개념, 심리적 갈등과 방어, 정신적 성숙도, 환경에 대한 적응수준 등
③ 사람(Person) : 보다 직접적인 자기상(Self-image)으로서 자화상, 이상적인 자아, 중요한 타인 등

2 HTP의 시행 및 해석

(1) HTP의 시행 14 16 18 22 기출

① 그림단계
  ㉠ 검사자는 백지 4장, 연필, 지우개, 초시계를 준비한다.
  ㉡ 검사자는 수검자에게 그림을 잘 그리고 못 그리는 것이 중요하지 않으므로, 자유롭게 그릴 것을 요구한다.
  ㉢ 그림을 그리는데 '집 → 나무 → 사람' 순으로 하며, 제한 시간은 없지만 소요 시간은 측정한다. 또한, 사람 그림의 경우, 특정 성(性)의 그림을 먼저 그리라는 지시를 하지 않는다.
  ㉣ 처음 집을 그리도록 할 때에는 용지를 가로로 제시하며, 이후 나무나 사람, 반대 성(性)의 사람을 그리도록 할 때에는 용지를 세로로 제시한다.
  ㉤ 수검자가 심리적인 어려움을 적게 받는 대상에서부터 시작한다.
  ㉥ 중성적 자극에서부터 점진적으로 자기상에 접근하도록 한다.
  ㉦ 수검자가 사람을 그릴 때 전신을 그리도록 요구하며, 만화적으로 그리거나 뼈대만 그리지 않도록 한다. 사람을 다 그리고 나면 성별을 물은 후 기록한다. 그 다음 반대 성의 사람을 그리게 한다.
  ㉧ 검사자는 내담자의 반응을 상세히 기록한다. 이는 모호한 상황에서 수검자가 어떻게 대처하는지 파악하도록 해준다.

② 질문단계
  ㉠ 그림이 완성된 경우 검사자는 수검자에게 그 그림에 대해 자유롭게 이야기를 해보도록 요구하고, 중요한 사항들에 대해 질문한다.
  ㉡ 질문의 목적은 수검자가 그림을 통해 표출하는 개인적인 의미, 즉 *현상적 욕구나 갈등, 압박의 투사를 알아보기 위한 것이다.
  ㉢ 검사자가 집, 나무, 사람과 관련하여 수검자에게 할 수 있는 질문은 매우 다양하며, 대표적인 질문은 다음과 같다.

> **현상적**
> 관찰할 수 있는 사물의 형상, 또는 현재의 상태를 말한다.

집	• 행복한 집으로 보이니? • 집을 보면 뭐가 생각나니? • 누구의 집이야? • 이 집에서 가장 필요한 것은?
나 무	• 몇 살 된 나무야? • 죽었니 살았니? • 저 나무 주변에는 다른 나무들이 많니 적니? • 외로워 보이니 즐거워 보이니?
사 람	• 남자야 여자야? • 몇 살이니? • 무슨 생각을 하고 있어 보이니? • 이 사람에게 하고 싶은 말은?

(2) HTP의 해석 16 17 19 기출

① 구조적 해석

검사 소요시간	• 오랜 시간의 소요 : 완벽 성향 또는 강박적 성향 • 어려움 호소 : 낮은 자존감, 우울증
그림의 순서	• 그림의 크기 및 우선순위 : 위협 및 위축의 표상 • 그리던 그림을 지우고 새로 그리는 경우 : 열등감 및 가장의 성향 • 일반적인 순서와 다르게 그리는 경우 : 사고장애, 발달장애 • 선의 질 변화 : 자신감, 불안감, 산만함, 충동성
그림의 크기	• 보통 종이크기의 2/3 정도가 일반적임 • 과도하게 큰 그림 : 공격성, 과장성, 낙천성, 행동화 성향 • 과도하게 작은 그림 : 열등감, 불안, 위축, 낮은 자존감, 의존성
그림의 위치	• 보통 종이 가운데 그리는 것이 일반적임 • 가운데 : 적정 수준의 안정감, 융통성 부족 • 위 : 높은 욕구, 목표달성에 대한 스트레스, 공상적 만족감 • 아래 : 불안정감, 부적절감, 우울성향, 실제적인 것을 선호하는 성향 • 왼쪽 : 충동성, 외향성, 변화에의 욕구, 즉각적 만족추구 성향 • 오른쪽 : 자기 통제적 성향, 내향성, 지적 만족추구 성향 • 구석 : 두려움, 위축감, 자신감 결여
그림의 선	• 수평선 : 여성성, 두려움, 소극적 · 자기 방어적 성향 • 수직선 : 남성성, 결단성, 활동적 · 자기 주장적 성향 • 직선 : 경직성, 공격성 • 곡선 : 유연성, 관습 거부 성향 • 길게 그린 선 : 안정성, 결단성, 높은 포부 수준 • 끊긴 곡선 : 의존성, 우유부단함, 복종적 성향 • 선에 음영 : 불안정성, 불안감, 민감성, 신중함
필 압	• 보통 강 · 약의 다양한 필압을 사용하는 것이 일반적임 • 강한 필압 : 공격성, 독단성, 자기 주장적 성향 • 약한 필압 : 위축감, 자기 억제 성향, 우유부단함

그림의 세부묘사	• 생략된 세부묘사 : 위축감, 우울성향 • 과도한 세부묘사 : 강박성, 자기억제 성향, 주지화 성향 • 부적절한 세부묘사 : 위축감, 불안감
그림의 대칭	• 대칭 결여 : 정신병적 상태, 뇌기능 장애 • 대칭 강조 : 경직성, 강박성, 융통성 결여, 편집증적 성향
그림의 왜곡·생략	• 왜곡 및 생략 : 불안감, 내적 갈등 • 극단적 왜곡 : 현실 검증력 장애, 뇌손상 또는 지적장애
동적·정적 움직임	• 경직된 모습 : 우울감, 위축감 • 극단적 움직임 : ADHD(주의력 결핍 과잉행동장애), 경계선 장애
절 단	• 용지 하단에서의 절단 : 강한 충동성 또는 충동성의 억제 • 용지 상단에서의 절단 : 주지화 성향, 지적인 면에서의 강한 성취욕구 • 용지 왼쪽에서의 절단 : 의존성, 강박성, 과거에 대한 고착, 솔직한 감정표현 • 용지 오른쪽에서의 절단 : 행동에 대한 통제, 미래로의 도피 욕구, 감정표현에 대한 두려움
음 영	• 음영의 의미 : 불안 또는 갈등 수준 • 진하게 칠한 음영 : 불안 및 강박에 의한 우울감, 미숙한 정신 상태로의 퇴행 • 연하게 칠한 음영 : 대인관계에서의 과민성
그림 지우기	• 빈번한 지우기 : 내적 갈등, 불안정, 초조함, 자신에 대한 불만 • 반복적 지우기에도 그림이 개선되지 않음 : 특별한 불안 또는 갈등
종이 돌리기	• 이리저리 돌리기 : 반항성, 내적 부적절감 • 계속 같은 방향으로 돌리기 : 하나의 개념에 얽매인 보속성(Perservation)
투명성	대상의 내부 묘사 : 현실 검증력 문제, 미숙한 인지능력, 성적 갈등

② 내용적 해석

집	문	환경과의 직접적 접촉의 성질 및 상호작용의 정도 • 문이 없는 경우 : 가족 간 거리감, 고독감 • 문이 활짝 열린 경우 : 온정을 느끼고 싶은 강렬한 욕망
	창 문	환경과의 간접적 접촉의 성질 및 상호작용의 정도 • 창문이 없는 경우 : 대인관계 곤란 • 창문이 많은 경우 : 타인과 친밀해지고 싶은 욕망
	지 붕	생활의 환상적 영역, 공상적 활동, 자기 자신에 대한 관념 • 지붕이 큰 경우 : 환상·공상에의 몰두, 대인관계에 대한 무관심 • 지붕이 없는 경우 : 심각한 위축성, 지적장애
	굴 뚝	가족 내 관계, 애정욕구, 성적 만족감 • 굴뚝에서 연기가 나는 경우 : 애정욕구 결핍 • 굴뚝이 없는 경우 : 정적인 가족 내 분위기
	벽	자아 강도 및 통제력 • 연결이 부적절한 벽 : 일차적 욕구에 대한 집착, 자아상실감 • 허물어질 듯한 벽 : 자아의 붕괴
	부수적 사물	• 해, 나무, 수풀 : 의존욕구 • 구름, 그림자 : 불안감 • 울타리, 산, 관목 : 방어욕구

나무	뿌리	안정성 여부, 현실과의 접촉 수준 • 뿌리를 강조한 경우 : 불안정 및 그에 대한 과도한 보상 • 뿌리가 없는 경우 : 현실에서의 불안정감 • 뿌리 없이 땅을 그린 경우 : 내적 자기에의 단절감, 약간의 안정감 수준
	기둥 (Trunk)	수검자의 자아 강도, 내면화의 힘, 심리적 힘에 관한 정보 제공 • 크거나 높은 경우 : 자아 강도 부족 및 그에 대한 과도한 보상 • 기둥이 빈약한 경우 : 위축감, 무력감 • 기둥이 기울어진 경우 : 외적 요인에 의한 내적 자아 손상 및 압박 • 옹이구멍이 있는 경우 : 성장과정상 외상 경험
	가지	타인과의 접촉 성향, 수검자의 자원 • 작은 기둥에 큰 가지를 그린 경우 : 과도한 성취성향 • 큰 기둥에 작은 가지를 그린 경우 : 성취좌절, 부적절감 • 가지가 없는 경우 : 대인관계 위축, 우울감 • 가지의 열매가 떨어진 경우 : 타인관계 실패, 정서적 어려움
사 람	머 리	인지능력 및 지적 능력, 공상 활동 • 머리를 크게 그린 경우 : 지적 욕망, 자아의 확장, 공상에 몰두 • 머리를 작게 그린 경우 : 지적 부적절감, 열등감, 강박적 성향 • 머리가 없는 경우 : 불쾌한 생각의 제거 욕망
	얼 굴	타인과의 의사소통 및 관계형성 • 눈 : 기본적 성향 및 현재의 기분 • 코 : 성적 상징, 외모에 대한 태도, 타인과의 관계형성 • 입 : 심리적 성향, 타인과의 의사소통 • 귀 : 정서자극에 대한 반응 • 턱 : 공격성, 자기 주장적 성향
	몸 통	기본적 추동(Drive)의 양상 • 어깨 : 책임성, 책임수행 능력 • 가슴 : 남자의 경우 힘과 능력, 여자의 경우 성적 성숙 및 애정욕구 • 허리 : 성적 행동
	팔다리	환경과의 상호작용 및 욕구충족 양상 등 • 팔 : 현실에서의 욕구충족 방식 • 다리 : 목표를 위한 행동, 위험으로부터의 도피 • 손 : 사회적 교류, 환경에 대한 통제 능력 • 발 : 독립성 대 의존성, 안정감 대 불안정감

02 문장완성검사(SCT)

1 SCT(Sentence Completion Test) 개관 15 16 18 21 22 23 24 기출

(1) SCT의 의의

① 갈튼(Galton)의 자유연상법과 카텔(Cattell) 및 라파포트(Rapaport)의 *단어연상법 등의 확장에 의해 연구가 이루어졌다.
② 1928년 페인(Payne)이 문장완성을 성격검사 도구로 처음 사용하였으며, 이후 1930년 텐들러(Tendler)가 이를 사고반응 및 정서반응의 진단을 위한 도구로 발전시켰다.
③ 로샤검사나 주제통각검사보다 더 구조화되어 있으므로, 몇몇 학자들에 의해 투사적 검사로 보기 어렵다는 견해도 존재한다.

> **단어연상법**
> 특정한 자극단어에 대해 수험자 마음에 떠오르는 것을 표현해 보도록 하여 이 반응을 근거로 심리진단을 하는 것을 말한다.

(2) SCT의 특징 19 21 22 23 기출

① 미완성 문장을 통해 수검자의 투사를 유도하여 욕구, 감정, 태도를 파악하는 심리검사 방법이다.
② 자유연상을 토대로 하므로 수검자의 내적 갈등이나 욕구, 환상, 주관적 감정 등을 효과적으로 파악할 수 있다.
③ SCT는 로샤검사나 주제통각검사(TAT)보다 더 구조화되어 있다.
④ 언어표현을 사용하므로 수사법, 표현의 정확성 여부, 표현된 정서, 반응 시간 등이 중요한 의미를 지닌다.
⑤ 보통 50~60개 문장을 통해 수검자의 복합적인 성격 패턴을 도출해 낸다.
⑥ 정·오답이 없으며 집단으로 실시하는 것도 가능하다.
⑦ 개인의 적응에 중요한 대표적 영역인 가족, 성, 대인관계, 자기개념 등 4가지 영역을 탐색할 수 있는 검사이다.

가족	어머니, 아버지 및 가족에 대한 태도를 나타내도록 하는 문장으로 구성되어 있다.
성	• 이성 관계에 대한 태도를 포함하고 있다. • 이 영역의 문항들은 사회적인 개인으로서의 여성과 남성, 결혼, 성적 관계에 대하여 자신을 나타내도록 한다.
대인관계	• 친구와 지인, 권위자에 대한 태도를 포함한다. • 이 영역의 문항들은 가족 외의 사람들에 대한 감정이나 자신에 대해 타인이 어떻게 느끼는지에 관한 수검자의 생각들을 표현하게 한다.
자기개념	• 자신의 능력, 과거, 미래, 두려움, 죄책감, 목표 등에 대한 태도를 포함한다. • 이 영역에서 표현되는 태도들은 현재, 과거, 미래의 자기개념과 그가 바라는 미래의 자기상과 실제로 자기가 될 것 같다고 생각하는 모습에 대한 정보를 제공해준다.

(3) SCT의 장·단점

장 점	• 수검자의 자유로운 반응을 통해 솔직하고 적절한 응답을 얻을 수 있다. • 검사실시에 있어서 특별한 수련 및 훈련을 필요로 하지 않는다. • 개인뿐만 아니라 집단 규모로도 실시할 수 있다. • 작성이 상대적으로 용이하다. • 특수한 상황에 부합하도록 문항 수정이 가능하다.
단 점	• 수검자의 투사를 토대로 하므로, 객관적인 채점이 사실상 불가능하다. • 임상적인 분석을 하는 데 있어서 특별한 훈련 과정이 필요하다. • 수검자가 의식적인 과정을 통해 자신에게 불리한 답을 회피할 수 있다. • 수검자의 언어표현 능력이 검사결과에 영향을 미치므로, 언어발달이 완성되지 못한 아동에게는 적용하기 어렵다.

2 SCT의 실시방법 및 해석

(1) SCT의 실시방법 19 기출

① 문장을 완성하는 데 있어서 정답이 없으므로, 수검자는 의식적인 검열의 과정을 거치지 않은 채 자신의 처음 생각을 작성하도록 한다.
② 글씨나 문장의 좋고 나쁨은 의미가 없다.
③ 주어진 문장을 보고 제일 먼저 생각나는 것을 쓴다.
④ 주어진 문장에 대해 아무런 생각이 나지 않는 경우 해당 문항에 표시를 한 채 다음 문항으로 넘어간다. 이후 해당 문항은 마지막 과정에서 작성을 완료하도록 한다.
⑤ 검사자는 수검자가 검사를 시작한 시간과 끝낸 시간을 기록하고 수검자가 검사를 완성한 후 수검자의 반응에서 중요하거나 숨겨진 의도가 있다고 보이는 문항들에 대해서 질문단계를 실시한다.
⑥ 문장을 지우고 다시 쓰고자 하는 경우, 두 줄을 긋고 빈 공간에 쓰도록 한다.
⑦ 표준적인 실시방법은 수검자가 직접 문장을 읽고 반응을 써야 하지만, 심하게 불안한 수검자에게는 문항을 읽어주고, 수검자가 대답한 것을 검사자가 받아 적는 것이 도움이 되기도 한다. 이러한 구술 시행은 반응시간, 얼굴 붉어짐, 표정 변화, 목소리 변화, 전반적인 행동 등을 관찰함으로써 수검자가 어떤 문항들에서 막히는지를 구체적으로 알 수 있게 해준다.

(2) SCT의 해석

성격적 요인	• 지적능력 요인 • 가치 지향적 요인	• 정의적 요인 • 정신 역동적 요인
결정적 요인	• 신체적 요인 • 대인적·사회적 요인	• 가정적·성장적 요인

03 로샤검사(Rorschach Test)

1 로샤검사의 개관

(1) 로샤검사의 의의 20 기출
① 1921년 스위스 정신과 의사인 로샤(Rorschach)가 『심리진단』에 발표한 논문을 통해 세상에 소개되었다.
② 과거 예술가들이 모호한 디자인에 대한 해석을 개인의 성격 분석과 연관시킨 바 있으나, 로샤는 그와 같은 방식을 최초로 표준적인 절차로서 고안하였다.
③ 로샤는 잉크반점으로 된 카드들에 대해 정신과 환자들이 일반인과 다르게 반응한다는 사실에 주목하며, 그는 1921년 405명의 수검자들에 대한 결과를 분석하여 잉크반점 기법이 정신분열증을 진단하는 데 효과적인 도구가 된다고 주장하였다.
④ 로샤는 자신의 연구가 단순히 정신과적 진단에 유효한 것이 아닌, 개인의 성격 및 습관, 반응양상 등에 대한 유용한 정보를 제공하는 도구로 사용될 수 있음을 인식하고, 연구를 체계적으로 확장하고자 하였다.
⑤ 다양한 학자들이 연구하였으며, 최근에는 엑스너(Exner)의 실증적 접근방법과 러너(Lerner)의 개념적 접근방법이 주류를 이룬다.

(2) 로샤검사의 구성
① 10장의 잉크반점으로 된 대칭형 그림의 카드로 구성되어 있다.
② 10장의 카드 중 5장은 무채색으로 되어 있으며, 나머지 5장은 일부에 유채색이 사용되었거나 전체가 유채색으로 되어 있다.

(3) 로샤검사의 특징
① 지각과 성격의 관계를 상정한다.
② 개인이 잉크반점을 조직하고 구조화하는 방식이 근본적으로 그 사람의 심리적 기능을 반영한다고 본다.
③ 해석자의 판단에 있어서 옳고 그름을 판단하는 정답은 없다.
④ 수검자는 지각한 것 속에 자신의 욕구, 경험, 습관적 반응양식을 투사한다.
⑤ 로샤 카드에서는 형태와 색채는 물론 음영에 대한 지각적 속성까지 고려한다.
⑥ 우울 증상이 있는 사람은 보통 음영-차원과 무채색에 대한 반응의 빈도가 높게 나타난다.

2 로샤의 잉크반점기법카드와 실시과정

(1) 로샤의 잉크반점기법을 위한 10장의 카드

순서	색상	평범반응	특징
카드 I	무채색	박쥐 또는 나비	다른 카드에 비해 어렵지 않으나, 검정과 회색의 무채색으로 우울감이나 불행감의 반응을 보일 수 있다.
카드 II	무채색에 부분 적색	동물	수검자는 적색을 피로 보기도 하고, 분노 · 적개심 · 심리적 고통의 반응을 보일 수 있다.
카드 III	무채색에 부분 적색	인간의 형상	반점의 형태가 명확히 분리되어 있다. 수검자가 이 카드에서 어려워할 경우 부정적인 태도를 의심할 수 있다.
카드 IV	무채색	인간 또는 거인	'아버지 카드'로 불리고, 수검자가 이 카드에서 어려워할 경우 권위에 대한 열등감이 있다.
카드 V	무채색	박쥐 또는 나비	앞선 카드들에서 느낀 고통을 회복하는 기회이다. 수검자가 이 카드에서 어려워할 경우, 카드 IV에서의 불안한 감정이 지속된다고 볼 수 있다.
카드 VI	무채색	양탄자 또는 동물가죽	'성 카드'로 불리며, 수검자의 대인관계를 알 수 있다.
카드 VII	무채색	인간의 얼굴 또는 머리	'어머니 카드'로 불리며, 수검자가 이 카드에서 어려워할 경우 여성에 대한 부정적 감정이 있을 수 있다.
카드 VIII	유채색	움직이는 동물	온전히 유채색으로만 만들어졌으며, 앞선 카드들에 비해 수검자는 안도감을 드러낸다.
카드 IX	유채색	인간 또는 인간과 흡사한 형상	모호하고 산만하게 보이므로, 하나의 반응을 나타내는 데 어려움을 보이는 수검자도 있다.
카드 X	유채색	게 또는 거미	색이 다양하며, 색이 여러 군데 산재해 있다. 다른 카드에서 반응이 없는 수검자도 이 카드에서는 전체가 아닌 부분을 선택하여 반응하는 일이 많다.

(2) 로샤검사의 실시과정

소개단계	• 검사자는 로샤검사에 대해 수검자에게 자세히 설명한다. 수검자가 검사를 받는 목적을 어느 정도 이해하고 있는지 확인하기 위해 짧은 면접을 할 필요가 있다. • 검사에 대한 부정적 이해나 오해가 확인되는 경우, 검사의 전 절차를 개략적으로 설명해주어야 한다. • "지금부터 그림이 있는 10장의 카드를 보여드리겠습니다.", "잘 보시고 그림이 무엇처럼 보이는지 말씀해 주세요.", "그림은 사람마다 다르게 보일 수 있어요."
반응단계	• 반응단계에서는 그림에 대한 수검자의 지각 및 자유연상이 이루어진다. • 검사자는 수검자가 하는 말을 가능하면 있는 그대로 기록한다. • 수검자가 하나의 카드에서 한 가지 반응을 보이고 멈추는 경우 다시 격려하여 연상하도록 한다. • "보통 하나의 그림에서 2개 이상을 이야기하곤 합니다.", "더 보시면 그것 외에 또 다른 것을 보실 수도 있어요."

질문단계	• 검사자는 수검자가 어떤 결정인에 의해 해당 반응을 형성한 것인지 확인할 수 있는 질문을 한다. • 개방적인 질문을 통해 어떤 영역을 무엇 때문에 그렇게 보았는지 질문한다. • 검사자는 수검자의 이야기를 반응기록지(Location Sheet)에 기재한다. • 과도한 질문은 수검자의 저항과 거부감을 유발할 수 있으므로 삼간다. • "어디서 그렇게 보았나요?"(반응영역), "무엇 때문에 그렇게 보았나요?"(결정인), "무엇을 보았나요?"(반응내용)
한계검증단계	• 공식적인 검사가 끝난 후 수검자에게 자연스럽게 질문을 건네는 단계이다. • 이 단계에서의 수검자의 반응은 채점에 포함시키지 않는다. • 검사 과정상의 반응에 대해 추가적인 설명을 할 수 있도록 한다. • 수검자가 선호하는 카드 또는 거부하는 카드를 고르도록 하여, 그 이유를 설명하도록 할 수 있다.

3 엑스너(Exner)의 종합체계방식에 따른 주요 채점

(1) 검사의 채점항목

① 반응영역 : 수검자가 잉크반점의 어느 부분에 반응했는가?
② 발달질 : 반응의 질은 어떠한가?, 반응영역에서 발달수준은 어떠한가?
③ 결정인 : 반응하기 위해 잉크반점의 어떤 부분이 사용되었는가?, 반응을 결정하는 데 영향을 미친 반점의 특징은 어떠한가?
④ 형태질 : 반응이 잉크반점의 특징에 얼마나 부합하는가?
⑤ 쌍반응 : 사물에 대해 대칭적으로 지각하고 있는가?
⑥ 반응내용 : 반응은 어떤 내용의 범주에 포함되는가?
⑦ 평범반응 : 보통 빈번하게 나타나는 반응은 어떠한가?
⑧ 조직화 활동 : 복잡한 자극에 대해 조직화된 응답이 이루어졌는가?
⑨ 특수점수 : 특이한 반응은 어떤 특징을 보이는가?

(2) 주요 채점항목의 내용

① 반응영역(위치) 및 발달질 16 22 기출
  ㉠ 반응영역 : 수검자의 주된 반응이 어느 영역에 대해 일어나고 있는가?

기 호	정 의	기준내용
W	전체 반응	• 반점 전체를 보고 반응하는 경우 • 아주 작은 부분이 제외되어도 W로 기호화할 수 없음
D	흔히 사용하는 부분에 반응 또는 보통 부분반응	• 자주 사용되는 반점 영역을 보는 경우 • 규준 집단에서 95% 이상 반응된 영역의 경우에만 D로 채점
Dd	드문 부분반응 또는 이상 부분반응	• 남들이 잘 보지 않는 부분이지만, 검사자의 판단상 그럴 듯하게 보일 경우 • W반응, D반응이 아니면 자동적으로 Dd로 기호화함

기호	정의	기준내용
S	공백반응 또는 간격반응	• 카드의 여백을 본 경우 • 흰 공간은 다른 영역과 함께 사용하는 경우도 있고, 흰 공간만을 사용할 수도 있음 • 어떤 경우에도 S는 단독으로 기호화할 수는 없으며, WS, DS 또는 DdS처럼 항상 다른 기호와 같이 사용함

ⓒ 발달질 : 반응영역에서 발달수준은 어떠한가?

기 호	정 의	기준내용
+	통합반응 (Synthesized Response)	반점의 단일하거나 구분된 부분이 관련 있는 하나의 반응에 조직되어 묘사된 것으로서, 구체적인 형태 특성으로 나타나는 경우
v/+	모호-통합반응 (Vague-Synthesized Response)	반점의 단일하거나 구분된 부분이 관련 있는 하나의 반응에 조직되어 묘사된 것으로서, 구체적인 형태 특성으로 나타나지 않는 경우
o	보통반응 (Ordinary Response)	잉크반점이 구체적인 형태 특성으로 묘사되어, 대상의 윤곽과 함께 구조적인 양상을 보이는 경우
v	모호반응 (Vague Response)	잉크반점이 구체적인 형태 특성 없이 묘사되어, 대상의 윤곽이나 구조적인 양상을 보이지 않는 경우

② 결정인 : 반응하기 위해 잉크반점의 어떤 부분이 사용되었는가?, 반응을 결정하는 데 영향을 미친 반점의 특징은 어떠한가? 15 17 18 19 24 기출

분류 및 해석	기 호	채 점
형태(Form) 통제, 지연	F(형태 반응)	형태를 단독으로 보고 반응할 때 채점
운동 (Movement) 개념화, 욕구, 스트레스	M(인간의 움직임 반응)	인간의 동작, 또는 동물이나 가공적 인물의 인간과 유사한 움직임을 지각한 반응에 채점
	FM(동물의 움직임 반응)	동물의 움직임을 지각한 반응에 채점, 동물의 동작이 자연적인 것이 아닌 경우 M으로 채점
	m (무생물의 움직임 반응)	생명력이 없는 사물의 움직임을 지각한 반응에 채점
유채색 (Chromatic Color) 정서 표현의 조정	C(순수색채 반응)	반점의 순수색채만을 근거로 반응할 때 채점
	CF(색채-형태 반응)	반점의 색채가 일차적 결정요인이고 형태가 이차적 결정요인일 때 채점
	FC(형태-색채 반응)	반점의 형태가 주요 결정요인, 색채가 이차적 개입일 때 채점
	Cn(색채 명명 반응)	반점의 색채가 명명되고, 그 명칭에 관한 반응으로 채점
무채색 (Achromatic Color) 정서 억제	C'(순수 무채색 반응)	무채색이 반응 결정요인으로 작용할 때 채점
	C'F(무채색-형태 반응)	무채색이 일차적 결정요인, 형태가 이차적 결정요인일 때 채점
	FC'(형태-무채색 반응)	형태가 일차적 결정요인, 무채색이 이차적 결정요인일 때 채점

음영–재질 (Shading–Texture)	T(순수 재질 반응)	형태의 개입 없이 반점의 음영을 재질로 나타낼 때 채점
	TF(재질–형태 반응)	반점의 재질이 일차적으로 지각되고, 형태가 이차적 개입일 때 채점
애정 욕구	FT(형태–재질 반응)	반점의 형태가 일차적으로 지각되고, 재질이 이차적 개입일 때 채점
음영–차원 (Shading–Dimension)	V(순수 차원 반응)	형태의 개입 없이 반점의 음영을 차원·깊이로 나타낼 때 채점
	VF(차원–형태 반응)	반점의 차원·깊이가 지각되고, 형태가 이차적 개입일 때 채점
부정적 자기 평가	FV(형태–차원 반응)	반점의 형태가 일차적으로 지각되고, 차원·깊이가 이차적 개입일 때 채점
음영–확산 (Shading–Diffuse)	Y(순수 음영반응)	형태의 개입 없이 반점을 밝고 어두운 것으로 나타낼 때 채점
	YF(음영–형태 반응)	반점의 밝고 어두운 것이 일차적으로 지각되고, 형태가 이차적 개입일 때 채점
불안감, 무력감	FY(형태–음영반응)	반점의 형태가 주요 결정요인, 음영이 이차적 개입일 때 채점
형태 차원 (Form Dimension) 내 성	FD(형태에 근거한 차원 반응)	반점의 크기, 모양 등 형태에 근거하여 깊이, 거리, 차원의 인상을 나타낼 때 채점하며, 이때 음영이 개입되지 않아야 함
쌍 반응(Pairs) / 반사 반응 (Reflections)	(2)(쌍 반응)	반점의 대칭성에 근거하여 두 개의 동일한 사물을 지각할 때 채점
	rF(반사–형태 반응)	반점의 대칭성에 근거하여 일정한 형태를 갖추지 않은 사물의 반사상 또는 거울상을 지각한 반응에 채점
자기 초점, 자아 중심성	Fr (형태–반사 반응)	반점의 대칭성에 근거하여 일정한 형태를 갖춘 사물의 반사상 또는 거울상을 지각한 반응에 채점

③ 형태질 : 반응이 잉크반점의 특징에 얼마나 부합하는가?

기 호	정 의	기준내용
+	우수–정교한 (Superior–Overelaborated)	형태를 매우 구체적으로 자세하게 묘사한 경우
o	보통의(Ordinary)	대상을 묘사함에 있어서 쉽게 이해할 수 있는 방식으로 언급하는 경우
u	드문(Unusual)	반점의 특징과 반응의 내용이 크게 부조화하지는 않지만 반응이 흔하지 않은 경우
–	왜곡된(Minus)	반점의 특징을 왜곡하고, 반응이 임의적·비현실적인 경우

④ 반응내용 및 평범반응
　㉠ 반응내용 : 반응은 어떤 내용의 범주에 포함되는가?

기 호	반응내용	기 호	반응내용
H	사람의 전체 모습	Bt	식물 또는 식물의 부분, 새둥지
(H)	가공인물, 신화 속 인물, 유령, 요정	Cg	의복, 신발, 벨트, 안경
Hd	인체의 일부	Cl	구 름
(Hd)	가공인물 등의 불완전한 형태	Ex	불꽃놀이, 폭발, 폭풍
Hx	정서, 감각 경험	Fi	불, 연기
A	동물의 전체 모습	Fd	사람의 음식, 동물의 먹이
(A)	가공적 · 신화적 동물	Ge	지 도
Ad	동물의 불완전한 형태	Hh	가정용품, 주방기구, 램프, 양탄자
(Ad)	가공적 · 신화적 동물의 불완전한 형태	Ls	풍경, 산, 섬, 동굴, 바다 경치
An	골격, 근육, 해부학적 구조	Na	Bt와 Ls에서 제외된 자연환경 (태양, 달, 하늘, 안개)
Art	예술작품, 보석, 장식물	Sc	과학 및 과학적 산물(자동차, 빌딩, 무기)
Ay	문화적 · 역사적 의미의 물건, 토템	Sx	성기관 및 성행동
Bl	사람이나 동물의 피	Xy	엑스레이 반응에 의한 뼈나 내부기관

　㉡ 평범반응 : 보통 빈번하게 나타나는 반응은 어떠한가?

기 호	평범반응	기 호	평범반응
I (W)	박쥐/나비	VI (W or D1)	동물가죽
II (D1)	동물의 전체 형태	VII (D9)	얼굴(인간)
III (D9)	인간의 모습	VIII (D1)	동물전체
IV (W or D7)	거 인	IX (D3)	인간, 괴물
V (W)	박쥐/나비	X (D1)	게/거미

⑤ 조직화 활동 17 21 기출
　㉠ 수검자가 자극을 얼마나 인지적으로 조직화했는지, 얼마나 조직화하려 노력했는지에 대해서 평가하기 위해 평가한다.
　㉡ 검사자는 수검자의 자극영역을 조직화하려는 인지적 활동 수준을 Z점수로써 나타낸다.
　㉢ Z점수를 줄 수 있으려면, 형태를 반드시 포함하고 있는 반응이어야 하며, 다음 기준에서 적어도 1가지 기준을 만족시키는 반응이어야 한다.

기 준	설 명
ZW	전체 반응이고, 발달질이 +, v/+ 또는 o인 경우
ZA	인접한 부분에서 두 개 이상의 개별적 대상을 지각하면서 서로 의미 있는 관계를 이루고 있을 경우
ZD	인접하지 않은 부분에서 두 개 이상의 개별적인 대상을 지각하면서 서로 의미 있는 관계를 이루고 있을 경우
ZS	반점의 공백과 다른 영역을 의미 있게 통합하여 반응했을 경우

⑥ **특수점수** : 반응내용에서 나타나는 특이한 면에 대해서 기호화하는 것으로서, 종합체계 이전에는 내용분석의 대상이었던 여러 가지 반응 특징에 대한 수량화가 어느 정도 가능해졌다. 종합체계에서는 14가지의 특수점수를 제시하고 있고, 그 분류는 다음과 같다.

특이한 언어반응 (Unusual Verbalization)	이탈된 언어표현	• DV(이탈된 언어표현) : 수검자가 신어 조작을 보이거나 과잉 표현을 보일 때 채점 • DR(이탈된 반응) : 수검자가 부적절한 구를 사용하였거나 표현이 우회적일 때 채점
	부적절한 반응합성	• INCOM(조화되지 않는 합성) : 반점의 부분이나 이미지들을 부적절하게 하나의 대상으로 합쳐서 압축하여 표현할 때 채점 • FABCOM(우화적인 합성) : 분명하게 분리되어 있는 두 가지 이상의 반점 영역들에 대해서, 대상들이 있을 수 없는 방식으로 관계를 맺고 있는 것으로 지각하는 경우 채점 • CONTAM(오염 반응) : 부적절한 반응합성 중에서 가장 부적절한 반응을 하였을 때 채점
	부적절한 논리	• ALOG : 검사자가 유도하지 않았는데도 수검자가 자신의 반응을 정당화하기 위하여 설명할 때, 논리가 부적절하고 비합리적일 때 채점
반응반복 (PSV ; Perseveration)		• 같은 카드에 대해서 위치, 발달질, 결정인, 형태질, 내용 및 Z점수까지 모두 같은 반응이 연속적으로 나타날 경우 • 카드 간 내용이 반복될 경우 • 기계적으로 계속 대상을 보고하는 경우
통합 실패 (CONFAB ; Integration Failure)		수검자가 반점의 어느 한 부분에 주의를 기울여 반응한 뒤, 이를 보다 큰 반점영역이나 전체 반응에 대해 일반화시키는 경우
특수내용 (Special Content)		• 추상적 내용(AB) : 수검자가 상징적인 표현을 사용하거나 인간의 정서, 감각적인 경험을 보고 하는 경우 • 공격적 운동(AG) : 운동반응에서 싸움, 파괴, 논쟁, 공격 등의 분명하게 공격적인 내용이 포함될 경우 • 협조적 운동(COP) : 운동반응에서 둘 또는 그 이상의 대상들이 협조적인 상호작용을 하고 있는 경우 • 병적인 내용(MOR) : 죽은, 파괴된, 손상된, 폐허가 된, 상처 입은, 깨어진 등의 대상으로 지각한 경우 • 개인적 반응(PER) : 수검자가 자신의 반응을 정당화하고 명료화하기 위하여 자신의 개인적인 지식이나 경험을 언급하면서 반응할 경우 • 특수한 색채 투사(CP) : 무채색 영역에서 유채색을 지각하는 경우

(3) 구조적 요약 19 20 기출

① 각 반응을 정확하게 부호화하고 채점하는 목적은 궁극적으로 구조적 요약을 완성하기 위함이다.
② 구조적 요약은 먼저 각 반응을 순서에 따라 부호화 채점을 한 후에 각 반응의 빈도를 기록하고 비율, 백분율 총 점수 등을 계산하는 순으로 한다.

구조적 요약 – 상단부		
위치	조직활동	3개 항목이 채점되어야 한다. • Z반응의 수, 즉 Zf(Z빈도) 기록 • 가중치를 부여한 Zsum(Z점수의 총합) 계산 • 가중치 Zest(최대Z값) 구하기
	영역기호	기본적인 영역기호 각각의 빈도 계산
	발달질	반응영역에 관계없이 발달질 기호 각각의 빈도 계산
결정요인		결정인이 혼합된 경우를 제외하고는 각각 따로 기록, 혼합반응은 혼합반응란에 기록
형태질		• FQx : 기록에 포함된 모든 반응의 형태질을 평가 • MQual : 모든 인간운동반응의 형태질의 빈도 • W + D : W나 D영역을 사용한 모든 반응의 FQ빈도
내용		내용 안에 27개의 항목이 있는데 일차반응과 이차반응으로 나누어 기록
접근방식 요약		구조적 요약의 오른편 상단에 있는 칸에 수검자가 사용한 반응의 원리를 순서대로 기록
특수점수		15개 특수점수 각각의 빈도 기록 • 6개 특수점수의 원점수의 합 구하기 • 6개 특수점수의 원점수에 가중치를 곱하고 더해서 WSUM6에 기록

구조적 요약 – 하단부		

상단부에서 구해진 빈도들을 기초로 하여 비율이나 백분율, 가중점수 등이 구해진다. 이 점수들을 7개의 군집으로 나눈다. 6개 특수지표(PTI, DEPI, CDI, S-CON, HVI, OBS)가 있고, 이 지표들이 기준표에 따라 가장 나중에 계산된다.

핵심영역	Lambda, L(람다 L)	전체반응에서 순수형태반응이 차지하는 비율로 심리적 자원의 경제적 사용과 관련 있음
	Erlebnistypus, EB(체험형 EB)	인간운동반응 M과 가중치를 부여한 색채 반응 총합 SumC의 비율
	Experience Actual, EA(경험실제 EA)	개인의 가용자원과 관련 있는 변인으로, SumM과 WSumC를 더한 값
	EB Pervasive, EBPer(EB 지배성)	의사결정에서 EB양식 중 우세한 양식이 있는지 나타내 주는 비율
	Experience Base, eb(경험기초 eb)	모든 비인간 운동결정인(FM, m)과 음영 및 무색채 결정인의 관계
	Experience Stimulation, es(경험자극 es)	eb자료를 근거로 계산하고, 현재 수검자가 경험하는 자극과 관련 있음
	D Score, D(D점수)	EA와 es 간의 관계에 대한 중요한 정보를 제공해 주고, 스트레스에 대한 내성과 통제요소와 관련 있음

영역	지표	설명
핵심영역	Adjusted es, Adj es(조정 es)	D점수는 스트레스 인내도와 유용한 자원에 관한 정보를 제공해 줄 뿐만 아니라 이러한 요소들이 상황적 요소에 의해 영향받았는지를 알려주는데, 이를 알아보기 위해서 es로부터 상황적 요인과 관련이 있는 모든 요소들을 제외시킨 값
	Adjusted D Score, Adj D(조정 D점수)	EA−Adj es를 통하여 얻어진 원점수를 D점수 환산표에 적용시켜 구한 값
관념영역	Active : Passive Ratio, a : p(능동 : 수동 비율)	관념과 태도의 융통성과 관련 있는 것으로 왼쪽에는 능동 운동반응의 총반응수를, 오른쪽에서는 수동 운동반응의 총반응수를 적음
	M Active : Passive Ratio, $M^a : M^p$ (인간 운동, 능동 : 수동 비율)	사고특징과 연관되는 것으로서, 인간 운동반응의 능동운동과 수동운동의 비율
	Intellectualization Index, 2AB + (Art + Ay) (*주지화 지표)	특수점수인 AB(Abstract)와 Art 및 Ay 반응내용 포함 **주지화**: 불안통제와 긴장감소를 위해 본능적 욕동을 지적 활동에 묶어두는 심리적 작용을 말한다.
정서영역	Form−Color Ratio, FC : CF + C (형태−색채비)	정서의 조절과 연관되는 것으로서, FC 결정인을 사용한 총반응수와 CF + C + Cn 반응수의 비율
	Constriction Ratio, SumC' : WSumC	정서를 지나치게 내면화하는 것과 관련 있음
	Affective Ratio, Afr(정서비)	이는 I−VII번 카드까지 반응수와 VIII−X번 카드까지의 반응수 비율로 수검자의 정서적 자극에 대한 관심을 나타냄
	Complexity Ratio, Blends : R(복합성 지표)	혼합반응의 수와 총반응수의 비율
중재영역	Form Appropriate Extended, XA + % (적절한 확대 형태)	형태 특성을 적절히 사용한 반응의 비율
	Form Appropriate−Common Areas, WDA% (적절한 일반 영역 형태)	W와 D영역을 사용한 반응들 중에서 형태 특성을 적절히 사용한 반응의 비율
	Distorted Form, X − % (왜곡 형태)	반점의 특징과 맞지 않게 형태를 사용한 비율
	Conventional Form Use, X + %(관습적 형태)	일상적인 대상을 지각한 반응 중 형태 특징을 적절하게 사용한 비율
	Unusual Form Use, Xu%(드문 형태 반응)	윤곽을 적절히 사용했지만 비관습적으로 사용한 반응의 비율

처리영역	Economy Index, W : D : Dd(경제성 지표)	W반응수, D반응수, Dd반응수의 비율
	Aspirational Ratio, W : M(기대 지표)	W반응수와 M반응수의 비율
	Processing Efficiency, Zd(과정 효율성)	ZSum에서 Zest를 뺀 값
대인관계 영역	Interpersonal Interest, Human Cont. (대인관계 관심)	인간에 대한 관심에 관한 정보를 제공
	Isolation Index, Isolate/R(소외지표)	사회적 고립과 관련된 것으로 식물, 구름, 지도, 풍경, 자연 등 다섯 가지 내용범주를 포함하며, 두 가지 내용범주는 2배로 계산
자기지각 영역	Egocentricity Index, 3r + (2)/R (자아중심성 지표)	자존감과 관련이 있는 지표로 전체 반응기록에서 반사반응과 쌍반응의 비율
특수지표	지각적 사고 지표(PTI)	왜곡된 사고와 부정확한 지각 정도 측정, 4개 이상 해당될 경우 산출
		• XA% < .70 and WDA% < .75 • X − % > .29 • LVL2 > 2 and FAB2 > 0 • (R < 17 and WSUM6 > 12) OR (R > 16 and WSUM6 > 17) • (M − > 1) OR (X − % > .40)
	우울증 지표(DEPI)	정서적 · 인지적 우울증 정도 측정, 5개 이상 해당될 경우 산출
		• (FV + VF + V > 0) OR (FD > 2) • (Col − Shd Blends > 0) OR (S > 2) • (3r + (2)/R > .44 and Fr + rF = 0) OR (3r + (2)/R < .33) • (Afr < .46) OR (Blends < 4) • (Sum Shading > FM + m) OR (SumC' > 2) • (MOR > 2) OR (2 × AB + Art + Ay > 3) • (COP < 2) OR ([Bt + 2 × Cl + Ge + Ls + 2 × Na]/R > .24)
	대응결함지표(CDI)	환경적 요구 · 스트레스 상황 대처 손상 측정, 4개 또는 5개 이상이면 산출
		• (EA < 6) OR (AdjD < 0) • (COP < 2) and (AG < 2) • (Weighted SumC < 2.5) OR (Afr < .46) • (Passive > Active + 1) OR (Pure H < 2) • (Sum T > 1) OR (Isolate/R > .24) OR (Food > 0)

특수지표	자살지표(S-CON)	자살가능성에 대한 정도 측정, 8개 이상 해당될 경우 산출, 14세 이상 수검자에게만 적용
		• FV + VF + V + FD > 2 • Color-Shading Blends > 0 • 3r + (2)/R < .31 OR > .44 • MOR > 3 • Zd > +3.5 OR Zd < -3.5 • es > EA • CF + C > FC • X + % < .70 • S > 3 • P < 3 OR P > 8 • Pure H < 2 • R < 17
	과잉경계지표(HVI)	환경에 대한 예민성과 경계의 정도 측정, 1번을 만족시키고 아래 7개 중 최소한 4개가 해당될 경우 체크
		• (1) FT + TF + T = 0 • (2) Zf > 12 • (3) Zd > +3.5 • (4) S > 3 • (5) H + (H) + Hd + (Hd) > 6 • (6) (H) + (A) + (Hd) + (Ad) > 3 • (7) H + A : Hd + Ad < 4 : 1 • (8) Cg > 3
	강박증 지표(OBS)	강박사고 및 행동의 정도 측정

		• (1) Dd > 3
		• (2) Zf > 12
		• (3) Zd > +3.0
		• (4) Populars > 7
		• (5) FQ + > 1
		• 한 가지 이상 해당될 경우 체크
		  - (1)~(5) 모두 해당
		  - (1)~(4) 중에서 2개 이상이 해당되고 FQ + > 3
		  - (1)~(5) 중에서 3개 이상이 해당되고 X + % > .89
		  - FQ + > 3 and X + % > .89

04 주제통각검사(TAT)

1 TAT검사의 개관

(1) TAT(Thematic Apperception Test)의 의의 15 16 17 20 기출
① 1935년 미국 하버드대학의 머레이와 모건(Murray & Morgan)이 『공상연구방법론』을 통해 제시한 투사적 검사 중 하나이다.
② 머레이는 융의 정신분석을 연구하던 모건과 함께 카드 형태의 TAT 도구를 개발하였다. 이 카드는 1936년에 처음 배포되었으며, 3회의 개정을 거쳐 31개 도판이 탄생하였다.
③ 수검자가 동일시할 수 있는 인물과 상황을 그림으로 제시하여, 수검자의 반응양상을 분석·해석한다.

(2) TAT의 기본가정 21 기출
① 벨락(Bellak)은 주제통각검사(TAT)의 기본가정으로 통각(Apperception), 외현화(Externalization), 정신적 결정론(Psychic Determination)을 제시하였다.

통각 (Apperception)	개인의 선행 경험에 의해 지각이 왜곡되는 투사의 과정과 연관된다.
외현화 (Externalization)	전의식 수준에 있는 개인의 욕구가 의식화되는 과정을 의미한다.
정신적 결정론 (Psychic Determination)	TAT를 비롯한 모든 투사적 검사는 자유연상의 과정을 포함하며, 검사결과의 해석에 있어서 정신적 결정론의 입장을 따른다.

② 벨락은 3~10세의 아동에게 시행할 수 있는 아동용 주제통각검사(CAT)를 고안하였다.
③ TAT는 수검자가 자신의 성격적 측면을 이야기 속에 투사하고, 해당 인물들과 자신을 동일시할 것이라는 점을 전제한다.
④ 비구성적인 장면을 완성하면서 수검자는 자신의 성격을 드러낸다.

(3) TAT의 특징 21 22 23 기출
① 수검자의 그림에 대한 반응을 통해 현재 수검자의 성격 및 정서, 갈등, 콤플렉스 등을 이해하는 동시에, 수검자 개인의 내적 동기와 상황에 대한 지각 방식 등에 대한 정보를 얻을 수 있다.
② 정신분석이론을 토대로 수검자 자신의 과거 경험 및 꿈에서 비롯되는 투사와 상징을 기초로 한다.
③ 집단으로 시행하는 것도 가능하며, 하나의 이야기 속에 두 명 이상의 주인공이 나타나기도 한다.
④ 그림 자극에 대한 이야기를 구성하는 과정에서 성격특성과 무의식적 갈등이 나타난다.
⑤ 지각-이해-추측-상상의 과정을 통해 대상에 반응하게 된다.
⑥ 반응은 환경 압력과 욕구 간의 갈등에 의해서 나타난다.
⑦ 인물들이 등장하는 모호한 내용의 그림자극을 제시한다.

⑧ 다양한 대인관계상의 역동적 측면을 파악하는 데 유용하다.
⑨ 개인의 내적 욕구는 동일시한 인물을 통해 투사되며, 환경적 압력과 상호작용을 하여 외부로 표출된다.
⑩ 제시된 자극에 개인의 경험이 추가되면서 반응차이를 보인다.

(4) TAT의 구성 15 16 17 22 23 기출

① 구성 : 30장의 흑백그림카드와 1장의 백지카드 등 총 31장으로 구성되어 있다.
② 도판의 종류
  ㉠ 공용도판 : 모든 피검자에게 공통으로 적용하는 도판으로서, 도판 1, 2, 4, 5, 10, 11, 14, 15, 16, 19, 20의 11매이며, 이 가운데 도판 16은 그림이 전혀 없는 백지 도판이다.
  ㉡ 남자 공용도판 : 성인남자(M), 소년(B) 피검자에 한해서 적용하는 도판으로서, 도판 3BM, 6BM, 7BM, 8BM, 9BM, 17BM, 18BM의 7매가 있다.
  ㉢ 여자 공용도판 : 성인여자(F), 소녀(G) 피검자에 한해서 적용하는 도판으로서, 도판 3GF, 6GF, 7GF, 8GF, 9GF, 17GF, 18GF의 7매가 있다.
  ㉣ 성인 공용도판 : 성인남자(M), 성인여자(F) 피검자에 한해서 적용하는 도판으로서, 도판 13MF가 있다.
  ㉤ 소년/소녀 공용도판 : 소년(B), 소녀(G) 피검자에게만 적용하는 도판으로서, 도판 12BG가 있다.
  ㉥ 성인남자 전용도판 : 성인남자(M) 피검자에게만 적용하는 도판으로서, 도판 12M이 있다.
  ㉦ 성인여자 전용도판 : 성인여자(F) 피검자에게만 적용하는 도판으로 도판 12F가 있다.
  ㉧ 소년 전용도판 : 소년(B) 피검자에게만 적용하는 도판으로서, 도판 13B가 있다.
  ㉨ 소녀 전용도판 : 소녀(G) 피검자에게만 적용하는 도판으로서, 도판 13G가 있다.

(5) 시행방법

① 검사에 의한 피로를 최소화하기 위해 대략 한 시간 정도, 두 번의 회기로 나누어 시행한다. 이때 회기 간에는 하루 정도의 간격을 둔다.
② 보통 1~10번의 카드를 첫 회기에 사용하며, 나머지 11~20번의 카드를 다음 회기에 사용한다.
③ 검사는 검사자와 수검자 간에 라포 형성이 이루어진 상태에서 시행한다.
④ 16번 백지카드에서 수검자가 어떤 그림을 상상하는지 말해달라고 요청한다.

2 TAT검사의 해석과 진단별 반응

(1) TAT검사의 해석

① 해석의 방법 22 기출
  ㉠ 표준화법(Hartman) : 표준화된 자료를 토대로 반응을 항목별로 묶어 통계적으로 비교·분석한다.

- ⓒ 욕구-압력 분석법(Murray) : 주인공 중심의 해석방법으로서, 반응은 환경의 압력에 대한 주인공의 욕구와의 갈등에 의하여 나타난다고 본다. 따라서 주인공의 욕구 및 압력, 욕구 방어 및 감정, 다른 등장인물과의 관계 등에 초점을 둔다. 일반적으로 가장 널리 사용되고 있다.
- ⓒ 직관적 해석법(Bellak) : 정신분석을 토대로 자유연상을 통해 무의식의 내용을 해석하는 방법으로서, 해석자의 감정이입 능력을 요구한다.
- ⓔ 대인관계법(Arnold) : 그림에 등장하는 인물 간의 상호관계에 초점을 두어, 공격성 및 친화도, 도피감정 등을 분석한다.
- ⓜ 지각법(Rapaport) : 그림에 대한 지각적 왜곡, 이색적 언어의 사용, 사고 및 논리의 특이성에 초점을 둔다.

지식 IN

욕구-압력 분석법의 7단계 해석과정
- 제1단계 : 주인공의 발견
- 제2단계 : 환경의 압력에 대한 분석
- 제3단계 : 주인공의 반응에 따른 욕구의 분석
- 제4단계 : 주인공의 애착 표현 대상에 대한 분석
- 제5단계 : 주인공의 내적 심리상태에 대한 분석
- 제6단계 : 주인공의 행동 표현방식에 대한 분석
- 제7단계 : 이야기의 결말에 대한 분석

② 31장의 그림 내용과 해석

그림	그림 내용	주요 해석
1	소년과 바이올린	부모와의 관계, 자율 및 권위에의 순응
2	젊은 여인과 남자가 있는 시골풍경	가족관계, 자립 및 복종, 성역할
3BM	소파에 기대어 앉은 소년과 권총	공격성, 우울감, 엄격한 초자아
3GF	얼굴을 가린 여인, 나무로 된 문	우울감, 배우자 또는 부모와의 관계
4	여자에게서 몸을 돌린 남자	남녀관계, 남녀 간의 역할 및 태도
5	문을 연 채 방을 들여다보는 여인	자위행위, 두려움, 공포감
6BM	작고 늙은 여인, 크고 젊은 남자	오이디푸스 콤플렉스, 모자 갈등, 부부 갈등
6GF	파이프를 문 남자를 돌아보는 여인	이성 간의 갈등, 남녀의 역할 및 태도
7BM	젊은 남자를 응시하는 늙은 남자	부자관계, 반사회적·편집증적 경향
7GF	책을 든 노파와 인형을 든 소녀	모녀관계, 어머니 또는 자신에 대한 태도
8BM	수술 장면을 배경으로 한 청년과 엽총	오이디푸스적 관계, 공격성, 성취동기
8GF	턱을 괴고 앉은 젊은 여인	현실의 어려움, 미래에 대한 상상
9BM	풀밭에 드러누운 4명의 남자	사회적 관계, 동료 및 교우와의 관계
9GF	해변을 달리는 여자를 바라보는 여인	자매 간 또는 모녀 간의 경쟁 및 적대감

10	남자의 어깨에 머리를 기댄 여인	자녀관계 또는 부부관계, 결혼생활의 적응
11	높은 절벽 사이의 길, 용의 머리	유아적·원시적 공포, 구강기적 공격
12M	누워있는 젊은 남자 위로 서있는 남자	수동적 동성애의 두려움, 수동성, 의존욕구
12F	나이 든 여인의 배경 앞에 젊은 여인	두 여자 간의 갈등, 고부 갈등
12BG	인적 없는 숲속 시냇가의 조각배	은둔 성향, 우울감, 자살 성향
13MF	침대에 누워있는 여인, 서있는 남자	성적 갈등, 성적 학대에의 두려움, 부부갈등
13B	통나무집 문 앞에 앉아있는 소년	분리불안, 부모에 대한 애정욕구, 외로움
13G	구불구불한 계단을 오르는 소녀	혼자 일할 때의 외로움, 시간에 대한 태도
14	어두운 배경, 창가에 서있는 사람	어둠에 대한 공포, 자살 충동, 성적 정체성
15	묘비 앞에 손을 꼭 잡고 서있는 남자	죽음에 대한 공포, 죄책감, 우울감
16	백지카드	자유로운 투사, 수검자의 현재 상태와 느낌
17BM	벌거벗은 채 줄에 매달려 있는 남자	오이디푸스적 공포, 야망, 과시 경향
17GF	큰 건물과 다리, 난간에 기댄 여인	우울 및 불행에 대한 감정, 자살 성향
18BM	누군가의 손에 의해 붙잡혀 있는 남자	남성의 공격성에 대한 두려움, 중독 상태
18GF	계단 난간에서 여자의 목을 쥔 여인	여성의 공격성에 대한 두려움, 모녀 갈등
19	눈 덮힌 오두막집과 기괴한 구름	불안, 안전에의 욕구, 환경적 어려움의 극복
20	어둠 속 가로등에 기대어 있는 사람	어둠 및 불안에 대한 공포, 외로움

(2) TAT의 결과에 의한 진단별 반응

① **불안상태** : 수검자는 그림 속 주인공과 직접적으로 동일시하며, 모호·주저를 암시하는 표현을 한다.

② **히스테리성 성격** : 수검자의 정서적 반응이 급변하는 양상을 보이며, 이야기가 양가적이고 성적인 내용이 자주 등장한다.

③ **강박장애** : 수검자는 자신의 이야기를 수정하여 현학적으로 만들고자 하며, 완벽함과 복종의 주제를 강조한다.

④ **편집증** : 수검자는 이야기가 자신의 개인적인 상황과 무관함을 강조하며, 의심과 방어적인 태도를 보인다.

⑤ **조울증** : 수검자는 이야기를 매우 빨리 하며, 우울함과 유쾌함, 나쁜 감정과 좋은 감정을 교대로 표출한다.

⑥ **우울증** : 수검자의 사고 및 상상의 범위가 매우 위축되며, 무능력·고립감·자살 등의 주제를 강조한다.

⑦ **정신분열증** : 수검자의 이야기는 일관되지 못하며, 불합리하고 기괴한 망상을 통해 왜곡된 양상을 보인다.

05 벤더게슈탈트 검사(BGT)

1 벤더게슈탈트 검사(BGT) 개요

(1) BGT(Bender Gestalt Test)의 의의 17 기출
① 1938년 벤더(Bender)가 정신병리 유형과 지각의 관계를 연구하기 위한 용도로 고안하였다.
② 형태심리학의 창시자인 베르트하이머(Wertheimer)가 지각의 형태학적 측면을 연구하기 위해 사용한 여러 기하학적 도형 중 9개의 도형을 검사도구로 사용하였다.
③ 초기에는 기질적 장애를 판별하기 위해 적용하였으나, 이후 BGT의 비언어적·투사적 속성에 주목하면서 개인의 성격을 측정하기 위한 도구로 발전하였다.
④ 만 5세부터 성인을 대상으로 실시하며, 시각-운동 및 시지각 능력을 측정하는 검사이다.

(2) BGT의 특징 16 17 기출
① 형태심리학과 정신역동이론을 토대로 한다.
② 검사자는 수검자에게 9장의 도형을 제시하며, 수검자가 해당 도형들을 어떻게 지각하여 재생하는지 관찰함으로써 성격을 추론할 수 있다.
③ 개인의 성격적 특징은 물론 정신병리적 진단 및 뇌손상 여부를 탐지할 수 있다.
④ 언어표현이 아닌 단순한 도형그림 작성 방식이므로, 수검자의 심적 부담 및 거부감을 완화할 수 있다.
⑤ 시각-운동 협응능력과 연관되며, 일종의 투사적 검사로도 볼 수 있다.
⑥ 비언어적 검사로 문화적 영향을 덜 받으며 시각, 운동 및 통합 기능을 평가한다.
⑦ 여분의 모사 용지를 준비하여 수검자가 요구하면 더 사용할 수 있게 한다.
⑧ 인지, 정서, 성격과 같은 수검자의 심리적 특성에 대해서도 분석 가능하다.

(3) BGT의 실시 방법
① **모사** : 수검자는 주어진 그림을 보고 따라 그린다.
② **변용묘사(정교화)** : 수검자가 앞서 모사한 그림을 자신이 원하는 방식으로 고쳐 그린다.
③ **연상** : 수검자가 원도형과 변형된 도형에 대해 이야기하도록 한다.
④ **순간노출** : 모사와 흡사하나 보통 5초 정도의 짧은 시간 동안 그림을 노출한 후 수검자에게 해당 그림을 기억을 통해 그리도록 한다.
⑤ **회상** : 모사로 그린 그림을 다시 회상하면서 그리도록 한다.
⑥ **재모사(한계음미)** : 그려진 도형이 일탈한 경우, 그것이 단순한 실수인지 뇌기능 장애에서 비롯된 것인지 판단하기 위해 수행한다.

> **지식 !N**
>
> **BGT의 실시순서**
> - 뇌손상 검사의 경우 : 순간노출단계 → 모사단계 → 회상단계
> - 투사적 검사의 경우 : 모사단계 → 변용묘사단계 → 연상단계

(4) BGT의 장·단점

장 점	• 검사도구의 휴대가 용이하며, 검사실시가 단순하다. • 검사결과에 대한 채점 및 해석이 상대적으로 쉬운 편이다. • 실시 시간이 비교적 짧다. • 언어발달이 완전하지 못한 5세 이상의 아동이나 언어적 방어가 심한 환자에 대해서도 적용할 수 있다. • 지적장애나 뇌손상의 여부를 진단할 수 있다. • 교육장면에서 아동 및 청소년의 학업성취도, 학습장애를 진단할 수 있다.
단 점	• 수검자의 투사를 토대로 하므로 객관적인 채점이 사실상 불가능하다. • 지각장애가 시지각 과정에서 나타난 것인지 운동반응에서 나타난 것인지 규명하기 어렵다. • 공간 조직기능을 측정하기 어렵다.

2 허트(Hutt)의 BGT 평가항목 [20] [24] 기출

평가항목	내용	
조직화 (Organization)	• 배열순서 • 공간의 사용 • 도형 간의 중첩 • 용지의 회전	• 도형 A의 위치 • 공간의 크기 • 가장자리의 사용 • 자극도형의 위치변경
크기의 일탈 (Deviation in Size)	• 전체적으로 크거나 작은 그림 • 점진적으로 커지거나 작아지는 그림 • 고립된 큰 그림 또는 작은 그림	
형태의 일탈 (Deviation of Form)	• 폐쇄의 어려움 • 곡선 모사의 어려움	• 교차의 어려움 • 각도의 변화
형태의 왜곡 (Distortion of Form)	• 지각적 회전 • 단순화 • 중첩의 어려움 • *보속성	• *퇴영 • *파편화 또는 단편화 • 정교함 또는 조악함
움직임 및 묘사요인 (Movement and Drawing)	• 운동방향에서의 일탈 • 운동방향의 비일관성 • 선 또는 점의 질	

퇴영
수검자가 원을 점으로 모사하거나 연속된 점들을 선으로 그리는 등 자극도형을 매우 유치한 형태로 나타내는 것을 말한다.

파편화
모사한 도형의 형태가 원형과 달리 결합되어 있지 않은 채 여러 부분으로 떨어져 있어 전체적인 형태가 상실된 경우를 말한다.

보속성
앞서 제시된 도형의 요소가 다음 도형의 모사 과정에서 연속적으로 나타나는 것을 말한다.

※ 객관적으로 분석할 때는 각각의 항목을 수치화한 후 규준에 맞추어 양적으로 채점한다.

지식 !N

BGT-2(Bender Gestalt II) 21 기출
- 벤더 도형에 7개의 도형을 추가하여 2003년에 개발되었다.
- 4세 이상의 아동 및 성인을 대상으로 하며, 기존 카드 9장에서 7장이 새롭게 추가적으로 개발되어 총 16장의 카드로 구성되었다.
- 추가된 자극카드는 저연령층을 위한 자극카드 4장과 고령층을 위한 자극카드 3장으로 구성되었다.
- 카드 1부터 13번까지는 만 4~7세 아동들에게 실시하는 것이고, 카드 5에서 16번까지는 만 8세 이상 모든 피험자들에게 실시하는 것이다.
- 점수의 총합은 규준점수와 비교하여 차이를 구할 수 있다.
- 신경심리검사의 일종으로 뇌기능장애를 살펴보는 데 적합한 검사이다.

필수과목 03 적중예상문제

❖ 완벽하게 이해된 부분에 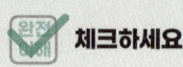 체크하세요.

CHAPTER 01 심리측정의 기본개념

01 다음 중 규준참조검사에 관한 설명으로 옳지 않은 것은?

① 개인의 점수를 해석하기 위해 유사한 다른 사람들의 점수를 비교하여 평가한다.
② 상대평가를 위해 대상자집단의 점수분포를 고려한다.
③ 평균, 표준편차, 분포 모양 등이 제시된다.
④ 원점수는 규준에 따라 상대적으로 해석된다.
⑤ 운전면허시험을 비롯한 각종 국가자격시험 등이 해당한다.

> 운전면허시험을 비롯한 각종 국가자격시험, 국가 수준의 학업성취도 평가 등은 '준거참조검사'에 해당한다.

02 심리검사의 개발에 관한 설명으로 옳지 않은 것은?

① 문항분석을 통해 문제가 있는 문항은 제거한다.
② 개발자는 검사실시 과정에서 발생할 수 있는 문제들을 고려한다.
③ 표집에서 얻은 자료를 토대로 규준표를 작성하게 된다.
④ 검사하는 장소는 소음이 적고 안정되어 있어야 한다.
⑤ 개발된 규준표는 개정하지 않는 것을 원칙으로 한다.

⑤ 규준표는 대표성은 물론 최신성이 확보되어야 하므로 가능하면 5년 내 재표준화를 실시하고 규준표를 개정해야 한다.
① 문항분석을 통해 적절한 수준의 양호도를 보인 문항은 그대로 쓰고, 그렇지 못한 문항은 수정, 보완, 제거해야 한다.
② 심리검사 개발자는 검사목표 및 내용, 검사과정에 대해 충분히 이해해야 하고 검사실시 과정에서 발생할 수 있는 문제들을 고려해야 한다.
③ 비교 대상이 되는 규준집단에 실시한 검사의 결과로 규준표를 작성한다.
④ 심리검사 시 고려해야 할 변인에 상담실의 소음이나 내부 공간 및 좌석의 안정감 등 검사상황 변인도 있다.

03 다음 중 심리검사 제작과정을 순서대로 올바르게 나열한 것은?

ㄱ. 표준화를 위해 규준을 설정하고, 신뢰도와 타당도에 대한 연구를 병행한다.
ㄴ. 문항을 준비하고 분석한다.
ㄷ. 검사의 목적을 구체적으로 정의한다.
ㄹ. 실시형태, 검사의 길이, 반응형태 등과 같은 검사설계와 관련된 내용을 결정한다.
ㅁ. 검사도구 및 관련 자료들을 출판한다.

① ㄴ → ㄷ → ㄹ → ㄱ → ㅁ
② ㄷ → ㄹ → ㄱ → ㄴ → ㅁ
③ ㄷ → ㄹ → ㄴ → ㄱ → ㅁ
④ ㄹ → ㄷ → ㄴ → ㄱ → ㅁ
⑤ ㄹ → ㄷ → ㄱ → ㄴ → ㅁ

> 심리검사 제작과정
> 검사목적의 정의 → 사전 검사설계 → 문항 준비 → 문항 분석 → 표준화 실시와 규준의 작성 → 최종검사 준비 및 출판

04 심리평가(Psychological Assessment)의 정의로 옳은 것은?

① 심리적 특성에 관한 체계적인 면담이다.
② 심리검사, 면담, 행동관찰, 개인력 등 개인에 관한 정보를 종합적으로 통합하는 과정이다.
③ 얻어진 검사점수의 질을 객관적인 기준에 따라서 분류하는 과정이다.
④ 심리적 특성을 나타내는 행동표본을 표준화된 방식으로 측정하는 기법이다.
⑤ 명확한 공식이나 규칙에 따라서 사람의 특성을 수량화하는 것이다.

정답 01 ⑤ 02 ⑤ 03 ③ 04 ②

심리검사는 성격, 지능, 적성 같은 인간의 다양한 심리적 특성들에 대해서 파악하고자 다양한 도구들을 이용하여 양적·질적으로 측정하고 평가하는 절차이다. 하지만 이와 같은 심리검사 자체만으로는 개인을 다각적으로 이해하는 데 충분하지 않으며, 행동관찰과 면담자료뿐만 아니라 성격심리학 및 이상심리학 등의 전문지식과 풍부한 임상경험이 바탕이 되어야 한다. 이와 같이 심리검사를 통해 얻은 정보를 중심으로 면담, 행동관찰, 개인력 등의 자료를 참조하여 종합적인 평가를 내리는 전문적 과정을 심리평가라고 한다.

05 규준에 관한 설명으로 옳은 것을 모두 고른 것은?

ㄱ. Z점수는 평균이 0, 표준편차가 1이다.
ㄴ. T점수는 평균이 50, 표준편차가 50이다.
ㄷ. 스테나인(Stanine) 점수는 원점수를 0~8까지의 범주로 나눈 것이다.
ㄹ. 백분위는 규준집단에서 주어진 점수보다 낮은 점수를 받은 사람의 비율이다.

① ㄱ, ㄴ　　　　② ㄱ, ㄷ
③ ㄱ, ㄹ　　　　④ ㄴ, ㄷ
⑤ ㄴ, ㄹ

ㄴ. T점수는 평균이 50, 표준편차가 10이다.
ㄷ. 스테나인(Stanine) 점수는 원점수를 백분위 점수로 변환한 다음, 비율에 따라 1~9까지의 구간으로 구분한 것이다.

06 비율척도에 해당하는 것은?

① 출생지　　　　　　　② 섭씨 온도
③ 운동선수의 등번호　　④ 장기자랑의 순위
⑤ 몸무게

비율척도
• 척도를 나타내는 수가 등간일 뿐만 아니라 절대영점을 가지고 있는 경우에 이용되는 척도이다.
• 연령, 무게, 키, 수입, 출생률, 사망률, 이혼율, 가족 수, 졸업생 수 등이 해당한다.

07 T점수에 관한 설명으로 옳은 것은?

① 평균은 50이다.
② 표준편차는 15이다.
③ 정규분포를 이루지 않는다.
④ -값이 나온다는 단점이 있다.
⑤ 중앙치와 최빈치를 사용하여 계산한다.

> ② 표준편차는 10이다.
> ③ 정규분포를 이룬다.
> ④ 평균값 50, 표준편차 10으로, Z점수를 자연수와 백분위수로 재설정하였으므로 -값은 나오지 않는다.
> ⑤ 원점수의 평균과 표준편차를 계산한 후 Z점수를 사용하여 계산한다.

08 다음에서 설명하는 유형의 척도는?

> ○ 양극단의 형용사 단어들 사이에서 대상이 어느 쪽에 얼마만큼 가까운지를 답변하도록 하는 척도이다.
> ○ 똑같은 형용사 쌍이라도 수검자들의 개별적인 경험에 따라 각기 다른 의미로 인식될 수 있다.
> ○ 동일한 대상에게 여러 가지 유사한 개념들을 사용할 경우, 수검자들이 과제에 흥미를 잃고 지루해할 수 있다.
> ○ 동일한 대상자의 다른 특성에 대해서는 평가와 의미 부여가 달라 일관성이 없는 경우가 많다.

① 리커트(Likert)식 척도　　② 의미변별척도
③ 써스톤(Thurstone)식 척도　　④ 거트만(Guttman) 척도
⑤ 형용사 체크리스트

> ① 리커트(Likert)식 척도는 측정하려고 하는 특성에 관해 5단계(전혀 그렇지 않다/그렇지 않다/잘 모르겠다/그렇다/매우 그렇다)로 나누어 수검자가 동의하는 어느 하나에 표시하도록 하는 것이다.
> ③ 써스톤(Thurstone)식 척도는 수검자에게 다수의 문항을 제시하여 동의하는 문항들에는 모두 표시하게 하고 동의하지 않은 문항에는 표시하지 않도록 하여 표시를 해놓은 각 문항에 부여되어 있는 척도치를 모두 합한 값을 표시한 문항수로 나누어 구하는 방식으로 대체로 12~46개 정도의 문항으로 구성된다.
> ④ 거트만(Guttman) 척도는 써스톤 척도와 비슷하지만, 길이가 더 짧고 6~7문항으로 구성되었다.
> ⑤ 형용사 체크리스트는 지적 감수성, 정서적 안정성-신중성, 인지적 특성, 사회적 적응성, 능동적 동기, 사회적 안정성, 사회성, 사회적 순응성, 사회적 수혜 요인 등 9개 의미 있는 요인으로 구성되었다.

정답　05 ③　06 ⑤　07 ①　08 ②

09 문항난이도에 관한 설명으로 옳지 않은 것은?

① 수검자의 능력수준에 따라 문항의 정답을 맞힐 확률을 나타낸다.
② 고전검사이론에서 지수의 범위는 0.0에서 1.0이다.
③ 성취검사나 적성검사에 주로 사용된다.
④ 문항난이도를 측정하는 이유는 적절한 난이도 수준의 문항을 선택하기 위해서이다.
⑤ 수검자의 문항에 대한 본래 지식과 추측에 의해 영향을 받는다.

> ① 수검자의 능력수준에 따라 문항의 정답을 맞힐 확률은 '문항변별도'에 대한 설명이다.
> ② 고전검사이론에서 문항난이도 지수의 범위는 0.0~0.25(어려운 문항), 0.25~0.75(적절한 문항), 0.75~1.0(쉬운 문항)으로 분류한다.
> ③ 문항난이도 검사는 최대수행검사(정답이 있는 검사)인 적성검사나 성취검사에는 적합하나, 전형적 수행검사(정답이 없는 검사)인 성격검사나 흥미검사에는 부적합하다.
> ④ 검사문항 개발 과정에서 문항난이도를 알아보는 목적은 측정에 적절한 수준의 문항을 선택하기 위해서이다.
> ⑤ 수검자의 문항에 대한 본래 지식과 추측에 의해 영향을 받으므로, 수검자에 따라 난이도를 적절하게 구성해야 한다.

10 백분위에 관한 설명으로 옳은 것을 모두 고른 것은?

> ㄱ. 백분위 80은 100점 만점에서 80점에 해당된다.
> ㄴ. 백분위는 서열척도이다.
> ㄷ. 백분위는 능력검사와 성격검사에서 사용된다.
> ㄹ. 백분위는 준거-참조점수이다.

① ㄱ, ㄴ
② ㄱ, ㄹ
③ ㄴ, ㄷ
④ ㄴ, ㄹ
⑤ ㄷ, ㄹ

> ㄴ. 백분위 점수란 등위점수로서, 한 점수가 분포상에서 서열로 따져 몇 %에 위치하고 있는지를 말한다. 즉, 학생 수를 모두 100으로 보았을 때, 어떤 학생의 점수가 어느 등위에 위치하고 있는지를 알아볼 수 있다. 따라서 등간척도가 아닌, 서열척도에 해당한다.
> ㄷ. 백분위 점수는 계산이 쉽고 기술적인 통계훈련을 쌓지 않은 사람들도 쉽게 이해할 수 있는 장점이 있으며, 보편적으로 적용할 수 있고, 성인과 아동에게도 똑같이 이용할 수 있으며, 능력검사 · 성격검사 · 적성검사 등 다양한 검사에 이용할 수 있다.
> ㄱ. 백분위 80이라는 것은 이 점수보다 낮은 점수를 받은 사람이 전체의 80%라는 것이다.
> ㄹ. 백분위는 준거-참조점수가 아니라 규준-참조점수에 해당한다.

11 다음 중 표준점수에 관한 내용으로 옳지 않은 것은?

① 흥미검사나 적성검사 결과표 등의 T점수 수치가 높을수록 흥미나 적성이 높다.
② 표준편차를 하나의 단위로 하여 나타낸 점수로서, 평균으로부터의 편차점수를 그 분포의 표준편차로 나누어 구한 것을 Z점수라고 한다.
③ Z점수의 분포는 평균이 0, 표준편차가 1인 분포를 이룬다.
④ T점수는 평균이 50, 표준편차가 10인 분포로 전환한 점수를 말한다.
⑤ H점수는 T점수를 변형한 것으로서, 평균이 50, 표준편차가 15인 표준점수를 말한다.

> H점수는 T점수를 변형한 것으로서, 평균이 50, 표준편차가 14인 표준점수이다.

12 ○○고등학교 3학년 1반 학생들의 수학능력시험 평균점수는 200점이고, 표준편차는 20점이다. A학생이 180점을 받은 경우, Z점수와 T점수를 순서대로 올바르게 나열한 것은?

① 1, 40
② −1, 40
③ 1, 50
④ −1, 50
⑤ 1, 60

> • Z점수 = (원점수 − 평균) / 표준편차
> (180 − 200) / 20 = −1 ∴ Z점수 = −1
> • T점수 = (10 × Z점수) + 50
> (10 × −1) + 50 = 40 ∴ T점수 = 40

13 신뢰도 계수에 영향을 주는 요인이 아닌 것은?

① 집단의 동질성
② 검사의 활용성
③ 검사문항의 수
④ 문항의 난이도
⑤ 신뢰도 추정방법

> 심리검사의 신뢰도에 영향을 미치는 요인
> 문항의 난이도, 문항의 반응 수, 검사시간, 검사 시행 후 경과시간, 집단의 동질성, 검사문항의 수, 개인차, 응답자 속성의 변화, 신뢰도 추정방법 등

14 문항분석에 관한 설명으로 옳은 것은?

① '문항난이도가 높다'는 의미는 검사에서 높은 점수를 받은 사람과 낮은 점수를 받은 사람을 잘 구분한다는 것이다.
② 검사 점수들의 변산도(Variability)는 문항의 난이도가 0.75일 때 최댓값이 된다.
③ 문항변별도는 문항난이도의 영향을 받지 않는다.
④ 상하부 지수(ULI ; Upper-Lower Index)에 따른 문항변별도에서 음수 값이 나올 수 있다.
⑤ 문항난이도(Item Difficulty)의 범위는 0부터 1까지로 1에 가까울수록 어려운 문항이다.

> ④ 상하부(변별도) 지수는 컴퓨터를 사용하지 않고 쉽게 계산하는 방법으로서 -1.00~+1.00까지의 값을 가지며, 1에 가까울수록 변별력이 크다고 해석한다.
> ① 문항난이도란 문항의 쉽고 어려운 정도이며, 문항이 점수가 높은 사람과 낮은 사람을 구분해 주는 정도를 나타내는 것은 문항변별도이다.
> ② 검사문항들의 평균 문항난이도가 0.50일 때 검사 점수들의 변산도(분산도)가 최대가 되며 검사문항들의 평균 문항난이도가 너무 쉽거나 어려워 양극단(0%, 100%)에 가까워질수록 변산도는 작아진다.
> ③ 문항변별도는 문항난이도에 따라 다른 값을 가지게 되므로 문항난이도의 영향을 받는다.
> ⑤ 문항난이도(Item Difficulty)의 범위는 0부터 1까지이며, 문항난이도 지수가 낮을수록 어려운 문항이다.

15 다음 보기의 내용이 설명하는 신뢰도 추정치는?

> 이분채점문항['예/아니오' 또는 '정(正)/오(誤)']인 검사에 사용된다.

① 문항추측도
② 요인부하량
③ KR(Kuder-Richardson)-20
④ 문항난이도
⑤ 문항변별도

> 쿠더-리차드슨 20(KR-20) 신뢰도 계수는 이분채점문항['예/아니오'또는 '정(正)/오(誤)']인 검사에 사용된다. 즉, 적성검사의 사지선다형에서와 같이 정답과 오답이 있어 특정 문항에서 정답을 한 경우는 1점, 오답을 한 경우는 0점으로 점수를 할당하는 경우의 내적일관성 계수를 구할 때 사용하는 방법이다.

16 요인분석을 통해 검증할 수 있는 타당도는?

① 예언타당도(Predictive Validity)
② 공인타당도(Concurrent Validity)
③ 내용타당도(Content Validity)
④ 안면타당도(Face Validity)
⑤ 구인타당도(Construct Validity)

요인분석은 검사를 구성하는 문항들의 상관관계를 분석하여 상관이 높은 문항들을 묶어주는 통계적 방법으로, 구인타당도(개념타당도)를 검증할 때 이용한다.

17 검사의 문항 간 정답과 오답의 일관성을 종합적으로 추정한 상관계수로 나타내는 신뢰도 유형은?

① 문항내적 합치도
② 동형검사 신뢰도
③ 반분 신뢰도
④ 검사-재검사 신뢰도
⑤ 채점자 신뢰도

신뢰도의 유형

문항내적 합치도	• 한 검사 내에 있는 문항 하나하나를 각각 독립된 별개의 검사로 간주하여, 문항 내 정답과 오답 사이의 일관성을 일종의 상관계수로 표시하는 방법 • 단 한 번의 시행으로 신뢰도를 구할 수 있으나, 검사내용이 이질적인 경우 신뢰도 계수가 낮아짐
동형검사 신뢰도	• 미리 두 개의 동형검사를 제작하고, 그것을 같은 피험자에게 실시해서 두 동형검사에서 얻은 점수 사이의 상관을 산출하는 방법 • 연습효과 · 기억효과의 통제 가능 • 두 검사를 완전히 동질적으로 구성하기 어려움
반분신뢰도	• 검사를 한 번 실시한 후 이를 적절한 방법에 의해 두 부분의 점수로 분할하여 그 각각을 독립된 두 개의 척도로 사용함으로써 신뢰도를 계산하는 방법 • 반분하는 방식에 따라 각기 다른 신뢰도를 추정하므로 단일의 측정치를 산출하지 못함
검사-재검사 신뢰도	• 한 개의 평가도구 혹은 검사를 같은 집단에 두 번 실시해서 그 전후의 결과에서 얻은 점수를 기초로 해서 상관계수를 산출하는 방법 • 검사와 재검사 사이의 시간 간격이 길어질수록 신뢰도 계수는 작아짐 • 연습효과 · 기억효과로 인해 후의 시험결과가 높게 나타날 수 있음
채점자 (관찰자) 신뢰도	• 채점자 간 신뢰도 : 한 채점자가 다른 채점자와 얼마나 유사하게 평가하였느냐의 문제 • 채점자 내 신뢰도 : 한 채점자가 많은 측정 대상에 대하여 계속적으로 일관성 있게 측정하였느냐의 문제 • 채점자 내 신뢰도는 채점자 간 신뢰도 추정의 기본조건임

18 정신상태평가(Mental Status Examination)의 주요 항목에 해당되지 않는 것은?

① 수검자의 지남력
② 수검자의 외모와 행동
③ 수검자의 기분
④ 수검자의 환각 유무
⑤ 수검자의 취미

> **정신상태검사**
> - 일반적 기술 : 외모, 행동과 정신운동 활동, 면담 시 태도
> - 기분과 정서 : 기분, 정동표현, 적절성
> - 말 : 양, 속도, 연속성
> - 지각 : 환각, 착각
> - 사고 : 사고과정, 사고내용
> - 감각과 인지 : 의식, 지남력, 집중력, 기억력, 계산력, 상식과 지능, 추상적 사고능력
> - 판단과 병식 : 상황적 판단력, 사회적 판단력
> - 정신기능 사정척도 : 정신건강과 정신장애의 가설적인 연속선상에서 심리적·사회적 기능을 고려하여 점수로 나타냄

19 다음 중 타당도에 관한 설명으로 옳은 것은?

① 타당도는 측정의 일관성을 의미한다.
② 내용타당도는 연구자가 측정하고자 하는 추상적 개념이 실제로 측정도구에 의해 제대로 측정되었는지의 정도를 나타낸다.
③ 내용타당도에는 예측타당도와 동시타당도가 있다.
④ 개념타당도는 연구자나 전문가의 주관적인 판단에 의존한다.
⑤ 기준타당도가 현재의 상태를 나타내는 것인 경우 동시타당도라고 부른다.

> ① 측정의 일관성은 신뢰도와 연관된다.
> ② 개념타당도에 관한 설명이다. 내용타당도는 측정도구에 포함된 지표가 측정하고자 하는 내용을 얼마나 대표하는지 그 정도를 나타낸다.
> ③ 기준타당도에 관한 설명이다.
> ④ 내용타당도에 관한 설명이다. 개념타당도는 측정되는 개념이 어떤 관련을 맺고 있는 개념들이나 가정들을 토대로, 전반적인 이론적 틀 속에서 측정도구의 타당성을 경험적으로 검증한다.

20 신뢰도에 관한 설명으로 옳지 않은 것은?

① 신뢰도는 측정의 일관성 문제와 관련된다.
② 짝진 임의배치법은 반분신뢰도를 구할 때 쓰는 방법이다.
③ 검사-재검사 신뢰도는 검사점수의 안정성에 대한 지표이다.
④ 동형검사 신뢰도는 검사-재검사 신뢰도의 측정시기의 차이에 따른 문제점을 보완해 준다.
⑤ 반분법은 신뢰도를 과대평가하는 경향이 있다.

> 반분법은 신뢰도가 과소평가되는 경향이 있다는 단점이 있다.

CHAPTER 02 검사의 선정과 시행

01 객관적 검사와 비교해 볼 때, 투사적 검사에 관한 설명으로 옳은 것을 모두 고른 것은?

> ㄱ. 수검자가 자신의 반응을 방어하기 쉽다.
> ㄴ. 검사-재검사 신뢰도가 더 낮다.
> ㄷ. 무의식적 내용의 반응을 더 많이 얻을 수 있다.
> ㄹ. 실시와 채점이 더 용이하다.

① ㄱ, ㄴ
② ㄱ, ㄷ
③ ㄴ, ㄷ
④ ㄱ, ㄴ, ㄹ
⑤ ㄴ, ㄷ, ㄹ

> ㄱ. 투사적 검사는 모호한 검사자극에 의해 그 의도를 파악하기 어려우므로, 수검자가 사회적 바람직성 등의 방어적 반응을 나타내기 어렵다.
> ㄹ. 투사적 검사는 객관적 검사에 비해 채점과 해석이 복잡하고, 검사자에게 상당한 전문성이 요구된다.

02 심리검사에 관한 윤리적 지침으로 옳지 않은 것은?

① 수검자에게 비밀보장의 한계를 설명해 준다.
② 수검자에게 검사문항을 사전에 보여주지 않는다.
③ 반응의 왜곡을 방지하기 위해 검사 목적을 알리지 않는다.
④ 기관에서는 검사자료에 대한 접근을 엄격히 통제해야 한다.
⑤ 법이 요구할 경우 검사결과는 수검자의 동의 없이 공개할 수도 있다.

> 검사자는 검사를 시행하기 전에 수검자에게 검사의 목적에 대해 설명해야 한다.

03 검사자가 지켜야 할 윤리적 의무로 옳지 않은 것은?

① 검사규준 및 검사도구와 관련된 최근 동향과 연구방향을 민감하게 파악해야 한다.
② 심리검사 결과 해석 시 수검자의 연령과 교육수준에 맞게 설명해야 한다.
③ 심리검사 결과가 수검자의 삶에 영향을 줄 수 있음을 인식해야 한다.
④ 컴퓨터로 실시하는 심리검사는 특정한 교육과 자격이 없어도 된다.
⑤ 검사의 필요성과 검사 유형 및 용도를 설명해야 한다.

> 심리검사를 실시할 때는 자격이 있는 사람이 표준화된 절차에 따라 실시해야 하며, 그 과정을 경시해서는 안 된다. 컴퓨터로 실시하는 심리검사도 마찬가지이다.

04 심리검사의 시행과 관련된 설명으로 옳은 것은?

① 검사 시행 중 비정상적인 행동이 발생할 경우 그 내용을 기록한다.
② 어린 아동이나 장애인의 경우에도 효율성의 측면에서 집단검사를 실시한다.
③ 투사적 검사는 집단검사로 실시하는 것이 효과적이다.
④ 객관적 검사 시행을 위해 라포 형성은 배제한다.
⑤ 어린 아동은 결과의 객관성을 확보하기 위해 한 번에 검사를 완성해야 한다.

> ① 검사가 표준화된 조건에서 시행되지 않거나 검사시간에 비정상적인 행동이 발생할 경우 그러한 내용을 기록해야 하고, 그 검사결과는 무효 처리하거나 타당성을 의심할 수 있다.
> ② 어린 아동이나 장애인의 경우에 소심, 주의산만, 거부 등의 태도를 보일 수 있으므로, 집단검사보다 개별검사가 효율적일 수 있다.
> ③ 투사적 검사는 개인의 내면을 검사도구에 투사시키는 방식으로 진행되는 검사이므로 개별적으로 실시하며, 무제한으로 개인들의 다양한 반응을 허용해 주기 위해서 검사의 지시방법이 간단하다.
> ④ 심리검사 시행과정에서 라포 형성은 심리검사에 대한 피검자의 관심을 불러일으키고 협조적 태도를 강화해 주므로, 검사자는 라포 형성의 기술을 터득해야 한다.
> ⑤ 어린 아동은 결과의 객관성을 확보하기 위해 검사를 반복해서 시행하는 것이 좋다.

05 다음 중 투사적 검사의 종류가 아닌 것은?

① 로샤검사
② 주제통각검사
③ SCT 검사
④ 지능검사
⑤ 벤더게슈탈트 검사

> **투사적 검사와 객관적 검사**
> 투사적(비구조적) 검사의 종류에는 로샤검사, 주제통각검사(TAT), HTP, SCT, BGT 등이 있으며, 객관적(비투사적) 검사에는 지능검사, 성격검사, 적성검사 등이 있다.

06 다음 설명에 해당하는 행동 기록 방법은?

○ 관찰하고자 하는 행동을 척도를 이용해서 평가하는 방법이다.
○ 보통 관찰 기간 이후에 작성하며, 행동과 관련된 일반적인 인상을 통해 행동을 척도상에 채점한다.

① 사건기록
② 간격기록
③ 평정기록
④ 서술기록
⑤ 시간표집기록

행동 기록 방법	
서술기록법	특정 사건이나 행동의 모든 것을 이야기하듯 있는 그대로 사실적으로 묘사하는 방법이다.
간격기록법	관찰기간을 일정한 간격으로 나누고, 각 간격마다 관찰대상 행동이 발생했는지를 기록하는 것으로서, 발생빈도가 매우 높은 행동의 관찰에 적합하다.
사건기록법	관찰기간 동안 지속적으로 관찰하여 관찰대상 행동이 발생할 때마다 기록하는 방법이다.
평정기록법	관찰대상 행동을 관찰한 후, 사전에 준비된 평정수단을 사용하여 행동의 특성, 정도 또는 유무를 판단하여 기록하는 방법이다.

07 다음 중 객관적 검사의 종류가 아닌 것은?

① K-WAIS
② MMPI
③ NEO-PI-R
④ BGT
⑤ GATB

객관적 검사에는 한국판 성인용 웩슬러 지능검사(K-WAIS), 다면적 인성검사(MMPI), 성격유형검사(MBTI), 성격평가질문지(PAI), 기질 및 성격검사(TCI), 16성격 요인검사(16PF), NEO 인성검사(NEO-PI-R), 일반 직업적성검사(GATB) 등이 있다.

08 다음 보기의 내용에 해당하는 행동관찰의 유형은?

○ 관찰대상의 주변인물 가운데 관찰자를 선정하여 이 관찰자가 참여하여 행동평가를 하는 것이다.
○ 자연적 상황에서 자료수집이 가능하다.

① 자연관찰법
② 유사관찰법
③ 참여관찰법
④ 자기관찰법
⑤ 통제관찰법

① 자연관찰법 : 일상생활에서 자연히 발생하는 사상이나 행동을 있는 그대로 관찰하는 것이다.
②·⑤ 유사관찰법(통제관찰법) : 내담자가 문제행동을 보이는 상황을 조작해 놓고, 그 조건에서의 문제행동을 관찰하는 것이다.
④ 자기관찰법 : 개인이 미리 계획된 시간표에 따라 관찰행동의 발생이나 기타 특징에 대해 기록한다.

09 검사결과에 영향을 미치는 검사자 변인으로 옳지 않은 것은?

① 검사자의 연령
② 사회적 지위
③ 성별, 인종
④ 반응양식
⑤ 경험, 외모

심리검사 시 고려해야 할 변인
• 검사자 변인 : 검사자의 연령, 성별, 인종, 직업적·사회적 지위, 성격, 경험, 외모 등
• 수검자 변인 : 심신상태, 검사불안, 수검능력, 수검동기, 검사경험과 코칭, 위장반응, 반응태세와 반응양식 등
• 검사상황 변인 : 상담실의 소음, 채광, 통풍, 내부 공간 및 좌석의 안정감, 외부 간섭 등

10 행동관찰법에 관한 설명으로 옳은 것을 모두 고른 것은?

> ㄱ. 관찰할 행동에 관한 조작적 정의가 명확해야 한다.
> ㄴ. 자연적 상황의 관찰은 인위적 상황의 관찰보다 반응성 문제가 적다.
> ㄷ. 평정자가 한 번에 관찰해야 하는 표적행동의 개수는 많을수록 좋다.
> ㄹ. 발생빈도가 낮은 행동의 기록은 간격기록법을 사용한다.

① ㄱ, ㄴ　　② ㄱ, ㄷ
③ ㄴ, ㄷ　　④ ㄴ, ㄹ
⑤ ㄷ, ㄹ

> ㄷ. 평정자가 한 번에 관찰해야 하는 표적행동의 개수는 적을수록 좋다.
> ㄹ. 간격기록법은 발생빈도가 아주 높은 행동의 관찰에 적합하다.

CHAPTER 03　인지적 검사

01 지능을 맥락적 지능이론, 경험적 지능이론, 성분적 지능이론으로 구성된 것으로 가정한 지능모형은?

① 젠센(A. Jensen)의 2수준 지능이론
② 카텔-혼(Cattell & Horn)의 유동성-결정성 지능모형
③ 버논-버트(Vernon & Burt)의 위계적 모형
④ 스턴버그(R. Sternberg)의 삼원지능모형
⑤ 써스톤(L. Thurstone)의 기본정신능력 모형

> ④ 스턴버그(R. Sternberg)는 지능을 개인의 내부세계와 외부세계에서 비롯되는 경험의 측면에서 성분적 지능, 경험적 지능, 상황적(맥락적) 지능으로 구분하였다.
> ① 젠센(A. Jensen)은 기계적 학습이나 연상능력 같은 획득가능한 '제1수준의 능력'과 개념형성·분석·종합·문제해결 같이 비교적 복잡한 정신과정의 '제2수준의 능력'으로 각각 구분하였다.
> ② 카텔(R. Cattell)은 지능을 유전적·신경생리적 영향에 의해 발달이 이루어지는 '유동성 지능'과 경험의 누적에 의해 형성되는 '결정성 지능'으로 구분하였다.
> ③ 버논(P. Vernon)은 위계적 모델을 개발했는데, 그 이론은 정신능력검사들 사이에 공통요인(일반요인, General Factor)인 g를 정점에 위치시키고, 아래에 집단요인(기계-공간 요인, 언어-수 요인)이 자리 잡고, 가장 밑에는 좀 더 세부적인 과제, 특수적 요인들이 위치한다고 주장하였다.
> ⑤ 써스톤(L. Thurstone)은 '기본정신능력 모형'에 따라서 7개 요인(언어이해, 수, 공간시각, 지각속도, 기억, 추리, 단어유창성)이 존재한다는 기본정신능력(Primary Mental Ability)을 주장하였다.

02 다음 중 학자와 지능에 관한 연구를 올바르게 연결한 것은?

① 길포드(J. Guilford) – 삼원지능이론
② 카텔(R. Cattell) – 위계적 요인설
③ 스피어만(C. Spearman) – 다요인설
④ 가드너(H. Gardner) – 2요인설
⑤ 스턴버그(R. Sternberg) – 복합요인설

① 복합요인설(3차원적 입체모형설), ③ 2요인설, ④ 다중지능이론, ⑤ 삼원지능이론

03 다음 중 길포드(H. Guilford)가 제시한 지능구조의 3차원적 입체모형에서 조작의 차원에 해당하는 것은?

① 청각
② 행동
③ 기억
④ 상징
⑤ 체계

지능구조의 3차원적 입체모형	
내용의 차원	시각, 청각, 상징, 의미, 행동
조작의 차원	평가, 수렴적 생산, 확산적 생산, 기억파지, 기억저장, 인지
결과의 차원	단위, 유목, 관계, 체계, 변환, 함축

정답 10 ① // 01 ④ 02 ② 03 ③

04 지능에 관한 개념과 이론에 관한 설명으로 옳은 것은?

① 카텔과 호른(Cattell & Horn)은 지능이 일반요인과 특수요인의 2요인으로 구성되어 있다고 주장하였다.
② 가드너(Gardner)는 언어, 유창성, 수, 기억, 공간, 지각 속도, 논리적 사고 등 다요인의 기초 정신 능력을 주장하였다.
③ 길포드(Guilford)는 다중지능이론을 주장하였다.
④ 스피어만(Spearman)은 유동 지능과 결정 지능의 Gf-Gc 이론을 제안하였다.
⑤ CHC(Cattell-Horn-Carroll) 이론에서는 지능을 일반지능 3층위, 소수의 넓은 인지능력 2층위, 몇십 개의 좁은 인지기능 1층위로 구성된다고 본다.

> ① 지능이 일반요인과 특수요인의 2요인으로 구성되어 있다고 주장한 학자는 스피어만(Spearman)이다.
> ② 언어, 유창성, 수, 기억, 공간, 지각 속도, 논리적 사고 등 다요인의 기초 정신 능력을 주장한 사람은 써스톤(Thurstone)이다.
> ③ 길포드는 요인분석을 통해 '내용, 조작 및 결과' 차원의 3차원 모델을 제시하였고, 가드너(Gardner)가 다중지능이론을 주장하였다.
> ④ 카텔과 호른(Cattell & Horn)이 유동 지능과 결정 지능의 Gf-Gc 이론을 제안하였다.

05 다음 중 카텔(R. Cattell)이 제시한 '유동성 지능'의 특징에 해당하지 않는 것은?

① 기억력, 추리력, 추론능력 등이 해당한다.
② 유전적·신경생리적 영향에 의해 발달이 이루어진다.
③ 학습의 영향을 거의 받지 않는다.
④ 경험의 누적에 의해 발달한다.
⑤ 청소년기 이후 퇴보현상이 나타나기 시작한다.

> 경험의 누적에 의해 형성·발달하는 것은 '결정성 지능'의 특징에 해당한다. '유동성 지능'은 유전적·신경생리적 영향에 의해 발달이 이루어지며, 경험이나 학습의 영향을 거의 받지 않는다.

06 가드너(H. Gardner)가 제시한 지능의 유형으로서, 3차원적 사고와 밀접한 연관이 있는 지능에 해당하는 것은?

① 논리-수학지능
② 시각-공간지능
③ 음악지능
④ 자연탐구지능
⑤ 신체운동지능

> 시각-공간지능은 3차원적 사고와 공간 조정 능력과 연관된 것으로서 특히 화가, 조각가, 건축가 등에게서 두드러지게 나타난다.

07 다음 중 지능의 개념과 측정에 관한 설명으로 옳지 않은 것은?

① 연령규준을 설정할 때 성인보다 아동의 경우 연(월) 간격을 좁게 한다.
② 웩슬러 지능검사는 축적된 지능을 측정할 수 있는 집단용 지능검사이다.
③ 써스톤(L. Thurstone)은 지능에 대해 다요인설을 제시하였다.
④ 터만(L. Terman)은 처음으로 지능지수(IQ ; Intelligence Quotient)의 개념을 사용하였다.
⑤ 길포드(H. Guilford)는 지능의 3차원 구조모델을 제시하였다.

> ② 웩슬러 지능검사는 전 세계적으로 가장 널리 사용되는 개인용 지능검사 중의 하나로 잠재력을 평가하는 표준화된 과제들로 구성된 정신기능 측정검사이다.
> ① 연령규준은 개인의 점수를 규준집단에 있는 사람들의 연령과 비교하여 몇 살에 속하는지를 해석할 수 있는 방법으로, 설정 시 수검자가 어리다면 연령 간격을 좁게 해야 한다.
> ③ 써스톤은 스피어만의 2요인설에 대한 비판으로서, 지능이 일반적인 특성으로 설명되기보다는 언어이해 요인, 수 요인, 공간시각화 요인, 지각속도 요인, 기억 요인, 추리 요인, 단어유창성 요인 등 7가지 개별적인 능력(PMA)들로 구성되어 있다고 보았다.
> ④ 터만은 비네-시몽검사를 미국의 문화에 부합하도록 수정하여 스탠포드-비네 검사를 제시하였고, 처음으로 지능지수(IQ)의 개념을 사용하였다.
> ⑤ 길포드는 지능의 구조를 내용, 조작, 결과(산출)의 3차원적 입체모델로 구성하였다.

08 다음 중 스탠포드-비네 검사에 관한 설명으로 옳지 않은 것은?

① 최초로 지능지수(IQ)의 개념을 사용하였다.
② 스탠포드-비네 검사에 의한 지능지수를 '편차 IQ'라고 한다.
③ IQ의 적용은 20세 이전의 사람에게만 적합하다.
④ 신체연령과 정신연령을 근거로 지능지수를 산출한다.
⑤ 우리나라에서는 '고대 비네검사'로 불린다.

> 스탠포드-비네 검사에서 산출되는 지능지수를 '비율 IQ'라고 한다. 비율 IQ는 생활연령 또는 신체연령에 비해 정신연령이 얼마나 높은지를 나타내는 반면, '편차 IQ'는 동일 연령대의 사람들을 비교하여 어느 수준에 있는지를 평가한다. 편차 IQ는 비율 IQ가 20세 이후 청년기의 사람에게 적용할 경우 불합리한 결과가 발생한다는 점에서 의미를 지닌다.

09 웩슬러(Wechsler) 지능검사에 관한 설명으로 옳은 것은?

① 언어성 검사, 동작성 검사, 논리성 검사로 이루어져 있다.
② 인지적 검사로서 구조화된 객관적 검사에 해당한다.
③ 평균은 100, 표준편차는 10을 적용하여 산출한다.
④ 글을 모르는 수검자는 검사를 받을 수 없다.
⑤ 비율지능지수를 사용한다.

> ① 언어성 검사와 동작성 검사로 이루어져 있다.
> ③ 평균은 100, 표준편차는 15를 적용하여 산출한다.
> ④ 글을 모르는 수검자라도 검사를 받는 것이 가능하다.
> ⑤ 편차지능지수를 사용한다.

10 한국판 웩슬러 아동용 지능검사 4판(K-WISC-IV)의 실시와 해석에 관한 설명으로 옳지 않은 것은?

① 추가질문을 사용했을 때 기록용지에 P로 표기한다.
② 핵심소검사 시행이 어려운 경우에 적절한 보충소검사로 대체할 수 있다.
③ 첫 번째 소검사로 토막짜기를 시행한다.
④ 토막짜기 소검사는 연속하여 3문항이 0점일 때 중지한다.
⑤ 시간을 초과하여 정답을 맞힌 경우에는 정답으로 채점하지 않는다.

> ① 추가질문을 사용했을 때 기록용지에 Q로 표기한다.
> ② 소근육에 어려움이 있는 아동은 토막짜기 대신 빠진 곳 찾기로 대체하는 등 핵심소검사를 시행하기 어려운 경우 보충소검사로 대체할 수 있다.
> ③ 토막짜기가 첫 번째 소검사로 시행되는 이유는 검사자가 수검자와의 라포를 형성하는 데 도움이 되기 때문이다.
> ④ 토막짜기 소검사에서 수검자가 3문항 연속으로 0점을 받으면 중지한다.
> ⑤ 제한 시간을 초과한 경우 0점으로 처리한다.

11 K-WISC-IV 검사의 지각추론지표(PRI)에 포함된 소검사가 아닌 것은?

① 단어추리　　　　　② 토막짜기
③ 행렬추리　　　　　④ 빠진 곳 찾기
⑤ 공통그림찾기

K-WISC-IV의 소검사 구성

구 분	언어이해(VCI)	지각추론(PRI)	작업기억(WMI)	처리속도(PSI)
주요소검사	공통성 어 휘 이 해	토막짜기 행렬추리 공통그림찾기	숫 자 순차연결	동형찾기 기호쓰기
보충소검사	상 식 단어추리	빠진 곳 찾기	산 수	선 택

정답　08 ②　09 ②　10 ①　11 ①

12 한국판 카우프만 아동용 지능검사(K-ABC)에 관한 설명으로 옳은 것은?

① 개인의 지적능력을 평가하기 위해 언어성, 동작성 및 전체 IQ를 산출한다.
② 만 6세~16세 11개월의 아동과 청소년에게 실시할 수 있다.
③ 습득도 척도는 순차처리 척도와 동시처리 척도로 구성된다.
④ 신경심리학과 인지처리과정 이론을 근거로 개발되었다.
⑤ 언어장애를 가지고 있는 아동에게 적용하지 못한다.

① 웩슬러 지능검사에 대한 내용이다.
② 전국적인 표집계획에 따라 2세 6개월~12세 6개월까지의 정상아동 및 특수아동들을 표집하여 표준화되었다.
③ 습득도를 측정하는 소검사로는 표현어휘, 인물과 장소, 산수, 문자해독, 문장이해가 있다.
⑤ 비언어성 척도를 마련하여 언어장애 아동의 지능을 효과적으로 평가할 수 있다.

13 웩슬러(Wechsler) 지능검사에 관한 설명으로 옳지 않은 것은?

① 아동용 지능검사(K-WISC-Ⅳ)의 평균은 100이고, 표준편차는 15이다.
② 아동용 지능검사(K-WISC-Ⅳ)의 실시 연령은 6세~16세 11개월이다.
③ 성인용 지능검사(K-WAIS-Ⅳ)의 실시 연령은 16세~76세 11개월이다.
④ 소검사 간 점수들의 분산을 통해 각 소검사가 표상하는 인지적 특성을 추론할 수 있다.
⑤ 지능의 분포에서 평균 상(High Average)에 속하는 지능지수(IQ)는 110~119이다.

한국판 웩슬러 성인용 지능검사(K-WAIS-Ⅳ)는 16세 0개월~69세 11개월까지의 청소년과 성인의 인지능력을 개인적으로 평가할 수 있도록 만들어진 임상도구이다.

14 K-WISC-Ⅳ와 비교해서 K-WISC-Ⅴ에 관한 설명으로 옳지 않은 것은?

① 언어이해 핵심소검사가 2개로 축소되었다.
② 처리속도 핵심소검사는 그대로 유지되었다.
③ 시각공간 핵심소검사가 토막짜기와 공통그림찾기로 구성되었다.
④ 작업기억 핵심소검사가 숫자와 그림폭으로 구성되었다.
⑤ 지각추론지수가 시각공간 지수와 유동추론 지수로 분리되었다.

> 시각공간 핵심소검사는 '토막짜기'와 '퍼즐'로 구성되어 있다.

15 K-WISC-Ⅴ의 지수영역이 아닌 것은?

① 언어이해
② 작업기억
③ 시각공간
④ 지각추론
⑤ 처리속도

K-WISC-Ⅴ의 소검사 구성

언어이해(VCI)	시각공간(VSI)	유동추론(FRI)	작업기억(WMI)	처리속도(PSI)
공통성 어 휘 상 식 이 해	토막짜기 퍼 즐	행렬추리 무게비교 공통그림찾기 산 수	숫 자 그림기억 순차연결	기호쓰기 동형찾기 선 택

정답 12 ④ 13 ③ 14 ③ 15 ④

CHAPTER 04   정의적 검사

01 포괄적인 적성을 측정하는 종합 적성검사로서, 11개의 지필검사와 4개의 수행검사(동작검사)를 포함한 총 15개의 하위검사로 구성되어 있는 검사는?

① K-WISC-Ⅳ   ② DAT
③ GATB   ④ SAT
⑤ Rorschach Test

> 일반 직업적성검사(GATB)는 1947년 미국 연방정부 직업안정국(United States Employment Service)이 일반 적성검사 배터리를 표준화한 것이다.

02 성격검사에 관한 설명으로 옳은 것은?

① 채점과정과 표준화 유무에 따라 개방형 검사와 폐쇄형 검사로 나뉜다.
② 임상자료를 바탕으로 성격검사를 개발하는 경험적 접근법은 준거집단 방법이다.
③ 개인의 공통적인 요인을 추출하는 요인분석법은 이론적인 접근방법이다.
④ 성격검사는 개인의 성취, 흥미, 성격의 구조 등을 측정한다.
⑤ 검사자가 검사의 제작과정, 해석, 활용방법을 아는 것은 필요하지 않다.

> ① 채점과정과 표준화 유무에 따라 객관식 검사(구조적 검사)와 투사적 검사(비구조적 검사)로 나뉜다. 구조적 검사는 폐쇄적 질문을 특징으로 하고, 비구조적 검사는 개방형 질문을 특징으로 한다.
> ③ 개인의 공통적인 요인을 추출하는 요인분석법은 준거집단 방법처럼 경험적 접근방법이다.
> ④ 성격검사는 개인이 가지고 있는 성향이나 기질 등을 측정하는 검사이다.
> ⑤ 검사자가 검사의 제작과정, 해석, 활용방법을 알고 숙지하고 있어야 한다.

03 성격검사에 관한 설명으로 옳지 않은 것은?

① MBTI는 16가지의 성격유형을 포함한다.
② 에니어그램은 인간의 성격유형을 8개로 설명한다.
③ 16성격요인 검사는 카텔(R. Cattell)의 성격특성 이론을 근거로 개발되었다.
④ 캘리포니아 성격검사(CPI)는 해석이 용이하도록 4개의 군집으로 나누어 설명한다.
⑤ NEO 인성검사는 Big 5 요인에 해당하는 상위척도들이 다시 각각 6개의 하위척도들로 세분화되었다.

> 에니어그램은 아홉이란 뜻의 '에네아스(Enneas)'와 단위를 의미하는 '그라마(Grama)' 두 단어의 합성어이다. 인간의 성격유형을 9개로 설명하고 있으며, 자신의 성격유형을 발견해 내는 것에 목적이 있다.

04 MMPI-2와 비교하여 MMPI-A에만 있는 내용척도는?

① 기태적 정신상태 척도　　② 냉소적 태도 척도
③ 품행문제 척도　　　　　　④ 낮은 자존감 척도
⑤ 반사회적 특성 척도

MMPI-2와 MMPI-A의 내용척도

MMPI-2에만 있는 척도		MMPI-A에만 있는 척도	
• 반사회성 특징	• A유형 행동	• 품행문제	• 소 외
• 공 포	• 직업적 곤란	• 낮은 포부	• 학교문제

05 MMPI-2의 재구성 임상척도에 관한 설명으로 옳지 않은 것은?

① 진단적 변별성을 높이기 위한 목적으로 개발되었다.
② 임상척도들의 공통된 일반요인을 추출하여 의기소침(RCd) 척도를 추가하였다.
③ 모든 임상척도에 대응되는 재구성 임상척도가 있다.
④ 임상척도들 간에 상관이 높다는 문제점을 보완했다.
⑤ T점수 65점 이상을 유의미한 상승으로 해석한다.

> 5번 척도(Mf)와 0번 척도(Si)를 제외한, 8개의 기본 임상척도에 상응하는 8개 씨앗척도를 구성하였다.

06 다음 보기의 내용에 해당하는 다면적 인성검사(MMPI)의 타당도 척도는?

> ○ 비전형적인 방식으로 응답하는 사람들을 탐지하기 위한 것이다.
> ○ 점수가 높을수록 수검자가 가지고 있는 문제영역이 많으며 문제의 정도가 심각한 것임을 나타낸다.

① L척도
② F척도
③ K척도
④ D척도
⑤ ? 척도

> ① L척도 : 부인척도로서, 본래 수검자가 자신을 좋게 보이려고 하는 다소 고의적이고 부정직하며 세련되지 못한 시도를 측정하려는 척도이다.
> ③ K척도 : 교정척도로서, 분명한 정신적인 장애를 지니면서도 정상적인 프로파일을 보이는 사람들을 식별하기 위한 것이다.
> ④ D척도 : 타당성 척도가 아닌 임상척도에 해당하는 것으로서, 검사수행 당시 수검자의 우울한 기분, 자신에 관한 과소평가, 열등감 등을 반영한다.
> ⑤ ? 척도 : 무응답 척도로서, 응답하지 않은 문항 또는 '예', '아니오' 모두에 응답한 문항들의 총합이다.

07 MMPI의 타당도 척도 중 L척도에 관한 내용으로 옳지 않은 것은?

① '부인척도'라고도 한다.
② 수검자의 부정직한 태도와 연관된다.
③ 15개의 문항으로 구성되어 있다.
④ 문항은 경험적 방법이 아닌 논리적 근거에 의해 선발된 것이다.
⑤ 극도의 양심적인 사람에게서는 나타나지 않는다.

> L척도는 수검자의 부정직한 태도와 연관된 것으로서, 수검자가 자신을 좋게 보이기 위해 의도적으로 꾸미는 시도를 측정하기 위한 것이다. 이 척도는 극도의 양심적인 사람에게서나 발견되는 태도나 행동을 측정한다.

08 MMPI-2 척도에 관한 설명으로 옳은 것은?

① S – 건강염려와 관련된 스트레스 정도를 평가한다.
② Pt – 과도한 걱정이나 긴장을 평가한다.
③ Pd – 신경쇠약이나 강박정도를 평가한다.
④ Pa – 심인성 감각장애 정도를 평가한다.
⑤ Ma – 남성성-여성성 정도를 평가한다.

> ① S(S척도, 과장된 자기제시 척도) : 자신을 매우 정직하고, 책임감 있고, 심리적 문제가 없고, 도덕적 결함이 없고, 남들과 잘 어울리는 원만한 사람인 것처럼 보이려는 경향성을 평가한다.
> ③ Pd(척도 4, 반사회성) : 갈등의 정도, 특히 가정이나 권위적 대상 일반에 대한 불만, 자신 및 사회와의 괴리, 권태 등을 평가한다.
> ④ Pa(척도 6, 편집증) : 대인관계에서의 민감성, 의심증, 집착증, 피해의식, 자기정당성 등을 평가한다.
> ⑤ Ma(척도 9, 경조증) : 심리적 · 정신적 에너지의 수준을 평가한다.

09 MMPI의 임상척도 중 '척도 0 Si'에 관한 내용에 해당하는 것은?

① 대인관계에서의 민감성, 의심증, 집착증을 반영한다.
② 수검자가 호소하는 신체적인 증상의 수를 반영한다.
③ 정신적 혼란과 불안정 상태를 반영한다.
④ 내향성과 외향성을 반영한다.
⑤ 남성성과 여성성을 반영한다.

> ① 척도 6 Pa(Paranoia, 편집증)
> ② 척도 1 Hs(Hypochondriasis, 건강염려증)
> ③ 척도 8 Sc(Schizophrenia, 조현병)
> ⑤ 척도 5 Mf(Masculinity-Femininity, 남성성-여성성)

10 MMPI-A 내용척도에서 높은 점수를 보인 청소년에 관한 설명으로 옳지 않은 것은?

① A-biz – 매우 이상한 사고와 경험을 보고한다.
② A-dep – 이치에 맞지 않는 걱정을 하거나 사소한 일을 걱정한다.
③ A-cyn – 타인에게 요구가 많지만, 타인의 요구에는 분개한다.
④ A-sch – 교사에 대한 부정적 태도나 학교 혐오 등을 나타낸다.
⑤ A-fam – 가족들에게 분노나 적개심 등을 보인다.

> ② A-obs(강박성)에 해당하는 내용이다.
> ① A-biz(기태적 정신상태) : 망상과 환각을 포함한 정신병적 증상을 보고할 수 있고, 환청, 환시, 환후를 포함하는 이상한 감각과 경험을 보고한다.
> ③ A-cyn(냉소적 태도) : 타인을 정직하지 못하고 이기적이며 배려심이 없다고 여기고, 타인의 동기를 의심한다.
> ④ A-sch(학교 문제) : 점수가 높은 청소년은 낮은 성적, 정학, 무단결석, 교사에 대한 부정적 태도, 학교 혐오 등을 나타낸다.
> ⑤ A-fam(가정 문제) : 가족들의 요구에 분개하거나 가족들에게 분노나 적개심을 드러내며 부부관계에 대해 부정적인 견해를 보인다.

11 다음 MBTI의 성격유형 중 예언자형에 해당하는 'INFJ'의 특징을 가장 올바르게 나열한 것은?

① 내향성, 감각, 사고, 인식
② 내향성, 감각, 감정, 판단
③ 내향성, 직관, 감정, 판단
④ 외향성, 직관, 감정, 판단
⑤ 외향성, 감각, 사고, 인식

> INFJ(예언자형)의 특징
> • I(내향성) : 깊이와 집중력
> • N(직관) : 미래 가능성의 포착
> • F(감정) : 온화함과 인정
> • J(판단) : 조직력

12 성격평가질문지(PAI) 척도에 관한 설명으로 옳은 것은?

① 치료거부(RXR) : 대인관계에서의 윤리적 태도와 온정성
② 지배성(DOM) : 과도한 경계심과 의심, 피해의식, 불신과 원한
③ 망상(PAR) : 사회적 지지의 부족이나 결여
④ 비지지(NON) : 타인에 대한 지배, 독립성과 자기주장
⑤ 조증(MAN) : 활동 수준의 증가, 자기-과대감, 초조함, 인내심 저하

> ① 치료 거부(RXR) : 치료 고려 척도로 심리적 · 정서적 변화에 대한 개인적 관심과 관련된 속성과 태도를 평가하기 위한 척도
> ② 지배성(DOM) : 대인관계에서의 통제적 · 순종적 또는 자율적인 정도를 평가하기 위한 척도
> ③ 망상(PAR) : 편집증적인 사람들이 가지고 있는 증상 및 성격과 관련된 특징적 현상을 측정하는 척도로 과도한 경계심과 의심, 피해의식, 불신과 원한 등 3개 하위 척도 포함
> ④ 비지지(NON) : 사회적 관계의 가용성과 질을 포함한 지각된 사회적 지지의 부족을 평가하기 위한 척도

13 다음 MMPI-2 결과에 대해 가능한 해석은?

> T점수 : L척도 = 45, F척도 = 70, K척도 = 40

① 다소 유치한 방식으로 남에게 좋게 보이려고 애쓴다.
② 신체적 · 정서적 곤란을 호소한다.
③ 방어기제로 부인과 억압을 사용한다.
④ 여러 가지 문제를 해결할 수 있는 적절한 능력이 있다.
⑤ 검사결과를 무효로 만들려는 고의적인 태도를 보인다.

> **타당도 척도 해석 - (∧형)**
> • '개방과 솔직', '고통스러움' 혹은 '도움을 바람'으로 다양하게 불리는 형태로서, F척도가 T점수 60 이상이고, L척도와 K척도가 T점수 50 이하일 때 나타나는 모습이다.
> • 수검자가 자신의 신체적 · 정서적 곤란을 인정하고 도움을 요청하고 있는 상태이다.

14 NEO 인성검사(NEO-PI-R)의 척도 중 N요인 척도의 내용에 해당하는 것을 모두 고른 것은?

| ㄱ. 충 동 | ㄴ. 자극 추구 |
| ㄷ. 자의식 | ㄹ. 자기통제 |

① ㄱ, ㄴ, ㄷ
② ㄱ, ㄷ
③ ㄴ, ㄹ
④ ㄹ
⑤ ㄱ, ㄴ, ㄷ, ㄹ

NEO 인성검사(NEO-PI-R)의 척도 구성

요인명	내 용		
N요인(신경증)	• N1 – 불 안 • N4 – 자의식	• N2 – 적대감 • N5 – 충 동	• N3 – 우 울 • N6 – 심약성
E요인(외향성)	• E1 – 온 정 • E4 – 활동성	• E2 – 사교성 • E5 – 자극 추구	• E3 – 자기주장 • E6 – 긍정적 감정
O요인(개방성)	• O1 – 상 상 • O4 – 행동 개방	• O2 – 심 미 • O5 – 사고 개방	• O3 – 감정 개방 • O6 – 가치 개방
A요인(수용성)	• A1 – 신 뢰 • A4 – 순응성	• A2 – 정 직 • A5 – 겸 양	• A3 – 이타심 • A6 – 동 정
C요인(성실성)	• C1 – 능력감 • C4 – 성취동기	• C2 – 질 서 • C5 – 자기통제	• C3 – 충실성 • C6 – 신중성

15 다음 보기의 성격 특징에 해당하는 홀랜드(Holland)의 직업적 성격 유형은?

○ 솔직하고, 성실하고, 검소하다.
○ 지구력이 있고, 신체적으로 건강하다.
○ 말이 적고, 고집이 세고, 직선적이고, 단순하다.

① 실재형(Realistic Type)
② 탐구형(Investigative Type)
③ 예술형(Artistic Type)
④ 관습형(Conventional Type)
⑤ 기업형(Enterprising Type)

② 탐구형 : 탐구심이 많고, 논리적·분석적·합리적이며, 정확하고, 지적호기심이 많으며, 비판적·내성적이고, 수줍음을 잘 타며, 신중하다.
③ 예술형 : 상상력이 풍부하고, 감수성이 강하며, 자유분방하고, 개방적이다. 또한 감정이 풍부하고, 독창적이며, 개성이 강한 반면, 협동적이지는 않다.
④ 관습형 : 정확하고, 빈틈이 없고, 조심성이 있으며, 세밀하고, 계획성이 있으며, 변화를 좋아하지 않으며, 완고하고, 책임감이 강하다.
⑤ 기업형 : 지배적이고, 통솔력·지도력이 있으며, 말을 잘하고, 설득적이며, 경쟁적이고, 야심적이며, 외향적이고, 낙관적이고, 열성적이다.

CHAPTER 05   투사적 검사

01 집-나무-사람(HTP) 검사를 해석할 때 고려하는 특성을 모두 고른 것은?

ㄱ. 필 압	ㄴ. 그림의 크기
ㄷ. 검사 소요시간	ㄹ. 그림을 그린 위치

① ㄱ, ㄴ, ㄷ   ② ㄱ, ㄴ, ㄹ
③ ㄱ, ㄷ, ㄹ   ④ ㄴ, ㄷ, ㄹ
⑤ ㄱ, ㄴ, ㄷ, ㄹ

> **HTP의 해석**
> - 구조적 해석 : 검사 소요시간, 그림의 순서, 그림의 크기, 그림을 그린 위치, 그림의 선, 필압, 그림의 세부묘사, 그림의 대칭, 그림의 왜곡·생략, 동적·정적 움직임, 그림 지우기, 종이 돌리기, 투명성
> - 내용적 해석 : 집(문, 창문, 지붕, 굴뚝, 벽, 부수적 사물), 나무(뿌리, 기둥, 가지), 사람(머리, 얼굴, 몸통, 팔다리)

02 다음 중 HTP의 사람(Person)에 관한 내용적 해석으로서, 수검자의 기본적 성향 및 현재의 기분을 반영하는 얼굴의 부위로 가장 적절한 것은?

① 눈
② 코
③ 입
④ 귀
⑤ 턱

> HTP의 사람(Person)에서 얼굴에 관한 해석
> • 눈 : 기본적 성향 및 현재의 기분
> • 코 : 성적 상징, 외모에 대한 태도, 타인과의 관계형성
> • 입 : 심리적 성향, 타인과의 의사소통
> • 귀 : 정서자극에 관한 반응
> • 턱 : 공격성, 자기주장적 성향

03 다음 중 HTP의 나무(Tree)에 관한 내용적 해석으로서, 타인과의 접촉성향 및 수검자의 자원을 반영하는 것은?

① 뿌리
② 기둥
③ 가지
④ 잎
⑤ 열매

> HTP의 나무(Tree)에 관한 해석
> • 뿌리 : 안정성 여부, 현실과의 접촉 수준
> • 기둥 : 자아 강도, 내면화의 힘
> • 가지 : 타인과의 접촉 성향, 수검자의 자원
> • 잎, 열매 : 욕구수준, 정서상태

04 집-나무-사람(HTP) 검사의 시행에 관한 설명으로 옳은 것은?

① 집을 그릴 때 용지를 가로방향으로 놓아준다.
② 집, 나무, 사람 외에 다른 그림을 그려서는 안 된다고 지시한다.
③ 사람을 그릴 때는 수검자와 같은 성별의 인물을 먼저 그리게 한다.
④ 검사 특성상 아동과 청소년에게만 시행한다.
⑤ 각 그림당 5분의 제한시간을 준다.

> ① 첫 장에는 가로로 놓인 종이에 집을 그리게 하고, 두 번째 장에는 세로로 놓인 종이에 나무를, 세 번째 장에도 세로로 놓인 종이에 전신의 사람을 그리게 지시한다.
> ② 집, 나무, 사람 외에 다른 그림은 수검자의 무의식과 관련된 상징을 드러내 줌으로써 더욱 풍부한 정보를 제공한다.
> ③ 사람을 그릴 때는 어떤 성별을 먼저 그려도 상관없음을 안내한다.
> ④ 모든 연령에 시행 가능하다.
> ⑤ 시간 제한을 두지는 않는다.

05 문장완성검사(SCT)에 관한 설명으로 옳은 것을 모두 고른 것은?

> ㄱ. 주어진 어구를 보고 제일 먼저 생각나는 것을 쓴다.
> ㄴ. 미완성 문장을 사용하여 수검자의 욕구, 감정, 태도를 파악한다.
> ㄷ. 반드시 객관적 채점체계를 적용해야 한다.
> ㄹ. 정·오답이 없으며, 집단으로 실시하는 것이 가능하다.

① ㄱ, ㄴ
② ㄱ, ㄷ
③ ㄴ, ㄹ
④ ㄱ, ㄴ, ㄹ
⑤ ㄴ, ㄷ, ㄹ

> SCT는 수검자의 투사를 토대로 하므로 객관적인 채점이 사실상 불가능하다.

06 SCT 검사에 관한 설명으로 옳은 것은?

① 개인의 지능구조에 관한 추론을 할 수 있다.
② 미완성 문장은 직접적인 질문에 비해 수검자가 방어적인 태도를 취하도록 한다.
③ 가족, 직업, 대인관계, 자기개념 4가지 영역을 측정한다.
④ 표준적인 실시방법은 검사자가 읽어주고, 수검자가 반응을 쓰도록 하는 것이다.
⑤ 단어연상 검사로부터 발전된 투사적 검사이다.

> ① 처음에는 지능 측정을 위해 이 기법을 사용하였지만, 지능구조를 추론할 수 있는 검사는 아니다.
> ② 미완성 문장은 인식하거나 표현할 수 없는, 또는 표현하기 꺼려지는 잠재된 욕구, 감정, 태도, 야망 등이 보다 잘 드러날 수 있게 하므로 수검자가 직접적인 질문을 했을 때보다 방어적이지 않다.
> ③ 개인의 적응에 중요한 대표적 영역들인 가족, 성, 대인관계, 자기개념 등 4가지 영역을 탐색할 수 있는 검사이다.
> ④ 표준적인 실시방법은 피검자가 직접 문장을 읽고 반응을 써야 하지만, 심하게 불안한 피검자에게는 문항을 읽어주고 피검자가 대답한 것을 검사자가 받아 적는 것이 도움이 되기도 한다. 이러한 구술 시행은 반응시간, 얼굴 붉어짐, 표정 변화, 목소리 변화, 전반적인 행동 등을 관찰함으로써 피검자가 어떤 문항에서 막히는지를 구체적으로 알 수 있게 해준다.

07 SCT의 해석과정으로서 '결정적 요인'에 해당하는 것을 모두 고르면?

| ㄱ. 신체적 요인 | ㄴ. 정의적 요인 |
| ㄷ. 가정적 · 성장적 요인 | ㄹ. 가치 지향적 요인 |

① ㄱ, ㄴ, ㄷ
② ㄱ, ㄷ
③ ㄴ, ㄹ
④ ㄹ
⑤ ㄱ, ㄴ, ㄷ, ㄹ

SCT의 해석

성격적 요인	지적능력 요인, 정의적 요인, 가치 지향적 요인, 정신 역동적 요인
결정적 요인	신체적 요인, 가정적 · 성장적 요인, 대인적 · 사회적 요인

08 다음 중 로샤(Rorschach)검사에 관한 내용으로 옳지 않은 것은?

① 일명 '잉크반점검사'라고도 한다.
② 10장의 대칭형 그림이 있는 카드를 사용한다.
③ 반응의 채점은 로샤검사에 관한 반응을 로샤 부호로 바꾸는 과정으로 9개 항목으로 채점된다.
④ 일상생활에서 문제의 핵심을 피하는 수검자는 반점의 중심부에 주의를 기울이거나 반점의 핵심적인 부분에만 주의를 기울이는 경향이 있다.
⑤ 잉크반점에 관한 조현병(정신분열증) 환자의 반응이 비장애인의 반응과 차이가 있다는 점을 발견한 것이 출발이었다.

> 일상생활에서 문제의 핵심을 피하는 수검자는 반점의 주변부에만 주의를 기울이거나 반점 주위의 사소한 부분에만 주의를 기울이는 경향이 있다.

09 로샤검사에서 사용하는 채점지표가 아닌 것은?

① 반응개수
② 평범반응
③ 반응영역
④ 반응내용
⑤ 특수점수

> **로샤(Rorschach)검사의 채점지표**
> 반응영역, 발달질, 결정인, 형태질, 쌍반응, 반응내용, 평범반응, 조직화 점수(Z-Score), 특수점수

정답 06 ⑤ 07 ② 08 ④ 09 ①

10 다음 중 로샤검사에 사용되는 카드의 특징을 올바르게 연결한 것은?

	카드 종류	색 상	평범반응
①	카드 I	무채색	인간 또는 거인
②	카드 III	유채색	동 물
③	카드 IV	무채색에 부분 적색	박쥐 또는 나비
④	카드 V	무채색에 부분 적색	게 또는 거미
⑤	카드 VII	무채색	인간의 얼굴 또는 머리

로샤의 잉크반점기법을 위한 10장의 카드

카드 종류	색 상	평범반응
카드 I	무채색	박쥐 또는 나비
카드 II	무채색에 부분 적색	동 물
카드 III	무채색에 부분 적색	인간의 형상
카드 IV	무채색	인간 또는 거인
카드 V	무채색	박쥐 또는 나비
카드 VI	무채색	양탄자 또는 동물가죽
카드 VII	무채색	인간의 얼굴 또는 머리
카드 VIII	유채색	동 물
카드 IX	유채색	인간 또는 인간과 흡사한 형상
카드 X	유채색	게 또는 거미

11 엑스너(J. Exner)의 종합체계의 결정인에 관한 설명으로 옳지 않은 것은?

① 반점의 크기에 기초해서 거리감을 지각한 경우에는 Y로 채점한다.
② 형태를 사용한 경우에는 F로 채점한다.
③ 동물이 인간의 동작을 취하고 있는 경우에는 M으로 채점한다.
④ 유채색 결정인에는 C, CF, FC, Cn이 있다.
⑤ 쌍반응은 (2)로 채점한다.

> 반점의 크기에 기초해서 거리감을 지각한 경우에는 FD로 채점한다. Y는 형태 개입 없이 밝고 어두운 것에 따라 반응이 결정될 때 채점한다.

12 로샤검사에서 결정인에 관한 해석으로 옳지 않은 것은?

① Y, YF, FY – 통제할 수 없는 불안감
② T, TF, FT – 애정 욕구
③ C, CF, FC, Cn – 정서 표현의 조정
④ rF, Fr – 방어적 태도
⑤ C', C'F, FC' – 정서 억제

로샤검사의 결정인

기 호	정 의	해 석
F	형태(Form)	통제, 지연
M, FM, m	운동(Movement)	개념화, 욕구, 스트레스
C, CF, FC, Cn	유채색(Chromatic Color)	정서 표현의 조정
C', C'F, FC'	무채색(Achromatic Color)	정서 억제
T, TF, FT	음영-재질(Shading-Texture)	애정 욕구
V, VF, FV	음영-차원(Shading-Dimension)	부정적 자기 평가
Y, YF, FY	음영-확산(Shading-Diffuse)	불안감, 무력감
FD	형태차원(Form Dimension)	내 성
(2) / rF, Fr	쌍반응(Pairs)/반사반응(Reflections)	자기초점, 자아중심성

13 로샤검사의 채점항목 중 반응영역의 내용으로서 남들이 잘 보지 않는 부분이지만 검사자의 판단상 그럴듯하게 보일 경우에 해당하는 것은?

① W
② D
③ Dd
④ S
⑤ Sd

로샤검사의 반응영역
① W(전체 반응) : 반점 전체를 보고 반응하는 경우
② D(흔히 사용하는 부분에 대해 반응 또는 보통 부분반응) : 자주 사용되는 반점 영역을 보는 경우
④ S(공백반응 또는 간격반응) : 카드의 여백을 본 경우

정답 10 ⑤ 11 ① 12 ④ 13 ③

14 로샤검사의 채점항목 중 발달질의 내용으로서, 다음 보기의 내용에 해당하는 것은?

> 반점의 단일하거나 구분된 부분이 관련이 있는 하나의 반응에 조직되어 묘사된 것으로서, 반응에 포함된 대상 중 하나 이상이 구체적인 형태요구 또는 형태특성으로 나타나는 경우를 말한다.

① +
② v/+
③ v
④ o
⑤ −

로샤검사의 발달질

기 호	정 의	기준 내용
+	통합반응 (Synthesized Response)	반점의 단일하거나 구분된 부분이 관련이 있는 하나의 반응에 조직되어 묘사된 것으로서, 구체적인 형태특성으로 나타나는 경우
v/+	모호-통합반응 (Vague-Synthesized Response)	반점의 단일하거나 구분된 부분이 관련이 있는 하나의 반응에 조직되어 묘사된 것으로서, 구체적인 형태특성으로 나타나지 않는 경우
o	보통반응 (Ordinary Response)	잉크반점이 구체적인 형체의 특성으로 묘사되어 대상의 윤곽과 함께 구조적인 양상을 보이는 경우
v	모호반응 (Vague Response)	잉크반점이 구체적인 형체특성 없이 묘사되어 대상의 윤곽이나 구조적인 양상을 보이지 않는 경우

15 로샤검사의 채점항목 중 결정인의 내용으로서 형태에 관한 언급 없이 순수무채색의 특징에 근거한 반응을 나타내는 기호는?

① C
② CF
③ Cn
④ C'
⑤ C'F

> ① C : 순수색채반응으로서 형태에 관한 언급 없이 순수색채의 특징에 근거한 반응으로 나타난다.
> ② CF : 색채-형태 반응으로서 반점의 색채에 우선적으로 반응이 형성되며, 형태 특징이 부차적으로 사용된다.
> ③ Cn : 색채명명 반응으로서 반점의 색채가 명명되고, 그 명칭에 관한 반응으로 나타난다.
> ⑤ C'F : 무채색-형태 반응으로서 반점의 무채색에 우선적으로 반응이 형성되며, 형태 특징이 부차적으로 사용된다.

16 로샤검사의 채점항목 중 형태질의 내용으로서 반점의 특징을 왜곡하는 반응을 형성하는 경우에 해당하는 것은?

① +
② u
③ v
④ o
⑤ −

로샤검사의 형태질

기 호	정 의	기준 내용
+	우수-정교한 (Superior-Overelaborated)	형태를 매우 구체적으로 자세하게 묘사한 경우
o	보통의 (Ordinary)	대상을 묘사함에 있어서 쉽게 이해할 수 있는 방식으로 언급하는 경우
u	드 문 (Unusual)	반점의 특징과 반응의 내용이 크게 부조화하지는 않지만 반응이 흔하지 않은 경우
−	왜곡된 (Minus)	반점의 특징을 왜곡하고, 반응이 임의적·비현실적인 경우

17 다음 중 로샤검사의 반응내용을 올바르게 연결한 것은?

① Ay – 토 템
② An – 동물의 전체 모습
③ Hh – 인체의 일부
④ B – 사람이나 동물의 피
⑤ Ls – 태양, 달, 하늘

② An : 골격, 근육, 해부학적 구조
③ Hh : 가정용품, 주방기구, 램프, 양탄자
④ Bl : 사람이나 동물의 피
⑤ Ls : 풍경, 산, 섬, 동굴, 바다 경치

18 로샤검사의 반응내용 중 가공인물이나 신화 속 인물의 불완전한 형태를 나타내는 기호에 해당하는 것은?

① H
② (H)
③ Hd
④ (Hd)
⑤ Hx

> ① H : 사람의 전체 모습
> ② (H) : 가공인물, 신화 속 인물, 유령, 요정
> ③ Hd : 인체의 일부
> ⑤ Hx : 정서, 감각 경험

19 로샤검사의 우울증 지표(DEPI) 항목에 해당하지 않는 것은?

① MOR > 2 또는 주지화 > 3
② CF+C > FC
③ 정서비 < .46 또는 혼합반응 < 4
④ FV+VF+V > 0 또는 FD > 2
⑤ COP < 2 또는 소외지표 > .24

> ② CF+C > FC는 자살지표(S-CON)에 해당한다.

20 주제통각검사(TAT)에 관한 설명으로 옳지 않은 것은?

① 그림 자극을 제시하여 이야기를 구성해 보도록 한다.
② 카드는 총 31장으로 흑백과 컬러 카드로 구성되어 있다.
③ 성인용(TAT)과 아동용(CAT)이 있다.
④ '지각-이해-추측-상상'의 과정을 통해 대상에 반응하게 된다.
⑤ 반응은 환경 압력과 욕구 간의 갈등에 의해서 나타난다.

> 주제통각검사는 30장의 흑백그림카드와 1장의 백지카드 등 총 31장으로 구성되어 있다. 그림카드 뒷면에는 공용도판, 남자공용도판(BM), 여자공용도판(GF), 성인공용도판(MF), 소년/소녀공용도판(BG), 성인남자전용도판(M), 성인여자전용도판(F), 소년전용도판(B), 소녀전용도판(G)으로 구분되어 있다.

21 TAT의 해석방법 중 정신분석이론에 근거한 자유연상에 의해 무의식의 내용을 해석하는 방법에 해당하는 것은?

① 표준화법
② 욕구-압력 분석법
③ 직관적 해석법
④ 대인관계법
⑤ 지각법

> ① 표준화법 : 하트만(A. Hartman)에 의해 고안된 것으로서, 표준화된 자료를 토대로 반응을 항목별로 묶어 통계적으로 비교·분석하는 방법이다.
> ② 욕구-압력 분석법 : 머레이(H. Murray)에 의해 고안된 주인공 중심의 해석방법으로서, 주인공의 욕구 및 압력, 욕구 방어 및 감정, 다른 등장인물과의 관계 등에 초점을 두는 방법이다.
> ④ 대인관계법 : 아놀드(M. Arnold)에 의해 고안된 것으로서, 그림에 등장하는 인물 간의 상호관계에 초점을 두어, 공격성 및 친화도, 도피감정 등을 분석하는 방법이다.
> ⑤ 지각법 : 라파포트(D. Rapaport)에 의해 고안된 것으로서, 그림에 대한 지각적 왜곡, 이색적 언어의 사용, 사고 및 논리의 특이성에 초점을 두는 방법이다.

22 TAT에 관한 설명으로 옳지 않은 것은?

① 마이어스(I. Myers)와 브릭스(K. Briggs)가 제시한 투사적 검사이다.
② 정신분석이론을 토대로 수검자 자신의 과거 경험 및 꿈에서 비롯되는 투사와 상징을 기초로 한다.
③ 사고의 형식적인 측면이 아닌 '내용'을 주로 볼 수 있게 해준다.
④ 카드 뒷면에 GF라고 적혀 있는 경우 소녀와 성인 여성 모두에게 실시 가능하다.
⑤ 숫자만으로 표시된 카드는 모든 연령과 모든 성별에 공통적으로 적용될 수 있다.

> 마이어스(I. Myers)와 브릭스(K. Briggs)에 의해 개발된 것은 MBTI 검사이다. 주제통각검사는 머레이와 모건(Murray & Morgan)이 『공상연구방법론』을 통해 제시하였다.

23 TAT에 나타나는 진단별 반응 중 보기의 내용에 해당하는 것은?

> ○ 수검자는 이야기가 자신의 개인적인 상황과 무관함을 강조한다.
> ○ 의심과 방어적인 태도를 보이며, 때때로 민감하게 반응한다.
> ○ 허위 논리로써 자신이 내린 결론을 정당화하려는 양상을 보인다.

① 히스테리성 성격
② 조울증
③ 정신분열증
④ 강박장애
⑤ 편집증

> ① 히스테리성 성격 : 수검자의 정서적 반응이 급변하는 양상을 보이며, 이야기가 양가적이고 성적인 내용이 자주 등장한다.
> ② 조울증 : 수검자는 이야기를 매우 빨리 하며, 우울함과 유쾌함, 나쁜 감정과 좋은 감정을 교대로 표출한다.
> ③ 정신분열증 : 수검자의 이야기는 일관되지 못하며, 불합리하고 기괴한 망상을 통해 왜곡된 양상을 보인다.
> ④ 강박장애 : 수검자는 자신의 이야기를 수정하여 현학적으로 만들고자 하며, 완벽함과 복종의 주제를 강조한다.

24 다음 중 벤더게슈탈트 검사(BGT)에 관한 내용에 해당하지 않는 것은?

① 형태심리학과 정신역동이론을 토대로 한다.
② 비언어적 · 투사적 심리검사에 해당한다.
③ 수검자는 10장의 그림에 자신의 성격 및 정서, 갈등상황을 투사한다.
④ 정신병리적 진단 및 뇌손상 여부를 탐지하기 위해 사용한다.
⑤ 시각-운동 협응능력과 연관된다.

> 벤더게슈탈트 검사에 사용되는 도구는 9장의 도형이 그려진 카드로서, 도형 A를 비롯하여 도형 1에서 도형 8까지로 구성된다. 벤더(L. Bender)는 형태심리학의 창시자인 베르트하이머(M. Wertheimer)의 도형을 가져와서 기본적인 형태를 강조하는 방식으로 제작하였다. 허트(M. Hutt)도 벤더와 마찬가지로 9장의 도형이 그려진 카드를 제작하였으며, 벤더의 도형보다 규칙적이고 모사하기 쉽게 단순화하였다. 현재 심리학자들은 두 가지 도형카드를 모두 사용하고 있다.

25 허트(M. Hutt)의 BGT 평가항목 중 '형태의 왜곡'에 해당하지 않는 것은?

① 지각적 회전(Perception)
② 중첩 곤란(Overlapping Difficulty)
③ 교차 곤란(Crossing Difficulty)
④ 단편화(Fragmentation)
⑤ 보속성(Perseveration)

> 교차 곤란(Crossing Difficulty)은 '형태의 일탈'에 해당한다.
> **허트(M. Hutt)의 BGT 평가항목**
> - 조직화 : 배열순서, 도형 A의 위치, 공간의 사용, 공간의 크기, 도형 간의 중첩, 가장자리의 사용, 용지의 회전, 자극도형의 위치변경
> - 크기의 일탈 : 전체적으로 크거나 작은 그림, 점진적으로 커지거나 작아지는 그림, 고립된 큰 그림 또는 작은 그림
> - 형태의 일탈 : 폐쇄의 어려움, 교차의 어려움, 곡선 모사의 어려움, 각도의 변화
> - 형태의 왜곡 : 지각적 회전, 퇴영, 단순화, 파편화 또는 단편화, 중첩의 어려움, 정교함 또는 조악함, 보속성
> - 움직임 및 묘사요인 : 운동방향에서의 일탈, 운동방향의 비일관성, 선 또는 점의 질

03 주관식 단답형 문제

❖ 문제를 읽고 ( ) 안에 들어갈 단어를 적어주세요.

01 (   )은/는 한 검사가 그 준거로 사용된 현재의 어떤 행동이나 특성과 관련된 정도를 나타내는 타당도이다.

02 해당 문항의 정답자 수를 그 문항에 반응한 사람의 총수로 나눈 비율을 (   )(이)라고 하며, 이것의 지수는 0.0~1.0의 범위를 가진다.

03 (   )은/는 척도를 나타내는 수가 등간일 뿐만 아니라 의미 있는 절대영점을 가지고 있는 경우에 이용되는 척도이다.

04 로샤(Rorschach)검사의 엑스너(Exner) 종합체계에서 수검자가 자극을 얼마나 인지적으로 조직화했는가를 평가하는 것은 (   )이다.

05 스피어만(Spearman)은 지능이 모든 개인이 공통적으로 가지고 있는 (   )와/과 함께 언어나 숫자 등 특정한 부분에 대한 능력으로서 (   )(으)로 구성된다고 보았다.

06 MMPI는 본래 성인을 대상으로 한 인성검사도구로서, 일부 문항에서 청소년에게 부적절한 문항이 포함되거나 청소년기의 특징을 담아내지 못하는 한계를 지니고 있었다. 그러한 문제를 해결하기 위해 고안된 (   )은/는 MMPI의 타당도 척도와 임상척도의 큰 틀을 유지한 채 청소년들에게 적절한 문항을 제시하고 그들의 특징을 담아내고 있다.

07 로샤(Rorschach)검사는 (   )장의 잉크반점으로 된 대칭형 그림의 카드로 구성되어 있다.

08 아동용 지능검사(K-WISC-Ⅳ)의 평균은 100이고, 표준편차는 (   )이다.

09 (   )은/는 기존의 자유연상법과 단어연상법이 접목·확장된 것으로서, 1930년 텐들러(Tendler)에 의해 사고반응 및 정서반응의 진단을 위한 도구로 발전되었다.

10 웩슬러는 비율 IQ의 문제점을 보완하기 위해 (   ) 개념을 도입하였다.

정답

01 공인타당도(Concurrent Validity)
02 문항의 난이도(Item Difficulty)
03 비율척도
04 Z점수
05 일반요인(G요인), 특수요인(S요인)
06 MMPI-A
07 10
08 15
09 문장완성검사(SCT)
10 편차 IQ

필수과목 03 기출문항 OX 문제

❖ 문제를 읽고 ( ) 안에 맞는 답을 (O / X)로 표기하세요.

01 개념타당도로서 차별적 타당도에서는 서로 다른 이론적 구성개념을 나타내는 측정지표들 간의 상관관계가 낮은 경우 그 측정지표는 타당도가 높게 나타난다. ( )

02 지능에 대한 연구로서 카텔(Cattell)은 지능을 유전적 · 신경생리적 영향에 의해 발달이 이루어지는 유동성 지능과 경험의 누적에 의해 형성되는 결정성 지능으로 구분하는 '2요인설'을 주장하였다. ( )

03 비율 IQ는 한 사람의 어떤 시점의 지능을 동일 연령대의 집단에서의 상대적 위치로 규정한 지능지수이다. ( )

04 MBTI는 총 95개의 문항으로 구성되어 수검자를 '외향/내향', '감각/직관', '사고/감정', '판단/인식'의 측면에서 성격유형을 16가지로 분류한다. ( )

05 백분위 점수, 표준점수, 편차 IQ가 속하는 규준의 종류는 발달규준이다. ( )

06 16PF는 인간의 행동을 기술하는 수많은 형용사들에서 최소한의 공통요인을 추출한 요인분석방법으로서, 총 16개의 성격척도로 구성되어 있다. ( )

07 로샤검사는 투사적 검사로서 10장의 잉크반점으로 된 대칭형 그림카드로 구성되어 있으며, 수검자가 잉크반점을 조직하고 구조화하는 방식을 통해 욕구 및 성격구조를 파악한다.
( )

08 삭스(Sacks)의 문장완성검사는 가족, 사회, 대인관계, 자기개념 영역으로 구성된다. ( )

09 MMPI-2의 타당도 척도에서 K척도는 이상반응 경향을 탐지하기 위한 척도이다. ( )

10 검사를 한 번 실시한 후 이를 적절한 방법에 의해 두 부분의 점수로 분할하여, 그 각각을 독립된 두 개의 척도를 사용하여 신뢰도를 추정하는 방법은 검사-재검사 신뢰도이다. ( )

정답 및 해설

| 01 ○ | 02 × | 03 × | 04 ○ | 05 × | 06 × | 07 ○ | 08 × | 09 × | 10 × |

02 2요인설은 스피어만(Spearman)의 지능에 대한 연구결과에 해당한다.

03 비율 IQ는 스탠포드-비네 검사에서 산출되는 지능지수로서, 생활연령 또는 신체연령에 비해 정신연령이 얼마나 높은지를 나타낸다.

05 백분위 점수, 표준점수, 편차 IQ가 속하는 규준의 종류는 집단 내 규준이다. 집단 내 규준은 개인의 원점수를 규준집단의 수행과 비교해 볼 수 있도록 만든 규준이다.

06 16PF는 14개의 성격척도와 2개의 특수척도로 구성되어 있다.

08 삭스(Sacks)의 문장완성검사에서는 개인의 적응에 중요한 영역인 가족, 성, 대인관계, 자아개념 등 4가지 영역을 탐색할 수 있다.

09 F척도에 해당하는 내용이다. K척도는 자신을 긍정적으로 기술하는 것을 측정하기 위한 척도이다.

10 '반분신뢰도'에 대한 설명이다. 검사-재검사 신뢰도는 동일한 대상에 동일한 측정도구를 서로 상이한 시간에 두 번 측정한 다음 그 결과를 비교한다.

필수 ❹ 과목

 상담이론

- 01 청소년상담의 기초
- 02 청소년상담의 이론적 접근
- 03 청소년상담의 실제

적중예상문제

"필수 4과목 상담이론"은 청소년상담사를 포함하여 상담에 관련한 모든 학습에 가장 기본적이고도 가장 중요한 핵심과목이라고 할 수 있습니다. 상담 절차, 상담윤리, 상담자의 자질, 상담 이론 등 실무 상담에 필요한 전반적인 지식을 확인하는 매우 중요한 과목으로서, 기본적으로 완벽한 학습이 필요합니다. 특히 과년도 시험에서 개념 확인형으로 출제되었던 문제들이 활용형 문제로 출제되는 경향을 보이므로, 이론을 완벽하게 숙지하고 그 이론을 바탕으로 사례와 연관지어 깊이 있게 학습하시기 바랍니다.

✓ **최근 2024년도 23회 기출키워드**

- 상담의 개념
- 상담관계
- 비밀유지 원칙의 예외 상황
- 개인심리학적 상담기법
- 인지오류의 유형과 예시
- 합리정서행동치료(REBT)의 ABCDE 모델
- 정신분석
- 행동주의 상담
- 게슈탈트 상담이론의 접촉경계 혼란 현상
- 게슈탈트 상담
- 인간중심 상담이론
- 실존주의 상담의 인간관
- 이야기치료와 교류분석
- 현실치료
- 해결중심상담
- 상담이론과 설명의 연결
- 수용전념치료
- 변증법적 행동치료(DBT)
- 통합적 접근
- 여성주의 상담
- 다문화 사회정의 및 옹호 상담자
- 상담을 시작하기 전 준비해야 할 사항
- 상담목표
- 호소문제
- 상담자의 자기개방

정오표 ▲

CHAPTER 01 청소년상담의 기초

중요도 ★★★

핵심포인트
상담의 본질 # 상담자의 자질 및 태도와 역할(인간적/전문가적 자질)
청소년상담자의 윤리(윤리강령)

01 상담의 본질

1 상담의 의의 22 기출

(1) 상담의 일반적 정의 18 20 24 기출
① 상담은 올바른 적응을 위해 조력을 필요로 하는 내담자와 조력자로서 전문적 훈련을 받은 상담자 간의 직접적인 면접을 통해 이루어가는 전인적 학습과정이다.
② 상담은 심리학적인 기술과 도구를 사용하는 것에 그치는 것이 아니라, 한 개인 혹은 집단의 가치, 사회환경, 현실문제 등을 폭넓게 다루는 실천적인 학문이다.
③ 도움을 필요로 하는 사람에게 전문적 지식과 기능을 가지고 내담자 자신과 환경에 대한 이해를 증진시키며, 합리적이고 현실적이며 효율적인 행동양식을 증진시키거나 의사결정을 내릴 수 있도록 원조하는 활동이다.
④ 상담은 조력하는 과정이고, 상담관계는 일반 대인관계와는 다르다.
⑤ 2인 이상의 내담자를 동시에 상담하기도 한다.

(2) 상담에 대한 학자들의 정의
① 윌리엄슨(Williamson) : 훈련, 기술, 신용을 기반으로 내담자의 적응문제를 해결하기 위한 상담자와 내담자 사이의 면대면(Face to Face) 상태이다.
② 빙햄과 무어(Bingham & Moore) : 상담이란 목적을 가진 대화이다.
③ 로저스(Rogers) : 상담은 훈련받은 상담자와 도움을 받고자 하는 내담자를 연결하는 상호적인 과정으로서, 이때 상담자는 내담자의 감정을 수용하고 명료화한다.
④ 벅스와 스테플러(Burks & Stefflre) : 상담은 상담자와 내담자 간의 전문적인 관계 형성을 통해 내담자의 문제를 해결하고 자기 목표에 도달할 수 있도록 학습시키는 과정이다.

2 상담의 구성요소와 기능

(1) 상담의 구성요소 19 20 기출

① 상담자
  ㉠ 전문자격을 갖추고 상담에 도움을 주는 사람이다.
  ㉡ 전문적 자질뿐만 아니라 인간적 자질을 갖추어야 한다.
  ㉢ 자신의 의견을 주장하거나 내담자를 평가하지 않도록 주의해야 한다.

② 내담자
  ㉠ 상담을 받는 사람(상담 대상)을 말한다.
  ㉡ 자발적인 신청자뿐만 아니라 학부모, 담임선생님, 교과선생님의 의뢰 및 추천에 의해서도 선정된다.
  ㉢ 의뢰 및 추천에 의해서 선정된 경우에도 학생들이 자발적·적극적으로 참여할 수 있도록 해야 한다.
  ㉣ 상담에서는 주로 내담자의 갈등 경험이 다루어진다.

③ 상담관계 24 기출
  ㉠ 도움을 받는 사람과 도움을 주는 사람, 즉 내담자와 상담자의 관계를 말한다.
  ㉡ 신뢰와 존중, 친밀감을 기초로 상담목표를 향하는 작업 관계이다(사교적 관계 X).
  ㉢ 상담관계를 기초로 상담의 목적을 이루어간다.
  ㉣ 직접 대면으로 형성되거나 전화, 인터넷, 문자 등의 매체를 통해 형성된다.
  ㉤ 상담자와 내담자가 대등한 위치에서 상담에 참여하는 것이 바람직하다.
  ㉥ 상담관계가 올바르게 형성되지 않으면 상담의 효율적 진행은 불가능해진다.

(2) 상담의 기능 15 17 19 기출

① **교육 및 발달적 기능** : 상담은 내담자가 바람직한 방향으로 행동을 변화시킬 수 있게 하고, 내담자의 심리적 성장·발달을 촉진하는 기능을 한다(자기 성장 촉진).

② **진단 및 예방적 기능** : 내담자의 문제와 부적응 원인을 올바르게 진단한 다음, 이에 적절한 개입과 예방을 하는 기능을 한다(*정신병리 발생 예방).

③ **교정적 기능** : 내담자의 바람직하지 못한 행동이나 생각 등을 올바르게 수정하고 해결하도록 조력하는 기능을 한다(삶의 문제 해결).

④ **치료적 기능** : 내담자의 심리적 고통이나 부적응 증상이 제거·치유되도록 돕는 기능을 한다(심리적 고통 해소).

> **정신병리**
> 정신 질환에서 흔히 관찰되는 병적인 정신현상으로서 비정상적 행동, 사고, 의식, 지각 등을 의미한다.

02 상담자의 자질 및 태도와 역할

1 상담자의 자질 14 15 16 17 18 19 20 기출

인간적인 자질 21 기출	전문가적인 자질 22 기출
• 문제와 인간에 대한 이해 • 인간에 대한 호기심과 깊은 관심 • 인간관계 및 경험에서 개방적·수용적 자세 • 본보기로서의 상담자 • 치료적 도구로서의 상담자 • 자기에 대한 이해와 수용 및 자기성찰 능력·태도 • 자신과 타인의 감정 인식 및 수용 능력 • 타인에 대한 열린 마음 • 삶에 대한 진지함과 변화에 대한 용기·신뢰 • 상담에 대한 건전한 동기 • 자발성과 독립성 • 현실적 감각과 현실에 대한 수용 • 성숙한 대인관계와 사회적 관심	• 전문가적 소양, 객관적 평가 능력 • 심리학적 지식 • 사회학 및 문화인류학적 지식, 시대감각 • 지역사회 자원과 사회환경에 대한 지식(이해) • 다문화적 차이에 대한 이해와 민감성 • 상담이론에 관한 이해 및 적용 능력 • 상담기법의 활용 • 심리검사, 진단분류체계에 대한 이해 • 상담을 효율적으로 진행하는 방법과 절차에 관한 이해 • 상담 상황에서 지켜야 할 상담자 윤리규정의 숙지 • 실제적인 상담기술 훈련을 포함한 지속적인 자기개발

2 상담자의 태도와 역할

(1) 상담자의 태도 14 18 기출

① 공감적 이해 : 상대방이 경험하고 있는 것에 관하여 정확하게 지각하고, 그 지각에 관해서 의사전달을 할 수 있어야 한다.
② 존중 : 내담자를 그들의 행동과 분리시켜서 인간 그 자체의 가치를 순수하고 깊게 수용해 주어야 한다.
③ 따뜻한 태도 : 내담자에 대한 관심과 애착을 긍정적으로 표현함으로써 가능하다.
④ 솔직한 태도 : 언어적 행동과 비언어적 행동이 일치하게 행동해야 한다.
⑤ 구체성을 지닌 태도 : 의사소통 과정에서 문제상황과 관련된 감정·경험·행동이 구체적으로 논의되도록 이끌어 가야 한다.
⑥ 직면 : 상대방의 말과 행동이 서로 모순되는 점을 지적하는 것으로서, 즉각적인 직면은 위험하며 내담자와 좋은 관계가 형성된 후에 해야 한다.
⑦ 유머의 사용 : 상담자는 유머감각을 통해 내담자의 문제에 여유롭게 대처해야 한다.
⑧ 적극적이고 지시적인 태도 : 청소년상담에서는 상당한 교육과 훈련이 포함되어야 하므로, 상담자가 어느 정도 교사의 역할을 하면서 적극적이고 지시적일 때 상담의 효과는 극대화된다.
⑨ 피드백을 통한 점검 : 상담자가 말한 것을 청소년 내담자가 이해하고 있는지 피드백을 통해 점검해야 한다.

(2) 상담자의 역할 [20] [기출]

직접적인 역할	간접적인 역할
• 교육자의 역할 • 조력자의 역할 • 안내자의 역할 • 옹호자의 역할 • 변화촉진자의 역할	• 연구자의 역할 • 조정자의 역할 • 자문가의 역할 • 조직개발자의 역할

> **지식 IN**
>
> **상담자와 내담자 간의 치료적 존중** [17] [기출]
> - 내담자의 절망감, 고립감, 실패, 불완전성을 수용한다.
> - 내담자가 자신의 방향을 선택할 권리를 인정한다.
> - 내담자의 책임감 있는 행동 능력을 강화한다.
> - 내담자에 대한 비판을 잠시 보류한다.

03 청소년상담자의 윤리

1 상담의 윤리원칙 및 상담자의 윤리문제 이해

(1) 상담의 윤리원칙 [18] [23] [기출]

키치너(Kitchener, 1984)와 메라, 슈미트, 데이(Meara & Schmidt & Day, 1996)는 여러 학자들의 주장에 기초하여 상담자가 전문직업인으로서 지켜야 할 윤리 수준의 토대가 되는 6가지 도덕원칙을 제시하였다.

① **자율성(Autonomy)** : 내담자가 자기 삶의 방향을 스스로 선택하고 자발적으로 의사결정을 하는 것과 관련된 것으로, 타인의 권리를 해치지 않는 한 내담자가 원하는 것을 선택하고 그것을 할 수 있는 권리가 보장되어야 한다.

② **선의(Beneficence)** : 내담자들이 자신이 속한 사회와 문화권 안에서 성장하고 발전하는 데 기여하도록 하는 것과 관련된 것으로, 상담자는 내담자를 돕고 촉진함으로써 내담자의 안녕과 복지를 증진하는 선한 일을 해야 한다.

③ **무해성(Non-maleficence)** : 내담자에게 해롭거나 고통을 줄 수 있는 행동을 피해야 한다.

④ **공정성(Justice)** : 내담자의 연령, 성별, 인종, 재정상태, 문화적 배경, 종교 등에 의한 편향됨 없이 모든 내담자를 평등하고, 공평하게 대해야 한다.

⑤ **충실성(Fidelity)** : 정직한 약속을 하고 그것을 지키기 위해 책임을 다하는 것과 관련된 것으로, 상담자는 내담자에게 충실하고 존중을 보여주어야 하며 상담관계에도 충실하여야 한다.

⑥ 진실성(Veracity) : 정확한 근거에 입각하여 상담을 이끌고 내담자를 진실로 대하면서 서로 공감하고 이해·수용하는 태도를 통해 신뢰를 기반으로 하는 관계를 형성해야 한다.

(2) 상담자의 윤리문제 이해 17 21 22 23 기출

① 상담자는 내담자의 사생활을 보호하기 위해 노력해야 하며, 정보가 불법적으로 유출되지 않도록 필요한 조치를 강구해야 한다.
② 상담자는 자신의 전문적 한계를 인식하고 내담자에게 적절한 조력을 할 수 없는 경우, 다른 상담자에게 의뢰해야 한다.
③ 상담자는 이중관계를 피해야 한다.
　㉠ 자신의 교수와 학생, 가까운 친구나 친인척, 직장 상사·동료 등, 상담 성과에 영향을 줄 수 있는 관계자는 다른 상담 전문가에게 의뢰해야 한다.
　㉡ 사적 관계 및 경제적 거래관계는 금지된다.
④ 상담자는 비밀보장 원칙을 지켜야 한다. 19 기출
　㉠ 비밀보장 원칙의 위반은 윤리적 문제뿐만 아니라 법적 문제도 초래할 수 있다.
　㉡ 비밀보장의 예외 규정 24 기출
　　• 상담자는 내담자에게 비밀보장의 예외 규정을 알린 후 엄격히 적용해야 한다.
　　• 인간 존엄성의 *절대가치를 위배하는 경우, 비밀보장의 권리가 제한된다.
　　• 상담자는 상담에서 알게 된 타인에 대한 심각한 위협을 잠재적 희생자에게 알려야 할 의무가 있다.
　　• 청소년 내담자 등 미성년자와의 상담에서는 자녀의 상담 내용에 대한 부모나 보호자의 알 권리를 인정해야 한다.
　　• 법원에서 공개를 요구하는 경우에는 내담자의 비밀을 사전 동의 없이 관련자에게 공개할 수 있다.
⑤ 상담자는 내담자의 사전 동의하에 녹음·녹화 등을 할 수 있고 전문적인 서비스를 제공하기 위하여 상담내용을 기록하고 보관할 수 있다.
⑥ 사이버 상담의 경우에는 운영 특성상, 한 명의 내담자가 여러 명의 사이버 상담자를 만나게 되는 경우 상담자들 간에 정보를 공유할 수 있음을 내담자에게 고지하여야 한다.

> **절대가치**
> 시간과 공간을 초월하여 영원히 변하지 않는 가치이다. 생명에 영향을 미치며, 생존에 결정적인 역할을 하는 것들이다.

지식 IN

비밀보장, 증언거부권 19 기출

• 비밀보장은 주로 윤리적인 의미를 가진 개념으로, 상담자가 내담자의 사생활을 존중해 주어야 할 의무를 뜻한다.
• 증언거부권은 소송절차에서 비밀정보의 공개를 거부할 수 있는 법률 개념이다.
• 우리나라 형사소송법과 민사소송법상의 증언거부권에 의해 상담자는 내담자의 특정 비밀을 공개할 의무에서 면제될 수는 있지만, 반드시 절대적인 것은 아니다. 그에 따라 비밀보장 특권과 관련된 윤리적 문제가 제기되고 있다.

2 상담사의 윤리강령 15 16 18 기출

(1) 제1장 - 전문적 태도
① 상담자는 상담에 대한 지식, 실습, 교수, 임상, 연구를 통해 전문성을 발달시키기 위해 지속적으로 노력해야 한다. 정기적으로 전문가로서의 능력과 효율성에 대해 자기반성과 자기평가를 하며, 필요한 경우 자신의 효율성을 증진시키기 위해 지도감독을 받아야 한다.
② 상담자는 자기 능력 및 기법의 한계를 인식하고, 전문적 기준에 위배되는 활동을 하지 않는다. 만일, 개인 문제 및 능력의 한계 때문에 도움을 주지 못하리라고 판단될 경우에는 내담자에게 동의를 구한 후 다른 동료 전문가 및 관련 기관에 의뢰한다.
③ 상담자는 자신의 질병, 사고, 이동, 또는 내담자의 질병, 사고, 이동, 재정적 한계 등 요인으로 상담을 중단할 경우, 이에 대한 적절한 조치를 취해야 한다.
④ 상담자는 상담을 종결하는 데 있어서 어떤 이유보다도 우선적으로 내담자의 관점과 요구를 고려해야 하며, 내담자가 다른 전문가를 필요로 할 경우에는 적절한 과정을 통해 의뢰한다.

(2) 제2장 - 정보의 보호
① 상담자는 사생활과 비밀보장에 대한 내담자의 권리를 최대한 존중해야 할 의무가 있다.
② 상담자는 내담자 또는 내담자의 법정대리인에게 비밀보장의 예외와 한계에 대해 설명해야 한다.
③ 상담자는 '비밀보장의 한계'를 제외하고는, 내담자의 서면 동의 없이는 제3자에게 상담기록을 공개하거나 전달해서는 안 된다.
④ **비밀보장의 한계** : 상담자는 아래와 같은 내담자 개인 및 사회에 임박한 위험이 있다고 판단될 때 내담자에 관한 정보를 사회 당국 및 관련 당사자에게 제공해야 한다.
  ㉠ 내담자가 자신이나 타인의 생명 혹은 사회의 안전을 위협하는 경우
  ㉡ 내담자가 감염성이 있는 치명적인 질병이 있다는 확실한 정보를 가졌을 경우
  ㉢ 미성년인 내담자가 학대를 당하고 있는 경우
  ㉣ 내담자가 아동학대를 하는 경우
  ㉤ 법적으로 정보의 공개가 요구되는 경우
⑤ 상담자는 내담자의 사적인 정보의 공개가 요구될 때 기본적인 정보만을 공개한다. 더 많은 사항을 공개하기 위해서는 사적인 정보의 공개에 앞서 내담자에게 알리고 동의를 얻어야 한다.

(3) 제3장 - 내담자의 복지
① 상담자의 최우선적 책임은 내담자의 존엄성을 존중하고 내담자의 복지를 증진시키는 것이다.
② 상담자는 내담자에게 전문적인 도움을 주는 것이 어렵다고 판단되면 상담관계를 시작하지 말아야 하며, 이미 시작된 상담관계인 경우는 즉시 종결하여야 한다. 이 경우 상담자는 내담자에게 적절한 다른 대안을 제시해 주어야 한다.

③ 상담자는 상담관계에서 오는 친밀성과 책임감을 인식하고, 전문가로서의 개인적 욕구충족을 위해서 내담자를 희생시켜서는 안 되며, 내담자가 의존적인 상담관계를 형성하지 않도록 노력하여야 한다.
④ 상담자는 모든 인간의 기본적인 권리, 존엄성, 가치를 존중하며 연령이나 성별, 인종, 종교, 성적 선호, 장애 등의 어떤 이유로든 내담자를 차별하지 않는다.
⑤ 상담자는 내담자의 발달단계와 문화에 적합한 방식으로 정보를 전달한다.
⑥ 상담자는 자신의 고유한 가치, 태도, 신념, 행위가 사회에서 어떻게 적용되는지를 인식하고, 내담자에게 자신의 가치를 강요하지 않는다.

(4) 제4장 – 상담관계 21 기출

① 상담자는 내담자와의 친밀한 관계를 인식하고, 내담자에 대한 존중감을 유지하며, 내담자를 이용하여 상담자 개인의 필요를 충족하고자 하는 활동 및 행동을 하지 않는다.
② **다중 관계** : 상담자는 객관성과 전문적인 판단에 영향을 미칠 수 있는 다중 관계를 피해야 한다. 상담자가 내담자를 지도하거나 평가를 해야 하는 경우라면 그 내담자를 다른 전문가에게 의뢰한다. 단, 내담자의 복지를 위해 상담자와 내담자가 사전 동의를 한 경우와 그에 대한 자문이나 감독이 병행될 때는 상담관계를 맺을 수도 있다.
③ 상담자는 특별한 경우를 제외하고는 내담자와 상담실 밖에서 사적인 관계를 맺지 않는다.
④ 상담자는 내담자와의 관계에서 상담료 이외의 어떠한 금전적·물질적 거래관계를 맺지 않는다.
⑤ **성적 관계** : 상담자는 내담자 또는 내담자의 가족들과 성적 관계를 갖거나 어떤 형태의 친밀한 관계를 갖지 않는다. 내담자 또는 내담자의 가족과 성적 관계를 맺었거나 유지하는 경우 상담 관계를 형성하지 않는다.

> **지식 !N**
>
> **상담사 윤리강령의 의의** 14 17 기출
> - 내담자를 보호하고 상담자에게 지침을 제공한다.
> - 상담에서 요구되는 최소한의 기준을 지키도록 하기 위한 조항들로 구성되어 있다.
> - 내담자의 상담 참여 및 지속 여부를 스스로 선택할 권리에 관한 조항이 포함되어 있다.
> - 상담자의 책무에 관하여 중대한 의문을 발견했을 경우, 옳고 그름을 판단하여 그러한 상황을 시정하려는 노력을 해야 한다.

CHAPTER 02 청소년상담의 이론적 접근

중요도 ★★★

핵심포인트

정신분석 상담 # 개인심리학적 상담 # 행동주의 상담 # 실존주의 상담 # 인간중심 상담 # 형태주의 상담 # 합리정서행동 상담 # 인지치료 상담 # 현실치료 상담 # 해결중심 상담 # 의사교류분석 상담 # 여성주의 상담과 다문화 상담 # 통합적 접근

01 정신분석 상담

1 개 요 14 16 23 기출

(1) 정신분석 상담의 목표

① 정신분석 상담에서 제시하는 심리적 부적응의 원인은 '자아 기능의 약화'와 '미숙한 방어기제'이다.
② 이에 따라 상담의 목표는 무의식의 내용을 의식 수준으로 끌어올려 각성하도록 하는 것, 즉 무의식의 의식화를 통한 성격 재구성(자아기능 강화)이다.
③ 과거에 내담자 자신이 효과적으로 직면할 수 없었던 장면에 적절히 대처하도록 한다.
④ 현재 행동의 적절성 및 부적절성을 탐색할 수 있도록 하여, 문제 행동의 원인을 통찰하고 새로운 행동을 가능하게 한다.

(2) 정신분석 상담의 특징 19 24 기출

① 지그문트 프로이트(Sigmund Freud)가 창시했으며, 그는 정신의학과 심리학의 발전에 지대한 공헌을 하였다.
② 정신분석학은 성격발달 이론이자 인간본성에 관한 철학이며, 심리치료의 한 방법이다.
③ 인간을 비합리적이고 결정론적인 존재로 가정하며, 개인이 겪는 심리적 문제의 원인은 정신 내부에 존재한다고 본다.
④ 성적 추동이 인간의 가장 기본적인 욕구이며, 인간 행동은 생물학적 충동과 본능을 만족시키는 욕망에서 동기화된다고 본다.
⑤ 개인의 행동을 이해하기 위해 어린 시절의 경험을 탐색한다.
⑥ 무의식(Unconsciousness)을 강조한다.
  ㉠ 무의식이란 정신 내용의 대부분에 해당하는 것으로서, 의식적 사고의 행동을 전적으로 통제하는 힘이다. 21 기출
  ㉡ 무의식 속에서 동기로 작용하는 억압된 충동이 인간의 적응을 방해한다고 본다.

ⓒ 억압된 감정이나 충동들을 자유롭게 표현하도록 도움으로써, 문제가 되는 무의식을 의식수준으로 끌어올려 각성시키고자 한다.
② 내담자가 자기 행동의 동기를 각성하고 통찰함으로써 의식수준에서 행동하도록 돕는다.
⑦ 성격의 3요소로 원초아(Id), 자아(Ego), 초자아(Superego)를 제시하였으며, 자아는 현실원리에 따라 원초아와 초자아를 중재한다고 하였다.

(3) 정신분석 상담의 장·단점 19 기출

장점	• 인간의 사고나 행동이 무의식적인 충동에 의해 동기화된다는 사실을 밝혔다. • 최초의 체계적인 성격이론으로서 효과적인 심리치료 기술을 개발하였다. • 성격의 발달에 있어서 유아기의 중요성을 강조하여 자녀양육에 대한 각성과 연구를 자극하였다. • 해석, 전이, 저항 현상 등을 밝혀내어 상담면접 및 치료과정에 적용하였다.
단점	• 인간의 성적인 동기와 쾌락적인 충동을 지나치게 강조한다. • 인간의 자율성, 합리성, 책임성을 무시한다. • 객관적·과학적 검증을 위한 시도가 부족하다. • 정신분석의 결과에 대한 연구들이 그 효과성을 충분히 지지해 주지 못한다. • 치료과정이 장기간에 걸치며, 비용이 많이 소요된다.

2 주요개념

(1) 불안 17 18 19 22 기출

① 불안이란 근본적으로 위험이 가까이 있다는 신호를 자아가 느끼는 것이라고 정의할 수 있는데, 프로이트는 불안을 그 위협의 근원에 따라 다음과 같이 분류하였다.

현실불안 (Reality Anxiety)	• '객관적 불안(Objective Anxiety)'이라고도 하며, 외부세계에서 실제로 가해지는 위협을 지각함으로써 발생하는 감정적 체험이다. • 현실 문제에 적절히 대처하게 하지만, 어떤 경우에는 불안이 너무 강해서 대처능력을 저해할 수도 있다.
신경증적 불안 (Neurotic Anxiety)	• 자아(Ego)가 본능적 충동인 원초아(Id)를 통제하지 못할 경우 발생하는 불상사에 대해 위협을 느낌으로써 나타난다. • 성적 혹은 공격적 충동을 그대로 표현하였을 때 현실에서 어떤 처벌이나 제재를 받은 경험으로 인하여, 이러한 충동이 지각되기만 하여도 불안감을 느낀다.
도덕적 불안 (Moral Anxiety)	• 양심에 의한 두려움과 연관되며, 자아(Ego)가 초자아(Superego)에 의해 처벌의 위협을 받는 경우 나타난다. • 원초아의 충동이 부도덕한 방식으로 충족을 얻으려고 할 때, 죄책감이나 수치심을 통한 초자아의 처벌 위협을 느껴 불안해지는 것이다.

② 신경증적 불안이나 도덕적 불안은 신경 내부 구조에서 비롯되는 것으로 쉽게 사라지지 않으며, 자아는 이러한 불안을 다스리기 위한 목적으로 자기 경험을 왜곡하거나 위장하는 여러 가지 방어기제를 사용한다.

(2) 성격발달단계 16 기출

구강기 (0~1세)	• 아동의 리비도는 입, 혀, 입술 등 구강에 집중되어 있다. • 구강기 전기에 빨기·삼키기에서 자애적 쾌락을 경험한다. • 구강기 후기에 이유에 대한 불만에서 어머니에 대한 최초의 양가감정을 경험한다. • 이 시기에 고착되는 경우 손가락 빨기, 손톱 깨물기, 과음, 과식 등의 행동이 나타날 수 있다.
항문기 (1~3세)	• 배변으로 생기는 항문자극에 의해 쾌감을 얻으려는 시기이다. • 배변훈련을 통한 사회화의 기대에 직면한다. • 이 시기에 고착되는 경우 결벽증이나 인색함 등이 나타날 수 있다.
남근기 (3~6세)	• 리비도가 성기에 집중되어 성기를 자극하고 자기 몸을 보여주거나 다른 사람의 몸을 보면서 쾌감을 얻는다. • 남아는 오이디푸스 콤플렉스(거세불안), 여아는 엘렉트라 콤플렉스(남근선망)를 경험한다. • 아동은 동성 부모와의 동일시 및 적절한 역할습득을 통해 양심과 자아 이상을 발달시키며, 이 과정에서 초자아가 성립된다.
잠복기 또는 잠재기 (6~12세)	• 다른 단계에 비해 평온하며 성적 욕구가 억압되어 성적 충동 등이 잠재된 시기이다. • 리비도의 대상은 동성친구로 향하고, 동일시 대상도 주로 친구가 된다. • 잠복기 아동의 에너지는 지적인 활동, 운동, 친구와의 우정 등에 집중된다.
생식기 (12세 이후)	• 잠복되어 있던 성적 에너지가 무의식에서 의식의 세계로 나온다. • 리비도의 대상이 동성친구에서 또래 이성친구에게로 옮겨간다. • 이 시기에 사춘기를 경험하며, 2차 성징이 일어난다.

지식 IN

성격발달의 관점에서 에릭슨과 프로이트의 비교 17 21 기출

에릭슨(Erikson)	프로이트(Freud)
• 심리사회적 측면을 강조 • 발달단계별 위기의 극복이 성격에 영향을 미친다고 보았으며, 각 단계는 연속적이고 유기적인 관계가 있다는 입장 • 8단계 : 유아기-아동기-학령전기-청소년기-성인초기-성인기-노년기	• 본능적 측면을 강조 • 특정 발달단계에서 고착화되면 특정 성격이 나타나게 된다고 보았으며 특히, 구강기~남근기는 성격 형성의 기초가 된다는 입장 • 5단계 : 구강기-항문기-남근기-잠복기-생식기

(3) 주요 방어기제 16 17 18 19 20 23 기출

억압 (Repression) 16 기출	정서적인 아픔이 너무 커서 그 일이 전혀 기억이 나지 않거나 그 일의 일부 조각들만이 기억되는 현상이다. 예 어린 시절 당했던 성폭행 사건을 기억하지 못한다.
부인/부정 (Denial)	의식화되는 경우 감당하기 어려운 고통이나 욕구를 무의식적으로 부정하는 것이다. 예 갑자기 아버지가 돌아가신 후 다시 학교에 나왔는데, 오늘도 방과 후에 아버지가 데리러 올 거라고 생각하고 있다.

합리화 (Rationalization) 20 기출	용납되기 어려운 충동이나 행동, 또는 실패를 그럴듯한 이유로 설명함으로써 비판으로부터 자신을 보호하여 자존심을 유지하고자 하는 것이다(여우와 신포도 우화). 예 원하는 대학에 불합격하자 "그 대학은 명문대학도 아니야. 나도 그 대학을 꼭 다니고 싶지는 않았어."라고 말한다.	
투사 (Projection) 16 24 기출	용납하기 어려운 자신의 생각, 감정, 행동 동기를 타인이나 외부에 돌리는 경향이다. 예 아내를 미워하는 남편이 아내가 자신을 미워한다고 인식한다.	
퇴행 (Regression)	극심한 스트레스나 좌절을 경험할 경우, 어렸을 때의 행동양식으로 돌아가는 것이다. 예 대소변을 잘 가리던 아이가 동생이 태어난 후 밤에 오줌을 싼다.	
주지화 (Intellectualization)	위협적이거나 고통스러운 정서적 문제를 피하기 위해 또는 그것을 둔화시키기 위해 사고·추론·분석 등의 지적능력을 사용한다거나 종교, 문학 등의 지적 활동에 몰입함으로써 불안을 회피하려는 것이다. 예 죽음에 대한 불안감을 덜기 위해 죽음의 의미와 죽음 뒤의 세계에 대해 추상적으로 사고한다.	
전치/전위 (Displacement) 21 기출	어떤 대상에게 느낀 감정을 덜 위협적인 다른 대상에게 표출하는 것이다("종로에서 뺨 맞고, 한강에서 눈 흘긴다"). 예 게임시간을 어겨 엄마에게 야단맞은 후 의자에 앉아 있는 동생을 밀쳐버렸다.	
동일시 (Identification)	다른 사람의 태도, 신념, 가치 등을 자신의 것으로 채택함으로써 다른 사람의 특성을 자신의 성격에 흡수한다. 예 연예인 동생이 마치 자기가 연예인인 것처럼 우쭐거리고 다닌다.	
보상 (Compensation)	약점이나 실패를 다른 분야에서 탁월한 능력을 발휘하여 인정받는 것으로 보충하여 자존심을 고양시키는 것이다. 예 "작은 고추가 맵다." 예 또래들과의 관계에서 자신이 인식한 약점이나 실패를 다른 긍정적인 특성으로 보충함으로써 자존심을 회복하고자 한다.	
승화 (Sublimation) 22 기출	성적 본능이나 공격성이 사회적으로 바람직한 행동으로 나타나는 것이다. 예 예술가가 자신의 성적 욕망을 예술로 승화한다.	
상환 (Restitution)	무의식적 죄책감으로 인한 마음의 부담을 줄이기 위해 일종의 배상행위를 하는 것이다. 예 반평생을 돈벌이를 위해 살았던 사람이 자신이 모은 돈을 자선사업에 기부한다.	
행동화 (Acting-Out)	무의식적 욕구나 충동이 즉각적으로 충족되지 않은 채 연기됨으로써 발생하는 내적 갈등을 피하기 위한 목적으로 욕구나 충동을 보다 직접적으로 표출하는 것이다. 예 남편의 구타를 예상한 아내가 먼저 남편을 자극하여 매를 맞는 경우	
신체화 (Somatization)	의식적으로 표출하지 못한 심리적 불안이나 스트레스가 신체 증상을 통해 표출되는 것을 말한다. 예 분노나 우울을 너무 참아서 화병이 생겼다거나 스트레스를 받으면 심한 두통이나 복통이 생기는 경우	
상징화 (Symbolization)	특정한 어떤 감정이나 대상, 또는 아이디어가 일정한 상징으로 표현되는 것을 말한다. 예 아이를 가지고 싶은 강렬한 소망을 품은 여인의 꿈에 새의 알이 보인다.	
해리 (Dissociation)	괴로움이나 갈등상태에 놓인 인격의 일부를 다른 부분과 분리하는 것이다. 예 지킬박사와 하이드	

격리/고립 (Isolation)	고통스러운 사건에 대한 기억과 그와 관련된 감정을 분리함으로써 그 사건에 대한 기억은 간직하나, 그에 수반되는 감정은 기억에서 배제하는 것이다. 예 직장 상사와 심하게 다툰 직원이 자신의 '상사살해감정'을 무의식 속에 격리시킨 채 업무적으로 잘못된 것이 없는지 강박적으로 서류를 반복하여 확인하는 경우
반동형성 (Reaction Formation)	무의식적 소망이나 충동을 본래의 의도와 달리 반대 방향으로 바꾸거나 또는 죄의식을 본래의 행동과 완전히 반대되는 방향으로 바꾸는 것이다. 예 "미운 놈에게 떡 하나 더 준다."
대치/치환 (Substitution)	원하는 것을 갖지 못할 때 대체물로 해소하는 것 혹은 받아들여질 수 없는 욕구나 충동 에너지를 원래의 목표에서 대용 목표로 전환하여 긴장을 해소하는 것이다. 예 "꿩 대신 닭"
취소 (Undoing)	자신의 공격적 욕구나 충동에 의해 발생한 피해에 대해 무의식적 죄책감을 해소하기 위한 시도로서 그 피해를 원상 복구하는 것이다. 예 부부싸움 끝에 아내를 구타한 남편이 다음 날 퇴근 시 아내에게 장미꽃 한 다발을 선물한다.
분열 (Splitting)	대인관계에서 상대방에 대한 이상화와 평가절하의 교차가 극단적이고 반복적으로 나타나는 방어기제이다(경계성 성격장애 환자의 가장 큰 특징). 예 아빠는 완전히 악마이고, 엄마는 100% 좋은 사람이라고 생각한다.

3 정신분석 상담의 과정과 기술

(1) 정신분석 상담의 과정 15 기출

① 상담 시간은 보통 1주일에 1~5시간 정도이다.
② 내담자는 가능한 한 왜곡 없이 자유롭게 연상된 내용들을 말로 표현한다.
③ 상담을 하는 동안 내담자의 말과 행동에 내담자의 신경증적 증상이 표현된다.
④ 상담 초기단계에서 신뢰관계가 이루어지면 치료과정에서 내담자는 상담자에게 전이를 형성한다.
⑤ 상담자는 내담자의 언어적 보고와 행동 등에서 내담자가 겪는 갈등의 원인을 추론한다.
⑥ 상담자는 내담자가 보이는 상담자에 대한 감정을 주목해서 표면화시킨다.
⑦ 내담자는 상담자의 해석을 수용하면서 부정적 감정의 해소를 경험한다.

(2) 정신분석 상담의 기술 14 18 20 기출

자유연상	• 내담자가 무의식적 감정과 동기를 통찰하도록 하기 위해 마음속에 떠오르는 것을 의식의 검열을 거치지 않은 채 표현하도록 격려하는 것이다. • 내담자는 자신의 감정과 경험을 개방함으로써, 더 이상 자신의 감정과 경험을 억압하지 않은 채 자유로울 수 있다.
해 석	• 자유연상, 꿈, 저항, 전이 등을 분석할 때 사용하는 기본적인 절차이다. • 내담자가 새로운 방식으로 자신의 문제들을 돌아볼 수 있도록 사건들의 의미를 설정해 준다. • 문제를 새로운 각도에서 이해할 수 있도록 내담자의 생활경험과 행동의 의미를 설명한다. • 효과적인 해석은 내담자를 통찰로 이끌어 행동변화를 유도할 수 있다. • 상담자의 이론적 입장이나 관심사에 따라 다른 양상으로 제공할 수 있다.

저항의 분석	• 저항은 억압된 충동이나 감정들을 각성하는 경우 불안을 견뎌내기 어려우므로, 그로부터 자아를 방어하기 위한 것이다. • 상담자는 내담자가 무의식적 내용의 의식화에 따른 불안감에서 벗어나도록 하여, 내담자의 갈등을 해소하고 상담의 진행을 원활히 하도록 한다. • 상담자는 저항을 자연스럽게 받아들이고, 저항에 대한 주의를 환기시킨 후에 저항을 해석해 주어야 한다.
꿈의 분석	• 꿈은 잠재적 내용(Latent Content)과 현시적 내용(Manifest Content)으로 구성된다. • 꿈에서 본 내용 그 자체를 현재몽, 현재몽 안에 감춰진 내용을 잠재몽이라 한다. • 무의식에 잠재된 성적·공격적 충동이 용납될 수 있는 내용으로 변형, 현시적으로 나타난다. • 상담자는 내담자가 현재몽에 대한 자유연상을 통해 무의식에 접근하여 과거 경험과 상처를 의식할 수 있도록 돕는다. • 상담자는 현시된 꿈을 분석하고 그것이 의미하는 바를 해석하여 현재몽으로 가장된 잠재몽의 내용을 파악한다.
전이의 분석	• 정신분석 상담에서 전이는 내담자가 어린 시절 어떤 중요한 인물에 대해 가졌던 사랑이나 증오의 감정을 상담자에게 표출하는 것이다. • 상담자는 내담자로 하여금 애정, 욕망, 기대, 적개심 등 과거 중요한 대상에게 가졌던 감정을 상담자에게 표현하도록 격려한다. • 전이의 분석은 내담자의 유아기에서 비롯된 대인관계 또는 방위패턴을 통찰할 수 있도록 함으로써, 현재의 심리적인 문제를 극복하고 성격을 개선하도록 한다. • 분석가의 중립적 태도는 내담자의 전이를 촉진하는 데 중요하다.
역전이	• 상담자가 내담자를 자신의 과거 경험 속 인물로 착각하여 무의식적으로 반응하면서, 현실을 왜곡하는 것이다. • 상담자는 자신의 과거 경험이 현재 자신에게 미치는 영향을 지속해서 점검해야 한다. • 상담자는 상담 과정에서 자신의 역전이 감정을 포착하여, 자신은 물론 내담자에 대한 이해를 도모해야 한다.
훈습	• 내담자의 전이 저항에 대해 기대하는 수준의 통찰과 이해가 성취될 때까지 상담자가 반복적으로 직면하거나 설명함으로써 내담자의 통찰력이 최대한 발달하도록 하며, 자아통합이 이루어지도록 하는 것이다. • 훈습은 반복, 정교화, 확대의 과정으로 이루어진다.
버텨주기	내담자가 막연하게 느끼지만 스스로 직면할 수 없는 불안과 두려움에 대해 적절한 이해와 따뜻한 배려를 전달함으로써 내담자에게 의지가 되어주는 것이다.
간직하기	내담자가 불안과 두려움을 느끼는 충동과 체험에 대해 상담자가 즉각 반응하는 대신, 이를 마음속에 간직하여 적절히 통제함으로써 위험하지 않도록 변화시키는 것이다.

※ 통찰 : '자유연상, 해석, 전이의 분석, 훈습' 등 정신분석 상담의 기술에서 이루어지는 '통찰'은 상담의 치료적 요인이다. 17 기출

02 개인심리학적 상담

1 개요

(1) 개인심리학적 상담의 목표

① 개인심리학적 상담에서 제시하는 심리적 부적응의 원인은 '공동체 의식과 사회적 관심의 결여'이다.
② 이에 따라 상담의 목표는 내담자가 스스로의 생활목표와 생활양식을 사회적 관심에 부합하게 하는 것이다.
③ 어떤 징후의 제거가 아닌, 내담자 자신의 기본적인 과오를 인정하고 자신의 자아 인식을 증대시키도록 한다.
④ 상담자는 내담자로 하여금 열등 콤플렉스와 생활양식의 발달과정을 이해하도록 하며, 그것이 현재 내담자가 가진 생활과제의 해결에 어떠한 영향을 미치는지 살피도록 한다.

(2) 개인심리학적 상담의 특징 16 18 20 기출

① 아들러(Adler)는 프로이트의 생물학적·결정론적인 관점에서 벗어나 사회심리적·비결정론적 관점으로 전환하였다.
② 무의식이 아닌 *의식이 성격의 중심이며, 의식에 의한 선택과 책임, 삶의 의미, 성공과 완벽의 욕구를 강조하였다.

> **의식(Consciousness)**
> 어떤 순간에 우리가 알거나 느낄 수 있는 모든 감각과 경험으로서, 특정 시점에 인식하는 모든 것을 말한다.

③ 더 나은 세계를 만들기 위해 현재·과거·미래의 인류와 갖는 유대감, 즉 범인류적 공동체감을 중시한다.
④ 인간은 성적 동기보다 사회적 동기에 의해 동기화되는 '사회적 존재'이며, 인간의 행동은 목적적이고 목표지향적이다.
⑤ 인간은 단지 유전과 환경에 의해 결정되지 않으며, 오히려 환경에 영향을 미치고 환경을 창조하는 능력이 있다.
⑥ 인간은 주관적 존재이며 의미의 세계 속에 살고 있고 그와 같이 현실에 부여하는 의미가 현실 그 자체보다 중요하다.
⑦ 사회 및 교육 문제에 관심을 가지고, 역경을 이겨내는 능력을 발달시키기 위해 '격려'를 사용한다.
⑧ 핵심 신념과 가정은 행동에 영향을 미치며, 삶의 사건들을 해석하고 의미를 부여한다.
⑨ 출생순위와 가족 내의 위치는 심리적 특성과 대인관계 방식에 영향을 미친다.
⑩ 인간을 분리하여 볼 수 없는 전체적인 존재로 본다.

(3) 개인심리학적 상담의 장·단점 17 기출

장점	• 개인심리학은 의학적 모델이 아닌, 성장모델로서 다양한 상담영역 및 프로그램에 적용될 수 있다. • 인간에 대해 전체적·통합적인 관점으로 접근하였다. • 사회와 교육 문제에 대한 폭넓은 관심을 가짐으로써 사회심리학적 상담의 토대를 구축하였다. • 실존주의, 현실치료, 가족치료 등 상담이론에 영향을 주었다.
단점	• 상담에 있어서 시간 및 비용이 비교적 많이 소요된다. • 이론에 대한 다각적인 시각이 도출되었으나, 아직 경험적으로 완전히 검증되지 않았다.

2 주요 개념 19 기출

(1) 열등감과 보상
① 사람들은 신체적 열등감을 극복하려고 훈련과 연습을 통한 보상적 노력을 하게 되는데, 이러한 노력은 한 개인에 있어 괄목할 만한 성공을 가져다주기도 하지만, 이러한 시도가 성공적으로 이루어지지 못했을 경우 병적인 열등감에 머물게 될 수도 있다.
② 개인은 신체의 열등감뿐만 아니라 심리적·사회적인 무능력감에서 생기는 주관적인 열등의식도 보상하고자 한다.

(2) 우월성의 추구
① 열등감에 대한 보상의 노력은 결국 우월성의 추구라는 개념으로 연결되며, 아들러는 인간의 궁극적인 목적을 바로 우월성의 추구로 보았다.
② 여기서 우월성의 추구는 열등감을 극복한다는 소극적인 입장에서 더 적극적인 향상과 완성으로 나아가는 것을 의미한다.

(3) 사회적 관심
① 이상적인 공동사회라는 목표를 달성하고자 개인의 목표를 사회적 목표로 전환하는 것으로서, 사회적 관심이 발달함에 따라 열등감과 소외감이 감소된다.
② 타인의 안녕에 대한 개인의 헌신을 기본으로 하는 정신건강을 설명해 주며, 이타주의, 사회적 행동, 대인관계에 대한 요구 등과 같은 구성 개념을 지닌다.

(4) 생활양식 21 기출
① 인생 초기에 개인의 경험을 조직하고 예언, 통제하기 위해 발달시켜 온 개인의 인지조직도이다.
② 개인의 행동과 습관에서부터 타인 및 사회에 대한 태도 등 삶에 전반적으로 적용되고 상호작용하는 통합된 양식(개인의 신념체계 및 개인이 자신의 삶을 이끌어갈 수 있게 하는 감정·행동방식·목표·신념·태도 등)을 말한다.
③ 개인은 자신의 생활양식을 통해 문제에 대처하는 방법, 목표를 추구하는 방법 등을 결정한다.
④ 생활양식의 유형으로는 '사회적 관심'과 '활동수준'에 따라 지배형, 획득형, 회피형, 사회적으로 유용한 형이 있다.

> **지식 IN**
>
> **개인심리학의 생활양식 유형**
>
> | 지배형 23 기출 | • 사회적 관심은 거의 없으면서 활동수준이 높고 자기주장이 강한 유형으로, 에너지는 많으나 공격적이고 다른 사람에게 무관심함
• 통제적·지배적인 가정에서 성장했을 경우 형성되는 유형 |
> |---|---|
> | 획득형
(기생형) | • 기생적인 방법으로 외부세계와 관계를 맺으며, 타인에게 의존하여 욕구를 충족하는 유형
• 과잉보호하는 가정에서 성장했을 경우 형성되는 유형 |
> | 회피형 | • 참여하려는 사회적 관심도 적고 활동수준도 낮은 유형
• 자녀의 기를 죽이는 가정에서 성장했을 경우 형성되는 유형 |
> | 사회적으로
유용한 형 | • 사회적 관심이 크므로 자신과 타인의 욕구를 동시에 충족시키며, 인생 과업을 완수하기 위해 다른 사람과 협력하는 유형
• 부모가 이타적인 가정에서 성장했을 경우 형성되는 유형 |

(5) 창조적 자아

① 인간이 스스로 자신의 삶을 만들어나가는 존재라는 것을 의미한다.
② 개인은 자신에게 주어진 유전적 조건과 삶의 다양한 경험을 통한 현상을 자신의 관점으로 해석함으로써 스스로 성격을 구축한다.

(6) 가상적 목표와 출생순위

① **가상적 목표** : 개인이 추구하는 궁극적 목표는 현실에서는 검증되지 않은 가상의 목표이다.
② **출생순위(가족형상)** : 사회적 요인이 성격에 미치는 영향을 강조하면서, 개인의 가족 내 출생순위가 생활양식 형성에 영향을 준다고 하였다.

(7) 공동체감

① 인간은 공동체감 형성과 사회적 관심 없이는 열등감을 극복할 수 없고, 정신과 문화의 발달이 불가능하다.
② 공동체감은 인간이 사회적 존재로 살아갈 때 해결해야 할 삶의 과제를 해낼 수 있는 동기를 제공한다.

3 개인심리학적 상담의 과정과 기술

(1) 개인심리학적 상담의 과정 15 기출

① 제1단계 – 치료관계형성(초기단계) : 내담자가 삶에 책임감을 느끼도록 치료자와 내담자가 협동관계를 형성하는 단계이다.
② 제2단계 – 개인역동성 탐색(탐색단계) : 가족 내 개인의 위치, 초기기억, 꿈, 우선적 과제(우월, 통제, 편안함, 즐거움) 등을 탐색하는 단계이다.
③ 제3단계 – 통합과 요약(해석단계) : 내담자의 자기이해와 통찰을 촉진하기 위하여, 수집된 자료들의 영역을 분리·요약하고 요약 내용을 내담자와 토의하고 해석한다.
④ 제4단계 – 재교육(*재정향단계) : 해석을 통해 획득된 내담자의 통찰이 실제 행동으로 전환되게 하는 단계이다.

> **재정향단계**
> 내담자가 새로운 방향으로 나아가도록 조력하는 것으로서, 신념과 행동이 변화하여 목표를 성취할 수 있도록 내담자를 격려한다. 과거의 잘못된 신념·행동·태도를 버리고, 새로운 생활양식을 가지고 사회적 관심을 갖도록 유도한다.

(2) 개인심리학적 상담의 기술 14 21 기출

① **격려하기** 17 기출
  ㉠ 내담자가 성장을 위한 모험을 시도하고, 내적 자원을 개발하도록 용기를 북돋워준다.
  ㉡ 상담자의 기본적인 태도이자 마음자세이다.
  ㉢ 역경에 처했을 때 견뎌낼 수 있는 능력을 발달시킨다.
  ㉣ 상담의 모든 과정에 사용되며 내담자와 관계를 형성하는 데 유용하다.
  ㉤ 타인과 긍정적인 관계를 유지하기 위한 핵심적 요소로 인간관계를 촉진하는 역할을 한다.
② *심상 만들기 : 자기 목표를 떠올리고 바람직한 모습을 상상하도록 하거나, 구체적인 장면을 상상하도록 하여 스스로의 행동을 각성하도록 한다.
③ **마치 ~인 것처럼 행동하기(가상행동)** 20 기출
  ㉠ 내담자가 바라는 행동을 실제 상황이 아닌 허구(가상) 장면에서 '마치 ~인 것처럼' 해보게 하는 것 또는 바람직한 자신의 모습을 상상함으로써 실제로 그렇게 해보도록 요청하는 것이다.
  ㉡ 일종의 역할놀이로서, 내담자가 자기에 대해 색다르게 느끼면서 변화할 수 있도록 한다.
④ **역설적 의도** : 내담자가 바라지 않는 행동에 과장되게 반응하여 오히려 그러한 행동을 반복 실시하게 함으로써 역설적으로 내담자가 그 행동을 하지 않게끔 하는 것이다.
⑤ **수프에 침 뱉기** : 내담자가 반복적으로 나타내는 자기파멸적인 행동 동기를 확인하고 그것을 매력적이지 못한 것으로 만듦으로써 내담자가 상상한 이익을 제거한다. 24 기출
⑥ **단추 누르기** 22 기출
  ㉠ 내담자가 '유쾌한 경험'과 '유쾌하지 않은 경험'을 번갈아 가면서 상상하도록 하고, 각 경험에 따른 감정변화에 관심을 갖도록 한다.

> **심상(心像)**
> 이전에 경험한 것이 마음속에서 시각적으로 나타나는 상이다. 백두산을 머리에 그리는 경우, 지각만큼 생생하지는 못하더라도 그 형태라든가 산꼭대기에 쌓인 눈 따위가 떠오른다면 이것이 백두산의 심상이다.

ⓒ 단추를 누를 것인지 누르지 않을 것인지를 선택하듯이, 감정 또한 내담자 스스로 선택할 수 있음을 인식하도록 돕는다.
⑦ **과제부여(과제 설정하기)** : 내담자의 문제해결을 위해 치료자가 특정한 과제를 개발하여 내담자에게 부과하고 이행하도록 함으로써, 내담자가 성공 경험을 쌓아 새로운 일에 대한 자신감을 갖고 도전할 수 있도록 한다.
⑧ **수렁(악동) 피하기** : 상담자는 실망이나 분노를 드러내며 자신을 통제하려는 내담자의 의도를 알아차려 그러한 기대와 다르게 반응함으로써 사람들이 흔히 빠지는 함정과 난처한 상황을 피하도록 돕는다. 이때 상담자는 내담자의 자기 파괴적 행동을 변화시키기 위해 예측하지 못했던 새로운 방식을 제안할 수 있다.
⑨ **자기 간파** : 내담자가 허구적 목표달성을 위한 행동을 하려 할 때마다 이를 깨닫고 마음속으로 '중지 혹은 그만'이라고 외침으로써, 비난이나 죄책감 없이 자기패배적 행동과 비합리적 신념이 반복되지 않도록 하는 기법이다. 이 기법을 통해 내담자는 행동의 선택권이 자기에게 있음을 깨닫고, 자기패배적 행동을 제거하는 것이 유익하다는 사실을 알게 된다.

03 행동주의 상담

1 개요

(1) 행동주의 상담의 목표 16 기출
① 바람직하지 못한 행동을 소거하고, 효과적이고 바람직한 새로운 적응행동을 학습·유지시킨다.
② 행동수정은 바람직한 정적 행동은 더욱 증가시키고, 바람직하지 못한 부적 행동은 감소시킴으로써 이상행동자의 적응력을 높이도록 돕는다.
③ 상담목표는 명료하고 구체적이며 이해하기 쉽고, 내담자와 상담치료자에 의해 합의된 것이어야 한다.
④ 본래 현실적인 공포나 불안의 제거 및 학습을 통한 행동수정이 중요한 목표였으나, 최근에는 자기지도를 강조하는 추세이다.

(2) 행동주의 상담의 특징 15 20 24 기출
① 상담의 행동주의적 접근은 파블로프(Pavlov)의 고전적 조건형성이론에서 출발하여, 헐(Hull)의 학습이론, 스키너(Skinner)의 조작적 조건형성이론으로 이어진다.
② 인간의 행동이 자연현상과 마찬가지로 일정한 법칙성을 지니고 있다고 가정한다.
③ 관찰 및 측정 가능한 행동, 과거나 미래보다 현재의 구체적인 행동에 초점을 둔다.
④ 인간 내부의 심리적 구조보다는 환경과의 상호작용을 중시한다.
⑤ 현재의 모든 행동을 오랜 학습의 과정을 거쳐 이루어진 것으로 보며, 그 행동을 지속시키는 환경적인 자극이 있음을 강조한다.

⑥ 과학적 방법의 원리와 절차에 근거하며 과학적 방법으로 상담기술을 개발한다.
⑦ 내담자가 변화하고자 하는 구체적인 행동에 초점을 두고, 상담자가 여러 학습 원리를 사용하여 내담자가 원하는 새로운 행동을 학습하도록 돕는다.
⑧ 행동 변화의 전략은 내담자의 필요와 요구에 따라 개별화된다.
⑨ 정신분석이나 인간중심 상담이론에서와 같은 추정적이거나 가설적인 개념을 배제한다.
⑩ 객관적인 목표의 설정 및 평가를 강조한다.
⑪ 상담관계를 치료전략 수립의 기초라고 본다.

(3) 행동주의 상담의 장·단점 19 기출

장 점	• 상담에 대한 효과성을 중시하며, 치료기법의 과학적 측정을 강조한다. • 상담에 대한 객관적인 평가의 가능성을 보여줌으로써 상담의 과학적 발전에 이바지하였다. • 상담자와 내담자의 합의에 따라 개개인에게 맞는 구체적인 상담기술을 다양하게 적용할 수 있도록 하였다. • 내담자의 행동을 수정하는 데 유효한 많은 행동기법 또는 전략을 고안하였다.
단 점	• 상담자와 내담자 간의 인간적·치료적 관계를 경시하고, 기술을 지나치게 강조한다. • 부적응 행동에 대한 과거의 영향력과 내담자가 가진 문제의 내력을 경시·간과한다. • 문제에 대한 근원적인 해결책을 제공하지 못한다. • 구체적인 문제행동을 수정하는 데에는 효과적이지만, 자아실현적인 측면에서는 부적합하다. • 인간에 대해 실험실적 접근을 함으로써 인간을 동물과 같이 취급한다는 비판을 받는다.

2 주요 개념

(1) 행동주의 인간관과 행동의 변화

① 행동주의 인간관
  ㉠ 초기 행동주의자들은 과학적 법칙성에 의해 인간의 행동을 설명할 수 있다고 보았다. 즉, 초기의 인간관은 주로 환경의 자극에 반응하는 수동적인 양상을 통해 인간의 행동을 유전과 환경의 상호작용으로 설명함으로써 기계론적·결정론적인 입장을 보였다.
  ㉡ 후기 행동주의는 인간이 환경에 영향을 줄 수 있음을 강조하면서, 인간의 자유와 의지적 선택을 중심으로 한 인간의 능동적인 측면을 강조하는 경향으로 나아갔다.
  ㉢ 최근에는 자기지도, 자기관리, 자기통제 등의 개념이 대두되면서 인간의 새로운 측면, 즉 인간이 자신의 행동을 스스로 수정할 수 있는 능력을 가지고 있다는 점을 강조한다.
② 행동의 변화
  ㉠ 행동주의적 접근은 겉으로 드러난 구체적인 현재의 행동을 강조하므로 성격의 구조나 발달, 역동성보다는 행동의 변화에 더 관심이 있다.
  ㉡ 비정상적 행동과 정상적 행동은 똑같은 학습 원리에 의해 학습된다고 가정하며, 학습된 행동은 또한 학습 원리에 의해 소거될 수 있다.
  ㉢ 행동수정이론에서 볼 때, 인간이 어떤 행동을 계속 유지하느냐 그만두느냐 하는 것은 그 행동이 강화를 받느냐 받지 않느냐에 따라 결정된다.

(2) 행동주의적 관점에서의 부적응

① 부적응 행동도 적응행동과 마찬가지로 학습된 것으로 본다.
② 부적응은 문화, 시대, 사회계층 및 상황에 따라 다르게 해석될 수 있다.
③ 부적응 행동은 행동에 대한 정적 강화가 증가하였거나 혐오자극이 감소한 것에 기인한다.
④ 과잉통제적인 처벌적 환경 역시 부적응을 낳는다.
⑤ 혐오자극에 대한 예기적 불안 역시 신경증을 유발할 수 있다.

(3) 고전적 조건형성과 조작적 조건형성 17 기출

① 파블로프(Pavlov)의 '고전적 조건형성'
  ㉠ 개에게 종소리를 들려준 후 먹이를 주는 것을 반복하자, 이후에는 종소리만 들려도 개가 침을 흘리는 실험 과정에서 비롯되었다.
  ㉡ 파블로프의 개 실험에서 먹이는 '무조건 자극', 먹이로 인해 나오는 침은 '무조건 반응', 조건화되기 이전의 종소리는 '중성 자극', 이후 들려주는 종소리는 '조건 자극', 종소리로 인해 나오는 침은 '조건 반응'에 해당한다.
  ㉢ 어떠한 조건 자극이 조건 반응을 유도하는 힘을 가진 후 다른 제2의 자극과 연결되는 경우, 제2의 자극에 대한 무조건 자극으로써 새로운 조건 반응을 야기할 수 있으며, 이를 '2차적 조건형성'이라고 한다. 이 과정은 다른 조건 자극들과 연결됨으로써 고차적 조건형성도 가능하다.
  ㉣ 조건 자극에 대한 조건 반응으로 유사한 다른 자극에도 반응을 일으키는 '자극일반화'뿐만 아니라 조건화가 완전해짐으로써 다른 유사한 자극에 대해 반응을 일으키지 않는 '자극변별'도 가능하다.

② 스키너(Skinner)의 '조작적 조건형성'
  ㉠ 파블로프의 고전적 조건형성을 확장한 것으로서, 자신이 고안한 '스키너 상자(Skinner Box)'에서의 쥐 실험을 통해 구체화하였다.
  ㉡ 상자 내부의 지렛대를 누르면 먹이가 나오는 장치에서, 먹이는 '무조건 자극', 먹이를 먹는 것은 '무조건 반응', 지렛대는 '조건 자극', 지렛대를 누르는 것은 '조건 반응'에 해당한다.
  ㉢ 스키너는 인간이 환경의 자극에 능동적으로 반응하여 나타내는 행동인 조작적 행동을 설명한다.
  ㉣ 인간이 환경적 자극에 수동적으로 반응하여 형성되는 행동인 반응적 행동에 주목한 파블로프의 고전적 조건형성과 달리, 행동이 발생한 이후의 결과에 관심을 가진다.
  ㉤ 어떤 행동의 결과에 대해 보상이 이루어지는 경우 그 행동이 재현되기 쉬우며, 반대의 경우 행동의 재현이 어렵다는 점을 강조한다.
  ㉥ 보상에 의한 강화를 통해 반응행동을 변화시키려 하는 방법이므로 *강화이론(Reinforcement Theory)이라고도 불린다.

> **강화이론**
>
> 어떤 행동에 강화물이 주어졌을 때 그 반응의 빈도나 가능성이 증가한다는 이론이다. 강화에는 '정적강화'와 '부적강화'가 있다.

> **지식 IN**
>
> **행동주의** 17 기출
> - 파블로프(Pavlov)의 '고전적 조건형성' : 개의 실험을 통하여, 자극과 반응이 학습에 미치는 영향에 대해 설명한다.
> - 스키너(Skinner)의 '조작적 조건형성' : 쥐에게 실시한 지렛대 실험을 통하여, 강화에 의해 반응행동을 변화시키는 방법을 설명한다. ⇨ 반응의 결과가 행동의 재발 빈도를 좌우하는 강화 원리
> - 달라드와 밀러(Dollard & Miller) : 역조건 형성이 습관을 바꾸는 과정을 설명한다.
> - 볼프(Wolpe) : 새로운 반응이 습관적 반응을 감소시키는 상호억제 작용을 설명한다.

3 행동주의 상담의 과정과 기술

(1) 행동주의 상담의 과정

제1단계 상담 구조화 및 *라포형성	• 흔히 범하는 잘못은 내담자와의 관계가 충분히 형성되기도 전에 행동을 바꾸기 위한 상담기술을 적용하는 것이다. • 상담자가 가치 판단 없이 내담자가 말하는 것을 수용하고 이해하려는 노력이 필요하다.	**라포(Rapport)** 상담이나 교육을 위한 전제로 신뢰와 친근감으로 이루어진 인간관계이다. 상담, 치료, 교육 등은 특성상 상호협조가 중요한데, 라포는 이를 충족시켜 주는 동인(動因)이 된다.
제2단계 문제행동 규명	• 상담자는 내담자 스스로 자신의 문제를 확실히 이해할 수 있도록 도와주어야 한다. • 상담자는 내담자의 추상적인 개념을 구체적인 행동으로 나타낼 수 있도록 도와주어야 한다.	
제3단계 현재상태 파악	• 상담자는 내담자의 현재 상태를 파악하여 적절한 상담기술을 모색해야 한다. • 상담자는 내담자가 나타내는 반응 수준이나 문제행동과 연관된 현재의 장면적 특징을 파악하여 문제행동을 기술한다.	
제4단계 상담목표 설정	• 상담목표는 학습의 방향, 즉 상담의 방향을 제시하는 것이다. • 목표설정은 상담에 있어서 상담자와 내담자의 행동 표적이 된다.	
제5단계 상담기술 적용	• 상담기술은 앞선 단계에서 모은 정보를 기초로 내담자 개개인의 상담목표에 부합해야 한다. • 상담자는 내담자가 희망하는 구체적인 환경에서 내담자의 행동수정을 도울 수 있는 상담기술을 구성해야 한다.	
제6단계 상담결과 평가	• 상담자는 상담과정 및 상담기술의 효과성 여부를 파악한다. • 평가결과에 따라 기술은 변경될 수 있다.	
제7단계 상담 종결	• 추가 상담이 필요할지에 대한 탐색의 기회가 될 수 있다. • 내담자의 다른 행동변화에 전이될 수 있도록 도와주는 데 초점을 둔다.	

(2) 행동주의 상담의 기술 14 15 16 18 19 22 23 기출

① 강화 : 보상을 제공하여 행동에 대한 반응을 높이는 것이다.

정적강화	• 반응을 높이기 위해 자극을 제공하는 것 • 가시적 보상(돈·음식 등), 사회적 보상(관심·칭찬·미소 등) 예 성적이 올라 용돈을 올려주는 것
부적강화	바람직한 행동이 나타나면 위협적인 것들을 면제시키는 것 예 수업태도가 좋으면 숙제를 면제해 주는 것, 모범수에게 사역을 면제해 주는 것, 교칙을 잘 지킨 학생에게 화장실 청소를 면제해 주는 것

② 처벌 : 어떤 행동에 뒤따르는 결과로 그 행동을 다시 야기할 가능성을 감소시키는 것이다.

정적처벌	특정 행위에 대하여 체벌과 같은 유해한 자극을 가하는 것 예 수업시간에 떠드는 학생에게 벌을 주는 것
부적처벌	특정 행위에 대해 유쾌한 일을 철회시키는 것 예 성적이 떨어진 아이에게 부모가 컴퓨터 오락 시간을 줄이는 것

③ 소거 : 어떤 행동에 처음에는 강화를 주다가 강화를 주지 않음으로써 행동의 강도 및 출현빈도를 감소시키는 것이다.

④ 차별강화 : 여러 가지 행동 중 어느 하나만을 선택하여 강화하는 것이다.

⑤ 혐오치료(기법) : 역조건 형성의 일종으로서, 바람직하지 못한 행동에 혐오자극을 제시하여 부정적인 행동을 제거하는 것이다.

⑥ 내현적 가감법 : 불쾌한 기분을 생각나게 하여 바람직하지 못한 행동을 소거하는 것이다.

⑦ 타임아웃 20 기출
　㉠ 문제 행동이 발생하였을 때 그 문제 행동을 한 사람이 일정 시간(약 5분) 모든 강화자극(행동의 빈도를 높이는 자극)에 접근하지 못하게 하는 기법으로 부적처벌이 일종이다.
　　예 수업시간에 떠드는 학생을 잠깐 동안 복도에 나가 있게 한다.
　㉡ 이때 문제 행동을 한 사람이 접근하지 못하는 것은 문제 행동을 한 사람의 강화자극이어야 한다.
　㉢ 문제 행동을 한 사람이 격리된 장소에 강화자극이 없어야 한다.
　㉣ 벌을 사용할 때의 일반적인 주의사항을 고려하여 적용한다.

⑧ 과잉교정 : 잘못된 행동에 책임을 지게 하기 위해, 특정한 행동을 과할 정도로 반복하게 하여 문제 행동을 수정하는 기법으로 정적처벌의 일종이다.

⑨ 변별의 원리 : 유사한 자극들 간의 차이를 깨닫고 반응에서 차이를 보이는 것을 말한다.

⑩ 체계적 둔감법
　㉠ 혐오스러운 느낌이나 불안한 자극에 대한 위계목록을 작성한 다음, 낮은 수준의 자극에서 높은 수준의 자극으로 상상을 유도함으로써 혐오나 불안에서 서서히 벗어나도록 유도한다.
　㉡ 고전적 조건형성과 상호제지 원리를 토대로 한 기법이다.

⑪ 홍수법
　㉠ 불안이나 두려움을 발생시키는 자극들을 계획된 현실이나 상상 속에서 지속적으로 제시하는 기법이다.
　㉡ 혐오스러운 느낌이나 불안한 자극에 대해 미리 준비하게 한 후, 가장 높은 수준의 자극에 오랫동안 지속하여 노출함으로써 시간이 경과함에 따라 혐오나 불안을 극복하도록 한다.
　㉢ 고전적 조건형성에 근거한 기법이다.
⑫ 반응대가 : 바람직하지 못한 행동을 했을 때 그에 대한 대가로 이미 가지고 있던 강화물 등을 돌려주게 하거나 없애는 것으로, 교통법규를 위반했을 때 내는 과태료가 이러한 반응대가에 해당한다.
⑬ 내현적 모델링 : 모델을 관찰할 수 없을 때, 내담자가 모델의 행동을 시각적으로 떠올려 보도록 하는 기법이다.
⑭ 자극통제 : 특정 자극에 대해서 반응이 일어나고 다른 자극에 대해서는 반응이 일어나지 않게 하는 것으로, 다이어트를 위해 친구들과 만나는 약속을 자제하는 것이 이러한 자극통제에 해당한다.
⑮ 용암법(Fading) : 변별력을 훈련할 때 자극의 양을 조금씩 조절하여 결국 새롭거나 변화된 자극에도 반응할 수 있게 하는 것으로, 반응할 수 있도록 돕는 단서를 점점 줄여 나감으로써 단서가 없어도 반응할 수 있게 하는 방법이다.
⑯ 노출법(Exposure) : 내담자가 두려움을 느끼는 상황이나 자극에 반복적으로 맞닥뜨리게 하여 어떤 특정한 상황에 처하거나 자극을 받을 때 느끼는 불안을 줄이는 방법으로, 실제 상황 노출법, 심상적 노출법과 또는 점진적 노출법과 급진적 노출법 등으로 구분할 수 있다.
⑰ 주장적 훈련 : 대인관계에서 나타나는 내담자의 불안과 공포를 해소하기 위한 효과적인 행동치료 기법으로서, 내담자가 불안 이외의 감정을 표현하도록 하여 불안을 억제하도록 하는 것이다.
⑱ 자기표현 훈련 : 자기표현을 통해 다른 사람과 상호작용하는 방법을 습득하도록 하는 행동치료 기법으로서, 대인관계에서 비롯되는 불안요인을 제거하기 위한 것이다.
⑲ 토큰경제(환권보상치료) : 바람직한 행동들에 대한 체계적인 목록을 정해놓은 후, 그러한 행동이 이루어질 때 그에 상응하는 보상(토큰)을 하는 것이다.
⑳ 행동조성(조형) : 행동을 구체적으로 세분화하여 단계별로 구분한 후, 각 단계마다 강화를 제공함으로써 복잡한 행동을 학습하도록 하는 것이다.
㉑ 프리맥(Premack)의 원리 : 강화의 상대성을 이용한 것으로서, 선호하는 행동인 발생 빈도가 높은 행동을 강화물로 제공하여 선호하지 않는 행동의 발생 빈도를 증가시키는 것이다.
㉒ 안구운동 둔감법 및 재처리 과정(EMDR ; Eye Movement Desensitization and Reprocessing) : 외상 후 스트레스 장애를 가진 내담자들을 안구운동을 통해 심리적 외상의 기억을 둔감하게 하는 것으로 기억은 하지만 힘든 감정은 일어나지 않게 하는 치료이다. 미국의 프란신 샤피로(Francine Shapiro) 박사가 창안하였다.

> **지식 IN**
>
> **행동주의 상담의 주요 기법** 21 기출
> - 바람직한 행동을 '할 수 있도록'(증가시키는) 내담자를 돕는 기법
>   : 정적강화, 부적강화, 행동조성, 모델링, 행동연습, 행동계약, 행동연쇄법, 토큰경제, 프리맥의 원리 등
> - 바람직하지 못한 행동을 '하지 않도록'(감소시키는) 내담자를 돕는 기법 : 상반된 행동의 강화, 소멸(소거), 처벌, 주장적 훈련, 체계적 둔감법, 이완훈련, *심적포화, 혐오치료, 내파법, 타임아웃, 자극포화법 등

> **심적포화(心的飽和)**
>
> 특정한 동일 행위를 반복적으로 계속하여 수행하는 경우 속행할 노력이나 의지에도 불구하고 중단해 버리는 심적상태로서, 단조로운 일이나 귀찮은 일에서 일어나기 쉽다.

04 실존주의 상담

1 개요

(1) 실존주의 상담의 목표

① 실존주의 상담에서 제시하는 심리적 부적응의 원인은 삶에서 의미를 찾을 수 없는 실존적 신경증이나 패배적 정체감이다. 23 기출
② 따라서 상담의 목표는 내담자가 자신의 실존을 자각하고 삶의 의미와 가치를 찾도록 돕는 것이다.
③ 인간이 의식적으로 자신에 대한 책임감을 수용하도록 하는 것이며, 용기 있고 진실된 삶을 살아가도록 도움을 준다.
④ 자신의 존재와 제한된 조건 안에서 자유와 선택과 책임 능력에 대한 인식(자각)과 수용을 증진시켜 자신의 가능성을 최대한 실현하도록 도움을 준다.

(2) 실존주의 상담의 특징 17 18 21 기출

① 정신분석이론 및 행동주의이론에 반박하여 정립되었다.
② 인본주의 심리학에 기초를 둔 상담이론으로, 인간의 본질에 대한 철학적 탐구를 강조한다.
③ 인간의 가장 직접적인 경험으로서 현재를 살아가는 자신의 존재에 초점을 둔다.
④ 진단적 범주보다 내담자의 실존적 주제에 주의를 기울인다.
⑤ 내담자가 자신의 내면세계를 진실하게 자각하도록 한다.
⑥ 실존에 직면하는 존재의 용기를 지니도록 격려한다.
⑦ 내담자가 지금 있는 그대로의 자기 자신을 신뢰하도록 돕는다.
⑧ 실존주의 상담에 적합한 내담자 : 정체성에 혼란을 느끼는 청소년, 남편과 사별한 중년 여성, 명예 퇴직한 중년 남성, 만성 질환을 앓는 노인 등

(3) 실존주의 상담의 인간관 및 '불안'의 개념

① 인간관 18 21 24 기출
  ㉠ 인간은 자기인식 능력을 지닌 존재이다.
  ㉡ 인간은 자신의 의사와 상관없이 이 세상에 우연히 던져진 존재이다.
  ㉢ 인간은 자유로운 입장에서 스스로 존재 방식을 선택할 수 있다.
  ㉣ 인간은 자신이 선택한 삶에 책임을 져야 한다.
  ㉤ 인간이 처한 실존상황의 주된 네 가지 조건은 '죽음, 고독(고립), 무의미, 자유'이다.

② 불안의 개념
  ㉠ 본질적 시간의 유한성과 죽음 또는 부재에서 기인하는 것으로 본다.
  ㉡ 실존적 불안은 인간이 피할 수 없는 것이기에 누구나 경험한다고 본다.
  ㉢ 정상적 불안과 신경증적 불안으로 구분하여 설명한다.

정상적 불안 19 기출	• 개인의 존재를 유지하기 위한 노력에서 발생한다. • 상황에 부합한다. 예 유모차에 아기를 태우고 길을 가는 엄마가 옆으로 쌩하고 달려가는 오토바이를 보고 느끼는 불안
신경증적 불안	• 부적절하게 반응하고 파괴적이며 개인에게 전혀 가치가 없다. • 상황에 부합하지 않는다. 예 세균에 감염될 것 같아 손을 몇 차례씩 씻는 행동이 나타내는 불안

  ㉣ 실존치료에서 실존적 불안의 조건 22 기출
    • 죽음(의 불가피성과 삶의 유한성)
    • (타인과 세계로부터의 근본적인) 고립[고독]
    • 무의미(삶의 의미를 상실한 상태)
    • (개인이 갖고 있는) 자유와 책임(에 대한 인식)

> **지식 IN**
>
> **의미요법(Logotherapy)**
> • 의미치료라고도 하는 것으로 프랭클(Frankl)이 의미로의 의지(Will to Meaning)를 강조하면서 기존의 심리학적 이론에 실존철학을 도입하여 개발한 치료법이다.
> • 인간은 쾌락이나 권력을 추구하는 존재가 아닌, '의미를 추구하는 존재'이고 의미를 추구하기 위해 초월적인 가치를 탐구한다.
> • 인간이 탐구하는 초월적인 가치는 인간의 잠재능력을 구현하는 동시에 인간이 스스로의 삶을 책임지면서 살게 해준다.
> • 상담자는 내담자가 본원적인 가능성과 잠재적인 능력을 깨닫도록 하며 자기실현, 자기충족, 자기발전에 이를 수 있도록 돕는다.
> • 인생의 의미, 죽음과 고통의 의미, 일과 사랑의 의미 등 철학적이고 영혼적인 양상의 문제를 가진 내담자들을 대상으로 한다.
> • 특히 허무주의나 공허감, 죽음의 공포, 가치관의 갈등 상황에 놓인 정신장애에 초점을 둔다.

(4) 실존주의 상담의 장·단점 19 기출

장 점	• 철학적인 이론을 통해 개인의 개별성과 자아의 발달을 강조함으로써 삶의 의미와 방향을 제시한다. • 내담자가 자신의 자유 선택과 그에 따른 책임을 인식하도록 함으로써 능동적인 삶에 이르도록 돕는다. • 개인의 창조적인 삶을 강조하며, 인간을 긍정적인 측면에서 이해한다.
단 점	• 철학적인 이론에 치우침으로써 기술적인 측면을 소홀히 하였다. • 추상적인 측면이 강하여 상담에 구체적으로 적용할 수 있는 방법이 요구된다. • 정형화된 상담모형과 상담자 훈련 프로그램이 마련되어 있지 않다.

(5) 실존주의 상담의 원리

비도구성의 원리	• 실존적 관계란 능률이나 생산성을 강조하는 기술적 관계가 아니므로, 상담 장면에서 상담자와 내담자의 관계는 도구적·지시적인 것이 되어서는 안 된다. • 상담자는 경직되고 틀에 박힌 방식으로 행동해서는 안 된다.
자아중심성의 원리	• 실존주의 상담의 초점은 내담자의 자아에 있다. • 자아중심성은 개인의 내면에 있는 심리적 실체를 중심으로 이루어진다.
만남의 원리	• 실존적 상담관계에서는 '지금-여기'의 현실을 강조하며, '지금-여기'에서의 상담자와 내담자의 만남을 중시한다. • 지금까지 인간관계에서 알 수 없었던 것을 현재의 상담관계에서 알게 되는 것이 곧 만남이다.
치료할 수 없는 위기의 원리	• 실존주의 상담은 적응이나 치료를 상담의 핵심으로 간주하지 않는다. • 실존주의 상담의 목적은 위기의 극복이 아닌, 인간 존재의 순정성 회복에 있다.

2 실존주의 상담의 과정 및 주요 기법

(1) 실존주의 상담의 과정

① **증상의 확인** : 내담자의 정서적 장애 또는 신경증을 신체적·심리적·정신적 측면에서 진단한다.
② **의미의 자각** : 삶과 죽음의 의미, 일과 노동의 의미, 성(性)과 사랑의 의미 등을 통해 내담자가 삶에 대해 의미를 자각할 수 있도록 돕는다.
③ **태도의 수정** : 상담자는 객관적이고 무비판적인 입장에서 내담자의 태도에 수정이 이루어지도록 돕는다.
④ **증상의 통제** : 내담자가 태도의 수정으로 문제의 증상을 통제할 수 있는 가능성을 얻게 됨을 스스로 인식하도록 한다.
⑤ **삶에 대한 의미의 발견** : 내담자가 삶에 대한 긍정적인 태도를 갖도록 한다.

(2) 실존주의 상담의 주요 기법

① **역설적 의도** : 특정 행동에 대한 불안으로 인해 오히려 더 그 행동이 유발될 때, 내담자가 두려워하는 그 행동을 하도록 지시(이중구속적인 메시지 전달)함으로써 내담자의 *인지적 오류에 도전하고 불안을 감소시키는 것을 말한다. `16` `19` `21` 기출

> **인지적 오류**
> 역기능적 인지도식으로 인하여 현실을 제대로 지각하지 못하거나 사실 또는 그 의미를 왜곡하여 받아들이는 것을 말한다. 이러한 오류를 자주 범하는 사람일수록 심리적 문제와 부적응적 행동의 가능성이 크다고 볼 수 있다.

 예) 근육 단련에 몰두하여 수업시간에도 책상 밑에서 운동기구로 운동을 하느라 수업에 집중하지 못하는 학생에게 하루 종일 운동 외에 다른 활동은 하지 말라고 제안한다.

② **탈숙고** : 지나친 숙고는 개인의 자발성과 활동성에 방해가 된다. 탈숙고는 지나친 숙고를 상쇄시킴으로써 개인의 자발성과 활동성을 회복시키고, 지나친 숙고로 인한 기대 불안의 악순환에서 벗어나게 하기 위해 사용한다. `15` 기출

 예) 불면증을 호소하는 내담자에게 잠을 자려고 일부러 애쓰는 대신, 하고 싶은 취미 활동을 적극적으로 해보라고 제안한다.

05 인간중심 상담

1 개요

(1) 인간중심 상담의 목표 `22` 기출

① 인간중심 상담의 궁극적 목적은 내담자로 하여금 '완전히 기능하는 사람(Fully Functioning Person)'이 되도록 돕는 것이다.
② 인간중심 상담에서 제시하는 심리적 부적응의 원인은 '가치의 조건화'와 '자기와 경험의 불일치'이다.
③ 이에 따라 상담자는 상담 과정에서 내담자가 방어적인 행동을 하게 하는 가치조건들을 해제하도록 조력한다.
④ 상담자는 내담자가 유기체적 경험에의 개방성을 증대시킬 수 있도록 하며, 자아와 경험 간의 일치의 정도를 높일 수 있도록 원조한다.
⑤ 인간중심 상담이 효과적으로 진행될 때, 내담자에게 나타나는 변화는 '자기자각 증가, 자기수용 증가, 자기표현 증가, 자기개방 증가' 등이다.

(2) 인간중심 상담의 특징 14 15 17 19 20 기출

① 인간중심 상담의 철학적 배경은 인본주의이다.
② 상담의 인간중심적 접근방법은 1940년대 초 미국의 심리학자 로저스(Rogers)에 의해 창안되었다.
③ 로저스의 인간중심 상담에서는 사람들이 자신의 중요한 일들을 스스로 결정하고, 자신의 문제를 스스로 해결할 수 있는 능력이 있다는 점을 강조한다.
④ 구체적인 상담기법보다 상담자의 태도를 더 중요시한다.
⑤ 비지시적 상담 또는 내담자 중심 상담으로 불린다.
⑥ 인간관의 특징
　㉠ 인간을 합목적적이고 전진적이며, 건설적이고 현실적인 존재인 동시에 아주 신뢰할 만한 선한 존재로 본다.
　㉡ 인간의 삶을 수동적인 과정이 아닌, 능동적인 과정으로 본다.
　㉢ 인간은 누구나 자신을 향상시켜 나아가려는 자아실현의 동기(자아실현 경향성)를 타고났다고 강조한다.
⑦ 상담자와 내담자 관계의 특징
　㉠ 상담 및 심리치료의 과정에 대한 일차적 책임을 내담자에게 둔다.
　㉡ 내담자가 상담자와의 관계에서 일치, 존중, 감정이입적 이해를 경험하여 이를 받아들이면 자신의 문제를 스스로 해결할 수 있다고 본다.
　㉢ 내담자는 '지금-여기'에서 느끼는 것을 표현하면서 자기 감정에 솔직해지려고 노력한다.
　㉣ 내담자에게 필요한 것은 무조건적이고 긍정적인 수용이다.
　㉤ 상담자는 공감적 이해를 통해 오랫동안 감추고 있던 이야기를 내담자가 꺼낼 수 있도록 돕는 것을 중시한다.
　㉥ 상담자는 내담자의 감정·사고·행동에 어떠한 평가도 하지 않아야 하며, 내담자를 대신하여 상담에 관하여 결정하지도 않아야 한다.
　㉦ 상담자의 '해석'이 상담 과정의 흐름을 저해하고 내담자에게 위협이 될 수 있다고 여긴다.

(3) 인간중심 상담의 장·단점

장 점	• 인간의 주관적 내면의 경험을 현상학적 측면에서 다룰 수 있는 새로운 모델을 제시하였다. • 상담과 심리치료를 연계하여 심리치료에 대한 대중적인 연구가 이루어지도록 하였다. • 상담에서 요구하는 상담자와 내담자 관계의 특징을 분명하게 밝혔다. • 상담기술의 방법을 체계화·보편화하였다.
단 점 19 기출	• 내담자의 정서적 측면을 강조한 반면, 인지적 측면을 소홀히 다루었다. • 로저스의 이상적 인간관은 사실상 인격적 수양을 요구한다. • 내담자의 과거 경험, 저항, 전이 등이 무시되었다. • 사회체계가 개인에게 미치는 영향력을 과소평가한다. • 과학적 검증을 위한 시도가 부족하고 객관적 정보 활용을 통해 내담자를 도와주는 면이 미흡하다.

2 주요 개념 14 15 18 22 기출

(1) 현상학적 장(Phenomenal Field) 24 기출
① 현상학적 장이란 '경험적 세계' 또는 '주관적 경험'으로도 불리는 개념으로서, 특정 순간에 개인이 지각하고 경험하는 모든 것을 의미한다.
② 로저스(Rogers)는 동일한 현상이라도 개인에 따라 다르게 지각하고 경험하므로, 이 세상에는 개인적 현실, 즉 현상학적 장만이 존재한다고 본다.
③ 개인의 준거체계에 관한 지식은 주로 개인의 커뮤니케이션과 관련되어 있으므로, 인간중심 상담에서는 내담자의 자유로운 표현이 무엇보다도 중요하다.
④ 인간중심 상담에서는 상담과정에서 내담자의 방어성이 최소화될 수 있는 상담관계 및 분위기의 조성을 위한 전략을 특별히 강조한다.

(2) 자아(자기 또는 자기개념)
① 자신의 개인적 특성 또는 타인과의 관계 속에서 형성된 특징에 대해 스스로 가지고 있는 개념을 말한다.
② 개인의 전체적인 현상학적 장 혹은 지각적 장으로부터 분화된 부분이며, 이것은 개인 자신의 존재 각성을 의미한다.
③ 자신에 대한 조직적·지속적 인식, 즉 자신에 대한 자아상(Self Image)에 해당하며, '주체로서의 나(I)'와 '객체로서의 나(Me)'의 의식적 지각과 가치를 포함한다.
④ 현재 자신의 모습에 대한 인식으로서 현실자아(Real Self)와 앞으로 어떤 존재가 되어야 하며, 어떤 존재가 되기를 원하는지에 대한 인식, 즉 이상적 자아(Ideal Self)로 구성된다.

(3) 적응·부적응 및 자아발달 19 기출
① 현재 경험이 자아구조와 불일치할 때, 그리고 이상적 자기와 현실적 자기 간의 괴리가 클 때 심리적 부적응이 발생한다.
② 내적 경험을 무시하고, 부모의 기준에 맞추는 것이 부적응의 원인이다.
③ 자아구조와 주관적 경험이 일치할 경우 적응적이고 건강한 성격을 가지게 되는 반면, 이들 간의 불일치가 심할 경우 부적응적이고 병적인 성격을 가지게 된다.
④ 자아의 발달은 자신이 세상에서 경험하는 것에 대해 어떻게 지각하는가를 바탕으로 하여 변화하는 역동적인 과정이라고 볼 수 있다.

(4) 자아실현 경향
① 인간이 자신을 유지하거나 성장시키기 위해 모든 능력(잠재력)을 건설적인 방향으로 개발·성취하려는 선천적인 경향성을 말한다.
② 모든 인간은 성장과 자기증진을 위해 끊임없이 노력하며, 그 와중에 직면하는 고통이나 성장 방해요인을 극복할 수 있는 성장지향적 유기체이다.

③ 내담자가 *비행 행동을 하고 있음에도 내담자 안에는 성장 동기가 있음을 신뢰한다.
④ 로저스(Rogers)는 성장지향적 동기 즉, 자아실현 욕구를 기본적인 행동동기로 보았다.
⑤ 자아실현의 과정은 자신을 창조하는 과정이므로, 이러한 과정을 통해 모든 인간은 삶의 의미를 찾고 주관적인 자유를 실천해 감으로써 점진적으로 완성되어 간다.
⑥ 자아실현은 생리적인 영향보다는 오히려 사회적인 영향에 의해 결정된다.

> **청소년 비행**
> 청소년이 반사회적 행위를 하거나 사회규범에 어긋나는 행위를 하는 것을 말한다. 사회적 행동과 연관지어 청소년 비행은 보통 범죄라 불리는 행위, 부모가 손을 쓸 수 없는 행위, 정당한 이유 없이 가출하는 행위, 유해장소에 출입하거나 상습적 학업태만 등 기타 자기 또는 타인을 해롭게 하는 행위, 청소년으로서는 금지되어 있는 일련의 행위 형식 등을 의미한다.

(5) 무조건적 긍정적 관심
① 환경과의 상호작용의 과정에서 인간은 타인으로부터 긍정적 관심을 얻고자 하는 욕구를 발달시키게 된다.
② 인간은 자기 관심의 욕구에 기인하여 실제의 자기가 되려 하지 않고, 다른 사람들이 그에게 요구하는 사람이 되려는 경향을 보인다.
③ 인간은 누구나 무조건적으로 사랑받고 존중받는 경험이 필요하며, 무조건적인 긍정적 관심의 경험은 충분히(완전히) 기능할 수 있는 건전한 성격을 발달시킬 수 있다.

(6) 충분히(완전히) 기능하는 사람(Fully Functioning Person) 19 기출
① 인간은 자신의 욕구와 자아실현 경향에 따라 행동함으로써 '충분히(완전히) 기능하는 사람'으로 진보할 수 있다. '충분히(완전히) 기능하는 사람'은 자기의 잠재력을 인식하며 탁월한 능력을 발휘하고, 자기에 대한 완벽한 이해를 바탕으로 실존적으로 살아간다.
② '충분히(완전히) 기능하는 사람'은 최적의 심리적 적응·성숙, 경험에 대한 완전한 개방, 완전한 일치, 매 순간의 삶에 충실함 등의 특징을 갖는다.
③ 가설적이고 이상적 사회의 궁극적 목표로 무조건적 존중을 통하여 실현된다.

(7) 가치조건(화) 19 24 기출
① 주요 타자로부터 긍정적 존중을 받고자 그들이 원하는 가치·기준을 내면화하는 것이다.
② 부모나 타인으로부터 부여받은 것이 개인의 가치판단 기준이 된다.
③ 아이들은 어른의 애정과 칭찬을 받으려는 욕구가 강하여 어른의 가치체계를 내면화하여 이상적 자기(Ideal Self)를 형성한다. 즉, 이상적 자기는 다른 사람으로부터 긍정적으로 평가받기 위한 가치의 조건을 반영한다.
④ 다른 사람의 관심을 끌기 위해 가치 조건화된 자기 개념이 현실적 경험과 일치하지 않을 때 불안이 생겨 심리적 문제가 발생한다.

(8) 유기체적인 가치화 과정(OVP ; Organismic Valuing Process) 16 기출

① 로저스(Rogers)의 성격발달이론에 속한다.
② '가치'가 불변하거나 굳어 있지 않고 가치화가 계속 진행되는 동안 가치를 새로이 부여받는 것을 말한다.
③ 개별적 경험에 대한 긍정적 평가 혹은 부정적 평가 과정을 말한다.
  ㉠ 유기체로서의 자신을 유지하거나 정신과 기분을 북돋운 것으로 어떤 경험을 지각하면 그 경험을 긍정적인 것으로 평가하여 더욱 추구한다.
  ㉡ 유기체로서의 자신에게 해를 끼친다고 어떤 경험을 지각하면 그 경험을 부정적인 것으로 평가하여 피한다.
④ 유기체가 자신을 신뢰하면 실존 상황에서 가장 만족스러운 행동을 선택할 수 있고 자신의 생각이나 감정 등을 허용할 수 있으므로, 인간중심상담에서 가장 바람직한 인간인 '충분히(완전히) 기능하는 사람'이 될 수 있다.

3 인간중심 상담의 기술 14 15 기출

(1) 일치성 또는 진실성(진솔성) 21 23 기출

① 상담자가 내담자와의 상담관계에서 순간순간 경험하는 자신의 감정이나 태도를 있는 그대로 솔직하게 인정하고, 경우에 따라서는 솔직하게 표현하는 태도를 말한다.
② 자신의 경험과 자기를 일치시킬 수 있어야 한다.
③ 자신을 부정하지 않고 자기 자신으로 존재한다.
④ 자신의 전문역할 뒤로 숨지 않는 것을 뜻한다.
⑤ 자신의 능력을 과장하려는 유혹을 성찰하는 것이다.

(2) 공감적 이해와 경청

상담자는 동정이나 동일시가 아닌, 객관적인 입장에서 내담자를 깊이 있게 이해하도록 하며, 공감적 이해를 통해 오랫동안 감추고 있던 이야기를 내담자가 꺼낼 수 있도록 돕는다.

(3) 무조건적인 긍정적 존중 19 기출

상담자는 내담자를 평가·판단하지 않으며, 무조건적·긍정적 수용으로써 내담자를 존중한다.

> **지식 IN**
>
> **자기와 경험의 불일치** 16 기출
> - 로저스는 개인은 자기와 경험이 불일치할 때 불안을 경험한다고 보았다. 즉 자아구조와 주관적 경험이 일치할 때 적응적 정서와 건강한 성격을 갖는다는 것이다.
> - 부모가 제시한 가치조건과 자신의 현실적 경험의 불일치는 불안을 유발한다.
> - 부모의 조건적 사랑을 받은 아동은 자신의 특성을 선택적으로 수용한다.
> - 심리적 부적응은 의미 있는 타인의 조건적인 수용과 존중에 기인한다.
> - 왜곡, 부인과 같은 심리적 *기제는 자기와 경험의 불일치를 낮추고자 하는 시도이다.
> - 개인이 자신의 유기체적 경험을 자기개념과 일치·통합시킬 때 건강한 심리적 적응이 발생한다.
>
> **기제(機制)**
> 인간의 행동에 영향을 미치는 심리의 작용이나 원리를 말한다.

06 형태주의 상담(게슈탈트 상담)

1 개요

(1) 형태주의 상담(게슈탈트 상담)의 목표 14 20 기출
① 형태주의 상담의 근본적인 목표는 개인의 성숙 및 성장에 있다.
② 성숙과 성장에는 '통합(Integration)의 성취'라는 목표가 함축되어 있다. 상담자는 내담자의 감정, 지각, 사고, 신체가 모두 하나의 전체로서 통합된 기능을 발휘할 수 있도록 돕는다.
③ 현재의 경험을 더 명료하게 하며, 자각을 증진시켜 내담자가 '지금-여기'의 삶을 살도록 돕는다.
④ 상담의 중요한 목표는 '알아차림'과 '접촉의 증가'이다. 자신의 욕구와 감정을 분명히 알아차리고 수용하며, 환경과의 *접촉을 통해 문제를 해소하도록 돕는다.

접촉
개성을 상실하지 않으면서도 자연이나 타인과 상호작용하는 것을 말한다.

⑤ 외부 환경에 의존하던 내담자가 자기에게 방향을 돌려 자신의 책임을 받아들임으로써 성숙·성장하도록 돕는다.

(2) 형태주의 상담(게슈탈트 상담)의 특징
① 현상학 및 실존주의의 영향을 많이 받았으며, 펄스(Perls)가 개발·보급하였다.
② 실존주의 철학과 현상학적 장 이론에 근거한다.
③ 인간생활을 형태의 점진적 형성과 소멸의 과정으로 보며, 그 과정을 적응에 대한 기준으로 본다.

④ 내담자로 하여금 '지금-여기(Here and Now)'의 현실에서 자신이 무엇을 어떻게 보고 느끼는지, 무엇이 경험을 방해하는지 알아차리도록(각성) 돕는다.

⑤ 가장 중요한 시제는 현재이며, 지금 이 순간을 감지해 완전히 경험할 수 있는 학습을 강조한다.

⑥ *부적응 행동의 원인을 각성의 결여, 책임의 결여, 환경과의 접촉 상실, 형태의 미완성, 욕구의 부인, 양극화 등으로 본다.

> **부적응 행동**
> 사회생활이나 인간관계에 있어 부적응이 일어날 때 나타나는 행동으로서, 정서적으로 불안정한 상태, 즉 인성내부 구조의 불균형 상태에서 발생한다.

(3) 형태주의 상담(게슈탈트 상담)의 장·단점

장 점	• 내담자의 문제해결만을 목적으로 하는 것이 아닌, 내담자의 성장을 고려한다. • 실존적 경험을 제공함으로써 내담자가 실존적 삶을 살아가도록 돕는다. • 부적응 행동의 원인이 되는 과거의 사건을 '지금-여기'로 가져와서 생생하게 처리한다. • 꿈을 현실로 재현하여 그것에 담긴 실존적인 메시지를 깨닫도록 해준다.
단 점	• 인간의 발달과정에 대한 이론적 연구가 미흡하다. • 경험에 대한 각성에 있어서 사고에 의한 인지적 요소를 간과하며, 사회적 영향을 소홀히 다룬다. • 내담자에 대한 치료의 과정 및 결과에 대한 평가 등이 세부적이고 체계적으로 이루어지지 못했다.

2 주요 개념

(1) 게슈탈트(Gestalt)

① 게슈탈트는 전체, 형상, 형태, 모습 등을 뜻하는 독일어로, 여러 부분이 서로 긴밀히 연결되어 하나의 의미 있는 전체를 형성한다는 뜻이다.

② 개체는 대상을 지각할 때 단순한 부분들의 집합이 아니라, 자신의 욕구나 감정을 조직화하여 하나의 의미 있는 전체, 즉 게슈탈트로 만들어 지각한다.

③ 개인이 품은 욕구나 감정은 전체로 조직된 게슈탈트를 형성하며, 각각의 개인은 자기 조정능력에 따라 자신에게 필요한 욕구나 감정을 결집함으로써 이를 조정해 나간다.

④ 인간의 심리적 장애는 게슈탈트를 완전한 형태로 형성하지 못할 때 발생한다.

(2) '미해결 게슈탈트' 혹은 '미해결 과제' 16 19 20 기출

① 개체가 어떤 게슈탈트를 형성하였지만 상황적 여건에 따라 이를 해결하지 못하였거나, 아니면 아예 게슈탈트 형성 자체가 방해를 받은 경우, 완결되지 않은 혹은 해소되지 않은 게슈탈트를 말한다.

② 미해결 과제는 계속 해결을 요구하며 전경으로 떠오르려 하기 때문에 다른 게슈탈트가 선명하게 형성되는 것을 방해한다. 이렇게 미해결 과제는 전경과 배경의 자연스러운 교체를 방해하기 때문에 개체의 적응에 장해가 된다.

예 점심시간에 친구와 싸우고 오후 수업을 듣는 학생은 친구와 싸운 일이 미해결 과제로 남아서 마음 편하게 수업을 들을 수 없다. 즉, 수업에 집중하는 일이 전경으로 떠오르지 못하고 도리어 배경으로 물러난다.

③ 미해결 과제가 많아질수록 개체는 자신의 유기체 욕구를 효과적으로 해소하는 데 실패하게 되고, 마침내 심리적·신체적 장애를 일으킨다.
④ 분노, 불안과 같은 감정으로 나타난다.
⑤ 미해결 과제를 해결할 수 있는 방법은 '지금-여기'를 알아차리는 것이다.

(3) 전경과 배경
① 우리가 어떤 대상을 지각할 때 관심 있는 부분은 지각의 중심 부분으로 떠오르고, 나머지는 배경으로 물러나는 것을 체험할 수 있다. 관심의 초점이 되는 중심 부분을 '전경'이라 하고, 관심 밖으로 물러나는 부분을 '배경'이라 한다.
② 게슈탈트를 형성한다는 말은 개체가 어느 한 순간에 가장 중요한 욕구나 감정을 지각하여 전경으로 떠올린다는 말과 같다.

(4) 알아차림(각성, Awareness) 22 기출
① 긍정과 성장, 개인적 통합을 위한 핵심 개념으로 개체가 자신의 유기체적 욕구나 감정을 지각하여 게슈탈트로 형성하여 명료한 전경으로 떠올리는 행위 또는 그러한 능력을 말한다.
② '알아차림'은 누구에게나 자연적으로 갖추어진 능력이다. 다만, '접촉-경계' 혼란이 개입함으로써 개체는 자기의 알아차림을 인위적으로 '차단' 당하고, 그 결과 게슈탈트 형성에 실패하고 만다.
③ '알아차림'과 '접촉주기' 단계(Zinker) 16 17 20 24 기출

제1단계	배 경	물러남
제2단계	감 각	어떤 욕구나 감정이 신체감각의 형태로 나타남
제3단계	알아차림	욕구나 감정을 알아차려 게슈탈트로 형성하여 전경으로 떠올림
제4단계	에너지 동원	이를 해소하기 위해 에너지를 동원함
제5단계	행동으로 옮김	에너지를 동원하여 환경과 접촉하기 위해 행동으로 옮김
제6단계	접 촉	• 환경과의 접촉을 통해 게슈탈트를 해소함 • 해소된 게슈탈트는 배경으로 물러나고, 개체는 휴식을 취함

> **지식 IN**
>
> **내담자의 알아차림을 촉진하기 위한 게슈탈트 상담자의 개입** 23 기출
> • "생각을 멈추고 지금 느끼는 감정에 집중해 보세요."
> • "당신이 가장 원하는 것은 무엇인가요?"
> • "당신의 손은 무엇을 말하려고 하나요?"
> • "눈을 감고 그 사람의 얼굴을 떠올려 보세요."

(5) 접촉경계 장애[혼란 현상] 18 19 20 기출

① 심리적 부적응의 원인이다.

② 유 형 20 기출

내 사 24 기출	개체가 환경과의 접촉을 통해 자신에게 필요한 행동방식이나 가치관을 외부로부터 무비판적으로 받아들임으로써 발생하는데, 이는 완전히 동화되지 못한 채 개체의 행동이나 사고방식에 악영향을 미친다. 예 "엄마는 제가 어려서부터 변호사가 되길 원하셨어요. 저는 변호사 이외에 다른 직업을 생각해 본 적이 없어요."
투 사 22 기출	개체가 자신의 생각이나 욕구, 감정 등을 타인의 것으로 지각하는 현상이다. 예 "제가 원하는 것을 엄마가 해 주지 않을 때 정말 화가 나요. 엄마는 자기중심적이세요."
반 전	개체가 다른 사람이나 환경에 하고 싶은 행동을 자신에게 하는 것 또는 타인이 자기에게 해주기를 바라는 행동을 스스로 자기 자신에게 하는 것을 말한다. 예 "아빠가 술을 드시고 제게 화를 내시면 저는 자해를 하곤 했어요."
융 합 22 기출	개인의 내적 경험과 외적 현실 사이의 구별이 모호한 상태를 의미하며, 개인이 중요한 타인과 자신의 경계를 짓지 못하고 의존적인 관계를 형성하는 것이다. 예 "제가 원하는 대로 진로를 결정한다면 엄마가 실망하실 거예요. 저는 엄마를 실망시켜 드리고 싶지 않아요."
편 향	감당하기 힘든 내적갈등이나 환경자극에 노출될 때, 이에 압도당하지 않으려고 자신의 감각을 둔화시켜서 환경과의 접촉을 피하거나 약화시키는 것이다. 예 "부모님이 이혼하신 지 한 달이 지났지만 힘들지는 않아요. 통계자료를 봐도 이혼 가정 청소년들이 모두 힘든 것은 아니잖아요."

(6) 펄스(Perls)의 성격변화단계(게슈탈트 상담의 5개 층) 15 20 기출

피상층 (사이비층)	형식적이고 의례적인 규범에 따라 피상적으로 교류하는 단계이다.
공포층 (연기층)	• 개체가 자신의 고유한 모습으로 살아가지 않고, 환경의 기대 역할에 따라 살아가는 단계이다. • 환경에 적응하기 위해 자신의 욕구를 억압하고, 주위에서 바라는 역할행동을 연기하며 살아간다.
난국층 (교착층)	• 치료 과정을 통해 역할연기의 무의미성을 깨닫고 포기하며 자립을 시도하지만, 스스로 자립할 수 있는 능력이 생기지 않은 상태이다. • 실존적인 딜레마에 빠지게 되어 심한 허탈감과 공포감을 체험한다.
내파층 (파열층)	• 자신이 억압하고 차단해 왔던 욕구와 감정을 알아차린다. • 이러한 유기체 에너지는 차단되어 온 만큼 파괴력이 있어, 이를 발산할 경우 타인과의 관계가 악화될 것이라는 두려움을 느끼기 때문에 자신의 내부로 향한다. • 자신의 감정을 표현하지 않고 억제하며, 타인에게 분노감을 표현하는 대신에 자신에게 공격성을 돌려 자신을 비난하고 질책하는 행위를 한다.
폭발층 (외파층)	• 자신의 감정이나 욕구를 더 이상 억압하거나 차단하지 않고 밖으로 표출할 수 있게 된다. • 개체는 자신의 욕구와 감정을 차단하지 않고 분명하게 알아차려 강한 게슈탈트를 형성하여 환경과의 접촉을 통해 완결(해소)한다.

3 형태주의 상담(게슈탈트 상담)의 과정과 기술

(1) 형태주의 상담(게슈탈트 상담)의 과정

① 능동적·직접적 경험에 관심을 가지고 시작하며, 상담자가 중심이 되어 상담활동을 정한다.
② 상담자는 자신의 감각을 최대한 활용하여 내담자의 신체 행동이나 표정 등의 비언어적인 표현과 변화를 관찰하며, 언어적 표현과 비언어적 표현 사이의 불일치에 주의한다.
③ 내담자가 회피하려는 행동을 직면하게 하고, 내담자의 자기인식과 문제해결을 돕기 위해 다양한 실험을 활용한다.
④ 현재를 중심으로 내담자를 각성시키는 것을 중요한 상담목표로 정한다. 특히 자기 각성을 통해 신체구조와 그 작용을 감각과 느낌, 사고와 환상으로써 깨닫도록 하며, 환경접촉 각성을 통해 주위환경과 접촉하고 있는 실제의 상황에 대해 각성하도록 한다.
⑤ 상담과정에는 형태의 생성과 소멸을 방해하는 요인을 제거하는 모든 과정이 포함된다.

(2) 형태주의 상담(게슈탈트 상담)의 기술 16 18 기출

욕구와 감정의 자각	• '지금-여기'에서 체험되는 욕구와 감정을 자각하도록 한다. • "지금 어떤 느낌이 드나요?", "지금 당신이 원하는 것은 무엇인가요?"
신체자각 (바디스캔, Body Scan)	• 보기, 듣기, 만지기, 냄새 맡기, 목소리 내기 등의 감각작용을 통해 환경과의 접촉을 증진한다. • 에너지가 집중되는 신체부분을 자각하도록 하며, 신체감각에 의한 자신의 감정 및 욕구, 무의식적 생각을 자각하도록 한다.
환경자각	• 주위 사물과 환경에 대해 자각하도록 함으로써 환경과의 접촉을 증진한다. • 자연의 경치, 주위 사물의 모습, 타인의 동작 등에 대해 어떠한 감각작용으로써 접촉하는지 자각하도록 한다.
언어자각 20 기출	• 말에서 행동의 책임소재가 불명확한 경우, 자신의 감정과 동기에 책임을 지는 문장으로 말하도록 한다. • '그것', '우리' 등의 대명사 대신 '나'로 바꾸어 표현하도록 한다. • "나는 ~할 수 없다"를 "나는 ~하지 않겠다"로 바꾸어 표현하도록 한다.
과장하기	• 감정을 체험하지만 그 정도와 깊이가 약해서 감정이 명확하지 않은 경우, 내담자의 행동이나 언어를 과장해서 표현하도록 하여 감정 자각을 돕는다. • 신체언어나 춤은 상징적인 의미를 파악하는 데 효과적일 수 있다.
반대로 하기	• 평소 행동과 반대되는 행동을 해보도록 요구함으로써, 내담자가 억압하고 통제해 온 부분을 표출하도록 한다. • 내담자는 반대의 행동을 통해 자신의 다른 측면과 접촉하고 통합할 수 있다.
머물러 있기	• 자신의 미해결 감정들을 회피하지 않고 직면하여 견뎌냄으로써 이를 해소하도록 돕는다. • 머물러 있기는 감정의 자각과 에너지의 소통에 유효하다.
직면 기법	자신의 진정한 감정을 회피하는 내담자에게 진실을 그대로 받아들이도록 직면 기법을 사용한다.

빈 의자 기법	• 치료 장면에 없는 사람(자신의 내적인 모습도 가능)과 상호작용할 필요가 있을 경우, 내담자에게 그 인물이 맞은편 빈 의자에 앉아 있다고 상상하게 하여 대화하는 방법이다. • 상대방의 감정을 이해하도록 유도함으로써 외부로 투사된 자신의 감정을 자각하도록 한다. • 빈 의자 기법은 내사된 가치관을 의식화함으로써 부인하고 있을지 모르는 자신의 어떤 측면에 접촉하도록 도와준다.
험담 금지하기	'지금-여기'에 없는 사람에 대해 이야기하는 것은 내담자의 문제해결이나 성장에 도움이 안 되므로 남에 대한 험담을 금지한다.
내적 대화 기법	• 내담자가 갈등을 느끼는 자기 부분들 간에 대화를 하도록 한다. • 거부하고 부인했던 자신의 성격 측면을 통합·수용하기 위해 사용한다. **상전과 하인** 내담자의 내면은 상전과 하인으로 분리되어 서로 싸우는데[자기고문게임(Self-Torture)], 여기서 상전은 내담자에게 내사한 가치관 또는 명령을, 하인은 억압된 내담자의 인격으로서 약하면서도 상전에 대항하는 부분을 의미한다. 내적 대화 기법은 내담자의 내면에서 일어나는 이러한 싸움을 의식화하여 내담자가 자신의 행동을 이해할 수 있게 돕는 상담 기법이다.
꿈을 통한 통합 (꿈작업)	• 꿈을 내담자의 욕구나 충동 혹은 감정이 외부로 투사된 것으로 본다. • 정신분석에 의한 꿈의 해석과는 다른 것으로서, 상담자는 내담자가 현실에서 꿈을 재현하고 투사된 꿈의 각 부분들과 동일시하게 함으로써 지금껏 회피하고 억압했던 자신의 감정과 욕구 및 충동과 접촉하여 통합할 수 있게 한다.
(대화)실험 21 기출	• 공상 대화를 통해 내담자로 하여금 내적인 분할을 인식하도록 한다. • 궁극적으로 성격 통합을 촉진시키고자 하는 것으로서, 내담자로 하여금 자신이 거부해 왔던 감정이 바로 자신의 실제적인 일부분임을 깨닫도록 한다. 예 내담자 : (내담자가 자신의 삶에 대해 이야기한다) 세상에 혼자 있는 것 같아요. 　　상담자 : 세상에 혼자 있다고 마음속으로 상상해 보세요. 어떤 것을 경험하십니까?
실 연 (Enactment)	자신에게 중요했던 과거의 어떤 장면이나 또는 미래에 있을 수 있는 장면들을 현재에 벌어지고 있는 장면으로 상상하면서 행동을 실제로 연출해 보는 것이다.

지식 IN

게슈탈트 상담에서 '꿈'의 의미 15 기출

- 꿈은 내담자의 욕구나 충동 혹은 감정이 외부로 투사된 것으로 보며 꿈의 단면이 그의 실존적 측면을 나타낸다고 여긴다. 즉, 꿈에 나타나는 내용들은 항상 현재적인 의미가 있으며, 꿈은 '자신이 어떻게 실존하는지에 대한 메시지'이다.
- 꿈을 통해 미해결된 과제가 상징적으로 나타나기도 한다.
- 꿈을 통해 내면의 무의식을 '지금-여기'의 삶으로 통합해간다.
- 꿈에 고정적인 의미가 있다고 보지 않는다. 게슈탈트는 부분 혹은 요소의 의미가 고정되어 있다고 보지 않고, 부분들이 모여 이룬 전체에 따라 달라진다고 본다. 전체는 또한 부분에 의해 달라지므로 게슈탈트는 전체와 부분의 전체성 혹은 통합성을 강조한다.

07 합리정서행동 상담(REBT) 19 기출

1 개 요

(1) REBT(Rational Emotive Behavioral Therapy)의 목표

① 자기에 대한 관심(Self-interest) : 정서적으로 건강한 사람은 자신에게 완전히 빠져버리지 않으면서도 자신에게 관심을 가질 수 있다.

② 사회에 대한 관심(Social-interest) : 건강한 사람은 소외된 실존을 택하지 않으며, 사회집단에서 다른 사람과 조화롭게 사는 데 관심을 갖는다.

③ *자기 지시(Self-direction) : 정서적으로 건강한 사람은 다른 사람의 행동이나 지지를 좋아하지만 그런 지지를 요구하지는 않는다. 그들은 자신의 삶에 책임을 느낄 수 있으며, 혼자서 자신의 문제를 독립적으로 해결할 수 있다.

> **자기 지시**
> 수립된 목표에 도달하는 방법을 계획하고, 그 과정을 점검함으로써 수립된 목표에 효과적으로 도달하도록 하는 자기주도 능력이다.

④ 관용(Tolerance) : 성숙한 개인은 다른 사람이 실수하거나 잘못한 것을 수용하며, 그런 행동을 경멸하지 않는다.

⑤ 유연성(Flexibility) : 건강한 사람은 사고가 유연하고 변화에 개방적이며, 다른 사람들에 대해 고집스럽지 않은 관점을 가지고 있다.

⑥ 불확실성의 수용(Acceptance of Uncertainty) : 성숙한 개인은 자신이 불확실한 세상에 살고 있음을 인식한다. 질서 정연함을 좋아하지만, 질서나 확실성에 대한 감각을 타인에게 요구하지는 않는다.

⑦ 이행(Commitment) : 건강한 개인은 자기 외부의 어떤 일에 적극적인 관심을 갖는다.

⑧ 과학적 사고(Scientific Thinking) : 성숙한 개인은 깊이 느끼고 확실하게 행동하며, 자신과 결과에 대해 반성함으로써 감정과 행동들을 조절해 나간다.

⑨ 자기수용(Self-acceptance) : 건강한 개인은 살아있다는 것만으로도 자신을 수용하며, 자신의 가치를 외적 성취나 남과의 비교로 평가하지 않는다.

⑩ 모험실행(Risk Taking) : 정서적으로 건강한 개인은 모험적인 경향을 지니지만, 어리석게 빠져들지는 않는다.

⑪ 반유토피아주의(Non-utopianism) : 성숙하고 정서적으로 건강한 사람은 자신이 유토피아적인 실존을 할 수 없다는 사실을 받아들인다. 그는 자신이 얻고자 하는 것들을 모두 얻을 수는 없으며, 원하지 않는 것들을 다 피할 수 없다는 것을 인식한다.

(2) 합리정서행동 상담(REBT)의 특징 18 21 기출

① 1955년 엘리스(Ellis)는 인본주의적 치료와 철학적 치료, 행동주의적 치료를 혼합하여 합리정서 행동치료를 고안하였다.

② 인간의 사회적인 면, 특히 성격발달과 관련된 사회적인 면을 강조하였다.

③ 인간의 생각, 신념, 자기언어와 같은 인지적인 면이 경험이나 느낌만큼 인간행동에 중요한 영향을 미칠 수 있다고 본다.

④ 합리정서행동 치료는 인지적 요소와 행동적 요소 모두를 강조하며, 적극적·행동적인 방법을 사용한다.
⑤ 내담자의 핵심적인 자기 파괴적 생각을 최소화하고, 삶에 있어 더욱 현실적이고 관대한 철학을 갖도록 한다.
⑥ 삶에 있어 바람직하지 못한 결과가 나왔을 경우, 자신이나 다른 사람에 대한 비난을 줄이는 것을 목적으로 한다.
⑦ 인간을 합리적인 동시에 비합리적인 존재로 보며, 인간은 본래 비합리적으로 생각하지만, 그러한 비합리적인 사고를 바꿀 수 있는 힘이 있다고 주장한다.
⑧ 본질적으로 몇 회기 내에 중요한 경험을 하고자 하는 내담자에게 적절한 단기상담이다.

(3) 합리정서행동 상담(REBT)의 장·단점

장점	• 통합적인 접근방법으로서 사고와 신념이 행동에 미치는 영향을 규명하였다. • 정서적 장애와 문제행동의 원인 및 그 해결방법을 명확하게 제시하였다(특정 장애의 원인을 구체적으로 제시한 것은 아님). • 상담에서 합리적 사고와 논리적 신념에 대한 중요성을 재인식시켰다. • 정서 장애에 대한 자기 통찰과 함께 실제 행동으로 옮기는 것을 강조하였다. • 상담자와 1:1의 상담을 하지 않고도 내담자 스스로 자기 문제를 해결하는 방법을 익히도록 함으로써, 상담의 효과를 크게 높일 수 있음을 시사하였다.
단점	• 신념을 바꾸는 것은 올바른 상황판단을 전제로 하므로 심각한 기질장애인에게는 사용할 수 없다. • 내담자의 자율적인 성장을 저해할 우려가 있다. • 내담자의 지적 수준이나 자발성에 영향을 받는다. • 지나친 *인지적 접근방법으로서 인간의 *정서적인 측면을 소홀히 하였다.

> **인지**
> 정신이 지식을 습득·변형·부호화·저장하는 과정 또는 그 내용으로서 지각, 이미지, 개념 형성, 사고, 판단 그리고 상상력이 포함된다.

> **정서**
> 외적 자극이나 내적 상념(想念)에 관련되어 느껴지는 쾌·불쾌의 상태를 의미하며, 일반적으로 이 감정의 분화된 상태를 말한다.

2 주요 개념

(1) REBT의 원리

① 인지는 인간정서의 가장 중요한 핵심적 요소이다.
② 역기능적 사고(과장, 과잉 일반화, 과잉 단순화, 잘못된 유추, 절대적인 관념)는 정서장애의 중요한 결정요인이다.
③ REBT의 기본 개념이 우리가 사고하는 것을 느끼는 것이기 때문에 REBT는 사고의 분석부터 시작한다.
④ 유전적이고 환경적 영향을 포함하는 중대 요인은 불합리한 사고나 정신병리에 대한 원인적 선행사건들이다.

⑤ 행동에 대한 과거의 영향보다 현재에 초점을 맞춘다.
⑥ 비록 쉽게 이루어지지는 않지만 신념은 변화한다고 믿는다.

(2) ABCDE 기법 15 16 17 18 20 23 24 기출

① ABCDE 기법은 인간이 비합리적인 신념으로 인해 부적응적 정서와 행동에 고착되는 것과 이의 치유과정을 설명하는 기법이다.
② 엘리스는 ABCDE 모델을 통해 선행/촉발사건이 부적절한 정서와 행동 또는 반대로 적절한 정서와 행동으로 나타나는 과정을 제시하였다.

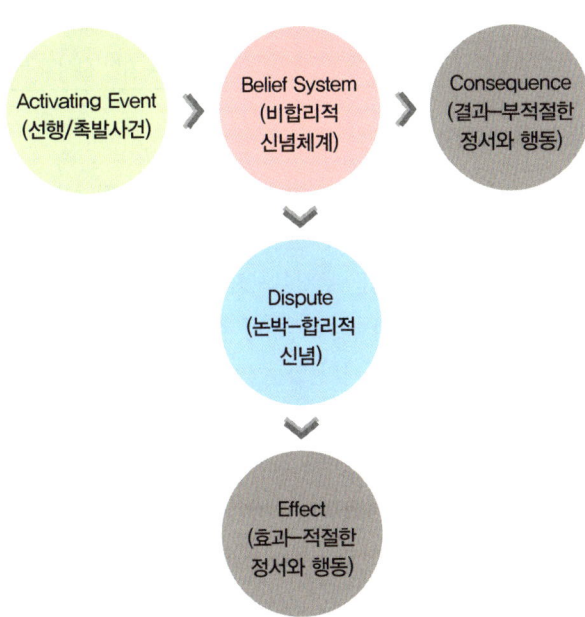

Activating Event (선행/촉발사건)	• 개인에게 정서적 혼란을 일으키는 어떤 사건이나 현상 또는 행위를 말한다. • 이러한 선행사건은 내담자의 부정적인 정서를 유발한다.
Belief System (비합리적 신념체계)	선행/촉발사건에 대한 개인의 비합리적 신념체계나 사고체계를 의미한다.
Consequence (결과)	• 선행사건에 접했을 때 합리적 또는 비합리적 태도·사고방식을 가지고 그 사건을 해석함으로써 느끼게 되는 정서적 결과를 말한다. • 비합리적 사고방식을 가진 사람들은 대개의 경우 지나친 불안, 원망, 비판, 죄책감 등과 같은 감정을 느끼게 되고 정신장애와 질환을 앓기 쉬우며, 방어적 태세를 취하는 경향이 있다.
Dispute (논박)	• 자신의 비합리적인 신념이나 사고에 도전해 보고, 과연 그 생각이 사리에 맞는 것인지를 다시 한 번 검토해 보도록 상담자가 촉구하는 것을 말한다. • 상담자는 논리적인 원리들을 제시하여 내담자의 그릇된 신념들을 논박함으로써 내담자가 자기패배적인 생각을 바꾸거나 포기하도록 돕는다.
Effect (효과)	• 내담자의 비합리적인 신념을 철저하게 논박함으로써 합리적인 신념으로 대치한 다음에 느끼게 되는 자기수용적 태도와 긍정적 감정과 행동을 지칭한다. • 논박의 효과에는 이성적으로 생각하게 되는 인지적 효과와 바람직한 정서로 바뀌는 정서적 효과, 바람직한 행동으로 나타나는 행동적 효과 등이 있다.

(3) 합리적 사고(신념)와 비합리적 사고(신념) 14 17 20 22 기출

구 분	합리적 사고	비합리적 사고
논리성 (논리적 일치성)	논리적으로 모순이 없다.	논리적으로 모순이 많다.
실용성 (기능적 유용성)	삶의 목적 달성에 도움이 된다.	삶의 목적 달성에 방해가 된다.
현실성 (검증가능성)	경험적 현실과 일치한다.	경험적 현실과 일치하지 않는다.
융통성	경직되어 있지 않으며, 융통성이 있다.	경직되어 있으며, 절대적·극단적이다.
파급효과	적절한 정서와 적응적 행동에 영향을 준다.	부적절한 정서와 부적응적 행동을 유도한다.

(4) 엘리스(Ellis)의 핵심적 비합리적 사고 14 15 기출

① 모든 중요한 사람들로부터 사랑받고, 인정받고, 이해받아야만 한다.
② 어떤 사람들은 나쁘고 사악하며 따라서 비난받고 처벌받아야 한다.
③ 일이 뜻대로 진행되지 않는다면 이는 무시무시하고 끔찍한 일이다.
④ 위험하거나 두려운 일이 일어날 가능성을 늘 생각하고 있어야 한다.
⑤ 완벽한 능력이 있고 성공을 해야만 가치 있는 인간이다.
⑥ 인간의 문제는 해결책이 있고, 만약 그 해결책을 발견할 수 없다면 이는 끔찍한 일이다.
⑦ 세상은 반드시 공평해야 하며 정의는 반드시 승리해야 한다.
⑧ 나는 항상 고통이 없이 편안해야만 한다.
⑨ 나는 아마 미쳐가고 있는지도 모른다. 그러나 나는 미쳐서는 안 된다. 왜냐하면 그것을 견딜 수 없기 때문이다.
⑩ 인생에서의 어려움은 부딪치기보다 피해가는 것이 편하다.
⑪ 우리는 다른 사람에게 의지해야만 하고, 의지할 만한 강한 누군가가 있어야만 한다.
⑫ 행복이란 외부 사건들에 의해 결정되며 우리는 통제할 수 없다.
⑬ 나의 과거의 사건들이 현재의 행동을 결정한다.

(5) 비합리적 사고의 요소 20 기출

① 당위적 사고 16 기출
　㉠ 자신에 대한 당위적 요구 : 자신에 대한 *당위적 사고가 이루어지지 않을 때 자기파멸이라는 생각을 한다.
　　⇨ 흑백논리와 과잉일반화의 오류
　㉡ 타인에 대한 당위적 요구 : 타인에게 바라는 당위적 기대가 이루어지지 않을 때 인간에 대한 불신감을 갖는다.
　　⇨ 분노, 증오, 불화 유발
　㉢ 세상(조건)에 대한 당위적 요구 : 계속되는 당위적인 조건은 거의 없으나 그것을 기대하면서 그렇지 않을 경우 화를 내거나 부적절한 행동을 한다.
　　⇨ 분노, 원망

> **당위적 사고**
> "반드시~해야 한다"라는 강박적·경직된 사고로, 원칙을 지키도록 이끌어주는 긍정적인 역할을 하기도 한다.

② 과장적 사고 : 그대로 직시하기보다 매우 과장해서 생각하는 것이다.
③ 인간비하적 사고 : 인간의 가치에 대한 총체적인 평가를 뜻한다. 대체로 사람들은 잘못된 한 가지 행동을 가지고 자신의 가치 또는 타인의 가치를 평가하는데, 그 형태가 자기비하 또는 타인비하로 드러나는 경향이 강하다.
④ 낮은 좌절인내력(LFT ; Low Frustration Tolerance) 22 기출
  ㉠ 욕구가 좌절되는 상황을 충분히 참지 못하는 인지적 특징을 가리킨다.
  ㉡ "나는 조금만 불안해도 견딜 수 없다.", "내가 사랑받지 못하는 존재라는 사실을 참을 수 없다." 등의 사고를 하는 것이 특징이다.

3 합리정서행동 상담(REBT)의 과정 및 기술

(1) 합리정서행동 상담(REBT)의 과정

> 상담관계 수립 → 부적절한 정서 및 행동 확인 → 성격의 ABC이론 확인 → 비합리적 사고 확인 → 비합리적 사고 논박 → 합리적 사고 확인 → 합리적 사고 적용 → 합리적 인생관 확립

(2) 합리정서행동 상담(REBT)의 기술 19 기출

① 상담자가 적극적이고 지시적으로 개입한다.
② 상담 기법

인지적 기법	상담자는 ABCDE의 분석을 통하여 내담자에게 당위적이고 요구적인 신념체계(Must, Should, Ought)를 깨우쳐 주고, 더 합리적인 사고방식을 제시해 준다.	
정서적 기법	실제로 생각하고 느끼는 그대로 자신을 정직하게 표현하게 하고, 정서적 모험을 통해 자신을 개방하게 한다.	
	수치심 극복하기 20 기출	어떤 특정한 행동에 대해 느끼는 비합리적인 수치감을 줄이는 연습 예 화려한 옷 입기, 큰 소리로 노래 부르기, 고함치기, 바보같은 질문하기 등
	합리-정서 심상	심상을 사용하여 내담자가 생활할 때 자신이 느끼고 생각하고 행동하기를 원하는 바로 그 모습대로 할 수 있도록 훈련하는 것이다.
	역할놀이	연극적 요소를 활용하여 내담자에게 비합리적인 신념이 자신의 정서와 대인관계에 어떠한 영향을 미치는지 볼 수 있게 하는 것으로, 내담자는 이를 통해 긍정적인 정서를 경험한다.
행동적 기법	행동적 상담기법(조작적 조건화, 자기관리, 체계적 둔감법, 도구적 조건화, 생체 자기제어, 이완 등)을 거의 그대로 활용한다.	

③ REBT에서 삼가야 할 기법
  ㉠ 지나친 온정과 지나친 낙천주의적 사고 기법
  ㉡ 효과가 제대로 검증되지 않은 기법

ⓒ 장황하며 비능률적인 기법
② 내담자가 단시일 내에 호전할 수 있도록 하는 기법
⑩ 비합리적인 사고에 집중하는 내담자의 관심을 다른 데로 돌리는 기법
ⓑ 치료에 대한 지나친 확신과 신비주의 기법(비과학적 기법)

08 인지치료 상담

1 개요

(1) 인지치료 상담의 목표 16 기출
① 역기능적·자동적 사고 및 *스키마, 신념, 가정, 역기능적 대인관계 행동의 영향력을 강조하며, 내담자가 이를 인식하여 수정할 수 있도록 돕는다.
② 내담자가 도식을 재구성하도록 격려함으로써 정서나 행동에 변화가 일어나도록 한다.

> **스키마(인지도식)**
> 한 개인이 살아가는 과정에서 삶에 대한 이해의 틀을 형성하는 것이 삶의 인지도식이며, 대개 이전의 경험에 의하여 형성된다. 역기능적 인지도식을 가지고 있는 경우, 사건을 당했을 때 부정적 내용의 자동적 사고를 자신도 모르게 떠올리게 되며, 그 결과로 심리적인 문제가 발생한다.

(2) 인지치료 상담의 의의 및 특징 15 18 기출
① 엘리스(Ellis)가 개인이 가진 비합리적 신념에 문제의 초점을 두었다면, 벡(Beck)은 개인이 가진 정보처리 과정상의 인지적 왜곡에 초점을 두었으며, 사람들이 느끼고 행동하는 방식이 경험의 지각과 구조화의 방식에 의해 결정된다고 보았다.
② 인지치료는 개인이 정보를 수용하여 처리하고 반응하기 위한 지적인 능력을 개발시키는 방법을 말한다.
③ "인간은 객관적 현실에 의해서 고통 받는 것이 아니라, 그것에 대한 견해에 의해 고통 받는다."는 말처럼, 인지치료는 개인의 주관적 경험과 이성적 판단을 중시한다.
④ 인지치료에서는 내담자의 사고와 증상에 대한 객관적 평가를 중시하며, 다양한 심리검사를 활용한다. 인지치료에서 흔히 사용되는 검사로는 벡우울척도, 벡불안척도, 자동적 사고척도, 역기능적 태도척도, *자기개념검사 등이 있다. 인지치료자들은 치료의 진전을 객관적으로 평가하기 위해 필요한 심리검사를 회기마다 또는 단계마다 이용한다.
⑤ 벡(Beck)은 내담자의 협동적 역할을 중시하는 협동적 경험주의 관점을 따른다. 이는 내담자의 자가치료(Self-treatment) 능력을 키우는 데 초점을 두는 것이다.

> **자기개념검사**
> 내담자의 심리·사회적 행동 특성을 평가하기 위해서 고려할 수 있는 영역으로서, 스스로 지각하는 자기상을 측정하는 방법이다. 즉, 심리적인 특성과 사회적인 행동 특성을 설명하기 위해 자기상(Self-image) 또는 자기개념(Self-concept)을 알아보는 것이다.

⑥ 심리교육적 모델에 근거하고 있으며, 1960년대에 정신분석과 행동치료로 잘 치료되지 않던 우울증에 대한 새로운 치료법으로 개발되었다.
⑦ 인지주의 상담은 내담자의 행동이나 감정이 사고, 생각, 신념과 같은 정신과정에 의해 중재된다는 가정에서 시작된다. 즉, 사고가 행동과 정서에 미치는 영향을 밝히는 것이 인지치료이다.

(3) 인지치료 상담의 장·단점

장 점	• 우울증 환자의 치료에 매우 효과적이다. • 인지치료의 연구는 비교적 정교하며 신뢰성이 높다.
단 점	• 적용범위가 매우 한정된다. • 지나치게 현재 중심적이며, 진단 중심적이다. • 인지적 측면의 강조로 인해 개인의 정서적 측면이나 환경적 요인을 소홀히 한다.

2 주요 개념

(1) 역기능적 인지도식

① 도식이란 생활 속에서 경험하는 사건들에 대한 정보를 선택하고 사건의 의미를 해석하며 미래의 결과를 예상하는 인지적 구조이다.
② 인지도식은 과거경험을 일반화한 인지적 구조로 자신과 세상 등에 대한 신념으로 구성된다.
③ 우울한 사람들은 생활사건의 의미를 부정적으로 해석하게 하는 역기능적 인지도식을 가지고 있다.

(2) 자동적 사고 14 23 기출

① 개 념
  ㉠ 어떤 상황을 만났을 때 자기도 인식하지 못하는 사이에 자동으로 떠오르는 생각을 말하며, 이러한 자동적 사고는 매우 빠르게 의식 속을 지나간다.
  ㉡ 어떤 환경적 사건에 대해 내리는 즉각적이고 자발적인 평가를 의미한다.
  ㉢ 자동적 사고는 사실인 것처럼 무비판적으로 받아들이게 된다.
  ㉣ 자동적 사고가 부정적일 때 심리적인 문제가 발생할 수 있다.
② 자동적 사고 유형 – 인지삼제(Cognitive Triad) 18 기출
  ㉠ 우울 증상이 있는 사람들이 자동적·부정적으로 생각하는 3가지 주제를 개념화한 것이다.
  ㉡ 인지삼제
    • 자기에 대한 비관적 생각
    • 앞날에 대한 염세주의적 생각
    • 세상에 대한 부정적 생각

③ 자동적 사고와 역기능적 신념
  ㉠ 역기능적 신념(기저가정)은 당위적이고 완벽주의적인 완고한 신념을 말한다.
  ㉡ 역기능적 신념의 구성

핵심신념	• 어린 시절에 중요한 인물과의 상호작용으로 형성되어 뿌리내리게 되는 믿음이다. • 개인이 어떻게 생각하고 느끼고 행동하는지에 대한 기본이 된다. • 의심할 수 없는 당연한 진리라고 믿는 신념이다. • 역기능적·비현실적 신념임에도 지속·강화된다.
중간신념 22 기출	• 핵심신념으로부터 나온 것이다. • 삶에 대한 태도, 규범, 기대, 가정 등으로 구성된다. • 핵심신념과 자동적 사고를 매개한다.

(3) 인지상의 왜곡 14 15 16 19 21 24 기출

임의적 추론 20 기출	어떤 결론을 지지하는 증거가 없거나 그 증거가 결론에 위배됨에도 그와 같은 결론을 내리는 인지상의 왜곡으로, '독심술(적 사고)'와 '부정적 예측' 등 두 가지 형태로 나눌 수 있다. 예 의사가 재검진을 해야겠다고 말했을 뿐인데 환자가 암에 걸렸다고 단정 짓는 경우, 자신의 메시지에 답변이 없다고 하여 상대방의 의도적으로 회피하는 것이라고 판단하는 경우
선택적 추상(화)/추론 (정신적 여과)	다른 중요한 요소들은 무시한 채 사소한 부분에 초점을 맞추고, 그 부분적인 것에 근거하여 전체 경험을 이해한다. 예 발표를 한 후 대다수는 칭찬을 했지만 소수의 사람들이 부정적 반응을 보인 것만 보고, 자신의 발표가 실패한 것이라고 여기는 경우
과잉일반화	한두 개의 고립된 사건에 근거해서 일반적인 결론을 내리고, 그것을 서로 관계없는 상황에 적용한다. 예 한 명의 청소년 내담자를 상담하면서 어려움을 경험한 후 청소년 상담 분야에 소질이 없다고 결론을 내리는 경우
개인화	자신과 관련시킬 근거가 없는 외부사건을 자신과 관련시키는 성향으로서, 실제로는 다른 것 때문에 생긴 일을 자신이 원인이고 자신이 책임져야 할 것으로 받아들인다. 예 제가 소풍을 갈 때마다 비가 와요.
흑백논리 (이분법적 사고)	모든 경험을 한두 개의 범주로만 이해하고 중간지대가 없이 흑백논리로써 현실을 파악한다. 예 "내 부탁을 거절하는 것을 보니, 넌 나를 우습게 보는구나(또는 나를 싫어하는구나)."
의미확대/축소 (과대/과소평가)	어떤 사건 또는 한 개인의 경험이 가진 특성의 한 측면을 그것이 실제로 가진 중요성과 무관하게 과대평가하거나 과소평가하는 것을 의미한다. 예 어떤 학생이 한두 번 지각했다고 해서 그 학생이 게으르다고 판단하는 경우
파국화	어떠한 사건에 대해 자신의 걱정을 지나치게 과장하여 항상 최악을 생각함으로써 두려움에 사로잡힌다. 예 길을 걷다가 개에게 물렸을 때 이제 곧 광견병으로 목숨을 잃을 것이라 생각하는 경우, 회의에서 지적당했을 때 이제 곧 팀장자리도 내놓아야 하고 머지않아 쫓겨나고 말 것이라고 생각하는 경우
잘못된 명명	어떤 하나의 행동이나 부분적 특성을 토대로 사람이나 사건에 대해 완전히 부정적이고 단정적으로 명명하는 것을 의미한다.

3 인지치료 상담의 기법

(1) 인지기법

① **소크라테스식 질문법** 22 기출
  ㉠ 내담자의 인지적 변화(역기능적 사고의 변화)를 촉진하기 위한 질문기법이다.
  ㉡ 내담자의 자동적 사고가 현실적·객관적으로 타당한지를 점검하고 내담자가 더 현실적으로 생각할 수 있도록 돕는다.
  ㉢ 해결책 제시 혹은 논박보다 질문을 통해 스스로 자신의 해결책을 찾도록 돕는다.
  ㉣ 내담자의 생각이 잘못되었음을 지적하는 것이 아니라 대안적 사고를 찾도록 돕는다.

② **재귀인하기** : 자신의 책임이 거의 없는 상황이나 사건에 대해 그 책임을 자신에게 귀인하는 내담자에게 그러한 부적절한 귀인으로 받는 고통에서 탈피할 수 있도록 정확한 인과관계를 파악하여 책임을 분산시킬 수 있도록 돕는다.

③ **절대성에 직면하기** : 극단적 진술, 즉 '결코', '항상', '언제나' 등의 단어로 자신의 고통을 나타내는 내담자에게 그러한 내담자의 절대적 언어 사용에 대해 질문하거나 직면함으로써 내담자가 더 적절하게 말할 수 있도록 돕는다.

④ **인지왜곡 명명하기** : 흑백논리, 과잉일반화, 선택적 추상 등과 같은 여러 가지 인지왜곡 중 내담자가 사용하는 것이 어떤 것인지 명명하게 하여, 내담자가 자신의 판단을 왜곡하는 자동적 사고를 범주화하도록 돕는다.

⑤ **흑백논리 도전하기** : 내담자가 자신의 상황을 흑백논리로 진술할 때, 예를 들어 전교 1등이 아니면 모든 것이 끝이라고 말하는 어떤 고등학생에게 '측정하기'라는 방법을 사용하여 자신의 위치를 연속선상에서 확인하게 하여 양극단만 있는 것이 아니라 정도의 다양성이 있다는 사실을 깨닫도록 돕는다.

⑥ **파국에서 벗어나기** : 내담자가 일어나지 않을 것 같은 어떤 결과를 매우 두려워할 때 '만약 ~ 하면 어떤 일이 일어날까?(What-if)'라는 방법을 사용하여 결과를 지나칠 정도로 비관적·부정적으로 생각하지 않도록 돕는다.

⑦ **장점과 단점 열거하기** : 내담자가 자신의 특별한 신념이나 행동에 대한 장·단점을 열거하게 하여 자신의 패배적 사고를 바꾸고 역효과를 일으키는 행동을 변화시킬 수 있게 돕는다.

(2) 행동기법

① **근육이완훈련** : 긴장과 이완의 느낌을 의도적으로 통제하는 방법을 학습한다.
② **호흡훈련** : 공황장애 환자들에게 실시되는 신체조절기법이다.
③ **점진적 노출** : 단계적으로 시작하여 내담자가 두려움에 대면하는 것을 돕는다.

09 현실치료 상담

1 개 요

(1) 현실치료 상담의 목표
① 내담자를 정서적으로 강하고 합리적이 되도록 돕는다.
② 내담자 자신이 자율성을 갖고 스스로 행동하고 책임지도록 돕는다.
③ 개인의 선택과 삶에 대한 통제를 중시한다. 즉, 인간은 자유롭고 자신이나 환경을 통제할 수 있으며, 자신의 목표를 스스로 선택하고자 하는 욕구가 있다고 본다.
④ 내담자에게 선택이론을 가르치고, 자신의 좋은 세계에서 자신이 선택한 사람들과 좋은 관계를 맺도록 돕는다.

(2) 현실치료 상담의 특징 [20] 기출
① 글래서(Glasser)는 현실주의 상담을 통해 내담자들이 스스로의 삶을 더욱 효과적으로 통제할 수 있도록 하며, 현재의 행동에 초점을 두고 결과에 대해 스스로 책임질 것을 강조하였다.
② 인간은 궁극적으로 자기 결정적이며, 자신의 삶에 대한 책임과 능력이 있다고 가정한다.
③ 개인의 선택과 삶에 대한 통제를 중시한다. 즉, 인간은 자유롭고 자신이나 환경을 통제할 수 있으며, 자신의 목표를 스스로 선택하고자 하는 욕구가 있다고 본다.
④ 전통적인 의학적 방식을 거부하고, 행동은 자기 욕구를 충족시키기 위한 노력이며 개인의 정신병적 행동은 개인의 선택에 의한 것임을 강조한다.
⑤ 과거나 미래보다 현재에 초점을 두며, 무의식적 행동보다 행동선택에 대한 평가에 초점을 둔다.
⑥ 도덕성을 강조하며, 개인의 효과적인 욕구 충족을 위해 새로운 방법을 교육시키고자 한다.
⑦ 내담자가 현재 행동을 평가하고, 더 효과적인 행동을 할 수 있는 심리적인 힘을 키우도록 돕는다.
⑧ 불만족스러운 관계 혹은 관계 결여에 관심이 있으며 맞닥뜨림, 역설적 기법 등을 사용한다.
⑨ 실행하지 못한 것에 대한 변명을 허용하지 않는 등 내담자 개인의 책임을 강조한다.
⑩ 내담자가 바람직한 방법으로 욕구를 충족할 수 있도록 하는 데 있어 3R을 강조한다.
  ㉠ 책임(Responsibility) : 다른 사람의 욕구 충족을 방해하지 않으면서 자신의 욕구를 충족시키는 능력
  ㉡ 현실(Reality) : 현실 세계가 정한 범위 안에서만 욕구가 충족될 수 있다는 사실을 직면
  ㉢ 옳고 그름(Right or Wrong) : 도덕적 판단, 즉 다른 사람에게 피해가 되지 않는 옳은 판단으로 자신의 욕구 충족

(3) 현실치료 상담의 장·단점 19 기출

장 점	• 직접적이고 적극적인 상담이다. • 문제 양상을 보이는 다양한 집단에 효과적으로 적용할 수 있다. • 자신의 행동에 대해 책임을 지지 않으려 하며, 자신을 다른 사람의 부적절한 행동에 의한 피해자라고 생각하는 사람에게 매우 효과적이다.
단 점	• 문제에 대해 깊이 있는 접근보다는 피상적인 접근에 머문다. • 인간 행동의 의식적인 면을 강조함으로써 무의식적인 부분을 소홀히 한다. • 상담자의 주관적 가치판단이 개입될 수 있는 위험이 있다.

2 주요 개념 17 20 22 24 기출

(1) 선택이론(통제이론) 21 기출

① 인간이 뇌의 작용을 통해 자신의 행동을 선택 또는 통제한다고 보는 이론이다.
② 구뇌(Old Brain)와 신뇌(New Brain)와 같이 뇌 속의 비교장소를 가정한다.
③ 글래서는 우리가 인식하는 것보다 훨씬 더 많이 자신의 삶을 통제한다고 주장하였다.
④ 인간 행동 대부분이 내적으로 동기화되어 있다고 본다.
⑤ 통제할 수 있는 유일한 인간은 나 자신뿐이며 불행과 갈등도 선택한 것이라고 본다.
⑥ 심리적 문제를 기술할 때 형용사를 사용하기보다 그러한 상태의 선택을 강조하기 위해 동사를 사용한다.
⑦ 인간은 기본욕구를 충족시키기 위해 감각체계, 지각체계, 행동체계를 통해 환경을 통제한다.
　㉠ 감각체계 : 인간은 시각·청각·촉각 등 감각기관과 함께 현실을 받아들인다.
　㉡ 지각체계 : 인간은 가치를 여과하는 지각체계를 통해 자신이 원하는 방식으로 경험적 현실세계를 분류한다. 여기서 지각체계는 지식 여과기와 가치 여과기로 구성되어 있다.
　㉢ 행동체계 : 이제까지 욕구 충족에 도움이 되었던 조직화된 행동으로 구성되어 있으며, 불균형이 심할 때 강한 좌절과 충동이 발생한다.
⑧ 인간은 자신이 원하는 것이 있을 때 전체행동을 통해 그것을 얻고자 노력한다.

(2) 기본욕구(Glasser) 14 16 17 18 기출

① 기본욕구는 상호갈등적이고 대인 갈등적이다.
② 글래서(W. Glasser)는 인간이 다음과 같은 5가지 기본욕구를 가지고 태어난다고 하였다.

생존 욕구	건강하게 생존하기 위한 생리적 욕구
사랑·소속에 대한 욕구	사랑하고 소속되며 자기를 나누려는 욕구
힘에 대한 욕구	경쟁하고 성취하며 중요한 존재이고 싶어 하는 욕구
자유에 대한 욕구	내적인 자유와 자신의 의지에 따라 선택하고 싶어 하는 욕구
즐거움에 대한 욕구	새로운 것을 배우고 놀이를 통해 즐기고자 하는 욕구

③ 5가지 기본욕구 중 '생존 욕구'를 제외한 다른 욕구들은 모두 '심리적 욕구'이다.
④ '생존 욕구'는 구뇌(Old Brain)에서 유발되고, '심리적 욕구'는 신뇌(New Brain)에서 유발된다고 하였다.

(3) 전(체)행동(Total Behavior) 18 기출

① 인간의 전체행동은 행동하기, 생각하기, 느끼기, 생리과정의 네 가지 요소로 구성된다.
② '행동하기'와 '생각하기'는 자동차의 앞바퀴(선택을 통한 통제 가능성이 높음), '느끼기'와 '생리과정'은 뒷바퀴(선택이 어려움)에 해당한다.

행동하기(Acting)	모든 활동적인 행동(걷기, 말하기, 움직이기 등)
생각하기(Thinking)	의식적인 사고(*공상, 꿈같은 인지적 활동 포함)
느끼기(Feeling)	유쾌하거나 불쾌한 모든 감정(행복감, 즐거움, 실망감, 불안감, 만족감 등)
생리과정(Physiology)	생리적 기능에 따라 나타나는 모든 신체 반응

> **공상**
> 어떤 사물이나 사건의 이미지를 머릿속에 그려보는 것으로서, 비현실적인 것이 특징이지만 현실이 아니라는 것을 의식하고 있는 점에서 꿈이나 망상과는 다르다. 기억에 의한 추상을 새롭게 결합하거나 변형하여 현실로는 경험되지 않는 표상을 결합·발전시킨 것이다.

(4) 좋은 세계(Quality World)

① 인간은 현실을 지각할 수 있지만 현실 그 자체를 알 수는 없다. 이에 글래서(Glasser)는 현실 그 자체보다 현실에 대한 인식이 인간의 행동을 결정하는 데 더 중요하다고 보았다.
② 인간은 내적 욕구를 만족시키기 위하여 머릿속에 그림(Picture)을 만들어내며, 기억과 이미지들은 '좋은 세계'라는 내면세계에 보관되는데, 이때 '좋은 세계'는 개인의 욕구와 소망이 충족되는 세계이다.
③ 좋은 세계의 구성에는 기본 욕구가 반영된다. 즉, 좋은 세계 안에는 우리에게 중요한 것과 가장 원하는 것이 반영되어 있으며 도덕적 기반은 존재하지 않는다.
④ 좋은 세계는 인식된 현실세계의 비교 기준으로서 어떤 행동으로 진행할 것인지 선택하는 바탕이 된다. 즉, 인간은 좋은 세계와 일치하는 현실세계 경험을 하기 위해서 행동한다.

3 현실치료 상담의 단계와 절차 및 기술

(1) 현실치료 상담의 8단계(Glasser)

① 제1단계 - 관계형성 단계 : 상담자(현실치료자)가 상담(치료)을 시작하기 위해 내담자와 개인적인 접촉을 하면서 관계를 형성하는 것은 필수적이다.
② 제2단계 - 현재 행동에 대한 초점화 단계 : 상담자는 내담자의 성격과 관련된 과거 기록을 강조하지 않으며, 그것이 현재 행동과 관련된 경우에 한해 논의한다.
③ 제3단계 - 자기행동 평가를 위한 내담자 초청 단계 : 상담자는 내담자가 자신의 행동이 스스로에게 어떠한 도움이 되는지 자기행동에 대해 평가하도록 해야 한다.

④ 제4단계 – 내담자의 행동계획 발달을 위한 원조 단계 : 상담자는 내담자에게 행동계획을 세우도록 하여 그 계획에 따라 반드시 실천하겠다는 약속을 다짐받는다.
⑤ 제5단계 – 내담자의 의무수행 단계 : 상담자는 내담자에게 일상생활에서 계획을 실행하도록 위임하여 내담자 스스로 자발성과 책임감을 통해 자기존중감을 느낄 수 있도록 한다.
⑥ 제6단계 – 변명거부 단계 : 상담자는 내담자의 변명을 거부함으로써 내담자 스스로 자신의 변화에 더 큰 책임감을 가지도록 하는 동시에 계획을 수행할 수 있는 능력을 발달시키도록 돕는다.
⑦ 제7단계 – 처벌금지 단계 : 내담자에 대한 처벌은 내담자의 정체감을 약화시키고 상담자와 내담자 간의 관계를 손상시키는 부정적인 결과를 초래한다. 따라서 상담자는 내담자에게 벌을 사용하는 대신 그 행동에 따르는 당연한 결과를 있는 그대로 받아들이도록 요구하는 것이 바람직하다.
⑧ 제8단계 – 포기거절 단계 : 상담자는 내담자가 적응행동을 받아들이는 데 상당한 시간이 걸리더라도 내담자의 변화 능력을 굳게 믿고 인내심을 가지고 지켜보며, 내담자의 포기를 받아들이지 않음으로써 내담자 스스로 변화에 적극적인 의지를 가질 수 있도록 한다.

(2) 현실치료 상담의 절차(WDEP 모형) 14 16 19 20 23 기출

제1단계 Want(바람)	• 자신이 원하는 것을 정확하게 이해할수록 그것을 얻을 수 있는 가능성도 높아진다. • 자신이 진정 원하는 바람이 무엇인지 적어보고, 가장 원하는 것부터 상대적으로 덜 중요한 바람까지 순서를 정해본다. • 각각의 바람이 얼마나 실현 가능한지 생각해본다. 예 당신이 진정으로 원하는 것은 무엇인가요?
제2단계 Doing(행동)	• 현재 자신의 행동을 관찰한다. • 하루 일과를 꼼꼼히 살펴보고, 다른 사람들과 어떻게 소통하는지, 시간은 어떻게 사용하는지 등을 확인한다. 예 원하는 것을 얻기 위해 무엇을 하고 있나요?
제3단계 Evaluation (자기 행동 평가)	• 두 번째 단계에서 관찰한 행동이 자신에게 어떤 도움 혹은 해가 되는지 평가한다. • 특히, 현재의 행동이 자신이 진정으로 원하는 것을 얻는 데 도움이 되는지 또는 해가 되는지 자기평가를 한다. 예 당신이 하고 있는 행동은 원하는 것을 얻는 데 도움이 되나요?
제4단계 Planning(계획)	• 자신이 진정으로 원하는 것을 얻을 수 있도록 새로운 계획을 세운다. • 이러한 계획은 구체적이고(언제·무엇을·어디서·얼마나 할 것인가) 현실적이어야 하며, 즉시 실행할 수 있는 것이어야 한다(오늘 당장 할 수 있는 일은 무엇인가?). • 반복해서 할 수 있는 계획을 세우는 것이 좋다. 예 원하는 것을 얻을 수 있는 보다 효과적인 방법은 무엇인가요?

(3) 현실치료 상담의 기술

① **질문(Ask)** : 질문을 통해 내담자가 자신을 들여다보고 정보를 수집·제공함에 따라 상담자는 내담자의 과거 행동과 현재 행동 그리고 욕구를 탐색·파악할 수 있다.
② **유머(Humor)** : 유머를 사용하여 내담자와 친근한 관계를 유지하며, 상담과정에서 내담자의 참여와 소속의 욕구를 충족시킬 수 있지만, 내담자와의 상담관계가 형성되기 전에 유머를 사용하는 것은 바람직하지 않다.
③ **토의와 논쟁** : 상담자는 내담자의 욕구 및 욕구의 충족을 위한 방법이 현실성이 있는지와 그 책임에 초점을 두고 내담자와 토의 또는 논쟁을 한다.
④ **직면(맞닥뜨림, Confrontation)** : 내담자의 책임감을 강조하며 변명을 허용하지 않는 것으로, 상담자는 내담자가 현실적인 책임에서 벗어나는 행동을 하는 경우 내담자에게 책임 있는 행동을 할 것을 촉구한다. 직면은 내담자의 저항을 유발할 수 있으므로 주의를 요한다.
⑤ **역설적 방법** : 내담자가 상담과정에서 저항을 보이거나 내담자가 계획한 바를 실행에 옮기지 않는 경우 효과적인 방법으로 상담자는 내담자에게 모순된 요구나 지시를 함으로써 의도적으로 내담자를 딜레마에 빠뜨린다. 일종의 언어충격으로, 매우 강력한 도구이므로 전문적인 훈련을 받은 상담자가 사용해야 한다.

10 해결중심 상담

1 개요

(1) 해결중심 상담의 목표 21 기출

① 내담자의 태도와 의식을 재구성하고 행동을 변화시킴으로써 내담자가 지금까지와는 다른 생활방식으로 행동하게 하여 현재의 문제를 해결한다.
② 문제가 일어나지 않았던 예외 상황을 보게 하여 내담자가 이미 문제를 해결할 수 있는 능력이 있다는 것을 인식하게 하고 그 능력을 강화한다.
③ 문제의 원인을 규명하고 증상을 파악하기보다는 내담자의 장점과 자원을 확인하고 지지한다.
④ 내담자가 원하는 것을 상담목표로 설정하고, 내담자의 강점에 초점을 맞추어 내담자가 스스로 힘을 되찾아 문제해결 의지를 보이고 새로운 해결책을 찾을 수 있도록 돕는다.

(2) 해결중심 상담의 특징

① 해결중심 상담은 사회구성주의의 영향을 받았는데, 사회구성주의란 일반적인 진실이나 지식은 없으며, 사회를 구성하는 것은 '사실'뿐이고 인간은 현실을 객관적으로 인식할 수 없으며, 현실은 언어체계로 표출된다고 주장하는 이론이다.
② 상담자는 내담자가 해결중심의 언어를 사용하는 데 도움을 준다.

③ 과거보다 현재와 미래를 중시하고 현실적이며 성취할 수 있는 것을 목표로 삼는다.
④ 병적인 것이나 잘못된 것이 아닌, 내담자의 성공적·긍정적 경험을 활용한다.
⑤ 문제해결 방안을 찾고 그것을 실행에 옮기게 하기 위해서는 내담자의 문제해결에 대한 높은 동기수준이 요구되므로, 상담자의 조언이나 지시 등이 구체적인 실천으로 이어질 수 있도록 노력하는 것이 중요하다.
⑥ 내담자가 의사결정이나 선택 상황에 처한 경우, 상담자는 몇 가지 대안을 열거하고 그에 대해 분류 및 종합, 장·단점 및 실행 가능성에 대한 분석을 하여 어떤 대안이 문제해결에 도움이 되는지를 고려하며, 결국 최종 의사결정이 내담자의 자기의사에 달려있음을 강조한다.
⑦ 다른 상담이론에 비해 증상을 파악하고 가설을 설정하는 데까지 걸리는 시간이 단축되기 때문에 단기로 진행할 수 있다.

(3) 해결중심 상담의 장·단점

장점	• 내담자가 스스로 자신의 자원과 능력을 발견할 수 있고, 우울·불안 등의 정서에 대처할 수 있는 능력과 자신감을 향상할 수 있다. • 의식의 구조를 재구성하고 행동의 변화를 일으키게 하기 때문에 인간을 존중하는 상담이라는 평을 받는다.
단점	• 단기간에 문제가 해결되리라 기대하지만, 내담자에 따라서는 상담에 많은 시간과 노력이 필요할 수 있다. • 내담자가 종결과 추후상담을 정하기 때문에 상담자가 일정을 계획하고 진행하는 데 어려움이 있을 수 있다. • 긍정적 대화가 내담자의 치료에 효과가 있는가 하는 의문을 잠재우지 못한다.

2 주요 개념

(1) 알지 못함의 자세(Not-knowing Posture) 23 24 기출

① 상담자는 방향을 제시하지 않고 다만 내담자의 문제에 새로운 의미를 부여하며, '알지 못함의 자세'로 해결 방법을 찾도록 내담자와 협력한다.
② 내담자의 문제에 대한 전문가는 상담자가 아니라 내담자 자신이다.
③ 상담자는 내담자보다 한 단계 아래 있다는 태도로 상담에 임한다.
④ 상담자는 권위 있는 전문가가 아니라 내담자가 신념을 품고 자신의 문제를 스스로 해결할 수 있게끔 돕는 협조자이다.
⑤ 내담자의 자원을 사용하여 해결 방안을 찾으려면 상담자는 내담자에게서 많은 정보를 얻어야 한다.
⑥ 내담자에게서 많은 정보를 구할 수 있는 자세로는 경청, 공감, 침묵, 개방형 질문, 자기개방, 내담자의 비언어적 행동에 주목하기, 내담자가 쓰는 용어 반복, 쉬운 설명 등이 있다.

(2) 강점 관점

① 누구나 자신의 문제를 해결할 능력이 있다는 신념을 근거로 한다.
② 내담자에게는 많은 강점이 있고 내담자의 동기는 그러한 강점을 촉진할 때 생긴다.
③ 상담자는 내담자를 둘러싼 모든 환경이 자원이라는 사실을 유념해야 한다.
④ 상담자는 내담자가 자신이 피해자라는 생각에서 벗어나게 해야 한다.

(3) 해결중심 상담에서 상담자-내담자 관계유형

방문형 (Visitor)	• 흔히 자신의 의사와 상관없이 상담을 받으러 온 비자발적 내담자에게서 주로 나타난다. • 내담자는 문제를 인식하고 있지 않거나, 문제가 자신이 아닌 다른 사람에게 있다고 생각한다. • 내담자는 상담자와 함께 공동으로 문제를 인식하거나 상담의 목표를 발견하기가 어렵다.
불평형 (Complainant)	• 상담자와 내담자 간 대화 속에 불평이 있는 경우, 혹은 문제를 공동으로 확인하였으나 해결책을 구축해 나가는 데 있어서 내담자의 역할을 확인하지 못한 경우에 나타난다. • 내담자는 대화 속에서 문제와 해결의 필요성에 대해 상세히 설명하지만, 아직 자신을 문제해결의 일부로 보지 않는다. • 내담자는 대체로 문제해결이 자신이 아닌 다른 사람(예 배우자, 부모, 자녀, 친구, 동료 등)의 변화를 통해 이루어질 수 있다고 생각한다.
고객형 (Customer)	• 치료자와 내담자가 문제와 함께 도달하고자 하는 해결책을 공동으로 확인했을 때 이루어진다. • 내담자는 자신을 문제해결의 일부로 생각하면서, 문제해결을 위해 무엇인가 할 의지를 보인다. • 내담자는 상담을 통해 무엇을 이루고자 하는지에 대해 생각해 보았으며, 이를 달성하기 위해 자신의 노력이 필수적임을 잘 알고 있다. • 고객형 내담자에게 관찰 또는 행동 과제를 부여한다.

3 해결중심 상담의 질문기법 17 19 20 23 기출

(1) 상담 전 변화에 관한 질문(Pre-session Change Question)

① 내담자가 상담을 약속한 후 상담소에 오기까지 경험한 변화에 대해 알아보는 것은 문제해결에 중요한 단서를 제공할 수 있다.
② 상담 전 변화가 있는 경우 내담자가 이미 보여준 해결능력을 인정하며, 이를 강화하고 확대할 수 있도록 격려한다.
　예 "처음 상담을 신청했을 때와 상담을 받으러 오기까지의 시간 동안 어려운 상황이 좀 나아진 사람들을 종종 볼 수 있었습니다. 혹시 그와 같은 변화를 경험하셨습니까?"

(2) 예외질문(Exception-finding Question) 22 기출

① 예외란 내담자가 문제로 생각하는 행동이 일어나지 않는 상황을 의미한다.
② 예외질문은 문제해결을 위해 우연적이며 성공적으로 실행한 방법을 찾아내어 이를 의도적으로 계속해 보도록 격려하는 것이다.

③ 예외질문을 통해 평소 내담자가 인지하지 못했던 예외를 찾아내고, 그것을 계속 강조하면서 내담자의 성공을 확대하고 강화한다.

예 "문제가 발생하지 않은 때는 언제였습니까?"

"문제가 해결된다면 어떻게 알 수 있겠습니까?"

"지금까지 살아오면서 우울함을 느끼지 않았던 순간이 한 번쯤 있었다면, 그 순간은 언제였나요?"

(3) 기적질문(Miracle Question)

① 문제 자체를 제거하거나 감소시키지 않은 채 문제와 떨어져서 문제가 해결된 상태 혹은 그 해결책을 상상해 보도록 하는 것이다.

② 변화된 현실의 구축, 가능성에 대한 *자기상(自己像)을 형성하는 것으로서, 해결 방법을 문제와 분리해서 상상하게 하여 희망과 가능성을 모색하게 한다.

③ 상담자는 내담자가 문제에 대한 집착에서 벗어나 해결을 위한 요구사항들을 구체화·명료화하도록 함으로써 해결중심 영역으로 들어가게 한다.

> **자기상(自己像)**
> 한 개인이 자신을 어떤 인간으로 지각하는가에 대한 것으로서, 자신의 능력·성취 정도·매력·타인에 의해 인정받거나 수용되는 정도 등에 대한 주관적인 평가를 의미한다.

예 "잠자는 동안 기적이 일어나 당신을 여기에 오게 한 그 문제가 극적으로 해결됩니다. 아침에 일어나서 지난밤 기적이 일어나 모든 문제가 해결되었다는 것을 어떻게 알 수 있을까요?"

(4) 척도질문(Scaling Question)

① 숫자를 사용하여 내담자에게 문제의 심각성 및 우선순위, 문제해결에 대한 희망, 자아존중감, 변화(혹은 치료)에 대한 확신, 변화(혹은 치료)에 대한 의지와 노력, 문제가 해결된 정도 등을 표현하도록 하는 것이다.

② 이 질문을 통해 상담자는 내담자의 문제해결에 대한 태도를 더욱 정확히 알 수 있으며, 내담자의 변화를 격려하고 강화하는 인물 및 상황에 대한 구체적인 정보를 얻을 수 있다.

예 "폭력을 행사하는 아버지가 어느 정도 싫은지 0점에서 10점까지 점수로 표현할 수 있을까요?"

"문제해결 상태를 1점부터 10점까지의 척도로 나타냈을 때, 당신은 현재 6점에 있다고 했습니다. 만약 6점에서 7점으로 올라간다면 무엇이 달라질까요?"

(5) 대처질문(Coping Question) 20 기출

① 어려운 상황에서의 적절한 대처 경험을 상기하게 하여 내담자가 스스로의 강점을 발견하고, 자신이 대처기술을 가지고 있음을 깨닫도록 하는 것이다.

② 이 질문은 특히 자신의 미래를 매우 절망적으로 보아 아무런 희망이 없다고 생각하는 내담자에게 주로 사용한다.

예 "당신은 그 어려운 상황 속에서 어떻게 지금까지 견딜 수 있었나요?"

"어떻게 해서 상황이 더욱 나빠지지 않을 수 있었나요?"

(6) 관계성질문(Relationship Question) 21 기출
① 내담자와 중요한 관계에 있는 사람들의 생각, 의견, 지각 등에 대해 묻는 것이다.
② 그들의 관점에서 내담자 자신의 문제에 대해 어떻게 생각할지 추측해 보도록 한다.
③ 내담자는 자신의 입장에서 자신을 보다가 중요한 타인의 눈으로 볼 때, 이전에는 없었던 가능성을 만들어 낼 수 있다.
> 예 "만약 당신의 아버지가 지금 여기에 있다고 가정할 때, 당신의 아버지는 당신의 문제가 해결될 경우 무엇이 달라질 거라 말씀하실까요?"

(7) 악몽질문(Nightmare Question)
① 기적질문과 유사하나 다른 질문들과 달리 문제중심적인 질문이다.
② 내담자에게 뭔가 더 나쁜 일이 일어나야만 내담자가 현재와 다른 무엇을 하려고 시도한다거나 문제에서 벗어날 수 있을 것으로 예상될 경우 이 질문을 사용한다.
③ 특히 상담 전 변화에 관한 질문, 예외질문, 기적질문 등이 효과가 없을 때 유용하나, 섣부른 역설을 사용하여 생길 수 있는 부작용을 염두에 두어야 한다.
> 예 "잠자는 동안 악몽같은 일이 일어나 당신을 여기에 오게 한 그 문제가 갑자기 더욱 나빠집니다. 아침에 일어나서 지난밤 악몽같은 일이 일어나 모든 문제가 나빠졌다는 것을 어떻게 알 수 있을까요?"

(8) 간접적인 칭찬 – "어떻게 그렇게 할 수 있었습니까?" 질문
① 간접적인 칭찬의 질문은 내담자의 어떤 측면이 긍정적이라는 것을 암시하는 질문이다.
② 내담자가 자신의 강점이나 자원을 스스로 발견하도록 하므로, 직접적인 칭찬보다 더욱 바람직하다고 볼 수 있다.
> 예 "그 어려운 상황에서도 어떻게 집안을 그토록 평온하게 유지할 수 있었나요?"
> "당신은 아이들을 존중하는 것이 인성발달에 중요하다는 것을 어떻게 아셨습니까?"

(9) "그 외에 또 무엇이 있습니까?" 질문
예외를 더 발견하고, 강점 및 자원, 성공적 경험 등 긍정적인 측면을 더욱 많이 이끌어내려는 의도가 있는 질문이다.
> 예 "무엇이 더 있을까요? 또 다른 좋은 생각이 무엇일까요?"
> "이전에 이야기한 것과 연결시켜 보면 또 무엇이 있을까요?"

11 의사교류분석 상담

1 개 요 14 기출

(1) 의사교류분석 상담의 목표
① 내담자가 '자율성'을 성취하게 하는 것이 주요 목표이다.
② 오염 상태에서 벗어나 자아 상태가 적절히 기능할 수 있도록 한다.
③ 내담자가 자기패배적인 인생각본에서 벗어나 자기 삶에 충실할 수 있도록 한다.

> **지식 IN**
>
> **자율성(Autonomy)**
> 과거 경험이 개인의 성격 발달에 어떠한 영향을 미쳤든지 간에 내담자가 현재 자신의 행동과 생활양식을 더 적절한 것으로 다시 선택·결정할 수 있는 행동 특성을 의미한다.
>
> **오염(Contamination)**
> - 자아는 부모/어버이 자아(P), 어른 자아(A), 어린이 자아(C)로 구성된다.
> - '오염'이란 이러한 3가지 자아가 충분히 구별되어 있지 않은 상태를 말한다.
> - 즉, '오염'이란 P, A, C의 경계가 지나치게 이완되어 하나의 자아상태가 다른 자아상태를 침범하여 경계가 파손된 것을 의미한다.
> - P → A의 오염, C → A의 오염과 P와 C → A의 이중오염, P와 A에 의한 C의 오염 등이 있다.

(2) 의사교류분석 상담의 특징 18 19 24 기출
① 의사교류분석 이론(TA ; Transaction Analysis)은 1950년대 초에 형성된 성격이론·상담 및 심리치료이론으로, '의사거래분석 이론'이라고도 한다.
② 의사교류분석 이론의 창시자인 번(Berne)은 초기에 정신과 신체 간의 관계, 특히 인간의 직관에 흥미를 가졌다.
③ 인간의 약점이나 결함보다는 인간의 강점에 초점을 두는 이론이다.
④ 인간을 환경과 경험에 의해 어린 시절에 이미 행동양식이 중요하게 결정·형성되지만, 현재 자기 행동양식을 이해하고, 더 나아가 그러한 행동을 새롭게 다시 선택·결정할 수 있는 반결정론적·가변적·자율적인 존재로 보았다.
⑤ 프로이트(Freud)의 정신분석이론에서 분리되어 자아의 상태를 부모 자아, 어른 자아, 어린이 자아로 나누었으며, 이 자아 상태를 관찰 가능한 현상으로 보았다.
⑥ '심리교류(Transaction)'는 두 사람의 자아 상태 사이에서 이루어지는 자극과 그에 관련된 반응으로서 의사소통의 단위이다.
⑦ 교류분석을 통해 부적절한 교차적 교류나 이면적 교류를 중단하도록 촉진한다.
⑧ '해석'은 정신분석이론처럼 내담자의 행동 이면의 숨은 이유를 깨닫게 하기 위해 사용한다.

(3) 의사교류분석 상담의 장 · 단점

장 점	• 이론이나 기법이 비교적 간단하여 손쉽게 학습하고 활용하기 쉽다. • 내담자에 대한 진단 및 평가에 그치지 않고, 수정할 사항에 대한 구체적인 내용을 제시한다. • 내담자로 하여금 인생각본에 의한 초기결정을 깨닫도록 하여 자신에게 더 적절한 생활양식을 결정할 수 있게 한다. • 다른 상담기법과 병행해서 사용할 수 있다.
단 점	• 인간의 자율성을 강조하지만 실제 자율성의 획득이 쉬운 것은 아니다. • 내담자의 지적 능력을 토대로 하므로 대상자 선정에 제약이 따른다. • 대상자의 느낌과 체험에 한계가 있다. • 용어가 쉽지 않고 추상적인 경우도 있으므로 실제적인 적용에 어려움이 있다.

2 주요 개념

(1) 금지령 및 대항금지령

금지령	• 부모의 내면에 있는 어린이 자아에서 자녀에게 내리는 부모의 메시지이다. • 이 메시지는 자녀가 무엇을 해야 하며, 무엇이 되어야 하는지를 말해준다. • 대체로 부모의 실망 · 좌절 · 불안 · 불행 등 고통을 표현하는 것으로서, '하지 말라'의 내용이다. • 자녀는 금지령을 받아들일 것인지 아니면 이에 대항하여 싸울 것인지를 결정하게 된다.
대항 금지령	• 금지령에 대응하는 것으로 부모의 내면에 있는 어버이 자아에서 나오는 메시지이다. • 이 메시지는 부모의 기대를 표현한 것으로서 '해야 한다', '하라'의 형태를 취한다. • 대항금지령의 문제점은 자녀들이 대항금지령에 따라 생활하기가 불가능하며, 아무리 열심히 할지라도 불충분하고 이루기 어렵다는 점이다.

(2) 초기결정 및 재결정

초기 결정	• 아동은 부모의 금지령에 반응하여 어떠한 형태든 선택을 하게 된다. • 초기결정은 부모에게 인정받으려는 욕구나 사랑받으려는 욕구 또는 신체적 · 심리적 생존을 위한 욕구에서 동기화된다. • 번(Berne)은 사람들이 금지령과 그 금지령에 근거하여 내린 결정의 희생물이라고 본다.
재결정	• 초기결정이 내려졌을지라도 그 결정은 반응 양상에 따라 새롭게 결정될 수 있다. • 의사교류분석 이론은 초기결정이 당시로서는 적절하다고 할지라도 후기에 부적절할 수도 있으므로, 초기결정의 특성을 자각하고 새로운 결정(재결정)을 내리도록 함으로써 개인을 변화시키고자 한다.

(3) 스트로크(Stroke) 18 기출

① 친밀한 신체적 접촉이라는 일반적 용어가 확대되어 타인에 대한 존재의 인정을 뜻하는 모든 행위를 포함한다.
② 표정, 감정, 태도, 언어, 기타 여러 형태의 행동으로 상대방에 대한 자신의 반응을 알리는 행위이다.
③ '긍정적/부정적', '조건적/무조건적', '신체적/상징적' 스트로크 등으로 구분한다.

(4) 인생각본(생활각본) 18 기출
① 부모의 영향을 받아 어린 시절에 만들어지며, 그 후의 체험에 의해 강화되고 고착화된 인생 계획을 의미한다.
② 인생각본을 분석함으로써 지금까지 숙명 또는 운명이라고 체념했던 것이 실은 자기가 무의식중에 강박적으로 연기하고 있던 드라마라는 것을 자각한다.
③ 자신의 성격형성 과정을 알 수 있으며, 인생초기에 형성된 기본적 인생태도 등에 대해서도 알 수 있다.

(5) (심리적) 게임 16 19 20 기출
① 심리사회적 수준에서 활발한 교류가 이루어질 때 나타난다.
② 게임은 긍정적인 교류가 이루어지지 않아 부정적 스트로크를 교환한다.
③ 최소한 한 사람에게 나쁜 감정을 갖게 하고 끝내는 일련의 교류로서, 친밀감이 형성되는 것을 방해한다.
④ 겉으로는 친밀해 보이지만, 결과적으로는 라켓 감정을 유발하는 이면교류를 일컫는다.
⑤ 초기결정을 지원하며 개인의 인생각본의 기본이 된다.

(6) 라켓 감정(Racket Feeling) 21 22 기출
① 라켓은 자신도 모르게 벌이는 일련의 각본에 따른 행동으로, 개인의 인생각본의 기본이 된다.
② 라켓은 초기결정을 확증하기 위해 다른 사람을 조작하는 과정을 말한다.
③ 조작적이고 파괴적인 행동과 연관된 감정이다.
④ 주로 게임 뒤에 맛보는 불쾌하고 쓰라린 감정이다.
⑤ 스트레스 상황에서 자주 경험하게 되는 감정이다.

(7) 시간의 구조화 16 19 20 기출
① 사람들이 둘 또는 집단으로 모여있을 때 시간을 보내는 방법으로서, 시간의 구조화에는 폐쇄(Withdrawal), 의례(Rituals), 소일(Pastime), 활동(Activity), 게임(Game), 친밀(Intimacy)이라는 6가지 방법이 있다.
② 폐쇄에서 친밀로 나아갈수록 점점 더 개방적이고 깊은 대화가 가능하여 스트로크의 강도가 높아진다.
③ 폐쇄에서부터 대화가 진행될수록 '심리적 위험'이 증대된다.

3 자아의 구성요소(PAC) 14 16 19 기출

(1) 부모 또는 어버이 자아(P ; Parent) – 학습된 생활개념

① 부모 자아는 출생에서부터 5년간 주로 부모를 통해 모방 또는 학습된 태도 및 기타 지각 내용과 그 행동들로 구성된다.
② 부모 자아의 형성 과정의 특징은 비판에 의한 교정 없이 바로 받아들여져서 내면화된 것이라는 점이다.
③ 부모 자아는 5세 이전 부모의 말과 행동이 무비판적·무조건적으로 수용되어 형성된 것으로서, 비현실적·독선적·무조건적·금지적 형태의 부적절한 행동으로 나타나는 경우가 많다.
④ 프로이트의 정신분석에서 *초자아(Superego)와 대응되며, 일련의 삶의 방식에 대한 규칙과 안내도에 해당한다고 볼 수 있다.
⑤ 부모 자아는 문화적으로 결정되고, 부모로부터 유전되거나 부모의 형태에 의해 습득된다.

> **초자아**
> 프로이트의 정신분석이론에서 주장하는 성격구조의 한 요소로 도덕적 양심의 형성이나 이상의 측면과 관계있는 것으로서, 성격의 도덕적 무기이며 현실보다는 이상을 쾌락보다는 완성을 위해 작용한다.

비판적 부모 자아 (CP ; Critical Parent)	• CP는 주로 비판·비난·질책을 한다. 양심이나 이상 모두 깊이 관계하여 어린이들이 살아가기 위한 여러 가지 규칙 등을 가르쳐주며 엄격한 면을 나타낸다. • CP가 매우 강한 사람에게는 명령이나 지시 등 자기의 가치관을 강요하는 것과 같이 지배적인 언행을 볼 수 있다. • 남을 칭찬하기보다는 책망하는 일이 많으며 상대방, 즉 어린이 자아를 위협하여 창조적인 작용에 제한을 가할 수 있다. • 자기 신념에 의해 "아니다"라고 분명히 말할 수 있는 장점도 있다. • CP는 종교·정치·전통·성별 등에 대해서도 자기 생각에 의거한 행동기준을 설정하게 된다.
양육적 부모 자아 (NP ; Nurturing Parent)	• NP는 어린이의 성장을 돕는 어머니 같은 부분이며, 동정적·보호적·양육적이다. • 상대방이 원조를 필요로 할 때 부모처럼 보살펴주고 위로해주며, 따뜻한 말을 해준다. • NP가 지나친 경우 상대방의 독립심이나 자신감을 빼앗는 결과를 초래한다. • NP는 가정이나 직장에서의 원만한 인간관계를 맺기 위한 윤활유와 같은 것으로서, 상대방의 자립 또는 성장에 깊이 관계를 맺고 있어서 타인의 감정에 공감할 수 있는 능력이라고도 말할 수 있다.

(2) 어른 자아(A ; Adult) – 사고적 개념

① 대략 18개월부터 발달하기 시작하며, 12세경에 정상적으로 기능한다.
② 합리적인 사고를 하고 현실지향적인 행동을 한다.
③ 내적 욕구와 외적 욕구를 중재하는 중재자 역할을 한다.
④ 프로이트의 정신분석에서 자아(Ego)와 대응되며, 현실적·논리적으로 자신과 환경에 대한 정보를 분석한다.

⑤ 어른 자아가 강한 사람은 정서적으로 성숙하고 행동의 자율성이 있으며, 개인의 행복과 성취뿐만 아니라 사회적인 문제에도 관심을 가진다.
⑥ 어른 자아가 효과적으로 사용될 때는 어린이 자아와 부모 자아의 행동을 적절하게 사용할 시기와 방법을 결정할 수 있으며, 어린이 자아와 부모 자아의 갈등을 완화시키고 부모 자아로부터 어린이 자아가 위협받는 것을 보호해 준다.
⑦ A는 지적으로 적응능력이 풍부해서 현실 음미를 할 수 있는 능력이라 말할 수 있다.
⑧ A가 지나친 경우 감정을 나타내지 않는 인간미 없는 타산적인 사람으로 보일 수 있다.

(3) 어린이 자아(C ; Child) - 충동 및 감정적 생활개념

① 어린 시절에 실제로 느꼈거나 행동했던 것과 똑같은 감정이나 행동을 나타내는 자아상태를 말하며, 상황에 대한 정서적 반응을 특징으로 하는 사고, 감정, 행동을 말한다.
② 프로이트의 정신분석에서 원초아(Id)에 대응되며, 나이와 상관없이 실제 행동 및 사고가 어린이와 유사하다.

자유로운 어린이 자아 (FC ; Free Child)	• 누구에게나 구속받지 않고 자연스럽게 행동하는 부분으로서, 부모의 영향을 받지 않는다. • 감정적·본능적·자기중심적·적극적이며, 호기심이나 창조성의 원천이기도 하다. • 현실을 생각하지 않고 즉석에서 쾌감을 구하고 고통을 피하려고 한다. • 명랑하고 사양함이 없이 천진난만하고 화를 내더라도 오래가지 않으며, 그 자리에 맞는 적절한 감정표현을 한다. • FC가 적절히 잘 작용하면 주위 사람들에게 즐거움과 매력을 느끼게 한다. • FC가 지나친 경우 스스로 제동을 걸지 못하며, 경솔한 언동을 취할 수도 있다.
순응적인 어린이 자아 (AC ; Adapted Child)	• 자기를 예절 바르게 교육시키려고 애쓰는 부모에게 순종하는 부분이다. • 어린이는 성장 과정에서 양육자의 애정을 상실하지 않기 위해 자연스럽게 자기를 억제하고 상대방의 테두리 안에 들어가야겠다는 여러 가지 반응을 나타낸다. • 순종적이고 참을성이 있어서 '말을 잘 듣는 아이' 편에 속하므로, 대인관계를 원만하게 끌고 나가는 것같이 보일 수 있으나, 실제 자기를 항상 억제하고 있으므로 내부적으로 여러 가지 문제를 숨기고 있다. • 감정을 억압하고 열등감에 사로잡힌다든가 슬픔에 잠기기 쉬운 면이 있다. • 비꼰다든지, 비뚤어진다든지, 앙심을 품는다든지, 나아가서는 갑자기 성을 내기도 한다. • 자신의 자연스러운 감정을 나타내기 힘들어지므로 명랑성이 부족하며, 일반적으로 음울한 면이 나타난다. • AC가 지나친 경우 거짓 호의를 통해 타인과 쉽게 타협 또는 동의를 하며, 나아가 그 이면에 굴절된 공격성을 감추기도 한다.

(4) 자아 상태의 구분 14 16 기출

구 분		특 징
CP (비판적 부모 자아)	긍정적 측면	설교적, 전통적, 규범적, 이상 추구
	부정적 측면	권위적, 강압적, 독단적, 편견적, 비판적, 훈계적
NP (양육적 부모 자아)	긍정적 측면	보호적, 지지적, 친절한, 인정적
	부정적 측면	과보호적, 맹목적
A (어른 자아)	긍정적 측면	이성적, 합리적, 객관적, 차분한
	부정적 측면	인간미 없는, 냉정한, 단조로운
FC (자유로운 어린이 자아)	긍정적 측면	감정적, 개방적, 명랑한, 흥분된, 자유로운
	부정적 측면	반항적, 공격적, 공포스러운
AC (순응적인 어린이 자아)	긍정적 측면	순응적, 겸손한, 조심스러운
	부정적 측면	폐쇄적, 우유부단한, 눈치를 보는

4 교류분석 및 생활자세

(1) 교류분석 17 19 기출

① 자신이나 타인에게 행하고 말하는 것을 분석하는 것으로서, 자아상태 간 대화인 내면적 교류와 두 사람 간의 교류로 구분할 수 있다.

② 교류에는 현재적이고 쉽게 관찰되는 '사회적 수준'과 잠재적이며 신체언어적인 '심리적 수준'의 두 가지 기본 유형이 있다.

③ 두 사람 간 교류에 있어서 자극과 반응의 소통 양상에 따라 상보교류, 교차교류, 이면교류로 구분한다.

상보교류 20 기출	• 어떤 자아상태에서 보내지는 메시지에 대해 예상대로의 반응이 돌아오는 것이다. • 두 사람 간의 대화가 지지적으로 잘 이루어지는 상태를 말한다. • 단지 두 개의 자아상태만이 관련되며, 자극과 반응의 방향이 수평적이다. • 자극을 직접 받은 자아상태에서 자극이 나온 자아상태로 반응을 하며, 의사소통의 언어적-비언어적 측면이 일치한다. • 인간관계의 측면에서 이러한 교류는 솔직하고 자연스러우며 이치에 맞는 것이라고 할 수 있다.
교차교류	• 다른 사람의 어떤 반응을 기대하기 시작한 교류에 대해 예상 외의 반응이 되돌아오는 것이다. • 3~4개의 자아상태가 관련되며, 자극과 반응의 방향은 항상은 아니지만 자주 교차된다. • 자극을 직접 받은 자아상태에서 반응을 하지 않으며, 언어적-비언어적 의사소통이 일치한다. • 인간관계의 측면에서 교차교류는 고통의 근원이 된다.

이면교류 21 기출	• 상대방의 하나 이상의 자아상태를 향해서 현재적인 교류와 잠재적인 교류의 양쪽이 동시에 작용하는 복잡한 교류로서, 가식적 메시지가 전달되는 것이다. • 3~4개의 자아상태가 관련되며, 메시지에 2가지 수준, 즉 언어적 수준(사회적 수준)과 비언어적 수준(심리적 수준)이 있다. • 메시지의 사회적-심리적 수준이 일치하지 않고 종종 상반된다. • 표면적으로 당연해 보이는 메시지를 보내는 것 같으나, 주된 욕구나 의도 또는 진의 등이 그 이면에 숨겨져 있는 것이 특색이다. 예 어머니 : 지금이 몇 시니? (숨겨진 메시지 – 왜 이렇게 늦게 다니는 거야? 일찍 좀 와) 　아들 : 11시요. (숨겨진 메시지 – 집에 들어가기 싫어요! 집이 편하지 않아요)

(2) 생활자세 18 19 기출

① 생활자세 또는 인생태도란 어릴 때 부모(양육자)에게서 받은 스트로크의 질과 양에 의해 배양되는 자기, 타인, 세계에 대한 기본적인 반응 태도 또는 그것에 기인하는 자기 상이나 타인 상을 말한다.

② 교류분석이 추구하는 가장 이상적인 태도는 내담자의 삶을 자기긍정–타인긍정(I'm OK, You're OK)의 태도로 변화시키는 것이다.

③ 개인의 인생각본을 구성하는 주요 요소로서, 다음 4가지 기본적 생활자세를 들 수 있다.

자기 부정, 타인 긍정 (I'm not OK, You're OK)	• 타인과 비교하여 자신은 무력한 사람이라고 생각하고, 자신의 욕구보다는 타인의 욕구를 위해 봉사하며, 자신은 희생당한 사람이라고 느낀다. • 이러한 게임(솔직하지 못한 *사회적 상호작용)은 타인의 권력을 지지하고, 자신의 권력은 부정하는 것이 특징이다.
자기 긍정, 타인 부정 (I'm OK, You're not OK)	• 자신의 문제를 타인에게 투사하고 비난하며, 그들을 끌어내리고 비판한다. • 이러한 태도를 강화하는 전형적인 게임은 자신의 우월성을 나타내고, 타인의 열등성을 비난하는 것이 특징이다.
자기 부정, 타인 부정 (I'm not OK, You're not OK)	• 인생의 모든 희망을 포기하고, 인생에 대한 흥미를 상실하며, 인생이 아무런 가망이 없다고 생각하는 관점이다. • 자기파괴적이고, 유아기적 행동을 하며, 타인이나 자신에게 상해를 입히는 공격적 행동을 보일 수 있다.
자기 긍정, 타인 긍정 (I'm OK, You're OK)	• 신뢰성, 개방성, 정보교환의 의지, 타인을 있는 그대로 수용하는 것이 특징이다. • 승리자의 각본으로서, 패배자는 없고 승리자만 있다.

> **사회적 상호작용**
> 둘 또는 그 이상의 사람·집단·사회체제들이 서로 영향을 주고받는 과정을 통하여 상호이해하거나 어떤 반응을 나타내는 것이다.

5 의사교류분석 상담의 과정과 기술

(1) 의사교류분석 상담의 과정 15 20 기출
① 계약 : 상담의 목표 및 과정에 대해 상담자와 내담자가 합의한다.
② 구조 분석 : 내담자에게 자신의 자아상태를 이해할 수 있도록 하며, 어른 자아가 기능하지 못하는 원인을 파악한다.
③ 의사교류 분석 : 구조 분석을 기초로 하여 내담자가 다른 사람들과 맺고 있는 의사교류(두 사람의 자아상태에서 이루어지는 자극과 반응)를 이해하도록 한다. 내담자의 의사교류를 분석함으로써 상보적·교차적·이면적(암시적) 의사교류 등을 학습시킨다.
④ 게임 분석 : 게임은 일련의 연속적 교류가 이루어진 결과로서, 두 사람이 모두 나쁜 감정으로 끝나는 심리적 교류이다. 게임 분석에서 중요한 것은 스트로크로서, 이는 타인으로부터의 인정을 의미한다.
⑤ 인생각본 분석 : 인생각본 분석을 통해 자신의 성격형성 과정을 이해하며, 자신의 각본을 명료화할 수 있다.
⑥ 재결단 : 내담자가 자신의 자아상태가 적절히 기능할 수 있도록 인생각본을 변화시키는 것이다.

(2) 의사교류분석 상담의 기술
① 상담분위기 조성 기술
  ㉠ 허용 : 내담자가 부모의 금지에 근거해 행동하므로, 상담자는 허용적인 분위기를 만든다.
  ㉡ 보호 : 허용하는 분위기에서 그 동안 숨죽이던 어린이 자아가 자유롭게 기능하여 내담자가 당황해할 수 있다. 따라서 내담자의 이러한 반응을 안심시켜 주고 지지해 주도록 한다.
② 타 접근에서 차용한 기법들 : *심리극, 빈 의자 기법 등

> **심리극**
> 어떤 역할을 각기 하고 있는 타인들의 도움을 받아 문제상황을 행동으로 드러내 보이는 활동과정 중에 자신에 대한 새로운 이해, 새로운 느낌, 새로운 통찰을 얻게 됨으로써 문제를 치료하는 다양한 활동기법이다.

(3) 교류분석 상담자의 개입 23 기출
① 계약-구조분석-교류분석-게임분석-각본분석-재결단 순으로 상담을 진행한다.
② 어떤 자아를 중심에 두지 않게 하고 어버이 자아, 어른 자아, 어린이 자아의 세 자아가 균형 있게 기능하도록 돕는다.
③ 교류분석을 통해 내담자가 상보교류를 할 수 있도록 격려한다.
④ 내담자에게 긍정적 스트로크를 제공하여 게임에서 벗어날 수 있도록 도와야 한다.
⑤ 내담자가 라켓을 통해서 느끼는 감정이 아닌 자신의 진정한 감정을 느끼고 표현할 수 있도록 한다.

12 여성주의 상담과 다문화 상담

1 여성주의 상담

(1) 주요 학자 16 17 19 기출

① 밀러(Miller) 20 기출
  ㉠ 여성은 타인과 연결되어 있다고 느낄 때 존재가치를 인정받는 것으로 지각한다는 '관계모형'을 세웠다.
  ㉡ 다양한 학파와 동료들과 함께 관계적·문화적 이론을 계속 발전시켰으며, 이 이론을 사회운동, 직장의 환경 변화, 이혼 등의 문제에 대한 치료로 사용하려고 시도하였다.
② 엔스(Enns) : 여성주의 상담심리사들의 작업에 정보를 주는 다양한 여성주의 이론을 조사하였으며, 다문화 여성주의 치료의 중요성을 전 세계에 알렸다.
③ 에스핀(Espin) : 다양한 문화적 배경을 가진 여성들을 대상으로 여성주의 치료의 이론과 실제를 실시한 선구자이다.
④ 브라운(Brown) : 외상을 겪은 사람의 치료에 여성주의 원리를 적용하는 문제에 관심을 두었다.
⑤ 길리건(Gilligan) : 인간발달의 이론들이 대부분 소년과 남성에 대한 연구에 토대를 둔다는 것을 인식하면서 '여성의 도덕 발달과 심리사회적 발달에 대한 연구'를 실시하였다.
⑥ 서리(Surrey) : 여성의 정체성과 자기개념은 관계라는 맥락에서 발달된다고 보았다.
⑦ 벰(Bem) : 아동은 성에 대한 사회의 관점을 배워 자신에게 적용한다고 보았다.
⑧ 카샥(Kaschak) : '성역할이 강요된 삶(Engendered Lives)'이라는 용어를 사용하였으며, 남성성이 여성성을 정의한다고 보아 사회에서 우월한 집단으로서 남성이 여성의 역할을 결정한다고 보았다.

(2) 여성주의 상담의 목표와 특징 18 19 20 22 기출

① 여성주의 상담의 목표
  ㉠ 여성 내담자의 우울, 의존성, 수동성과 같은 편향된 증상을 제거한다.
  ㉡ 여성 내담자 본인 스스로 느끼는 자존감을 고양하게 하고, 내담자 자신의 경험과 판단을 신뢰하도록 격려한다.
  ㉢ 여성 내담자가 자신의 욕구를 희생하지 않는 대인관계를 통하여 삶의 질을 향상시키도록 돕는다.
  ㉣ 여성 내담자의 역량을 강화하여 능동적으로 선택할 수 있는 행동범위를 넓히도록 돕는다(독립성과 상호의존성의 균형).
  ㉤ 여성 내담자가 스스로 양육을 통한 즐거움을 경험하도록 한다.
  ㉥ 여성 내담자가 힘을 회복하여 자신의 권리를 지킬 수 있도록 한다.
  ㉦ 남녀를 이분법적으로 구분하는 것에서 벗어나 다양성을 인정하고 수용하도록 돕는다(다양성의 중시와 지지).

ⓞ 심리적 문제를 사회·정치적 차원에서 재구성하여 이해하도록 돕는다.
　　　ⓩ 불평등한 사회구조를 변화시켜 평등한 사회를 만드는 것이 여성주의 상담의 궁극적인 목표이다(평등성).
　② 여성주의 상담의 특징
　　　㉠ 여성의 성이나 신체를 있는 그대로 수용한다.
　　　㉡ 성에 대한 도식, 관계의 중요성, 다중 정체성 등을 다룬다.
　　　㉢ 여성의 삶의 맥락 및 다양한 정체성을 가진 위험·취약 집단 여성에 주목한다.
　　　㉣ 남성과 여성의 성역할 및 행동의 차이는 사회화에 기인한 것으로 본다.
　　　㉤ 사회적 성역할의 기대가 개인의 정체성 형성에 커다란 영향을 미치는 것으로 본다.
　　　㉥ 내담자의 개인적 변화뿐 아니라 사회의 변화에도 관심을 갖는다.
　　　㉦ 여성 내담자 문제는 개인적 특성보다 사회·문화·정치적 환경 요인에 의해 더 잘 유발된다고 보고, 문제를 유발한 사회·문화·정치적 환경 요인에 초점을 맞춘다.
　　　㉧ 여성이 사회적으로 여전히 존재하는 성차별주의와 분투 중이라 본다.
　　　㉨ 성에 근거하여 차별하는 모든 형태의 제도적·사회적 불평등과 정책에 대항한다.
　　　㉩ 내담자가 가진 문화적 배경의 다양성을 존중한다.
　　　㉪ 여성주의 상담의 원리는 계층, 인종 등에 확대 적용할 수 있다.

(3) 여성주의 상담관계의 기본원리 19 기출
　① 인간을 정치적이며 발달상의 성차가 있는 존재로 본다.
　② 여성과 남성의 차이점 또는 유사점을 지나치게 과장하는 것을 경계하기 위해 알파편견과 베타편견 개념을 사용한다. 23 기출
　　　㉠ 알파편견 : 남성과 여성의 차이를 과장하는 이론이다.
　　　㉡ 베타편견 : 전통적으로 성차를 무시하거나 최소화하는 이론이다.
　③ 여성의 경험을 존중하며 억압을 통합적으로 분석한다.
　④ 심리적 스트레스를 질병이 아니라 공정하지 못한 사회체제에 대한 의사표현으로 재개념화한다.
　⑤ 내담자와 상담자는 평등하며 상담자는 내담자와 계약을 맺고 상담목표를 합의한다.

(4) 여성주의 상담에서 내담자들이 다루는 주제
　① 불안과 방어를 탐색하기
　② 힘과 통제에 대한 쟁점을 이해하기
　③ 행동에 영향을 주는 외부적 힘을 조사하기
　④ 자라면서 받은 메시지 확인하기
　⑤ 적절한 책임감과 수용을 학습하기
　⑥ 사회적 지시와 기대를 비판적으로 조사하기
　⑦ 자신의 가치관을 탐색하기
　⑧ 삶의 의미를 깊게 생각하기

(5) 상담자의 역할

① 내담자가 자신의 성역할 사회화 과정을 깨달을 수 있도록 돕는다.
② 내담자가 내면화된 성역할 메시지를 확인하여 자신만의 건설적 신념으로 대체하도록 돕는다.
③ 내담자가 남성중심주의와 억압적인 사회의 신념이 자신에게 어떻게 부정적인 방식으로 영향을 주는지 이해할 수 있도록 돕는다.
④ 내담자가 환경 변화를 일으킬 수 있는 능력을 가지도록 돕는다.
⑤ 내담자가 자유롭게 선택할 수 있도록 행동범위를 넓힐 수 있게 돕는다.

(6) 상담의 기법

성역할 분석	내담자가 경험한, 내면화된 부정적 성역할 메시지를 변화시키기 위한 기법
권력분석(힘의 분석) 24 기출	내담자가 사회의 다양한 힘(권력)에 대해 인식하고 대처할 수 있도록 돕는 기법
주장훈련	타인을 짓밟지 않으면서 자기주장을 단호하게 할 수 있도록 돕는 기법
의식향상 훈련기법	강의, 영화, 토의 등을 통해 부당한 경험의 외적 근원을 보게 하여 사회 변화에 참여할 수 있도록 돕는 기법
독서요법	내담자가 독서를 통해 전문성을 증진하고, 상담자와의 권력 불균형을 줄이는 기법
재구성(틀의 재형성)	내담자가 자신에 대한 비난에서 당면한 문제의 원인을 사회적 요인으로 이동하는 기법

2 다문화 상담

(1) 다문화 상담의 필요성

① 한 사회 내에 다양한 집단의 문화적 차이와 개인적 특성이 나타나기에 문화적 차이에 따른 상담적 접근은 매우 중요하다.
② 우리나라도 다문화 사회에 진입했기 때문에, 다문화 상담에 대한 학문적인 연구와 준비가 필요하다.
③ 다문화 가정을 위한 상담 및 심리치료 등에 어려움이 있기 때문에 적극적인 대처가 필요하다.
④ 돌봄과 상담의 임상현장에서 의사소통 문제가 심각하기 때문에 현명한 상담이 필요하다.

(2) 다문화 상담사의 자질/역량 18 22 기출

① 자신과 내담자의 문화적 특성 및 배경에 대해 구체적인 정보와 지식을 학습한다.
② 문화의 다양한 차원들과 그것이 치료에 어떤 영향을 미치는지 배운다.
③ 타 문화에 대한 관심과 지식을 가져야 하며, 문화에 따라 상담기술을 적용한다.
④ 다양한 배경 사이에 존재하는 공통 배경에 주의를 기울이는 것을 배운다.
⑤ 자신의 가치관이 다른 문화권의 내담자를 상담할 때 방해가 될 수 있음을 인식한다.
⑥ 수용적 태도로 문화의 차이를 인정하고 이해한다.
⑦ 문화의 차이로 인한 문제와 개인적인 문제를 구분한다.

⑧ 선입견을 배제하고, 융통성을 발휘하여 유연성 있게 대처한다.
⑨ 내담자의 세계관을 존중하고 공유하며, 절충적 상담을 실천한다.
⑩ 다문화적 관점을 발전시키기 위해 일상에서 소수자들을 접할 기회를 갖는다.

(3) 다문화 사회정의 및 옹호 상담자의 역할 24 기출
① 내담자에게 필요한 자원 및 지지 제공을 위해 지역사회 내 단체, 지도자, 교장 등과 협력한다.
② 내담자가 강점 인식 및 자기 옹호를 배우도록 조력한다.
③ 정치적 행동을 취할 필요가 있는 사회 문제를 인식한다.
④ 개인-체제 간 균형 잡힌 관점으로 문제의 원인을 개념화한다.

(4) 효과적인 다문화 상담기술
① 언어장벽을 보완한다.
② 효과적인 상담기법을 발견하고 활용한다.
③ 상담 방법의 융통성을 추구한다.
④ 적극적이고 지시적인 접근을 사용한다.
⑤ 타 문화 전문가와의 접촉을 유지하고 전통적인 조력자와 협업하는 자세가 중요하다.

(5) 상담기법
① **재진술** : 내담자가 어려워하는 말들을 상담자가 명확히 하여 한국어 습득에도 도움을 줄 수 있다. 재진술을 할 때는 내용에 초점 맞추기, 간결하게 표현하기, 내담자가 한 말을 그대로 표현하기, 내담자에 대한 피드백 하기 등을 활용한다.
② **공감적 이해** : 힘들어하는 다문화 내담자에게 공감적 이해의 태도와 행동을 보여주어야 촉진적인 관계를 형성할 수 있다.
③ **무조건적 존중** : 내담자를 무조건적으로 수용하고 인정하며 존중하는 마음을 가져야 내담자가 존중받는다는 느낌을 받아 자기 경험과 생각을 잘 표현할 수 있다.
④ **질문** : 개방적 질문과 폐쇄적 질문을 적절히 사용한다.
⑤ **구조화** : 상담자가 상담 과정, 제한 조건, 방향에 대하여 내담자에게 정보를 준다.

13 통합적 접근

1 개요

(1) 상담의 의의 16 18 19 기출
① 통합적 상담과 치료는 내담자를 돕기 위하여 가능한 한 모든 접근방법을 탐색하며, 구체적 개념과 전략을 바탕으로 이를 체계적으로 선택하고 통합하는 방식을 의미한다.
② 내담자의 다양한 특성과 독특한 욕구에 맞추기 위한 접근으로, 개별 내담자에게 최상의 심리치료가 어떤 것인지 알 수 없기 때문에 내담자에게 효과적인 상담방법을 탐색한다.
③ 단일 학파의 접근법이 가진 한계를 극복하고, 모든 내담자에게 효과적인 단일 접근법은 없다고 보아 한 가지 상담이론에 얽매이지 않는다.
④ 다양한 이론적 접근과 기법을 필요에 따라 선별적·체계적으로 적용하고, 서로 다른 이론에서 나온 요소들을 통합하여 상담자 자신만의 개입전략을 개발할 때 사용한다.
⑤ 내담자 문제에 대한 국부적이며 단순한 치료를 피하고, 광범위하고 총체적인 기술·능력·개념 및 전략을 제공한다.
⑥ 통합의 궁극적 목표는 치료의 효과와 유용성을 높이는 것이다.
⑦ 통합적 입장을 취하는 상담자가 과거에 비해 증가하는 추세이다.

(2) 상담의 특징 14 15 24 기출
① *실용주의(Pragmatism)에 근거한다.
② 절충적 견해를 가지면, 상담자는 자기 성격에 따라서 여러 가지 다른 특징을 지닌 내담자와의 상호작용이 어떻게 달라지는가에 대해 정확하게 알 수 있다.
③ 모든 문제에 효과가 있는 하나의 이론이나 기법은 없다고 가정하고, 두 가지 이상의 상담이론과 기법을 사용하는 접근법이나, 이론적 근거 없이 여러 상담이론의 기법을 단순히 조합하는 것으로는 절충적 상담의 장점을 발휘할 수 없다.
④ 효과성을 기준으로 선택한 개입전략들의 조합이 바람직하다.
⑤ 상담자의 숙고와 철학에 바탕을 두고 다양한 접근을 조화롭게 통합하여 사용한다.
⑥ 내담자의 발달수준에 따라 다양한 이론적 접근들을 필요에 따라 선별적으로 적용한다.
⑦ 동일한 내담자에 대해 서로 다른 이론의 기법 적용을 허용한다.
⑧ 상담 성과를 높이기 위해 특정 상담이론의 기법을 수정하기도 한다.
⑨ 특정 상담이론에 숙달된 전문가 집단이라도 특정 이론에 메이지 않고, 열린 마음으로 타당한 결과를 가져올 수 있는 이론이나 전략들을 계속 실험해 보아야 한다.
⑩ 이 접근에 숙달된 상담자는 최종적으로 메타이론 단계에 도달한다고 본다.

> **실용주의**
> 본래 인간의 지적인 활동이 의심으로부터 시작된다고 보고, 의심을 해소하기 위해 가설을 실제로 검증해 봄으로써 문제해결에 도달할 수 있다고 주장하였다. 즉, 인간의 지식이 가지고 있는 실천적 유용성을 중시하는 입장이라 할 수 있다.

(3) 통합적(절충적) 접근의 인간관

① 인간은 가능한 한 높은 통합 수준을 유지하려고 하므로, 통합 수준은 인간이 발전함에 따라 변화하며 이는 상호 간에 영향을 준다고 본다.
② 절충주의는 내담자의 기본적 욕구가 점점 더 높은 단계의 통합 수준을 성취하고 유지하는 데 있다고 가정하며, 내담자가 인식하는 세계 안에서 현재의 심리적 상태를 취급한다.
③ 최고도의 인간통합의 질서는 자아실현이나 만족스러운 통합에 있고, 가장 중요한 동기는 자아실현과 일치하는 개인의 발전으로 본다.

2 상담의 과정과 모형 및 방법

(1) 상담의 과정

① 알려진 상담과 심리치료 이론을 수집하여 정리한다.
② 각각의 상담방법을 실제로 어떻게 사용하는지 조직적이고 행동적인 방식으로 기술한다.
③ 각각의 상담방법에 포함된 심리적 역동성을 분석한다.
④ 각 상담방법에 내포된 성격병리 또는 행동병리에 대한 실험 및 임상연구를 통하여 타당성을 검토하여 하나의 종합적인 행동병리 체계를 수립한다.
⑤ 각각의 상담방법이 효과적으로 적용될 수 있는 문제와 적용해도 아무런 효과가 없는 문제를 명백하게 확인하고, 각 방법이 사용될 수 있는 적절한 문제와 행동을 확실하게 한다.
⑥ 논리적으로 타당하고 경험적으로 유용한 기준을 설정하여 상담효과를 측정할 수 있도록 한다.
⑦ 상담이 실제에 적용되었을 경우 그 효과를 검증하고, 그에 대한 실험연구를 한다.
⑧ 진단과 상담방법의 적용이 이루어지면 상담의 최초 단계에서 최종 단계까지 예측할 수 있고 통제할 수 있다.

(2) 체계적 상담모형

① 제1단계(문제 탐색) : 라포(Rapport)를 형성한다.
② 제2단계(두 가지 측면의 문제 정의) : 문제의 정의는 내담자와 상담자가 문제의 원인을 확실히 알 수 있도록 해준다.
③ 제3단계(대안 확인)
다음의 내용 등이 포함된다.
㉠ 신체적·정서적 안전을 고려하면서 현재 가능한 대안들을 확인하고 검토하기
㉡ 모든 합리적인 선택들을 제시하고 공개적으로 검토하기
㉢ 상담과정 중에 대안목록 작성하기
㉣ 내담자를 격려하여 가능한 한 많은 실행 가능한 대안을 열거하고, 언어로 표현하게 하기

④ 제4단계(계획) : 확인된 대안들에 대한 비판적인 평가, 재연, 역할연기, 제안 및 내담자가 계획한 실행단계에 대한 *정서 심상법 등이 포함된다.
⑤ 제5단계(행동 및 책무) : 내담자가 실현할 수 있는 행동단계로서 성실한 책무를 수행하는 단계이다.
⑥ 제6단계(평가와 피드백) : 상담자나 내담자는 모두 내담자의 욕구, 감정, 현재 적응수준에 비추어 목표달성 수준을 검토하고 평가한다.

> **정서 심상법**
> 기쁨이나 사랑 같은 즐거운 심상에 주의를 집중하거나 미래의 꿈 등을 상상하면서 현재 느끼는 불안이나 공포를 없애거나 완화하는 기법이다.

(3) 방법 23 기출

① **공통요인이론(Common Factors)** : 서로 다른 이론체계에서 공통적 요인을 탐색하여 이론을 재구성하는 방법이다.
② **기술적 절충주의(Technical Eclecticism)** : 어떤 특정 이론에 동의하지 않고 차이에 집중하면서 여러 학파의 기법을 모으는 방법이다.
③ **이론적 통합(Theoretical Integration)** 22 24 기출
  ㉠ 두 개 이상의 치료 이론을 토대로 각 이론의 기법들을 종합하여 개념적 틀을 만드는 통합적 접근이다.
  ㉡ 다양한 접근의 최상의 개념을 종합하여 새로운 개념적 틀을 창조하는 방법이다.
  ㉢ 변증법적 행동치료(DBT)는 인지행동, 마음챙김, 인간중심, 전략적 요소 등의 통합이다.
  ㉣ 통합적 접근의 최근 동향에서는 이론적 통합을 지향한다.
④ **동화적 통합(Assimilative Integration)** 17 기출
  ㉠ 단일의 이론적 학파에 근거를 두고, 이론의 장점과 다른 치료적 접근의 실제를 선택적으로 결합하는 통합 방식이다.
  ㉡ 어떤 특정한 이론을 통해 상담자가 내담자의 내면세계와 욕구를 체계적으로 이해하고, 그런 이해를 기반으로 부적응 행동(문제점)을 변화시킬 수 있는 다양한 치료기법을 활용하고자 할 때 유용하다.
  ㉢ 예를 들어, 정신역동적 치료에 기반을 두지만 내담자의 다양한 문제 행동을 변화시키는 기법의 한계를 느끼는 경우, 인지행동 치료의 여러 기법을 활용하는 것을 의미한다.
  ㉣ 마음챙김 기반 인지치료(MBCT ; Mindfulness-Based Cognitive Therapy)가 동화적 통합에 해당하는데, 이것은 인지치료에 명상 활동을 접목한 프로그램으로 우울증 환자를 치료하기 위해 개발되었다.

> **지식 IN**
>
> **혼합주의(Syncretism)** 19 기출
> 수많은 상담 기법 중에서 서로 다르거나 모순되는 둘 이상의 개념을 임의적·비체계적·무계획적으로 혼합한 기법이며 부적절한 훈련의 결과로 나온 접근 방법이다.

> **지식 IN**
>
> ### 범이론적 변화단계모델 21 기출
>
> - 프로차스카와 디클레멘티(Prochaska & DeClemente)가 개발하였다.
> - 행동이 더 유익하게 변화하는 과정을 5단계로 제시하였다[종결단계 추가, 6단계로 확장].
> - 단계마다 다양한 개입 전략을 사용하여 다음 단계로 이동하게 하는 데 효과적인 모델이다.
>
> | 숙고 전 단계 | • 변화를 숙고하지 않는 단계로, 자신의 행동에는 문제가 없다고 생각한다.
• 변화 단계를 파악하게 한 후 다음 단계로 넘어가게 하는 요인이 무엇인지를 제안한다. |
> |---|---|
> | 숙고 단계 | • 변화하면 얻게 되는 이익을 인식하기는 하지만, 그러한 이익보다는 비용이 더 크지 않나 하는 생각을 한다.
• 문제가 있다는 것을 인식하고 변화에 대해 진지하게 생각하지만, 위와 같은 생각이 정반대의 감정을 느끼게 하여 이 단계에 오래 머무를 수도 있다.
• 자신의 행동에 대해 느끼는 감정을 평가하게 한다. |
> | 준비 단계 | • 숙고를 마치면 변화를 위한 계획을 실행하기 위해 준비해야 한다.
• 작은 변화로 출발하여 큰 변화를 지향하는 것이 좋다.
• 행동을 변화시키고 변화할 능력이 있다는 신뢰를 공고히 하기 위해 자기개방을 해야 한다. |
> | 행동 단계 | • 목표를 이루기 위해 직접 행동하기 시작한다.
• 이 단계를 유지하기 위해서는 행동에 대한 강화와 주변의 지원이 필요하다.
• 변화에 몰입할 수 있도록 강화와 동기부여 및 지원 등을 규칙적으로 확인해야 한다. |
> | 유지 단계 | • 과거의 문제 행동을 하지 않고 새롭게 변화한 행동을 유지한다.
• 계속해서 변화할 수 있다는 확신을 느끼게 되며 변화한 행동을 방해하는 것들을 피할 수 있는 방법을 찾는다.
• 과거 문제 행동으로 돌아가지 않으면 스스로 보상하고, 돌아가더라도 포기하지 않는다. |

CHAPTER 03 청소년상담의 실제

중요도 ★★☆

핵심포인트
\# 상담의 기본 조건 및 준비 \# 상담의 목표와 원리 \# 상담 과정 \# 상담의 공통요인과 관계원리 및 기법

01 상담의 기본 조건 및 준비

1 상담의 기본 조건

(1) 수용(Acceptance)
① 수용은 인간의 가치와 존엄에 대한 인식에서 출발한다.
② 수용은 내담자의 심리적인 필요와 현실적인 필요를 충족하기 위해 가능한 조건을 제공하려는 상담자의 마음의 태세를 의미한다.
③ 상담관계에서의 수용
 ㉠ 존재 그 자체에 대한 수용
 ㉡ 인간의 제 특성에 대한 수용
 ㉢ 인간의 구체적 행동에 대한 수용

(2) 공감적 이해(Empathic Understanding)
① '감정이입적 이해'라고도 한다.
② 인간의 심리적인 세계에서 주관적으로 움직이는 내면세계를 이해하는 것이다.
③ 상담관계에서의 공감적 이해
 ㉠ 주관적 내면에 대한 이해
 ㉡ 공감으로서의 이해
 ㉢ 내담자 입장에서의 이해
 ㉣ *비언어적 메시지의 경청
 ㉤ 궁극적 동기에 대한 이해

> **비언어적 메시지**
> 보통 행위로 전달되는 메시지로 신체이동, 자세, 몸짓, 표정을 통한 신체 동적 형태, 접촉을 통한 촉감적 형태, 냄새를 통한 후각적 형태, 서로의 위치간격을 통한 공간적 형태, 의상이나 장식을 통한 인공적 형태 등으로 분류하기도 하고, 의복 착용, 얼굴과 눈의 표정, 자세, 몸짓, 접촉, 목소리, 공간성, 환경 등으로 분류되기도 한다.

(3) 일치(Congruence)
① 진실성, 명료성, 순수성 등으로도 불린다.
② 내면적인 심리세계의 경험과 그에 대한 인식만이 아니라, 그에 관한 표현이 모두 합치되는 것이다.
③ 상담관계에서의 일치
　㉠ 통합으로서의 일치
　㉡ 내적인 경험과 외적인 경험의 일치
　㉢ 상담목표 및 동기의 일치

2 상담의 기본 준비

(1) 상담 장소 24 기출
① 상담할 공간은 편안하고 쾌적해야 한다.
② 검사실은 비밀보장이 되고, 편안함을 느끼며, 방해받지 않는 곳이어야 좋다.
③ 상담실은 방음장치, 녹음시설, 녹화시설, 필기도구 등이 구비되어 있어야 한다.
④ 접수실은 내담자가 가장 쉽게 찾을 수 있는 곳이 좋다.

(2) 상담 접수
① 상담신청서를 작성한다.
② 접수면접을 준비한다.
③ 접수면접 시 유의사항을 체크한다.
④ 내담자에 대한 정보를 수집한다.
⑤ 상담자에게 접수상황을 보고한다.

> **지식 !N**
>
> **작업동맹** 23 기출
> - 내담자와 상담자 간의 긍정적인 협력 관계를 의미한다.
> - 내담자가 상담자를 유능하고 신뢰할 만한 동맹 관계로 볼 때 형성된다.
>
> **상담기록** 23 기출
> - 상담신청서 : 상담 신청 시 작성하며, 내담자에 관한 최소한의 정보가 수록된다.
> - 상담기록부 파일 : 상담관리를 위한 것으로 내담자의 이름과 일련번호가 기록된다.
> - 상담회기보고서 : 상담의 진행과정을 기록한 문서이다.
> - 상담종결보고서 : 상담 시작에서 종결까지 진행되어 온 상담 과정의 요약과 상담 성과의 평가가 포함된다.
> - 축어록 : 상담자와 내담자가 상담 과정에서 나눈 대화를 활자화한 것이다.

02 상담의 목표와 원리

1 상담의 목표

(1) 일반적인 상담의 목표 15 16 22 24 기출
① 내담자의 문제행동에 변화를 일으켜 행동을 바람직한 방향으로 전환시킨다.
② 내담자가 심리적 고통 및 삶의 당면한 문제를 해결하도록 도우며, 증상을 제거하도록 한다.
③ 내담자의 정신병리를 예방하고 정신건강을 증진하며, 인간관계를 개선하도록 한다.
④ 생활장면에서 내담자의 적응기술을 증진하며, 합리적 의사결정기술을 함양하도록 한다.
⑤ 내담자의 잠재력을 발현하게 하여 자기성장을 촉진하고, 개인적 효율성을 증진한다.
⑥ 구체적인 상담개입과 전략은 목표에 의해 결정된다.
⑦ 초기에 목표를 설정한 경우에도 필요한 경우, 원래 목표를 수정하고 새로운 목표를 설정할 수 있다.
⑧ 뚜렷하고 구체적인 목표는 상담과정에 추진력을 제공한다.
⑨ 최종목표를 달성하기 위하여 하위목표들을 설정할 수 있다.
⑩ 내담자와 목표를 협의함으로써 내담자가 상담에 적극적으로 참여하게 한다.
⑪ 호소 문제를 고려하여 구체적(구체성)이고 실행 가능(성취가능성)한 목표를 설정한다.
⑫ 내담자의 상담준비도, 개인능력, 관계자원 등을 고려하여 현실적으로 설정한다(현실성).
⑬ 목표는 상담기간 내에 달성 가능하여야 한다.
⑭ 목표는 측정 가능하여야 하며, 내담자의 준비도를 감안하여야 한다.
⑮ 내담자가 원하고 바라는 것이어야 하고 상담자의 능력과 부합해야 한다.

(2) 청소년상담의 목표 19 기출
① 청소년 내담자의 문제행동에 변화를 촉진한다.
② 환경에 대한 적응기술을 증진하도록 한다.
③ 합리적인 의사결정기술을 함양하도록 한다.
④ 정신건강을 증진하도록 한다.
⑤ 건전한 가치관을 확립하도록 한다.
⑥ 대인관계를 개선하도록 한다.
⑦ 긍정적인 자아개념 및 자아정체감을 형성하도록 한다.
⑧ 잠재력을 개발하도록 한다.

(3) 청소년상담의 목표 설정 시 고려할 점 17 기출
① 행동용어로 구체화하여 설정한다.
② 내담자의 문제해결뿐만 아니라 예방 및 성장에 초점을 두어 설정한다.
③ 내담자의 의뢰 사유나 주변 여건을 함께 고려한다.
④ 내담자가 실현가능한 목표를 설정한다.

(4) 상담의 목표설정 및 진행 방식의 효과 검토 기준 15 기출

① 내담자가 상담의 접근방식과 절차를 충분히 이해하였는가?
② 내담자가 구체적으로 이야기하게 도와주었는가?
③ 내담자가 바라는 목표가 현실적이며 성취 가능한 것이었는가? 그렇지 않다고 생각되었을 경우, 그에 따른 적절한 조치를 취하였는가?
④ 상담목표를 달성하는 데 장애가 될 만한 요소가 없다고 확신하는가?
⑤ 내담자에게 자기가 생각하는 상담목표를 말하게 하였는가?
⑥ 상담목표가 행동적 용어로 표현되었는가?
⑦ 능력의 한계 때문에 목표를 달성하지 못했다고 생각하는가? 그렇게 생각할 경우 다른 전문가에게 의뢰하거나 목표를 재조정하는 등 필요한 조치를 취하는가? 아니면 단순히 지지적인 상담관계를 유지하는가?
⑧ 상담자의 전문적·윤리적 차원에서 내담자가 바라는 목표에 도달할 수 있게 도왔는가? 그렇지 않았을 경우 상담자로서 적절한 행동 및 조치를 취하였는가?
⑨ 선택된 접근방식이 적절하고 상담자 자신의 능력으로 가능한 것이었는가?
⑩ 내담자가 상담의 방식과 절차에 참여의식과 책임감을 갖게 하였는가?

2 상담의 원리 16 17 기출

(1) 개별화의 원리 22 기출

① 의 의
  ㉠ 개인으로서 처우받고 싶은 욕구를 말한다.
  ㉡ 내담자 개개인의 독특한 자질을 이해하며, 내담자의 차별화된 특성에 따라 상이한 방법을 적용해야 한다.

② 상담자의 역할 17 기출
  ㉠ 상담자는 인간에 대한 편견이나 선입견에서 벗어나야 한다.
  ㉡ 상담자는 인간행동에 대한 지식을 활용할 수 있어야 한다.
  ㉢ 상담자는 내담자의 언어적 표현은 물론 비언어적 표현까지 잘 살핌으로써 내담자의 특성을 이해할 수 있어야 한다.
  ㉣ 상담자는 항상 내담자와 보조를 맞추어야 한다.

③ 방 법
  ㉠ 내담자에 대한 세심한 주의와 배려가 필요하다.
  ㉡ 내담자의 개인적인 비밀을 보장한다.
  ㉢ 약속시간을 반드시 지키도록 한다.
  ㉣ 면접에 앞서 사전준비를 철저히 한다.
  ㉤ 내담자의 참여를 유도한다.
  ㉥ 개인의 특성에 따른 융통성을 발휘한다.

(2) 의도적 감정표현의 원리

① 의 의
- ㉠ 감정을 표명하고 싶은 욕구를 말한다.
- ㉡ 내담자가 긍정적 · 부정적 감정을 자유롭게 표명하고자 하는 욕구에 대한 인식이다.
- ㉢ 상담자는 내담자의 말에 주의를 기울여야 하며, 비난조의 어투를 피하고 격려하는 태도를 보여야 한다.
- ㉣ 내담자로 하여금 긴장이나 압박으로부터 벗어나도록 하여 자신의 문제를 좀 더 객관적으로 바라볼 수 있도록 도와준다.

② 상담자의 역할
- ㉠ 내담자가 스트레스나 긴장에서 벗어날 수 있도록 편안한 분위기를 만드는 데 힘쓴다.
- ㉡ 내담자의 감정 표현을 진지한 자세로 경청함으로써 심리적인 지지를 표한다.
- ㉢ 내담자의 부정적인 감정에도 주의를 기울인다.
- ㉣ 섣부른 충고나 해결책을 제시하지 않도록 한다.

(3) 통제된 정서적 관여의 원리

① 의 의
- ㉠ 문제에 대해 공감을 얻고 싶은 욕구를 말한다.
- ㉡ 내담자의 면접은 주로 정서적인 면과 연관되므로, 상담자 또한 내담자의 감정에의 호응을 위해 정서적으로 관여한다.
- ㉢ 완전한 관여가 아닌 통제된 관여로써 임해야 하며, 상담자의 전문적인 판단에 따라 방향이 설정되어야 한다.

② 정시적 관여의 구성요소
- ㉠ 민감성 : 내담자의 생각을 민감하게 파악하여 적절히 대처하도록 한다.
- ㉡ 이해 : 내담자의 주관적 경험 및 감정을 인지하며, 그 정확한 의미를 포착해야 한다.
- ㉢ 반응 : 내담자의 감정적인 변화에 호응하여 적극성을 유지하도록 한다.

(4) 수용의 원리

① 의 의
- ㉠ 가치 있는 개인으로 인정받고 싶은 욕구를 말하며, 내담자를 한 인격체로 존중하는 것이다.
- ㉡ 상담자는 내담자의 장점과 약점, 긍정적인 감정과 부정적인 감정 등 내담자의 다양한 특징들을 있는 그대로 이해하고 다루어야 한다.
- ㉢ 수용의 대상은 선한 것이 아니라 참된 것이다.

② 수용의 장애요인
- ㉠ 인간의 행동양식에 관한 불충분한 지식
- ㉡ 내담자의 특정 행동을 상담자로서 받아들이지 못하는 태도
- ㉢ 자신의 감정을 내담자에게 맡겨버리는 것
- ㉣ 편견과 선입견

　　　　ⓜ 보장할 수 없음에도 섣불리 약속하는 태도
　　　　ⓑ 수용과 승인의 혼동
　　　　ⓢ 내담자에 대한 존중의 결여

(5) 비심판적 태도의 원리
　　① 의 의
　　　　㉠ 심판받지 않으려는 욕구를 말한다.
　　　　㉡ 문제에 대한 판단에 있어서 내담자의 유죄성 또는 책임성을 배제하는 것이다.
　　　　㉢ 상담자는 내담자의 태도, 기준 또는 행동 등에 대해 객관적인 자세를 유지해야 한다.
　　② 장애요인
　　　　㉠ 편견이나 선입견
　　　　㉡ 성급한 확신
　　　　㉢ 다른 사람과 비교 또는 유형화하려는 태도
　　　　㉣ 내담자의 부정적 감정표현

(6) 자기결정의 원리
　　① 의 의
　　　　㉠ 자신이 선택하고, 결정을 내리고 싶은 욕구를 말한다.
　　　　㉡ 내담자의 자기결정권을 존중하여 스스로 해결책을 선택할 수 있도록 한다.
　　② 상담자의 역할
　　　　㉠ 내담자가 자기수용을 할 수 있도록 지지한다.
　　　　㉡ 내담자의 잠재력을 발견하고 이를 적극 활용할 수 있도록 한다.
　　　　㉢ 다양한 인적 · 물적 · 사회적 자원을 연계해 줌으로써 문제해결을 돕는다.

(7) 비밀보장의 원리 14 19 기출
　　① 의 의
　　　　㉠ 자신의 비밀을 간직하려는 욕구를 말한다.
　　　　㉡ 상담자의 윤리적, 법적 의무이다.
　　　　㉢ 상담에서 알게 된 정보를 제3자에게 노출할 수 없음을 뜻한다.
　　　　㉣ 전문직업적 관계에서 나타나게 되는 내담자에 대한 비밀정보의 보호이다.
　　　　㉤ 상담내용, 내담자 관련 정보, 상담진행 관련사항 등을 대상으로 한다.
　　② 상대적 비밀보장(비밀보장의 권리가 제한되는 경우)
　　　　㉠ 서비스 제공 시 거치는 단계상의 사람들이 내담자의 정보를 함께 공유하는 경우
　　　　㉡ 상담자가 수퍼바이저에게 사례를 보고하고 지도받을 경우
　　　　㉢ 교육적 목적으로 사례를 발표하게 되는 경우
　　　　㉣ 다른 기관과 함께 내담자를 도와야 하는 경우
　　　　㉤ 법원의 명령에 따라 정보를 공개해야만 하는 경우

ⓑ 비밀보장이 인간의 존엄성 존중의 *절대가치를 위배하는 경우
ⓢ 미성년자를 상담하는 상담자가 자녀의 상담 내용에 대한 부모나 보호자의 알 권리를 인정해야 하는 경우
ⓞ 상담에서 알게 된 타인에 대한 심각한 위협을 잠재적 희생자에게 알려야 하는 경우

> **절대가치**
> 시간과 공간을 초월하여 영원히 변하지 않는 가치이다. 생명에 영향을 미치며, 생존에 결정적인 역할을 하는 것들이다.

03 상담 과정

1 로저스와 브래머의 상담의 과정

(1) 로저스(Rogers)의 12단계
① 1단계 – 내담자가 자발적으로 도움을 받기 위해 오는 것이 중요하다.
② 2단계 – 상담이라는 상황을 정의한다.
③ 3단계 – 내담자가 문제에 대한 감정을 자유롭게 표현하도록 한다.
④ 4단계 – 내담자가 표출하는 부정적 감정을 받아들이고 정리한다.
⑤ 5단계 – 부정적 감정이 완전히 표출된 후 조심스럽게 긍정적 감정과 충동이 나타난다.
⑥ 6단계 – 상담자는 내담자의 부정적 감정뿐만 아니라 긍정적 감정도 인정하고 받아들인다.
⑦ 7단계 – 부정과 긍정의 두 감정을 경험하면서 내담자는 자기이해와 자기수용, 자기통찰을 나타낸다.
⑧ 8단계 – 내담자는 시시히 여러 가지 의사결정을 할 수 있게 된다.
⑨ 9단계 – 내담자는 점차 적극적·긍정적 행동을 보인다.
⑩ 10단계 – 더 깊은 성장과 통찰이 이루어진다.
⑪ 11단계 – 내담자가 긍정적 행동을 반복한다.
⑫ 12단계 – 내담자가 도움의 필요를 덜 느껴 치료단계를 종결하겠다는 생각을 한다.

(2) 브래머(Brammer)의 8단계
① 1단계 – 준비와 시작 단계
  ㉠ 내담자는 용기, 즉 상담을 받는 것에 대한 마음의 준비가 필요하다.
  ㉡ 상담자는 내담자의 저항을 최소한으로 줄이고, 상담자에 대한 신뢰감을 갖도록 하는 것이 중요하다.
② 2단계 – 명료화 단계
  ㉠ 내담자가 도움을 청하는 원인과 문제의 배경을 밝혀 내담자의 문제를 명백하게 한다.
  ㉡ 상담자는 내담자가 어떤 내용의 조력을 구하는지에 대해 내담자 자신의 진술을 통해 구체화해야 한다.

③ 3단계 – 구조화 단계
　㉠ 구조화는 심리적 조력관계의 본질·제한점·목표 등을 규정하고, 상담자와 내담자의 역할과 책임 그리고 가능한 약속 등의 윤곽을 명백하게 하는 단계이다.
　㉡ 상담자는 상담이 어느 방향으로 전개될 것이며, 최종목표에 도달하기 위해 얼마나 오랜 시간이 걸릴 것인지 내담자에게 알리도록 한다.
　　• 상담자와 내담자가 서로 편안하게 느낄 수 있는 수준에서 최소한으로 이루어져야 한다.
　　• 내담자의 행동규범에 대한 내용은 구체적으로 소통되어야 한다.
④ 4단계 – 상담 관계 심화 단계
　㉠ 상담자와 내담자 간에 이루어진 관계를 더욱 심화하고, 내담자가 상담자를 신뢰하는 단계이다.
　㉡ 내담자가 자신의 문제를 해결하기 위해 상담과정에 전력으로 참여하는 단계이다.
⑤ 5단계 – 탐색 단계
　㉠ 내담자의 문제가 밝혀지고 상담자와의 관계가 심화되면서, 상담자가 내담자의 문제를 해결하기 위해 더욱 적극적으로 개입하는 단계이다.
　㉡ 상담자는 내담자의 문제, 감정, 사고를 명확하고 구체적으로 밝혀서 내담자가 자신과 환경에 대해 더 정확하게 이해할 수 있도록 도와야 한다.
⑥ 6단계 – 견고화 단계
　㉠ 성공적인 상담에서의 결실기라 할 수 있는 단계이다.
　㉡ 이전 단계에서 제시된 많은 대안, 대체될 행동, 감정, 사고 등에서 가장 적합한 것을 선정하여 이를 실제 적용해 나간다.
⑦ 7단계 – 계획 단계
　㉠ 상담을 종결하거나 계속할 것을 결정할 때 필요한 계획을 수립하고 검토하는 단계이다.
　㉡ 계획 단계에서 이루어져야 할 목표는 상담이 끝난 후에 이루어져야 할 구체적인 활동까지 포함되어야 한다.
⑧ 8단계 – 종료 단계 16 기출
　㉠ 상담을 통해 성취한 것들을 목표에 비추어 평가하는 단계이다.
　㉡ 상담 종결시기를 결정할 때는 상담기관의 관련 지침, 상담 기간, 호소 문제의 해결 정도, 내담자의 상담 외 지지체계를 고려하여야 한다.

2 접수면접 21 기출

(1) 접수면접의 개념 15 16 기출

① 내담자가 상담실을 방문하면 일차적으로 이루어지는 활동이다.
② 상담경력이 많은 전문가가 담당하는 것이 바람직하다.
③ 상담자 수가 많고 규모가 큰 기관에서 주로 실시한다.
④ 수집된 자료는 완전하지 않을 수 있기 때문에 진단은 잠정적으로 이루어져야 한다.
⑤ 심한 정서장애가 있는 내담자를 접수면접할 때는 '정신상태평가'를 실시한다.
⑥ 접수면접 후 내담자의 문제유형, 심각성, 긴급성 등을 고려하여 적합한 상담자와 연결하고, 필요하면, 그 상담자가 심리검사를 실시한다.
⑦ 기관 또는 상담자가 내담자에게 도움을 줄 수 없는 경우, 연계 계획을 세울 수 있다.

(2) 접수면접 시 파악해야 할 주요 사항 15 16 19 23 기출

① 내담자의 기본정보와 상담을 신청한 경위 및 주 호소 문제
② 내담자의 스트레스 정도와 위기 상태(위험요인 평가) 및 문제의 발달과정
③ **가족관계** : 역동적인 관계, 지원자·원조자 파악, 갈등관계 파악
④ 성장 및 생활배경
⑤ **이전의 상담 경험** : 상담자, 경험횟수, 만족 여부, 중단 사유 등
⑥ 접수면접 시 보인 내담자의 용모 및 행동 특성
⑦ 내담자의 현재 상태에 대한 접수면접자의 평가(현재의 기능 수준 파악)
⑧ 접수면접 내용의 요지
⑨ 심리검사 및 경우에 따른 임상적 진단 결과(접수면접 전에 반드시 심리검사를 실시해야 하는 것은 아님)
⑩ 내담자의 기대 사항, 상담의 우선적 목표, 절차, 한계점, 상담관계에서의 참고사항, 상담의 예정 기간 등
※ 청소년상담에서 부모상담을 병행하는 경우, 누가 내담자가 될 것인지를 명확히 하고 상담을 시작해야 한다.

> **지식 IN**
>
> **상담자의 첫 면담(면접) 준비사항** 16 기출
> • 상담자에 대한 첫 인상이 중요하므로 복장에 신경을 쓴다.
> • 개인적 걱정이나 감정으로부터 벗어나 내담자를 맞이할 수 있는 마음의 준비를 한다.
> • 접수면접에서 누락된 주요 정보를 확인한다.
> • 불참한 내담자에게 이유를 확인하고 참석을 독려한다.
> • 상담신청서를 활용한다.

3 상담의 단계 14 15 16 17 18 기출

(1) 상담의 초기단계 17 19 21 기출

① 상담구조화 20 22 23 기출
  ㉠ 상담자가 상담이 어느 방향으로 전개될 것이며 최종목표에 도달하기 위해 얼마나 오랜 시간이 걸릴 것인지 등을 내담자에게 알리고 내담자의 기대를 조정하는 과정이다.
  ㉡ 상담의 초기단계에서 가장 먼저 진행한다.
  ㉢ 상담자가 내담자에게 상담시간, 상담절차나 조건, 취소 및 연기가 필요할 때의 방법, 비밀보장(약속과 한계) 등에 대해 설명한다.
  ㉣ 상담자와 내담자의 역할, 책임, 가능한 약속 등의 윤곽을 명백히 한다.
  ㉤ 심리적 조력관계의 본질, 제한점 등을 규정한다.
  ㉥ 상담자와 내담자가 상담목표 및 진행방식에 합의한다.
  ㉦ 내담자가 상담에 대한 비현실적 기대를 갖고 있을 경우 중요성이 더욱 높아진다.
  ㉧ 상담기록, 보존, 관리에 대해 내담자의 동의를 구한다.
② 라포 형성 : 내담자의 말을 경청하고 공감적으로 이해하여 촉진적 상담관계를 형성한다.
③ 내담자의 문제 이해 및 평가 24 기출
  ㉠ 내담자가 경험하는 어려움을 구체적으로 파악한다.
  ㉡ 호소문제, 현재 및 최근의 주요 기능 상태, 스트레스 원인 등을 파악한다.
  ㉢ 호소문제와 관련된 개인사 및 가족관계, 외모 및 행동 등을 파악한다.
④ 상담계획 수립

지식 IN

상담 초기단계의 순서 20 기출
구조화 → 관계 형성 → 문제 진단 → 사례개념화 → 목표설정 → 상담계획

첫 회 상담에서 상담자가 수행해야 할 사항 20 기출
상담신청서 정보 확인, 접수면접 정보 확인, 상담구조화, 라포 형성(촉진적 상담관계 형성)

사례개념화
- 내담자로부터 얻은 단편정보를 상담자가 통합하여 이해와 문제해결에 활용하는 기술을 말한다.
- 핵심적인 문제를 파악하고 문제해결을 위해 상담목표와 구체적 전략을 수립하며, 내담자의 행동특성을 특정 지식의 이론적 기초와 연결하는 것이다.
- 구성요소
  - 내담자의 현재 문제, 상태 및 관련 증상
  - 문제와 관련된 역사적 배경
  - 문제와 관련된 내담자의 내적 요인과 상황적 요인
  - 내담자의 대인관계 특성
  - 내담자의 자원 및 취약점
  - 문제에 대한 상담자의 종합적 이해
  - 상담목표 및 계획

(2) 상담의 중기단계 23 기출

① 과정적 목표를 설정한다.
② 문제해결을 위한 대안을 모색한다.
③ 직면을 통한 내담자의 변화를 촉진한다.
④ 상담과정에서 얻은 통찰을 실행에 옮기도록 돕는다.
⑤ 호소문제와 관련된 감정, 사고, 행동 등을 인식하도록 돕는다.
⑥ 자신의 문제에 대한 통찰을 얻는다.
⑦ 사고의 경직성에서 벗어나 융통성을 갖게 된다.
⑧ 실제적인 변화를 결심한다.
⑨ 새로운 대안을 찾고 실천한다.
⑩ 상담기법 : *심층적 공감, 감정의 반영, 재진술, 자기개방, 피드백, 직면, 해석 등

> **심층적 공감**
> 내담자가 분명하게 진술한 것뿐만 아니라 불완전하게 진술하거나 함축된 감정을 이해하여 전달하는 것을 말한다(Gladding).

(3) 상담의 종결단계 19 20 22 기출

① 종결 시기를 정한다(내담자가 먼저 종결을 제안할 수도 있음).
② 내담자의 정서적 반응을 다룬다(상담종결에 따른 이별 감정이나 불안 등).
③ 내담자가 상담과정에서 무엇을 얻었는지 확인한다(상담의 목표달성 여부 점검).
④ 내담자가 사용했던 효과적인 대처행동을 검토한다.
⑤ 문제의 재발방지방안에 대해 다룬다(내담자의 가용자원과 앞으로의 행동목록 점검).
⑥ 변화 또는 효과를 유지 및 강화할 수 있게 돕는다.
⑦ 의존성을 감소시키고 미래에 대한 계획을 수립한다.
⑧ 추수상담 일정에 대해 논의한다.
⑨ 평가 및 의뢰를 한다.
※ 내담자와 비공식적인 수준에서 사적으로 상담관계를 지속해서는 안 된다.

04 상담의 공통요인과 관계원리 및 기법

1 상담의 공통요인과 관계원리

(1) 상담의 공통요인(Garfield) 16 기출

① 치료 관계
② 해석, 통찰, 이해
③ 정화, 정서적 표현과 발산
④ 강화(Reinforcement)
⑤ 둔감화
⑥ 자신의 문제에 대한 직면

⑦ 인지의 변화(Cognitive Modification)
⑧ 이완(Relaxation)
⑨ 정보(Information in Psychotherapy)
⑩ 안심시키기와 지지(Reassurance and Support)
⑪ 치료변인으로서 기대감(Expectancies as a Therapeutic Variable)
⑫ 치료변인으로서 시간(Time as a Therapeutic Variable)
⑬ *위약 반응(The Placebo Response)
※ 패턴의 자각 및 수정 : 내담자의 계속 반복되는 부적응적 정서·행동 패턴을 상담자가 여러 기법을 사용하여 적응적 정서·행동 패턴으로 수정하는 것을 말한다.

> **위약 반응**
>
> 좋아질 것이라는 믿음과 기대, 그리고 왜 좋아질지에 대해서 나름대로 생각한 논리가 버무려져 약을 먹거나 수술을 받지 않아도 실제로 증상이 호전되는 효과를 말한다. 가필드는 내담자와의 오랜 상담과 공감, 보살핌으로 이러한 효과를 극대화할 수 있다고 보았다.

(2) 상담의 관계 원리

① 심리상담의 원리 중 가장 기본적인 원리이자 중요한 원리이며, 첫 번째 치료요인이라고 할 수 있다.
② 상담관계는 존재하지 않는 특별한 관계, 계약으로 인해 생기는 관계, 내담자가 존중·이해받는 관계, 촉진적 관계라 할 수 있다.
③ 접근법에 따른 치료관계
　㉠ 정신분석 상담 : 치료 동맹적 관계
　㉡ 인간중심 상담 : 공감, 존중, 진실성의 3대 요소로 이루어진 관계
　㉢ 인지치료 상담 : 내담자와 상담자가 타당성을 검증하기 위해 서로 협력하는 관계
④ 치료적 관계의 특성
　㉠ 상호존중한다.
　㉡ 공감받는다.
　㉢ 솔직하고 구체적인 의사소통이 이루어진다.

2 상담의 기법

(1) 경청(Listening)

① 누구나 자신의 말을 상대방이 경청하는 것을 좋아하므로, 내담자의 말을 잘 경청하는 것은 상담을 성공적으로 이끄는 주요 요인이 된다.
② 내담자의 이야기에 간간이 짧고 적절한 의견이나 질문 또는 이해의 말을 덧붙임으로써 이야기의 요점을 파악했다는 것을 나타낸다. 특히 단어의 뜻 자체보다는 내담자의 잠재적인 감정에 주목한다.
③ 상담에서의 경청이 일상 대화에서의 경청과 다른 점은 '선택적'이라는 점이다. 즉, 상담자는 내담자가 핵심적인 문제에서 벗어난 이야기를 할 때 주목하지 않고, 내담자가 현재의 심경과 문제를 토로할 때 주목하여 경청한다.

④ 경청의 유형(단계)
　㉠ 수동적 경청 또는 경청하지 않기(Passive Listening or Not Listening) : Listening의 상태가 아닌 Hearing의 상태로 상대방이 하는 이야기에 무관심하다.
　㉡ 경청하는 척하기(Pretend Listening) : 주의를 기울이지 않아 상대방의 이야기를 기억하지 못한다.
　㉢ 선택적 경청(Selective Listening) : 상담과정의 효율성을 확보하기 위하여 내담자가 현재의 심경과 문제를 토로할 때 선택적으로 주목하여 경청하는 것으로 문제의 핵심을 파악하기에 가장 유용한 경청 기법이지만, 상담자의 고정된 사고의 틀에 부합하는 내용만 수용할 수 있다는 문제점도 있다.
　㉣ 오해의 경청(Misunderstood Listening) : 선택적 경청으로 수용한 내용을 자신의 이해 수준 · 입장 · 관점 등으로 이해함으로써 오해가 발생한다.
　㉤ 사실만 경청(Attentive 'Data-Only' Listening) : 상대방이 전하는 정보에만 집중하여 상대방의 마음에는 신경 쓰지 못한다.
　㉥ 적극적 경청(Active Listening) : 비언어적인 메시지까지 주목한다.
　㉦ 공감적 경청(Empathic Listening) : 언어적 · 비언어적 메시지뿐만 아니라 상대방의 감정, 상황, 사회문화적 배경에도 주의를 기울임으로써 상대방을 더욱 존중하고 배려한다.
　㉧ 촉진적 경청(Facilitative Listening) : 가장 높은 수준의 경청으로 상대방과 충분히 공감하는 상태에서 상대가 미처 알아차리지 못한 부분, 원하지만 두려워하거나 숨기고 싶은 부분, 진정으로 의도하는 부분까지 파악하여 내담자 스스로 해답을 찾을 수 있도록 돕는 경청이다.

(2) (감정)반영(Reflection) 16 기출

① 내담자의 말 이면의 정서적 요소를 표현하고 자기감정을 이해하도록 돕는 기법을 말한다.
② 내담자의 탐색을 돕는 중요한 기법이며, 표현된 말 자체보다 그 밑바탕에 깔려 있는 감정을 그대로 되돌려 주기 위해 노력해야 한다.
③ 상담자는 반영을 통해 내담자의 태도를 거울에 비추어 주듯이 보여줌으로써 내담자의 자기이해를 도와줄 뿐만 아니라 내담자에게 자기가 이해받는다는 인식을 준다.
④ 내담자가 걱정으로 인한 불안감을 어느 한쪽으로 밀쳐버리지 않고 충분히 경험할 수 있도록 하고, 그 고통을 피하지 않고 받아들이며 끊임없이 탐색할 수 있도록 용기를 북돋워 준다.
⑤ 이때 상담자는 모든 감정을 반영하려 하기보다는 가장 현저한 감정을 끄집어 내야 한다.
⑥ 확실히 가장 중요한 감정을 선별하기 위하여 내담자의 언어적 · 비언어적 행동에 주의를 기울여야 한다.
⑦ 상담자는 내담자의 행동을 유심히 관찰하여 말로써 표현한 것뿐만 아니라 자세, 몸짓, 목소리, 눈빛 등 비언어적 행동에서 나타나는 감정까지도 반영해 주는 것이 필요하다.

⑧ "당신은 …을 말하는 것 같군요.", "당신은 …을 느끼고 있는 거로군요."

> **예** 부모와의 갈등 때문에 학교 상담실을 찾았다가 상처받은 청소년 내담자와의 상담
> - 내담자 : 우리 학교 상담실에 있는 선생님은 바보 같아요. 그 선생님한테 이런저런 고민을 털어놓으면 별일 아니라는 듯 고개만 끄덕이던데요.
> - 상담자 : 어렵게 결심하고 상담실을 찾았는데, 선생님이 무성의한 태도를 보이니까 화가 났나 보군요.

(3) 수용(Acceptance)

① 상담자가 내담자의 말에 주의를 집중하고 있음을 보여주는 반응이다.
   예 "아, 그렇군요.", "예, 계속하시지요."
② 상담자가 내담자를 있는 그대로 받아들이고 존중하고 있음을 표현함으로써, 내담자가 어떤 위압감이나 의무감을 느끼지 않고 자연스럽게 대화하도록 유도한다.
③ 수용을 위한 요소
   ㉠ 상담자가 내담자에게 시선을 주는 주목 행동 : 내담자에게 지속적인 시선을 보냄으로써, 상담자가 내담자를 수용하며 주의를 기울인다는 사실을 암시적으로 전달해야 한다.
   ㉡ 상담자의 안면 표현과 고개를 끄덕이는 행동 : 상담자는 진지한 표정으로 관심을 나타내야 한다. 만약 상담자가 위장된 관심을 나타내면 눈치가 빠른 내담자는 그것이 위선이라는 것을 금방 알아차리므로, 상담자는 항상 진지한 태도를 유지해야 한다.
   ㉢ 상담자의 목소리와 억양 : 내담자는 상담자의 목소리와 억양을 단서로 상담자가 자신의 이야기를 받아들이는지 아닌지 구별할 수 있다. 특히 여기서 주의해야 할 것은 말의 속도인데, 너무 빠르거나 너무 느리지 않도록 하여 상담자가 관심을 갖고 도와주려고 노력한다는 인상을 주어야 한다.
   ㉣ 상담자의 자세와 태도 : 내담자는 상담자의 사소한 행동 단서에도 민감하다는 것을 유념하여, 자연스럽지 못한 행동이나 불쾌감을 주는 태도를 취하지 않도록 해야 한다.

> **예** 여자친구와의 갈등으로 고민하는 청소년 내담자와의 상담
> - 내담자 : 한 달 전 여자친구와 사소한 말다툼을 했는데요, 이후로 통 연락이 없어요.
> - 상담자 : (고개를 끄덕이며) 아, 그랬군요. 계속 말해보세요.

(4) 질문(Question)

① 상담 현장에서는 가급적 내담자가 스스로 이야기하도록 하는 것이 바람직하며, 상담자가 질문을 많이 하여 내담자에게 지속적으로 응답을 요구하는 것은 바람직하지 못하다.
② 상담은 심리치료가 아니므로, 상담자가 심문자나 조사관의 역할을 수행해서는 안 된다.
③ 질문은 내담자가 이야기를 계속하여 자기탐색을 중단하지 않도록 유도하기 위해 혹은 내담자의 자기이해를 돕기 위해 수행하는 명료화나 직면의 한 기법으로 사용될 때 이상적이다.
④ '왜' 질문, 유도질문 등은 내담자의 문제해결에 도움이 되지 못하며, 오히려 내담자로 하여금 상담자의 역할과 상담의 성격을 오해하게 만들 소지가 있다.
⑤ 개방형 질문과 폐쇄형 질문

개방형 질문	• 질문의 범위가 포괄적이며, 내담자에게 가능한 한 많은 대답을 선택할 기회를 제공한다. • 내담자가 시야를 더 넓힐 수 있도록 유도하며, 바람직한 촉진 관계를 열어놓는다. • 개방형 질문은 상담 초기에 유용하게 사용될 수도 있으나, 말하는 것이 익숙지 않은 내담자에게 오히려 답변에 대한 부담감을 줄 수 있다. 예 "어떠한 도움이 필요하신지 말씀해 주시겠습니까?" 　"평소 친구들과 어떠한 이야기를 나누었니?"
폐쇄형 질문	• 질문의 범위가 매우 좁고 한정되어 있으며, 내담자가 대답할 수 있는 범위를 '예/아니오' 또는 다른 단답식 답변으로 제한한다. • 내담자의 시야를 좁게 만들며, 바람직한 촉진 관계를 닫아놓는다. • 폐쇄형 질문은 위기 상황에서 내담자를 위한 신속한 대응에 유리하다. 예 "당신은 현재 상담 진행 중인 상담사에 만족합니까?" 　"아이의 학교 선생님은 체벌을 많이 합니까?"

⑥ 상담 시 피해야 할 질문 15 16 기출

유도질문	내담자가 특정한 방향의 응답을 하도록 유도하는 질문이다. 예 "당신의 행동이 잘못됐다고 생각해 보지는 않았나요?"
모호한 질문	내담자가 질문의 방향을 명확히 인지하지 못하거나 받아들이지 못하는 형태의 질문이다. 예 "당신은 어렸을 때 어땠나요?"
이중질문	내담자에게 한 번에 두 가지 이상의 내용을 질문하는 것이다. 예 "당신은 선생님께는 어떻게 말했고, 부모님께는 어떻게 말했나요?"
폭탄형 질문	내담자에게 한꺼번에 너무 많은 질문을 쏟아내는 것이다. 예 "당신은 친구에게 절교를 당했을 때 어떤 느낌이 들었나요? 혹시 당신이 친구에게 나쁜 행동을 했다고 생각해보진 않았나요? 그렇게 친구가 절교 선언을 했을 때 당신은 어떤 반응을 보였나요?"
'왜' 질문	'왜(Why)' 의문사를 남용하여 내담자가 비난받는다는 느낌이 들도록 하는 질문이다. 예 "당신은 왜 상담받기를 꺼리나요?"

(5) 바꿔 말하기(Paraphrasing)

① 메시지 내용에 초점을 두고 내담자가 말한 바를 상담자가 자기 표현 양식으로 바꿔 말하는 기법이다.

　예 "그러니까 당신의 생각으로는 …", "지금 당신이 한 말은 …하다는 말인가요?"

② 상담자가 내담자의 입장을 이해하기 위해 노력한다는 인상을 전달할 수 있다.
③ 내담자가 한 말을 간략하게 반복함으로써 내담자의 생각을 구체화할 수 있다.
④ 내담자가 말하고 있는 바를 상담자가 올바로 이해하고 있는지 확인할 수 있다.

> 예 놀림을 당하는 친구를 돕지 못해 괴로워하는 청소년 내담자와의 상담
> - 내담자 : (어두운 표정으로 고개를 숙인 채) 오늘도 그 친구가 다른 아이들한테 놀림을 당하고 있었어요. 난 그 광경을 그냥 지켜만 보고 있었어요.
> - 상담자 : 지금 너의 말은 그 친구를 도와주지 못해 유감이라는 이야기니?

(6) 재진술 21 24 기출

① 내담자의 메시지에 표현된 핵심내용을 상담자의 언어로 바꾸어 말하는 것이다.
② 내담자가 진술한 내용이나 그 의미를 반복 또는 바꾸어 말하는 것을 가리킨다.
③ 내담자가 한 말의 길이와 유사하거나 그보다 적은 단어를 사용한다.
④ 상담자가 내담자가 하는 말을 잘 듣고 있고, 내담자를 이해하려고 노력한다는 사실을 내담자에게 전할 수 있다.
⑤ 유형
　㉠ 반복 : 내담자의 말을 거의 그대로 재진술
　㉡ 환언 : 내담자의 말을 조금 바꾸어서 재진술
　㉢ 요약 : 내담자의 말을 짧게 재진술

> 예 - 내담자 : 선생님, 우리 반 친구들이 저만 따돌려요. 담임선생님도 저만 미워하시는 것 같고요.
> - 상담자 : 친구들이 너만 따돌리고 담임선생님도 너만 미워한다는 말이구나.

(7) 명료화(Clarification) 16 기출

① 명료화 또는 명확화는 내담자의 말 중에서 모호한 점이나 모순된 점이 발견될 때, 상담자가 다시 질문함으로써 내담자가 그 의미를 분명히 밝히도록 하는 기법이다.

　예 "~라고 말한 것은 구체적으로 무엇을 뜻합니까?"

② 내담자가 자기 생각이나 감정을 분명하게 표현할 수 있도록 격려하며, 상담자가 잘 이해하고 있음을 입증하는 것이다.
③ 상담자가 내담자의 말을 정확히 이해하고 내담자가 자기 의사와 감정을 구체화하여 재음미하도록 하기 위해서 필요하다.

④ 내담자에게 명료화를 요청할 때는 상담자가 내담자에게 도움을 주기 위해 질문하고 있다는 인상을 주도록 유의한다.

> **예 사교성이 부족한 아이의 학부모 내담자와의 상담**
> - 내담자 : 우리 아이가 학교에서 친구들과 잘 어울리질 못해요. 문제가 있는 것 같아요.
> - 상담자 : 아이가 어떤 부분에서 문제가 있다고 생각하시나요? 어울리지 못한다는 것은 구체적으로 무엇을 뜻하는 건가요?

지식 IN

구체화
내담자가 하는 일반적인 의식 수준의 이야기를 상담자가 좀 더 잘 이해하기 위해, 혹은 보충 설명이 필요하여 내담자가 그 내용을 좀 더 구체적으로 표현할 수 있게 하는 기법이다.
예 "엄마한테 무슨 일 때문에 야단맞았니?"

(8) 해석(Interpretation) 14 15 18 19 기출

① 내담자가 자기 문제를 새로운 각도에서 이해하도록 내담자의 경험과 행동의 의미에 대해 상담자가 설명해 주는 것이다.
② 내담자의 명시적·암묵적 메시지와 행동 사이의 인과관계 확인을 목적으로 하며, 상담자의 직감 또는 최적의 추측을 기반으로 하여 가설적 형태로 제시된다.
③ 내담자의 이해 수준과 상이한 새로운 참조체계를 제공한다는 점에서 큰 의미가 있지만, 신중하게 사용해야 한다.
④ 내담자 쪽에서 자기이해가 이루어지지 않았을 때 성급한 해석을 내리는 경우, 내담자가 방어적으로 나올 수 있으므로 해석의 시기에 유념해야 한다.
⑤ 내담자의 준비 정도, 즉 내담자 스스로 문제를 이해하고 있는 수준을 파악해야 한다.
⑥ 해석을 할 때 비판하거나 평가해서는 안 되며 다양한 가능성을 고려해야 한다.

> **예 부모의 이혼 직후 부모와 갈등을 겪는 청소년 내담자와의 상담**
> - 내담자 : 저는 어머니가 지금 무척 힘들어하시고, 그래서 제가 잘해야 한다는 것을 알아요. 하지만 제 나이에서 이 상황을 받아들이기가 너무 힘들어요.
> - 상담자 : 네 나이가 아직 어리다는 것은 잘 알고 있단다. 하지만 아버지와 어머니의 이혼 때문에 생긴 분노와 죄의식이 어머니와의 갈등으로 이어지는 것이 아닌지 생각해 볼 수도 있을 것 같구나. 그런 복잡한 감정들에 대해 이야기해 볼 필요가 있을 것 같다.

(9) 직면(Confrontation) 14 18 20 21 22 23 기출

① 내담자의 자기이해를 돕기 위해 상담자의 눈에 비친 내담자의 행동 특성 또는 사고방식을 지적하여, 내담자가 외부에 비친 자기 모습을 되돌아보고 통찰의 순간을 경험하도록 하는 직접적·모험적 자기대면의 방법이다.
② 모순을 드러내어 새로운 통찰과 바람직한 변화를 유도한다.
③ 문제해결에 방해되는 불일치에 초점을 맞춘다.
④ 내담자의 신념 및 행동의 불일치나 모순, 언어적 진술과 비언어적 진술 간 또는 언어적 진술들 간의 불일치 등에 관해 직접 진술한다.
⑤ 내담자의 건설적인 변화를 위해 새로운 내·외적 행동의 발달을 촉진한다.
⑥ 내담자가 직면하였을 때 매우 강한 감정적 반응을 나타낼 수 있으므로, 상담자는 내담자를 평가·비판하는 인상을 주지 않도록 주의하며, 내담자의 객관적 행동과 인상에 대해 서술적으로 표현하는 것이 바람직하다.
⑦ 내담자가 정서적으로 감당할 수 있을 때 제공하는 것이 좋으며, 때로는 유머를 사용해서 부드럽게 직면하게 할 수 있다.
⑧ 내담자가 습관적으로 사용하는 방어기제도 직면의 대상이 될 수 있다.

> 예 평소 공부를 소홀히 하면서 성적부진으로 고민하는 청소년 내담자와의 상담
> • 내담자 : 그 친구도 저와 함께 어울려 노는데요. 성적은 저보다 훨씬 좋아요.
> • 상담자 : 너는 공부는 하지 않으면서 성적이 좋기를 바라는구나!

(10) 초점화(Focusing) 20 기출

① 내담자의 표현이 혼돈되거나 산만하고 내용이 모호할 때, 논의되고 있는 대화의 주제에 초점을 맞추는 것이다.
② 내담자와 의사소통할 때 중요한 부분을 강조하거나 이에 집중시키고자 하는 경우 사용하는 의사소통기술이다.
③ 내담자가 보고하는 내용 중 생략되거나 왜곡되거나 애매하게 표현된 부분에 관심을 갖고 확인하며, 구체적으로 의사소통을 돕거나 내담자가 특정한 관심사나 주제에 주의를 집중하도록 돕는다.
④ 특히 이 기법은 내담자가 문제의 본질에서 벗어난 주제에 대해 이야기할 때 목표를 향해 나아가도록 새롭게 방향을 되돌리거나 주의를 기울이고자 할 때 유효하며, 상담과정에 있어서 특정 목표에 집중하도록 하여 시간 낭비를 방지한다.

> **예** 정학 위기에 처한 청소년 내담자와의 상담
> - 상담자 : 학교에서 당신에게 정학 처분을 내린다고 했다고요?
> - 내담자 : 네, 저도 학교를 옮기고 싶어요. 학교 교육과정이나 선생님들의 수업방식이 마음에 들지 않아요.
> - 상담자 : 학교 교육과정이나 선생님들의 수업방식에 대한 이야기보다는 정학 처분의 이유와 해결방법에 대해 알아보는 게 먼저라는 생각이 드네요.

(11) 재명명(Relabeling) 16 기출

① '재구성(Reframing)' 또는 '재규정(Redefining)'이라고도 하며, 내담자가 자신의 문제를 다른 시각에서 보거나 다른 방법으로 이해하도록 돕는 기법이다.
② 주어진 상황에 대한 부정적인 생각을 긍정적인 새로운 시각으로 바꾸도록 돕는다. 즉, 특정 문제에 대해 내담자가 부여하는 의미를 수정해 줌으로써 내담자의 시각을 긍정적인 방향으로 변화시키는 기법이다.

> **예** 부모의 간섭과 통제 때문에 힘들어 하는 청소년 내담자와의 상담
> - 내담자 : 우리 부모님은 항상 나를 통제하려고 해요. 내가 학교 끝나고 어디에 가는지, 누구와 가는지 꼬치꼬치 캐물어요. 심지어 휴대폰까지 확인하는 걸요. 정말 미칠 것만 같아요.
> - 상담자 : 너는 부모님 때문에 숨막힐 것처럼 느끼는구나. 그런데 내가 보기에는 부모님이 너를 염려해서 그러시는 것 같은데… 만일 부모님이 네게 정말 관심이 없다면 네가 어떻게 행동을 하든지 개의치 않으시겠지. 부모님은 너를 통제한다고 생각하기보다는 부모로서 자식을 보호해야 한다고 생각해서 그렇게 행동하시는 걸 거야.

(12) 요약(Summarizing) 18 기출

① 내담자의 생각과 감정을 매회 상담이 끝날 무렵 하나로 묶어 정리하는 것이다.
   예 "지금까지 말한 것을 정리해보면 …"
② 새로운 회기를 시작할 때 이전 회기의 내용을 요약하여 말해줌으로써 회기를 자연스럽게 연결하여 상담과정을 촉진할 수 있다.
③ 지금까지 다룬 내용을 정확하고 간결하게 제시함으로써 상담 도중에 나타난 문제점과 진행 정도 및 다음 단계에 대한 계획을 파악하는 데 도움을 준다.
④ 대화의 전반적인 내용 또는 일반적인 줄거리를 구성하는 것으로서, 상담자 또는 내담자가 상호 간의 결정하에 역할을 부담할 수 있다.

> 예 긴 수험기간으로 인해 힘들어 하는 고3 수험생 내담자와의 상담
> - 상담자 : 당신은 지금 여러 가지 이야기들을 했어요. 우선 수험기간에 많은 일을 하지 못한 채 공부에만 열중하여 우울한 감정을 느끼고 있군요. 담임선생님과 상담을 해보았지만, 그저 열심히 하라는 말뿐이었다는 거군요. 또한 여자친구와 만날 수 없는 것도 힘들다는 거군요. 여기까지가 당신이 이야기한 내용이에요, 정확한가요?

(13) 조언(Suggestion)

① 조언 또는 충고는 내담자가 해야 할 것을 추천하거나 제안하는 기법이다.
② 상담자의 조언은 자칫하면 내담자의 반발과 저항을 불러일으킬 수 있다.
③ 진정한 의미에서 내담자의 자기이해, 자기탐색, 자기성장의 기회를 박탈하기 쉽고, 내담자를 열등한 위치에 놓기 쉽다.
④ 조언을 자주 사용하는 것은 피하는 것이 좋다. 다만, 신속한 의사결정이 필요한 경우나 위기 상황, 부모와 가족상담의 경우 적절히 사용하는 것이 효율적이다.
⑤ 미성년자 및 중·고등학생을 상담하는 경우, 다소 지시적인 방법으로써 조언하거나 정보를 제공하는 것이 유용할 수도 있다.

> 예 공부에는 취미가 없고, 술과 담배에 빠져있는 고3 수험생 내담자와의 상담
> - 내담자 : 고3인데도 불구하고 공부에는 취미가 없어요. 최근 배운 술과 담배가 좋아 수업시간에도 온통 그 생각뿐이에요.
> - 상담자 : 당신을 좀 더 사랑해 보는 것이 어때요? 고3때 공부를 하지 않으면 좋은 진로와 직업을 선택하는 데 어려움이 생겨요. 또한 술과 담배로 인해 건강을 해쳐 몸이 망가질 수도 있고요. 무엇보다도 예쁘게 길러주신 부모님께 죄송스럽지 않나요? 지금 당장은 어렵겠지만, 술과 담배를 조금씩 줄이면서 공부에 좀 더 집중하려고 노력하고 부모님과 많은 대화를 시도해 보세요.

(14) 자기개방(Self Disclosure) 16 24 기출

① 자기공개, 자기노출, 자기폭로라고도 불리는 기법으로, 상담자가 자기 경험이나 생각을 내담자에게 전달하는 것을 말한다.
② 특수한 상황이나 만남이 효과를 발휘할 수 있도록 상담자가 내담자에게 도움이 될만한 정보를 제공해 주는 것이기도 하다.
③ 내담자에게 단순한 정보의 제공을 뛰어넘어 공감의 효과를 불러오기도 하는데, 이는 상담자와 내담자 간 동질감을 형성하고, 내담자가 상담자를 자신과 같은 평범한 인간으로 볼 기회를 제공하기 때문이다.
④ 모델링 학습의 목적 및 변화 가능성과 도전을 위한 용기를 불어넣고자 할 때 사용한다.

⑤ 내담자는 상담자의 자기노출에 공감의 분위기가 형성되어 있음을 인식하면서, 자신이 무엇을 말하고 느끼는지 이해하는 데 도움을 얻을 수 있지만, 때로는 위험을 수반하므로 조심스럽게 시도하여야 한다.

> **예 무단결석을 하는 청소년 내담자와의 상담**
> - 내담자 : 요즘 들어 학교 공부에 흥미가 없어졌어요. 아이들과 노는 것도 재미가 없고요.
> - 상담자 : 나도 과거에 학교 가는 것이 싫어서 부모님 몰래 수업을 빼먹은 적도 있단다. 가끔은 모든 구속적인 것에서 벗어나 혼자 있는 것이 편할 때가 있지. 그래도 당시 담임선생님께서 이런 내 마음을 알아주어 금세 마음을 돌릴 수 있었단다.

(15) 나 전달법(I-Message)

① 상담자와 내담자 간에 분명하고 직접적인 메시지를 전달하도록 하는 방법이다.
② 나 전달법과 대비되는 '너 전달법(You-Message)'은 상대방에 대한 충고나 위협으로 인식되어 저항에 부딪힐 수 있다.
③ '나 전달법'은 상대방에 대한 비난이나 책임을 묻는 것이 아닌, 변화의 필요성과 변화에 대한 의지를 암묵적으로 전달하며, 특정행동에 대한 간결한 묘사와 그에 따른 경험적 감정 그리고 그로 인한 명백한 영향을 담는다.

> **예 상담에 비협조적인 청소년 내담자와의 상담**
> - 상담자 : 나는 당신이 번번이 시간 약속을 어기고, 아무런 준비 없이 상담에 임하는 것에 실망감을 느끼고 있어요. 왜냐하면 당신 행동으로 인해 다음 내담자와의 스케줄이 영향을 받게 되거든요.

(16) 침 묵 15 16 18 기출

① **침묵의 현상**
   ㉠ 내담자가 당황하거나 저항할 때 나타날 수 있다.
   ㉡ 상담자의 개입으로 인해 내담자가 깊이 생각할 때 나타날 수 있다.
   ㉢ 비자발적인 내담자의 경우 적대감이나 불안으로 인해 나타날 수 있다.

② **침묵의 처리**
   ㉠ 상담과정에서 내담자가 종종 침묵을 지속하는 경우가 있다. 대개의 경우 내담자가 자기 자신을 음미해 보거나 머릿속으로 생각을 간추리는 과정에서 침묵이 발생하므로, 이때의 침묵은 유익한 *필요조건이 된다.
   ㉡ 내담자의 침묵에 맞서 주제를 갑자기 변경하는 것은 바람직하지 않다.

> **필요조건**
> 두 개의 명제나 두 개 이상의 사건들에 관해서 어느 하나를 옳다고 주장하지 않으면 다른 하나를 주장할 수 없을 때, 후자에 대한 조건으로 전자를 일컫는 말이다.

ⓒ 상담자는 침묵을 깨뜨리지 말고 인내심을 가지고 어느 정도 기다려보는 것이 바람직하다.
ⓔ 상담관계가 잘 이루어지지 않거나 상담자에 대한 저항으로 침묵이 일어난 경우, 대개 내담자가 눈싸움을 하는 듯한 자세나 부정적 표정을 지으며 침묵하는 수가 있다. 이때 상담자는 기다리지 말고, 침묵의 원인이 되는 숨은 감정을 언급하고 다루어 나가야 한다.
ⓜ 내담자가 무슨 말을 해야 할지 몰라서 가만히 있는 경우, 상담자가 침묵을 깨고 내담자를 도와줄 수 있다.
ⓗ 상담과정에서 침묵이 끝나면 상담자는 내담자에게 침묵이 어떠했는지 질문할 수 있으며, 침묵하는 동안 각자 어떤 느낌이 들었는지 말할 수 있다.

(17) 즉시성 19 기출

① 상담자가 즉시 내담자와 상호작용하며 민감하게 반응하고 동조하는 것이다.
   예 "네가 엄마 이야기를 하면서 나의 눈치를 자꾸 보는 것 같아 안쓰럽게 느껴진다."
② 즉각적인 감정을 상담자가 표면화하는 것이다.
③ 상담관계에 문제가 있거나 내담자가 부적절하게 행동하는 등 상담과정에서 방해를 받을 때 사용하는 기법이다.

> **지식 IN**
>
> **상담 기관** 19 기출
> - 위(Wee)프로젝트 : Wee는 학교, 교육청, 지역사회가 연계하여 학생들의 건강하고 즐거운 학교생활을 지원하는 다중의 통합지원 서비스망이다. 학습부진 및 학교부적응 학생뿐만 아니라 일반 학생들도 Wee를 통해 행복한 학교생활을 할 수 있도록 학교에는 Wee클래스, 지역교육청에는 Wee센터, 시·도 교육청에는 Wee스쿨을 두었다.
> - 해바라기아동센터 : 성범죄 피해아동에게 통합적인 지원 서비스를 제공한다.
> - 청소년상담복지센터 : 위기청소년을 통합적으로 지원하기 위해 CYS-Net을 운영한다.
> - 진로진학지원센터 : 진로개발 및 진로상담 등의 업무를 담당한다.
> - 건강가정지원센터 : 가정 문제의 예방 및 상담, 프로그램 개발, 가정 관련 정보를 제공한다.

필수과목 04 적중예상문제

❖ 완벽하게 이해된 부분에 체크하세요.

CHAPTER 01 청소년상담의 기초

01 심리상담에 관한 설명으로 옳은 것을 모두 고른 것은?

> ㄱ. 상담자의 조언과 충고를 중심으로 진행된다.
> ㄴ. 상담은 내담자, 상담자, 대면관계라는 세 가지 요소로 구성되어 있다.
> ㄷ. 상담의 목표는 내담자와 협의해서 정한다.
> ㄹ. 상담자는 낙관적이고 현실주의적 자세를 가질 필요가 있다.

① ㄱ, ㄴ
② ㄴ, ㄷ
③ ㄱ, ㄴ, ㄷ
④ ㄱ, ㄴ, ㄹ
⑤ ㄴ, ㄷ, ㄹ

> 상담자의 조언과 충고는 내담자의 반발과 저항을 초래하기 쉽다. 상담은 올바른 적응을 위해 조력이 필요한 내담자와, 조력자로서 전문 훈련을 받은 상담자 간의 직접적인 면접을 통해 이루어지는 전인적 학습과정이다.

02 다음 중 상담의 정의와 가장 거리가 먼 것은?

① 역동적인 상호작용 관계
② 전문적인 조력
③ 정보의 제공 및 제안
④ 인간적 성장을 위해 노력하는 학습과정
⑤ 인지적·정서적·행동적 변화

정답 01 ⑤ 02 ③

> 정보의 제공, 충고, 제안, 권장 등은 상담과 구별해야 한다.
> 상담에 대한 학자들의 정의
> - 윌리엄슨(Williamson) : 훈련, 기술, 신용을 기반으로 내담자의 적응문제를 해결하기 위한 상담자와 내담자의 면대면(Face to Face) 상태이다.
> - 빙햄과 무어(Bingham & Moore) : 상담이란 목적을 가진 대화이다.
> - 로저스(Rogers) : 상담은 훈련받은 상담자와 도움을 받고자 하는 내담자를 연결하는 상호적인 과정으로서, 이때 상담자는 내담자의 감정을 수용하고 명료화한다.
> - 벅스와 스테플러(Burks & Stefflre) : 상담은 상담자와 내담자 간의 전문적인 관계형성을 통해 내담자의 문제를 해결하고 자기 목표에 도달할 수 있도록 학습시키는 과정이다.

03 다음 중 상담의 기능에 해당하지 않는 내용은?

① 내담자의 고민과 심리적 고통 해소
② 내담자의 사회적 부적응 문제 해결
③ 내담자의 정신병리 발생 예방
④ 내담자의 자기 성장 촉진
⑤ 내담자의 인간관계 확대

> 상담의 기능
> - 교육 및 발달적 기능 : 상담은 내담자가 바람직한 방향으로 행동을 변화시키고 심리적 성장·발달을 촉진하는 기능을 한다.
> - 진단 및 예방적 기능 : 내담자의 문제와 부적응 원인을 올바르게 진단한 다음, 이에 적절한 개입과 예방을 하는 기능을 한다.
> - 교정적 기능 : 내담자의 바람직하지 못한 행동이나 생각 등을 바르게 수정하고 해결하도록 조력하는 기능을 한다.
> - 치료적 기능 : 내담자의 심리적 고통이나 부적응 증상이 제거·치유되도록 돕는 기능을 한다.

04 다음 중 상담의 목표에 해당하지 않는 설명은?

① 상담자는 전문적인 기술로써 내담자가 당면한 문제를 직접 해결해 준다.
② 내담자가 생산적으로 사고할 수 있도록 조력한다.
③ 합리적인 의사결정기술을 함양하도록 한다.
④ 내담자의 정신건강을 증진한다.
⑤ 내담자의 개인적 효율성을 증진한다.

상담의 일반적인 목표
- 문제행동의 바람직한 방향으로의 전환
- 생산적 사고 증진 및 문제 증상의 제거
- 정신건강의 증진 및 인간관계의 개선
- 생활장면에서의 적응기술 증진 및 합리적 의사결정기술 함양
- 내담자의 잠재력 발현 및 개인적 효율성 증진

05 다음 중 상담에 관한 내용으로 가장 옳은 것은?

① 개인에게 어떤 행동이나 역할을 제공하는 것이다.
② 상담은 항상 면접을 포함한다.
③ 설득을 통해 행동의 변화를 가져오고자 하는 것이다.
④ 상담자의 관점에서 바라본 내담자의 문제를 해결하는 것이다.
⑤ 상담자는 다른 생각이나 가치에 수용적이어서는 안 된다.

> 상담 과정 중에 내담자의 부적응 행동에 대해 변화를 촉진할 수 있는 조건들이 면접을 통해 제공된다. 면접이 상담의 전부는 아니라고 하더라도, 상담은 항상 면접을 포함한다.

06 다음 중 상담자의 역할에 해당하는 것을 모두 고르면?

| ㄱ. 교육자 | ㄴ. 조정자 |
| ㄷ. 옹호자 | ㄹ. 조사자 |

① ㄱ, ㄴ, ㄷ
② ㄱ, ㄷ
③ ㄴ, ㄹ
④ ㄹ
⑤ ㄱ, ㄴ, ㄷ, ㄹ

> 일반적인 상담자의 역할
> - 직접적인 역할 : 교육자 · 조력자 · 안내자 · 옹호자 · 변화촉진자의 역할
> - 간접적인 역할 : 연구자 · 조정자 · 자문가 · 조직개발자의 역할

정답 03 ⑤ 04 ① 05 ② 06 ①

07 상담자의 자질에 관한 설명으로 옳지 않은 것은?

① 전문 지식을 바탕으로 적절한 질문을 할 수 있다.
② 경험과 통찰은 배제하고 지식과 이론을 중시한다.
③ 인간관계에서 개방적이며 내담자에게 본보기가 될 수 있다.
④ 유연성과 안정성을 보여줄 수 있는 성격이다.
⑤ 문화적 차이에 대한 민감성이 있다.

> 상담자는 경험과 통찰을 바탕으로 지식과 이론을 상담에 반영해야 한다.

08 다음 중 청소년상담자의 태도에 관한 설명으로 옳지 않은 것은?

① 피드백을 통한 점검 – 상담자가 말한 것을 청소년 내담자가 이해하고 있는지 피드백을 통해 점검한다.
② 직면 – 내담자의 말과 행동이 모순될 때 상담자는 관계형성 전이라도 즉각 알려준다.
③ 지시적인 태도 – 상담자가 어느 정도 교사의 역할을 하면서 필요에 따라 지시적일 때 상담 효과가 커진다.
④ 유머의 사용 – 상담자는 유머감각을 통해 내담자의 문제에 여유롭게 대처한다.
⑤ 공감적 이해 – 상담자는 내담자의 경험을 정확하게 지각하고 적절한 반응을 해야 한다.

> '직면'은 내담자의 말과 행동이 모순되는 점을 지적하는 것으로서, 즉각적인 직면은 위험하며 내담자와 좋은 관계가 형성된 후에 해야 한다.

09 다음 중 '상담자의 윤리강령'에 관한 설명으로 옳지 않은 것은?

① 내담자를 보호하고 상담자에게는 지침을 제공한다.
② 내담자의 상담 참여 및 지속 여부를 상담자가 결정할 의무에 관한 조항이 포함되어 있다.
③ 상담에서 요구되는 최소한의 기준을 지키도록 하기 위한 조항들로 구성되어 있다.
④ 조항에 따라서 명확성이 결여되어 판단이 어려운 경우도 있다.
⑤ 상담자의 책무에 관한 의문을 발견하면 옳고 그름을 판단하여 상황을 시정하려고 노력해야 한다.

> 내담자가 상담 참여 및 지속 여부를 스스로 선택할 권리에 관한 조항이 포함되어 있다.

10 상담자와 내담자의 관계에 관한 설명으로 옳지 않은 것은?

① 전문적인 판단에 영향을 미칠 수 있는 이중 관계는 피해야 한다.
② 내담자와 어떠한 종류이든 성적 관계는 피해야 한다.
③ 이중 관계는 상담자의 판단력을 손상시키고 치료관계에 문제를 야기한다.
④ 내담자의 심리적 고통이 클 경우 친밀도를 위해 사적인 관계를 형성한다.
⑤ 이중 관계는 상담자가 내담자를 위해하거나 착취할 가능성이 있다.

> 상담자는 특별한 경우를 제외하고는 내담자와 사적인 관계를 유지하지 않는다.

11 다음 중 보기의 내용과 가장 관련이 없는 것은?

> ○○고등학교 1학년에 재학 중인 A군은 중학교 2학년 때부터 담배를 피워왔다. 호기심으로 시작된 흡연 습관은 이후로도 지속되었으며, 최근 학교에서의 흡연 현장이 적발되어 학교로부터 정학 처분을 받았다. A군은 스스로 담배를 끊기 위해 노력해 왔으나 번번이 실패를 하였으며, 이에 청소년 상담사를 찾게 되었다.

① 상담의 형태구분상 위기상담에 해당한다.
② 내담자의 발달과 관련된 상담을 전개해야 한다.
③ 내담자에 대한 직접적인 개입이 이루어져야 한다.
④ 내담자에 대한 개인적인 지지가 중요하다.
⑤ 적합한 치료기관에 의뢰하는 것이 효과적이다.

> 청소년기 흡연이나 약물중독은 청소년의 심리사회적 적응을 어렵게 하고, 신체적·정신적 성장 및 발달에 치명적인 결과를 초래하므로, 직접적이고 즉각적인 개입이 필요하다. 이는 상담의 형태구분상 위기상담에 해당하며, 상담자는 내담자를 개인적으로 지지하는 것은 물론 내담자의 효과적인 치료를 위해 전문 치료기관에 의뢰해야 한다.

12 상담에 관한 설명으로 옳지 않은 것은?

① 상담자, 내담자, 상담관계가 있어야 한다.
② 전문자격을 갖춘 사람이 담당한다.
③ 상담관계는 일반 대인관계와 다르다.
④ 조력하는 과정이다.
⑤ 상담 대상자는 자발적인 신청자로 제한한다.

> 상담 대상자는 학부모, 담임선생님, 교과선생님의 의뢰 및 추천과 자발적인 학생들의 신청에 의하여 선정되며, 의뢰된 경우에도 학생들이 자발적·적극적으로 참여할 수 있도록 해야 한다.

13 상담의 기본원리 중 '의도적 감정표현의 원리'에 관한 내용으로 옳지 않은 것은?

① 내담자에게 자신의 문제를 객관적으로 바라볼 수 있는 기회를 제공한다.
② 내담자에게 심리적인 지지를 표한다.
③ 내담자의 부정적인 감정에 주의를 기울인다.
④ 내담자의 감정표현을 경청한다.
⑤ 내담자에게 즉각적인 충고를 해준다.

> '의도적 감정표현의 원리'는 상담자가 내담자로 하여금 긍정적·부정적인 감정을 자유롭게 표명하도록 하는 것이다. 상담자는 내담자가 긴장이나 압박으로부터 벗어나도록 하여 자신의 문제를 좀 더 객관적으로 바라볼 수 있도록 도와야 한다. 이때 상담자는 진지한 경청의 자세를 유지해야 하며, 섣부른 충고나 해결책을 제시하지 않도록 주의해야 한다.

14 다음 설명에 해당하는 키치너(K. Kitchener)의 윤리적 의사결정 원칙으로 옳은 것은?

ㄱ. 내담자에게 해롭거나 고통을 줄 수 있는 행동을 피해야 한다.
ㄴ. 정직한 약속을 하고 그것을 지키기 위해 책임을 다하는 것과 관련된 것이다.

① ㄱ - 무해성(Non-maleficence), ㄴ - 충실성(Fidelity)
② ㄱ - 진실성(Veracity), ㄴ - 충실성(Fidelity)
③ ㄱ - 선의(Beneficence), ㄴ - 충실성(Fidelity)
④ ㄱ - 자율성(Autonomy), ㄴ - 선의(Beneficence)
⑤ ㄱ - 무해성(Non-maleficence), ㄴ - 공정성(Justice)

키치너(K. Kitchener) 등의 윤리적 의사결정 원칙

원칙	내용
자율성 (Autonomy)	내담자가 자기 삶의 방향을 스스로 선택하고 자발적으로 의사결정을 하는 것과 관련된 것으로, 타인의 권리를 해치지 않는 한 내담자가 원하는 것을 선택하고 그것을 할 수 있는 권리가 보장되어야 한다.
선의 (Beneficence)	내담자들이 자신이 속한 사회와 문화권 안에서 성장하고 발전하는 데 기여하도록 하는 것과 관련된 것으로, 상담자는 내담자를 돕고 촉진함으로써 내담자의 안녕과 복지를 증진하는 선한 일을 해야 한다.
무해성 (Non-maleficence)	내담자에게 해롭거나 고통을 줄 수 있는 행동을 피해야 한다.
공정성 (Justice)	내담자의 연령, 성별, 인종, 재정상태, 문화적 배경, 종교 등에 의한 편향됨 없이 모든 내담자를 평등하고, 공평하게 대해야 한다.
충실성 (Fidelity)	정직한 약속을 하고 그것을 지키기 위해 책임을 다하는 것과 관련된 것으로, 상담자는 내담자에게 충실하고 존중을 보여주어야 하며 상담관계에도 충실히어야 한다.
진실성 (Veracity)	정확한 근거에 입각하여 상담을 이끌고 내담자를 진실로 대하면서 서로 공감하고 이해·수용하는 태도를 통해 신뢰를 기반으로 하는 관계를 형성해야 한다.

15 상담자 윤리 기준에 위배되지 않는 경우는?

① 동의를 구하지 않고 사례발표를 위해 상담내용을 녹음하였다.
② 상담을 전공한 김 교사는 반 학생에게 소정의 상담료를 받으며, 주 1회 상담을 진행하였다.
③ 약물남용 사실을 알고 부모에게 알리려고 하였으나, 내담자가 약물을 중단하겠다고 하여 부모에게 알리지 않았다.
④ 상담 중 가정폭력 사실을 알게 되었으나, 내담자의 어머니가 자녀의 상처받은 마음만 달래주고 더 이상 개입하지 말아달라고 하여 상담에만 전념하였다.
⑤ 판사가 정보공개를 요청하여 내담자에게 그 사실을 알리고, 필요한 최소한의 정보를 공개하였다.

> ⑤ 법적으로 내담자에 관한 정보 공개가 요구되는 경우는 비밀보장의 예외사항에 해당한다.
> ① 상담자는 내담자의 사전 동의하에 녹음·녹화 등을 할 수 있다.
> ② 상담자는 전문자격을 갖추고 상담에 도움을 주는 사람이다. 공인된 자격 없이 상담료를 받고 상담하는 경우는 상담자 윤리 기준에 위배된다.
> ③·④ 인간 존엄성의 절대가치를 위배하는 경우 비밀보장의 권리가 제한된다. 따라서 내담자가 약물을 남용하거나 가정폭력을 당하고 있는 경우에는 사회 당국 및 관련 당사자에게 알려야 한다.

CHAPTER 02 청소년상담의 이론적 접근

01 정신분석 상담에 관한 설명으로 옳은 것을 모두 고른 것은?

> ㄱ. 분석가의 중립적 태도는 내담자의 전이를 촉진하는 데 중요하다.
> ㄴ. 해석은 자유연상이나 꿈, 저항, 전이 등을 분석하여 그 의미를 설명해 주는 것이다.
> ㄷ. 현재몽은 잠재몽에 대한 자유연상을 통해 더 쉽게 이해할 수 있다.
> ㄹ. 저항에 대한 주의를 환기시킨 후에 저항을 해석해 주어야 한다.

① ㄱ, ㄴ
② ㄱ, ㄹ
③ ㄱ, ㄴ, ㄷ
④ ㄱ, ㄴ, ㄹ
⑤ ㄴ, ㄷ, ㄹ

> 잠재몽은 현재몽에 대한 자유연상을 통해 더 쉽게 이해할 수 있다.

02 방어기제에 대한 설명으로 옳지 않은 것은?

① 억압(Repression) – 의식화되는 경우 감당하기 어려운 고통이나 욕구를 무의식적으로 부정하는 것이다.
② 투사(Projection) – 용납하기 어려운 감정이나 동기를 타인이나 외부에 돌리는 경향이다.
③ 퇴행(Regression) – 극심한 스트레스나 좌절을 경험할 경우, 어렸을 때의 행동양식으로 돌아가는 것이다.
④ 주지화(Intellectualization) – 위협적이거나 고통스러운 정서적 문제를 피하기 위해 또는 그것을 둔화시키기 위해 사고·추론·분석 등의 지적 능력을 사용한다거나 종교, 문학 등의 지적 활동에 몰입함으로써 불안을 회피하려는 것이다.
⑤ 동일시(Identification) – 다른 사람의 태도, 신념, 가치 등을 자신의 것으로 채택함으로써 다른 사람의 특성을 자신의 성격에 흡수하는 것이다.

> 의식화되는 경우 감당하기 어려운 고통이나 욕구를 무의식적으로 부정하는 방어기제는 '부인/부정(Denial)'이다. '억압(Repression)'은 정서적인 아픔이 너무 커서 그 일이 전혀 기억나지 않거나 그 일의 일부 조각들만이 기억되는 현상이다.

03 다음 사례의 내담자 B에 해당하는 개인심리학의 생활양식 유형은?

> 통제적이고 지배적인 가정에서 성장한 B는 에너지는 많지만 공격적이고 다른 사람에게 무관심하다.

① 저항형 ② 비난형
③ 기생형 ④ 회피형
⑤ 지배형

개인심리학의 생활양식 유형

유형	설명
지배형	• 사회적 관심은 거의 없으면서 활동수준이 높고 자기주장이 강한 유형으로, 에너지는 많으나 공격적이고 다른 사람에게 무관심함 • 통제적·지배적인 가정에서 성장했을 경우 형성되는 유형
획득형 (기생형)	• 기생적인 방법으로 외부세계와 관계를 맺으며, 타인에게 의존하여 욕구를 충족하는 형 • 과잉보호하는 가정에서 성장했을 경우 형성되는 유형
회피형	• 참여하려는 사회적 관심도 적고 활동수준도 낮은 유형 • 자녀의 기를 죽이는 가정에서 성장했을 경우 형성되는 유형
사회적으로 유용한 형	• 사회적 관심이 크므로 자신과 타인의 욕구를 동시에 충족시키며, 인생 과업을 완수하기 위해 다른 사람과 협력하는 유형 • 부모가 이타적인 가정에서 성장했을 경우 형성되는 유형

04 개인심리학의 상담과정에 관한 설명으로 옳은 것을 모두 고른 것은?

> ㄱ. 초기단계 – 내담자가 자신의 기본 욕구와 소망을 명료하게 인식하도록 한다.
> ㄴ. 탐색단계 – 내담자의 초기기억 회상을 탐색한다.
> ㄷ. 해석단계 – 내담자의 자기이해와 통찰을 촉진하기 위하여 해석을 한다.
> ㄹ. 재정향단계 – 상담자는 내담자와 협동관계를 형성한다.

① ㄱ, ㄴ
② ㄴ, ㄷ
③ ㄱ, ㄴ, ㄷ
④ ㄴ, ㄷ, ㄹ
⑤ ㄱ, ㄴ, ㄷ, ㄹ

> 개인심리학의 상담과정 4단계
> - 제1단계 – 치료관계형성(초기단계) : 내담자가 자신의 삶에 책임감을 느끼도록 치료자와 내담자가 협동관계를 형성하는 단계이다.
> - 제2단계 – 개인역동성 탐색(탐색단계) : 가족 내 개인의 위치 탐색, 초기기억 회상, 꿈, 우선적 과제(우월, 통제, 편안함, 즐거움) 등을 탐색하는 단계이다.
> - 제3단계 – 통합과 요약(해석단계) : 수집된 자료들을 분리·요약하고, 요약 내용을 내담자와 토의하고 해석하는 단계이다.
> - 제4단계 – 재교육(재정향단계) : 해석을 통해 획득한 내담자의 통찰을 실제 행동으로 전환하게 하는 단계이다.

05 개인심리 상담이론의 상담기술 중 '수프에 침 뱉기'에 관한 내용에 해당하는 것은?

① 내담자가 반복적으로 나타내는 자기파멸적인 행동의 동기를 확인하고 그것을 매력적이지 못한 것으로 만듦으로써 내담자가 상상한 이익을 제거한다.
② 내담자가 성장을 위한 모험을 시도할 수 있도록 하며, 내적 자원을 개발하도록 용기를 준다.
③ 실제 상황이 아닌 가상장면을 통해 '마치 ~인 것처럼' 행동하도록 한다.
④ 자기 목표를 떠올리고 바람직한 모습을 상상하도록 하거나, 구체적인 장면을 상상하도록 하여 스스로의 행동을 각성하도록 한다.
⑤ 내담자가 바라지 않는 행동에 과장되게 반응하여 오히려 그러한 행동을 반복 실시하게 함으로써, 역설적으로 내담자가 그 행동을 하지 않게 한다.

② 격려하기, ③ 가상행동, ④ 심상 만들기, ⑤ 역설적 의도

06 다음 중 행동주의 상담기술인 '강화'에 관한 설명으로 옳은 것은?

① 특정 행위에 대해 체벌 같은 자극을 가하는 것을 정적강화라고 한다.
② 보상을 제공하여 행동에 대한 반응을 높이는 것이다.
③ 성적이 올랐을 때 용돈을 올려주는 것은 부적강화에 속한다.
④ 학생의 수업태도가 좋았을 때 숙제를 면제해 주는 것은 정적강화에 속한다.
⑤ 부모가 성적이 떨어진 아이의 컴퓨터게임 시간을 줄이는 것은 부적강화에 속한다.

① 정적처벌, ③ 정적강화, ④ 부적강화, ⑤ 부적처벌
강화와 처벌의 개념
'강화'는 보상을 제공하여 행동에 대한 반응을 높이는 것이고, '처벌'은 어떤 행동에 뒤따르는 결과로 그 행동을 다시 야기할 가능성을 감소시키는 것이다.

07 술을 마시면 구토가 나는 약을 투약하여 알코올중독 환자를 치료하는 행동치료 기법에 해당하는 것은?

① 행동조성　　　　　　　　② 혐오치료
③ 자기표현훈련　　　　　　④ 환권보상치료
⑤ 홍수법

> ① 행동조성(Shaping) : 점진적 접근방법으로서, 행동을 구체적으로 세분화하여 단계별로 구분한 후 각 단계마다 강화를 제공함으로써 복잡한 행동을 학습하도록 하는 행동치료 기법이다.
> ③ 자기표현훈련(Self-expression Training) : 자기표현을 통해 다른 사람과 상호작용하는 방법을 습득하도록 하는 방법으로서, 대인관계에서 비롯되는 불안요인을 제거하기 위한 행동치료 기법이다.
> ④ 환권보상치료 또는 토큰경제(Token Economy) : 바람직한 행동들에 대한 체계적인 목록을 정해놓은 후, 그러한 행동이 이루어질 때 그에 상응하는 보상(토큰)을 하는 행동치료 기법이다.
> ⑤ 홍수법(Flooding) : 혐오스러운 느낌이나 불안한 자극에 대해 미리 준비를 갖추도록 한 후, 가장 높은 수준의 자극에 오랫동안 지속적으로 노출시킴으로써 시간이 경과함에 따라 혐오나 불안을 극복하도록 하는 행동치료 기법이다.

08 실존주의 상담이론의 인간관에 관한 설명으로 옳지 않은 것은?

① 인간은 본질적으로 시간의 유한성과 죽음 또는 부재에 대한 불안을 갖는다.
② 삶은 그 자체로서의 긍정적인 의미는 없으며, 인간이 스스로 그 의미를 창조해야 한다.
③ 인간은 자유를 가진 자기결정적인 존재이기 때문에 자유에 대한 책임을 져야 한다.
④ 인간은 누구나 자기 자신을 향상시켜 나아가려는 자아실현의 동기를 타고났다.
⑤ 인간은 누구나 실존적 불안을 경험하는데, 실존적 불안은 불가피한 것이다.

> 인간은 누구나 자아실현의 동기를 타고났다고 보는 것은 로저스(Rogers)의 인간중심 상담이론의 인간관이다.

09 다음 보기의 내용은 실존적 심리치료의 어떤 기법을 적용한 것인가?

> 불면증을 호소하는 내담자에게 잠을 자려고 일부러 애쓰는 대신, 하고 싶은 취미활동을 적극적으로 해보도록 제안한다.

① 부정적 실행기법
② 역설적 의도
③ 탈숙고
④ 유머 사용
⑤ 변증법적 시도

> 탈숙고는 반성을 제거하는 기법으로서, 지나친 자기관찰에서 벗어나 의미와 가치를 주는 다른 것에 관심을 보이도록 이끄는 기법이다. 지나친 숙고는 개인의 자발성과 활동성에 방해가 된다. 지나친 숙고를 상쇄시킴으로써 개인의 자발성과 활동성을 회복시키고, 지나친 숙고로 인한 기대불안의 악순환에서 벗어나게 하기 위해 탈숙고를 사용한다.

10 인간중심 상담의 상담과정이나 기법에 관한 설명으로 옳지 않은 것은?

① 상담자는 내담자의 감정, 사고, 행동에 대하여 어떠한 평가도 하지 않는다.
② 상담자는 내담자를 대신하여 상담에 관하여 결정하지 않는다.
③ 상담자는 내담자가 스스로 자신을 이해하고 수용하도록 분위기를 만든다.
④ 상담자는 공감적인 자세를 유지하고 자신의 내면세계를 노출하지 않는다.
⑤ 내담자는 '지금-여기'에서 느끼는 것을 표현하면서 자기의 감정에 솔직해지려는 노력을 하게 된다.

> 인간중심 상담에서 상담자는 공감적 이해를 통해 오랫동안 감추고 있던 이야기를 내담자가 꺼낼 수 있도록 돕는 것을 중시하며, 내담자와의 상담관계에서 순간순간 경험하는 자신의 감정이나 태도를 있는 그대로 솔직하게 인정한다.

정답 07 ② 08 ④ 09 ③ 10 ④

11 인간중심 상담의 기본 개념에 해당하는 것을 모두 고른 것은?

> ㄱ. 사회적 관심　　　　　　ㄴ. 충분히 기능하는 사람
> ㄷ. 자기실현 경향성　　　　ㄹ. 미해결 과제
> ㅁ. 자기와 자기개념

① ㄱ, ㄴ, ㄷ　　　　② ㄱ, ㄴ, ㄹ
③ ㄴ, ㄷ, ㄹ　　　　④ ㄴ, ㄷ, ㅁ
⑤ ㄷ, ㄹ, ㅁ

> ㄱ. 사회적 관심 : 개인심리상담 이론에 관련된 개념이다. 이상적인 공동사회라는 목표를 달성하고자 개인의 목표를 사회적 목표로 전환하는 것으로서, 사회적 관심이 발달함에 따라 열등감과 소외감이 감소된다.
> ㄹ. 미해결 과제 : 게슈탈트 상담에 관련된 개념이다. 완결되지 않은 게슈탈트를 의미하는 것으로서, 분노·원망·고통·슬픔·불안·죄의식 등과 같이 명확히 표현되지 못한 감정을 포함한다.

12 형태주의 상담이론에서 제시하는 환경과의 접촉장애의 양상으로서, 다음 보기의 내용이 설명하는 것은?

> ○ 개인이 환경과의 접촉을 통해 자신에게 필요한 행동방식이나 가치관을 외부로부터 무비판적으로 받아들임으로써 발생한다.
> ○ 개인의 자기 자신과의 완전한 동화를 방해하며, 행동이나 사고방식에 악영향을 미친다.

① 투 사　　　　② 반 전
③ 융 합　　　　④ 내 사
⑤ 편 향

> ① 투사 : 개체가 자신의 생각이나 욕구, 감정 등을 타인의 것으로 지각하는 현상이다.
> ② 반전 : 개체가 다른 사람이나 환경에 하고 싶은 행동을 자기 자신에게 하는 것 또는 타인이 자기에게 해주기를 바라는 행동을 스스로 자기 자신에게 하는 것을 말한다.
> ③ 융합 : 밀접한 관계에 있는 두 사람이 서로 간에 차이점이 없다고 느끼도록 합의함으로써 발생한다.
> ⑤ 편향 : 감당하기 힘든 내적 갈등이나 환경 자극에 노출될 때, 이에 압도당하지 않으려고 자신의 감각을 둔화시켜서 환경과의 접촉을 피하거나 약화시키는 것이다.

13 다음 중 ABCDE 기법에 관한 설명으로 옳은 것은?

① Consequence(결과) – 내담자의 비합리적인 신념을 철저하게 논박함으로써 합리적인 신념으로 대치한 다음에 느끼게 되는 자기수용적 태도와 긍정적 감정의 결과
② Belief System(신념체계) – 개인에게 정서적 혼란을 일으키는 어떤 사건이나 현상 또는 행위
③ Dispute(논박) – 비합리적인 신념이나 사고에 대해 사리에 맞는지 다시 한 번 검토하도록 상담자가 촉구하는 것
④ Effect(효과) – 선행사건에 접했을 때 합리적 또는 비합리적 태도·사고방식을 가지고 그 사건을 해석함으로써 느끼게 되는 정서적 결과
⑤ Activating Event(선행사건) – 사건·현상·행위 같은 환경적 자극에 대해 개인이 갖는 태도 또는 사고방식

ABCDE 기법
합리정서행동 상담이론(REBT)에서 인간이 비합리적인 신념으로 인해 부적응적 정서와 행동에 고착되는 것과 이의 치유과정을 설명하는 기법이다.

Activating Event (선행/촉발사건)	• 개인에게 정서적 혼란을 일으키는 어떤 사건이나 현상 또는 행위를 말한다. • 이러한 선행사건은 내담자의 부정적인 정서를 유발한다.
Belief System (비합리적 신념체계)	선행/촉발 사건에 대한 개인의 비합리적 신념체계나 사고체계를 의미한다.
Consequence (결과)	• 선행사건에 접했을 때 합리적 또는 비합리적 태도·사고방식을 가지고 그 사건을 해석함으로써 느끼게 되는 정서적 결과를 말한다. • 비합리적 사고방식을 가진 사람들은 대개의 경우 지나친 불안, 원망, 비판, 죄책감 등과 같은 감정을 느끼게 되고 정신장애와 질환을 앓기 쉬우며, 방어적 태세를 취하는 경향이 있다.
Dispute (논박)	• 자신의 비합리적인 신념이나 사고에 도전해 보고, 과연 그 생각이 사리에 맞는 것인지를 다시 한 번 검토해 보도록 상담자가 촉구하는 것을 말한다. • 상담자는 논리적인 원리들을 제시하여 내담자의 그릇된 신념들을 논박함으로써 내담자가 자기패배적 생각을 바꾸거나 포기하도록 돕는다.
Effect (효과)	• 내담자의 비합리적인 신념을 철저하게 논박함으로써 합리적인 신념으로 대치한 다음에 느끼게 되는 자기수용적 태도와 긍정적 감정과 행동을 지칭한다. • 논박의 효과에는 이성적으로 생각하게 되는 인지적 효과와 바람직한 정서로 바뀌는 정서적 효과, 바람직한 행동으로 나타나는 행동적 효과 등이 있다.

14 형태주의 상담이론의 상담기술 중 내담자가 자신의 미해결 감정들을 회피하지 않고 직면하도록 함으로써 스스로의 감정을 자각하도록 하는 것은?

① 빈 의자 기법
② 내적 대화
③ 꿈을 통한 통합
④ 대화실험
⑤ 머물러 있기

> ① 빈 의자 기법 : 치료 장면에 없는 사람과 상호작용할 필요가 있을 경우 내담자에게 그 인물이 맞은 편 빈 의자에 앉아 있다고 상상하도록 하여 대화하는 방법이다.
> ② 내적 대화 : 내담자가 갈등을 느끼는 자기 부분들 간에 대화를 하도록 하는 방법이다.
> ③ 꿈을 통한 통합 : 꿈은 내담자의 욕구나 충동 혹은 감정이 외부로 투사된 것으로, 상담자는 내담자가 현실에서 꿈을 재현하고 이러한 투사된 꿈의 각 부분들과 동일시하게 함으로써 지금껏 회피하고 억압했던 자신의 감정과 욕구 및 충동과 접촉하여 통합할 수 있게 한다.
> ④ 대화실험 : 공상 대화를 통해 내담자로 하여금 내적인 분할을 인식하도록 하는 방법이다.

15 합리정서행동 상담(REBT)의 한계점에 관한 설명으로 옳지 않은 것은?

① 신념을 바꾸는 것은 올바른 상황판단을 전제로 하므로, 심각한 기질장애자에게는 사용할 수 없다.
② 내담자의 자율적인 성장을 저해할 우려가 있다.
③ 정서적 장애와 문제행동의 원인 및 그 해결방법을 명확하게 제시하지 못했다.
④ 내담자의 지적 수준이나 자발성에 영향을 받는다.
⑤ 지나친 인지적 접근방법으로서 인간의 정서적인 측면을 소홀히 하였다.

> 합리정서행동 상담(REBT)은 정서적 장애와 문제행동의 원인 및 그 해결방법을 명확하게 제시하면서, 정서 장애에 대한 자기통찰과 함께 해결방법을 실제 행동으로 옮기는 것을 강조하였다.

16 인지치료 상담에 관한 설명으로 옳은 것을 모두 고른 것은?

> ㄱ. 개인이 가진 정보처리 과정상의 인지적 왜곡에 초점을 두었다.
> ㄴ. 사람들이 느끼고 행동하는 방식이 경험의 지각과 구조화의 방식에 의해 결정된다고 보았다.
> ㄷ. 개인이 가진 비합리적 사고 또는 신념이 부적응을 유발한다고 보았다.
> ㄹ. 치료상담 검사로는 벡우울척도, 벡불안척도, 자동적 사고척도, 역기능적 태도척도, 자기개념검사 등이 있다.
> ㅁ. '인간은 객관적 현실에 의해 고통받는다'고 주장하며 개인의 이성적 판단을 중시한다.

① ㄱ, ㄴ, ㄷ, ㅁ
② ㄱ, ㄴ, ㄹ
③ ㄴ, ㄹ
④ ㄱ, ㄷ, ㄹ
⑤ ㄴ, ㄷ, ㄹ, ㅁ

> ㄷ. 합리정서행동 치료(REBT)를 고안한 엘리스(Ellis)가 주장한 내용이다.
> ㅁ. 인지치료는 '인간은 객관적 현실에 의해서 고통받는 것이 아니라, 그것에 대한 견해에 의해 고통받는다'고 주장하면서 개인의 주관적 경험과 이성적 판단을 중시한다.

17 다른 중요한 요소들은 무시한 채 사소한 부분에 초점을 맞추고, 그 부분적인 것에 근거하여 전체 경험을 이해하는 인지상의 왜곡은?

① 개인화
② 이분법적 사고
③ 임의적 추론
④ 정신적 여과
⑤ 과대평가

> ① 개인화 : 자신과 관련시킬 근거가 없는 외부사건을 자신과 관련시키는 성향으로서, 실제로는 다른 것 때문에 생긴 일에 대해 자신이 원인이고, 자신이 책임져야 할 것으로 받아들이는 것을 의미한다.
> ② 이분법적 사고 : 모든 경험을 한두 개의 범주로만 이해하고, 중간지대가 없이 흑백논리로써 현실을 파악하는 것을 의미한다.
> ③ 임의적 추론 : 어떤 결론을 지지하는 증거가 없거나 그 증거가 결론에 위배되는데도, 임의적으로 그러한 결론을 내리는 것을 의미한다.
> ⑤ 과대평가 : 어떤 사건 또는 한 개인이나 경험이 가진 특성의 한 측면을 그것이 실제로 가진 중요성과 무관하게 과대평가하는 것을 의미한다.

정답 14 ⑤ 15 ③ 16 ② 17 ④

18 다음 설명에 해당하는 상담접근으로 옳은 것은?

> ㄱ. 경계선 성격장애로 진단받은 만성적 자살 위험이 있는 내담자를 치료하기 위해 마샤 리네한(M. Linehan)이 개발
> ㄴ. 인지적 탈융합과 마음챙김을 통해 심리적 건강과 삶의 질을 향상시킬 수 있다고 보는 이론으로 스티븐 헤이즈(S. Hayes)에 의해 발전

① ㄱ - 변증법적 행동치료,   ㄴ - 수용전념치료
② ㄱ - 수용전념치료,   ㄴ - 변증법적 행동치료
③ ㄱ - 변증법적 행동치료,   ㄴ - 마음챙김기반 인지치료
④ ㄱ - 실존치료,   ㄴ - 수용전념치료
⑤ ㄱ - 대상관계치료,   ㄴ - 마음챙김기반 인지치료

> 변증법적 행동치료(DBT)와 수용전념치료(ACT)는 인지행동치료의 '제3의 동향'에 해당하며, 마음챙김 및 수용 기반 인지행동치료 접근법으로서 기존 인지행동치료를 보완·혁신하는 방법이다.
> • 변증법적 행동치료(DBT)
>   - 마샤 리네한(M. Linehan)이 성격장애 치료를 위해 개발한 치료법이다.
>   - 자살근접 행동에 개입하기 위해 개발되었는데, 곧 경계선 성격장애의 개입에도 사용되었다.
>   - 고통감내기술, 의미창출기술 등을 통해 정서를 수용하도록 돕는 역설적인 치료법이다.
> • 수용전념치료(ACT)
>   - 생각과 느낌을 수용하고 현재에 존재하며, 가치 있는 방향을 선택하고 행동을 취하는 방법을 깨닫게 하는 치료로 스티븐 헤이즈(S. Hayes)에 의해 발전되었다.
>   - 정신병리가 경험 회피와 인지적 융합으로 인한 심리적 경직성에 의해 발생한다고 본다.
>   - 핵심 원리는 가치 탐색, 전념 행동, 현재에 머무르기, 인지적 탈융합, 마음챙김 등이다.

19 현실치료의 개념에 관한 설명으로 옳지 않은 것은?

① 선택이론 – 사회적 기대에 부합하는 선택적 행동
② 지각체계 – 지식 여과기와 가치 여과기로 구성
③ 좋은 세계(Quality World) – 기본욕구를 반영하여 구성된 내면세계
④ 전체행동(Total Behavior) – 행동하기, 생각하기, 느끼기, 생리작용의 네 가지 요소로 구성
⑤ 행동체계 – 불균형이 심할 때 강한 좌절과 충동 발생

> 선택이론은 인간이 기본욕구 충족을 위해 자기 행동을 선택·통제하는 것을 설명하는 이론으로, 인간 행동의 대부분은 내적으로 동기화되어 있다고 본다.

20 다음 보기의 내용은 상담자가 실시한 검사 해석의 일부이다. 이 상담자가 적용한 상담이론은?

> A는 자유와 즐거움에 대한 욕구가 매우 높은 편입니다. 이에 비해 A의 남자친구는 힘과 소속에 대한 욕구가 높습니다. 두 분의 욕구에 있어서의 차이가 현재 겪고 있는 두 사람 간의 갈등에 영향을 미칠 수 있다는 생각이 드네요.

① 교류분석　　　　　　　　② 정신분석
③ 현실치료　　　　　　　　④ 개인심리학
⑤ 게슈탈트 치료

> 현실치료 상담이론에서 인간의 기본욕구
> • 생존에 대한 욕구　　　　• 사랑·소속에 대한 욕구
> • 힘에 대한 욕구　　　　　• 자유에 대한 욕구
> • 즐거움에 대한 욕구

정답　18 ①　19 ①　20 ③

21 해결중심 상담기법에 대한 설명으로 옳지 않은 것은?

① 내담자가 지금까지와는 다른 생활방식으로 행동하게 하여 현재의 문제를 해결한다.
② 병적인 것이나 잘못된 것이 아닌 내담자의 성공적·긍정적 경험을 활용한다.
③ 상담자-내담자 관계유형으로 방문형, 불평형, 고객형 등의 유형이 있다.
④ 내담자의 행동에 영향을 끼치는 과거 경험을 분석하기보다는 문제의 원인을 규명한다.
⑤ 예외질문, 기적질문, 척도질문, 대처질문, 관계성질문, 악몽질문 등의 질문기법을 사용한다.

> 해결중심 상담에서는 문제의 원인을 규명하기보다는 내담자가 가진 자원을 활용하여 해결 방안을 마련한다.

22 해결중심 상담의 질문기법과 그 적용의 예가 옳은 것을 모두 고른 것은?

> ㄱ. 행동평가 질문 - 당신의 행동은 자신에게 도움이 됩니까?
> ㄴ. 예외질문 - 어떻게 하면 덜 고통스러웠던 상황이 다시 일어날 수 있을까요?
> ㄷ. 상담 전 변화 질문 - 예약 후 오늘 오기까지 혹시 어떤 변화가 있었나요?
> ㄹ. 대처질문 - 그러한 상황 속에서 어떤 경험을 했나요?
> ㅁ. 논박질문 - 최악이라고 상상한 것이 현실이 된다면 정말 파멸일까요?

① ㄱ, ㄴ
② ㄱ, ㅁ
③ ㄴ, ㄷ
④ ㄷ, ㄹ
⑤ ㄹ, ㅁ

해결중심 상담 질문기법	
치료 면담 전 질문	내담자의 변화를 통해 잠재능력을 발견하고, 내담자 스스로 인식하지 못한 해결방안을 탐색한다. 예 "그동안 상담 경험에 의하면, 처음 치료를 약속했을 때와 치료 받으러 오는 사이에 호전되는 경우가 많습니다. ○○님은 어떠셨어요?"
예외질문	성공했던 경험과 현재 잘하고 있는 것을 발견하는 질문으로서, 문제에 집중하기보다 해결 방안을 모색하도록 유도한다. 예 "문제가 발생하지 않은 때는 언제였나요?", "문제가 발생하는 상황과 발생하지 않은 상황이 어떻게 다른가요?"
기적/가상질문	변화된 현실의 구축, 가능성에 대한 자기상을 형성하는 것으로서, 해결 방법을 문제와 분리하여 상상하도록 하여 희망과 가능성을 모색한다. 예 "○○님에게 변화가 일어난 것을 다른 사람들이 무엇을 보고 알 수 있을까요?", "기적으로 문제가 해결된 것 같이 하려면 무엇부터 시작해야 할까요?"
척도질문	숫자로 상태의 정도를 표현하는 것으로서, 심각한 정도 사정, 상담목표 성취 정도 측정, 결과에 대한 구체적 평가에 유용하다. 예 "10점을 모든 문제가 해결된 상태라고 하고 1점을 최악의 상태라고 한다면, 오늘의 상태는 몇 점인가요?"
대처/극복질문	만성적인 어려움과 위기에 관련된 것으로서, 내담자의 잠재력을 재평가하고 그동안의 노력을 발견하며, 부정적 자아상에서 벗어나도록 하는 것이다. 예 "그렇게 힘든 상황에서도 버틸 수 있었던 요소는 무엇인가요?", "그동안의 대처방법이 어떤 면에서 도움이 되었습니까?"

23 다음 보기의 내용과 연관된 의사교류분석 상담이론의 기본 개념에 해당하는 것은?

○ 초기결정을 확증하기 위해 다른 사람을 조작하는 과정이다.
○ 조작적이고 파괴적인 행동과 연관된 감정이다.

① 라켓 감정　　　　　　　　　　② 심리적 게임
③ 생활각본　　　　　　　　　　④ 부정적 스트로크
⑤ 빈 의자 기법

라켓 감정(Racket Feeling)
- 라켓은 초기결정을 확증하기 위해 다른 사람을 조작하는 과정을 말하며, 조작적이고 파괴적인 행동과 연관된다.
- 라켓 감정은 주로 게임 뒤에 맛보는 불쾌하고 쓰라린 감정으로서, 게임과 마찬가지로 라켓도 초기결정을 지원하며 개인의 인생각본의 기본이 된다.

24 다음 중 의사교류분석 상담이론의 '이면교류'에 관한 내용에 해당하는 것은?

① 3~4개의 자아상태가 관련되며, 자극과 반응의 방향은 항상은 아니지만 자주 교차된다.
② 상대방의 하나 이상의 자아상태를 향해서 현재적인 교류와 잠재적인 교류의 양쪽이 동시에 작용한다.
③ 자극과 반응의 방향이 수평적이다.
④ 인간관계의 측면에서 이러한 교류는 솔직하고 자연스러우며 이치에 맞는다.
⑤ 다른 사람의 어떤 반응을 기대하고 시작한 교류에 대해 예상외의 반응이 되돌아온다.

> ① · ⑤ 교차교류, ③ · ④ 상보교류
> 이면교류
> • 상대방의 하나 이상의 자아상태를 향해서 현재적인 교류와 잠재적인 교류의 양쪽이 동시에 작용하는 복잡한 교류로서, 가식적 메시지가 전달되는 것이다.
> • 3~4개의 자아상태가 관련되며 메시지에 두 가지 수준, 즉 언어적 수준(사회적 수준)과 비언어적 수준(심리학적 수준)이 있다.
> • 메시지의 사회적 수준과 심리적 수준이 서로 일치하지 않고 종종 상반된다.
> • 표면적으로 당연해 보이는 메시지를 보내고 있는 것 같으나, 그 주된 욕구나 의도 또는 진의 같은 것이 이면에 숨겨져 있는 것이 특색이다.

25 여성주의 상담치료에서 내담자들이 다루게 되는 주제를 모두 고르면?

> ㄱ. 불안과 방어를 탐색하기
> ㄴ. 힘과 통제에 대한 쟁점을 이해하기
> ㄷ. 행동에 영향을 주는 외부적 힘을 조사하기
> ㄹ. 자라면서 받은 메시지 확인하기
> ㅁ. 사회적 지시와 기대를 비판적으로 조사하기
> ㅂ. 자신의 가치관을 탐색하기

① ㄱ, ㄴ, ㄷ, ㄹ, ㅁ, ㅂ　　② ㄱ, ㄴ, ㄷ, ㄹ, ㅁ
③ ㄱ, ㄴ, ㄷ, ㄹ, ㅂ　　④ ㄷ, ㄹ, ㅁ
⑤ ㄴ, ㄷ, ㄹ

> 여성주의 상담치료에서 내담자들이 다루게 되는 주제
> • 불안과 방어를 탐색하기
> • 행동에 영향을 주는 외부적 힘을 조사하기
> • 적절한 책임감 수용하기를 학습하기
> • 자신의 가치관을 탐색하기
> • 힘과 통제에 대한 쟁점을 이해하기
> • 자라면서 받은 메시지 확인하기
> • 사회적 지시와 기대를 비판적으로 조사하기
> • 삶의 의미를 깊게 생각하기

26 다음 중 효과적인 다문화 상담기법에 관한 설명으로 옳지 않은 것은?

① 한국말이 서툰 다문화 내담자를 위해 폐쇄적 질문을 주로 활용한다.
② 힘들어하는 다문화 내담자에게 공감적 이해의 태도를 보여주어야 한다.
③ 상담방법의 융통성을 추구한다.
④ 내담자가 어려워하는 말들을 상담자가 재진술하여 한국어 습득에도 도움을 줄 수 있다.
⑤ 타 문화 전문가와 접촉하고 협업하는 자세가 중요하다.

> 한국말이 서툰 다문화 내담자를 위한 배려가 필요하다. 내담자가 어려워하는 말들을 상담자가 명확히 재진술하여 한국어 습득에도 도움을 줄 수 있다. 재진술을 할 때는 내용에 초점 맞추기, 간결하게 표현하기, 내담자가 한 말을 그대로 표현하기, 내담자에게 피드백하기 등을 활용하며, 질문은 개방적 질문과 폐쇄적 질문을 적절히 섞어서 사용한다.

27 통합적 상담에 관한 설명으로 옳은 것을 모두 고른 것은?

> ㄱ. 모든 내담자들에게 효과적인 단일 접근법은 없다고 믿기 때문에 한 가지 상담이론에 얽매이지 않는다.
> ㄴ. 개별 내담자에게 최상의 심리치료가 어떤 것인지 알 수 없기 때문에 내담자에게 효과적인 상담 방법을 탐색한다.
> ㄷ. 통합의 궁극적 목표는 치료의 효과와 유용성을 높이는 것이다.

① ㄱ
② ㄴ
③ ㄱ, ㄴ
④ ㄱ, ㄷ
⑤ ㄱ, ㄴ, ㄷ

> 통합적 상담은 다양한 체계로부터 개념과 방법을 선택하는 과정을 말한다. 통합적 상담은 한 가지 상담이론에 얽매이지 말고 다양한 상담이론을 알아야 하며, 내담자에게 효과적인 상담 방법을 탐색해야 한다. 치료의 효과와 유용성을 높여 내담자에게 이익을 주는 것이 통합적 상담의 목표이다.

CHAPTER 03 청소년상담의 실제

01 상담자가 상담 초기단계에서 진행해야 할 과업으로 옳지 않은 것은?

① 라포 형성
② 사례개념화
③ 상담구조화
④ 과정 목표 설정
⑤ 내담자의 문제 이해 및 평가

> ④ 과정 목표 설정은 상담의 중기단계에서 진행해야 할 과제이다.
> ① 라포 형성 : 내담자의 말을 경청하고 공감적으로 이해하여 촉진적 상담관계를 형성한다.
> ② 사례개념화 : 내담자로부터 얻은 단편 정보를 상담자가 통합하여 이해와 문제해결에 활용하는 기술을 말하며, 문제의 발생과 배경, 내담자의 자원 및 취약점, 문제에 대한 종합적 이해, 상담목표 및 계획 등을 구성요소로 한다.
> ③ 상담구조화 : 상담자가 상담이 어느 방향으로 전개될 것이며 최종목표에 도달하기 위해 얼마나 오랜 시간이 걸릴 것인지 등을 내담자에게 알리고 내담자의 기대를 조정하는 과정으로, 내담자에게 상담시간, 상담절차나 조건, 취소 및 연기가 필요할 때의 방법, 비밀보장 등에 대해 설명한다.
> ⑤ 내담자의 문제 이해 및 평가 : 내담자의 호소문제, 현재 및 최근의 주요 기능 상태, 스트레스 원인 및 호소문제와 관련된 개인사 및 가족관계, 외모 및 행동 등을 파악한다.

02 상담의 기본조건 중 '수용'에 관한 내용으로 가장 옳지 않은 것은?

① 내담자의 사회적으로 용납되지 않는 태도나 행동도 인정한다.
② 내담자의 인간적인 결점이나 죄악에 대해 비난하거나 적의의 감정을 가져서는 안 된다.
③ 내담자가 행한 행동의 원인과 결과에 대해 객관적인 자세를 취한다.
④ 내담자의 존엄성과 인격적 가치가 유지되어야 한다.
⑤ 내담자의 존재 그 자체를 수용한다.

> 수용은 인간의 가치와 존엄에 대한 인식으로부터 시작하여, 내담자의 인간적인 결점, 죄악 및 과오의 여부를 떠나 내담자를 성장 가능한 가치 있는 존재로 인정하는 것이다. 그러나 이러한 수용이 사회적으로 용납되지 않는 태도나 행동까지 인정하는 것을 의미하지는 않는다.

03 로저스(C. Rogers)가 제시한 상담과정 12단계 중 4~10단계에 대한 설명이다. 다음 보기의 내용을 순서대로 올바르게 나열한 것은?

> ㄱ. 내담자가 표출하는 부정적 감정을 상담자가 수용·정리함
> ㄴ. 내담자가 긍정적 행동을 보임
> ㄷ. 내담자에게 더 깊은 성장과 통찰이 이루어짐
> ㄹ. 부정과 긍정의 두 감정을 경험하면서 내담자는 자기이해, 자기수용, 자기통찰을 나타냄
> ㅁ. 내담자가 서서히 여러 가지 의사결정을 할 수 있게 됨
> ㅂ. 부정적 감정이 완전히 표출된 후 조심스럽게 긍정적 감정·충동이 발현됨
> ㅅ. 내담자의 부정적 감정뿐 아니라 긍정적 감정을 상담자가 인정·수용함

① ㄱ - ㅂ - ㅅ - ㅁ - ㄹ - ㄴ - ㄷ
② ㅂ - ㅅ - ㄱ - ㅁ - ㄴ - ㄹ - ㄷ
③ ㅂ - ㅅ - ㄱ - ㄹ - ㅁ - ㄴ - ㄷ
④ ㄱ - ㅂ - ㅅ - ㄹ - ㅁ - ㄴ - ㄷ
⑤ ㄱ - ㅂ - ㅅ - ㅁ - ㄴ - ㄹ - ㄷ

④ ㄱ(4단계) - ㅂ(5단계) - ㅅ(6단계) - ㄹ(7단계) - ㅁ(8단계) - ㄴ(9단계) - ㄷ(10단계)

로저스(C. Rogers)의 상담과정 12단계
- 1단계 - 내담자가 자발적으로 도움을 받으러 찾아옴
- 2단계 - 상담이라는 상황을 정의함
- 3단계 - 내담자가 문제에 대한 감정을 자유롭게 표현함
- 4단계 - 내담자가 표출하는 부정적 감정을 상담자가 수용·정리함
- 5단계 - 부정적 감정이 완전히 표출된 후 조심스럽게 긍정적 감정과 충동이 발현됨
- 6단계 - 내담자의 부정적 감정뿐 아니라 긍정적 감정을 상담자가 인정·수용함
- 7단계 - 부정과 긍정의 두 감정을 경험하면서 내담자는 자기이해, 자기수용, 자기통찰을 나타냄
- 8단계 - 내담자가 서서히 여러 가지 의사결정을 할 수 있게 됨
- 9단계 - 내담자가 적극적·긍정적 행동을 보임
- 10단계 - 더 깊은 성장과 통찰이 이루어짐
- 11단계 - 내담자가 긍정적 행동을 반복함
- 12단계 - 내담자가 치료단계 종결을 생각함

정답 01 ④ 02 ① 03 ④

04 다음 보기의 내용에 해당하는 브래머(L. Brammer)의 상담과정으로 가장 적절한 것은?

○ 이전 단계에서 제시된 많은 대안, 대체될 행동, 감정 및 사고 등에서 가장 적합한 것을 선정하여 이를 실제 적용해 나간다.
○ 성공적인 상담에서의 결실기에 해당한다.

① 구조화
② 관계 심화
③ 견고화
④ 명료화
⑤ 탐 색

브래머(L. Brammer)의 상담과정 8단계

단계	내용
1단계 준비와 시작 단계	• 내담자는 용기, 즉 상담을 받는 것에 대한 마음의 준비가 필요하다. • 상담자는 내담자의 저항을 최소한으로 줄이고, 상담자에 대한 신뢰감을 갖도록 하는 것이 중요하다.
2단계 명료화 단계	• 내담자가 도움을 청하는 원인과 문제의 배경을 밝혀 내담자의 문제를 명백하게 한다. • 상담자는 내담자가 어떤 내용의 조력을 구하는지에 대해 내담자 자신의 진술을 통해 구체화해야 한다.
3단계 구조화 단계	• 구조화는 심리적 조력 관계의 본질 · 제한점 · 목표 등을 규정하고, 상담자와 내담자의 역할과 책임 그리고 가능한 약속 등의 윤곽을 명백히 하는 것을 가리킨다. • 상담자는 상담이 어느 방향으로 전개될 것이며, 최종목표에 도달하기 위해 얼마나 오랜 시간이 걸릴 것인지 내담자에게 알린다. • 상담자와 내담자가 서로 편안하게 느낄 수 있는 수준에서 최소한으로 이루어져야 한다. • 내담자의 행동규범에 대한 내용은 구체적으로 소통되어야 한다.
4단계 관계 심화 단계	• 상담자와 내담자 간에 이루어진 관계를 더욱 심화하고, 내담자가 상담자를 신뢰하는 단계이다. • 내담자가 자신의 문제를 해결하고자 상담과정에 전력으로 참여하는 단계이다.
5단계 탐색 단계	• 내담자의 문제가 밝혀지고 상담자와의 관계가 심화되면서, 상담자가 내담자의 문제를 해결하기 위해 더욱 적극적으로 개입하는 단계이다. • 상담자는 내담자의 문제, 감정, 사고를 명확하고 구체적으로 밝혀서, 내담자가 자신과 환경에 대해 더 정확하게 이해할 수 있도록 도와야 한다.
6단계 견고화 단계	• 성공적인 상담에서의 결실기라 할 수 있는 단계이다. • 이전 단계에서 제시된 많은 대안, 대체될 행동 · 감정 · 사고 등에서 가장 적합한 것을 선정하여 이를 실제 적용해 나간다.
7단계 계획 단계	• 상담을 종결하거나 계속할 것을 결정할 때 필요한 계획을 수립 · 검토하는 단계이다. • 이 단계의 목표는 상담이 끝난 후 이루어져야 할 구체적인 활동까지 포함해야 한다.
8단계 종료 단계	• 상담을 통해 성취한 것들을 목표에 비추어 평가하는 단계이다. • 상담종결 시기를 결정할 때는 상담기관의 관련지침, 상담기간, 호소문제의 해결 정도, 내담자의 상담 외 지지체계를 고려하여야 한다.

05 다음 중 상담 종결 시의 과업에 해당하는 것을 모두 고르면?

ㄱ. 정서적 반응 다루기	ㄴ. 의존성 감소시키기
ㄷ. 의뢰하기	ㄹ. 종결 시기 정하기

① ㄱ, ㄴ, ㄷ
② ㄱ, ㄷ
③ ㄴ, ㄹ
④ ㄹ
⑤ ㄱ, ㄴ, ㄷ, ㄹ

상담 종결 시의 과업
- 종결 시기 정하기
- 상담의 목표달성 여부 점검
- 가용자원과 앞으로의 행동목록 점검
- 의존성 감소시키기
- 추수상담 일정 논의
- 정서적 반응 다루기
- 효과적인 대처행동 검토
- 변화 또는 효과의 유지 및 강화
- 미래에 대한 계획 세우기
- 평가 및 의뢰하기

06 다음 중 가장 높은 수준의 경청으로서, 내담자가 인지하지 못하는 무의식적인 내용까지 포착하는 것은?

① 적극적 경청
② 선택적 경청
③ 공감적 경청
④ 촉진적 경청
⑤ 반영적 경청

경청의 유형(단계)

수동적 경청 또는 경청하지 않기	• Listening의 상태가 아닌 Hearing의 상태이다. • 상대방이 하는 이야기에 무관심하다.
경청하는 척하기	주의를 기울이지 않아 상대방의 이야기를 기억하지 못한다.
선택적 경청	• 상담과정의 효율성을 확보하기 위하여 내담자가 현재의 심경과 문제를 토로할 때 선택적으로 주목하여 경청하는 것이다. • 문제의 핵심을 파악하기에 가장 유용한 경청 기법이지만, 상담자의 고정된 사고의 틀에 부합하는 내용만 수용할 수 있다는 문제점도 있다.
오해의 경청	선택적 경청으로 수용한 내용을 자신의 이해 수준·입장·관점 등으로 이해함으로써 오해를 일으킨다.
사실만 경청	상대방이 전하는 정보에만 집중하여 상대방의 마음에는 신경 쓰지 못한다.
적극적 경청	비언어적인 메시지까지 주목한다.
공감적 경청	언어적·비언어적 메시지뿐만 아니라 상대방의 감정, 상황, 사회문화적 배경에도 주의를 기울임으로써 상대방을 더욱 존중하고 배려한다.

정답 04 ③ 05 ⑤ 06 ④

촉진적 경청	• 가장 높은 수준의 경청이다. • 상대방과 충분히 공감하는 상태에서 상대가 미처 알아차리지 못한 부분, 원하지만 두려워하거나 숨기고 싶은 부분, 진정으로 의도하는 부분까지 파악하여 내담자 스스로 해답을 찾을 수 있도록 돕는 경청이다.

07 학교에서 상담을 실시할 때, 교사가 지켜야 할 사항에 해당하지 않는 것은?

① 학생 스스로가 무엇이 잘못되었는가를 알도록 도와준다.
② 학생을 이해하기 위해 연속적인 질문으로 응답을 요구한다.
③ 학생과 함께 문제를 해결하도록 노력한다.
④ 상담 전 상담의 절차 등을 학생에게 설명해준다.
⑤ 학생의 입장에서 문제를 보고 해결책을 모색해야 한다.

> 상담 현장에서는 가급적 내담자가 스스로 이야기할 수 있도록 유도하는 것이 바람직하며, 상담자가 질문을 많이 하여 내담자에게 연속적으로 응답을 요구하는 것은 바람직하지 못하다.

08 다음 보기의 내용에 대한 상담자의 질문으로 가장 적합한 것은?

> ○○중학교의 한 학생이 집단패싸움에 연루되어 학교로부터 징계처분을 받았다. 그 학생은 상담자를 찾아와 자신의 그릇된 행위를 합리화하고 있다.

① "당신이 그 학생을 때렸습니까, 안 때렸습니까?"
② "왜 친구들의 싸움을 말리지 않았나요?"
③ "지금 이 상황이 당신에게 유리하다고 생각하나요? 사람들이 당신을 더 지지해 줄 것 같은가요?"
④ "그러한 행동이 자신에게 어떠한 영향을 미칠 것이라 생각하나요?"
⑤ "누가 무슨 이유로 그러한 싸움에 가담하라고 부추겼나요?"

> 상담자는 내담자의 행동의 옳고 그름, 좋고 나쁨을 떠나 수용적인 입장에서 내담자와의 상담에 임해야 한다. 상담자는 심문자나 조사관의 역할을 수행해서는 안 되며, 내담자의 행동에 대해 비난하거나 심판해서도 안 된다. 또한 상담자가 내담자에게 질문을 하는 과정에서 유도질문이나 모호한 질문, 이중질문이나 '왜' 질문을 사용하는 것은 바람직하지 않다.

09 청소년상담의 목표에 관한 설명으로 옳지 않은 것은?

① 성공하여 가치 있는 인간으로 성장하기 위한 수준 높은 목표를 설정한다.
② 환경에 대한 적응기술을 증진하도록 한다.
③ 긍정적인 자아개념 및 자아정체감을 형성하도록 한다.
④ 정신건강을 증진하도록 한다.
⑤ 청소년 내담자의 문제행동에 대한 변화를 촉진한다.

> 성공해야 가치 있는 인간이라는 생각은 엘리스(A. Ellis)가 제시한 비합리적 사고에 속한다. 청소년상담사는 내담자가 합리적인 의사결정기술을 함양하도록 돕고, 내담자가 실현가능한 구체적 목표를 설정할 수 있게 해야 한다.

10 접수면접 시 상담자의 역할로 옳지 않은 것은?

① 내담자 기본 정보 수집
② 호소문제 확인
③ 작업동맹 확립
④ 현재의 기능 수준 파악
⑤ 스트레스 정도 및 위험요인 평가

> ③ 작업동맹은 내담자와 상담자 간의 긍정적인 협력 관계를 의미하며, 내담자가 상담자를 유능하고 신뢰할 만한 동맹 관계로 볼 때 형성된다.
> 접수면접 시 상담자의 역할
> • 내담자의 기본정보와 상담을 신청한 경위 및 주 호소문제 파악
> • 내담자의 스트레스 정도와 위기 상태 및 문제의 발달과정 파악
> • 가족관계(역동적인 관계, 지원자 · 원조자, 갈등 관계 등) 파악
> • 성장 및 생활배경 파악
> • 내담자의 용모 및 행동특성 파악
> • 이전의 상담 경험(누구와 몇 회, 만족 여부, 중단 사유 등) 파악
> • 심리검사 진행(반드시 실시해야 하는 것은 아님) 및 경우에 따른 임상적 진단 결과 파악
> • 내담자의 기대 사항 파악, 상담의 우선적 목표 및 절차 · 한계점 · 상담 관계에서의 참고사항 · 상담의 예정 기간 등 협의 및 고지
> • 청소년상담에서는 부모상담 병행 시 내담자 확정

11 사례개념화의 구성요소에 포함되는 것을 모두 고른 것은?

ㄱ. 문제의 발생과 배경
ㄴ. 내담자의 자원 및 취약점
ㄷ. 문제에 대한 종합적 이해
ㄹ. 상담목표 및 계획

① ㄱ, ㄴ
② ㄱ, ㄷ
③ ㄴ, ㄹ
④ ㄱ, ㄷ, ㄹ
⑤ ㄱ, ㄴ, ㄷ, ㄹ

> 사례개념화의 구성요소
> • 내담자의 현재 문제, 상태 및 관련 증상
> • 문제와 관련된 역사적 배경
> • 문제와 관련된 내담자의 내적 요인과 상황적 요인
> • 내담자의 대인관계특성
> • 내담자의 자원 및 취약점
> • 문제에 대한 상담자의 종합적 이해
> • 상담목표 및 계획

12 상담 기법 중 해석(Interpretation)에 관한 설명으로 가장 옳은 것은?

① 상담자가 내담자의 행동을 판단할 때마다 해야 한다.
② 내담자가 인식하여 수긍할 때 지속적으로 해야 한다.
③ 가능하다면 무의식 세계의 의미도 분석해야 한다.
④ 해석은 내담자가 이해할 수 있는 적절한 시기를 택해야 한다.
⑤ 해석은 내담자에게 다양한 상황을 제시하여 난처한 상황을 피하도록 돕는다.

> 해석(Interpretation)은 내담자의 표현과 행동상황 저변의 단서를 발견하고, 그 결정적인 요인들을 이해하여 그것을 내담자가 깨달을 수 있도록 도와주는 방법이다. 해석은 내담자가 받아들일 수 있는 형태로 적절한 시기에 이루어져야 한다.

13 다음 보기의 내용에 해당하는 상담 기법으로 가장 적절한 것은?

> 평소 공부를 소홀히 하면서 성적부진으로 고민하는 청소년 내담자와의 상담
> - 내담자 : 그 친구도 저와 함께 어울려 노는데요, 성적은 저보다 훨씬 좋아요.
> - 상담자 : 너는 공부는 하지 않으면서 성적이 좋기를 바라는구나!

① 직 면 ② 반 영
③ 초점화 ④ 조 언
⑤ 바꿔 말하기

직면(Confrontation)은 내담자의 자기이해를 돕기 위해 상담자의 눈에 비친 내담자의 행동 특성 또는 사고방식의 스타일을 지적하는 상담 기법이다. 상담자는 내담자에게 말과 행동 사이의 불일치나 모순을 직접적으로 지적한다.

14 다음 보기의 내용에 해당하는 상담 기법으로 가장 적절한 것은?

> 대인관계에 문제가 있는 내담자와의 상담
> - 내담자 : 지금은 이렇다 해도 나중에는 좋아지겠죠. 요즘은 그냥 혼자 조용히 있는 것이 편한 것 같아요.
> - 상담자 : 앞으로 좋아질 것이라 말씀하셨는데요, 지금까지 당신이 사람들과 만나는 과정들에 대해 좀 더 자세히 이야기해 주셨으면 합니다.

① 직 면 ② 초점화
③ 조 언 ④ 명료화
⑤ 설 명

초점화(Focusing)는 내담자와의 의사소통에 있어서 중요한 부분을 강조하거나 집중시키고자 할 때 사용하는 표현적 의사소통 기술에 해당한다. 특히 내담자가 문제의 본질에서 벗어난 주제에 대해 이야기할 때 목표를 향해 나아가도록 새롭게 방향을 되돌리거나 주의를 기울이고자 할 때 유효하다.

15 다음 보기의 내용에 해당하는 상담 기법으로 가장 적절한 것은?

> 부모로부터의 독립과 의존의 문제로 고민하는 청소년 내담자와의 상담
> - 내담자 : 우리 부모님은 항상 저를 통제하려고 해요. 제가 학교 끝나고 어디에 가는지, 누구와 가는지 꼬치꼬치 캐물어요. 심지어 휴대폰까지 확인하는 걸요. 정말 미칠 것만 같아요.
> - 상담자 : 너는 부모님 때문에 숨이 막힐 것처럼 느끼는구나. 그런데 내가 보기에는 부모님이 너를 염려해서 그러시는 것 같은데… 만일 부모님이 네게 정말 관심이 없으시다면 네가 어떻게 행동을 하든지 개의치 않으시겠지. 부모님은 너를 통제하고 있다고 생각하시기보다는 부모로서 자식을 보호해야 한다고 생각해서서 그렇게 행동하시는 걸 거야.

① 명료화　　　　　　　② 바꿔 말하기
③ 조 언　　　　　　　　④ 재명명
⑤ 해 석

> 재명명(Relabeling)은 내담자가 문제 혹은 이슈를 다른 시각에서 보도록, 혹은 다른 방법으로 이해하도록 돕는 것이다.

16 상담 기법 중 조언(Suggestion)에 관한 설명으로 옳지 않은 것은?

① 내담자가 해야 할 것을 추천하거나 제안하는 기술이다.
② 내담자의 저항을 야기할 수 있다.
③ 신속한 의사결정을 필요로 하는 경우에 효율적이다.
④ 내담자의 문제와 관련된 다양한 정보를 제공하는 것도 포함한다.
⑤ 상담의 효과성을 위해 조언을 자주하는 것이 바람직하다.

> 조언(Suggestion)은 진정한 의미에서 내담자의 자기이해, 자기탐색, 자기성장의 기회를 박탈하기 쉽고, 내담자를 열등한 위치에 놓기 쉽다. 따라서 조언을 자주 사용하는 것은 삼가는 것이 바람직하다.

17 상담 기법 중 '나 전달법(I-Message)'에 관한 설명으로 옳지 않은 것은?

① 상담자와 내담자 간의 더욱 직접적인 메시지 소통이 가능하다.
② 직접적인 자기 의사표현으로 인해 상대방의 저항에 부딪힐 수 있다.
③ 상대방에 대한 책임을 묻는 것을 삼간다.
④ 변화의 필요성과 변화에의 의지를 암묵적으로 전달한다.
⑤ 특정행동에 대한 간결한 묘사와 그에 따른 경험적 감정을 이야기한다.

> 직접적인 자기 의사표현으로 인해 상대방의 저항에 부딪히는 것은 나 전달법(I-Message)과 대비되는 너 전달법(You-Message)의 단점에 해당한다.
> 나 전달법(I-Message)
> 나 전달법은 상대방에 대한 비난이나 책임을 묻는 것이 아니라, 변화의 필요성이 있는 상대방의 행동에 대한 간결한 묘사와 그에 따른 '나'의 경험적 감정과 영향을 언급함으로써, 내담자와 더 분명하고 직접적으로 메시지를 소통하는 방법이다.

18 상담 기법 중 '침묵의 처리'에 관한 설명으로 옳지 않은 것은?

① 침묵은 내담자에게 자신을 음미하도록 함으로써 상담에 유익한 필요조건이 될 수 있다.
② 상담자는 섣불리 침묵을 깨지 않도록 한다.
③ 상담자는 내담자의 침묵에 맞서 주제를 갑자기 변경하지 않도록 한다.
④ 침묵의 원인에는 내담자의 숨은 감정이 담겨 있다.
⑤ 내담자가 상담자에 대한 저항의 표시로 침묵하는 경우 상담을 중단한다.

> 내담자가 상담자에 대한 저항의 표시로 침묵하는 경우, 상담자는 무조건 기다리거나 상담을 중단할 것이 아니라, 그 침묵의 원인이 되는 숨은 감정을 언급하고 다루어 나가는 것이 바람직하다.

필수과목 04 주관식 단답형 문제

❖ 문제를 읽고 (   ) 안에 들어갈 단어를 적어주세요.

01 상담의 기본원리로서 (   )은/는 자신의 비밀을 간직하려는 욕구를 말한다.

02 해결중심 상담의 질문 기법으로 (   )은/는 내담자로 하여금 문제가 해결된 상태를 상상해보도록 함으로써 문제해결을 위한 요구사항들을 구체화·명료화하도록 해준다.

03 경청의 종류 중 (   )은/는 상대방의 언어적·비언어적인 메시지뿐만 아니라 그의 감정, 상황, 사회문화적 배경에도 주의를 기울임으로써 상대방을 더욱 존중하고 배려하는 것이다.

04 상담의 기법 중 (   )은/는 내담자가 문제를 다른 시각에서 보거나 다른 방법으로 이해하도록 돕는 기술로서, 상담자는 내담자의 시각을 긍정적인 방향으로 변화시킬 수 있다.

05 인지치료에서 제시한 핵심신념은 개인이 어떻게 생각하고 느끼고 행동하는지에 대한 기본이되는 신념이고, (   )은 핵심신념으로부터 나온 태도, 규칙, 기대, 가정 등으로 구성된다.

06 인간중심 상담이론의 주요 개념으로서 (   )은/는 '경험적 세계' 또는 '주관적 경험'으로서, 특정 순간에 개인이 지각하고 경험하는 모든 것을 의미한다.

07 보상을 제공하여 행동에 대한 반응을 높이는 것으로서 (   )은/는 바람직한 행동이 나타나면 위협적인 것들을 면제시키는 것이다.

08 (　　　) 기법은 모델을 관찰할 수 없을 때, 내담자가 모델의 행동을 시각적으로 떠올려 보도록 하는 기법이다.

09 (　　　)은/는 '전체' 또는 '형태'를 말하는 것으로, 여러 부분들이 서로 긴밀히 연결되어 하나의 의미 있는 전체를 형성하는 것이다.

10 엘리스(Ellis)는 합리적·정서적 행동치료의 상담치료기법으로서 (　　　)을/를 제시하였으며, 이를 통해 선행사건이 부적절한 정서와 행동 또는 반대로 적절한 정서와 행동으로 나타나는 과정을 제시하였다.

01 비밀보장의 원리	06 현상학적 장(Phenomenal Field)
02 기적질문	07 부적강화
03 공감적 경청(Empathic Listening)	08 내현적 모델링
04 재명명(Relabeling)	09 게슈탈트(Gestalt)
05 중간신념	10 ABCDE 기법

04 기출문항 OX 문제

❖ 문제를 읽고 ( )안에 맞는 답을 (O / X)로 표기하세요.

01 자유연상(Free Association)은 검토하거나 순서대로 생각하지 않은 채 긴장을 풀고, 마음속의 모든 생각을 떠오르는 대로 말하게 하는 방법이다. ( )

02 아들러(Adler)의 개인심리학은 개인이 성적 동기가 아니라 사회적 동기에 의해 동기화되고, 가족적 요인에 의해 성격이 형성된다고 보았다. ( )

03 변증법적 행동치료는 경계선 성격장애로 진단받은 만성적 자살 위험이 있는 내담자를 치료하기 위해 마샤 리네한(Marsha Linehan)이 개발한 치료법이다. ( )

04 형태주의 상담이론의 주요 개념으로서 '각성(Awareness)'은 내담자가 자신의 무의식적 기억에 대해 통찰하는 것을 의미한다. ( )

05 타임아웃은 문제행동이 발생하였을 때 그 문제행동을 한 사람이 일정 시간(약 5분) 모든 강화자극에 접근하지 못하게 하는 기법으로, 정적처벌의 일종이다. ( )

06 정신분석적 상담이론에서 제시하는 '신경증적 불안'은 자아가 초자아에 의해 처벌의 위협을 받는 경우 나타나는 불안을 말한다. ( )

07 의사교류분석 상담이론의 주요 개념으로서 '금지령'은 부모의 실망·좌절·불안·불행 등 고통을 표현하는 것으로 '하지 말라'의 내용을 지니고 있다. 반면, '대항금지령'은 부모의 기대를 표현한 것으로 '해야 한다', '하라'의 형태를 취한다. ( )

08 기존의 심리학적 이론에 행동주의 철학을 도입한 치료법으로서, '의미요법'은 특히 비합리적 신념이나 인지적 왜곡을 나타내 보이는 내담자를 대상으로 한다. ( )

09 파국화는 어떠한 사건에 대해 자신의 걱정을 지나치게 과장하여 항상 최악을 생각함으로써 두려움에 사로잡히는 것을 말한다. ( )

10 한 개인이 어떤 상황에 대해 내리는 즉각적이고 자발적인 평가를 '스키마'라고 한다. ( )

정답 및 해설

01 ○ 02 ○ 03 ○ 04 × 05 × 06 × 07 ○ 08 × 09 ○ 10 ×

04 '각성(Awareness)'은 과거가 아니라 '지금-여기(Here and Now)'의 현실에서 자신이 무엇을 어떻게 보고 느끼는지, 무엇이 경험을 방해하는지 등을 알아차리는 것이다.

05 타임아웃은 문제행동이 발생하였을 때 그 문제행동을 한 사람이 일정 시간(약 5분) 모든 강화자극(행동의 빈도를 높이는 자극)에 접근하지 못하게 하는 기법으로, 부적처벌(특정 행위에 대해 유쾌한 일을 철회시키는 것)의 일종이다.

06 자아가 초자아에 의해 처벌의 위협을 받는 경우 나타나는 불안은 도덕적 불안에 해당한다. 신경증적 불안은 자아가 본능적 충동인 원초아를 통제하지 못할 경우 발생하는 불상사에 대해 위협을 느낌으로써 나타난다.

08 의미요법(Logotherapy)은 기존의 심리학적 이론에 실존철학을 도입한 치료법으로서, 특히 허무주의나 공허감, 죽음에의 공포, 가치관의 갈등 상황에 놓인 정신장애인을 주된 치료 대상으로 한다.

10 '자동적 사고'에 대한 설명이다. 스키마는 기본적인 신념과 가정을 포함하여 사건에 대한 한 개인의 지각과 반응을 형성하는 인지구조로서, 대개 이전 경험에 의해 형성된다.

많이 보고 많이 겪고 많이 공부하는 것은
배움의 세 기둥이다

– 벤자민 디즈라엘리

기출문제 완전 정복은

기출이 답이다
청소년상담사 3급

5개년(2020~2024년) 기출문제로 최신 출제유형 완벽 숙지!

상세하고 친절한 해설로 빈틈없는 학습 가능!

※ 도서의 이미지와 구성은 변경될 수 있습니다.

실전 대비 모의고사는
최종모의고사
청소년상담사 3급

실전 유형 최종모의고사 5회로 필기시험 완벽 대비!

최신기출 키워드 소책자로 휴대하며 복습 가능!

※ 도서의 이미지와 구성은 변경될 수 있습니다.

초단기 합격은 단기합격
Win-Q 청소년상담사 3급

시험에 꼭 나오는 **핵심이론** & 기출 기반 **핵심예제**로 **효율적인 학습 가능!**

최신기출 1회분 & 상세한 해설로 **2024년 시험 완벽 대비!**

※ 도서의 이미지와 구성은 변경될 수 있습니다.

 모든 자격증·공무원·취업의 합격정보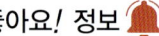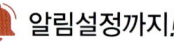

55.9%

*2024년 청소년상담사 3급 필기 합격률

CBT 모의고사로 최종 합격 점검!

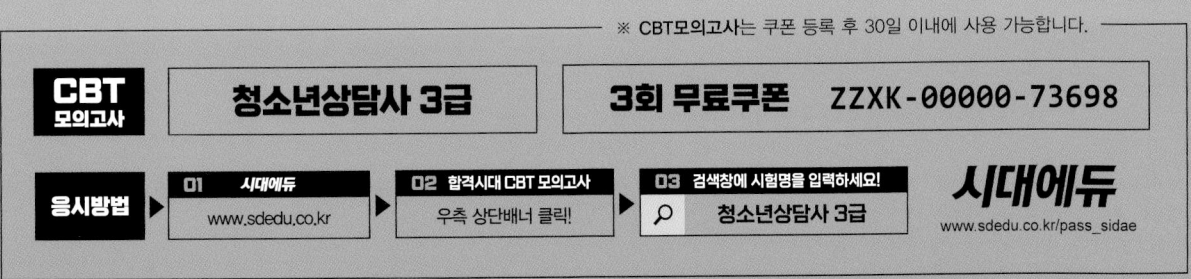

청소년상담사
3급 한권으로 끝내기

▶ 청소년상담사 관련 정보는?
NAVER 카페 https://cafe.naver.com/sdwssd

20년 연속 청소년상담사 부문
판매량/적중률/선호도 1위   YES24 기준, 청소년상담사 수험서 분야 판매량 1위(2005.12.~2025.6.)

온라인 강의

시대에듀

발행일 2025년 2월 10일 | **발행인** 박영일 | **책임편집** 이해욱
편저 시대청소년상담사 수험연구소 | **발행처** (주)시대고시기획
등록번호 제10-1521호 | **대표전화** 1600-3600 | **팩스** (02)701-8823
주소 서울시 마포구 큰우물로 75 [도화동 538 성지B/D] 9F
학습문의 www.sdedu.co.kr

항균 99.9%

※ 이 책은 저작권법에 의해 보호를 받는 저작물이므로 동영상 제작 및 무단전재와 복제를 금합니다.

2025

편저 시대청소년상담사 수험연구소

시험 준비부터 합격까지!

ARE YOU READY?

20년 연속 청소년상담사 부문 **1위**

필수 5과목 | 학습이론 · 선택 6과목 | 청소년이해론 · 선택 7과목 | 청소년수련활동론 · 부록 | 2024년 기출문제해설

[2교시]
청소년상담사
3급 한권으로 끝내기

필수5과목 · 선택2과목 핵심이론 + 적중예상문제

DSM-5 정신장애 진단 및 통계편람 | 청소년윤리강령 | 2024년 기출문제해설+무료강의

CBT 모의고사
3회 무료쿠폰 제공

시대에듀

최고의 교수진이 제공하는 **풍부한 실무경험**으로 합격을 앞당겨 드립니다!

청소년상담사 2·3급
국가 전문자격 합격은 역시 **시대에듀!**

장경은 교수

독고유리 교수

김윤수 교수

정경아 교수

홍시라 교수

**핵심이론부터 기출 유형까지! 광범위한 범위를 일목요연하게 정리!
초보자도 한 번에 이해 가능한 명쾌한 강의**

최신기출 무료제공

온라인 동영상 강의

최신기출해설 동영상 1회분 무료제공
청소년상담 전문가를 위한 완벽한 합격전략!

※ 강사구성 및 커리큘럼은 변경될 수 있습니다.
※ 자세한 정보는 시대에듀 홈페이지를 참고하시기 바랍니다.
시대에듀 홈페이지 www.sdedu.co.kr

시대에듀

끝까지 책임진다! 시대에듀!
QR코드를 통해 도서 출간 이후 발견된 오류나 개정법령, 변경된 시험 정보, 최신기출문제, 도서 업데이트 자료 등이 있는지 확인해 보세요! **시대에듀 합격 스마트 앱**을 통해서도 알려 드리고 있으니 구글 플레이나 앱 스토어에서 다운받아 사용하세요.
또한, 파본 도서인 경우에는 구입하신 곳에서 교환해 드립니다.

편집진행 박종옥·오지민 **표지디자인** 김지수 **본문디자인** 조성아·김휘주

청소년상담사

3급 한권으로 끝내기

2교시

시대에듀

2교시 목차 CONTENTS

필수5과목 | 학습이론

01 학습의 개념
01 학습의 정의, 개괄 · 4
02 학습관련 연구의 쟁점 · · · · · · · · · · · · · · · · · · · 9

02 행동주의 학습이론
01 행동주의 학습이론의 개요 · · · · · · · · · · · · · · 12
02 고전적 조건형성이론 · · · · · · · · · · · · · · · · · · · 14
03 조작적 조건형성이론 · · · · · · · · · · · · · · · · · · · 17
04 기타 행동주의 학습이론 · · · · · · · · · · · · · · · · 19
05 행동주의의 기법 · 22

03 인지주의 학습이론
01 사회인지학습이론 · 30
02 정보처리이론 · 37
03 기타 인지주의 학습이론 · · · · · · · · · · · · · · · · 52

04 신경생리학적 학습이론
01 뇌의 구조와 기능 · 59
02 학습에 대한 신경학적 설명 · · · · · · · · · · · · · 65

05 동기와 학습
01 동기와 정서 · 68
02 학습에 영향을 주는 요소 · · · · · · · · · · · · · · · 81
03 기타 학습이론 · 86

적중예상문제 · 단답형 문제 · OX문제   95

합격의 공식 Formula of pass | 시대에듀 www.sdedu.co.kr

선택6과목 | 청소년이해론

01 청소년 심리

01 청소년 심리의 이해 · 144
02 청소년의 심리적 발달 · · · · · · · · · · · · · · · · · · 149
03 청소년기의 사회적 맥락 · · · · · · · · · · · · · · · · 162

02 청소년 문화

01 청소년 문화 관련 이론 · · · · · · · · · · · · · · · · · · 172
02 청소년 문화 실제 · 177
03 가족 · 지역사회 · 185
04 또래집단 · 학교 · 188

03 청소년 복지와 보호

01 청소년비행이론 · 191
02 학교부적응 · 학업중단 · · · · · · · · · · · · · · · · · · 198
03 폭력, 자살, 가출 · 200
04 중 독 · 206
05 청소년 보호 · 211
06 청소년 복지 및 실제 · 220
07 청소년 인권과 참여 · 228

적중예상문제 · 단답형 문제 · OX문제　　　　　　　**233**

선택7과목 | 청소년수련활동론

01 청소년활동 이해

01 청소년활동의 기본개념과 교육적 의의 · · · · · 266
02 청소년활동 관련 이론 · · · · · · · · · · · · · · · · · · 270

02 청소년활동 프로그램 이론

01 청소년활동 프로그램 개발 · · · · · · · · · · · · · · · 274

2교시 목차 CONTENTS

02 청소년활동 프로그램 실행 · **284**
03 청소년활동 프로그램 평가 · **286**

03 청소년활동 지도

01 지도원리 · **289**
02 지도방법 · **295**
03 청소년지도자 · **300**

04 청소년활동기관 설치 및 운영

01 수련시설 · 기관 운영 · **307**
02 청소년단체 · **316**

05 청소년활동 실제

01 수련활동 · **319**
02 교류활동 · **325**
03 문화활동 · **327**
04 동아리활동 · 체험활동 · 봉사활동 · · · · · · · · · · · · · · · **328**
05 기타 활동 · **333**

06 청소년활동 제도 및 지원

01 활동 관련 정책사업 · **337**
02 안전 및 시설관리 · **350**

07 청소년활동 여건과 환경

01 교육제도 및 연계 · **351**
02 지역사회 연계 · **355**

적중예상문제 · 단답형 문제 · OX문제 · · · · · · · · · · · **358**

부록 | 최신기출문제

2024년 23회 기출문제 및 정답 · **396**

청소년 상담사 3급

2교시

필수 5과목 학습이론
선택 6과목 청소년이해론
선택 7과목 청소년수련활동론
2024년 23회 기출문제

학습이론

01 학습의 개념
02 행동주의 학습이론
03 인지주의 학습이론
04 신경생리학적 학습이론
05 동기와 학습
적중예상문제

"필수 5과목 학습이론"은 최근 시험에서 전반적으로 모든 이론들이 골고루 출제되었으며, 다소 생소한 학자와 이론들도 등장하고 있습니다. 학자와 이론을 연계하여 출제된 문제와 사례형, 활용형, 박스형 등의 문제가 다수 출제되었습니다. 특히 최근 시험에서 개념 확인형으로 출제되었던 문제들이 활용형 문제로 다수 출제되는 경향을 보이므로, 이론을 완벽하게 숙지해야 합니다. 다양한 이론과 개념들의 세부적인 내용까지 암기해야 하고 기억과 망각, 동기와 정서 등에 대해서도 잘 정리해야 하며 강화이론, 조건학습이론 등 시험에 자주 출제된 개념들은 한번 더 숙지해야 합니다.

✓ 최근 2024년도 23회 기출키워드

- 학습의 정의
- 손다이크(E. Thorndike)의 연합주의 이론
- 처벌 : 타임아웃
- 학습된 무기력(Learned Helplessness)
- 고전적 조건형성의 적용 사례
- 고전적 조건형성의 개념
- 고차적 조건화
- 이요인 이론(Two-factor Theory ; O. Mowrer)
- 고정비율강화계획
- 프리맥 원리(Premack Principle)
- 관찰학습 이론
- 관찰학습의 과정
- 통찰학습
- 비고츠키(L. Vygotsky)의 인지발달이론
- 앳킨슨과 쉬프린(R. Atkinson & R. Shiffrin)의 이중기억모형
- 암송(Rehearsal)
- 기억의 역행간섭(Retroactive Interference) 사례
- 파이비오(A. Paivio)의 이중부호이론(Dual-coding Theory)
- 정보처리수준 이론
- 뇌의 가소성 : 신경생성(Neurogenesis)
- 헵(D. Hebb)의 최적각성수준
- 몰입(Flow)
- 매슬로우(A. Maslow)의 욕구위계이론
- 레퍼와 호델(Lepper & Hodell)의 내재적 동기의 원칙 : 상상(Fantasy)
- 드웩(Dweck)의 성취목표지향성 : 수행목표(Performance Goal) 지향 학습자

정오표 ▲

CHAPTER 01 학습의 개념

중요도 ★★★

핵심포인트
학습의 정의, 개괄(성취목표지향성 – 숙달목표지향, 수행목표지향)
학습관련 연구의 쟁점

01 학습의 정의, 개괄

1 학습의 개론

(1) 학습(Learning)의 의의 14 18 21 22 23 24 기출

① 학습의 일반적 정의
  ㉠ 학습이란 경험이나 연습 또는 훈련의 결과로 발생되는 비교적 영속적·지속적인 행동 및 행동잠재력의 변화이다.
  ㉡ 수행(Performance)이 없어도 학습은 일어날 수 있다.
  ㉢ 태도의 변화는 학습의 영역에 포함된다.
  ㉣ 후천적 변화의 과정으로서, 특수한 경험이나 훈련 또는 연습과 같은 외부자극이나 조건, 즉 환경에 의해 개인이 내적으로 변하는 것이다.
  ㉤ 학습은 학습자들이 정해진 학습 목표를 성취하기 위해 계획적으로 제공된 학습의 조건과 상호작용하는 과정이다. 이때, 상호작용이란 제공된 학습의 상황에서 듣고, 보고, 느끼고, 말하는 등의 지적·정서적 활동을 모두 포함한다.
  ㉥ 성숙은 경험이나 훈련과 관계없이 개인의 성장에 따라 개인 내에서 일어나므로, 성숙에 의한 행동변화는 학습의 범주에 포함하지 않는다.
  ㉦ 학습은 직접 관찰하고 측정할 수 없으며, 학습이 일어났다는 것은 학습자의 행동변화를 관찰하여 간접적으로 확인할 수 있다.
  ㉧ 질병·피로 또는 약물로 인한 일시적인 신체 변화는 학습의 범주에 포함되지 않는다.

② 학습에 대한 학자들의 정의 15 기출
  ㉠ 파블로프(Pavlov)와 손다이크(Thorndike) : 학습은 자극과 반응의 결합이다.
  ㉡ 쾰러(Köhler)와 코프카(Koffka) : 학습은 통찰에 의한 관계의 발견이다.
  ㉢ 스키너(Skinner) : 학습은 강화에 의한 조건화의 과정이다. 행동의 변화 자체를 학습으로 간주하며, 추론 과정은 필요 없다고 주장한다.

> **지식 !N**
>
> **학습과 구분되는 개념** 18 20 21 기출
> - 수행 : 과제나 동작을 이행하는 것이다. 수행이 반복 · 지속되어 비교적 영구적인 변화를 가져왔을 때 '학습'이 된다.
> - 성장 : 신체의 크기나 근육의 세기 등의 양적인 증가를 의미한다. 특히 신체의 변화를 설명할 때 주로 사용된다.
> - 성숙 : 성숙은 부모로부터 받은 유전인자가 지니고 있는 정보에 따라 일어나는 변화이다. 경험이나 훈련에 관계없이 일어나는 것으로서, 내적 · 유전적 메커니즘에 의해 출현하는 신체적 · 심리적 변화를 의미한다.
> - 발달 : 학습은 주로 훈련과 연습의 결과로서 개인 내적인 변화를 의미하는 반면, 발달은 주로 유전적 요인에 의한 변화로서 개인 외적인 변화를 의미한다.

(2) 학습의 범위

① 광의의 학습
  ㉠ 경험이 개인의 지식이나 행동에 비교적 지속적인 변화를 야기할 때 일어난다.
  ㉡ 그 변화는 의도적일 수도 비의도적일 수도 있고, 좋은 것일 수도 나쁜 것일 수도 있다. 또한 옳은 것일 수도 틀린 것일 수도 있고, 의식적인 것일 수도 무의식적인 것일 수도 있다.

② 협의의 학습
  ㉠ 학습자가 정해진 학습목표를 달성시키려는 상황에 참여하여 의도한 학습목표를 성취하는 활동을 하는 경우를 말한다.
  ㉡ 협의의 학습에 대한 정의는 학습의 주체, 학습의 상황, 행동의 변화 등에 일정한 제한이 있다.

(3) 교수-학습지도의 원리

① 개별화의 원리 : 학습자가 지니고 있는 각자의 요구와 능력 등에 부합하는 학습활동의 기회를 마련해 주어야 한다.
② 사회화의 원리 : 학습 내용을 현실사회의 사상과 문제를 기반으로 하여 학교에서 경험한 것과 학교 밖에서 경험한 것을 교류시키며, 공동학습을 통해 협력적이고 우호적인 학습을 진행한다.
③ 자발성의 원리 : 학습자 자신이 자발적으로 학습에 참여하도록 하는 데 중점을 둔다.
④ 통합의 원리 : 학습을 종합적인 전체로서 지도하자는 것으로 동시학습의 원리와 같다.
⑤ 목적의 원리 : 교수목표가 분명할 때 학습자의 입장에서 적극적인 학습활동이 이루어지며, 교사의 입장에서는 그 목표를 달성할 수 있는 제반 교수활동이 이루어진다.
⑥ 과학성의 원리 : 자연이나 사회에 관한 기초적인 지식, 법칙 등을 적절하게 지도함으로써 학습자의 논리적 사고력을 충분히 발달시킬 수 있도록 과학적 수준을 높여야 한다.
⑦ 직관의 원리 : 어떤 사물에 대한 개념을 인식시키는 데 있어 언어로 설명하는 것보다는 구체적인 사물을 직접 제시하거나 직접 경험하도록 함으로써 큰 효과를 볼 수 있다.

2 학습기대효과 17 기출

(1) 교사의 기대 형성
① 교사는 학생이 학교생활을 어떻게 할지 또는 과제수행을 얼마나 잘 할지 기대를 형성한다.
② 학생에 따라 각각 다른 기대를 형성한 교사는 학생들에게 각각 다르게 대한다. 이러한 교사의 태도는 학생의 성취동기에 영향을 미친다. 교사의 높은 기대를 받은 학생은 높은 성취를 이루고, 교사의 낮은 기대를 받은 학생은 낮은 성취를 이루게 된다.
③ 교사 자신의 능력과 학생의 학습을 어느 정도 통제할 수 있다는 교사의 신념도 교사의 기대에 영향을 미치는 요인이다.
④ 학생의 신체적 매력도 교사의 기대에 영향을 미칠 수 있다.
⑤ 교사의 기대가 바뀌지 않아 학생의 성취수준이 그 기대수준에 계속 머무는 것을 기대유지효과라고 한다.

(2) 교사의 학습기대효과
① 피그말리온 효과(Pygmalion Effect) 16 기출
　㉠ 그리스신화에 나오는 조각가 피그말리온의 이름에서 유래한 심리학 용어로서, '자기충족적 예언'이라고도 한다.
　㉡ 미국 심리학자 로버트 로젠탈(Robert Rosenthal)이 실험·연구를 통해 피그말리온 효과를 입증하여 '로젠탈 효과'라고도 불린다.
　㉢ 타인의 기대나 관심으로 인해 능률이 오르거나 결과가 좋아지는 현상을 의미한다.
　㉣ 교사의 긍정적 기대가 학생의 긍정적인 자기 충족적 예언을 실현하는 데 도움을 준다. 즉, 교사가 학생을 기대하고 믿어주면, 그 기대와 믿음의 결과가 긍정적으로 나타나는 것이다.

② 골렘 효과(Golem Effect)
　㉠ 교사의 부정적인 기대가 실제로 실현되는 현상이다. 교사가 학생에 대해 부정적인 기대를 갖고 있을 경우 학생의 생활태도가 나빠지거나 성적이 떨어지는 것을 말한다.
　㉡ 교사가 기대하지 않기 때문에 학생은 기대에 부응하기 위한 노력을 하지 않고 성취도가 낮아진다.

> **지식 IN**
>
> **로젠탈 효과 심리실험**
> 로버트 로젠탈은 미국의 한 초등학교 학생들을 대상으로 지능검사를 실시한 후, 검사결과와 상관없이 무작위로 20%정도의 학생을 뽑았다. 그리고 그 학생들 명단을 교사에게 주면서 '지능이 높고 학업성취 향상 가능성이 높은' 학생들이라고 알렸다. 8개월 후 지능검사를 다시 실시하였는데, 우수 학생 명단에 속했던 학생들은 다른 학생들에 비해 지능검사 점수가 더 높게 나왔고 학교 성적도 크게 향상되었다. 교사의 기대가 학생들에게 어떤 영향을 미치는지 밝힌 실험이다.

3 드웩(Dweck)의 성취목표지향성 14 15 16 22 24 기출

(1) 성취목표이론
① 성취동기이론의 목표지향성 개념에서 발전한 이론으로서 '목표지향성이론'이라고도 한다.
② 목표는 과제수행에 주의집중시키고, 목표달성을 위한 노력을 하게 하며, 효율적인 전략을 선택하게 하는 동기의 속성이 있다.
③ 성취목표지향성은 숙달목표(Mastery Goal)지향성과 수행목표(Performance Goal)지향성 두 가지 유형으로 분류한다.
④ 숙달목표는 과제 자체나 개인의 성장을 기준으로 개인의 유능성을 정의하고, 수행목표는 타인과의 비교를 통해 개인의 유능성을 정의하는 것이다.
⑤ 규준지향평가는 숙달목표지향성 발달에 부정적 영향을 미친다.

(2) 숙달목표지향 학습자 21 기출
① 지능에 대한 고정신념(Entity Beliefs)보다 증가신념(Incremental Beliefs)을 가지고 있고, 타인의 인정보다 자기 성장이 동기화된다.
② 어떤 외적보상보다는 학습과정 그 자체에 가치를 부여하고, 과제의 숙달·향상·이해증진에 중점을 둔다.
③ 다소 어렵고 실패할 가능성이 있더라도 자신의 기능을 촉진시킬 수 있는 과제를 선택하는 경향이 있다.
④ 과제수행 성공 시에는 많은 노력과 효과적인 학습전략에 귀인하고, 실패 시에는 노력 부족으로 귀인하는 경향이 있다.
⑤ 학습에서의 실수나 실패도 배움의 과정으로 받아들이는 개방적인 태도를 취하며, 남들 앞에서 실패해도 수행에 만족할 수 있다.
⑥ 어려움에 끈기있게 직면하고, 성공은 내적으로 통제가능한 원인에 기인한다고 생각함으로써 도전적인 학습상황을 받아들이며, 새롭고 도전적인 과제를 학습할 때 더 큰 만족감을 느낀다.
⑦ 정규수업이 끝난 후에도 학습에 지속적인 관심과 노력을 기울이며, 구체적인 질문과 요점정리 같은 효과적인 전략을 사용한다.
⑧ 숙달목표지향적인 학습자들이 수행목표지향적인 학습자들보다 초인지(메타인지) 전략을 더 많이 사용하는 경향이 있다.
⑨ 자기조절적인 학습과 행동을 하며, 수행을 평가할 때 타인과의 비교보다 자신이 얼마나 성장했는지의 관점에서 바라본다.

(3) 수행목표지향 학습자 18 19 24 기출

① 지능에 대한 고정신념(실체론적 신념, Entity View of Intelligence)을 가지고 있고, 타인과의 상대적 비교를 기준으로 성공 여부를 판단한다.
② 숙달목표지향적인 학습자가 스스로 더 유능한 사람이 되려고 하는 반면, 수행목표지향적인 학습자들은 남의 눈에 유능하게 보이려 한다.
③ 학습과정보다 학습결과에 더 관심을 가지며, 타인과의 경쟁에서 이기는 것을 목표로 한다.
④ 과제수행 실패 시 자기 능력 부족으로 귀인하는 경향이 있고, 불안감을 많이 경험하며, 특히 시험 같은 평가 상황에서 더욱 불안감을 느낀다.
⑤ 자신의 유능함을 보여줄 수 있는 과제나 자신의 무능함을 감출 수 있는 과제를 선택하는 경향이 있다.
⑥ 도전적인 과제보다 실패 가능성이 낮은 과제를 선택하는 경향이 있다.
⑦ 수행평가가 동기에 미치는 영향으로서, *수행접근목표 지향 학습자(자신의 능력을 보여주고 싶어하는 자)는 자신감이 있고 높은 자기효능감을 보이는 경향이 있지만, 반대로 *수행회피목표 지향 학습자는 자신감이 부족하고 낮은 *자기효능감을 가지기 쉽다.
⑧ 수행접근목표 지향성이 높은 경우 과제 실패의 원인을 자신의 능력에 귀인하는 경향을 띠고, 수행회피목표 지향성은 지능에 대한 고정신념 등 외적요인에 귀인하는 경향이 있다.
⑨ *자기불능화 전략을 사용하는 경우가 숙달목표 지향 학습자보다 상대적으로 더 많다.
⑩ 학생들이 학교에 다니면서 점차 수행목표지향은 증가하고, 숙달목표지향은 감소하는 경향이 있다. 대학을 가기 위한 수단으로써 교육과정이 이루어지고, 학생들을 시험점수로 상대평가하여 등급을 매기는 현실 때문이다.

수행접근목표
경쟁에서 이기고 집단 내에서 최고가 되는 것에 초점을 맞추는 것을 말한다.

수행회피목표
타인과 비교하여 자신이 열등해 보이는 것을 피하려는 데 초점을 맞추는 것을 말한다.

자기효능감
어떤 상황에서 적절한 행동을 할 수 있다는 기대와 신념을 말한다.

자기불능화 (Self-handicapping)
자기불구화라고도 하며, 자신의 행동이나 결과에 대한 '당위성'을 부여하는 방어 형태의 인지적 전략이다.

지식 IN

학습된 무력감(Learned Helplessness) 20 23 24 기출

- '학습된 무기력'이라고도 하며, 이 이론을 최초로 제안한 학자는 셀리그만(Seligman)이다.
- 자신이 통제할 길이 전혀 없는 스트레스를 오랜 기간 받거나 계속해서 실패할 경우 생긴다(통제 불가능한 상황에서 혐오자극에 반복적으로 노출되는 경우).
- 행동과 그 결과 사이에 관련이 없다고 인식될 때 나타난다.
- 삶의 다양한 시도들이 좌절되면서 무기력해지고, 움츠러들게 되며, 결국 포기해 버리고 상황을 개선하고자 하는 의지를 상실하기도 한다.
- 수행지향성이 높은 사람에게 나타날 가능성이 높고, 이들은 실패의 원인을 능력 부족으로 생각한다.
- 인간뿐만 아니라 다른 많은 종의 동물들에서도 발견할 수 있다.

02 학습관련 연구의 쟁점

1 학습과 성숙

(1) 학습이론
① 학습이론은 학습이 일어나는 과정을 설명하기 위한 것이다.
② 학습을 *자극(Stimulus)과 *반응(Response) 간의 연합으로 보는 행동주의 학습이론, 인간 내부의 인지적 요인을 강조하는 인지주의 학습이론, 인간의 대뇌활동을 탐색하는 신경생리학적 학습이론으로 분류할 수 있다.
③ 학습은 특정한 단계에서 이루어지는 것이 아니라 경험과 훈련에 의해서 점진적으로 다양하게 형성된다.

> **자극**
> 학습자가 환경으로부터 받는 모든 것을 말한다.

> **반응**
> 자극의 결과로 나타나는 행동을 말한다.

(2) 학습과 성숙의 관계
① 어떤 성숙단계의 학습은 그다음 성숙단계에서 일어나는 학습과는 다르다.
② 성숙의 함수로서 학습이 어떻게 변할 수 있는지에 대한 탐색이 필요하다.
③ 학습의 형태는 *보상기대, 장소학습, 잠재학습으로 나눌 수 있다.

> **보상기대**
> 보수가 주어질 것이라는 기대감에 의해서 학습이 이루어진다고 보는 것을 말한다.

2 학습이론의 관점

(1) 행동주의적 관점
① 인간을 수동적인 존재로 인식한다.
② 학습을 통한 행동의 변화는 외부에서 주어지는 자극에 대한 유기체 반응의 계속적 결합과 누적된 결과로 형성된다.
③ 파블로프(Pablov)는 학습을 자극과 반응의 연합으로 보는 고전적 조건형성을 주장하였다.
④ 손다이크(Thorndike)는 특정한 자극과 자발적 행동 사이의 연합으로 새로운 행동이 형성됨으로써 학습이 이루어진다고 주장하였으며, 이러한 그의 이론을 '연합주의'라고 한다. 또한 '효과의 법칙, 연습의 법칙, 준비성의 법칙'의 3가지 학습의 원칙을 강조하였다.
⑤ 헐(Hull, 신행동주의)은 자극과 반응을 매개하는 매개 변인을 강조하였다.
⑥ 스키너(Skinner)는 행동상의 변화 자체를 학습으로 간주하며, 추론과정은 필요 없다고 보았다.

(2) 인지주의적 관점

① 지각, 기억, 추리, 판단, 상상 등 인간의 능동적인 인지활동을 중요시하였으며, 보이는 행동보다는 그 행동이 이루어지는 인지적 과정에 대한 연구에 중점을 두었다.
② 장이론은 환경 자체보다는 환경에 대한 자신의 지각을 강조하였고, 자극의 재조직을 강조하였다.
③ 톨만은 강화 없이도 학습이 가능하고, 학습 결과가 반드시 외적 행동으로 나타나는 것은 아니라고 보았다.
④ 반두라는 자기평가로부터 오는 내적강화의 영향력을 강조하고, 인간의 행동은 주로 자기 조절된다고 주장하였다.
⑤ 앳킨슨과 쉬프린(Atkinson & Shiffrin)은 이중기억모형을 통해 단기기억과 장기기억을 강조하였다.
⑥ 크레이크와 록하트(Craik & Lockhart)는 정보처리의 수준모형을 제시하였다.

(3) 신경생리학적 관점

① 학습, 기억, 망각 등 대뇌활동을 탐색하여 학습이론을 제시한다.
② 헵(Hebb)은 지적 발달에 성인기의 경험보다 아동기의 경험이 중요하다고 보았다.
③ 럼멜하트와 맥클리랜드(Rumelhart & McClelland)는 병렬적 분산처리 접근법을 통해 대뇌활동을 탐색했다.

3 학습심리 이론가들 16 18 21 기출

학 자	주요 개념
플라톤(Platon)	'본질'과 '관념(이데아)'은 표면적인 존재인 '형상(Image)'과는 달리 타고나는 것이며, 학습은 타고난 이데아를 체계적인 지식 체계로 발전시키는 과정이다.
아리스토텔레스(Aristoteles)	학습은 물리적인 환경과의 접촉을 통해서만 일어난다고 보았다.
분트(Wundt)	'심리학의 아버지'라고 불리며, 사고의 기본 구성요소를 밝히고자 내성법(Introspection)을 사용하였다.
손다이크(Thorndike)	유기체가 행동 후 만족스런 상태를 경험하면 그 행동이 강화된다는 효과의 법칙을 제안하였다. 또한 학습은 점진적으로 이루어진다고 보았다.
에빙하우스(Ebbinghaus)	학습이 연합 경험의 횟수로 결정된다는 가정하에 망각곡선을 연구하였다.
제임스(James)	인간의 의식과정이 총체로서 환경적응에 관여한다는 기능주의적 입장을 취했다.
파블로프(Pavlov)	'조건 반사'로서 뇌의 작용에 대해 연구했다.
왓슨(Watson)	행동은 적절한 자극을 선택함으로써 형성된다고 보았다.
베르트하이머(Wertheimer)	사물에 대한 인식은 조각의 합이 아니라 조직된 전체의 형태(Gestalt)를 지각하는 것이다.

쾰러(Köhler)	통찰학습이론을 주장하였으며, 학습은 시행착오가 아닌 통찰과정이라고 보았다.
레빈(Lewin)	사회적 장(場)의 역학적 합성 및 인과 관계를 설명하였다.
헵(Hebb)	경험주의적 학습이론을 강화하였으며, 신경망이 성장하면서 경험을 통해 학습이 이루어진다고 보았고, 인간에게는 최적 각성수준이 존재한다고 주장하였다.
톨만(Tolman)	신행동주의를 대표하며 환경적 자극, 생리적 충동, 유전, 과거의 훈련, 연령에 따른 성숙도에 의해 행동이 결정된다고 보았다.
헐(Hull)	동물 실험을 통해 자극과 반응의 관계를 수량적으로 연구하고, 학습이론을 체계화하였다.
스키너(Skinner)	조작적 조건형성학습을 설명했으며, 행동상의 변화 자체를 학습으로 간주하며 추론과정은 필요 없다고 하면서 내면적·정신적 경험보다 외현적 행동의 변화를 중시하였다.
갈(Gall)	뇌의 부위에 따라 기능이 다르다는 것을 연구하였다.
칸트(Kant)	의식적 경험은 경험적 세계에서 유발되는 감각적 경험과 생득적 정신 능력의 영향을 모두 받는다.
거스리(Guthrie)	행동 동반 자극들의 연합이 반복되면 그 행동은 추후 유사 상황에서 이어지는 경향이 있다고 주장하였다.

4 동물연구와 인간의 학습 15 기출

(1) 동물연구를 하는 이유

① 동물의 경우 유전의 영향을 통제하는 것이 가능하다.
② 동물의 학습경험(선행학습)을 통제하는 것이 가능하다.
③ 인간에게는 윤리적 이유 때문에 할 수 없는 실험을 동물을 대상으로는 할 수 있다.
④ 인간은 연구에 참여하기를 거부하거나 연구결과를 왜곡할 수 있다.
⑤ 동물은 체계가 단순하여 단일한 변인의 효과를 분리해 내기가 쉽다.

(2) 동물연구를 반대하는 이유

① 한 종을 대상으로 한 실험을 다른 종에게 일반화할 때는 조심해야 한다.
② 행동에 관한 동물연구는 단지 이론가에게만 유용한 사실들을 제공해 줄 뿐이다.
③ 동물이 인간을 대상으로 실험할 권리가 없는 것과 같이, 인간도 동물을 대상으로 실험할 권리가 없다.
④ 컴퓨터 모사법으로 동물연구를 대체할 수 있다.

CHAPTER 02 행동주의 학습이론

중요도 ★★★

핵심포인트

\# 행동주의 학습이론의 개요 \# 고전적 조건형성이론 \# 조작적 조건형성이론
\# 기타 행동주의 학습이론 \# 행동주의의 기법

01 행동주의 학습이론의 개요

1 행동주의 학습이론의 의의 및 인간관

(1) 행동주의 학습이론의 의의 20 기출
① 행동주의는 경험의 결과로서 일어나는 행동의 변화를 다루는 이론이다.
② 행동주의는 정서반응에 대한 조건형성도 가능하다고 본다.
③ 행동주의는 학습을 자극과 반응의 연합으로 간주한다.
④ 행동주의 학습이론의 기반이 되는 행동주의 심리학은 소위 정신이라는 유기체 내부에서 일어나는 것들을 언급하기보다는, 관찰 가능한 외현적 행동에 초점을 두어 이론을 전개하였다.
⑤ 행동주의 학습이론에서는 유기체의 행동을 경험의 결과로 일어나는 학습으로 이해할 수 있다고 봄으로써 학습에 많은 관심을 기울였다.
⑥ 파블로프(Pavlov)의 고전적 조건형성이론을 바탕으로 왓슨(Watson)의 자극-반응(S-R)이론 또는 손다이크(Thorndike)의 연합주의적 접근법, 사회학습이론 등으로 발전되었다.

(2) 행동주의자들의 인간관
① 인간은 좋지도 나쁘지도 않은 상태로 이 세상에 태어났다.
② 인간은 환경의 자극에 반응하는 유기체이다.
③ 인간의 행동은 유전과 환경의 상호작용에 의해 형성된다.
④ 인간의 행동은 학습된 부정적 혹은 긍정적 습관으로 구성된다.
⑤ 인간의 행동은 생활환경이 제공하는 강화의 형태와 그 빈도에 의해 결정된다.

2 행동주의 학습이론의 기본가정 및 특징

(1) 행동주의 학습이론의 기본가정 17 21 기출
① 행동은 살아있는 유기체의 기본적 특성이다.
② 행동은 수정될 수 있으며, 이러한 수정은 학습을 통하여 이루어진다.
③ 대부분 인간의 행동은 학습된 것이다.
④ 학습은 경험(훈련과 연습)의 결과로서 일어나는 행동의 변화를 말하며, 정신적인 부분보다는 관찰 및 측정 가능한 행동에 초점을 둔다.
⑤ 행동의 형성, 유지, 제거는 환경과의 상호작용에 따라 좌우되며 환경의 변화는 행동의 변화를 일으킨다.
⑥ 동물 연구에서 나온 학습 원리를 인간 학습에 적용할 수 있다.
⑦ 정상행동뿐만 아니라 이상행동도 동일한 학습원리로 설명할 수 있다.
⑧ 직접 관찰할 수 있거나 측정 가능한 행동에 초점을 둔다.

(2) 행동주의 학습이론의 특징 16 기출
① 아동발달에서 생물학적 요인보다 환경적 요인을 더 강조한다.
② 행동주의 학습원리는 자극과 반응의 관계성에 기초한다.
③ 초기 행동주의 연구에서는 직접 관찰하고 측정할 수 있는 행동을 중요하게 여겼다.
④ 조작적 조건형성이론에서는 강화와 처벌의 역할을 강조한다.

> **지식 IN**
>
> **행동주의 관련 주요 용어** 14 15 16 18 22 기출
> - 조건 반응 : 중립적인 자극이 무조건 자극과 결합하여 중립적인 자극의 제시만으로도 나타나는 반응
> - 소멸 : 조건 자극이 사라지는 것으로서, 먹이 없이 종소리만 몇 번 울리게 되면 결국 그 종소리가 효과를 잃는 것
> - 자발적 회복 : 이미 소거된 조건 반응이 일정 시간 후 조건 자극을 제시하면 일시적으로 다시 나타나는 현상으로, 일단 습득된 행동은 만족스러운 결과가 주어지지 않는다고 해서 즉시 그 행동이 소거되지 않으며 보상이 주어지지 않더라도 똑같은 상황에서 다시 나타난다는 것
> - 자극 일반화 : 조건 자극에 대한 조건 반응으로서, 유사한 다른 자극에도 반응을 일으키는 것
>   예 "자라보고 놀란 가슴 솥뚜껑 보고 놀란다."
> - 자극 변별 : 학습이 더 정교하게 이루어지는 것으로서, 유사한 자극에서 나타나는 조그마한 차이에 따라 서로 다른 반응을 보이는 것
>   예 어렸을 때 어른에게 인사하는 법과 친구에게 인사하는 법을 구별하여 학습하게 되는 것
> - 민감화 : 자주 반복되는 자극에 반응이 증가하는 것
> - 습관화 : 반복적으로 제시되는 자극에 정향 반응이 감소하는 것

02 고전적 조건형성이론 16 기출

1 고전적 조건형성의 개념

(1) 파블로프의 개 실험

① 고전적 조건형성(Classical Conditioning)은 파블로프(Pavlov)에 의해 처음 연구된 것으로서, 개에게 규칙적으로 종소리를 들려준 후 먹이를 주자 이후 종소리만 들려주어도 개가 침을 흘리는 실험 과정에서 비롯되었다.

② 파블로프의 개 실험에서의 자극과 반응 24 기출

구 분	자 극	내 용
먹이	무조건 자극 (UCS ; Unconditioned Stimulus)	이전의 학습이 없어도 무조건적인 반응을 나타나게 하는 자극
먹이로 인해 나오는 침	무조건 반응 (UCR ; Unconditioned Response)	무조건 자극에 나타내는 반응
조건화되기 이전의 종소리	중성(중립) 자극 (NS ; Neutral Stimulus)	아무런 반응도 유발하지 않는 자극
조건화된 이후의 종소리	조건 자극 (CS ; Conditioned Stimulus)	조건이 형성된 후에 조건 반응을 유발하는 자극
종소리로 인해 나오는 침	조건 반응 (CR ; Conditioned Response)	조건이 형성된 후에 조건 자극에 나타내는 반응

(2) 고전적 조건형성의 의의 18 20 24 기출

① 고전적 조건형성의 단계

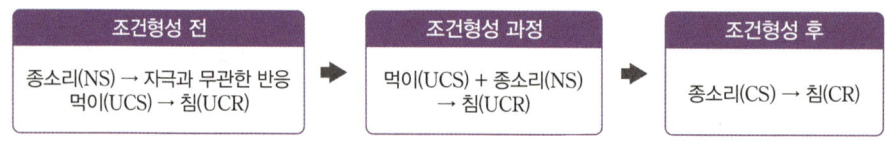

② 고전적 조건형성은 무조건 자극과 중성 자극 간의 연결에 관심이 있다.

③ 어떠한 조건 자극이 조건 반응을 유도하는 힘을 가지게 된 후 다른 제2의 자극과 연결되는 경우, 제2의 자극에 대한 무조건 자극으로써 새로운 조건 반응을 야기할 수 있다. 이를 '2차적 조건형성'이라고 한다. 이러한 과정이 다른 조건 자극들과 연결됨으로써 고차적 조건형성도 가능하다.

④ 조건 자극에 대한 조건 반응으로서 유사한 다른 자극에도 반응을 일으키는 자극 일반화, 조건화가 완전해짐으로써 다른 유사한 자극에 반응을 일으키지 않는 자극 변별도 가능하다.

⑤ 학습은 체계적·과학적 방법에 의해 외부로부터 유도될 수 있으며, 그 결과는 예측이 가능하다.

⑥ 인간이 환경적 자극에 수동적으로 반응하여 형성되는 행동인 반응적 행동을 설명한다.

⑦ 자동적(반사적·무조건) 반응을 일으키는 자극과 연합된 중립자극도 나중에는 반응을 유발하게 된다. 즉, 자극들 간의 연합에 의해 반응적 행동이 유발되는 것을 말한다.
⑧ 반응적 행동의 예로는 타액분비, 눈물, 재채기 등이 있다.
⑨ 약물내성과 중독은 고전적 조건형성으로 설명될 수 있다.

(3) 고전적 조건형성 관련 사례

① 고전적 조건형성의 원리를 적용한 연구사례 16 기출
  ㉠ 파블로프(Pavlov)는 음식물과 결합하여 종소리에 대한 개의 소화액 분비를 유발하였다.
  ㉡ 볼프(Wolpe)는 체계적 둔감화 절차를 이용하여 공포증 환자의 불안 증상을 해소하였다.
  ㉢ 왓슨(Watson)은 망치 소리를 이용하여 흰쥐에 대한 어린 아동의 조건공포 반응을 형성하였다.
  ㉣ 로스바움(Rothbaum)은 가상현실노출치료(VRET)를 사용하여 환자의 고소공포증을 치료하였다.

② 고전적 조건형성의 적용 사례 24 기출
  ㉠ 당근을 먹고 몇 시간 뒤 독감에 걸린 사람이 그 뒤로 당근을 싫어하게 되었다.
  ㉡ 고양이와 같이 있던 아이가 갑자기 큰 소리에 노출되면 고양이에 대한 공포가 생성된다.
  ㉢ 좋아하는 배우가 특정 제품을 광고하면 그 제품에 대해 긍정적인 이미지를 갖게 된다.
  ㉣ 특정 국가의 사람이 범죄를 저질렀다는 보도를 보면 그 국가의 국민에 대한 편견이 형성된다.

(4) 고전적 조건형성의 자발적 회복 20 기출

① 소거 후 일정 시간이 지난 다음 진행되는 절차이다.
② 소거 후 일정 기간 훈련을 중지했다가 조건 자극을 다시 제시하면 조건 반응이 재출현하는 것이다.
③ 자발적 회복은 학습이 영속적이라는 것을 뒷받침하는 근거가 된다. 학습한 내용을 잊어버렸다고 해서 두뇌에서 완전히 잊은 것이 아니라, 어떤 기회로 인해 문득 떠오르는 것과 같은 개념이다.

2 기본원리 및 조건형성 방법

(1) 기본원리 21 기출

① 시간의 원리(근접의 원리) : 조건 자극과 무조건 자극의 간격이 좁을수록 반응이 빨리 일어난다는 것으로, 조건형성의 과정에서 조건 자극은 무조건 자극보다 시간적으로 동시에 또는 약간 앞서서 주어져야 한다.
② 강도의 원리 : 자극의 강도는 처음에 제시되는 조건 자극보다 나중에 제시되는 무조건 자극이 더 커야 한다. 무조건 자극의 강도가 강할수록 조건형성이 용이하게 이루어진다.

③ **일관성의 원리** : 질이 다른 여러 가지 자극을 주는 것보다 일관된 자극을 주는 것이 바람직하다. 동일한 조건 자극을 일관성 있게 강화할수록 조건형성이 용이하게 이루어진다.
④ **계속성의 원리** : 반복 연습은 학습에 필수적이다. 자극과 반응 간의 관계를 반복하여 횟수를 거듭할수록 조건형성이 용이하게 이루어진다.

(2) 고전적 조건형성이론의 자극 연결방식
① 고전적 조건형성 방식
  ㉠ 지연 조건형성 : 조건 자극(CS)을 무조건 자극(UCS)에 약간 앞서 제시하고 동시에 철회한다.
  ㉡ 동시 조건형성 : 조건 자극(CS)과 무조건 자극(UCS)을 동시에 제시하고 동시에 철회한다.
  ㉢ 흔적 조건형성 : 조건 자극(CS)을 먼저 제시하고 철회한 후에 무조건 자극(UCS)을 제시한다.
  ㉣ 역행 조건형성 : 무조건 자극(UCS)을 먼저 제시하고 철회한 후에 조건 자극(CS)을 제시한다.
② 효과적인 조건형성 순서
  ㉠ 지연 조건형성 > 동시 조건형성, 흔적 조건형성 > 역행 조건형성
  ㉡ 조건 자극(CS)과 무조건 자극(UCS)의 제시 간격이 짧을수록(약 0.5초) 조건형성이 더 잘 된다.

> **지식 IN**
>
> **조건형성 과정 중 도출된 용어** 16 기출
> - 강화 : 조건형성은 반사적 강화를 통해 획득됨
> - 소거 : 조건 자극이 더 이상 조건반응을 끌어내지 못할 때 실험적 소거가 이루어짐
> - 근접성 : 조건 자극과 무조건 자극 간의 간격
> - 차폐(차단, 저지 ; Blocking) : 미리 조건형성된 한 자극을 다른 조건 자극과 연합하여 제시할 경우 다른 자극의 조건형성을 방해하는 것
> - 수반성 : 어떤 사건이 다른 사건과 동시에 일어날 수 있는 확률, 즉 자극과 반응 사이의 연관성
> - 잠재적 억제 : 조건 없이 노출된 어떤 자극의 경우 나중에 조건화하려 해도 어렵게 되는 현상

03 조작적 조건형성이론

1 조작적 조건형성의 개념

(1) 조작적 조건형성의 실험
① 조작적 조건형성(Operant Conditioning) 또는 도구적 조건형성(Instrumental Conditionig)은 스키너(Skinner)가 고전적 조건형성을 확장한 것으로서, 자신이 고안한 '스키너 상자(Skinner Box)'에서의 쥐 실험을 통해 구체화하였다.
② 상자 내부의 지렛대를 누르면 먹이가 나오는 장치에서 먹이는 무조건 자극, 먹이를 먹는 것은 무조건 반응, 지렛대는 조건 자극, 지렛대를 누르는 것은 조건 반응에 해당한다.

(2) 조작적 조건형성의 의의
① 스키너는 인간이 환경의 자극에 능동적으로 반응하여 나타내는 행동인 조작적 행동을 설명하였다.
② 반응행동(Respondent Behavior)은 자극에 의해 일어나는 반사적·자동적 행동을 말하며, 이 행동은 유기체의 의지와 상관없이 나타난다.
③ 스키너는 조작적 조건형성 학습을 설명했으며, 학습은 행동의 변화 자체를 의미한다고 주장했다.
④ 인간이 환경적 자극에 수동적으로 반응하여 형성되는 행동에 몰두한 파블로프의 고전적 조건형성과 달리, 스키너의 조작적 조건형성은 행동이 발생한 이후의 결과에 관심을 가진다.
⑤ 조작적 조건형성의 핵심은 조작반응이 그 반응에 수반되는 결과(강화와 처벌)에 의해 통제된다는 것이다.
⑥ 어떤 행동의 결과에 대해 보상이 이루어지는 경우 그 행동이 재현되기 쉬우며, 반대의 경우 행동의 재현이 어렵다는 점을 강조한다.
⑦ 스키너의 조작적 조건형성은 보상에 의한 강화를 통해 반응행동을 변화시키려는 방법이므로 '강화이론(Reinforcement Theory)'이라고도 불린다.

2 주요 원리 및 ABC 패러다임

(1) 주요 원리 14 18 기출

강화의 원리	• 강화자극(보상)이 따르는 반응은 반복되는 경향이 있으며, 조작적 반응이 일어나는 비율을 증가시킨다. • 행동은 그 행동의 결과에 의해 지배를 받게 되어 유기체가 한 행동이 만족스러운 결과를 가져올 때 더욱 강한 행동의 반복을 가져온다.
소거의 원리	• 일정한 반응 뒤에 강화가 주어지지 않으면 반응은 사라진다. • 예를 들어, 학습자가 공손하게 인사를 해도 윗사람이 인사를 받아주지 않고 무시해 버린다면, 인사하는 빈도는 줄어들게 되고 마침내 인사행동은 사라지게 된다.

조형의 원리	• 조형은 실험자 또는 치료자가 원하는 방향 안에서 일어나는 다양한 반응들만을 강화하고, 원하지 않는 방향의 행동에 대해 강화받지 못하도록 하여 결국 원하는 방향의 행동을 할 수 있도록 하는 것이다. • 조형은 스키너의 이론에서 중요한 기법인 행동수정의 근거가 되는 개념이다.
자발적 회복의 원리	• 일단 습득된 행동은 만족스러운 결과가 주어지지 않는다고 하여 즉시 그 행동이 소거되지는 않는다. • 한 번 습득된 행동은 보상이 주어지지 않더라도 똑같은 상황에서 다시 나타난다.
변별의 원리	• 변별은 더욱 정교하게 학습이 이루어지는 것으로서, 유사한 자극에서 나타나는 조그만 차이에 따라 다른 반응을 보이는 것이다. • 예를 들어, 어려서 어른에게 인사하는 법과 친구에게 인사하는 법을 구별하여 학습하게 되는 것은, 친구들과 인사하는 방식으로 어른에게 인사했을 때 그 결과가 달랐기 때문에 변별 학습한 것이다.
계속성의 원리 (반복의 원리)	교육내용의 조직에 있어서 내용의 여러 요소가 계속해서 반복되어야 한다는 원리를 말한다.
근접성의 원리	학습내용의 *파지를 촉진하기 위하여 새로운 학습내용을 설명한 후 곧바로 학생들이 이미 알고 있는 것과의 관계를 설명하는 것이다.

> **파지**
> 관찰한 행동을 기억하는 과정을 말한다.

(2) ABC 패러다임

① 스키너는 인간의 행동은 선행요인(Antecedents)으로서 환경적 자극에 의해 동기화되며, 행동에 따르는 결과(Consequences)에 의해 전적으로 결정된다고 보았다.

② 행동주의 이론은 인간의 특정한 행동은 선행하는 사건, 즉 선행요인과 행동 뒤에 일어나는 사건, 즉 결과에 의해 일어난다고 본다.

③ 행동주의 이론은 환경적인 선행요인과 결과에 관심을 두며, 이를 선행요인(Antecedents) → 행동(Behavior) → 결과(Consequences)의 머리글자에 따라 '행동의 ABC 패러다임'이라고 한다.

지식 IN

고전적 조건형성과 조작적 조건형성의 비교

구 분	고전적 조건형성	조작적 조건형성
자극-반응계열	자극이 반응의 앞에 온다.	반응이 효과나 보상 앞에 온다.
자극의 역할	반응은 추출된다.	반응은 방출된다.
자극의 자명성	특수반응은 특수자극을 일으킨다.	특수반응을 일으키는 특수자극은 없다.
조건형성의 과정	한 자극이 다른 자극을 대치한다.	자극의 대치는 일어나지 않는다.
내 용	정서적·부수적 행동이 학습된다.	목적지향적·의도적 행동이 학습된다.

고전적 조건형성과 조작적 조건형성의 적용 사례 20 23 기출

- 고전적 조건형성의 적용 사례
  - 쥐가 설탕물을 마실 때 소음에 노출되면, 설탕물에 대한 맛 혐오가 학습된다.
  - 인기 있는 모델이 A제품을 광고하면, A제품에 대한 긍정적 이미지가 학습된다.
  - 무의미철자를 보는 중 무서운 장면이 나타나면, 무의미철자에 대한 공포가 학습된다.
  - 범죄 뉴스에서 특정 국가의 사람을 보면, 그 국가 국민에 대한 편견이 학습된다.
- 조작적 조건형성의 적용 사례
  - 아침에 머리를 감은 날 시험을 망치면, 시험 보는 날은 머리를 감지 않는 행동이 학습된다.
  - 손톱을 깎고 시험을 본 날 성적이 좋았다면 시험을 볼 때마다 손톱을 깎는 행동이 학습된다.

04 기타 행동주의 학습이론

1 왓슨의 행동주의와 손다이크의 연합주의 20 기출

(1) 왓슨(Watson)의 행동주의 16 21 24 기출

① 행동은 적절한 자극을 선택함으로써 형성된다고 보았다.
② 자극에 대한 반응이 반복적으로 이어지면 습관이 되며, 그로 인해 자극(S) → 반응(R)의 관계가 이루어진다.
③ 학습은 강화를 통한 자극과 반응(S-R)의 연합 과정에 의해 이루어지며, 시행착오의 반복을 통해 고정되는 습관이라고 본다(S-R 이론).
④ 쥐를 좋아하는 아이의 쥐에 대한 반응실험에서 쥐를 만질 때마다 굉음의 자극을 연결함으로써, 공포 반응이 나타나는 것을 확인하였다.
⑤ 아이에게 공포 반응이 학습된 것이며, 비슷한 조건에서 그 공포가 전이된다고 하였다.

> **지식 IN**
>
> **왓슨의 쥐 공포 반응 실험** 21 기출
> 왓슨은 어린아이에게 흰쥐를 주고 자유롭게 만질 수 있도록 하고, 어린아이가 쥐를 만지려고 할 때 큰 소음을 일으켰다. 어린아이는 큰 소음에 놀라 넘어지고 말았다. 이 과정을 여러 번 반복한 후, 소음 없이 쥐를 만지도록 했더니 어린아이는 쥐만 보고도 놀라고 겁에 질려 울음을 터뜨렸다. 처음엔 쥐를 보고 아무렇지도 않았는데 쥐에 대한 공포심이 발생한 것이다.
> 여기서 큰 소음은 무조건 자극(UCS), (큰 소음에) 놀라 넘어진 것은 무조건 반응(UCR), 쥐는 조건 자극(CS), 놀라고 겁에 질려 울음을 터뜨린 것은 조건 반응(CR)에 해당한다.

(2) 손다이크(Thorndike)의 연합주의 16 21 24 기출

① 연합주의는 특정한 자극과 자발적 행동 사이의 연합으로 새로운 행동이 형성됨으로써 학습이 이루어진다는 개념으로 행동주의적 관점의 이론이다.
② 손다이크는 파블로프처럼 반사적 행동이 아닌, 시행착오 과정 및 그 결과에 의해 학습이 이루어진다는 시행착오설을 제시하였다.
③ 새로운 행동을 학습하는 데 있어서 추리와 사고에 의하여 학습하는 것이 아니고, 그저 탐색하고 잘못된 행동을 몇 번이고 반복하다가, 우연히 문제가 해결되어 그 방법이 점차 강화된다고 하는 것이다.
④ 때문에 자극과 반응 간 연합은 연습만으로도 강화되며, 학습된 반응은 이미 형성된 방향으로 일어나기 쉽다.
⑤ 반응 다음에 만족스러운 사상태(Satisfying State of Affairs)가 따라오면 자극과의 연결 강도가 증가한다.
⑥ 손다이크에 따르면 학습은 통찰적이라기보다 점진적으로 이루어진다.
⑦ 손다이크는 고양이를 문제상자에 가두어 놓고 어떻게 문제상자 속에서 밖으로 나올 수 있는가 하는 행동을 실험한 결과, 처음에는 우연적이고 맹목적인 시행착오를 거듭했지만 점점 시간을 절약하면서 목표를 달성하는 것을 관찰하였다.
⑧ 이를 통해 문제 해결의 시행 횟수가 증가함에 따라 수행 기회를 더 많이 가지게 되어 문제를 보다 빠르게 해결하므로 문제해결을 하는 데 걸리는 시간(종속변인)이 체계적으로 감소한다고 보았다.
⑨ 손다이크는 앞선 고양이 실험을 통해 다음과 같은 결론을 도출하였다.

준비성의 법칙	학습하는 태도나 준비와 관련하여, 준비자세가 되어 있을수록 결합이 용이하며, 그렇지 못한 경우 결합이 약화된다.
효과의 법칙 (결과의 법칙)	반응 후에 수반되는 결과가 바람직한 것이면 그 반응이 나타날 확률이 증가하지만, 결과가 바람직하지 않으면 확률이 감소한다는 것으로, 행동의 결과는 자극과 반응 간 연결 강도에 영향을 준다.
연습의 법칙	연습의 횟수나 사용빈도가 많을수록 결합은 강화된다.
시행착오 학습	여러 가지 반응들을 임의적으로 해본 후 그 중 어느 하나가 문제해결로 이어지는 경우, 해당 반응이 여러 번에 걸쳐 점진적으로 습득된다.
중다반응	모든 학습에서 일어나는 첫 번째 단계의 첫 반응이 문제해결을 하지 못하면 다시 다른 반응을 시도한다. 이러한 유기체의 활동은 문제가 해결될 때까지 계속된다.

2 레스콜라-와그너(Rescorla-Wagner) 모형 16 20 기출

(1) 의의
① 동물이 예측하는 것과 실제로 일어나는 것 사이의 불일치로부터 학습하여 이론화하는 고전적 조건형성의 모델이다.
② 레스콜라-와그너 모형에 따르면, 2개 이상의 자극 조건(연합조건)의 시행이 반복되거나 혹은 자극강도의 세기가 강해지면 반응도 점차 증가하지만 무한정 늘어나는 것은 아니고 최대치인 연합강도에 근접해진다.

(2) 특징
① 어떤 조건 자극에 의해 이루어질 수 있는 조건형성의 전체 양에는 한계가 있다.
② 조건 반응은 일정한 양의 강도만을 가질 수 있고, 그 강도는 무조건 자극의 강도에 의해 주로 결정된다.
③ 이 모형은 *차폐 현상을 잘 설명한다.
④ 이 모형에서는 자극 소거로 인해 조건 반응이 감소하는 현상을 설명할 수 있다. 이 이론을 그래프로 나타내면 전형적인 조건형성 곡선의 부적 체감 기울기 현상이 나타난다.
⑤ 조건 반응의 예측을 알아보는 레스콜라-와그너 모형도 조건 없이 노출된 어떤 자극의 경우 후에 그것을 조건화하려 해도 잘 되지 않는 현상(잠재적 억제 현상)은 설명할 수 없는 것이 한계점이다.

> **차폐 현상**
> 조건 자극과 무조건 자극을 먼저 학습시킨 후 그 조건 자극과 새로운 조건 자극으로 이루어진 복합자극과 무조건 자극을 다시 학습시키면 새로운 조건 자극은 조건 반응을 유발하지 못하는 것을 말한다.

3 Mowrer의 이요인 이론(Two-factor Theory) 24 기출

(1) 개념
① Mowrer의 이요인 이론은 고전적 조건화와 조작적 조건화 두 종류의 학습 원리를 통해 불안(공포증) 반응을 설명하는 이론이다.
② 불안이 형성될 때는 고전적 조건형성이 적용되며, 그 이후 조작적 조건형성을 통해 불안증이 유지되고 강화되어 나타난다는 것이다.

1요인	• 고전적 조건형성을 통해 불안(공포증)을 유발하는 조건 자극을 형성 • 불안장애로 조절되는 자극은 유기체로 하여금 적극적으로 피하도록 하는 회피반응을 일으키며 이 자극을 회피하도록 학습되는데, 이를 해결학습(Solution Learning)이라고 함
2요인	• 조작적 조건형성을 통해 회피행동이 부정적 강화로 유지 • 회피행동(강화행동)으로 불안은 완화되나, 회피행동은 점점 더 강화·유지됨

③ 이요인 이론은 불안장애 치료에 중요한 이론적 근거를 제공한다.

(2) 이요인 이론의 실험 예시

① 실험 상황

> 1번 방에 개를 둔 후 그 방의 불을 끄고 개에게 전기충격을 가한다. 곧 개는 장벽을 뛰어넘어 전기충격이 없는 2번 방으로 간다.

② 실험 내용

구 분	상 황	내 용
신 호	불빛이 꺼짐	불빛이 꺼지는 것은 고통에 대한 조건 자극(CS)이 됨
자 극	전기충격	전기충격은 무조건 자극(UCS)이 됨
반 응	고 통	고통은 불빛이 꺼지는 신호에 대한 조건 반응(CR)이 됨
강 화	고통으로부터의 도피	개가 장벽을 뛰어넘는 것은 부적 강화력을 가짐

③ 위 실험에서 개는 장벽을 뛰어넘는 것을 통해 고통(불안)에 대한 회피 행동을 함으로써 고통이 종결된다는 것을 학습하였으며, 이는 '해결학습'에 해당한다.

05 행동주의의 기법

1 강화와 처벌 14 15 16 17 21 기출

(1) 강 화

① 바람직한 행동의 빈도를 증가시키는 방법이다.
② 강화계획에 따른 반응유형은 상당한 차이가 있다.
③ 강화계획을 세울 때는 강화를 제공하는 시간과 횟수를 고려한다.
④ 같은 강화물도 양이나 제시 시점에 따라 강화 효과가 다를 수 있다.
⑤ 한 번 형성된 행동을 유지시키기 위해서는 강화를 즉시 중단하는 것보다 점진적으로 줄이는 것이 좋다.
⑥ 효과적인 강화를 위해서는 학습자에게 직접 강화물을 확인하여 강화를 개별화하는 것이 좋다.
⑦ 강화의 효과를 증진시키려면 제공되는 강화 강도를 증가시켜야 한다.
⑧ 종 류 18 23 24 기출
  ㉠ 정적 강화 : 유쾌 자극을 제시하여 행동의 빈도를 증가시키는 것
    예 심부름을 한 아이에게 좋아하는 과자를 선물한다.
  ㉡ 부적 강화 : 불쾌 자극을 철회하여 행동의 빈도를 증가시키는 것
    예 숙제를 잘한 아이에게 청소를 면제해 준다.
    ※ 부적 강화에서 행동을 강화하는 것은 혐오 자극으로부터의 도피이다.

> **지식 IN**
>
> **반응대가** 21 22 기출
> 반응대가는 바람직하지 못한 행동을 했을 때 그 행동에 대한 대가로서, 이미 주어진 정적 강화(유쾌 자극을 제시하여 행동의 빈도를 증가시키는 것)를 상실하게 하는 것이다. 예를 들어 정해진 시간에 일어났을 때 상으로 스티커를 제공하는 것은 정적강화이고 기상 시간을 지키지 못했을 때 제공한 스티커를 다시 회수하는 것은 반응대가이다.

(2) 처벌 18 23 24 기출

① 바람직하지 않은 행동의 빈도를 줄이는 방법이나, 처벌받은 행동은 억제될 뿐이다.
② 행동과 처벌 사이의 수반성(Contingency)이 클수록, 처벌받은 행동은 더 많이 감소한다.
③ 처벌 전에는 사전 경고를 하는 것이 바람직하고, 처벌의 결과는 유기체에게 혐오적이어야 한다.
④ 처벌 후 부정적 정서반응과 회피반응을 초래할 수 있으므로 강화와 함께 사용한다.
⑤ 처벌보다 강화가 더 강력할 경우, 처벌받은 행동은 덜 감소한다.
⑥ 처벌은 공격적인 행동을 변화시키기 위한 방법으로는 적절하지 않다. 오히려 공격적 행동이 더 증가할 수 있다.
⑦ 행동과 처벌 사이의 시간 간격이 길수록 처벌 효과가 떨어진다.
⑧ 처벌 전에 사전 경고를 하는 것이 효과적이다.
⑨ 처벌받는 행동이 분명하고 구체적인 용어로 제시되어야 하고, 그 행동이 받아들여질 수 없는 이유에 대해서도 분명히 설명해 주어야 한다.
⑩ 종류
　㉠ 정적 처벌 : 불쾌 자극을 제시하여 행동의 빈도를 줄이는 것(수여성 벌)
　　예 약속을 지키지 않은 아이에게 부정적인 피드백을 한다.
　㉡ 부적 처벌 : 유쾌 자극을 철회하여 행동의 빈도를 줄이는 것
　　예 약속을 지키지 않은 아이에게 좋아하는 과자를 주지 않는다.

> **지식 IN**
>
> **타임아웃(Time-out)** 24 기출
> 문제행동이 발생하였을 때 문제행동을 한 사람을 일정 시간(약 5분) 동안 모든 강화자극(행동의 빈도를 높이는 자극)에 접근하지 못하게 하는 기법으로, 부적 처벌의 하나이다.

(3) 강화와 처벌의 제공 원칙 15 16 22 기출

① 강화의 제공 원칙
  ㉠ 강화는 즉각적으로 주어야 한다.
  ㉡ 강화는 목표행동에 맞게 주어야 한다.
  ㉢ 강화는 일관성 있게 주어야 한다.
  ㉣ 강화는 충분하게 주어야 한다.
  ㉤ 강화는 체계적이고 점진적으로 주어야 한다.
  ㉥ 강화는 개별화하는 것이 좋다.

② 처벌의 제공 원칙
  ㉠ 처벌은 부적절한 행동 발생 즉시 즉각적으로 주어야 한다.
  ㉡ 처벌은 목표행동에 맞게 주어야 한다.
  ㉢ 처벌은 일관성 있게 주어야 한다.
  ㉣ 처벌은 행동을 중단시킬 수 있을 만큼으로 최소화해야 한다.
  ㉤ 처벌의 강도가 강할수록 처벌받은 행동은 더 많이 감소한다.
  ㉥ 처벌은 그 강도를 점차 높이지 말아야 한다. 일반적으로 체벌을 가할 때 처벌의 강도를 점점 높인다든지 처벌의 빈도를 점점 높이면 의도한 대로 행동이 약화되는 것이 아니라 그 반대의 효과, 즉 처벌에 습관화되어 처벌에 대한 저항을 높이는 결과를 초래한다.
  ㉦ 행동과 처벌 사이의 시간 간격이 짧을수록 처벌 효과가 커진다.
  ㉧ 처벌을 받는 행동이 받아들여질 수 없는 이유를 분명히 설명해 주어야 한다.
  ㉨ 처벌받는 행동을 대신할 바람직한 행동에 대해 학습 기회를 주어야 한다.
  ㉩ 처벌받는 행동에 대해 구체적·분명한 용어로 제시해야 한다.

2 강화스케줄과 강화물 14 15 16 19 21 22 23 기출

(1) 계속적 강화계획(연속강화계획)
① 반응의 횟수나 시간에 상관없이, 기대하는 반응이 나타날 때마다 강화를 주는 것이다.
② 초기단계에서 어떤 행동을 시작하게 하고 강화하는 데 유용하며, 반응의 빠른 학습이 이루어진다.
③ 지속성이 거의 없으며, 반응이 빨리 사라진다.
예) 아이가 공부를 열심히 하는 경우 TV 시청을 허락하는 것

(2) 간헐적 강화계획
① 반응의 횟수나 시간을 고려하여 간헐적 또는 주기적으로 강화를 부여한다.
② 계속적 강화계획에 비해 상대적으로 학습된 행동을 유지하는 데 효과적인 방법이다.
③ 고정간격계획, 가변(변수/변동)간격계획, 고정비율계획, 가변(변수/변동)비율계획 등으로 구분된다.

고정간격계획 (FI) 20 23 기출	• 요구되는 행동의 발생 빈도에 상관없이 일정한 시간 간격에 따라 강화를 부여한다. • 지속성이 거의 없으며, 강화시간이 다가오면서 반응률이 증가하는 반면 강화 후 떨어진다. 예 주급, 월급, 일당, 정기적 시험 등
가변간격계획 (VI)	• 강화 시행의 간격이 다르지만, 평균적으로 확인할 수 있는 시간 간격이 지난 후에 강화를 부여한다. • 느리고 완만한 반응률을 보이며, 강화 후에도 거의 쉬지 않는다. 예 1시간에 3차례의 강화를 부여할 경우 25분, 45분, 60분으로 나누어서 부여
고정비율계획 (FR) 24 기출	• 일정한 횟수의 바람직한 반응이 나타난 다음에 강화를 부여한다. • 빠른 반응률을 보이지만 지속성이 약하다. 예 옷 공장에서 옷 100벌을 만들 때마다 1인당 100만 원의 성과급 지급
가변비율계획 (VR)	• 반응행동에 변동적인 비율을 적용하여 불규칙한 횟수의 바람직한 행동이 나타난 후 강화를 부여한다. • 처음에는 강화 비율을 낮게 하였다가, 점진적으로 비율을 높이는 것이 효과적이다. • 반응률이 가장 높게 유지되고, 지속성이 높다. 예 카지노의 슬롯머신, 복권, 낚시 등

④ 계속적 강화계획, 고정간격계획, 고정비율계획은 언제 강화가 주어질지 내담자가 예측하기 쉽지만, 가변(변동)간격계획과 가변(변동)비율계획은 언제 강화가 주어질지 내담자가 예측하기 힘들다.

(3) 강화물의 유형 15 17 18 기출

① 1차적 강화물
  ㉠ 무조건 강화 자극에 해당하는 것으로서, 학습에 의하지 않고도 강화의 효과를 가지는 자극물을 말한다.
  ㉡ 상대적으로 강력하나 그 가짓수가 적으며, 인간의 학습에서 제한된 역할만을 한다.
  예 물이나 음식, 과자, 장난감, 성행위 등

② 2차적 강화물
  ㉠ 본래 중성 자극이었던 것이 강화 능력을 가진 다른 자극과 연결됨으로써 강화의 속성을 가지게 된 자극을 말한다.
  ㉡ 2차적 강화물의 효과는 궁극적으로 1차적 강화물에 직접적 또는 간접적으로 의존한다.
  예 미소, 칭찬, 토큰, 점수, 돈, 상장 등

3 불안감소기법

(1) 체계적 둔감법(Systematic Desensitization) 15 16 17 21 22 기출

① 행동주의 상담에서 널리 사용되고 있는 고전적 조건형성 기법으로서, 특정한 상황이나 상상에 의해 조건 형성된 불안이나 공포를 극복하도록 하기 위한 것이다.
② 혐오스런 느낌이나 불안한 자극에 대한 위계목록을 작성한 다음, 낮은 수준의 자극에서 높은 수준의 자극으로 상상을 유도함으로써 불안이나 공포에서 서서히 벗어나도록 한다.

③ 불안이나 공포 혐오증, 강박관념 등이 있는 내담자의 경우 그로 인한 부적응 행동이나 회피 행동을 치료하는 데 효과가 있다.
④ 체계적 둔감법의 3단계

제1단계	근육긴장 이완훈련	불안을 감소시키기 위해 근육의 긴장을 이완할 수 있도록 훈련시킨다.
제2단계	불안위계 목록작성	환자로 하여금 불안, 공포 등 병적인 행동을 일으키는 자극의 강도에 따라 약한 장면에서부터 심한 장면까지 여러 단계(대개 10~12장면)의 목록을 작성하도록 한다.
	시공간적 위계	시간, 공간 순으로 위계목록을 작성하는 것을 말한다. 예 금, 토, 일 순으로 작성하는 것
	주제별 위계	유사한 주제를 가진 항목들을 포함하되, 불안을 일으키는 정도는 다르게 작성한다.
제3단계	둔감화	• 목록 중 가장 낮은 단계에서 출발하여 가장 높은 단계로 상상하면서 불안이 완전히 소거될 때까지 이러한 절차를 반복하여 실시한다. • 환자는 계속 이완상태를 유지하며, 만약 아주 경미한 불안이라도 경험하면 치료자에게 한 손가락을 세워 신호한다. 환자는 상상하는 것을 멈추고 계속 이완한다. • 환자가 이완한 후에 동일한 장면을 다시 시도하고 불안이 일어나지 않으면, 동일 장면을 한 번 더 실시한 후 다음 장면으로 넘어간다.

(2) 홍수법(Flooding)
① 불안이나 두려움을 발생시키는 자극들을 계획된 현실이나 상상 속에서 지속적으로 제시하는 기법이다.
② 혐오스러운 느낌이나 불안한 자극에 대해 미리 준비를 갖추도록 한 후, 가장 높은 수준의 자극에 오랫동안 지속적으로 노출시킴으로써, 시간이 경과함에 따라 혐오나 불안을 극복하도록 한다.

(3) 혐오치료(Aversion Therapy) 22 23 기출
① 고전적 조건형성의 원리를 응용한 기법으로서, *역조건형성의 일종이며 바람직하지 못한 행동에 혐오 자극을 제시함으로써 부적응적인 행동을 제거하는 기법이다.
② 예를 들어, 술을 끊고자 하는 사람에게 술을 맛보도록 하는 동시에 전기 쇼크나 구토를 일으키는 약물을 부여함으로써 점차적으로 술에 대해 혐오적인 반응을 보이도록 한다.

> **역조건형성**
> 특정 조건자극에 대한 바람직하지 못한 조건반응을 바람직한 조건반응으로 대치하는 방법을 말한다.

4 행동 수정 기법

(1) 행동 수정(Behavior Modification) 17 기출
① 각 사람의 수준에 알맞도록 주위환경을 변화시켜 바람직한 행동은 더 많이 일어나도록 하고 바람직하지 않은 행동은 감소 또는 소멸시켜 나가는 과정을 말한다.
② 행동 수정의 효과를 평가하기 위해서는 개입 전·후 뿐만 아니라 중간 과정에서도 행동 측정을 반복하는 것이 좋다.
③ 목표 행동을 유발하거나 강화할 만한 구체적인 사건을 찾기 위한 기능적 행동 평가를 해야 한다.
④ 기초선(Baseline) 측정을 위해서는 2명 이상의 관찰자가 동일한 상황에서 표적 행동을 관찰하는 것이 바람직하다.
⑤ 절차는 '행동의 선정 → 행동의 기초선 측정 → 적응행동 증가/부적응 행동 약화 → 효과 검증 → 일반화' 순으로 진행한다.
⑥ 바람직한 행동 강화를 위한 보상 : 정적 강화, 부적 강화, 차별강화와 행동형성, 간헐강화, 프리맥의 원리, 조건화된 강화와 토큰 강화 등
⑦ 바람직하지 않은 행동 약화를 위한 행동 수정 : 양립할 수 없는 행동의 강화, 소거, 벌, 타임아웃 등

(2) 프리맥의 원리(Premack's Principle) 16 20 21 23 24 기출
① 프리맥에 따르면, 높은 빈도의 행동(게임 등 선호하는 활동)은 낮은 빈도의 행동(숙제와 같은 덜 선호하는 행동)에 대해 효과적인 강화인자가 될 수 있다.
② '행동' 자체를 강화물로 활용하여 높은 확률로 일어나는 행동이 상대적으로 잘 일어나지 않는 행동의 강화물이 된다는 행동의 상대적 가치를 강조하였다.
③ 프리맥의 원리가 효과적이기 위해서는 낮은 빈도의 행동(덜 선호하는)이 먼저 일어나야 한다.
④ 예를 들어, 게임을 하기 위해서 우선 싫어하는 숙제부터 먼저 하며, 나중에 좋아하는 게임을 즐긴다.
⑤ 좋아하는 활동에 대한 선호가 바뀌면 강화인도 바뀐다.

(3) 소 거 15 18 19 기출
① 문제 행동의 빈도를 줄이기 위한 방법으로서 강화를 중지하는 것이다.
② 고전적 조건형성에서는 조건 자극이 나타났으나 무조건 자극이 뒤따르지 않을 때 조건반응이 소멸되는 점을 강조한다.
③ 조작적 조건형성에서는 일상의 강화인자가 장기간 보류되는 경우 어떤 사람이나 동물의 특정 행동이 지속되지 않는다는 점을 강조한다.
④ 예를 들면, 엄마는 아이가 칭얼대고 울 때마다 달래주던 행동을 중단하고, 아이가 울어도 못 본척하고 달래주지 않았다. 그 결과 아이의 칭얼대고 우는 행동이 줄어들었다.
⑤ 조건형성에서 연속강화보다 부분강화를 적용할 때, 소거에 대한 저항이 더 오래 지속된다.

(4) 행동 조성(조형, Shaping) 16 19 22 기출

① 스키너는 조작적 조건형성을 하기 위한 일반적인 방법은, 자발적으로 일어날 가능성이 없는 복잡한 조작적 반응에는 부적절하다는 것을 알게 되었다.
② 이러한 문제점을 줄이기 위해 그는 유기체 내에 잠재된 행동이나 유기체가 학습 가능한 모든 종류의 행동을 각각 조건화함으로써 복잡한 조작적 반응을 보다 빠르게 학습시킬 수 있는 방법을 고안하였는데, 이를 점진적 접근방법이라고 한다.
③ 예를 들어, 아이에게 배변훈련을 시킬 경우, 가장 먼저 아이의 배변욕구에 관한 의사표시에 칭찬을 하여 행동을 조성하고, 그다음 순서로 바지를 내리고, 변기에 앉고, 배설 후 물을 내리는 행동 등의 각 단계마다 강화를 제공함으로써 전체적인 배변훈련이 가능하도록 가르친다.
④ 이와 같이 조성은 학습자가 달성해야 할 최종 목표행동(Goal Behavior)에 이르는 행동단위들(Target Behaviors)을 난이도에 따라 분리한 후에 각각의 행동단계를 순차적으로 조건화하여 궁극적으로 최종 목표행동을 학습시킨다.
⑤ 복합적인 행동을 학습하기 위해서는 구체적이고 세분화된 행동의 단계로 구분하여 접근하는 것이 더 효과적이다.

(5) 토큰경제

① 바람직한 행동들에 대한 체계적인 목록을 정해놓은 후, 그러한 행동이 이루어질 때 그에 상응하는 보상(토큰)을 하는 기법이다.
② 토큰경제는 무형의 강화 수단이 작용하지 않는 경우 행동 형성에 효과적으로 사용할 수 있다.

(6) 변별(Discrimination) 20 21 기출

① 학습이 더 정교하게 이루어지는 것으로서, 유사한 자극에서 나타나는 조그마한 차이에 따라 다른 반응을 보이는 것을 말한다.
② 조건 자극과 새로운 중성 자극이 유사할수록 변별의 가능성은 작아진다.
③ 어려서 어른에게 인사하는 법과 친구에게 인사하는 법을 구별하여 학습하게 되는 것은 친구들과 인사하는 방식으로 어른에게 인사했을 때 그 결과가 달랐기 때문에 변별 학습을 한 것이다.

(7) 조작적 조건학습과 고전적 조건학습에서 나타나는 현상 19 23 기출

① 조작적 조건형성과 고전적 조건형성에 함께 나타나는 현상 : 소거(Extinction), 자극일반화(Stimulus Generalization), 변별(Discrimination)
② 조작적 조건형성에만 나타나는 현상 : 행동 조성(조형, Shaping), 미신적 행동, 강화물, 강화계획

지식 IN

조작적 조건형성과 관련된 용어 19 21 기출

- 연쇄화(Chaining)
  - 행동연쇄라고도 하며, 행동에 대한 일련의 순차적 반응을 분석하여 자극-반응의 연결과정을 파악하고, 이를 통해 행동관리나 수정을 실시하는 것이다.
  - 이미 학습한 단계들을 다른 단계들과 연속적으로 결합하여 더 복잡한 행동을 학습하도록 하는 과정이다.
    - 예) 옷 입기나 음식 먹기, 세수하기, 야구공 치기, 골프 스윙 과정 등
- 수동적 회피학습(Passive Avoidance Learning)
  혐오적인 결과를 미리 신호하는 자극을 단서로, 특정 반응을 하지 않는 것을 학습하는 것이다.
- 미신적 행동(Superstitious Behavior)
  특정 행동이 어떤 사건을 일으킨다는 잘못된 신념을 가리키는 것으로서, 이는 행동 및 그로 인한 강화 간에 생긴 우연한 연합에 기초한 학습결과에서 비롯된다.
  - 예) 축구경기에서 골대를 맞히는 팀이 그 경기에서 패한다는 일종의 징크스를 통해 2002년 한일 월드컵 당시 골대를 5번 맞힌 프랑스의 16강 탈락을 설명한다.
- 기능적 분석(Functional Analysis) 16 기출
  - 특정 문제행동의 원인과 결과를 이해하기 위해 행동에 영향을 미치는 환경 전체를 분석하는 방법이다.
  - 표적행동이 일어났을 때 그 행동에 뒤따라 주어지는 결과를 조작한다.
  - 과제의 난이도, 과제의 길이, 활동할 동안 교사의 주의를 끄는 수준, 활동의 선택 유무 등 구조적인 변인 조작이다.

CHAPTER 03 인지주의 학습이론

중요도 ★★★

핵심포인트
\# 사회인지학습이론 \# 정보처리이론
\# 기타 인지주의 학습이론

01 사회인지학습이론

1 사회인지학습이론의 의의와 특징

(1) 사회인지학습이론의 의의 14 15 16 17 기출
① 사회학습이란 인간이 어떤 모델의 행동을 관찰 모방하며 학습하는 것으로, 주위 사람과 사건들에 주의집중함으로써 정보를 획득하는 학습이다.
② 반두라(Bandura)는 모델링을 통한 관찰학습, 모방학습을 강조한다.
③ 인간행동은 개인·행동·환경의 상호작용으로 발달한다는 상호결정론을 주장한다. 즉, 인간이 어떤 행동을 학습하는 데 있어서 외부로부터의 자극뿐만 아니라 인간 내부의 인지적 요인이 함께 작용하여 학습이 진행된다는 것이다.

(2) 사회인지학습이론의 특징 19 기출
① 학습은 모델의 행동을 모방하거나 *대리적 조건형성을 통해 이루어진다.
② 아동이 자신의 행동에 대해서 직접적인 강화를 받지 않더라도 관찰과 모방을 통해서 학습이 가능하다. 다른 아동이 보상이나 벌을 받는 것을 관찰함으로써 간접적인 강화를 받으며 이때의 간접적 강화를 가리켜 대리적 강화라 한다. 인간은 대리적 강화를 통해 학습할 수 있다.
③ 사회학습은 모델을 직접 관찰함으로써 이루어지는 경우가 많으나, 최근에는 대중매체의 발전으로 언어나 사진, 그림과 같은 상징적 모델을 모방하는 경우도 많다.
④ 학습자는 환경의 영향을 받을 뿐만 아니라 환경에 영향을 미치기도 한다.
⑤ 학습과 수행을 구별하며 상호작용적 결정론(Reciprocal Determinism)을 전제한다.
⑥ 다른 사람의 행동을 관찰함으로써 새로운 행동을 학습할 수 있다.

> **대리적 조건형성**
> 다른 사람의 행동과 결과를 관찰하도록 하여 관찰자의 행동을 바꾸려는 것이다.

지식 IN

인지주의 학습이론 19 20 22 기출

- 인지란 우리 머릿속에서 일어나는 일련의 지적 과정이다.
- 인지주의는 태도·가치 등 내적 사고 과정에 관심을 둔다.
- 인지주의는 학습자가 능동적으로 환경을 지배한다고 본다.
- 인지주의 학습이론은 정신적인 과정에 초점을 맞추어 학습을 설명하는 이론이다.
- 인지주의 학습이론은 경험의 결과로서 일어나는 행동의 변화를 다루는 행동주의 학습이론과는 다르게, 인간의 육안으로 직접 관찰할 수는 없지만 행동의 변화를 보여줄 수 있는 가능성을 준비하는 개인의 정신적인 구조의 변화를 다룬다.
- 인지주의 학습이론은 지식과 기능의 구인, 정신적 구조와 기억네트워크의 발달, 정보처리과정 등을 강조한다.
- 행동주의 학습이론과 인지주의 학습이론을 비교한 내용은 다음과 같다.

구 분	행동주의 학습이론	인지주의 학습이론
의식관	요소주의(전체 = 부분의 합)	전체주의(전체 > 부분의 합)
강조점	분자(molecular) 단위 행동에 관심 (미시적 입장)	몰(molar) 단위 행동에 관심 (거시적 입장)
학습기제	자극과 자극, 혹은 자극과 반응의 결합	인지구조의 변화
이 론	경험론적 결과론, 객관적	정신적 과정, 주관적
문제해결	시행착오적 문제해결	통찰적 문제해결
연구방법	엄격한 실험연구를 통한 검증	관찰, 사고 및 논리적 분석
학습자	수동적, 환경에 의해 지배받음	능동적, 환경을 지배함
학습방법	통제 교육(훈련, 습관 형성의 학습)	열린 교육(개념 습득, 사고 활동의 학습)

2 사회인지학습이론의 주요 개념

(1) 모방(모델링, Modeling) 22 기출

① 모방은 다른 사람이 행동하는 것을 보고 들으면서 그 행동을 따라하는 것이다.
② 흔히 공격적인 행동, 이타적 행동, 불쾌감을 주는 행동이 관찰을 통해 학습된다.
③ 모방학습 모델링의 효과
  ㉠ 관찰자 자신과 모델의 유사성, 모델의 지위·능력 및 신분 관계, 모델에 대한 신뢰 정도 및 전문성, 모델 학습의 횟수 등에 영향을 받는다.
  ㉡ 위대하다고 생각되는 사람의 행동을 위대하다고 생각하지 않는 사람의 행동보다 더 잘 모방한다.
  ㉢ 자기와 동성인 모델의 행동을 이성인 모델의 행동보다 더 잘 모방한다.
  ㉣ 돈, 명성 등 사회경제적 지위가 높은 모델을 더 잘 모방한다.

ⓜ 벌을 받은 모델을 거의 모방하지 않으며, 연령이나 지위가 자기와 비슷한 모델을 상이한 모델보다 더 잘 모방한다.
④ 모방(모델링)의 기능은 반응촉진, 관찰학습, 억제, 탈억제라고 할 수 있다.
※ 인지적 모델링(Bandura) : 제시된 행동을 행하는 모델의 사고와 모델이 그렇게 행동한 이유를 이야기해주고 시범을 보여주는 것을 따라하는 것을 말한다. 20 기출

지식 IN

일반화된 모방 18 기출

- 밀러와 달라드(Miller & Dollard)는 모방이 습관이 된다고 제시하며, 이렇게 모방하여 학습된 경향성을 '일반화된 모방'이라고 하였다.
- 모방행동의 세 가지 범주는 다음과 같다.

동일행동 (Same Behavior)	두 사람 이상이 같은 장면에 대하여 같은 식으로 반응하는 것과 같은 동일한 행동
맞춤 의존형 행동 (Matched-dependent Behavior)	관찰자가 모델의 행동을 그대로 반복할 때 강화를 받는 행동
모사행동 (Copying Behavior)	다른 사람의 행동을 본떠서 자신의 행동방법을 학습하는 경우

(2) 인 지

① 사회적 학습은 주로 인지적 활동이다.
② 인간은 심상·사고·계획 등이 가능한 존재이므로, 장래를 계획하고 내적 표준에 근거하여 자신의 행동을 조정하며, 자기 행동의 결과를 예측할 수 있다.
③ 따라서 학습된 반응을 수행할 의지는 인지적 통제하에 있는 것이다.

(3) 자기강화, 자기효율성, 자기조절 14 16 17 21 기출

① **자기강화(Self-reinforcement)** : 자신이 통제할 수 있는 보상을 자기 자신에게 주어서 자신의 행동을 유지하거나 변화시키는 과정이다.
② **자기효율성 또는 자기효능감(Self-efficacy)** 19 기출
  ㉠ 내적표준과 자기강화에 의해 형성되는 것이다.
  ㉡ 특정 과제를 성공적으로 수행할 수 있다는 자신의 능력에 대한 신념이다.
  ㉢ 노력의 정도에 영향을 줄 수 있고, 격려가 학생의 자기효능감을 증진시킨다.
  ㉣ 자기효능감이 높으면 새로운 과제에 적극적으로 도전하는 경향을 보이는데, 결과 기대는 낮을 수 있다.
  ㉤ 비슷한 과제에 대한 과거 성공 경험이 중요한 요인이다.
  ㉥ 자기효능감이 높은 학생이 낮은 학생에 비해 더 빨리 효과적인 전략으로 수정한다.
  ㉦ 동일시 모델을 관찰하는 것은 자기효능감에 영향을 미친다.

- ◎ 자기효율성(자기효능감)의 근원 14 23 기출
  - 완숙경험(Mastery Experience) : 직접적 경험으로서, 효능감 정보에 대한 가장 강력한 근원이 된다. 성공은 효능감을 높이는 반면, 실패는 효능감을 낮춘다.
  - 각성수준(Arousal Level) : 과제를 어떻게 해석하는가가 자기효능감에 영향을 준다. 과제를 접하면서 하는 염려나 걱정은 효능감을 낮추는 반면, 자극과 흥분은 효능감을 높인다.
  - 대리경험(Vicarious Experience) : 누군가 다른 사람이 성취의 모델이 된다. 학생이 모델과 동일시하는 정도가 클수록 효능감에 미치는 효과는 더 커진다. 모델이 수행을 잘할 때 그 학생의 효능감은 고양되지만, 모델이 잘 못할 때 효능감의 기대는 줄어든다.
  - 사회적 설득(Social Persuasion) : 격려의 말이나 수행에 대한 구체적 피드백이 될 수 있다. 사회적 설득만으로 효능감의 지속적 증가는 이룰 수 없지만, 설득적 지원을 통해 학생의 노력을 유도하고, 새로운 전략을 시도하도록 할 수 있다.

> **지식 IN**
>
> **자아개념(Self-concept)**
> - 나에 대해서 내가 가지고 있는 생각으로 '나'라는 것과 관련된 총체적 지각을 의미한다.
> - 크게 학업, 사회, 자기표현 등 3가지 자아개념으로 구성되어 있으며, 학업적 자아개념은 능력·성취 자아개념 등으로, 사회적 자아개념은 친구·가정 자아개념 등으로, 자기표현적 자아개념은 자신감·신체 자아개념 등 하위 영역으로 세분화할 수 있다.
> - 로저스(Rogers)는 자아개념을 '긍정적 자아개념'과 '부정적 자아개념'으로 구분하였으며, 긍정적인 자아개념을 가질수록 높은 성취를 나타낼 가능성이 높다고 하였다.
> - 블룸(Bloom)은 학업성취와 관련이 깊은 자아개념으로 '학업적 자아개념'을 들었다.
> - 카이퍼(Kifer)는 학업적 자아개념은 학업성취에 대한 교사의 지도에 좌우되며, 초기 실패를 경험한 학생은 그 실패의 경험이 연속되지 않도록 학습의 결손을 보충해 줘야 한다고 주장하였다.
> - 로젠탈과 제이콥슨(Rosenthal & Jacobson)은 교사의 기대와 관심에 따라 학생들의 성취도에 차이가 있다고 하였다(피그말리온 효과).

③ **자기조절(Self-regulation)** 14 기출

   ㉠ 정 의
   - 외적인 통제가 없는 상태에서 개인 스스로의 목표달성을 위해 사고와 감정 그리고 행동을 조절하는 과정과 전략이다.
   - 이 과정은 사고, 정서, 생리적 반응, 환경적 속박과의 다양하고 복잡한 상호작용을 포함한다.
   - 반두라(Bandura)는 '자기수행, 자기판단, 자기반응' 3가지 단계의 자기조절 과정이 순환적으로 작용한다는 모형을 제시하였다.

ⓛ 기본 가정
- 학습자는 능동적으로 스스로 학습할 수 있어야 한다.
- 학습자는 수업의 양과 형태를 선택하는 데 중요한 영향을 미친다.
- 학습자는 인지적·행동적·동기적·환경적인 자기통제능력이 있어야 한다.

ⓒ 구성요소
- 자기결정 목표와 기준 : 학생들이 성취목표와 행동기준을 결정한다.
- 자기점검/감독 : 학생들이 자신의 수행을 관찰하고 점검한다.
- 자기지도/지시 : 학생들 스스로 행동을 안내하기 위한 자기지도를 실시한다.
- 자기평가 : 학생들이 자기수행의 질을 평가한다.
- 자기강화 : 학생들 스스로 자기 행동의 결과에 대해 강화하거나 벌을 가한다.
- 자기부여 자극통제(Self-imposed Stimulus Control) : 자극통제는 단서들에 의해 조성된 행동을 그 단서들을 통제함으로써 조절하는 것을 말하며, 자기부여 자극통제는 스스로 단서를 부여하여 자극을 통제하는 것이다.

> **지식 IN**
>
> **자기조절(Self-regulation)에 관한 관점** 18 기출
> - 행동주의 관점 : 자기판단, 자기반응, 자기강화를 강조한다.
> - 사회인지학습이론 관점 : 개인적·행동적·환경적 요인들 간의 역동적 관계를 강조하고, 타인과의 상호작용을 통한 자기성찰(Self-reflection)을 강조한다.
> - 정보처리이론 관점 : 메타인지적 인식을 강조하고 시연, 정교화, 조직화와 같은 학습전략을 강조한다.

3 사회인지학습이론의 기본원리

(1) 내적 과정의 초월

① 인간행동이 동기, 충동, 욕구 등과 같은 내적 과정으로부터 일어난다는 것은 한계가 있다고 주장한다. 각각의 상황이 다를 때 행동의 강도와 빈도가 다르게 나타나기 때문이다.

② 인간행동에 대한 이해를 향상시키려면 개념적·경험적 측면에서 설명 능력이 향상되어야 한다. 따라서 인간행동을 이해하기 위해서는 사회적 상황이나 역할에 대해 더 많은 주의를 기울여야 한다.

(2) 상호결정론 20 기출

① 인간은 어느 정도 자기방향성을 제시할 수 있는 우수한 능력을 가지고 있으므로, 내적 과정이나 환경에 전적으로 영향을 받는 것은 아니다.

② 인간행동의 원인들은 행동적·인지적·환경적 요소들 간의 지속적인 상호작용에 의해 발달된다.

③ 인간은 외적 자극에 대해서 단순히 반응만 하는 존재는 아니다. 인간은 상징을 사용할 수 있는 비범한 능력을 가지고 있으므로, 행동으로 나타나는 인지과정인 사고와 창조, 계획 등의 일들을 할 수 있다.

(3) 관찰학습 16 18 24 기출

① 관찰학습 개념
  ㉠ 관찰학습은 환경적 자극에 대한 반응을 통해 학습하는 것이 아니라 타인의 행동을 관찰함으로써 학습하는 것이다.
  ㉡ 다른 사람의 행동을 단순히 모방하는 것이 아니며, 여기에는 내적인 인지요소들이 포함된다.
  ㉢ 다른 사람들이 새로운 행동을 할 때 어떤 결과가 나타나는지를 보게 된다. 이러한 과정을 대리적 강화(Vicarious Reinforcement)라 한다.
  ㉣ 자신이 직접 행동하지 않고도 자기 행동의 결과를 예상할 수 있다.
  ㉤ 학습이 이루어지기 위해서는 모델의 행동을 기억해야 하며, 모델의 매력도는 관찰학습에 영향을 미친다(모델이 매력적이고 유명한 사람일 때 더 잘 배우는 경향이 있음).
  ㉥ 정보를 전달하는 것이면 어떠한 것이라도 모델이 될 수 있으며, 행동·환경·개인은 서로 양방향적 영향을 미친다.
  ㉦ 연령도 관찰학습에 영향을 미치는데, 생활연령보다 발달연령(정신연령)이 더 중요하다.
  ㉧ 관찰자의 연령이 낮을수록 모방 경향성이 높으며, 관찰자의 연령이 높을수록 학습 정도가 높다.
  ㉨ 숙련된 모델은 관찰자에게 과제의 적절한 수행법을 보여줄 것이나, 학습 중인 모델 즉 초심자를 가리키는 비숙련 모델(Unskilled Model)은 관찰자에게 모델의 성공뿐만 아니라 실패하는 모습도 보여주어 실패로부터도 배우게 한다.
  ㉩ 인간 외의 동물들도 관찰을 통해 학습할 수 있다.

② 반두라(Bandura)의 관찰학습 과정 15 17 18 20 21 22 23 24 기출

주의 (Attention)	• 모델의 행동을 관찰하고 주의 깊게 집중하며, 모델을 정확하게 지각하는 과정이다. • 모델을 모방하는 데 이용할 적절한 관련 정보를 이끌어낼 수 있도록 충분한 지각적 정확성을 가지고 주의를 기울인다. • 모델의 행동에 더욱 밀접하게 주의를 기울일수록, 그것을 모방할 가능성은 높아진다.
파지/보존 (Retention)	• 관찰학습의 모델이 되는 행동을 돌이켜 보기 위해 관찰자가 하는 인지적 행위이다. • 관찰한 행동들은 보통 언어로 표상하여 기억하며, 언어적인 표현이 힘든 것은 이미지로 기억한다. • 이 과정에서 인지적 조직화, 인지적 시연, 상징적 부호화, 시연의 활성 등이 발생한다. • 모델의 행동을 기억하여 장기간 보존하기 위해 심상(Imaginal) 및 언어(Verbal) 두 가지의 내적 표상체계를 이용한다.
행동산출 (운동재생/생산, Behavioral Production)	• 심상에 저장된 모델 행동의 상징적 표상을 적절한 행동으로 전환하는 과정이다. • 관찰된 행동을 재생산하는 데는 운동 동작의 반복과 교정을 통해 행동적인 실천 감각을 익히고, 각 하위기술을 되풀이할 수 있는 반응패턴으로 조직할 수 있는 능력이 필요하다.

동기화 (자기강화, Motivation)	• 행동 수행에 영향을 미칠 수 있는 강화조건에 따라 모델의 행동이 수행되는 과정이다. • 자기효능감이 가장 중요한 역할을 하는 과정인데, 자기효능감이란 어떤 과업에 직면하였을 때, 그 일을 잘 수행해 낼 수 있는 능력을 소유하고 있다고 자기 확신하는 것이다. • 모델을 통한 관찰학습은 긍정적인 자극이 주어질 때 동기화되고 행동으로 실천된다. • 모델의 행동을 수행할 수 있는 능력이 있더라도 그 행동이 부정적으로 승인되거나 바람직하게 받아들여지지 않는 경우 학습된 행동은 활성화될 수 없다. • 모델을 관찰한 이후에 똑같은 행동을 실제로 실천하도록 하기 위해서는 충분한 보상이 주어져야 한다.

(4) 행동결과 예측성

① 인간은 실제적으로 경험한 결과가 아니더라도 결과를 상상하여 행동할 수 있다.
② 과거 경험의 결과를 통해 어떤 종류의 행동은 가치가 있는 결과를 가져오고, 어떤 행동은 바람직하지 못한 결과를 가져올 수 있는지 알 수 있으므로, 인간행동이 결과에 의해 많이 규제된다.
③ 인간은 실제 결과를 상징적으로 표현할 수 있는 능력을 가지고 있으며, 미래 결과를 행동에 영향을 미치게 하는 현재의 동기요인으로 해석할 수 있다.

(5) 자기조절학습(SRL ; Self-Regulated Learning) 15 20 기출

① 사회학습이론에서는 인간의 독특한 자기조절 능력에 중요한 역할을 부여하고 있다.
② 자기조절학습이란 학습자가 강의실 내외에서 인지, 동기, 행동을 적극적으로 조절함으로써 주도적인 학습을 하여 학습효과를 극대화하는 학습방법을 말한다.

구 분	전 략
인지조절전략	표층적 전략, 심층적 전략, 메타인지(상위인지) 전략, 기억술
동기조절전략	숙달목표, 내재적 동기, 자기효능감, 과제가치
행동조절전략	집중하기, 시간관리, 도움추구

③ 자기조절학습은 효과적·효율적 학습을 위해서 학습자가 스스로 학습목표를 설정하고 동기를 수시로 부여하며, 적절한 학습 환경을 조성하고 학습자원을 관리하는 학습방법이다.
④ 자기조절학습은 동기의 근원이 내부에 있는 내재적 동기를 유발한다.
⑤ 자기조절 학습자는 학습 중 학습의 효과를 알아보기 위해 자기지향적인 피드백(점검활동)을 사용한다.
⑥ 자기조절학습의 학습자에게 메타인지(초인지)는 매우 중요하며, 그 수준이 높을수록 학업성취도가 뚜렷하게 높아진다.
※ 자기언어화(Self-Verbalization) : 자기조절 형태 중 하나로, 특정한 목표에 도달하거나 자신감을 일으키기 위해 스스로에게 반복해서 어떤 말을 하는 것을 말한다.

> **지식 !N**
>
> **자기조절학습, 공동조절학습, 타인조절학습** 16 기출
>
> | 자기조절학습 | 공동조절학습 | 타인조절학습 |
> | --- | --- | --- |
> | • 독립적임
• 솔선수범에 가치를 둠
• 긍정적인 자기효능감 소유
• 메타인지(초인지)적 인식 발달
• 내적으로 동기화됨
• 깊이 있는 참여 | • 자기와 타인이 학습과정을 공유
• 자기와 타인이 학습과제에 대한 특정 목표를 같이 설정
• 타인이 성공적 학습의 준거를 설정하고, 자신은 자기수행을 평가 | • 의존적임
• 지시를 따르는 것을 선호함
• 비교적 낮은 자기효능감 소유
• 비교적 낮은 메타인지(초인지) 인식 소유
• 외적으로 동기화됨
• 표면적 참여 |

02 정보처리이론

1 정보처리이론의 의의와 특징

(1) 정보처리이론의 의의

① 새로운 정보가 투입되고 저장되며 기억으로부터 인출되는 방식을 연구하여 학습자의 내부에서 학습이 발생하는 기제로 설명하는 이론이다.

② 인간의 학습을 외부로부터 정보(자극)를 획득하여 저장하는 과정으로 가정한다.

(2) 정보처리이론의 구조와 특징 16 20 기출

① 정보처리이론의 구조
  ㉠ 정보저장소 : 투입된 정보가 머무르는 곳이다.
  ㉡ 인지처리과정 : 각각의 정보저장소로부터 정보가 이동하는 처리과정이다.

② 정보처리이론의 특징
  ㉠ 컴퓨터를 모델로 삼아 기억의 주요 과정을 부호화, 저장, 인출로 나눈다.
  ㉡ 감각기억, 단기(작동/작업)기억, 장기기억의 방향으로 정보가 부호화된다.
  ㉢ 부호화는 감각 정보가 기억 속에 저장 가능한 표상으로 전환되는 것이다.

ⓔ 외부의 자극(정보)을 처리하는 방법
- 상향처리(Bottom-Up Processing)
  - 외부의 자극(대상)에 대한 정보가 없는 상태에서 이를 처리하는 과정으로, 정보의 흐름이 감각기억에서 장기기억으로 진행되는 과정을 말한다.
  - 감각수용기에 등록된 자극들로부터 나온 정보의 중요성을 강조하며, 눈을 통해 받아들인 외부의 자극을 처리하는 자극 주도적인 정보처리이론이다.
  - 자극에 대한 기본 요소·특징 등의 세부 단위를 분석한 후 더 큰 단위로 구성하는 처리 방법이다.
- 하향처리(Top-Down Processing)
  - 사전에 가지고 있던 정보나 지식을 이용해서 자극을 점검하기도 전에 먼저 처리하는 과정으로, 정보의 흐름이 장기기억에서 감각기억으로 진행되는 과정을 말한다.
  - 사전에 경험했던 정보(사전기대)가 무언가를 자각하는 데 영향을 미치는 경험 주도적인 정보처리이론이다.
  - 이미 알고 있던 개인의 선수 지식·개념·기대·기억 등의 자극이 인지과정에 미치는 영향을 강조하는 고차원적 인지과정이다.

2 정보처리이론의 학습과정 14 기출

(1) 자극에의 주의

기억체제에 의한 정보처리는 물리적 신호가 눈, 귀, 피부를 거쳐 감각등록기에 수용되면서 시작된다.

형태재인 (Pattern Recognition)	• 외부의 표상들을 내부에 저장되어 있는 기존의 표상 또는 기억과 대조하는 과정이다. • 자극에 대한 비교분석, 기억의 탐색, 의사결정 등의 과정을 포함한다.
측면분석 (Feature Analysis)	• 감각수용기관에 도달하는 자극의 측면들을 분석하는 과정으로서, 이들을 유의미한 전체의 형태로서 확인하기 위한 것이다. • 측면분석에 의한 형태재인이 이루어지려면 자료주도적 처리와 개념주도적 처리의 두 과정이 있어야 한다. - 자료주도적 처리 : 정보는 입력과 동시에 식별이 되며(예 시계의 똑딱거리는 소리), 투입된 장소 속에서 그 구조를 발견한다. - 개념주도적 처리 : 동기, 목표, 맥락에 의해 유도되는 것으로서, 입력은 기대에 부응하여 고차적인 지식이 저차적인 개별정보의 해석에 기여한다. 예 "추석에는 햅__로 밥을 짓고, 햇__을 상에 올린다."라고 말할 때, 기대와 맥락이 햅쌀과 햇과일의 단어로 연결됨

(2) 시 연

① 작동기억 안에서 이뤄지는 처리과정으로서, 정보를 여러 방법으로 계속 반복하는 과정이다.
② 단기기억(작동/작업기억) 안에 들어온 정보는 시연을 통해 파지(Retention)가 되기도 하고, 장기기억으로 전이가 이루어지기도 한다.

(3) 자극의 부호화 전략(학습 전략) 14 19 20 23 기출

① 어떤 자극이 장기기억 저장소에 불활성 상태로 저장되려면 부호화 과정이 필요하다.
② 유 형

조직화 (Organization)	• 잘 조직화된 정보는 학습하기 쉽고 기억하기 쉽다. • 자료를 조직화하는 데는 위계를 사용하는 방법과 기억술을 이용하는 방법이 있다.
정교화 (Elaboration)	• 새로운 정보에 다른 것을 더하거나 그것을 이미 알고 있는 다른 것에 관련시킴으로써, 기억하려고 하는 것의 정보를 확대시키는 과정으로 생성 효과를 가져온다. • 유사한 다른 정보와 혼동이 덜 되게 하고 새로운 아이디어, 개념, 정보, 해석 등을 덧붙인다. • 정보의 기억을 위한 단순한 반복활동으로서의 유지 시연과 정보를 특정한 방식으로 변형하는 정교화 시연이 해당한다.
쉐마/스키마 (Schema)	• 잘 적응된 유기체 반응 내에서 작용하는 과거 반응들의 능동적인 조직을 말한다. • 책을 읽거나 다른 사람과 이야기할 때 접하는 모든 정보는 이미 우리가 머리에 저장한 지식을 기초로 해석한다.
시각적 심상 (Visual Imagery)	학습내용을 언어로 익힐 뿐만 아니라 이미지나 그림으로 떠올려 보거나 그려보는 방법이다.

(4) 저장과 인출

① 부호화 과정의 목적은 장기기억 저장소에 정보를 저장하기 위한 준비를 하는 것이다. 이후의 접근과 회상은 그 정보의 저장 형태와 장기기억 내의 선행정보의 범위에 의존한다.
② 예를 들어, 프로체스기사와 초보자는 체스판의 회상 능력에 크게 차이가 있어서, 프로기사는 체스판의 70~80%를 회상하지만, 초보자는 단지 몇 조각을 회상할 뿐이다. 두 집단의 차이는 장기기억에 저장된 정보 청크(Chunk)의 크기와 정보가 부호화되는 방식에 따라 다르다.

3 정보저장소 19 20 21 기출

(1) 감각기억 14 기출

① 학습자가 눈이나 귀 같은 감각수용기관을 통해 환경으로부터 얻은 정보(자극)를 감각등록기에 저장하는 최초의 기억이다.
② 감각기억은 매우 짧은 시간 동안 자극을 아주 정확하게 저장한다(시각은 1초, 청각은 4초).
③ 감각기억은 수용량에 제한이 없지만, 투입 즉시 처리하지 않으면 정보는 유실된다.
④ 정보를 단기기억(작동/작업기억)으로 넘기려면 주의를 기울여야 한다.
⑤ 반향기억(Echoic Memory)은 감각기억에서 나타나는 현상이다.

(2) 단기기억(작동/작업기억) 18 기출

① 정보를 조직하고 다른 정보들과 관련짓는 기억체계의 요소이다.
② 일시적인 저장소 역할을 한다.
③ 성인의 경우 보통 5~9개의 정보가 약 20초 동안 저장될 수 있다.
④ 정보의 양과 지속시간에 제한이 있다.
⑤ 망각현상은 간섭과 쇠퇴에 의해서 일어난다.
⑥ 단기(작동/작업)기억은 새로운 정보로 대치된다.
⑦ 단기(작동/작업)기억 단계에서 새롭게 학습해야 하는 정보는 유지 시연보다 정교화 시연을 할 때 더 효과적이다.
⑧ 단기(작동/작업)기억에서의 기억 인출과정에 기억훑기(Memory Scanning)가 사용된다.
⑨ 단기(작동/작업)기억에서 음향부호(Acoustic Code)가 어문적 정보 유지에 이용된다.
⑩ 단기(작동/작업)기억에서는 *청킹(Chunking)의 역할이 매우 중요하며, 청킹의 적극적인 활용은 제한된 작동기억의 수용량을 증가시키는 좋은 방안이다.

> **청킹(Chunking)**
> 분리되어 있는 항목들을 보다 큰 묶음으로, 보다 의미 있는 단위로 조합하는 것이다. 이러한 청킹은 단기기억에 해당하는 작동기억에 있어서 매우 중요한 역할을 하는데, 특히 제한된 작동기억의 수용량을 증가시킨다.

(3) 장기기억 14 16 18 기출

① 의 미
  ㉠ 무한한 정보를 영구적으로 저장할 수 있는 곳으로서, 일상기억과 의미기억으로 구분된다.
  ㉡ 현재 사용하지 않더라도 필요할 때 저장된 정보를 사용할 수 있도록 한다.
  ㉢ 일상기억은 개인의 경험을 보유하는 저장소이다.
  ㉣ 의미기억은 문제해결 전략과 사고 기술 그리고 사실, 개념, 규칙 등과 같이 경험으로부터 습득했던 일반화들이 저장된다.
  ㉤ 장기기억의 형성에 가장 직접적인 영향을 미치는 신경전달물질에는 아세틸콜린(Acetylcholine)이 있다.
  ㉥ 장기기억에서 정보를 저장할 때, 정교화(Elaboration), 조직화(Organization), 맥락(Context)이 중요한 역할을 한다.
  ㉦ 활성화 확산(Spreading Activation)은 장기기억을 일깨우는 과정이다.

② 유 형 14 15 17 18 19 24 기출

서술적 지식	• 심리학 용어와 같은 사실적 정보를 아는 것으로 내용지식을 말한다. 선언적 기억(Declarative Memory)이라고도 한다. • 학습한 사실이나 개념, 법칙 등에 대한 장기기억에 해당하며, 기억 속에 명제로서 표상된다. • 개인적 경험에 대한 기억으로서 '자서전적 기억'이라 부르는 '일화 기억'은 서술적 지식에 해당한다.

절차적 지식 (절차기억) 20 23 기출	• 인지활동을 수행하는 방법을 아는 것으로 과정지식을 말한다. 비선언적 기억(Nondeclarative Memory)이라고도 한다. • '어떻게 하는 것'과 관련되어 있으며, 인출속도가 비교적 빠른 지식이다. • 습관화 과정에서 시연의 역할이 중요하다. • 언어적 부호와 이미지로 저장될 수 있고, 수학문제를 풀거나 과학실험을 하는 과정에 활용된다. • 행동이나 사고에 영향을 미치지만 무의식중에 이루어지는 '암묵기억'은 절차적 지식에 해당한다. 자전거 타는 방법을 알고, 책 읽는 방법을 아는 것 같은 신체적·인지적 기술이나 습관이 암묵기억이다.
조건적 지식	서술적·절차적 지식을 언제 그리고 왜 채택해야 하는지 아는 것이다.

지식 IN

단기기억(작동/작업기억)과 장기기억의 비교

기억유형	입력	용량	지속시간	내용	인출
단기기억 (작동/작업기억)	매우 빠름	제한적	매우 짧음 (5~20초 정도)	단어, 심상, 아이디어, 문장	즉각적
장기기억	비교적 느림	무제한적	사실상 무제한적	명제망, 도식, 산출, 일화	표상과 조직에 따라 다름

섬광기억(Flashbulb Memory)
삶에서 경험한 극적이거나 감동적인 순간들에 대한 기억을 말한다.

(4) 기억보조술 16 18 21 기출

① 장소법(Method of Loci) : 학습할 항목들을 일련의 물리적 장소나 물리적 장소에 놓인 대상들의 배열과 연합시켜 기억하는 방법이다.

② 과잉학습(Overlearning) : 자료를 완전히 숙달한 후에도 계속해서 그 자료를 시연하는 것으로, 과잉학습의 양이 많을수록 기억하기 쉽다.

③ 약어(두문자어법, Acronym) : 첫 자만 따서 외우는 것과 같이 원래의 어형보다 간략히 만들어 기억하는 방법이다.

④ 연쇄기억술(Chain Mnemonics) : 목록의 암기해야 할 요소들 사이를 연관 지어 기억하는 방법이다.

⑤ 핵심단어법(Key Words) : 한 단어가 지닌 이미지를 이용하여 다른 단어를 기억하는 방법이다.

⑥ 음운기억법(음율법, Metrical Mnemonics/Rythming Method) : 리듬이 있는 가사를 만들어 기억하는 방법이다.

⑦ 페그워드법(Pegword Method) : 규격화된 단어 목록을 일종의 못(Peg), 즉 기준어로 사용하여 각 기준어에 기억해야 할 사물을 심상으로 연결시켜 기억하는 방법이다.

⑧ 연상법(Mental Imaging) : 외워야 할 것과 관련된 이미지를 떠올려 머릿속에 이미지를 그리면서 기억하는 방법이다.

(5) 계열위치효과 23 24 기출

① 정보의 위치에 따라 회상률에 차이가 생기는 것이다.
② 항목들을 하나씩 순서대로 모두 제시하여 학습한 후 순서에 상관없이 떠올리라고 할 때 단어 목록의 시작 부분과 마지막 부분에 있던 단어를 중간 부분의 단어보다 더 잘 기억한다.
③ 초두효과와 신근효과
  ㉠ 초두효과(초기효과) : 먼저 받은 정보가 나중에 받은 정보보다 기억에 더 오래 남는 현상이다. 수업에서 가장 중요한 개념을 먼저 소개하는 것은 초두효과 때문이다.
  ㉡ 신근효과(최신효과) : 나중에 받은 정보가 기억에 더 오래 남는 현상이다.
④ 촉진이론
  ㉠ 순행촉진 : 이미 알고 있는 정보가 다른 것을 배우는 데 도움을 주는 현상이다.
  ㉡ 역행촉진 : 새로 습득된 정보가 이전에 알고 있던 정보의 이해에 도움이 되는 현상이다 (예 영어가 모국어인 학생이 라틴어를 배우면 라틴어가 영어를 이해하는 데 도움이 됨).

4 망 각 20 기출

(1) 망각의 의의

① 기억한 학습이 시간이 경과되거나 사용되지 않음으로써 약화 또는 소멸되어 다시 재생되지 않는 현상을 말한다.
※ 망각과 달리, 소거는 일정한 반응 뒤에 강화가 주어지지 않으면 반응이 사라지는 것을 뜻한다.
② 습득한 다른 정보로 대치되어 망각되기도 한다.
③ 정보의 유의미화 과정에서 정보에 대한 간섭의 원인이 되기도 하고, 회상을 더 어렵게 만들기도 한다(역행간섭과 순행간섭).

(2) 망각의 원인 14 17 19 20 21 기출

① 흔적 쇠퇴설(기억흔적 쇠퇴론)
  ㉠ 소멸에 의한 망각을 설명하는 개념이다.
  ㉡ 기억은 본질적으로 비영구적이므로, 시간이 경과함에 따라 사용하지 않음으로써 기억흔적이 쇠퇴되어 망각이 발생한다는 이론이다.
  ㉢ 정보의 계속적 사용, 암송, 반복학습을 통해 기억흔적의 쇠퇴를 방지할 수 있다고 본다.
② 단서의존 망각이론
  ㉠ 인출의 성공과 실패는 정보를 떠올릴 수 있는 단서가 결정한다는 이론이다.
  ㉡ 인출 실패란 어떤 정보를 기억하는 것은 확신하나 그 정보가 정확히 떠오르지 않는 것을 말한다.

③ 간섭이론 22 23 24 기출
    ㉠ 어떤 정보를 회상하려 할 때 다른 정보의 유입으로 회상이 방해받음으로써 발생한다고 보는 이론이다.
    ㉡ 흔적 쇠퇴설이 사람들이 행하는 활동의 종류에 따라 망각이 영향을 받는다는 사실을 설명할 수 없는 등 여러 근거에서 망각을 완전히 설명하지 못하면서 간섭이론이 등장하였다.
    ㉢ 순행간섭
        • 선행학습이 후속학습을 방해하는 경우를 말한다.
        • 순행간섭에 의한 망각은 선행학습량이 많을수록 증가한다.
            예 자주 이용하던 치킨 가게의 전화번호가 바뀌었는데도 치킨 주문 시 예전의 전화번호로 전화를 건다.
    ㉣ 역행간섭
        • 후속학습이 선행학습을 방해하는 경우를 말한다.
        • 역행간섭은 후속학습이 선행학습을 방해하여 기억이 약화 또는 소멸되는 망각의 한 종류이므로, 망각을 지연시키는 것이 아니라 망각을 일으키는 요인이라고 할 수 있다.
            예 전화번호를 바꾼 이후 예전에 사용하던 전화번호가 떠오르지 않는다.
④ 억압(동기화된 망각)
    ㉠ 정신분석이론은 억압을 망각의 주된 원인으로 본다.
    ㉡ 정신분석이론에서 억압이란 불쾌한 사고나 갈등을 무의식에 묻어두는 것을 말한다.

(3) 망각을 방지하는 방법
① 의미 있게 논리적인 지식체계로 유도하여 학습한다.
② 동기화된 학습 자료를 활용한다.
③ 학습은 처음부터 완전히 습득한 후에 다음 학습으로 이행한다.
④ 복습의 시기가 최초학습에 가까울수록 *기명과 파지에 효과적이다.
⑤ 분산학습이 집중학습보다 파지에 효과적이다.
⑥ 기억된 자료 간의 간섭은 파지를 저해한다.
⑦ 초과학습은 망각을 방지한다.

기 명
사물의 인상을 마음속에 간직하는 것을 말한다.

(4) 인출과 망각에 영향을 주는 요인 14 기출
① 정보의 *인출 단서
② 정보의 유의미성
③ 정보의 저장 방식
④ 습득한 다른 정보

인 출
장기기억에 저장되어 있는 정보에 접근하는 과정으로서, 장기기억에 저장된 정보의 인출은 부호화 과정과 인출단서에 의해 결정된다.

5 지각

(1) 지각(Perception)의 과정
① 주변 환경 속의 대상이나 사건을 파악하는 과정이다.
② 대상이나 사건을 감지하고 이해하며, 그 정체를 파악하여 이름을 부여하고, 그에 적절한 반응을 준비하는 전반적인 과정으로 볼 수 있다.
③ 지각의 3단계

1단계	감각(Sensation)	물리적 에너지를 뇌에서 인식할 수 있는 신경부호로 변환한다.
2단계	지각의 조직화 (Perceptual Organization)	대상에 대한 내적 표상이 형성되며, 외부자극에 대한 지각경험이 생성된다.
3단계	정체파악(Identification)과 재인(Recognition)	• 정체파악 : 지각경험에 의미를 부여한다(그 대상은 무엇인가?). • 재인 : 해당 대상의 속성과 그에 대한 적절한 반응 등을 알아낸다(그 대상의 기능은 무엇인가?).

(2) 형태지각에서 지각의 조직화를 위한 집단화의 원리 19 기출
① 어떤 대상에 대한 감각자료를 의미 있는 형태로 구성하기 위해서는 우선 윤곽을 형성하고 전경과 배경을 분리해야 한다.
② 지각의 조직화는 이와 같은 기초적인 과정을 거쳐 자극정보들을 집단화된 형태로서 지각하게 되는데, 이것이 곧 지각의 조직화(Perceptual Organization)이다.
③ 지각의 조직화는 다음의 집단화(Grouping) 원리를 토대로 한다.
　㉠ 완결성(폐쇄성, Closure) : 어떤 공백이나 결손이 있는 부분은 이를 보완하여 완결된 형태로 지각한다. 다음 그림에서처럼 자연스럽게 공백을 연결하는 과정에서 완전한 형태의 삼각형으로 인식한다.
　㉡ 유사성(Similarity) : 자극 정보들은 유사한 것들끼리 묶어서 지각한다. 다음 그림에서처럼 서로 다른 형태로 구성된 2가지 도안에서 각각 사각형, 원으로 이루어진 수직선을 볼 수 있다.
　㉢ 대칭성(Symmetry) : 대칭의 이미지들은 조금 떨어져 있더라도 한 그룹으로 인식하게 된다. 예를 들면 [ ], 〈 〉, ( )를 보면 6개의 기호가 아닌, 3쌍의 괄호로 인식한다.
　㉣ 연속성(Continuity) : 불연속적인 자극정보들을 지각하기보다는 연속된 패턴으로 이루어진 자극정보들을 지각한다. 다음 그림에서처럼 여러 개의 개별적인 반원들로 이루어진 것이 아닌, 곡선과 직선으로 본다.
　㉤ 근접성(Proximity) : 서로 가까이 있는 자극정보들은 함께 묶어서 지각한다. 다음 그림에서처럼 두 줄로 묶인 원들은 두 줄로 된 선으로 본다.
　㉥ 공동 운명(Common Fate) : 아래 그림에서처럼 같은 방향, 같은 주기로 움직이는 요소들을 하나의 형태로 인식한다.

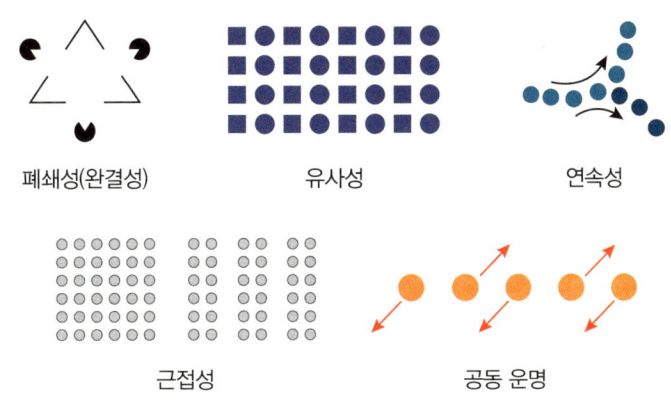

[집단화의 원리]

(3) 깊이지각에서 양안단서와 단안단서

① 인간은 망막에 비친 2차원적 영상을 3차원적으로 지각한다. 이때 어떤 단서들은 두 눈에 동시에 작용하기도 하며, 각 눈에 따로 작용하기도 한다. 전자를 양안단서(Binocular Cue)라고 하며, 후자를 단안단서(Monocular Cue)라고 한다.

② 양안단서(Binocular Cue)
  ㉠ 인간의 눈은 대략 6cm 떨어져 있으므로 두 눈에 맺힌 영상이 약간 다르다. 이와 같이 두 영상의 차이인 양안부등(Binocular Disparity)은 대상의 상대적인 거리를 판단하는 데 중요한 단서가 된다. 즉, 사물을 코앞에 가져다 놓으면 두 망막에 맺힌 상이 매우 다르게 나타나지만, 거리가 멀어짐에 따라 두 망막에 맺힌 상의 차이가 점차 줄어들게 된다.
  ㉡ 뇌는 시선수렴(Convergence)의 각도를 파악함으로써 가까이 있는 사물을 응시하는지 멀리 떨어진 사물을 응시하는지를 계산할 수 있다.

③ 단안단서(Monocular Cue)
  ㉠ 상대적 크기 : 두 물체의 크기가 비슷하다고 가정하는 경우, 망막에 맺힌 영상의 크기가 작을수록 멀리 있는 것으로 지각한다.
  ㉡ 중첩 : 한 물체가 다른 물체의 일부를 가리고 있는 경우, 가려진 것이 더 멀리 있는 것으로 지각한다.
  ㉢ 상대적 명확성 : 윤곽이 뚜렷한 물체와 흐린 물체가 있는 경우, 윤곽이 흐린 물체를 더 멀리 있는 것으로 지각한다.
  ㉣ 결의 밀도 변화 : 간격이 넓고 구별되는 결의 밀도가 점차 간격이 좁고 구별하기 어려워지는 경우, 거리가 멀어지는 것으로 지각한다.
  ㉤ 상대적인 높이 : 두 대상이 지평선 아래에 있는 경우, 시야상 위쪽에 있는 대상을 더 멀리 있는 것으로 지각한다.
  ㉥ 상대적인 운동 : 기차를 타고 이동하는 경우, 가까이 있는 나무들이 멀리 있는 나무들보다 더 빨리 뒤로 움직이는 것처럼 지각한다.
  ㉦ 선형조망 : 기차선로와 같이 평행한 선들이 길게 늘어선 경우, 선들이 가깝게 모일수록 거리가 더 먼 것으로 지각한다.

(4) 운동지각에서 가현운동(Apparent Movement)

① 대상의 실질적인 이동이 없음에도 불구하고 마치 움직이는 것으로 지각되는 현상을 말한다.
② 가현운동의 종류
　㉠ 스트로보스코픽 운동(Stroboscopic Movement) : 1초에 29프레임을 사용하는 영화필름은 운동지각을 일으킨다. 이는 운동이 필름에 있는 것이 아님에도 인간의 뇌가 운동을 구성하는 것이다.
　㉡ 자동 운동(Autokinetic Movement) : 고정된 광점이 마치 움직이는 것으로 지각되는 현상이다.
　㉢ 유인/유도 운동(Induced Movement) : 운동단서가 시각적으로만 주어지는 경우 운동의 자극정보를 잘못 조직화하여 실제 움직이는 물체는 정지해 있는 것처럼, 정지해 있는 물체는 움직이는 것처럼 지각되는 현상이다.
　㉣ 운동 시차(Movement Parallax) : 관찰자 자신이 움직이면서 정지해 있는 물체들을 볼 때 나타나는 현상이다. 운동 시차는 거리에 대한 정보를 주어 공간지각의 단안단서가 되기도 한다.

6 형태재인(Pattern Recognition)

(1) 의 의

① 인간은 인지과정을 통해 대상을 바라보고 시각적 정보를 받아들여 이를 어떠한 방식으로든 내부적으로 다시 재현(Represent)해야 하는데, 이를 표상(Representation)이라고 한다.
② 형태재인은 과거의 경험을 토대로 현재 주어진 자극의 형태에서 의미를 끌어내는 과정을 말한다. 즉, 외부의 표상들을 내부에 저장되어 있는 기존의 표상 또는 기억과 대조하는 과정이다.

(2) 관련 이론

① 판형이론(Template Theory) 또는 형판맞추기(Template Matching) 모형 : 형태재인은 망막에 맺힌 영상과 기억 속에 저장되어 있는 판형 또는 형판과 비교되고, 그 과정에서 입력된 영상과 동일한 판형이 발견될 때 그 판형에 해당하는 대상으로 인식하게 된다.
② (세부)특징분석이론(Feature Analysis Theory) 또는 측면분석모형 : 형태의 특징적인 요소들이 정보처리의 과정을 통해 분석·저장되어 있다가, 이들 특징에 기초하여 몇 가지 요소들이 조합됨으로써 특정물체를 인식하게 된다고 주장한다.
③ 원형대조이론(Prototype Matching Theory) 또는 원형모형 : 판형이론과 같이 세상에 존재하는 모든 물체의 형태들을 머릿속에 저장하는 것이 아닌, 각 물체의 필수적인 요소들을 간추린 기억목록에서 대표가 되는 것만을 기억하고 있다고 주장한다.

7 정보처리이론에 관한 새로운 접근 19 기출

(1) 처리수준 이론(Levels of Processing Theory) 16 24 기출
① 기억을 단일구조로 보는 이론으로 이중저장모델에 대한 이론적 대안이다.
② 학습의도 자체보다는 처리의 깊이가 중요하다. 즉, 정보처리의 수준이 깊은 것이 더 잘 기억된다.
   예 철학에 대해 잘 몰랐으나, 철학을 전공한 친구와 논쟁적인 철학적 질문에 대해 토론하는 과정을 통해 철학에 대해 깊이 있게 이해하게 되었다.
③ 심층처리가 되면 우연학습도 의도학습만큼이나 효과적이다.
④ 처리수준이 깊으면 흔적이 오랫동안 남아 기억이 잘 된다.
⑤ 주어진 학습재료가 어떻게 부호화되는지에 따라 기억의 지속성이 결정된다.

(2) 연결주의(Connectionism Theory)
① 기본적인 정보단위들이 상호 복잡하게 얽힌 신경계의 통로를 통해 연결된 형태로서, 대뇌의 거대한 신경망 조직 내에 분산되어 저장되어 있다고 보는 것이다.
② 컴퓨터처럼 단계적으로 처리하지 않고, 거의 동시에 병렬적으로 처리된다.
③ 학습이란 기본 정보단위들 사이에 새로운 연결을 형성하고, 그 연결의 강도를 변화시키는 과정이다.
④ 연결강도가 강한 정보단위일수록 활성화 확산이 잘 이루어져 쉽게 인출된다.
⑤ 병렬분산처리모형(PDP 모형, Parallel Distributed Processing Model) 혹은 신경망 모형(Neural Network Model)이라고도 한다.

(3) 파이비오(A. Paivio)의 이중부호이론(Dual-coding Theory) 24 기출
① 시각부호(심상)는 어문부호(언어)와 다른 독립적 부호이며, 어떤 항목을 시각부호와 어문부호로 같이 기억하는 경우 기억이 향상된다는 이론이다.
② 정보는 시각적 부호와 언어적 부호로 입력되며, 두 개의 기억 부호를 가지면 하나의 기억 부호를 갖는 것보다 기억을 재생할 확률이 증가한다는 것이다.
③ 단어보다 그림을 더 잘 기억하며, 시청각 교재가 학습효과를 촉진한다.
④ 추상적 단어보다 쉽게 이미지를 떠올릴 수 있는 구체적인 단어를 더 잘 기억한다.
⑤ 정보가 장기기억에 저장되는 방식에 대해 설명하였다.

8 메타인지와 학습의 전이

(1) 메타인지 14 15 17 22 23 기출

① 메타인지의 의의
  ㉠ 자신의 인지과정에 대한 지식을 통해 정보를 선택하고, 분류하고, 정보에 맞는 학습방법을 동원할 수 있는 능력을 의미한다. 즉, 인지적 처리과정(학습)에서 스스로를 통제하고 조정하는 것을 말한다.
  ㉡ 자신의 사고과정에 대한 지식으로 초인지 또는 상위인지라고도 불린다.
  ㉢ 메타인지기술이란 집행통제과정, 즉 정보를 기억 속에 부호화하고 저장하고 인출하는 데 영향을 미치는 선택적 주의, 정교화, 조직화 같은 정신 과정들을 의미한다.
  ㉣ 정보처리과정에 대한 상위인지기술의 차이는 학습과 기억의 양과 시간 그리고 질에 영향을 미친다.
  ㉤ 메타인지에 영향을 주는 변인으로 학습자 변인, 과제변인, 전략변인 등이 있다.
  ㉥ 플라벨(Flavell)은 초인지적 지식과 초인지적 경험으로 구분하였다.
  ㉦ 자신의 현재 지식수준을 점검하는 것, 집중이 잘 되는 장소를 찾는 것, 자신이 읽은 내용에 대해 질문하는 것 등은 메타인지 기술이다.

② 메타인지 전략의 예 : 계획하기(Planning), 점검하기(Monitoring), 수정하기(Modifying), 평가하기(Evaluating), 예견하기(Predicting)

> **지식 IN**
>
> **인지과정** 17 기출
> - 새로운 과제를 수행할 때 더 많은 주의가 요구된다.
> - 과제가 경쟁관계에 있을 때 선택적 주의가 발생한다.
> - 과잉 학습된 과제나 반복적인 정보를 처리할 때 자동성이 발생한다.
> - 계열처리는 의식적으로, 병렬처리는 무의식적으로 발생한다.

(2) 학습의 전이 16 22 기출

① 학습전이의 의의
  ㉠ 학습의 전이(Transfer)란 학습 이전에 이미 형성된 습관이 다른 습관을 획득하거나 재학습하는 데 영향을 미칠 때 나타나는 현상이다.
  ㉡ 습득된 지식과 기능이 새로운 맥락이나 상황에 새로운 방식으로 적용되는 것이다.
  ㉢ 학습의 전이를 통해 선행학습의 효과가 후속학습에 영향을 미치게 된다.
  ㉣ 구체적 사실보다 일반적인 원리를 학습할 때 전이가 촉진된다.
  ㉤ 전이는 의식적으로 노력하지 않아도 나타날 수 있다.
  ㉥ 선행학습이 후행학습을 어렵게 하거나 방해하는 경우도 전이에 포함된다.
  ㉦ 전이는 이미 학습한 내용보다 높은 수준의 과제를 학습할 때도 나타난다.

② 학습전이의 유형 16 19 20 21 23 기출
  ㉠ 근접전이와 원격전이

근접전이	학습상황과 전이가 발생하는 상황이 유사하여, 학습한 내용이 변형되지 않고 동일한 절차나 방법으로 활용되는 것이다.
원격전이	원래의 맥락과 전이 맥락이 상이한 경우로서, 학습한 내용의 원리나 개념을 응용하여 광범위한 상황에 일반화하여 적용하는 것이다.

  ㉡ 정적(적극적)전이와 부적(소극적)전이

정적전이 (적극적 전이)	하나의 학습 또는 경험이 다른 학습을 이행하는 데 있어서 학습을 촉진하며, 쉽게 영향을 미치는 경우에 해당한다.
부적전이 (소극적 전이)	하나의 학습 또는 경험이 다른 학습을 이행하는 데 있어서 학습을 방해하거나, 금지 또는 지체하게 하는 경우에 해당한다.

  ㉢ 저도전이와 고도전이

저도전이	의도적 인지활동이 없는 전이가 자동적으로 발생하는 것을 말한다.
고도전이	적용하는 상황 간에 추상화 활동을 통해 전이가 발생하는 것을 말한다.

  ㉣ 수평전이와 수직전이

수평전이	어떤 장면에서의 학습의 복잡함이 같은 다른 장면에서의 학습에 전이되는 것을 말한다.
수직전이	어떤 장면에서 학습한 것이 이후 보다 고차적이고 복잡한 학습에 전이되는 것을 말한다.

  ㉤ 축어적(Literal) 전이 : 원래의 기능이나 지식이 새로운 과제에 전이되는 것을 의미한다.
  ㉥ 특수(Specific) 전이 : 학습에서 두 가지 이상의 비슷한 과제가 서로 영향을 끼치는 효과를 말한다.
  ㉦ 도해적(Figural) 전이 : 비교, 은유, 유추 등과 같이 학습활동 시 일반적인 지식의 몇 가지 측면을 특별한 문제에 비추어 생각하거나 사용하는 경우를 말한다.
  ㉧ 무(Zero) 전이 : 어떤 형태의 학습이 후행학습에 별다른 영향을 주지 않는 것을 말한다.

③ 전이의 이론

로크(Locke)의 형식도야설	• 인간의 정신을 의지·기억·주의·판단·추리 등의 능력으로 이루어진 것으로 보는 능력심리학에 기초를 두고 있다. • 인간의 정신적 능력이 근육 단련과 같이 연습을 통해 강화될 수 있다고 본다.
손다이크 (Thorndike)의 동일요소설	• 선행학습과 후행학습 사이에는 전이를 일으킬 수 있는 동일한 요소가 있다고 본다. • 학생들이 고등교육을 통해 학습하는 다양한 교과목들은 이후 직업세계에 전이할 수 있는 요소들을 미리 학습하는 것이다.
주드(Judd)의 일반화설	• 새로운 장면에 적용할 수 있는 일반법칙이나 원리가 전이의 중요한 조건이 된다고 본다. • 학생들은 특수한 사실에 대해 학습하기보다는 포괄적인 원리를 학습함으로써 의미 있는 학습의 전이에 이를 수 있다.

코프카(Koffka)의 형태이조설	• 먼저 경험할 때의 형태, 즉 심리적으로 인지된 구조 또는 재구조화된 상태가 새로운 경험에 의해서 인지된 구조 또는 재구조화된 상태와 서로 유사할 때 먼저 경험한 구조가 일종의 위상적 이동을 가져온다고 본다. • 발견학습과 통찰학습이 지지하는 이론으로서, 특히 완전한 형태로의 이해 또는 전체적인 관계성을 강조한다.
상황학습이론	• 대부분의 학습은 맥락 의존적이어서 새로운 장면이 원래 학습장면과 유사할수록 전이가 촉진된다. • 학습활동이 실생활 장면과 유사할수록 전이가 촉진되므로, 실제적 과제를 중시한다.

④ 전이를 좌우하는 요건 14 기출

㉠ 동일요소 : 학습과정에서 동일요소가 있을 때 전이효과를 높일 수 있다.

㉡ 사전훈련 : 학습방법의 훈련에 따라 훈련을 받지 않은 경우보다 훈련을 받은 경우에 적극적 전이가 일어난다.

㉢ 적극적 태도 : 학습자가 스스로 문제를 해결하고 탐구하는 경험을 많이 할수록 전이효과가 크다.

㉣ 지능수준 : 지능이 높은 학습자일수록 적극적인 전이가 일어난다.

㉤ 학습 정도 : 선행학습이 후행학습에 미치는 전이효과는 선행학습 정도에 따라 다르다. 즉, 학습의 정도가 높을수록 적극적 전이량이 많아진다.

㉥ 시간 차이 : 두 학습 사이의 시간 차이에 따라 전이효과에 차이가 있다. 선행학습과 후행학습 간의 시간이 너무 길면 전이가 잘 일어나지 않는다.

㉦ 평가의 기회 : 학습자 자신이 학습 결과를 평가할 수 있는 기회가 많을수록 전이도가 높아진다.

㉧ 신뢰성 : 학습한 내용이 새로운 학습에 이용될 것이라는 믿음과 자세가 전이를 유발한다.

㉨ 목표의 구체화 : 학습목표를 구체화하여 학습하는 경우 전이 효과가 크다.

9 정보처리모형

(1) 앳킨슨과 쉬프린(Atkinson & Shiffrin)의 이중기억모형 14 15 22 24 기출

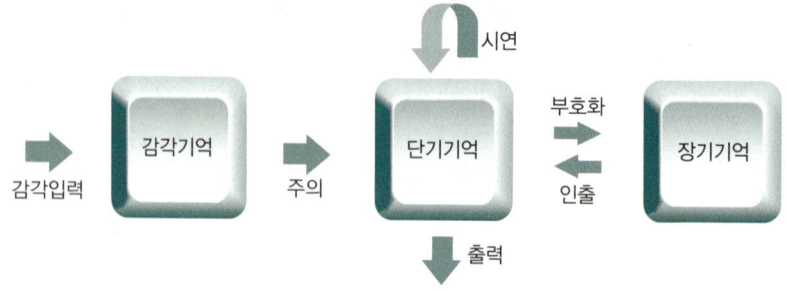

[앳킨슨 & 쉬프린의 이중기억모형]

① 기억의 과정을 감각등록기(감각기억), 단기저장고(단기기억), 장기저장고(장기기억)의 3가지 구조로 분리하여 설명하였다.

감각등록기 (Sensory Registers)	• 감각기억이 아주 짧은 시간 보존·유지되는 곳이다. • 정보의 수용량에 제한이 없어 매우 짧은 시간 동안 많은 정보를 처리한다. • 선택적 주의(Selective Attention)를 통해 많은 정보 중 선택된 정보만이 단기저장고로 가게 된다.
단기저장고 (Short Term Store)	• 정보가 15~30초 정도 기억으로 보존되고, 용량은 묶인 단위의 수로 3~7개 정도이다. • 환경으로부터 입력되는 정보와 장기기억으로부터 출력되는 정보의 결합이 이루어진다. • 시연(Rehearsal)이나 부호화(Encoding)를 통해 정보를 더 오랜 시간 동안 보존·유지할 것인지, 아니면 망각할 것인지 선택하게 된다. • 단기기억(작업기억)은 주의를 기울이는 동안만 유지된다. • 단기기억에 오래 저장되어 있을수록 장기기억으로 전환될 가능성이 높다.
장기저장고 (Long Term Store)	부호화된 자료를 오랫동안 저장하고 정보의 양은 무제한으로 저장이 가능하다.

② 기억의 구조를 고정된 것으로 보았다.
③ 통제과정의 예로 *약호화, 시연조작, 탐색방략 등을 들었다.
④ '자극(정보) → 감각기억 → 단기(작동/작업)기억 → 장기기억'의 순으로 정보가 뇌에 입력된다고 보았다.
⑤ 관심(주의)은 감각기억에서 단기(작동/작업)기억으로 정보를 이동시킬 때 필요한 것으로서, 관심을 받은 정보는 감각기억에서 단기(작동/작업)기억으로 이동하지만, 관심받지 못한 대부분의 정보는 소멸되는 과정을 거친다.

> **약호화**
> 단기기억 내에 저장된 학습자료가 장기기억에 저장되기 위한 과정을 말한다.

(2) 크레이크와 록하트(Craik & Lockhart)의 정보처리의 수준모형 16 22 기출

① 정보처리과정을 일련의 연속적인 과정으로 설명하고, 정보처리의 순서를 가정하지 않았다.
② 단기기억과 장기기억이 분명하게 구별된다는 점을 부정하면서, 일차적 기억과 이차적 기억으로 구분한다.
③ 인간의 기억을 외현기억과 암묵기억으로 구분 짓는 기억해리 현상을 설명하기 위해 기억체계 이론과 처리수준 이론이라는 두 가지 상이한 이론적 접근이 대립하게 되었다.
④ 기억체계이론에서는 뇌에서의 독립적인 기억체계를 가정하는 반면, 처리수준(Levels of Processing)이론에서는 단일한 기억체계에서 일어나는 처리유형의 차이를 강조한다.
⑤ 사실과 정보단위들을 암기하는 데 집중하는 표층처리는 여러 주장들 간의 연결이나 새로운 지식과 기존의 경험을 서로 연결해 보려고 시도하는 심층처리보다 중요하지 않다고 하였다.
⑥ 의미처리만 되면 즉, 학습자료가 심층처리가 되면 우연학습은 의도학습 효과만큼 우수하다.
⑦ 기억은 정보처리 수준에 달려있다고 가정하고, 정보처리 수준이 깊으면 깊을수록 더 오랫동안 기억된다고 주장하였다.
⑧ 정보처리 수준을 결정하는 요인으로는 자극의 특성, 자극에 대한 관심과 흥미의 정도, 주어진 정보를 처리하는 데 필요한 시간이 있다.

⑨ 이미 기억하고 있는 지식과 연결시키거나 정보들을 모아 조직화하여 정보를 장기적인 기억으로 전환하는 정교화 시연이, 기계적인 반복으로 단기기억을 유지하는 데 그치는 유지형 시연보다 심층처리가 더 잘 일어난다.
⑩ 주어진 학습재료가 어떻게 부호화되느냐에 따라 기억의 지속성이 결정된다.

> **지식 IN**
>
> **기억의 종류** 22 기출
> - 재인 : 저장된 정보에 인출단서가 주어질 때 정보가 인출되는 것이다.
> - 회상 : 환경 내에 단서가 없이 머릿속에 저장된 정보로부터 기억을 재구성하는 것이다.

03 기타 인지주의 학습이론

1 통찰학습 이론 20 21 24 기출

(1) 의의

① 쾰러(Köhler)가 주장한 학습이론으로서, 형태주의 심리학에 근거한 인지주의 학습이론이다.
  ※ 형태주의(게슈탈트) 심리학은 '전체는 부분의 합 이상이다'라고 주장하는 이론이다.
② 학습은 시행착오가 아닌 통찰과정이며, 단순한 과거 경험의 집합이 아니라 경험적 사실을 재구성하는 인지구조 변환의 과정, 즉 통찰에 의한 문제해결의 과정이다.
③ 학습자는 문제해결에 필요한 모든 요소를 떠올려 보고, 문제를 해결할 때까지 여러 가지 방법을 생각한다. 이 과정에서 학습자는 문제해결에 대한 통찰을 얻는다.

[통찰학습의 과정]

④ 학습자는 문제해결에서 구조화하고 조직화하는 과정을 거친다.
⑤ 미해결에서 해결 상태로 갑작스럽게 전환된다. 즉, 문제해결에서 정신적 숙고 과정을 거치면서 학습자가 갑자기 문제를 해결한다.
⑥ 학습자는 통찰로 해결한 문제와 구조적으로 유사한 문제를 쉽게 해결한다.

(2) 통찰

① 학습과정 속에는 인지의 분화와 통합, 문제사태의 인지와 재구조화가 진행되면서 동시에 심리적 이해력이 드러나는데, 이러한 심리적 과정을 쾰러는 통찰이라고 하였다.
② 통찰이란 상황을 구성하는 요소 간(수단과 목적)의 관계 파악을 의미하는 것으로서, 통찰을 A-ha현상이라고 한다.

(3) 침팬지 실험

① 천장 위에 바나나를 매달아 놓은 방에 침팬지를 넣었다.
② 침팬지는 바나나를 먹으려고 한참 애쓴 후에 방 안에 있는 상자를 가져와 그것을 발판으로 삼아 바나나를 따 먹었다. 다음에 상자를 숨겨놓았더니, 긴 막대를 이용하여 바나나를 따 먹었다.

(4) 결론

① 학습은 단순한 과거 경험의 집합이 아니고, 경험적 사실을 재구성하는 인지구조 변환의 과정, 즉 통찰에 의한 문제해결의 과정임을 확신하였다.
② 통찰에 의한 학습은 과제의 종류와 학습자의 개인차에 의하여 차이가 있다.
③ 통찰로 얻은 해결책은 상당한 기간 유지되며, 이에 기초한 수행은 대개 부드럽고 오류가 없다.
④ 통찰학습 능력은 다른 문제사태로 전이된다고 주장하였다.

2 장 이론

(1) 장 이론(Field Theory)의 의의 16 기출

① 레빈(Lewin)은 사회심리학에 관심을 가지며, 사회적 분위기, 집단의지 결정, 산업에서의 현장연구, 유대인 문제, 감수성 훈련 등을 연구하였다.
② 레빈의 심리학적 장 이론에서 장(場)은 정신현상이나 사회현상이 생기는 전체구조나 상황을 상호의존관계에서 이르는 말이다.
③ 레빈은 환경과 사람이 이루는 장 속에서의 여러 가지 힘에 의해 생각이나 행동이 결정된다고 보았다.

(2) 장 이론의 주요 개념

① **생활공간으로서의 장** : 인간은 어느 시점에서 특정 목표를 추구하려는 내적 긴장에 의해 행동한다. 인간은 이러한 목표를 가질 때 그 목표를 달성할 수 있는 방법에 대해 나름대로의 신념을 가지게 된다. 이와 같은 관계에 대한 개인의 지각을 그 사람의 생활공간(Life Space)의 한 부분이라고 한다.
② **학습의 재조직(재구성)** : 인간은 새로운 지식으로 세상을 이해하고 새로운 요인들을 도입하여 원하는 것 또는 싫어하는 것에 변화를 가져봄으로써 자기의 인지를 재구성한다.

(3) 장 이론의 주요 요소 19 기출

생활공간 (Life Space)	• 어떤 순간이나 오랜 시간 개인의 행동에 영향을 미치는 요인들의 전체 형태를 의미한다. • 심리적 환경은 지각된 대상과 사상들로 구성되며, 심리학적으로 해석되는 개인은 의식적으로 행동하는 자아를 의미한다.
위 상 (Topology)	• 생활공간의 기능적 부분들의 배경이나 경계를 보여줄 때와 구조화나 의미화시킬 때 사용한다. • 생활공간에 있는 개인의 영역은 가족, 교회, 학교, 극장, 회사와 같은 공간을 의미한다.
벡 터 (Vector)	• 목표를 향해 가깝거나 멀어지는 심리적 운동에 영향을 미치는 힘을 의미한다. • 벡터는 방향과 강도를 가진다. 예컨대 아이가 배가 고픈 경우, 그 아이는 음식에 더욱 강하게 이끌린다.
행동방정식	• 행동이란 개인과 환경의 상대적 위치의 변화 또는 환경의 인지적 재체제화 과정에서 일어나는 재구성을 의미한다. • 인간의 행동은 개인(개체)과 환경의 함수관계에 의해 결정된다. • B(행동) = f[P(개인), E(환경)]

(4) 장 이론에서의 학습

영 역 (Regions)	• 생활공간의 유기적인 부분이며, 대상이나 활동에 대한 심리적인 의미이다. • 인지구조는 현 영역들의 배열과 상태 그리고 앞으로의 변화와 변화에 따른 결과에 대한 이해를 뜻한다.
분 화 (Differentiation)	• 영역이 더 작은 영역으로 분할되는 과정을 말한다. • 모호하고도 구조화되지 않은 생활공간 내의 영역들이 더 지적으로 구조화되고 특수화되는 것을 말한다. • 자신과 환경의 세부적인 국면을 변별하는 학습이라 할 수 있다.
일반화 (Generalization) 20 기출	• 일반화는 곧 개념화를 의미한다. • 인지적 일반화는 일련의 개별사례들의 공통적인 특징을 밝혀내고 그것들을 하나의 목록으로 묶음으로써 일반적인 개념이나 법칙을 형성하는 과정이다.
재구조화 (Restructualization)	• 각 영역의 의미를 자기 자신과 상호관계에 비추어 변경하는 것을 의미한다. • 생활공간의 방향을 재정의하는 것이며, 어떤 행동이 어떤 결과를 가져올지 학습하는 것이다. • 재구조화는 생활공간의 상이한 기능적인 영역의 의미 있는 관계를 지각함으로써 이루어진다.

3 브루너(Bruner)의 발견학습 이론

(1) 발견학습 이론의 의의

① 인간의 인지구조와 지식구조와의 적합한 연결, 배합에 기초하도록 교육과정을 재구성하는 것이다.
② 피아제의 인지발달단계설을 계승하여 발달단계에 적합한 인지구조가 있다는 것을 인정하여, '행동적 표상, 심상적 표상, 기호적 표상'으로 설정하였다.

(2) 발견학습 이론의 특징

① 지식의 구조가 다양한 사실적 지식을 파생시키는 근원이 된다.
② 지식의 구조는 그 구조가 먼저 존재하고, 그 구조가 각각의 요소들의 의미를 결정한다.
③ 경험의 새로운 영역을 개척하는 것도 가능하다.
④ 적절한 형태로만 학습 내용이 제공되면 아동은 항상 학습할 수 있다.
⑤ 학생들이 정보의 구조를 파악하기 위해서는 능동적이어야 하고, 스스로 핵심적 원리를 파악해야 한다.
⑥ 중심 개념과 기본요소로 구성된 교재의 기본 구조에 대한 철저한 학습을 요구한다.
⑦ 학습효과의 전이를 강조하고 스스로 생각하는 학습자의 주체적 학습을 강조한다.
⑧ 학습의 결과보다는 방법을 중요시한다.

4 톨만(Tolman)의 기호형태(Sign-Gestalt) 이론(목적적 행동주의)

(1) 기호형태 이론의 의의

① 톨만의 목적적 행동주의(Purposive Behaviorism)는 기호형태 이론(Sign-Gestalt Theory)이라고도 하며, 교수 및 학습이론에 대해 연구한 인지주의적 접근방법 중 하나이다.
② 톨만의 연구는 방법론적으로 행동주의적 접근에 해당하지만, 행동 연구의 목적을 인지과정의 발전에 둠으로써 인지주의적 접근에 해당하는 것으로 간주한다.
③ 행동주의 학습이론의 자극-반응 연합의 한계를 극복하고자 하였다.
④ 학습이란 기호(Sign), 형태(Gestalt), 기대(Expectation)의 관계이거나 또는 기호, 의미체(Significant)의 관계이거나 가설형성(환경에 대한 인지지도를 신경조직 속에 형성)이라고 하였다.
⑤ 미로를 사용한 쥐 실험(방사형 미로학습)으로 학습의 인지적 요인을 강조하였다.

(2) 기호형태 이론의 특징 16 18 19 21 22 23 기출

① 학습하는 행동은 목표 지향적이며, 학습에 있어서 유전적 요인, 연령, 훈련의 개인차가 행동의 예측과 이해에 주요한 요인이다(학습의 개인차 인정).
② 톨만은 학습에 인지도(Cognitive Map)의 발달이 포함되어 있다고 보았다. 여기서 인지도란 목적물을 찾게 될 환경과, 목적물 및 행동 사이의 관계성에 대한 내적 지식을 의미한다. 유기체는 목적을 달성하기 위해 새로운 환경으로부터 오는 자극, 즉 기호와 이와 접한 바 있어 자기에게 의미를 지니게 된 의미체를 연결하여 문제를 해결해 줄 것으로 기대되는 가설을 세운다. 가설을 적용하여 문제를 해결하는 과정에서 시행착오를 겪게 되고 그 결과 인지도를 구성하게 된다. 이러한 인지도의 구성이 학습이다.
③ 학습은 문제를 해결하기 위한 시행착오를 겪으며 점진적으로 이루어진다.

④ 학습의 형태
  ㉠ 잠재학습 : 학습으로 잠재되어 있지만 행동으로 나타나지 않는 학습으로, 강화물에 의해 동기화될 때 수행으로 전환된다.
  ㉡ 보상기대 : 어떤 행동을 하면 어떤 결과가 나타날 것인가 하는 기대로, 보상은 물리적인 것뿐만 아니라 목표에 가까워지면서 만족감을 얻을 수 있을 것이라는 기대감을 말한다. 보상이 기대에 미치지 못하는 것은 학습의 수행을 감소시킨다.
  ㉢ 장소학습 : 목표물이 어디에 있는지 학습하는 것이다. 학습자는 어느 장소에 갔을 때 어떤 강화를 받을 수 있을 것이라는 기대를 하며, 그 기대가 검증되는 과정에서 장소에 대한 인지도가 형성된다.
⑤ 스키너와 달리 톨만은 강화를 학습에 필수라고 보지 않았다.
⑥ 톨만은 *잠재적 학습(Latent Learning)을 강조하며, 강화가 학습에 영향을 미치는 것이 아니라 학습한 것의 수행에 영향을 미친다고 보았다.

> **잠재적 학습**
> 이미 학습은 되었으나 보상이 주어질 때까지 학습한 것이 나타나지 않고 잠재되어 있는 것을 말한다.

지식 IN

톨만의 쥐의 미로학습 실험 23 기출
- 톨만은 쥐를 세 집단으로 나누어 17일 동안 미로를 통과하여 보상인 먹이가 있는 목표지점을 찾아가게 하는 학습을 시켰다.
- 제1집단에는 강화인을 제공하지 않았고, 제2집단에는 항상 강화인을 제공하였으며, 제3집단에는 실험 시작 11일째 날에 처음으로 강화인을 제공하였다.
- 결과적으로 강화를 전혀 받지 않은 제1집단에서 수행상 약간의 향상이 나타났으며, 17일 동안 지속적인 강화를 받은 제2집단은 꾸준한 향상을 보여주었다. 11일째부터 강화를 받은 제3집단은 강화를 받은 때부터 수행이 크게 향상되었고, 제2집단보다 수행을 더 잘한 것으로 드러났다.
- 톨만은 이를 통해 학습이 강화 없이도 가능하며, 강화는 학습의 수행에 도움을 준다고 주장하였다.
- 톨만은 쥐의 학습이 자신이 처한 환경에 대한 인지도, 즉 미로에 대한 정신적 지도를 형성함으로써 이루어진다고 보았다.
- 톨만은 또한 쥐가 미로를 찾는 과정을 관찰한 다른 쥐에게 자신이 실제 시행착오를 겪는 것이 아님에도 실제로 시행착오를 경험한 것과 같은 효과가 나타나는 것을 보고 대리적 시행착오가 존재한다고 보았다.

5 주요 인지주의적 접근법

(1) 엘리스(Ellis)의 합리적 정서치료(RET ; Rational Emotive Therapy)

① 개념
- ㉠ 인간의 정서적인 문제가 일상생활에서 구체적으로 경험하는 사건 자체에 기인하는 것이 아닌 이를 합리적이지 못한 방식으로 받아들이는 것에서 비롯된다고 보았다.
- ㉡ 인간의 비합리적 사고 또는 비합리적 신념이 부적응을 유발한다고 보고, 인지재구조화를 통해 비합리적 사고를 합리적인 사고로 대치하고자 한다.

② 주요 절차
- ㉠ 선행사건(Activating Event) : 내담자의 감정을 동요시키거나 내담자의 행동에 영향을 미치는 사건을 의미한다.
- ㉡ 비합리적 신념체계(Belief System) : 선행사건에 대한 내담자의 비합리적 신념체계나 비합리적 사고체계를 의미한다.
- ㉢ 결과(Consequence) : 선행사건을 경험한 후 자신의 비합리적 신념체계를 통해 그 사건을 해석함으로써 느끼게 되는 정서적·행동적 결과를 말한다.
- ㉣ 논박(Dispute) : 내담자가 가지고 있는 비합리적 신념이나 사고에 대해 그것이 사리에 부합하는 것인지 논리성·현실성·효용성에 비추어 반박하는 것으로서, 내담자의 비합리적 신념체계를 수정하기 위한 것이다.

(2) 벡(Beck)의 인지치료(Cognitive Therapy)

① 개념
- ㉠ 개인이 가지고 있는 정보처리 과정상의 인지적 왜곡에 초점을 두었다.
- ㉡ 구조화된 치료이자 단기적·한시적 치료로서 '지금-여기' 내담자가 가지고 있는 문제를 파악하며, 그에 대한 교육적인 치료를 수행하는 과정으로 이루어진다.

② 주요 인지적 오류 : 이분법적 사고, *선택적 추상화, *임의적 추론, 개인화, 과잉일반화

③ 주요 절차
- ㉠ 자신의 생각이 무엇인지 자각하도록 한다.
- ㉡ 생각 중에서 부정확하거나 왜곡된 관념이 무엇인지 규명한다.
- ㉢ 왜곡된 관념을 대체할 객관적인 인지내용을 발견하고 학습한다.
- ㉣ 내담자의 변화에 강화를 주고 적절한 피드백을 준다.

④ 인지적 치료기술 : 재귀인, 재정의, 탈중심화

⑤ 주요 기술 : 설명, 역설적 의도, 내적 의사소통 명료화, 인지재구조화, 모델링, 시연, 자기지시기법, 체계적 둔감화, 점진적 이완훈련

> **선택적 추상화**
> 중요한 요소들은 무시한 채 사소한 부분에 초점을 맞추고, 그것에 근거하여 전체 경험을 이해하는 것이다.

> **임의적 추론**
> 어떤 결론을 지지하는 증거가 없거나 결론에 위배되는 증거인데도 그와 같은 결론을 내리는 것을 말한다.

(3) 마이켄바움(Meichenbaum)의 자기교습훈련(SIT ; Self-Instructional Training) 15 기출

① 개념
  ㉠ 개인의 자기 말(스스로의 다짐, 마음속의 독백)을 바꾸도록 하는 상담자의 능력이 상담에서 가장 중요한 요인이다.
  ㉡ 내담자의 사고 방식이 치료의 초점이기는 하나 행동치료의 실제적인 행동연습 절차가 첨가된다.

② 이론적 근거
  ㉠ 비합리적 자기언어가 정서적 장애의 근원이다.
  ㉡ 내면적 언어의 발달은 먼저 타인의 가르침으로 조정되고 그 후 자기교습을 통해 행동통제가 가능하게 된다. 그리하여 자기언어는 내면적 자기교습으로 내면화한다.

③ 마이켄바움의 자기조절행동을 향상시키는 단계 19 22 기출

1단계	인지적 모델링	모델이 큰 소리로 말하면서 과제를 수행하고 학습자는 관찰한다.
2단계	타인에 의한 외현적 안내	모델이 하는 말을 학습자가 큰 소리로 따라 말하면서 과제를 수행한다.
3단계	외현적 자기 안내	학습자가 혼자서 큰 소리로 말하면서 과제를 수행한다.
4단계	외현적 자기 안내 점진적 소멸	학습자가 혼자서 작은 소리로 말하면서 과제를 수행한다.
5단계	내면적 자기 안내	학습자가 마음속으로 혼잣말을 하면서 과제를 수행한다.

CHAPTER 04 신경생리학적 학습이론

중요도 ★★★

핵심포인트
뇌의 구조와 기능(뇌의 발달, 뇌의 신경전달물질)
학습에 대한 신경학적 설명(신경생리학적 학습이론)

01 ▶ 뇌의 구조와 기능

1 중추신경계통과 해부학적 구조 21 기출

(1) 뇌의 의미
① 신경세포가 하나의 큰 덩어리를 이루고 있으면서 동물의 중추신경계를 관장하는 기관을 말한다.
② 여러 기관에 관한 거의 모든 정보가 일단 뇌에 모이고, 뇌에서 여러 기관으로 활동이나 조정 명령을 내린다.
③ 뇌는 대부분의 움직임(행동)을 관장하고, 신체의 항상성을 유지한다.
④ 뇌는 인지, 감정, 기억, 학습 등을 담당한다.

(2) 중추신경계통
① 뇌와 척수는 연합뉴런으로 이루어져 자극의 처리와 가공을 담당하므로 중추신경계로 분류한다.
② 뇌와 척수의 주체를 이루는 신경세포는 집단적으로 존재한다.
③ 신경세포체가 모여 있는 부분은 회백질, 신경섬유가 많은 부분은 백질이다.

(3) 해부학적 구조 15 16 기출
① 대 뇌 18 20 기출
  ㉠ 감각과 수의 운동의 중추이며, 기억·판단 등 정신활동의 중추이다.
  ㉡ 대뇌는 뇌량으로 연결된 2개의 대뇌반구로 이루어져 있으며, 뇌량에 의한 연결은 두 대뇌반구의 신호전달과 상호작용에 중요한 역할을 한다.

ⓒ 대뇌피질은 위치에 따라 전두엽, 두정엽, 측두엽, 후두엽의 4개의 엽으로 구성되어 있다.

전두엽	• 사고력을 주관하고 행동과 감정을 조절하며, 주의집중 등 의식적인 사고를 담당한다. • 추론, 계획 세우기, 학습전략 수립 등의 고차원적 사고 과정을 조절한다.
두정엽	• 온도와 통증 등 신체 감각정보를 받아들이고 해석하는 역할을 담당한다. • 주의집중, 단어의 소리정보 처리, 사물의 공간적 특성에 대한 사고에 관여한다.
측두엽	청각정보를 담당하며, 내측두엽 부분은 해마와 함께 기억형성에 중요한 역할을 한다.
후두엽	시각정보를 분석하고 통합하는 역할을 수행한다.

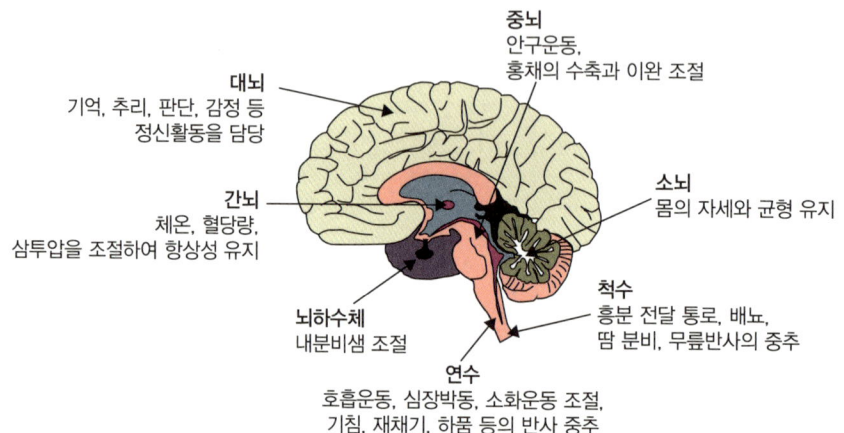

[뇌의 구조]

② 해 마 17 18 20 22 23 24 기출

ⓐ 새로운 기억을 저장하며 서술적 기억과 관련 있다.
ⓑ 장기기억 전환에 중요한 역할을 하는 기관이다.
  ※ 장기기억은 응고화되면 해마보다는 대뇌피질에 의존한다.
ⓒ 해마는 학습에서 중요한 역할을 수행한다.
ⓓ 외현기억에 중요한 기능을 하며, 공간기억에 중요한 역할을 한다.
ⓔ 손상되면 부신호르몬 분비가 증가한다.
ⓕ 해마가 손상되더라도 절차기억에 의한 학습은 가능하다.
ⓖ 해마는 단기기억 저장장소에 해당하는 대뇌피질(전두엽)로부터 단기기억을 받아 기억 장기상승작용(LTP ; Long-Term Potentiation)이라는 방법을 통해 장기기억으로 전환시켜 준다.
ⓗ 대뇌피질에 저장되어 있는 기억을 인출하며, 해마 앞에 있는 *편도체는 동기, 학습, 감정, 정서 기억과 관련된 정보를 처리한다.

> **편도체**
>
> 비정서적 사건에 비해서 정서적 사건의 기억에 더 밀접하게 관여하는 뇌 부위로, 정보나 사건을 기억할 때 그 기억에 감정을 결합시키는 역할을 하는 부위로, 동기, 학습, 공포나 불안 같은 감정과 관련된 행동을 조절한다.

③ 소 뇌
  ㉠ 감각 인지의 통합과 운동근육의 조정·제어에 중요한 역할을 한다.
  ㉡ 주의, 언어와 같은 인지 기능과 두려움 조절, 쾌락 반응 등에 관련되어 있다.
④ 뇌간 : 뇌와 척수를 이어주는 역할을 한다.
⑤ 간뇌 : 항상성의 중추로 뇌줄기와 대뇌 사이에 존재하며, 신경세포들이 모여있는 장소이다.
⑥ 중뇌 : 뇌줄기 아래쪽 부위와 간뇌 사이의 비교적 작은 지역으로 주로 안구 운동, 홍채 조절의 역할을 한다.
⑦ 교뇌 : 중뇌와 연수 사이 뇌줄기에 존재하며 앞쪽으로 돌출되어 있다. 교뇌의 주요 작용은 소뇌와 대뇌 사이의 정보전달을 중계하는 역할을 하는 것이다.
⑧ 연수 : 뇌간에서 가장 아래에, 전체 뇌의 구조에 있어서도 가장 아래에 있다. 척수와 곧바로 연결되어 있으며, 호흡이나 혈액 순환을 조절한다.

(4) 좌뇌와 우뇌의 속성 14 기출

① 좌뇌 : 언어, 수리, 논리, 사고력, 우측 신체발달, 이성과 논리, 상식과 관련된 기능을 한다. 정보를 비연속적·분석적·계속적·객관적으로 처리한다.
② 우뇌 : 직관과 감성적인 능력, 직관 사고력, 좌측 신체발달, 도형인식, 공간 지각력, 창의력, 예능과 관련된 기능을 한다. 정보를 연속적·전체적·동시적·주관적으로 처리한다.

> **지식 IN**
>
> **뇌의 편재화(Lateralization)** 19 20 기출
> - 뇌의 편재화(혹은 편측성)는 인간의 여러 기능이 뇌 속에서 각기 다른 부위에 위치하고 있음을 의미한다. 즉, 인간의 두 가지 의식 양식이 인간의 좌·우반구 속에 각기 다르게 위치하고 있다는 주장이다.
> - 좌·우반구는 여러 정보에 대해 기능적 비대칭성(Functional Asymmetry)을 보인다. 여기서 비대칭성은 특정인지과제(언어, 도형, 감정 등)를 처리하는데 좌·우반구의 기여 정도가 서로 다르다는 것으로, 이는 특정 정보를 처리할 때 어느 한쪽 반구가 다른 쪽 반구에 비해 그 정보를 더 효율적으로 처리한다는 의미이다.
> - 좌·우반구의 기능이 어떻게 분화하게 되었는가에 대해서는 여러 가지 설명이 있으나, 인간이 일상에서 경험하는 수많은 정보를 더 효과적으로 처리하기 위해 획득한 것으로 보는 견해가 지배적이다.
> - 좌반구는 신체의 오른쪽을 통제하고, 우반구는 신체의 왼쪽을 통제한다. 따라서 뇌의 좌반구가 손상되면 신체의 오른쪽 부분이 영향을 받고, 뇌의 우반구가 손상되면 신체의 왼쪽 부분이 영향을 받는다.
> - 편재화 정도에 대한 신경과학자들의 의견은 일치하지 않는다.
>
> **기저핵(Basal Nucleus)** 20 기출
> - 피질하핵(Subcortical Nucleus)이 모여 구성되는 뇌 내 구조물을 가리킨다.
> - 전뇌의 하부, 중뇌의 상부에 있다.
> - 안구·수의 운동, 인지·감정, 절차 기억 등을 행하는 데 중요한 역할을 한다.

2 뇌의 발달

(1) 특징 15 16 18 21 22 24 기출

① 출생 시 아기의 뇌세포, 즉 뉴런의 숫자는 약 1,000억 개로 성인과 동일하게 모든 뇌세포를 갖추고 있지만, 뇌 무게는 성인의 25% 정도이다.
② 생후 6개월경에는 성인 크기의 50%가 되고, 2세 말경에는 75%에 이른다.
③ 뇌는 일정한 순서대로 발달한다.
④ 뇌는 영역별로 발달 최적 시기 및 발달 속도가 다르다.
⑤ 많이 사용하는 시냅스는 강화되는 반면 사용하지 않는 시냅스는 소멸된다.
⑥ *코티졸(Cortisol)은 시냅스의 수를 줄이고 뉴런(Neuron)을 손상되기 쉬운 상태로 만든다.
⑦ 과밀화된 시냅스가 소멸된 이후에도 학습은 뇌 구조에 영향을 미친다.
⑧ 유아기 때 전두엽이 빠르게 발달하며, 성인이 된 후에도 계속 발달한다.
⑨ 신경망 가지치기 시기는 각 대뇌피질 영역에 따라 다르다.
⑩ 풍부한 환경은 시냅스의 연결을 가속화한다.
⑪ 대뇌피질 영역 중 *브로카와 *베르니케 영역이 손상되면 실어증을 초래한다.
⑫ 학습과정은 새로운 신경 연결을 형성하는 것과 관련이 있다.

> **코티졸**
> 스트레스에 반응하여 분비되는 호르몬으로서, 혈당을 높이고 면역시스템을 저하시킨다.

> **브로카 영역**
> 뇌의 좌반구 하측 전두엽에 위치하며, 언어 표현에 중요한 기능을 담당한다.

> **베르니케 영역**
> 언어의 이해를 담당하는 부위로 손상되면 말은 유창하게 하지만 의미 없는 말을 하며 말을 이해하지 못한다.

지식 IN

뇌의 영역별 최적 발달시기

유아기(만 3~6세)	전두엽이 보다 빠르게 발달하며, 성인이 된 후에도 계속 발달한다.
아동기(만 6~12세)	두정엽과 측두엽의 발달 속도가 가장 빠르다.
청소년기(13~18세)	후두엽과 측두엽이 빠르게 발달한다.

(2) 시냅스 생성과 수초화 18 21 기출

① 시냅스는 하나의 신경세포와 또 다른 신경세포 간의 연결 부위를 말한다.
② 시냅스의 형성 시기는 뇌의 영역에 따라 매우 큰 차이를 보인다.
③ 전두엽의 뉴런이 수초화되고 첫 1년 동안 시냅스가 증가하면서 영아는 반사를 이전보다 잘 통제할 수 있게 되고, 생리적 상태를 조절하는 능력이 발달한다.

④ 수초화
  ㉠ 수초화란 신경섬유(뉴런)가 수초라는 덮개에 의해 둘러싸여 뉴런의 두께가 두꺼워지는 과정이다. 신경전달을 빠르게 해주는 것으로 뇌가 신체의 다른 부위와 더 효율적으로 신경충동을 교류할 수 있도록 돕는 것이다. 수초화가 된 뉴런은 정보를 더 빠르게 전달한다.
  ㉡ 수초화 과정은 태내 약 4개월경부터 시작하여 2세경에 정점에 이르지만, 어떤 뇌의 영역은 성인기 초기까지도 수초로 덮이지 않을 수 있다.

> **지식 IN**
>
> **축색돌기(Axon)와 수상돌기(Dendrite)** 21 기출
> - 신경세포인 뉴런은 중심부에 위치한 세포체와 세포체에서 뻗어 나온 돌기로 이루어져 있으며, 돌기는 축색돌기와 수상돌기로 나뉜다.
> - 축색돌기는 돌기 중 가장 길며, 하나의 뉴런에는 한 개의 축색돌기만 존재한다. 다른 뉴런에 정보를 전달하는 역할을 한다.
> - 수상돌기는 길이가 짧고 가지의 수가 많으며, 다른 뉴런으로부터 시냅스를 통해 정보를 받아들이는 역할을 한다.

(3) 뇌의 가소성(Plasticity) 20 22 23 24 기출

① 신경가소성(Neuroplasticity)은 경험의 결과로서 뇌가 신경연결을 재조직하거나 수정하는 능력을 말한다.
② 신경가소성은 나이와 활동에 따라 다르게 나타나는 것으로 알려져 있다.
  ㉠ 여러 기능을 습득하는 유년기에 가장 폭발적으로 발현된다.
  ㉡ 성인이 된 후에도 일생 동안 일정 수준의 가소성을 유지한다.
③ 신경가소성은 환경, 경험 등의 자극이 풍부할 때 더 활발하게 일어난다.
④ 학습경험은 뉴런 간의 새로운 시냅스를 발달시킬 수 있다.
⑤ 신경생성(Neurogenesis)은 성인기에도 진행된다.
⑥ 신경생성은 뇌의 특정 부위 손상 시, 그 영역의 기능 회복에 도움이 된다.

3 뇌의 신경전달물질 20 22 23 기출

(1) 신경전달물질의 의미

① 신경세포에서 분비되는 신호 물질이다.
② *뉴런들 간의 신호를 전달하기 위한 화학적 매개체이다.
※ 거울 뉴런 : 다른 사람이 하는 행동을 보거나 그러한 행동의 과정에 대한 설명을 듣는 것만으로도 활성화되어 자신도 그와 똑같은 행동을 하는 것처럼 느끼게(공감) 하는 뉴런이며, 인간이 아닌 다른 동물들에게도 발견된다.

> **뉴런**
> 신경계에서 시냅스를 통해 자극을 전달하는 신경세포이다.

(2) 신경전달물질의 종류 14 16 18 24 기출

① 아미노산
　㉠ 글루타메이트 : 중추신경계에서 중심적인 흥분성 신경전달물질로 주로 불쾌한 기억과 연관된다.
　㉡ 가바 : 뇌의 흥분을 억제시키는 신경전달물질이다.

② 모노아민
　㉠ 아세틸콜린
　　• 말초신경계와 중추신경계 모두에서 신경조절물질로 작용한다.
　　• 기억을 하기 위해서 꼭 필요한 신경전달물질이며, 장기기억 형성에 직접적 영향을 미친다.
　㉡ 노르에피네프린
　　• 자율신경계에서 발견되는 신경전달물질로, 일부 기억을 되살리는 데 필수적이다.
　　• 고도의 정신활동에 가장 중요한 신경전달물질인 도파민이 산화되어 형성된다.
　㉢ 도파민
　　• 정적 강화 발생 시 뇌의 보상중추에서 주로 분비되는 뇌신경세포의 흥분전달물질이다.
　　• 사람의 행복감과 같은 쾌감을 전달하며, 뇌에서 보상과 쾌락중추의 제어를 돕는다.
　㉣ 세로토닌
　　• 뇌의 시냅스에서 분비되는 기억 관련 신경전달물질이다.
　　• 기분·식욕·수면·통증 조절 등을 관장하는 감정조절 호르몬이다.
　　• 신체의 가장 핵심적인 요소로, 약해지면 작업기억 능력이 저하된다.
　㉤ 히스타민 : 외부자극(스트레스)에 빠른 방어 행위를 하기 위한 물질이다.

> **지식 IN**
>
> **쾌락중추(Pleasure Center)** 17 20 기출
> • 사람의 뇌에서 중뇌에 위치한 복측 피개 영역(VTA)과 전두엽의 내측 전전두엽, 중격측좌핵으로 이루어진 신경망이다.
> • 도파민이나 세로토닌 등의 물질을 분비시키는데, 이 물질은 사람을 행복하게 하고 만족감을 느끼게 만든다.
> • 이 과정에서 문제가 생기거나 도파민이나 세로토닌 분비량이 비정상적으로 많아 균형이 깨지는 등의 이유로 본인의 의지대로 행동하지 못하는 '중독'이 발생한다.
> • 뇌의 쾌락중추에 직접 전기자극을 가하는 강화 절차를 실시하면, 자극 종료 시 소거가 급격히 일어난다.
>
> **올즈와 밀너(Olds & Milner)의 쥐 실험**
> 올즈와 밀너는 쥐의 학습행동에 관한 연구에서 뇌에 전극이 이식된 쥐가 직접적인 전기자극에 강렬한 반응을 보이는 것을 확인하였고, 이를 통해 뇌 안에 쾌락중추가 있음을 발견하였다. 이는 굶주린 쥐의 경우에도 마찬가지였는데, 굶주린 쥐는 기아 상태(→ 박탈 상태)에 있었음에도 불구하고 먹이가 아닌 전기자극을 받기를 선택한 것이다.

02 학습에 대한 신경학적 설명

1 학습의 습관화와 민감화 15 16 기출

(1) 습관화(Habituation)
① 위협적이지 않은 자극에 반복 노출되면 행동 반응이 감소하는 것을 말한다. 즉, 자극이 위협하지도 않고 보상적이지 않다면 반응하지 않고 무시하도록 학습된다.
② 특정 자극의 반복으로 그 자극에 반응하는 감각이나 근육을 연결하는 신경계에서 모종의 변화가 일어난다.
③ 자극이 계속되더라도 감각신경 활동전위에 변화가 없으며, 시냅스의 신경전달이 약화된다.
④ 습관화의 시행을 반복하면 습관화 상태가 몇 주 동안 지속되게 된다.

(2) 민감화(Sensitization)
① 위협적인 자극에 노출됨에 따라 행동반응이 증가하는 것을 말한다.
② 일반적으로 민감화는 다른 자극에 대한 높은 반응성을 유도한다.
③ 특정자극의 반복으로 인해 그 자극에 대한 반응에 연관된 근육이 피로해진다.
※ 습관화와 민감화는 *시냅스 전 뉴런에서 신경전달물질 분비의 변화에 기인한다.

> **시냅스 전 뉴런과 시냅스 후 뉴런**
> 시냅스 전 뉴런은 신경전달물질을 시냅스 후 뉴런에 방출하는 뉴런이며, 시냅스 후 뉴런은 시냅스 전 뉴런으로부터 신경전달물질을 받아들이는 뉴런이다.

2 세포 수준에서의 학습의 기초

(1) 장기상승작용(LTP ; Long-Term Potentiation) 17 기출
① 신경세포를 동시에 자극하는 것에 의하여 두 신경세포의 신호전달이 지속적으로 향상되는 현상을 말한다.
② 해마에서 최초로 발견된 이후 대뇌피질, 소뇌, 편도체 등 여러 신경구조에서 발견되고 있다.
③ 시냅스 후 뉴런이 더욱 쉽게 활성화될 수 있도록 한 시냅스 후 뉴런의 변화에 기인한다.
④ 세포 수준에서 학습과 기억의 기초가 될 수 있다.
⑤ 약한 자극이 복수의 시냅스로부터 시냅스 후막 일부에 집중되어 일어나는 경우, 개개의 탈분극이 모여 장기상승을 일으키는 데 충분한 탈분극이 일어난다.
⑥ 장기상승 과정은 학습이 함께 발화하는 시냅스 연결의 강화에서 비롯된다는 헵(Hebb)의 법칙을 따른다.

⑦ 장기상승작용은 몇 달간 지속되기도 한다.
⑧ 행동적 조건화는 장기상승과 거의 동일한 신경화학적 효과를 일으킨다.

(2) 장기저하작용(LTD ; Long-Term Depression)

① 몇 시간 혹은 그 이상 지속되는 형식적 자극에 대해 신경세포 시냅스의 활성 효율이 감소하는 것이다.
② 뇌 영역과 발달과정에 따라 다양한 *기작을 통해 여러 중추신경계에서 나타난다.
③ 신경전달물질을 분비하는 여러 종류의 신경세포에서 나타나는 것이 발견되었으나, 장기저하에 관여하는 일반적인 신경전달물질은 주로 L-글루탐산이다.
④ 장기상승에 의한 시냅스 강화를 구조적으로 사용할 수 있게끔 하는 특정 시냅스의 선택적 약화를 유도하는 여러 기작 중 하나이다.
⑤ 시냅스의 강화가 지속적으로 일어날 경우, 시냅스는 그 효율의 최고점에 달하게 되어 새로운 정보의 저장이 저해될 수 있으므로, 장기저하의 역할이 필수적이다.

> **기 작**
> 메커니즘과 같은 말로서, 여러 요소들의 순차적인 상호작용을 통해 일어나는 것을 말한다.

3 헵(Hebb)의 신경생리학적 학습이론

(1) 헵(Hebb) 이론의 개요 18 19 22 23 24 기출

① 침팬지를 연구하면서 학습과 지각에 대한 신경생리학적 이론에 관심을 갖게 되었다.
② 두 신경세포 간의 시냅스 가중치의 변화규칙을 발견하였다.
③ 학습과 기억은 신경회로망의 변화, 즉 실제적인 물리적 변화에 의해 일어나는 것이라고 가정하고, 신경생리학적 접근에 의해 학습과정을 연구하여 각성이론을 정립하였다.
④ 최적각성수준(Optimal Level of Arousal)
  ㉠ 인간에게는 최적각성수준(Optimal Level of Arousal)이 존재한다고 보았다.
  ㉡ 각성수준이 너무 낮으면 뇌에 전달된 감각정보를 이용할 수 없고 반대로 너무 높으면 피질부가 분석하는 정보의 양이 많아져서 부적절한 행동으로 이어지므로, 최적 수행에는 최적의 각성수준이 필요하다.
  ㉢ 과제가 다르면 최적 수행과 결합되어 있는 각성수준도 달라진다.
⑤ 인간의 두뇌가 학습하는 과정을 신경세포가 어떻게 받아들이는지를 설명하는 이론이다.

(2) 학습에 대한 신경생리학적 이론의 개념 19 24 기출

① **세포집합체(Cell Assembly)** : 환경적 대상과 결합되어 있는 뉴런(신경) 묶음으로, 표상하는 환경 대상이나 사상에 따라 클 수도 작을 수도 있다.
② **국면진행(Phase Sequence)** : 상호 관련되어 있는 일련의 세포집합체 활동으로, 이것을 자극하면 연관된 관념들이 흐르게 된다.
③ **감각박탈과 보충적 환경** : 유기체의 초기 감각경험을 박탈하면 인지활동의 기초가 되는 세포집합체와 국면계열의 발달 능력이 제한되므로, 지각이나 정서 또는 지능 발달이 지체된다.

④ **단기기억(Short-Term Memory)과 장기기억(Long-Term Memory)의 통합** : 기억의 체제를 단기기억과 장기기억으로 구분한다. 단기기억은 1분 이상 지속되지 않으며, 경험이 자주 반복되면 장기기억으로 전환된다는 것이다.
⑤ **공고화(Consolidation)** : 새롭게 학습된 정보가 대뇌피질에 입력된 후 나중에 회상될 수 있도록 신경연결이 안정되고 강화되는 과정으로, 해마가 중심적인 역할을 한다.
⑥ **뉴런생성(신경생성, Neurogenesis)** : 뉴런은 신경계에서 시냅스를 통해 자극을 전달하는 신경세포로, 뉴런생성은 뉴런의 생성·발달·소멸의 순환을 말한다. 뉴런(신경)생성은 성인기 이후에도 계속된다.
⑦ **가소성(Plasticity)** : 뇌 신경회로가 외부의 자극, 경험, 학습에 의해 구조적으로 움직이면서 재조직화하는 능력이다.

> **지식 IN**
>
> **정보처리이론과 신경망이론의 차이점**
>
> | 정보처리이론 | 신경망이론 |
> | --- | --- |
> | • 선형적 모델, 즉 순차적 정보처리
• 논리연산에 의해 의사결정이 이루어짐
• 학습(행동)을 언제나 통제·조절할 수 있으며, 그 결과의 예측도 가능
• 특정의 정보를 용이하게 검색할 수 있도록 정보를 저장
• 수업활동이 순차식 접근으로 이루어져야 한다고 전제 | • 비선형적 모델, 즉 병렬적 정보처리
• 불완전한 자료에 근거하여 상황에 따른 최적의 의사결정이 이루어짐
• 학습자 스스로가 메타인지(초인지)를 활용하여 자료를 처리하는 방법·규칙을 만들어 나가므로 의외의 결과 산출 가능
• 정보의 일부를 검색하면 관련된 모든 정보가 자동적으로 함께 인출되도록 정보를 저장
• 수업활동이 발견식 접근으로 이루어져야 한다고 전제 |

CHAPTER 05 동기와 학습

중요도 ★★★

핵심포인트
동기와 정서 # 학습에 영향을 주는 요소 # 기타 학습이론(구조주의/구성주의, 기능주의 학습이론, 학습조건이론, 진화심리학적 학습이론)

01 동기와 정서

1 동 기

(1) 동기의 의미
① 동기란 인간의 행동을 일으키는 근원적인 힘으로 이해되고 있다.
② 동기의 내용을 보다 구체화하면 동기란 어떤 행동을 발생시키고 그 행동을 유지시키며, 그 행동의 방향을 정해주는 요인으로 정의할 수 있다.
③ 동기란 인간의 행동을 활성화하고 행동의 방향을 정해주는 심리적 요인으로서, 인간의 행동을 특정한 목표로 이끄는 내적인 힘을 의미한다.

(2) 동기에 대한 이해 14 18 19 23 기출
① 외재적 동기(Extrinsic Motivation)
  ㉠ 동기의 근원이 외부에 있고 보상, 사회적 압력, 벌 등과 같은 외부의 통제로부터 유발되는 동기를 말한다.
  ㉡ 목적에 대한 수단으로서 어떠한 활동에 참여하게 되는 동기이다.
  ㉢ 행동통제를 목적으로 하는 외적 보상은 외재적 동기를 강화한다.
② 내재적 동기(Intrinsic Motivation) 20 기출
  ㉠ 학습활동 자체가 보상으로 작용하는 동기로, 적절한 수준의 도전적 과제는 내재적 동기를 높인다.
  ㉡ 개인의 내적 요인, 즉 욕구, 호기심, 흥미, 가치, 신념, 포부 등에 의해 유발되는 동기를 말하며, 몰입(Flow)은 내재적 동기에 해당한다.
  ㉢ 내재적 동기는 시간이 경과함에 따라 달라진다.
  ㉣ 과제를 선택할 수 있는 자율성이 주어지면 내재적 동기가 높아지는 경향이 있다.
  ㉤ 내재적으로 동기화된 과제에 외적 보상이 더해지면 내재적 동기가 감소될 수 있다.
  ㉥ 외적 보상이 수행능력 향상에 대한 정보를 제공할 경우 내재적 동기를 증가시킬 수 있다.

수행 수준과 관계없이 과제 참여 자체를 보상하는 것은 내재적 동기를 감소시킨다.
- ⓐ 실패에 대한 원인을 내적이고 통제 불가능하며 안정적인 요인으로 귀인하면 내재적 동기는 낮아진다.
- ⓑ 내재적 동기가 높아진다고 해서 외재적 동기가 높아지거나 낮아지지 않는다. 즉, 내재적 동기와 외재적 동기는 서로 분리된 연속체로 각각 독립적으로 낮을 수도 있고 높을 수도 있다.

③ 레퍼와 호델(Lepper & Hodell)의 내재적 동기의 원칙 : 레퍼와 호델은 내재적 동기가 도전, 호기심, 통제, 상상의 네 가지 원칙을 가진다고 주장하였다. 22 24 기출
- ㉠ 도전 : 난이도는 중간 수준으로, 지속적으로 높아지도록 설정하면 도전적 목표의 달성으로 학습자는 자신이 점점 유능해지고 있다는 정보를 얻게 된다. 이는 효능감과 결과에 대한 지각된 통제를 높일 수 있다.
- ㉡ 호기심 : 현재의 지식 또는 믿음과 일치하지 않거나 놀라워 보이거나 모순되어 보이는 정보나 생각을 제시할 수 있는 활동을 제공한다.
- ㉢ 통제 : 활동에 선택권을 주고 규칙과 절차를 확립하는 데 일정한 역할을 부여하면 통제의 지각을 형성할 수 있다.
- ㉣ 상상 : 학습자에게 시뮬레이션이나 게임을 통해 가상세계에 참여하게 하는 방법으로, 주의를 집중시키고 인지적 노력을 증가시킨다.

지식 IN

동기와 관련된 개념
- 욕구 : 개인을 목표로 향해 움직이도록 만드는 일종의 내적 결핍 상태
- 추동 : 욕구 발생 결과로 생기는 관찰 가능한 행동의 변화
- 동기화/동기유발 : 상태(욕구, 추동, 동기)가 행동으로 나타나는 과정

(3) 학습동기 유발의 요건 16 기출
① 학습자들의 능력에 따라 적절한 수준의 학습 목표가 선정되어야 한다.
② 학습의 결과에 대한 정보가 제공되어야 한다.
③ 상과 벌을 적절하게 사용하여야 한다.
④ 인지적 동기유발의 기회를 더 많이 제공해야 한다.
⑤ 경쟁적인 방법의 활용을 통해 동기를 유발할 수 있다.
⑥ 학생의 삶과 연결하여 설명하면 학생의 흥미와 동기가 증진된다.
⑦ 학습자 흥미를 유발하도록 환경을 만들어 주면 학습동기가 높아진다.

(4) 동기유발의 기능

① **활성적 기능(Activating Function)** : 동기는 행동을 유발시키고 지속시켜 주며, 유발시킨 행동을 성공적으로 추진하는 힘을 준다.
② **지향적 기능(Directive Function)** : 행동은 환경 속에 있는 대상을 향해 전개되는 경우가 많다. 행동의 방향을 어느 쪽으로 결정짓는지는 동기에 따라 달라진다.
③ **조절적 기능(Adjusting Function)** : 선택된 목표 행동에 도달하기 위해서는 필요에 따라 다양한 동작이 선택되고 이를 수행하는 과정을 겪는다. 이는 다양한 분절 동작을 선택하고 수행하는 과정의 동기이다.
④ **강화적 기능(Reinforcing Function)** : 행동의 수행이 유기체에 어떠한 효과를 미치는가에 따라 그 행동이 일어날 확률이 증가하기도 하고 감소하기도 한다.

2 동기 이론

(1) 헐(Hull)의 추동감소이론(신행동주의) 24 기출

① S-O-R 모형을 통해 자극(Stimulation)과 반응(Response) 사이에 직접 관찰할 수 없는 유기체(Organism)라는 매개변인을 가정한다.
② 매개변인은 자극과 반응을 매개하고 중재하는 유기체 내의 관찰 불가능한 특성이나 상태를 말한다.
③ 추동(Drive)은 매개변인 중 하나로서, 우리 몸에 생리적 결핍이 생길 때, 생체의 기관으로 하여금 그 결핍의 상태를 감소시키도록 촉구하는 각성된 심적 상태(심리적 긴장감)를 말한다. 배가 고픈(추동) 아이에게 숙제를 하면 밥(강화물)을 준다는 제안은 아이가 숙제를 더 빠른 시간 안에 완료할 수 있게 한다. 추동감소이론은 다음과 같은 동기화과정을 거친다.

> 결핍(음식/수면부족) ⇨ 욕구(식욕/수면욕) ⇨ 추동(배고픔/졸림) ⇨ 추동감소행동(밥먹기/잠자기)

④ **강화물의 종류** 15 17 21 기출

1차적 강화물	생리적, 선천적 욕구를 만족시키는 자극물 예 음식, 공기, 물, 과자 등
2차적 강화물	본래는 중성자극이었으나, 1차적 강화물과 연합하여 학습되거나 조건화된 강화물 예 칭찬, 돈, 상장, 칭찬 스티커, 피드백 등

지식 IN

헐(Hull)의 16가지 공리

헐(Hull)은 추동감소이론에 기반하여 행동에 작용하는 16가지 공리(Postulates)를 제시하였다.

① 헐은 외적 환경의 감각은 자극 흔적을 남겨서, 자극과 반응 사이에는 자극이 남긴 자극흔적(s) 및 자극흔적이 유발한 운동뉴런의 흥분(r)이 존재한다고 하였다.
② 행동(반응)은 하나의 자극보다는 여러 자극의 영향을 받아 발생한다. 반응을 유발하는 자극은 매우 많을 수 있다.
③ 동물은 선천적인 반응 위계를 가진다. 동물들은 배고픔이나 갈증을 해결하는 행동 등 몇 가지 행동을 학습하지 않아도 선천적으로 가지고 태어나며, 이 행동들은 위계적으로 조직되어 위계가 높은 행동이 먼저 나타난다는 것이다.
④ 학습은 인접한 자극이 추동을 감소시킬 때 일어난다. 어떤 행동을 학습하기 위해선 먼저 추동이 일어나야 하며, 학습할 행동이 그 추동을 감소시켜야 한다. 헐은 강화인을 추동을 감소시킬 수 있는 자극으로 정의하였으며, 초기의 강화가 나중의 강화보다 효과가 강하다고 했다.
⑤ 어떤 자극이 조건 반응(CR)을 일으키려면 해당 고전적 조건화가 일어난 환경이 현재 자극이 제시된 환경과 비슷해야 한다. 학습된 행동은 주변 맥락이 비슷해야 반복될 수 있다는 것이다.
⑥ 추동은 종류에 따라 특정 자극과 연합할 수 있으며, 이는 행동이 일어나는 토대가 된다.
⑦ 반응잠재력(sEr)은 학습된 행동이 다시 발생할 가능성으로, 습관강도와 추동의 함수로 나타낼 수 있다.
⑧ 행동은 피로를 유발하며, 피로는 조건 반응(CR)을 방해한다. 헐은 피로를 반응제지(Ir)로 정의하였고, 이를 수치로 표현하고자 하였다.
⑨ 피로는 휴식이 부족하여 나타난 추동이다. 따라서 피로할 때 휴식하면 추동이 감소하고 학습이 형성되므로, 만약 피로할 때 아무 행동도 하지 않는다면 아무 행동도 하지 않는 그 자체가 강화된다. 헐은 학습화된 휴식을 조건화된 제지(sIr)이라고 표현하고, 아래 공식을 정의하였다.
   *유효반응 잠재력(학습된 행동이 다시 나타날 가능성) $= sEr - (Ir + sIr)$
⑩ 학습된 행동을 제지하는 요인들은 시시각각 변하며, 헐은 시시각각 변하는 제지 요인들을 '진동효과(제지잠재력, sOr)'로 정의하였다.
⑪ 조건 반응(CR)이 나타나려면 유효반응 잠재력이 특정 역치를 넘어야 한다.
⑫ 어떤 순간에 학습된 행동이 일어날 확률인 순간의 유효반응 잠재력은 추동과 습관강도, 진동효과가 결합된 아래의 식으로 설명할 수 있다.
   *순간 유효반응 잠재력(p) $= sEr - (Ir + sIr) - sOr$
⑬ 순간 유효반응 잠재력이 클수록 자극을 준 이후 반응이 나올 때까지의 잠재시간이 짧아질 것이다.
⑭ 순간 유효반응 잠재력이 클수록 소거에 대한 저항이 강해진다.
⑮ 유효반응 잠재력에 의해 조건화된 행동이 허용된 범위가 결정된다.
⑯ 반대되는 행동이 동시에 나타나려고 할 때는 유효반응 잠재력이 더 강한 쪽이 나타난다.

(2) 매슬로우(Maslow)의 욕구이론 15 22 24 기출

① **욕구단계** : 욕구는 강도와 중요성에 따라 다음과 같은 단계를 이룬다.

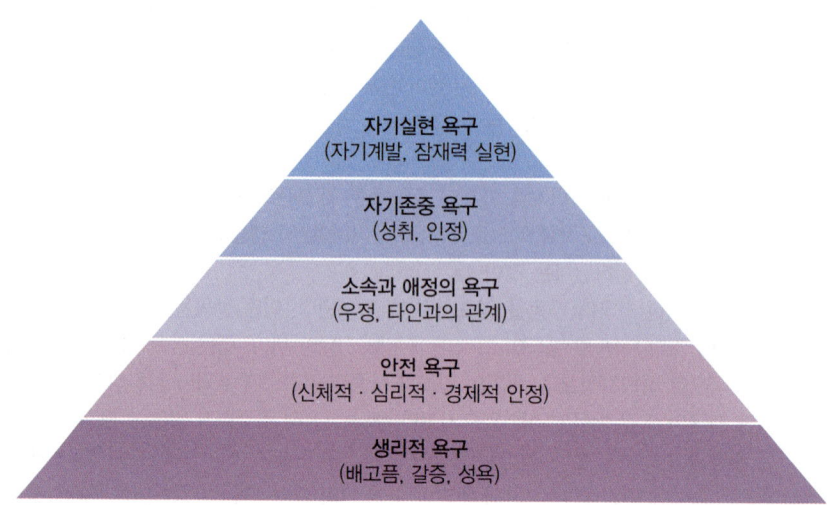

> ※ **매슬로우의 욕구 7단계** : 생리적 욕구 → 안전 욕구 → 소속과 애정의 욕구 → 자기존중 욕구 → 인지적 욕구 → 심미적 욕구 → 자기실현 욕구

② **결손욕구(결핍욕구)와 성장욕구(메타욕구)** 15 17 21 기출

구 분	결손욕구(결핍욕구)	성장욕구(메타욕구)
특 성	• 우선적으로 만족되어야 하는 욕구 • 긴장을 해소하고 평형을 복구하려는 욕구 • 타인지향적이고 의존적임	• 잠재력을 실현하려는 욕구 • 결코 만족되지 않는 욕구이며, 지속되길 기대함 • 자율적이고 자기지시적이어서 스스로를 도울 수 있음
종 류	생리적 욕구, 안전 욕구, 소속과 애정의 욕구, 자기존중(자존감) 욕구	인지적 욕구, 심미적 욕구, 자아실현 욕구

③ **욕구의 특징** 15 16 17 기출

㉠ 다양한 욕구 사이에 위계가 존재한다.
㉡ 단계별 욕구는 동시에 일어나는 것이 아닌, 특정 순간에 한 가지 욕구가 강렬하게 나타난다.
㉢ 하위 욕구는 생존에 필요하고, 상위 욕구는 성장에 필요하다.
㉣ 낮은 단계일수록 욕구 강도가 강하다.
㉤ 하위 욕구가 충족되지 않으면 상위 수준의 욕구는 만족될 수 없다.
㉥ 하위 욕구가 어느 정도 충족된 후에 상위 단계의 욕구가 나타나는 것이 일반적이다.
㉦ 결핍욕구의 경우 만족되면 다음 단계로 넘어갈 수 있으나, 성장욕구는 완전히 충족될 수 없으며 충족되면 충족될수록 더 높은 성취를 이루려는 동기가 끊임없이 유발된다.
㉧ 인간은 선천적으로 자아실현 욕구를 가지고 있다.

(3) 각성과 각성이론 18 20 23 기출

① 각 성
- ㉠ 각성이란 유기체가 현재 경험하는 내적 에너지 수준을 말한다.
- ㉡ 각성상태란 자극에 반응하거나 또는 행동할 준비가 되어있는 상태를 말한다.
- ㉢ 각성은 망상활성계(Reticular Activation System)와 관련이 있다.
- ㉣ 각성수준이 지나치게 높으면 공황상태를 경험할 수 있다.
- ㉤ 많은 에너지가 소비되는 과제는 높은 각성수준에서 최적으로 수행된다.
- ㉥ 단순한 과제는 광범위한 각성수준에서 최적으로 이루어진다.

② 각성이론
- ㉠ 사람들이 긴장이나 각성을 추구하는 방향으로 행동한다는 이론이다.
- ㉡ 역스-도슨의 법칙(Yerkes-Dodson Law)
  - 각성수준과 수행수준의 관계는 거꾸로 된 U형 함수관계를 보인다.
  - 과제에 따라 최적의 각성수준이 다를 수 있다.
  - 각성상태가 너무 높거나 너무 낮은 경우 수행수준이 떨어진다.
  - 중간수준의 각성상태에서 수행수준이 가장 높게 나타난다.
  - 가장 높은 수행수준을 가져오는 지점을 '최적각성수준'이라고 한다.

(4) 귀인이론 16 17 19 기출

① 귀인이론의 의의
- ㉠ 와이너(Weiner)가 체계화한 인지주의적 학습이론으로서, 인간 행동의 원인이 개인의 특성 및 환경이 아닌 자신이 어떻게 생각하는지에 따라 달라진다는 관점에서 출발하였다.
- ㉡ 성공이나 실패에 대해 자신의 행동에 대한 원인을 귀속시키는 경향성에 대한 이론이다.
- ㉢ 귀인은 학습결과의 원인에 대한 학습자의 믿음을 말한다.

② 귀인이론의 기본가정
- ㉠ 사람들은 자신의 성공 또는 실패의 원인을 알고자 하는 특성이 있다.
- ㉡ 사람들은 성공 또는 실패를 자신의 과업수행 중에 있었던 특정한 어떤 일의 탓으로 돌린다.
- ㉢ 행운 또는 불운, 과업의 난이도, 호의적 또는 적대적 인간관계, 자신이 어려워하는 일, 자신의 능력 정도 등이 주요 요소가 된다.
- ㉣ 와이너는 원인에 대한 주요 요소들을 분석하여 사람들이 실패나 성공의 원인으로 가장 많이 귀인하는 능력, 노력, 운, 과제 난이도라는 4가지 요소를 설정하였다.
- ㉤ 귀인은 원인의 소재, 안정성, 통제 가능성이라는 3가지 차원의 모형을 기준으로 분류된다.

③ 귀인의 4가지 요소

능력	"난 원래 머리가 좋으니까 100점 맞은 거야! 이 결과는 당연한 거야!"
노력	"수업시간에 열심히 필기하고, 꾸준히 예습과 복습을 했더니 점수가 잘 나왔네."
운	"다 찍었는데 운이 좋아서 100점을 맞았네."
과제 난이도	"이번에는 선생님이 문제를 쉽게 내서 점수가 잘 나왔네!"
그 밖의 요소	타인(교사 또는 다른 학생)의 영향, 기분, 피로, 병, 물리적인 여건 등

④ 귀인의 3가지 차원
  ㉠ 원인의 소재(Locus of Control) : 어떤 일의 성공이나 실패에 대한 책임을 내적인 요인에 두어야 하는지, 외적인 요인에 두어야 하는지에 대한 것이다.
  ㉡ 안정성(Stability) : 어떤 일의 원인이 시간의 경과나 특정한 과제에 따라 변화하는지의 여부에 따라 안정과 불안정으로 분류된다.
  ㉢ 통제 가능성(Controllability) : 그 원인이 학습자의 의지에 의해 통제될 수 있느냐의 여부에 따라 통제 가능과 통제 불가능으로 분류된다.

⑤ 귀인과 각 차원과의 관계 16 20 21 기출

구 분	내 부		외 부	
	안 정	불안정	안 정	불안정
통제 가능	평소의 노력 (꾸준한 장기적인 노력)	특수한 노력	타인의 지속적인 도움이나 방해 (예 친구의 도움)	타인의 특수한 도움이나 방해 (예 외부인의 방해)
통제 불가능	능력 · 적성	기 분	과목 특성 혹은 과제 난이도	운(행운, 불운) 혹은 우연한 기회

⑥ 귀인에 영향을 미치는 요인 : 다른 사람과의 비교 정도, 일관성, 성공/실패의 경험, 성별 차이, 연령 차이, 개인적 성향, 사회적·문화적 원인, 교사의 태도, 행동의 독특성 등

> **지식 IN**
>
> **귀인 편향** 18 기출
> - 기본귀인오류(FAE ; Fundamental Attribution Error) : 관찰자가 다른 이들의 행동을 설명할 때 상황 요인들의 영향을 고려하지 않고, 행위자의 내적·기질적인 요인에 초점을 두어 판단하는 오류이다.
> - 자기중심편향(Self-Centered Bias) : 함께한 일의 결과에 다른 사람들보다 자신이 더 많이 기여했다고 생각하는 경향을 말한다.
> - 자기접대편향(Self-Servicing Bias) : 좋은 결과에 대해서는 자기 능력이나 성향에서 비롯된 것으로 생각하고, 나쁜 결과에 대해서는 외부 요인과 결부시키는 경향을 말한다.
> - 잘못된 일치효과(False Consensus Effect) : 객관적 확인 없이 다른 사람들도 자기 생각과 같을 것이라고 착각하는 것으로, '허위합의 효과', '허구적 일치성 효과', '거짓 동의 효과' 등으로 일컬어진다.

(5) ARCS 이론 24 기출

① 의의
  ㉠ 켈러(Keller)는 학습 환경에서 학습자들의 동기를 유발하고, 유발된 동기를 계속 유지시키기 위한 전략을 ARCS 이론으로 발전시켰다.
  ㉡ ARCS 이론은 수년에 걸친 경험적 연구의 결과로 수정·보완되었으며, 여러 가지 다른 수업 상황에 적용하면서 구체화되었다.
  ㉢ 켈러의 ARCS 이론은 3가지 결과 변인인 효과성, 효율성, 매력성 중에서 특히 '매력성'과 관련하여 학습자의 동기를 유발시키는 전략을 제공하고 있다.

② 학습동기를 유발하고 유지시키는 변인

주의(Attention)	주의는 동기의 요소인 동시에 학습의 선행조건이다. 동기적 관심은 주의를 획득하고 유지하는 것이다.
관련성(Relevance)	가르칠 내용의 방식에서 나오는 것으로서, 내용 자체로부터 나오는 것이 아닌 학습자들이 현재 부딪히고 있는 문제들을 적절히 활용하는 것에서 나온다.
자신감(Confidence)	학습에서는 적정 수준의 도전감을 주면서 노력에 따라 성공할 수 있다는 자신감을 심어주는 것이 중요하다.
만족감(Satisfaction)	학습자로 하여금 자신의 수행에 대해 적절한 보상을 하도록 한다.

③ ARCS 이론의 특징
  ㉠ ARCS 이론은 인간의 동기를 결정지을 수 있는 여러 가지 다양한 변인들과 그에 관련된 구체적 개념을 통합한 4가지 개념적 범주(주의, 관련성, 자신감, 만족감)를 포함한다.
  ㉡ ARCS 이론은 교수·학습 상황에서 동기를 유발하고 유지하기 위한 구체적이고 처방적인 전략들을 제시한다.
  ㉢ ARCS 이론은 교수 설계 모형들과 병행하여 활용될 수 있는 동기 설계의 체계적 과정을 소개한다.

④ ARCS 이론의 장·단점

장점	• 동기와 관련된 연구들을 종합하도록 돕는다. • 관련성, 자신감, 만족감이라는 구체적인 변인을 제공한다. • 동기 설계를 위한 구체적인 전략들을 하나의 체계적인 이론적 틀 속에서 제고함으로써 통합적 가치를 가진다.
단점	• 인간의 학습동기를 유발·유지시키기 위한 동기전략은 동기에 영향을 미치는 조건들의 복합성으로 인해 구체적·처방적 전략으로 제시되기가 어렵다. • 켈러가 두 번의 현장 연구를 통해 밝혀 낸 ARCS 이론은 그것이 학습자 개인의 특성문제를 해결해 주는 것이 아님에도 불구하고, 많은 교수들이 ARCS 이론을 그 문제에 적용하고자 하였다.

(6) 기대가치이론 15 16 18 22 기출

① 의의
  ㉠ 에클스와 윅필드(Eccles & Wigfield)는 인간은 자신이 성공할 것이라는 기대에 그 성공에 대해 개인이 부여하는 가치를 곱한 값만큼 동기화된다고 보았다.

ⓒ 낮은 성취감을 가진 학생들은 반복되는 실패가 성공에 대한 기대감을 너무 낮게 만들어서 동기 또한 낮아지는 것이다.
　　ⓓ 성공에 대해 높은 기대를 가진 학생은 낮은 기대를 가진 학생보다 더 많은 것을 성취하므로, 성공에 대한 기대는 중요한 의미를 갖는다.
　　ⓔ 학업성취 행동은 기대와 가치라는 두 개의 요인으로 예측될 수 있다.
　　　• 기대 요인은 미래의 성공에 대한 개인적 신념을 말한다.
　　　• 가치 요인은 과제 흥미, 유용성, 비용 등을 포함한다.
　　ⓕ 정서적 기억은 목표와 자기도식을 매개로 개인의 기대에 영향을 미친다.
　② 과제 가치에 영향을 주는 요소
　　ⓐ 내재가치 : 과제를 수행할 때 경험하는 흥미
　　ⓑ 획득가치 : 과제를 잘하는 것에 대한 중요성
　　ⓒ 효용가치 : 미래 목표 측면에서 개인이 과제에 가지는 유용성(효용가치가 높다고 인식하면 동기가 높아짐)
　　ⓓ 비용 : 과제에 참여함으로써 발생할 수 있다고 인식되는 부정적인 면
　　ⓔ 과제에 대한 개인의 정서적 경험은 과제 가치에 영향을 준다.

> **지식 IN**
>
> **앳킨슨(Atkinson)의 기대(기대-가치)모델** 21 24 기출
>
> $$동기(M) = 인식된\ 성공\ 가능성(Ps) \times 성공의\ 유인가(Is)$$
>
> • 성공하기 위한 개인의 노력은 성공 보상에 대한 개인의 기대에 달려 있다는 믿음을 기초로 하였다.
> • 동기는 자신의 성공확률에 대한 예상(인식된 성공 가능성)과 자신의 성공에 대해 부여하는 가치(성공의 유인가)가 높을수록 증가한다.
> • 성공할 가능성이 전혀 없다고 느끼면 동기화되지 않는다.
> • 쉬운 과제보다는 노력하면 가능할 정도로 적당히 어려우면서 자신에게 유의미한 과제가 더 동기를 유발한다. 쉬운 과제보다는 개인적인 흥미가 있는 과제가 학습 동기를 더욱 증가시킨다.

(7) 자기가치(Self-worth) 이론 18 22 23 기출

① 코빙튼(Covington)이 소개한 개념으로, 사람은 누구나 자기를 가치 있는 존재로 인식하려는 욕구가 있어서 자신이 유능하다는 것을 자신과 다른 이들에게 증명해 보임으로써 자기가치를 보호하려 한다는 이론이다.
② 자기가치를 보호하기 위해, 실패의 원인을 자신이 아닌 외적 요인에서 찾는다. 즉 실패하면 자기가치가 손상되므로 다양한 자기보호전략을 사용한다.
　ⓐ 불가능한 목표 설정 등 자기손상(Self-handicapping) 전략을 사용하여, 실패 시 자기능력 부족이 아닌 과제 난이도로 귀인한다. 숙달목표지향성보다 수행목표지향성이 높은 학생들은 자기손상전략을 사용하는 경우가 많다.

   ⓛ 공부를 하지 않는 등 자기손상 전략을 사용하여, 실패 시 자기 능력 부족이 아니라 노력을
    했으면 성공했을 것이라고 합리화한다.
   ⓒ 실패하지 않기 위해 확실히 성공할 수 있는 쉬운 과제를 선택하거나 부정행위를 한다.
   ⓔ 실패 가능성이 있는 것을 일부러 피하는 회피전략을 따른다.
 ③ 코빙튼(Covington)의 성취동기 유형
   ㉠ 성공지향자 : 높은 성공지향과 낮은 실패회피
   ⓛ 과잉노력자 : 높은 성공지향과 높은 실패회피
   ⓒ 실패회피자 : 낮은 성공지향과 높은 실패회피
   ⓔ 실패수용자 : 낮은 성공지향과 낮은 실패회피

(8) 자기효능감 이론 18 20 기출
 ① 반두라(Bandura)가 소개한 개념으로 자신에게 주어진 행동에 대하여 성공할 수 있다는 강한 신념을 말한다.
 ② 어떤 주어진 영역에서 자기효능감이 낮으면 그 과제를 회피하거나 쉽게 포기하고, 어떤 영역에서 자기효능감이 높으면 목표를 세워 적극적으로 수행한다.
 ③ 자기효능감은 자기 능력에 대한 스스로의 판단을 나타내며, 자기효능감의 수준은 과제 영역에 따라 다를 수 있다.
 ④ 과거에 받은 상이나 벌의 경험이 인지적 요소(기대, 기억, 해석)에 의해 해석되어 영향을 미친다고 보았다.
 ⑤ 자기효능감은 성취 목표와 지속성에 영향을 미치면서 목표수립을 통해서도 동기에 영향을 미친다.

(9) 자기결정성 이론 17 19 기출
 ① 자기결정성 이론은 인간이 자율적이고자 하는 욕구가 있다고 보는 이론으로 자기결정(Self-determination)이란 어떻게 반응할 것인가를 스스로 결정하는 과정을 말한다.
 ② 자기결정성 이론에 따르면, 스스로 선택을 하고 결정을 하는 것은 내재적 동기를 증가시킨다.
 ③ 자기결정성 이론은 인지적 평가이론(CET ; Cognitive Evaluation Theory)과 유기적 통합이론(OIT ; Organismic Integration Theory)으로 구성되어 있다.
   ㉠ 인지적 평가이론
    • 내재적으로 동기화된 행동에 외재적 보상을 주는 경우 내재적 동기가 감소된다는 이론이다.
    • 내재적인 동기에 주요 관심을 두고 내재적 동기를 촉진하거나 저해하는 환경에 연구의 초점을 맞추고 있다.

- 학습자가 알맞은 사회 환경적 조건에 처해 있을 때 내재적인 동기가 촉발되고, *유능성(Competence), *자율성(Autonomy), *관계성(Relatedness)의 기본적인 욕구가 만족될 때 내재적인 동기가 증진된다고 보았다.
  ⓒ 유기적 통합이론
   - 외적인 이유 때문에 어떤 행동을 해야 하는 상황에서 개인의 태도는 전혀 동기가 없는 무동기에서부터 수동적 복종, 적극적 개입까지 다양하게 나타난다고 보는 이론이다.
   - 외재적 동기의 내면화에 초점이 맞추어져 있다.
④ 자기결정성 정도에 따른 자기조절 유형 수준 19 21 22 23 기출
  ㉠ 라이언과 데시(Ryan & Deci)가 제시하였다.
  ㉡ 인간의 행동을 자율성 정도에 따라 완전히 타율적인(외재적으로 동기화된) 행동에서 완전히 자기결정적(내재적으로 동기화된) 행동에 이르는 연속선상에서 개념화하였다.

> **유능성 욕구**
> 과제를 효율적으로 통제하며 성공적으로 수행하는 능력에 대한 욕구이다.

> **자율성 욕구**
> 외부 통제나 간섭 없이 스스로의 행동을 자율적으로 선택하고 결정하려는 욕구이다.

> **관계성 욕구**
> 다른 사람과 밀접한 정서적 유대와 애착을 형성하고 그 결과로서 사랑과 존중을 얻으려는 욕구이다.

행 동	비자기결정적					자기결정적
동 기	무동기	외재적 동기				내재적 동기
조절 양식	무조절	외적 조절 (External Regulation)	내사된 조절 (Introjected Regulation)	확인된 조절 (Identified Regulation)	통합된 조절 (Integrated Regulation)	내재적 조절 (Intrinsic Regulation)
인지된 인과 소재	없음	외적	다소 외적	다소 내적	내적	내적
관련 조절 과정	무의도, 무가치, 무능력, 통제의 결여	외적인 보상 및 처벌	자기조절, 내적인 보상 및 처벌	개인적 중요성, 가치의식	일치성과 자각, 자기와의 통합	흥미, 즐거움, 내재적 만족감

  ㉢ 외재적 동기에서 내재적 동기(내재적 조절) 쪽으로 갈수록 자율성이 높아진다.
  ㉣ 외재적 동기는 사회화 과정에서 주어지는 보상, 통제 등에 의해 내면화되어 점차 자기조절 과정의 일부가 된다.

> **지식 IN**
>
> **자기결정 인식에 영향을 주는 요인**
> - 선택 : 자기행동을 정당한 한계 내에서 선택할 수 있을 때 자기결정력 증가
> - 위협과 마감시간 : 자신이 압박을 받고 있다는 느낌을 받을 때 자기결정력 감소
> - 통제적인 표현 : 자신의 행동을 통제하려는 다른 사람의 표현을 들을 때 자기결정력 감소
> - 외적 보상 : 외적 보상이 행동 통제나 조종의 수단으로 인식될 때 자기결정력 감소
> - 감독과 평가 : 자신이 평가받고 있다고 느낄 때 자기결정력 감소

(10) 하이더(Heider)의 균형이론(Balance Theory) 22 기출

① 균형이론은 사람들에게는 자신, 관련된 타인, 그리고 대상과의 연합 관계에서 일관성을 유지하려는 욕구가 있다는 것이다.
② 균형 상태는 자신(P ; Person)과 다른 사람(X ; Other), 그리고 대상(O ; Object) 3요소의 삼각관계에서 사고나 느낌, 행동, 신념 등의 인지 요소들이 심리적 조화 및 일관성을 이루는 상태를 말한다.
③ 인지적 비일관성이 존재할 때, 즉 불균형 상태일 때 심리적인 불편함을 느끼게 되며 이는 긴장을 유발하여 균형을 추구하는 동력(균형을 위한 행위의 동기 유발)으로 작용한다. 이에 따라 균형을 회복하기 위해 기존의 태도를 변화시켜서 심리적 안정감을 유지하려 한다.
④ 예를 들어 화학 과목을 별로 좋아하지 않았던 내가 새로운 화학 선생님에게 호감을 느끼면서 화학과목을 좋아하게 되었을 때 나(P)와 화학 선생님(X), 화학 과목(O)의 세 관계는 심리적 일관성을 이루는 상태가 된다. 반면 내가 화학 과목을 매우 좋아하였는데 자신이 매우 싫어하는 선생님이 담당 화학 선생님이 되었다면 심리적 불균형을 경험하게 되어, 화학을 싫어하게 되거나 선생님에 대한 평가를 바꾸거나 하는 등 태도를 변화시켜 심리적 안정감을 유지하려 한다.

3 정 서

(1) 정서의 개념

① 어떤 상황에 처했을 때 일어나는 감정 또는 그러한 감정을 일으키는 분위기를 말한다.
② 정서에는 생리적, 상황적, 인지적 요소가 상호작용한다.
③ 정서는 적응행동의 진전에 대한 정보를 알려주는 기능을 한다. 과제수행을 만족스럽게 성취했을 경우 기쁨을 느끼고, 실패했을 경우 좌절감을 느끼는 경우가 그 예이다.

(2) 정서의 생리적 기초

① 모든 정서는 자율신경계(Autonomic Nervous System)와 연관성이 있다.
② 각 자율신경계는 신체 각 기관의 활동을 조절하는 기능을 함으로써 결핍된 사항을 해소시켜 주고, 몸의 변화에 대비하는 역할을 한다.

(3) 정서의 분류

① **1차 정서** : 애정, 공포, 혐오, 경이, 노여움, 소극적 자아감정 등
② **파생 정서** : 자신감, 희망, 불안, 절망, 낙심 등

> **지식 IN**
>
> **정서의 종류**
> - 왓슨(Watson) : 공포, 노여움, 애정을 인간의 기본적 정서로 규명
> - 헐록(Hurlock) : 아동에게서 찾아볼 수 있는 공통적인 정서로 공포, 노여움, 질투, 애정, 기쁨, 호기심 6가지를 규명

(4) 학습동기와 정서 15 16 18 기출

① 각성수준이 지나치게 높을 경우 불안이 나타날 수 있다. 불안과 걱정은 작업기억의 용량을 차지하여 효율적인 정보처리를 방해한다.
② 일반적으로 비정서적인 정보보다 정서적인 정보를 쉽게 인출한다.
③ 정보인출 시의 기분과 정보부호화 시의 기분이 일치할 때 기억이 향상되는 현상을 '정서-상태 의존 인출'이라고 한다.
④ 정서는 학습동기와 연관이 있고, 학습자가 학습결과를 어떻게 귀인하는지에 따라 달라진다.
⑤ 과제를 학습하는 동안 내부요인에 의해 유발되는 동기과정과 외부요인에 의해 유발되는 정서과정은 상호작용을 통해 학습자의 인지와 행동에 영향을 미친다.
⑥ 시험불안의 정도는 시험 상황에 대한 학습자의 평가에 따라 달라진다.
⑦ 시험불안 수준이 높은 학생들은 비평가적인 상황보다 평가적 상황에서 자신들의 수행결과에 대한 평가를 지나치게 걱정한 나머지 과제를 잘 수행하지 못한다.
⑧ 학급의 분위기나 제시된 과제가 위협적이라고 지각할수록 불안이 커지며, 학습자에게 위협적이지 않은 방식으로 과제를 제시함으로써 불안의 부정적 효과를 감소시킬 수 있다.
⑨ 학업적 성공을 많이 경험한 학생들에게도 높은 불안이 발견된다. 성취수준이 낮은 학생들은 반복된 실패와 성공에 대한 낮은 기대 때문에 불안해 하지만, 성취수준이 높은 학생들은 모든 학업 영역에서 우수해야 한다는 부모, 또래 또는 자신이 부과한 비현실적인 기대 때문에 불안할 수 있다.

4 정서 이론

(1) 제임스-랑게 이론(James-Lange Theory)

① 제임스(James)는 정서를 어떤 사건에 대한 반응으로 발생하는 신체적인 변화에 대한 지각으로 보았다. 즉, 정서는 신체적 반응에서 오는 피드백에 의해 결정되는 것으로 보았다.
② 랑게(Lange)는 일반적으로 알고 있는 정서가 신체반응을 가져오는 것이 아니라 신체반응이 정서의 변화를 가져온다고 보았다.

(2) 캐논-바드 이론(Cannon-Bard Theory)
① 정서작용의 핵심을 자율신경계 수준이 아니라 중추신경계 수준의 작용으로 보았다.
② 외부에서 주어지는 정서유발 자극이 먼저 시상부에 전달되고, 이 신경자극은 대뇌피질로 전달되어 정서와 신체적 반응이 동시에 일어난다고 보았다.

(3) 샤흐터와 싱어(Schachter & Singer)의 이론 - 2요인 이론
① 정서에 대한 인지적 접근으로서 생리적 접근이 특수성이 결여되어 있다고 보고, 피드백이 가지고 있는 모호성과 경험의 구체성의 간격을 인지가 좁혀준다고 주장하였다.
② 정서는 개인이 처한 상황과 그 상황에 대한 개인의 해석과 평가에 의해 결정된다고 보았다.

02 학습에 영향을 주는 요소

1 성취동기

(1) 성취동기의 개념
① 성취동기란 훌륭한 일을 이루어 보겠다는 내적인 의욕이자, 도전적이고 어려운 문제를 해결하는 과정에서 만족을 얻으려는 적극적인 기대를 말한다.
② 과업지향적 행동, 적절한 모험성, 자신감, 정열적·헌신적 활동, 자기책임감, 결과를 알고 싶어하는 경향, 미래지향성 등이 성취동기를 좌우한다.

(2) 성취동기 육성방안
① 명확하고 구체적으로 목표를 설정하도록 한다.
② 학습자가 성취동기에 흥미를 가지도록 돕는다.
③ 학습자가 자신을 성취지향적인 사람으로 여기도록 한다.
④ 학습자의 노력에 대해 집단적인 지원을 제공한다.

(3) 학습 성취동기 유발을 높이는 방법
① 학습 성취동기 유발의 일반적인 방법
  ㉠ 학생의 일상생활 경험을 문제로 구성하여 질문한다.
  ㉡ 생활환경과 교실환경을 변화시킨다.
  ㉢ 학습주제에 관해 발표시킨다.
  ㉣ 학습자들의 학습활동이 능동적으로 이루어지도록 유도한다.
  ㉤ 학습활동이 가치 있다는 확신을 부여한다.

② 학습 성취동기 유발의 구체적인 방법 14 기출

㉠ 학생이 흥미를 가지도록 지도한다. 능력에 맞는 학습, 놀이 중심의 학습, 성공감을 기르도록 하는 학습, 시험에 대비한 학습 등이 효과적이다.
㉡ 학습의 목적에 대해 학습자가 명확히 알 수 있도록 한다.
㉢ 학습의 결과를 학습자에게 즉각 정확히 알려준다.
㉣ 학습자가 성공감을 느낄 수 있게 하며, 실패감에 좌절하지 않도록 한다.
㉤ 학습자가 교사를 신뢰하게 한다.
㉥ 개별적인 교수법을 발휘한다.
㉦ 가능한 한 다양하고 흥미로운 학습 자료를 활용한다.
㉧ 과제의 효용가치와 내재적 가치를 높인다.
㉨ 스스로 과제를 선택하도록 한다.
㉩ 자신의 유능감에 대한 평가를 높인다.
㉪ 학습자에게 중요하게 여겨지는 학습내용을 제공한다.

2 학습과 피로

(1) 피로의 의미와 증상

① 피로의 의미 : 객관적으로는 학습능률의 감퇴 및 저하, 착오의 증가, 주관적으로는 주의력 감소, 흥미 상실, 권태 등으로 일종의 복잡한 불쾌감을 일으키는 것을 의미한다.
② 피로의 증상

신체적 피로의 증상 (생리적 현상)	• 학습효과 및 작업량이 감소 또는 경감된다. • 학습 및 작업에 대한 자세가 흐트러지고 쉽게 지치게 된다. • 학습 및 작업에 대한 무감각, 무표정, 경련 등이 일어난다.
정신적 피로의 증상 (심리적 현상)	• 긴장감이 해이·해소된다. • 주의집중력이 감소 또는 경감된다. • 권태와 태만에 빠지며, 관심과 흥미를 상실한다. • 두통과 졸음이 온다. • 싫증, 짜증 등 불쾌한 감정이 증가한다.

(2) 피로의 원인과 회복 방법

① 피로의 원인

신체적·생리적 원인	• 영양에 의해 저장된 에너지원의 소모, 질병, 체질, 신체적 결함 등 • 피로 독소, 즉 노폐물의 축적(유산칼륨, 인산염) • 산소의 결핍(이산화탄소의 축적) • 신체적·생리적 불균형(자세의 고착화, 안근의 긴장) • 연령과 학습 지속시간
학습 자체의 원인	• 학습내용 및 학습지도법의 부담, 난이도, 교과에 대한 적성 등 • 정서적 불안정, 갈등, 혼란상태

학습 환경의 원인	• 물리적 조건 : 학습도구 및 시설의 불비(不備), 온도, 습도, 조명, 색채, 책상 및 의자, 소음 등 • 사회적 조건 : 인간관계, 문화적 · 경제적 조건, 가정생활의 분위기 등
시기 및 계절의 원인	• 대체로 오전보다 오후에 피로를 많이 느끼며, 하루 수업일과 중 처음과 마지막 시간에 학습능률이 떨어진다. • 일주일 중 월요일이 가장 능률이 오르지 않으며, 수 · 목요일에 능률이 오르다가 그후 저조하고 토요일에 약간 높아지는 경향이 있다. • 계절에 있어서도 봄 · 가을이 여름 · 겨울보다 능률적이고, 여름철보다는 겨울철에 비교적 긴장도가 계속되는 까닭으로 학습효과가 있다.

② 피로 회복의 방법
  ㉠ 적절한 휴식과 수면
  ㉡ 음식 및 영양소 섭취
  ㉢ 안정, 산책, 기분전환
  ㉣ 오락, 가벼운 운동경기 및 율동
  ㉤ 음악 감상, 담화
  ㉥ 물리적 요법(목욕, 마사지, 피로 독소의 제거, 조제약 등)

3 연습과 연습곡선

(1) 연 습
① 동작을 적극적인 방향으로 변화시키려는 반복 또는 숙달을 지향하는 것이다.
② 어떤 경험이나 행동의 획득을 목표로 하여, 그 목표에 도달하기 위해 행동이나 학습을 끊임없이 반복하는 운동 과정과 그 효과를 포함한 전체 과정을 말한다.

(2) 연습곡선(학습곡선)
① 연습에 의해 학습이나 경험, 작업 상황이 어떻게 변화되고 달라지는지를 알기 위한 것으로서 학습곡선이라고도 한다.
② 가로축에는 독립변수에 해당하는 시행, 반복, 경과시간 등을, 세로축에는 종속변수에 해당하는 연습량, 속도, 소요시간 등을 표시하여 효율을 측정한다.

(3) 연습곡선의 형태
① 직선형 연습곡선 : 연습량에 따라 기능 향상이 정비례로 나타난다.
② 부적 가속곡선 : 연습 초기에 많은 향상을 나타내지만, 후기에 향상 속도가 현저히 떨어져 거의 평형을 이룬다.
③ 정적 가속곡선 : 연습 초기에는 향상 속도가 느리게 나타나지만, 후기에 많은 향상을 보인다.

④ S자형 : 앞선 3가지 선이 혼합된 유형에 해당한다.

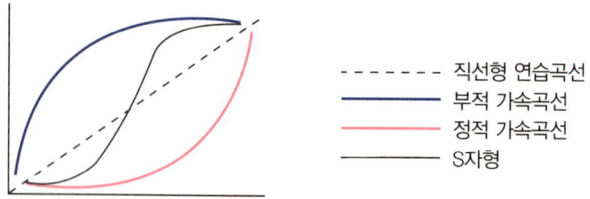

[연습곡선의 형태]

(4) 학습의 고원(Plateau)현상

① 어느 수준까지 증가하던 학습능률이 일정 기간 정체되어 제자리걸음을 하는 상태를 말한다.
② 상한효과와 하한효과
  ㉠ 상한효과 : 너무 쉬운 과제의 경우, 그래프가 초기에 급격하게 상승한 후 x축과 평행을 이룬다.
  ㉡ 하한효과 : 너무 어려운 과제의 경우, 초기에 x축과 평행을 이룬 이후 효과가 향상된다.

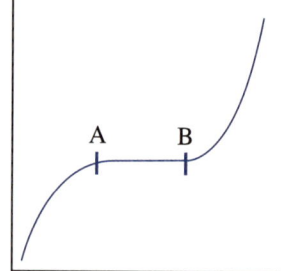

③ 고원현상의 원인
  ㉠ 학습과제에 대한 실망과 흥미의 상실
  ㉡ 학습과제의 곤란도 증가
  ㉢ 나쁜 습관의 고집 또는 형성
  ㉣ 주의의 이동
  ㉤ 과제 일부분에 신경을 집중한 경우
  ㉥ 적합한 학습방법 채택 실패
  ㉦ 그 밖에 학습능률이 향상하면서 형성된 습관이 어느 정도 완성된 후 이를 기초로 한 새로운 습관을 얻을 때까지의 준비 기간일 수 있다. 이 기간 동안 습관이 완성되어 안정화되면 그 다음의 진전이 이루어질 수 있다.
④ 고원기간 동안 수행은 정체되지만 질적 학습은 진행되고 있을 수도 있으므로, 일정 기간 정체 후 학습능률이 증가할 수 있다.

(5) 연습방법

① 집중학습과 분산학습 14 기출
  ㉠ 집중학습(Massed Practice) : 연습 도중에 휴식 없이 연속적으로 몰아서 하는 학습을 말한다.
  ㉡ 분산학습(Distributed Practice) : 시간 간격을 두고 여러 회기에 걸쳐 이루어지는 학습을 말한다.
  ㉢ 분산학습이 집중학습보다 더 효과적이고 학습능률이 좋다는 것이 연구 결과 밝혀졌다.

② 전습법과 분습법
　㉠ 전습법 : 학습내용이나 기술을 한꺼번에 학습한다.
　㉡ 분습법 : 학습내용이나 기술을 몇 개의 단위로 나누어 학습한다. 순수 분습법, 점진적 분습법, 반복적 분습법이 있다.

순수 분습법	A, B, C를 각각 따로 연습한 후, 전체기술을 종합하는 것이다.
점진적 분습법	A와 B를 연습하고 종합한 후, C를 연습하고 A, B, C를 종합하는 방식으로 전체기술을 익히는 것이다.
반복적 분습법	A를 연습한 후, A와 B를 연습하고, 그 후 A와 B와 C를 연습하는 방식으로 전체기술을 익히는 것이다.

③ 암송(Rehearsal) 24 기출
　㉠ 정보를 내적으로 혹은 소리내어 반복하여 되새기는 과정을 통해 기억을 유지시켜 주는 방법이다.
　㉡ 정보를 많이 암송할수록 단기기억에서 장기기억으로 더 잘 전이된다.
　㉢ 학습자료를 되새긴 후 보지 않고 외우는 학습 전략으로, 가장 초보적이며 비능률적인 학습방법이다.

(6) 연습효과의 향상을 위한 방안
① 학습자에게 연습의 필요성을 알도록 한다.
② 연습의 의미와 효과를 이해시킨다.
③ 연습 또는 학습 결과의 진전 상태를 올바르게 인식시킨다.
④ 개인차를 고려하여 연습시키며, 연습목표를 성취하려는 성취동기를 가지도록 지도한다.
⑤ 학습자료의 내용을 분석하여 그에 부합하는 집중학습과 분산학습, 전습법과 분습법 등을 적절히 이용하여 연습하도록 한다.

> **지식 IN**
>
> **학습의 효과**
> - 바흐릭과 펠프스(Bahrick & Phelps) : 사람들이 집중학습을 했을 때보다 분산학습을 했을 때, 그 정보를 더 오래 기억한다는 사실을 발견하였다.
> - 글렌버그(Glenberg) : 학습의 간격효과, 즉 분산학습이 더 좋은 회상을 가져오는 현상을 집중적으로 연구하였다.

03 기타 학습이론

1 구조주의/구성주의(Structuralism)

(1) 구조주의/구성주의 심리학 18 20 기출

① 배 경
  ㉠ 독일의 빌헬름 분트(Wilhelm Wundt)가 창시한 심리학 이론이다.
  ㉡ 주로 에드워드 티치너(Edward Titchener)가 이끌었다.
  ㉢ 과학적·유물론적 전통을 이어받았다.
  ㉣ 독일의 생리학 발전을 토대로 과학적 심리학의 기반을 제공하였다.

② 개 념
  ㉠ 연구 대상자가 자신의 경험을 언어적으로 보고한 것을 관찰하는 방식으로 연구하였다.
  ㉡ 의식의 연속적 흐름에 대한 이해보다는 의식의 개별 요소에 대한 분석을 강조하였다.
  ㉢ 내성법(Introspection)
    • 구조주의/구성주의 심리학의 주요 수단이다.
    • 훈련받은 관찰자가 엄격히 정의된 기술적 어휘를 써서 통제된 대상을 주의 깊게 관찰하는 것을 말한다.
    • 인간의식의 기본요소를 분석하고 확인하여 사고의 기본 구성요소를 밝히는 것이 내성법의 사용 목적이다.

③ 분트(Wundt) 16 20 기출
  ㉠ 심리학을 자연과학, 실험과학에 민속심리학과 같은 측면이 가미된 일종의 혼혈적 과학(Hybrid Science)이라고 보았다.
  ㉡ '실험, 내성, 민속학' 3가지 모두를 심리학 방법으로 사용해야 한다고 보았다.
  ㉢ 의식 속에 있는 구성요소들은 의식을 하는 자기 스스로 관찰할 때만 알 수 있다는 '내성법'을 강조하였다.
  ㉣ 주의설(Voluntarism)
    • 주의설은 마음이 의지라는 행위를 통해 경험을 능동적으로 조직화하는 방식을 말한다.
    • 주의설은 마음의 능동적인 성질을 반영한 것이다.
  ㉤ 마음은 수동적 요소가 아니라 고정되어 있지 않고 역동적이며 과정적인 활동적 실체라고 하였다.

④ 티치너(Titchener) 15 기출
  ㉠ 심리학을 자연과학이라고 보았고, 인간의 정신작용에 대해 수동적 마음을 가정하였다.
  ㉡ 사고의 형성을 설명함에 있어 연합의 법칙을 강조하였다.
  ㉢ 대상을 지각할 때의 즉각적인 경험만 보고하고, 그 대상에 대한 해석은 배제하였다.
  ㉣ 내성은 완벽한 방법이며 훈련만 잘하면 된다고 하였고, 내성만 심리학 방법으로 사용하면 된다고 주장하였다.
  ㉤ 요소주의 관점에서 내성법을 사용하여 연구하였다.

(2) 구조주의/구성주의 학습이론

① 개 념 14 18 19 20 기출
  ㉠ 구조주의/구성주의는 지식이 무엇이며, 어떻게 구성되는지에 대한 인식론이다.
  ㉡ 지식을 능동적 구성의 산물이라고 보고, 학습자의 능동적 지식 구성을 강조한다.
  ㉢ 개인이 경험하는 세계는 자신에 의해 의미가 부여되고 구성된다고 본다.
  ㉣ 학습의 개념
    • 개인적인 경험에 근거해서 의미를 개발하는 능동적인 과정이다.
    • 학습자가 지식을 내부로 표상하여 자신의 경험적 해석을 통하여 구성해 가는 과정이다.
    • 다른 지식구조가 부가될 때 그 기본구조와 형태가 변화된다.
    • 학습은 의미 있는 경험을 토대로 발전하는 활발한 구성화 과정이다.
    • 학습은 실제 세계를 반영하는 풍부한 맥락 속에서 상황화되어야 한다.
    • 학습자가 어떻게 지식을 구성하는지에 일차적 관심이 있다.
  ㉤ 피아제(Piaget)의 인지적 구성주의는 개인 내면의 지식과 신념 구성에 초점을 둔다.
  ㉥ 비고츠키(Vygotsky)의 사회적 구성주의는 학습에서 문화적 맥락과 상황을 중시하며, 근접발달영역 안에서 학습활동을 할 때 의미 있는 학습이 이루어진다고 본다.

② 특 징 14 16 기출
  ㉠ 학생을 실존적이고 의미를 창조해 가는 주체적인 존재로 간주하며, 학생이 수업의 중심이라고 주장한다.
  ㉡ 강의식보다는 문제 중심, 토의식, 발견학습의 교수 방법을 강조한다.
  ㉢ 지식은 사회적 협상을 통해 이루어진다.
    • 인식 주체에 의해 주관적으로 구성되고, 상황에 따라 상이하게 구성된다.
    • 타인들과의 상호작용 속에서 그 타당성이 검토되어 지식으로 형성된다.
  ㉣ 상대주의적 인식론에 근거하고 있다.
    • 학습은 개인적 경험과 흥미에 따라 지식의 가치가 판단된다.
    • 학습자와 환경 간의 상호작용으로 지식이 형성된다고 본다.
  ㉤ 반성적 수업(Reflective Instruction)을 강조한다. 반성적 사고(Reflective Thinking)를 유도함으로써 창조적 사고학습, 문제해결 학습, 또는 고등 사고학습 등이 이루어질 수 있게 한다.

ⓑ 일정한 교육목표를 규정하여 학습자들에게 일방적으로 제시하는 것을 거부한다.
ⓢ 개인의 내적 이해에 초점을 맞추어 학습에서 개인차를 인정한다.
ⓞ 학습자가 정보를 내면화하는 과정에서 지식을 능동적으로 재조직한다.

2 기능주의(Functionalism) 학습이론 14 15 17 기출

(1) 개요
① 기능주의 심리학은 미국에서 발전한 것으로 구조주의/구성주의에 반기를 들고 의식을 요소로 분석하는 것이 인간 이해에 도움이 되지 않으며, 의식의 기능을 분석하는 것만이 인간을 올바로 이해할 수 있다고 보았다.
② 무엇을 보았는가 하는 의식의 내용 분석이 아니라, 어떻게 보았는가 하는 심리적 기능을 연구대상으로 삼았다.
③ 가장 유명한 기능주의 심리학자는 다윈의 학설에 많은 영향을 받은 윌리엄 제임스(William James)이다. 그는 개인이 자신의 환경에 적응하도록 돕는 것이 의식의 목적이라고 하였다.
④ 듀이(Dewey)는 심리학적 실험의 결과가 교육과 일상의 삶에 활용될 수 있어야 한다고 주장하였다.
⑤ 손다이크(Thorndike), 스키너(Skinner), 헐(Hull) 등은 행동주의 학파로서 기능주의의 영향을 받았다.

(2) 특징
① 인간의 의식은 하나의 통일체로 기능하며 요소로 환원될 수 없다고 보고, 의식의 기능과 작용에 초점을 두었다. 즉, 의식의 정적인 구성요소보다 변하는 환경에서 의식이 어떤 행동적 적응 기능을 하는지를 고찰하였다.
② 행동과 의식은 환경과의 관계에서 끊임없이 변화한다고 보았다. 유기체의 정신과정과 행동이 유기체가 환경에 적응하도록 도와주는 것이다.
③ 의식의 구조를 분석하는 것이 아니라, 마음의 적응적 기능 특성을 이해하는 데 목적을 둔다. 따라서 연구주제는 심적구조가 아니라 심적 활동이며, 지각·학습·기억·사고와 같은 심적 활동들을 그 기능적 측면에서 분석해야 한다고 보았다.
④ 인간의 마음은 정지된 상태로서의 구조가 아니라 환경에서 적응하는 과정으로서의 '의식의 흐름(Stream of Consciousness)'이 중요한 연구 대상이 된다.
⑤ 카텔(Cattell), 듀이(Dewey)와 같은 기능주의 심리학자들은 심리검사, 아동의 발달, 교육의 효율성 및 성별의 차이와 같은 주제에 더 관심을 두고 연구하였다.

> **지식 IN**
>
> **행동주의**
> 초기 심리학에서 주로 다루었던 의식 · 무의식을 측정이 가능하지 않기 때문에 비과학적이라고 주장하면서 구조주의와 기능주의 등의 의식심리학을 비판하였다.

3 학습조건이론

(1) 의의 16 기출

① 가네(Gagné)의 학습조건이론은 행동주의 관점과 정보처리이론 관점을 절충한 것으로 볼 수 있다.
② 학습이란 인간의 성향(Disposition)이나 능력(Capability)의 변화가 일정 기간 지속적으로 유지되는 상태를 말하며, 단순한 성장 과정에 따른 행동 변화는 포함하지 않는다. 즉, 학습의 인지과정으로 학습을 위한 준비, 획득과 수행, 학습의 전이 과정을 제안한다.
③ 하위요소를 먼저 학습하지 않고는 상위요소를 학습할 수 없다는 학습위계를 제안한다.
④ 새로운 기능을 습득하기 위한 내적 조건과 내적 과정을 지원하는 환경적 자극을 강조한다.
⑤ 기본적으로 해당 학습과제를 획득하기 위해서는 본질적인 내적 조건으로서 선수 학습이 되어 있어야 하며, 보조적인 내적 조건으로서 학습동기가 준비되어 있어야 한다.
⑥ 내적 조건과 함께 교수 방법으로서의 외적 조건이 조화를 이룰 때 성공적인 학습이 발생한다.

(2) 학습에 관한 기본가정

① 성숙적 준비성 모형 : 학습이 효과적으로 이루어지기 위해서는 그 전에 어떤 성숙이 이루어져야 한다.
② *누가적 학습모형 : 학습된 많은 기능들은 더욱 복잡한 기능의 학습에 기여한다.
③ 인간 학습의 다양성 : 하나의 학습이론에서 제시하는 인간 학습의 본질을 모든 학습에 적용할 수는 없다. 예를 들어, 행동주의적 접근은 복잡한 기능을 학습하는 인간의 능력을 설명할 수 없으며, 인지주의적 관점은 통찰의 발생을 설명하는 데 부족하다.

> **누가적**
> 거듭하여 보태는 누적효과를 말한다.

(3) 학습조건

① 내적 조건
  ㉠ 선행학습 : 학습이 이루어지기 위해서 이전에 학습한 여러 가지 종류의 내적 상태가 필요하다(필수적 선행학습 요소).
  ㉡ 학습동기 : 학습이 시작되는 단계에서는 학습하려는 자세를 가지도록 하고, 일단 학습이 시작된 후에도 학습에 대한 동기(과제동기, 성취동기 등)가 계속되도록 해야 한다.
  ㉢ 자아개념 : 학습에 대한 자신감이 있어야 학습이 시작되고 잘 진행된다. 긍정적인 자아개념은 학습동기와 더불어 학습의 필수조건이다(보조적 선행학습 요소).

② 외적 조건
  ㉠ 접근의 원리 : 학습자가 반응해야 할 자극사태와 적절한 반응이 시각적으로 접근되어 있을 때 학습이 잘 된다.
  ㉡ 반복의 원리 : 학습을 증진시키고 파지를 확실히 하기 위해 자극사태와 그에 따른 반응을 되풀이하거나 연습을 하는 것이다. 반복이라는 외적 학습조건은 학습을 위한 기본적 조건이라기보다는 실제적인 절차로 보는 것이 타당하다.
  ㉢ 강화의 원리 : 행동주의자들이 강조하는 학습조건의 하나로서, 가네의 경우 특히 프리맥의 원리를 강조한다. 프리맥의 원리에 의하면, 새로운 행동 A는 그 행동에 이어 옛 행동 B가 제시될 때, 즉 행동 B가 행동 A와 관련성이 있을 때 학습이 증진된다.

> **지식 !N**
>
> **학습조건이론과 이러닝(e-Learning)**
> - 학습조건이론은 일반 개인 교수형 이러닝(e-Learning)의 설계 과정에 가장 기본적인 교수 전략을 제공해준다. 즉, 설명식 형태의 이러닝을 설계할 때 포함되어야 하는 도입, 설명, 연습, 피드백, 평가, 정리 등의 단계는 기본적으로 가네의 수업사태와 관련된 이론을 바탕으로 한 것으로 볼 수 있다.
> - 좀 더 복잡하면서도 새로운 이러닝을 설계하게 될 때 가네의 학습 위계 분석이 적절할 수 있다. 즉, 내용의 분석과 순서를 결정할 때 선수학습의 요소가 무엇인지를 분석하는 위계 분석이 활용될 수 있다.

(4) 학습영역 16 기출

① 학습은 단순하게 하나의 형태로 볼 수 있는 것이 아니라, 성격상 차이가 있는 다양한 형태로 구성되어 있다.

② 학습은 가장 낮은 수준의 언어정보에서 시작하여 지적기능(식별학습, 개념, 원리학습, 문제해결학습), 인지전략(위계성 있는 3가지 학습 유형)과 운동기능 및 태도의 총 5가지의 영역이 있다.

학습영역	학습된 능력	성취 행동
언어정보	저장된 정보의 재생(사실, 명제, 강연)	특정 방법으로 정보를 진술, 전달하기
지적기능	개인이 환경을 개념화하는 데 반응하도록 하는 정신적 조작	상징을 사용하여 환경과 상호작용하기
인지전략	학습자의 사고와 학습을 지배하는 통제 과정	기억, 사고, 학습을 효율적으로 관리하기
운동기능	일련의 신체적 움직임을 수행하기 위한 능력 및 실행 계획	신체적 계열이나 행위 시범 보이기
태도	어떤 사람, 사건에 관해 긍정적이거나 부정적인 행위를 하려는 경향	어떤 대상, 사건, 사람에 대해 가까이하거나 멀리하려는 개인적 행위 선택하기

(5) 학습의 인지과정

① 학습을 위한 준비
　㉠ 학습자로 하여금 학습과제에 참여하도록 한다.
　㉡ 주의집중, 기대, 장기기억으로부터 작동기억으로의 재생 등

② 획득과 수행
　㉠ 새로운 능력을 학습한다.
　㉡ 선택적 지각, 의미론적 부호화, 재생과 반응, 피드백 및 강화 등

③ 학습의 전이
　㉠ 새로운 학습에서 중요한 것은 다양한 장면에 적용되어야 한다는 것이며, 새로운 예 또는 상황에 일반화시킬 수 있어야 한다는 것이다.
　㉡ 학습자가 그 기능을 새로운 맥락에 적용할 수 있을 때 학습 전이가 이루어진다.

(6) 가네(Gagné)의 효과적인 학습을 위한 9단계(9가지 수업사태)

단계		기능
학습을 위한 준비	1. 주의집중	학습자로 하여금 자극에 경계하도록 한다.
	2. 기대	학습자에게 학습 목표의 방향을 설정하도록 한다(교수 목표의 제시).
	3. 작동 기억으로 재생	선수 학습의 내용을 재생시킨다(선수 지식의 회상).
획득과 수행	4. 선택적 지각	중요한 자극 특징을 작동기억 속에 일시적으로 저장하도록 한다(자극자료의 제시).
	5. 의미론적 부호화	자극 특징과 관련 정보를 장기기억으로 전이시킨다.
	6. 재생과 반응	개인의 반응 발생기로 저장된 정보를 재현시켜 반응행위를 하도록 한다(수행 유도).
	7. 피드백 및 강화	학습 목표에 대해 학습자가 가졌던 기대를 확인시켜 준다(피드백 제공).
재생과 전이	8. 재생을 위한 암시	이후의 학습력 재생을 위해 부가적 암시를 제공한다(수행 평가).
	9. 일반화	새로운 상황으로의 학습 전이력을 높인다(파지와 전이 향상).

(7) 학습의 위계

① 지적 기능만의 조직으로 하위 요소를 먼저 학습하지 않고는 상위 요소를 학습할 수 없는 두 기능 간의 연결을 말한다.
② 어떤 주제에 대한 이해를 표상하는 지적 기능들의 조직된 집합을 획득하기 위한 최선의 길을 기술한 도식이다.
③ 하위 능력을 학습하면 상위 능력을 쉽게 학습할 수 있다.
④ 각 내용 단위는 학습해야 할 단일한 능력을 지시하고 있다.

제1단계	신호학습	신호자극에 대해 반사적 반응을 함으로써 이루어지는 학습이다.
제2단계	자극-반응학습	기대되는 특정의 반응이 나타나도록 체계적인 자극을 가하여 이루어지는 학습이다.
제3단계	운동연쇄학습	자극과 반응을 연결하여 관념과 관념 사이에 연합이 이루어지도록 하는 학습이다.
제4단계	언어연상학습	언어로써 기명된 내용이 경험체계에 연결되어 재생됨으로써 이루어지는 학습이다.
제5단계	변별학습	유사한 대상 속에서 차이점을 찾아낼 수 있는 능력의 학습이다.
제6단계	개념학습	구체적 사실 속에서 공통성·유사성을 추출할 수 있는 능력으로서 언어가 주된 수단이 되는 학습활동이다.
제7단계	원리학습	한 유목에서 학습 성취를 획득하며, 그 사물의 유목에 속한 사물 전체에 반응할 수 있도록 하는 학습이다.
제8단계	문제해결학습	기존의 능력을 종합하여 아이디어를 창출해 내는 능력의 학습이다.

4 진화심리학적 학습이론 19 기출

(1) 의의
① 학습은 생존과 큰 관련이 있으며, 고전적 조건형성은 유기체에게 도움이 되는 자극과 유해한 자극을 학습하게 한다.
② 하지만 학습된 행동뿐만 아니라 생존을 위한 해당 종 특유의 학습되지 않은 행동도 있다.
③ 동물행동학자들의 '동물중심 생물학적 행동주의'는 자연에서 일어나는 동물의 행동을 생물학적·진화적·생리학적 이해로 접근하려 한다.
④ 어떤 동물은 다른 종이 전혀 학습하지 못하거나 어렵게 학습하는 것을 쉽게 학습하는 것이 관찰되었고, 같은 종 내에서도 어떤 관계들은 쉽게 학습하고 어떤 관계들은 어렵게 학습하는 것을 알 수 있었다. 이런 사례처럼 최근 학습과정을 진화이론의 관점에서 이해하는 방식이 탐색되고 있다.

(2) 다윈 이론과 진화심리학
① **자연선택(Natural Selection)** 20 기출
  ㉠ 하나의 종 내에는 개체마다 자연적인 변이성이 있으며, 이런 개인의 차이는 진화 과정의 토대가 된다.
  ㉡ 개인차 중 일부만이 유전되며, 환경적 사건으로 인한 변이 등은 유전되지 않는다.
  ㉢ 행동에서 학습된 변이는 학습을 통해 다음 세대로 전달되나 유전되지는 않는다.
② **적응(Adaptation)** : 생존하고 번식하는 능력에 공헌하는 생리학·해부학적 구조, 생물학적 과정이나 행동 패턴을 말한다. 자연선택을 통해 존재하며 유전이 가능하다.

(3) 볼스(Bolles)의 진화심리학적 학습이론 23 기출
① **기대(Expectancy)** : 학습은 기대의 발달을 포함한다. 이는 동물이 어떤 사건이 신뢰 있게 다른 사건을 앞선다는 것을 학습한다는 것으로, 한 자극(조건 자극)이 주어지면 다른 자극(무조건 자극)이 뒤따른다는 것을 학습하는 것을 기대라고 말하는 것과 유사하다.
② **타고난 소인(Innate Predisposition)** : 동물이 학습하는 사건에는 어떤 구조가 있으며, 동물이 이를 학습할 때도 대응하는 구조가 있다. 때문에 학습할 필요가 있는 것을 학습할 수 있다는 것이다. 이를 타고난 소인이라고 하는데, 경험을 통한 학습 능력이 아닌 유전적으로 프로그램된 학습된 능력을 말한다.

③ **적소 논증(Niche Arguement)** 19 기출
  ⊙ 볼스는 학습을 이해하려면 해당 동물의 진화 역사를 이해해야 한다고 말했다. 동물은 선천적으로 생존하기에 가장 적합한 적소(Niche)에 의존하는 것과, 사물에 대한 전반적인 도식에 맞추는 방법을 학습하거나 학습하지 않을 의무, 즉 명령을 가지고 있다.
  ⊙ 우리는 학습에 어떤 종류의 경험이 반영되고 어떤 종류는 반영되지 않을 것을 기대한다. 따라서 특정 방식으로 행동하는 동물의 선험적 소인을 이용하는 학습과제는 성공할 가능성이 크며, 이를 적소 논증이라 한다.
  ⓒ 다른 진화심리학자들은 '진화적 적응의 환경'을 주장하며 볼스의 적소 논증을 확장했다. 이는 특정한 적응이 나타났던 사회적·물리적 환경 모두를 말하는데, 해당 적응이 나타났던 것은 환경적 요인과 사회적 요인의 조합이라고 주장한다.

05 적중예상문제

❖ 완벽하게 이해된 부분에 체크하세요.

CHAPTER 01 학습의 개념

01 학습에 관한 설명으로 옳지 않은 것은?

① 정서적 변화는 학습에 포함된다.
② 성숙에 의한 변화는 학습으로 보지 않는다.
③ 태도 변화는 학습에 포함된다.
④ 비교적 영속적인 행동의 변화가 나타나야 한다.
⑤ 학습과 수행은 같은 개념으로 볼 수 있다.

⑤ 학습(Learning)은 경험이나 연습의 결과로 발생되는 비교적 영속적·지속적인 행동의 변화이고, 수행(Performance)은 구체적인 상황에서 행동하는 과정이나 그 결과를 의미하므로 학습과 수행은 서로 구분되며, 학습은 수행을 위해 필요하지만 행동변화(수행)를 일으킬 수도, 그렇지 않을 수도 있다.
① 학습은 학습자들이 정해진 학습 목표를 성취하기 위해 계획적으로 제공된 학습의 조건과 상호작용하는 과정이다. 이때, 상호작용이란 제공된 학습의 상황에서 듣고, 보고, 느끼고, 말하는 등의 지적·정서적 활동을 모두 포함한다.

정답 01 ⑤

02 다음 학습의 정의에 근거할 때, 학습된 행동에 해당하는 것은?

> 학습은 강화된 훈련의 결과로 나타나는 행동잠재력의 비교적 영속적인 변화이다.

① 코가 간지러울 때 재채기를 한다. ② 겨울 철새들이 떼를 지어 이동한다.
③ 감기약 복용으로 인해 졸음이 온다. ④ 배고플 때마다 냉장고 안을 들여다본다.
⑤ 뜨거운 냄비를 만졌을 때 즉각 손을 뗀다.

①・②・③・⑤ 본능적인 생리적 현상(재채기, 철새의 이동, 약물복용, 반사행동, 피로 등)으로, 강화된 훈련의 결과가 아니므로 학습된 행동이 아니다.

03 학습지도원리 중 학습자가 지니고 있는 각자의 요구와 능력 등에 부합하는 학습활동의 기회를 마련해 주어야 한다는 원리에 해당하는 것은?

① 개별화의 원리 ② 사회화의 원리
③ 자발성의 원리 ④ 통합의 원리
⑤ 목적의 원리

교수-학습지도의 원리
- 개별화의 원리 : 학습자가 지니고 있는 각자의 요구와 능력 등에 부합하는 학습활동의 기회를 마련해 주어야 한다.
- 사회화의 원리 : 학습내용을 현실사회의 사상과 문제를 기반으로 하여 학교에서 경험한 것과 학교 밖에서 경험한 것을 교류시키며, 공동학습을 통해 협력적이고 우호적인 학습을 진행시킨다.
- 자발성의 원리 : 학습자 자신이 자발적으로 학습에 참여하는 데 중점을 둔다.
- 통합의 원리 : 학습을 종합적인 전체로서 지도하자는 것으로 동시학습의 원리와 같다.
- 목적의 원리 : 교수목표가 분명할 때 학습자 입장에서 적극적인 학습활동이 이루어지며, 교사 입장에서는 그 목표를 달성할 수 있는 제반 교수활동이 이루어진다.
- 과학성의 원리 : 자연이나 사회에 관한 기초적인 지식, 법칙 등을 적절하게 지도함으로써, 학습자의 논리적 사고력을 충분히 발달시킬 수 있도록 과학적 수준을 높여야 한다.
- 직관의 원리 : 어떤 사물에 관한 개념을 인식시키는 데 있어 언어로써 설명하는 것보다는 구체적인 사물을 직접 제시하거나 직접 경험하도록 함으로써 큰 효과를 볼 수 있다.

04 수행목표지향성보다 숙달목표지향성이 강한 학습자의 특성으로 옳은 것은?

① 지능에 관한 실체론적 신념을 갖는다.
② 학습과정보다 학습결과에 더 관심을 가진다.
③ 과제 수행의 실패를 능력 부족에 귀인하는 경향이 있다.
④ 새롭고 도전적인 과제를 학습할 때 더 큰 만족감을 느낀다.
⑤ 공부하는 주된 이유는 타인과의 경쟁에서 이기는 것이다.

> ④ 숙달목표를 지향하는 학습자들은 어떤 외적인 보상보다 학습과정 그 자체에 가치를 부여하며, 과제의 숙달을 통해서 새로운 지식과 기술을 얻으려고 한다. 즉, 숙달목표지향 학습자는 수행목표지향 학습자보다 학습 태도가 긍정적이고, 도전적인 과제를 더 선호하며, 정교한 학습전략을 사용한다.
> ① '실체론'은 능력이 고정되어 있다는 신념으로, 수행목표지향성이 강한 학습자는 과제 수행의 실패를 능력의 부족에 귀인하는 경향이 있다.
> ②·③ 수행목표를 지향하는 학습자는 학습과정보다 학습결과에 더 관심을 가지며, 과제 수행의 실패를 능력 부족에 귀인하는 경향이 있다.
> ⑤ 수행목표를 지향하는 학습자는 자신의 능력을 타인과 비교하는 데 관심을 갖는다.

05 숙달목표와 수행목표에 관한 다음 설명 중 옳지 않은 것은?

① 수행목표란 수행평가가 동기에 미치는 영향을 말한다.
② 수행접근지향 학생(자신의 능력을 보여주고 싶어하는 학생)은 자신감이 있고, 높은 자기효능감을 보이는 경향이 있다.
③ 숙달목표지향 학생은 외적 보상보다는 학습과정 그 자체에 가치를 부여한다.
④ 학생들이 학교에 다니면서 점차 숙달목표지향은 증가하지만, 수행목표지향은 감소하는 경향이 있다.
⑤ 교사들이 학생들에게 좋은 대학을 가려면 좋은 점수를 얻어야 한다고 하는 경우는 수행목표지향을 부추기는 것이다.

> 학생들이 학교에 다니면서 점차 수행목표지향은 증가하지만 숙달목표지향은 감소하는 경향이 있다.

06 각 이론의 주요 입장에 관한 설명으로 옳은 것을 모두 고른 것은?

ㄱ. 행동주의 – 내적 사고과정에 관심을 둔다.
ㄴ. 인지주의 – 태도, 가치 등에 관심을 둔다.
ㄷ. 행동주의 – 정서반응에 대한 조건형성이 가능하다.
ㄹ. 인지주의 – 학습환경은 고려사항이 아니다.

① ㄱ, ㄴ
② ㄱ, ㄹ
③ ㄴ, ㄷ
④ ㄱ, ㄴ, ㄷ
⑤ ㄴ, ㄷ, ㄹ

> ㄱ. 행동주의는 경험의 결과로서 일어나는 행동의 변화를 다루는 이론이다. 내적 사고과정에 관심을 두는 이론은 인지주의이다.
> ㄹ. 인지주의는 학습자가 능동적으로 환경을 지배한다고 본다.

07 학습의 정의에 관한 스키너(B. Skinner)의 기본 입장과 일치하는 것은?

① 학습은 행동을 매개하는 과정이다.
② 학습은 행동의 변화 자체를 의미한다.
③ 학습은 행동의 변화에 선행되어 나타난다.
④ 학습과정은 행동의 변화를 통해 추론되어야 한다.
⑤ 강화는 이미 학습된 행동을 동기화하는 과정일 뿐이다.

> 대부분의 학습이론가들은 학습과정이 직접 연구될 수 없으며, 행동에서의 변화를 통해 추론되어야 한다고 주장한다. 스키너를 제외한 학습이론가들은 학습을 '행동을 매개하는 과정'으로 간주한다. 여기서 학습은 매개변인으로 여겨진다. 반면에, 스키너는 행동상의 변화 자체를 학습으로 보며 추론과정은 필요 없다고 주장한다.

08 학생의 학습에 관한 교사의 기대 중 다음 내용에 해당하는 것은?

> 교사의 기대가 바뀌지 않아 학생의 성취수준이 그 기대수준에 계속 머무는 것

① 기대유지 효과
② 골렘 효과
③ 피그말리온 효과
④ 자기충족적 예언
⑤ 나비 효과

교사의 학습기대효과
- 피그말리온 효과(Pygmalion Effect) : 교사의 긍정적 기대가 학생의 긍정적인 자기충족적 예언을 실현하는 데 도움을 주는 현상 즉, 교사가 학생을 기대하고 믿어주면 그 기대와 믿음의 결과가 긍정적으로 나타나는 현상으로, 자기충족적 예언, 로젠탈 효과(Rosenthal Effect)라고도 한다.
- 골렘 효과(Golem Effect) : 교사가 학생에 대해 부정적인 기대를 갖고 있을 경우 학생의 생활태도가 나빠지거나 성적이 떨어지는 현상 즉, 교사가 기대하지 않기 때문에 학생이 기대에 부응하기 위한 노력을 하지 않고 성취도가 낮아지는 효과를 말한다.

09 학습심리학자가 설명한 주요 개념의 내용으로 옳은 것은?

① 아리스토텔레스(Aristoteles) - 실재(Reality)를 정신의 순수한 본질이라고 정의하였다.
② 분트(W. Wundt) - 유기체가 특정한 행동 후 만족스러운 상태를 경험하면 그 행동이 강화된다는 효과의 법칙을 제안하였다.
③ 파블로프(I. Pavlov) - 인간의 의식과정이 총체로서 환경적응에 관여한다는 기능주의적 입장을 취했다.
④ 왓슨(J. Watson) - 행동은 적절한 자극을 선택함으로써 형성된다고 보았다.
⑤ 베르트하이머(M. Wertheimer) - 경험주의적 학습이론을 강화하였으며, 신경망이 성장하면서 경험을 통해 학습이 이루어진다고 보았다.

① 플라톤(Platon)의 주요 개념이다. 아리스토텔레스(Aristoteles)는 학습은 물리적인 환경과의 접촉을 통해서만 일어난다고 보았다.
② 손다이크(E. Thorndike)의 주요 개념이다. 분트(W. Wundt)는 사고의 기본 구성요소를 밝히고자 내성법(Introspection)을 사용하였다.
③ 제임스(W. James)의 주요 개념이다. 파블로프(I. Pavlov)는 '조건 반사'로서 뇌의 작용에 대해 연구했다.
⑤ 헵(Hebb)의 주요 개념이다. 베르트하이머(M. Wertheimer)는 사물에 관한 인식은 조각의 합이 아니라 조직된 전체의 형태(Gestalt)를 지각하는 것으로 보았다.

10 학습된 무기력에 관한 설명으로 옳지 않은 것은?

① 인간뿐만 아니라 다른 동물에서도 나타날 수 있다.
② 숙달목표지향성이 높은 사람에게 나타날 가능성이 높다.
③ 실패를 내적이고 안정적이며 광범위한 상황에 일반화할 수 있는 원인으로 귀인한다.
④ 셀리그만(M. Seligman) 등은 면역훈련을 통해 예방할 수 있다고 하였다.
⑤ 통제 불가능한 혐오적 사건에 반복적으로 노출되면 발생한다.

> 학습된 무기력(Learned Helplessness)
> • 개인이 과제를 달성할 능력이 있음에도 불구하고 스스로 환경을 거의 통제할 수 없다고 믿음으로써 무기력에 빠지게 되는 현상으로 학자 셀리그만(M. Seligman)이 최초로 제안하였다.
> • 자신이 통제할 길이 전혀 없는 스트레스를 오랜 기간 받거나 계속해서 실패할 경우 생기며, 그로 인해 상황을 개선하고자 하는 의지를 상실하기도 한다.
> • 수행지향성이 높은 사람에게 나타날 가능성이 높고, 이들은 실패를 능력부족으로 생각한다.
> • 인간뿐만 아니라 다른 동물에서도 나타날 수 있다.

CHAPTER 02 　행동주의 학습이론

01 행동주의 학습이론의 기본 가정에 관한 설명으로 옳지 않은 것은?

① 특정 대상에 대해 특정 정서를 갖는 것은 학습으로 간주할 수 없다.
② 동물 연구에서 나온 학습 원리를 인간 학습에 적용할 수 있다.
③ 새로운 행동의 형성·유지·제거는 환경과의 상호작용에 의해 결정된다.
④ 정상행동뿐만 아니라 이상행동도 동일한 학습원리로 설명할 수 있다.
⑤ 직접 관찰할 수 있거나 측정 가능한 행동에 초점을 둔다.

> 행동주의 학습이론은 현재의 모든 행동이 오랜 학습의 과정을 거쳐 이루어진 것으로 보고 있으며, 그 행동을 지속시키는 환경적인 자극(강화)이 있음을 강조한다. 따라서 어떤 대상에 대한 두려움이나 공포를 포함한 여러 감정은 그것에 대한 경험으로부터 오는 학습이라고 본다.

02 다음 중 개인적인 역량강화에 초점을 두며, 치료를 주된 목적으로 하는 학습이론에 해당하는 것은?

① 정신역동이론 ② 인지발달이론
③ 행동주의이론 ④ 인본주의이론
⑤ 사회체계이론

> 행동주의이론은 파블로프(I. Pavlov)의 개념을 토대로 한 '행동주의적 심리치료'와 관찰 가능한 행동의 변화에 강조점을 두고 있는 스키너(B. Skinner)의 '행동수정이론'에 의해 발달되었다. 이 이론에 의하면 행동은 자극, 유기체의 조건, 반응, 그 결과 등으로 구성되어 있으며, 행동이 학습에 의해 이루어진다는 전제하에 학습된 행동이 여러 개의 다른 학습과정의 결과라고 본다. 이러한 주장은 모든 행동이 무한한 순응성을 가지고 있으며, 외부의 강화에 의해 학습된다는 사실을 내포한다.

03 '행동 수정'에 관한 설명으로 옳은 것을 모두 고른 것은?

> ㄱ. 행동 수정의 효과를 평가하기 위해서는 개입 전·후 뿐만 아니라 중간 과정에서도 행동 측정을 반복하는 것이 좋다.
> ㄴ. 목표 행동을 유발하거나 강화할 만한 구체적인 사건을 찾기 위한 기능적 행동 평가를 해야 한다.
> ㄷ. 행동 수정의 전(全) 과정에서 학습자가 행동 수정의 과정을 눈치채지 못하도록 신중을 기해야 한다.
> ㄹ. 기초선(Baseline) 측정을 위해서는 2명 이상의 관찰자가 동일한 상황에서 표적 행동을 관찰하는 것이 바람직하다.

① ㄱ, ㄴ ② ㄴ, ㄷ
③ ㄷ, ㄹ ④ ㄱ, ㄴ, ㄹ
⑤ ㄱ, ㄴ, ㄷ, ㄹ

> 행동 수정에서는 학습자와 함께 문제를 명료화하여 행동 수정의 목표를 세우고 변화계획을 수행하며 성공 여부를 평가한다.

04 K교사는 학습내용의 파지를 촉진하기 위하여 새로운 학습내용을 설명한 후 곧바로 학생들이 알고 있는 것과의 관계를 설명한다. K교사가 활용한 행동주의 원리는?

① 반복의 원리
② 강도의 원리
③ 소거의 원리
④ 근접성의 원리
⑤ 계속성의 원리

> ④ 근접성의 원리 : '근접성'은 조건 자극과 무조건 자극 간의 간격을 말한다. 학습에서 근접성의 원리는 학습내용의 파지를 촉진하기 위하여 새로운 학습내용을 설명한 후 곧바로 학생들이 이미 알고 있는 것과의 관계를 설명하는 것이다.
> ① 반복의 원리 : 같은 내용을 반복하여 되풀이하며 학습하는 원리를 말한다.
> ② 강도의 원리 : 고전적 조건형성이론에서 조건 자극을 성립하기 위한 원리의 하나이다. 자극의 강도는 처음에 제시되는 조건 자극보다 나중에 제시되는 무조건 자극이 더 커야 한다. 무조건 자극의 강도가 강할수록 조건형성이 용이하게 이루어진다.
> ③ 소거의 원리 : 일정한 반응 후 강화가 없으면 반응이 사라진다는 원리를 말한다.
> ⑤ 계속성의 원리 : 교육내용의 조직에 있어서 내용의 여러 요소가 계속해서 반복되어야 한다는 원리를 말한다.

05 다음 중 행동주의 학습이론의 인간에 관한 관점으로 거리가 먼 것은?

① 정신분석과 같은 결정론적 시각을 거부한다.
② 인간의 행동은 환경의 자극에 의해 동기화된다.
③ 예측가능하기 때문에 통제가 가능하다.
④ 인간의 행동은 행동 양식에 따른 강화에 의해 결정된다.
⑤ 인간의 행동은 내적 충동에 의해 결정되기보다는 외적 자극에 의해 동기화된다.

> 행동주의 학습이론은 구체적으로 관찰할 수 있는 인간행동에 관심을 기울인다. 인간행동이 법칙적으로 결정되고, 예측이 가능하며, 통제될 수 있다고 봄으로써 결정론적인 양상을 보인다.

06 스키너(B. Skinner)의 이론에 관한 설명으로 옳은 것은?

① 인간행동은 내적인 동기에 의해 강화된다.
② 조작적 행동보다 반응적 행동을 중요시한다.
③ 인간행동에 관한 환경의 결정력을 강조한다.
④ 자기효율성을 성취하기 위해 행동을 규제한다.
⑤ 인간은 자신의 행동을 통제할 수 있는 힘을 가지고 있다.

③ 스키너는 인간의 행동이 '선행요인 또는 선행조건'으로서 환경적 자극에 의해 동기화되며, 행동에 따르는 결과에 의해 전적으로 결정된다는 'ABC 패러다임'을 제시하였다.
① 스키너는 인간행동이 내적 충동보다 외적 자극에 의해 동기화된다고 보았다.
② 인간이 환경적 자극에 수동적으로 반응하여 형성되는 행동인 반응적 행동에 몰두한 파블로프의 고전적 조건화(고전적 조건형성)와 달리, 스키너는 인간이 환경적 자극에 능동적으로 반응하여 나타내는 행동인 조작적 행동을 중요시하였다.
④ '자기효율성'은 반두라 사회학습이론의 주요 개념에 해당한다. 반두라는 인간이 자기효율성을 성취하는 방향으로 행동을 규제할 수 있다고 보았다.
⑤ 스키너는 인간이 자신의 행동을 통제할 수 있는 힘을 가지고 있지 않다고 보았다. 특히 외적 강화 없이는 어떠한 행동의 학습이나 수정도 이루어질 수 없다고 보았다. 즉, 인간은 어떻게 행동하도록 강화되었느냐에 따라 행동한다는 것이다.

07 다음 사례의 밑줄 친 부분에 해당하는 개념이 순서대로 바르게 나열된 것은?

> 학기 초 선생님은 모든 학생들에게 사탕을 나누어 주며 친절하고 상냥하게 대하였다. 그 후 학생들은 선생님이 사탕을 나누어 주지 않아도 선생님을 좋아하게 되었다.

① 중성 자극 – 무조건 자극 – 무조건 반응
② 조건 자극 – 중성 자극 – 조건 반응
③ 조건 자극 – 중성 자극 – 무조건 반응
④ 중성 자극 – 조건 자극 – 무조건 반응
⑤ 중성 자극 – 무조건 자극 – 조건 반응

• 사탕을 주기 전의 선생님은 좋지도 싫지도 않은 자극이므로 '중성 자극'이다. 중성 자극은 특정 반응을 이끌어내지 못하는 자극을 말한다.
• 사탕은 학생들이 좋아하므로 '무조건 자극'이다. 무조건 자극은 조건 형성이 없이 자동적·반사적인 반응을 유발하는 자극이다.
• 사탕 없이도 선생님을 좋아하므로 '조건 반응'이 된다.

정답 04 ④ 05 ① 06 ③ 07 ⑤

08 파블로프(I. Pavlov)의 이론에서 근접성의 원리에 따라 강한 조건형성이 일어나는 것은?

① 무조건 자극과 조건 자극을 동시에 제시하였다.
② 무조건 자극을 먼저 제시하면서 0.5초 이내로 조건 자극도 제시하였다.
③ 조건 자극을 먼저 제시하면서 0.5초 이내로 무조건 자극을 제시한 후 두 자극을 동시에 철회하였다.
④ 조건 자극을 먼저 제시하였다가 철회하고 나서 2초 후에 무조건 자극을 제시하였다.
⑤ 조건 자극을 먼저 제시하였다가 철회하고 나서 5초 후에 무조건 자극을 제시하였다.

> 조건형성 과정 중 '근접성'은 조건 자극과 무조건 자극 간의 간격을 말한다. 파블로프(I. Pavlov)의 고전적 조건화 이론에서 제시한 근접성의 원리는 조건 자극과 무조건 자극의 간격이 좁을수록(약 0.5초) 반응이 빨리 일어난다는 것이다. 조건 자극이 무조건 자극과 시간적으로 동시에, 혹은 무조건 자극보다 조금 앞서 주어져야 한다.

09 다음 중 쥐에 대한 어린아이의 공포 반응실험을 통해 극단적 환경결정론을 제시한 학자는?

① 파블로프(I. Pavlov)　　② 왓슨(J. Watson)
③ 손다이크(E. Thorndike)　　④ 스키너(B. Skinner)
⑤ 헐(C. Hull)

> 왓슨(J. Watson)은 인간은 기본적인 정서와 더불어 소수의 반사를 선천적으로 가지고 있는데, 반사는 고전적 조건형성 과정을 통해 다양한 자극과 결합된다고 생각했다. 이를 증명하기 위해 그는 처음 쥐에 대해 전혀 공포감을 나타내지 않은 아이에게 쥐를 만질 때마다 무조건 자극으로서 굉음소리를 반복적으로 제시하자, 아이가 쥐에 대해 공포감을 보이는 실험 결과를 제시하였다.

10 다음 중 손다이크(E. Thorndike)의 연합주의이론에서의 학습의 법칙에 해당하지 않는 것은?

① 효과의 원칙
② 연습의 법칙
③ 준비성의 법칙
④ 연결성의 원칙
⑤ 시행착오 학습

손다이크(E. Thorndike)의 학습법칙	
준비성의 법칙	학습하는 태도나 준비와 관련하여, 준비자세가 되어 있을수록 결합이 용이하며, 그렇지 못한 경우 결합이 약화된다.
효과의 법칙 (결과의 법칙)	반응 후에 수반되는 결과가 바람직한 것이면 그 반응이 나타날 확률이 증가되지만, 결과가 바람직하지 않으면 확률이 감소된다.
연습의 법칙	연습의 횟수나 사용빈도가 많을수록 결합은 강화된다.
시행착오 학습	여러 가지 반응들을 임의적으로 해본 후 그 중 어느 하나가 문제해결로 이어지는 경우, 해당 반응이 여러 번에 걸쳐 점진적으로 습득된다.
중다반응	모든 학습에서 일어나는 첫 번째 단계의 첫 반응이 문제해결을 하지 못하면 다시 다른 반응을 시도한다. 이러한 유기체의 활동은 문제가 해결될 때까지 계속된다.

11 고전적 조건형성과 조작적 조건형성에서 공통적으로 나타나는 현상을 모두 고른 것은?

> ㄱ. 변 별
> ㄴ. 미신행동
> ㄷ. 자극일반화
> ㄹ. 조형(Shaping)
> ㅁ. 소 거

① ㄱ, ㄴ
② ㄱ, ㄹ
③ ㄱ, ㄷ, ㅁ
④ ㄴ, ㄷ, ㄹ
⑤ ㄷ, ㄹ, ㅁ

> 조작적 조건학습과 고전적 조건학습에서 나타나는 현상
> • 조작적 조건형성과 고전적 조건형성에 함께 나타나는 현상 : 소거(Extinction), 자극일반화(Stimulus Generalization), 변별(Discrimination)
> • 조작적 조건형성에만 나타나는 현상 : 행동 조성(조형, Shaping), 미신적 행동, 강화물, 강화 계획

12 행동과 벌에 관한 설명으로 옳은 것을 모두 고른 것은?

> ㄱ. 행동과 벌 사이의 수반성(Contingency)이 클수록, 벌받은 행동은 더 많이 감소한다.
> ㄴ. 벌의 강도가 강할수록, 벌받은 행동은 더 많이 감소한다.
> ㄷ. 벌보다 강화가 더 강력할 경우, 벌받은 행동은 덜 감소한다.
> ㄹ. 벌의 강도를 낮게 시작해서 단계적으로 높일 경우, 벌받은 행동은 더 많이 감소한다.

① ㄱ, ㄴ
② ㄱ, ㄷ
③ ㄱ, ㄴ, ㄷ
④ ㄱ, ㄷ, ㄹ
⑤ ㄴ, ㄷ, ㄹ

> 벌은 그 강도를 점차로 높이지 말아야 한다. 일반적으로 체벌을 가할 때 벌의 강도나 빈도를 점점 높이면 의도한 대로 행동이 약화되는 것이 아니라 그 반대의 효과, 즉 벌에 습관화되어 벌에 관한 저항을 높이는 결과를 초래한다.

13 다음 중 '봉사활동을 하면, 화장실 청소를 면제해 주는 경우'와 관련된 강화기법으로 적절한 것은?

① 정적 강화
② 부적 강화
③ 정적 처벌
④ 부적 처벌
⑤ 소 거

강화와 처벌

구 분	제 시	철 회
유쾌 자극	정적 강화	부적 처벌
불쾌 자극	정적 처벌	부적 강화

- 정적 강화 : 교실 청소를 하는 학생에게 과자를 준다.
- 부적 처벌 : 방청소를 소홀히 한 아이에게 컴퓨터를 못하게 한다.
- 정적 처벌 : 장시간 컴퓨터를 하느라 공부를 소홀히 한 아이에게 매를 가한다.
- 부적 강화 : 발표자에 관한 보충수업 면제를 통보하여 학생들의 발표를 유도한다.

14 다음 중 조작적 조건형성의 원리에 관한 내용으로 옳지 않은 것은?

① 일단 습득된 행동은 만족스러운 결과가 주어지지 않는 경우 즉시 소거된다.
② 강화자극이 따르는 반응은 반복되는 경향이 있다.
③ 변별은 유사한 자극에서 나타나는 조그만 차이에 따라 다른 반응을 보이는 것이다.
④ 조형은 행동수정의 근거가 되는 개념이다.
⑤ 일정한 반응 뒤에 강화가 주어지지 않으면 반응은 사라진다.

> 일단 습득된 행동은 만족스러운 결과가 주어지지 않는다고 하여 즉시 그 행동이 소거되지는 않는다. 한 번 습득된 행동은 보상이 주어지지 않더라도 똑같은 상황에 직면하는 경우 다시 나타난다. 이는 자발적 회복의 원리에 해당한다.

15 다음 중 보기의 내용에 해당하는 강화스케줄은?

> ○○옷 공장에서는 옷 100벌을 만들 때마다 근로자에게 1인당 100만원의 성과급을 지급하기로 했다.

① 계속적 강화계획 ② 고정간격계획
③ 가변간격계획 ④ 고정비율계획
⑤ 가변비율계획

강화계획(강화스케줄)	
계속적 강화	반응의 횟수나 시간에 상관없이 기대하는 반응이 나타날 때마다 강화를 주는 것
간헐적 강화	• 고정간격계획 : 일정한 시간 간격이 지난 후에 강화를 주는 것 • 가변간격계획 : 강화 시행의 간격이 다르지만, 평균적으로 확인할 수 있는 시간 간격이 지난 후에 강화를 주는 것 • 고정비율계획 : 일정한 수의 반응이 일어난 후 강화를 주는 것 • 가변비율계획 : 반응행동에 변동적인 비율 적용, 불규칙한 횟수의 바람직한 행동이 나타난 후 강화를 주는 것

16 강화계획에 관한 설명으로 옳은 것을 모두 고른 것은?

ㄱ. 연속적 강화계획은 습득된 새로운 행동이 소거되지 않게 하는 데 가장 효과적이다.
ㄴ. 변동비율강화의 경우 처음에는 강화 비율을 낮게 하였다가 점진적으로 비율을 높이는 것이 효과적이다.
ㄷ. 학습자의 숙제 행동을 일관성 있게 유지시키기 위해서는 정해진 요일보다 임의의 요일에 숙제 검사를 하는 것이 낫다.
ㄹ. 슬롯머신과 같은 도박은 강화시기를 예측할 수 없는 변동간격강화에 의한 행동이므로 오래 유지되는 경향이 있다.

① ㄱ, ㄹ
② ㄴ, ㄷ
③ ㄷ, ㄹ
④ ㄴ, ㄷ, ㄹ
⑤ ㄱ, ㄴ, ㄷ, ㄹ

> ㄱ. 습득된 새로운 행동이 소거되지 않게 하는 데 효과적인 것은 연속적 강화계획보다 간헐적 강화계획이다. 연속적 강화계획은 초기단계에서 어떤 행동을 시작하게 하고 강화하는 데 유용하다.
> ㄹ. 슬롯머신, 도박 등은 일정 비율로 승률을 조작해 놓은 변동비율강화에 해당한다. 즉, 예상치 못하게 강화계획이 짜여 있기 때문에 사람들은 도박중독성향을 갖게 된다.

17 다음 보기의 내용에 해당하는 강화의 방법은?

아이에게 배변훈련을 시킬 때에는 가장 먼저 아이의 배변욕구에 관한 의사표시에 칭찬을 하고, 그 다음 순서로 바지를 내리고 변기에 앉고 배설 후 물을 내리는 행동 등의 각 단계마다 강화를 제공함으로써 전체적인 배변훈련이 가능하도록 가르치는 것이 효과적이다.

① 토큰경제
② 충만기법
③ 행동조성
④ 자발적 회복
⑤ 체계적 둔감화

> '행동 조성'은 점진적 접근방법으로서 복합적인 행동을 학습하도록 하기 위해 구체적이고 세분화된 행동의 단계로 구분하여 접근하는 방법이다.

18 다음에서 설명하는 행동수정 기법은?

○ 금주를 하려는 사람에게 술을 마신 뒤 매번 메스꺼움을 유발하는 약물을 복용하도록 하였다.
○ 약물 복용으로 인해 술을 마시는 횟수가 줄어들었다.

① 소거
② 역조건형성
③ 홍수법
④ 체계적 둔감화
⑤ 정적강화

> ② 역조건형성 : 특정 조건자극에 대한 바람직하지 못한 조건반응을 바람직한 조건반응으로 대치하는 방법을 말한다.
> ① 소거 : 문제행동의 빈도를 줄이기 위한 방법으로서 강화를 중지하는 것이다.
> ③ 홍수법 : 불안이나 두려움을 발생시키는 자극들을 계획된 현실이나 상상 속에서 지속적으로 제시하는 기법이다.
> ④ 체계적 둔감화 : 행동주의 상담에서 널리 사용되고 있는 고전적 조건형성 기법으로서, 특정한 상황이나 상상에 의해 조건 형성된 불안이나 공포를 극복하도록 하기 위한 것이다.
> ⑤ 정적강화 : 유쾌 자극을 제시하여 행동의 빈도를 증가시키는 것을 말한다.

19 다음 사례에 적용된 이론(원리)은?

학생 A는 매일 30분씩 독서를 하기로 엄마와 약속하였다. 그러나 독서를 좋아하지 않는 A는 약속을 지키지 않았다. 엄마는 독서를 30분씩 하면 좋아하는 게임을 1시간씩 하도록 허락해 주었다. 이후 A는 매일 30분씩 독서를 하게 되었다.

① 통찰학습
② 잠재학습
③ 행동조성
④ 가르시아 효과
⑤ 프리맥의 원리

> 프리맥의 원리(Premack's Principle)
> • 프리맥에 따르면, 높은 빈도의 행동(게임 등 선호하는 활동)은 낮은 빈도의 행동(숙제와 같은 덜 선호하는 행동)에 대해 효과적인 강화인자가 될 수 있다.
> • 프리맥의 원리가 효과적이기 위해서는 낮은 빈도의 행동(덜 선호하는)이 먼저 일어나야 한다.
> • 예를 들어 게임을 하기 위해서 우선 싫어하는 숙제부터 먼저 하고, 나중에 좋아하는 게임을 즐긴다.
> • 좋아하는 활동에 대한 선호가 바뀌면 강화인도 바뀐다.

정답 16 ② 17 ③ 18 ② 19 ⑤

20 고전적 조건형성과 조작적 조건형성의 비교에 관한 내용으로 옳지 않은 것은?

① 고전적 조건형성은 자극이 반응의 앞에 오는 반면, 조작적 조건형성은 반응이 효과나 보상 앞에 온다.
② 고전적 조건형성은 반응이 추출되는 반면, 조작적 조건형성은 반응이 방출된다.
③ 고전적 조건형성은 부수적 행동이 학습되는 반면, 조작적 조건형성은 목적지향적 행동이 학습된다.
④ 고전적 조건형성에서는 자극의 대치가 일어나지 않는다.
⑤ 조작적 조건형성은 특수반응에 관한 특수자극을 전제로 하지 않는다.

고전적 조건형성과 조작적 조건형성의 비교

구 분	고전적 조건형성	조작적 조건형성
자극-반응계열	자극이 반응 앞에 온다.	반응이 효과나 보상 앞에 온다.
자극의 역할	반응은 추출된다.	반응은 방출된다.
자극의 자명성	특수자극은 특수반응을 일으킨다.	특수반응을 일으키는 특수자극은 없다.
조건형성의 과정	한 자극이 다른 자극을 대치한다.	자극의 대치는 일어나지 않는다.
내 용	정서적·부수적 행동이 학습된다.	목적지향적·의도적 행동이 학습된다.

CHAPTER 03 인지주의 학습이론

01 반두라(A. Bandura)의 관찰학습(모델링)의 과정 중 자기효능감이 가장 중요한 역할을 하는 과정은?

① 파지과정
② 인출과정
③ 동기화과정
④ 주의집중과정
⑤ 동작재현과정

> 행동수행에 영향을 미칠 수 있는 강화조건에 따라 모델의 행동이 수행되는 과정에서 자기효능감이 동기화를 위한 중요한 변수로 작용하는 과정은 동기화과정이다.

02 다음 중 자기효율성의 토대에 해당하는 요소들을 모두 고른 것은?

| ㄱ. 사회적 설득 | ㄴ. 대리경험 |
| ㄷ. 각성수준 | ㄹ. 완숙경험 |

① ㄱ, ㄴ, ㄷ
② ㄱ, ㄷ
③ ㄴ, ㄹ
④ ㄹ
⑤ ㄱ, ㄴ, ㄷ, ㄹ

> **자기효율성(자기효능감)의 근원**
> - **완숙경험**: 직접적 경험으로서, 효능감 정보에 관한 가장 강력한 근원이 된다. 성공은 효능감을 높이는 반면, 실패는 효능감을 낮춘다.
> - **각성수준**: 과제를 어떻게 해석하는가가 자기효능감에 영향을 준다. 과제를 접하면서 하는 염려나 걱정은 효능감을 낮추는 반면, 자극과 흥분은 효능감을 높인다.
> - **대리경험**: 누군가 다른 사람이 성취의 모델이 된다. 학생이 모델과 동일시하는 정도가 클수록, 효능감에 미치는 효과는 더 커진다. 모델이 수행을 잘 할 때 그 학생의 효능감은 고양되지만, 모델이 잘 못할 때 효능감의 기대는 줄어든다.
> - **사회적 설득**: 격려의 말이나 수행에 관한 구체적 피드백이 될 수 있다. 사회적 설득만으로 효능감의 지속적 증가는 이룰 수 없지만, 설득적 지원을 통해 학생의 노력을 유도하고, 새로운 전략을 시도하도록 할 수 있다.

정답 20 ④ // 01 ③ 02 ⑤

03 관찰학습 과정의 (ㄱ)에 관한 설명으로 옳은 것은?

> 모방사태 → 주 의 → (ㄱ) → 운동재생 → 동기화 → 모방행동

① '이렇게 하면 잘 될 거야', '팔을 왼쪽으로 더 뻗어야 해'와 같이 정보적 피드백에 근거한 자기수정적 조정이 필수적이다.
② 관찰된 정보를 심상적, 언어적 표상체계로 부호화한다.
③ 모델의 특성에 따라 관찰자의 주의집중이 달라진다.
④ 모델이 보상받는 것을 관찰하면 강한 자극제가 될 수 있다.
⑤ 환경을 자기인도적(Self-Directed)으로 탐색한다.

> (ㄱ)은 '파지/보존(Retention)' 과정으로, 관찰학습의 모델이 되는 행동을 돌이켜 보기 위해 관찰자가 하는 인지적 행위이다. 관찰한 행동들은 보통 언어로 표상하여 기억하며, 언어적 표현이 힘든 것은 이미지로 기억한다.
>
> 반두라(A. Bandura)의 관찰학습 과정
>
> | | |
> |---|---|
> | 주의집중과정 | 모델의 행동을 관찰하고 주의 깊게 집중하며, 모델을 정확하게 지각하는 과정이다. |
> | 파지/보존과정 | 모델을 통해 받은 내용과 인상을 기억하여 장기간 보존하는 과정이다. |
> | 운동재생과정 | 기억되어 있는 모델의 행동을 본인의 신체로 직접 재생산하는 과정이다. |
> | 동기화과정 | 행동수행에 영향을 미칠 수 있는 강화조건에 따라 모델의 행동이 수행되는 과정(자기효능감은 동기화를 위한 중요한 변수)이다. |

04 다음 각 사례와 사회인지 학습이론의 개념을 바르게 연결한 것은?

ㄱ. 새로운 동작을 배우고 수행할 때 '고개를 왼쪽 2회, 오른쪽 1회, 뒤로 1회, 그리고 앞으로 2회'의 순서를 마음속으로 생각하면서 수행한다.
ㄴ. 3분 간격으로 '뚜~' 소리가 나는 알람을 켜놓고 온라인 수업 영상을 수강하며, 알람이 울릴 때마다 '나는 지금 선생님의 설명에 주의집중하고 있나?' 스스로에게 물어본다.
ㄷ. 발표 불안을 극복하고자 자발적으로 발표에 참여하고 마친 경우 마일리지 노트에 스스로 부여한 점수를 기록해둔다.
ㄹ. 식탁에서는 유튜브 시청만을, 책상에서는 온라인수업 영상 수강만을 하도록 스스로 조건화한다

(a) 자기강화(Self-reinforcement)
(b) 자기감독(Self-monitoring)
(c) 자기부여 자극통제(Self-imposed Stimulus Control)
(d) 자기지시(Self-instruction)

① ㄱ – (a), ㄴ – (b), ㄷ – (c), ㄹ – (d)
② ㄱ – (a), ㄴ – (b), ㄷ – (d), ㄹ – (c)
③ ㄱ – (b), ㄴ – (d), ㄷ – (c), ㄹ – (a)
④ ㄱ – (d), ㄴ – (b), ㄷ – (a), ㄹ – (c)
⑤ ㄱ – (d), ㄴ – (b), ㄷ – (c), ㄹ – (a)

> ㄱ – (d) 자기지시(Self-instruction) : 부적응 행동에 있어 불안을 줄이거나 적응 행동을 할 수 있도록 자기 자신에게 지시하거나 말하는 방법이다.
> ㄴ – (b) 자기감독(Self-monitoring) : 자신의 수행을 스스로 관찰하고 점검하는 것이다.
> ㄷ – (a) 자기강화(Self-reinforcement) : 자신이 통제할 수 있는 보상이나 벌을 스스로에게 주어 자신의 행동을 유지하거나 변화시키는 과정으로, 스스로에게 점수를 부여하고 기록하는 것이다.
> ㄹ – (c) 자기부여 자극통제(Self-imposed Stimulus Control) : 단서들에 의해 조성된 행동을 그 단서들을 통제함으로써 조절하는 것을 말하며, 자기부여 자극통제는 스스로 단서를 부여하여 자극을 통제하는 것이다.

05 통찰학습에 관한 설명으로 옳지 않은 것은?

① 문제해결에서 정신적 숙고의 과정을 거친다.
② 미해결에서 해결 상태로의 이행이 갑작스럽다.
③ '전체는 부분의 합 이상'이라는 게슈탈트 심리학에 근거한다.
④ 학습자는 통찰을 통한 문제해결의 원리를 구조적으로 유사한 문제에 쉽게 적용할 수 있다.
⑤ 보상을 기대하기보다는 경험 그 자체를 추구한다.

> 경험 그 자체를 추구하는 것이 아니라, 경험적 사실을 숙고 과정을 거치면서 재구성하여 문제를 해결한다. 통찰학습이론에서 학습은 단순한 과거 경험의 집합이 아니라 경험적 사실을 재구성하는 인지구조 변환의 과정, 즉 통찰에 의한 문제해결의 과정이라 하였다.
>
> 통찰학습이론
> - 쾰러(W. Köhler)가 주장한 학습이론으로 형태주의 심리학에 근거한 인지주의 학습이론이다.
> - 학습과정 속에서 문제사태를 인지하고 재구조화(인지의 분화와 통합)하면서 동시에 심리적 이해력이 드러나게 된다.
> - 학습자는 문제해결에 대한 모든 요소를 생각해보고, 문제를 해결할 때까지 여러 가지 방법을 생각하게 된다.
> - 통찰학습 능력은 다른 문제의 유형으로 전이된다.

06 다음 중 레빈(K. Lewin)의 '장 이론'과 연관된 것은?

① 행동의 변화
② 인지구조의 변화
③ 사회의 변화
④ 행태의 변화
⑤ 감정의 변화

> 레빈(K. Lewin)은 학습을 장(場) 또는 생활공간에 관한 인지구조의 변화라고 보았다.

07 다음 중 장 이론의 주요 개념으로서 자기 자신과 환경의 세부적인 국면을 변별하는 학습에 해당하는 것은?

① 분화(Differentiation)
② 일반화(Generalization)
③ 재구조화(Restructualization)
④ 영역(Regions)
⑤ 위상(Topology)

> ② 일반화(Generalization) : 일련의 개별사례들의 공통적인 특징을 밝혀내고 그것들을 하나의 목록으로 묶음으로써 일반적인 개념이나 법칙을 형성하는 과정이다.
> ③ 재구조화(Restructualization) : 생활공간의 방향을 재정의하는 것이며, 어떤 행동이 어떤 결과를 가져올지 학습하는 것이다.
> ④ 영역(Regions) : 생활공간의 유기적인 부분이며, 대상이나 활동에 대한 심리적인 의미이다.
> ⑤ 위상(Topology) : 생활공간의 기능적 부분들의 배경이나 경계를 보여줄 때와 구조화나 의미화시킬 때 사용한다.

08 다음 사례에서 집단 B의 학습유형은?

> ○ 톨만과 혼지크(Tolman & Honzik)는 쥐를 사용하여 미로 찾기 실험을 실시하였다.
> ○ 집단 A의 쥐에게는 목표지점에 도달할 때마다 보상을 하였다.
> ○ 집단 B의 쥐에게는 처음 10일 동안 보상을 하지 않다가 11일째부터 목표지점에 도달하면 보상을 하였다. 그 결과 집단 B의 쥐는 11일째 시행부터 오류가 급격하게 줄었다.

① 변별학습
② 통찰학습
③ 관찰학
④ 잠재학습
⑤ 미신학습

> 잠재학습이란 이미 학습은 되었으나 보상이 주어질 때까지 학습한 것이 나타나지 않고 잠재되어 있는 것을 말한다. 톨만은 잠재적 학습(Latent Learning)을 강조하며, 강화가 학습에 영향을 미치는 것이 아니라 학습한 것의 수행에 영향을 미친다고 보았다.

09 다음 보기의 내용에 해당하는 정보처리이론의 주요 개념은?

○ 외부의 표상들을 내부에 저장되어 있는 기존의 표상 또는 기억과 대조하는 과정이다.
○ 자극에 관한 비교 분석, 기억의 탐색, 의사결정 등의 과정을 포함한다.

① 형태재인
② 쉐마(Schema)
③ 감각등록
④ 측면분석
⑤ 청킹(Chunking)

'형태재인(Pattern Recognition)'은 감각기억 내의 입력자극정보와 장기기억에 관한 대조를 통해 현재 주어진 자극으로부터 의미를 이끌어내는 과정을 말한다.

10 다음 보기의 사례에 관한 설명으로 옳지 않은 것은?

A학생은 '코로나바이러스감염증-19' 확산 방지를 위한 방역조치로 인하여 음식점에 들어갈 때마다 '온도 체크 → 방문자 명부 작성 → 한 자리 건너 앉기 → 식사 시작 시 마스크 벗기' 등을 반복하다보니, 이 과정이 습관화되어 어느 곳을 가더라도 자연스럽게 이를 따른다.

① 절차적 지식을 습득하는 사례이다.
② 습관화 과정에서 시연의 역할이 중요하다.
③ 인출속도가 비교적 빠른 지식에 관한 것이다.
④ 저장 용량이 제한된 기억에 관한 것이다.
⑤ 부호화와 관련이 있다.

저장 용량이 제한된 기억은 단기기억(작동기억)이다. 제시문은 절차적 지식을 습득하는 사례이며, 이는 무한한 정보를 영구적으로 저장할 수 있는 장기기억에 속한다.
절차적 지식
- 인지활동을 수행하는 방법을 아는 것으로 과정지식을 가리키며, 비선언적 기억(Nondeclarative Memory)이라고도 한다.
- '어떻게 하는 것'과 관련된 지식이다.
- 언어적 부호와 이미지로 저장될 수 있고, 수학문제를 풀거나 과학실험을 하는 과정에 활용된다.
- 행동이나 사고에 영향을 미치지만 무의식중에 이루어지는 '암묵기억'은 절차적 지식에 해당한다. 자전거 타는 방법을 알고, 책 읽는 방법을 아는 것 같은 신체적·인지적 기술이나 습관이 암묵기억이다.

11 다음 중 정보처리이론의 정보저장소와 연관된 내용으로 옳지 않은 것은?

① 감각등록기는 감각수용기관을 통해 정보를 최초로 저장하는 곳이다.
② 감각등록기는 그 수용량에 제한이 없다.
③ 작동기억은 일시적인 저장소로서의 역할을 한다.
④ 일상기억은 개인의 경험을 보유하는 저장소이다.
⑤ 쉐마는 분리되어 있는 항목들을 보다 큰 묶음으로 조합하는 것이다.

> 분리되어 있는 항목들을 더 큰 묶음으로 보다 의미 있는 단위로 조합하는 것은 '청킹(Chunking)'이다. 이러한 청킹은 단기기억에 해당하는 작동기억에 있어서 매우 중요한 역할을 하는데, 특히 제한된 작동기억의 수용량을 증가시킨다.

12 메타인지(Meta-cognition)에 관한 설명으로 옳지 않은 것은?

① 메타인지의 발달은 생후 1년 후부터 꾸준히 진행된다.
② 메타인지에 영향을 주는 변인으로 학습자 변인, 과제변인, 전략변인 등이 있다.
③ '내가 무엇을 모르고 무엇을 아는가를 아는 인지'이다.
④ 플라벨(J. Flavell)은 초인지적 지식과 초인지적 경험으로 구분했다.
⑤ 과제 수행에 어려움이 있을 때 자신의 전략을 점검한다.

> 메타인지는 뇌 발달과 함께 향상되지만, 후천적 학습과 경험에 의해서도 상당 부분 영향을 받는다. 특히, 5~7세 무렵 발달하기 시작해 12~15세일 때 가장 높은 성장세를 보이며, 20세 이후로는 서서히 능력이 감소한다.

13. '앳킨슨과 쉬프린(Atkinson & Shiffrin)의 이중기억모형'과 '크레이크와 록하트(Craik & Lockhart)의 정보처리의 수준모형(Levels of Processing Model)'에 관한 설명으로 옳은 것을 모두 고른 것은?

> ㄱ. 이중기억모형에서는 기억의 구조를 고정된 것으로 보았다.
> ㄴ. 이중기억모형에서는 통제과정의 예로 약호화, 시연조작, 탐색방략 등을 들었다.
> ㄷ. 정보처리의 수준모형에서는 정보처리의 순서를 가정하였다.
> ㄹ. 정보처리의 수준모형에서는 분석수준이 깊을수록 기억이 더 잘된다고 보았다.

① ㄱ, ㄴ
② ㄴ, ㄹ
③ ㄱ, ㄴ, ㄹ
④ ㄱ, ㄷ, ㄹ
⑤ ㄴ, ㄷ, ㄹ

> 정보처리의 수준모형은 이중기억모형과 달리 LTM, STM 등의 단계의 구조적 특성을 인정하지 않으며, 정보처리의 순서를 가정하지 않는다.

14. 학습의 전이에 관한 내용으로 옳은 것을 모두 고른 것은?

> ㄱ. 포괄적인 법칙이나 개념보다 단편적인 지식을 학습할 때 전이가 촉진된다.
> ㄴ. 학습 내용과 실생활 간의 유사성이 클수록 전이가 촉진된다.
> ㄷ. 수업방법 및 학습태도에 따라 전이 정도가 달라진다.
> ㄹ. 기본적 원리를 확실히 이해할수록 전이가 촉진된다.

① ㄱ, ㄴ
② ㄷ, ㄹ
③ ㄱ, ㄷ, ㄹ
④ ㄴ, ㄷ, ㄹ
⑤ ㄱ, ㄴ, ㄷ, ㄹ

> 단편적인 지식보다 포괄적인 법칙이나 개념을 학습할 때 전이가 촉진된다.
> 학습의 전이
> • 새로운 학습에서 중요한 것은 다양한 장면에 적용되어야 하며, 새로운 예 또는 상황에 일반화시킬 수 있어야 한다는 것이다.
> • 학습자가 그 기능을 새로운 맥락에서 적용할 수 있을 때 학습 전이가 이루어진다.

15 학습전이에 관한 이론과 설명이 옳지 않은 것은?

① 형식도야설(Formal Discipline) – 연습과 훈련을 통해 주의력, 기억력, 판단력을 향상시킬 수 있다.
② 동일요소설(Identical Elements) – 학습과제 사이에 유사성의 정도가 높을수록 전이가 많이 일어난다.
③ 일반화설(Generalization) – 선행학습에서 획득한 원리나 법칙을 후속학습에 활용할 수 있다.
④ 형태이조설(Transposition) – 선행과 후속학습 간의 관계적 통찰이 전이를 일으킨다.
⑤ 상황학습이론(Situated Learning) – 대부분의 학습은 맥락의존적이어서 서로 다른 상황에서 전이가 더 잘 일어난다.

⑤ 상황학습이론 : 대부분의 학습은 맥락의존적이어서 새로운 장면이 원래 학습장면과 유사할수록 전이가 촉진된다.
① 형식도야설 : 인간의 정신을 의지·기억·주의·판단·추리 등의 능력으로 이루어진 것으로 보는 능력심리학에 기초를 두고 있다.
② 동일요소설 : 선행학습과 후행학습 사이에는 전이를 일으킬 수 있는 동일한 요소가 있다고 보며, 학습과제 사이에 유사성의 정도가 높을수록 전이가 많이 일어난다고 보는 이론이다.
③ 일반화설 : 새로운 장면에 적용할 수 있는 일반법칙이나 원리가 전이의 중요한 조건이 된다고 보았으며, 선행학습에서 획득한 원리나 법칙을 후속학습에 활용할 수 있다고 보는 이론이다.
④ 형태이조설 : 먼저 경험할 때의 형태, 즉 심리적으로 인지된 구조 또는 재구조화된 상태가 새로운 경험에 의해서 인지된 구조 또는 재구조화된 상태와 서로 유사할 때 먼저 경험한 구조가 일종의 위상적 이동을 가져온다는 이론으로, 선행과 후속학습 간의 관계적 통찰이 전이를 일으킨다고 본다.

16 다음 중 기억의 과정을 순서대로 올바르게 나열한 것은?

① 파지 → 재생 → 기명 → 재인 → 기억
② 파지 → 재인 → 기명 → 재생 → 기억
③ 기명 → 재인 → 파지 → 재생 → 기억
④ 기명 → 파지 → 재생 → 재인 → 기억
⑤ 기명 → 파지 → 재인 → 재생 → 기억

기억의 과정
• 기명 : 사물의 인상을 마음속에 간직한다.
• 파지 : 간직된 인상을 보존한다.
• 재생 : 보존된 인상이 의식의 수준에 이른다.
• 재인 : 과거에 경험했던 것과 비슷한 상황에 이르렀을 때 인상이 떠오른다.
• 기억 : 과거의 경험이 미래의 행동에 영향을 미친다.

17 다음 중 기억력을 높이는 조건에 해당하는 것을 모두 고른 것은?

ㄱ. 직전 경험
ㄴ. 반복학습
ㄷ. 책임감
ㄹ. 지능지수

① ㄱ, ㄴ, ㄷ
② ㄱ, ㄷ
③ ㄴ, ㄹ
④ ㄹ
⑤ ㄱ, ㄷ, ㄹ

> 지능지수가 높다고 해서 반드시 높은 기억력을 보이는 것은 아니다. 기억력을 높이는 조건으로는 직전 경험, 반복학습, 흥미, 이해관계, 합리성, 책임감 등이 있다.

18 인출과 망각에 영향을 주는 요인을 모두 고른 것은?

ㄱ. 정보의 인출단서
ㄴ. 정보의 유의미성
ㄷ. 정보의 저장방식
ㄹ. 습득한 다른 정보

① ㄱ, ㄴ
② ㄴ, ㄷ
③ ㄱ, ㄴ, ㄷ
④ ㄱ, ㄷ, ㄹ
⑤ ㄱ, ㄴ, ㄷ, ㄹ

인출과 망각

인 출	장기기억에 저장되어 있는 정보에 접근하는 과정으로서, 장기기억에 저장된 정보의 인출은 부호화 과정과 인출단서에 의해 결정된다.
망 각	• 일단 기억한 학습이 시간이 경과되거나 사용하지 않음으로써 약화되고 소멸되어 다시 재생되지 않는 현상을 말한다. • 습득한 다른 정보와 대치됨으로 인하여 망각되기도 한다. • 정보의 유의미화 과정에서 정보에 관한 간섭의 원인이 되기도 하고 회상을 더 어렵게 만들기도 한다(역행간섭과 순행간섭). • 정보의 저장방식도 망각과 인출에 영향을 준다.

19. 마이켄바움(D. Meichenbaum)의 자기조절행동을 향상시키는 단계로 옳은 순서는?

① 인지적 모델링 → 외현적 자기 안내 → 내면적 자기 안내 → 타인에 의한 외현적 안내 → 외현적 자기 안내 점진적 소멸
② 인지적 모델링 → 내면적 자기 안내 → 타인에 의한 외현적 안내 → 외현적 자기 안내 → 외현적 자기 안내 점진적 소멸
③ 인지적 모델링 → 타인에 의한 외현적 안내 → 외현적 자기 안내 → 외현적 자기 안내 점진적 소멸 → 내면적 자기 안내
④ 인지적 모델링 → 내면적 자기 안내 → 외현적 자기 안내 → 외현적 자기 안내 점진적 소멸 → 타인에 의한 외현적 안내
⑤ 인지적 모델링 → 타인에 의한 외현적 안내 → 내면적 자기 안내 → 외현적 자기 안내 → 외현적 자기 안내 점진적 소멸

마이켄바움(D. Meichenbaum)의 자기조절행동을 향상시키는 단계	
인지적 모델링	모델이 큰 소리로 말하면서 과제를 수행하고 학습자는 관찰한다.
타인에 의한 외현적 안내	모델이 하는 말을 학습자가 큰 소리로 따라 말하면서 과제를 수행한다.
외현적 자기 안내	학습자가 혼자서 큰 소리로 말하면서 과제를 수행한다.
외현적 자기안내 점진적 소멸	학습자가 혼자서 작은 소리로 말하면서 과제를 수행한다.
내면적 자기 안내	학습자가 마음속으로 혼잣말을 하면서 과제를 수행한다.

20. 메타인지 전략의 예로 볼 수 없는 것은?

① 계획하기
② 수정하기
③ 점검하기
④ 평가하기
⑤ 저장하기

> 메타인지는 자신의 사고내용과 과정을 대상으로 하는 정신적 활동이다. 메타인지 전략의 예는 계획하기(Planning), 점검하기(Monitoring), 수정하기(Modifying), 평가하기(Evaluating), 예견하기(Predicting)이다.

정답 17 ① 18 ⑤ 19 ③ 20 ⑤

CHAPTER 04 신경생리학적 학습이론

01 뇌의 구조 중 다음의 기능을 하는 곳은?

> 체온, 혈당량, 삼투압을 조절하여 항상성 유지

① 대 뇌　　　　　　　　② 간 뇌
③ 중 뇌　　　　　　　　④ 소 뇌
⑤ 척 수

> ① 대뇌 : 기억, 추리, 판단, 감정 등 정신활동을 담당
> ③ 중뇌 : 안구운동, 홍채의 수축과 이완 조절
> ④ 소뇌 : 몸의 자세와 균형 유지
> ⑤ 척수 : 흥분전달 통로, 배뇨, 땀 분비, 무릎반사의 중추

02 좌뇌와 우뇌의 기능적 속성에 관한 설명으로 옳지 않은 것은?

① 좌뇌와 우뇌 간에는 정보의 전이가 가능하다.
② 좌뇌보다 우뇌가 언어 정보를 처리하는 데 더 유리하다.
③ 우뇌 손상이 있을 경우 주의나 지각이 어려워진다.
④ 뇌량(corpus callosum)의 절단은 양반구의 정보 전이를 막을 수 있다.
⑤ 우뇌 손상이 있을 경우 무시증후군이 나타날 확률이 좌뇌 손상에 비해 높다.

> 좌뇌와 우뇌의 속성
> • 좌뇌 : 언어, 수리, 논리, 사고력, 우측 신체발달, 이성과 논리, 상식과 관련된 기능을 한다.
> • 우뇌 : 직관과 감성적인 능력, 직관 사고력, 좌측 신체발달, 도형인식, 공간지각력, 창의력, 예능과 관련된 기능을 한다.

03 뇌의 구조와 기능에 관한 설명으로 옳지 않은 것은?

① 뇌의 국소화(Localization)는 출생 후 2~3년에 걸쳐 이루어진다.
② 신경가소성(Neuroplasticity)은 뇌가 경험한 결과들을 재조직하거나 수정하는 능력이다.
③ 해마의 손상은 절차적 기억의 응고화를 방해할 수 있다.
④ 편도체는 정서와 공격성의 통제를 담당한다.
⑤ 도파민은 강화중추와 관련 있는 호르몬이다.

> ③ 해마는 기억과 공간의 개념, 감정적 행동을 조절하며 기억의 부호화, 응고화 및 인출 단계에 관여하나 단기기억이나 절차기억에는 관여하지 않는다. 따라서 해마가 손상되더라도 절차기억에 의한 학습은 가능하다. 절차기억은 의식이 개입하지 않는 운동 기억으로, 반복 학습으로 만들어져 해마에 의존하지 않는 장기기억이다.
> ① 뇌의 국소화는 특정 유형의 학습 활동이 일반적으로 한쪽 반구 또는 그 반대쪽 반구에서 중점적으로 이루어지는 것으로 출생 후 2~3년에 걸쳐 이루어진다.
> ② 신경가소성은 경험의 결과로서 뇌가 연결을 재조직하거나 수정하는 능력으로 나이와 활동에 따라 다르게 나타난다.
> ④ 편도체는 공포 및 불안과 같은 정서 기억 형성에 중요한 역할을 하는 변연계의 한 부분이다.
> ⑤ 도파민은 정적 강화 발생 시 뇌의 보상중추에서 주로 분비되는 뇌신경세포의 흥분전달물질이다.

04 뇌의 발달에 관한 설명으로 옳지 않은 것은?

① 출생 시 아기의 뇌는 성인의 25% 정도의 무게이다.
② 뇌는 영역별로 발달 최적 시기 및 발달 속도가 다르다.
③ 생애 초기인 영유아기에 시냅스가 급속하게 증가한다.
④ 대뇌피질 영역 중 브로카와 베르니케 영역이 손상되면 실어증을 초래한다.
⑤ 사용하지 않는 시냅스는 강화되는 반면, 많이 사용하는 시냅스는 소멸된다.

> 많이 사용하는 시냅스는 강화되는 반면, 사용하지 않는 시냅스는 소멸된다.

정답 01 ② 02 ② 03 ③ 04 ⑤

05 뇌의 각 부위와 주요 기능에 관한 설명으로 옳지 않은 것은?

① 전두엽은 계획 세우기와 추론 등 고차원적 사고과정을 조절한다.
② 베르니케 영역은 언어의 의미를 이해하는 중요한 기능을 한다.
③ 측두엽은 청각정보의 해석과 기억에 중요한 역할을 한다.
④ 편도체는 공포 및 불안과 같은 정서 기억 형성에 중요한 역할을 하는 변연계의 한 부분이다.
⑤ 후두엽은 온도, 압력, 질감 등 체감각에 관한 정보를 주로 처리하는 부위이다.

> 온도와 통증 등 신체 감각정보를 받아들이고 해석하는 역할을 담당하는 부위는 두정엽이다. 후두엽은 시각 정보를 분석하고 통합하는 역할을 수행한다.

06 비정서적 사건에 비해서 정서적 사건의 기억에 더 밀접하게 관여하는 뇌 부위는?

① 해 마
② 대상회
③ 측두엽
④ 편도체
⑤ 전전두엽

> ④ 편도체 : 동기, 학습, 감정(정서)과 관련된 정보를 처리한다.
> ① 해마 : 기억과 공간의 개념, 감정적 행동을 조절한다.
> ② 대상회 : 상황에 따른 사고전환력을 조절한다.
> ③ 측두엽 : 청각정보를 담당한다.
> ⑤ 전전두엽 : 사고력을 담당하며, 사회성·통찰력·충동억제력을 조절한다.

07 두뇌 발달에 관한 설명으로 옳은 것은?

① 뉴런의 크기와 시냅스 생성은 외부 감각경험의 영향을 받지 않는다.
② 청소년기는 두뇌 성장 급등기이다.
③ 두뇌 가소성은 좌뇌와 우뇌의 기능분화를 의미한다.
④ 영아기에는 수초화가 활발하게 이루어진다.
⑤ 뇌의 발달은 순서와 상관없이 발달한다.

> ① 시냅스와 뉴런은 여러 자극을 통해 신경망을 더 발달시키고 이 과정에서 정보를 잘 처리하면서 발달한다.
> ② 영아기가 두뇌 성장 급등기이다.
> ③ 두뇌 가소성은 뇌 신경회로가 외부 자극, 경험, 학습에 의해 구조적으로 움직이면서 재조직을 되풀이하는 것을 의미한다.
> ⑤ 뇌는 일정한 순서대로 발달한다.

08 기억에 관련된 뇌의 신경전달물질을 모두 고른 것은?

ㄱ. 세로토닌(Serotonin)
ㄴ. 코르티손(Cortisone)
ㄷ. 노르에피네프린(Norepinephrine)
ㄹ. 아세틸콜린(Acetylcholine)
ㅁ. 코티졸(Cortisol)

① ㄱ, ㄷ
② ㄷ, ㅁ
③ ㄱ, ㄷ, ㄹ
④ ㄷ, ㄹ, ㅁ
⑤ ㄱ, ㄷ, ㄹ, ㅁ

> ㄱ. 세로토닌 : 기분이나 식욕, 수면, 또는 통증을 조절하는 신체의 가장 핵심적인 요소로, 약해지면 작업기억의 능력이 저하된다.
> ㄷ. 노르에피네프린 : 고도의 정신활동에 가장 중요한 신경전달물질인 도파민이 산화되어 형성되는 것으로서, 일부 기억을 되살리는 데 필수적인 요소이다.
> ㄹ. 아세틸콜린 : 말초신경계와 중추신경계 모두에서 신경조절물질로 작용하며, 기억을 하기 위해서 꼭 필요한 신경전달물질이다.

09 학습에 관한 뇌과학적 설명으로 옳지 않은 것은?

① 도파민은 정적강화와 관련된 신경전달 물질이다.
② 아세틸콜린과 세로토닌은 기억과 관련된 신경전달 물질이다.
③ 뇌의 우반구가 손상되면 신체의 왼쪽 부분이 영향을 받는다.
④ 뇌의 쾌락중추에 직접적으로 전기자극을 가하는 강화 절차를 실시하면, 자극이 종료되어도 소거가 급격히 일어나지 않는다.
⑤ 거울 뉴런은 인간이 아닌 다른 동물들에게도 발견된다.

> 뇌의 쾌락중추에 직접적으로 전기자극을 가하는 강화 절차를 실시하면, 자극 종료 시 소거가 급격히 일어난다.
> 올즈와 밀너(Olds & Milner)의 쥐 실험
> 올즈와 밀너는 쥐의 학습행동에 관한 연구에서 뇌에 전극이 이식된 쥐가 직접적인 전기자극에 강렬한 반응을 보이는 것을 확인하였고, 이를 통해 뇌 안에 쾌락중추가 있음을 발견하였다. 이는 굶주린 쥐의 경우에도 마찬가지였는데, 굶주린 쥐는 기아 상태(→ 박탈 상태)에 있었음에도 불구하고 먹이가 아닌 전기자극을 선택한 것이다.

10 신경망 이론에 관한 설명으로 옳지 않은 것은?

① 선형적 모델이다.
② 불완전한 자료에 근거하여 상황에 따른 최적의 의사결정을 내린다.
③ 의외의 결과 산출이 가능하다.
④ 병렬적으로 정보를 처리한다.
⑤ 학습자 스스로가 초인지를 활용하여 자료를 처리한다.

정보처리이론과 신경망이론의 차이점

정보처리적 학습이론	신경망 학습이론
• 선형적 모델, 즉 순차적 정보처리 • 논리연산에 의해 의사결정이 이루어짐 • 학습(행동)을 언제나 통제 · 조절할 수 있으며, 그 결과의 예측도 가능 • 특정의 정보를 용이하게 검색할 수 있도록 정보를 저장 • 수업활동이 순차식 접근으로 이루어져야 한다고 전제	• 비선형적 모델, 즉 병렬적 정보처리 • 불완전한 자료에 근거하여 상황에 따른 최적의 의사결정이 이루어짐 • 학습자 스스로가 초인지를 활용하여 자료를 처리하는 방법과 규칙을 만들어 나가므로 의외의 결과 산출이 가능 • 정보의 일부를 검색하면 관련된 모든 정보가 자동적으로 함께 인출됨 • 수업활동이 발견식 접근으로 이루어져야 한다고 전제

11 헵(D. Hebb)의 신경생리학적 학습이론의 개념에서 다음에 해당하는 것은?

> 환경적 대상과 결합되어 있는 뉴런(신경)의 묶음을 말한다.

① 세포집합체
② 국면진행
③ 각성이론
④ 감각박탈
⑤ 보충적 환경

세포집합체(Cell Assembly)
환경적 대상과 결합되어 있는 뉴런(신경)의 묶음으로, 표상하는 환경대상이나 사상에 따라 클 수도 적을 수도 있다.

CHAPTER 05 　 동기와 학습

01 다음 중 성취동기를 유발하는 구체적인 방법으로 옳지 않은 것은?

① 능력에 맞는 학습
② 놀이 중심의 학습
③ 성공감을 기르도록 하는 학습
④ 시험과 무관한 학습
⑤ 개별적인 교수법

학습성취동기를 유발하는 구체적인 방법으로 학생이 흥미를 가지도록 지도하며 능력에 맞는 학습, 놀이 중심의 학습, 성공감을 기르도록 하는 학습, 시험에 대비한 학습 등이 효과적이다.

02 다음 중 연습곡선에 관한 내용으로 옳지 않은 것은?

① 연습은 일정한 새로운 경험이나 행동의 획득을 목표로 한다.
② 연습곡선은 학습곡선이라고도 한다.
③ 가로축에는 연습량, 속도, 소요시간을, 세로축에는 시행, 반복, 경과시간을 표시한다.
④ 정적 가속곡선은 연습 초기에 향상 속도가 느리게 나타난다.
⑤ S자형은 정적 가속곡선, 부적 가속곡선, 직선형 연습곡선 등이 혼합된 유형이다.

> 연습곡선은 연습에 의해 학습이나 경험, 작업상황이 어떻게 변화되고 달라지는지를 알기 위한 것으로서 '학습곡선'이라고도 한다. 이러한 연습곡선은 가로축에는 독립변수에 해당하는 시행, 반복, 경과시간 등을, 세로축에는 종속변수에 해당하는 연습량, 속도, 소요시간 등을 표시하여 효율을 측정한다.

03 다음 중 학습과제에 따른 학습방법에 관한 내용으로 적절하지 않은 것은?

① 학습과제가 그 의미와 연속성이 많은 때에는 전습법이 효과적이다.
② 학습내용이나 기술을 몇 개의 단위로 나누어 학습하는 것을 분습법이라고 한다.
③ 집중학습이 분산학습보다 학습능률이 좋고 더 효과적이다.
④ 연습 도중에 휴식이 없이 연속적으로 몰아서 하는 학습을 집중학습이라고 한다.
⑤ 학습내용이나 기술을 한꺼번에 학습하는 것을 전습법이라고 한다.

> 바흐릭(H. Bahrick)과 펠프스(E. Phelps)는 사람들이 집중학습을 했을 때보다 분산학습을 했을 때 그 정보를 더 오래 기억한다는 사실을 발견하였다. 글렌버그(A. Glenberg) 또한 분산학습의 효과를 연구·발표하였다.

04 각성에 관한 설명으로 옳은 것을 모두 고른 것은?

ㄱ. 역도나 달리기처럼 많은 에너지가 소비되는 과제는 높은 각성수준에서 최적으로 수행된다.
ㄴ. 일반적으로 각성수준이 높을수록 최적의 수행이 이루어진다.
ㄷ. 단순한 과제는 광범위한 각성수준에서 최적으로 이루어진다.
ㄹ. 망상활성계(Reticular Activation System)와 관련이 있다.

① ㄱ, ㄴ
② ㄴ, ㄷ
③ ㄷ, ㄹ
④ ㄱ, ㄷ, ㄹ
⑤ ㄴ, ㄷ, ㄹ

> ㄴ. 각성수준이 너무 낮으면 뇌에 전달된 감각정보를 이용할 수 없고 반대로 너무 높으면 피질부가 분석하는 정보의 양이 많아져서 부적절한 행동으로 이어지므로, 최적 수행에는 최적의 각성수준이 필요하다. 즉, 각성수준이 지나치게 높으면 공황상태를 경험할 수 있다.

05 다음 보기의 내용과 연관된 학습방법에 해당하는 것은?

영희는 5개의 장으로 나누어진 과학과목을 공부하면서, 처음 1장에 이어 2장을 학습한 후 앞선 1장과 2장을 함께 학습하였다. 다음으로 3장을 학습하면서 다시 앞선 장들을 덧붙여 학습하였다.

① 순수분습법
② 점진적 분습법
③ 반복적 분습법
④ 집중적 분습법
⑤ 분산적 분습법

> 점진적 분습법
> A와 B를 연습하고 종합한 후, C를 연습하고 A, B, C를 종합하는 방식으로 전체기술을 익히는 것이다.

06 에클스와 윅필드(J. Eccles & A. Wigfield)가 정의한 과제가치에 관한 설명으로 옳지 않은 것은?

① 내재가치는 과제를 수행할 때 경험하는 흥미이다.
② 획득가치는 과제를 잘하는 것에 대한 중요성이다.
③ 비용신념은 과제에 관여하는 것에 대한 긍정적 측면이다.
④ 효용가치는 미래 목표 측면에서 개인이 과제에 가지는 유용성이다.
⑤ 과제에 대한 개인의 정서적 경험은 과제가치에 영향을 준다.

> 비용(Cost)은 과제에 참여함으로써 올 수 있다고 인식되는 부정적인 면이다.
> 에클스와 윅필드(J. Eccles & A. Wigfield)의 기대가치 이론
> • 인간은 자신이 성공할 것이라는 기대에 그 성공에 대한 개인이 부여하는 가치를 곱한 값만큼 동기화된다고 보았다.
> • 낮은 성취감을 가진 학생들은 반복되는 실패가 성공에 대한 기대감을 너무 낮게 만들어서 동기 또한 낮아지는 것이다.
> • 높은 성공에 대한 기대를 한 학생은 낮은 기대를 가진 학생보다 더 많은 것을 성취하므로, 성공에 대한 기대는 중요한 의미를 갖는다.
> • 과제에 대한 개인의 정서적 경험은 과제 가치에 영향을 준다.
> • 과제 가치에 영향을 주는 요소
>   - 내재적 흥미 : 과제를 수행할 때 경험하는 흥미
>   - 획득가치 : 과제를 잘하는 것에 대한 중요성
>   - 효용가치 : 미래 목표 측면에서 개인이 과제에 가지는 유용성
>   - 비용 : 과제에 참여함으로써 올 수 있다고 인식되는 부정적인 면

07 헐(C. Hull)의 추동감소이론에 관한 설명으로 옳지 않은 것은?

① 자극과 반응 사이에 유기체라는 매개변인을 가정한다.
② 추동(Drive)은 우리 몸에 결핍이 생길 때 생체 기관으로 하여금 결핍 상태를 감소시키도록 촉구하는 각성된 심적 상태를 말한다.
③ 매개변인은 유기체의 관찰 가능한 특성이나 상태를 말한다.
④ 추동(Drive)은 매개변인 중 하나이다.
⑤ '결핍 → 욕구 → 추동 → 추동감소행동'의 동기화 과정을 거친다.

> 매개변인은 자극과 반응을 매개하고 중재하는 유기체 내의 관찰 불가능한 특성이나 상태를 말한다.

08 동기와 정서에 관한 설명으로 옳은 것은?

① 과제난이도가 높을수록 내재 동기도 높아진다.
② 부정적 정서는 내재 동기를 증가시킨다.
③ 귀인의 차원에 따라 경험하는 정서가 달라진다.
④ 불안 수준이 높을수록 학습몰입도 높아진다.
⑤ 자기효능감이 낮은 학생보다 높은 학생이 실패 시 불안감을 더 많이 경험한다.

③ 귀인이론은 성공이나 실패에 대해 자신의 행동에 대한 원인을 귀속시키는 경향성에 대한 것으로서, 이에 따라 경험하는 정서가 달라진다.
① 과제난이도가 높을수록 흥미를 잃을 수 있어 내재 동기도 함께 낮아진다.
② 부정적 정서는 내재 동기를 감소시킨다.
④ 불안 수준이 높으면 학습몰입이 낮아진다.
⑤ 자기효능감이 높은 학생보다 낮은 학생이 실패 시 불안감을 더 많이 경험한다.

09 시험실패에 대한 귀인과 와이너(B. Weiner)가 제시한 귀인의 세 가지 차원의 연결이 옳은 것을 모두 고른 것은?

ㄱ. '시험 보는 날 몸이 아파서' – 내부, 안정, 통제가능
ㄴ. '적성에 맞지 않아서' – 내부, 안정, 통제불가능
ㄷ. '시험 볼 때 기분이 좋지 않아서' – 내부, 불안정, 통제불가능
ㄹ. '운이 나빠서' – 외부, 불안정, 통제불가능

① ㄱ, ㄴ
② ㄴ, ㄷ
③ ㄷ, ㄹ
④ ㄱ, ㄴ, ㄷ
⑤ ㄴ, ㄷ, ㄹ

'시험 보는 날 몸이 아픈 것'은 원인의 소재는 내부, 안정성은 불안정, 통제가능성은 통제불가능 차원이다.
귀인과 각 차원과의 관계

구 분	내 부		외 부	
	안 정	불안정	안 정	불안정
통제 가능	평소의 노력 (꾸준한 장기적인 노력)	특수한 노력	타인의 지속적인 도움이나 방해 (예 친구의 도움)	타인의 특수한 도움이나 방해 (예 외부인의 방해)
통제 불가능	능력·적성	기분	과목 특성 혹은 과제 난이도	운(행운·불운) 혹은 우연한 기회

10 다음 중 귀인에 영향을 미치는 요인에 해당하는 것을 모두 고른 것은?

ㄱ. 과거 성공 경험	ㄴ. 개인적 성향
ㄷ. 연령의 차이	ㄹ. 성별의 차이

① ㄱ, ㄴ, ㄷ
② ㄱ, ㄷ
③ ㄴ, ㄹ
④ ㄹ
⑤ ㄱ, ㄴ, ㄷ, ㄹ

> 귀인에 영향을 미치는 요인으로는 다른 사람과의 비교 정도, 일관성, 과거 성공 또는 실패의 경험, 성별 및 연령의 차이, 개인적 성향, 사회적·문화적 원인, 교사의 태도, 행동의 독특성 등이 있다.

11 다음 사례에 해당하는 코빙튼(M. Covington)의 성취동기 유형은?

> 학생 A는 공부를 매우 열심히 하지만 항상 불안해 하고 스트레스를 받는다. 선생님께 수시로 자신의 성적을 확인하고 친구들에게도 걱정을 토로한다.

① 성공지향자
② 실패수용자
③ 실패회피자
④ 과잉노력자
⑤ 실패도피자

> **자기가치(Self-worth) 이론**
> - 코빙튼(Covington)이 소개한 개념으로, 사람은 누구나 자기를 가치 있는 존재로 인식하려는 욕구가 있어서 자신이 유능하다는 것을 자신과 다른 이들에게 증명해 보임으로써 자기가치를 보호하려 한다는 이론이다.
> - 자기가치를 보호하기 위해, 실패의 원인을 자신이 아닌 외적 요인에서 찾는다. 즉 실패하면 자기가치가 손상되므로 다양한 자기보호전략을 사용한다.
> - 성취동기 유형은 다음과 같다.
>   - 성공지향자 : 높은 성공지향과 낮은 실패회피
>   - 과잉노력자 : 높은 실패회피와 높은 성공지향
>   - 실패회피자 : 높은 실패회피와 낮은 성공지향
>   - 실패수용자 : 낮은 성공지향과 낮은 실패회피

12. 욕구위계에 관한 매슬로우(A. Maslow)의 설명과 일치하지 않는 것은?

① 인간은 선천적으로 자아실현 경향성을 갖고 있다.
② 욕구위계에서 가장 하위 수준에 해당하는 것은 생리적 욕구이다.
③ 소속 및 애정의 욕구와 자아존중 욕구는 성장욕구에 해당한다.
④ 욕구위계에서 가장 상위 수준에 해당하는 것은 자아실현 욕구이다.
⑤ 하위 수준의 욕구가 충족되지 않으면 상위 수준의 욕구는 만족될 수 없다.

결손욕구(결핍욕구)와 성장욕구(메타욕구)

구 분	결손욕구	성장욕구
특 성	• 우선적으로 만족되어야 하는 욕구 • 긴장을 해소하고 평형을 복구하려는 욕구 • 타인지향적이고 의존적임	• 잠재력을 실현하려는 욕구 • 결코 만족되지 않는 욕구이며, 지속되길 기대함 • 자율적이고 자기지시적이어서 스스로를 도울 수 있음
종 류	생리적 욕구, 안전의 욕구, 소속감과 애정의 욕구, 자기존중 욕구	인지적 욕구, 심미적 욕구, 자아실현의 욕구

13. 가네(R. Gagné)의 학습이론에 관한 설명으로 옳지 않은 것은?

① 학습의 인지과정으로 학습을 위한 준비, 획득과 수행, 학습의 전이 과정을 제안한다.
② 하나의 학습이론에서 제시하는 학습의 본질을 모든 학습에 적용할 수는 없다고 가정한다.
③ 학습의 영역을 지적기능과 운동기능의 2가지로 구분한다.
④ 하위요소를 먼저 학습하지 않고는 상위요소를 학습할 수 없다는 학습위계를 제안한다.
⑤ 새로운 기능을 습득하기 위한 내적조건과 내적과정을 지원하는 환경적 자극을 강조한다.

가네(R. Gagné)의 학습 영역은 지적기능, 인지전략, 언어정보, 태도, 운동기능 등 총 5가지로 구분한다.

14 다음 보기의 내용에 해당하는 학습의 위계는?

> 가네(R. Gagné)는 학습의 위계상 6단계로서 구체적 사실 속에서 공통성·유사성을 추출할 수 있는 능력을 제시하였다.

① 문제해결학습　　　　　　　② 원리학습
③ 언어연상학습　　　　　　　④ 변별학습
⑤ 개념학습

학습의 위계		
제1단계	신호학습	신호자극에 반사적 반응을 함으로써 이루어지는 학습이다.
제2단계	자극-반응학습	기대되는 특정 반응이 나타나도록 체계적인 자극을 가하여 이루어지는 학습이다.
제3단계	운동연쇄학습	자극과 반응을 연결하여 관념과 관념 사이에 연합이 이루어지도록 하는 학습이다.
제4단계	언어연상학습	언어로써 기명된 내용이 경험체계에 연결되어 재생됨으로써 이루어지는 학습이다.
제5단계	변별학습	유사한 대상 속에서 차이점을 찾아낼 수 있는 능력의 학습이다.
제6단계	개념학습	구체적 사실 속에서 공통성·유사성을 추출할 수 있는 능력으로서 언어가 주된 수단이 되는 학습활동이다.
제7단계	원리학습	한 유목에서 학습 성취를 획득하며, 그 사물의 유목에 속하는 사물 전체에 반응할 수 있도록 하는 학습이다.
제8단계	문제해결학습	기존의 능력을 종합하여 아이디어를 창출해내는 능력의 학습이다.

15 다음 중 학습에서의 외적 동기를 유발하는 방법에 해당하는 것은?

① 긍정적 자아개념을 형성시킨다.
② 동일시의 대상을 사용한다.
③ 학습목표나 과제를 학습자의 욕구, 관심과 일치시킨다.
④ 지적 호기심을 자극한다.
⑤ 경쟁심을 유발한다.

동기유발 유형에 따른 동기유발의 방법

내적 동기유발	외적 동기유발
• 긍정적 자아개념을 형성시킨다. • 동일시의 대상을 활용한다. • 학습목표나 과제를 학습자의 욕구, 관심과 일치시킨다. • 지적 호기심을 자극한다.	• 경쟁심을 유발한다. • 상과 칭찬, 벌을 사용한다. • 성공감과 실패감을 이용한다. • 기대되는 학습결과를 알려준다. • 완전 해답보다는 부분 해답을 제시한다. • 명세한 수업목표를 제시한다.

16 동기에 관한 다음 공식에 해당하는 설명을 모두 고른 것은?

동기(M) = 인식된 성공가능성(P_s) × 성공의 유인가(I_s)

ㄱ. 성공할 가능성이 전혀 없다고 생각되면 동기화되지 않는다.
ㄴ. 다른 참여자의 능력과 경쟁률이 매우 높다는 것을 알아도, 상금의 액수나 보상의 매력도가 높을수록 동기가 최대화된다.
ㄷ. 쉬운 과제보다는 적당히 어려우나 불가능한 수준이 아니면서 학습자에게 유의미한 과제들이 학습동기유발에 더 좋다.
ㄹ. 쉬운 과제여서 성공할 가능성이 높다 해도 개인적 관심과 흥미가 없는 과제라면 학습동기는 최대화되지 않는다.

① ㄱ, ㄴ
② ㄱ, ㄹ
③ ㄷ, ㄹ
④ ㄱ, ㄴ, ㄷ
⑤ ㄱ, ㄷ, ㄹ

동기는 자신의 성공확률에 대한 예상(인식된 성공가능성)과 자신의 성공에 대해 부여하는 가치(성공의 유인가)가 높을수록 증가한다. 다른 참여자의 능력과 경쟁률이 매우 높은 것은 인식된 성공가능성의 하락을 가져올 수 있으므로 동기가 최대화될 수 없다.

17 학습동기에 관한 이론 중에서 다음 사례에 해당하는 이론은?

> A는 2학년으로 올라가기 전에 수학 과목을 좋아하지 않았다. 그러나 2학년으로 올라가면서 새로운 수학선생님에게 호감을 느낀 A는 2학년이 끝날 무렵에는 수학 과목을 좋아하게 되었다.

① 켈러(F. Keller)의 ARCS 이론
② 하이더(F. Heider)의 균형이론
③ 와이너(B. Weiner)의 귀인이론
④ 솔로몬(R. Solomon)의 반대과정 이론
⑤ 로터(J. Rotter)의 통제소재이론

> **하이더(F. Heider)의 균형이론**
> - 사람들은 다른 사람, 그리고 대상과의 연합 관계에서 일관성을 유지하려는 욕구가 있으며, 인지적 비일관성이 존재할 때 심리적 불편함을 느끼게 된다.
> - 균형 상태는 자신(Person)과 다른 사람(Other), 그리고 대상(Object) 3요소 간의 관계에서 사고나 느낌, 행동, 신념 등의 인지 요소들이 심리적 조화 및 일관성을 이루는 상태를 말한다.

18 다음 중 켈러(F. Keller)의 ARCS 이론에 관한 내용으로 옳지 않은 것은?

① ARCS 이론은 교수의 3가지 결과 변인인 효과성, 효율성, 매력성 중에서 특히 효과성에 초점을 두고 있다.
② 다양한 교수 형태를 사용함으로써 학습자들의 주의를 유지시킨다.
③ 관련성은 목적지향적인 학습과 연관된다.
④ 자신감은 통제가능성에 관한 자각에서 비롯된다.
⑤ 지속적인 강화와 피드백을 통해 만족감을 부여한다.

> 켈러(F. Keller)는 학습 환경에서 학습자들의 동기를 유발하고 유발된 동기를 계속 유지시키기 위한 전략으로서 'ARCS 이론'을 제시하였다. ARCS 이론은 학습동기 유발의 변인에 해당하는 '주의(Attention)', '관련성(Relevance)', '자신감(Confidence)', '만족감(Satisfaction)'을 의미하는 것으로서, 교수의 3가지 결과 변인인 효과성, 효율성, 매력성 중에서 특히, 매력성과 관련하여 학습자의 동기를 유발시키고자 하는 전략이다.

19 켈러(F. Keller)의 ARCS 이론에서 관련성 증진을 위한 전략과 관련이 있는 것은?

① 지각적 주의환기의 전략
② 탐구적 주의환기의 전략
③ 다양성의 전략
④ 친밀성의 전략
⑤ 개인적 조절감 증대의 전략

ARCS 이론의 주요 전략

주의환기 및 집중을 위한 전략	관련성 증진을 위한 전략	자신감 수립을 위한 전략	만족감 증대를 위한 전략
• 지각적 주의환기의 전략 • 탐구적 주의환기의 전략 • 다양성의 전략	• 친밀성 전략 • 목적지향성의 전략 • 필요 또는 동기와의 부합성 강조의 전략	• 학습의 필요조건 제시의 전략 • 성공의 기회 제시의 전략 • 개인적 조절감 증대의 전략	• 자연적 결과 강조의 전략 • 긍정적 결과 강조의 전략 • 공정성 강조의 전략

20 '자기결정성 이론'에서 내재적 동기를 촉발하거나 증진시키는 요인으로 적합하지 않은 것은?

① 관계성 욕구
② 유능성 욕구
③ 자율성 욕구
④ 알맞은 사회 환경적 조건
⑤ 외재적 보상

내적으로 동기화된 행동에 외재적 보상을 주는 경우 내재적 동기가 감소한다. 내재적인 동기는 학습자가 알맞은 사회 환경적 조건에 처해 있을 때 촉발되며, 유능성·자율성·관계성의 기본 욕구가 만족될 때 증진된다.

정답 17 ② 18 ① 19 ④ 20 ⑤

필수과목 05 주관식 단답형 문제

❖ 문제를 읽고 (   ) 안에 들어갈 단어를 적어주세요.

01 학습목표(숙달목표)는 과제의 숙달, 향상, 이해증진에 중점을 두는데, 매우 바람직한 학습목표를 가진 학생은 높은 (   )을/를 가지게 된다.

02 (   )란 훌륭한 일을 이루어 보겠다는 내적인 의욕이자, 도전적이고 어려운 문제를 해결하는 과정에서 만족을 얻으려는 적극적인 기대를 말한다.

03 선행학습이 후행학습에 영향을 받아 낮은 회상률을 보이는 것을 (   ), 반대로 후행학습이 선행학습의 영향을 받아 낮은 회상률을 보이는 것을 (   )(이)라고 한다.

04 학습능률이 일정 기간 동안 정체되어 제자리걸음을 하는 상태를 학습의 (   )(이)라고 한다.

05 조작적 조건형성이론에서 ABC 패러다임은 각각 (   ), (   ), (   )을/를 의미한다.

06 장(場) 이론에서 인간의 행동을 개인 또는 개체와 환경 간의 함수관계로 나타낸 것을 (   )(이)라고 한다.

07 어떤 자극이 장기기억 저장소에 불활성 상태로 저장되려면 (   ) 과정이 필요하다.

08 톨만(Tolman)의 목적적 행동주의의 주요 개념으로서 (   )은/는 목적물을 찾게 될 환경과 목적물 및 행동 사이의 관계성에 대한 내적 지식을 의미한다.

09 (　　　)(이)란 인간은 어떤 모델의 행동을 관찰 모방함으로써 학습하게 된다는 것으로서, 주위 사람과 사건들에 주의집중함으로써 정보를 획득하는 학습이다.

10 켈러(Keller)의 ARCS 이론에서 'ARCS'는 각각 (　　　), (　　　), (　　　), (　　　)을/를 의미한다.

- 01 자기효능감
- 02 성취동기
- 03 역행간섭, 순행간섭
- 04 고원현상
- 05 선행요인(Antecedents), 행동(Behavior), 결과(Consequences)
- 06 행동방정식
- 07 부호화(Encoding)
- 08 인지도(Cognitive Map)
- 09 사회학습
- 10 주의(Attention), 관련성(Relevance), 자신감(Confidence), 만족감(Satisfaction)

필수과목 05 기출문항 OX 문제

❖ 문제를 읽고 (　) 안에 맞는 답을 (O / X)로 표기하세요.

01 성장은 부모로부터 받은 유전인자가 지니고 있는 정보에 따라 일어나는 변화로서 경험이나 훈련에 관계없이 일어나는 것이며, 내적·유전적 메커니즘에 의해 출현되는 신체적·심리적 변화를 의미한다.　(　)

02 학습의 전이에 대한 이론으로 '형태이조설'은 발견학습과 통찰학습이 지지하는 이론으로서, 특히 완전한 형태로의 이해 또는 전체적인 관계성을 강조한다.　(　)

03 자극변별이란 조건 자극에 대한 조건 반응으로서 유사한 다른 자극에도 반응을 일으키는 것을 말한다.　(　)

04 행동주의 학습이론의 기법으로서 '홍수법'은 문제행동의 빈도를 줄이기 위한 방법으로 강화를 중지하는 것이다.　(　)

05 정보처리이론에 의한 학습의 과정 중 측면분석과정에서, '자료 주도적 처리'는 입력을 기대에 부응하여 고차원인 지식이 저차적인 개별정보의 해석에 기여하는 것으로 본다.　(　)

06 작동기억은 입력이 매우 빠르고 인출이 즉각적이지만, 용량에 있어서 제한적이고 지속시간이 매우 짧다.　(　)

07 관찰학습의 과정에서 동기화 과정은 모델 행동의 상징적 표상을 적절한 행동으로 전환하는 과정에 해당한다.　(　)

08 가변간격계획은 강화 시행의 간격이 다르지만 평균적으로 확인할 수 있는 시간 간격이 지난 후에 강화를 주는 것이다. ( )

09 학습조건이론의 학습의 위계에서 원리학습은 한 유목에서 학습 성취를 획득하며, 그 사물의 유목에 속하는 사물 전체에 반응할 수 있도록 하는 것이다. ( )

10 귀인이론에 의한 귀인의 요소 중 안정성(Stability)에 있어서 능력이나 적성은 불안정적 요인으로 볼 수 있고, 시험 당일 기분상태 등은 안정적 요인으로 볼 수 있다. ( )

정답 및 해설

01 × 02 ○ 03 × 04 × 05 × 06 ○ 07 × 08 ○ 09 ○ 10 ×

01 성장이 아닌 성숙에 해당한다. 성장은 신체의 크기나 근육의 세기 등의 양적인 증가를 의미한다.

03 자극변별이란 조건화가 완전해짐으로써 다른 유사한 자극에 대해 반응을 일으키지 않는 것을 말한다.

04 행동주의 학습이론의 기법 중 '소거'에 대한 설명이다. 홍수법은 불안이나 두려움을 발생시키는 자극들을 계획된 현실이나 상상 속에서 지속적으로 제시하는 기법으로, 혐오스러운 느낌이나 불안한 자극에 대해 미리 준비를 갖추도록 한 후, 가장 높은 수준의 자극에 오랫동안 지속적으로 노출시킴으로써, 시간이 경과함에 따라 혐오나 불안을 극복하도록 한다.

05 개념 주도적 처리에 해당한다. 자료 주도적 처리는 정보가 입력과 동시에 식별이 되며, 투입된 장소 속에서 그 구조를 발견하는 과정이다.

07 생산과정 또는 운동재생과정에 해당한다. 동기화 과정은 행동 수행에 영향을 미칠 수 있는 강화조건에 따라 모델의 행동이 수행되는 과정을 말한다.

10 귀인이론에 의한 귀인의 요소 중 안정성(Stability)에 있어서 능력이나 적성은 비교적 고정적이므로 안정적 요인으로 볼 수 있는 반면, 시험 당일 기분상태 등은 고정적인 것이 아니므로 불안정적 요인으로 볼 수 있다.

선택 ❻과목

청소년이해론

- 01   청소년 심리
- 02   청소년 문화
- 03   청소년 복지와 보호
- **적중예상문제**

"선택 6과목 청소년이해론"은 청소년기의 개념과 특징, 신체적·인지적·도덕적·성적관점에서 이해하는 것이 중요합니다. 청소년의 독특한 문화에 대해서도 정리를 잘 해두어야 하며, 청소년이 가지고 있는 문제와 이에 대한 상담자로서의 역할 등에 대해서도 알아두어야 합니다. 여성가족부의 청소년정책 사업 및 청소년 기본법, 청소년활동 진흥법 등 청소년 관련법령을 반드시 숙지해야 합니다.

✓ **최근 2024년도 23회 기출키워드**

- 청소년기의 다양한 관점
- 에릭슨과 프로이트의 심리사회적 및 심리성적 발달단계
- 개인적 우화(Personal Fable)
- 마샤(J. Marcia)의 정체감 지위이론
- 콜버그(L. Kohlberg)의 도덕발달 단계
- 청소년기 신체적 발달
- 청소년기 성역할 고정관념의 증가현상
- 청소년기 또래집단의 기능
- 진로 및 직업발달 이론
- 브론펜브레너(U. Bronfenbrenner)의 생태학적 체계
- 청소년 문화 중 하위문화
- 의제설정 기능
- 차브 패션
- 허쉬(T. Hirschi)의 사회유대이론
- 학교폭력대책심의위원회의 기능
- 청소년기 자살
- 청소년 유해약물 분류
- 학교부적응 요인
- 인터넷게임 중독·과몰입 등의 예방 및 피해 청소년 지원
- 청소년복지
- 청소년치료재활센터
- 청소년의 권리와 책임
- 청소년증
- 취업지원
- 지역사회 청소년통합지원체계

정오표 ▲

CHAPTER 01 청소년 심리

중요도 ★★★

핵심포인트
\# 청소년 심리의 이해 \# 청소년의 심리적 발달(생물학적/인지학습/정신분석적/심리사회적/사회학습/인본주의적/생태학적 발달이론) \# 청소년기의 사회적 맥락

01 청소년 심리의 이해

1 청소년에 대한 정의

(1) 청소년의 정의 21 24 기출

① 청소년은 아동과 성인의 특징을 부분적으로 지니고 있으면서 양쪽 어디에도 속하지 않는 과도기적 존재이다.
② 청소년은 성적 성숙이 이루어지므로 생식 능력 유무의 관점에서 소년(소녀)과 구별된다.
③ 청소년은 성장 진행 여부의 관점에서 청년과 구별된다.
④ 청소년은 발달과정상 다른 시기와 차별되는 독특한 특징을 지닌다.
⑤ 청소년기는 사춘기의 시작과 함께 시작되며, 최근에는 사회변화에 따라 연장되는 추세에 있다.

(2) 청소년관련법상 청소년의 호칭 및 연령 14 17 20 21 23 24 기출

법률	호칭	연령 구분
청소년 보호법	청소년	만 19세 미만인 사람
청소년 기본법		9세 이상 24세 이하인 사람
청소년활동 진흥법		9세 이상 24세 이하인 사람
청소년복지 지원법		9세 이상 24세 이하인 사람
학교 밖 청소년 지원에 관한 법률		9세 이상 24세 이하인 사람
아동복지법	아동	18세 미만인 사람
아동·청소년의 성보호에 관한 법률	아동·청소년	19세 미만인 사람
민법	미성년자	19세 미만인 사람
형법		14세 미만의 자
근로기준법	연소자	15세 미만인 자 (중학교 재학중인 18세 미만의 자)

소년법	소년	19세 미만인 자
한부모가족지원법	아동	18세 미만의 자 (취학 중인 경우 22세 미만의 자)
	청소년 한부모	24세 이하의 모 또는 부
공직선거법	선거권자	18세 이상 (대통령 · 국회의원 선거권)

(3) 청소년기 자아의 개념 14 기출

① 아동기와 달리 신념, 특성, 동기로 자신을 묘사한다.
② 초기의 자아개념은 후기보다 모순되고 변화가 심하다.
③ 부정적 자아상이 확립되어 사회적 거부와 배척의 감정 또는 고립감을 갖게 됨으로써, 아동기에 더 긍정적 자아개념을 가진다.
④ 중기에는 후기보다 현실적 자아와 이상적 자아 간의 불일치가 높다.

2 신체 · 생리적 특성 14 19 23 기출

(1) 호르몬의 변화와 기능

① 호르몬과 뇌하수체 : 호르몬은 신체 내부에 있는 화학 물질로, 내분비선에서 분비되어 혈류를 통해 신체 각 부위에 운반된다. 주요한 내분비선인 뇌하수체는 성장호르몬을 분비하고 생식선으로 하여금 성호르몬의 생성과 유출을 자극하는 기능을 하며, 뇌에 있는 시상하부의 통제를 받는다.
② 호르몬상의 변화 : 청소년기에 나타나는 급격한 신체의 변화, 성적인 욕구의 증대 등은 청소년기에 나타나는 호르몬 종류 및 양의 변화에 의해 많은 영향을 받는다.
③ 호르몬의 주요한 3가지 기능

신체기관의 형태 및 구조를 결정하는 기능	청소년기에 분비되는 호르몬들로 인해 신장이 급속히 커지고, 2차 성징이 나타나게 된다.
본능적인 행동의 형성 기능	인간의 본능적인 행동들을 형성하는 데 결정적인 역할을 한다.
조절기능	다양한 신체 기능이 서로 통합되어 정신적 · 신체적 발달을 이룰 수 있게 된다.

(2) 2차 성징의 발달과 관련된 호르몬 14 15 16 21 24 기출

정소	• 테스토스테론 : 남성 생식기관의 발달, 2차 성징 발달 및 유지 • 안드로겐 : 남성 생식기관의 성장과 발달에 작용
난소	• 에스트로겐 : 여성 생식기관의 발달, 2차 성징 발달 및 유지, 월경주기 조절, 유방 발달 • 프로게스테론 : 월경주기 조절, 자궁 내벽을 준비하는 역할 수행

3 청소년의 인지적 특성

(1) 피아제(Piaget)의 형식적 조작사고 이론
① 피아제가 제시하는 형식적 조작은 다음과 같은 3가지 특성을 갖는다.
  ㉠ 가설을 설정하고 이를 전제로 추론하는 명제적 사고
  ㉡ 문제해결 과정에서 관련 변인들을 추출하고 분석하며, 이를 상호 관련지어 통합하는 결합적 분석
  ㉢ 구체적 대상의 존재 여부와 관련 없이 추상적 사고를 전개하는 추상적 추론
② 형식적 조작기에 이른 청소년들의 사고형태의 특징
  ㉠ 시행착오적으로 행동하기 전에 추상적인 수준에서 몇 가지 관련 변인들을 추출하여 이들 간의 관계에 대한 가설을 체계적으로 설정하고, 그 검증을 통해 결론을 도출하는 *가설 연역적 사고를 하게 된다.
  ㉡ 가설 연역적 사고를 통해 청소년들은 문제 상황과 관련된 변인들만을 추출할 수 있으며, 관련된 몇 가지 변인들을 통해 그와 관련된 다른 구체적인 사실들을 연역해 낼 수 있으며, 또한 양립할 수 없는 사실들을 변별할 수 있게 된다.

> **가설 연역적 사고**
> 귀납적인 사고와 연역적인 사고의 복합체로서, 주의 깊은 관찰이나 과학적인 직관 등을 종합해서 어떤 현상에 관여하는 원리를 생성해내는 '귀납적 사고'와 이 원리를 토대로 연역적으로 검증 가능한 결과를 예언하는 '연역적 사고'의 두 부분으로 이루어진다.

③ 형식적 조작기의 구체적 특징 16 18 20 기출
  ㉠ 구체적이고 실제적인 상황을 넘어서 추상적으로 사물을 다룰 수 있는 단계이다.
  ㉡ 추상적 대상을 포함한 논리적 사고가 가능해진다.
  ㉢ 가설·연역적으로 추론한다.
  ㉣ 문제해결 과정에서 모든 가능성에 대해 논리적·체계적으로 시험하는 조합적(통합적) 사고 분석을 한다.
  ㉤ 추리력과 적용력이 발달하고 사물의 인과관계를 터득할 수 있다.
  ㉥ 브루너(Bruner)의 표현방식 중 상징적 표현 방식에 해당한다.
  ㉦ 이해에 선행하여 관련 스키마를 구성하고, 이를 활용하여 체계적으로 문제를 해결할 수 있다.

(2) 엘킨드(Elkind)의 자아중심성 이론 14 15 16 18 20 22 기출
① 상상적 청중(Imaginary Audience) 23 기출
  ㉠ 청소년기의 과장된 자의식으로 인해 자신이 타인의 집중적인 관심과 주의의 대상이 되고 있다고 믿는다.
  ㉡ 이러한 경향으로 인해 청소년은 자기 자신이 주변 사람들의 끝없는 관심의 초점이라고 느끼고, 결과적으로 자기 자신이 매우 독특하고 특별한 존재라고 인식하게 된다.
  ㉢ 형식적 조작사고가 가능해짐에 따라 자신의 생각과 관념에 사로잡혀 나타나는 현상이다.
  ㉣ 사소한 실수에도 크게 당황하고, 작은 비난에도 심한 분노를 보인다.

ⓜ 다른 사람들이 자신을 관심의 초점으로 생각한다고 믿기 때문에 그들은 '관중'이고, 실제 상황에서는 자신이 관심의 초점이 아니므로 '상상적'이라 할 수 있다.
ⓑ 다양한 대인관계 경험을 통해 타인도 나름대로 관심사가 있다고 이해하면서 후기 청소년기가 되면서 개인적 우화와 함께 점차 사라진다.

② 개인적 우화(Personal Fable) 24 기출
  ㉠ 청소년기 특유의 비합리적이고 허구적인 자아 관념을 말한다.
  ㉡ 자신의 우정이나 사랑 등은 다른 사람이 결코 경험하지 못하는 것으로 생각하는 반면, 다른 사람이 경험하는 죽음·위험·위기가 자신에게는 일어나지 않을 것이며 혹시 일어난다고 하더라도 피해를 입지 않을 것이라고 확신하는 관념이다.
  ㉢ 자신이 다른 사람들과는 달리 특별하고 독특한 존재이며, 자신의 사고·감정·경험 세계가 다른 사람과 근본적으로 다르다고 믿는다.
    예 어른들은 청소년의 독특함과 특별함을 절대로 이해하지 못한다 혹은 엄마는 내 첫사랑을 절대로 이해하지 못한다고 생각한다).
  ㉣ 자신감과 위안을 부여하는 측면도 있지만, 심하면 자신의 존재의 영속성을 믿게 됨으로써 과격한 행동에 빠져들게 될 위험이 있다.

> **지식 IN**
>
> **타인의 입장되어 보기(Perspective Taking)**
> 셀먼(Selman)은 청소년들이 아동기 때와 달리 나타내는 사회적·인지적 특징으로 청소년들은 다른 사람들의 입장이 되어 그들의 생각이나 감정을 이해할 수 있는 능력이 있음을 밝혀냈다.
>
> **셀먼의 조망수용(역할수용능력) 발달단계** 17 24 기출
>
> | 0단계
자기중심적
수준 (3~6세) | 미분화된
조망수용 | • 아직 타인과 자신의 시각을 분리하지 못하여 다른 사람이 자신의 생각과 같다고 판단한다.
• 심리적 의도와 물리적 결과의 관계를 구분하지 못한다. |
> |---|---|---|
> | 1단계
단독적·일방적
수준 (6~8세) | 사회정보적
조망수용 | • 분화된 주관적 조망능력 수준이다.
• 타인과 자신의 시각이 다름을 이해하지만 타인이 자신과 같은 입장이나 상황이라면 자신과 같은 행동을 했을 것이라 믿는다. |
> | 2단계
호혜적 수준
(8~10세) | 자기반성적
조망수용 | • 상호호혜적 조망능력 수준이다.
• 자기반영적 수용 수준이라고도 하며 자신의 심리적 의도에 비추어 행동이 이루어졌음을 이해한다. |
> | 3단계
상호적 수준
(10~12세) | 제3자적
조망수용 | • 객관화된 상호이해 조망능력 수준이다.
• 다른 사람의 관점이나 자신의 관점을 제3자의 입장에서보다 객관적으로 판단하기 때문에 타인에게 보이는 자신을 의식하기도 하고, 자신을 주체 및 객체로서 바라볼 수 있다. |
> | 4단계
사회적 조망 협응
수준
(12~15세) | 사회관습적
조망수용 | • 사회 구조적·상징적 역할 조망능력 수준이다.
• 자신과 다른 사람의 입장을 사회가 수용할 수 있는 방식으로 통합한다. |

4 정서적 특성과 사회적 특성 14 기출

(1) 정서적 특성 14 17 19 기출

① 강도 높은 정서적 경험을 한다.
② 격렬하고 쉽게 동요되는 경향이 있다.
③ 신체·생리적 변화는 강렬한 정서적 불안정성을 유발한다.
④ 심리·사회적 압박은 강한 정서적 불만이나 갈등을 유발한다.
⑤ 정서를 자극하는 것은 부모와의 갈등 등 주로 대인관계 문제이다.
⑥ 강도 높은 정서들을 용납할 수 없을 때 무의식적으로 *방어기제를 사용한다.
⑦ 아동기 때와 달리 자신의 정서적인 경험을 자각한다.
⑧ 상당한 불안감, 죄책감, 수치감을 경험한다.

> **방어기제**
> 자아가 위협받는 상황에서 무의식적으로 자신을 속이거나 상황을 다르게 해석하여, 감정적 상처나 불안으로부터 자신을 보호하는 심리적 의식이나 행위 등을 말한다.

(2) 사회적 특성

① 부모로부터 개별화되고자 한다.
② 동성이나 이성친구 등 또래집단(Peer Group)에 몰입한다.
③ 또래와의 관계는 자신의 정체감을 형성하고 유지하는 데 필요한 심리·사회적 지지를 얻게 한다.

지식 IN

인상형성(Impression Formation) 17 기출
- 다른 사람에게서 어떤 인상을 받는가, 즉 다른 사람에 대한 판단은 어떻게 이루어지는가하는 인상형성이 급속도로 발달한다.
- 점진적·구체적이고, 보다 분화된 특성으로 묘사되며 추론을 많이 사용한다.
- 더욱 추상적인 특성으로 타인을 묘사하게 되고(태도나 동기 등), 보다 조직적이고 성격특성과 상황을 연결하여 타인을 판단하는 경향이 있으며, 덜 자기중심적이다.

02 청소년의 심리적 발달

1 생물학적 발달이론 – 홀(Hall), 게젤(Gesell)

(1) 의의 24 기출
① 생물학적 이론들은 주로 청소년기의 여러 가지 신체적인 변화에 초점을 맞추고 있다.
② 청소년기에 나타나는 여러 가지 신체적 변화는 아동이 청소년기로 진입하였음을 알 수 있는 가시적이고 명확한 지표로서, 주변 사람들은 이러한 신체적 변화를 통해 아동이 청소년이 되었음을 인식하게 된다.
③ 청소년기를 생물학적 측면에서 정의하면 성적 성숙이 시작되는 시점부터 성적 성숙이 완성될 때까지의 기간을 의미한다.
④ 자기상(Self Image)에 대한 이러한 변화로 인해 청소년은 보다 어른스러운 행동 등 과거와는 다른 행동을 하게 되며, 타인들에게도 자신을 과거와 다르게 대해줄 것을 원하게 된다.

(2) 홀(Hall)의 재현이론 14 16 17 19 22 23 24 기출
① 정의
  ㉠ 인류의 발달이 원시적이고 야만적인 문화에서 지금의 문명 사회로 발달하여 왔듯이, 개인의 발달도 원시적인 유아기에서부터 청소년기를 거쳐 성인기로 발달한다는 것이다.
  ㉡ 청소년기의 극단적인 정서 변화를 모순적 경향성이라고 부르고, 청소년기의 대표적 정서 경향들로 활력/열 대 무관심/지루함, 명랑함/웃음 대 우울/침승, 허영/허풍 대 멸시/비하, 민감함 대 무감각함, 연약함 대 야만성을 들면서, 청소년기는 역사적으로 급격한 문명화 변화를 다시 겪게 되는 시기로 혼란이 불가피하다고 주장하였다.
  ㉢ 1904년 『Adolescence(청소년기)』를 출간하면서 청소년기를 독립된 발달단계로 규정하였다.

② 특징
  ㉠ 청소년의 발달에 있어 생물학적 요인을 너무나 과도하게 강조하면서, 가족·친구의 영향과 같은 환경적 요인을 과소평가하였다는 점에서 비판받고 있다.
  ㉡ 홀은 청소년기가 '질풍노도의 시기'라고 말하였지만, 청소년기가 다른 발달시기에 비해 특별히 혼란스럽지 않다고 하는 주장도 있다.
    예 청소년기의 지능, 정서의 안정성, 성격 등에 관한 연구들에 따르면, 청소년기에 급작스러운 변화가 발생하는 것이 아니라, 점진적인 발달이 일어나는 것이라고 한다.
  ㉢ 인간의 생애발달은 '유아기-아동기-전청소년기-청소년기'의 4단계를 거쳐 이루어진다고 보았다.
  ㉣ 재현이론은 개체발생(유기체의 발달)이 계통발생(종의 발달)을 반복하는 점을 토대로 하고 있다.

③ 발달단계

발달단계	발달적 특징
유아기 (0~4세)	유아가 동물적이고 원시적인 발달을 재현하는 시기이다.
아동기 (5~8세)	아동의 술래잡기나 장난감 총 놀이는 과거 인류의 동굴 생활과 수렵, 어획 활동을 재현하는 것이다.
전청소년기 (9~14세)	• 인류가 인간으로서의 특성과 야만적인 특성을 동시에 가지고 있었던 시기이다. • 아동이 야영 시대의 삶을 재현하는 시기로서, 연습과 훈련을 통하여 읽고 쓰고 말하는 기술을 획득한다.
청소년기 (15~25세)	• 인류가 야만적인 생활에서 문명 시대로 접어드는 시기이다(제2의 탄생기). • 급진적이고 변화가 많으며 안정적이지 못하다.

지식 IN

질풍노도의 시기

- 청소년기는 신체적·정신적·정서적으로 불안정한 상태로서, 감정 기복이 많은 시기이다.
- 홀(Hall)과 프로이트(Freud)는 청소년기를 '질풍노도의 시기'로 보는 입장이지만, 에릭슨(Erikson)과 미드(Mead)는 이러한 관점에 대해 반대하는 입장이다.

(3) 게젤(Gesell) 23 기출

① 정 의

　㉠ 게젤은 아동의 발달이 자연 상태에서 자신의 잠재가능성을 발휘하면서 이루어진다는 루소(Rousseau)의 자연주의 이론을 토대로 아동의 내재적 능력의 자연적 계발을 강조하였다.

　㉡ 인간의 성숙이 성장의 모든 면을 좌우하며, 성장에서는 형태화 과정을 거치면서 행위가 체계화된다.

　㉢ 아동은 타고난 유전적 요인에 의해 성장과 발달이 이루어지며, 발달속도의 개인차는 유전적 기제의 차이에서 비롯된다.

　㉣ 아동의 성숙과 발달에는 일정한 규칙성이 있으며, 이는 아동의 연령에 따라 단계별로 나타난다.

② 특 징

　㉠ 아동의 특징과 능력에 대한 표준을 제시하여, 이를 토대로 부모나 교사가 그들의 성숙 수준에 부합하는 과제를 통해 그들 스스로 내적 계획에 따라 발달할 수 있도록 충분한 시간을 부여할 것을 강조하였다.

　㉡ 부모나 교사가 아동의 발달에 대해 지나친 기대를 가진 나머지 아동의 성숙 수준을 넘어서는 성취를 요구하는 것은 오히려 아동의 발달에 부적절하며, 아동의 부적응 행동을 야기한다.

ⓒ 환경은 성숙에 어느 정도 영향을 미치지만 그 작용은 개별적이고 제한적이다.
ⓔ 개인의 자질과 성장유형은 그 아동이 속한 문화와 관련이 있으며, 바람직한 문화는 아동의 독특한 개성을 맞춰줄 수 있어야 한다.

2 인지발달이론 – 피아제(Piaget), 비고츠키(Vygotsky), 콜버그(Kohlberg)
16 21 22 23 24 기출

(1) 피아제와 비고츠키의 인지발달이론 24 기출

① 피아제(Piaget)의 인지발달이론
  ㉠ 피아제(Piaget)는 인간이 특정한 인지적 발달 경향성을 가지고 태어나지만, 친구·성인 등과 같은 사회적 환경과의 상호작용을 어떻게 하는지에 따라 지적 능력은 차이가 난다고 하였다.
  ㉡ 피아제는 인지발달단계가 감각운동기(0~2세), 전조작기(2~7세), 구체적 조작기(7~12세), 형식적 조작기(12세 이상)로 구성되어 있고, 각 단계는 지적구조에서 질적으로 차이가 나며, 모든 사람이 동일한 발달단계를 거친다고 주장하였다.
  ㉢ 피아제는 인간의 인지구조의 성장이 동화와 조절이라는 적응과정을 통해 내면적인 평형이 이루어지면서 발생한다고 보았다.
  ㉣ 피아제는 도덕추리가 인지발달과 관계가 깊고, 지능지수나 역할수행 기술이 높은 아동이 낮은 아동보다 도덕적 판단수준이 높다고 보았다.
  ㉤ 피아제의 도덕발달단계는 전조작기(6세경)에는 타율적 도덕성, 구체적 조작기(9세경)에는 자율적인 도덕성이 나타나기 시작한다.

② 비고츠키(Vygotsky)의 인지발달이론 19 기출
  ㉠ 비고츠키(Vygotsky)는 피아제(Piaget)의 인지발달이론에 사회문화적인 접근을 시도함으로써 새로운 인지발달이론을 전개하였다.
  ㉡ 지식은 혼자 발견하기보다 타인과의 상호작용을 통해 전수된다고 하였으며, 근접발달영역(ZPD)에서 학습이 이루어진다고 하였다.
  ㉢ 인지발달에 있어 *비계(Scaffolding)와 사회문화적 요인의 중요성을 강조하였다.
  ㉣ 언어나 상징과 같은 문화적 도구의 중요성을 강조하였으며, 사회적·문화적 맥락에서의 학습에 초점을 두었다.

> **비계(飛階)**
> 어떤 작업을 수행하는 학습자들을 도와주는 단순한 역할이 아니라 학습자 스스로 할 수 없는 작업을 수행해 내도록 도와주거나, 학습자 스스로 어떤 작업을 완성시킬 수 있도록 이끌어 주는 것이다.

(2) 청소년기의 인지발달 15 16 21 22 기출

① **추상적 사고** : 가상적인 상황이나 추상적인 사실들에 관심을 가지고, 이에 대해 논리적으로 추론을 할 수 있게 된다.
② **가설연역적 사고** : 직접 관찰 가능한 것 외에 지금 현재는 존재하지 않지만 가능한 무엇(If)을 통해 미래에 대한 계획을 세우고, 행동의 결과를 예상하며, 현상에 대한 대안적 설명(Then)을 제공하는 사고를 말한다.
③ **이상주의적(가능성에 대한) 사고** : 직접 경험한 상황에 국한시키지 않고, 가능성의 세계나 자신이 원하는 이상의 세계로 사고를 확장시키게 된다.
④ **사고과정에 대한 사고(메타인지)** : 메타인지란 자신의 인지적 활동에 대한 지식과 조절을 의미하는 것으로 내가 무엇을 알고 모르는지에 대해 아는 것에서부터 자신이 모르는 부분을 보완하기 위한 계획과 그 계획의 실행과정을 평가하는 것에 이르는 전반을 의미한다.

(3) 콜버그(Kohlberg)의 도덕성 발달이론 14 17 19 24 기출

제1수준 전인습적 수준 (4~10세)	제1단계 타율적 도덕성	• 처벌과 복종을 지향한다. • '힘이 곧 정의다', '적자생존'과 같은 힘의 원리를 지향한다.
	제2단계 개인적·도구적 도덕성	• 상대적 쾌락주의에 의한 개인의 욕구충족을 지향한다(도구적 상대주의 지향). • 자기 자신을 가장 우선적으로 생각한다.
제2수준 인습적 수준 (10~13세)	제3단계 대인관계적 도덕성	• 다수 의견에 따른 개인 상호 간의 사회적 조화를 지향하며, 사회적 인습에 따른다. • 착한 소년·소녀를 지향한다.
	제4단계 법·질서·사회체계적 도덕성	• 현존하는 법률, 질서와의 일치 여부에 따라 도덕성을 판단한다. • 사회질서 유지를 위해 법에 복종해야 한다는 점을 중시한다.
제3수준 후인습적 수준 (13세 이상)	제5단계 민주적·사회계약적 도덕성	민주적 절차로 수용된 법을 존중하는 한편, 법을 상호합의에 의한 것으로 인식하고 변경 가능성을 인정한다.
	제6단계 보편윤리적 도덕성	성문화된 법체계뿐만 아니라 개인의 양심과 보편적인 윤리원칙에 따라 옳고 그름을 인식한다.

> **지식 IN**
>
> **하인츠 딜레마** 19 기출
> - 하인츠는 암에 걸린 아내를 위해 어느 약사가 개발한 새로운 약을 구하려 했다. 하지만 약사는 원가가 200달러인 약을 2,000달러에 팔겠다고 한다. 하인츠는 재산을 모두 처분하는 등 돈을 구하기 위해 최선을 다했지만 1,000달러밖에 마련하지 못했다. 약사는 하인츠의 호소에도 1,000달러에 약을 팔지 않겠다고 거절했고, 결국 하인츠는 아내를 살리기 위해 약사의 창고에 몰래 들어가 약을 훔쳤다.
> - 콜버그는 도덕성 발달을 측정하기 위해 10세, 13세, 16세 소년 72명을 대상으로 위 이야기와 같은 도덕적인 갈등상황을 제시하였으며, '남편은 약을 훔쳤기 때문에 벌을 받아야 하는가', '약사는 비싼 약값을 요구할 권리가 있는가' 등 도덕성과 관련된 질문을 던졌다. 그는 이 질문을 듣고 대답한 이유가 연령별로 달라지는 것을 관찰하여 3수준 6단계의 도덕성 발달이론을 제시하였다.

3 스턴버그(Sternberg)의 삼각형 이론 16 22 기출

(1) 사랑의 3가지 구성요소
① 친밀감(Intimacy) : 사랑의 '따뜻한' 측면(정서적 요소)
② 열정(Passion) : 사랑의 '뜨거운' 측면(동기적 요소)
③ 헌신(Commitment) : 상대방을 사랑하겠다는 결정과 행동적 표현을 의미(인지적 요소)

(2) 사랑의 8가지 유형
① 비사랑 : 사랑의 3가지 구성요소 중 아무것도 갖추지 않은 관계
② 우정 : 친밀감이 높은 상태로 친구 사이에서 생기는 감정
③ 짝사랑 : 열정만 있는 사랑
④ 공허한 사랑 : 정열이나 친밀감 없이 헌신만 있는 사랑
⑤ 낭만적 사랑 : 친밀감과 열정은 있으나 헌신이 없는 사랑
⑥ 허구적 사랑 : 열정과 헌신은 있으나 친밀감이 없는 사랑
⑦ 우애적 사랑 : 친밀감과 헌신은 있으나 열정이 없는 사랑
⑧ 완전한 사랑 : 3가지 요소를 모두 갖춘 완벽하고 이상적인 사랑

4 정신분석적 발달이론 – 프로이트(Freud)

(1) 청소년기의 정신분석적 이론
① 청소년기는 5단계인 생식기에 해당하는 시기이다.
② 프로이트는 남근기 이전단계에서 이미 성격형성에 중요한 모든 것이 결정된다고 간주하였기 때문에 청소년기에 대해서는 덜 강조하였다.
③ 프로이트의 딸인 안나 프로이트(Anna Freud)는 청소년기를 정신분석적으로 다음과 같이 설명하였다.
  ㉠ 청소년기는 기본적으로 내적갈등(Internal Conflict), 심적 불평형(Psychic Disequilibrium), 엉뚱한 행동(Erratic Behavior)이 지배하는 시기이다.
  ㉡ 한편으로는 우주의 중심을 자신과 동일시할 정도로 아주 자기중심적인 면을 지니고 있는가 하면, 다른 한편으로는 자기희생과 헌신을 보인다.
  ㉢ 열정적인 사랑의 관계를 쉽게 맺기도 하지만 쉽게 깨지기도 하며, 이기적이고 물질지향적이기도 하지만 때로는 고고한 이상에 탐닉하기도 한다.
  ㉣ 남에 대해 전혀 고려하지 않지만 때로는 자기의 상한 감정에 대해 무척 분노하기도 하며, 가벼운 낙천주의와 극단적인 염세주의 사이를 왔다 갔다 한다.
  ㉤ 오이디푸스 콤플렉스가 다시 출현하면서 겪게 되는 과정으로 '질풍노도의 시기'로 보았다.
  ㉥ *금욕주의(Asceticism)와 *주지(지성)화(Intellectualization)를 청소년기에 특히 자주 볼 수 있는 방어기제로 보았다.

> **금욕주의**
> 성욕에 대한 두려움에서 나오는 것으로 철저한 자기부정을 의미한다.

> **지성화**
> 종교나 철학, 문학 등의 지적 활동에 몰입함으로써 성적 욕구에서 벗어나고자 하는 방어기제를 말한다.

④ 청소년기에는 잠재된 오이디푸스 콤플렉스와 엘렉트라 콤플렉스가 무의식적인 공포를 갖게 하여 강한 불안을 느끼기도 하는데, 이러한 불안과 갈등, 죄의식에서 벗어나기 위해 방어기제를 사용하거나 애정적인 관계를 추구한다.

(2) 프로이트의 성격발달 5단계

단 계	연 령	특 징
구강기 (Oral)	출생~약 1세	• 성적인 에너지가 입 주변에 집중되는 시기로서, 유아는 빨고 삼키고 깨물면서 만족을 얻는다. • 유아는 의존적이고 다른 사람으로부터 분화되지 않은 상태이다.
항문기 (Anal)	약 1~3세	• 배설물을 보유하고 배설하는 것으로 만족을 얻는다. • 유아는 처음으로 본능적 충동을 외부로부터 통제받는 경험을 하게 된다.
남근기 (Phallic)	약 3~6세	• 이 시기부터 원초아, 자아, 초자아는 역동적으로 작용하기 시작한다. • 이 시기의 아동은 부모에게 성적 관심을 갖게 되면서 동성의 부모에게 성적 동일시를 하므로, 남자아이는 남자답게, 여자아이는 여자답게 행동하려 한다.

잠복기 (Latent)	약 6~12세	• 성적인 에너지가 특별히 한정된 곳이 없고, 성적인 힘도 잠복되어 있는 시기이다. • 동성친구나 외부 세계에 대한 관심이 집중되는 시기이다.
생식기 (Gentail)	12세 이후~ 성인기 이전까지	어른의 형태와 같은 성 만족에 관심을 갖고, 타인인 이성으로부터 성적인 만족을 얻으려고 하는 시기이다.

(3) 방어기제의 주요 개념 – 안나 프로이트(Annna Freud) 15 17 18 22 기출

① 억압(Repression) : 죄의식이나 괴로운 경험, 수치스러운 생각을 의식에서 무의식으로 밀어내는 것으로서, 선택적인 망각을 의미한다.

② 부인/부정(Denial) : 의식화되는 경우 감당하기 어려운 고통이나 욕구를 무의식적으로 부정하는 것이다.

③ 합리화(Rationalization) : 현실에 더 이상 실망을 느끼지 않기 위해 또는 정당하지 못한 자신의 행동에 그럴듯한 이유를 붙이기 위해 자신의 말이나 행동을 정당화하는 것이다.

④ 반동형성(Reaction Formation) : 자신이 갖고 있는 무의식적 소망이나 충동을 본래의 의도와 달리 반대되는 방향으로 바꾸는 것으로서, "미운 사람 떡 하나 더 준다."의 의미이다.

⑤ 투사(Projection) : 사회적으로 인정받을 수 없는 자신의 행동과 생각을 마치 다른 사람의 것인 양 생각하고 남을 탓하는 것이다.

⑥ 퇴행(Regression) : 생의 초기에 성공적으로 사용했던 생각이나 감정과 행동에 의지하여 자기 자신의 불안이나 위협을 해소하려는 것이다. 예를 들어, 극심한 스트레스나 좌절을 경험하면 어렸을 때의 행동양식으로 돌아가는 경우가 이에 해당한다.

⑦ 주지화(Intellectualization) : 위협적이거나 고통스러운 정서적 문제를 피하거나 둔화시키기 위해 사고, 추론, 분석 등의 지적 능력을 사용하는 것이다.

⑧ 전치/치환(Displacement) : 자신이 어떤 대상에 대해 느낀 감정을 보다 덜 위협적인 다른 대상에게 표출하는 것이다.

⑨ 전환(Conversion) : 심리적인 갈등이 신체 감각기관이나 수의근 계통의 증상으로 표출되는 것이다.

⑩ 취소(Undoing) : 자신의 공격적 욕구나 충동으로 벌인 일을 무효화함으로써 죄의식이나 불안감정에서 벗어나고자 하는 것이다.

⑪ 해리(Dissociation) : 괴로움이나 갈등상태에 놓인 인격의 일부를 다른 부분과 분리하는 것이다.

⑫ 격리(Isolation) : 과거의 고통스러운 기억에서 그에 동반된 부정적인 감정을 의식으로부터 격리시켜 무의식 속에 억압하는 것이다.

⑬ 보상(Compensation) : 어떤 분야에서 탁월하게 능력을 발휘하여 인정을 받음으로써 다른 분야에서의 실패나 약점을 보충하여 자존심을 고양시키는 것이다.

⑭ 대치(Substitution) : 받아들여질 수 없는 욕구나 충동에너지를 원래의 목표에서 대용목표로 전환시킴으로써 긴장을 해소하는 것으로서, "꿩 대신 닭"이 그 예에 해당한다.

⑮ 승화(Sublimation) : 정서적 긴장이나 원시적 에너지의 투입을 사회적으로 인정될 수 있는 행동방식으로 표출하는 것으로서, 성적 본능이나 공격성이 사회적으로 바람직한 행동으로 나타나는 경우가 이에 해당한다.

⑯ 동일시(Identification) : 투사와 반대되는 개념으로서, 자기가 좋아하거나 존경하는 대상 또는 그 외의 대상을 자기 자신과 같은 것으로 인식하는 것을 말한다.

⑰ 상징화(Symbolization) : 의식적으로 인정받을 수 없는 무의식적 욕망이나 충동을 어떠한 상징적 표현으로 전치하는 것이다.

⑱ 신체화(Somatization) : 심리적인 불안이나 스트레스가 감각기관이나 수의근 계통 이외의 신체 증상으로 표출되어 나타나는 것이다. 예를 들면, "사촌이 땅을 사면 배가 아프다."가 이에 해당한다.

⑲ 행동화(Acting-Out) : 무의식적 욕구나 충동이 즉각적으로 충족되지 않은 채 연기됨으로써 발생하는 내적 갈등을 피하기 위한 목적으로, 그와 같은 욕구나 충동을 보다 직접적으로 표출하는 것이다.

⑳ 상환(Restitution) : 무의식적 죄책감으로 인한 마음의 부담을 줄이기 위해 일종의 배상행위를 하는 것이다.

㉑ 금욕주의(Asceticism) : 성적 충동과 같은 본능적 욕구와 연결된 활동에 참여하는 것을 거절하는 자기부정행위 방어기제이다.

5 심리사회적 발달이론 - 설리반(Sullivan), 에릭슨(Erikson)

(1) 설리반(Sullivan)의 대인관계 발달단계 15 17 18 21 기출

① 의의
  ㉠ 대인관계의 형태와 욕구의 변화에 따라 유아기부터 후기 청소년기까지 인간발달단계를 6단계로 구분하였다. 즉, 편안하고 성공적인 대인관계가 인생에서 가장 중요하다고 하였다.
  ㉡ 다른 정신분석 이론가들이 부모·자녀관계의 중요성에 관심을 집중했던 것과는 달리, 청소년기 발달에 친구관계가 중요한 역할을 함을 강조하고 있다.
  ㉢ 4단계인 전청소년기에는 친밀감의 욕구가 증가하면서 동성의 친구와 단짝관계를 형성하고 우정을 돈독히 해나가지만, 5단계인 청소년 초기에는 이성에 대한 관심이 증가하며 친밀한 관계를 형성하려는 욕구가 생기고, 이성친구와 애정적인 관계를 형성하게 된다.
  ㉣ 청소년기의 대인관계 과업이 성공적으로 이루어질 때 청소년들은 친밀감과 성욕을 건강하게 다루는 능력을 갖추어 가며, 후기 청소년기로 진입하게 된다.

② 설리반(Sullivan)의 대인관계이론 16 기출

발달시기	연령	대인관계 욕구
유아기 (Infant)	출생에서 2~3세까지	안정감의 욕구, 사람들과의 접촉욕구, 양육자로부터 사랑받고 싶은 욕구
아동기 (Childhood)	3~6세	자신들의 놀이에 성인이 참여하기를 바라며, 성인이 바라는 행동을 주로 하면서 부모의 관심을 얻으려는 욕구가 강함
소년/소녀기 (Juvenile)	7~10세	또래 놀이친구를 얻고자 하고, 또래집단에 수용되고자 하는 욕구를 가지며, 배척의 위협과 따돌림, 놀림에 대한 불안감을 느낌
전청소년기 (Preadolescence)	11~12세	동성친구를 갖고자 하는 욕구를 가짐(단짝 친구관계를 형성하려는 욕구)
청소년 초기 (Adolescence)	13~16세	성적 접촉욕구, 이성친구와의 친밀욕구
청소년 후기 (Late Adolescence)	17~20세	성인사회에의 통합욕구

(2) 에릭슨(Erikson)의 인간 발달단계 23 24 기출

① 의 의
  ㉠ 인간의 성격이 전 생애에 걸쳐 변화하고 발달한다고 본 이론으로, 인간의 발달을 8단계로 나누고 각 단계별로 극복해야 할 심리사회적 위기와 발달과업을 제시하였다.
  ㉡ 청소년기를 자아정체감을 형성하는 결정적 시기로 보고 있다.
  ㉢ 청소년기를 다른 시기에 비해 혼란과 스트레스가 많은 '질풍노도의 시기'로 보지 않고, 진정한 자신을 찾기 위해 노력을 기울이는 시기로서, 자신에 대한 결정을 잠시 보류할 수 있는 시기로 보았다.

② 에릭슨의 인간 발달단계 14 16 17 18 20 기출

구 분	심리사회적 위기	내 용	프로이트의 발달단계
유아기 (출생~18개월)	신뢰감 대 불신감 희망 대 공포	부모의 보살핌의 질이 결정적 요인으로 작용함	구강기
초기 아동기 (18개월~3세)	자율성 대 수치심·회의	배변훈련을 통해 자기통제 감각을 익힘	항문기
학령전기 또는 유희기 (3~5세)	주도성 대 죄의식	기초적인 양심이 형성됨	남근기
학령기 (5~12세)	근면성 대 열등감	또래집단과 교사 등의 주위 환경을 지지기반으로 함	잠복기
청소년기 (12~20세)	자아정체감 대 정체감 혼란	심리사회적 유예기간의 특수한 상황을 통해 정체감을 형성하며, 자아정체감 혼미가 직업 선택이나 성역할 등에 혼란을 가져옴	생식기

성인 초기 (20~24세)	친밀감 대 고립감	사회적 친밀감을 형성하며, 성적·사회적인 관계 형성이 이루어짐	–
성인기 (24~65세)	생산성 대 침체	가정과 사회에서 중요한 역할을 수행하며, 다른 사람을 보호하거나 양보하는 미덕을 보임. 이 시기에 생산성이 결핍되면 자기중심적인 경향을 가지게 됨	–
노년기 (65세 이후)	자아통합 대 절망	죽음을 앞둔 채 지나온 생을 반성, 죽음에 대해 용기와 절망이 공존함	–

지식 IN

에릭슨(Erikson)의 자아정체감(Ego-identity) 16 19 기출

- 총체적인 자기지각을 의미한다.
- 인간이 반드시 획득해야 하는 발달과업이자, 청소년기의 가장 중요한 발달과업이다.
- 청소년기는 성인의 역할과 책임을 일정 기간 연기시키는 심리적 유예기(Moratorium)로, 이 시기 동안 사회적·직업적으로 다양한 역할을 실험하면서 자아정체감을 확립한다.
- 연령이 증가할수록 자아정체감 성취의 비율도 증가한다.
- 에릭슨은 자아정체감을 제1의 측면인 내적 측면과 제2의 측면인 외적 측면으로 보았다. 여기서 '내적 측면'은 시간적 동일성과 자기연속성의 인식이며, '외적 측면'은 문화의 이상과 본질적 패턴에 대한 인식 및 동시시를 말한다.
- 자아정체감을 가진 사람은 개별성과 통합성을 동시에 경험하며, 다른 사람과 동일한 흥미나 가치를 가지고 있더라도 자신을 다른 사람과 분리된 독특한 개인으로 인식한다.

마샤(Marcia)의 자아정체감 범주(지위) 15 16 17 20 21 23 24 기출

구 분	정체감 성취	정체감 유예	정체감 유실	정체감 혼란
위 기	+	+	–	–
관여(전념)	+	–	+	–

- 정체감 성취 : 자아정체감과 관련된 위기를 경험하였으나, 다양한 대안과 선택을 신중하게 고려해 자아정체감을 확립한 상태이다. 또한 자신의 신념, 직업, 정치적 견해 등에 대해 스스로 *의사결정을 할 수 있는 상태를 말한다.

> **의사결정**
> 여러 대안 중에서 하나의 행동을 고르는 정신적 지각활동으로서, 모든 의사결정의 과정은 하나의 최종적 선택을 위한 것이다.

- 정체감 유예 : 현재 정체감 위기의 상태에 있으면서 자아정체감 형성을 위해 다양한 역할, 신념, 행동 등을 실험하고 있으나, 의사결정을 내리지 못한 상태를 말한다.
- 정체감 유실 : 자신의 신념, 직업선택 등의 중요한 의사결정에 앞서 수많은 대안에 대하여 생각해 보지 못하고, 부모나 다른 사람의 역할모델의 가치나 기대 등을 그대로 수용하여 그들과 비슷한 선택을 하는 경우 혹은 자기탐색을 위한 정체감 위기를 경험하지 않고 자신에 대해 쉽게 의사결정을 하기도 한다.
- 정체감 혼란(혼미) : 자아에 대해 안정되고 통합적인 견해를 갖는 데 실패한 상태를 말한다. 이는 위기를 경험해 보지 않았고, 직업이나 이념 선택에 대한 의사결정을 하지 않을 뿐만 아니라 이러한 문제에 관심도 없는 상태를 말한다.

6 사회학습이론 – 반두라(Bandura), 미드(Mead), 베네딕트(Benedict)

(1) 반두라(Bandura)의 사회학습이론 20 기출

① 자극·반응이라는 전통적 학습 이론의 관점과 더불어 모방 또는 관찰학습의 중요성을 강조한다.
② 인간은 자극에 반응하는 것 이외에도 타인의 사고, 행동, 느낌을 모방하고 모델링함으로써 자신의 사고, 행동, 느낌을 형성한다는 것이다.
③ 도덕성도 모방과 강화에 의해 학습되는 대리강화 행동으로 생각하였다. 대리강화는 타인의 행위를 관찰함으로써 간접적인 강화를 받게 되고 이를 따라하는 행위를 말한다.
④ 이들은 문화적 요인(예 타인의 기대, 규범, 행동 등)이 개인의 바람직한 행동에 대해 직접적으로 강화를 주며, 사회적으로 적절한 행동에 대한 모델을 제공함으로써 개인 유기체의 사회적 발달에 영향을 미친다고 주장한다.
⑤ 사회학습이론은 인간의 행동은 사회적이고 상황적인 맥락에 의해 결정되므로 인간발달을 어떤 획일화된 단계로 구분할 수 없다고 본다. 또한 유아, 아동, 청소년, 성인은 모두 동일한 심리과정을 갖는다고 주장하였다.
⑥ 반두라의 관찰학습 과정 16 기출

주의	모방하려는 모델의 행동에 주의를 기울이며, 모델행동의 특징이나 단서를 기억하는 것이다.
파지·실행	• 이전에 관찰된 내용이 기억이 되는 과정으로서, 모델의 행동을 말로 표현하고 머릿속으로 부호화하는 것이다. • 마음속으로 상상해보는 내적 시범과 실제로 행동해보는 외적 시연이 있다.
운동재생	모델의 행동을 상징적으로 부호화하여 기억한 것을 행동으로 전환하는 과정이다.
동기유발	실행은 강화와 동기적 변수에 의해 좌우되며 보상을 얻을 수 있을 때만 모방한다.

(2) 미드(Mead)의 학습이론 14 16 23 기출

① 사모아와 뉴기니섬에서의 청년 연구를 통해 청소년기의 전환이 반드시 혼란스러운 것은 아니라는 관점을 제시하였다.
② 청소년기의 혼란이 사춘기의 보편적 산물이어서 생물학적으로 결정되는 것이 아니라, 문화적 맥락에 따라 수정될 수 있다는 것을 연구를 통해 입증하였다.
③ 아동기에서 성인기로의 전환이 순탄하고 점진적으로 이루어지는 문화권에서는 청소년기가 결코 *질풍노도의 시기가 아님을 강조하였다.
④ 모든 사회현상은 그 사회의 역사·문화적 맥락에서 분석해야 함을 강조하였다.
⑤ 미드는 우리가 여성적·남성적이라고 말하는 인성적 특성들은 개별 사회의 역사적 과정에서 생성된 것이라고 하였다.

> **질풍노도의 시기**
>
> 청소년기의 격동적인 감정 상태를 표현하는 말이다. 청소년은 어른도 어린이도 아닌 주변인으로서, 여러 면에서 좌절과 불만이 잠재하여 극단적인 사고와 과격한 감정을 곧잘 가지며 정서적인 동요가 심하므로, 시기적인 특성을 이렇게 표현하기도 한다.

(3) 베네딕트(Benedict)의 문화학습이론

① 아동기에서 성인기로의 이동의 질적 특성이 청소년기의 경험을 결정한다고 주장하였다. 즉, 유연하고 지속적인 이동은 청소년기의 갈등과 혼란을 일으키지 않지만, 갑작스럽거나 지속적이지 않은 이동은 긴장과 갈등을 일으킨다는 것이다.
② 산업화된 서구 문화권의 경우 아동과 성인의 행동 간 상당한 불연속성이 존재하기 때문에, 아동이 성인이 되기 위해서는 새로운 행동에 대한 충분한 교육이 전제되어야 한다고 하였다.

7 인본주의적 발달이론 – 매슬로우(Maslow), 로저스(Rogers)

(1) 매슬로우(Maslow)의 인본주의적 관점 16 21 기출

① 인간은 태어나면서 욕구(Need)를 가지고 태어나며 이러한 욕구를 충족하기 위해 행동한다고 보았다. 인간의 욕구를 생리적 욕구, 안전 또는 안정에 대한 욕구, 애정과 소속에 대한 욕구, 자기존중 또는 존경의 욕구, 인지적 욕구, 심미적 욕구, 자아실현의 욕구로 구분하였으며, 각 욕구는 위계가 있다고 주장하였다.
② 각각의 욕구들은 위계적이기 때문에 기본적 욕구의 충족이 이루어져야 복잡한 욕구의 충족에 관심을 갖게 되고 상위 욕구들을 달성할 수 있다. 또, 낮은 단계일수록 욕구강도가 강하다.
③ 배고픔에 시달리는 사람은 존경받고 있는지 아닌지에 별로 관심이 없다는 것이다.
④ 인간의 욕구는 '결핍 욕구'와 '성장 욕구(존재 욕구)'로 구분할 수 있는데, 결핍 욕구로는 생리적 욕구·안전 욕구·소속과 애정의 욕구·자아존중 욕구가 있고, 성장 욕구에는 심리적 욕구·인지적 욕구·자아실현 욕구가 있다.
⑤ 결핍 욕구는 욕구가 충족되는 만큼 그 욕구에의 갈망이 감소하지만, 성장 욕구는 욕구가 충족될수록 그 욕구에의 갈망이 더욱 증가한다. 예를 들어, 신체적 욕구의 하나인 음식에 대한 욕구는 배고픔이 해소되거나 배가 부른 다음에는 그 욕구가 감소되거나 사라지지만, 심미적 욕구의 하나인 음악에 대한 욕구는 음악을 좋아하고 즐길수록 음악이 주는 기쁨을 더욱더 즐기게 된다는 것이다.

(2) 로저스(Rogers)의 인본주의적 관점

① 기존의 이론들이 가지고 있는 인간에 대한 부정적이고 파괴적인 관점과는 달리, 인간은 근본적으로 자기실현을 성취하려는 동기와 스스로 자신의 문제를 해결하고 이해할 수 있는 능력을 가지고 있으며, 청소년 역시 이러한 잠재력을 가지고 있다고 본다.
② 현재 있는 그대로의 자기 모습인 실제 자아와 자기가 되고 싶은 모습인 이상적 자아와의 차이가 적절할 때 이상적인 자아가 되기 위한 노력을 기울이지만, 두 자아 간의 격차가 너무 커지면 오히려 부적응적인 문제를 유발한다고 하였다.
③ 청소년기 자아는 아동기의 경험과 주변의 의미 있는 타인(Significant Others)과의 경험에 의해 많은 영향을 받기 때문에 주변의 부모, 교사, 친구와 얼마나 긍정적인 경험을 하였는지가 건강한 성장에 중요한 요인이 된다.

8 생태학적 이론 – 브론펜브레너(Bronfenbrenner)

(1) 생태학적(Ecological) 이론
① 유전적 요소, 가정의 역사, 사회경제적 수준, 가정생활의 질, 인종·문화적인 배경 등과 같은 가능한 모든 요인이 청소년의 발달과 관련된다고 본다.
② 생태학적 이론에서는 가족, 지역사회, 문화 등 인간이 몸담고 있는 생태환경을 체계적으로 구조화하고, 이들 환경체계와 개인 간의 관계를 이해하는 것을 인간발달의 주요 과제로 삼고 있다. 즉, 활동적이며 성장하는 인간이 환경과 어떻게 관계되어 있는지를 이해하는 방법으로 인간발달의 생태학을 구축하였다.

(2) 브론펜브레너(Bronfenbrenner)의 생태학적 접근 15 16 18 22 기출
① 의 의
  ㉠ 생태학적 접근을 통해 특히 청소년 발달에 중요한 시사점을 제공하고 있다.
  ㉡ 미시체계, 중간체계, 외체계(외부체계), 거대체계(거시체계), 시간체계의 5가지의 환경적 체계가 서로 상호작용하여 발달에 영향을 미친다고 주장하였다.
② 환경적 체계 19 24 기출

미시체계	• 개인과 아주 가까운 주변에서 일어나는 활동과 상호작용을 나타낸다. • 각 개인이 그 체계 안에 있는 다른 사람에게 영향을 주고 또 다른 사람으로부터 영향을 받는 발달의 진정한 역동적 맥락이다. 예 부모와 자녀 간의 관계, 친구·교사와의 관계
중간체계	• 가정, 학교, 또래집단과 같은 미시체계들 간의 연결이나 상호관계를 나타낸다. • 미시체계 간의 강하고 지원적인 연결에 의해 발달이 이루어지며, 비지원적인 연결은 문제를 초래할 수 있다. 예 가족과 학교 간의 관계
외체계 (외부체계)	• 청소년이 그 맥락의 일부를 이루고 있진 않지만, 청소년에게 영향을 미치는 지역사회의 사회적 환경이다. • 청소년과 직접 상호작용하진 않으나, 청소년의 여러 가지 경험을 달라지게 만듦으로써 영향을 미친다. 예 정부기관, 지역사회의 공공기관, 교통·통신시설, 주거지역의 편의시설 등 *사회적 관계망
거대체계 (거시체계)	• 개인이 속한 사회의 이념이나 제도, 즉 정치, 경제, 문화 등의 광범위한 사회적 맥락을 의미하며, 하위체계에 지지기반과 가치 준거를 제공한다. • 청소년이 추구해야 하는 목표가 무엇인지를 규정하는 전체를 둘러싸고 있는 광범위한 이데올로기이다. 예 청소년기 부모의 양육관, 사회구성원의 청소년관
시간체계	아동이 성장함에 따라 겪게 되는 부모의 죽음 등의 외적인 사건이나 심리적 변화 등의 내적인 사건을 구성요소로 전 생애에 걸쳐 일어나는 변화와 사회역사적인 환경을 포함한다.

> **사회적 관계망**
> 환경에 의하여 제공되는 사회적 연결로 가족, 친구, 교사, 이웃, 동료, 지역사회, 개인에게 도움을 주는 전문가 등 사회체계를 통한 행위를 촉진하고 목적을 달성하는 데 도움이 되는 효과적인 사람들과의 관계를 의미한다.

03 청소년기의 사회적 맥락

1 청소년기의 성 역할

(1) 성 역할의 개념 및 변화
① 청소년기에 성과 연관된 영역에서 가장 급격한 변화가 발생한다.
② 생물학적인 성별(Sex)과 사회문화적인 성(Gender)적 변화가 함께 발생한다.
③ 성 역할이란 남성이나 여성에게 각기 다르게 기대하는 행동이나 태도를 말한다.
④ 성 역할에 대한 기준은 시대와 문화에 따라 다르다.
⑤ 청소년 후기가 되면 개인마다 차이가 있지만 성 역할 집중화 현상이 감소한다. 이때 성 역할 집중화 현상이 올바른 양성성의 성 역할로 갈 때 중요한 것은 사회환경이다.

(2) 성 역할 고정관념 24 기출
① 남성성과 여성성의 고정관념은 넓게 확산되어 있다. 즉, 남성은 공격적이며 지배적이고, 여성은 양육적·관계적으로 고정되어 있다.
② 고정화된 성 역할로 여성들의 높은 우울 현상과 남성들의 *만능 콤플렉스가 있고, 이로 인한 어려움이 있다.
③ 성 역할에 대한 고정관념이 증가하는 것을 성 역할 집중화 현상이라 한다. 성 역할 집중화 현상은 남녀 청소년 모두에게 나타나지만, 특히 여자 청소년에게 더 보편적인 현상이다.

> **만능 콤플렉스**
> 직장과 가정은 물론 취미활동에서도 뛰어난 능력을 발휘하기 위해 노력하거나, 그렇게 되기를 바라는 심리를 의미한다.

(3) 양성성의 발달
① 양성성이란 성 역할 고정관념을 이루는 남성스러움과 여성스러움을 구분하지 않고, 한 인격체 내에 남성성과 여성성을 동시에 갖춘 것을 말한다.
② 양성적인 기질을 가진 청소년은 그렇지 않은 청소년에 비해 지능과 창의력이 높고 적응도도 높다는 연구결과도 있다.
③ 양성성을 지닌 사람은 상황에 따라 여성적 특성과 남성적 특성을 적절하게 표현할 수 있다.
④ 여성의 사회 진출과 남녀평등 의식 등의 영향으로 성 역할의 엄격한 구분보다 양성성이 대두되고 있다.
⑤ 성 역할 기준에서 벗어나 각자가 지닌 소질과 능력을 계발하여 진정한 의미의 자아를 실현해 나가야 한다.

(4) 성 역할 발달의 3단계 14 기출
① 미분화 단계
  ㉠ 아동은 성 역할이나 성 유형화 행동에 대해 분화된 개념을 가지지 못한다.
  ㉡ 아동은 성에 따라 문화가 제한하는 행동이 있다는 것을 깨닫지 못한다.

② 양극화 단계
  ㉠ 자신의 행동을 고정관념의 틀 속에 맞추는 것을 필연적인 것으로 생각한다.
  ㉡ 성 역할의 양극 개념을 강조하는 사회에서는 전 생애를 통해 남자는 남성적인 역할을, 여자는 여성적인 역할을 엄격히 고수할 것을 요구한다.
  ㉢ 이와 같은 양극에 대한 고수는 부적응적이고 역기능적일 뿐만 아니라 오늘날 우리사회에서 많은 성차별을 낳게 하는 원인이 된다.
③ 초월의 단계
  ㉠ 성 역할의 고정관념을 떠나 상황에 따라 적절하고 적응력 있게 행동할 수 있고, 행동적 표현이나 감정적 표현이 성 역할 규범에 얽매이지 않는다.
  ㉡ 성 역할의 초월성은 융통성, 다원성 그리고 개인적 선택 및 개인이나 사회가 현재의 억압자·피억압자의 성 역할에서 벗어난 새로운 가능성을 의미한다.
  ㉢ 성숙한 성 역할 정체감의 해결은 그 사람이 이러한 사회적 기대와 자신이 기대하는 것 사이에 어울리는 부분을 예측할 수 있는지에 달려 있을 것이다.

2 성 역할 발달이론

(1) 전통적 성 역할 발달이론

① 정신분석학적 이론
  ㉠ 프로이트는 여성에게는 여성성이, 남성에게는 남성성이 발달하는 것으로 보았다.
  ㉡ 프로이트는 남녀가 비슷한 방식으로 발달하다가, 남녀간의 해부학적 차이를 인식하면서부터 다른 길을 가게 된다고 보았다.
② 사회학습이론
  ㉠ 미셸(Mischel)은 행동에서의 성별 차이는 어린이가 자기 주변에서 남녀가 각기 다르게 행동하는 것을 보고 그를 배웠기 때문에 일어난다고 보았다.
  ㉡ 미셸은 행동을 배우는 과정에는 획득과 실행의 두 가지 측면이 있다고 하였다.
③ 인지발달이론
  ㉠ 콜버그(Kohlberg)는 성 역할 발달이 인지발달의 부산물로 이루어지는 것으로 보았다.
  ㉡ 아이들은 타인을 통해 성에 적합한 행동을 배우기는 하지만, 그 이유는 보상 때문이 아니라, 남자나 여자로서의 자아정체감을 유지하기 위해서이다.
  ㉢ 콜버그는 아동이 고정관념적 성 역할 동일시를 발전시키는 단계에서 분석을 마쳤다.

(2) 새로운 성 역할 발달이론 14 기출

① 양성성 발달이론 : 블록(Block)은 개인이 삶의 여러 단계를 거치면서 그때마다 당면하는 문제들을 해결해 나가며, 자신의 정체감을 형성하려고 노력하는 과정에서 성 역할이 발달한다고 주장하였다.
② 성 역할 초월이론 : 성 역할 사회화에 대한 전통적인 견해가 성별의 양극개념을 초래한다고 보는 성 역할 발달이론이다.

③ 성도식이론 : 아동은 자신이 가지고 있는 도식에 근거한 선택적인 기억과 선호과정을 통해 성 역할을 발달시킨다고 주장하는 이론이다.
④ 청소년기의 성별 강화이론 : 아이들이 고정관념적 방식으로 여자답게 혹은 남자답게 행동하도록 사회화하는 압력이 이 시기에 더 커지기 때문이라고 보는 이론이다.

(3) 콜버그(Kohlberg)의 아동의 성 역할 발달단계 16 기출

성 정체성 발달(3세경)	남자와 여자를 *범주화하는 능력이다.
성 안정성 발달(4세경)	남아는 남자 어른이 되고, 여아는 여자 어른이 된다는 인식이다.
성 항상성 발달(6세경)	성이란 놀이, 복장, 외모의 변화에도 불구하고 변하지 않는다는 인식이다.

범주화
개념이나 사물들을 여러 가지 목적을 위해 공통적인 속성이나 기능 등을 중심으로 분류하여 집단화하는 과정으로서, 개념이나 사물을 구별하여 이해하고 기억하는 데 도움이 된다.

(4) 길리건(Gilligan)의 도덕성 발달이론 16 18 21 기출

① 콜버그의 이론을 비판하며 성별에 따른 도덕적 추론의 차이를 설명하고 있다.
② 남성과 여성은 사회화 과정의 차이로 인해 서로 다른 관점으로 도덕적 문제에 접근한다.
③ 남성과 여성의 도덕성
  ㉠ 남성의 도덕성 : 개인의 권리와 독립성을 강조하는 정의 도덕성
  ㉡ 여성의 도덕성 : 인간관계와 상호 의존성, 책임을 강조하는 배려 도덕성
④ 발달단계 : 여성 도덕성 발달단계를 3수준으로 제안
  ㉠ 제1수준(자기 중심적 단계)
  ㉡ 제1.5수준(과도기 : 이기심에서 책임감으로의 변화)
  ㉢ 제2수준(책임감과 자기희생의 단계)
  ㉣ 제2.5수준(과도기 : 선에 대한 관심에서 진실에 대한 관심으로의 변화)
  ㉤ 제3수준(자신과 타인에 대한 배려의 단계)

(5) 헐록(Hurlock)의 이성애 발달단계 19 기출

헐록은 이성에 대한 관심은 개개인에 따른 발달의 차이가 있지만, 크게 다음의 5단계를 거쳐 발달한다고 하였다.

초기 성적 단계 (만 1~5세)	자기애의 단계로 처음에는 양육자에게 애정을 표시하며, 이후 4~5세에 이르면 남녀 구별 없이 친밀하게 대한다.
성적 대항기 (만 6~12세)	• 이성을 의식해 가는 첫 단계로, 동성에게 친밀하고 이성에게 대립감을 느낀다. • 남녀에 대한 다른 평가를 하는 데서 오는 사회적 원인 때문에 나타난다.
성적 혐오기 (만 12~13세)	• 사춘기의 신체 변화로 인한 생리적인 원인으로 인해 오는 현상이다. • 이성에게 심한 대립감을 느끼며, 비교적 단기간 동안 나타난다.
성적 애착기 (만 13~15세)	성적 혐오단계에서 이성애 단계로 넘어가기 전, 또래의 동성 혹은 이성 연장자에게 강한 애착을 느낀다.

이성애 단계 (만 15~20세)	동성에 대한 애착관계가 이성관계로 대체되며, 3단계로 세분화된다. • 송아지 사랑(만 15~16세) : 이성 연장자에 대해 사모의 감정을 느낀다. • 강아지 사랑(만 16~18세) : 애정을 느끼는 대상이 연장자에서 또래의 일반적인 이성으로 바뀌며, 적극적으로 접근하기 시작한다. • 연애 단계(만 19~20세) : 한 사람의 이성에 관심이 집중되어 '연애'를 한다.

3 학업과 진로

(1) 청소년기 학업의 특징 21 기출
① 청소년 학업은 지적·정의적·행동적 능력을 함양한 전인적인 인간을 목적으로 한다.
② 청소년기에는 학업 스트레스가 높게 나타나며, 과도한 시험불안으로 학업수행에 부정적인 영향을 미치기도 한다.
③ 청소년기는 가설 연역적이며 과학적인 사고를 할 수 있게 되므로, 학업경험을 통해 지적 능력이 발달한다.
④ 비고츠키(Vygotsky)에 따르면, 청소년은 학업 관점에서 이해하고 돕는 것이 중요하다.
⑤ 학업성취가 낮은 청소년은 그 원인을 내부 요인보다 외부 요인으로 돌리는 경향이 있다.

(2) 학업 스트레스
① 학업 스트레스란 학교 공부나 성적으로 인해 정신적 부담, 공포, 우울 등이 나타나는 것이다.
② 학업 스트레스의 유형으로는 성적 저하, 시험불안, 학업능률 저하, 입시위주의 교육이 있다.
③ 청소년기 학습장애는 읽기, 쓰기, 셈하기 등의 기초학습영역에서 문제를 보이는 경우를 말한다.

(3) 학업수행에 미치는 요인
① 인지적 요인 : 지능, 학업 기초능력
② 정서적 요인 : 학습에 대한 동기와 흥미, 자아개념, 정서적 갈등과 불안수준
③ 학습방법 및 전략 : 시간관리, 효율성, 주의집중 등
④ 부모의 특성 : 지나친 기대, 과보호, 부부싸움, 학대 등
⑤ 또래집단 : 학교에서의 또래관계 등

(4) 청소년과 진로
① 진로는 인간이 일생을 통해 하는 일이며, 인간이 목표를 이루는 삶의 핵심이다.
② 진로는 특정한 직장의 선택보다, 개인이 전 일생을 통해 일관적으로 이루는 일을 말한다.

4 진로발달이론

(1) 파슨스(Parsons)의 특성요인이론

① 진로를 결정하는 3가지 요인
  ㉠ 자기에 대한 분명한 이해
  ㉡ 직업에 대한 지식
  ㉢ 자기 이해와 직업에 대한 지식의 관계를 끌어내는 능력

② 한계점
  ㉠ 개인적 특성 이외의 요소의 영향으로 인해 심리검사의 예언타당도가 높지 않다는 점이다.
  ㉡ 직업선택을 일회적 행위로 보아 직업선택의 과정이나 특성 간의 다양성·역동성 등을 인정하지 않았다.
  ㉢ 개인의 특성 발달과정을 간과하였다.

(2) 로우(Roe)의 욕구이론 18 20 21 22 23 기출

① 개 요
  ㉠ 성격이론과 직업분류라는 아주 이질적인 영역을 통합하였다.
  ㉡ 성격이론 중 매슬로우(Maslow)의 이론이 가장 유용한 접근법이라고 생각하였다.
  ㉢ 예술가들의 성격적 특성에 관한 연구를 기초로 진로발달 분야의 연구를 하였다.
  ㉣ 직업선택이 생물학적, 사회학적, 심리학적 개인차에 기초한다고 가정하였다.
  ㉤ 부모가 자녀를 대하는 양육방식이 자녀의 심리적 욕구와 상호작용하여 직업선택이 이루어짐을 검증하였다. 생애 초기 부모와의 관계에서 형성된 직업 욕구에 따라 직업을 선택하는 것이다.
  ㉥ 미네소타 직업평가척도(MORS)에서 힌트를 얻어 개인의 흥미와 직업의 책무성을 고려하여 새로운 직업분류체계를 개발하였다.

② 직업 분류

8가지 직업군		6단계
인간지향적인 직업분야	• 서비스직(Service) • 비즈니스직(Business Contact) • 단체직(Organization) • 일반문화직(General Culture) • 예술과 예능직(Arts and Entertainment)	• 고급 전문관리(Professional and Managerial 1) • 중급 전문관리(Professional and Managerial 2) • 준전문관리(Semiprofessional and Small Business) • 숙련직(Skilled) • 반숙련직(Semiskilled) • 비숙련직(Unskilled)
비인간지향적인 직업분야	• 산업기술직(Technology) • 옥외활동직(Outdoor) • 과학연구직(Science)	

③ 부모-자녀 관계유형
  ㉠ 따뜻한 부모-자녀의 관계에서 성장한 사람은 인간지향적인 직업(서비스직, 비즈니스직, 단체직, 문화직, 예능직)을 선택하려 한다.
  ㉡ 차가운 부모-자녀의 관계에서 성장한 사람은 비인간지향적인 직업(기술직, 옥외활동직, 과학직)을 선택하게 된다.
  ㉢ 부모의 자녀 양육태도 유형

자녀에 대한 애착	• 과보호적 분위기	• 과요구적 분위기
자녀회피	• 무시적 분위기	• 거부적 분위기
자녀수용	• 무관심한 분위기	• 애정적 분위기

④ 한계점
  ㉠ 실증적인 근거가 결여되어 있다.
  ㉡ 검증하기가 매우 어렵다.
  ㉢ 진로상담을 위한 구체적인 절차를 제공하지 못하고 있다.

(3) 홀랜드(Holland)의 성격이론 18 20 23 24 기출

① 개요
  ㉠ 성격에 관한 홀랜드의 연구는 유형론에 초점을 두고 있다.
  ㉡ 각 개인의 성격은 6가지 기본 성격유형 중 하나와 유사하다고 주장하였다.
  ㉢ 대부분의 사람들은 6가지 유형(실재적, 탐구적, 예술적, 사회적, 기업적, 관습적) 중 하나로 분류될 수 있다.
  ㉣ 개인의 성격유형과 직업특성이 일치할 때 직업만족도가 가장 높다고 주장하였다.

② 6가지 유형

직업적 성격유형	특 징	대표적 직업
실재적 유형	남성적이고, 솔직하고, 성실하며, 검소하고, 지구력이 있고, 신체적으로 건강하며, 소박하고, 말이 적으며, 고집이 있고, 직선적이며, 단순하다.	기술자, 정비사, 농부, 운동선수 등
탐구적 유형	논리적 · 분석적 · 합리적이며, 정확하고, 지적 호기심이 많으며, 비판적 · 내성적이고, 수줍음을 잘 타며, 신중하다.	생리학자, 의료기술자, 의사, 물리학자 등
예술적 유형	상상력과 감수성이 풍부하며, 자유분방하며, 개방적이다. 또한 감정이 풍부하고, 독창적이다.	문학가, 작곡가, 인테리어 장식가 등
사회적 유형	사람들과 어울리기 좋아하며, 친절하고, 이해심이 많으며, 남을 잘 도와주고, 봉사적이며, 감정적이고, 이상주의적이다.	교사, 상담자, 목회자 등
기업적 유형	지배적이고, 통솔력 · 지도력이 있으며, 말을 잘하고, 설득적이며, 경쟁적이고, 야심적이며, 외향적이고, 낙관적이고, 열성적이다.	판매원, 기업 실무자, 변호사 등
관습적 유형	정확하고, 빈틈이 없고, 조심성이 있으며, 세밀하고, 계획성이 있으며, 변화를 좋아하지 않으며, 완고하고, 책임감이 강하다.	사무직 근로자, 은행원, 세무사 등

(4) 긴즈버그(Ginzberg)의 진로발달이론 15 18 23 기출

① 처음으로 발달적 관점에서 직업선택이론을 제시했으며, 직업선택의 단계를 구체적으로 '환상기-잠정기-현실기'의 3단계로 나누어 제시하고 있다.
② 직업선택이란 삶의 어느 한 시기에 이루어지는 일회적인 사건이 아니라, 장기간에 걸쳐 발달하는 일련의 의사결정으로 전 생애에 걸쳐 일어나지만, 초기선택이 중요하다고 하였다.
③ 직업선택 단계 16 17 21 24 기출
　㉠ 환상기 : 아동은 자기가 원하는 직업이면 무엇이든 할 수 있고, 하면 된다는 식의 환상 속에서 비현실적인 선택을 하는 경향을 갖게 된다. 즉, 이 단계는 직업선택의 문제에서 자신의 능력이나 가능성, 현실여건 등을 고려하지 않고 욕구만을 중시한다.
　㉡ 잠정기 : 이 시기에 개인은 자신의 흥미, 능력, 취미에 따라 직업선택을 하려는 경향을 갖는다. 후반기에 가면 능력과 가치관 등의 요인도 조금 고려하지만 현실 상황을 별로 고려하지 않기 때문에 직업선택의 문제에서 다분히 비현실적인 성격을 띠므로 이 시기의 특성은 잠정적이라 볼 수 있으며, 다음의 하위단계로 나뉜다.

흥미단계 (11~12세)	자신의 흥미나 취미에 따라 직업을 선택하려고 한다.
능력단계 (13~14세)	자신이 흥미를 느끼는 분야에서 성공을 거둘 수 있는 능력을 지니고 있는지 시험해 보기 시작한다. 다양한 직업이 있고 직업에 따라 보수나 훈련조건, 작업조건 등이 다르다는 것을 처음으로 의식하게 된다.
가치단계 (15~16세)	직업선택 시 다양한 요인을 고려해야 함을 인식한다. 따라서 자신이 좋아하는 직업에 관련된 모든 정보를 알아보려고 하며, 그 직업이 자신의 가치관 및 생애 목표에 부합되는지 평가해 본다.
전환단계 (17~18세)	주관적 요소에서 현실적인 외부요인으로 관심이 전환되며, 현실적인 외부요인이 직업 선택의 주요인이 된다.

　㉢ 현실기(18세 이후) : 직업에서 현실적으로 요구하는 조건과 자신의 개인적 욕구와 능력을 고려하여 현명한 선택을 하고자 한다. 이 시기는 다음의 3가지 하위단계로 나누어진다.

탐색단계	자신의 진로선택을 위해 필요하다고 판단되는 교육이나 경험을 쌓으려고 노력하는 단계로서, 취업기회를 탐색하고 취업하려고 노력한다.
구체화단계	자신의 직업목표를 구체화하고 직업선택의 문제에서 내·외적 요인들을 두루 고려하여 특정 직업 분야에 몰두하게 된다. 이 단계에서는 타협이 중요한 요인이 된다.
특수화단계	자신의 결정을 구체화시키고, 보다 세밀한 계획을 세우며, 고도로 세분화·전문화된 의사결정을 하게 된다.

(5) 수퍼(Super)의 생애진로발달이론 18 19 23 기출

① 긴즈버그(Ginzberg)의 진로발달이론을 비판하고 보완하면서 발전된 이론이다.
② 이 이론에서 가장 중요한 부분이 자기개념 이론이며, 이는 개인의 속성과 직업에서 요구되는 속성을 고려하여 연결시켜주는 것이라고 하였다. *진로성숙도검사를 주로 활용한다.
③ 진로발달은 제한된 발달시기 동안에 일어나는 전 생애과정으로 개인의 일부는 개인의 심리·생리적 속성에 의해, 그리고 일부는 의미 있는 타인을 포함하는 환경요인에 의해 인간발달의 한 측면으로써 직업발달을 해나가게 된다고 주장하였다.
④ 진로 자기개념의 발달과 진로의식 성숙이 전 생애를 통해 진행된다.
⑤ 진로발달과정과 과업 16 24 기출
　㉠ 진로발달과정

> **진로성숙도검사**
>
> 진로 방향을 설정하고 계획을 수립하는 태도뿐만 아니라 능력, 흥미, 가치, 신체적 조건, 환경적 제약 등 진로를 선택할 때 고려해야 할 개인적 특성에 대한 이해 수준, 진로와 관련된 정보를 활용해 자신에게 적합한 진로를 합리적으로 선택하는 판단능력, 일반적 직업이나 관심을 갖는 직업에 대해 구체적으로 알고 있는 정도 등을 가늠해 보는 검사이다. 이를 통해 한 개인의 진로와 직업에 대한 인식 수준을 파악할 수 있다.

성장기 (Growth Stage, 출생~14세)	욕구와 환상이 지배적이나 사회참여 활동이 증가하고 현실검증이 생김에 따라 흥미와 능력을 중시하는 단계이다. • 환상기(4~10세) : 욕구가 지배적이며 자신의 역할 수행을 중시 • 흥미기(11~12세) : 개인의 취향에 따라 목표와 내용을 결정 • 능력기(13~14세) : 능력을 중시
탐색기 (Exploration Stage, 15~24세)	학교·여가생활, 시간제의 일 등을 통한 경험으로 자신에 대한 탐색과 역할에 대해 수행해야 할 것을 찾으며, 직업에 대한 탐색을 시도하려는 단계이다. • 잠정기(15~17세) : 자신의 욕구, 흥미, 능력, 가치, 직업적인 기회 등을 고려 • 전환기(18~21세) : 개인이 직업세계에 들어갈 때 필요한 교육·훈련을 받음 • 시행기(22~24세) : 개인이 자신에게 적합해 보이는 직업을 선택
확립기 (Establishment Stage, 25~44세)	자신에게 적합한 직업분야를 발견하고 자신의 생활 안정을 위해 노력하는 단계이다. • 시행기(25~30세) : 자신이 선택한 직업의 세계가 자신에게 어울리지 않을 경우 자신에게 적합한 일을 발견할 때까지 몇 차례의 변화를 경험 • 안정기(31~44세) : 자신의 진로에 대한 유형이 분명해짐에 따라 직업세계에서의 안정과 만족, 소속감을 가짐
유지기 (Maintenance Stage, 45~64세)	직업세계에서 자신의 위치가 확고해지고, 자신의 자리를 유지하기 위해 노력하며 안정된 삶을 살아가는 시기이다.
쇠퇴기 (Decline Stage, 65세 이후)	모든 기능이 쇠퇴함에 따라 직업세계에서 은퇴하게 되며, 자신이 해오던 일의 활동이 변화되고 또 다른 일을 찾게 되는 시기이다.

ⓒ 진로발달 과업

과제	연령	특징
구체화 (결정화)	14~18세	• 청소년기에 자아정체감이 생겨나기 시작하면서 직업에 관해 막연하고 일반적인 생각을 가지게 된다. • 자원, 우연성, 흥미, 가치에 대한 인식과 선호하는 직업에 관한 계획을 통해 일반적인 직업목표를 형식화하는 인지적 단계의 과업이다. • 선호하는 진로에 대한 계획을 세우고, 그것을 어떻게 수행할 것인지를 고려한다.
특수화	18~21세	• 시험적인 직업선호에서 특정한 직업선호로 바뀌는 시기의 과업이다. • 자세한 자료와 진로선택의 다양성을 뚜렷하게 인식하여 진로계획을 구체화한다.
실행화	21~24세	직업선호를 위한 훈련을 완성하고 고용에 참가하는 시기의 과업이다.
안정화	24~35세	• 직업에서 실제 일을 수행하고 재능을 활용함으로써 진로선택이 적절한 것임을 보여주고, 자신의 위치를 확립하는 단계의 과업이다. • 개인이 진로를 확립하고 진로상황에 안정감이 생겼을 때 이루어진다.
공고화	35세 이상	승진, 지위, 선임 등에 의해 진로를 확립하는 시기의 과업이다.

지식 IN

성격이론 15 21 기출

특성이론	• 사람의 성격을 묘사하고 분류하는 이론
	• 유형이론 : 히포크라테스(체액기질설), 셸든(체형기질설), 딜테이(세계관 유형에 따른 성격유형), 융(양향설)
	• 특질이론
	  – 알포트(Allport)의 특질이론 : 성격이 개인의 인생에 미치는 영향력 구분
	
		주특질	극소수의 사람만 가지며 영향력이 매우 강하여 개인의 모든 행위를 지배 |
			
				중심특질	개인의 여러 행동에 두루 영향을 미치는 것으로 개인의 성격을 요약할 때 사용 |
					
						이차특질	일관적이기는 하나 개인의 행동에 강력한 영향력을 미치지는 않고, 제한된 상황에서만 적용 |
							
							  – 카텔(Cattell) : 요인분석의 통계학적 분석방법 사용
							  – 아이젱크(Eysenck) : 내향적-외향적(개인의 각성수준), 신경증적 경향성(예민성, 불안정성), 정신병적 경향성(공격성, 충동성, 반사회성)으로 성격 분류

과정이론	• 성격의 형성 과정, 발달, 기능에 관한 이론 • 정신분석(정신분석, 신정신분석), 행동주의(조건형성이론, 사회학습이론), 인본주의(현상학적 이론)

5 친구관계와 여가

(1) 청소년기 친구관계(또래관계)의 의의와 중요성 21 기출

① 정서적 지지를 제공한다. 생리적·신체적·사회적 변화로 인하여 불안정을 경험하는 청소년들은 비슷한 과정을 경험하고 있는 또래집단을 통해 심리적 안정과 지지를 얻을 뿐 아니라 또래집단과의 지지, 격려, 상호작용을 통해 자신이 가치 있는 사람이라는 긍정적인 자아존중감을 갖게 된다.
② 또래관계는 가정 외 세계에 대한 다양한 정보 제공과 지식, 기술 습득의 기회를 제공한다. 또래집단은 가정에서 얻지 못하는 여러 가지 지식과 정보를 제공하고 성인기로 발전해 가는 과정에서 필요한 사회적 기술과 전략을 습득하게 함으로써 가족으로부터 독립하도록 돕는 데 이바지한다.
③ 친구관계는 기꺼이 시간을 같이 보내고 필요한 자원과 도움을 제공하는 등의 물리적 자원의 기능을 갖는다.
④ 부모와 가족으로부터 자율성을 추구하며, 또래관계를 통해 자아정체감이 형성되기 시작한다.
⑤ 아동기보다 친구들과 많은 시간을 보내게 되며, 또래집단에 대한 강한 동조성이 나타난다.
⑥ 동성또래보다 이성에 대한 관심과 흥미가 높으며, 이성또래에 필요한 대인관계기술을 습득하게 된다.

(2) 친구관계의 기능

① **동료의식** : 친구관계는 청소년들에게 기꺼이 시간을 같이 보내고 공동의 활동을 하는 친근한 동료를 갖도록 해준다.
② **자극** : 친구는 청소년들에게 흥미 있는 정보와 즐거움을 제공한다.
③ **물리적 자원** : 친구관계는 시간, 자원, 그리고 도움을 제공하는 관계이다.
④ **자아지지** : 친구관계는 지지, 격려, 그리고 피드백을 해줌으로써 청소년들이 스스로 유능하고 매력적이며 가치 있는 사람이라고 느낄 수 있도록 돕는다.
⑤ **사회적 비교** : 친구관계는 청소년들이 서로를 비교해 본 다음, 자신들이 어느 위치에 있는지를 알 수 있는 정보를 제공한다.

(3) 여 가

① 최근 여가생활에 대한 사회적 관심이 증대되고 청소년들이 여가생활할 때 필수적인 제품을 살 수 있는 구매력이 커지면서 청소년들의 여가생활은 청소년집단별로 차별화되고 있다.
② 청소년을 자세히 보면 그들이 입는 옷의 상표, 취미생활의 종류, 어울리는 또래집단 등에서 큰 차이가 있음을 알 수 있다.

CHAPTER 02 청소년 문화

중요도 ★★★

핵심포인트
\# 청소년 문화 관련 이론 \# 청소년 문화 실제
\# 가족 · 지역사회 \# 또래집단 · 학교

01 청소년 문화 관련 이론

1 청소년 문화의 개요

(1) 문화의 의의와 변천
① 문화의 의의 : 문화는 사회의 성원이 공유하고 있는 것, 역사적으로 전승된 것, 학습된 것, 사회성원의 행동에 대한 지침, 통합된 체제 또는 형태, 사회성원의 경험조직의 표준
② 문화 개념의 변천 14 기출
  ㉠ 15세기 : 땅이나 곡물의 경작, 가축의 사육을 의미
  ㉡ 16세기 초반 : 경작이나 사육이라는 의미에서 나아가 인간의 정신이나 마음과 같은 보다 추상적인 의미로 확대
  ㉢ 18세기 : *계몽사상의 등장과 함께 사회발전 및 진화의 과정, 문명화의 과정을 의미
  ㉣ 19세기 : 특정 사회구성원이 공유하는 의미, 가치, 생활양식을 의미
  ㉤ 최근 : 문화의 상징적 측면이 강조되면서, 의미체계를 생산하고 공유하는 과정을 의미

> **계몽사상**
> 18세기 프랑스에서 전성기를 이룬 사조로 프랑스혁명의 사상적 배경이 되었다. 신(神)이 아닌, 인간의 이성에 의해 의식이 형성되어야 한다는 사상이다.

(2) 청소년 문화의 성격 14 기출
① 다양한 하위문화가 존재한다.
② 대중문화에 대한 의존성이 강하다.
③ 기본적으로 학교문화와 밀접하게 관련되어 있다.
④ 청소년은 단순한 문화소비자가 아닌 문화생산자로 문화현장에 참여한다.

(3) 문화의 구분
① 주류(지배)문화와 하위문화
② 표현문화와 내재된 문화
③ 실재문화와 이상문화
④ 물질문화와 *비물질문화

> **비물질문화**
> 교육제도, 결혼제도 등 사회질서 유지와 운영을 위한 제도를 제도문화라고 하고 신화, 철학 등 인간의 행동과 생각을 결정하는 지식, 신념을 관념문화라고 하는데, 이러한 문화를 통틀어 비물질문화라고 한다.

> **지식 IN**
>
> **주류문화와 하위문화**
> - 주류문화(혹은 전체문화) : 한 사회 구성원이 전반적으로 누리는 문화를 말한다.
> - 하위문화(혹은 부분문화) : 한 사회집단의 특수한 부분 또는 영역에서 다른 것과 구분되어 독특하게 나타나는 생활양식을 말한다.

(4) 문화의 속성 16 20 22 기출

학습성	문화는 선천적으로 타고나는 것이 아니라, 출생 후 성장과정에서 학습으로 얻어진다.
축적성	언어와 문자를 사용하여 경험을 후대에 전하여, 문화를 계속 저장하고 발전시키며 전승하는 속성을 가진다.
공유성	• 한 사회의 구성원들에게 공통적인 경향으로 나타나는 행동 및 사고방식이며, 그 구성원들은 문화적 특성을 공유한다. • 한 사회의 구성원들에게 공통적인 경향으로 나타나는 행동 및 사고방식이며, 때문에 문화는 구성원의 행동·사고·취향의 구체적인 방향도 결정하는 미래예측성을 띠게 된다.
전체성	문화의 각 요소들은 상호 유기적이며 전체적 통합성을 가진다.
변동성	문화는 고정불변하는 것이 아니라, 문화적 특성이 추가 또는 소멸되기도 하면서 변화한다.

> **지식 IN**
>
> **문화변동의 양상** 17 19 21 22 기출
> - 내재적 변동 : 새로운 문화 요소가 한 사회 내부에 생겨남으로써 수용되고 확산되는 현상이다.
>   예 발명, 발견
> - 문화접변 : 오랜 기간 접촉함으로써 성격이 다른 두 문화체계의 문화요소가 전파되어 일어나는 문화변동이다.
> - 문화동화 : 다른 사회의 문화체계 속에 한 문화가 흡수됨으로써 정체성을 상실하는 현상이다.
> - 문화병존(문화공존) : 서로 다른 사회의 문화가 한 사회의 체계 속에서 나란히 존재하는 현상으로서, 우리나라의 경우 기독교와 불교 등 다양한 종교들이 큰 분쟁 없이 공존하는 것을 예로 들 수 있다.
> - 문화융합 : 제3의 새로운 문화가 형성되는 것을 의미하는데, 이러한 현상은 두 개의 문화체계가 접촉함으로서 이루어진다.
> - 문화지체 : 비물질문화가 물질문화를 따라가는 속도가 느려 시간이 경과함에 따라 두 문화요소 간의 간격이 점점 더 벌어지는 현상이다.
> - 문화전계 : 지도와 학습을 통해 문화가 세대와 세대에 걸쳐 전달·전수되는 현상이다.

- 문화결핍 : 특별히 행동 형성의 준거가 되는 문화적 요소가 부족하거나 박탈된 상태이다.
- 문화이식 : 특정 지역 혹은 특정 집단의 지배문화가 다른 지역 혹은 집단에 급속하게 전파되는 현상이다.
- 문화변용 : 둘 이상의 이질적인 문화가 접촉하여 한쪽 혹은 양쪽 모두 원래의 문화 형태에 변화를 일으키는 현상이다.

(5) 문화를 바라보는 관점

① 문화의 개념에 대한 총체론적 관점 15 기출
  ㉠ 문화는 한 인간집단의 생활양식의 총체이다.
  ㉡ 문화는 환경에 적응하는 메커니즘으로 기능한다.
  ㉢ 타일러(Tylor) : 문화는 지식, 신앙, 예술, 법률, 도덕, 관습 그리고 사회의 구성원으로서의 인간에 의해 얻게 된 다른 모든 능력이나 관습들을 포함하는 복합 총체이다.
  ㉣ 화이트(White) : '인간이 상징을 할 수 있는 유일한 동물'임에 유의하여, 이것이 바로 문화의 기초라고 파악하였다.

② 문화의 개념에 대한 관념론적 관점 18 기출
  ㉠ 구체적으로 관찰된 행위 그 자체가 아니라 그런 행위를 규정하는 규칙의 체계를 말한다.
  ㉡ 문화는 인간행동의 잠재적 지침으로서 구체적인 행동뿐만 아니라, 삶의 방향과 방식을 지시하고 규제하는 속성을 지닌다.
  ㉢ 문화는 구성원의 행동방식, 사고방식, 심미적 취향, 식성과 몸짓까지도 결정하는 힘을 가지고 있다.
  ㉣ 워드 굿이너프(Ward Goodenough) : 문화는 한 사회의 성원들의 생활양식이 기초하고 있는 관념체계 또는 개념체계이다.

③ 상징과 의미체계로서의 관점
  ㉠ 집단구성원이 공유하고 있는 의미체계를 강조한다.
  ㉡ 특정 상황이나 사건에 참여하는 구성원들이 일련의 행위나 사건들을 공유하는 의미 구조를 말한다.

(6) 청소년 문화를 바라보는 관점 16 22 23 24 기출

① **미숙한 문화** : 청소년들을 모자라고 미숙하다고 보는 시각
② **비행문화** : 청소년 문화를 부정적 시각에서 문제시하여 바라보는 시각
③ **대항문화(반문화)** : 청소년 문화를 저항의 문화 또는 반(反)문화로 보는 시각
④ **하위문화** : 청소년 문화를 사회 전체 문화 중 한 부분을 이루는 문화로 보는 시각
⑤ **주류문화** : 한 사회 구성원이 전반적으로 누리는 사회 전체의 문화로 보는 시각
⑥ **새로운 문화** : 전혀 새롭고 독립적인 영역을 지니는 또 하나의 문화로 보는 시각

2 청소년 문화이론

(1) 청소년 문화 연구 16 기출

① 미드(Mead) : 청소년에 대한 사회학자의 관심은 1920년대 후반 미드가 '청소년의 삶은 해당 사회마다 다를 수 있다'는 것을 제시함으로써 촉발되었다. 예 사모아 부족사회
② 파슨스(Parsons) : 청소년의 생활양식은 성인들의 생활양식과 뚜렷이 구분된다고 보고 이를 청소년 문화라고 하였다. 즉, 성인들은 생산적인 노동과 관습에 순응하며 책임감을 느끼는 데 반하여, 청소년들은 소비에 열중하고 쾌락추구적이며 무책임한데, 이를 청소년 문화의 특징이라고 하였다.
③ 콜만(Coleman) : 청소년 문화를 성인사회로부터 구분되고, 대중음악 소비시장과 밀접한 관련이 있는 하위문화의 개념으로 설명하였다.
④ 하위징아(Huizinga) : 인간을 호모 루덴스(Homo Ludens), 놀이하는 인간으로 명명하였다.

(2) 기어츠(Geertz)의 문화이론 15 기출

① 상징과 의미체계로 문화 개념을 설명한다.
② 특정 사건이나 현상에 대한 *심층적 기술(Thick Description)을 강조한다.
③ 사회적으로 특정 사건이나 상황에 부여하는 의미를 문화이해의 중요한 핵심이라고 본다.

> **심층적 기술**
> 현장에서 일어난 일을 그 고유한 맥락 및 상황적 조건을 포함하여 가능한 한 생생하고 구체적인 현장의 언어로 치밀하고 풍부하게 묘사하는 것이다.

지식 IN

문화이론 21 기출
- 갈등론 : 인간은 자신의 욕망과 이익을 추구하는 존재라는 가정하에 사회의 본질을 갈등의 관점에서 본다. 사회평등을 지향하며 사회변동과 발전, 개혁과 혁명 등에 관심을 갖는다.
- 구조 기능론 : 구성원들은 사회를 유지·존속하기 위해 필요한 일을 합의 하에 분담하는 상호 보완 관계에 있다. 안정과 질서를 추구하고 협동과 규범 준수를 강조한다.

(3) 부르디외(Bourdieu)의 사회이론

① 장 이론(Field Theory)
 ㉠ 사회에는 다양한 장(Field)이 있고, 장마다 지배계급과 피지배계급이 계급투쟁을 한다.
 ㉡ 자본과 이윤이라는 경제적 관점으로만 계급투쟁을 바라본 마르크스의 지평을 확장한 것이다.
 ㉢ 자본 개념을 경제적 관점에만 국한하지 않고, 새로운 자본의 관점으로 문화자본을 제시한다.
 ㉣ 부르디외는 기본적으로 경제적 자본, 문화적 자본, 사회적 자본, 상징적 자본을 토대로 장을 설명한다.

② **아비투스(Habitus)** 15 19 23 기출
　㉠ 행위자의 물질적·비물질적 존재 조건에 의해 형성되며, 취향의 차이를 일관되게 조직하는 것이다. 취향에 따른 일상생활의 소비를 통해 계급정체성이 유지되고 인지된다.
　㉡ '일정 방식의 행동과 인식, 감지와 판단의 성향체계(문화적 취향)'로서, 개인의 역사 속에서 개인들에 의해 내면화되고 체화되며, 또한 일상적 실천들을 구조화하는 메커니즘을 의미한다.
　㉢ 사회의 장(場)에서 지배계급의 의미 있는 관계들(권력)에 기초해 형성되며 요구된다.
　㉣ 부르디외(Bourdieu)에 의해 도입된 개념으로, 일상적 실천에서 자신의 계급과 다른 계급을 구분 짓는 역할을 한다.

> **지식 !N**
>
> **윌리스(Willis)의 '학교와 계급 재생산(Learning to Labour)'** 18 기출
> - 윌리스(Willis)는 버밍엄(Birmingham) 학파의 일원으로, 청소년 문화를 계급과 관련지어 연구하였다.
> - 책 서두에 '노동자 계층 아이들은 왜 노동자가 되는가?'라는 질문을 던지며, 영국의 노동계급 청소년들의 문화를 생생하게 연구하였다.
> - 노동계급 청소년들이 학교에서 형성한 반(反)학교 문화의 경험으로 육체노동직을 선택하게 된다고 설명하고 있다.

(4) 구조주의와 문화주의

① **구조주의** : 상징문화들을 설명함에 있어서 전체의 구조를 설정하고, 그 구조를 해석함으로서 설명을 시도하는 문화인류학의 한 방법론이다.
② **문화주의** : 다른 어떤 이론보다 대중과 대중문화를 전혀 다르게 정의하고 바라보는 관점이다.

(5) 문화기능주의 17 기출

① 구조기능주의(Structural Functionalism)의 이론으로 콩트와 스펜서가 기초를 형성하였다.
② 사회의 본질을 상호 의존적인 관계 또는 부분의 집합으로 구성된 체제(System)로 보았다.
③ 사회를 생물학적 유기체에 비유하여 상호 의존적인 여러 기관이나 부분이 전체의 생존과 존립에 공헌하는 관계로 보면서, 사회의 지속과 번영을 위하여 질서·균형·안정을 추구하며, 더 나아가 사회 구성원 간의 합의와 통합을 이루는 것이 중요하다고 보았다.

02 청소년 문화 실제

1 대중문화

(1) 대중문화의 개념과 의미

① 두 가지 개념
  ㉠ 매스 컬쳐(Mass Culture) : 불특정 다수에 의해 향유되는 문화, 열등한 집단의 저속한 문화, 문화의 생산과정에 초점을 맞춘 개념이다.
  ㉡ 파퓰러 컬쳐(Popular Culture) : 다수에 의해 일반적으로 동의되면서 인기가 있는 문화, 다수의 사람이 향유하는 대중적인 문화, 문화의 수용과정에 초점을 맞춘 개념이다.

② Mass와 Popular
  ㉠ Mass : 한 집단의 구성원이나 개인을 나타내기보다는 무차별적인 집합체를 의미하는 것으로 다소 경멸적인 성격을 말한다.
  ㉡ Popular : '대중적인 향유와 취향'에 대한 지지라는 의미도 있지만, 일반적인 정의는 '넓게 확산되어 있으며 동의되고 있는'이다.

> **지식 IN**
>
> **대중문화의 계급과 경계의 와해**
> - 아비투스(Habitus) : 같은 집단이나 계급구성원 모두에게 공통적인 인지, 개념, 행위의 도식 혹은 내면화된 구조로 주관적이지만 개인적이지 않은 체계이다. 경제의 계급구분과 계급구성원의 문화적 상징 및 생활양식 간을 매개하는 구조를 의미한다.
> - 크로스오버(Cross-over) : 다른 장르가 교차한다는 뜻이며, 미국에서는 1980년대 초 컨트리 가수들이 대거 팝차트에 진출하며, 음악적 의미로 보편화되었다. 예 루치아노 파바로티, 유진박 등
> - 퓨전(Fusion) : 고유한 문화세계와 이질적인 것들이 뒤섞여 조화를 이루는 것을 말한다.

(2) 1990년대의 대중문화와 청소년 문화 16 기출

① 1990년대 이후 기존의 고급문화 대신 대중문화가 대중에게 널리 확산·침투되었다.
② 대중문화는 1990년대에 들어와 10대와 20대 초반 청소년세대에 그 주도권을 넘기면서 청소년 문화의 가치를 가지게 되었다.
③ 청소년집단은 문화적 *헤게모니를 가지며 주요 소비집단이자 동시에 주요 생산집단인 생비자(문화의 생산자인 동시에 소비자)가 되었다.

> **헤게모니(Hegemony)**
>
> 사회에서 주요 집단들의 적극적인 합의와 동의를 통해서 얻어진 지도력, 즉 도덕적이고 철학적인 지도력을 의미한다.

(3) 대중문화와 청소년 문화의 특징

① 대중매체의 질적·양적 발달에 따른 여파는 어느 사이에 현대인의 생활 속에 깊숙이 영향력을 행사하고 있다. 즉, 미디어 환경에 의한 사회문화적 역기능이 다양하게 발생하고 있다.
② 사회체제 내의 한 하부체제에서의 변화는 또 다른 하부체제의 변화를 유발한다.
③ 하부체제 중의 하나인 대중매체는 사회의 각 하부체제를 연결하는 상호작용과 문화전승의 본래적 기능이 있는 동시에, 인간의 정신세계에 영향을 미친다는 점에서 개인 및 사회에 중요하고 급격한 변화를 일으킨다.
④ 최근 '파퓰러 컬쳐'의 등장으로 인해 고급문화와 대중문화(Mass Culture)의 경계가 무너지고 고급문화-대중문화의 계급성이 허물어지기 시작하였다.
⑤ 90년대에 들어서면서 대중문화는 계급을 구별 짓는 문화적 속성이 퇴화하고, 현대사회의 대표적 삶의 전형으로 등장하였다.

(4) 대중매체와 문화

① 매체(Media)의 발명
   ㉠ 라디오 : 대중스타와 대중문화의 탄생을 동시에 알린 매체이다.
   ㉡ 필름의 발명과 기계적 촬영의 발전 : 실재와 허상의 경계를 허물고, 당대 스타들이 유행을 창출하는 것으로 작용하였다.
   ㉢ 텔레비전 : 대중문화가 일상의 문화로 정착할 수 있도록 한 매체이다.
   ㉣ 뮤직비디오 : 본격적인 영상세대의 문화적 감수성을 보편화시킨 매체이다.
   ㉤ 컴퓨터 : 수용자인 대중의 참여를 가능하게 하고, 일방적 커뮤니케이션 관계를 쌍방적 커뮤니케이션 관계로 전환하였다.

② 대중매체의 특징 19 기출
   ㉠ 대규모 자본 및 대량 복제 기술을 전제로 한다.
   ㉡ 불특정 다수의 대중에게 대량의 정보를 전달한다.
   ㉢ 직업적 전문성을 가진 사람들에 의해 제작과 편집이 이루어진다.
   ㉣ 이윤을 창출하는 상업성을 띠기도 한다.

③ 대중매체(Mass media)의 기능 24 기출
   ㉠ 환경감시 기능 : 미디어가 세상의 다양한 정보를 현대사회 구성원에게 알려주어 사회가 환경변화에 적절히 대응할 수 있고 의사결정을 합리적으로 할 수 있게 한다.
   ㉡ 상관조정기능(의제설정기능) : 복잡한 현대사회의 여러 조직 사건을 자세히 설명하고 그 방안을 제시해 주거나, 미디어가 상세히 보도하는 이슈를 대중들도 중요한 이슈로 인식하게 되는 현상 등을 의미한다.
   ㉢ 문화전승기능(사회화 기능) : 미디어가 발달하면서 과거 사람의 입과 글을 통해 이어져 온 전통과 문화를 미디어가 대신 맡아 전수하는 역할을 한다.
   ㉣ 오락기능 : 일과 구분되는 놀이를 제공하여 즐거움과 휴식을 주는 기능을 한다.

③ 대중문화에 대한 비평 20 기출
  ㉠ 아놀드(Arnold)와 리비스(Leavis) : 대중문화를 매스컬쳐(대중문화를 고급문화에 대한 저항으로 보는 폄하적인 개념)처럼 부정적으로 보는 대표적 이론가들이다.
  ㉡ 프랑크푸르트 학파 : 문화산업의 측면에서 대중문화를 비판하였다.
    • 편입문화론에서는 대중문화를 이데올로기와 자본주의 사회의 상업성을 결합한 문화산업의 산물이라고 비판하였다.
    • 대중매체를 통하여 대량으로 나온 문화상품은 사람들의 획일화와 탈개성화를 부추겼다.
  ㉢ 벤야민(Benjamin) 16 기출
    • 벤야민은 기술복제시대의 예술작품에 일어난 결정적 변화를 '아우라의 붕괴'라는 현상으로 설명하였다.
    • 예술의 수용방식에 있어 획기적인 변화가 일어나면서 수용자의 능동적인 측면을 부각시킨 문화산업이 등장하게 되었다. 이로 인해 예술작품의 복제가 가능해졌고 대중들에게 그 전과는 전혀 다른 예술의 수용방식의 가능성이 제공되었다.
    • 단 하나뿐인 예술작품에서만 느낄 수 있는 '아우라'가 파괴되었는데, 이는 문화산업이 가져온 복제의 기술을 통해 가능해진 것으로 대중의 문화수용에 있어 능동적 수용을 가능케 한 지점이었다.
    • 아우라의 붕괴 이유를 복제기술의 발달로 설명하고 있지만, 기술주의적 사고라는 비판을 받기도 하였다.
  ㉣ 편입문화론
    • 대중매체를 기반으로 하는 문화산업이 후기 자본주의 사회의 핵심사업으로 등장하면서 대중매체를 통하여 대량으로 쏟아져 나오는 문화상품은 사람들을 획일화하고 탈개성화하여 수동적인 소비대중을 만들었다.
    • 문화산업의 측면에서 대중문화를 비판한 프랑크푸르트 학파의 아도르노(Adorno), 호르크하이머(Horkheimer), 마르쿠제(Marcuse) 등은 대중문화를 이데올로기와 자본주의 사회의 상업성을 결합한 문화산업의 산물이라고 비판하였다.
    • 대중문화가 인간의 건강한 비판력과 창의력을 마비시키고 저항정신을 고갈시키며, 변혁의지를 지배체제 안으로 흡수한다고 비판하였다.

(5) 청소년의 대중스타 수용 16 19 기출
  ① 대중스타는 청소년 수용자의 정체감 형성에 영향을 미친다.
  ② 대중스타에 대한 집단적 추구를 통해 또래집단과의 동질성을 확보하기도 한다.
  ③ 대중스타 수용을 통해 사회참여의 기회를 갖기도 한다.
  ④ 청소년기의 긴장과 갈등, 현실세계의 억압된 불만을 해소시키는 기능이 있다.
  ⑤ 문화이론적 측면에서 이해한다(팬덤문화, *오타쿠 문화, 힙합문화 등).

오타쿠 문화

1983년 일본에서 처음 사용한 용어로서, 본래의 뜻은 상대편이나 집안을 높여 부르는 말이었으나, 현재는 마니아적인 성향을 지니고 한 분야에 열중하는 사람들을 의미한다.

> **지식 !N**
>
> **팬덤(Fandom)** 18 기출
> - 팬덤은 원래 특정 대상에 지나치게 몰두하는 사회병리현상을 말한다.
> - 청소년의 하위문화에서 스타와의 일방적 관계를 벗어나 팬의 주체적 참여성향이 뚜렷해짐으로써, 자신들의 문화지대를 창조하고 확장한다.
> - '열광적으로 추종한다'는 의미로, 청소년들이 특정 대상에 몰두하여 자신이 좋아하는 대상을 공유하는 사람들끼리 스타일을 함께함으로써 자신의 정체성을 드러내고 싶어 한다.

2 여가문화

(1) 청소년 여가의 개념

① 시간적 여가 : 학업과 생활 필수시간을 제외한 자유시간
② 활동적 여가 : 자유시간에 수행되는 자발적 활동
③ 상태적 여가 : 바쁜 일상생활로부터 심리적으로 해방된 마음 상태
④ 제도적 여가 : 학업에서 생기는 피로감, 압박감, 권태감에서 해방되어 에너지를 보충하고, 재생산하기 위한 수단
⑤ 포괄적 여가 : 사회적 의무로부터 벗어나 기분전환, 자기계발, 사회참여를 위해 활동하는 수단

> **지식 !N**
>
> **여가의 개념**
> - 여가란 창조적 활동을 위한 재생산의 과정이며, 개인의 생활을 행복하게 하고 인간생활의 기쁨을 누릴 수 있는 가장 보람된 자유시간이다.
> - 자유로운 상태에서 휴식, 자기개발, 기분전환, 사회적 참여 등을 하기 위한 활동의 시간이다.

(2) 여가의 기능

① 신체적 기능(Physical Function) : 여가는 일상생활 특히 노동생활에 있어서의 육체적 피로를 회복시켜 준다.
② 심리적 기능(Psychological Function) : 일상에서 오는 스트레스에서 해방시켜 주고, 권태감이나 지루함을 해소시켜 주는 기능이다.
③ 교육적 기능(Education Function) : 개인의 지적 능력을 향상시켜 주는 기능이다.
④ 사회적 기능(Social Function) : 사회적 역할을 배우고, 조화로운 인간관계를 익히는 기능이다.
⑤ 문화적 기능(Cultural Function) : 음악, 미술, 연극, 영화 등과 같은 예술활동으로 문화를 건전하게 발전시키는 기능이다.
⑥ 자기실현적 기능(Self-actualization Function) : 인간의 피지배현상으로부터 자아를 탈출시켜 자기실현의 조건을 제공하는 기능이다.

> **지식 !N**
>
> **여가문화**
> - 최근 여가생활에 대한 사회적 관심이 증대되고, 청소년들이 여가생활을 할 때 필수적인 제품을 살 수 있는 구매력이 커지면서, 청소년들의 여가생활은 청소년집단별로 차별화되고 있다.
> - 청소년을 자세히 보면, 그들이 입는 옷의 상표, 취미생활의 종류, 어울리는 또래집단 등에서 큰 차이가 있음을 알 수 있다.

(3) 여가의 종류 23 기출
① 소극적 여가 : 주로 실내에서 이루어지는 정적인 여가활동으로서, 대체로 TV시청이나 미디어를 이용하는 휴식이다.
② 적극적 여가 : 주로 야외에서 이루어지는 동적인 여가활동으로서, 문화예술 활동이나 스포츠 등에 직접 참여하는 활동이다.
③ 구조화된 여가 : 경쟁적인 스포츠, 조직참여가 포함된다.
④ 비구조화된 여가 : 적극적인 스포츠 게임, 야외활동, 취미, 소극적 여가, 음악과 미술활동, 사회적 활동, 행사 참여, 쇼핑 등이 포함된다.
⑤ 일상적 여가 : 특별한 기술이나 훈련이 요구되지 않는 즐거운 활동이다.
⑥ 진지한 여가 : 참여하는 분야의 기술 습득을 통하여 전문성을 얻기 위한 활동이다.

(4) 바람직한 청소년 여가의 방향
① 청소년 전용 여가공간 및 시설을 확충한다.
② 지역에서는 단위 스포츠 시설을 확충한다.
③ 대입 위주의 교육정책에서 탈피하여야 한다.
④ 수련시설을 활성화한다.
⑤ 청소년 동아리 지원과 청소년 체험활동을 확대한다.
⑥ 청소년 문화나 예술활동을 지원한다.
⑦ 지역 단위로 청소년 축제를 활성화한다.

3 소비문화

(1) 소비문화의 의의
① 개인의 정체성을 드러내는 문화적인 행동이다.
② 근대 자본주의 사회에서 상품과 서비스를 매매하고 소비하는 것이다.

(2) 청소년 소비문화의 특징
① 청소년의 반(反)문화는 상업화된 대중문화로의 순응으로 나타난다.
② 소비문화 형성에 있어서 마케팅의 영향력이 크게 미치고 대중매체에 대한 친화성이 강하다.

③ 다양한 영상매체가 친근하고 익숙하여 소비문화가 확산된다.
④ 비싼 옷이나 유행 상표로 인해 소외되는 상황까지 나타나며, 소비문화를 통해 차별성과 정체성을 획득하려 한다.
⑤ 특정 제품을 통해 타인의 인정을 받으려고 한다.

> **지식 !N**
>
> **차부 패션(Chav Fashion)** 24 기출
> - 명품으로 치장된 상류사회의 문화 규범과 위선에 반격을 가하는 청소년의 도전적인 패션 문화로 '싸구려가 자랑스럽다'고 떳떳이 드러내는 것을 말한다.
> - 세련되지 않은 취향의 패션을 즐기고 싸구려를 자처하며 자신들의 문화적 취향을 떳떳이 공개하는 하위 청년문화이다.
> - 매치한 아이템이 어울리지 않을수록, 멋을 낸 티가 나지 않을 수록 '잘 입는다'고 인정받는 패션이다.

(3) 소비문화에 대한 3가지 관점 19 기출

① 생산주도적 소비문화론
  ㉠ 소비문화의 출현은 자본주의 상품생산의 확장에 기초한다.
  ㉡ 자본가의 무한한 이윤추구로 인한 다양한 종류의 상품생산이 소비의 양식화(Stylization)를 가능하게 하였다.
  ㉢ 대중들을 소비자로 전환시키기 위한 교육과 판매전략(예 포장, 판촉, 광고)이 양적으로나 질적으로 발전하였음에 주목한다.
  ㉣ 소비문화의 생산주도적 접근은 자본의 논리로부터 도출되는 상품의 생산방식, 노동조직의 특성, 허위욕구의 창출과 이데올로기적 조작에 초점을 둔다.
  ㉤ 대중들의 소비를 증대시키고 소비양식화를 추동(推動)시켜 생산영역의 *메커니즘을 조명하는 데 기여했으나, 소비자를 단순히 조작된 대상으로 봄으로써 소비자의 역할을 지나치게 수동적으로 다룬다.

  > **메커니즘(Mechanism)**
  > 인간의 행동에 영향을 미치는 심리의 작용이나 원리를 의미한다.

② 쾌락주의적 소비문화론
  ㉠ 소비문화적 상상과 특정한 소비공간이 직접적으로 육체적 흥분·미학적 즐거움을 생성시키는 것에 주목하면서, 소비를 통해 체험하게 되는 정서적 즐거움과 꿈, 욕망의 중요성 등을 강조하였다.
  ㉡ 캠벨(Campbell)은 근대적 쾌락주의와 소비를 연관시키면서 즐거움에 대한 열망과 체험의 끊임없는 순환이 소비행위에서도 나타난다고 하였다. 즉, 소비는 자발적이며, 자아지향적이고 창조적인 과정이라는 것이다.
  ㉢ 피더스톤(Featherstone)은 '계산된 쾌락주의'의 대중적 확산을 현대 소비문화의 한 특성이자 형성요인이라고 하였다. 즉, 사람들은 다양한 상품의 구매와 소비를 통해 자신의 삶·감정·육체·정체성을 미학화시키고, 끊임없이 실험적으로 변형시키는 예술적 실천을 시도한다는 것이다.

② 생산주도적 소비문화론이 간과한 소비자의 실제적 소비행위와 체험, 상품을 선택하는 소비자의 개성과 능동적 역할을 조명하는 이론적·경험적 공헌을 하였다.

③ **소비양식론**
  ③ 베블런(Veblen) : 소비는 사회적 지위 부여의 수단이며, 커뮤니케이션의 수단이라고 하였다. 소비자는 상품의 효용가치보다 사회적으로 인정받고자 하는 욕구에 의해 소비가 더욱 촉진되며, 과시적 소비를 한다고 주장한다. 23 기출
  ⓒ 보드리야르(Baudrillard) : 언어와 마찬가지로 기호화된 것이 소비라고 하였다. 즉, 재화들은 사회적 지위를 나타내는 지수로 표현되며 소비사회란 소비를 학습하는 사회로서 소비에 대해 사회적 훈련을 하는 사회이기도 하다. 다시 말하면, 코드를 무의식적으로 받아들이도록 개인적으로 훈련시키는 것이다.
  ⓒ 아파두라이(Appadurai) : 수요는 인간욕구의 신비스런 방출이나 사회적 조작에 대한 기계적 반응이기보다는 다양한 사회적 실천들과 분류들의 함수로 발생한다. 상품은 위치재로서 사회적 지위와 문화적 스타일의 상징적 지표이며, 소비는 집합적 정체성 형성이나 타자와 나를 구별짓기 위해 사회적으로 조직되는 실천들의 집합이다.
  ② 부르디외(Bourdieu) : 취향은 인지·평가·판단·습득의 성향이며, 소비를 포함하여 일상적 행위를 일정한 유형(칸트적 혹은 대중적)으로 양식화함으로써 구조화된 생활양식을 형성한다.

> **지식 IN**
>
> **베블런 효과** 16 20 기출
> 미국의 경제학자 소스타인 베블런(Thorstein Veblen)은 가격이 높을수록 오히려 수요가 늘어난다는 베블런 효과를 주장하였다. 베블런 효과는 기존 경제학의 질서를 뒤흔드는 내용으로, 사람들이 성공에 대한 과시욕과 모방 본능이 있기 때문에 터무니없이 가격이 높은 물건을 선호하는 비합리적인 소비경향이 있는 것을 일컫는다.

(4) 청소년 소비문화의 문제점
① 과시적이고 충동적이며, 모방 심리가 있다.
② 용돈관리에 소홀하며 절약정신이 부족하다.
③ 환경보호에 대한 인식 및 노력이 부족하다.

(5) 청소년 소비문화의 개선
① 사회 전체의 건전한 소비문화 정착을 위한 노력이 필요하다.
② 청소년의 노동에 대한 인정과 사회적 지원이 필요하다.
③ 청소년 소비자교육이 필요하다.
④ 청소년의 소비에 대한 사회적 지원을 확대해야 한다.
⑤ 바람직한 소비프로그램 개발 및 운영을 한다.
⑥ 학교 주변환경을 정화하고 매스컴 등의 광고문화를 개선한다.

4 사이버 문화

(1) 청소년 사이버 문화의 의의 22 기출
① 새로운 정보통신기술의 개발 및 이용과 관련하여 나타나는 다양한 문화적 현상을 말한다.
② 가상공간에서의 다양한 *인터넷 커뮤니케이션을 통해 형성되는 문화 또는 디지털 콘텐츠를 이용한 문화를 말한다.
③ 사이버 문화를 즐기는 청소년들은 가상공간의 캐릭터와 똑같이 표현하려는 *코스프레(Cospre)를 즐기기도 한다.

(2) 사이버 문화의 특징
① 익명성　　② 개방성
③ 자율성　　④ 쌍방향
⑤ 미래적 가치　　⑥ 다양성
⑦ 저항　　⑧ 중독과 몰입

(3) 사이버 공간이 청소년에게 미치는 영향
① 긍정적인 영향
　㉠ 청소년들은 사이버 공간을 통해 원하는 정보나 새로운 기술 등을 쉽게 찾을 수 있다.
　㉡ 청소년들은 사이버 공간을 통하여 사회적 기술을 획득할 수도 있다.
　㉢ 사이버 공간은 청소년들에게 정체성 표현, 탐험, 실험하려는 욕구 등을 충족할 수 있는 다양한 기회를 제공한다.
　㉣ 사이버 공간을 이용하여 청소년들은 고민에 대한 대화와 게임 등을 통해 친구를 사귀기도 한다.

② 부정적인 영향
　㉠ 사이버 공간에는 무한한 정보가 있지만 왜곡되거나 음란물·폭력물 등 해로운 정보도 있어 가려서 얻어야 한다.
　㉡ 사이버 공간은 익명성으로 인해 부적절한 용어, 일탈행위 등에 노출될 수 있다.
　㉢ 사이버 공간은 너무 오랫동안 하거나 자주 하면 *리셋 신드롬 등 인터넷 중독에 노출될 수 있다.

인터넷 커뮤니케이션
컴퓨터 간에 연결된 네트워크의 네트워크로, 이 네트워크를 이용하고 발전시켜 나가는 사람들의 공동체이다. 또한 네트워크에서 얻을 수 있는 자원들의 집합이라 할 수 있다.

코스프레(Cospre)
유명 게임이나 만화, 애니메이션, 영화 등에 등장하는 캐릭터를 모방하여 그들과 같은 의상을 입고 분장을 하며 행동을 하여 개성을 표현하려는 문화현상이다.

리셋 신드롬
사이버 세계와 현실 세계를 혼동하여 생기는 증후군으로, 컴퓨터가 오류가 발생했을 때 시스템을 초기화시키는 '리셋'과 같이, 현실세계에서도 실수하거나 어려운 일이 있으면 리셋이 가능할 것으로 착각하는 현상이다. 19 기출

> **지식 IN**
>
> **세대를 지칭하는 용어** 18 21 기출
> - N세대 : 탭스콧(Tapscott)이 제시한 용어로 디지털혁명이 가속화되는 가운데 인터넷을 일상생활의 동반자처럼 활용하는 세대를 지칭하는 용어이다. 책보다는 인터넷, 편지보다는 이메일, TV보다는 컴퓨터에 친숙한 것과 같이 정보통신 활용능력이 뛰어난 집단으로서, 사이버 공간의 활용성이 가장 높은 계층이자 정보매체의 영향도 가장 많이 받는 세대이다.
> - X세대 : 캐나다의 더글러스 코플랜드(Douglas Coupland)의 소설에서 유래된 용어이다. 대체로 맞벌이 부부 사이에서 키워졌고, 50% 정도가 이혼 또는 별거한 부모와 함께 자랐기에 가정에 대한 반발과 동경심을 동시에 가지고 있는 세대이다.
> - Y세대 : 전후 베이비붐 세대가 낳은 자녀들을 가리킨다. 어려서부터 컴퓨터와 친숙해서 자유자재로 다루고, IT 기술을 잘 활용하는 세대이다.
> - M세대 : 휴대전화로 무선 인터넷을 사용하는 모바일 세대이다.
> - P세대 : '열정(Passion)'과 '잠재력(Potential Power)'을 바탕으로 사회 패러다임의 변화를 일으키는 세대이다.
> - C세대 : 컴퓨터 사용이 일반화되고 초고속통신망이 빠르게 확산되면서 나타난 젊은 세대이다.
> - G세대 : G세대는 1988년 서울 올림픽을 전후로 태어난 세대로 녹색(Green)과 글로벌(Global)의 앞 글자에서 따와 명명되었다. 건강하고 적극적이며 글로벌한 젊은 세대를 일컫는다.

03 가족 · 지역사회

1 가족

(1) 가정의 기능 15 기출

① 가정은 청소년에게 만족을 주어 안정성을 형성하는 기반이 된다.
② 가정은 청소년의 능력을 계발하고 발달시키는 장소이다.
③ 가정은 청소년의 인격대우를 충족시켜 줌으로써 사회적 인격의 기반을 만들어 준다.
④ 청소년은 가족과의 인간관계에서 자기중심적 행동만을 해서는 안 된다는 것을 깨닫고, 언제나 나 아닌 다른 사람과의 관계 안에서 행동해야 한다는 사실을 학습한다.
⑤ 가족 내의 상호작용을 통해서 교육받을 수 있는 편리한 수단, 즉 언어 등을 학습하여 획득한다.
⑥ 가정 내에서 청소년은 지배 · 복종 · 협동 · 대립 · 경쟁 등 사회에서의 인간관계를 체험하고, 보다 광범위한 사회생활에 대한 준비를 하게 된다.
⑦ 청소년은 가정에서의 경험을 통해서 사회생활에 필요한 습관, 예의, 태도 등을 학습한다.

(2) 가족의 발달주기

가족발달단계	주된 정서적 과정	계속적인 발달을 위해 요구되는 사항
제1단계 독립기	개인의 정서적·경제적 책임 수용	• 원가족에서의 분리가 이루어짐 • 직업상의 자기 확립과 경제적인 독립이 이루어짐 • 친밀한 또래관계를 형성함
제2단계 가족형성기 (결혼을 통한 결합)	새로운 체계에 헌신	• 결혼을 통한 결합으로 부부체계를 형성함 • 배우자가 등장하면서 확대가족의 체계가 변화됨 • 배우자가 등장하면서 친구관계가 새롭게 편성됨
제3단계 자녀 출산·양육기	새로운 가족구성원 수용	• 자녀(들)를 위한 공간을 마련하기 위해 부부체계가 새롭게 적응함 • 자녀양육, 가정경제, 집안일에 함께 참여함 • 부모·조부모의 역할이 부가됨으로써 확대가족의 체계가 변화됨
제4단계 자녀 청소년기	자녀의 독립욕구 및 조부모의 노쇠함 수용 (융통성 있는 상호작용)	• 자녀의 독립욕구로 인해 부모-자녀관계가 변화됨 • 부부관계, 직업상의 문제가 또다시 문제시됨 • 조부모를 돌보는 일에 함께 참여함
제5단계 자녀 독립기 중년기	가족체계의 변화 수용	• 부부체계가 2인 중심 체계로 다시 정비됨 • 부모-자녀관계가 성인 대 성인의 관계로 발달함 • 사위 혹은 며느리, 손자들을 받아들임 • 부모 또는 조부모의 정신적·신체적 장애 및 사망에 대응함
제6단계 노년기	세대 간 역할 교체 수용	• 건강에 대한 관심이 커지고, 자기 또는 부부의 유지 기능이 약화됨 • 중년 세대가 중심적인 역할을 할 수 있도록 지지함 • 가족구성원들은 노년 세대를 과보호하지 않으면서도 지지함 • 가족구성원들은 연장자의 지혜와 경험을 받아들임 • 배우자, 형제, 친구들의 죽음을 대면하면서 자신의 죽음을 준비하고, 인생을 돌아보며 통합함

(3) 바움린드(Baumrind)의 4가지 자녀양육 유형 15 17 18 21 22 기출

권위 있는 부모	자녀의 독립심을 격려하며 훈육 시 논리적으로 설명하고 애정과 통제를 모두 갖춘 유형이다.
권위주의적인 (독재형) 부모	자녀에게 무조건적인 규칙을 따르도록 하지만 자녀가 원하는 것에는 상당히 둔감한 유형이다.
허용적인 부모	자녀에게 애정적이지만, 단호한 제한을 설정하지 못한 채 자녀의 요구사항을 거의 수용한다. 즉 일관성 없는 훈육을 하고 자녀에 대한 통제가 거의 없는 유형이다.
방임적인 부모	방임인 부모는 애정이 없고 무관심하며, 방임적인 부모 밑에서 자란 자녀는 반사회적 성향을 보이고, 청소년기로 갈수록 비행 경향이 높아지는 부정적인 모습을 보이게 된다.

(4) 가족체계 특징

① 가족구성원이라는 요소를 단순히 합한 것 이상의 의미를 갖는다.
② 가족구성원들 간에 성 역할, 세대에 따라 경계선이 생기고 이에 따라 하위체계가 구성된다.

부부 하위체계	상호보완적인 관계를 이루면서 다른 체계의 간섭을 방지할 수 있도록 적절한 경계선을 설정해야 한다. 경계선이 느슨하면 자녀나 친인척 등이 부부체계를 간섭할 수 있다.
부모 하위체계	자녀를 양육하고 사회화하는 과업을 수행하며, 자녀가 부모와 적절히 상호작용할 수 있는 경계선이 설정되어야 한다.
형제 하위체계	또래관계를 배울 수 있는 체계로 협력·협상하며 희생하거나 자신을 보호하면서 경쟁하는 방법을 학습할 수 있다. 형제하위체계의 경계선은 아동을 성인들의 간섭으로부터 보호하여 사생활과 흥미영역을 보존할 수 있도록 하며, 시행착오를 경험할 수 있는 공간을 허용한다.

③ 가족체계 내에서는 성원들 간의 결탁관계, 삼각관계 등이 복잡하다.
④ 항상성을 유지하고자 한다.
⑤ 상호작용의 패턴을 통해 그 성격을 이해할 수 있다.
⑥ 선형적 인과론이 아닌 순환적 인과론에 의해 보다 깊이 이해될 수 있다.
⑦ 문제 자체보다는 관계에서 이루어지는 과정에 초점을 둔다.
⑧ 궁극적으로 가족구성원 개개인의 욕구를 충족시키기 위해 기능한다.
⑨ 시간이 흘러감에 따라 변화하면서 *사이버팸과 같은 새로운 가족체계가 등장하였다.

> **사이버팸**
> 친가족으로부터 삶의 의미를 찾지 못하고 이른바 사이버 상에서 가족을 구성하여 실제 가족같이 지내는 현상을 말한다.

2 지역사회

(1) 지역사회의 의의

① 지역사회는 청소년들에게 구체적인 생활의 원천적 거점이다.
② 지역사회는 사람이 태어나서 성인이 될 때까지는 물론 전 생애를 통하여 가장 직접적이고 실체적인 생활의 장소이고 인간형성의 장소이다. 청소년들의 일상생활은 학생, 근로청소년, 모든 유형별 집단에 있어 가정과 직장, 가정과 학교를 잇는 생활권역을 크게 넘지 않는다.
③ 지역사회는 바로 청소년들이 주민들과의 다양한 사회적 상호작용 속에서 성장·발달하는 준거환경이다.

> **지식 IN**
> **근로시간(근로기준법 제69조)** [20] [기출]
> 15세 이상 18세 미만인 사람의 근로시간은 1일에 7시간, 1주에 35시간을 초과하지 못한다. 다만, 당사자 사이의 합의에 따라 1일에 1시간, 1주에 5시간을 한도로 연장할 수 있다.

(2) 지역사회의 중요성 15 기출

① 청소년의 인격형성은 청소년이 일상생활을 영위하는 가정, 학교 및 사회의 장에서 행해지지만, 가정이나 학교가 충분히 그 역할을 수행하기 위해서는 지역사회와의 제휴·협력이 필요하다.
② 특히 청소년 문제의 확산은 지역사회의 유해한 사회문화적 환경, 분위기와 밀접한 관계가 있으므로 지역사회의 책임이 더 강조되고 있으며, 지역사회의 연계와 협력의 필요성이 한층 대두되고 있다.
③ 지역사회는 청소년 교육의 장이 될 뿐 아니라, 지역사회에 존재하는 모든 물질적·문화적·인간적 자원은 청소년을 위한 교육적 자원이다.
④ 지역사회에는 청소년들에게 유용한 자원들이 잠재되어 있다.
⑤ 지역사회는 중앙정부가 작성한 정책의 효과가 구체적으로 발생하는 전선(Front Line)이다.
⑥ 청소년과 관련된 국가의 정책의지가 그 실효성을 거둘 수 있는 현장도 바로 지역사회이다.

04 또래집단·학교

1 또래집단

(1) 또래체제의 관점

① 청소년기 또래집단의 의의 : 청소년들의 또래집단이란 비교적 비슷한 성숙수준과 연령집단의 청소년들이 공동의 관심사를 가지고 형성되어, 서로 간의 상호작용 과정을 통해 서로의 행동을 통제하는 집단을 말한다.
② 또래집단에 의한 감정
  ㉠ 연대감(Affiliation) : 청소년들은 또래집단과 연대를 가지므로 동일 연령집단으로부터 심리적·사회적인 지지를 받을 수 있다. 청소년들은 또래집단과 상호작용하면서 자신의 유아적인 충동적 욕구를 조절하고, 적절한 성 역할 행동을 발전시키며, 사회적·도덕적 가치를 형성하게 된다.
  ㉡ 자신감(Confidence) : 청소년들은 부모에게 의존하는 관계에서 점차 벗어나 또래들의 수용을 받으면서 자기가치감, 자기존중감, 자기유능감을 형성하게 된다.
  ㉢ 인기(Popularity) : 또래집단 내에서의 인기는 집단 내에서의 지위, 집단의 다른 성원들이 나를 어떻게 지목하는지와 관련된다.

③ 또래집단의 *동조행동 14 18 19 23 기출
  ㉠ 또래집단과 언어표현, 행동, 옷차림 등을 비슷하게 하는 현상이다.
  ㉡ 청소년의 언어, 가치관 등 모든 면에 영향을 미친다.
  ㉢ 부정적인 동조행동으로 속어나 비어의 사용 등이 있다.
  ㉣ 동조행동에 대한 또래집단의 압력은 청소년기에 가장 강력하다.
  ㉤ 또래집단 내에 높은 지위에 있거나 자신감 있는 청소년은 동조행동의 영향을 덜 받는다.
  ㉥ 부모와 또래집단의 가치가 상충될 경우 청소년은 또래집단의 영향을 더 크게 받는다.
  ㉦ 동조현상과 관련된 개념
    • 관찰학습 : 다른 사람의 사고·행동·느낌을 모방하고 모델링하면서, 자신의 사고·행동·느낌을 형성한다.
    • 사회적 비교 : 또래집단은 청소년에게 스스로 평가할 수 있는 기준을 제공한다.
    • 강화와 처벌 : 청소년의 행동은 청소년이 경험하는 다양한 강화와 처벌의 결과이다.

> **동조행동**
> 인간은 일반적으로 소속 집단의 행동기준을 지키고 그에 따라 행동하는데, 자아가 약해서 스트레스에 대한 저항력이 약한 사람일수록 동조하는 경향이 나타나기 쉽다.

(2) 또래와의 연대가 갖는 긍정적·부정적 기능 20 24 기출

또래와의 연대가 갖는 기능	긍정적 영향	부정적 영향
• 정체감 형성 • 심리적 지원 및 안정감 • 준거집단의 역할 • 또래문화 학습 및 정보 제공 • 동조감 형성 • 활동성	• 관심분야와 능력에 대한 확정 • 지위와 이미지가 상승함 • 소속감을 제공함 • 자신감을 증진함 • 새로운 대인관계기술을 학습함 • 능력을 고양함	• 혼돈되고 주의가 흐트러짐 • 지위가 격하됨 • 자율성 발달이 저해됨 • 자아가 위협받음 • 대인관계가 위축됨 • 능력발달이 저해됨

(3) 청소년 또래집단의 특징

① 청소년 또래집단의 형태

군 집 (Crowd)	• 군집은 끼리집단의 3배 정도 크기의 집단으로서, 보통 15~30명 정도로 구성된다. • 평균적으로 20명 정도의 청소년들이 한 군집을 이룬다. • 군집은 활동에 대한 공동의 관심사로 구성된 집단이다.
배타적 끼리집단 (Clique)	• 청소년들의 끼리집단은 보통 3~9명의 청소년들로 구성된다. • 끼리집단은 서로 간의 친밀성과 응집성이 높은 집단이다.

② 청소년 또래집단의 형성단계
  ㉠ 전군집단계(Pre-crowd Stage) : 후기 아동기의 단계에 형성되며, 이 단계의 또래집단의 성격은 아동기 때의 또래집단의 성격을 여전히 가지고 있는 경향이 많다.
  ㉡ 군집이 시작되는 단계 : 동성의 또래들로 구성된다. 집단 대 집단으로 이성또래와의 관계를 시작하여, 같은 집단의 동성친구들로부터 이성또래와의 새로운 경험에 필요한 지지와 안정성을 얻게 된다.

ⓒ 이성또래들로 구성된 끼리집단이 형성되기 시작하는 단계 : 청소년들은 이성또래에게 적합한 행동과 동성또래에게 적합한 행동의 기준을 배우게 된다.
　　ⓔ 군집이 완전히 발달된 단계 : 이성또래의 끼리집단들이 형성되어 상호 간의 관계를 맺기 시작한다. 이 단계의 군집에서는 남자청소년들의 나이가 여자청소년들보다 다소 많은 경향을 띤다.
　　ⓜ 이성 간의 커플로 끼리집단이 형성되고, 군집의 결속력이 약화되는 단계 : 이성관계에 필요한 대인관계기술이 완전히 습득된 단계로서, 더 이상 또래들로부터의 지지나 안정성을 필요로 하지 않게 된다. 또래집단의 마지막 발달단계에서는 성인들의 또래와 거의 흡사한 특징이 나타난다.

2 학 교

(1) 학교의 중요성
① 학교는 가정으로부터 교육기능을 전담받은 유일하게 형식화된 곳으로서, 청소년들은 학교생활을 통해서 자신의 장래를 설계하고 진로를 결정하게 된다.
② 청소년들은 수면시간을 제외한 하루 중 거의 대부분의 시간을 학교에서 보내고 있다. 그만큼 청소년들에게 있어서 학교가 차지하는 비중이 크며 많은 영향을 미치고 있다.
③ 사회가 점점 복잡해짐에 따라 학문적 기술뿐만 아니라 중요한 비인식적 능력(자기 자신의 일과 삶의 계획을 효과적으로 경영하고 책임질 수 있는 능력을 포함)의 발달에 대한 부담까지도 점차 학교가 떠맡게 되는 현 시점에서 그 중요성은 말할 것도 없다.

(2) 학교의 문제점
① 성적제일주의의 가치가 지배하고 있으며, 입시 중심의 주입식 교육으로 청소년들에 대한 전인적인 교육이 불가능하다.
② 성적 중심의 경쟁은 이기주의적인 사고를 불러일으킬 뿐만 아니라, 경쟁에서 뒤쳐진 청소년들은 좌절감과 패배감을 경험한다.
③ 교사가 학생과 상호작용하는 경우, 성실과 신념, 경험을 바탕으로 학생과 접촉하면서 각종 교육방법과 교육기술을 가미할 때 더욱 큰 성과를 얻을 수 있다.
④ 최근 학교가 더 이상 학생의 교육적 기능만을 전담하는 사회제도가 아니라, 이들의 기본적 삶과 복지를 향상시키는 사회복지적 기능을 도입해야 한다는 주장이 대두되고 있다.

> **지식 IN**
>
> **학교문화의 4가지 기능**
> • 청소년의 욕구를 충족시킨다.
> • 청소년의 사회화를 가능하게 한다.
> • 행동의 준거를 제시해 준다.
> • 사회변동성을 가진다.

CHAPTER 03 청소년 복지와 보호

중요도 ★★★

핵심포인트
\# 청소년비행이론 \# 학교부적응·학업중단 \# 폭력, 자살, 가출 \# 중 독 \# 청소년 보호
\# 청소년 복지 및 실제 \# 청소년 인권과 참여

01 청소년비행이론

1 머튼(Merton)의 아노미 이론(Anomie Theory) 16 18 20 기출

(1) 의 의
① 아노미 이론은 뒤르껭(Durkheim)이 처음 주장한 것으로서, 아노미(Anomie)는 한 사회 내에서 지배적인 가치관이 약화되면서 다른 가치관과 공존하는 현상을 의미한다.
② 아노미의 발생 원인을 문화적 목표(금전 획득에 의한 부의 성취)와 제도화된 수단과의 괴리 현상에서 찾고 있다.
③ 일탈행위는 문화적으로 규정된 목표와 그 목표를 달성하기 위하여 사회적으로 구조화된 제도적 수단이 조화적으로 작용하지 않는 경우에 발생한다.

(2) 유 형
머튼은 개인이 문화적 목표와 제도화된 수단에 어떻게 적응하는가에 따라 5가지 적응양식을 제시하였다.

동조형	• 문화적 목표와 제도화된 수단 양자를 모두 수용한 유형이다. • 이 동조형을 제외한 나머지 4가지 유형은 모두 일탈행위로 규정한다. 예 정상적인 행위자
혁신형	• 문화적 목표는 수용하지만, 제도화된 수단을 거부하는 유형이다. • 일탈자의 전형적인 형태이다. 예 화이트칼라의 탈세·횡령·수뢰 및 문서위조 등
의례형	• 문화적 목표를 거부하고, 제도화된 수단을 수용하는 유형이다. • 절차적 규범 또는 규칙의 준수에만 몰두한다. 예 자신의 일에 대한 목표를 망각하고, 무사안일로 행동하는 관료
도피형	• 문화적 목표와 제도화된 수단을 모두 거부하고, 사회로부터 후퇴 내지 도피하는 유형이다. • 합법적 수단을 통한 목표성취 노력의 계속적 실패와 도덕적 규범의 내면화에 따른 양심의 가책 때문에 위법적 수단을 사용할 능력이 없어서 나타나는 유형이다. 예 약물 중독, 알코올 중독자

반역형	• 기존의 문화적 목표와 제도화된 수단을 모두 거부하는 동시에 새로운 목표와 수단으로 대치하려는 유형이다. • 보수파의 이데올로기에 반항해 현존 사회구조의 욕구불만 원인을 규명하고, 욕구불만이 없는 새로운 사회구조를 건설하려 한다. 예 사회운동가, 혁명집단, *히피족 등

> **히피족**
> 미국의 물질문명에 항거하는 젊은이들의 그룹으로서, 자유로운 외향으로 문화와 예술을 즐기던 미국 사회의 정치적 이방인이다.

2 밀러(Miller)의 하층계급문화이론(사회화 과정이론)

(1) 의의

① 사회의 주류 가치·규범·행위양태와는 다른 일부의 가치·규범 또는 행위양태를 사회화하는 현상을 말한다.
② 밀러는 하류층의 하위문화를 그들의 고유한 전통으로 이해한다. 그들의 문화는 중류문화의 규범으로부터 간섭 없이 존재하며, 독자적 가치에 따라 행동하는 모습을 보인다는 것이다. 이 가치를 관심의 초점이라 부른다. 그들의 가치는 거의가 일탈적 모습을 띠며, 이것은 그 문화 내의 청소년들에 의해 동의된다.

(2) 결정요인

주요 일상적인 행동양태는 중류층 규범에 의해 일탈행위로 표시되는 가치와 규범으로 6가지 종류의 결정요인으로 특성화하고 있다. 이 결정요인들은 여러 상황에서 하위문화 특유의 행위 가능성, 행위유발 요인의 한 종류가 된다.

말썽거리, 근심 (Trouble)	• 규정된 법규위반 행위나 갈등, 문제 유발 등을 의미한다. • 위반행위를 한 자는 그가 속한 하류계층의 구성원들에게 영웅이나 존경의 대상이 되기도 한다.
강인성, 억셈 (Toughness)	• 물리적 힘, 용감성, 대담성, 문학이나 예술에 대한 무관심 등으로 표현된다. • 하류층 청소년들의 용감성과 남성성이 강조되는 행동은 중류층의 시각에서 볼 때는 일탈행동으로 보인다.
영리함 (Smartness)	• 타인을 잘 유도하여 속인다거나 기만적인 상술 등으로 돈을 버는 행위 등을 말한다. • 이 계층의 청소년들은 열심히 정상적으로 노력해서 돈을 모으거나 신용을 쌓는 것에 대해서는 전혀 관심을 두지 않는다. 예 전문적인 야바위꾼, 카드속임꾼 등
흥분 (Excitement)	• 모험, 긴장, 스릴, 위험한 행위 등을 추구하는 것을 말한다. • 하류계층의 경우 여가를 활용할 기회나 능력이 경제적으로나 주위여건상 없는 데서 오는 지루한 생활에 대한 반발로서, 무언가 자극적이고 신나는 활동에 관심을 갖는 것을 말한다.
운명, 운, 우연 (Fate)	현재 상태를 자신의 의지보다는 운명이나 다른 어떤 힘에 의해 지배받고 있는 것으로 믿는다.

자율 (Autonomy)	• 자기의 의무와 권리를 모두 의식한 자유라는 의미보다는 아무 거리낌이 없이 함부로 행동하려는 태도를 말한다. • 무슨 일을 하든 자기 멋대로 마음대로 하려는 태도를 말하는 것으로서, 하류계층 청소년들의 경우 그들이 처한 사회계층상의 이유로 항상 타인에게 명령과 간섭을 받는 현실에 대한 반발로 이러한 태도를 갖게 된다.

3 서덜랜드(Sutherland)의 차별접촉이론(접촉차이론) 15 23 기출

(1) 정 의
① 문제행동을 사회화 관점, 학습된 행위로 이해한 최초의 이론이다.
② 청소년들이 문제행동을 직·간접으로 자주 접하게 되면 문제청소년이 될 수 있다고 본다. 즉, 문제행동은 사람들 사이의 상호작용에 의해 학습되는 행위로서, 전반적으로 사회문화가 문제행동에 대해 무감각하거나 우호적인 분위기를 형성할 때 문제행동은 학습되어 시도된다고 본다.

(2) 문제행동의 사회화와 관련된 9가지 명제
① 비행은 유전이나 심리적 특성에 의한 것이 아니라 학습된다.
② 비행은 타인과의 상호작용, 특히 언어적·비언어적 의사소통 과정에서 학습된다.
③ 비행의 학습은 주로 일차적 집단과의 친밀한 인간관계를 통해 학습된다.
④ 비행학습의 내용에는 비행의 기술뿐 아니라 비행과 관련된 충동, 합리화, 동기, 태도도 포함된다.
⑤ 비행의 동기와 태도의 방향은 법이나 규범에 대한 생태적 환경의 방향에 의해 결정된다.
⑥ 비행을 격려·고무하는 분위기가 억제·반대하는 분위기를 압도할 때 비행이 시도된다.
⑦ 비행을 하느냐, 하지 않느냐는 비행 접촉빈도, 지속시간, 우선성 및 강도에 따라 결정된다.
⑧ 차별접촉에 의한 비행의 학습은 단순한 흉내나 모방과는 달리 복잡한 학습과정이다.
⑨ 비행의 동기나 동인이 항상 물질적 부나 사회적 명성과 같은, 인간 누구나 추구하는 일반적인 욕구충족에 있는 것은 아니다.

4 코헨(Cohen)의 비행하위문화이론

(1) 의의

① 비행을 주류문화(*중핵문화, 보편문화, 일반문화, 공식문화, 정상문화, 지배문화)와 대비되는 문화로서의 하위문화로 이해하려는 입장을 취한다.
② 하층문화의 성격을 중산층의 지배문화에 대한 반항문화로 보고, 이를 범죄원인으로 지목하는 코헨의 이론을 비행하위문화이론이라고 한다.

> **중핵문화**
> 다수 집단이 향유하며 상당한 지속성을 가지고 있는 문화를 의미하며, 이와 대비하여 특정 소수 집단에서 일시적으로 존재하는 문화를 주변문화 또는 하위문화로 구분한다.

(2) 특징

① 일반적으로 중상류 계층의 규범과 가치는 사회의 지배적이고 중핵적인 규범과 가치가 되고, 이에 의한 평가기준에 따라 모든 청소년(하류계층 청소년 포함)은 일정한 지위를 얻게 된다.
② 하류계층의 사람들은 중상류계층으로부터 부여받은 지위에 대한 욕구불만에 기인하여 중상류계층의 주류문화에 대항적인 성격을 갖는 반동적인 새로운 하위문화를 형성함으로써, 사회계층 간에는 다른 규범과 가치가 존재한다.
③ 다시 말하면, 부적응과 좌절 그리고 손상된 자존심을 공유하는 하류계층의 청소년들은 그들의 지위로부터 기인된 좌절감을 집단적으로 해결하기 위하여 또래집단을 형성하고, 주류문화에 반대되는 문화적 가치를 추구하는 그들 나름의 하위문화를 형성한다.
④ 이러한 반동적인 하위문화는 지배적인 규범을 거부하는 까닭으로 비행하위문화가 되며, 이는 중상류계층의 주류문화(규범과 가치)와는 반대로 비공리성, 악의성, 거부성, 단기쾌락주의, 집단자율의 강조 등의 특성을 갖게 되는데, 이로 인하여 비행이나 범죄가 쉽게 자행된다고 본다.

5 클로워드와 올린(Cloward & Ohlin)의 차별기회이론

(1) 의의

① 머튼(Merton)의 아노미 이론과 서덜랜드(Sutherland)의 차별접촉이론을 통합한 이론이다.
② 합법적 기회도 차등적이고, 비합법적 기회도 차등적이다. 즉, 돈을 벌기 위한 수단도 계층에 따라 차별화되어 있고, 도둑질을 배우는 기회도 차별화되어 있다.
③ 차별적 기회구조 속에서 하층의 청소년들은 자기들 나름대로의 하위문화를 형성하여 기회의 구조적 불평등 현상을 극복하고자 노력하는데, 이 과정에서 지배규범의 합법성을 거부하고 저항의 하위문화를 형성한다.

(2) 비행적 하위문화

① **범죄적 하위문화** : 성인범죄자들의 범죄행위를 전수하거나 모방한다.
② **갈등적 하위문화** : 성인범죄의 역할모델을 찾지 못해 개인적이고 비조직화된 폭력, 패싸움 등의 형태로 나타난다.
③ **도피적 하위문화** : 알코올, 약물중독, 동성애 등 퇴행성·현실 도피 형태로 나타난다.

6 허쉬(Hirschi)의 사회유대이론(사회·환경적 접근)

(1) 정 의 17 20 기출

① 허쉬는 개인에 대한 유대가 통제력이 되어 청소년들로 하여금 법과 규범을 지키게 한다고 주장하면서, 개인에 대한 사회의 유대가 약하거나 손상될 때 문제행동이 나타난다고 하였다.
② 청소년은 문제행동을 하고자 하는 잠재적인 동기를 가지고 있지만, 문제행동을 함으로써 자기에게 돌아올 사회적 비난이나 제재가 두려워 문제행동을 하지 못한다.
③ 청소년들이 문제행동을 하는 것은 문제행동에 대한 사회적 비난이나 제재가 약화되었다고 판단하기 때문이다.
④ 오늘날 청소년 문제행동이 급증하는 것은 가정을 비롯하여 학교, 사회 등 청소년을 둘러싼 환경이나 가치, 규범 측면에서 갈등과 혼란을 겪고 있기 때문이다.

(2) 개인이 규범을 준수하도록 만드는 개인의 유대요인 16 22 24 기출

① **애착(Attachment)** : 의미 있는 타인에 대한 애정적인 유대관계를 말하며, 부모와 애착이 잘 형성된 청소년들은 유대관계 때문에 문제행동을 쉽게 하지 못한다.
② **관여(Commitment)** : 일상적인 사회적 목표나 수단을 존중하고 그에 순응하는 것이며, 이렇게 하지 않을 때 야기되는 결과에 대한 두려움으로 문제행동을 하지 않는다. 공부 잘하는 학생은 문제행동을 통해 평판도 잃고 좋은 직장에 취업할 기회도 잃지 않을 것이라는 논리이다.
③ **참여(Involvement)** : 일상적인 활동에 참여하는 것으로서, 무엇인가에 적극적으로 참여할 경우 문제 활동을 할 절대적 시간이 없기 때문에 문제행동을 하지 않는다는 단순한 논리이다.
④ **신념(Belief)** : 개인이 전통적인 가치를 어느 정도 수용하고 있는지에 따라 달라진다. 즉, 비행에 대한 부정적인 태도를 가질수록 문제행동을 할 가능성이 줄어든다는 논리이다.

7 의사결정론(자유의지론)

(1) 정 의

① 청소년 문제행동의 원인으로 보는 유전, 심리적 변인, 환경적 변인은 모두 청소년 문제행동에 대한 자유의지를 무시하고 있다. 인지이론가들은 결국 모든 문제행동은 개인의 자유의지로 의사결정하여 선택한 것이라고 주장한다.
② 대부분의 문제행동은 청소년의 자유의지에 의해 수행된 의사결정과정이다.

③ 주변환경이 영향을 줄 수 있지만, 기본적으로 인간을 능동적인 존재로 이해한다면 아무리 주변의 압박이 강하더라도 문제행동에 대한 개입 여부는 자신의 의사결정, 즉 의지에 달려있다는 것이다. 그러므로 같은 환경, 유전인자, 신체적 특성을 지녔음에도 문제행동을 수행하는 청소년과 그렇지 않은 청소년이 존재하는 것은 바로 그것이 자유의지에 입각한 의사결정의 결과이기 때문이다.
④ 이러한 문제행동에 대한 시각은 문제행동을 수정하기 위해서는 문제행동을 그만두겠다는 청소년 자신의 의지가 중요하다고 주장한다.
⑤ 의사결정론은 문제행동의 수정, 치유에 대한 현실적인 대안을 제공한다.

(2) 문제행동

월터스(Walters)에 의하면, 문제행동은 개인의 왜곡된 의사결정에 의해서 나타난다.
① **입력변인** : 문제행동의 직접적인 원인은 아니더라도 문제행동의 내용과 범위를 결정하는 데 영향을 주는 것(낮은 사회적 지위, 대가족, 어머니의 정신병, 가정불화, 문제행동의 기회와 대상의 접근용이성)이다.
② **처리변인** : 개인의 성장과정, 손익계산, 정당성 입증, ※지각오류 등이 있다.

> **지각오류**
> 적은 정보로 행동을 관찰하고 원인을 추론하며 평가하는 과정에서 생기는 오류를 의미한다.

③ **출력변인** : 문제행동의 결과로 얻게 되는 강화와 벌은 다시 문제행동을 할 것인가의 여부를 결정하는 단서이다. 이론적으로 벌을 받은 사람은 다시 문제행동을 저지르지 않을 것이라고 예측할 수 있지만, 문제행동을 하는 사람들은 지각과정에서 벌을 벌로서 받아들이지 않고, 과소평가하거나 부당한 처사라고 생각하게 된다는 것이다.

8 낙인이론

(1) 정 의

① 일탈을 행위의 속성이 아닌, 사회적 정의(Social Definition)의 산물로 본다. 즉, 특정 행위의 일탈 여부가 그 행위를 바라보는 다른 사람이나 전체 사회의 반응에 달려 있다는 것이다.
② 일탈의 원인보다는 일탈행동을 규정하는 규범과 처벌하는 과정에 더 관심을 가진다.
③ 일탈자로 규정된 사람은 그 낙인을 벗어나기 힘들기 때문에 계속 다른 일탈행위를 하게 된다.
④ 인간의 모든 행위에 대한 중립적인 입장을 취한다.

(2) 낙인이론가

① **베커(Becker)** : 비행자라는 낙인은 하나의 사회적 지위와 같고, 개인이 가지고 있는 여러 가지 지위 중 대표되는 지위가 된다고 하였다. 비행자는 처음에는 이를 거부하지만, 계속적인 사회적 반응은 그로 하여금 스스로 비행자라는 자아개념을 갖게 만든다.
② **레머트(Lemert)** : 낙인이라는 사회적 반응으로 인하여 스스로를 비행자로 인정하게 되면, 제2의 비행을 저지르게 된다고 주장하였다. 1차적 비행은 다양한 맥락에서 일어날 수 있으나,

2차적 비행의 중요한 원인은 '낙인'이라는 것이다. 그러나 모든 1차적 비행이 2차적 비행으로 연결되는 것이 아니고, 1차적 비행이 낙인에 의해 사회적 냉대나 제재로 연결될 때 2차적 비행이 발생한다고 주장하였다.

> **지식 IN**
>
> **피그말리온 효과(Pygmalion Effect)** 16 기출
> 그리스신화에 나오는 조각가 피그말리온의 이름에서 유래한 심리학 용어로 교사의 기대에 따라 학습자의 성적이 향상되는 것을 말한다. 즉, 타인의 기대나 관심으로 인하여 능률이 오르거나 결과가 좋아지는 현상을 말한다. 교사기대 효과, 로젠탈 효과, 실험자 효과라고도 한다.

9 마짜와 사이크스(Matza & Sykes)의 중화이론 19 기출

(1) 의 의

① 중화이론은 계층 간에 다른 규범 및 가치가 있다는 하위문화이론을 거부하고, 문제행동을 수행하는 청소년들도 전통적 가치를 수용하고 있으나, 중화를 통해 내적 통제가 약화되어 문제행동을 일으킨다고 본다.
② 자신의 비행행위를 정당화하는 잠재적 숨은 가치(Subterranean Value)가 비행을 야기한다.
③ 청소년들은 자기가 하는 행동이 보편적으로 나쁜 행동이지만, 특수한 상황의 경우 정당하거나 나쁘지 않다고 합리화함으로써 사회적 규범이나 전통을 중화시킨다.
④ 기존의 하위문화이론에서는 청소년은 문제행동이 잘못되었는지 모르고 학습되어서 행동한다고 했지만, 중화이론에서는 청소년은 자신의 문제행동이 바람직하지 않다는 것을 알고 있다고 가정한다.

(2) 중화에 사용되는 기법 18 기출

구 분	내 용
책임의 부정 (Denial of Responsibility)	자신의 일탈행위에 대한 책임을 다른 상대방이나 상황으로 돌린다. 예 "술에 취해서 그랬을 뿐이야"
상해(가해)의 부정 (Denial of Injury)	자신이 저지른 행위가 다른 사람에게 아무런 해를 미치지 않는다고 주장한다. 예 "난 그 사람 물건을 훔친 게 아니라 단지 빌려 쓴 것뿐이야"
피해자에 대한 부정 (Denial of Victim)	피해자가 징벌을 받아 마땅한 사람이므로, 자신의 행동은 정당하다고 주장한다. 예 "그 놈이 맞을 짓을 했으니까 때린 것뿐이야"
비난자에 대한 비난 (Condemnation of the Condemners)	자신을 비난하는 사람들에게서 잘못을 찾아내어 오히려 자신의 잘못보다 더 나쁘다고 주장한다. 예 "그 국회의원은 국민의 세금을 수억이나 빼돌린 놈이야. 난 고작 몇 푼 가져간 것뿐이라고"
더 높은 충성심에의 호소 (Appeal to Higher Loyalties)	더 높은 충성심 또는 더 고차적인 원칙을 위해 기존의 규범을 어겼다고 주장한다. 예 "내가 그 놈을 때린 건 내 친구와의 의리를 지키기 위해서야"

지식 IN

청소년비행 14 16 17 기출

- 청소년의 상해, 절도, 폭행은 청소년비행에 해당한다.
- *지위비행을 저지를 수 있다.
- 충동성이 높은 청소년은 비행을 저지를 가능성이 높다.
- 타인에게 인정받기 위해 비행을 저지르기도 한다.
- 가정, 학교, 지역사회는 청소년비행에 영향을 미친다.
- 갈등과 긴장이 계속되는 가족관계는 청소년의 비행을 유발할 가능성이 높다.

> **지위비행**
> 성인이 했을 때는 그다지 문제되지 않으나, 청소년이 했을 때는 잘못된 행위를 말한다.
> 예 흡연, 음주, 관람불가영화 보기 등

청소년 흡연예방과 관련된 정부 부처별 정책 17 기출

- 보건복지부 : 국민건강증진법 제정 및 운영
- 기획재정부 : 담배사업법 제정 및 운영
- 여성가족부 : 청소년 보호법(인터넷상의 청소년 유해약물 유통 규제)
- 문화체육관광부 : 영화 및 비디오물의 진흥에 관한 법률(흡연관련 영상물 등급 분류 소위원회 운영 - 영상물등급위원회)

02 학교부적응 · 학업중단

1 학교부적응

(1) 학교부적응의 개념과 유형

① 학교부적응의 개념 : 학교생활의 적응과정에 있어서 갈등 · 욕구불만 등으로 학교생활에서 이탈하려는 행위를 말한다.

② 학교부적응의 유형

학업과 관련된 유형	학습부진, 무단결석, 수업태도 불량, 잦은 지각
약물남용과 관련된 유형	흡연, 음주, 각성제 복용, 환각물질 사용 및 약물 남용
타인과 관련된 유형	낙서, 반항, 기물파손, 흉기 소지, 갈취 및 도벽
성과 관련된 유형	이성교제, 성경험, 임신경험, 성폭행 및 성과 관련된 고민
정서와 관련된 유형	무기력, 불만, 이상행동, 불안, 지나친 수줍음, 시험이나 학교에 대한 공포, 자살기도

*출처 : 학교생활 부적응 유형과 요인에 따른 학교사회사업서비스 욕구에 관한 연구, 김성이(1998)

(2) 학교부적응의 요인 21 24 기출

① 개인적 요인 : 신체장애, 지적 능력 결핍, 정서적 장애, 사회화 문제

② 가정적 요인 : 빈곤·결손가정, 위기가정, 부적절한 양육태도
③ 학교적 요인 : 입시위주의 획일적인 교육, 과도한 경쟁지향적 학교 운영, 낮은 학업성취도, 또래관계에서의 소외감, 교사나 친구의 부정적인 영향
④ 지역사회적 요인 : 가치관의 혼란, 사회계층 간의 갈등, 유해한 대중매체, 교육적이지 못한 환경

(3) 학교부적응 청소년의 행동특성
① 청소년기에 적합하지 않은 행동(퇴행적 행동)을 한다.
② 파괴적인 행동(공격적 행동)이 나타난다.
③ 주의가 산만하고 환경적 요구에 대처하는 능력의 부족(미성숙한 행동) 등이 나타난다.
④ 실패나 비판을 두려워하여 거짓말을 자주하는 소극적인 행동(방어적 행동)을 한다.
⑤ 불편한 심리를 신체적 증상으로 표현한다.

2 학업중단

(1) 학업중단의 개념
① 학업중단이란 중퇴 혹은 중도탈락과 유사한 뜻으로 쓰인다.
② 정규학교를 다니다가 비행, 질병, 가사, 기타의 이유로 학교를 졸업하기 전에 학업을 중단하는 것을 의미한다.

(2) 학업중단의 유형
① 송광성(1992) : 중퇴를 결심하는 동기에 따라 능동형, 도피형, 불가피형으로 유형화하였다.
　㉠ 능동형 : 자신이 처한 상황을 적극적으로 극복하기 위하여 중퇴를 하는 경우
　㉡ 도피형 : 자신의 상황으로부터 도피하려는 경우
　㉢ 불가피형 : 자신이 해결할 수 없는 어쩔 수 없는 상황 때문에 중퇴하는 경우
② 조한혜정(1996) : 학교를 거부하는 정도에 따라 자발적 거부형과 부등교형으로 구분하였다.
　㉠ 자발적 거부형 : 학교의 교육 전체를 부질없다고 판단하여 학생 자신이 학교가기를 적극적이고 자발적으로 중단하는 경우
　㉡ 부등교형 : 사고와 판단의 과정 없이 단순히 아침에 학교에 가기 싫어 집에 있는 경우
③ 김경식(1997) : 중퇴자의 자유의지 반영도에 따라 사고형 중퇴자와 자발적 중퇴자로 구분하였다.
　㉠ 사고형 중퇴 : 청소년비행 및 범죄에 연루되어 학교로부터 제적당하거나 자퇴하는 경우
　㉡ 자발적 중퇴 : 자신의 진로를 찾아 스스로 학교를 그만두는 경우
④ 이숙영(1997) : 중퇴청소년의 유형을 크게 적응형과 부적응형으로 구분하였다.
　㉠ 적응형 : 진학형, 건전직장 취업형, 취업준비형
　㉡ 부적응형 : 보호관리체제 하에 있는 청소년(소년원에 수용되어 있거나 보호관찰중인 청소년), 보호관리체제에 소속되지 않은 청소년(방치된 비행청소년, 유흥업소 취업청소년, 가출청소년, 방치된 정신질환 청소년)

(3) 학업중단의 원인
① 가족구조 및 기능의 변화
② 학력위주의 학교교육 환경
③ 학벌주의 사회구조
④ 유해한 지역사회 환경의 범람

03 폭력, 자살, 가출

1 학교폭력

(1) 개념 및 특징
① 정의 : '학교폭력'이란 학교 안이나 밖에서 학생을 대상으로 발생한 상해, 폭행, 감금, 협박, *약취(略取)·유인, 명예훼손·모욕, 공갈, 강요·강제적인 심부름 및 성폭력, 따돌림, 사이버폭력, 정보통신망을 이용한 음란·폭력 정보 등에 의하여 신체·정신 또는 재산상의 피해를 수반하는 행위를 말한다.

> **약취·유인**
> 약취는 폭행 또는 협박을 수단으로 하는데 비해 유인은 기망(欺罔) 또는 유혹(誘惑)을 수단으로 하는 점에서 구별된다.

② 학교폭력의 유형
  ㉠ 타인을 괴롭히려는 의도를 가지고, 신체적 구타를 하거나 힘껏 밀어붙이는 행위
  ㉡ 흉기 등을 이용해 신체적인 상해를 가하는 행위
  ㉢ 의도적으로 집단활동에서 따돌리거나 제외시키는 행위
  ㉣ 주변의 다른 친구들의 접근과 도움을 막는 행위
  ㉤ 언어적으로 별명 등을 부르며 놀리는 행위
  ㉥ 악의적인 소문을 퍼뜨리는 행위
  ㉦ 돈이나 물건을 강제로 빼앗는 행위
  ㉧ 하고 싶지 않거나 부당한 행위를 강요하는 행위
  ㉨ 욕설이나 저급한 언어를 사용하는 행위
  ㉩ 휴대전화나 이메일을 통해 협박·비난·위협하는 행위
  ㉪ 원하지 않는 신체적 또는 성적 접촉을 강요하는 행위

③ 학교폭력의 특징
  ㉠ 청소년폭력은 단순한 탈선 차원을 넘어 심각한 범죄 단계에 이르고 있다.
  ㉡ 폭력행위는 비행청소년만 자행하는 것이 아니라 보통의 모든 청소년에서 쉽게 발견될 수 있는 일반화된 비행유행이 되고 있다.
  ㉢ 가해자들은 폭력행위에 대해 죄의식이나 책임감을 크게 느끼지 못하는 경우가 많다.
  ㉣ 청소년폭력이 집단화하는 경향이 있다.
  ㉤ 청소년폭력이 늘어나고 있음에도 불구하고 피해자들은 폭력 피해를 적극적으로 알리지 않는 경우가 많다.

(2) 학교폭력 대처방안

① 학교폭력예방 및 해결을 위한 정책은 반드시 가정과 학교, 지역사회가 모두 함께 참여하여 협조하는 연계체계 구축을 목표로 해야 한다.
② 규제나 제재와 함께 청소년의 건전한 놀이문화 육성을 위한 문화공간의 확보가 필요하다.
③ 학교폭력 문제에 효과적으로 대처하기 위해 정부와 민간이 각각 역할을 분담하면서 동시에 협력하는 정부-민간 협력관계 구축을 목표로 해야 한다.
④ 학교에서 인권교육 실시와 광범위한 스쿨존 사업을 전개해야 한다.
⑤ 성적 중심의 학급이나 학교운영을 지양하고 다양한 교육프로그램을 개발해야 한다.
⑥ 부모의 바람직한 양육태도나 부모, 자녀 간의 관계 개선을 위해 자녀들과 많은 시간 갖기, 올바른 교육관 정립시키기, 자녀와 대화하기, 자녀의 여가를 지도하기 등이 필요하다.
⑦ 청소년폭력의 피해자를 위한 충분한 상담지원과 법률적 지원체계가 마련되어야 한다.
⑧ 교사의 체벌에 대한 인식의 전환과 교육적 체벌의 제한적 허용이 필요하다.
⑨ 학교폭력을 전담할 수 있는 전문 상담교사의 배치와 교내의 순찰활동의 강화가 필요하다.
⑩ 유해환경의 제거와 대중매체의 폭력에 대한 자율적 규제가 필요하다.
⑪ 청소년의 건전한 문화공간 확보와 치료센터 설립, 치료프로그램이 필요하다.
⑫ *인성 위주의 교육을 실시한다.

> **인성**
> 사람의 성품으로 각 개인이 가지는 사고와 태도 및 행동특성, 즉 다른 사람들과 구분되는 지속적이고 일관된 독특한 심리 및 행동 양식을 의미한다.

2 청소년 자살

(1) 자살의 개념

① 한 개인이 스스로 죽기 위해 행하는 자발적인 행동이라고 할 수 있다.
② 뒤르껭(Durkheim) : 자살이란 "희생자 자신이 행한 적극적 또는 소극적 행위가 그러한 결과를 가져오도록 노력한 것으로부터 직접적 또는 간접적으로 발생한 모든 경우의 죽음"이라고 할 수 있다.

(2) 자살행동의 구분

① **자살생각** : 살아가면서 누구나 한번쯤 일시적으로 갖게 되는 '인생이 가치 없다' 또는 '죽고 싶다'는 생각과 같은 보편적인 현상에서부터 자신이 정말 죽으려고 구체적인 계획을 세우는 것까지 포함한다.
② **자살시도** : 정말 죽으려는 의도를 가지지 않고, 자살 행동을 통해 다른 목적(타인의 관심을 끌거나 다른 사람을 위협하는 수단 등)을 달성하려는 경우, 죽으려고 하였으나 다른 사람의 개입으로 인해 결과적으로 그 목적을 달성하지 못한 경우 등을 말한다.

(3) 뒤르껭(Durkheim)의 자살의 유형 18 21 기출

① **이타적 자살** : 집단주의적 성향이 강한 사회에서 나타나며, 개인이 소속된 집단에 과도하게 밀착된 경우 발생한다. 일본의 자살특공대나 사이비 종교단체의 집단자살을 예로 들 수 있다.
② **이기적 자살** : 사회구성원들 간 유대감이 형성되지 않은 채 개인주의적 성향이 만연한 사회에서 나타나며, 개인이 현실에 타협하거나 적응하지 못하는 경우 발생한다. 정신질환자의 자살도 이기적 자살에 포함된다.
③ **숙명적 자살** : 과도한 규제로 인해 개인의 자유가 억압된 사회에서 나타나며, 개인이 억압적 환경에서 삶의 희망을 상실하는 경우 발생한다. 과거 노예제도가 만연한 사회에서 나타났던 노예들의 자살을 예로 들 수 있다.
④ **아노미적 자살** : 사회적 규범이나 가치가 상실 또는 대립된 사회에서 나타나며, 개인이 급작스런 혼돈상태에 빠지게 되어 발생한다. 급작스런 경기침체와 산업화로 인해 자살률이 증가하는 것도 아노미적 자살과 연관된다.

(4) 청소년 자살의 특징 14 19 24 기출

① 외부자극 변화에 민감하여 충동적으로 일어나기 쉽다.
② 사소한 일에도 쉽게 충격을 받아 단순하게 자살하는 경향이 많다.
③ 오랫동안 자살 생각을 한 결과라기보다는 다분히 감정적이다.
④ 모방자살이 많고 여학생이 남학생보다 대체로 많은 편이다.
⑤ 삶의 의욕을 잃어 죽고 싶어 하는 순수자살의 유형이 많은 성인과 달리, 자신의 심적 고통을 외부에 알리고자 하는 제스처형이나 호소형 자살이 많다.
⑥ 가정의 불화를 자신의 탓으로 생각하므로, 가족 간의 유대는 자살을 예방하는 보호요인이다.
⑦ 성적 및 학교생활과 관련된 문제로 인한 자살이 많다.
⑧ 또래 친구와의 동일시로 인한 동반자살이 많다.
⑨ 우울증이나 약물남용은 청소년 자살의 원인 중 하나이다.
⑩ 판타지 소설이나 인터넷 게임의 영향을 받아 죽음을 문제해결 방법으로 생각하는 등 죽음에 대한 환상을 가지고 있다.

(5) 청소년 자살의 원인

① 가정불화와 결손가정
② 신체결함과 *신변비관
③ 경제적 어려움
④ 부모의 과잉보호
⑤ 학업문제와 이성문제
⑥ 낮은 사회적 지지도
⑦ 정신장애, 약물사용
⑧ 모 방

> **신변비관(身邊悲觀)**
> 자신은 물론 가족, 이성, 금전 문제 등으로 고통을 받고 방황하며 자신을 비관하는 것으로서, 광범위한 주변 상황이 포함된다.

> **지식 IN**
>
> **자살의 모방**
> - 집단모방은 매우 중요한 자살요인이다.
> - 모방은 정체성 확립과정의 첫 번째 단계이지만 모방에 대한 집착 혹은 저항은 정체성 확립에 있어서의 심리적 문제점을 반영한다.
> - 부모와의 관계 속에서 정체성 확립의 어려움으로부터 유발되는 자살시도와 관계가 있다.

(6) 청소년 자살의 징후와 대처방안 15 기출

사용언어	• "차라리 태어나지 않았으면 좋았을 걸…." • "내가 없어져 버리면 아마 마음이 아프겠죠." • "난 자살할 거야." • "더 이상 살고 싶지 않아." • "모든 것을 끝내고 싶어."
행동변화	• 소중하게 여기던 물건을 남에게 주는 것 • 생명에 위험이 되는 행동을 무릅쓰는 것 • 자주 사고를 내는 것 • 심한 외로움이나 단조로움을 호소하는 것 • 지나치게 초조해 하고 안절부절 못하는 행동 • 학교에서 문제를 일으키거나 범법 행동을 하는 것 • 우울증상 : 식욕과 수면 패턴의 변화, 갑작스러운 성적의 저하, 주의 집중의 어려움, 친구들을 만나지 않고 좋아하던 활동을 하지 않음
상황적 요인	• 부모와 대화에서의 어려움 • 학교에서의 어려움 • 사랑하는 사람과의 이별 • 약물이나 알코올의 탐닉

(7) 청소년 자살의 대처방안

① 죽음에 대한 인식의 전환이 필요하다.
② 청소년 자살에 대한 사회적 관심의 증가와 이에 대한 종합적·지속적·체계적인 연구가 이루어져야 한다.
③ 언제나 다가가 도와줄 수 있는 청소년 자살 위기개입체계를 구축해야 한다.
④ 청소년 자살예방프로그램을 실시할 수 있는 연구 및 실천기구를 설치하고 운영해야 한다.
⑤ 자살예방프로그램의 구성에 있어 가족 개입모델을 대입시켜 가정폭력, 가족빈곤 등과 같은 부분까지도 적극적으로 개입해야 한다.
⑥ 획일적인 대학입시 중심의 교육체계를 개선하고 대중매체 등을 이용한 긍정적 가치관 교육이 이루어져야 한다.

> **지식 !N**
>
> **우리나라 청소년 사망 원인 순위** 20 기출
>
> 여성가족부가 한국청소년정책연구원과 함께 작성한 '2023년 청소년 통계'에 따르면, 2011년부터 2021년까지 청소년의 사망 원인 1위는 자살이며, 2021년 기준 청소년 사망 원인은 고의적 자해(자살), 안전사고, 암 등이 뒤를 이었다.

3 청소년 가출

(1) 가정 밖 청소년의 개념

가정 밖 청소년	• 18세 미만 어린이나 청소년으로서 집을 나와 최소한 하룻밤을 지낸 청소년 • 일반적으로 개인적 문제를 지닌 일탈청소년 혹은 우범청소년
집 없는 청소년	• 부모나 대리양육자 혹은 제도적인 보호에서 제외되어 집 없이 길거리에서 지내는 청소년 • 대부분 빈곤 가정이나 밀입국자 가정의 청소년들
버려진 청소년	부모나 양육책임자에게서 어떠한 이유로든 내쫓겨 집으로 돌아갈 수 없는 청소년
길거리 청소년	장기간 가출했거나 집이 없거나 집에서 버려져서 거리에서 스스로 먹을 것을 해결하며 살아가는 데 익숙해져 있는 청소년
보호체계 청소년	아동기나 청소년기의 어느 기간 동안에 아동학대, 방임, 기타 여러 형태의 심각한 가정문제가 인정되어 정부의 보호관리를 받는 청소년

(2) 가정 밖 청소년의 유형 16 기출

① **시위성 가출** : 가족구성원들이 자신에게 관심을 갖기를 원하는 목적으로 행하는 경우
② **도피성 가출** : 긴장 유발적인 가정 전체로부터의 탈출이나 거부를 지향하는 성격을 띠는 것으로서, 시위성 가출에 비해 보다 전면적이고 적극적인 경우
③ **추방형 가출** : 가족이나 주위 환경으로부터 가출을 하도록 떠밀려 나온 경우
④ **방랑성 가출** : 밖에서 생활하는 것이 좋아 1~2년 정도 밖에서 배회하면서 사는 것이 생활이 된 경우
⑤ **생존성 가출** : 가족의 신체적·심리적 학대로부터 생존을 위해 어쩔 수 없이 도망쳐 나온 경우

(3) 가출의 위험 요인 15 23 기출

① **개인적 요인** : 낮은 자아존중감 및 자아정체감, 높은 감각을 추구하는 성향, 자기통제력 부족과 높은 충동성, 정신적 장애 등
② **가정환경 요인** : 가족의 해체, 부모의 학대 및 방임, 낮은 가족 응집력, 가족의 약물중독 등

③ **학교환경 요인** : 학교생활 부적응, 교사의 억압적 태도와 체벌, 학업에 대한 흥미 부족, 학업성적 저하 등
④ **사회환경 요인** : 지역사회 기능의 약화, 세대 차이에 의한 갈등, 건전한 청소년 문화의 부재 등

> **지식 IN**
>
> **가출의 원인**
> - 방출요인 : 청소년을 가정 밖으로 몰아내는 요인
> - 유인요인 : 청소년을 가정 밖으로 유혹하는 사회환경적 요인
> - 촉발요인 : 청소년들의 가출을 촉발하는 요인

(4) 청소년 가출의 특징 14 기출
① 가출 시작시기가 저연령화되고 있다.
② 청소년의 상습적 가출이 증가하고 있는 추세이다.
③ 가정 밖 청소년의 자살시도가 일반청소년에 비해 높다.
④ 가정 밖 청소년은 문제행동을 일으킬 가능성이 높다.
⑤ 가정·학교에서 문제가 없는 일반청소년의 가출이 증가하고 있다.
⑥ 다양한 이동경로로 지내다가 유흥업소로 유입되는 경우가 많다.

(5) 가정 밖 청소년의 당면문제
① 고용 및 주거문제
② 신체적·정서적 문제
③ 교육문제
④ 약물남용 및 비행문제

(6) 대책 및 지도방안
① **정책적·제도적 지원방안** : 가정 밖 청소년보호 관련법 제정, 청소년쉼터의 확대 및 기능적 특성화, 선도보호시설의 재정비, 자립·자활을 위한 중장기시설의 확대, 의료서비스의 제도화, 교육기회의 제공, 취업기회의 확대
② **가정 및 학교의 지도방안** : 부모와 자녀 사이의 의사소통의 원활화, 건강한 가정의 유지, 즐거운 학교환경 조성, 학생의 인권을 존중하는 민주적 학교풍토 정착, 학교사회사업의 정착

04 중독

1 약물 오·남용 및 중독

(1) 개 념 16 기출

① **약물오용(Misuse)** : 의학적인 목적으로 약물을 사용하기는 하지만, 이를 의사의 처방에 따르지 않고 임의로 사용하거나 또는 처방된 약을 제대로 또는 지시대로 사용하지 않는 것을 말한다.

② **약물남용(Abuse)** 14 16 기출
  ㉠ 의학적 상식, 법규, 사회적 관습으로부터 일탈하여 쾌락을 추구하기 위하여 약물을 사용하거나 과잉으로 사용하는 행위로 내성이 생김에 따라 사용하는 약물의 용량이 증가하고, 한 가지 약물에서 시작하여 여러 가지 약물을 복합적으로 남용하게 된다. 장기적으로 볼 때 정신질환 등 각종 질환을 일으킬 수 있고, 낮은 자존감, 심리적 스트레스와 관련성이 높다.
  ㉡ 다음에 제시한 4가지 항목 중 1가지 이상이 1년 이상 지속되어 임상적으로 의미 있는 장애나 고통이 수반된 경우 약물남용으로 규정할 수 있다.
    • 약물사용으로 인하여 직장, 학교, 가정 등에서 자신의 역할과 임무를 수행하지 못하는 경우 → 약물사용으로 인하여 잦은 결석, 성적 저하, 징계, 가족 내 불화 등이 발생하는 경우
    • 신체적으로 위험한 상황임을 알면서도 약물을 사용하는 경우 → 약물사용 직후 운전을 하거나 기계 등을 다루는 경우
    • 약물사용으로 인하여 법적 문제가 발생하는 경우 → 약물사용으로 인하여 관련법에 저촉되어 체포되는 경우
    • 약물에 의해 가정불화, 해고, 싸움 등이 반복적으로 발생하지만 약물사용을 지속하는 경우

③ **약물의존(Dependence)** : 마약류 및 여타 약물을 지속적·주기적으로 사용한 결과 사용자에게 정신적·신체적 변화가 발생하여, 사용자가 마약류 및 약물사용을 중단하거나 조절하는 행위가 어렵게 되는 상태를 말한다. 다음의 7가지 증상 중 3가지 증상이 함께 1년 이상 지속되어 *임상적으로 의미 있는 장애나 고통이 수반될 때 약물의존 상태라고 한다.

> **임상(臨床)**
> 의학적 이론과 기술의 실질적 적용에 중점을 두고 환자를 진단하고 치료하는 것을 의미한다.

  ㉠ 내성 : 약물을 사용했을 때 효과가 점차로 감소하거나 같은 효과를 얻기 위해 점차 사용량을 증가해야 하는 상태이다.
  ㉡ 금단증상 : 약물사용을 중단하거나 사용량을 줄이면 나타나는 증상으로 손 떨림, 발한, 맥박 증가, 구토, 환영, 환청, 불안, 초조, 간질 등이 발생하며, 이들 증상은 약물의 종류, 사용기간, 사용량 등과 비례하여 차별적으로 나타난다.

ⓒ 처음 계획했던 것보다 더 많은 양을 더 오랫동안 사용하는 경우
ⓔ 사용 중단이나 사용량 감소 노력이 실패한 경우
ⓜ 약물사용에 많은 시간을 소비하는 경우
ⓗ 약물사용으로 인해 대인관계, 직업활동, 취미생활 등이 저해되고 문제가 발생하는 경우
ⓢ 약물사용으로 인해 심리적·신체적 질병이 발생했음을 알면서도 계속 사용하는 경우

④ **약물중독**(Addiction) : 중독성 있는 약물에 대한 강박적이고 과도한 집착으로 인해 부작용에도 불구하고 약물사용을 적절히 통제하거나 조절하는 것이 스스로의 힘으로 도저히 불가능한 상태를 말한다. 심각한 정도의 육체적·심리적 의존상태에 해당하며, 해로운 결과가 있으리라는 것을 알면서도 약물사용을 중단하지 못한다.

(2) 약물 오·남용 및 중독의 제반 징후

신체적 증상	• 눈에 초점이 없으며, 졸음을 참지 못함 • 눈에 눈꼽이 끼어 있고, 콧물이 많이 나옴 • 체중이 감소하거나 팔에 주사 자국이 남으며, 몸에 경련이 일어남 • 위염, 위궤양, 십이지장궤양, 간경화, 당뇨병, 고혈압, 중풍, 암, 성불구, 기형아출산 등과 같은 질병을 동반함 • 흡입제를 사용하는 경우에는 축농증, 만성기관지염, 만성폐쇄성 호흡기질환, 폐렴, 폐결핵 등이 발생함 • 주사를 사용하는 경우에는 전염성 질환과 에이즈 등에 노출될 수 있음
정신적 증상	• 환각, 환청, 피해망상, 헛소리, 과도한 흥분, 불안, 초조, 사고력 마비, 공격적 행동 등이 유발됨 • 건망증, 태만, 거짓말, 고립적 행위, 무책임, 가족회피 등과 같은 행위들이 나타남 • 심한 경우 심각한 우울증과 환각, 불안발작, 정신분열증 등에 의한 자해와 자살이 유발될 수 있음

(3) 약물 오·남용 및 중독의 원인

① 제반요인

생물학적 요인	유전적 요인, 신경학적 요인, 생리학적 요인 등이 논의되고 있는데, 이 중 유전적 요인이 가장 대표적이라고 할 수 있다.
심리적 요인	인성 발달과정상 억압, 배제 등과 같은 특정의 심리적 기제가 작용되어 발생한 인성 결함이 가족관계, 친구관계 등 제반 사회적 관계에서의 부적응 결과를 야기하게 됨에 따라, 이를 해소하기 위한 도구로서 약물을 사용하는 자는 더욱 쉽게 약물에 가까이 갈 수 있게 된다.
사회적 요인	사회적 역할모델 또는 준거집단의 역할, 사회적 관계에서의 보상과 처벌, 대중매체의 영향 등을 원인으로 지적할 수 있다.

② 행동모델 요인

모험 추구형	평소 과잉보호적인 부모에 의해 정상적인 모험에 대한 경험을 못해 본 청소년들은 약물복용을 통해서 이를 해소하고자 한다.
평화 추구형	마음의 평화에 대한 열망으로 약물을 복용하여 마음의 평화를 느끼고자 시도한다.
교우관계 추구형	종종 친구를 사귈 때 마음의 긴장을 완화하기 위해 약물을 복용한다.
힘 추구형	상당한 힘을 발휘하고 싶은 욕망을 추구하기 위해 약물을 접한다.
미적 감각 추구형	미적 감각을 느끼기 위해 가끔 약물을 복용한다.
성적 동반자 추구형	이성에 대한 성적 충동과 불안을 해소하기 위해 약물을 복용한다.
초월 명상 추구형	복잡하고 갈등이 있는 인생을 초월해 보고 싶은 열망으로 약물을 복용한다.

(4) 오·남용 및 중독의 과정

① 일반적인 약물사용 3단계

위기단계	청소년의 사회적·심리적 요인에 의해 촉발되며, 이로 인해 약물사용에 대한 충동을 경험하게 되고 2차적인 약물사용이 나타난다.
남용단계	내적 문제가 일상에서의 외적 행위로 나타나며, 2차적 약물사용이 1차적 약물사용으로 전환되고 이러한 문제들이 지속된다.
의존단계	1차적 약물 및 심화된 약물을 사용하고 치료를 위해서는 통합적 개입이 요구된다.

② 오·남용 및 중독의 일반적인 과정 : 개인의 생물학적·심리적·사회적 요인 → 약물사용 → 쾌감 → 가족으로부터의 분리 → *동류집단과의 유대감 강화 → 약물사용 강화 → 신체적·정신적 장애 발생 → 약물의존성 강화 → 신체적·정신적 장애 심화 → 개인 및 사회관계로부터의 단절 → 인격 붕괴

> **동류집단**
> 같은 지역이나 공동체 속에서 생활하는 비슷한 나이의 구성원들이 주로 놀이를 중심으로 형성한 모임을 말하며, 보통 또래집단으로 표현한다.

(5) 약물의 구분 15 16 22 기출

중추신경 흥분제	중추신경과 말초신경을 흥분시켜 호흡운동과 심장 박동을 빠르게 하여 긴장 상태를 유지하게 한다. 예 니코틴, 카페인, 코카인, 암페타민(필로폰) 등
중추신경 억제제	중추신경을 억제하여 호흡운동과 심장 박동을 느리게 하고, 통증을 완화시키는 진통·진정의 효과가 있다. 예 알코올, 진통제, 수면제, 모르핀(아편), 코데인, 헤로인 등
환각제	인지작용과 의식을 변화시켜 감각 왜곡, 공포, 불안 등을 증가시킨다. 예 대마초, LSD, 본드 등

(6) 약물 오·남용 및 중독의 대처방안

① **가족의 역할** : 무조건적으로 수용하고 따뜻하게 대하며, 청소년 입장에서 이해하도록 노력한다.
② **학교의 역할** : 약물에 대한 정기적인 실태조사를 실시하며, 학교의 규칙과 벌칙들을 청소년들이 참여하여 스스로 수립·실천하도록 한다.
③ **지역공동체의 역할** : 지역별 약물치료센터와 예방시설 및 전문가들을 확보할 수 있도록 해야 한다.

2 청소년 인터넷 및 게임 중독

(1) 청소년 인터넷 중독 16 21 기출

① 인터넷 중독의 정의
  ㉠ 미국 뉴욕의 정신과 전문의 골드버그(Goldberg)는 '인터넷 중독 장애'라는 표현을 통해 처음으로 병리적·강박적 인터넷 사용에 대한 학술적 연구의 필요성을 제기하였다.
  ㉡ 미국 피츠버그 대학의 영(Young)은 인터넷 중독을 '중독성 물질이 없는 *충동조절장애'로 정의하고, 인터넷 중독증의 진단기준을 제시하였다.

> **충동조절장애**
> 충동으로 인해 긴장감이 증가하고, 이를 해소하기 위해 해가 되는 행동을 하는 것이 특징인 정신질환을 말한다.

② 인터넷 중독의 요인

사회·환경적 요인	개인적 요인
• 인터넷 자체가 갖는 익명성 • 이용자들 간의 쌍방향 통신 • 가정 및 사회적 요인 • 무한한 개방성(접근 가능성) • 가상적인 상호작용성	• 자기통제력의 상실 • 낮은 자아존중감과 외로움

③ 인터넷 중독의 대처방안
  ㉠ 현재 자신이 잃어가고 있는 것을 파악하게 한다.
  ㉡ 인터넷 이용행태를 중심으로 한 생활일지를 작성하게 한다.
  ㉢ 정서적인 원인을 찾아야 한다.
  ㉣ 외로움을 정면으로 마주하고 대처하게 한다.
  ㉤ 사회적·정책적 차원에서 인터넷 중독을 예방하고 효율적으로 대처할 수 있는 방안을 세워야 하며, 상담·치료인력 양성기관의 지원도 필요하다.
  ㉥ 우리 현실에 적합한 청소년용 인터넷 중독 척도의 개발이 필요하다.
  ㉦ 대학입시제도의 정비, 문화체육시설의 확충 등 교육적·사회문화적 환경을 개선할 필요가 있다.

(2) 게임 중독

① 게임 중독의 원인
  ㉠ 유전적 요인 : 유전적으로 중독에 잘 빠져드는 청소년 유형이 있다.
  ㉡ 가정환경 : 결손가정 외에 맞벌이 부부 가정의 청소년들도 게임 중독 증상을 보이기 쉽다.
  ㉢ 개인의 성격 : 내성적인 청소년, 승부욕이 강한 청소년, 머리가 좋은 청소년들이 게임에 몰입해 중독에 빠져드는 경우가 많다.
  ㉣ 습관적인 게임 : 수년간 게임을 해왔던 청소년들은 게임이 일상생활화되어 습관적으로 게임을 한다.
  ㉤ 게임 중심의 청소년 문화 : 청소년 문화의 중심에 인터넷 게임이 있다.

② 게임 중독의 증상
  ㉠ 게임 중단을 놓고 부모와 싸운다.
  ㉡ 집이나 PC방에서 밤새워 게임을 한다.
  ㉢ 게임 비용을 마련하기 위해 돈을 훔친다.
  ㉣ 고가의 게임 아이템을 구매한다.
  ㉤ 게임을 더 많이 하기 위해 학교에 가지 않는다.
③ 게임 중독의 극복방안
  ㉠ 스스로 극복하기 어려우므로 가족 모두가 관심을 기울여야 한다.
  ㉡ 청소년의 성격을 파악하여 전문가의 조언을 받는다.
  ㉢ 인터넷게임 이용자의 친권자 등의 동의
  ㉣ 인터넷게임 제공자의 고지의무
  ㉤ 인터넷게임 중독·과몰입 등의 예방 및 피해 청소년 지원

지식 IN

스마트쉼센터 [20] 기출
- 스마트폰 과의존 실태조사 업무를 담당하고 있다.
- 한국지능정보사회진흥원 소속으로 스마트폰과 인터넷 과의존으로 인한 각종 생활 장애를 해결하는 데 목적을 두고 있다.

3 청소년 섭식장애

(1) 신경성 식욕부진증(거식증)

① 신체상의 심한 장애로 먹지 않아서 체중이 지나치게 감소하는 질환이다.
② **주요 증상**: 살 찌는 것에 대한 두려움, 식욕부진과 스스로 식사를 제한, 특이한 식사행동, 현저한 체중감소(기대되는 체중의 85% 이하로 감소), 기타 심한 신체상 장애, *기초대사 저하, 무월경
③ 강박적·완벽주의적·이기적이며 지적인 여성 청소년에게 많이 발생한다.

기초대사
정신적·육체적 에너지 소비가 없을 때 생체가 생명을 유지하기 위해 필요한 최소한의 에너지 대사를 의미하며 질병 진단에 이용할 수 있다.

(2) 신경성 폭식증 15 기출

① 폭식 후 체중증가를 막기 위해 부적절한 보상행동을 시도한다.
② 신경성 폭식증으로 진단하기 위해서는 폭식행동과 부적절한 보상행동 모두 평균적으로 적어도 주 1회 이상 3개월 동안 일어나야 한다.
③ 폭식은 일정한 시간 동안(2시간 이내) 먹는 음식의 양이 대부분의 사람이 유사한 상황에서 먹는 양에 비해 현저하게 많은 것을 의미한다.
④ 하루 종일 소량의 가벼운 식사를 지속하는 경우에는 폭식으로 간주하지 않는다.

05 청소년 보호

1 청소년 보호법 [시행 2024. 3. 26.]

(1) 목 적 14 19 기출

① 청소년에게 유해한 매체물과 약물 등이 청소년에게 유통되는 것과 청소년이 유해한 업소에 출입하는 것 등을 규제하는 것을 목적으로 한다.
② 청소년을 유해한 환경으로부터 보호·구제함으로써 청소년이 건전한 인격체로 성장할 수 있도록 함을 목적으로 한다.

(2) 주요 용어

① **청소년** : 만 19세 미만인 사람을 말한다. 다만, 만 19세가 되는 해의 1월 1일을 맞이한 사람은 제외한다.
② **청소년유해매체물** 16 기출
   ㉠ 청소년보호위원회가 청소년에게 유해한 것으로 결정하거나 확인하여 여성가족부장관이 고시한 매체물 등을 말한다.
   ㉡ 각 심의기관이 청소년에게 유해한 것으로 심의하거나 확인하여 여성가족부장관이 고시한 매체물 등을 말한다.

> **지식 IN**
>
> **청소년 유해매체물을 방송해서는 안 되는 시간** 15 기출
> - 평일 : 오전 7시~오전 9시, 오후 1시~오후 10시
> - 토요일, 공휴일 및 방학기간 : 오전 7시~오후 10시
> - 채널별 대가방송 : 오후 6시~오후 10시

③ **청소년유해약물** : 주류, 담배, 마약류, 환각물질, 중추신경에 작용하여 습관성, 중독성, 내성 등을 유발하여 인체에 유해하게 작용할 수 있는 약물 등이 있다. 24 기출

④ **청소년유해물건**
  ㉠ 청소년에게 음란한 행위를 조장하는 성기구 등 청소년의 사용을 제한하지 아니하면 청소년의 심신을 심각하게 손상시킬 우려가 있는 성 관련 물건 등을 말한다.
  ㉡ 청소년에게 음란성·포악성·잔인성·사행성 등을 조장하는 완구류 등 청소년의 사용을 제한하지 아니하면 청소년의 심신을 심각하게 손상시킬 우려가 있는 물건 등을 말한다.
  ㉢ 청소년유해약물과 유사한 형태의 제품으로 청소년의 사용을 제한하지 아니하면 청소년의 청소년유해약물 이용습관을 심각하게 조장할 우려가 있는 물건 등을 말한다.

⑤ **청소년유해환경** 16 기출
  ㉠ 청소년유해매체물, 청소년유해약물 등(청소년유해약물, 청소년유해물건), 청소년유해업소 및 청소년폭력·학대를 말한다.
  ㉡ 청소년 출입·고용금지업소 21 기출
    • 일반게임제공업 및 복합유통게임제공업, 사행행위영업
    • 단란주점영업 및 유흥주점영업, 노래연습장업, 무도학원업 및 무도장업
    • 비디오물감상실업·제한관람가비디오물소극장업 및 복합영상물제공업
    • 전기통신설비를 갖추고 불특정한 사람들 사이의 음성대화 또는 화상대화를 매개하는 것을 주 목적으로 하는 영업(통신을 매개하는 영업은 제외)
    • 불특정한 사람 사이의 신체적인 접촉 또는 은밀한 부분의 노출 등 성적 행위가 이루어지거나 이와 유사한 행위가 이루어질 우려가 있는 서비스를 제공하는 영업으로서 청소년보호위원회가 결정하고 여성가족부장관이 고시한 것
    • 청소년유해매체물 및 청소년유해약물 등을 제작·생산·유통하는 영업 등 청소년의 출입과 고용이 청소년에게 유해하다고 인정되는 영업
    • 장외발매소, 장외매장

(3) 청소년 보호사업 및 지원 24 기출

① 청소년 보호사업
  ㉠ 청소년보호종합대책 수립
  ㉡ 청소년의 유해환경에 대한 대응능력 제고
  ㉢ 환각물질 중독치료
  ㉣ 청소년 보호·재활센터의 설치·운영

② 인터넷게임 중독·과몰입 등의 예방 및 피해 청소년 지원
  ㉠ 청소년의 인터넷게임 중독·과몰입 여부 진단
  ㉡ 청소년의 인터넷게임 중독·과몰입 예방을 위한 교육·상담 및 프로그램 개발·운영
  ㉢ 인터넷게임 중독·과몰입 청소년과 그 가족의 치료·재활을 위한 프로그램의 개발·운영
  ㉣ 인터넷게임 중독·과몰입 청소년과 그 가족의 치료·재활을 위하여 협력하는 병원의 지정
  ㉤ 청소년상담사 등에 대한 인터넷게임 중독·과몰입 전문상담 교육

③ **청소년보호위원회의 설치** : 위원회는 위원장 1명을 포함한 11명 이내의 위원으로 구성하되, 고위공무원단에 속하는 공무원 중 여성가족부장관이 지명하는 청소년 업무 담당 공무원 1명을 당연직 위원으로 한다.
④ **민간 감시·고발단체(청소년 보호법 시행규칙 제9조)**
  ㉠ 시장·군수·구청장은 청소년유해환경 개선활동을 수행하는 학교 관련 단체 또는 시민단체를 청소년유해환경감시단 운영기관으로 지정할 수 있다.
  ㉡ 민간단체의 종류는 학교 관련 청소년유해환경감시단과 시민단체 청소년유해환경감시단으로 한다.

> **지식 IN**
> **청소년보호위원회 위원장 임명(청소년 보호법 제37조 제2항)**
> - 판사, 검사 또는 변호사로 5년 이상 재직한 사람
> - 대학이나 공인된 연구기관에서 부교수 이상 또는 이에 상당하는 직에 있거나 있었던 사람으로서 청소년 관련 분야를 전공한 사람
> - 3급 또는 3급 상당 이상의 공무원이나 고위공무원단에 속하는 공무원과 공공기관에서 이에 상당하는 직에 있거나 있었던 사람으로서 청소년 관련 업무에 실무 경험이 있는 사람
> - 청소년 시설·단체 및 각급 교육기관 등에서 청소년 관련 업무를 10년 이상 담당한 사람

2 학교폭력예방 및 대책에 관한 법률 [시행 2024. 3. 1.]

(1) 목 적
학교폭력의 예방과 대책에 필요한 사항을 규정함으로써 피해학생의 보호, 가해학생의 선도·교육 및 피해학생과 가해학생 간의 분쟁조정을 통하여 학생의 인권을 보호하고 학생을 건전한 사회구성원으로 육성함을 목적으로 한다.

(2) 용어의 정의 17 22 기출
① **학교폭력** : 학교 내외에서 학생을 대상으로 발생한 상해, 폭행, 감금, 협박, 약취·유인, 명예훼손·모욕, 공갈, 강요·강제적인 심부름 및 성폭력, 따돌림, 사이버 폭력 등에 의하여 신체·정신 또는 재산상의 피해를 수반하는 행위를 말한다.
② **따돌림** : 학교 내외에서 2명 이상의 학생들이 특정인이나 특정집단의 학생들을 대상으로 지속적이거나 반복적으로 신체적 또는 심리적 공격을 가하여 상대방이 고통을 느끼도록 하는 모든 행위를 말한다.
③ **사이버 폭력** : 정보통신망을 이용하여 학생을 대상으로 발생한 따돌림과 그 밖에 신체·정신 또는 재산상의 피해를 수반하는 행위를 말한다.
④ **가해학생** : 가해자 중에서 학교폭력을 행사하거나 그 행위에 가담한 학생을 말한다.
⑤ **피해학생** : 학교폭력으로 인하여 피해를 입은 학생을 말한다.
⑥ **장애학생** : 신체적·정신적·지적 장애 등으로 특수교육이 필요한 학생을 말한다.

(3) 학교폭력대책위원회의 설치 · 기능(제7조)

① 설치 : 국무총리 소속으로 학교폭력대책위원회를 둔다.
② 기능
  ㉠ 학교폭력의 예방 및 대책에 관한 기본계획의 수립(교육부장관, 5년마다) 및 시행에 대한 평가 20 기출
  ㉡ 학교폭력과 관련하여 관계 중앙행정기관 및 지방자치단체의 장이 요청하는 사항
  ㉢ 학교폭력과 관련하여 교육청, 학교폭력대책지역위원회, 학교폭력대책지역협의회, 학교폭력대책심의위원회, 전문단체 및 전문가가 요청하는 사항

(4) 학교폭력대책심의위원회의 설치 · 기능(제12조) 16 17 19 24 기출

① 설치 : 학교폭력의 예방 및 대책에 관련된 사항을 심의하기 위하여 교육지원청에 학교폭력대책심의위원회를 둔다.
② 심의사항 : 학교폭력의 예방 및 대책, 피해학생의 보호, 가해학생에 대한 교육 · 선도 및 징계, 피해학생과 가해학생 간의 분쟁조정, 학교폭력의 예방 및 대책과 관련하여 학교의 장이 건의하는 사항
③ 학교폭력대책심의위원회의 가해 및 피해학생에 대한 조치 15 16 17 18 21 기출
  ㉠ 피해학생의 보호(제16조) : 학내외 전문가에 의한 심리상담 및 조언, 일시보호, 치료 및 치료를 위한 요양, 학급교체, 그 밖에 피해학생의 보호를 위하여 필요한 조치
  ㉡ 가해학생의 조치(제17조) : 피해학생에 대한 서면사과, 피해학생 및 신고 · 고발 학생에 대한 접촉, 협박 및 보복행위(정보통신망을 이용한 행위를 포함한다)의 금지, 학교에서의 봉사, 사회봉사, 학내외 전문가, 교육감이 정한 기관에 의한 특별 교육이수 또는 심리치료, 출석정지, 학급교체, 전학, 퇴학처분
④ 학교의 장이 자체해결(제13조의2) 23 기출
  ㉠ 경미한 학교폭력에 대하여 피해학생 및 그 보호자가 심의위원회의 개최를 원하지 아니하는 경우 학교의 장은 학교폭력사건을 자체적으로 해결할 수 있다.
  ㉡ 자체적으로 해결할 수 있는 사건 : 2주 이상의 신체적 · 정신적 치료가 필요한 진단서를 발급받지 않은 경우, 재산상 피해가 없는 경우 또는 재산상 피해가 즉각 복구되거나 복구 약속이 있는 경우, 학교폭력이 지속적이지 않은 경우, 학교폭력에 대한 신고, 진술, 자료 제공 등에 대한 보복행위(정보통신망을 이용한 행위를 포함한다)가 아닌 경우

3 소년법 [시행 2021. 4. 21.]

(1) 목 적 14 기출

① 반사회성(反社會性)이 있는 소년의 환경 조정과 품행 교정(矯正)을 위한 *보호처분 등의 필요한 조치를 목적으로 한다.
② 형사처분에 관한 특별조치를 함으로써 소년이 건전하게 성장하도록 돕는 것을 목적으로 한다.

> **보호처분**
> 가정법원소년부나 지방법원소년부가 소년을 보호하기 위해서 내리는 결정이다.

(2) 소년 및 보호자
① 소년 : 19세 미만인 자를 말한다.
② 보호자 : 법률상 감호교육을 할 의무가 있는 자 또는 현재 감호하는 자를 말한다.

(3) 보호의 대상(제4조) 23 기출
다음의 어느 하나에 해당하는 소년은 소년부의 보호사건으로 심리한다.
① 죄를 범한 소년
② 형벌 법령에 저촉되는 행위를 한 10세 이상 14세 미만인 소년
③ 다음의 해당하는 사유가 있고 그의 성격이나 환경에 비추어 앞으로 형벌 법령에 저촉되는 행위를 할 우려가 있는 10세 이상인 소년
  ㉠ 집단적으로 몰려다니며 주위 사람들에게 불안감을 조성하는 성벽(性癖)이 있는 것
  ㉡ 정당한 이유 없이 가출하는 것
  ㉢ 술을 마시고 소란을 피우거나 유해환경에 접하는 성벽이 있는 것

(4) 보호처분의 결정(제32조 · 제33조) 15 17 20 22 기출

종류	내용	기간	처분성격
제1호	보호자 또는 보호자를 대신하여 소년을 보호할 수 있는 자에게 감호 위탁	6개월(6개월 범위에서 한 번 연장)	사회 내 처우
제2호	수강명령(12세 이상만 가능)	100시간 이내	
제3호	사회봉사명령(14세 이상만 가능)	200시간 이내	
제4호	보호관찰관의 단기보호관찰	1년(연장 불가)	
제5호	보호관찰관의 장기보호관찰	2년(1년 범위에서 한 번 연장)	
제6호	아동복지법에 따른 아동복지시설이나 그 밖의 소년보호시설에 감호 위탁	6개월(6개월 범위에서 한 번 연장)	시설 내 처우
제7호	병원, 요양소 또는 보호소년 등의 처우에 관한 법률에 따른 의료재활소년원에 위탁	6개월(6개월 범위에서 한 번 연장)	
제8호	1개월 이내의 소년원 송치	1개월 이내	
제9호	단기 소년원 송치	6개월 이내	
제10호	장기 소년원 송치(12세 이상만 가능)	2년 이내	

(5) 비행 예방정책(제67조의2)
① 비행소년이 건전하게 성장하도록 돕기 위한 조사 · 연구 · 교육 · 홍보 및 관련 정책을 수립 · 시행한다.
② 비행소년의 선도 · 교육과 관련된 중앙행정기관 · 공공기관 및 사회단체와의 협조체계의 구축 및 운영한다.

4 학교 밖 청소년 지원에 관한 법률 [시행 2024. 9. 27.]

(1) 목적 및 용어 정의

① 목적 : 학교 밖 청소년 지원에 관한 사항을 규정함으로써 학교 밖 청소년이 건강한 사회구성원으로 성장할 수 있도록 함을 목적으로 한다.

② 용어 정의 [20] 기출
  ㉠ 청소년 : 9세 이상 24세 이하인 사람
  ㉡ 학교 밖 청소년 [17] 기출
    - 초등학교·중학교 또는 이와 동일한 과정을 교육하는 학교에 입학한 후 3개월 이상 결석하거나 취학의무를 유예한 청소년
    - 고등학교 또는 이와 동일한 과정을 교육하는 학교에서 제적·퇴학처분을 받거나 자퇴한 청소년
    - 고등학교 또는 이와 동일한 과정을 교육하는 학교에 진학하지 아니한 청소년
  ㉢ 학교 밖 청소년 지원 프로그램 : 학교 밖 청소년의 개인적 특성과 수요를 고려한 상담지원, 교육지원, 직업체험 및 취업지원, 자립지원 등의 프로그램

(2) 학교 밖 청소년 지원계획(제5조)

① 학교 밖 청소년에 대한 사회적 편견과 차별 예방 및 사회적 인식 개선에 관한 사항
② 학교 밖 청소년 지원 프로그램의 개발 및 지원에 관한 사항
③ 학교 밖 청소년 지원을 위한 관련 기관 간 협력체계 및 지역사회 중심의 지원체계 구축·운영에 관한 사항
④ 학교 밖 청소년 지원을 위한 조사·연구·교육·홍보 및 제도개선에 관한 사항
⑤ 위기청소년 특별지원 등 사회적 지원방안
⑥ 학교 밖 청소년 지원을 위한 재원 확보 및 배분에 관한 사항
⑦ 그 밖에 학교 밖 청소년 지원을 위하여 필요한 사항

> **지식 IN**
>
> **주요 청소년 보호제도** [14] 기출
> - 푸른나무재단(청소년폭력예방재단, 청예단) : 전국 학교폭력 상담전화, 청소년 전문 상담·지원, 학교폭력 화해·분쟁조정, 학교폭력 실태조사 및 연구, 피해학생 전담지원 센터 등
> - 학교폭력 신고 대표 전화번호 : 117
> - 청소년 1388 : 상담 및 복지지원이 필요한 청소년 상담채널로서 365일 24시간 온라인상담 서비스 제공

(3) 실태조사(제6조) 20 23 기출

① 여성가족부장관은 학교 밖 청소년의 현황 및 실태 파악과 학교 밖 청소년 지원 정책수립을 위한 기초자료로 활용하기 위하여 2년마다 학교 밖 청소년에 대한 실태조사를 실시하고, 그 결과를 공표하여야 한다.

② 실태조사에 포함되어야 할 사항(시행규칙 제2조) 23 기출
  ㉠ 학교 밖 청소년의 학업중단 시기와 그 원인
  ㉡ 학교 밖 청소년의 신체적·정신적 건강상태
  ㉢ 학교 밖 청소년의 가족관계 및 친구관계
  ㉣ 학교 밖 청소년의 경제상태
  ㉤ 학교 밖 청소년의 진로
  ㉥ 학교 밖 청소년 지원 프로그램 활용 현황
  ㉦ 그 밖에 여성가족부장관이 학교 밖 청소년 지원을 위하여 필요하다고 인정하는 사항

(4) 국가·지방자치단체의 지원사업 24 기출

상담지원	심리상담, 진로상담, 가족상담 등
교육지원	• 초등학교·중학교로의 재취학 또는 고등학교로의 재입학 • 대안학교로의 진학 • 초등학교·중학교 또는 고등학교를 졸업한 사람과 동등한 학력이 인정되는 시험의 준비 • 그 밖에 학교 밖 청소년의 교육지원을 위하여 필요한 사항
직업체험 및 취업지원	• 직업적성 검사 및 진로상담프로그램 • 직업체험 및 훈련프로그램 • 직업소개 및 관리 • 그 밖에 학교 밖 청소년의 직업체험 및 훈련에 필요한 사항
자립지원	• 생활지원, 문화공간지원, 의료지원(건강진단을 받은 후 확진 검사에 사용된 의료비 지원), 정서지원 등 • 경제교육, 법률교육, 문화교육 등 • 위기청소년 특별지원을 우선적으로 제공
건강진단	건강증진 및 질환 예방을 위한 건강진단 실시(공단에 위탁)

(5) 학교 밖 청소년 지원센터의 업무(제12조) 18 20 기출

① 상담지원, 교육지원, 직업체험 및 취업지원, 자립지원 등 학교 밖 청소년 지원
② 학교 밖 청소년 지원을 위한 지역사회 자원의 발굴 및 연계·협력
③ 학교 밖 청소년 지원 프로그램의 개발 및 보급
④ 학교 밖 청소년 지원 프로그램에 대한 정보제공 및 홍보
⑤ 학교 밖 청소년 지원 우수사례의 발굴 및 확산
⑥ 학교 밖 청소년에 대한 사회적 인식 개선
⑦ 그 밖에 학교 밖 청소년 지원을 위하여 필요한 사업

5 아동 · 청소년의 성보호에 관한 법률 [시행 2025. 4. 17.]

(1) 목적 및 용어 정의

① 목적 : 아동 · 청소년대상 성범죄의 처벌과 절차에 관한 특례를 규정하고 피해아동 · 청소년을 위한 구제 및 지원 절차를 마련하며 아동 · 청소년대상 성범죄자를 체계적으로 관리함으로써 아동 · 청소년을 성범죄로부터 보호하고 아동 · 청소년이 건강한 사회구성원으로 성장할 수 있도록 함을 목적으로 한다.

② 용어 정의
  ㉠ 아동 · 청소년 : 19세 미만의 자를 말한다(19세에 도달하는 연도의 1월 1일을 맞이한 자는 제외).
  ㉡ 아동 · 청소년의 성을 사는 행위 : 아동 · 청소년, 아동 · 청소년의 성(性)을 사는 행위를 알선한 자 또는 아동 · 청소년을 실질적으로 보호 · 감독하는 자 등에게 금품이나 그 밖의 재산상 이익, 직무 · 편의제공 등 대가를 제공하거나 약속하고 다음의 어느 하나에 해당하는 행위를 아동 · 청소년을 대상으로 하거나 아동 · 청소년으로 하여금 하게 하는 것을 말한다.
    • 성교 행위
    • 구강 · 항문 등 신체의 일부나 도구를 이용한 유사 성교 행위
    • 신체의 전부 또는 일부를 접촉 · 노출하는 행위로서 일반인의 성적 수치심이나 혐오감을 일으키는 행위
    • 자위 행위
  ㉢ 아동 · 청소년성착취물 : 아동 · 청소년 또는 아동 · 청소년으로 명백하게 인식될 수 있는 사람이나 표현물이 등장하여 '아동 · 청소년의 성을 사는 행위'에 해당하는 행위를 하거나 그 밖의 성적 행위를 하는 내용을 표현하는 것으로서 필름 · 비디오물 · 게임물 또는 컴퓨터나 그 밖의 통신매체를 통한 화상 · 영상 등의 형태로 된 것을 말한다.

(2) 아동 · 청소년대상 성범죄의 처벌과 절차에 관한 특례

① 폭행 또는 협박으로 아동 · 청소년을 강간한 사람은 무기 또는 5년 이상의 징역에 처한다(제7조 제1항).
② 아동 · 청소년에 대한 강간 · 강제추행 등의 죄를 범할 목적으로 예비 또는 음모한 사람은 3년 이하의 징역에 처한다(제7조의2).
③ 아동 · 청소년성착취물을 제작 · 수입 또는 수출한 자는 무기 또는 5년 이상의 징역에 처한다(제11조).
④ 아동 · 청소년의 성을 사는 행위 또는 아동 · 청소년성착취물을 제작하는 행위의 대상이 될 것을 알면서 아동 · 청소년을 매매 또는 국외에 이송하거나 국외에 거주하는 아동 · 청소년을 국내에 이송한 자는 무기 또는 5년 이상의 징역에 처한다(제12조).

(3) 성범죄로 유죄판결이 확정된 자의 신상정보 공개와 취업제한 등

① **등록정보의 공개(제49조)** 22 기출
  ㉠ 법원은 규정에 해당하는 자에 대하여 공개명령을 등록대상 사건의 판결과 동시에 선고하여야 한다. 다만, 피고인이 아동·청소년인 경우, 그 밖에 신상정보를 공개하여서는 아니 될 특별한 사정이 있다고 판단하는 경우에는 그러하지 아니하다.
  ㉡ 공개 정보 : 성명, 나이, 주소 및 실제거주지(도로명 및 건물번호까지), 신체정보(키와 몸무게), 사진, 등록대상 성범죄 요지(판결일자, 죄명, 선고형량 포함), 성폭력범죄 전과사실(죄명 및 횟수), 전자장치 부착 여부
  ㉢ 공개정보를 정보통신망을 이용하여 열람하고자 하는 자는 실명인증 절차를 거쳐야 한다.

② **등록정보의 고지(제50조)**
  ㉠ 법원은 공개대상자 중 규정에 해당하는 자에 대하여 고지명령을 등록대상 성범죄 사건의 판결과 동시에 선고하여야 한다. 다만, 피고인이 아동·청소년인 경우, 그 밖에 신상정보를 고지하여서는 아니 될 특별한 사정이 있다고 판단하는 경우에는 그러하지 아니하다.
  ㉡ 고지명령 기간
    - 집행유예를 선고받은 고지대상자는 신상정보 최초 등록일부터 1개월 이내
    - 금고 이상의 실형을 선고받은 고지대상자는 출소 후 거주할 지역에 전입한 날부터 1개월 이내
    - 고지대상자가 다른 지역으로 전출하는 경우에는 변경정보 등록일부터 1개월 이내

③ **고지명령의 집행(제51조)**
  ㉠ 고지명령의 집행은 여성가족부장관이 한다.
  ㉡ 법원은 고지명령의 판결이 확정되면 판결문 등본을 판결이 확정된 날부터 14일 이내에 법무부장관에게 송달하여야 하며, 법무부장관은 기간 내에 고지명령이 집행될 수 있도록 최초등록 및 변경등록 시 고지대상자, 고지기간 및 고지정보를 지체 없이 여성가족부장관에게 송부하여야 한다.

06 청소년 복지 및 실제

1 청소년 복지의 개념

(1) 의 의 14 기출
① 양육비의 증가와 부모의 결손 등으로 청소년이 성장하기에 가족의 양육환경이 적절하지 못해 국가나 지방자치단체가 개입하면서 청소년 복지의 필요성이 대두되었다.
② 청소년 기본법은 청소년의 권리 및 책임과 가정·사회·국가·지방자치단체의 청소년에 대한 책임을 정하고, 청소년정책에 관한 기본적인 사항을 규정함을 목적으로 한다(청소년 기본법 제1조).
③ 국가는 청소년들의 의식·태도·생활 등에 관한 사항을 정기적으로 조사하고, 이를 개선하기 위하여 청소년의 복지향상 정책을 수립·시행하여야 한다. 또한 국가 및 지방자치단체가 이러한 시책을 추진할 때에는 정신적·신체적·경제적·사회적으로 특별한 지원이 필요한 청소년을 우선적으로 배려하여야 한다(청소년 기본법 제49조).

(2) 특 성
① 청소년은 독립적이고 통합된 인격체로서 존중되어야 한다.
② 청소년은 성장과정에 있기 때문에 청소년 복지에서는 청소년의 부족한 점과 어려운 점을 보완해 주는 것과 동시에 청소년의 강점을 강화하고 극대화시킬 수 있는 방향으로 접근이 이루어져야 한다.
③ 청소년 복지가 본래의 이념과 목적을 달성하기 위해서는 청소년 개인의 변화뿐만 아니라 환경의 변화도 함께 수반되어야 한다.

2 청소년복지 지원법 [시행 2024. 4. 25.]

(1) 용어 정의
① **청소년** : 9세 이상 24세 이하인 사람을 말한다.
② **청소년 복지** : 청소년이 정상적인 삶을 누릴 수 있는 기본적인 여건을 조성하고 조화롭게 성장·발달할 수 있도록 제공되는 사회적·경제적 지원을 말한다.
③ **보호자** : 친권자, 법정대리인 또는 사실상 청소년을 양육하는 사람을 말한다.
④ **위기청소년** : 가정문제가 있거나 학업 수행 또는 사회 적응에 어려움을 겪는 등 조화롭고 건강한 성장과 생활에 필요한 여건을 갖추지 못한 청소년을 말한다.
⑤ **가정 밖 청소년** : 가정 내 갈등·학대·폭력·방임, 가정해체, 가출 등의 사유로 보호자로부터 이탈된 청소년으로서 사회적 보호 및 지원이 필요한 청소년을 말한다.
⑥ **청소년부모** : 자녀를 양육하는 부모가 모두 청소년인 사람을 말한다.

(2) 실태조사(제2조의2) 19 기출
① 여성가족부장관은 위기청소년의 위기 원인 및 실태를 파악하는 등 청소년 복지 향상을 위한 정책수립에 필요한 기초자료로 활용하기 위하여 3년마다 위기청소년에 대한 실태조사를 실시하고 그 결과를 공표하여야 한다.
    ※ 청소년 기본법 제15조의2(실태조사) 제1항 : 여성가족부장관은 기본계획 등 효율적인 청소년정책을 수립하기 위하여 3년마다 청소년의 의식·태도·생활 등에 관한 실태조사를 실시하고 그 결과를 공표하여야 한다.
② 여성가족부장관은 실태조사에 필요한 경우에는 관계 중앙행정기관의 장, 지방자치단체의 장 또는 공공기관의 장, 그 밖의 관련 법인·단체의 장에게 필요한 자료제출 또는 의견진술을 요청할 수 있다. 이 경우 요청을 받은 자는 정당한 사유가 없으면 이에 협조하여야 한다.
③ 실태조사의 대상, 방법, 절차 및 결과공표 등에 필요한 사항은 여성가족부령으로 정한다.

(3) 청소년증(제4조) 14 15 19 22 23 24 기출
① 특별자치시장·특별자치도지사 또는 시장·군수·구청장(자치구의 구청장)은 9세 이상 18세 이하의 청소년에게 청소년증을 발급할 수 있다.
② 청소년증은 다른 사람에게 양도하거나 빌려주어서는 아니 된다.
③ 누구든지 청소년증 외에 청소년증과 동일한 명칭 또는 표시의 증표를 제작·사용하여서는 아니 된다.
④ 청소년증의 발급에 필요한 사항은 여성가족부령으로 정한다.
⑤ **청소년의 우대** : 국가 또는 지방자치단체는 그가 운영하는 수송시설·문화시설·여가시설 등을 청소년이 이용하는 경우 그 이용료를 면제하거나 할인할 수 있다(제3조).
⑥ **청소년증의 분실 등** : 청소년증을 발급받은 청소년은 그 청소년증을 잃어버리거나 청소년증이 훼손된 경우에는 청소년증 재발급신청서에 청소년증(청소년증이 훼손된 경우에만 제출)을 첨부하여 신청인의 주소지와 관계없이 특별자치시장·특별자치도지사 또는 시장·군수·구청장에게 재발급을 신청할 수 있다(동법 시행규칙 제4조).

(4) 청소년의 건강보장 22 기출
① **체력검사와 건강진단(제6조)**
   ㉠ 국가 및 지방자치단체는 청소년의 체력검사와 건강진단을 실시할 수 있다.
   ㉡ 국가 및 지방자치단체는 ㉠에 따른 체력검사 및 건강진단의 결과를 청소년 본인에게 알려주어야 한다.
   ㉢ 국가 및 지방자치단체는 ㉠ 및 ㉡에 따른 체력검사·건강진단의 실시와 그 결과 통보를 전문기관 또는 단체에 위탁할 수 있다.
   ㉣ 체력검사·건강진단의 실시와 그 결과 통보에 필요한 사항은 여성가족부령으로 정한다.

② 청소년의 건강 증진 및 체력 향상을 위한 시책(시행령 제2조)
- ㉠ 국가 및 지방자치단체는 청소년의 건강 증진과 체력 향상을 위한 시책으로서 청소년이 참가하는 체육대회를 장려한다.
- ㉡ 청소년 스포츠 동호인 활동을 적극 지원하며, 예산의 범위에서 체육대회 개최 및 동호인 활동에 필요한 경비를 지원할 수 있다.

③ 청소년건강·체력 기준의 설정·보급(시행령 제3조)
- ㉠ 여성가족부장관은 청소년의 건강·체력 기준을 설정하고 보급하여야 한다.
- ㉡ 여성가족부장관은 청소년의 성장 환경을 고려하여 5년 이내의 기간마다 청소년의 건강·체력 기준을 새로 설정하여야 한다.

④ 생리용품 지원의 대상과 방법 등(시행령 제3조의2) 23 기출
- ㉠ 국가 및 지방자치단체는 지원 대상에 해당하는 사람 또는 그 사람의 가구원인 여성청소년을 대상으로 생리용품을 지원한다.
- ㉡ 대상은 다음과 같다.
  - 차상위계층에 해당하는 사람
  - 생계급여, 주거급여, 의료급여 또는 교육급여의 수급자
  - 한부모가족지원법에 따른 지원대상자
  - 그 밖에 여성가족부장관이 생리용품 지원이 필요하다고 인정하는 사람

(5) 지역사회 청소년통합지원체계의 구축·운영(제9조) 14 17 19 20 21 22 23 기출

① 지방자치단체의 장은 관할구역의 위기청소년을 조기에 발견하여 보호하고, 청소년보호를 효율적으로 수행하기 위하여 지방자치단체, 공공기관, 청소년단체 등이 협력하여 업무를 수행하는 지역사회 청소년통합지원체계(이하 "통합지원체계"라 함)를 구축·운영하여야 한다.

② 국가는 통합지원체계의 구축·운영을 지원하여야 한다.

③ 통합지원체계에 반드시 포함되어야 하는 기관 또는 단체 등 통합지원체계의 구성 등에 필요한 사항은 대통령령으로 정한다.

④ 지역사회 청소년통합지원체계는 다음의 필수연계기관을 반드시 포함하여 구성하여야 한다(시행령 제4조).
- ㉠ 청소년상담복지센터 및 청소년복지시설
- ㉡ 청소년 지원시설
- ㉢ 청소년단체
- ㉣ 지방자치단체
- ㉤ 특별시·광역시·특별자치시·도 및 특별자치도 교육청 및 교육지원청
- ㉥ 학교
- ㉦ 시·도경찰청 및 경찰서
- ㉧ 공공보건의료기관
- ㉨ 보건소(보건의료원 포함)

- ㊀ 청소년 비행예방센터
- ㊁ 지방고용노동청 및 지청
- ㊂ 학교 밖 청소년 지원센터
- ㊃ 보호관찰소(보호관찰지소 포함)

(6) 청소년복지시설의 종류(제31조) 15 17 18 20 21 기출

① 청소년쉼터 14 16 18 기출
  ㉠ 가정 밖 청소년에 대하여 가정·학교·사회로 복귀하여 생활할 수 있도록 일정 기간 보호하면서 상담·주거·학업·자립 등을 지원하는 시설이다.
  ㉡ 가정 밖 청소년에 대한 지원(제16조)
    - 여성가족부장관 또는 지방자치단체의 장은 가정 밖 청소년의 발생을 예방 및 지원을 위한 교육·홍보·연구·조사 등 각종 정책을 수립·시행하여야 한다.
    - 국가 및 지방자치단체는 가정 밖 청소년의 가정·사회 복귀를 돕기 위하여 상담, 보호, 자립 지원, 사후관리 등 필요한 조치를 하여야 한다.
    - 보호자는 가정 밖 청소년의 발생을 예방하기 위하여 노력하여야 하며, 가정 밖 청소년의 가정·사회 복귀를 위한 국가 및 지방자치단체 등의 노력에 적극 협조하여야 한다.
    - 여성가족부장관 또는 지방자치단체의 장은 가정 밖 청소년 발생 예방 및 보호·지원에 관한 업무를 청소년단체에 위탁할 수 있다.
  ㉢ 9~24세의 청소년들을 입소대상으로 하고 있으며, 보호기간은 쉼터 유형에 따라 일시 7일 이내, 단기 3개월(최장 9개월) 이내, 중장기 3년(1년 단위 연장) 이내를 원칙으로 하고 있다.
  ㉣ 청소년쉼터의 종류 및 기능 16 기출

구 분	일시쉼터	단기쉼터	중장기쉼터
기 간	24시간~7일 이내 일시 보호	3개월 이내 단기 보호[3개월씩 2회에 한하여 연장 후, 특별한 사정이 인정되는 경우 15개월 한도 내에서 추가 연장 가능(최장 24개월)]	3년 이내 중장기 보호 (필요시 1년 연장 가능)
이용대상	가정 밖·거리 배회·노숙 청소년	가정 밖 청소년	가정 밖 청소년
주요기능	• 가정 밖 청소년 조기 구조·발견, 단기·중장기 청소년쉼터와 연결 • 위기 개입 상담, 진로지도, 적성검사등 상담 서비스 제공 • 먹거리, 음료수 등 기본적인 서비스 제공 등	• 가정 밖 청소년 문제 해결을 위한 상담·치료 서비스 및 예방 활동 • 의식주 및 의료 등 보호 서비스 제공 • 가정 및 사회 복귀 대상 청소년 분류, 전문기관 연계·의뢰 서비스 제공 등	가정 복귀가 어렵거나 특별히 보호가 필요한 위기 청소년을 대상으로 장기간 안정적인 보호서비스 제공

위 치	이동형(차량), 고정형(청소년 유동지역)	주요 도심별	주택가
지향점	가출 예방, 조기 발견, 초기 개입	보호, 가정 및 사회 복귀	자립 지원

* 출처 : 2023 청소년백서, 여성가족부

② **청소년자립지원관** : 일정 기간 청소년쉼터 또는 청소년회복지원시설의 지원을 받았는데도 가정·학교·사회로 복귀하여 생활할 수 없는 청소년에게 자립하여 생활할 수 있는 능력과 여건을 갖추도록 지원하는 시설이다.

③ **청소년치료재활센터** : 학습·정서·행동상의 장애를 가진 청소년을 대상으로 정상적인 성장과 생활을 할 수 있도록 해당 청소년에게 적합한 치료·교육 및 재활을 종합적으로 지원하는 거주형 시설이다(예 국립중앙청소년디딤센터, 국립대구청소년디딤센터). 21 24 기출

④ **청소년회복지원시설** : 소년법 제32조 제1항 제1호에 따른 감호위탁 처분을 받은 청소년에 대하여 보호자를 대신하여 그 청소년을 보호할 수 있는 자가 상담·주거·학업·자립 등 서비스를 제공하는 시설이다. 17 18 기출

(7) 청소년복지지원기관 15 16 18 20 기출

① **한국청소년상담복지개발원(청소년상담원)**

㉠ 청소년상담원 업무 수행(제22조)
- 청소년 상담 및 복지와 관련된 정책의 연구
- 청소년 상담·복지 사업의 개발 및 운영·지원
- 청소년 상담기법의 개발 및 상담자료의 제작·보급
- 청소년 상담·복지 인력의 양성 및 교육
- 청소년 상담·복지 관련 기관 간의 연계 및 지원
- 청소년상담복지센터, 청소년복지시설 및 학교 밖 청소년 지원센터에 대한 지도 및 지원
- 청소년 가족에 대한 상담·교육
- 통합정보시스템의 운영
- 국가가 설치하는 청소년치료재활센터 및 청소년 보호·재활센터의 유지·관리 및 운영
- 그 밖에 청소년상담원의 목적을 수행하기 위하여 필요한 부수사업

㉡ 주요사업 : 청소년안전망 운영사업, 청소년안전망데이터 활용·관리 사업, 학교밖청소년지원사업, 디지털미디어 피해청소년 회복지원사업, 청소년폭력예방지원사업, 적용연구 및 프로그램개발사업, 청소년상담사 자격연수·보수교육사업, 직무연수사업, 전문연수사업, 전문상담사업, 청소년 권리교육사업, 청소년복지시설 내실화사업, 지역센터안내

㉢ 청소년안전망 운영사업
- 주요내용 : 청소년 가출, 폭력 등과 같은 위기문제나 심리·정서적 문제로 도움이 필요한 경우, 언제든지 지역 내 청소년상담복지센터를 통해 위기개입, 긴급구조, 일시보호 등 다양한 청소년안전망 서비스를 제공받을 수 있다.

- 청소년상담 1388 : 365일 24시간 청소년과 관련된 고민상담에서부터 긴급한 위기(가출, 학업중단, 인터넷 중독 등)문제 해결까지 종합적인 서비스를 받을 수 있는 청소년전화 1388을 운영·지원한다.
- 청소년동반자 프로그램 : 도움이 필요한 위기청소년을 직접 찾아가 정서적 지지, 심리상담, 지역자원 및 기관연계 등 필요한 서비스를 제공하는 청소년동반자(Youth Companion) 프로그램을 운영·지원한다(상담 및 정서적 지원, 사회적 보호, 기초생활 및 경제지원, 교육 및 학업지원, 자활지원, 의료지원, 법률자문 및 권리구제지원, 문화활동지원 등). 18 기출
- 1388청소년지원단 : 위기청소년을 조기에 발견하고 지원하는 역할을 수행하기 위한 민간의 자발적 참여조직으로, 전국 청소년상담복지센터에 소속되어 '발견·구조', '의료·법률', '복지지원', '상담·멘토' 등의 다양한 활동을 수행한다.

② **청소년상담복지센터** : 청소년과 부모에 대한 상담·복지지원, 상담·복지 프로그램의 개발 및 운영, 상담 자원봉사자와 청소년지도자에 대한 교육 및 연수, 청소년 상담 또는 긴급구조를 위한 전화 운영, 청소년 폭력·학대 등으로 피해를 입은 청소년의 긴급구조, 법률 및 의료 지원, 일시 보호 지원, 청소년의 자립능력 향상을 위한 자활 및 재활 지원, 그 밖에 청소년상담 및 복지지원 등을 위하여 필요하다고 특별시장 등이 인정하는 사업을 수행한다(동법 시행령 제14조).

③ **이주배경청소년지원센터** : 이주배경청소년 복지에 관한 종합적 안내, 이주배경청소년과 그 부모에 대한 상담 및 교육, 이주배경청소년의 지원을 위한 인력의 양성 및 연수, 이주배경청소년에 대한 국민의 올바른 이해를 돕기 위한 사업, 이주배경청소년의 실태에 관한 조사·연구, 이주배경청소년의 사회 적응을 위한 프로그램 개발 및 보급, 그 밖에 이주배경청소년지원센터의 목적을 수행하기 위하여 필요한 업무 등을 수행한다(동법 시행령 제15조). 16 17 기출

④ **동일 명칭의 사용 금지** : 청소년복지지원기관 또는 청소년복지시설이 아니면 한국청소년상담복지개발원, 청소년상담복지센터, 이주배경청소년지원센터 또는 청소년쉼터, 청소년자립지원관, 청소년치료재활센터의 명칭을 사용하지 못한다(제38조). 23 기출

(8) 청소년의 우대 23 기출

① 국가 또는 지방자치단체는 그가 운영하는 수송시설·문화시설·여가시설 등을 청소년이 이용하는 경우 그 이용료를 면제하거나 할인할 수 있다(제3조).

② **대상(시행령 제1조의2)**
  ㉠ 9세 이상 18세 이하인 청소년
  ㉡ 초·중등교육법 제2조에 따른 학교에 재학 중인 18세 초과 24세 이하인 청소년

지식 IN

탈북청소년 맞춤형 교육 20 기출

구 분	내 용
입국 초기 교육	기초학습 지도, 심리적응 치료, 초기적응 교육 • 삼죽 초등학교 : 하나원 재원 유·초등 탈북학생 교육 및 특별학급 운영 ※ 삼죽 초등학교 입학 시 학력심의를 거쳐 학년 배정 • 하나둘학교 : 하나원 재원 중·고등학생의 학업보충 및 사회 적응 교육 ※ 하나원 퇴소 전 학력 인정(경기도교육청)
전환기 교육	일반학교 전입을 위한 학업보충 교육, 사회 적응 교육 • 한겨레 중·고등학교 : 6개월 또는 1년 전환기 교육 후 전출 조치 ※ 한겨레 중·고등학교에서 졸업까지 계속 교육 가능
정착기 교육	한국학생과 탈북학생의 통합 교육, 탈북학생 핵심역량 중심 진로 교육 • 탈북학생 다수 재학 학교(밀집학교)에 특별반 운영
대안 교육	학령기 초과, 학교 부적응 학생 맞춤형 교육지원 • 대안학교 : 탈북과정의 심리·정서 치유와 기초학력 지원 교육 • 대안교육기관 : 부적응 학생을 위한 위탁 교육(□ 여명학교, 드림학교, 하늘꿈학교 등)
탈북청소년 교육지원센터	입국 초기·전환기·정착기 교육기관 간의 연계 지원

꿈드림
• 꿈드림은 학교 밖 청소년들이 꿈을 가지고 자신의 미래를 스스로 준비하여 공평한 기회를 얻을 수 있도록 지원하는 청소년센터이다.
• 개인적 특성과 상황을 고려한 상담지원, 교육지원, 직업체험 및 직업교육훈련 지원, 자립지원, 건강검진, 기타 서비스 등의 프로그램을 제공한다.

청소년꿈키움센터
법무부 소속 청소년 전문 교육기관으로 학교·법원·검찰에서 의뢰한 위기 청소년 대안교육, 법원 상담조사, 검사 결정전조사, 보호자교육, 찾아가는 법교육, 진로체험, 심리검사, 심리상담, 청소년 회복캠프, 교원 직무연수, 청소년 비행진단, 희망도우미 프로젝트 등 다양한 프로그램을 실시한다.

(9) 청소년부모에 대한 가족지원서비스 및 복지지원 22 기출

① 청소년부모에 대한 가족지원서비스(제18조의2, 시행령 제10조의2 제1항)
  ㉠ 아동의 양육 및 교육 서비스
  ㉡ 지역보건법에 따른 방문건강관리사업 서비스
  ㉢ 교육·상담 등 가족 관계 증진 서비스
  ㉣ 자녀양육 지도, 정서지원 등의 생활도움 서비스
  ㉤ 청소년부모에 필요한 서비스 연계 등을 통한 통합지원관리 서비스

② 청소년부모에 대한 복지지원(제18조의3, 시행령 제10조의2 제2항)
　㉠ 청소년부모와 그 자녀의 의식주 등 기초생활을 유지하는 데에 필요한 지원
　㉡ 청소년부모와 그 자녀의 건강관리를 위한 의료기관 연계 및 상담서비스 지원
　㉢ 청소년부모에게 필요한 법률상담, 소송대리 등 법률구조서비스 연계 지원
　㉣ 그 밖에 청소년부모의 성장과 그 자녀의 안정적 양육을 위하여 필요하다고 여성가족부장관이 인정하여 고시하는 복지지원

(10) 위기청소년 특별지원(시행령 제7조) 16 19 21 22 23 기출

① 청소년이 의·식·주 등 기초생활을 유지하는 데에 필요한 기초생계비와 숙식 제공 등의 지원(단, 보호자의 보호를 받지 못하는 청소년 및 외부와 단절된 상태로 생활하며 정상적인 생활이 현저히 곤란한 청소년)
② 청소년이 신체적·정신적으로 건강하게 성장하기 위하여 요구되는 건강검진 및 치료 등을 위한 비용의 지원(단, 보호자의 보호를 받지 못하는 청소년 및 외부와 단절된 상태로 생활하며 정상적인 생활이 현저히 곤란한 청소년)
③ 학교의 입학금 및 수업료, 중학교 졸업학력 검정고시 또는 고등학교 졸업학력 검정고시의 준비 등 학업을 지속하기 위하여 필요한 교육비용의 지원
④ 취업을 위한 지식·기술·기능 등 능력을 향상시키기 위하여 필요한 훈련비의 지원
⑤ 폭력이나 학대 등 위기상황에 있는 청소년에게 필요한 법률상담 및 소송비용의 지원
⑥ 그 밖에 청소년의 건전한 성장을 위하여 필요하다고 여성가족부장관이 인정하는 비용의 지원
⑦ 특별지원은 생활지원, 학업지원, 의료지원, 직업훈련지원, 청소년활동지원 등 물품 또는 서비스의 형태로 제공한다. 다만, 위기청소년의 지원에 반드시 필요하다고 인정되는 경우에는 금전의 형태로 제공할 수 있다(법 제14조).
⑧ 위기청소년에 대하여 특별지원 여부를 결정하였을 때에는 그 내용을 청소년 본인, 보호자 및 신청인에게 서면으로 통보하여야 한다(시행령 제10조).
⑨ 그 지원기간을 1년 이내로 하되, 필요한 경우 1년의 범위에서 한 번 연장할 수 있다(다만, 교육 비용 및 취업 훈련비의 지원은 두 번까지 연장할 수 있음).
⑩ 청소년 본인 또는 그 보호자, 청소년지도사, 교원, 사회복지사, 지방자치단체에서 청소년 업무를 담당하는 공무원은 위기청소년을 특별지원 대상 청소년으로 선정하여 줄 것을 특별자치시장·특별자치도지사 또는 시장·군수·구청장에게 신청할 수 있다. 이 경우 해당 청소년의 동의를 받아야 한다(법 제15조 제1항).

07 청소년 인권과 참여

1 청소년 인권

(1) 의의
① 청소년으로서 마땅히 누려야 할 자유·권리이다.
② 한 국가의 시민으로서 청소년이 행사해야 할 자유·권리를 말한다.

(2) 유엔 아동권리협약 16 기출

① 특징
  ㉠ 1989년 11월 유엔 총회에서 채택된 국제인권조약으로서, 아동의 생존권, 보호권, 발달권, 참여권을 4대 아동의 권리가 담겨 있다.
  ㉡ 조문은 전문 및 54조로 이루어져 있으며, 18세 미만 어린이의 모든 권리를 포괄적으로 규정하고 있다.
  ㉢ 협약이 정한 의무에 따라 가입국 정부는 가입 뒤 2년 안에, 그 뒤 5년마다 어린이인권 상황에 대한 국가보고서를 제출해야 한다.
  ㉣ 협약은 우리나라도 비준한 국제법이며, 우리 헌법 제6조에서는 헌법에 의하여 체결·공포된 조약과 일반적으로 승인된 국제법규는 국내법과 동일한 효과를 지님을 명시하고 있다.

② 4대 아동의 권리

생존의 권리 (Right to Survival)	적절한 생활수준을 누릴 권리, 안전한 주거지에서 살아갈 권리, 충분한 영양을 섭취하고 기본적인 보건서비스를 받을 권리 등, 기본적인 삶을 누리는 데 필요한 권리
보호의 권리 (Right to Protection)	모든 형태의 학대와 *방임, 차별, 폭력, 고문, 징집, 부당한 형사처벌, 과도한 노동, 약물과 성폭력 등 어린이에게 유해한 것으로부터 보호받을 권리
발달의 권리 (Right to Development)	잠재능력을 최대한 발휘하는 데 필요한 권리, 교육을 받을 권리, 여가를 즐길 권리, 문화생활을 하고 정보를 얻을 권리, 생각과 양심과 종교의 자유를 누릴 수 있는 권리 등
참여의 권리 (Right to Participation)	자신의 생활에 영향을 주는 일에 대해 의견을 말하고 존중받을 권리, 표현의 자유, 양심과 종교의 자유, 평화로운 방법으로 모임을 자유롭게 열 수 있는 권리, 사생활을 보호받을 권리, 유익한 정보를 얻을 권리 등

> **방임**
> 신체적·정서적·사회적으로 건전한 발달에 필요한 최소한의 보호 및 책임을 완수하지 못하는 것을 의미한다. 즉 불충분한 영양섭취, 부적절한 감독, 불충분한 건강보호, 불충분한 교육 등을 포함한다.

③ 유엔아동권리협약 4대 기본원칙 17 22 23 기출

차별금지의 원칙	성별, 나이, 종교, 인종, 국적, 재산, 능력, 사회적 신분 등 어떠한 이유에서든 차별이 없어야 한다.
아동 이익 최우선의 원칙	• 아동에 관한 모든 활동에 있어 아동의 이익이 최우선적으로 고려되어야 한다. • 아동에게 미치는 '이익'이 무엇인지 상세분석이 선행되어야 한다.
생존 및 발달권 보장의 원칙	아동은 특별히 생존과 발달을 위해 다양한 보호와 지원을 받아야 한다.
의견 존중과 참여의 원칙	• 아동은 자신의 능력에 맞게 적절한 사회활동에 참여할 기회를 가진다. • 자신의 생활에 영향을 주는 일에 대하여 의견을 말할 수 있어야 하며 그 의견을 존중받아야 한다.

(3) 프랭클린과 프리먼(Franklin & Freeman)의 아동과 청소년 권리 유형 18 기출

① **복지권(Welfare Rights)** : 생존과 복지를 위한 기본권적 성격의 권리로 영양, 건강, 의료, 주거, 교육 등이 여기에 속한다.
② **보호권(Protective Rights)** : 착취, 학대, 부적절한 양육, 방임, 유해환경 등으로부터 보호받을 권리를 말한다.
③ **성인권(Adult Rights)** : 성인과 비교해서 부당하게 차별받지 않을 권리로 투표, 표현의 자유, 노동 등이 해당된다.
④ **부모에 대응하는 권리(Rights against Parents)** : 부모의 과도한 통제에서 벗어나 자신과 관련된 사항에 대해 자율적이고 독립적인 자기결정을 할 수 있는 권리를 말한다.

(4) 콜즈(Coles)의 청소년 권리 유형 19 기출

① **천부권(Entitlements Rights)** : 행동하고 알기 위해서 주어지는 법률적·도덕적 기본권으로 지식추구권, 사회보장의 권리, 사생활의 권리, 평등기회의 권리 등이 해당된다.
② **보호권(Protection Rights)** : 사회적 학대와 착취 등으로부터 보호하기 위한 권리이다.
③ **의사표명권(Representational Rights)** : 청소년들이 자신의 미래와 관련된 의사결정의 과정에 적극적으로 참여할 수 있는 권리이다.
④ **권능부여권(Enabling Rights)** : 청소년들의 법률적·도덕적 권리와 주장들이 실제로 실현될 수 있도록 자원과 비용이 확보되어야 함을 주장하는 권리이다.

2 청소년 기본법 [시행 2024. 3. 26.]

(1) 목 적

청소년의 권리 및 책임과 가정·사회·국가·지방자치단체의 청소년에 대한 책임을 정하고 청소년정책에 관한 기본적인 사항을 규정함을 목적으로 한다.

(2) 기본이념 및 정의(제2조·제3조) 24 기출
① 청소년이 사회구성원으로서 정당한 대우와 권익을 보장받음과 아울러 스스로 생각하고 자유롭게 활동할 수 있도록 하며, 보다 나은 삶을 누리고 유해한 환경으로부터 보호될 수 있도록 함으로써 국가와 사회가 필요로 하는 건전한 민주시민으로 자랄 수 있도록 하는 것을 기본이념으로 한다.
② 청소년보호 : 청소년의 건전한 성장에 유해한 물질·물건·장소·행위 등 각종 청소년 유해환경을 규제하거나 청소년의 접촉 또는 접근을 제한하는 것이다.
③ 청소년복지 : 청소년이 정상적인 삶을 누릴 수 있는 기본적인 여건을 조성하고 조화롭게 성장·발달할 수 있도록 제공되는 사회적·경제적 지원이다.

(3) 청소년의 권리와 책임(제5조) 18 24 기출
① 청소년의 기본적 인권은 청소년 활동·청소년 복지·청소년 보호 등 청소년육성의 모든 영역에서 존중되어야 한다.
② 청소년은 인종·종교·성별·나이·학력·신체조건 등에 따른 어떠한 종류의 차별도 받지 아니한다.
③ 청소년은 외부적 영향에 구애받지 아니하면서 자기 의사를 자유롭게 밝히고 스스로 결정할 권리를 가진다.
④ 청소년은 안전하고 쾌적한 환경에서 자기발전을 추구하고 정신적·신체적 건강을 해치거나 해칠 우려가 있는 모든 형태의 환경으로부터 보호받을 권리를 가진다.
⑤ 청소년은 자신의 능력을 개발하고 건전한 가치관을 확립하며 가정·사회 및 국가의 구성원으로서의 책임을 다하도록 노력하여야 한다.

(4) 청소년정책위원회(제10조) 18 기출
① 청소년정책에 관한 주요 사항을 심의·조정하기 위하여 여성가족부에 둔다.
② 청소년정책위원회의 심의·조정 사항
  ㉠ 청소년육성에 관한 기본계획의 수립에 관한 사항
  ㉡ 청소년정책의 분야별 주요 시책에 관한 사항
  ㉢ 청소년정책의 제도개선에 관한 사항
  ㉣ 청소년정책의 분석·평가에 관한 사항
  ㉤ 둘 이상의 행정기관에 관련되는 청소년정책의 조정에 관한 사항
  ㉥ 그 밖에 청소년정책의 수립·시행에 필요한 사항으로서 대통령령으로 정하는 사항

(5) 청소년 방과 후 활동의 지원
① 국가 및 지방자치단체는 학교의 정규교육으로 보호할 수 없는 시간 동안 청소년의 전인적(全人的) 성장·발달을 지원하기 위하여 다양한 교육 및 활동 프로그램 등을 제공하는 종합적인 지원 방안을 마련하여야 한다(제48조의2).

② 청소년 방과 후 아카데미 14 16 21 기출
  ㉠ 여성가족부와 지방자치단체에서 공적 서비스를 담당하는 청소년수련시설(청소년수련관, 청소년문화의 집 등의 공공시설)을 기반으로 방과 후 돌봄이 필요한 청소년(초등학교 4학년~중학교 3학년)의 자립역량을 개발하고 건강한 성장을 지원하고자 방과 후 체험·역량강화활동, 학습지원, 생활지원 등 종합서비스를 제공하는 국가정책지원 사업이다.
  ㉡ 청소년 기본법에 법적 근거를 두고 있으며, 여성가족부 아래 한국청소년활동진흥원의 청소년방과후아카데미 운영지원단에서 운영지원을 하고 있다.
  ㉢ 방과 후 사업활동
    - 청소년의 역량 개발 지원
    - 청소년의 기본학습 및 보충학습 지원
    - 청소년의 안전하고 건강한 방과 후 활동을 위한 급식, 시설 지원 및 상담
    - 청소년의 안전하고 건강한 방과 후 활동을 위한 학부모교육, 청소년의 방과 후 활동을 지원하는 기관 및 단체 등의 개발 및 연계
    - 그 밖에 청소년의 방과 후 활동을 지원하기 위해 필요한 활동

3 청소년 참여

(1) 개 념
① 청소년들이 능동적으로 자신의 생활환경에 참여하는 기회이다.
② 자신의 삶에 영향을 주고 자신이 사는 지역사회에 영향을 주는 의사결정을 공유하는 과정을 말한다.

(2) 하트(Hart)의 참여사다리 14 20 22 기출
① 하트는 자신의 삶에 영향을 주는 그리고 자신이 사는 지역사회에 영향을 주는 의사결정을 공유하는 과정을 참여라고 하였다.
② 청소년들이 참여하는 기술이나 책임감에 대한 경험 없이 갑자기 책임감 있고 참여하는 성인이 되기를 기대하는 것은 비현실적이라고 주장하였다.
③ 청소년 참여 정도에 따른 참여사다리모델

구 분			과 정
비참여 수준	제1단계	조작 단계	청소년을 이해관계자로 인정하지 않는 단계로서, 프로그램 활동 내용에 대한 이해가 전혀 없는 상태에서 청소년지도자의 지시를 일방적으로 따르는 상태이다.
	제2단계	장식 단계	청소년들의 참여가 피상적으로 이루어지는 단계로서, 청소년 활동이 청소년지도자에 의해 주도되고 운영되는 것에 반해, 청소년들은 장식품처럼 동원되는 상태이다.
	제3단계	명목적 단계	청소년은 자문을 제공할 수 있지만, 청소년활동에는 전혀 영향을 미치지 못하는 상태이다.

	제4단계	제한적 위임과 정보제공 단계	제한적으로 청소년들에게 역할이 부여되며, 그 과정을 통해 청소년활동의 궁극적인 목적이나 필요성을 이해하게 되는 상태이다.
형식적 참여수준	제5단계	상의와 정보제공 단계	청소년지도자가 청소년활동을 설계 및 운영하지만, 청소년의 의견이 진지하고 심각하게 다루어지는 상태이다.
	제6단계	성인주도 단계	청소년활동이 청소년지도자에 의해 설계되고 청소년과 동등하게 공유되는 상태이다.
실질적 참여수준	제7단계	청소년주도 단계	청소년활동이 청소년들 스스로에 의해 주도되며, 청소년활동과 관련된 주된 아이디어들이 청소년으로부터 나오는 상태이다.
	제8단계	동등한 파트너십 단계	청소년활동에 대한 아이디어들이 청소년에 의해 시작되며, 청소년활동의 실행과정에 청소년지도자를 파트너로 참여시키는 상태이다.

(3) 청소년 참여기구 16 17 18 19 22 기출

① 청소년특별회의 21 기출
  ㉠ 국가는 범정부적 차원의 청소년정책과제의 설정·추진 및 점검을 위하여 청소년 분야의 전문가와 청소년이 참여하는 청소년특별회의를 해마다 개최하여야 한다(청소년 기본법 제12조 제1항).
  ㉡ 여성가족부 및 17개 시·도 청소년과 청소년 전문가들이 토론과 활동을 통해 청소년의 시각에서 청소년이 바라는 정책 과제를 발굴하고 정부에 건의하여 정책화하는 청소년 참여기구이다.

② 청소년운영위원회 16 17 기출
  ㉠ 청소년수련시설을 설치·운영하는 개인·법인·단체 및 위탁운영단체는 청소년활동을 활성화하고 청소년의 참여를 보장하기 위하여 청소년으로 구성되는 청소년운영위원회를 운영하여야 한다(청소년활동 진흥법 제4조 제1항).
  ㉡ 생활권 청소년수련시설의 운영관련 자문평가를 통해 청소년이 주인이 되는 시설이 되도록 마련한 제도적 기구로, 10명 이상 20명 이하의 청소년으로 구성되며 위원의 임기는 1년, 위원장은 위원 중에서 호선한다(동법 시행령 제3조).
  ㉢ 청소년수련시설의 환경개선, *프로그램 모니터링, 각종 행사, 홍보 등의 활동을 한다.

> **프로그램 모니터링**
> 평가대상인 프로그램이 의도한 대로 적절한 기준에 따라 원활하게 작동하는가를 체계적으로 기록하는 방법이다.

③ 청소년참여위원회 18 22 기출
  ㉠ 국가 및 지방자치단체는 청소년 관련 정책의 수립과 시행과정에 청소년의 의견을 수렴하고 참여를 촉진하기 위하여 청소년으로 구성되는 청소년참여위원회를 운영하여야 한다. 국가 및 지방자치단체는 청소년참여위원회에서 제안된 내용이 청소년 관련 정책의 수립 및 시행과정에 반영될 수 있도록 적극 노력하여야 한다(청소년 기본법 제5조의2).
  ㉡ 정기·임시회의를 통한 청소년 관련 정책의 모니터링, 청소년 의견 제안과 정책자문, 각종 토론회·워크숍 개최 등 다양한 활동을 위해 여성가족부 및 지방자치단체에서 설치·운영 중인 청소년 기구이다.

06 적중예상문제

❖ 완벽하게 이해된 부분에  체크하세요.

01 마샤(J. Marcia)의 자아정체감 이론 중 다음이 설명하는 것은?

○ 자신에게 중요한 문제에 대해 고민하지 않고 타인의 결정을 그대로 따른다.
○ 부모가 제안하는 장래 직업에 대해 탐색하지 않고 바로 수용한다.

① 정체감 혼미(Identity Diffusion)
② 정체감 유예(Identity Moratorium)
③ 정체감 유실(Identity Foreclosure)
④ 정체감 성취(Identity Achievement)
⑤ 정체감 구성(Identity Construction)

> 마샤(J. Marcia)의 자아정체감 중 정체감 유실(Identity Foreclosure)에 해당한다. 대안에 대하여 생각해 보지 못하고, 부모나 다른 사람의 역할모델의 가치나 기대 등을 그대로 수용하여 그들과 비슷한 선택을 하는 경우를 말한다.
>
> 마샤(Marcia)의 자아정체감
>
> | | |
> |---|---|
> | 정체감 성취 | • 정체성 위기와 함께 정체감 성취에 도달하기 위한 격렬한 결정과정을 경험함
• 청소년은 어느 사회에서나 안정된 참여를 할 수 있고, 상황 변화에 따른 동요 없이 성숙한 정체감을 소유할 수 있음 |
> | 정체감 유예 | • 정체성 위기로 격렬한 불안을 경험하지만, 아직 명확한 역할에 전념하지 못함
• 청소년은 자신의 능력과 사회적 요구, 부모의 기대 사이에서 고민함 |
> | 정체감 유실 | • 정체성 위기를 경험하지 않았지만, 사회나 부모의 요구와 결정에 따라 행동함
• 청소년은 외면적으로는 본인의 결단의 지점을 통과한 것처럼 보이지만, 내면적으로는 통과하지 못한 상태
• 청소년의 발달에서 충분한 탐색 없이 지나치게 빨리 정체성 결정을 내린 상태 |
> | 정체감 혼란 | • 정체성 위기를 경험하지 않았으며, 명확한 역할에 대한 노력도 없음
• 청소년은 일을 저지르지도, 책임을 지려 하지도, 의심하지도 않으며, 어떻게 살아야 하는지에 대해서도 관심이 없음 |

정답 01 ③

02 진로이론에 관한 설명으로 옳은 것을 모두 고른 것은?

ㄱ. 홀랜드(J. Holland)는 성격 특성에 적합한 직업을 선택했을 때 성공가능성이 높다고 하였다.
ㄴ. 긴즈버그(E. Ginzberg)의 직업선택이론에서 현실적 시기(Realistic Period)는 11세부터 17세에 해당된다.
ㄷ. 수퍼(D. Super)의 이론에서 직업선택은 자아개념 발달과 밀접한 관련이 있다.
ㄹ. 로우(A. Roe)는 진로선택의 특성-요인 이론을 제안하였다.

① ㄱ, ㄴ
② ㄱ, ㄷ
③ ㄱ, ㄷ, ㄹ
④ ㄴ, ㄷ, ㄹ
⑤ ㄱ, ㄴ, ㄷ, ㄹ

> ㄴ. 긴즈버그(E. Ginzberg)는 직업선택의 단계를 구체적으로 '환상기-잠정기-현실기'의 3단계로 나누어 제시하였다. 현실적 시기는 18세 이후에 해당하며 직업에서 요구하는 조건과 자신의 개인적 요구와 능력을 고려하여 현명한 선택을 하고자 한다.
> ㄹ. 로우(A. Roe)는 생애 초기 부모와의 관계에서 형성된 직업 욕구가 직업선택에 영향을 미친다는 욕구이론을 제안하였다
> ㄱ. 홀랜드(J. Holland)는 개인의 기본 성격유형을 6가지로 분류하고 이를 기초로 직업과 관련한 흥미를 파악하였으며 개인의 성격유형과 직업특성이 일치할 때 직업만족도가 가장 높다고 주장하였다.
> ㄷ. 수퍼(D. Super)의 생애진로발달이론에서 가장 중요한 부분은 자아개념이론이며, 이는 개인의 속성과 직업에서 요구되는 속성을 고려하여 연결시켜 주는 것이라고 하였다.

03 피아제(J. Piaget)가 제시한 청소년기 인지발달단계의 특성으로 보기 어려운 것은?

① 추상적 사고
② 불가역적 사고
③ 가능성에 대한
④ 가설연역적 사고
⑤ 사고과정에 대한 사고

불가역적 사고는 조작적 사고능력이 부족하여 변형된 상황을 지적으로 역전시킬 능력이 없는 것으로 유아기 때의 특성에 해당한다.

청소년기의 인지발달단계의 특징(J. Piaget)
- 추상적 사고 : 가상적인 상황이나 추상적인 사실들에 관심을 가지고, 이에 대해 논리적으로 추론을 할 수 있게 된다.
- 이상주의적(가능성에 대한) 사고 : 직접 경험한 상황에 국한시키지 않고, 가능성의 세계나 자신이 원하는 이상의 세계로 사고를 확장시키게 된다.
- 가설연역적 사고 : 직접 관찰가능한 것 외에 지금 현재는 존재하지 않지만 가능한 무엇(If)을 통해 미래에 대한 계획을 세우고, 행동의 결과를 예상하며, 현상에 대한 대안적 설명(Then)을 제공하는 사고를 말한다.
- 사고과정에 대한 사고(메타인지) : 메타인지란 자신의 인지적 활동에 대한 지식과 조절을 의미하는 것으로 내가 무엇을 알고 모르는지에 대해 아는 것에서부터 자신이 모르는 부분을 보완하기 위한 계획과 그 계획의 실행과정을 평가하는 것에 이르는 전반을 의미한다.

04 청소년기 정서의 특징에 관한 설명으로 옳지 않은 것은?

① 격렬하고 쉽게 동요하는 경향이 있다.
② 정서표현이 아동기보다 더 직접적이고 일시적이다.
③ 신체·생리적 변화는 강렬한 정서적 불안정성을 유발한다.
④ 심리·사회적 압박은 강한 정서적 불만이나 갈등을 유발한다.
⑤ 정서를 자극하는 것은 부모와의 갈등 등 주로 대인관계 문제이다.

청소년들은 아동기 때와 달리, 자신의 정서적인 경험을 자각하고 그것이 어떠한 감정인지를 명명할 수 있는 기술이 발달하게 된다. 이렇게 자기 자신의 감정을 개념화하고, 그것에 대해 타인에게 이야기할 수 있는 기술은 청소년들이 성숙해 나가는 과정에서 반드시 필요하며, 이를 통해 청소년들은 자기 자신을 안정시켜 나갈 수 있게 된다.

05 매슬로우(A. Maslow)의 욕구위계 이론에 관한 설명으로 옳은 것은?

① 낮은 단계일수록 욕구 강도가 강하다.
② 자아실현의 욕구는 청소년기가 되면서 나타나기 시작한다.
③ 상위 단계의 욕구는 개인의 생존에 중요한 역할을 한다.
④ 대부분의 사람들이 자아실현의 욕구를 달성한다.
⑤ 인간의 욕구를 4단계로 설명하고 있다.

> ① 욕구위계에서는 가장 하위 수준에 해당되는 욕구의 강도가 가장 높고, 최상위 수준에 해당되는 욕구의 강도가 가장 낮다.
> ② 자아실현의 욕구는 인생의 중년기가 되어야 나타난다.
> ③ 개인의 생존에 중요한 역할을 하는 단계는 하위 단계 욕구이다.
> ④ 자아실현의 욕구는 최고의 단계이므로, 모든 사람들이 달성하지는 못한다.
> ⑤ 매슬로우(A. Maslow)는 인간의 욕구를 5단계로 설명하고 있다.

06 청소년심리를 설명하는 학자와 주요 이론의 연결이 옳은 것은?

① 재현이론 - 홀(S. Hall)
② 장이론 - 콜버그(L. Kohlberg)
③ 사회학습이론 - 에릭슨(E. Erikson)
④ 경험학습이론 - 반두라(A. Bandura)
⑤ 신경생리학습이론 - 뢰빙거(J. Loevinger)

> ① 재현이론(Recapitulation Theory) : 홀(S. Hall)이 주장한 이론으로 인류의 발달이 원시적이고 야만적인 문화에서 지금의 문명사회로 발달하여 왔듯이, 개인의 발달도 원시적인 유아기에서부터 청소년기를 거쳐 성인기로 발달한다는 이론이다.
> ② 장이론(Field Theory) : 레빈(K. Lewin)이 주장한 이론으로 장(場)은 정신현상이나 사회현상이 생기는 전체 구조나 상황을 상호의존관계에서 이르는 말인데, 환경과 사람이 이루는 장 속에서의 여러 가지 힘에 의해 생각이나 행동이 결정된다고 보는 이론이다.
> ③ 사회학습이론 : 반두라(A. Bandura)가 주장한 이론으로 다른 사람의 행동과 그 결과의 관찰로 학습이 이루어진다고 보는 이론이다.
> ④ 경험학습이론 : 인식론과 듀이(J. Dewey)의 경험론에 토대를 둔 이론으로, 지식 위주의 인지적 행동 변화 과정과는 달리 학습자의 경험과 체험을 바탕으로 한 행동 변화 과정을 중요시한다.
> ⑤ 신경생리학습이론 : 헵(D. Hebb)이 주장한 이론으로 인간의 두뇌가 학습하는 과정을 신경세포가 어떻게 받아들이는지를 설명하는 이론이다.

07 다음 중 피아제(J. Piaget)의 '형식적 조작사고'에 관한 내용으로 옳지 않은 것은?

① 청소년들의 형식적 조작사고는 아동기의 사고와 질적으로 다른 사고이다.
② 현실 지향에서 가능성 지향의 사고를 갖게 된다.
③ 부분적 분석에서 조합적 분석을 하게 된다.
④ 1차적 추상화 수준에서 2차적 추상화 수준으로 된다.
⑤ 여러 가설을 생성하고, 모든 가능성을 체계적으로 검증할 수 있는 조합적인 분석이 가능하며, 가설 연역적으로 사고하게 된다.

> 형식적 조작기에는 2차적 추상화 수준에서 3차적 추상화 수준으로의 발달이 이루어진다.
> 피아제(J. Piaget)의 형식적 조작사고 이론
> • 명제적 사고 : 가설을 설정하고, 이를 전제로 추론한다.
> • 결합적 분석 : 문제해결 과정에서 관련 변인들을 추출, 분석, 상호 연관시켜 통합한다.
> • 추상적 추론 : 구체적 대상의 존재 여부와 관련 없이 형식논리에 의해 사고를 전개한다.

08 홀(S. Hall)의 재현이론 단계 중 인류가 야만적인 생활에서 문명시대로 접어드는 시기는?

① 유아기 ② 아동기
③ 전청소년기 ④ 청소년 후기
⑤ 성인기

홀(S. Hall)의 재현이론

단계	연령	발달적 특징
유아기	0~4세	동물적이고 원시적 발달을 재현하는 시기이다.
아동기	5~8세	술래잡기나 장난감 총 놀이로 동굴생활과 수렵 및 어획활동을 재현하는 시기이다.
전청소년기	9~14세	인류가 인간으로서의 특징과 야만적인 특성을 동시에 지니고 있었던 시기로 아동이 야영시대의 삶을 재현하는데, 이 시기에 연습과 훈련을 통하여 읽고, 쓰고, 말하는 기술을 획득한다.
청소년기	15~25세	인류가 야만적인 생활에서 문명시대로 접어드는 시기이자, 제2의 탄생기로서, 급진적이고 변화가 많으며 안정적이지 못하다.

정답 05 ① 06 ① 07 ④ 08 ④

09 엘킨드(D. Elkind)의 상상적 청중(Imaginary Audience)에 관한 설명으로 옳은 것을 모두 고른 것은?

> ㄱ. 자기중심성(Egocentrism) 중 하나의 현상이다.
> ㄴ. 다른 사람들이 자신을 관심의 초점이라고 생각하는 현상이다.
> ㄷ. 자신의 경험은 특별하고 독특하기 때문에 다른 사람과는 다르다고 생각한다.
> ㄹ. 예를 들어, 버스에 타면 앉아 있는 승객들이 모두 나를 쳐다볼 것이라고 생각한다.

① ㄱ, ㄴ
② ㄱ, ㄷ
③ ㄱ, ㄴ, ㄹ
④ ㄱ, ㄷ, ㄹ
⑤ ㄱ, ㄴ, ㄷ, ㄹ

> ㄱ. 엘킨드는 청소년기의 자아중심성(Egocentrism)을 개인적 우화와 상상적 청중의 개념으로 설명하였다.
> ㄴ · ㄹ. 상상적 청중은 청소년기의 과장된 자의식으로 인해 자신이 타인의 집중적인 관심과 주의의 대상이 되고 있다고 믿는 것을 말한다. 다른 사람들이 자신을 관심의 초점으로 생각한다고 믿기 때문에 그들은 '관중'이고, 실제 상황에서는 자신이 관심의 초점이 아니므로 '상상적'이라 할 수 있다.
> ㄷ. 엘킨드(D. Elkind)의 개인적 우화(Personal Fable)에 대한 내용이다. 개인적 우화는 자신이 다른 사람들과는 달리 특별하고 독특한 존재이며, 자신의 사고 · 감정 · 경험 세계가 다른 사람과 근본적으로 다르다고 생각하는 것이다.

10 설리반(H. Sullivan)의 인간발달단계에서 초기 청소년기의 대인관계욕구로 알맞은 것은?

① 사람들과의 접촉욕구
② 자신들의 놀이에 성인이 참여하기를 바라는 욕구
③ 또래집단에 수용되고자 하는 욕구
④ 동성친구를 갖고자 하는 욕구
⑤ 이성친구와의 친밀욕구

설리반(H. Sullivan)의 대인관계이론

발달시기	연령	대인관계 욕구
유아기(Infant)	출생에서 2~3세까지	안정감의 욕구, 사람들과의 접촉욕구, 양육자로부터 사랑받고 싶은 욕구
아동기(Childhood)	3~6세	자신들의 놀이에 성인이 참여하기를 바라며, 성인이 바라는 행동을 주로 하면서 부모의 관심을 얻으려는 욕구가 강함
소년/소녀기(Juvenile)	7~10세	또래 놀이친구를 얻고자 하고 또래집단에 수용되고자 하는 욕구를 가짐
전청소년기 (Preadolescence)	11~12세	동성친구를 갖고자 하는 욕구를 가짐 (단짝 친구관계를 형성하려는 욕구)
청소년 초기 (Adolescence)	13~16세	성적 접촉욕구, 이성친구와의 친밀욕구
청소년 후기 (Late Adolescence)	17~20세	성인사회에의 통합욕구

11 미드(M. Mead)의 학습이론에 관한 설명으로 옳지 않은 것은?

① 보아스(F. Boas)의 문화적 상대론에 근거한 것이다.
② 여성적 또는 남성적이라고 말하는 인성적 특성들은 본질적으로 타고난 생물학적 특성에 의한다고 하였다.
③ 사춘기적 현상은 현대 개인주의를 강조하는 핵가족 사회에서 나타나는 특수한 현상임을 밝혀냈다.
④ 개인의 삶에 미치는 사회적 조건화의 영향력이 얼마나 막강한 것인지를 설명하였다.
⑤ 청소년기가 긴장과 갈등, 성적 혼돈을 겪는 시기가 될 것인지 조화롭고 행복한 시기가 될 것인지는 전적으로 문화적 맥락에 의존하는 것으로 판단하였다.

> 미드(M. Mead)는 우리가 흔히 여성적 또는 남성적이라고 말하는 인성적 특성들은 본질적으로 타고난 생물학적 특성이라기보다 개별 사회의 역사적 과정에서 생성된 것이라고 하였다.

정답 09 ③ 10 ⑤ 11 ②

12 성 역할 사회화에 관한 전통적인 견해가 성별의 양극개념을 초래한다고 보는 성 역할 발달이론은?

① 성도식이론
② 정신분석이론
③ 인지발달이론
④ 사회학습이론
⑤ 성 역할 초월이론

> ① 성도식이론 : 아동은 자신이 가지고 있는 도식에 근거한 선택적인 기억과 선호과정을 통해 성 역할을 발달시킨다고 주장하는 이론이다.
> ② 정신분석이론 : 여성에게는 여성성이, 남성에게는 남성성이 있으며, 남녀가 비슷한 방식으로 발달하다가 해부학적 차이를 인식하면서 다른 길을 가게 된다고 주장하는 이론이다.
> ③ 인지발달이론 : 성 역할 발달이 인지발달의 부산물로 이루어진다고 주장하는 이론이다.
> ④ 사회학습이론 : 사람의 행동은 다른 사람의 행동이나 상황을 관찰하거나 모방한 결과로 이루어진다는 이론이다.

13 방어기제와 그에 대한 사례로 적절한 것을 모두 고른 것은?

> ㄱ. 전위(전치) – 엄마에게 야단을 맞고 동생에게 화풀이한다.
> ㄴ. 투사 – 속으로는 동생을 미워하는데 동생에게 매우 친절히 대해준다.
> ㄷ. 동일시 – 연예인의 동생이 마치 자기가 연예인인 것처럼 우쭐거리고 다닌다.
> ㄹ. 반동형성 – 자신이 동생을 미워하면서 오히려 동생이 자기를 미워한다고 생각한다.

① ㄱ, ㄴ
② ㄱ, ㄷ
③ ㄷ, ㄹ
④ ㄱ, ㄷ, ㄹ
⑤ ㄱ, ㄴ, ㄷ, ㄹ

> ㄱ. 전위(전치, Displacement) : 자신이 어떤 대상에 대해 느낀 감정을 보다 덜 위협적인 다른 대상에게 표출하는 것이다.
> 예 "종로에서 뺨 맞고, 한강에서 눈 흘긴다."
> ㄷ. 동일시(Identification) : 투사와 반대되는 개념으로서, 자기가 좋아하거나 존경하는 대상과 자기 자신 또는 그 외의 대상을 같은 것으로 인식하는 것을 말한다.
> 예 자신이 좋아하는 연예인의 옷차림을 따라하는 경우
> ㄴ. 투사(Projection) : 사회적으로 인정받을 수 없는 자신의 행동과 생각을 마치 다른 사람의 것인 양 생각하고 남을 탓하는 것이다.
> 예 자기가 화가 난 것을 의식하지 못한 채 상대방이 자기에게 화를 낸다고 생각하는 경우
> ㄹ. 반동형성(Reaction Formation) : 자신이 갖고 있는 무의식적 소망이나 충동을 본래의 의도와 달리 반대되는 방향으로 바꾸는 것이다.
> 예 "미운 놈에게 떡 하나 더 준다."

14 수퍼(D. Super)의 직업발달 5단계 중 직업세계에서 자신의 위치가 확고해지고 자신의 자리를 유지하기 위해 노력하며 안정된 삶을 살아가는 시기는?

① 성장기　　　　　　　　　　② 탐색기
③ 확립기　　　　　　　　　　④ 유지기
⑤ 쇠퇴기

수퍼(D. Super)의 직업발달 5단계	
성장기 (출생~14세)	욕구와 환상이 지배적이나 사회참여 활동이 증가하고 현실 검증이 생김에 따라 흥미와 능력을 중시하는 단계이다.
탐색기 (15~24세)	학교·여가생활, 시간제의 일 등을 통한 경험으로 자신에 관한 탐색과 역할에 대해 수행해야 할 것을 찾으며, 직업에 관한 탐색을 시도하려는 단계이다.
확립기 (25~44세)	자신에게 적합한 직업분야를 발견하고, 자신의 생활 안정을 위해 노력하는 단계이다.
유지기 (45~64세)	직업세계에서 자신의 위치가 확고해지고, 자신의 자리를 유지하기 위해 노력하며 안정된 삶을 살아가는 단계이다.
쇠퇴기 (65세 이후)	모든 기능이 쇠퇴함에 따라 직업세계에서 은퇴하게 되며, 자신이 해오던 일의 활동이 변화되고 또 다른 일을 찾게 되는 단계이다.

15 알포트(G. Allport)의 특질이론에서 개인의 모든 행동 및 사고양식에 영향을 미치는 지배적인 특질은?

① 주특질　　　　　　　　　　② 중심특질
③ 이차적 특질　　　　　　　　④ 부차적 특질
⑤ 소특질

알포트(Allport)의 특질이론
성격이 개인의 인생에 미치는 영향력을 기준으로 구분한다.

주특질	극소수의 사람만 가지며 영향력이 매우 강하여 개인의 모든 행위를 지배
중심특질	개인의 여러 행동에 두루 영향을 미치는 것으로 개인의 성격을 요약할 때 사용
이차특질	일관적이기는 하나 개인의 행동에 강력한 영향력을 미치지는 않고, 제한된 상황에서만 적용

CHAPTER 02 청소년 문화

01 청소년문화를 바라보는 관점 중 다음 보기의 내용이 설명하는 것은?

> ○ 성인의 입장에서 볼 때 청소년들이 규범에서 벗어나 문제아의 소행을 지향한다.
> ○ 사회적 규범을 깨뜨리는 것에서 쾌감을 느끼고, 규범적 질서에 따르지 않음으로써 청소년문화의 정체성을 찾는다.

① 미숙한 문화
② 비행문화
③ 하위문화
④ 준거문화
⑤ 새로운 문화

> ② 비행문화 : 청소년문화를 청소년들이 가지고 있는 다양한 삶의 규범 및 의무에서 벗어나기 위해 만들어진 문화라며, 부정적 시각으로 바라보는 관점이다.
> ① 미숙한 문화 : 성인문화를 온전한 문화로 보고, 청소년문화는 성인문화를 모방하는 형태의 미성숙한 문화로 보는 시각이다.
> ③ 하위문화 : 하위집단을 지역, 계층, 연령 등 다양한 범주로 구분하였을 때 연령에 따라 형성된 청소년 집단을 전체 사회집단을 구성하는 하나의 하위집단의 문화라고 보는 시각이다.
> ④ 준거문화 : 보편성이 널리 인정되는 주류 문화로 보는 시각이다.
> ⑤ 새로운 문화 : 오늘의 청소년들이 보여주는 여러 가지 이상스러운 행동, 차림새들을 그들 세대의 문화로 인정하면서 청소년들이 추구하는 변화와 생동의 요소를 긍정적으로 바라보는 시각을 말한다.

02 청소년 또래집단의 동조행동에 관한 설명으로 옳지 않은 것은?

① 청소년의 언어, 가치관 등 모든 면에 영향을 미친다.
② 부정적인 동조행동으로 속어나 비어 사용 등이 있다.
③ 동조행동에 관한 또래집단의 압력은 청소년기에 가장 강력하다.
④ 또래집단 내에 높은 지위에 있거나 자신감 있는 청소년은 동조행동의 영향을 덜 받는다.
⑤ 부모와 또래집단의 가치가 상충될 경우, 청소년은 부모의 영향을 더 크게 받는다.

> 부모와 또래집단의 가치가 상충될 경우, 청소년은 또래집단의 영향을 더 크게 받는다.

03 바움린드(D. Baumrind)의 부모 유형분류에 따른 애정과 통제 차원에 관한 설명으로 옳은 것은?

① 권위 있는(Authoritative) 부모는 애정과 통제가 모두 낮다.
② 허용적 부모는 애정은 높고 통제는 낮다.
③ 권위주의적(Authoritarian) 부모는 애정과 통제가 모두 높다.
④ 무관심한 부모는 애정은 낮고 통제는 높다.
⑤ 무관심한 부모는 애정은 높고 통제는 낮다.

> 바움린드(D. Baumrind)의 4가지 자녀양육 유형
> • 권위 있는 부모 : 자녀의 독립심을 격려하며 훈육 시 논리적으로 설명하고, 애정과 통제를 모두 갖춘 유형이다.
> • 권위주의적인 부모 : 자녀에게 무조건적인 규칙을 따르도록 하지만 자녀가 원하는 것에는 상당히 둔감한 유형이다.
> • 허용적인 부모 : 자녀에게 애정적이지만, 단호한 제한을 설정하지 못한 채 자녀의 요구사항을 거의 수용한다. 즉 일관성 없는 훈육을 하고 자녀에 대한 통제가 거의 없는 유형이다.
> • 방임적인 부모 : 방임적인 부모는 애정이 없고 무관심하며, 방임적인 부모 밑에서 자란 자녀는 반사회적 성향이라는 대표적 특성을 가지고 있으며, 청소년기로 갈수록 비행경향이 높아지는 부정적인 모습을 보이게 된다.

04 청소년기 대중스타 수용현상에 관한 설명으로 옳지 않은 것은?

① 대중스타는 청소년 수용자의 정체감 형성에 영향을 미친다.
② 대중스타 수용을 통해 사회참여의 기회를 갖기도 한다.
③ 대중스타에 대한 집단적 추구를 통해 또래집단과의 동질성을 확보하기도 한다.
④ 일방적으로 대중문화와 대중스타를 수용하고 소비하는 청소년들을 생비자(Prosumer)라고 한다.
⑤ 청소년기의 긴장과 갈등, 현실세계의 억압된 불만을 해소시키는 기능이 있다.

> 생비자(Prosumer)는 생산자이며 동시에 소비자인 사람들을 가리키므로, 일반적으로 대중문화와 대중스타를 수용하고 소비하는 청소년들은 생비자라고 할 수 없다.

05 청소년기 또래관계에 관한 설명으로 옳지 않은 것은?

① 부모와 가족으로부터 자율성을 추구한다.
② 또래관계는 자아정체감 형성의 기회를 제공한다.
③ 아동기보다 친구들과 많은 시간을 보낸다.
④ 이성에 대한 관심과 흥미가 낮은 편이다.
⑤ 아동기보다 또래집단에 대한 동조성이 높게 나타난다.

> 청소년기는 호르몬의 종류 및 양적 변화로 성적 욕망 및 충동이 증가되는 시기이다. 그러므로 청소년기에는 동성 또래보다 이성에 대한 관심과 흥미가 높게 나타나며, 이성 또래에 필요한 대인관계기술을 습득하게 된다.

06 다음 중 청소년 문화에 관한 내용으로 가장 옳지 않은 것은?

① 청소년들의 생활양식을 의미한다.
② 청소년 문화는 다양성이 존재한다.
③ 기성문화는 주류문화이고, 청소년 문화는 반(反)주류문화이다.
④ 청소년세대의 행동방식과 정신적 지표를 나타낸다.
⑤ 학교문화, 직업문화, 여가문화 등으로 구분할 수 있다.

> 문화를 구분할 때 기성문화와 청소년 문화를 주류(지배)문화와 하위(하류)문화로 분류한다. 청소년 문화는 한 사회집단의 전체의 특수한 부분 또는 주 영역에서 다른 것과 구분되어 독특하게 나타나는 생활양식으로 분류하는 것을 하류문화라고 한다.
> 청소년 문화의 정의
> 청소년들이 공유하는 청소년세대 특유의 삶의 방식이다. 청소년집단 간에 명시적·잠재적 사회화를 통해 형성되고 전수되는 행동방식과 정신적 지표로서, 젊음을 풍기는 영상, 젊은이다운 행동, 젊은이 나름대로 쓰는 말을 통해 표출된다.

07 문화에 관하여 다음과 같이 주장한 학자는?

○ 상징과 의미체계로 문화 개념을 설명한다.
○ 특정 사건이나 현상에 관한 심층적 기술(Thick Description)을 강조한다.
○ 사회적으로 특정 사건이나 상황에 부여하는 의미를 문화 이해의 중요한 핵심이라고 본다.

① 타일러(E. Tylor)
② 코헨(S. Cohen)
③ 윌리스(P. Willis)
④ 기어츠(C. Geertz)
⑤ 굿이너프(W. Goodenough)

> 기어츠(C. Geertz)는 문화적 의미를 제대로 파악하기 위해서는 특정사건이나 현상에 관한 심층적(중층적) 기술이 필요함을 강조하면서 '윙크하기'의 예를 도입하여 의미체계로서의 문화개념을 설명하였다.

08 문화의 개념에 관한 '총체론적 관점'과 일치하는 것을 모두 고른 것은?

ㄱ. 문화는 인간집단의 생활양식의 총체이다.
ㄴ. 문화는 환경에 적응하는 메커니즘으로 기능한다.
ㄷ. 문화는 관찰된 행동 그 자체가 아니라, 그런 행위를 규제하는 규칙의 체계이다.

① ㄱ
② ㄱ, ㄴ
③ ㄱ, ㄷ
④ ㄴ, ㄷ
⑤ ㄱ, ㄴ, ㄷ

> 문화를 행동을 규제하는 규칙의 체계로 보는 것은 문화에 관한 '관념론적 입장'이다. 관념론적 입장에서는 도구, 행동, 제도 등을 문화에 포함시키지 않고, 단지 우리가 관찰할 수 있는 행동으로 이르게 하는 기준, 표준, 또는 규칙만을 문화라고 부른다.
>
> 문화의 개념에 관한 총체론적 관점
> • 문화는 '한 인간집단의 생활양식의 총체'이다.
> • 문화는 환경에 적응하는 메커니즘으로 기능한다.
> • 타일러(E. Tylor) : 문화는 지식, 신앙, 예술, 법률, 도덕, 관습 그리고 사회의 구성원으로서의 인간에 의해 얻게 된 다른 모든 능력이나 관습들을 포함하는 복합 총체이다.
> • 화이트(L. White) : 인간이 상징을 할 수 있는 유일한 동물임에 유의하여, 이것이 바로 문화의 기초라고 파악하였다.

09 다음 보기의 ⊙, ⓒ에 들어갈 문화변동의 양상이 바르게 짝지어진 것은?

(⊙) – 물질문화의 변동 속도에 대해서 비물질 문화가 따라가지 못함으로 인해 발생하는 문화요소 간의 부조화 및 괴리현상
(ⓒ) – 특정 지역 혹은 특정 집단의 지배문화가 다른 지역 혹은 집단에 급속하게 전파되는 현상

① ⊙ : 문화지체, ⓒ : 문화이식
② ⊙ : 문화동화, ⓒ : 문화접변
③ ⊙ : 문화공존, ⓒ : 문화전계
④ ⊙ : 문화결핍, ⓒ : 문화지체
⑤ ⊙ : 문화지체, ⓒ : 문화동화

> 문화변동의 양상
> - 문화접변 : 오랜 기간 접촉함으로써 성격이 다른 두 문화체계 간 문화요소가 전파되어 일어나는 문화변동
> - 문화동화 : 다른 사회의 문화체계 속에 한 문화가 흡수됨으로써 정체성을 상실하는 현상
> - 문화병존(문화공존) : 서로 다른 사회의 문화가 한 사회의 체계 속에서 나란히 존재하는 현상. 우리나라의 경우 기독교와 불교 등 다양한 종교들이 큰 분쟁 없이 공존하는 모습
> - 문화융합 : 제3의 새로운 문화가 형성되는 현상. 이러한 현상은 두 개의 문화체계가 접촉함으로서 이루어짐
> - 문화지체 : 비물질문화가 물질문화를 따라가는 속도가 느려 시간이 경과함에 따라 두 문화요소 간의 간격이 점점 더 벌어지는 현상
> - 문화전계 : 지도와 학습을 통해 문화가 세대와 세대에 걸쳐 전달·전수되는 현상
> - 문화결핍 : 특별히 행동 형성의 준거가 되는 문화적 요소가 부족하거나 박탈된 상태
> - 문화이식 : 특정 지역 혹은 특정 집단의 지배문화가 다른 지역 혹은 집단에 급속하게 전파되는 현상

10 다음의 소비이론을 주장한 학자는?

○ 소비는 소비자의 사회적 지위나 성공에 대한 과시적 상징수단이다.
○ 소비행위는 소비자 자신에 대한 표현이며 그가 속한 사회적 계급을 상징한다.
○ 소비는 상품 사용으로부터 효용을 얻기보다는 사치나 낭비 그 자체로부터 효용을 얻는 것이다.

① 에써(H. Esser)
② 윌리스(P. Willis)
③ 베블런(T. Veblen)
④ 부르디외(P. Bourdieu)
⑤ 보드리야르(J. Baudrillard)

> 미국의 경제학자 소스타인 베블런(Thorstein Veblen)은 소비는 사회적 지위부여의 수단이며, 커뮤니케이션의 수단이라고 하였다. 또한 소비자가 사회적으로 인정받고자 하는 욕구에 의해 소비가 더욱 촉진된다고 주장하며, 이를 '과시적 소비'라고 하였다.

11 청소년 문화의 특성으로 옳은 것을 모두 고른 것은?

ㄱ. 다양한 하위문화가 존재한다.
ㄴ. 대중문화에 관한 의존성이 강하다.
ㄷ. 기본적으로 학교문화와 밀접하게 관련되어 있다.
ㄹ. 청소년은 단순한 문화소비자가 아닌 문화생산자로 문화현장에 참여한다.

① ㄱ, ㄴ
② ㄱ, ㄷ
③ ㄴ, ㄹ
④ ㄴ, ㄷ, ㄹ
⑤ ㄱ, ㄴ, ㄷ, ㄹ

청소년 문화
청소년들이 공유하는 청소년 세대 특유의 삶의 방식으로서, 청소년 집단 간에 명시적·잠재적 사회화를 통해 형성되고 전수되는 청소년 세대의 행동방식과 정신적 지표로 젊음을 풍기는 영상, 젊은이다운 행동, 젊은이 나름대로 쓰는 말을 통해 표출된다.

12 부르디외(P. Bourdieu)가 제시한 것으로 '행위자의 물질적·비물질적 존재 조건에 의해 형성되며, 취향의 차이를 일관되게 조직하는 것'을 의미하는 용어는?

① 문화특질(Cultural Trait)
② 문화전계(Enculturation)
③ 아비투스(Habitus)
④ 패러다임(Paradigm)
⑤ 헤게모니(Hegemony)

아비투스(Habitus)
• '일정 방식의 행동과 인식, 감지와 판단의 성향체계(문화적 취향)'로서, 개인의 역사 속에서 개인들에 의해 내면화되고 체화되며, 또한 일상적 실천들을 구조화하는 메커니즘을 의미한다.
• 사회의 장(場)에서 지배계급의 의미 있는 관계들(권력)에 기초해 형성되며 요구된다.
• 사회구성원에 관한 행위문법의 일종으로서, 특수한 실천들의 생산을 위한 도식 내에서 하나의 계급을 다른 계급과 구별 짓는 구실을 한다.

정답 09 ① 10 ③ 11 ⑤ 12 ③

13 다음 보기의 특징이 나타내는 문화의 일반적 속성은?

> ○ 문화는 정체된 것이 아니라 변화한다.
> ○ 문화는 사회 외부에서 들어온 요소에 의하여 변화가 일어난다.
> ○ 문화는 연속적으로 계승되지만 그 과정에서 항상 변화를 수반한다.

① 공유성 ② 다양성
③ 학습성 ④ 가변성
⑤ 축적성

> 문화의 가변성(변동성)은 한 문화권 속에서도 시대적 상황 등에 의해 변화될 수 있는 속성이다.
> 문화의 속성
> • 학습성 : 문화는 선천적으로 타고나는 것이 아니라 출생 후 성장과정에서 학습으로 얻어진다.
> • 축적성 : 문화는 언어와 문자를 사용하여 경험을 후대에 전하여 문화를 계속적으로 저장하고 발전시키며 전승하는 속성을 가진다.
> • 공유성 : 문화는 한 사회의 구성원들에게 공통적인 경향으로 나타나는 행동 및 사고방식이며, 그 구성원들은 문화적 특성을 공유한다.
> • 전체성 : 문화의 각 요소들은 상호 유기적이며 전체적 통합성을 가진다.
> • 변동성 : 문화는 고정불변하는 것이 아니라 문화적 특성이 추가 또는 소멸되기도 하면서 변화한다.

14 다음 보기의 내용이 설명하는 문화이론은?

> ○ 사회평등을 지향한다.
> ○ 사회의 본질을 갈등의 관점에서 본다.
> ○ 인간은 자신의 욕망과 이익을 추구하는 존재라고 가정한다.

① 상대론
② 체계론
③ 진화론
④ 갈등론
⑤ 구조 기능론

> 갈등론
> 인간은 자신의 욕망과 이익을 추구하는 존재라는 가정하에 사회의 본질을 갈등으로 이해하려는 관점으로서, 사회평등을 지향하며 사회변동과 발전, 개혁과 혁명 등에 관심을 갖는다.

15 다음 보기의 설명에 해당하는 것은?

> ○ 대중문화를 이데올로기와 자본주의 사회의 상업성을 결합한 문화산업의 산물로 비판하였다.
> ○ 대표적인 학자로는 아도르노(T. Adorno), 호르크하이머(M. Horkheimer), 마르쿠제(H. Marcuse), 벤야민(W. Benjamin) 등이 있다.

① 구조주의
② 후기 구조주의
③ 프랑크푸르트 학파
④ 포스트모더니즘
⑤ 엘리트주의적 비판론

> 프랑크푸르트 학파의 아도르노(T. Adorno), 호르크하이머(M. Horkheimer), 마르쿠제(H. Marcuse) 등은 대중문화를 이데올로기와 자본주의 사회의 상업성을 결합한 문화산업의 산물이라고 비판하였다.

CHAPTER 03 청소년 복지와 보호

01 학교 밖 청소년 지원에 관한 법률상 '학교 밖 청소년'이 아닌 것은?

① 질병으로 초등학교 취학의무를 유예한 11세 청소년
② 중학교 입학 후 2개월째 결석한 14세 청소년
③ 고등학교에서 제적처분을 받은 17세 청소년
④ 고등학교에서 자퇴한 17세 청소년
⑤ 중학교 졸업 후 고등학교에 진학하지 않은 17세 청소년

> 학교 밖 청소년(학교 밖 청소년 지원에 관한 법률 제2조 제2호)
> • 초등학교 · 중학교 또는 이와 동일한 과정을 교육하는 학교에 입학한 후 3개월 이상 결석하거나 취학의무를 유예한 청소년
> • 고등학교 또는 이와 동일한 과정을 교육하는 학교에서 제적 · 퇴학처분을 받거나 자퇴한 청소년
> • 고등학교 또는 이와 동일한 과정을 교육하는 학교에 진학하지 아니한 청소년

02 청소년복지 지원법상 다문화가족의 청소년을 지원할 목적으로 설치·운영할 수 있는 기관은?

① 지역아동센터
② 이주배경청소년지원센터
③ 청소년꿈키움센터
④ 청소년보호·재활센터
⑤ 지방청소년활동진흥센터

> **이주배경청소년지원센터(청소년복지 지원법 제30조, 시행령 제15조)**
> 여성가족부장관은 이주배경청소년 지원을 위한 이주배경청소년지원센터를 설치·운영할 수 있다. 이주배경청소년지원센터는 이주배경청소년 복지에 관한 종합적 안내, 이주배경청소년과 그 부모에 대한 상담 및 교육, 이주배경청소년의 지원을 위한 인력의 양성 및 연수, 이주배경청소년에 대한 국민의 올바른 이해를 돕기 위한 사업, 이주배경청소년의 실태에 관한 조사·연구, 이주배경청소년의 사회적응을 위한 프로그램 개발 및 보급, 그 밖에 이주배경청소년 지원센터의 목적을 수행하기 위하여 필요한 업무 등을 수행한다.

03 '학교부적응'에 관한 설명으로 옳은 것을 모두 고른 것은?

ㄱ. 학업부진은 학교부적응과 관련이 없다.
ㄴ. 개인의 정서문제는 학교부적응과 관련이 있다.
ㄷ. 또래나 교사와의 관계는 학교부적응에 영향을 미친다.
ㄹ. 학교부적응 청소년에 관한 개입 시 부모나 보호자를 포함시키는 것이 바람직하다.
ㅁ. 학업중단 청소년의 추후지도를 위해 각급 학교에서는 방과 후 돌봄교실을 운영하고 있다.

① ㄴ, ㅁ
② ㄷ, ㄹ
③ ㄴ, ㄷ, ㄹ
④ ㄱ, ㄷ, ㄹ, ㅁ
⑤ ㄴ, ㄷ, ㄹ, ㅁ

> ㄱ. 학업부진은 학교 부적응 중 학업과 관련된 유형에 속한다. 학업과 관련된 부적응 유형에는 학습부진, 무단결석, 수업태도 불량, 잦은 지각 등이 있다.
> ㅁ. 방과 후 돌봄교실은 초등학교 재학생을 대상으로 운영되고 있다. 학업중단 청소년의 추후지도는 직업교육기관이나 센터와 연계하여 진행한다.

04 청소년유해약물과 유해업소 등을 규제하기 위한 목적으로 제정된 법률은?

① 소년법 ② 청소년 보호법
③ 아동·청소년의 성보호에 관한 법률 ④ 청소년 기본법
⑤ 청소년복지 지원법

> ② 청소년 보호법 : 청소년에게 유해한 매체물과 약물 등이 청소년에게 유통되는 것과 청소년이 유해한 업소에 출입하는 것 등을 규제하고 청소년을 유해한 환경으로부터 보호·구제함으로써 청소년이 건전한 인격체로 성장할 수 있도록 함을 목적으로 한다.
> ① 소년법 : 반사회성(反社會性)이 있는 소년의 환경 조정과 품행 교정(矯正)을 위한 보호처분 등의 필요한 조치를 하고, 형사처분에 관한 특별조치를 함으로써 소년이 건전하게 성장하도록 돕는 것을 목적으로 한다.
> ③ 아동·청소년의 성보호에 관한 법률 : 아동·청소년대상 성범죄의 처벌과 절차에 관한 특례를 규정하고 피해아동·청소년을 위한 구제 및 지원 절차를 마련하며, 아동·청소년대상 성범죄자를 체계적으로 관리함으로써 아동·청소년을 성범죄로부터 보호하고 아동·청소년이 건강한 사회구성원으로 성장할 수 있도록 함을 목적으로 한다.
> ④ 청소년 기본법 : 청소년의 권리 및 책임과 가정·사회·국가·지방자치단체의 청소년에 대한 책임을 정하고 청소년정책에 관한 기본적인 사항을 규정함을 목적으로 한다.
> ⑤ 청소년복지 지원법 : 청소년복지 향상에 관한 사항을 규정함을 목적으로 한다.

05 다음 중 코헨(A. Cohen)의 비행하위문화이론(Delinquent Subculture Theory)에 관한 내용으로 옳지 않은 것은?

① 하위문화는 하층청소년들이 지위욕구 불만에 기인하여 중산층의 지배문화에 대항하여 만든 문화를 의미한다.
② 비공리성, 악의성, 부정성, 단기 쾌락주의, 다면성 등과 같은 특징을 갖는다.
③ 사회에는 오랫동안 하층계급사회가 고유의 문화체계로 존재해왔다.
④ 미국 사회의 하층청소년들의 비행문화를 말한다.
⑤ 청소년들은 하위문화에서 문제행동이 나쁘지 않다고 인식한다.

> ③ 밀러(W. Miller)의 하층계급문화이론에 관한 내용에 해당한다.

06 다음 중 중화에 사용되는 기법으로서 자신의 문제를 세상 탓, 부모 탓으로 돌림으로써 자신의 행동을 합리화하는 것은?

① 피해자에 대한 부인
② 상해의 부인
③ 더 높은 충성심에의 호소
④ 비난자에 대한 비난
⑤ 책임의 부인

> ① 피해자가 징벌을 받아 마땅한 사람이므로 자신의 행동은 정당하다고 주장한다.
> ② 자신이 저지른 행위가 다른 사람에게 아무런 해를 미치지 않는다고 주장한다.
> ③ 더 높은 충성심 또는 더 고차적인 원칙을 위해 기존의 규범을 어겼다고 주장한다.
> ④ 자신을 비난하는 사람들에게서 잘못을 찾아내어 오히려 자신의 잘못보다 더 나쁘다고 주장한다.

07 머튼(R. Merton)은 개인이 문화적 목표와 제도화된 수단에 어떻게 적응하느냐에 따라 일탈을 5가지 유형으로 구분하였다. 다음 중 문화적 목표는 수용하되 제도화된 수단을 거부하는 경우에 해당하는 유형은?

① 동조형
② 혁신형
③ 의례형
④ 도피형
⑤ 반역형

머튼(R. Merton)의 사회구조이론에 따른 적응양식(일탈의 유형)

구 분	동조형	혁신형	의례형	도피형	반역형
문화적 목표	수용	수용	거부	거부	거부/대체
제도화된 수단	수용	거부	수용	거부	거부/대체

08 소년법상 소년에 대한 보호처분 결정의 종류로 명시되지 않은 것은?

① 수강명령
② 사회봉사명령
③ 소년교도소 송치
④ 장기 소년원 송치
⑤ 1개월 이내의 소년원 송치

> 소년교도소는 금고 이상의 형사처분을 받게 되는 경우 송치되는 곳이다. 소년법상 보호처분을 받게 되는 경우 소년원에 송치되거나 기타 보호처분을 받게 된다.
> 보호처분 결정의 종류(소년법 제32조)
> - 보호자 또는 보호자를 대신하여 소년을 보호할 수 있는 자에게 감호 위탁
> - 수강명령
> - 사회봉사명령
> - 보호관찰관의 단기 보호관찰
> - 보호관찰관의 장기 보호관찰
> - 아동복지법에 따른 아동복지시설이나 그 밖의 소년보호시설에 감호 위탁
> - 병원, 요양소 또는 보호소년 등의 처우에 관한 법률에 따른 의료재활소년원에 위탁
> - 1개월 이내의 소년원 송치
> - 단기 소년원 송치
> - 장기 소년원 송치

09 친구, 이웃, 학교 등 사회와의 결속이 약한 사람이 비행을 쉽게 저지른다는 비행이론은?

① 사회학습이론
② 차별접촉이론
③ 사회유대이론
④ 아노미이론
⑤ 낙인이론

> 허쉬(T. Hirschi)의 사회유대이론에 대한 설명으로서, 모든 사람들이 범죄동기를 가지고 있으나 범죄를 저지르지 않는 것은 사회적 유대를 통한 통제 때문이고, 유대의 약화로 인하여 범죄행위가 발생한다고 보았다.

10 다음 중 클로워드(Cloward)와 올린(Ohlin)의 차별기회이론에 관한 내용으로 가장 옳은 것은?

① 합법적 기회도 차등적이고, 비합법적 기회도 차등적이다.
② 중산층 지배문화에 대한 대항으로 발생한 문화이다.
③ 기회의 구조적 불평등을 거부하기 위해 발생한 문화이다.
④ 하위문화는 하층청소년들이 지위욕구불만에 기인하여 중산층의 지배문화에 대항하여 만든 문화를 의미한다.
⑤ 개인의 삶의 목표와 제도화된 수단에 대한 사회적 접근기회의 차이로 문제가 발생한다고 본다.

> 차별기회이론은 차별적 기회구조 속에서 하층의 청소년들이 자기들 나름대로의 하위문화를 형성하여 기회의 구조적 불평등 현상을 극복하고자 노력하며, 이 과정에서 지배규범의 합법성을 거부하고 저항의 하위문화를 형성한다고 본다. 차별기회이론은 합법적 기회도 차등적이고 비합법적 기회도 차등적이라고 본다.

11 다음 보기의 내용에 해당하는 이론은?

> ○ 범죄행위도 일반행위와 같이 배워서 한다.
> ○ 법에 관한 우호 또는 비우호 태도로 인해 범죄자는 비우호적인 태도를 우호적인 태도보다 더 많이 배우고, 역으로 비범죄자는 우호적인 태도를 더 많이 배운다.

① 차별접촉이론
② 낙인이론
③ 사회유대이론
④ 하위계급문화이론
⑤ 기회구조이론

> **서덜랜드(E. Sutherland)의 차별접촉이론**
> • 범죄행위도 일반행위와 마찬가지로 배워서 한다는 것이다.
> • 배우는 내용은 범죄기법뿐만 아니라 범죄에 대한 태도도 포함된다.
> • 법을 위반하는 것이 나쁘다고 배우면 범죄를 하지 않게 된다.
> • 위반하는 것이 나쁘지 않다고 배우면 위반하게 된다.

12 학교 밖 청소년 지원에 관한 법령상 학교 밖 청소년 실태조사에 포함되어야 할 사항이 아닌 것은?

① 학교 밖 청소년의 종교활동
② 학교 밖 청소년의 경제상태
③ 학교 밖 청소년의 친구관계
④ 학교 밖 청소년의 학업중단 시기, 원인
⑤ 학교 밖 청소년 지원 프로그램 활용 현황

> 학교 밖 청소년 실태조사에 포함되어야 할 사항(학교 밖 청소년 지원에 관한 법률 시행규칙 제2조 제1항)
> • 학교 밖 청소년의 학업중단 시기와 그 원인
> • 학교 밖 청소년의 신체적·정신적 건강상태
> • 학교 밖 청소년의 가족관계 및 친구관계
> • 학교 밖 청소년의 경제상태
> • 학교 밖 청소년의 진로
> • 학교 밖 청소년 지원 프로그램 활용 현황
> • 그 밖에 여성가족부장관이 학교 밖 청소년 지원을 위하여 필요하다고 인정하는 사항

13 다음 중 가정 밖 청소년의 특징에 해당하지 않는 것은?

① 청소년들은 가출 후 일정하게 정해진 이동경로를 거친다.
② 부모가 이혼하였거나 별거 상태 등 구조적 결손가정 출신인 경우가 많다.
③ 가정을 떠나는 청소년은 대부분의 경우 학교에서도 이탈된다.
④ 가출이 장기화될 경우 의식주문제를 해결하기 위해 유흥업소로 유입되는 문제가 발생하기도 한다.
⑤ 계모나 계부, 질병, 알코올 중독 등 기능적으로 결손된 가정이 많다.

> 청소년들은 가출 후 다양한 이동경로를 거친다. 즉, 가정 밖 청소년들은 가출 후 주로 친구 자취방 혹은 친구집, 이성 친구집 등에서 지내며, 돈이 필요하므로 다방이나 술집 등 유흥업소로 유입되는 경우도 많다.

14 청소년쉼터 중 '중장기 쉼터'에 관한 설명으로 옳지 않은 것은?

① 기간 – 6개월 내외 중장기 보호
② 대상 – 자립의지가 있는 가정 밖 청소년
③ 기능 – 가정복귀가 어렵거나 특별히 보호가 필요한 위기청소년을 대상으로 전환형, 가족형, 자립형, 치료형 등 특화된 서비스 제공
④ 위치 – 주택가
⑤ 지향점 – 자립 지원

청소년 중장기 쉼터의 기능

구 분	중장기쉼터
기 간	3년 이내 중장기 보호(필요시 1년 연장 가능)
이용대상	가정 밖 청소년
주요기능	가정 복귀가 어렵거나 특별히 보호가 필요한 위기 청소년을 대상으로 장기간 안정적인 보호서비스 제공
위 치	주택가
지향점	자립 지원

출처 : 2023 청소년백서, 여성가족부

15 인터넷 중독에 영향을 주는 사회·환경적 요인을 모두 고른 것은?

ㄱ. 익명성	ㄴ. 인터넷 접근가능성
ㄷ. 자아존중감	ㄹ. 가상적인 상호작용성

① ㄱ, ㄴ
② ㄷ, ㄹ
③ ㄱ, ㄴ, ㄹ
④ ㄴ, ㄷ, ㄹ
⑤ ㄱ, ㄴ, ㄷ, ㄹ

낮은 자아존중감, 자기통제력의 상실 등은 인터넷 중독의 개인·심리적 요인에 해당한다.
인터넷 중독에 영향을 주는 사회·환경적 요인
- 건전한 놀이문화의 부재
- 핵가족화 및 가정해체
- 접근의 용이성
- 가상적인 상호작용성
- 익명성

16 학교폭력예방 및 대책에 관한 법률상 학교폭력대책심의위원회가 피해학생의 보호를 위하여 교육장에게 요청할 수 있는 피해학생에 관한 조치사항으로 명시된 것을 모두 고른 것은?

> ㄱ. 일시보호 ㄴ. 심리상담 및 조언
> ㄷ. 치료 및 치료를 위한 요양 ㄹ. 학급교체
> ㅁ. 전 학

① ㄱ, ㄹ
② ㄴ, ㄷ, ㅁ
③ ㄱ, ㄴ, ㄷ, ㄹ
④ ㄱ, ㄴ, ㄷ, ㅁ
⑤ ㄴ, ㄷ, ㄹ, ㅁ

> 피해학생의 보호(학교폭력예방 및 대책에 관한 법률 제16조 제1항)
> 학교폭력대책심의위원회는 피해학생의 보호를 위하여 필요하다고 인정하는 때에는 피해학생에 대하여 다음의 어느 하나에 해당하는 조치(수 개의 조치를 동시에 부과하는 경우를 포함)를 할 것을 교육장(교육장이 없는 경우 제12조 제1항에 따라 조례로 정한 기관의 장)에게 요청할 수 있다.
> • 학내외 전문가에 의한 심리상담 및 조언
> • 일시보호
> • 치료 및 치료를 위한 요양
> • 학급교체
> • 그 밖에 피해학생의 보호를 위하여 필요한 조치

17 다음은 청소년 기본법 제12조의 내용이다. (   )에 들어갈 용어로 옳은 것은?

> 국가는 범정부적 차원의 청소년정책과제의 설정·추진 및 점검을 위하여 청소년 분야의 전문가와 청소년이 참여하는 (   )를 해마다 개최하여야 한다.

① 청소년운영위원회
② 청소년참여위원회
③ 청소년발전위원회
④ 청소년자치회의
⑤ 청소년특별회의

> 국가는 범정부적 차원의 청소년정책과제의 설정·추진 및 점검을 위하여 청소년 분야의 전문가와 청소년이 참여하는 청소년특별회의를 해마다 개최하여야 한다.

정답 14 ① 15 ③ 16 ③ 17 ⑤

18 가정 밖 청소년의 유형 중 다음 보기의 내용에 해당하는 것은?

| 가족구성원들이 자신에게 관심을 갖기를 원하는 목적으로 행하는 경우 |

① 시위성 가출
② 도피성 가출
③ 추방형 가출
④ 방랑성 가출
⑤ 생존성 가출

가정 밖 청소년의 유형	
시위성 가출	가족구성원들이 자신에게 관심을 갖기를 원하는 목적으로 행하는 경우
도피성 가출	긴장 유발적인 가정 전체로부터의 탈출이나 거부를 지향하는 성격을 띠는 것으로서, 시위성 가출에 비해 보다 전면적이고 적극적인 경우
추방형 가출	가족이나 주위 환경으로부터 가출을 하도록 떠밀려 나온 경우
방랑성 가출	밖에서 생활하는 것이 좋아 1~2년 정도 밖에서 배회하면서 사는 것이 생활이 된 경우
생존성 가출	가족의 신체적·심리적 학대로부터 생존을 위해 어쩔 수 없이 도망쳐 나온 경우

19 청소년 보호법상 청소년 출입·고용금지업소에 해당하지 않는 것은?

① 게임산업진흥에 관한 법률에 따른 일반게임제공업
② 사행행위 등 규제 및 처벌 특례법에 따른 사행행위영업
③ 체육시설의 설치·이용에 관한 법률에 따른 무도학원업
④ 한국마사회법에 따른 장외발매소
⑤ 게임산업진흥에 관한 법률에 따른 인터넷컴퓨터게임시설제공업

게임산업진흥에 관한 법률에 따른 인터넷컴퓨터게임시설제공업은 청소년 고용금지업소이지만, 청소년의 출입이 금지되지는 않는다(청소년 보호법 제2조 제5호 나목).
청소년 출입·고용금지업소(청소년 보호법 제2조 제5호 가목)
• 일반게임제공업 및 복합유통게임제공업
• 사행행위영업
• 식품접객업 중 단란주점영업 및 유흥주점영업
• 비디오물감상실업·제한관람가비디오물소극장업 및 복합영상물제공업
• 노래연습장업
• 무도학원업 및 무도장업

- 전기통신설비를 갖추고 불특정한 사람들 사이의 음성대화 또는 화상대화를 매개하는 것을 주된 목적으로 하는 영업(통신을 매개하는 영업은 제외)
- 불특정한 사람 사이의 신체적인 접촉 또는 은밀한 부분의 노출 등 성적 행위가 이루어지거나 이와 유사한 행위가 이루어질 우려가 있는 서비스를 제공하는 영업으로서 청소년보호위원회가 결정하고 여성가족부장관이 고시한 것
- 청소년유해매체물 및 청소년유해약물 등을 제작 · 생산 · 유통하는 영업 등 청소년의 출입과 고용이 청소년에게 유해하다고 인정되는 영업
- 장외발매소
- 장외매장

20 청소년복지 지원법상 청소년복지시설을 모두 고른 것은?

ㄱ. 청소년쉼터　　　　　　　　　ㄴ. 청소년자립지원관
ㄷ. 청소년치료재활센터　　　　　ㄹ. 이주배경청소년지원센터

① ㄱ, ㄴ　　　　　　　　　② ㄷ, ㄹ
③ ㄱ, ㄴ, ㄷ　　　　　　　　④ ㄴ, ㄷ, ㄹ
⑤ ㄱ, ㄴ, ㄷ, ㄹ

이주배경청소년지원센터는 '청소년복지지원기관'이다.
청소년복지시설(청소년복지 지원법 제31조)

청소년쉼터	가정 밖 청소년에 대하여 가정 · 학교 · 사회로 복귀하여 생활할 수 있도록 일정 기간 보호하면서 상담 · 주거 · 학업 · 자립 등을 지원하는 시설
청소년자립지원관	일정 기간 청소년쉼터 또는 청소년회복지원시설의 지원을 받았는데도 가정 · 학교 · 사회로 복귀하여 생활할 수 없는 청소년에게 자립하여 생활할 수 있는 능력과 여건을 갖추도록 지원하는 시설
청소년치료재활센터	학습 · 정서 · 행동상의 장애를 가진 청소년을 대상으로 정상적인 성장과 생활을 할 수 있도록 해당 청소년에게 적합한 치료 · 교육 및 재활을 종합적으로 지원하는 거주형 시설　예 국립중앙청소년디딤센터, 국립대구청소년디딤센터
청소년회복지원시설	소년법에 따른 감호 위탁 처분을 받은 청소년에 대하여 보호자를 대신하여 그 청소년을 보호할 수 있는 자가 상담 · 주거 · 학업 · 자립 등 서비스를 제공하는 시설

06 주관식 단답형 문제

❖ 문제를 읽고 ( ) 안에 들어갈 단어를 적어주세요.

01 청소년은 아동과 성인의 특징을 부분적으로 지니고 있으면서 양쪽 어디에도 속하지 않는 ( )(이)다.

02 ( )은/는 청소년 기본법에 법적 근거를 두고 있으며, 여성가족부 아래 한국청소년활동진흥원의 지원으로 방과 후 체험·역량 강화활동, 학습지원, 생활지원 등 종합서비스를 제공하는 국가정책지원 사업이다.

03 청소년 자신이 타인들에게 집중적으로 관심과 주의의 대상이 되고 있다고 믿는 것으로서, 청소년은 ( )을/를 즐겁게 하기 위해서 많은 힘을 기울이며 타인이 눈치를 채지도 못하는 작은 실수로 번민하게 된다.

04 홀(Hall)은 청소년기의 극단적인 정서 변화를 ( )(이)라고 부르고, 청소년기의 대표적 정서 경향들로 활력/열의 대 무관심/지루함, 명랑함/웃음 대 우울/청승, 허영/허풍 대 멸시/비하, 민감함 대 무감각함, 연약함 대 야만성을 들면서 청소년기는 역사적으로 급격한 문명화 변화를 다시 겪게 되는 시기로 혼란이 불가피하다고 주장하였다.

05 설리반(Sullivan)은 인간의 발달단계에 따라 ( )이/가 변화한다고 보고, 유아기부터 후기 청소년기까지 6단계로 구분하여 상호작용의 욕구에 대해 설명하였다.

06 학교 밖 청소년 지원에 관한 법률상 학교 밖 청소년에 대한 국가 및 지방자치단체의 지원에는 상담지원, 교육지원, 직업체험 및 취업지원, ( ) 등이 있다.

07 피아제(Piaget)는 인지발달단계가 감각운동기(0~2세), 전조작기(2~7세), 구체적 조작기(7~12세), (   )(으)로 구성되어 있고, 각 단계는 지적구조에서 질적으로 차이가 나며 모든 사람이 동일한 발달단계를 거친다고 주장하였다.

08 브론펜브레너(Bronfenbrenner)의 생태학적 접근에 의할 경우, 청소년이 추구해야 하는 목표가 무엇인지를 규정하는 전체를 둘러싸고 있는 광범위한 이데올로기 체계를 (   )(이)라고 하였다.

09 청소년비행에 관하여 (   )은/는 사회와의 유대관계가 청소년의 비행가능성을 높이거나 비행동기를 통제할 수 있다고 보았다.

10 소년법상 소년은 (   )을/를 말하며, 보호자란 법률상 감호교육을 할 의무가 있는 자 또는 현재 감호하는 자를 말한다.

정답

01 과도기적 존재
02 청소년방과후아카데미
03 상상적 청중
04 모순적 경향성
05 대인관계 욕구
06 자립지원
07 형식적 조작기(12세 이후)
08 거대체계(거시체계)
09 허쉬(Hirschi)
10 19세 미만인 자

06 기출문항 OX 문제

❖ 문제를 읽고 ( ) 안에 맞는 답을 (O / X)로 표기하세요.

01 청소년기의 성장폭발 및 2차 성징과 관련된 호르몬에는 테스토스테론, 에스트로겐, 프로게스테론, 에피네프린 등이 있다. ( )

02 자기 자신이 주변 사람들의 끝없는 관심의 초점이라 느끼고, 결과적으로 자기 자신이 매우 독특하고 특별한 존재라고 인식하는 것을 '상상적 청중'이라 한다. ( )

03 가족체계는 시간이 흘러도 변화되지 않는다. ( )

04 또래와의 연대가 갖는 기능에는 정체감 형성, 심리적 지원 및 안정감, 동조감 형성, 지지받기, 우정을 맺음, 활동성 등이 있다. ( )

05 청소년기의 사회적 특징에 부모로부터 개별화되고자 하는 것이 있다. ( )

06 청소년기에는 잠재된 오이디푸스 콤플렉스와 엘렉트라 콤플렉스가 무의식적인 공포를 갖게 하여 청소년기에 강한 불안을 갖게 되는데, 이러한 불안과 갈등, 죄의식에서 벗어나기 위해 방어기제를 사용하거나 애정적인 관계를 추구하게 된다. ( )

07 설리반(Sullivan)은 다른 정신분석 이론가와 달리, 부모·자녀관계의 중요성에 관심을 집중시켰다. ( )

08 콜버그(Kohlberg)는 인간의 도덕성 추론 능력의 발달이 인지적 발달과 연관되며, 발달의 순서는 모든 사람과 모든 문화에서 동일하게 나타난다고 보았다. ( )

09 학교는 가정으로부터 교육기능의 전담을 부여받은 유일하게 형식화된 곳으로써, 청소년들은 학교생활을 통해서 자신의 장래를 설계하고 진로를 결정하게 된다. ( )

10 청소년복지 지원법상 청소년복지지원기관으로는 청소년자립지원관, 청소년쉼터, 청소년치료재활센터가 있다. ( )

정답 및 해설

01 ×   02 ○   03 ×   04 ○   05 ○   06 ○   07 ×   08 ○   09 ○   10 ×

01 에피네프린 호르몬은 스트레스를 받았을 때 신체를 보호하기 위하여 분비되는 호르몬으로 2차 성징과 무관하다.

03 가족체계의 특징 중 하나로 가족체계는 가족구성원이라는 요소를 단순히 합한 것 이상의 의미를 갖는다. 또한 가족체계는 시간이 흘러감에 따라 변화되어 간다.

07 다른 정신분석이론가들이 부모·자녀관계의 중요성에 관심을 집중시켰던 것과는 달리, 청소년기 발달에 친구관계가 중요한 역할을 함을 강조하였다.

10 청소년복지지원기관(청소년복지 지원법 제7장)에는 한국청소년상담복지개발원(제22조), 청소년상담복지센터(제29조), 이주배경청소년지원센터(제30조)가 있다.

선택 **7** 과목

청소년수련활동론

01 청소년활동 이해
02 청소년활동 프로그램 이론
03 청소년활동 지도
04 청소년활동기관 설치 및 운영
05 청소년활동 실제
06 청소년활동 제도 및 지원
07 청소년활동 여건과 환경

적중예상문제

"선택 7과목 청소년수련활동론" 과목은 현재 시행되고 있는 여성가족부 청소년정책사업은 물론 청소년 관련법령인 청소년 기본법, 청소년활동 진흥법 등의 내용을 묻는 문제가 다수 출제되고 있습니다. 문제의 난이도는 다소 어렵지 않으나 청소년 관련 법령이 자주 출제되는 부분이므로, 빈출되는 개념을 중심으로 정확한 암기가 필수적인 과목입니다.

✓ **최근 2024년도 23회 기출키워드**

- 청소년활동 중 스카우트 활동
- 칙센트미하이(M. Csikszentmihalyi)의 몰입이론
- 요구분석 기법 중 델파이법
- 위험도가 높은 청소년 수련활동
- 스터플빔(D. Stufflebeam)의 CIPP 평가모형
- 콜브(D. Kolb)의 경험학습모델
- 국립청소년수련시설
- 제7차 청소년정책 기본계획
- 청소년특화시설
- 프로그램 개발 통합모형
- 수련시설의 운영대표자의 자격
- 청소년수련시설 건립심의위원회
- 청소년수련활동인증제의 인증기준
- 청소년수련활동인증제
- 숙박형 등 청소년수련활동 신고 수리 통지 기간
- 청소년 문화활동의 지원
- 청소년운영위원회
- 청소년 방과 후 활동 지원의 근거가 되는 법
- 안전교육
- 인증심사원의 자격 및 선발
- 수련시설의 종합평가
- 합숙활동의 최소 활동기준
- 청소년자기도전포상제의 운영기준
- 청소년방과후아카데미의 운영유형
- 지방청소년활동진흥센터 수행 사업

정오표 ▲

CHAPTER 01 청소년활동 이해

중요도 ★★★

핵심포인트
\# 청소년활동의 기본개념과 교육적 의의
\# 청소년활동 관련 이론(경험학습이론, 몰입경험이론)

01 청소년활동의 기본개념과 교육적 의의

1 청소년활동의 기본개념

(1) 법에서 정한 개념 15 16 17 19 20 21 22 23 기출

① **청소년활동** : 청소년의 균형 있는 성장을 위하여 필요한 활동과 이러한 활동을 소재로 하는 수련활동·교류활동·문화활동 등 다양한 형태의 활동을 말한다(청소년 기본법 제3조 제3호).

② **청소년육성** : 청소년활동을 지원하고 청소년의 복지를 증진하며 근로 청소년을 보호하는 한편, 사회 여건과 환경을 청소년에게 유익하도록 개선하고 청소년을 보호하여 청소년에 대한 교육을 보완함으로써 청소년의 균형 있는 성장을 돕는 것을 말한다(청소년 기본법 제3조 제2호).

③ **청소년수련활동** : 청소년이 청소년활동에 자발적으로 참여하여 청소년 시기에 필요한 기량과 품성을 함양하는 교육적 활동으로서 청소년지도자와 함께 청소년수련거리에 참여하여 배움을 실천하는 체험활동을 말한다(청소년활동 진흥법 제2조 제3호).

④ **청소년교류활동** : 청소년이 지역 간, 남북 간, 국가 간의 다양한 교류를 통하여 *공동체의식 등을 함양하는 체험활동을 말한다(청소년활동 진흥법 제2조 제4호).

> **공동체의식**
> 공동사회의 일원이라는 의식이나 감정을 말한다.

⑤ **청소년문화활동** : 청소년이 예술활동, 스포츠활동, 동아리활동, 봉사활동 등을 통하여 문화적 감성과 더불어 살아가는 능력을 함양하는 체험활동을 말한다(청소년활동 진흥법 제2조 제5호).

⑥ **청소년수련거리** : 청소년수련활동에 필요한 프로그램과 이와 관련되는 사업을 말한다(청소년활동 진흥법 제2조 제6호).

⑦ **숙박형 청소년수련활동** : 19세 미만의 청소년(19세가 되는 해의 1월 1일을 맞이한 사람은 제외)을 대상으로 청소년이 자신의 주거지에서 떠나 청소년수련시설 또는 그 외의 다른 장소에서 숙박 · 야영하거나 청소년수련시설 또는 그 외의 다른 장소로 이동하면서 숙박 · 야영하는 청소년수련활동을 말한다(청소년활동 진흥법 제2조 제7호).

⑧ **비숙박형 청소년수련활동** : 19세 미만의 청소년을 대상으로 청소년수련시설 또는 그 외의 다른 장소에서 실시하는 청소년수련활동으로서 실시하는 날에 끝나거나 숙박 없이 2회 이상 정기적으로 실시하는 청소년수련활동을 말한다(청소년활동 진흥법 제2조 제8호).

⑨ **청소년시설** : 청소년활동 · 청소년복지 및 청소년보호에 제공되는 시설을 말한다(청소년 기본법 제3조 제6호).

(2) 청소년활동의 특성과 이념 15 기출

① **청소년활동의 특성** : 청소년중심 활동, 목적지향적 활동, 체험적 활동, 자발적 활동, 교육적 활동, 모험적 · 도전적 활동, 탐구적 활동, 집단적 · 경험적 활동, 지속 · 반복 · 장기적 활동

② **청소년활동의 이념** : 신체적 건강, 정서적 건강, 지적 역량, 사회적 역량, 시민적 역량, 문화적 역량, 직업적 역량, 성취동기 등

> **지식 IN**
>
> **다양한 청소년활동** 24 기출
> - 스카우트 활동 : 영국 베이든 포우엘(Baden-Powell)에 의해 주도된 스카우트는 국가와 사회가 필요로 하는 청소년 육성을 목적으로 군정찰 활동을 청소년활동에 적용하였다.
> - 반더포겔(Wandervogel) 운동 : 독일에서 일어난 청년 학생들의 도보 여행 운동이다.
> - 4-H 운동 : 국가의 장래를 이끌어갈 청소년들로 하여금 지 · 덕 · 노 · 체를 생활화함으로써 훌륭한 민주시민으로 성장하는 동시에 지역사회와 국가발전에 기여하게 하려는 일종의 사회교육운동이다.
> - 국제청소년성취포상제 : 영국 에딘버러 공작에 의해 처음 설립되어 전 세계 130여 개국에서 운영되는 국제적으로 공인된 자기성장프로그램이다.
> - YMCA : 1844년 영국에서 결성한 기독교 민간단체로 다양한 청소년활동의 프로젝트와 서비스를 제공한다. 세계 120개국, 1만여 개의 조직이 있으며, 한국에는 1903년 10월에 창립한 대한기독교청년회연맹이 한국 YMCA의 시작이다.

(3) 청소년활동의 핵심 구성요소 14 기출

① 활동주체로서의 청소년
② 학습경험 촉진자로서의 지도자
③ 활동경험으로서의 프로그램
④ 활동환경으로서의 활동터전

(4) 청소년활동의 분류

① 활동시설에 따른 분류 14 15 16 17 18 22 23 24 기출

㉠ 청소년수련시설(청소년활동 진흥법 제10조)

청소년수련관	다양한 청소년수련거리를 실시할 수 있는 각종시설 및 설비를 갖춘 종합수련시설
청소년수련원	숙박기능을 갖춘 생활관과 다양한 청소년수련거리를 실시할 수 있는 각종 시설과 설비를 갖춘 종합수련시설
청소년문화의 집	간단한 청소년수련활동을 실시할 수 있는 시설 및 설비를 갖춘 정보·문화·예술 중심의 수련시설
청소년특화시설	청소년의 직업체험·문화예술·과학정보·환경 등 특정 목적의 청소년활동을 전문적으로 실시할 수 있는 시설과 설비를 갖춘 수련시설
청소년야영장	야영에 적합한 시설 및 설비를 갖추고, 청소년수련거리 또는 야영 편의를 제공하는 수련시설
유스호스텔	청소년의 숙박 및 체류에 적합한 시설·설비와 부대·편익시설을 갖추고, 숙식편의 제공, 여행청소년의 활동지원을 기능으로 하는 시설

㉡ 청소년이용시설(청소년활동 진흥법 제10조, 시행령 제17조, 시행규칙 제14조) 23 기출

개 념	수련시설이 아닌 시설로서 그 설치 목적의 범위에서 청소년활동의 실시와 청소년의 건전한 이용 등에 제공할 수 있는 시설
종 류	문화시설, 과학관, 체육시설, 평생교육기관, 자연휴양림, 수목원, 사회복지관, 시민회관·어린이회관·공원·광장·둔치 등
지정절차	• 청소년이용권장시설의 지정을 신청하려는 자는 지정신청서를 시장·군수·구청장에게 제출 • 시장·군수·구청장은 청소년이용권장시설 지정신청을 한 시설부터 반경(半徑) 50미터 이내에 청소년유해업소 또는 그 밖에 청소년의 이용에 적합하지 아니한 시설이 있는지 여부를 고려하여 지정 여부를 결정 • 시장·군수·구청장은 청소년이용권장시설의 지정신청을 받은 날부터 7일 이내에 그 지정 여부를 결정하고 청소년이용권장시설 지정서를 교부

② 인증수련활동영역에 따른 분류 : 건강·보건활동, 과학정보활동, 교류활동, 모험개척활동, 문화예술활동, 봉사활동, 직업체험활동, 환경보존활동, 자기계발활동

(5) 청소년활동의 법적 지원 19 기출

① 국가 및 지방자치단체는 청소년활동을 지원하여야 한다(청소년 기본법 제47조).
② 국가 및 지방자치단체는 청소년활동과 학교교육·평생교육을 연계하여 교육적 효과를 높일 수 있도록 하는 시책을 수립·시행하여야 한다(청소년 기본법 제48조).
③ 국가 및 지방자치단체는 학교의 정규교육으로 보호할 수 없는 시간 동안 청소년의 전인적(全人的) 성장·발달을 지원하기 위하여 다양한 교육 및 활동 프로그램 등을 제공하는 종합적인 지원 방안을 마련하여야 한다(청소년 기본법 제48조의2).
④ 청소년활동의 지원에 청소년육성기금을 사용한다(청소년 기본법 제55조 제1항 제1호).

⑤ 특별자치시장·특별자치도지사 또는 시장·군수·구청장은 9세 이상 18세 이하의 청소년에게 청소년증을 발급할 수 있다(청소년복지 지원법 제4조).
※ 청소년증의 용도 : 공적신분증, 청소년우대 증표(교통·문화·여가시설 등에서 이용료 면제 또는 할인 증표), 교통카드(대중교통 및 편의점 등에서 선불결제)

2 청소년활동의 교육적 의의

(1) 청소년활동목표의 영역
① 인지적 인간행동 특성 : 지식, 이해력, 적용력, 분석, 종합, 평가가 인지적 학습목표의 영역에 포함된다.
② 정의적 인간행동 특성 : 수용, 반응, 가치화, 조직화, 인격화가 정의적 학습목표의 영역에 포함된다.
③ 신체운동적 인간행동 특성 : 반사운동, 초보적 기초운동, 지각능력, 신체적 운동능력, 숙련된 운동기능, 동작적 의사소통 등이 포함된다.

(2) 활동목표 진술방법
① 활동목표 진술의 원칙 : 합리성, 실천가능성, 다원성, 위계성, 차별성, 변화가능성
② 활동목표의 진술 절차
  ㉠ 목표진술 방식의 선정(어느 방식으로 진술할지를 결정)
  ㉡ 학습주체의 명시(청소년이 주어가 되도록 진술)
  ㉢ 학습내용의 선정
  ㉣ *동작동사의 선정
  ㉤ 도달점 행동이 나타나는 조건 명시
  ㉥ 성취 수용 수준의 결정

> **동작동사**
> 주어의 동작을 설명해주는 동사이다.

③ 목표진술의 고려사항 16 기출
  ㉠ 관찰 가능한 행동동사를 사용해야 한다.
  ㉡ 청소년의 입장에서 진술해야 한다.
  ㉢ 다른 목표와 조화를 유지해야 한다.
  ㉣ 달성하고자 하는 도착점을 설정한다.
  ㉤ 참가자의 변화된 행동·상태를 진술한다.
  ㉥ 학습과정이나 학습활동을 중심으로 진술하는 오류를 피하고, 학습이 끝났을 때 기대되는 행동으로 진술해야 한다.
  ㉦ 목표는 학습 후에 나타나는 학생의 행동 또는 학습 결과로서 진술되어야 한다. 그리고 '안다', '이해한다' 등과 같은 암시적 동사보다는, '비교한다', '계산한다' 등과 같이 직접 관찰할 수 있는 명시적 동사로 진술하여야 한다.

> **지식 IN**
>
> **청소년 관련법 제정연도** 20 22 기출
> - 청소년육성법 : 1987년 11월 28일 제정, 1991년 12월 31일 폐지
> - 청소년 기본법 : 1991년 12월 31일 제정
> - 청소년 보호법 : 1997년 3월 7일 제정
> - 청소년활동 진흥법, 청소년복지 지원법, 아동·청소년의 성보호에 관한 법률 : 2004년 2월 9일 제정
> - 학교 밖 청소년 지원에 관한 법률 : 2014년 5월 28일 제정

02 청소년활동 관련 이론

1 경험학습이론 18 22 23 기출

(1) 경험학습의 의의

① 직접 체험하고, 행동하고, 활동함으로써 배우는 것이다.
② 누구의 지시로 배우는 것이 아니라 스스로 알고 싶은 분야나 관심영역을 찾아가는 것이다.
③ 학습자가 가진 모든 물리적·심리적 에너지를 학습대상에 집중하여 *경험을 통해 배우는 것이다.
④ 학습활동 및 학습결과는 생활과 적절한 관련성을 가져야 한다.
⑤ 경험학습은 지식 위주의 인지적인 행동변화 과정과는 달리, 청소년들의 경험과 체험을 바탕으로 한 행동변화 과정을 중요시하는 접근방법이다.
⑥ 경험학습은 교수자에 의한 일방적인 교수학습관계를 형성하는 기존의 주입식 교육과 상반된 기법으로서, 현실사회 또는 자연과 접촉하며 생활하는 가운데 얻은 경험을 바탕으로 학습하는 것을 말한다.
⑦ 경험학습은 학습자의 흥미·관심이나 생활경험에 바탕을 둔 주체적인 학습활동을 중시하는 학습방법이다. 즉, 개개인의 현실세계의 내적 의식 구축을 중시한다.
⑧ 청소년의 행동변화를 유발하기 위하여 반성적 사고 과정과 자기중심 교육을 중시한다.
⑨ 경험학습이론은 선구자인 존 듀이(John Dewey)에서부터 경험에 깊은 관심을 두고 학습 연구에 몰두한 콜브(Kolb)와 자비스(Jarvis)에 이른다.
⑩ 학습을 결과물이 아니라 계속적인 과정으로 이해하며, 사람과 환경 간의 교호활동으로 본다.

> **경험**
>
> 인간이 느끼는 오감을 통해 외부의 자극을 정보로 받아들이는 과정, 즉 대상과의 직접적이고 전체적인 접촉을 말한다.

(2) 경험의 성격
① 경험은 능동적 요소와 수동적 요소로 이루어진다.
② 경험의 가치는 경험이 가진 다양한 관계성의 지각에 따라 결정된다.
③ 경험은 생생한 의미 파악이 가능하다.
④ 경험학습 과정에서 반성적 고찰이 중요하다.

(3) 흥미와 도야
① 흥미 : 마음이 활동대상에 꽂혀 있다는 것을 의미하며, 자아와 세계를 서로 맞물리게 하는 메커니즘의 역할을 한다. 일을 적극적으로 추진하는 데 중요한 것은 흥미이다.
② 도야 : 훌륭한 사람이 되도록 몸과 마음을 훈련을 통해 닦는 것을 말한다. 도야된 사람은 자신에 대해 신중히 생각하고 행동도 바르게 하는 사람이다.

(4) 콜브(Kolb)가 제시한 경험학습의 진행과정 14 16 20 22 23 24 기출

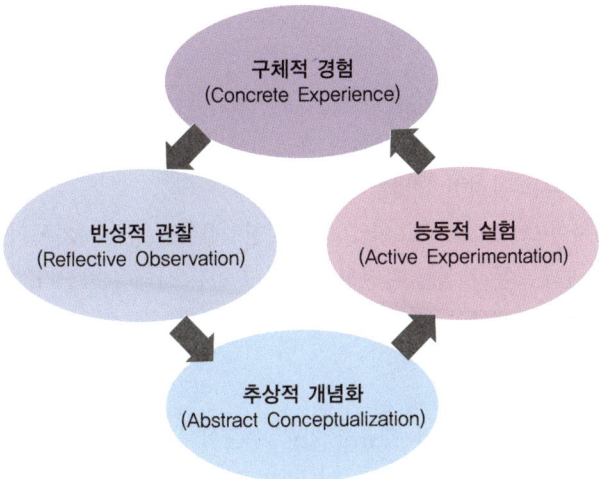

① 구체적 경험(Concrete Experience)
  ㉠ 특수한 경험이나 사람들과의 직·간접적인 활동, 그리고 느낌 및 사람들에 대한 민감성으로부터 학습한다.
  ㉡ 경험을 중시하며 개인적 가치를 기준으로 판단하고 독특한 사례나 예를 통해 학습하는 경향을 보인다.
② 반성적 관찰(Reflective Observation)
  ㉠ 판단하기 전의 주의 깊은 관찰, 다른 관점에서 사물을 보는 시각, 어떤 사물로부터 의미를 찾는 행위로부터 학습한다.
  ㉡ 내성적이고 수동적이며, 사려 깊고 사변적으로 학습하는 경향을 보인다.

③ 추상적 개념화(Abstract Conceptualization) 17 기출
  ㉠ 제시된 아이디어에 대한 논리적인 분석, 체계적인 계획, 어떤 상황을 이해하기 위한 지적 활동이다.
  ㉡ 논리적이며 체계적인 평가를 하고, 분석과 논리를 기준으로 판단하는 경향을 보인다.
  ㉢ 청소년들이 현장견학에서 체험한 내용을 토대로 논리적 분석과 이해과정을 통해 가설적 지식을 도출하는 단계이다.
④ 능동(적극)적 실험(Active Experimentation)
  ㉠ 추상적 개념화 과정을 통해 도출된 일반원리들을 새로운 상황에 적용하여 검증하는 과정이다.
  ㉡ 주어진 일을 직접 완성할 수 있는 능력이나 새롭게 설정된 가설을 검증하기 위한 실험이다.
  ㉢ 외향적이며 업무나 작업을 수행하면서 스스로 학습하는 경향을 보인다.

2 몰입경험이론 19 22 기출

(1) 몰입(Flow)의 개념 16 기출

① 어떤 행위에 깊게 몰입하여 시간의 흐름이나 공간, 더 나아가서는 자신에 대한 생각까지도 잊어버리게 되는 심리적 상태를 말한다.
② 칙센트미하이(Csikszentmihalyi)가 제시한 개념으로서, 자기목적적인 경험으로서 활동 자체를 즐기면서 모든 관심을 완전히 투사하고 있는 상태를 말한다.
③ 외적 동기보다는 내재적 동기에 의해 유도된다.

(2) 몰입경험이론 17 21 24 기출

① '몰입'은 과제 도전 정도와 학습자 기술 수준이 모두 높을 때, 그리고 두 수준의 균형이 맞을 때 나타난다.
② 활동과제 수준이 자신의 능력(기술) 수준보다 높으면 학습자는 '걱정'을 하게 되며, 너무 높으면 불안해진다.
③ 활동과제의 수준이 자신의 수행능력보다 낮을 때는 '지루함'을 느끼므로, 청소년이 몰입을 경험하기 위해서는 활동과제의 수준을 높여야 한다.

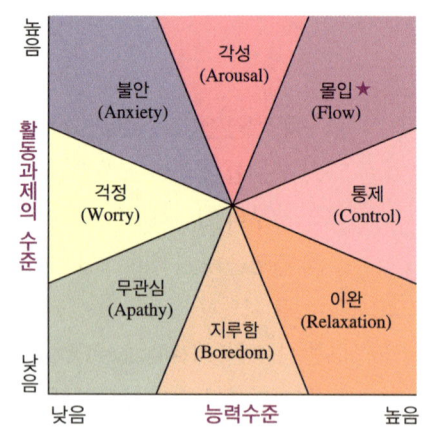

(3) 칙센트미하이의 몰입 모델

① 3채널 모델 : 불안, 지루함, 몰입
② 4채널 모델 : 지루함, 불안, 몰입, 무관심
③ 8채널 모델 : 무관심, 걱정, 불안, 각성, 몰입, 통제, 이완, 지루함

(4) 몰입경험의 9가지 특징 14 15 22 기출

① **도전과 능력의 균형감(Challenges-Skills Balance)** : 상황에 대한 도전과 그 도전에 적절한 개인의 능력 사이의 균형을 지각하는 것이다.

② **분명한 목적(Clear Goals)** : 사전에 분명한 목표를 설정함으로써 정확히 무엇을 해야 할지 아는 것을 의미한다.

③ **명확한 피드백(Unambiguous Feedback)** : 수행 중의 활동에 대한 정확하고 신속한 피드백을 의미한다.

④ **수행 중인 과제에 대한 집중(Concentration on Task at Hand)** : 완벽하게 과제에 집중하여 불필요한 정보가 마음에 스며들지 못하도록 하는 상태, 즉 자신이 참여하는 현재 활동과제에 관심을 집중하는 것이다.

⑤ **통제감(Sense of Control)** : 몰입하는 동안 실질적으로 통제하려고 노력하지 않아도 수행자가 통제감각을 가지는 것이다.

⑥ **행위와 인식의 일체감(Action-Awareness Merging)** : 몰입상태에서 자신들의 활동이 자발적이고, 거의 자동적으로 진행되는 것을 기술한다.

⑦ **자의식의 상실(Loss of Self-consciousness)** : 몰입상태에 있는 사람은 자신의 행동은 의식하지만, 의식한다는 사실 자체를 의식하지 않는 것이다.

⑧ **양적 시간개념의 상실(Transformation of Time)** : 시간의 인식이 평상시처럼 되지 않거나 시간에 대한 지각이 사라지는 것이다.

⑨ **자기목적적 경험(Autotelic Experience)** : 행위 그 자체말고는 어떤 외부적인 보상이나 목표를 필요로 하지 않는 내재적으로 보상받는 경험을 말한다.

CHAPTER 02 청소년활동 프로그램 이론

중요도 ★★★

핵심포인트
\# 청소년활동 프로그램 개발(개발 – 기획 – 요구분석)
\# 청소년활동 프로그램 실행 \# 청소년활동 프로그램 평가

01 청소년활동 프로그램 개발

1 청소년활동 프로그램

(1) 청소년활동 프로그램의 개념
① 청소년의 건전한 성장과 역량강화를 위해 실시되는 청소년활동을 효과적으로 실현시키기 위해 필요한 제반사항들의 집합이다.
② 청소년활동을 구체화하기 위해 필요한 활동내용, 인적 · 물적자원, 일정한 조건 등을 종합적으로 연결하여 단계적으로 자세히 편성해 놓은 것이다.

(2) 청소년활동 프로그램의 특성 14 기출
① 미래지향적인 성격과 현실지향적인 성격을 동시에 포함하고 있다.
② 청소년지도의 목적 및 목표달성을 위한 수단적(도구적) 성격을 지닌다.
③ 활동지향적인 성격과 동태적(변동적)인 성격을 지닌다.
④ 지도의 결과보다 지도과정 그 자체에 초점을 두는 과정지향적 성격을 지닌다.
⑤ 평가준거로는 효과성, 효율성, 매력성이 있다.
⑥ 청소년지도활동을 변경하고 개선시키는 데 도움이 된다.
⑦ 지도활동에 있어 청소년들의 만족감을 높인다.
⑧ 청소년들의 지각, 사회적 가치나 규범 등을 변화시킬 수 있다.

(3) 프로그램의 구성범위에 따른 분류 14 20 기출

① 단위 프로그램
  ㉠ 어떤 하나의 내용을 한 번에 지도하기 위한 일회성 프로그램으로서 활동지도안의 성격을 갖는다.
  ㉡ 비교적 짧은 시간 내에 수행될 수 있는 활동을 중심으로 구성된다.
  ㉢ 실물모형제작 프로그램(자동차, 비행기, 배), 단편적인 지역사회봉사 프로그램(청소하기, 위문활동, 한글간판 바로잡기), 견학 및 탐사활동 프로그램(고적 답사, 박물관 견학, 무인도 탐사), 각종 레크리에이션 프로그램 등이 있다.

② 연속(단계적) 프로그램
  ㉠ 한 주제를 여러 개의 내용으로 나누어서 이를 일정한 순서에 따라 지속하는 프로그램이다.
  ㉡ 어느 한 프로그램의 활동결과는 반드시 다음 프로그램의 시작이 되도록 설계되며, 선후 활동내용 간에 종적인 체계를 이루면서 활동의 깊이와 넓이를 더하고 있다.
  ㉢ 기능연마나 기술습득을 목적으로 하는 청소년지도 영역에서 많이 개발된다.

③ 통합 프로그램
  ㉠ 한 주제에서 세분화된 여러 활동이나 비슷한 성격의 활동들을 모아 한 체계 속에 적절하게 연결하여 하나의 활동으로 묶어서 구성한 것이다.
  ㉡ 통합 프로그램의 구성요소들은 독립되는 개별내용으로서 서로 모순되지 않고 하나의 목표를 향해 효과적으로 결합되어 있는 것이다.
  ㉢ 종적인 체계를 이루는 연속 프로그램과 달리, 수평적인 관계에서 서로가 서로를 보강하고 강화할 수 있도록 조직된 것이다.
  ㉣ 청소년들의 가치관 또는 태도 형성이나 각종 사회문제 해결을 목적으로 하는 청소년지도 영역에 적합하다.

④ 종합 프로그램
  ㉠ 부분별 프로그램이 각각 고유한 목표와 성격을 유지하면서 어떤 연결원칙이나 공통적인 문제, 상호 관심적인 영역하에서 그 연계성을 합리적으로 조합한 총괄성을 가진 프로그램이다.
  ㉡ 비교적 편성규모가 큰 광역프로그램으로서 주로 특정한 기간 동안에 이루어지는 일정한 제목 중심의 행사형 프로그램이 대부분이다.
  ㉢ 하나의 주제에 맞추어 여러 영역의 활동이 연관성 있게 전개된다.

⑤ 개별 프로그램 : 부분별 프로그램이 각각 고유의 목표와 성격을 유지하는 프로그램이다.

2 청소년활동 프로그램 개발

(1) 청소년활동 프로그램 개발의 개념

① 구조적 측면 – 프로그램 개발의 범위
  ㉠ 프로그램 개발의 범위는 프로그램 기획, 프로그램 설계, 프로그램 마케팅, 프로그램 실행, 프로그램 평가 등을 포함한다.
  ㉡ 프로그램 개발이란 이상적인 청소년교육과 활동의 조직·운영을 기본으로 하는 실천적 연구행위로 잠재적 학습자 집단과 청소년기관 간의 공동의 노력을 통해 정보와 자원을 획득하고, 이들을 일정한 절차에 따라 적절한 순서대로 프로그램을 설계하며, 그 프로그램을 청소년에게 제공해 최종적으로 그 효과를 평가한 후 프로그램을 개정하는 일련의 과정을 말한다.

② 절차적 측면 – 프로그램 개발단계와 기법
  ㉠ 프로그램 개발이란 프로그램 개발자가 평생교육 프로그램을 효과적으로 개발하기 위해 프로그램의 기획·시행·평가를 수행하는 일련의 과정이라 할 수 있다.
  ㉡ 프로그램 개발자가 프로그램 개발의 준비과정에서부터 최종적인 평가 및 개정단계에 이르기까지 매우 광범위한 영역과 사건, 절차를 단계적으로 밟아 나가는 것으로 규정하고 있다.

③ 행위적 측면 – 프로그램 개발자의 역할과 행위
  ㉠ 프로그램 개발이란 프로그램 개발자의 역할과 행위에 초점을 맞추어 규정되며, 이러한 측면은 프로그램을 창출해내는 협동적·실천적 연구행위가 곧 프로그램 개발이라는 것을 말해준다.
  ㉡ 프로그램 개발자가 담당해야 할 역할과 그들이 실질적으로 직면하는 문제를 해결해 나가는 일련의 과정을 말한다.

④ 현상적 측면 – 프로그램 개발의 총체적인 현상
  ㉠ 프로그램 개발이란 활동의 주체자인 청소년과 청소년지도자 사이의 상호작용의 내용을 창출·선정·조직·개발하는 행위 등을 하나의 사진으로 촬영하듯이 총체적으로 표현한 것을 말한다.
  ㉡ 청소년에게 필요한 의미 있는 지식과 정보·활동거리를 창출하고, 이중에서 프로그램 속에 포함시킬 내용을 합리적으로 선정하며, 이를 논리적으로 조작해 하나의 매체화된 자료로 개발하는 일련의 현상을 말한다.

> **지식 IN**
>
> **청소년 프로그램의 개발 및 운영과정** 21 기출
> 무엇을 할 것인가에 초점을 두는 단계 → 어떻게 할 것인가에 초점을 두는 단계 → 가설과 가정에 대한 검증이 이루어지는 단계 → 프로그램 개발의 결과를 알고 의미를 부여하는 단계

(2) 청소년활동 프로그램 개발의 특성

① 프로그램 개발이란 청소년기관의 *적응기제이자, 혁신기제로서 청소년기관의 변화창출 전략이다.

> **적응기제**
> 부적응 시의 불안이나 위협으로부터 자기를 보호하려는 무의식적 노력을 말한다.

② 청소년기관에서 하는 프로그램 개발은 사회 변화에 대한 청소년기관의 교육적 대응이며, 동시에 청소년기관이 새로운 변화창출을 주도하기 위한 교육적 대안 제시라고 할 수 있다.
③ 청소년학 분야에서 프로그램 개발은 청소년 개개인의 행동 변화뿐만 아니라 청소년집단의 변화를 지향하고, 심지어는 청소년을 둘러싼 지역사회 및 환경을 변화시키는 목적을 가지고 있다.
④ 프로그램 개발은 계속적인 집단적 의사결정과정이다.
⑤ 프로그램 개발은 청소년의 요구와 필요를 확인하고 분석하기 위해 청소년단체 및 청소년기관과 청소년대표가 참여하는 공동의 노력이다.
⑥ 프로그램 개발은 여러 계층의 사람들이 복잡한 절차와 단계에 공동으로 참여하는 집단활동으로 하나의 체제로 간주될 수 있다.
⑦ 프로그램 개발은 청소년단체 및 청소년기관이 성장하고 발전하는 데 필요한 정보와 전략을 획득하는 피드백 수단이다.
⑧ 일반적으로 청소년지도에서 프로그램 개발의 기본단위와 주체는 청소년단체와 청소년기관 등 조직체이다.
⑨ 청소년단체 및 청소년기관은 학교 교육기관에 비해 대체적으로 소규모이고 여건이 열악하지만, 프로그램 개발은 학교교육과는 다르게 청소년기관 및 단체를 중심으로 더 역동적으로 이루어진다.
⑩ 프로그램 개발에서 청소년지도자의 역할이 학교교육 현장에 종사하는 교사보다 월등히 크다.
⑪ 청소년지도에서 프로그램 개발은 청소년기관 및 단체의 성격, 프로그램의 유형, 프로그램의 단위, 참여자의 형태, 프로그램 개발자의 성향에 따라 다른 양상을 보인다.
⑫ 청소년활동 프로그램 개발은 실천지향적이며, 경영관리적 성격이 있다. 그 개발과정도 협동적 성격과 체제적 성격 등이 부각되는 등 다원적인 특성을 포함하고 있다.

(3) 청소년활동 프로그램 개발의 기본원리

① **창조성의 원리** : 프로그램 내용이 새롭고 창의적이어야 한다.
② **혁신성의 원리** : 다른 프로그램을 모방하거나 차용하지 않아야 한다.
③ **현실성의 원리** : 프로그램 내용이 실현 가능해야 한다.
④ **논리성의 원리** : 프로그램이 체계적이고 합리적으로 개발되어야 한다.
⑤ **독특성의 원리** : 다른 프로그램과 내용 및 방법에 차별성이 있어야 한다.

(4) 청소년활동 프로그램 개발 접근의 원리 14 16 23 기출

① **선형적 접근** 14 16 23 기출
  ㉠ 청소년지도 현장에서 주로 사용되었던 전통적인 기법이다.
  ㉡ 한 단계가 마무리된 후에 비로소 다음 단계에서 수행될 절차가 연속적으로 진행된다.

ⓒ 단계마다의 과업이 명확하고 단순해 안정감이 있다.
ⓔ 초보자도 쉽게 적용 가능하다.
ⓜ 환경변화에 능동적으로 대처할 수 있는 융통성과 유연성이 떨어진다.

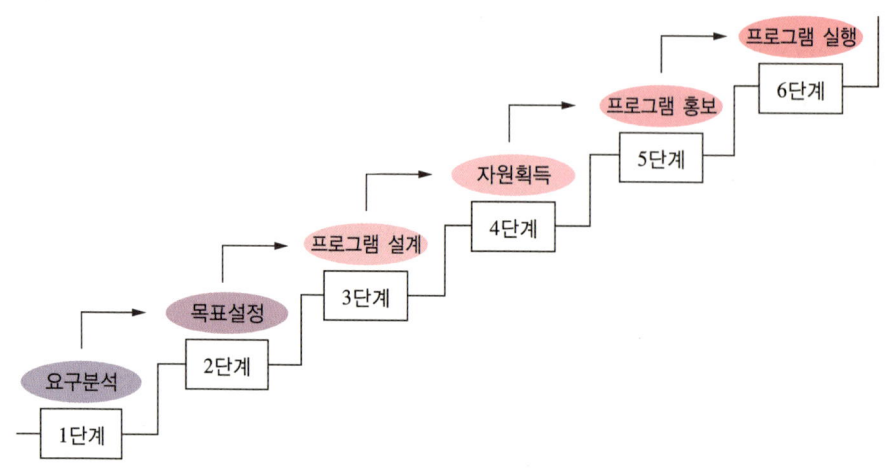

[프로그램 개발의 선형적 접근]

② 비선형적 접근 16 23 기출
　ⓐ 선형적 접근은 각 단계에 하나의 절차만이 수행되지만, 비선형적 접근은 같은 시간에 몇 개의 절차가 동시에 이루어져 시간상의 제약을 받지 않으며, 각 단계가 계속적으로 순환된다.
　ⓑ 시간과 자원할당에 의해 융통성을 보다 많이 부여한다.
　ⓒ 프로그램 평가는 이 접근의 중심핵이 되어 각 단계마다 적절한 평가가 되풀이되고 피드백된다.
　ⓔ 선형적 접근에 비해 훨씬 더 어렵고 더 많은 자원을 필요로 하며, 기획에 상당한 능력과 전문성이 부가적으로 요구된다.

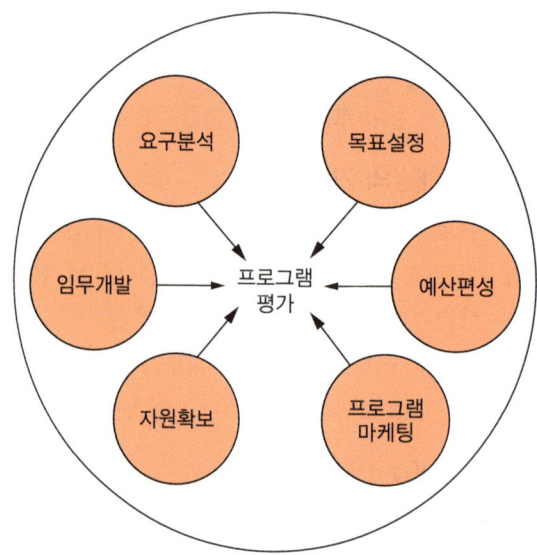

[프로그램 개발의 비선형적 접근]

③ 통합적 접근
　㉠ 프로그램 개발에 영향을 미치는 요인들을 종합적으로 고려하는 것으로 '체제분석적 접근'과 유사하다.
　㉡ 전개방식이 총체적이고 분석적이기 때문에 프로그램 개발의 전 과정이 복잡하고 프로그램 개발자의 전문적인 능력이 필요하지만, 여타 접근방법에 비해 오차를 최소화할 수 있다는 장점이 있다.

④ 비통합적 접근
　㉠ 프로그램에 관한 잠재적 고객, 즉 청소년의 참여를 고려하지 않고 청소년단체나 기관, 청소년지도사가 독자적으로 프로그램 개발을 전개하는 방식이다.
　㉡ 청소년단체나 청소년기관이 청소년과의 연계체제를 마련하지 않음으로써, 청소년의 흥미와 필요를 왜곡하거나 부정할 수 있다.
　㉢ 단시간 내에 일방적으로 이루어지는 정책적인 행위와 같으며, 미비한 계획을 쉽게 개정하거나 수정할 수 있다.

⑤ 체제분석적 접근
　㉠ 프로그램 개발과정에서 환경, 조직 그리고 개인적 가치와 요구를 동시에 고려한 방식이다.
　㉡ 프로그램이 개발되는 기관 전체의 전반적인 차원을 강조한다.

(5) 청소년활동 프로그램 개발의 패러다임 16 17 20 기출

① 구성주의 *패러다임 19 21 기출

> **패러다임(Paradigm)**
> 어떤 한 시대 사람들의 견해, 사고를 지배하는 이론적 틀 또는 개념의 집합체를 말한다.

　㉠ 인간을 의미를 창조하는 주체적·실존적 존재로 여긴다.
　㉡ 듀이(Dewey)의 실용주의적 입장과 해석학적 인식론이 혼합된 패러다임으로, 실제적-해석적 패러다임이라고도 불린다.
　㉢ 교육에 절대적 진리가 존재하는 것이 아니라 청소년과 청소년지도사 간에 긴밀한 상호작용을 통해 교육적 의미가 만들어진다고 본다. 즉, 청소년지도의 과정을 '청소년지도사와 청소년이 함께 의미를 창출하는 상호작용의 과정'으로 규정한다.
　㉣ 전문가가 아닌 참여자 중심의 프로그램 개발을 강조하며, 다양한 교육적 경험을 통한 지속적·반성적 숙고과정을 거친다.

② 실증주의 패러다임
　㉠ '지식이란 인식의 주체인 인간과 분리되어 존재한다'라는 객관주의 인식론을 인정함으로써, 기계론적 교육관에 초점을 맞춘다. 즉, 객관적으로 존재하는 지식을 프로그램 참여자인 청소년들에게 전달한다.
　㉡ 청소년을 선행지식과 경험이 없는 빈 그릇 상태로, 청소년지도자를 청소년에게 교육내용을 효과적으로 전달하는 사람으로 본다.
　㉢ 목표에 의해 내용이 결정되는 특성이 강하고, 외부세계에 존재하는 지식과 정보를 청소년에게 전달하는 도구적·공학적 성격이 강하다.

③ 비판주의 패러다임
  ㉠ 인간이 생활하는 사회의 구조적 모순을 적극 개선하고 변혁해 나가는 비판적 실천행위를 강조한다.
  ㉡ 갈등의 의미를 비판적으로 검토하여 자신의 *임파워먼트(Empowerment)를 회복하는 것을 강조한다.

> **임파워먼트(Empowerment)**
> 개개인에게 조직을 위해 중요한 일을 할 수 있는 능력과 권한이 있다고 확신을 심어주는 강화과정을 말한다.

(6) 청소년활동 프로그램 개발 과정(통합모형) 16 20 23 24 기출

프로그램 기획 (Program Planning) 17 기출	프로그램 개발팀 구성, 청소년기관 분석, 청소년 참여자 분석, 프로그램 개발 타당성 분석, 프로그램 개발 기본 방향 설정, 아이디어 창출, 청소년 요구 및 필요분석, 우선순위 설정 등
프로그램 설계 (Program Design)	프로그램 목적 및 목표 설정, 내용 선정, 내용 계열화, 활동체계 설계, 활동내용 설계, 활동운영 설계, 활동매체 설계 등
프로그램 마케팅 (Program Marketing)	잠재적 고객 분할, 프로그램 마케팅 방법 및 기법 결정, 마케팅 자료 및 매체 제작, 마케팅 실행 등 **청소년 프로그램 마케팅의 4P 모델** 19 21 22 기출 • 프로그램 비용(Price) • 프로그램 장소(Place) • 프로그램 내용(Product) • 프로그램 홍보(Promotion)
프로그램 실행 (Program Implementation)	청소년 관리(등록·학습·참여), 지도자 관리(섭외·교수), 활동자료 관리(교재·매체), 자원 확보 및 관리, 청소년지도자와 청소년이 만나 프로그램의 매력성·효율성·효과성을 결정하는 단계
프로그램 평가 (Program Evaluation)	프로그램 평가목적 설정, 평가영역 및 준거 설정, 평가지표 및 도구 개발, 평가자료 수집 및 분석, 프로그램 평가보고 및 개정 등

3 청소년활동 프로그램 기획

(1) 청소년활동 프로그램 기획의 성격 19 기출

① **미래지향성** : 기획은 과거에 수행했던 것을 진술하거나 이미 이루어진 결정을 합리적으로 정당화하기 위한 노력이 아니라는 것을 의미한다.
② **연간 이벤트가 아닌 연속적인 과정** : 계획은 수행 과정 동안에 상황의 변화에 따라 언제든지 수정되기 때문에 기획은 연속적으로 이루어진다.
③ **일련의 의사결정 과정** : 기획의 목적은 의사결정을 촉진하고, 의사결정 과정에 합리적인 방법과 체계적인 절차를 도입하는 것이다.
④ **수단을 목적과 연계** : 목표를 명확히 하는 것도 중요하지만, 그러한 목표를 성취하기 위해 수단을 명료화하는 것 또한 중요하다.
⑤ **행동지향적 활동** : 기획은 행동에 제1차적 목표를 두는 것이며, 결코 순수한 지식의 탐구나 기획담당자의 육성과 같은 다른 목표를 지향하는 것이 아니다.
⑥ **목표지향성** : 사회에 기여하는 프로그램의 목적과 관련됨을 의미, 즉 기획은 최적의 수단에 의한 목표성취를 지향한다.

⑦ 준비과정 : 기획은 계획을 준비하는 과정으로서, 그것을 승인하고 집행하는 것은 별개의 기능이며, 대부분 상이한 기관이 수행한다.
⑧ 협동적(Collaborative)인 활동 : 프로그램 기획에 영향을 끼치는 제반 요소들을 반영하되, 특히 프로그램 개발 과정에 영향을 끼치는 많은 사람들의 참여가 이루어져야 바람직하다.

> **지식 IN**
>
> **기획과 계획**
> - 기획 : 계획을 세우는 것으로, 계획 수립 과정을 말한다.
> - 계획 : 기획의 과정을 통해 얻어진 결과물을 말한다.
>
> **기획의 필요성**
> - 불확실성의 감소
> - 책임성의 향상
> - 효율성과 효과성의 증진
> - 합리성의 증진
> - 잠재적 가능성의 향상
>
> **청소년활동 프로그램 기획단계 순서** 21 기출
> 프로그램의 필요성과 목적에 대한 인식 → 요구조사 및 정보 수집 → 기획안 작성 → 의사결정

(2) 프로그램 기획의 모델

모델 단계	점증주의 (Incrementalism)	제한적 합리주의 (Limited Rationality)	완전 합리주의 (Comprehensive Rationality)
문제확인	사실의 발견에 의한 문제의 확인	제한요인의 확인을 통하여 범위를 좁힌 후, 문제와 요구의 체계적 확인	제한요인에 대한 고려 없이 문제와 요구의 체계적 확인
목적설정	문제가 되는 사실에 대한 입증이 없는 한 기존 목적과 목표가 적절할 것이라고 가정함	• 목적과 목표가 개념적으로 활동과 결과의 연계를 통해서 위계적으로 설정됨 • 최소한 1개 수준의 목표에 대한 경험적 측정을 필요로 함	모든 목표에 경험적인 측정을 필요로 한다는 점만 제외하고는 제한적 합리주의와 동일
프로그램 과정	편의에 의해서 기존 프로그램이 점증적으로 조정됨	• 제한요인이 먼저 확인되고 프로그램 개발의 기초가 수립됨 • 수용할 수 없는 대안은 제거되고 나머지 대안이 효율성, 효과성 및 기타 기준에 의해서 체계적으로 분석됨	• 모든 대안이 체계적으로 확인되고 제한요인 없이 비교됨 • 효율성, 효과성 등의 기준이 프로그램 선택에 사용됨
평가	새로 입증된 사실이 없는 한 기존 프로그램이 효과적일 것으로 가정함	선정된 프로그램의 효율성과 효과성이 경험적으로 측정됨	모든 프로그램의 효율성과 효과성이 경험적으로 측정됨

(3) 프로그램 기획의 단계

> 경계의 설정 → 문제의 분석 → 목적과 목표 규정 → 대안의 확인 → 선택의 기준 선정 → 프로그램의 산출물 규정 → 자원의 결정 → 실행 · 평가

(4) 프로그램 내용 조직의 원리 23 기출
① **타당성의 원리** : 프로그램 내용의 선정과 편성은 목표를 충실히 반영해야 한다.
② **통합성의 원리** : 프로그램의 각 과목과 과정 사이에 밀접한 관계를 형성하여 통합성을 높여야 한다.
③ **계열성의 원리** : 프로그램 학습의 내용 수준의 변화는 점진적인 발달을 할 수 있는 구성으로 한다. 프로그램 내용은 일반적인 것에서 특수한 것 · 단순한 것에서 복잡한 것 · 쉬운 것에서 어려운 것으로 조직한다.
④ **계속성의 원리** : 프로그램 내용 사이에 충분하고도 조화로운 연속성이 보장되어야 한다.
⑤ **범위의 원리** : 프로그램에 어떤 내용을 어느 정도로 폭넓고 깊이 있게 다루어야 하는지를 말한다.
⑥ **균형성의 원리** : 수직적이나 수평적 원리 간의 균형으로 학습자의 능력, 흥미, 발달과업, 요구 등에 맞는 내용이 제공되어 균형성을 확보하는 것을 말한다.

(5) 프로그램 평가(메타평가)의 기준 23 기출

유용성	• 평가가 정보적이고, 시기적절하며 영향을 줄 수 있어야 한다. • 평가가 이해관계자의 실제적인 정보욕구를 만족시켜 줄 수 있어야 한다. • 평가자가 평가와 관련한 이해당사자들이 누구인지를 알고 이해당사자들의 정보욕구를 인식하며, 이 요구에 반응하는 평가를 기획하고 관련된 정보를 분명하게 보고하는 것이다. • 세부평가기준 : 이해관계자 파악, 평가자 신임, 정보범주와 선택, 평가의 해석, 보고의 명확성, 보고서 배포
실행가능성	• 평가가 현실적이고, 신중하고, 외교적이며 경제적일 것을 보장하는 것이다. • 세부평가기준 : 실행적 절차, 정치적 생명력, 비용의 효과성
정당성	• 평가결과에 의해 영향을 받게 될 사람뿐만 아니라, 평가에 포함된 사람들의 복지에 관한 합법적 · 윤리적 책임수행을 의미한다. • 세부평가기준 : 형식적 책임, 이해의 갈등, 완전하고 솔직한 표현, 대중의 알 권리, 인권, 인간적 상호작용, 균형 잡힌 보고, 재정적 책임
정확성	• 가치나 장점을 결정하려는 연구대상의 특성에 대해 기술적으로 충분한 정보를 찾아내고, 전달할 수 있도록 수행되어야 함을 의미한다. • 평가를 통해 얻어지는 정보가 통계적으로 정확해야 하며, 타당하고 신뢰가 가는 방법에 의해 수집되어야 한다. • 세부평가기준 : 대상파악, 상황분석, 서술된 목적과 절차, 정확한 정보 출처, 타당한 측정, 신뢰가 가는 측정, 체계적 자료 통제, 양적 정보의 분석, 질적 정보의 분석, 정당화된 결론, 객관적 보고

4 요구분석 16 20 기출

(1) 요구의 유형
① **기본 요구** : 인간의 교육에 대한 요구를 비교적 포괄적인 관점에서 언급한 요구이다.
② **느낀 요구(Felt Needs)** : 가장 일반적으로 사용되는 개념으로서 학습자가 인식하고 있을 뿐 행동으로 나타나지 않는 요구이다.
③ **표현 요구(Expressed Needs)** : 학습자에 의해 인간의 커뮤니케이션 기법, 즉 언어나 문장 등으로 표출되거나 행동화된 요구이다.
④ **비교 요구** : 타인과의 비교에 의해 생성된 요구이다.
⑤ **규범적인 요구** 17 기출
  ㉠ 객관적인 차원에서 진단된 요구이다.
  ㉡ 성취기준에 의해 결정된 요구, 인증기준에 의해 결정된 요구, 자격기준에 의해 결정된 요구도 포함한다.
  ㉢ 잠재적 학습자의 현재 상태와 바람직하다고 여겨지는 상태 간의 차이 혹은 그 부족분을 의미한다.

(2) 요구분석의 목적
① 청소년활동에서 요구분석이 필요한 것은 프로그램의 계획을 세우는 데 필요한 정보를 획득하기 위해서이다.
② 조직의 상황, 시스템의 문제, 취약점 등을 발견하고, 이를 처방·개선하기 위함이다.
③ 평가를 목적으로 하는 *요구분석이다. 이 경우 요구분석은 단위 프로그램이나 기관운영에 대한 평가가 된다.
④ 청소년활동 프로그램 기획단계에서 개인의 '현재 상태'와 '바람직한 상태' 사이의 차이를 파악하는 것이다.

> **요구분석**
> 프로그램 개발과정에서 청소년들이 원하는 주제, 내용, 방법 등을 체계적으로 조사하고 분석하는 것이다.

(3) 요구분석의 기법 15 18 24 기출
① **서베이법** : 학습자가 표현한 요구를 확인하는 데 가장 널리 쓰이는 요구분석기법으로 잠재적 학습자집단이 비교적 많고 널리 분포한 경우 요구와 관련된 정보를 수집하기 위해 사용한다.
② **델파이법** : 미국 *랜드연구소에서 개발한 것으로 전문가의 직관과 판단으로 미래를 예측하거나 정보를 얻는 방법이다. 이 기법은 예측하려는 문제에 관해 전문가의 견해를 유도하고 종합하여 집단적으로 정리하므로 지역적으로 산재해 있는 사람들의 상호작용을 촉진할 수 있다.
③ **데이컴법** : 직무(Job) 혹은 직업(Work)을 분석하는 데 매우 효과적인 방법으로서, 교육목표와 교육내용을 비교적 단시간 내에 추출하는 데 효과적이다.

> **랜드연구소**
> 미국의 국방에 관한 계획과 예산을 연구하는 기관으로 델파이 기법을 개발하였다.

④ 결정적 사건분석법 : 필요한 관찰과 평가를 위해 가장 적절한 지위에 있는 사람들로부터 특정한 행동에 대한 기록을 얻어내고자 하는 방법이다.
⑤ 개별이력분석법 : 요구를 개인적으로 결정하고 기록하는 데 이용되는 방법으로서, 전문직에 종사하는 사람들의 교육요구를 분석하고자 할 때 사용한다.
⑥ 관찰법 : 관찰자가 조사 대상이 되는 개인, 사회집단, 또는 지역사회의 행동이나 사회현상을 현장에서 직접 보거나 들음으로써 필요한 정보나 상황을 정확히 알아내는 방법이다.
⑦ 능력분석법 : 전문가가 특정 영역에서 갖추어야 할 전문적 능력을 그 영역에서 일하는 사람에게서 확인·분석하는 방법으로, 전문직 종사자들에게 필요한 교육 프로그램을 개발할 때 많이 사용한다. 또한 청소년기에 달성해야 할 최소한의 능력을 확인하여 교육적 요구를 분석하는 방법이기도 하다.
⑧ 비형식적 기법 : 프로그램 개발자가 일상생활 안에서 잠재적 학습집단과 매일 접촉을 가져 그들의 요구를 지속적으로 평가하고 확인하는 것으로서, 비형식적 대화와 비활동적 측정이 있다.

지식 IN
청소년활동 프로그램 요구분석의 필요성
- 목표·내용·방법에 필요한 정보 획득
- 조직 혹은 프로그램의 문제점 개선 모색
- 프로그램의 평가목적을 위해 필요

(4) 요구분석의 절차

상황분석 → 목적 결정 → 정보의 출처 확인 → 도구선정 → 계획 → 실행 → 결과분석 및 보고

02 청소년활동 프로그램 실행

1 청소년활동 프로그램 실행

(1) 청소년활동 프로그램 실행의 의의
① '청소년활동 프로그램 실행'이란 문자 그대로 청소년을 대상으로 프로그램을 전개하는 것을 의미한다.
② '청소년활동 프로그램을 지원·촉진·안내하고, 나아가 그와 관련된 환경을 조성해 주는 전략'으로 개념화한다.

(2) 실행에 영향을 미치는 요인 14 기출
① 개인적 요인 : 개인의 성별, 연령, 직업, 학력, 신념, 요구, 생활양식이나 생활주기
② 환경적 요인 : 청소년이나 지도자가 속한 집단의 특성, 조직풍토 등 사회문화적 요인, 즉 청소년수련시설의 접근성, 청소년보호자의 의식, 청소년집단의 규모, 청소년지도자의 역할 등

(3) 청소년활동 프로그램 실행 전 점검사항
① 장소 배치가 적절한지 점검한다.
② 기록 준비가 되어 있는지 점검한다.
③ 필요한 기자재가 준비되어 있는지 점검한다.
④ 참가자에게 통지가 잘되었는지 점검한다.

2 프로그램 실행단계

(1) 도입단계 16 기출
① 프로그램에 대한 전반적인 이해를 돕고, 참가의욕을 형성하는 시기이다.
② 프로그램 전반에 대해 체계적으로 소개할 수 있도록 만반의 준비가 필요하다.
③ 목표 제시, 동기 유발, 참가자의 선행경험의 재생, 청소년들 간의 친밀감 조성 등이 이루어진다.

(2) 전개 및 심화단계
① 프로그램 지도안에 의해 프로그램의 활동을 진행해 나가는 시기이다.
② 최대 성과를 거두기 위해 지도자가 지도방법의 기준이 될 수 있는 원리들을 기준으로 프로그램 활동을 지도하여야 한다.
③ 구체화 단계로 라포를 형성해야 하고 명확한 지도전략 등이 필요하다.

(3) 종결단계 17 기출
① 프로그램을 최종 정리하는 단계이다.
② 프로그램 참가에 자부심과 확신을 갖도록 하고, 그 결과를 강화하기 위한 제반활동을 해야 한다.
③ 참여결과에 대한 칭찬, 결과에 대해 체계적 보상, 결과에 대한 피드백을 제공한다.
④ 참여결과를 일상생활에 적용할 수 있게 하며, 활동의 성과를 다른 참가자와 교환하고 통합하는 기회를 갖도록 지도한다.
⑤ 활동의 결과로 청소년 자신에게 나타난 변화를 인식하도록 도와준다.

(4) 정리단계
① 프로그램 활동 전반에 대한 과정 및 결과를 기록·정리·평가·보고하는 단계이다.
② 실행과정 전반에 대해 충분한 검토가 이루어지며 이를 반성할 수 있는 구체적인 전략이 뒷받침되어야 한다.

03 청소년활동 프로그램 평가

1 청소년활동 프로그램 평가의 개념 및 과정

(1) 청소년활동 프로그램 평가의 개념
① 프로그램의 가치나 장점을 판단하거나 결정하는 일
② 프로그램의 효과 및 영향을 파악하고 판단하는 일
③ 프로그램의 목적달성 정도를 확인하는 일
④ 프로그램에 대한 의사결정을 보조하는 일

(2) 청소년활동 프로그램의 평가과정 14 기출
① **평가의 세부목표 설정** : 세분된 목표에서 평가될 내용과 행동, 대상과 방법에 대한 윤곽이 포함되거나 암시되어야 할 것이며, 평가 후의 활용에 대한 하나의 지침이 될 수도 있어야 한다.
② **평가내용과 방법 결정** : 내용은 프로그램에서 다룬 내용이 될 수 있음은 물론 그러한 프로그램 내용별 행동, 즉 지식의 습득, 이해, 태도의 변화, 기능의 습득 등도 포함하며, 평가내용이 결정되면 이들 내용을 어떤 방법으로 평가할 것인가를 미리 결정해야 한다.
③ ***평가도구** 제작 : 모든 평가는 평가목표를 달성하기 위한 내용을 적절한 방법으로 측정, 평정할 척도(Scale) 또는 도구(Instrument)를 어떻게 만드느냐에 따라 그 정확성이 좌우된다.

> **평가도구**
> 프로그램 평가과정에 필요한 자료를 수집하기 위하여 많이 쓰이는 도구이다.

④ **프로그램 평가 실시** : 평가목표를 달성하기 위한 평가의 내용 및 도구가 제작되면 정해진 방법에 따라 평가를 실시하게 된다.
⑤ **평가결과의 처리와 분석** : 평가를 실시하여 수집한 자료는 조사나 다른 연구자료를 처리 또는 분석하는 방법과 똑같이 '데이터의 편집(Editing) - 부호 붙이기(Coding) - 표 만들기(Tabulating) - 통계분석(Computing)'의 절차에 따라 처리 분석하는 것이 보통이다.
⑥ **프로그램 평가의 활용** : 평가활용 시에는 프로그램의 개선점 등을 분석하고 더 좋은 방안을 모색한다.

2 프로그램 평가의 모형

(1) 목표중심 평가모형 19 기출
① 평가의 목적은 프로그램 실시 전 설정한 목표에 어느 정도 도달했는가를 판단하는 것이다.
② 행동주의 철학에 기초한 것으로, 가장 널리 사용하는 평가모형이다.
③ 대표적인 모형으로는 타일러(Tyler)의 목표달성모형, 프로부스(Provus)의 간극모형, 해먼드(Hammond)의 3차원 모형 등이 있다.

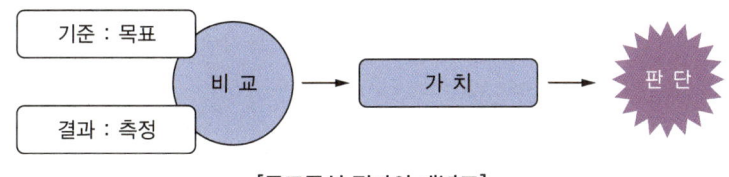

[목표중심 평가의 개념도]

(2) 의사결정 평가모형 16 기출
① 의사결정자에게 필요한 정보를 제공하여 의사결정을 도우려는 모형이다.
② 종 류 24 기출
  ㉠ 스터플빔(D. Stufflebeam)의 CIPP 평가모형
    • 개념 : 평가가 의사결정에 필요한 정보를 설계, 획득, 제공하는 과정이라는 정의를 바탕으로 상황평가, 투입평가, 과정평가, 산출평가의 과정을 강조한 모형이다.
    • 평가의 종류

상황평가	• 문제를 진단하기 위한 평가 • 교육목표를 결정하는 합리적 기초나 이유를 제공하는 평가
투입평가	• 도출된 문제해결을 위한 대안을 찾는 평가 • 평가에 사용되는 인적자원 목표달성을 위한 전략, 전략 실행 설계 등의 활용 방법을 결정하는데 필요한 정보를 수집하고 제공
과정평가	• 프로그램의 계획을 수립하고 진행 과정을 평가 • 의사결정의 실행에 도움을 주는 평가
산출평가	• 프로그램의 성과를 측정하는 평가 • 프로그램 종료 후 참여자의 즉각적인 변화 또는 일정기간 후 지속된 변화를 평가한다. • 프로그램의 공헌도를 측정하고 해석하여 판단하는 것이 주 목적

  ㉡ 알킨(Alkin)의 CSE 평가모형 : 평가를 의사결정자가 여러 가지 대안 중 적당한 것을 선택·결정할 수 있게끔 필요한 정보를 수집하고 분석하는 과정으로 보는 모형이다.

(3) 판단중심 평가모형
① 평가를 프로그램의 장점이나 가치를 판단하거나 결정하는 일로 정의한다.
② 프로그램의 목표나 관련 인사의 의사결정과는 무관하게 프로그램의 장점과 가치를 파악하는 평가모형이다.

(4) 전문성 중심 평가모형

① 관련 분야의 전문가들이 전문성을 이용해 프로그램의 진가를 평가하는 모형이다.
② *인정평가모형, 전문가 심의 모형 등이 있다.

> **인정평가모형**
> 전문가 팀이 평가기준과 원칙을 개발한 후 프로그램을 운영하는 현장을 방문하여 그 수행과정을 인증하려 할 때 적용하는 모형을 말한다.
> 예 청소년프로그램 인증제

(5) 참여·반응중심 평가모형

① 프로그램에 참여하거나 그로 인해 영향을 받은 관련 인사들의 다양한 반응을 중시한다.
② 그러한 다양한 반응에 입각해서 프로그램의 역동적인 측면을 중시하여 그 장점과 가치를 파악하려는 평가모형이다.

③ 청소년활동 프로그램의 평가기준과 평가유형

(1) 청소년활동 프로그램의 평가기준

① 프로그램 기획 시 설정한 목표의 달성 여부와 달성 정도
② 기획하고 설계한 대로 실행단계에서 진행되고 전개되었는지 여부와 정도
③ 수요자인 청소년의 만족도와 프로그램에 참여한 인적 자원들의 주관적인 평가
④ 청소년들의 성장과 발달, 기타 다른 측면에 미친 프로그램의 영향과 효과

(2) 청소년활동 프로그램의 단계별 평가유형 14 18 기출

① **요구평가** : 프로그램 실행 시 계획과 현실 사이의 차이점에 대한 평가이다.
② **타당성 평가** : 프로그램의 제한점이나 성공 가능성 여부에 대한 평가이다.
③ **과정평가** : 프로그램을 진행하면서 수행하는 지도방법에 대한 평가이다.
④ **경과평가** : 프로그램의 목적과 목표가 잘 결합되고 효과적인지에 대한 평가이다.
⑤ **비용평가** : 프로그램 개발에 필요한 재원 산출에 대한 평가이다.
⑥ **결과평가** : 프로그램의 종료시점에서 목적과 목표에 대한 효과를 분석하는 것이다.

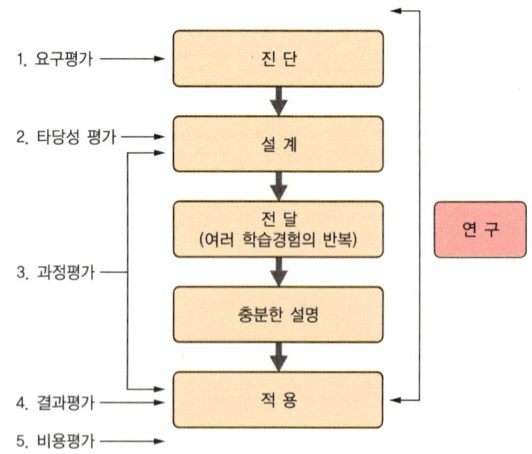

[프로그램 단계별 평가유형]

CHAPTER 03 청소년활동 지도

중요도 ★★★

핵심포인트
지도원리(존중, 자기주도성, 활동 중심, 맥락, 다양성, 협동성, 창의성, 효율성)
지도방법 # 청소년지도자(청소년지도사, 청소년상담사)

01 지도원리

1 청소년 지도원리

(1) 청소년지도의 개념
① 청소년의 전인적 성장과 잠재력 신장, 사회적응 및 사회공동체 의식을 함양하기 위하여 체계적으로 설계된 프로그램에 근거한 청소년 조력·지원을 말한다.
② 전문지도사에 의해 수행되는 청소년활동의 지원 및 조력과정을 말한다.

(2) 청소년지도의 개념적 분석
① 개인의 요구와 사회적 요구를 동시에 충족한다.
② 프로그램에 기초한 경험학습이다.
③ 청소년의 자발적 참여를 전제한다.
④ 전문지도사에 의한 활동이다.

(3) 청소년지도의 특성
① 교육효과가 쉽게 눈에 보이지 않는다.
② 장기적인 안목에서 평가해야 한다.
③ 청소년이라는 집단의 독특성을 고려해야 한다.
④ 지적 영역보다 정의적·기능적 영역이 더 많이 차지한다.

2 청소년지도의 평가준거 및 유형

(1) 청소년지도의 평가준거

① 효과성 : 주어진 목표의 달성 정도
② 효율성 : 목표를 합리적으로 달성 정도
③ 매력성 : 청소년의 흥미나 동기 유발 정도
④ 대응성 : 사회적 혹은 청소년 요구의 적절한 대응 정도
⑤ 형평성 : 개인 혹은 집단 간 비용의 공평한 배분 정도
⑥ 적정성 : 프로그램에 의한 문제해결 달성 정도
⑦ 체계성 : 장점, 가치 등의 체계적인 구성 정도

(2) 청소년지도의 유형

유 형	내 용	
대상에 따른 분류	• 학생청소년지도 • 농어촌청소년지도 • 비행청소년지도 • 무직, 미진학청소년지도	• 근로청소년지도 • 장애청소년지도 • 복무청소년지도
담당업무에 따른 분류	• 수련활동지도 • 상담지도 • 청소년행정지도	• 영역별 고유업무 담당지도 • 교정담당지도
수준과 기능에 따른 분류	• 관리조정 • 보조지도	• 활동지도
참여 정도에 따른 분류	• 상근지도	• 비상근지도

> **지식 IN**
>
> **청소년지도활동의 4가지 영역(Pittman)**
> - 이미 저질러진 청소년의 문제행동이나 비행을 교도하고 선도하는 활동이다.
> - 심리적 부적응이나 행동으로 표출된 위험행동이나 잠재적 비행행동을 치료하고 상담하는 활동이다.
> - 청소년의 문제행동 및 비행행동을 예방하고 보호하는 활동이다.
> - 청소년의 인지적·사회적·정의적·심리적·신체적 영역의 잠재 능력을 개발하고 촉진시키는 활동이다.

3 청소년지도방법의 원리와 효과성 제고

(1) 청소년지도방법의 원리 14 15 16 17 22 기출

① **존중의 원리** : 청소년의 인격과 자율성을 소중하게 대하는 것이다. 청소년지도는 인격 대 인격의 만남 속에서 인간을 변화시키는 작업이기 때문에 상호 존중은 필수적이다.

② **자기주도성의 원리** : 청소년지도방법에서 청소년이 활동의 주체가 되어 적극적으로 참여하고, 활동의 목적·내용·시기·속도 등을 선택하고 결정할 수 있도록 하는 것이다.

③ **활동 중심의 원리** : 청소년지도방법에서 청소년의 실천적 행위와 체험이 중심이 되어야 함을 의미한다. 지도자의 일방적인 주입이나 교화가 되어서는 안 된다.

④ **맥락의 원리** : 청소년지도방법에서 청소년이 처한 삶의 상황과 관계를 총체적으로 고려하여 청소년을 이해하고, 그 삶의 맥락에 적합한 방법을 구성하여 적용하여야 함을 의미한다.

⑤ **다양성의 원리** : 청소년의 다양한 차이와 요구를 고려하여 그에 적합한 청소년지도방법을 모색해야 함을 의미한다. 청소년 각각은 다양한 차이를 지니고 있으므로 청소년이 속한 사회계층, 지역적 특성, 가족관계와 분위기, 종교 등을 파악하여 지도에 참고하여야 한다.

⑥ **협동성의 원리**
  ㉠ 청소년지도방법의 계획과 실행에서 청소년 상호 간의 유기적인 협력이 이루어질 수 있어야 함을 의미한다.
  ㉡ 청소년지도의 과정에서 나타날 수 있는 청소년활동의 모습은 경쟁적·개별적·협동적 3가지이다.
  ㉢ 경쟁적 활동구조는 승패관계(Win-Lose Relation), *영합(Zero Sum)관계를 활동의 기본으로 삼는다.

> **영합(Zero Sum)관계**
> 모든 이득의 총합이 제로가 되는 관계를 말한다.

⑦ **창의성의 원리** : 청소년지도방법에서 창의적인 방법의 개발, 청소년의 창의적인 능력 함양을 고려해야 하는 것을 의미한다.

⑧ **효율성의 원리** : 청소년지도방법에서 효과성과 능률성을 염두에 두어야 함을 의미한다. 즉, 가장 적은 시간과 비용, 에너지 등을 투입하여 청소년지도의 목표를 달성해야 한다.

지식 IN

청소년활동의 지도원리 17 기출
- 자기주도성(자발성)의 원리
- 참여성의 원리
- 경험중심성과 활동지향성의 원리
- 상호학습의 원리
- 다양성과 융통성의 원리
- 전인성(지덕체의 조화)의 원리

(2) 청소년지도방법의 효과성 제고

① 자율참여의 원리

㉠ 자율참여의 의미 : 청소년들이 이성적 사고에 기초하여 자신이 참여할 청소년활동에 대해 스스로 결정하고, 자유의지에 따라 청소년활동에 참가하여 상호작용함으로써 경험을 공유하는 것을 말한다.

㉡ 자율참여의 특징 : *자기주도적 학습, 청소년과 지도자 간의 파트너십 형성

> **자기주도적 학습**
> 자기 스스로가 주도권을 가지고 학습목표를 설정하고, 효율적인 학습전략을 사용하며, 학습결과를 스스로 평가하는 과정이다.

㉢ 자율참여의 촉진전략
- 청소년들에게 자신의 활동에 대한 책임감을 갖도록 해야 한다.
- 청소년지도자들은 일관성 있고, 헌신적이어야 한다.
- 청소년들의 활동참여를 격려하여야 한다.
- 청소년들에게 활동참여를 통해 얻을 수 있는 결과를 이해시켜야 한다.
- 활동과제를 흥미롭고 이해하기 쉽게 제시하여야 한다.
- 청소년지도자와 청소년 간에 친밀하고 상호존중하는 관계가 형성되어야 한다.
- 성공적인 활동수행을 청소년 자신의 능력·노력·지식에 귀인하여야 한다.
- 필요하다면 건설적인 비판을 하여야 한다.
- 재미있는 시간을 가져야 한다.
- 청소년들이 서로 의지할 수 있도록 해야 한다.

㉣ 하트(Hart)의 참여사다리 모델 15 17 18 기출

구 분			과 정
비참여 수준	제1단계	조작 단계	청소년을 이해관계자로 인정하지 않는 단계로서, 프로그램 활동 내용에 대한 이해가 전혀 없는 상태에서 청소년지도자의 지시를 일방적으로 따르는 상태이다.
	제2단계	장식 단계	청소년들의 참여가 피상적으로 이루어지는 단계로서, 청소년활동이 청소년지도자에 의해 주도되고 운영되는 것에 반해, 청소년들은 장식품처럼 동원되는 상태이다.
	제3단계	명목주의 단계	청소년은 자문을 제공할 수 있지만, 청소년활동에는 전혀 영향을 미치지 못하는 상태이다.
형식적 참여수준	제4단계	제한적 위임과 정보제공 단계	제한적으로 청소년들에게 역할이 부여되며, 그 과정을 통해 청소년활동의 궁극적인 목적이나 필요성을 이해하게 되는 상태이다.
	제5단계	상의와 정보제공 단계	청소년지도자가 청소년활동을 설계 및 운영하지만, 청소년의 의견이 진지하고 심각하게 다루어지는 상태이다.

	제6단계	성인주도 단계	청소년활동이 청소년지도자에 의해 설계되고 청소년과 동등하게 공유되는 상태이다.
실질적 참여수준	제7단계	청소년주도 단계	청소년활동이 청소년들 스스로에 의해 주도되며, 청소년활동과 관련된 주된 아이디어들이 청소년으로부터 나오는 상태이다.
	제8단계	동등한 파트너십 단계	청소년활동에 대한 아이디어들이 청소년에 의해 시작되며, 청소년활동의 실행과정에 청소년지도자를 파트너로 참여시키는 상태이다.

② 심성계발의 원리 19 23 기출
　㉠ 심성계발은 '내 안의 나(심성)'를 긍정적으로 이해하고 수용하게 하며, 자존감을 향상시킴으로써 긍정적인 삶의 태도를 형성하게 하는 것을 의미한다.
　㉡ 청소년활동 프로그램 참여를 통해 청소년들이 인간에 대한 이해의 폭을 넓히고, 주체성과 사회성, 긍정적 자아개념을 확립하도록 하는 원리이다.
　㉢ 집단역동과 같은 집단활동이론을 심리치료 목적에 응용하면서 시작되었다.
　㉣ 지적 학습보다는 정의적 학습에 비중을 둔다.
　㉤ 자아발견, 타인이해, 관계개선, 행동변화 등을 목적으로 한다.
　㉥ 인간성장, 자기노출, 의사소통, 집단과정, 상호반응 등을 중요시 한다.

지식 IN

조하리의 창문(Johari's Window) 21 기출

조셉 루프트(Joseph Luft)와 해리 잉햄(Harry Ingham)의 이름을 결합한 것으로, 일명 '마음의 창', '마음의 4가지 창' 또는 '자아의식 모델(Self-awareness Model)'로 불린다.

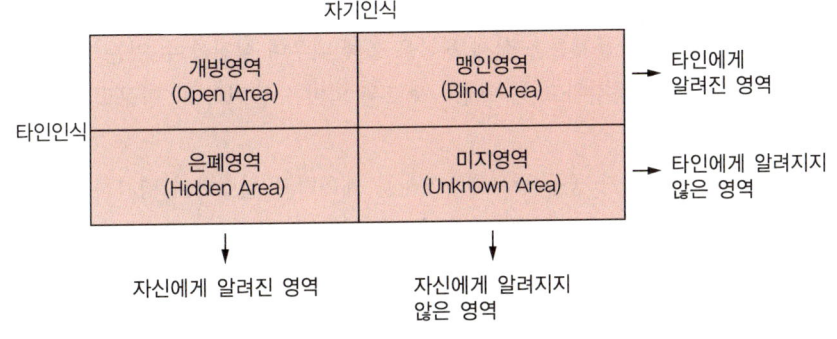

③ 문제해결의 원리 18 19 기출
  ㉠ 문제해결의 정의 : 문제해결학습이란 문제를 매개로 문제를 바르게 해결할 수 있는 능력을 기르기 위한 학습형태이다. 즉, 반성적 사고에 의하여 의혹이나 곤란을 제거하고, 현실과 가능성 사이에 대립을 없애며 조화적인 통일을 얻는 것을 말한다.
  ㉡ 문제해결의 학습과정
    • 전체가 통합되고 연속된 활동이다.
    • '문제의 인식·결정 → 해결법의 계획 → 자료 수집 → 활동의 전개 → 결과의 검토' 등 5단계로 나눈다.

> **지식 IN**
>
> **문제해결원리 중 과학적 체계 7단계의 순서** 19 기출
> 문제 인식 → 대안 탐색 → 정보 수집 → 대안 평가 → 해결책 선택 → 선택 실행 → 결과 평가

④ 현장학습의 원리
  ㉠ 현장 *체험학습의 개념 : 학교를 벗어나 온몸으로 직접 경험하고 체득하는 학습활동이다.
  ㉡ 현장 체험학습의 특징
    • 자연적·사회적 현상을 구체적이고 직접적으로 관찰할 수 있으므로, 흥미와 관심뿐만 아니라 자주적인 학습태도를 높일 수 있다.
    • 학습자들이 실제 사회 모습에 직면하여 폭넓은 경험을 함으로써, 사회적 태도나 능력을 기를 수 있고, 사회인으로서의 행동양식을 배울 수 있다.
    • 교과와 관련된 문제들을 실제 체험을 통해 배우며 실천할 수 있는 계기가 된다.
    • 주변 환경을 통찰하고 여기에서 새로운 의미를 발견하며, 탐구력과 사고력을 기를 수 있다.
    • 교사와 학습자가 공동으로 현장조사를 계획하고 실행하며 평가하는 등의 제반 활동을 함께함으로써, 보다 풍부한 교육환경을 접할 수 있고 지식을 심화시킬 수 있다.

체험학습
실험, 관찰, 조사, 수집, 토론, 견학 등과 같은 특정한 학습유형을 포함하여 학습이 본질적으로 체험을 수반해야 한다는 것을 의미한다.

02 지도방법

1 청소년지도방법의 특성 및 환경조성

(1) 청소년지도방법의 특성 15 기출
① *청소년지도방법은 목표를 달성하기 위한 의도적인 활동이다.
② 청소년지도방법은 목표를 달성하기 위한 수단적인 성격을 지닌다.
③ 청소년지도방법은 청소년의 자기주도적이고 능동적인 참여를 필요로 한다.
④ 청소년지도방법은 청소년지도자와 청소년 간의 상호작용 속에서 이루어진다.

> **청소년지도**
> 지도목표, 내용선정 및 조직, 실행계획, 평가의 전 과정을 체계적으로 설계한 결과물인 프로그램에 근거하여 이루어지는 계획적인 활동이다.

(2) 청소년지도방법의 환경조성
① 청소년지도방법이 효과적으로 진행되기 위해서는 최적의 물리적 환경, 심리적 환경, 사회적 환경이 조성되어야 한다.
② 현실적으로 지원 가능한 물적, 사회적 자원이 고려되어 청소년 안전과 보건에 적합한 환경이 조성되어야 한다.
③ 부모, 학교, 지역사회가 함께 참여할 수 있고, 참여자 간 상호학습이 유발될 수 있는 현장 환경이 조성되어야 한다.

2 청소년지도방법 이론

(1) 청소년지도방법 이론의 토대 19 기출
① **경험학습이론** : 인식론과 듀이의 경험론에 토대를 둔 이론으로, 지식 위주의 인지적 행동 변화 과정과는 달리 학습자의 경험과 체험을 바탕으로 한 행동 변화 과정을 중요시한다.
② **구성주의이론** : 지식은 삶과 연결되는 맥락 안에서 의미가 있을 때 존재 가치가 있다고 보기 때문에 삶을 지식보다 우선시하며, 지식보다는 삶을 인도하고 가르치는 것을 중요시한다.
③ **프로그램이론** : 청소년지도가 프로그램을 활용하여 수행되기 때문에 청소년들의 필요와 원하는 바를 정확히 이해하여 그에 맞게 목표를 설정하고, 활동 방법과 자원 등을 배치하여 질 좋은 프로그램을 개발하는 것을 중요시한다.
④ **동기이론** : 인간의 행동을 활성화하고 행동의 방향을 정해주는 심리적 요인인 동기를 중요시한다. 동기의 종류는 보상·사회적 압력·벌 등과 같은 외부의 통제로부터 유발되는 동기인 '외재적 동기'와 학습활동 자체가 보상으로 작용하는 동기인 '내재적 동기'로 구분된다.

⑤ 커뮤니케이션이론 : 청소년지도사와 청소년 상호 간 의사소통을 중요시하는 이론으로 발신자, 메시지, 매체, 수신자 등이 주요한 구성요소이며 언어적, 비언어적 방법이 있다.

(2) 청소년지도방법의 과정

① 교수-학습과정
  ㉠ 청소년과 청소년지도자 사이의 관계를 형성하는 기초적인 과정이다.
  ㉡ 교수매체의 교육적 기능

매개적 보조 기능	주의집중, 흥미유발
정보 전달 기능	정보를 더욱 신속, 정확하게 대량으로 전달
학습경험 구성 기능	특정 기술이나 기능을 직접 습득하는 기능 예 피아노·컴퓨터 등
교수 기능	학습자들의 인지적 사고 활동을 촉진할 수 있는 교수자 역할 예 컴퓨터로 제공하는 교육용 멀티미디어 등

② 협동학습 과정
  ㉠ 협동학습(공동학습)이란 학습자들이 공유하는 목표를 성취하기 위해 함께 노력하는 것을 말한다.
  ㉡ 협동학습의 5가지 기본원리(D. Johnson & R. Johnson)

긍정적 상호의존성	• 협동학습을 구조화하기 위한 가장 우선적이고 중요한 요소이다. • 다른 구성원이 성취하지 못하면 자신도 성취하지 못하는 관계를 말한다. • 다른 사람의 학습이 자신의 학습에 도움을 주고, 자신의 학습이 다른 사람에게 도움을 주는 관계를 말한다.
상호작용의 촉진과 대면관계의 선호	• 학습을 도와주고, 나누고, 격려하는 관계를 말한다. • 구성원들이 자신이 아는 것을 동료에게 설명하고 토론하며 가르치는 상호작용이다.
대인 및 소집단기술 (사회적 기술)	집단원들이 리더십, 의사결정력, 신뢰구축, 의사소통, 갈등조정 기능 등을 갖추어야 함을 의미한다.
집단화 과정	구성원들이 자신의 목표를 잘 달성할 수 있도록, 어떻게 하면 효과적인 작업관계를 가질 수 있을지를 논의하는 과정이 있어야 함을 의미한다.
개별 책무성	• 집단은 목표를 성취하기 위해 책무성을 가지고 있어야 한다. • 집단의 각 구성원도 이러한 목표에 도달하기 위하여 자신의 역할에 최선을 다할 책임을 가지고 있어야 한다.

③ 커뮤니케이션(의사소통) 과정
  ㉠ 청소년지도의 실천과정은 청소년지도자와 청소년 상호 간의 의사소통 전달과정이다.
  ㉡ 커뮤니케이션은 시간에 따라서 역동적이며, 연속적으로 변화하는 어떤 현상 또는 작용으로서, 그 시작과 끝에 고정된 절차 없이 순환적으로 이루어진다.
  ㉢ 커뮤니케이션 과정은 유기체(사람·동물 등)가 기호를 통해 서로 정보나 메시지를 전달하고 수용해서 공통된 의미를 수립하고, 나아가 서로의 행동에 영향을 미치는 과정 및 행동으로 정의할 수 있다.

② 커뮤니케이션을 구성하는 각 요소 사이에서의 상호작용을 의미하며, 피드백을 통해서 커뮤니케이션의 결과와 효과를 높인다.
⑩ 효과적인 언어적 의사소통을 위해 협동성의 원리, 진실성의 원리, 관련성의 원리, 적량성의 원리, 명료성의 원리, 일관성의 원리, 변화의 원리 등을 지킬 필요가 있다.

④ 집단역동 과정 14 17 기출
   ㉠ 청소년지도과정은 집단역동의 과정(Group Dynamics Process)을 통해 이루어진다.
   ㉡ 집단역동은 집단원들로 하여금 집단 내에서 이루어지는 상호작용에 더 민감할 수 있도록 도와줄 뿐만 아니라, 집단 내에서의 보다 효과적인 상호작용을 통해 집단을 발전시키고 생산성을 높여준다.
   ㉢ 청소년지도의 현장에서는 많은 경우 집단활동을 활용하여 청소년들에게 새로운 경험을 제공하고 전인적인 변화를 추구한다. 그러므로 청소년지도자가 집단역동에 대한 지식과 그 원리에 대해 이해하는 것은 매우 중요하다.
   ㉣ 청소년지도를 위한 집단역동에 활용하는 방법에는 브레인스토밍, 필립66, 역할연기, 소시오메트리, 감수성 훈련, 포럼, *심포지엄, 세미나, 패널토론, 소집단 원탁토론, 소집단 분과토의 등이 있다.

> **심포지엄**
> 두 사람 이상이 서로 다른 각도에서 의견을 발표하고 참석자의 질문에 답하는 형식의 토론회를 말한다.

⑤ 리더십 · 조직행동 · 경험학습 과정
   ㉠ 리더십 과정 : 청소년지도자에게 리더십은 청소년들을 잘 지도하고 이끌어 나가는 과정에 반드시 필요한 요소로, 청소년지도 과정에서 청소년지도자가 어떻게 리더십을 발휘하는지에 따라 청소년들의 행동이 달라진다.
   ㉡ 조직행동 과정 : 청소년지도 조직행동 과정은 청소년을 지도하는 독특한 과정 중 하나로, 청소년으로만 구성된 조직, 혹은 청소년지도자가 함께 참여하는 조직 속에서 청소년의 행동을 체계적으로 이해하고 지도하는 과정이다.
   ㉢ 경험학습 과정 : 경험학습이란 한 개인이 활동에 참여하여 경험한 것을 비평적으로 되돌아보고, 자신의 행동을 분석함으로써 얻은 새로운 통찰력을 일상생활에 적용해 나가는 것을 의미한다.

3 청소년지도방법의 유형과 기법

(1) 청소년지도방법의 유형 14 15 16 17 21 23 기출

① 브레인스토밍(Brainstorming)
   ㉠ 참여자들은 제약과 금지 규정이 없는 분위기에서 자유롭게 의견을 제안한다.
   ㉡ 집단의 구성원이 어떤 문제나 과제에 대해 창의적인 집단사고를 통하여 해결방안을 모색하는 방법이다.
   ㉢ 비형식적이며, 참여자의 지위 · 능력 등에 구애받지 않고 문제를 토의하여 기발한 아이디어를 얻기 위한 방법이다.

ⓔ 구성원이 어떠한 의견을 내놓아도 비판 없이 자유스러운 분위기에서 발표하게 한다.
ⓜ 아이디어가 많을수록 좋고 다듬어지지 않은 의견을 내는 것도 장려한다.
ⓑ 참가자들 사이에 상호자극의 기회를 제공하며, 아이디어 교환을 통하여 집단의 사기와 단결심을 높인다.
ⓢ 브레인스토밍에서는 개방성과 융통성이 요구된다.

② 소시오메트리(사회성 측정법, Sociometry) : 모레노(Moreno)가 개발한 방법으로 집단원들 상호 간의 선호, 무관심, 배척 등의 관계를 파악하여 집단 내 구성원 간의 역학구조를 이해하는 것이다.
③ 역할연기 : 역할연기를 하는 당사자는 본인의 연기를 통해서 학습할 수 있고, 다른 학습자들은 역할연기를 보고 듣고 느끼면서 학습한다.
④ 감수성 훈련 : 인간 스스로의 주체성·지도성·창조성을 개발함으로써 인간소외를 극복하기 위한 방법이다. 자유롭고 유연하며 주체적인 인간이 되는 체험을 통찰·발견하여, 그것을 현실생활 속에서 구체화할 수 있도록 교육과 학습 및 체험의 장을 제공한다.
⑤ 패널토의 : 특정 주제에 대하여 서로 의견을 달리하는 3~6명의 참가자들이 사회자의 진행에 따라 청중 학습자 앞에서 토의하는 방식이다.
⑥ 사례연구 : 단일한 사례 혹은 복합적인 사례에 초점을 맞추어 다각이고 심층적인 분석을 하는 것으로서 사례는 개인, 프로그램, 의사결정, 조직, 사건 등이 대상이 될 수 있다.
⑦ 필립66 : 미시건대학의 필립스(Phillips) 교수가 개발한 것으로, 토론하는 집단이 토론내용이나 방법에 대한 사전지식 없이 서로 잘 모르는 상태에서 이루어진다.
⑧ 도제제도 : 경험 있는 숙련자로부터 개별적 습득을 하는 형태이다.
⑨ 게임 및 시뮬레이션 : 인위적으로 문제, 사건, 상황, 주제와 유사한 환경을 게임 및 시뮬레이션으로 만들어 청소년이 학습행동에 참여하도록 실천적 과정으로 유도하는 것이다. 이 활동은 청소년에게 위험이나 부상 등의 가능성을 없애는 효과가 있다.
⑩ 인턴십 : 자신의 희망이나 적성에 적합한 영역을 선정하여 사전경험을 통해 전문지식을 습득하는 과정이다.

(2) 청소년지도기법 14 16 20 23 기출

① 개인대상 지도기법 : 도제제도, 멘토링, 컴퓨터보조학습, 원격교육, 직접 개별지도, 현장경험, 개인 프로젝트학습, 인턴십 등
② 소집단 지도기법 : 강의기법, 토론기법(심포지엄, 세미나, 패널토론, 공개토론, 대담토론 등), 브레인스토밍, 역할연기, 감수성 훈련, 프로젝트기법, 참여훈련기법, 소시오메트리 등
③ 대집단 지도기법 : 대규모 강연회나 첨단매체를 통한 지도방식

지식 IN

멘토링 18 23 기출

- 멘토링의 어원은 그리스 신화 '오디세이'에서 기원하며, 멘토는 이타이카의 왕이자 오디세우스의 친구인 멘토의 이름에서 유래하였다.
- 멘토는 모델링을 통하여 멘티에게 영향을 주며, 성별, 연령과 상관없이 멘토-멘티 관계의 형성이 가능하다.
- 경험과 지식이 풍부한 멘토는 장기적, 주기적 만남을 통하여 멘티를 돕는다.
- 멘토링은 시기에 따라 예방 멘토링과 치료 멘토링으로 구분한다.
  예) 선도조건부 기소유예 처분을 받은 청소년을 대상으로 한 멘토링 → 치료 멘토링

4 청소년지도의 단계

단계	내용
사전준비단계	• 지도목표의 설정 → 평가단계에서 평가준거로서 기능 • 프로그램에 대한 확신과 문제 인식 • 참여 청소년의 특성 진단(요구 조사) 및 정보 수집 • 집단의 구성 • 지도환경의 준비 및 지도기획안 작성 • 홍 보
시작단계 (초기단계)	• 집단의 형성 및 구조화 • 친밀감과 신뢰감 조성 • 동기유발 • 지도목표의 전달과 한계의 설명 • 선수학습 및 경험의 진단과 재생 • 자극 제시
실행단계 (중간단계)	• 활동 안내 • 사전에 기획·설계한 지도내용을 실제로 수행하여 설정한 목표를 달성해 가는 구체적인 과정 • 지도자의 개입 전략을 활용하여 갈등과 대립상황의 조정
평가단계 (종결단계)	• 프로그램 목표달성 정도와 계획수행 평가 • 프로그램 종료 후 평가 • 평가보고서 작성 • 지도자의 과업 : 수행유도, 수행평가, 파지 및 전이, 종결감정 처리, 추후지도 안내

03 청소년지도자

1 청소년지도자의 정의와 역할

(1) 청소년지도자의 정의

① 일반적 정의 : 청소년지도자란 청소년의 건전한 성장과 발달을 책임지고 지도하는 사람들이며, 청소년들이 일상생활 속에서 접하는 모든 사람, 그 가운데서도 중요한 타자가 되는 주변인물이며, 직접 청소년들에게 다양한 활동을 제공하고 시범을 보이며 도움을 주는 사람들이다.

② 법적인 정의(청소년 기본법 제3조 제7호) : 청소년지도자라 함은 청소년지도사 및 청소년상담사와 청소년시설, 청소년단체 및 청소년 관련기관에서 청소년 육성에 필요한 업무에 종사하는 사람을 말한다.

    ㉠ 청소년지도사(청소년 기본법 제21조 제1항) : 여성가족부장관은 청소년지도사 자격검정에 합격하고, 청소년지도사 연수기관에서 실시하는 연수과정(3박 4일/30시간 이상)을 마친 사람에게 청소년지도사의 자격을 부여한다.

    ㉡ 청소년상담사(청소년 기본법 제22조 제1항) : 여성가족부장관은 청소년상담사 자격검정에 합격하고, 청소년상담사 연수기관에서 실시하는 연수과정을 마친 사람에게 청소년상담사의 자격을 부여한다.

[청소년지도자의 분류]

(2) 청소년지도자의 역할 23 기출

① **전문가** : 청소년지도자는 자신이 맡은 지도활동에 대한 전문적인 지식과 기술을 습득한 전문가이어야 한다.
② **프로그램 설계자(개발자)** : 청소년지도자는 청소년들의 특성과 요구를 분석하고, 이에 기초하여 활동지도의 목표를 설정하고 활동경험을 선정 및 조직하며 평가하는 등 활동지도의 전 과정을 더욱 체계적으로 설계하고, 실제 프로그램을 개발할 수 있는 전문가이어야 한다.
③ **변화촉진자** : 청소년의 개인적 성장을 지원하고, 그들의 문제해결과 의사결정 과정을 조력하며, 합리적인 사회적응 과정을 촉진하는 것을 의미한다.
④ **지역사회 지도자** : 청소년지도자는 사회의 여러 가지 문제에 대해 비판적 안목을 가져야 하며, 지역사회를 선도하고 교육하는 데 앞장서야 한다.
⑤ **과학자 및 예술가**
  ㉠ 청소년지도자는 과학자와 예술가의 특성을 통합하고 조화할 수 있는 사람이어야 한다.
  ㉡ 청소년들의 요구와 특성, 사회의 요구와 기관의 목적·상황·교육실태 등을 정확하고 객관적으로 파악하고 분석할 수 있어야 한다.
⑥ **동기유발자** : 청소년의 무한한 성장 잠재력을 끌어올릴 다양한 동기유발 방법을 상황에 맞게 활용할 수 있어야 한다.
※ **지도자의 일반 역할** : 전문가, 교육자, 정보제공자, 격려자, 조직자, 상담자, 진행자, 분석자 등

2 청소년지도자 자격검정 응시기준 19 기출

(1) 청소년지도사(청소년 기본법 시행령 별표1)

① **1급 청소년지도사** : 2급 청소년지도사 자격 취득 후 청소년활동 등 청소년육성업무에 종사한 경력이 3년 이상인 사람
② **2급 청소년지도사**
  ㉠ 대학 졸업(예정)자 또는 이와 같은 수준 이상의 학력이 있는 사람으로서 2급 청소년지도사 자격검정에 필요한 과목 모두를 전공과목으로 이수한 사람
  ㉡ 2005년 12월 31일 이전에 대학을 졸업하였거나 이와 같은 수준 이상의 학력을 취득한 사람으로서 별표 1의2에 따른 과목을 이수한 사람
  ㉢ 대학원의 학위과정 수료(예정)자로서 2급 청소년지도사 자격검정에 필요한 과목 모두를 전공과목으로 이수한 사람
  ㉣ 2005년 12월 31일 이전에 대학원의 학위과정을 수료한 사람으로서 별표 1의2에 따른 과목 중 필수영역 과목을 이수한 사람
  ㉤ 대학 졸업 또는 이와 같은 수준 이상의 학력이 있다고 다른 법령에서 인정받은 후 청소년활동 등 청소년육성업무에 종사한 경력이 2년 이상인 사람
  ㉥ 전문대학 졸업 또는 이와 같은 수준 이상의 학력이 있다고 다른 법령에서 인정받은 후 청소년활동 등 청소년육성업무에 종사한 경력이 3년 이상인 사람

- Ⓐ 3급 청소년지도사 자격 취득 후 청소년활동 등 청소년육성업무에 종사한 경력이 2년 이상인 사람
- Ⓑ 고등학교 졸업 또는 이와 같은 수준 이상의 학력을 인정받은 후 청소년활동 등 청소년육성업무에 종사한 경력이 8년 이상인 사람

③ 3급 청소년지도사
- ㉠ 전문대학 졸업(예정)자 또는 이와 같은 수준 이상의 학력이 있는 사람으로서 3급 청소년지도사 자격검정에 필요한 과목 모두를 전공과목으로 이수한 사람
- ㉡ 2005년 12월 31일 이전에 전문대학을 졸업하였거나 이와 같은 수준 이상의 학력을 취득한 사람으로서 별표 1의2에 따른 과목을 이수한 사람
- ㉢ 전문대학 졸업 또는 이와 같은 수준 이상의 학력이 있다고 다른 법령에서 인정받은 후 청소년활동 등 청소년육성업무에 종사한 경력이 2년 이상인 사람
- ㉣ 고등학교 졸업 또는 이와 같은 수준 이상의 학력이 있다고 다른 법령에서 인정받은 후 청소년활동 등 청소년육성업무에 종사한 경력이 3년 이상인 사람

(2) 청소년상담사(청소년 기본법 시행령 제23조 제3항 별표3)

① 1급 청소년상담사
- ㉠ 대학원에서 청소년(지도)학・교육학・심리학・사회사업(복지)학・정신의학・아동(복지)학・상담학 분야 또는 그 밖에 여성가족부령으로 정하는 상담 관련 분야(이하 "상담관련분야")의 박사학위를 취득한 사람
- ㉡ 대학원에서 상담관련분야의 석사학위를 취득한 후 상담 실무경력이 4년 이상인 사람
- ㉢ 2급 청소년상담사로서 상담 실무경력이 3년 이상인 사람
- ㉣ ㉠ 및 ㉡에 규정된 사람과 같은 수준 이상의 자격이 있다고 여성가족부령으로 정하는 사람

② 2급 청소년상담사
- ㉠ 대학원에서 상담관련분야의 석사학위를 취득한 사람
- ㉡ 대학 또는 다른 법령에 따라 이와 동등한 학력을 인정받는 기관에서 상담관련분야 학사학위를 취득한 후 상담 실무경력이 3년 이상인 사람
- ㉢ 3급 청소년상담사로서 상담 실무경력이 2년 이상인 사람
- ㉣ ㉠~㉢까지에 규정된 사람과 같은 수준 이상의 자격이 있다고 여성가족부령으로 정하는 사람

③ 3급 청소년상담사
- ㉠ 대학 및 평생교육법에 따른 학력이 인정되는 평생교육시설의 상담관련분야의 학사학위를 취득한 사람
- ㉡ 전문대학 또는 다른 법령에 따라 이와 동등한 학력을 인정받는 기관에서 상담관련분야 전문학사를 취득한 사람으로서 상담 실무경력이 2년 이상인 사람
- ㉢ 대학 또는 다른 법령에 따라 이와 동등한 학력을 인정받는 기관에서 학사학위를 취득한 후 상담 실무경력이 2년 이상인 사람

② 전문대학 또는 다른 법령에 따라 이와 동등한 학력을 인정받는 기관에서 전문학사학위를 취득한 후 상담 실무경력이 4년 이상인 사람
⑩ 고등학교를 졸업하고 상담 실무경력이 5년 이상인 사람
⑭ ⊙~②까지에 규정된 사람과 같은 수준 이상의 자격이 있다고 여성가족부령으로 정하는 사람

3 청소년지도자의 자질향상과 보수교육

(1) 청소년지도자의 자질향상(청소년 기본법 시행령 제18조)
① 국가와 지방자치단체는 청소년업무를 담당하는 소속 공무원이 청소년업무에 관한 자질을 갖추도록 하여야 한다.
② 여성가족부장관은 청소년지도자의 자질과 전문성을 향상시키기 위하여 청소년 관련 단체·기관 및 대학 등에서 운영하는 청소년지도자 연수과정의 경비 일부를 지원할 수 있다.
③ 경비의 지원은 연수시간이 40시간 이상인 연수과정을 대상으로 한다.
④ 경비의 지원에 필요한 사항은 여성가족부령으로 정한다.

(2) 보수교육
① 청소년지도사(청소년 기본법 시행규칙 제10조의2) 15 18 기출
  ⊙ 여성가족부장관이 정하여 고시하는 청소년단체, 지방청소년활동진흥센터, 청소년수련시설에 종사하는 청소년지도사는 2년(직전의 교육을 받은 날부터 기산하여 2년이 되는 날이 속하는 해의 1월 1일부터 12월 31일)마다 15시간 이상의 보수교육을 받아야 한다.
  ⓒ 여성가족부장관은 청소년지도사 보수교육을 한국청소년활동진흥원 또는 청소년육성에 관한 업무를 전문적으로 수행하는 기관·단체(활동진흥원 등)에 위탁한다.
  ⓒ 보수교육의 교육과목, 교육방법 및 그 밖에 보수교육을 실시하는 데 필요한 사항은 여성가족부장관의 승인을 받아 활동진흥원 등의 장이 정한다.
② 청소년상담사(청소년 기본법 시행규칙 제10조의3) 16 23 기출
  ⊙ 여성가족부장관이 정하여 고시하는 청소년단체, 한국청소년상담복지개발원(청소년상담원), 청소년상담복지센터, *이주배경청소년지원센터 및 청소년복지시설, 학교, 진단·상담·치유·학습 지원 프로그램 등을 제공하는 사업을 수행하는 기관 또는 단체에 종사하는 청소년상담사는 매년 8시간 이상의 보수교육을 받아야 한다.
  ⓒ 여성가족부장관은 청소년상담사 보수교육을 청소년상담원에 위탁한다.
  ⓒ 보수교육의 교육과목, 교육방법 및 그 밖에 보수교육을 실시하는 데 필요한 사항은 여성가족부장관의 승인을 받아 청소년상담원의 장이 정한다.

> **이주배경청소년지원센터**
> 무지개청소년센터로 이주배경 청소년을 지원하며 함께 살아가는 다문화 사회를 만드는 비영리 재단법인이다.

4 청소년지도자의 배치대상 및 배치기준

(1) 청소년지도사 배치대상 및 배치기준(청소년 기본법 시행령 별표5)

① **청소년수련시설** 14 15 16 17 20 22 23 기출

  ㉠ 청소년수련관 : 1급 또는 2급 청소년지도사 각각 1명 이상을 포함하여 4명 이상의 청소년지도사를 두되, 수용인원이 500명을 초과하는 경우에는 500명을 초과하는 250명당 1급, 2급 또는 3급 청소년지도사 중 1명 이상을 추가로 둔다.

  ㉡ 청소년수련원
  - 1급 또는 2급 청소년지도사 1명 이상을 포함하여 2명 이상의 청소년지도사를 두되, 수용정원이 500명을 초과하는 경우에는 1급 청소년지도사 1명 이상과 500명을 초과하는 250명당 1급, 2급 또는 3급 청소년지도사 중 1명 이상을 추가로 둔다.
  - 지방자치단체에서 폐교시설을 이용하여 설치한 시설로서, 특정 계절에만 운영하는 시설의 경우에는 청소년지도사를 두지 않을 수 있다.

  ㉢ 유스호스텔 : 청소년지도사를 1명 이상 두되, 숙박정원이 500명을 초과하는 경우에는 1급 또는 2급 청소년지도사 1명 이상을 추가로 둔다.

  ㉣ 청소년야영장
  - 청소년지도사를 1명 이상 둔다. 다만, 설치·운영자가 동일한 시·도 안에 다른 수련시설을 운영하면서 청소년야영장을 운영하는 경우로서, 다른 수련시설에 청소년지도사를 둔 경우에는 그 청소년야영장에 청소년지도사를 별도로 두지 않을 수 있다.
  - 국가, 지방자치단체, 그 밖에 공공법인이 설치·운영하는 청소년야영장으로서, 청소년수련거리의 실시 없이 이용 편의만 제공하는 경우에는 청소년지도사를 두지 않을 수 있다.

  ㉤ 청소년문화의 집 : 청소년지도사를 1명 이상 둔다.

  ㉥ 청소년특화시설 : 1급 또는 2급 청소년지도사 1명 이상을 포함하여 2명 이상의 청소년지도사를 둔다.

② **청소년단체**

  ㉠ 청소년회원 수가 2천 명 이하인 경우에는 1급 청소년지도사 또는 2급 청소년지도사 1명 이상을 둔다.

  ㉡ 청소년회원 수가 2천 명을 초과하는 경우에는 그 초과하는 2천 명마다 1급 청소년지도사 또는 2급 청소년지도사 1명 이상을 추가로 두며, 청소년회원 수가 1만 명 이상인 경우에는 청소년지도사의 5분의 1 이상은 1급 청소년지도사로 두어야 한다.

(2) 청소년상담사 배치대상 및 배치기준(청소년 기본법 시행령 별표5) 21 기출

① 특별시·광역시·도 및 특별자치도에 설치된 청소년상담복지센터는 청소년상담사 3명 이상을 둔다.

② 시·군·구에 설치된 청소년상담복지센터는 청소년상담사 1명 이상을 둔다.

③ 청소년복지시설(청소년쉼터, 청소년자립지원관, 청소년치료재활센터)은 청소년상담사 1명 이상을 둔다.

5 청소년지도자의 리더십 이론

(1) 특성이론(Traits Theory)
① 리더의 개인적인 자질에 의해 리더십이 성공한다는 이론이다.
② 특성의 구성요인에는 신체적 특성, 지능, 성격, 과업 특성, 사회적 특성 등이 있다.

(2) 행동이론(Behevioral Theory)
① 레빈(Lewin), 화이트(White), 리피트(Lippitt) 등이 주장한 이론으로서, 리더의 기질은 타고나는 것이 아니라 훈련을 통해 습득되는 것이라고 보는 이론이다.
② 종 류
  ㉠ 아이오와대학 모형 : 리더가 자신의 권한을 어떻게 사용하는지에 따라 독재적 리더, 민주적 리더, 자유방임형 리더로 구분한다.

독재적 리더	의사결정과 명령을 일방적으로 하고 보상이나 처벌을 이용하여 지휘
민주적 리더	의사결정에 부하의 의견을 반영하고 목표를 투명하게 밝히는 지휘
자유방임형 리더	완벽한 자유를 주고 부하 스스로 의사결정을 하도록 방치하는 지휘

  ㉡ 미시건대학 모형 : 집단성과를 증진하는 리더십 유형 파악을 위해 유능한 리더와 무능한 리더를 구분한 인터뷰와 설문을 통해 연구하였다.

직무중심적 리더	과업을 중요시하고, 공식적 권한과 권력에 비교적 많이 의존하며, 부하들을 치밀하게 감독하는 스타일
부하중심적 리더	부하와의 관계를 중요시하고, 부하를 배려하여 권한을 위임하며, 지원적 업무환경을 조성하는 행동스타일

  ㉢ 오하이오대학 모형 : 리더십 유형이 작업집단의 업적과 만족에 미치는 효과를 규명하는 연구를 시행하여 2개의 리더 유형을 도출하였다.

구조주도형 리더	부하들을 직무중심으로 이끄는 리더스타일
인간배려형 리더	부하의 의견을 존중하고 신뢰하는 등 인간적 관계중심으로 이끄는 리더 스타일

  ㉣ 관리격자이론
   • 블레이크와 머튼(Blake & Mouton)이 주장한 이론으로 리더십을 두 가지 차원(인간관계에 대한 관심과 생산에 대한 관심)으로 생각한 관리망 개념을 설정하였다.
   • 무관심형, 과업형, 인기형, 타협형, 이상형으로 나누었으며, 이 중에서 이상형을 가장 이상적인 리더십 모형으로 보았다.

(3) 상황이론(Contingency Theory)

① 피들러(Fiedler)의 상황적합 리더십 : 상황이론의 효시이며, 리더십에 대해서는 가장 먼저 구성원에 대한 영향력 정도를 특정 상황의 조절변수로 본 이론이다.

리더-구성원 관계	부하가 리더를 신뢰하고, 리더가 지시하는 바를 기꺼이 따르는 정도
리더의 직위 권력	리더가 부하들을 지도·평가하고, 필요한 상과 벌을 제시할 수 있는 권한을 지닌 정도
과업 구조	과업의 목표, 달성방법, 성과기준 등이 분명하게 명시된 정도

> **지식 IN**
>
> **리더십의 유형별 특성** 21 기출
>
> | 과제지향적 리더십 | 관계지향적 리더십 |
> |---|---|
> | • 과제에 더 많은 관심을 가지는 유형
• 목표지향적이고, 생산중심지향적 특성
• 단기적 활동계획, 목표·역할 등이 분명함
• 운영과 성과를 모니터링함 | • 구성원들과 긴밀한 인간관계를 유지하며, 배려 있고 지원적인 태도를 지니는 유형
• 구성원과의 신뢰관계를 중요시하고, 부하의 참여와 자율성을 존중함 |

② 허시(Hersey)와 블랜차드(Blanchard)의 리더십 15 기출

지시형	• 높은 과업 – 낮은 관계행동 • 부하의 의지와 능력이 모두 낮음 • 지시적 행동은 늘리고 지원적 행동은 줄임
설득형 (코치형)	• 높은 과업 – 높은 관계행동 • 부하의 능력은 낮지만 의지는 높음 • 지시적 행동과 지원적 행동을 모두 제공
참여형 (지원형)	• 낮은 과업 – 높은 관계행동 • 부하의 능력은 높지만 의지가 낮음 • 지시적 행동은 줄이고 지원적 행동은 늘림
위임형	• 낮은 과업 – 낮은 관계행동 • 부하의 능력도 높고 의지도 높음 • 지시적 행동과 지원적 행동을 거의 하지 않음

(4) 변혁적 리더십(Transformational Leadership)

① 리더는 바람직한 가치관, 존경심, 자신감을 구성원들에게 심어줄 수 있어야 하고 비전을 제시할 수 있어야 한다.
② 리더는 구성원들이 개인적 성장을 이룩할 수 있도록 그들의 욕구를 파악하고 알맞은 임무를 부여해야 한다.
③ 리더는 구성원들이 상황을 분석하는 데 있어 기존의 합리적 틀을 뛰어 넘어 보다 창의적인 관점을 개발하도록 격려해야 한다.
④ 구성원의 노력에 대한 칭찬, 감정적으로 기운을 북돋아 준다거나 활기를 불어넣어 주어야 한다.

CHAPTER 04 청소년활동기관 설치 및 운영

중요도 ★★★

핵심포인트
\# 수련시설·기관 운영(청소년수련시설, 청소년수련지구)
\# 청소년단체(한국청소년활동진흥원, 한국청소년수련시설협회, 한국청소년단체협의회)

01 수련시설·기관 운영

1 청소년수련시설

(1) 수련시설의 설치 및 운영(청소년활동 진흥법 제11조) 14 16 18 24 기출

① 국가 및 지방자치단체는 청소년 기본법에 따라 다음과 같은 수련시설을 설치·운영하여야 한다.
  ㉠ 국가는 둘 이상의 시·도 또는 전국의 청소년이 이용할 수 있는 국립청소년수련시설을 설치·운영하여야 한다.
  ㉡ 특별시장·광역시장·특별자치시장·도지사·특별자치도지사(시·도지사) 및 시장·군수·구청장은 각각 청소년수련관을 1개소 이상 설치·운영하여야 한다.
  ㉢ 시·도지사 및 시장·군수·구청장은 읍·면·동에 청소년문화의 집을 1개소 이상 설치·운영하여야 한다.
  ㉣ 시·도지사 및 시장·군수·구청장은 청소년특화시설·청소년야영장 및 유스호스텔을 설치·운영할 수 있다.
② 국가는 수련시설의 설치·운영 경비의 전부 또는 일부를 예산의 범위에서 보조할 수 있다.
③ 수련시설을 설치·운영하려는 개인·법인 또는 단체는 특별자치시장·특별자치도지사·시장·군수·구청장의 허가를 받아야 한다. 허가받은 사항 중 대규모의 부지 변경, 건축 연면적의 증감 등 대통령령으로 정하는 중요 사항을 변경하려는 경우에도 또한 같다.
④ 국가 또는 지방자치단체는 허가를 받아 수련시설을 설치·운영하는 자에게 예산의 범위에서 그 설치 및 운영에 필요한 경비의 일부를 보조할 수 있다.
⑤ **국립청소년수련시설** : 국립중앙청소년수련원, 국립평창청소년수련원, 국립청소년우주센터, 국립청소년농생명센터, 국립청소년해양센터, 국립청소년미래환경센터, 국립청소년생태센터

(2) 청소년수련시설의 입지조건(청소년활동 진흥법 시행규칙 별표3) 17 기출

청소년수련관, 청소년문화의 집, 청소년특화시설	일상생활권, 도심지 근교 및 그 밖의 지역 중 청소년수련활동 실시에 적합한 곳으로서 청소년이 이용하기에 편리한 지역이어야 한다.
청소년수련원, 청소년야영장	자연경관이 수려한 지역, 국립·도립·군립공원, 그 밖의 지역 중 자연과 더불어 행하는 청소년수련활동 실시에 적합한 곳으로서 청소년이 이용하기에 편리한 지역이어야 한다.
유스호스텔	명승고적지, 역사유적지 부근 및 그 밖의 지역 중 청소년이 여행활동 시 이용하기에 편리한 지역이어야 한다.

(3) 수련시설의 안전기준(청소년활동 진흥법 시행령 별표1) 15 16 20 21 기출

① 수련시설의 설치·운영자는 항상 안전사고 예방에 주의를 기울여야 하며, 특히 장애 청소년 및 미취학아동 등 특별한 보호를 필요로 하는 이용자에 대하여는 안전사고 발생에 대비하여 대피가 편리한 숙소를 배정하고, 안전사고 예방을 위한 인솔자 교육을 강화하는 등 특별한 주의를 기울여야 한다.
② 부상자·병자에 대하여 응급처치를 할 수 있는 구호설비·기구를 갖추어야 한다.
③ 지방자치단체, 병원, 경찰관서 및 소방관서 등과 비상연락망을 유지하여야 한다.
④ 안전사고·응급환자 발생 등에 대비하여 긴급 후송대책 등의 방안을 마련하여야 한다.
⑤ 위험한 장소에는 방벽·울타리·위험표지물 등 안전시설을 설치하여야 하며, 이용자가 있을 때에는 안전요원 또는 긴급구조요원을 배치하여야 한다.
⑥ 자연체험시설 등을 설치한 경우에는 시설의 종류에 따라 안전모·안전띠·구명대 등 필요한 개인보호장구를 갖추고, 이를 이용자에게 착용하도록 하여야 한다.
⑦ 매월 1회 이상 시설물에 대한 안전점검(세부적인 점검사항은 여성가족부령으로 정하는 바에 따름)을 실시하여야 하며, 점검결과를 시설물 안전점검기록대장에 기록·관리하여야 한다.
⑧ 시설물에 위험요인이 발견될 때에는 즉시 그 시설물의 이용을 중단시키고 보수 등의 조치를 취하여야 한다.
⑨ 수련시설의 종사자에 대하여 정기적으로 안전교육을 실시하여야 한다.
⑩ 시설의 이용방법, 유의사항, 비상 시의 대피경로 등을 이용자들이 잘 볼 수 있는 장소에 게시하여야 한다.
⑪ 해당 시설이용 및 수련활동에 관한 안전교육 프로그램을 마련하여 이용자(인솔자 포함)에 대하여 사전 안전교육을 실시하여야 한다.
⑫ 태풍·홍수·해일 등 재해발생의 우려가 있는 경우에는 이용자들을 신속히 대피시켜야 한다.
⑬ 해당 수련시설 안에 법 제33조 제2항 각 호의 영업을 위한 시설 또는 그 밖에 다른 법령에 따른 시설이 설치된 경우에 이 기준에서 특별히 정한 경우를 제외하고는 그 법령에서 정한 안전기준 등을 준수하여야 한다.

⑭ 청소년수련시설의 숙박·집회시설 및 숙박·집회시설과 이어진 건축물에는 *샌드위치 판넬 등 연소 시 유독가스가 발생되는 건축자재는 사용할 수 없다.

> **샌드위치 판넬**
> 강판 2장 사이에 충전재로 스티로폼·우레탄폼 등의 재료를 채워 넣은 건축용 자재를 말한다.

(4) 수련시설 운영대표자의 자격(청소년활동 진흥법 시행령 제8조) 15 16 22 24 기출

① 1급 청소년지도사 자격증을 소지한 사람
② 2급 청소년지도사 자격증 취득 후 청소년육성업무에 3년 이상 종사한 사람
③ 3급 청소년지도사 자격증 취득 후 청소년육성업무에 5년 이상 종사한 사람
④ 초·중등교육법 제21조에 따른 정교사 자격증 소지자 중 청소년육성업무에 5년 이상 종사한 사람
⑤ 청소년육성업무에 8년 이상 종사한 사람
⑥ 7급 이상의 일반직공무원 또는 이에 상당하는 별정직공무원(고위공무원단에 속하는 일반직공무원 또는 별정직공무원을 포함)으로서 청소년육성업무에 3년 이상 종사한 사람
⑦ ⑥ 외의 공무원 중 청소년육성업무에 종사한 사람의 경우에는 5년 이상

(5) 수련시설의 허가 요건(청소년활동 진흥법 제12조)

① 시설기준·안전기준 및 운영기준에 적합할 것
② 해당 시설의 설치·운영에 필요한 자금을 조달할 능력이 있을 것
③ 해당 시설의 설치에 필요한 부동산을 소유하거나 사용할 수 있는 권한이 있을 것
④ 그 밖에 여성가족부령으로 정하는 기준에 적합할 것

(6) 시범수련시설의 지정 및 육성(청소년활동 진흥법 시행령 제9조) 22 기출

① 여성가족부장관과 지방자치단체의 장은 수련시설 설치·운영의 활성화 및 청소년수련거리의 보급·확산을 위하여 관할구역에서 다음 중 어느 하나에 해당하는 수련시설을 시범수련시설로 지정하여 육성할 수 있다.
  ㉠ 시설·설비내용이 우수하고 청소년수련거리의 운영에 모범이 되는 수련시설
  ㉡ 국가 및 지방자치단체 등에서 개발·보급하는 청소년수련거리의 시범적용을 담당할 수련시설
  ㉢ 그 밖에 특별히 육성할 필요성이 있다고 인정되는 수련시설
② 국가 및 지방자치단체는 ①에 따라 지정된 시범수련시설에 대해서는 다른 수련시설에 우선하여 수련시설의 설치·운영경비 등을 지원할 수 있다.
③ 여성가족부장관과 지방자치단체의 장은 시범수련시설의 지정 및 육성에 관한 업무를 관련 전문기관에 위탁하여 실시할 수 있다.
④ 시범수련시설의 지정 및 육성·지원에 관하여 그 밖에 필요한 사항은 여성가족부장관이 정한다.

(7) 수련시설의 안전점검 및 안전교육(청소년활동 진흥법 제18조) 18 21 22 23 24 기출

① 수련시설의 안전점검
  ㉠ 수련시설의 운영대표자는 시설에 대하여 정기 안전점검 및 수시 안전점검을 실시하여야 한다.
  ㉡ 수련시설의 운영대표자는 정기 안전점검 및 수시 안전점검을 실시한 후 그 결과를 특별자치시장·특별자치도지사·시장·군수·구청장에게 제출하여야 한다.
  ㉢ 안전점검 결과를 받은 특별자치시장·특별자치도지사·시장·군수·구청장은 필요한 경우 수련시설의 운영대표자에게 시설의 보완 또는 개수(改修)·보수(補修)를 요구할 수 있다. 이 경우 수련시설의 운영대표자는 그 요구에 따라야 한다.
  ㉣ 국가 또는 지방자치단체는 예산의 범위에서 ㉠부터 ㉢까지의 규정에 따른 안전점검이나 시설의 보완 및 개수·보수에 드는 비용의 전부 또는 일부를 보조할 수 있다.
  ㉤ 정기 안전점검 및 수시 안전점검을 받아야 하는 시설의 범위·시기, 안전점검기관, 안전점검 절차 및 안전기준은 대통령령으로 정한다.
② 수련시설 이용자에 대한 안전교육(시행규칙 제8조의3)
  ㉠ 수련시설 이용 시 유의사항 및 비상시 행동요령에 관한 사항
  ㉡ 청소년수련활동 유형별 안전사고 예방에 관한 사항
  ㉢ 성폭력·성희롱 예방 및 대처요령에 관한 사항
  ㉣ 그 밖의 해당 수련시설의 이용 및 청소년수련활동에 필요한 안전에 관한 사항
③ 수련시설 종사자 등에 대한 안전교육 내용(시행규칙 제8조의4)
  ㉠ 청소년수련활동 및 수련시설의 안전관련 법령
  ㉡ 청소년수련활동 안전사고 예방 및 관리
  ㉢ 수련시설의 안전점검 및 위생관리
  ㉣ 그 밖에 수련시설 종사자 등의 안전관리 역량 강화 및 안전사고 예방을 위하여 필요한 사항
④ 수련시설 종사자 등에 대한 안전교육은 이러닝, 집합교육 또는 이러닝과 집합교육을 혼합한 방법으로 실시할 수 있다.
⑤ 수련시설 종사자 등에 대한 안전교육은 매년 1회 이상 실시한다.

(8) 감독기관의 종합 안전·위생점검(청소년활동 진흥법 제18조의3) 17 기출

① 여성가족부장관 또는 특별자치시장·특별자치도지사·시장·군수·구청장은 수련시설의 안전과 위생관리를 위하여 정기적으로 수련시설에 대한 종합 안전·위생점검을 실시하고, 그 결과를 공개하여야 한다.
② 여성가족부장관 또는 특별자치시장·특별자치도지사·시장·군수·구청장은 종합 안전·위생점검을 실시하려면 미리 수련시설의 운영대표자에게 그 종합 안전·위생점검의 절차, 방법 및 기간을 통보하여야 한다.

③ 여성가족부장관 또는 특별자치시장·특별자치도지사·시장·군수·구청장은 통보를 할 때 또는 그 통보 후에 수련시설의 운영대표자에게 종합 안전·위생점검에 필요한 자료의 제출을 요구할 수 있다. 이 경우 수련시설의 운영대표자는 정당한 사유가 없으면 그 요구에 따라야 한다.
④ 국가 및 지방자치단체는 종합 안전·위생점검 결과에 따라 수련시설의 운영대표자에게 시설의 보완 또는 개수·보수, 위생상태의 개선을 요구할 수 있다. 이 경우 운영대표자는 특별한 사정이 없으면 그 요구에 따라야 한다.
⑤ 여성가족부장관 또는 시장·군수·구청장은 수련시설에 대한 종합 안전·위생점검을 2년마다 1회 이상 실시하여야 한다(시행령 제11조 제1항).

(9) 수련시설의 운영기준(청소년활동 진흥법 제19조)
① 수련시설의 운영대표자는 그 종사자에 대하여 연 1회 이상 수련시설의 운영·안전·위생 등에 관한 교육을 실시하여야 한다.
② 수련시설의 운영대표자는 교육을 실시한 후, 그 결과를 여성가족부장관 및 특별자치시장·특별자치도지사·시장·군수·구청장에게 제출하여야 한다.
③ 수련시설의 청소년수련거리 운영, 생활지도, 시설의 관리 및 운영, 종사자교육 등 운영기준은 수련시설 종류별로 여성가족부령으로 정한다.

(10) 수련시설의 운영중지명령(청소년활동 진흥법 제20조의2) 17 18 20 기출
① 특별자치시장·특별자치도지사·시장·군수·구청장은 수련시설의 운영 또는 청소년활동 중에 다음의 어느 하나에 해당하는 사유가 발생한 경우에는 수련시설 설치·운영자 또는 위탁운영단체, 숙박형 등 청소년수련활동 주최자에게 3개월 이내의 기간을 정하여 시설 운영 또는 활동의 중지를 명할 수 있다.
  ⊙ 시설이 붕괴되거나 붕괴할 우려가 있는 등 안전 확보가 현저히 미흡한 경우
  ⓒ 숙박형 등 청소년수련활동의 실시 중 참가자 또는 이용자의 생명 또는 신체에 심각한 피해를 입히는 사고가 발생한 경우
  ⓒ 성폭력범죄의 처벌 등에 관한 특례법 제2조의 성폭력범죄 또는 아동·청소년의 성보호에 관한 법률 제2조 제2호 및 제3호의 아동·청소년대상 성범죄 및 아동·청소년대상 성폭력범죄가 발생한 경우
  ② 아동복지법 제17조의 금지행위가 발생한 경우
② 행정처분의 자세한 기준은 그 위반행위의 유형과 정도 등을 고려하여 여성가족부령으로 정한다.

(11) 수련시설의 종합평가(청소년활동 진흥법 제19조의2, 시행규칙 제9조의2) 16 18 20 21 23 24 기출
① 여성가족부장관은 수련시설의 전문성 강화와 운영의 개선 등을 위하여 시설 운영 및 관리체계, 활동프로그램 운영 등 수련시설 전반에 대한 종합평가를 정기적으로 실시하고 그 결과를 공개하여야 한다.
② 여성가족부장관은 종합평가를 실시하려면 미리 수련시설의 운영대표자에게 그 종합평가의 절차, 방법 및 기간을 통보하여야 한다.

③ 여성가족부장관은 통보를 할 때 또는 그 통보 후에 수련시설의 운영대표자에게 종합평가에 필요한 자료의 제출을 요구할 수 있다. 이 경우 수련시설의 대표자는 정당한 사유가 없으면 그 요구에 따라야 한다.
④ 국가 및 지방자치단체는 종합평가의 결과 우수한 수련시설에 대하여 포상 등을 실시할 수 있다.
⑤ 여성가족부장관은 종합평가의 결과에 따라 수련시설의 운영대표자에게 미흡사항에 대한 개선이나 그 밖의 필요한 조치를 하도록 요구할 수 있다.
⑥ 여성가족부장관은 종합평가의 결과를 교육부장관 등 관계 기관의 장에게 알려야 한다.
⑦ 여성가족부장관은 수련시설에 대한 종합평가를 2년마다 1회 이상 실시하여야 한다.
⑧ 종합평가는 수련시설의 관리·운영, 청소년수련활동 프로그램의 내용·전문성, 시설·설비 및 안전관리 등을 평가기준으로 하여 서면, 전산입력 등의 방법으로 평가하되, 필요한 경우 현장평가를 할 수 있다.
⑨ 여성가족부장관은 종합평가 결과를 교육부장관 및 지방자치단체의 장 등 관계기관에 통보하고, 여성가족부 홈페이지 또는 여성가족부장관이 지정하는 인터넷 홈페이지에 공개하여야 한다.

(12) 수련시설 설치·운영자, 위탁운영단체의 금지행위(청소년활동 진흥법 제21조) 19 기출
① 정당한 사유 없이 청소년의 수련시설 이용을 제한하는 행위
② 청소년활동이 아닌 용도로 수련시설을 이용하는 행위(수련시설을 청소년활동에 지장이 없는 범위에서 이용하는 경우는 제외)
③ 청소년단체가 아닌 자에게 수련시설을 위탁하여 운영하게 하는 행위

(13) 수련시설 허가 또는 등록의 취소(청소년활동 진흥법 제22조) 18 22 기출
① 특별자치시장·특별자치도지사·시장·군수·구청장은 수련시설 설치·운영자가 다음의 어느 하나에 해당하는 경우에는 그 수련시설의 허가 또는 등록을 취소할 수 있다.
② 다만, ㉠ 또는 ㉡에 해당하는 경우에는 허가 또는 등록을 취소하여야 한다.
 ㉠ 거짓이나 그 밖의 부정한 방법으로 허가를 받거나 등록을 한 경우
 ㉡ 최근 2년 이내에 과태료처분을 2회 이상 받고 다시 같은 호에 따른 위반행위를 한 경우
 ㉢ 정당한 사유 없이 수련시설의 허가를 받거나 등록을 한 후 1년 이내에 그 수련시설의 설치 착수 또는 운영을 시작하지 아니하거나 특별자치시장·특별자치도지사·시장·군수·구청장이 정하는 기간에 수련시설의 등록을 하지 아니한 경우
 ㉣ 고의 또는 중대한 과실로 운영 중지 명령(제20조의2 제1항)의 각 호의 사유가 발생한 경우
 ㉤ 종합평가에서 가장 낮은 등급을 연속하여 3회 이상 받은 경우

(14) 수련시설 건립 시 타당성의 사전 검토(청소년활동 진흥법 제28조) 24 기출
① 국가 및 지방자치단체는 설치되는 수련시설이 청소년활동에 적합하도록 하기 위하여 입지조건, 내부 구조, 그 밖의 설계사항 등 건립의 타당성에 관한 사항을 포함한 기본계획을 수립하고, 관련 설계사항을 사전에 심의한 후 시행하여야 한다.

② 기본계획 및 관련 설계사항의 심의 과정에는 청소년 관련 전문가 및 청소년이 참여할 수 있다.
③ 수련시설 건립심의위원회(시행령 제15조)
　㉠ 국가 및 지방자치단체는 심의 과정에 청소년 관련 전문가 및 청소년이 참여할 수 있도록 하기 위하여 소관 수련시설 건립 시 수련시설건립심의위원회를 구성하여 운영하여야 한다.
　㉡ 심의위원회의 위원은 5명 이상 10명 이하로 구성하며, 위원 중 청소년 및 청소년 전문가의 참여 비율은 각각 5분의 1 이상으로 한다.

(15) 수련시설의 이용(청소년활동 진흥법 제31조)

① 수련시설을 운영하는 자는 청소년단체가 청소년활동을 위하여 시설 이용을 요청할 때에는 특별한 사유가 없으면 그 요청에 따라야 한다.
② 수련시설을 운영하는 자는 청소년활동에 지장을 주지 아니하는 범위에서 다음의 용도로 수련시설을 제공할 수 있다.
　㉠ 법인·단체 또는 직장 등에서 실시하는 단체연수활동 등에 제공하는 경우
　㉡ 평생교육법에 따른 평생교육의 실시를 위하여 제공하는 경우
　㉢ 청소년수련원, 유스호스텔 및 청소년야영장에서 개별적인 숙박·야영 편의 등을 제공하는 경우
　㉣ 해당 수련시설에 설치된 관리실·사무실 등을 청소년단체의 활동공간으로 제공하는 경우
　㉤ 그 밖에 여성가족부령으로 정하는 용도로 이용하는 경우
③ 수련시설의 용도(시행규칙 제13조 제1항)
　㉠ 당일에 한하는 일시적인 집회에의 사용
　㉡ 청소년수련원, 청소년야영장 및 유스호스텔에서 생활관 또는 숙박실 외의 부대·편익시설 등의 사용
　㉢ 청소년수련관, 청소년문화의 집 및 청소년특화시설에서 청소년의 이용이 적은 시간대의 사용
④ 수련시설의 이용 범위(시행규칙 제13조 제2항) 21 기출
　㉠ 해당 수련시설을 이용한 청소년 외의 연간 이용자 수가 그 수련시설 연간 이용가능인원 수의 100분의 40 이내인 범위를 말하되, 가족이 청소년과 함께 수련시설을 이용한 경우 그 가족은 청소년 외의 연간이용자 수에 포함시키지 아니한다.
　㉡ 전년도의 외국인 이용자가 연간 5만 명 이상인 유스호스텔의 경우에는 100분의 60 이내인 범위를 말한다.

> **지식 IN**
>
> **공공 청소년수련시설 운영의 활성화 요건** 14 기출
> - 마케팅 대상 집단을 명확히 해야 한다.
> - 지역사회 중심의 운영전략을 수립해야 한다.
> - 지역사회 연계를 강화해야 한다.
> - 지역사회 변화의 견인차 역할을 수행해야 한다.
>
> **체육활동장을 설치해야 하는 시설** 19 기출
> 청소년활동 진흥법 시행규칙 제8조 별표3의 개별기준에 따르면 청소년수련관, 청소년수련원, 청소년야영장에는 체육활동장을 설치해야 한다.

2 청소년수련지구

(1) 청소년수련지구의 개념 15 기출

① 자연권에서 넓은 일정한 지역을 선정하여 수련시설과 지원시설 및 각종 편의시설 등을 다양하고 계획적으로 설치할 수 있도록 한 종합적인 청소년 활동공간이다.

② 단위수련시설(수련원, 야영장 및 유스호스텔 등)이 갖는 활동면적이나 시설 내용상의 한계를 극복할 수 있고, 단위수련시설에서 실시하기 힘든 체계적이고 입체적인 수련활동을 집약적으로 실시할 수 있다. 또한, 수련활동뿐만 아니라 청소년의 휴양, 오락기능 및 가족단위의 여가를 보낼 수 있는 다목적의 기능을 발휘할 수 있다.

(2) 청소년수련지구의 지정(청소년활동 진흥법 제47조, 시행령 제27조) 19 기출

① 특별자치시장·특별자치도지사·시장·군수·구청장은 청소년활동을 지원하기 위하여 필요한 경우 명승고적지, 역사유적지 또는 자연경관이 수려한 지역으로서 청소년활동에 적합하고 이용이 편리한 지역을 청소년수련지구로 지정할 수 있다.

② 특별자치시장·특별자치도지사·시장·군수·구청장은 수련지구를 지정하거나 그 지정 내용을 변경하려면 관계 행정기관의 장과 협의하여야 한다. 다만, 대통령령으로 정하는 경미한 사항을 변경하는 경우에는 그러하지 아니하다.

③ 특별자치시장·특별자치도지사·시장·군수·구청장은 수련지구를 지정하였을 때에는 수련지구의 구역, 면적, 지정 연월일, 그 밖에 필요한 사항을 고시하여야 한다.

④ 시장·군수·구청장이 청소년수련지구를 지정함에 있어 관계 행정기관의 장과 협의하려는 경우에는 협의요청서에 다음의 서류를 첨부하여 관계 행정기관의 장에게 송부하여야 한다. 이 경우 협의요청서를 받은 관계 행정기관의 장은 특별한 사유가 없는 한 협의요청서를 받은 날부터 40일 이내에 이에 대한 의견을 회신하여야 한다.

㉠ *수련지구의 지정사유 설명서
㉡ 수련지구로 지정할 구역의 지번 및 지적조서
㉢ 국토의 계획 및 이용에 관한 법률, 그 밖의 다른 법률에 따라 지역·지구 등으로 지정된 지역에 수련지구를 지정하는 경우, 그 법률에서 해당 행정기관의 장과 협의하도록 규정된 경우에는 그 협의에 필요한 서류
㉣ 수련지구로 지정하는 지역의 도면(축척 2만5천분의 1 이상)

> **수련지구**
> 청소년활동에 적합하고 이용이 편리한 지역을 말한다.

(3) 청소년수련지구 조성계획(청소년활동 진흥법 제48조)

① 특별자치시장·특별자치도지사·시장·군수·구청장은 수련지구를 지정한 경우에는 수련지구조성계획(이하 "조성계획")을 수립·시행하여야 한다.
② 법인 또는 단체는 수련지구를 지정한 특별자치시장·특별자치도지사·시장·군수·구청장의 승인을 받아 대통령령으로 정하는 규모 이하의 조성계획을 수립·시행할 수 있다.
③ 조성계획은 자연 상태를 최대한 보존할 수 있도록 수립하여야 한다.
④ 특별자치시장·특별자치도지사·시장·군수·구청장은 조성계획을 수립하거나 승인하였을 때에는 그 조성계획을 대통령령으로 정하는 바에 따라 고시하여야 한다.
⑤ 국가는 조성계획의 시행에 필요한 비용의 일부를 보조할 수 있다.

(4) 수련지구에 설치하여야 하는 시설의 종류(청소년활동 진흥법 시행령 별표4) 15 기출

① **수련시설** : 청소년수련원 및 유스호스텔 각각 1개소 이상
② **체육시설** : 실내체육시설 1개소 이상 및 실외체육시설 3개소 이상
③ **문화시설** : 공연장, 박물관, 미술관, 과학관, 그 밖에 이와 유사한 시설 중 1개소 이상
④ **자연탐구시설 또는 환경학습시설** : 자연학습원, 환경학습장, 동·식물원, 그 밖에 이와 유사한 시설 중 1개소 이상
⑤ **모험활동시설** : 수상·해양·항공 또는 산악 훈련장, 극기훈련장, 모험활동장, 그 밖에 이와 유사한 모험활동시설 중 1개소 이상
⑥ **녹지** : 수련지구 지정면적의 10% 이상

(5) 청소년수련시설의 범위 및 면적(청소년활동 진흥법 시행령 별표4)

① 시설의 면적은 해당 수련지구 내 전체 시설면적 중 도로·광장 등 공용시설을 제외한 시설면적의 100분의 50 이상이어야 한다.
② 시설의 설치에 드는 투자비는 해당 수련지구의 조성에 드는 전체 투자비 중 도로·광장·상하수도 등 기반시설에 투자되는 비용을 제외한 투자비의 100분의 50 이상이어야 한다.

(6) 청소년수련지구에 설치할 수 없는 시설(청소년활동 진흥법 시행령 제29조 제2항)

① 식품위생법 시행령에 따른 단란주점영업 및 유흥주점영업을 하기 위한 시설
② 사행행위 등 규제 및 처벌특례법에 따른 *사행행위영업을 하기 위한 시설

> **사행행위**
> 여러 사람으로부터 재물을 모아 우연적 방법으로 득실을 결정하여 재산상의 이익이나 손실을 주는 행위를 말한다.

③ 체육시설의 설치·이용에 관한 법률에 따른 무도학원업 및 무도장업을 하기 위한 시설
④ 화학물질관리법에 따른 유해화학물질 영업을 하기 위한 시설
⑤ 산업집적활성화 및 공장설립에 관한 법률에 의한 공장(다만, 수련지구의 관리 또는 청소년수련활동을 위하여 필요한 시설로서 여성가족부령으로 정하는 것은 제외)
⑥ 폐기물관리법에 의한 폐기물처리시설(다만, 수련지구의 관리 또는 청소년수련활동을 위하여 필요한 시설로서 여성가족부령으로 정하는 것은 제외)
⑦ 그 밖에 특별자치시·특별자치도·시·군·구 조례에서 정하는 시설

02 청소년단체

1 청소년단체의 개념 및 역할

(1) 청소년단체의 개념 19 기출

① 청소년 개개인의 자아실현을 도모하고, 나아가 국가·사회의 발전에 참여·봉사할 수 있는 인간으로 육성하려는 목표 아래 건전한 활동을 통하여 청소년을 지도하는 단체이다.
② 청소년육성을 주된 목적으로 설립된 법인 또는 대통령령이 정하는 단체(청소년활동, 청소년복지 또는 청소년보호를 주요사업으로 하는 단체로서 여성가족부장관이 인정하는 단체)를 말한다(청소년 기본법 제3조 제8호).

> **지식 IN**
>
> **여성가족부장관이 인정하는 단체**
> - 정관의 설립목적 또는 목적사업에 청소년활동, 청소년복지, 청소년보호를 주요사업으로 하고 청소년관련 활동실적이 있는 비영리 법인
> - 청소년활동, 청소년복지, 청소년보호를 주요사업으로 하는 단체로서 비영리민간단체지원법에 따라 등록된 단체
> - 청소년학과·교육학과 등 청소년 관련학과가 개설되어 있고 청소년활동 실적이 있는 대학(학교법인 포함)

(2) 청소년단체의 역할(청소년 기본법 제28조 제1항)

① 학교교육과 서로 보완할 수 있는 청소년활동을 통한 청소년의 기량과 품성 함양
② 청소년복지의 증진을 통한 청소년의 삶의 질 향상
③ 유해환경으로부터 청소년을 보호하기 위한 청소년보호 업무 수행

2 관련법상에서의 청소년단체

(1) 한국청소년활동진흥원(청소년활동 진흥법 제6조) 16 19 20 22 기출

① 청소년육성을 위한 다음의 사업을 하기 위하여 한국청소년활동진흥원(활동진흥원)을 설치한다.
  ㉠ 청소년활동, 청소년복지, 청소년보호에 관한 종합적 안내 및 서비스 제공
  ㉡ 청소년육성에 필요한 정보 등의 종합적 관리 및 제공
  ㉢ 청소년수련활동 인증위원회 등 청소년수련활동 인증제도의 운영
  ㉣ 청소년 자원봉사활동의 활성화
  ㉤ 청소년활동 프로그램의 개발과 보급
  ㉥ 국가가 설치하는 수련시설의 유지·관리 및 운영업무의 수탁
  ㉦ 국가 및 지방자치단체가 개발한 주요 청소년수련거리의 시범운영
  ㉧ *청소년활동시설이 실시하는 국제교류 및 협력사업에 대한 지원
  ㉨ 청소년지도자의 연수
  ㉩ 숙박형 등 청소년수련활동 계획의 신고 지원에 대한 컨설팅 및 교육
  ㉪ 수련시설 종합 안전·위생점검에 대한 지원
  ㉫ 수련시설의 안전에 관한 컨설팅 및 홍보
  ㉬ 안전교육의 지원
  ㉭ 그 밖에 여성가족부장관이 지정하거나 활동진흥원의 목적을 수행하기 위하여 필요한 사업
② 활동진흥원은 법인으로 한다.
③ 활동진흥원은 그 주된 사무소의 소재지에서 설립등기를 함으로써 성립한다.

> **청소년활동시설**
> 청소년수련활동, 청소년교류활동, 청소년문화활동 등 청소년활동에 제공되는 시설을 말한다.

> **지식 IN**
> **활동진흥원의 정관에 포함되는 사항(청소년활동 진흥법 제6조의2)**
> - 목적과 명칭
> - 사업에 관한 사항
> - 재산 및 회계에 관한 사항
> - 주된 사무소의 소재지
> - 임원, 직원 및 이사회에 관한 사항
> - 정관의 변경에 관한 사항

(2) 한국청소년수련시설협회(청소년활동 진흥법 제40조)

① 수련시설 설치·운영자 및 위탁운영단체는 수련시설의 운영·발전을 위하여 여성가족부장관의 인가를 받아 다음의 사업을 하는 한국청소년수련시설협회(시설협회)를 설립할 수 있다.
  ㉠ 시설협회의 회원인 수련시설 설치·운영자 및 위탁운영단체가 실시하는 사업과 활동에 대한 협력 및 지원
  ㉡ 청소년지도자의 연수·권익증진 및 교류사업
  ㉢ 청소년수련활동의 활성화 및 수련시설의 안전에 관한 홍보 및 실천운동

ⓔ 청소년수련활동에 대한 조사·연구·지원사업
　　　ⓜ 지방청소년수련시설협회에 대한 지원
　　　ⓗ 그 밖에 수련시설의 운영·발전을 위하여 필요하다고 여성가족부장관이 인정하는 사업
　② 시설협회는 법인으로 한다.
　③ 시설협회는 그 주된 사무소의 소재지에서 설립등기를 함으로써 성립한다.
　④ 국가는 예산의 범위에서 시설협회의 운영경비의 전부 또는 일부를 지원할 수 있다.
　⑤ 시설협회는 사업의 일부를 대통령령으로 정하는 바에 따라 지방청소년수련시설협회에 위탁할 수 있다.
　⑥ 시설협회에 관하여는 이 법에서 규정한 것을 제외하고는 민법 중 사단법인에 관한 규정을 준용한다.

(3) 한국청소년단체협의회(청소년 기본법 제40조) 16 20 22 기출

① 청소년단체는 청소년육성을 위한 다음의 활동을 하기 위하여 여성가족부장관의 인가를 받아 한국청소년단체협의회를 설립할 수 있다.
　㉠ 회원단체의 사업과 활동에 대한 협조·지원
　㉡ 청소년지도자의 연수와 권익 증진
　㉢ 청소년 관련 분야의 국제기구활동
　㉣ 외국 청소년단체와의 교류 및 지원
　㉤ 남·북청소년 및 해외교포청소년과의 교류·지원
　㉥ 청소년활동에 관한 조사·연구·지원
　㉦ 청소년 관련 도서 출판 및 정보 지원
　㉧ 청소년육성을 위한 홍보 및 실천 운동
　㉨ 지방청소년단체협의회에 대한 협조 및 지원
　㉩ 그 밖에 청소년육성을 위하여 필요한 사업
② 한국청소년단체협의회는 법인으로 하고, 주된 사무소의 소재지에서 설립등기를 함으로써 성립한다.
③ 한국청소년단체협의회에 관하여 청소년 기본법에 규정된 것을 제외하고는 민법 중 사단법인에 관한 규정을 준용한다.
④ 국가는 한국청소년단체협의회의 운영과 활동에 필요한 경비를 지원할 수 있다.
⑤ 한국청소년단체협의회는 설립 목적에 지장이 없는 범위에서 수익사업을 할 수 있으며, 발생한 수익은 한국청소년단체협의회의 운영 또는 한국청소년단체협의회의 시설 운영 외의 목적에 사용할 수 없다.
⑥ 개인·법인 또는 단체는 한국청소년단체협의회의 운영과 사업 등을 지원하기 위하여 금전이나 그 밖의 재산을 출연하거나 기부할 수 있다.
⑦ 한국청소년단체협의회는 활동의 일부를 정관에서 정하는 바에 따라 회원단체에 위탁할 수 있다.

CHAPTER 05 청소년활동 실제

중요도 ★★★

핵심포인트
수련활동 # 교류활동 # 문화활동 # 동아리활동 # 체험활동 # 봉사활동
기타 활동

01 수련활동

1 청소년수련거리

(1) 청소년수련거리의 정의 및 특징 [20] [기출]
① 청소년수련거리의 정의 : 청소년수련활동에 필요한 프로그램과 이와 관련되는 사업을 말한다(청소년활동 진흥법 제2조 제6호).
② 청소년수련거리의 특징 : 정책성, 체험성, 전문성 등

(2) 청소년수련거리의 개발·보급(청소년활동 진흥법 제34조)
① 국가 및 지방자치단체는 청소년수련활동에 필요한 청소년수련거리를 그 이용대상·나이·이용장소 등을 종합적으로 고려하여 유형별로 균형 있게 개발·보급하여야 한다.
② 국가 및 지방자치단체는 청소년의 발달원리와 선호도에 근거하여 청소년수련거리를 전문적으로 개발하여야 한다.

2 청소년수련활동

(1) 청소년수련활동 인증제도의 운영(청소년활동 진흥법 제35조) [18] [22] [기출]
① 국가는 청소년수련활동이 청소년의 균형 있는 성장에 기여할 수 있도록 그 내용과 수준을 향상시키기 위하여 청소년수련활동 인증제도를 운영하여야 한다.
② 국가는 청소년수련활동 인증제도를 운영하기 위하여 청소년수련활동 인증위원회를 활동진흥원에 설치·운영하여야 한다.
③ 인증위원회는 위원장과 부위원장 각 1명을 포함한 15명 이내의 위원으로 구성한다.

④ 인증위원회의 위원은 다음에 해당하는 사람으로 한다. 이 경우 ⓒ에 해당하는 사람이 1명 이상 포함되어야 한다.
  ㉠ 여성가족부와 교육부의 고위공무원단에 속하는 일반직공무원 또는 이에 상당하는 특정직 공무원 중에서 해당 기관의 장이 각각 지명하는 사람
  ㉡ 활동진흥원의 이사장
  ㉢ 청소년활동의 안전에 관한 전문자격이나 전문지식을 가진 사람 중에서 여성가족부장관이 위촉하는 사람
  ㉣ 그 밖에 청소년활동에 관한 지식과 경험이 풍부한 사람 중에서 여성가족부장관이 위촉하는 사람
⑤ 국가는 인증을 받은 청소년수련활동을 공개하여야 하며, 인증수련활동에 참여한 청소년의 활동기록을 유지·관리하고, 청소년이 요청하는 경우에는 이를 제공하여야 한다.
⑥ 인증위원회의 구성·운영, 청소년의 활동기록의 유지 및 관리 등에 필요한 사항은 대통령령으로 정한다.

(2) 인증위원회의 구성·운영 등(청소년활동 진흥법 시행령 제19조) 14 20 22 기출

① 여성가족부장관이 위촉하는 위원의 임기는 3년으로 한다.
② 인증위원회의 위원장과 부위원장은 위원 중에서 호선한다.
③ 위원장은 인증위원회를 대표하고, 인증위원회의 직무를 총괄한다.
④ 위원장이 부득이한 사유로 직무를 수행할 수 없는 경우에는 부위원장이 그 직무를 대행하며, 위원장 및 부위원장이 모두 부득이한 사유로 직무를 수행할 수 없는 경우에는 위원장이 미리 지명한 위원이 그 직무를 대행한다.
⑤ 위원장은 필요 시 회의를 소집하고, 그 의장이 된다.
⑥ 인증위원회의 업무를 효율적으로 수행하기 위하여 필요한 경우에는 소위원회를 둘 수 있으며, 소위원회의 설치·운영 등 인증위원회의 운영에 필요한 사항은 인증위원회의 의결을 거쳐 위원장이 정한다.
⑦ 국가는 인증수련활동에 참여한 청소년의 활동기록을 확인하는 등의 절차를 거쳐 해당 활동이 끝난 후 20일이 경과한 날부터 그 기록을 제공할 수 있도록 하여야 한다(청소년활동법 시행령 제20조).

(3) 인증심사원의 자격 및 선발 등(청소년활동 진흥법 시행규칙 제15조) 17 19 23 24 기출

① 청소년수련활동인증위원회는 다음의 어느 하나에 해당하는 자격요건을 갖춘 사람 중에서 인증심사원을 선발한다.
  ㉠ 1급 또는 2급 청소년지도사 자격 소지자
  ㉡ 청소년활동분야에서 5년 이상의 실무경력이 있는 사람
② 인증심사원이 되려는 사람은 인증위원회에서 실시하는 면접 등 절차를 거쳐 선발한다.

③ 인증심사원이 되려는 사람은 인증기준, 인증절차 등 인증심사와 관련된 내용을 중심으로 인증위원회가 실시하는 직무연수를 40시간 이상 받아야 한다.
④ 인증심사원은 2년마다 20시간 이상의 직무연수를 이수하여야 한다.

(4) 활동기록 유지 · 관리(청소년활동 진흥법 시행령 제20조) 14 16 기출
① 국가는 인증수련활동에 참여한 청소년의 활동기록을 확인하는 등의 절차를 거쳐 해당 활동이 끝난 후 20일이 경과한 날부터 그 기록을 제공할 수 있도록 하여야 한다.
② 국가는 활동참여 청소년의 기록 자료가 효율적으로 유지 · 관리 · 제공될 수 있도록 종합관리체계를 구축하여야 하며, 수련활동 참여기록이 청소년 본인의 동의 없이 공개 또는 유출되지 아니하도록 하는 등의 필요한 조치를 하여야 한다.

(5) 인증신청 · 절차 및 방법(청소년활동 진흥법 제36조, 시행령 제21조) 17 기출
① 국가와 지방자치단체 또는 개인 · 법인 · 단체 등은 청소년수련활동에 필요한 프로그램을 개발하여 실시하려는 경우에는 인증위원회에 그 인증을 신청할 수 있다.
② 인증을 신청하려는 자는 청소년수련활동에 필요한 프로그램을 진행하는 활동의 장소 · 시기 · 목적 · 대상 · 내용 · 진행방법 · 평가 · 자원조달 · 청소년지도자 및 전문인력 등에 관한 사항을 작성하여 인증위원회에 제출하여야 한다.
③ 수련활동의 인증을 받으려는 자는 참가자 모집 또는 활동실시 시작 45일 이전에 인증위원회에 인증을 요청하여야 한다.
④ 인증위원회는 인증을 요청받은 경우에는 인증위원회에서 정하는 인증기준에 따라 심사하고, 인증을 요청한 자에게 그 결과를 통지하여야 한다.
⑤ 인증위원회는 심사를 위하여 필요한 경우에 인증을 요청한 자의 의견을 들을 수 있으며, 보완 또는 개선이 필요하다고 판단되는 경우에는 이를 보완 또는 개선하도록 요구할 수 있다.
⑥ 보완 또는 개선의 요구를 받은 자는 10일 이내에 그 보완 또는 개선사항을 제출하여야 한다.
⑦ 인증위원회는 보완 또는 개선을 요구받고도 정당한 사유 없이 이에 응하지 아니하는 경우에는 인증요청서를 반려할 수 있다.

(6) 수련활동 내용 등의 기록 및 통보(청소년활동 진흥법 시행령 제23조) 14 기출
① 인증수련활동을 실시한 활동시설 및 개인, 법인 · 단체는 청소년이 참여한 수련활동에 관하여 개별 청소년의 인적사항, 활동참여 일자 · 시간, 장소, 주관기관, 수련활동 내용 등을 기록하여야 한다.
② 인증수련활동을 실시한 활동시설 및 개인, 법인 · 단체는 개별 청소년의 활동기록 및 인증수련활동 결과를 해당 인증수련활동이 끝난 후 15일 이내에 인증위원회에 통보하여야 한다.

(7) 위험도가 높은 청소년수련활동(청소년활동 진흥법 시행규칙 별표7) 15 16 18 20 21 22 23 24 기출
① **수상활동** : 래프팅, 모터보트, 동력요트, 수상오토바이, 고무보트, 수중스쿠터, 레저용 공기부양정, 수상스키, 조정, 카약, 카누, 수상자전거, 서프보드, 스킨스쿠버
② **항공활동** : 패러글라이딩, 행글라이딩

③ 산악활동 : 암벽타기(자연암벽, 빙벽), 산악스키, 4시간 이상의 야간등산
④ 장거리걷기활동 : 10km 이상 도보이동
⑤ 기타 : 유해성 물질(발화성, 부식성, 독성 또는 환경유해성 등), 하강레포츠, ATV탑승 등 사고위험이 높은 물질·기구·장비 등을 활용하여 이루어지는 청소년수련활동

(8) 인증의 사후관리(청소년활동 진흥법 제36조의2) 17 기출
① 인증위원회는 인증을 하는 경우 인증의 유효기간을 설정할 수 있다.
② 인증위원회는 인증수련활동의 실시에 대하여 인증사항의 이행 여부를 확인할 수 있다.
③ 인증위원회의 확인 결과 인증수련활동의 내용과 실제로 실시되는 청소년수련활동의 내용에 차이가 있는 경우에는 이를 시정하도록 요구할 수 있다.
④ 인증수련활동의 유효기간은 인증 받은 날부터 4년 이내로 한다. 다만, 유효기간의 연장이 필요한 경우 인증위원회의 의결을 거쳐 그 기간을 연장할 수 있다(시행규칙 제15조의5 제1항).

(9) 수련활동 내용 등의 기록 및 통보(청소년활동 진흥법 시행령 제23조)
① 인증수련활동을 실시한 활동시설 및 개인, 법인·단체는 청소년이 참여한 수련활동에 관하여 개별 청소년의 인적사항, 활동참여 일자·시간, 장소, 주관기관, 수련활동 내용 등을 기록하여야 한다.
② 인증수련활동을 실시한 활동시설 및 개인, 법인·단체는 개별 청소년의 활동기록 및 인증수련활동 결과를 해당 인증수련활동이 끝난 후 15일 이내에 인증위원회에 통보하여야 한다.

(10) 인증의 취소(청소년활동 진흥법 제36조의3) 16 기출
① 인증위원회는 청소년수련활동을 인증받은 자가 다음의 하나에 해당하는 경우에는 인증을 취소하거나 6개월 이내의 기간을 정하여 그 인증의 정지를 명할 수 있다. 다만, ㉠의 경우에는 그 인증을 취소하여야 한다.
  ㉠ 거짓이나 그 밖의 부정한 방법으로 인증을 받은 경우
  ㉡ 인증을 받은 후 정당한 사유 없이 1년 이상 계속하여 인증수련활동을 실시하지 아니한 경우
  ㉢ 인증수련활동의 내용과 실제로 실시되는 청소년수련활동의 내용에 중요한 차이가 있는 경우로서 그 원인이 인증받은 자의 고의나 중대한 과실로 인한 경우
② 인증위원회는 인증을 받은 자가 인증의 취소에 따른 정지명령을 위반하여 정지기간 중 인증수련활동을 실시하였을 때에는 그 인증을 취소할 수 있다.
③ 인증위원회가 인증을 취소하거나 정지하려는 경우에는 30일 이상의 기간을 정하여 인증의 취소 또는 정지처분 대상자에게 의견을 제출할 기회를 주어야 한다(시행규칙 제15조의6 제1항).

3 숙박형 등 청소년수련활동

(1) 숙박형 등 청소년수련활동 계획의 신고(청소년활동 진흥법 제9조의2) 15 17 20 21 22 23 24 기출

① 숙박형 청소년수련활동 및 비숙박형 청소년수련활동을 주최하려는 자는 여성가족부령으로 정하는 절차와 방법에 따라 특별자치시장·특별자치도지사·시장·군수·구청장에게 그 계획을 신고하여야 한다. 다만, 다음의 경우는 제외한다.
  ㉠ 다른 법률에서 지도·감독 등을 받는 비영리 법인 또는 비영리 단체가 운영하는 경우
  ㉡ 청소년이 부모 등 보호자와 함께 참여하는 경우
  ㉢ 종교단체가 운영하는 경우
  ㉣ 비숙박형 청소년수련활동 중 인증을 받아야 하는 활동이 아닌 경우
② 특별자치시장·특별자치도지사·시장·군수·구청장은 신고를 받은 날부터 14일 이내에 신고수리 여부를 신고인에게 통지하여야 한다.
③ 특별자치시장·특별자치도지사·시장·군수·구청장이 ②에서 정한 기간 내에 신고수리 여부 또는 민원처리 관련 법령에 따른 처리기간의 연장을 신고인에게 통지하지 아니하면 그 기간(민원처리 관련 법령에 따라 처리기간이 연장 또는 재연장된 경우에는 해당 처리기간)이 끝난 날의 다음 날에 신고를 수리한 것으로 본다.
④ 숙박형 등 청소년수련활동을 주최하려는 자는 신고가 수리되기 전에는 모집활동을 하여서는 아니 된다.
⑤ 특별자치시장·특별자치도지사·시장·군수·구청장은 다음의 어느 하나에 해당하는 사람이 숙박형 등 청소년수련활동을 운영 또는 보조하려는 경우에는 신고를 수리하여서는 아니 된다.
  ㉠ 아동복지법 제17조 위반에 따른 같은 법 제71조 제1항의 죄, 성폭력범죄의 처벌 등에 관한 특례법 제2조에 따른 성폭력범죄 또는 아동·청소년의 성보호에 관한 법률 제2조 제2호에 따른 아동·청소년대상 성범죄를 범하여 형 또는 *치료감호를 선고받고 그 형 또는 치료감호의 전부 또는 일부의 집행이 끝나거나 집행이 유예·면제된 날부터 10년이 지나지 아니한 사람
  ㉡ 청소년 기본법 제21조 제3항에 따라 청소년지도사가 될 수 없는 사람
⑥ 특별자치시장·특별자치도지사·시장·군수·구청장은 관계 기관의 장에게 범죄경력 등을 확인하기 위한 자료의 제공을 요청할 수 있다. 이 경우 관계 기관의 장은 정당한 사유가 없으면 그 요청에 따라야 한다.
⑦ 특별자치시장·특별자치도지사·시장·군수·구청장은 숙박형 등 청소년수련활동 계획의 신고를 수리한 때에는 그 계획을 여성가족부장관에게 통보하여야 한다.
⑧ 여성가족부장관은 통보받은 숙박형 등 청소년수련활동 계획에 보완이 필요하다고 인정될 때에는 그 계획을 통보한 특별자치시장·특별자치도지사·시장·군수·구청장에게 보완사항을 통보하여야 한다.

> **치료감호**
> 심신장애와 중독자를 치료감호시설에 수용하여 치료를 위한 조치를 행하는 보안 처분을 말한다.

⑨ 보완사항을 통보받은 특별자치시장·특별자치도지사·시장·군수·구청장은 그 내용을 숙박형 등 청소년수련활동 주최자에게 통보하여야 한다.
⑩ 청소년활동 진흥법에 따라 숙박형 등 청소년수련활동 계획을 신고하려는 자는 숙박형 등 청소년수련활동 계획신고서에 필요 서류를 첨부하여 참가자 모집 14일 전까지 관할 특별자치시장·제주특별자치도지사·시장·군수·구청장에게 제출해야 한다. 이 경우 숙박형 등 청소년수련활동 계획을 신고하려는 자는 운영자 및 보조자의 변동이 없이 동일한 장소에서 동일한 프로그램이 반복될 경우에는 4개월 이내의 범위에서 기간을 정하여 해당 기간의 최초 숙박형 등 청소년수련활동의 참가자 모집 14일 전까지 한꺼번에 신고할 수 있다(시행규칙 제1조의2 제1항).

(2) 숙박형 등 청소년수련활동 관련 정보의 공개(청소년활동 진흥법 제9조의4) 16 기출

① 특별자치시장·특별자치도지사·시장·군수·구청장은 숙박형 등 청소년수련활동 계획의 신고를 수리한 경우에는 여성가족부령으로 정하는 절차와 방법에 따라 해당 내용을 인터넷 홈페이지 등을 이용하여 공개하여야 한다.
② 여성가족부장관은 공개를 위하여 온라인 종합정보제공시스템을 구축·운영하여야 한다.
③ 여성가족부장관은 종합정보제공시스템의 운영을 활동진흥원에 위탁할 수 있다.

(3) 숙박형 등 청소년수련활동 관련 정보의 표시·고지(청소년활동 진흥법 제9조의5)

숙박형 등 청소년수련활동 계획의 신고가 수리된 자는 모집활동 및 계약을 할 경우 여성가족부령으로 정하는 바에 따라 다음의 사항을 표시하고 고지하여야 한다.
① 인증을 받은 청소년수련활동인지 여부
② 청소년활동 진흥법 또는 다른 법률에 따른 안전관리 기준의 충족 여부
③ 보험 등 관련 보험의 가입 여부 및 보험의 종류와 약관

(4) 숙박형 등 청소년수련활동의 제한(청소년활동 진흥법 제9조의6)

청소년활동 진흥법 또는 다른 법률에 따라 신고·등록·인가·허가를 받지 아니한 단체 및 개인은 숙박형 청소년수련활동, 비숙박형 청소년수련활동 중 참가 인원이 일정 규모 이상이거나 위험도가 높은 청소년수련활동을 하여서는 아니 된다. 다만, 청소년이 부모 등 보호자와 함께 참여하는 경우 또는 종교단체가 운영하는 경우에는 그러하지 아니하다.

(5) 관계 기관과의 협력(청소년활동 진흥법 제9조의7)

① 특별자치시장·특별자치도지사·시장·군수·구청장은 숙박형 등 청소년수련활동 계획의 신고를 수리한 후 필요할 경우에는 그 사실을 관계 기관에 알려 필요한 조치를 요청하여야 한다.
② 요청을 받은 관계 기관은 특별한 사정이 없으면 다음의 조치를 위한 준비를 하여야 한다.
  ㉠ 내수면, 해수면 등에서 이루어지는 청소년수련활동인 경우 안전점검
  ㉡ 청소년수련활동인 경우 구조·구급활동
  ㉢ 신고 수리된 숙박형 등 청소년수련활동인 경우 보호조치 등과 위험발생의 방지
  ㉣ 그 밖에 다른 법률에서 정하는 안전에 관련한 조치

02 ▶ 교류활동

1 청소년교류활동의 개념 및 의의

(1) 청소년교류활동의 개념
① 청소년이 지역 간, 남북 간, 국가 간의 다양한 교류를 통하여 공동체의식 등을 함양하는 체험 활동을 말한다(청소년활동 진흥법 제2조 제4호).
② 활동영역은 청소년국제교류활동, 남북 청소년교류활동, 도농 간 청소년교류활동, 국제이해 활동, 다문화이해활동, 세계문화비교활동, 한민족청소년캠프 등이 있다.

(2) 청소년교류활동의 의의
① 가장 핵심적인 활동으로 청소년의 자기주도성이 크게 요구되는 활동이다.
② 체계적·조직적인 청소년활동으로 *체험학습의 기회이다.
③ 언어능력, 문화적 다양성 및 전문성이 요청되는 청소년활동이다.
④ 다문화이해(국제이해) 및 문화적 관용, 글로벌 리더십 등의 신장에 기여하는 활동이다.
⑤ 청소년의 균형 있는 성장과 발달, 사회적 참여에 실질적 기회를 제공한다.

> **체험학습**
> 실내가 아닌 실외에서 다양하고도 전문적인 체험을 진행하는 것을 말한다.

2 청소년교류활동의 지원 18 기출

(1) 청소년교류활동의 진흥(청소년활동 진흥법 제53조)
① 국가 및 지방자치단체는 청소년교류활동 진흥시책을 개발·시행하여야 한다.
② 국가 및 지방자치단체는 청소년활동시설과 청소년단체 등에 대하여 청소년교류활동을 장려하기 위한 다양한 형태의 청소년교류활동 프로그램을 개발하여 운영하게 할 수 있다.
③ 국가 및 지방자치단체는 예산의 범위에서 청소년교류활동프로그램의 개발·운영에 필요한 경비의 전부 또는 일부를 지원할 수 있다.

(2) 국제청소년교류활동의 지원(청소년활동 진흥법 제54조, 시행령 제32조) 15 기출
① 국가 및 지방자치단체는 정부·지방자치단체·국제기구 또는 민간 등이 주관하는 국제청소년교류활동을 지원하기 위한 시행계획을 수립하고 이를 추진하여야 한다.
② 국가는 다른 국가와 청소년교류협정을 체결하여 국제청소년교류활동이 지속적으로 발전할 수 있는 기반을 조성하여야 한다.
③ 국가 및 지방자치단체는 민간기구가 국제청소년교류활동을 시행할 때에는 이를 지원할 수 있다.

④ 국가 및 지방자치단체는 국제청소년교류활동의 지원에 관한 시행계획의 수립·추진을 위하여 필요한 경우에는 공공기관, 사회단체, 청소년단체 등의 장에게 사전 협의와 협조를 요청할 수 있다.
⑤ 국가 및 지방자치단체는 시행계획을 수립한 경우에는 이를 관계 공공기관, 사회단체, 청소년단체 등에 통보하여야 한다.
⑥ 여성가족부장관은 외교부장관과 협의하여 청소년교류협정의 체결을 연차적으로 확대하고 다변화하여야 한다.

(3) 지방자치단체의 자매도시협정(청소년활동 진흥법 제55조)
① 지방자치단체는 자매도시협정을 체결할 때에는 청소년교류활동에 관한 사항을 포함하도록 노력하여야 한다.
② 지방자치단체는 청소년 교류를 위하여 청소년단체 등 민간기구의 활동을 지원할 수 있다.

(4) 교포청소년교류활동의 지원(청소년활동 진흥법 제56조)
① 국가 및 지방자치단체는 교포청소년의 모국방문·문화체험 및 국내 청소년과의 청소년교류활동을 지원하고 장려하여야 한다.
② 국가는 청소년단체 또는 청소년시설이 주관하는 교포청소년교류활동의 확대·발전을 위하여 행정적·재정적 지원을 할 수 있다.

(5) 청소년교류센터의 설치·운영(청소년활동 진흥법 제58조)
① 국가는 업무를 효율적으로 지원하기 위하여 청소년교류센터를 설치·운영할 수 있다.
② 청소년교류센터의 운영은 대통령령으로 정하는 바에 따라 청소년단체 등에 위탁할 수 있으며, 이 경우 운영에 필요한 경비를 지원할 수 있다.

(6) 남·북청소년교류활동의 제도적 지원(청소년활동 진흥법 제59조)
① 국가는 남·북청소년 교류에 관한 기본계획을 수립하고, 남·북청소년이 교류할 수 있는 제도적 여건을 조성하여야 한다.
② 국가는 남·북청소년 교류를 위한 기반을 조성하기 위하여 필요한 체계적인 통일교육을 실시할 수 있다.

03 문화활동

1 문화활동의 의미와 목적 및 종류

(1) 문화활동의 의미와 목적 17 기출
① "청소년문화활동"이란 청소년이 예술활동, 스포츠활동, 동아리활동, 봉사활동 등을 통하여 문화적 감성과 더불어 살아가는 능력을 함양하는 체험활동을 말한다(청소년활동 진흥법 제2조 제5호).
② 문화활동을 통해서 청소년들은 개인의 특질에 따라 인간의 잠재능력을 개발하고, 창조적 통찰력을 표현하게 됨으로써 통합적 인격을 형성할 수 있다.
③ 사회와 자신 간의 *유기적인 통일과 조화를 이룰 수 있다.

> **유기적**
> 전체를 구성하고 있는 각 부분이 서로 밀접하게 관련되어 있어 떼어낼 수 없는 상태를 의미한다.

(2) 종류
① 음악 : 가창, 기악, 감상 등이 있다. 이들은 청소년의 욕구나 스트레스를 해소시켜 주고 창의적인 표현을 하게 한다. 또한, 음악을 통해 폭넓은 경험을 유도한다.
② 무용 : 인간의 사상이나 감정을 신체운동으로 표현하는 예술로서, 시간·공간·운동의 3요소를 지닌 종합예술이다.
③ 연극 : 공동 작업이기 때문에 집단 내에서의 인간관계가 중요시되고, 성실한 협동을 필요로 하므로 청소년교육의 목표인 민주시민의 양성과 협동을 달성할 수 있다. 또한, 자연스러움과 동시에 재미를 느끼게 하는 학습수단으로서, 학생들 간의 공감대를 형성할 수 있다.
④ 문학 : 문예창작 지도와 독서감상 지도 등의 활동이 있다.

2 청소년문화활동의 지원 15 16 20 24 기출

(1) 청소년문화활동의 진흥(청소년활동 진흥법 제60조)
① 국가 및 지방자치단체는 청소년문화활동 프로그램 개발, 문화시설 확충 등 청소년문화활동에 대한 청소년의 참여 기반을 조성하는 시책을 개발·시행하여야 한다.
② 국가 및 지방자치단체는 시책을 수립·시행할 때에는 문화예술 관련 단체, 청소년동아리단체, 봉사활동단체 등이 청소년문화활동 진흥에 적극적이고 자발적으로 참여할 수 있도록 하여야 한다.
③ 국가 및 지방자치단체는 자발적 참여에 대해서는 예산의 범위에서 그 경비의 전부 또는 일부를 지원할 수 있다.

(2) 청소년문화활동의 기반 구축(청소년활동 진흥법 제61조)
① 국가 및 지방자치단체는 다양한 영역에서 청소년문화활동이 활성화될 수 있도록 기반을 구축하여야 한다.

② 문화예술 관련 단체 등 각종 지역사회의 문화기관은 청소년문화활동의 기반 구축을 위하여 적극 협력하여야 한다.

(3) 전통문화의 계승(청소년활동 진흥법 제62조)

국가 및 지방자치단체는 전통문화가 청소년문화활동에 구현될 수 있도록 필요한 시책을 수립·시행하여야 한다.

(4) 청소년축제의 발굴지원(청소년활동 진흥법 제63조)

국가 및 지방자치단체는 청소년축제를 장려하는 시책을 수립하여 시행하여야 한다.

(5) 청소년동아리활동의 활성화(청소년활동 진흥법 제64조) 16 기출

① 국가 및 지방자치단체는 청소년이 자율적으로 참여하여 조직하고 운영하는 다양한 형태의 동아리활동을 적극 지원하여야 한다.
② 청소년활동시설은 동아리활동에 필요한 장소 및 장비 등을 제공하고 지원할 수 있다.

(6) 청소년의 자원봉사활동의 활성화(청소년활동 진흥법 제65조)

국가 및 지방자치단체는 청소년의 자원봉사활동을 활성화할 수 있는 기반을 조성하여야 한다.

04 동아리활동·체험활동·봉사활동

1 동아리활동

(1) 동아리활동의 의의 19 23 기출

① 유사한 관심사를 가진 청소년들이 자기개발, 진로탐색 등을 위해 자율적으로 참여하여 조직하고 운영하는 형태의 청소년활동이다.
② 학교나 사회에서 취미, 소질, 가치관, 문제의식 등을 공유하는 청소년들이 이루어가는 자생적·자치적·지속적인 집단 활동이다.
③ 자발성에 기인하여 청소년들이 주체적으로 참여하는 활동으로 가장 이상적인 청소년활동 중 하나이다.
④ 공통 목적과 관심사를 가지고 모이는 소그룹 성격을 띤다.

(2) 동아리활동의 일반적 특성 21 기출

청소년 동아리활동은 자치활동·또래활동·집단활동으로서 진로탐색의 수단이 되며 여가적 특성을 지닌다. 또한, 동아리활동은 청소년의 자율참여를 증진하고 학교교육을 활성화하는 효과가 있다.

(3) 동아리활동의 장점

① 상호보완적 관계이며 다양한 취미와 친구관계를 키울 수 있다.

② 건전한 인성계발에 도움을 준다.

2 체험활동

(1) 개요 16 기출

① 체험활동의 정의 : 청소년들에게 청소년어울림마당(구 청소년문화존), 청소년동아리, 청소년프로그램 공모 등 다양한 체험활동 기회를 제공하여 청소년의 역량개발 및 건강한 성장을 지원하는 것이다.
② 지원대상 : 청소년의 역량개발을 위한 보편적 사업으로 전체 청소년의 참여가 가능하다(만 9~24세).
③ 청소년 체험활동을 제공하는 웹사이트 : *꿈길(진로체험), 크레존(Crezone, 창의인성교육), 커리어넷(Career-Net, 진로상담 및 진로심리검사), *두볼(Dovol, 청소년자원봉사) 등

> **꿈길**
> 학생 한 명 한 명의 꿈과 끼를 살리는 개인 맞춤형 진로설계를 지원하기 위하여, 온·오프라인의 진로체험 교육 기관의 정보를 제공하고 있다.

> **두볼(Dovol)**
> 'Do Volunteer(자원봉사하다)'의 약자로 국내 유일 청소년을 위한 자원봉사시스템이다.

(2) 청소년 체험활동의 단계 18 21 기출

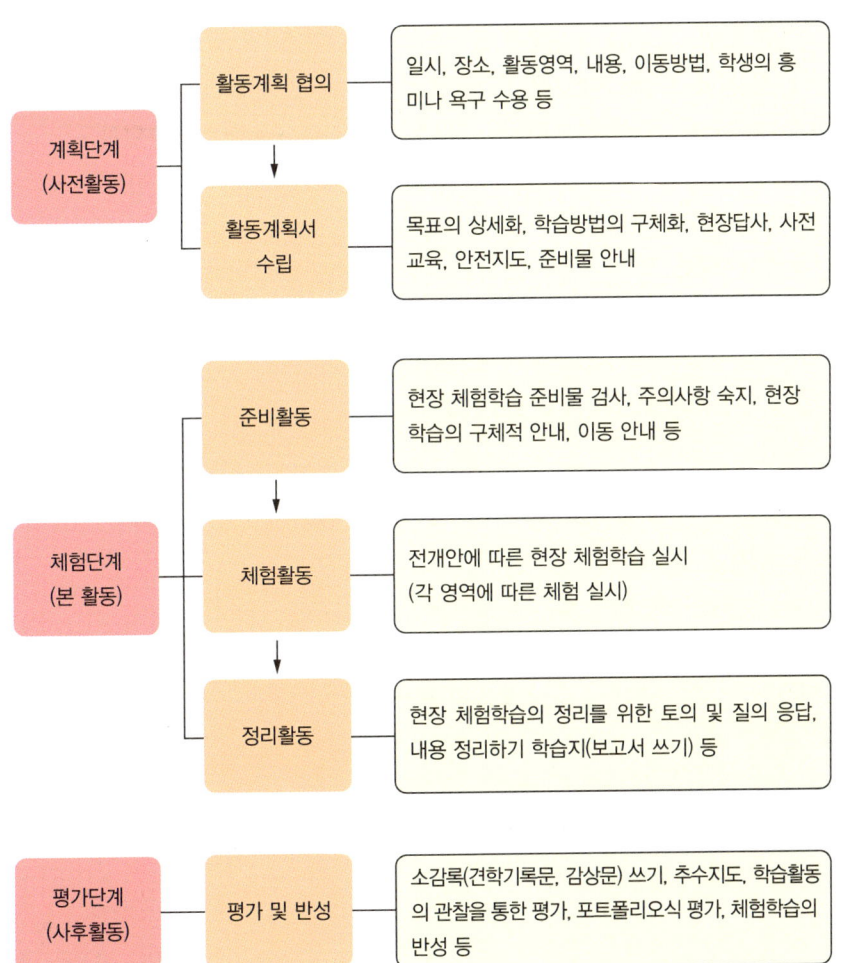

(3) 청소년 체험활동의 지원내용 19 기출

① 청소년어울림마당(구 청소년문화존) 14 19 기출
  ㉠ 청소년들이 주체가 되어 기획하고 진행하며, 다양한 청소년 문화·예술·놀이체험의 장으로서 운영되는 사업
  ㉡ 지역별 청소년접근이 편리한 장소에 대중예술, 스포츠, 사회참여, 인문사회 등 다양한 청소년문화를 지역자원과 연계하여 지역특성에 맞게 운영
  ㉢ 청소년의 접근이 쉽고 다양한 지역사회 자원이 결합된 일정한 공간을 의미
  ㉣ 청소년의 건전한 여가활동을 증진하기 위한 놀이마당식 체험 공간
  ㉤ 청소년 문화와 기성세대 문화의 만남의 장으로 활용하여 문화의 세대 차이를 극복하고 다양한 문화 표현과 활동이 가능하도록 운영(시·도 대표 청소년어울림마당 연 11회 운영, 시·군·구 청소년어울림마당 연 6회 운영)

> **어울림마당**
> 어울림마당은 순우리말로, 청소년이 활동을 통하여 상호 소통하는 장이라는 뜻이 담겨있다.

② 청소년동아리활동 : 문화·예술·스포츠 등 다양한 동아리 활동을 통해 건강한 또래관계 형성 및 자신의 특기·소질을 개발할 수 있는 자기주도적 활동 지원
③ 우수 청소년활동 프로그램 지원사업 : 한국청소년활동진흥원이 주최·주관하는 사업으로, 청소년에게 다양한 체험기회를 제공하고, 청소년을 둘러싼 사회변화에 부합하는 우수 프로그램을 발굴·확산하기 위한 사업으로 청소년의 진로 활동, 학교연계 청소년활동, 청소년 디지털 활동 분야별 청소년활동 프로그램을 지원한다.
④ 청소년 자원봉사활동 지원 : e청소년 자원봉사 Dovol(두볼) 사이트를 통해 청소년들이 쉽고 편리하게 봉사활동 정보 검색, 신청, 활동 내역 확인까지 원스톱으로 진행할 수 있도록 지원하며, Dovol을 통해 봉사활동에 참여하는 봉사자의 상해보험 가입을 지원함으로써 청소년자원봉사자의 안전한 환경 보장과 활동 참여를 촉진한다.

(4) 창의적 체험활동 영역 14 15 16 17 19 기출

① 자율·자치활동
  ㉠ 자율활동 : 자기주도성과 창의성을 함양하기 위한 활동
    예 개인 연구, 소집단 공동 연구, 프로젝트 등의 주제 탐구활동, 입학 초기 적응, 학교 이해, 정서 지원, 관계 형성 등의 적응 및 개척활동, 개인 혹은 공동 프로젝트형 봉사활동 등
  ㉡ 자치활동 : 자신의 삶을 능동적이고 주도적으로 영위하며, 공동체를 조직하고 운영하는 역량을 함양하기 위한 활동
    예 기본생활습관 형성 활동인 자기 관리, 환경·생태의식 함양, 생명존중 의식 함양 활동, 민주시민 의식 함양 활동 등

② 동아리활동
  ㉠ 학술·문화 및 여가 활동 : 자신의 흥미 및 진로를 탐색하여 관련된 소질과 적성을 기르기 위한 동아리 활동
    예 학술 동아리의 교과 연계 및 학술 탐구 활동, 예술 동아리의 음악 관련 활동 등
  ㉡ 봉사활동 : 공동체와 사회에 기여함으로써 포용성과 시민성을 함양하기 위한 활동
    예 또래 상담, 지속가능한 환경 보호 활동 등의 교내 봉사활동, 지역사회 참여, 재능 기부 등의 지역사회 봉사활동, 각종 청소년단체 활동 등
    ※ 봉사활동은 성격상 창의적 체험활동의 모든 영역과 연계·통합하여 운영할 수 있다.
③ 진로활동
  ㉠ 진로탐색활동 : 자신의 진로와 관련된 교육 및 직업 정보를 탐색하기 위한 활동
    예 자기이해, 생애 탐색, 가치관 확립 등 자아탐색 활동, 직업 흥미 및 적성 탐색 등
  ㉡ 진로 설계 및 실천 활동 : 희망하는 진로와 직업의 경로를 설계하고 실천하기 위한 활동
    예 진로 목표 설정, 진로 실천 계획 수립 등의 진로 준비 활동, 진로 상담, 진로 의사 결정 등

*출처 : 창의적 체험활동 교육과정, 교육부 고시 제2022-33호 [별책 40]

지식 IN

창의적 체험활동의 영역과 활동 및 예시 활동

영역	활동	예시활동
자율·자치 활동	자율활동	• 주제 탐구 활동 : 개인 연구, 소집단 공동 연구, 프로젝트 등 • 적응 및 개척 활동 : 입학 초기 적응, 학교 이해, 정서 지원, 관계 형성 등 • 프로젝트형 봉사활동 : 개인 프로젝트형 봉사활동, 공동 프로젝트형 봉사활동 등
	자치활동	• 기본생활습관 형성 활동 : 자기 관리 활동, 환경·생태의식 함양 활동, 생명존중 의식 함양 활동, 민주시민 의식 함양 활동 등 • 관계 형성 및 소통 활동 : 사제동행, 토의·토론, 협력적 놀이 등 • 공동체 자치활동 : 학급·학년·학교 등 공동체 중심의 자치활동, 지역사회 연계 자치활동 등
동아리 활동	학술·문화 및 여가 활동	• 학술 동아리 : 교과목 연계 및 학술 탐구 활동 등 • 예술 동아리 : 음악 관련 활동, 미술 관련 활동, 공연 및 전시 활동 등 • 스포츠 동아리: 구기 운동, 도구 운동, 계절 운동, 무술, 무용 등 • 놀이 동아리 : 개인 놀이, 단체 놀이 등
	봉사활동	• 교내 봉사활동 : 또래 상담, 지속가능한 환경 보호 등 • 지역 사회 봉사활동 : 지역 사회참여, 캠페인, 재능 기부 등 • 청소년 단체 활동 : 각종 청소년 단체 활동 등

진로 활동	진로 탐색 활동	• 자아탐색 활동 : 자기이해, 생애 탐색, 가치관 확립 등 • 진로 이해 활동 : 직업 흥미 및 적성 탐색, 진로 검사, 진로 성숙도 탐색 등 • 직업 이해 활동 : 직업관 확립, 일과 직업의 역할 이해, 직업 세계의 변화 탐구 등 • 정보 탐색 활동 : 학업 및 진학 정보 탐색, 직업 정보 및 자격(면허) 제도 탐색, 진로진학 및 취업 유관기관 탐방 등
	진로 설계 및 실천 활동	• 진로 준비 활동 : 진로 목표 설정, 진로 실천 계획 수립 등 • 진로계획 활동 : 진로 상담, 진로 의사 결정, 진로 설계 등 • 진로체험 활동 : 지역 사회 · 대학 · 산업체 연계 체험활동 등

*출처 : 창의적 체험활동 교육과정, 교육부 고시 제2022-33호 [별책 40]

3 봉사활동

(1) 청소년봉사활동의 의의 23 기출

① 청소년활동을 실생활에서 청소년의 자발적인 참여에 의해 이루어지는 체험중심 활동이라고 할 때, 청소년 봉사활동은 청소년활동의 중심에 있다.
② 봉사활동은 청소년들에게 지역사회의 다른 사람들에 대한 책임감과 연대감을 고취하는 데 의의가 있다.
③ 봉사활동은 교육적 목적을 가지고 안내되고 조정되는 활동이며, 이웃돕기활동, 환경보호활동 등의 구체적 활동 등이 있다.
④ 1995년 '5 · 31 교육개혁방안'으로 봉사활동의 제도적 틀이 마련되었다.
⑤ '자기주도형 봉사활동'은 청소년이 지역사회의 문제나 변화가 필요한 주제를 스스로 조사 · 분석하고, 참여하는 봉사활동이다.

(2) 청소년자원봉사활동의 특성 19 21 기출

① **자발성** : 자신이 선택 · 결정한 것에 책임감과 능동적 · 적극적 의지를 가져야 한다.
② **공익성(공공성)** : 지역사회 내 어려운 이웃을 돕는 등 공동체의 문제를 해결하여 사회 전체적으로 '삶의 질'을 향상시키고자 노력해야 한다.
③ **무보수성** : 물질적 대가 혹은 보상이 목적이 아닌 이타적 성격의 활동이므로 존중과 사랑으로 수행해야 한다.
④ **지속성** : 일회성 활동으로는 자원봉사의 가치를 습득 혹은 실현하기가 어려우므로 꾸준히 이루어져야 한다.
⑤ **계획성** : 자원봉사를 하는 사람들의 수준을 고려하여 자원봉사가 이루어지므로 다른 사람에 지시에 따르기보다는 스스로 계획을 세워서 활동해야 한다.

⑥ **공동체성** : 자원봉사활동 경험은 공동체 의식을 높일 뿐 아니라 사회에 대한 소속감, 주인의식 등이 없이는 불가능한 활동 경험임을 뜻한다.
⑦ **이타성** : 친족 또는 자신을 위한 활동이 아니라 사회나 타인을 위한 활동이어야 한다.
⑧ **사회성** : 자아실현 달성에 중요 요소인 사회성을 실천에 옮기는 과정의 노력이다.

(3) 청소년자원봉사활동의 단계 19 기출

준비단계	• 결정된 자원봉사활동에 필요한 것들을 준비하는 단계이다. • 자원봉사활동을 어떻게 수행할지 세부적인 계획을 세운다. • 청소년자원봉사활동이 진행될 현장을 답사한다. • 청소년들에게 교육적으로 적합한 활동인지 파악한다. • 청소년자원봉사활동이 어떻게 전개될 것인지 검토한다. • 필요한 물품 목록을 확인한다.
실행단계	• 준비단계에서 세운 세부계획대로 자원봉사활동을 실시한다. • 자원봉사활동의 목적, 진행 시간 등을 확실하게 지킨다. • 지원봉사활동을 진행하는 동안 진행 상황을 파악하고 간간이 평가한다. • 자원봉사활동에서 보이는 문제나 해결해야 할 사항 등을 파악한다.
평가단계	• 준비단계에서 세운 목표가 완수되었는지 평가한다. • 전반적으로 지역사회 문제가 어느 정도 해결되었는지 평가한다. • 자원봉사활동의 전 과정에서 문제는 없었는지, 개선해야 할 사항은 무엇인지 평가한다. • 서로 격려하고 봉사기관에 고마움을 전한다. • 자원봉사활동을 수행한 소감을 적어본다.

※ 청소년봉사활동 확인서는 자원봉사센터 등에 등록되어 있는 상태에서 봉사활동을 마친 후 각자 인터넷을 통해 발급받거나 소속 자원봉사센터 등에서 발급받을 수 있다.

05 기타 활동

1 스포츠 활동

(1) 스포츠 활동의 특성 및 의의

① 스포츠는 쾌감과 여가선용을 위하여 활동 그 자체를 추구하는 보편적인 신체활동이다.
② 스포츠란 놀이나 게임보다 더 체계화되고, 고도의 조직성을 띤 경쟁적인 활동으로서 신체의 일부분만을 구사하는 동작이나 운동에 그치는 활동이 아닌, 인간의 전 행위가 동원된 신체활동이다.
③ 스포츠란 허구적·비생산적이며 현실생활과 분리된 세계이고, 그 결과를 예측할 수 없고 규칙에 의해서 통제되며, 전술과 결합된 신체기능과 신체기량에 의해 결과가 결정되는 경쟁적인 인간의 표현활동이다.

(2) 스포츠 활동의 가치

① **심리적 가치** : 스포츠 활동은 유희적 및 오락적 기능을 갖고 있으며, 정서적 휴식이나 창조성을 제공하는 데 중요한 역할을 하고, 심리적 가치로는 스포츠 활동을 통한 태도의 형성, 사회 적응력 배양, 감각지각과 반응의 향상, 정신건강의 향상 등이 있다.
② **사회적 가치** : 인격 형성, 국민정신 함양, 건전한 경쟁심 함양, 충성심 및 인내심 배양 등이 있다.
③ **문화적 가치** : 사회통합 및 자기통제 능력 배양 등이 있다.
④ **신체적 가치** : 청소년의 신체적·생리적 형태 및 기능의 발달적인 면은 물론 왕성한 체력의 유지·증진 및 건강 향상을 내포하고 있다.

> **지식 IN**
>
> **오리엔티어링(Orienteering)** 18 19 기출
> - 지도상에 표시된 몇 개의 지점을 통과하여 가능한 빨리 결승점에 도달하는 활동이다.
> - 지도와 나침반으로 자기의 길을 찾아야 하므로, 추리력·판단력·기억력·협동심을 요구한다.
> - 청소년들에게 부족한 스포츠 레저 활동을 경험할 수 있도록 해준다.

2 야외활동

(1) 청소년 야외활동의 의의와 특성

① **청소년 야외활동의 의의** : 청소년을 대상으로 하는 야외활동은 일상생활의 주기를 벗어나 스스로 활동하고 생활에 활력을 불어 넣으며, 공동체적인 생활을 통해 자기발견의 계기를 마련하는 장이다.
② **야외활동의 특성** : 직접경험, 발견·탐험·모험, 감각의 학습, 자연적 활동, 강한 흥미, 현실성, 행동성 등

(2) 야외활동의 분류

① **야영활동**
  ㉠ 텐트 또는 간단한 지형지물을 이용하여 일시적으로 규칙적인 생활을 하는 야외활동이다.
  ㉡ 야영활동 프로그램은 생활에 필요한 지식과 기능을 체득하고, 건강관리나 유지에 대해서도 배우게 한다.
  ㉢ 자연과의 만남을 통해 자연을 이해하고 소중히 여기는 마음을 배운다.
  ㉣ 중요사항으로는 건강관리와 유지, 안전대책, 자연에 대한 지식과 이해, 기능의 습득, 창의와 고안 등을 열거할 수 있다.
② **자연체험활동** : 자연 속에서 생활하고, 우리 자신도 또한 자연의 일부라는 것을 실감하고 주위의 자연을 경험적으로 이해하는 활동이다.

③ **모험활동** : 청소년들에게 강인한 정신력과 체력단련의 기회를 제공하고, 절박한 상황 아래에서 생존능력을 배양하는 데 결정적인 도움을 줄 수 있다.

> **지식 IN**
>
> **매듭법의 종류** 18 기출
> - **맞매듭** : 로프 두 개의 끝을 서로 잇는 매듭법으로, 묶기 쉽고 풀기 쉬워 구급법에 가장 많이 쓰이며 '본매듭' 또는 '바른 매듭'이라고도 불린다.
> - **고매듭** : 물건을 포장할 때 사용하는 매듭으로 고의 크기를 마음대로 조절할 수 있다.
> - **당김매듭** : 임의로 본 마디를 늘이고 줄일 수 있어서 천막의 당김줄에 자주 사용된다.
> - **접친매듭** : 서로 다른 굵기의 로프를 연결할 때, 가장 확실하고 단단한 매듭법이다.
> - **장구매듭** : 가늘고 매끄러운 줄을 서로 연결하는 데 적당해서, 낚싯대에 많이 사용한다.

3 탐구활동

(1) 탐구활동의 필요성과 개념

① **탐구활동의 필요성** : 청소년들이 맞닥뜨리는 문제나 상황은 단순한 기존 지식이나 고정되고 정형화된 가치관만으로는 해결하기 어려우며, 새로운 정보의 수집과 분석·처리, 창조적인 사고에 의한 문제해결력과 의사결정능력, 탐구능력이 무엇보다 필요하다.

② **탐구활동의 개념**
  ⊙ **협의의 개념** : 기존의 지식과 과학의 과정을 사용하여 새로운 지식을 쌓는 활동을 의미한다.
  ⓒ **광의의 개념** : 우주의 사물과 현상을 이해하고 조정하며, 문제를 해결하기 위한 인간의 의도적 활동으로 창의적인 생각을 하고, 여러 방책을 궁리하며 자료와 정보를 추구하고 분석하며 판단하는 종합적인 과정이다.

(2) 탐구활동의 대상과 과정

① **탐구활동의 대상** : 자연의 사물과 현상에 대한 관찰, 실험, 실습, 재배, 사육 등의 활동은 물론 지역사회, 문화재, 유적지 또는 언어 등에 대한 조사활동과 여러 가지 실태 혹은 상관관계를 밝히거나 새로운 사실을 알아내는 연구활동 등을 모두 탐구활동의 대상으로 한다.

② **과학적 탐구의 과정**

> 문제의 인식 → 가설의 설정 → 탐구의 설계 → 자료의 수집 및 정리 → 자료의 해석 → 결과의 종합 → 평가

지식 IN

대한민국청소년박람회 19 기출
청소년의 달을 맞이하여 개최되는 국내 최대 규모의 범 청소년 축제이다.

청소년푸른성장대상
사회 각 분야에서 청소년을 위해 헌신적으로 일하는 개인·단체 및 건강하고 바른 성장으로 타의 모범이 되는 청소년·청소년동아리를 시상함으로써 청소년에 대한 사회적 관심을 제고하기 위해 여성가족부에서 주관하는 시상식이다.

미래교육박람회
미래사회에 대해 정보를 습득하고 체험의 장을 제공하며 미래교육의 비전을 제시하기 위한 박람회이다.

너나들이축제
청소년과 지역 주민이 함께하면서 서로 공감할 수 있는 문화공간을 마련하여 축하 공연을 하기도 하고, 진로체험이나 예술체험 등을 제공하기도 하는 지역축제이다.

CHAPTER 06 청소년활동 제도 및 지원

중요도 ★★★

핵심포인트

\# 활동 관련 정책사업(청소년정책기본계획, 청소년수련활동 인증제, 국제청소년성취포상제, 청소년자기도전포상제, 청소년방과후아카데미) \# 안전 및 시설관리

01 활동 관련 정책사업

1 청소년정책

(1) 청소년정책의 기본방향

① 청소년정책의 개발과 평가를 체계화하기 위한 청소년문제개선종합대책(1985~1987년)이 수립된 이후, 1993년부터 5년마다 범정부적 청소년정책기본계획이 수립·추진되어 왔다.
② 청소년정책기본계획은 그간 청소년의 다양한 체험활동 활성화를 위한 기반 확대, 청소년참여기구 운영 활성화를 통한 청소년정책 참여의 기회 확대, 지역사회 통합지원체계 구축 및 위기청소년지원 강화, 인터넷 게임중독 예방을 위한 법·제도 개선 및 치료지원 강화 등의 성과를 거두어 왔다.
③ 이러한 성과에도 청소년 인구의 지속적인 감소, 가족구조 및 형태의 다변화, 청년노동시장의 위축 및 고용 불안정 등 청소년을 둘러싼 사회·경제적 환경 변화가 가속화됨에 따라 이에 선제적으로 대응할 수 있는 범정부 차원의 포괄적이고 종합적인 청소년정책의 필요성이 제기되었다.
④ 제7차 청소년정책기본계획(2023~2027년) 24 기출
  ㉠ 비전 : 디지털 시대를 선도하는 글로벌 K-청소년
  ㉡ 목표 : 청소년 성장기회 제공, 안전한 보호 환경 조성

대과제(5개)	중과제(14개)	
플랫폼 기반 청소년활동 활성화	• 청소년 디지털역량 활동 강화 • 다양한 체험활동 확대	• 청소년 미래역량 제고 • 학교안팎 청소년활동 지원 강화
데이터 활용 청소년 지원망 구축	• 위기청소년 복지지원체계 강화 • 청소년 유형별 맞춤형 지원	• 청소년 자립 지원 강화
청소년 유해환경 차단 및 보호 확대	• 청소년이 안전한 온·오프라인 환경 조성 • 청소년 근로보호 강화	• 청소년 범죄 예방 및 회복 지원

청소년의 참여·권리 보장 강화	• 청소년 참여 활동 강화	• 청소년 권익 증진
청소년정책 총괄 조정 강화	• 청소년정책 인프라 개선	• 지역 맞춤형 청소년정책 추진체계 구축

(2) 청소년정책의 구성요소

① 청소년정책의 목표
  ㉠ 학교청소년정책을 통해 달성하고자 하는 바람직한 상태를 말한다.
  ㉡ 청소년정책의 목표는 최선의 정책수단 선정의 기준이 되고, 정책집행의 지침이 되며, 정책평가의 기준이 되는 가장 상위의 개념이다.

② 청소년정책의 수단
  ㉠ 청소년정책의 목표를 효과적으로 달성하기 위한 수단이다.
  ㉡ 청소년보호위원회를 설치 및 운영하는 것, 청소년수련활동을 활성화하기 위한 청소년 지도자의 확보, 청소년단체의 육성, 청소년시설의 확충 등 다양한 프로그램 시행 등이 있다.

③ 청소년정책의 대상 : 주로 청소년이 대상이 되지만, 청소년에게 유해한 환경을 제공한 성인을 처벌하는 청소년보호정책의 경우 성인을 대상으로 한다.

2 청소년수련활동 인증제

(1) 개요 및 목적

① 개 요 14 15 16 21 기출

   청소년활동 진흥법 제35조에 의거하여 시행되는 제도로, 청소년이 안전하고 유익한 청소년활동에 참여할 수 있도록 일정기준에 따라 심사하여 프로그램을 인증하는 국가인증제도이다.

② 신청대상
  ㉠ 인증 신청대상 : 국가 및 지방자치단체, 수련시설을 설치·운영하는 자 및 위탁운영 단체, 청소년이용시설, 개인·법인·단체 등 청소년수련활동에 필요한 프로그램을 개발하여 실시하려는 자
  ㉡ 인증을 신청해야 하는 대상(동법 시행규칙 제15조의2) 23 기출
     • 청소년 참가인원이 150명 이상인 청소년수련활동을 실시하려는 자
     • 위험도가 높은 청소년수련활동을 실시하려는 자

③ 운영목적
  ㉠ 국가가 청소년수련활동의 공공성·신뢰성을 인증함으로써 청소년활동 정책의 실효성 제고
  ㉡ 청소년의 교육·사회적 환경 변화에 따른 양질의 청소년활동 정책과 참여 기회 제공
  ㉢ 다양한 청소년활동 정보 제공 및 청소년활동 참여 활성화
  ㉣ 자기 계발 및 진로 모색 등 활용 가능한 활동 기록 관리 및 제공

④ 운영절차 21 기출

> 인증신청 컨설팅 → 인증신청 → 형식요건 검사 → 인증접수 → 인증심사 → 인증심의

⑤ 특 징
　㉠ 맞춤형 참여 : 청소년의 눈높이에 맞는 다양하고 재미있는 인증수련활동에 참여한다.
　㉡ 안전과 전문성 : 안전한 활동환경을 갖추고 전문성을 지닌 지도자와 함께 한다.
　㉢ 체계적 관리 : 인증신청, 수시점검, 사후관리 등 인증수련활동의 시작부터 끝까지 꼼꼼하게 관리한다.
　㉣ 경험의 활용 : 인증수련활동 참여 후 여성가족부장관 명의 참여 기록확인서를 발급받을 수 있고 포트폴리오를 작성하여 관리할 수 있다.

(2) 활동유형(인증대상) 24 기출

기본형	전체 프로그램 운영 시간이 2시간 이상으로서, 실시한 날에 끝나거나 또는 2일 이상의 각 회기로 구성되어 있으며 숙박 없이 수일에 걸쳐 이루어지는 활동
숙박형	숙박에 적합한 장소에서 일정 기간 숙박하며 이루어지는 활동
이동형	활동 내용에 따라 선정된 활동장을 이동하여 숙박하며 이루어지는 활동
학교단체숙박형	학교장이 참가를 승인한 숙박형 활동 ※ 개별단위프로그램 : 학교단체 숙박형 활동을 구성하는 각각의 프로그램

(3) 인증기준의 구성 15 16 20 21 22 23 24 기출

구 분	영역 및 유형	기 준	
공통기준	활동프로그램	• 프로그램 구성	• 프로그램 자원운영
	지도력	• 지도자 자격	• 지도자 역할 및 배치
	활동환경	• 공간과 설비의 확보 및 관리	• 안전관리 계획
개별기준	숙박형	• 숙박관리 • 영양관리자 자격	• 안전관리 인력 확보
	이동형	• 숙박관리 • 영양관리자 자격 • 휴식관리	• 안전관리 인력 확보 • 이동관리
특별기준	위험도가 높은 활동	• 전문지도자의 배치	• 공간과 설비의 법령 준수
	학교단체 숙박형	학교단체 숙박형 활동 관리	
	비대면방식 실시간 쌍방향	실시간 쌍방향 활동 운영 및 관리	
	비대면방식 콘텐츠 활용 중심	콘텐츠 활용 중심 활동 운영 및 관리	
	비대면방식 과제수행 중심	과제수행 중심 활동 운영 및 관리	

* 출처 : 2022 청소년수련활동 인증제 매뉴얼

(4) 인증수련활동 영역 분류체계 14 기출
① 건강·스포츠활동
② 모험개척활동
③ 역사탐방활동
④ 환경보존활동
⑤ 봉사협력활동
⑥ 교류활동
⑦ 과학정보활동
⑧ 진로탐구활동
⑨ 자기개발활동
⑩ 문화예술활동
⑪ 기타활동

3 국제청소년성취포상제(The Duke of Edinburgh's International Award)

(1) 개념 22 24 기출
① 국제청소년성취포상제는 1956년 영국 에딘버러 공작에 의해 처음 설립되어 전 세계 130여 개국에서 운영되는 국제적으로 공인된 자기성장프로그램이다.
② 만 14~24세 사이의 청소년들이 신체단련활동, 자기개발활동, 봉사활동, 탐험활동, 합숙활동(금장에 한함)을 통해 무한한 잠재력을 개발하여 지역 및 세계 사회에 이바지하는 세계시민으로 성장하도록 돕는 프로그램이다.
③ 한국청소년활동진흥원이 국제청소년성취포상제의 한국사무국이다.

(2) 국제청소년성취포상제의 원칙 16 22 기출
① 개별성(Individual)
② 비경쟁성(Non-Competitive)
③ 성취 지향성(Achievable)
④ 자발성(Voluntary)
⑤ 발전성(Development)
⑥ 균형성(Balanced)
⑦ 단계성(Progressive)
⑧ 영감을 주는(Inspirational)
⑨ 지속성(Persistence)
⑩ 재미(Enjoyable)

(3) 포상활동 기간
① 동장 → 은장 → 금장 순서로 단계를 밟아갈 때 : 동장(6개월 이상), 은장(6개월 이상), 금장(12개월 이상)
② 이전 단계의 포상을 받지 않은 신입회원일 때 : 동장(6개월 이상), 은장(12개월 이상), 금장(18개월 이상)

(4) 포상활동 영역 23 기출

① **신체단련활동** : 몸과 마음을 건강하게 하는 활동이다.
② **봉사활동** : 타인과 지역사회에 도움을 줄 수 있는 활동이다.
③ **자기개발활동** : 개인의 관심 분야를 배우고 익히는 활동이다.
④ **탐험활동** : 자연에서 도전정신과 팀웍 그리고 환경의 소중함을 깨닫는 활동이다.
⑤ **합숙활동** : 새로운 사람들과 가치 있는 목적을 공동으로 이루는 활동이며, 합숙활동은 금장 단계에서 추가로 활동해야 한다.

(5) 국제청소년성취포상제 운영모형 19 20 22 24 기출

구 분	봉사활동	자기개발활동	신체단련활동	탐험활동	합숙활동
금장 만 16세 이상	12개월 48시간 이상 (48회 이상)	12개월 48시간 이상 (48회 이상)	12개월 48시간 이상 (48회 이상)	3박 4일 (1일 8시간)	4박 5일 합숙활동
	은장 미보유 청소년은 봉사, 자기개발, 신체단련활동 중 하나를 선택하여 추가로 6개월 수행					
은장 만 15세 이상	6개월 24시간 이상 (24회 이상)	6개월 24시간 이상 (24회 이상)	6개월 24시간 이상 (24회 이상)	2박 3일 (1일 7시간)	–
	동장 미보유 청소년은 봉사, 자기개발, 신체단련활동 중 하나를 선택하여 추가로 6개월 수행				
동장 만 14세 이상	3개월 12시간 이상 (12회 이상)	3개월 12시간 이상 (12회 이상)	3개월 12시간 이상 (12회 이상)	1박 2일 (1일 6시간)	–
	참가자는 봉사, 자기개발, 신체단련활동 중 하나를 선택하여 추가로 3개월 수행				

- 단계별로 봉사·자기개발·신체단련 활동영역을 주 1회 간격, 매회 1시간 이상씩 지속적으로 활동하여야 한다.
- 활동영역별 최소 필요 시간을 이수하고 스스로 정한 성취목표를 달성한 후, 포상활동 승인기준에 부합하는 경우에 포상을 받을 수 있다.
- 탐험활동은 사전 기본교육 및 예비탐험활동이 필수이다. 예비탐험활동은 정식탐험활동의 훈련 과정으로, 정식탐험활동에 준하게 활동하는 것이 기본 원칙이며, 최소 활동기준 이상은 반드시 충족해야 한다.
  ※ 예비탐험활동 최소 활동기준 : 1박 2일, 숙박 필수. 단, 동장 단계는 예비탐험활동 면제
- 합숙활동의 경우, 대면활동이 기본 원칙이나, 부득이한 경우 비대면으로도 활동 가능(최소 이수시간 : 5일 30시간)
- 동장 단계의 경우, 만 13세 청소년이 만 14세 이상의 그룹과 함께 활동한다면 포상담당관의 승인하에 참여가 가능하다(운영규정 제27조 제2항).
- 동장 포상자는 만 15세 미만이어도 은장 단계 참여가 가능하며, 은장 포상자는 만 16세 미만이어도 금장 단계 참여가 가능하다(운영규정 제27조 제3항).

* 국제청소년성취포상제 운영규정(개정 2023. 6. 22.) 참조

4 청소년자기도전포상제(Korea Achievement Award)

(1) 개념 및 영역 17 기출
① 개념 : 만 7세 이상 만 15세 이하이거나 초등학교 1학년 이상 중학교 3학년 이하의 청소년이 운영기관에 등록하여 포상단계에 따른 활동을 수행하고 자신이 설정한 목표를 성취하였을 경우 포상하는 제도이다.
② 포상활동영역 : 자기개발활동, 신체단련활동, 봉사활동, 탐험활동, 진로개발활동

(2) 기본이념
① 다양한 활동(Various Activities)
② 스스로 하는 활동(Self-Activity)
③ 재능의 발견 및 개발의 기회(Finding and Developing Talents)
④ 단계적 활동(Step by Step Activity)
⑤ 경쟁이 없는 활동(Non-Competitive Activity)
⑥ 성취 지향적 활동(Achievement-Focused Activity)
⑦ 좋은 친구가 되기 위한 활동(Activity to be a Good Friend)
⑧ 즐길 수 있는 활동(Enjoyable Activity)

(3) 포상단계 및 참가연령 22 기출
① 금장 : 만 10세 이상(최소 6~12개월 이상), 중학교 1학년 이상
② 은장 : 만 7~15세(최소 4~8개월 이상)
③ 동장 : 만 7~15세(최소 4개월 이상)
※ 은장 포상 후 참여 연령에 도달하지 않더라도 다음 단계의 포상제 활동에 참여 가능하나, 참여 연령까지 활동을 마쳐야 한다.

(4) 포상활동 기간
① 활동영역은 봉사활동, 자기개발활동, 신체단련활동, 탐험활동, 진로개발활동의 목적을 따르며 5가지 활동영역 중 4가지 활동영역을 이수하여야 한다.
② 동장 → 은장 → 금장 순서로 단계를 밟아갈 때 : 동장(4개월 이상), 은장(4개월 이상), 금장(6개월 이상)
③ 이전 단계의 포상을 받지 않은 신입회원일 때 : 동장(4개월 이상), 은장(8개월 이상), 금장(12개월 이상)

(5) 활동영역별 최소 포상 기준 22 기출
① 활동단계별 최소 활동 시간·횟수 충족 여부
② 각 활동영역별 성취목표의 달성 여부

(6) 포상활동영역

① **봉사활동** : 주변에 도움이 필요한 사람이나 지역사회를 대상으로 지원하는 마음으로 이뤄지는 활동
② **자기개발활동** : 개인적 관심과 흥미에 따라 실생활에 필요한 기술이나 사회·문화적 기술을 개발하는 활동
③ **신체단련활동** : 체력 증진을 통해 삶의 질을 개선하기 위한 운동이나 신체를 이용한 활동
④ **탐험활동** : 청소년 자신이 성취하고자 하는 목표를 자연 환경 속에서 찾아 도전을 통해 배우고 느끼는 야외활동
⑤ **진로개발활동** : 자기 자신을 이해하고 진로 탐색을 하며 진로 역량을 개발하는 활동

(7) 청소년자기도전포상제 운영모형 21 22 24 기출

포상단계	활동구분	활동영역				
		봉사활동	자기개발활동	신체단련활동	탐험활동	진로개발활동
동 장	도전활동	8주(회)	8주(회)	8주(회)	1일 / 5시간	10개 과제
	성취활동	참여청소년은 봉사, 자기개발, 신체단련활동 중 한 가지영역을 선택하여 추가로 8주(회) 이상 수행				
은 장	도전활동	16주(회)	16주(회)	16주(회)	1박2일 / 10시간	14개 과제
	성취활동	동장 미보유 청소년은 봉사, 자기개발, 신체단련활동 중 한 가지영역을 선택하여 추가로 16주(회) 이상 수행				
금 장	도전활동	24주(회)	24주(회)	24주(회)	2박3일 / 15시간	7개 과제
	성취활동	은장 미보유 청소년은 자기개발, 신체단련, 봉사활동 중 한 가지영역을 선택하여 추가로 24주(회) 이상 수행				

※ 자기개발·신체단련·봉사 활동은 1주에 각 1회 40분 이상을 원칙으로 함
※ 단계별로 4가지 활동영역을 모두 이수해야 함
※ 탐험활동은 사전 기본교육이 필수로 진행되어야 함
※ 진로개발활동은 단계별 과제 수행시마다 1회 활동으로 간주하며, 워크북 활동, 캠프형 활동으로 운영할 수 있음

* 청소년자기도전포상제 운영규정(개정 2023.6.22.) 참조

5 여성가족부 주요 지원 사업

(1) 청소년방과후아카데미 15 22 기출

① **개념** : 여성가족부와 지방자치단체가 공적 서비스를 담당하는 청소년수련시설(청소년수련관, 청소년문화의집 등)을 기반으로 방과후 돌봄이 필요한 청소년의 자립역량을 개발하고 건강한 성장을 지원하고자 종합서비스를 제공한다.

② 목 적
　㉠ 방과 후 돌봄이 필요한 청소년에게 체험활동, 학습지원, 급식, 상담 등 종합서비스 제공
　㉡ 청소년 활동·복지·보호·지도 등을 통해 청소년의 전인적 성장을 지원하고 가정의 사교육비 경감 및 양육 부담 완화에 기여
③ 지원대상 : 초등 4학년 ~ 중등 3학년

대상구분		지원대상
일반형	우선순위 지원대상	기초생활수급자, 차상위계층, 한부모·조손·다문화·장애가정·2자녀 이상 가정·맞벌이 가정 등 방과 후 돌봄이 필요한 청소년
	기타 지원대상	학교(교장·교사), 지역사회(주민센터 동장·사회복지사 등)의 추천을 받아 청소년방과후아카데미 지원협의회에서 승인받은 청소년
주말형	지원대상	주말 돌봄 및 체험활동이 필요한 청소년(지원대상 구분 없음)

※ 지역 수요에 따라 (초등) 예비 초4(초3)/ (중등) 예비 중1(초6) 참여 가능(10월부터)

④ 운영시간(기간) 및 지원내역
　㉠ 운영시간 : 방과 후~21시, 주 5~6일 운영
　㉡ 운영기간 : 1~12월

운영모형	지원내역
일반형	• 1일 4시수, 주 5~6일 운영(주중 및 토요일 운영 권장) • 주중활동(월~금) : 1주 20시수 이상(급식 5시수 의무, 그 외 프로그램의 편성은 기관 자율 편성) • 주말활동(토요일) : 반기별 2회 이상(급식 포함 5시수 이상)
주말형	• 일 5시수, 주말 1~2일(토~일) 운영(연간 70일 이상) • 학교 방학기간 중 평일 운영 가능

⑤ 프로그램 운영기준 및 유형 24 기출
　㉠ 일반형(기본형, 농산어촌형, 장애형, 다문화형, 탄력운영형)

공통 운영과정(5시수)	급식, 귀가지도, 상담 등 기본적인 생활지원과정
선택 운영과정(15시수)	지역의 특성 및 참여 청소년 수요에 따라 운영과정 선택 예 체험·역량강화활동, 학습지원활동 등

　㉡ 주말형
　　주말활동은 1일 5시수 이상(급식 포함), 특성화된 프로그램 주제를 중심으로 청소년의 요구, 지역 특성, 시대적 상황변화 등을 반영하여 자율운영
⑥ 설치요건 : 청소년수련시설(청소년수련관, 청소년문화의집 등) 및 지자체·교육청 관할 공공시설, 민간운영시설 등 안전기준을 충족하는 시설 내 설치
⑦ 운영 전담 인력 및 직무
　㉠ 팀장 : 사업총괄, 사업운영 및 프로그램 기획, 환경분석 및 사업점검 및 환류, 지역연계협력, 사업성과관리, 안전관리 등
　㉡ 담임 : 프로그램 기획지원, 보충학습지원 및 동아리, 프로젝트 활동 등, 상담 및 생활기록·관리, 급식 지원, 문서작성 및 운영지원 등

⑧ 프로그램 주요 내용

구 분		세부내용
체험·역량강화 활동	디지털 체험활동	• 강습형태가 아닌 디지털분야 체험활동으로 운영 • 디지털분야 : 코딩, AI, App제작, VR·AR 체험, 드론, 로봇, 영상제작, 미디어, 컴퓨터 활용 등
	진로개발 역량강화 체험활동	• 강습형태가 아닌 전문적인 체험활동으로 운영 • 청소년 주도의 프로젝트(PBL ; Program-Based Learning)방식의 프로그램 운영 권장
	창의·융합 체험활동	
	일반 체험활동	강습형태가 아닌 체험활동 위주로 청소년들의 창의·인성 함양을 위한 다양한 체험활동 프로그램 운영 예 예술체험활동, 봉사활동, 리더십개발활동 등
	지역사회 참여활동	방과후아카데미 자체기획으로 청소년들이 지역사회에서 봉사활동을 하거나, 지역에서 개최하는 각종 지역행사에 의미 있는 역할을 맡아 참여하는 활동으로 주말체험활동과 연계하여 편성
	주말체험활동 (분기별 1회 급식포함 5시수)	• 주말체험활동 과정 운영 시 외부활동 권장 • 외부는 단순히 운영시설의 건물 밖 공간을 의미하는 것만이 아니라, 다양한 테마활동이 가능한 외부현장(시설, 공간)을 의미함
	주중 자기개발활동	• 청소년들이 중심이 되어 진행하는 활동(자치활동, 동아리활동 등) • 각 운영기관에서 자유롭게 편성하여 운영하는 과정 • 실무자가 중심이 되어 운영하는 프로그램
	주말 자기개발활동 (필요 시 1회당 2시수 이상)	
	특별지원	청소년캠프(방학), 보호자 교육, 초청인사 특별강의, 발표회 등
학습지원	보충학습지원	청소년들의 자율적인 숙제, 보충학습지도, 독서지도 등의 프로그램 위주로 운영
	교과학습	전문 강사진의 교과학습 중심의 학습지원
생활지원		급식, 상담, 건강관리, 생활일정 관리(메일링서비스) 등의 생활지원

(2) 청소년 방과 후 활동 종합지원계획의 수립(청소년 기본법 시행령 제33조의3) 24 기출

① 청소년 기본법에 따라 여성가족부장관과 특별시장·광역시장·특별자치시장·도지사·특별자치도지사는 매년 청소년 방과 후 활동 종합지원계획을 수립·시행하여야 한다.

② 방과 후 종합지원계획 포함 내용
  ㉠ 방과 후 활동의 수요 및 현황 조사
  ㉡ 방과 후 교육 및 활동프로그램의 개발 및 보급
  ㉢ 방과 후 활동에 필요한 시설의 확보, 전문인력의 선발 및 배치
  ㉣ 방과 후 활동 종합지원사업의 운영 및 평가
  ㉤ 그 밖에 관할 구역의 학교와 청소년의 방과 후 활동을 지원하는 기관 및 단체 등과의 연계 등에 관한 사항

(3) 방과 후 활동 종합지원사업 실시(청소년 기본법 시행령 제33조의4) 16 18 기출
① 여성가족부장관과 시·도지사 및 시장·군수·구청장은 청소년의 방과 후 활동을 지원하는 청소년 방과 후 활동 종합지원사업을 실시할 수 있다. 이 경우 방과 후 사업은 장애청소년과 다문화청소년 등 특별한 교육 및 활동이 필요한 청소년을 대상으로 할 수 있다.
② 방과 후 사업 활동 포함 내용
  ㉠ 청소년의 역량 개발 지원
  ㉡ 청소년의 기본학습 및 보충학습 지원
  ㉢ 청소년의 안전하고 건강한 방과 후 활동을 위한 급식, 시설 지원 및 상담
  ㉣ 청소년의 안전하고 건강한 방과 후 활동을 위한 학부모 교육, 청소년의 방과 후 활동을 지원하는 기관 및 단체 등의 개발 및 연계
  ㉤ 그 밖에 청소년의 방과 후 활동을 지원하기 위해 필요한 활동

(4) 청소년 방과 후 활동지원센터의 설치·운영(청소년 기본법 시행령 제33조의5)
① 여성가족부장관과 시·도지사는 청소년의 방과 후 활동을 종합적으로 지원하기 위하여 청소년 방과 후 활동지원센터를 설치·운영할 수 있다.
② 여성가족부장관과 시·도지사는 지원센터를 방과 후 사업운영에 관한 전문성이 있는 법인 또는 단체에 위탁하여 운영할 수 있다.
③ 지원센터 사업
  ㉠ 방과 후 종합지원계획의 수립·시행
  ㉡ 방과 후 사업의 운영 관리, 컨설팅 및 평가
  ㉢ 청소년의 방과 후 활동지원을 위한 국내외 자료조사
  ㉣ 방과 후 사업의 업무종사자를 위한 교육·연수(여성가족부장관이 설치하는 지원센터만 해당)
  ㉤ 방과 후 사업의 운영모형 개발(여성가족부장관이 설치하는 지원센터만 해당)
  ㉥ 그 밖에 청소년의 방과 후 활동을 종합적으로 지원하기 위하여 필요한 사업

6 청소년 활동을 위한 제도적 장치

(1) 청소년정책위원회(청소년 기본법 제10조, 시행령 제3조)
① 청소년정책에 관한 주요 사항을 심의·조정하기 위하여 여성가족부에 청소년정책위원회를 둔다.
② 청소년정책위원회 심의·조정사항
  ㉠ 청소년육성에 관한 기본계획의 수립에 관한 사항
  ㉡ 청소년정책의 분야별 주요 시책에 관한 사항
  ㉢ 청소년정책의 제도개선에 관한 사항
  ㉣ 청소년정책의 분석·평가에 관한 사항

ⓜ 둘 이상의 행정기관에 관련되는 청소년정책의 조정에 관한 사항
　　　ⓗ 그 밖에 청소년정책의 수립 · 시행에 필요한 사항으로서 대통령령으로 정하는 사항
　③ 청소년정책위원회는 위원장 1명을 포함하여 30명 이내의 위원으로 구성한다.
　④ 위원장은 여성가족부장관이 되고, 위원은 다음의 사람이 된다. 이 경우 복수 차관이 있는 기관은 해당 기관의 장이 지명하는 차관으로 한다.
　　　㉠ 기획재정부차관, 교육부차관, 과학기술정보통신부차관, 통일부차관, 법무부차관, 행정안전부차관, 문화체육관광부차관, 산업통상자원부차관, 보건복지부차관, 고용노동부차관, 중소벤처기업부차관, 방송통신위원회부위원장, 경찰청장
　　　㉡ 그 밖에 대통령령으로 정하는 관계 중앙행정기관의 차관 또는 차관급 공무원
　　　㉢ 청소년정책에 관해 학식과 경험이 풍부한 사람 중에서 여성가족부장관이 위촉하는 사람
　　　㉣ 청소년정책과 관련된 활동실적 등이 풍부한 청소년 중에서 여성가족부장관이 위촉하는 청소년
　⑤ ㉢ · ㉣에 따른 위원의 임기는 2년으로 한다.
　⑥ 청소년정책위원회에서 심의 · 조정할 사항을 미리 검토하거나 위임된 사항을 처리하는 등 청소년정책위원회의 운영을 지원하기 위하여 청소년정책위원회에 청소년정책실무위원회를 둔다.
　⑦ 청소년정책위원회의 위원장은 위원회를 대표하고 업무를 총괄한다.
　⑧ 위원회의 회의는 위원장이 소집하며, 재적위원 과반수의 출석으로 개의(開議)하고 출석위원 과반수의 찬성으로 의결한다.
　⑨ 청소년정책에 관한 전문적인 사항을 조사 · 연구하기 위하여 위원회에 5명 이내의 전문위원을 둘 수 있다.
　⑩ 위원회의 사무를 처리하기 위하여 위원회에 간사 1명을 두며, 간사는 여성가족부 소속 공무원 중에서 위원장이 지명한다.
　⑪ 위원회는 그 업무 수행에 필요하다고 인정되면 관계 기관 등에 필요한 자료를 요청하거나 관계 기관 등의 직원 또는 전문가로부터 의견을 들을 수 있다.
　⑫ 위원회에 출석한 위원과 관련 전문가 등에게는 예산의 범위에서 수당을 지급할 수 있다. 다만, 공무원이 그 소관 업무와 직접 관련하여 출석하는 경우에는 수당을 지급하지 아니한다.
　⑬ 위원회의 운영에 필요한 사항은 위원회의 의결을 거쳐 위원장이 정한다.

(2) 청소년특별회의 14 16 17 20 23 기출

　① 의 의
　　　㉠ 청소년 기본법에 의해 중앙 및 전국 17개 시 · 도 청소년대표, 청소년전문가들이 토론과 활동을 통해 청소년의 시각에서 청소년이 바라는 정책과제를 발굴하고 정부에 건의하여 정책화하는 청소년 참여기구이다.
　　　㉡ 청소년 참여를 통한 청소년의 잠재 역량 개발 및 청소년정책의 중요성에 대한 사회적 인식과 공감대를 확산시킨다.

② 법적 근거 : 청소년 기본법 제12조, 시행령 제12조~15조
  ㉠ 국가는 범정부적 차원의 청소년정책과제의 설정·추진 및 점검을 위하여 청소년 분야의 전문가와 청소년이 참여하는 청소년특별회의를 해마다 개최해야 한다.
  ㉡ 청소년특별회의의 참석대상
    • 지역회의에서 추천하는 청소년
    • 청소년 관련 기관·단체에서 추천하는 청소년
    • 청소년 관련 단체·시설·학계의 관계자
    • 여성가족부장관이 공개모집을 통하여 선정한 청소년
    • 그 밖에 여성가족부장관이 필요하다고 인정하는 사람
  ㉢ 여성가족부장관은 참석대상을 정할 때에는 성별·연령별·지역별로 각각 전체 청소년을 대표할 수 있도록 노력하여야 한다.
  ㉣ 특별회의는 매년 특별시·광역시·특별자치시·도·특별자치도 단위의 지역회의를 개최한 후에 전국 단위의 회의를 개최하며, 청소년 관련 토론회 및 문화예술행사 등과 병행할 수 있다.
  ㉤ 여성가족부장관은 특별회의의 의제(議題)를 선정하여 해당 연도의 최종 회의 개최 1개월 전까지 관계 행정기관의 장에게 알려야 한다.
  ㉥ 여성가족부장관은 특별회의의 의제 선정 및 연구 등을 위하여 관계 공무원 또는 관계 전문가에게 협조를 요청할 수 있다.
③ 청소년특별위원회 : 청소년 기본법 제12조에 근거해 청소년특별회의 활동을 통해 정부에 매년 범정부적 차원의 청소년정책과제를 제안하는 청소년 참여기구이다.

(3) 청소년운영위원회

① 의 의
  ㉠ 청소년수련시설(청소년수련관, 청소년문화의 집 등)의 사업과 프로그램 등 운영에 대해 청소년의 시각에서 청소년이 바라는 의견을 제시하고 평가하는 등의 활동을 하는 청소년 참여기구이다.
  ㉡ 생활권 청소년수련시설의 운영 관련 자문평가를 통해 청소년이 주인이 되는 시설이 되도록 마련된 제도적 기구이다.
② 법적 근거 : 청소년활동 진흥법 제4조, 시행령 제3조 14 15 16 20 23 24 기출
  ㉠ 청소년수련시설을 설치·운영하는 개인·법인·단체 및 위탁운영단체는 청소년활동을 활성화하고 청소년의 참여를 보장하기 위하여 청소년으로 구성되는 청소년운영위원회를 운영하여야 한다.
  ㉡ 수련시설운영단체의 대표자는 청소년운영위원회의 의견을 수련시설 운영에 반영하여야 한다.
  ㉢ 청소년운영위원회의 구성·운영 사항
    • 청소년운영위원회는 10명 이상 20명 이하의 청소년으로 구성하여야 한다.
    • 위원의 임기는 1년으로 하며, 위원장은 위원 중에서 호선(互選)한다.

- 위원장은 운영위원회를 대표하고, 운영위원회의 직무를 총괄한다.
- 위원장이 부득이한 사유로 직무를 수행할 수 없는 경우에는 위원장이 미리 지명한 위원이 그 직무를 대행한다.
- 위원장은 필요 시 회의를 소집하며, 그 의장이 된다.
- 운영위원회의 운영에 필요한 사항은 위원회의 의결을 거쳐 위원장이 정한다.
- 국가 및 지방자치단체는 예산의 범위에서 운영위원회의 운영에 필요한 경비를 지원할 수 있다.

③ 청소년운영위원회의 주요 기능
  ㉠ 청소년들의 청소년수련시설 및 프로그램 운영에 대한 참여와 모니터링
  ㉡ 지역사회 문제해결을 위한 참여 및 의견 반영
  ㉢ 시설 및 청소년활동의 활성화를 위한 주체적인 책임 역할 수행

(4) 청소년참여위원회 21 기출

① 청소년 기본법 제5조의2에 근거하여 설립된 위원회로서, 정부 및 지방자치단체의 청소년정책을 만들고 추진해 가는 과정에 청소년이 주체적으로 참여할 수 있도록 마련된 제도적 기구이다.
② 목적 : 청소년들을 정부 및 지방자치단체의 정책 및 사업과정에 주체적으로 참여토록 함으로써, 청소년시책의 실효성 제고 및 권익증진 도모한다.
③ 구성 및 운영(청소년 기본법 시행령 제2조의2)
  ㉠ 청소년참여위원회의 위원은 성별·연령·지역 등을 고려하여 구성하여야 한다.
  ㉡ 참여위원회의 위원장은 위원 중에서 호선(互選)하며, 참여위원회의 회의를 주재한다.
  ㉢ 참여위원회는 효율적인 정책 제안 등을 위하여 필요한 경우에는 분과위원회를 둘 수 있다.
  ㉣ 참여위원회는 청소년 관련 정책에 관한 의견 제안을 위하여 필요한 경우에는 설문조사, 토론회 등을 통하여 여론을 수렴할 수 있다.
  ㉤ 국가 및 지방자치단체는 참여위원회가 청소년 관련 정책의 전문적·기술적인 사항에 관하여 자문할 수 있도록 관계 전문가 등으로 구성된 자문단을 둘 수 있다.

(5) 청소년육성 전담공무원(청소년 기본법 제25조) 17 기출

① 특별시·광역시·특별자치시·도·특별자치도, 시·군·구 및 읍·면·동 또는 청소년육성 전담기구에 청소년육성 전담공무원을 둘 수 있다.
② 청소년육성 전담공무원은 청소년지도사 또는 청소년상담사의 자격을 가진 사람으로 한다.
③ 청소년육성 전담공무원은 관할구역의 청소년과 청소년지도자 등에 대하여 그 실태를 파악하고 필요한 지도를 하여야 한다.
④ 관계 행정기관, 청소년단체 및 청소년시설의 설치·운영자는 청소년육성 전담공무원의 업무 수행에 협조하여야 한다.
⑤ 청소년육성 전담공무원의 임용 등에 필요한 사항은 조례로 정한다.

02 안전 및 시설관리

1 안전점검 주요 내용

(1) 점검대상과 점검기관 20 21 기출
① 점검대상 : 청소년수련시설(청소년수련관, 청소년문화의 집, 청소년특화시설, 청소년수련원, 청소년야영장, 유스호스텔 등)
② 점검기관 : 한국전기기술인협회, 한국가스안전공사, 한국소방안전원, 식품의약품안전처

(2) 종합안전·위생점검

안전분야	건축	누수, 낙하물, 안전난간, 미끄럼방지 등
	토목	지반침하, 낙석, 배수로정비, 안전난간 등
	기계	급수급탕, 공조설비, 우수, 위생설비 등
	소방	소화설비, 경보설비, 피난설비, 방화구획, 위험물 취급 등
	전기	*인입구 배선, 누전차단기, 배선용차단기, 분전함 등
	가스	정압실, 압력조정기, 가스계량기 등
위생분야		급수시설, 보관시설, 식재료 보관 및 위생관리 등

> **인입구**
> 배전선들이 옥내 배선에 연결되는 부분을 말한다.

2 안전점검의 특징 및 사후관리

(1) 안전점검의 특징
① 안전전문기관과의 연계·협력을 통한 점검 수행으로 공정성 및 전문성 강화
② 시설물 안전관련 제반사항 및 안전관리 방안 제시
③ 안전·위생점검 결과는 수련시설 종합평가에 활용

(2) 안전·위생점검 사후관리
① 안전·위생점검 등급을 교육부, 지방자치단체 통보 및 인터넷 홈페이지 공개
② 안전·위생점검 결함 등 지적사항은 개·보수 요구 및 조치이행 여부 확인
③ 결함사항 및 보수·보강방안 등이 포함된 기관별 안전·위생점검 결과 안내

> **지식 IN**
> 안전·위생점검 추진절차
> 일정수립 → 현장점검 → 결과정리 → 결과통보

CHAPTER 07 청소년활동 여건과 환경

중요도 ★★★

핵심포인트
교육제도 및 연계(자유학기(년)제, 책임교육학년제, 청소년의 역량개발)
지역사회 연계

01 교육제도 및 연계

1 청소년활동 교육제도

(1) 자유학기(년)제 16 23 기출

① 정의 : 자기주도적 학습능력을 기르기 위해 중학교에서 한 학기(자유학기제) 또는 두 학기(자유학년제) 동안 지식·경쟁 중심에서 벗어나 학생 참여형 수업과 이와 연계한 과정중심평가를 강화하며, 다양한 자유학기 활동을 편성·운영하는 교육과정이다.
② 운영 방법
  ㉠ 교과수업 : 협동 학습, 토의·토론 학습, 프로젝트 학습 등 참여형 수업이 강화되고 학생의 학습과 성장을 지원하는 과정중심 평가를 실시
  ㉡ 자유학기 활동수업 : 진로탐색 활동, 주제선택 활동, 예술·체육 활동, 동아리 활동
③ 다양한 자유학기 확대 모델 운영

구 분	자유학기제	자유학년제
운영	1개 학기만 운영	1년간 운영(2개 학기)
수업	학생 참여 및 활동중심 수업	학생 참여 및 활동중심 수업
평가기록	• 교과성취도 미산출, 성취도 란에 "P" 입력 • 총괄식 지필평가 미 실시, 과정중심 평가 실시 • 학생의 성장·발달에 대한 평가 결과는 학생부에 문장으로 기록	• 교과성취도 미산출, 성취도 란에 "P" 입력 • 총괄식 지필평가 미 실시, 과정중심 평가 실시 • 학생의 성장·발달에 대한 평가 결과는 학생부에 문장으로 기록
자유학기활동	• 1학기 동안 학생의 희망을 반영한 다양한 체험 및 활동을 4개 영역(주제선택, 예술, 체육, 동아리, 진로탐색활동)으로 고루 편성 운영 • 교과 및 창의적 체험활동 시간을 조정하여 1개 학기에 170시간 이상 운영	• 1년간 학생의 희망을 반영한 다양한 체험 및 활동을 학기별 제한 없이 2학기에 걸쳐 4개 영역(주제선택, 예술, 체육, 동아리, 진로탐색활동)을 편성 운영 • 교과 및 창의적 체험활동 시간을 조정하여 1년간 221시간 이상 운영
고입	교과 내신성적 고입 미반영	교과 내신성적 고입 미반영

③ 자유학년제(2025년) 폐지
  ㉠ 자유학년제의 학급(학업능력) 결손 발생, 진로 탐색의 실효성 부족, 콘텐츠 및 강사 부족 등으로 폐지 결정
  ㉡ 2025년부터는 중학교 1학년 한 학기에 자유학기제를 시행, 고등학교 진학을 앞두고 진로 탐색을 하는 3학년 2학기에 진로연계 학기로 운영

(2) 책임교육학년제
① 정의 : 학생들의 학습과 성장에 결정적인 시기를 책임교육학년(초등학교 3학년, 중학교 1학년)으로 지정하고 학습과 성장을 집중 지원하는 제도이다.
② 지원내용
  ㉠ 학력진단 강화 : 학년 초 성취수준 진단을 위해 초등학교 3학년, 중학교 1학년 학생을 대상으로 컴퓨터 기반 학업성취평가 시행
  ㉡ 체계적 학습지원 : 정규수업 및 방과후 지도 시 AI 맞춤형 학습, 학습 관리 튜터링을 연계 제공
  ㉢ 학습지원 대상 확대 : 학습지원 대상을 기초학력 미달 학생(전체의 5%)에서 중·하위수준 학생(전체의 30%)으로 확대
  ㉣ 기초소양 교육 강화 : 언어·수리·디지털 소양 강화를 위해 방학기간 중 '학습도약 계절학기(가칭)' 도입
  ㉤ 자유학기 내실화(중1 대상) : 진로적성 진단을 확대하여 체계적 진로체험을 제공하고, 학생 활동형 인성교육 프로그램을 활용한 교과 및 창의적 체험활동 운영

(3) 특성화·전문화된 청소년프로그램의 운영과 지원
① 특성화프로그램의 개발·운영 및 등록
② 청소년수련프로그램의 다양한 테마별 청소년활동 권장
③ 생활권 수련시설 중심의 대안교육프로그램의 개발 및 실시
④ 청소년 시민교육프로그램 개발 및 지원
⑤ 청소년을 위한 국제문화 이해 교육, 국제교류프로그램 개발과 운용 및 지원
⑥ 학생자치활동 활성화를 위한 지원
⑦ 청소년프로그램 평가위원회 운영
⑧ 프로그램 및 도구·기자재의 개발 및 보급
⑨ 청소년활동프로그램 경진대회 확대 및 활성화 지원

(4) 청소년 진로교육 내실화 지원 세부 추진 계획(2023)
① 초·중등학교 진로교육 내실화 : 진로교육 교육과정 편성 제고, 2022 개정교육과정에 대비한 연구학교 운영, 학교 진로교육 여건 조성, 교원의 진로교육 역량 강화, 학생 개인 맞춤형 진로상담 활성화
② 미래형 교육과정 대비 진로교육 혁신 지원 : 신산업분야 진로체험 교육과정 모델 개발, 신산업분야 시·도 특색 프로그램 운영지원

③ 디지털 인재 양성을 위한 진로체험 생태계 조성 : 센터 역량 강화를 위한 맞춤형 지원체계 구축, 시대 변화 등을 반영한 다양한 프로그램 제공, 지역사회와의 진로체험 협력 체계 강화, 진로체험지원센터의 안정적 운영지원, 진로교육 업무협약 기관 효율적 관리 도모
④ 초·중등 창업 체험교육 확대 : 창업가정신 함양 교육 수업·동아리 활동 지원, 창업가정신 함양 교육 생태계 조성 지원, 원격영상 진로멘토링 운영
⑤ 진로교육 사각지대 해소 : 다문화 등 소외계층 대상 진로교육 지원, 지역 간 진로체험 격차 해소 지원, 사각지대 없는 인증기관 발굴 및 운영
⑥ 진로교육 인프라 확대 : 진로정보망 '커리어넷' 운영 활성화, 진로체험망 '꿈길' 이용 편의성 제고, 국가-지역-시군구의 진로교육 지원체계 구축

> **지식 IN**
>
> **진로교육법**
> 학생에게 다양한 진로교육 기회를 제공함으로써 변화하는 직업세계에 능동적으로 대처하고 학생의 소질과 적성을 최대한 실현하여 국민의 행복한 삶과 경제 사회 발전에 기여함을 목적으로 한다.

2 청소년 역량개발

(1) 역량의 정의
① 역량은 지식이나 기술 이상의 의미로 특정한 맥락에서 심리사회적 자원(기술, 태도) 등을 동원하여 복잡한 요구를 충족하는 능력이다(OECD, 2005).
② 청소년활동 핵심역량은 급변하는 사회에서 현실과제나 진로과제를 청소년 자신이 스스로 해결해 나가며 균형 있는 성장을 할 수 있도록 청소년활동에서 배양되어야 할 능력이다.
③ 비판적 사고, 의사소통, 협업, 창의력은 2015년 세계경제포럼에서 제시된 역량이고, 사회정서, 진로개발 역량은 우리나라의 사회적 환경을 고려하여 정한 것이다.

(2) 청소년활동 핵심역량
① **비판적 사고** : 새로운 관점에서 문제를 보고, 주제와 원칙에 따라 배움으로 연결하는 능력
② **의사소통** : 생각과 질문, 아이디어와 해결방법을 공유할 수 있는 소통 능력
③ **협업** : 하나의 공동 목표를 위해 여러 명의 재능과 전문지식을 합칠 수 있는 능력
④ **창의력** : 혁신이나 발명처럼 기존의 것을 새로운 방식으로 접근하는 능력
⑤ **사회정서** : 자신과 타인의 감정을 정확히 인식하고 스스로의 감정을 조절하여 타인과의 갈등 관계를 긍정적으로 해결하여 좋은 관계를 맺어나가는 능력
⑥ **진로개발** : 평생에 걸쳐 빠르게 변화하는 직업환경에 유연하게 적응하고, 개인의 흥미와 적성을 바탕으로 타인과는 차별화된 독특성을 개발하여 자기주도적·창의적인 진로를 개척·설계·실행하는 능력

(3) 미래핵심역량

① OECD의 교육 2030 프로젝트
  ㉠ 개념 : OECD에서는 교육 2030 프로젝트를 통해 2030년 성인이 될 학생이 직면할 환경·경제·사회적 위기를 전망하였다. 기존 DeSeCo 프로젝트의 후속으로, 앞으로 성인들은 이전에 상정한 사회보다 훨씬 더 복잡하고 새로운 위기를 맞이하게 될 것이라고 예상하였다. 따라서 미래사회에 필요한 핵심역량의 의미와 방향을 재정립하고 미래교육의 모습을 새롭게 제시하였다.
  ㉡ 미래사회의 위기

환경적 위기	기후 변화와 천연자원 고갈
경제적 도전	• 과학과 기술(생체기술, 인공지능)의 혁신 • 글로벌 경제체제의 불확실성과 경제위기에 대한 우려 • 빅데이터의 창출·사용·공유 및 이로 인한 사이버 안전과 사생활 보호 문제
사회적 도전	• 이민, 도시화, 사회적·문화적 다양성의 증가 • 생활수준 및 삶의 기회 불평등 확대 • 대중영합 정치로 인한 갈등·불안정성에 따른 정부 불신 • 전쟁 및 테러 위협의 증가

② OECD의 DeSeCo 생애핵심역량 체계 16 기출
  ㉠ OECD는 개인의 성공적 삶과 사회의 발전에 요구되는 핵심역량을 규명하기 위한 DeSeCo 프로젝트를 추진하여 생애학습과 교육체제의 최대 목표로서 핵심역량을 설정하였고, 이를 각국에서 교육과정설계에 적극 반영토록 권고하였다.
  ㉡ 핵심역량과 하위역량

핵심역량	하위역량	
도구를 상호적으로 사용하기	• 목표달성을 위한 기술 활용 • 문해력, 수리력	• 정보 및 지식의 수집, 분석, 활용
이질적인 집단에서 상호작용하기	• 타인과의 관계형성 • 시너지 활동 • 타인에 대한 도움	• 갈등관리 및 해소 • 집단 작업 및 협동 • 집단에 대한 참여
자율적으로 행동하기	• 자신의 자원, 권리, 제한점, 욕구 규명 및 평가, 방어 • 프로젝트 실행 및 기획 • 학습전략 등 개발 • 상황, 체제, 관계 등 분석	

③ 역량의 의미와 특징 비교(DeSeCo vs 교육 2030)

구 분	DeSeCo	교육 2030
정 의	특정 맥락의 복잡한 요구를 지식과 인지적·실천적 기능뿐만 아니라 태도·감정·가치·동기 등과 같은 사회적·행동적 요소를 동원시킴으로써 성공적으로 충족시키는 능력	복잡한 요구를 충족시키기 위해 지식, 기능, 태도와 가치를 동원하는 능력
목 표	개인과 사회의 '성공(Sucess)'	개인과 사회의 '웰빙(Well-being)'

특징	• 미래사회의 '핵심역량' 규명에 초점을 둠 • 경제적 활동에 중요한 역할을 하고, 개인적·사회적 유익을 일으킬 수 있음 • 특정 분야만이 아니라 삶의 광범위한 영역에 걸쳐 적용 가능 • 모든 개인에게 중요한 능력	• 학생의 '변혁적(Transformative) 역량' 강조 • 학생들이 삶의 전 영역에서 적극적이고 책임감 있는 태도로 참여하는 것 • 혁신적이고 의식적인 사람이 되기 위해 필요한 능력 • 시민 참여, 사회적 연계, 교육, 안전, 삶의 만족도, 환경 등 삶의 질적인 측면에 초점을 둠
범주	• 도구를 상호적으로 사용하기 • 이질적인 집단에서 상호작용하기 • 자율적으로 행동하기	• 새로운 가치 창출하기 • 긴장과 딜레마 조정하기 • 책임감 갖기
핵심개념	성찰(Reflectiveness)	학생 행위주체성(Student Agency)

02 지역사회 연계

1 지역 중심의 청소년활동과 지역사회 연계

(1) 지역 청소년활동 영역

① 지역 청소년활동 계획을 위한 청소년 의식 조사 및 요구 분석
② 지역 문화재를 통한 교육, 역사, 예절 등을 위한 실천방안 제시
③ 자연관찰을 통한 정서적 안정으로 청소년 문제 해결
④ 지역문화활동을 통한 적극적 체험 고취
⑤ 지방자치에 관한 청소년 교육

(2) 지역 청소년활동 사업을 위한 기초프로그램

① 의식개혁 및 지도자 발굴
② 청소년동아리 네트워크 운영 및 분석
③ 작은 단위의 지역 청소년활동 계획을 위한 청소년 의식 조사
④ 지역사회개혁 프로그램 추진 및 평가
⑤ 지역단위 교육, 문화, 청소년활동 등을 위한 연계 실천 프로그램 운영
⑥ 지역 청소년활동 위원회 구성 및 운영

(3) 지역사회 연계를 위한 실천방안

① 문제해결 과정에서 서비스대상자의 주체적 참여를 위한 방안
② 청소년단체들의 지역청소년 활동 욕구 파악 및 공동목표 설정
③ 청소년 참여촉진을 위한 다양한 프로그램 개발 및 정보 제공

④ 지역사회 청소년 활동시설 내 사업분위기 조성
⑤ 지역 청소년지도사의 기획가 · 조정자 · 조직가 · 중재자로서의 역할 필요

(4) 지역사회 중심의 청소년 프로그램을 개발할 때 고려해야 할 내용 14 기출

① 청소년과 가족, 지역사회의 다양한 문화적 상황을 고려해야 한다.
② 청소년의 안전보장과 접근성이 용이해야 한다.
③ 청소년이 고려된 프로그램을 개발해야 한다.
④ 청소년지도자를 위한 교육 · 연수 프로그램이 제공되어야 한다.
⑤ 지역사회의 인적 · 물적 자원을 적절히 활용해야 한다.

2 지역사회 청소년인프라의 학교 연계실태와 문제점

(1) 정책 및 프로그램 분야의 학교 연계실태와 문제점

① 청소년수련활동인증제
  ㉠ 형평성과 공정성의 문제와 콘텐츠의 충실화 문제가 있다.
  ㉡ 현 수준에서 전형요소를 활용하는 데 한계가 있다.
  ㉢ 학교와의 연계를 뒷받침할 사무국의 예산과 인력 확보가 어렵다.
② 국제청소년성취포상제
  ㉠ 제도가 아직 활성화되지 않았으며, 그 규모가 크지 않아 청소년수련활동인증제보다 더 공정성과 형평성에 문제가 제기될 수 있다.
  ㉡ 이용하기에는 예산과 인력이 턱없이 부족하다.

(2) 인적자원 분야의 연계실태와 문제점

① 학교 내에 체험활동을 담당하는 교사를 두는 것이 어려운 실정이다.
② 청소년수련시설을 적극적으로 활용하여 프로그램을 운영할 필요가 있다.

(3) 시설 및 단체 분야의 연계실태와 문제점

① 청소년수련시설은 학교와 실질적인 연계가 어렵다. 그 이유로 사회인식이나 정보의 부족, 학교의 폐쇄성을 들 수 있다.
② 청소년단체는 입시위주의 교육제도로 인하여 학교 내외에서 왕성한 활동을 하지 못하고 있다.

3 지방청소년활동진흥센터 19 기출

(1) 의의

① 특별시 · 광역시 · 특별자치시 · 도 · 특별자치도 및 시 · 군 · 구는 해당 지역의 청소년활동을 진흥하기 위해 지방청소년활동진흥센터를 설치 · 운영할 수 있다(청소년활동 진흥법 제7조 제1항).

② 국가(중앙)-지방(시·도)-지역(시·군·구)으로 이어지는 청소년정책 전달체계의 기관으로서, 지역 청소년활동을 진흥하는 중추적인 역할을 수행한다.
③ 1996년부터 청소년자원봉사센터로 출범하여 2006년에 지방청소년활동진흥센터로 개편·설치되었다.

(2) 지방청소년활동진흥센터의 사업수행(청소년활동 진흥법 제7조) 24 기출
① 지역 청소년활동의 요구에 관한 조사
② 지역 청소년 자원봉사활동의 활성화
③ 청소년수련활동 인증제도의 지원
④ 인증받은 청소년수련활동의 홍보와 지원
⑤ 청소년활동 프로그램의 개발과 보급
⑥ 청소년활동에 대한 교육과 홍보
⑦ 숙박형 등 청소년수련활동 계획의 신고에 대한 지원
⑧ 숙박형 등 청소년수련활동 관련 정보공개에 대한 지원
⑨ 그 밖에 청소년활동을 위하여 필요한 사업
※ 지방청소년활동진흥센터는 사업을 수행하는 경우 활동진흥원과 연계·협력한다.

(3) 청소년활동 정보의 제공 등(청소년활동 진흥법 제8조)
① 청소년의 요구를 수용하여 청소년의 발달단계와 여건에 맞는 프로그램과 정보를 상시 안내하고 제공하여야 한다.
② 해당 지역 청소년의 활동 요구를 정기적으로 조사하고, 그 결과를 그 지역의 청소년활동시설과 청소년단체에 제공하여야 한다.

(4) 학교와의 협력 등(청소년활동 진흥법 제9조)
① 학교 및 평생교육시설과의 협력체제를 구축하여야 한다.
② 해당 지역 각급 학교 및 평생교육시설에서 필요로 하는 청소년활동 관련 사항을 지원할 수 있다.
③ 매년 1회 이상 상호 협의하여 청소년수련거리를 개발하고, 해당 지역의 수련시설에 이를 보급하여야 한다.
④ 학생인 청소년을 위한 청소년수련거리를 개발할 때 필요하면 교육청 및 각급 학교에 관련 자료를 요청할 수 있다. 이 경우 관계 기관은 특별한 사유가 없으면 그 요청에 적극 협조하여야 한다.

선택과목 07 적중예상문제

❖ 완벽하게 이해된 부분에 체크하세요.

CHAPTER 01 청소년활동 이해

01 콜브(D. Kolb)가 제시한 경험학습의 진행과정이 아닌 것은?

① 추상적 개념화(Abstract Conceptualization)
② 적극적 실험(Active Experimentation)
③ 반성적 관찰(Reflective Observation)
④ 주도적 개입(Initiative Involvement)
⑤ 구체적 경험(Concrete Experience)

> 콜브(D. Kolb)의 경험학습의 4단계 순환과정
> - 구체적 경험 : 개인의 현재 경험과 현상에 초점을 두고, 논리적·분석적인 과정보다는 그 자체를 지각·반응하는 느낌을 중심으로 구체적으로 인식을 하는 과정이다.
> - 반성적 관찰 : 의미를 자신의 내적인 표상이나 상징으로 전환하는 것으로서, 개인을 둘러싼 환경으로부터 경험의 의미를 이해하는 과정이다.
> - 추상적 개념화 : 반성적 관찰로 얻은 새로운 생각이나 관점을 실제 자신의 환경에 적용할 수 있는지 미리 판단하여, 그 의미를 분석적·추론적 방법으로 하나의 가설 또는 개념으로 만드는 과정이다.
> - 능동적 실험 : 개인의 정신적 능력을 가지고 축적된 경험과 그 경험에 대한 반성을 외부의 경험으로 전환시키는 과정이다.

02 청소년활동에서 몰입경험의 특성으로 옳지 않은 것은?

① 자신의 활동목적이 분명하다.
② 활동과제의 수준이 청소년의 능력수준보다 낮으면 몰입이 일어나게 된다.
③ 미래의 혜택보다는 활동 자체에서 보상을 받으며 학습한다.
④ 양적시간 개념이 상실된다.
⑤ 현재 수행 중인 활동과제에 집중되어 있다.

> 몰입은 학습자가 인지한 활동과제의 수준과 자기 능력의 수준이 모두 높을 때 발생한다. 만약 활동과제의 수준이 자신의 능력수준을 뛰어넘게 되면 학습자는 걱정하게 된다. 반대로 활동과제의 수준이 청소년의 능력수준보다 낮으면 지루함을 느낀다. 지루함을 느낀 청소년이 몰입을 경험하기 위해서는 활동과제의 수준을 높여야만 한다.

03 청소년활동시설의 종류 중 성격이 다른 것은?

① 청소년수련관
② 청소년수련원
③ 청소년문화의 집
④ 과학관
⑤ 청소년야영장

> **청소년활동시설의 종류(청소년활동 진흥법 제10조)**
> - 청소년수련시설
>
> | | |
> |---|---|
> | 청소년수련관 | 다양한 수련거리를 할 수 있는 각종 시설 및 설비를 갖춘 종합수련시설 |
> | 청소년수련원 | 숙박기능을 갖춘 생활관과 다양한 수련거리를 실시할 수 있는 각종 시설·설비를 갖춘 종합수련시설 |
> | 청소년문화의 집 | 간단한 수련활동을 실시할 수 있는 시설 및 설비를 갖춘 정보·문화·예술 중심의 수련시설 |
> | 청소년특화시설 | 청소년의 직업체험·문화예술·과학정보·환경 등 특정 목적의 청소년활동을 전문적으로 실시할 수 있는 시설과 설비를 갖춘 수련시설 |
> | 청소년야영장 | 야영에 적합한 시설 및 설비를 갖추고 수련거리 또는 야영편의를 제공하는 수련시설 |
> | 유스호스텔 | 청소년의 숙박 및 체류에 적합한 시설·설비와 부대·편익시설을 갖추고 숙식편의제공, 여행청소년의 활동지원을 기능으로 하는 시설 |
>
> - 청소년이용시설 : 수련시설이 아닌 시설로서 그 설치목적의 범위에서 청소년활동의 실시와 청소년의 건전한 이용 등에 제공할 수 있는 시설 예 문화시설, 과학관, 체육시설, 평생교육기관, 자연휴양림, 수목원, 사회복지관, 시민회관·어린이회관·공원·광장·둔치 등(청소년활동 진흥법 시행령 제17조)

정답 01 ④ 02 ② 03 ④

04 청소년활동 진흥법 제2조(정의)에 관한 내용이다. ( )에 들어갈 숫자가 순서대로 옳은 것은?

"비숙박형 청소년수련활동"이란 ( )세 미만의 청소년을 대상으로 청소년수련시설 또는 그 외의 다른 장소에서 실시하는 청소년수련활동으로서 실시하는 날에 끝나거나 숙박 없이 ( )회 이상 정기적으로 실시하는 청소년수련활동을 말한다.

① 19, 1
② 19, 2
③ 19, 3
④ 24, 1
⑤ 24, 2

비숙박형 청소년수련활동(청소년활동 진흥법 제2조 제8호)
19세 미만의 청소년을 대상으로 청소년수련시설 또는 그 외의 다른 장소에서 실시하는 청소년수련활동으로서, 실시하는 날에 끝나거나 숙박 없이 2회 이상 정기적으로 실시하는 청소년수련활동을 말한다.

05 다음 중 청소년특화시설의 목적과 성격이 다른 것은?

① 직업체험
② 문화예술
③ 환 경
④ 야영편의
⑤ 과학정보

청소년특화시설(청소년활동 진흥법 제10조 제1호 라목)
청소년의 직업체험·문화예술·과학정보·환경 등 특정 목적의 청소년활동을 전문적으로 실시할 수 있는 시설과 설비를 갖춘 수련시설이다.

06 청소년 기본법상 명시된 청소년활동을 모두 고른 것은?

ㄱ. 수련활동
ㄴ. 자치활동
ㄷ. 교류활동
ㄹ. 문화활동
ㅁ. 단체활동

① ㄱ, ㄴ
② ㄱ, ㄴ, ㄹ
③ ㄱ, ㄷ, ㄹ
④ ㄴ, ㄷ, ㄹ
⑤ ㄴ, ㄷ, ㄹ, ㅁ

청소년활동이란 청소년의 균형 있는 성장을 위하여 필요한 활동과 이러한 활동을 소재로 하는 수련활동·교류활동·문화활동 등 다양한 형태의 활동을 말한다(청소년 기본법 제3조 제3호).

07 청소년활동 진흥법상 다음 보기에서 설명하는 청소년활동의 유형은?

> 청소년이 예술활동, 스포츠활동, 동아리활동, 봉사활동 등을 통하여 문화적 감성과 더불어 살아가는 능력을 함양하는 체험활동

① 청소년문화활동
② 청소년수련활동
③ 청소년자기계발활동
④ 청소년직업체험활동
⑤ 청소년교류활동

청소년활동 진흥법 제2조 제5호 청소년문화활동에 대한 내용이다.

08 칙센트미하이(M. Csikszentmihalyi)가 제시한 몰입(Flow)경험의 특징으로 옳지 않은 것은?

① 자의식(Self-consciousness)이 사라진다.
② 자신의 행동이 타인에 의해 통제되고 있음을 느낀다.
③ 수행 중인 과제에 관심이 집중된 상태이다.
④ 행위와 인식의 일체감을 느낀다.
⑤ 자신의 활동 목적이 분명하다.

② 몰입하는 동안 실질적으로 통제하려고 노력하지 않아도 수행자가 스스로의 행동에 대한 통제감(Sense of Control)을 가진다.
① 몰입상태에 있는 사람은 자신의 행동은 의식하지만, 의식한다는 사실 자체를 의식하지 않는다.
③ 완벽하게 과제에 집중하여 불필요한 정보가 마음에 스며들지 못하도록 하는 상태, 즉 자신이 참여하는 현재 활동과제에 관심을 집중한다.
④ 몰입상태에서 자신들의 활동이 자발적이고, 거의 자동적으로 진행되어 행위와 인식의 일체감을 느낀다.
⑤ 사전에 분명한 목표를 설정함으로써 자신이 정확히 무엇을 해야 할지 활동 목적이 분명하다.

정답 04 ② 05 ④ 06 ③ 07 ① 08 ②

09 청소년활동 진흥법상 다음 보기의 설명이 의미하는 청소년수련시설은?

> 청소년의 숙박 및 체류에 적합한 시설·설비와 부대·편익시설을 갖추고, 숙식편의제공, 여행청소년의 활동지원을 기능으로 하는 시설

① 청소년수련원
② 청소년문화의 집
③ 청소년야영장
④ 청소년수련관
⑤ 유스호스텔

> ① 청소년수련원 : 숙박기능을 갖춘 생활관과 다양한 수련거리를 실시할 수 있는 각종 시설·설비를 갖춘 종합수련시설이다.
> ② 청소년문화의 집 : 간단한 수련활동을 실시할 수 있는 시설 및 설비를 갖춘 정보·문화·예술중심의 수련시설이다.
> ③ 청소년야영장 : 야영에 적합한 시설 및 설비를 갖추고 청소년 수련거리 또는 야영편의를 제공하는 수련시설이다.
> ④ 청소년수련관 : 다양한 청소년 수련거리를 실시할 수 있는 각종 시설 및 설비를 갖춘 종합수련시설이다.

10 청소년수련활동의 특성으로 보기 어려운 것은?

① 체험적 활동
② 청소년중심의 활동
③ 타율적 활동
④ 집단적이고 경험적인 활동
⑤ 도전적이고 모험적인 활동

> 청소년수련활동의 특징
> - 집단적·경험적 활동
> - 청소년중심의 활동
> - 자발적 활동
> - 체험적 활동
> - 탐구적 활동
> - 도전적·모험적 활동
> - 지속·반복·장기적 활동

CHAPTER 02 청소년활동 프로그램 이론

01 청소년활동 프로그램 개발모형 중 선형적 접근방법의 첫 번째 단계에 해당하는 것은?

① 요구분석
② 자원 획득
③ 프로그램 설계
④ 프로그램 홍보
⑤ 프로그램 실행

> 청소년활동 프로그램 개발의 선형적 접근법 순서
> 요구분석 → 목표설정 → 프로그램 설계 → 자원 획득 → 프로그램 홍보 → 프로그램 실행

02 프로그램 마케팅의 4P 모델에 해당하는 것을 모두 고른 것은?

ㄱ. 유통(Place)	ㄴ. 사람(Person)
ㄷ. 가격(Price)	ㄹ. 촉진(Promotion)

① ㄱ, ㄴ
② ㄱ, ㄷ
③ ㄱ, ㄷ, ㄹ
④ ㄴ, ㄷ, ㄹ
⑤ ㄱ, ㄴ, ㄷ, ㄹ

> 청소년 프로그램 마케팅의 4P 모델
> - 프로그램 내용(Product) : 교육프로그램, 서비스 등
> - 프로그램 비용(Price) : 가격책정 전략 등
> - 프로그램 유통(Place) : 접근성 등
> - 프로그램 촉진(Promotion) : 다양한 커뮤니케이션 이용

정답 09 ⑤ 10 ③ // 01 ① 02 ③

03 청소년활동 프로그램 실행에 영향을 미치는 요인 중 환경적 요인이 아닌 것은?

① 청소년의 생활양식이나 생활주기
② 청소년수련시설의 접근성
③ 청소년보호자의 의식
④ 청소년집단의 규모
⑤ 청소년지도자의 역할

> 프로그램 실행에 영향을 미치는 요인
> - 개인적 요인 : 개인의 성별, 연령, 직업, 학력, 신념, 요구, 생활양식이나 생활주기
> - 환경적 요인 : 청소년이나 지도자가 속한 집단의 특성, 조직풍토 등 사회문화적 요인, 즉 청소년수련시설의 접근성, 청소년보호자의 의식, 청소년집단의 규모, 청소년지도자의 역할 등

04 다음 보기의 내용이 설명하는 청소년프로그램 개발 패러다임은?

> ○ 실제적-해석적 패러다임이라고도 불린다.
> ○ 절대적 진리가 존재하는 것이 아니라, 청소년과 청소년지도사 간에 긴밀한 상호작용을 통해 교육적 의미가 만들어진다.
> ○ 듀이(J. Dewey)의 실용주의 입장과 해석학적 인식론이 혼합된 패러다임이다.

① 실증주의
② 논리실증주의
③ 구성주의
④ 비판주의
⑤ 합리주의

> 청소년활동 프로그램 개발의 패러다임
> - 구성주의 패러다임 : 인간을 의미를 창조해가는 주체적·실존적 존재로 여기며, 청소년지도의 과정을 청소년지도사와 청소년이 함께 '의미를 창출하는 상호작용의 과정'으로 규정한다.
> - 실증주의 패러다임 : 객관적으로 존재하는 지식을 프로그램 참여자인 청소년들에게 전달하는 것으로서 청소년을 선행지식과 경험이 없는 빈 그릇 상태로 여기고, 청소년지도자는 청소년에게 교육 내용을 효과적으로 전달하는 사람으로 간주한다.
> - 비판주의 패러다임 : 사회의 구조적 모순을 적극 개선하고 변혁시켜 나가는 비판적 실천행위(Praxis)를 강조하는 것으로, 갈등적 의미를 비판적으로 검토하여 자신의 임파워먼트(Empowerment)를 회복하는 것을 강조한다.

05 다음 보기의 내용이 설명하는 청소년활동 프로그램 개발의 접근방법은?

○ 청소년의 흥미와 요구를 왜곡하거나 부정하는 문제가 발생할 수도 있다.
○ 프로그램 계획을 쉽게 개정하거나 수정할 수 있다는 장점을 가지고 있다.
○ 프로그램 참여가 예상되는 청소년을 고려하지 않고, 청소년단체나 기관 및 청소년지도사가 독자적으로 프로그램을 전개하는 방식이다.

① 선형적 접근
② 비선형적 접근
③ 통합적 접근
④ 비통합적 접근
⑤ 체제분석적 접근

청소년활동 프로그램 개발의 전개방법	
선형적 접근	• 프로그램의 개발단계를 순차적으로 진행해 나가는 방법이다. • 단계마다의 과업이 명확하고 단순하여 안정감이 있고, 초보자도 쉽게 적용할 수 있다.
비선형적 접근	• 여러 개의 프로그램 개발단계를 동시에 진행하는 방식이다. • 같은 시간에 몇 개의 절차가 동시에 이루어지기 때문에, 시간상의 제약을 받지 않으며, 각 단계가 계속적으로 순환된다. • 선형적 접근에 비해 훨씬 더 어렵고 더 많은 자원을 필요로 하며, 기획과정에서 상당한 능력과 전문성이 요구된다.
비통합적 접근	• 프로그램에 관한 잠재적 고객, 즉 청소년의 참여를 고려하지 않고 청소년단체나 기관, 청소년지도사가 독자적으로 프로그램 개발을 전개하는 방식이다. • 단시간 내에 일방적으로 이루어지는 정책적인 행위와 같으며, 미비한 계획을 쉽게 개정하거나 수정할 수 있다. • 청소년단체나 청소년기관이 청소년과의 연계체제를 마련하지 않음으로써, 청소년의 흥미와 필요를 왜곡하거나 부정할 수 있다.
통합적 접근	• 프로그램 개발에 영향을 미치는 요인들을 종합적으로 고려하는 방식이다. • 여타 접근방법에 비해 오차를 최소화할 수 있다는 장점이 있다. • 전개방식이 총체적이고 분석적이기 때문에 프로그램 개발의 전 과정이 복잡하고, 프로그램개발자의 전문적인 능력을 필요로 한다.
체제분석적 접근	• 프로그램 개발과정에서 환경, 조직 그리고 개인적 가치와 요구를 동시에 고려한 방식이다. • 프로그램이 개발되는 기관 전체의 전반적인 차원을 강조한다.

06 다음 보기의 내용이 공통으로 설명하는 프로그램 요구분석법은?

○ 전문가의 직관과 판단으로 미래를 예측하거나 연구하는 방법이다.
○ 지역적으로 산재해 있는 사람들의 상호작용을 촉진시킬 수 있다.
○ 미국 랜드연구소에서 개발한 의견조사방법이다.

① 데이컴법
② 결정적 사건분석법
③ 개별이력분석법
④ 델파이법
⑤ 서베이법

① 데이컴법 : 직무(Job) 혹은 직업(Work)을 분석하는 매우 효과적인 방법으로, 교육목표와 교육내용을 비교적 단시간 내에 추출하는 데 효과적이다.
② 결정적 사건분석법 : 필요한 관찰과 평가를 위해 가장 적절한 지위에 있는 사람들로부터 특정한 행동에 대한 기록을 얻어내고자 하는 방법이다.
③ 개별이력분석법 : 요구를 개인적으로 결정하고 기록하는 데 이용되는 방법으로, 전문직에 종사하는 사람들의 교육요구를 분석하고자 할 때 사용한다.
⑤ 서베이법 : 학습자가 표현한 요구를 확인하는 데 가장 널리 쓰이는 요구분석기법으로, 잠재적 학습자집단이 비교적 많고 널리 분포되어 있는 경우 요구와 관련된 정보를 수집하기 위해 사용한다.

07 의사결정 평가모형에 관한 설명으로 옳은 것을 모두 고른 것은?

ㄱ. 평가의 목적은 프로그램을 실시하기 전에 설정해 두었던 목표에 어느 정도 도달하였는가를 판단하는 것이다.
ㄴ. 의사결정자에게 필요한 정보를 제공하여 의사결정을 돕고자 한다.
ㄷ. CIPP 평가모형은 상황평가, 투입평가, 과정평가, 산출평가의 과정을 강조한다.
ㄹ. 전문가들이 현장을 방문하여 수행과정을 관찰·평가한 후 프로그램을 인증할 때 사용된다.

① ㄱ, ㄴ
② ㄴ, ㄷ
③ ㄷ, ㄹ
④ ㄱ, ㄴ, ㄹ
⑤ ㄱ, ㄷ, ㄹ

ㄱ - 목표중심 평가모형, ㄹ - 인정평가모형
평가모형의 분류
의사결정 평가모형, 목표중심 평가모형, 판단중심 평가모형, 전문성 중심 평가모형(인정평가모형, 전문심의 모형), 참여·반응중심 평가모형 등

08 요구(Needs)의 개념 분류 중 '규범적인 요구'에 관한 설명으로 옳은 것은?

① 교육에 관한 포괄적 요구이다.
② 객관적인 차원에서 진단된 요구이다.
③ 언어로 표출되거나 행동화된 요구이다.
④ 타인과의 관계에서 나타나는 상대적인 요구이다.
⑤ 인식하고 있을 뿐 행동으로 나타나지 않는 요구이다.

> 프로그램 요구의 유형
> • 기본요구 : 인간의 교육에 관한 요구를 비교적 포괄적 관점에서 언급한 요구
> • 느낀요구 : 학습자가 인식하고 있을 뿐 행동으로 나타나지 않는 요구
> • 표현요구 : 인식요구(결핍요구, 성장요구)가 언어나 문장 등으로 표출되는 행동된 요구
> • 비교요구 : 타인과의 비교에 의해 생성된 요구
> • 규범적 요구 : 객관적인 차원에서 진단된 요구

09 청소년활동 프로그램의 평가과정을 순서대로 바르게 나열한 것은?

ㄱ. 평가도구 제작	ㄴ. 평가의 세부목표 설정
ㄷ. 평가내용과 방법 결정	ㄹ. 프로그램 평가 실시
ㅁ. 프로그램 평가의 활용	ㅂ. 평가결과의 처리와 분석

① ㄱ - ㄴ - ㄷ - ㄹ - ㅂ - ㅁ
② ㄴ - ㄷ - ㄱ - ㄹ - ㅂ - ㅁ
③ ㄴ - ㄷ - ㄱ - ㄹ - ㅁ - ㅂ
④ ㄷ - ㄱ - ㄴ - ㄹ - ㅂ - ㅁ
⑤ ㄷ - ㄴ - ㄱ - ㄹ - ㅁ - ㅂ

> 청소년활동 프로그램의 평가과정
> 평가의 세부목표 설정 → 평가내용과 방법 결정 → 평가도구 제작 → 프로그램 평가 실시 → 평가결과의 처리와 분석 → 프로그램 평가의 활용

정답 06 ④ 07 ② 08 ② 09 ②

10 청소년활동 프로그램의 단계별 평가 유형에 관한 설명으로 옳은 것은?

① 요구평가 – 프로그램의 제한점이나 성공 가능성 여부에 관한 평가
② 타당성 평가 – 프로그램 실행 시 계획과 현실 사이의 차이점에 관한 평가
③ 경과평가 – 프로그램의 목적과 목표가 잘 결합되고 효과적인가에 관한 평가
④ 과정평가 – 프로그램 개발에 필요한 재원 산출에 관한 평가
⑤ 형성평가 – 프로그램을 진행하면서 수행하는 지도방법에 관한 평가

> ① 타당성 평가, ② 요구평가, ④ 비용평가, ⑤ 과정평가에 관한 설명이다.

CHAPTER 03 청소년활동 지도

01 청소년활동의 지도원리로 보기 어려운 것은?

① 전인성   ② 관리성
③ 다양성   ④ 융통성
⑤ 자발성

> 청소년활동의 지도원리
> • 자기주도성(자발성)의 원리   • 참여성의 원리
> • 경험중심성과 활동지향성의 원리 • 상호학습의 원리
> • 다양성과 융통성의 원리   • 전인성(지덕체의 조화)의 원리

02 청소년지도방법의 특성에 관한 설명으로 옳지 않은 것은?

① 청소년지도방법은 목표를 달성하기 위한 의도적인 활동이다.
② 청소년지도방법은 목표를 달성하기 위한 비체계적인 활동이다.
③ 청소년지도방법은 청소년의 자기주도적이고 능동적인 참여를 필요로 한다.
④ 청소년지도방법은 청소년지도자와 청소년 간의 상호작용 속에서 이루어진다.
⑤ 청소년지도방법은 목표를 달성하기 위한 수단적인 성격을 지닌다.

> 청소년지도는 지도목표, 내용선정 및 조직, 실행계획, 평가의 전 과정을 체계적으로 설계한 결과물인 프로그램에 근거하여 이루어지므로 계획적인 활동이다.

03 허시(P. Hersey)와 블랜차드(K. Blanchard)가 제시한 리더십 유형 중 지시적 행동도 높고, 지원적 행동도 높은 청소년지도자의 행동유형은?

① 위임형(Delegating Approach)
② 지원형(Supporting Approach)
③ 코치형(Coaching Approach)
④ 지시형(Directing Approach)
⑤ 거래형(Transactional Approach)

허시(P. Hersey)와 블랜차드(K. Blanchard)의 리더십 유형

지시형	• 높은 과업 – 낮은 관계행동 • 부하의 의지와 능력이 모두 낮음 • 지시적 행동은 늘리고 지원적 행동은 줄임
설득형 (코치형)	• 높은 과업 – 높은 관계행동 • 부하의 능력은 낮지만 의지는 높음 • 지시적 행동과 지원적 행동을 모두 제공
참여형 (지원형)	• 낮은 과업 – 높은 관계행동 • 부하의 능력은 높지만 의지가 낮음 • 지시적 행동은 줄이고 지원적 행동은 늘림
위임형	• 낮은 과업 – 낮은 관계행동 • 부하의 능력도 높고 의지도 높음 • 지시적 행동과 지원적 행동을 거의 하지 않음

04 다음 보기의 내용이 설명하는 지도방법은?

> 인간 이해 훈련이며, 자기 이해와 타인 이해 그리고 집단의 성장과정ㆍ체험 등을 통한 체험학습으로써, 허용적이고 수용적인 태도를 육성하기 위한 교육훈련기법이다.

① 브레인스토밍
② 패널토의
③ 소시오메트리
④ 감수성 훈련
⑤ 사례연구

① 브레인스토밍(Brainstorming) : 집단의 구성원이 어떤 문제나 과제에 대해 창의적인 집단사고를 통하여 해결방안을 모색하는 방법으로서, 참여자의 지위나 능력 등에 구애받지 않고 비형식적이며, 아이디어가 누적되는 가운데 새로운 발상을 도출해 내는 기법이다.
② 패널토의 : 특정 주제에 대하여 서로 의견을 달리하는 3~6명의 참가자들이 사회자의 진행에 따라 청중 학습자 앞에서 토의하는 방식이다.
③ 소시오메트리(Sociometry) : 모레노(J. Moreno)가 개발한 방법으로 집단원들 상호 간의 선호, 무관심, 배척 등의 관계를 파악하여 집단 내 구성원 간의 역학구조를 이해하게 하는 기법이다.
⑤ 사례연구 : 단일한 사례 혹은 복합적인 사례에 초점을 맞추어 다각적이고 심층적인 분석을 하는 것으로서, 사례는 개인, 프로그램, 의사결정, 조직, 사건 등이 대상이 될 수 있다.

05 청소년수련활동의 관점에서 집단역동(Group Dynamics)에 관한 설명은?

① 청소년지도자가 공유하고 있는 목표를 성취하는 것이다.
② 집단 내에서 보다 효과적인 상호작용을 통해 집단의 발전과 생산성을 높여주는 것이다.
③ 청소년지도자와 청소년 간의 일방향적인 의사소통을 하는 과정이다.
④ 청소년지도자의 행동변화를 위해 환경을 적절하게 조성해 주는 과정이다.
⑤ 청소년이 개인 및 지역사회 문제에 관심을 갖도록 지도하는 것이다.

> 집단은 단순히 몇 사람이 모인 숫자의 합이 아니라 그 사람들의 관계와 상호작용을 통해서 더 큰 힘을 생산할 수 있으며, 이러한 힘은 집단원들 간에 존재하는 상호작용 과정에서 비롯되는데 이를 집단역동이라고 한다.

06 개인중심 청소년 지도방법에 해당하는 것을 모두 고른 것은?

ㄱ. 멘토링(Mentoring)
ㄴ. 도제제도(Apprenticeship)
ㄷ. 브레인스토밍(Brainstorming)

① ㄴ ② ㄱ, ㄴ
③ ㄱ, ㄷ ④ ㄴ, ㄷ
⑤ ㄱ, ㄴ, ㄷ

> ㄷ. 브레인스토밍은 소집단 지도기법에 해당한다.
> 청소년 지도기법
> • 개인중심 지도기법 : 도제제도, 멘토링, 컴퓨터보조학습, 원격교육, 직접 개별지도, 현장경험, 개인학습 프로젝트, 인턴십 등
> • 소집단 지도기법 : 강의기법, 토론기법(심포지엄, 세미나, 패널토론, 공개토론, 대담토론 등), 브레인스토밍, 역할연기, 감수성 훈련, 프로젝트기법, 참여훈련기법, 소시오메트리 등
> • 대집단 지도기법 : 대규모 강연회나 첨단매체를 통한 지도방식

07 멘토링에 관한 설명으로 옳은 것을 모두 고른 것은?

ㄱ. 멘토링의 어원은 그리스 신화 '오디세이'에서 기원한다.
ㄴ. 경험과 지식이 풍부한 멘토는 단기적, 지도적 만남을 통하여 멘티를 돕는다.
ㄷ. 비슷한 연령대에서도 멘토-멘티 관계가 형성될 수 있다.

① ㄱ
② ㄴ
③ ㄱ, ㄷ
④ ㄴ, ㄷ
⑤ ㄱ, ㄴ, ㄷ

ㄴ. 멘토링(Mentoring)이란 풍부한 경험과 지식이 많은 사람의 장기적이고 주기적인 일대일 학습지도로 멘티의 학습 지원 및 태도 형성을 돕는 것이다.
ㄱ. 멘토링의 어원은 고대 그리스 신화에 나오는 이타이카의 왕이자 오디세우스의 친구인 멘토의 이름에서 유래하였다.
ㄷ. 멘토-멘티의 관계는 동성, 비슷한 연령과 유사한 생활경험 및 가치관 등을 지닌 또래(비슷한 연령대)에서도 가능하다.

08 청소년지도방법으로 활용되는 '감수성 훈련'에 관한 설명으로 옳지 않은 것은?

① 이질적인 성향으로 집단을 구성한다.
② 대인관계기술, 인간주체성 회복을 목표로 한다.
③ '지금-여기(Here and Now)'의 관점에서 진행한다.
④ 화제나 계획을 상황에 따라 융통성 있게 운영한다.
⑤ 지도자의 지시에 즉시 반응하도록 하여 순발력을 강화한다.

감수성 훈련
• 인간 스스로의 주체성·지도성·창조성을 개발함으로써 인간소외를 극복하기 위한 방법이다. 자유롭고 유연한 주체적인 인간이 되는 체험을 통찰·발견하여, 그것을 현실생활 속에서 구체화할 수 있도록 교육과 학습 및 체험의 장을 제공한다.
• 집단원은 가능한 한 이질적인 성향을 지니도록 구성한다.
• 지도사는 권위적이기보다 허용적, 친밀감 형성 및 유지에 특별히 주의를 기울인다.
• 화제나 계획이 고정되게 정해져 있을 필요는 없고, 상황에 따라 융통성 있게 하며 '지금-여기'의 관점에서 진행한다.
• 10~15명 정도의 소집단을 형성하고, 모든 구성원이 충분하게 대화할 수 있는 조건과 환경을 만든다.
• 준비단계에서부터 발전단계에 이르기까지 참여자들의 자유롭고 기탄없는 감정표현이 보장되도록 한다.

09 청소년 기본법령상 청소년상담사의 배치기준으로 옳지 않은 것은?

① 특별시·광역시·도 및 특별자치도에 설치된 청소년상담복지센터에는 청소년상담사 2명 이상을 둔다.
② 시·군·구에 설치된 청소년상담복지센터에는 청소년상담사 1명 이상을 둔다.
③ 청소년치료재활센터에는 청소년상담사 1명 이상을 둔다.
④ 청소년자립지원관에는 청소년상담사 1명 이상을 둔다.
⑤ 청소년쉼터에는 청소년상담사 1명 이상을 둔다.

> 청소년상담사 배치기준(청소년 기본법 시행령 별표5)
> • 특별시·광역시·도 및 특별자치도에 설치된 청소년상담복지센터 : 청소년상담사 3명 이상
> • 시·군·구에 설치된 청소년상담복지센터 : 청소년상담사 1명 이상
> • 청소년복지시설(청소년치료재활센터, 청소년자립지원관, 청소년쉼터) : 청소년상담사 1명 이상

10 하트(R. Hart)가 제시한 청소년의 참여형태 중 청소년이 자신의 의견을 표출하긴 하지만, 청소년수련활동에는 전혀 영향을 미치지 못하는 상태에 해당하는 단계는?

① 제한적 위임과 통지(Assigned But Informed) 단계
② 성인주도(Adult Initiated) 단계
③ 동등한 파트너십(Equal Partnership) 단계
④ 상의와 통지(Consulted And Informed) 단계
⑤ 명목주의(Tokenism) 단계

> 하트(R. Hart)의 참여사다리 모델
>
> | 단계 | 내용 |
> |---|---|
> | 조작 | 청소년지도자의 지시에 일방적으로 따르는 상태 |
> | 장식 | 참여가 피상적으로 이루어지는 것으로 노래하기, 춤추기 등과 같이 활동에 장식품처럼 활용되는 상태 |
> | 명목주의 | 청소년들의 의견이나 생각을 표출하지만, 청소년활동에 전혀 영향을 미치지 못하는 상태 |
> | 제한적 위임과 통지 | 제한적으로 청소년들에게 역할이 부여되고, 그 과정을 통해 활동의 궁극적 목적이나 필요성을 이해하게 되는 상태 |
> | 상의와 통지 | 청소년활동이 청소년지도자에 의해 설계, 운영되지만, 청소년들의 생각이나 의견이 심각하게 고려되는 상태 |

성인주도	청소년활동이 청소년지도자에 의해 주도되지만 모든 의사결정이 청소년과 같이 공유되는 상태
청소년주도	청소년들에 의해 주도되며, 활동 진행과 관련된 주된 아이디어들이 청소년으로부터 나오는 상태
동등한 파트너십	청소년활동에 대한 아이디어들이 청소년에 의해 시작되며, 실행과정에 청소년지도자를 파트너로 참여시키는 상태

CHAPTER 04 청소년활동기관 설치 및 운영

01 청소년활동 진흥법령상 청소년수련시설에 관한 내용이다. (   )에 들어갈 내용은?

> 여성가족부장관과 지방자치단체의 장은 수련시설 설치·운영의 활성화 및 청소년수련거리의 보급·확산을 위하여 관할구역에서 시설·설비내용이 우수하고 청소년수련거리의 운영에 모범이 되는 수련시설을 (   )로 지정하여 육성할 수 있다.

① 전문수련시설
② 인증수련시설
③ 시범수련시설
④ 우수수련시설
⑤ 특화수련시설

시범수련시설의 지정 및 육성(청소년활동 진흥법 시행령 제9조 제1항)
여성가족부장관과 지방자치단체의 장은 수련시설 설치·운영의 활성화 및 청소년수련거리의 보급·확산을 위하여 관할구역에서 다음 중 어느 하나에 해당하는 수련시설을 시범수련시설로 지정하여 육성할 수 있다.
- 시설·설비내용이 우수하고 청소년수련거리의 운영에 모범이 되는 수련시설
- 국가 및 지방자치단체 등에서 개발·보급하는 청소년수련거리의 시범적용을 담당할 수련시설
- 그 밖에 특별히 육성할 필요성이 있다고 인정되는 수련시설

02 청소년활동 진흥법상 청소년수련시설의 대표자 또는 운영대표자가 될 수 있는 자는?

① 법률에 의하여 자격이 상실된 자
② 파산선고를 받은 자로 복권되지 않은 자
③ 법원의 판결에 의하여 자격이 상실된 자
④ 법원의 판결 또는 법률에 의하여 자격이 정지된 자
⑤ 금고 이상의 형을 받고 그 집행유예 기간이 종료된 자

> 결격사유(청소년활동 진흥법 제15조)
> - 미성년자 · 피성년후견인 또는 피한정후견인
> - 파산선고를 받고 복권되지 아니한 사람
> - 금고 이상의 형을 선고받고 그 집행이 끝나거나 집행을 받지 아니하기로 확정된 후 2년이 지나지 아니한 사람
> - 금고 이상의 형의 집행유예를 선고받고 그 유예기간 중에 있는 사람
> - 법원의 판결 또는 법률에 따라 자격이 상실되거나 정지된 사람
> - 허가 또는 등록이 취소된 수련시설의 대표자로서 허가 또는 등록이 취소된 날부터 2년이 지나지 아니한 사람

03 청소년활동 진흥법상 시설붕괴 우려로 안전 확보가 현저히 미흡한 경우 시장 · 군수 · 구청장이 청소년수련활동 주최자에게 시설운영 또는 활동의 중지를 명할 수 있는 최대 기간은?

① 3개월 ② 4개월
③ 5개월 ④ 6개월
⑤ 1년

> 운영 중지 명령(청소년활동 진흥법 제20조의2 제1항)
> 특별자치시장 · 특별자치도지사 · 시장 · 군수 · 구청장은 수련시설의 운영 또는 청소년활동 중에 다음의 어느 하나에 해당하는 사유가 발생한 경우에는 수련시설 설치 · 운영자 또는 위탁운영단체, 숙박형 등 청소년수련활동 주최자에게 3개월 이내의 기간을 정하여 시설 운영 또는 활동의 중지를 명할 수 있다.
> - 시설이 붕괴되거나 붕괴할 우려가 있는 등 안전 확보가 현저히 미흡한 경우
> - 숙박형 등 청소년수련활동의 실시 중 참가자 또는 이용자의 생명 또는 신체에 심각한 피해를 입히는 사고가 발생한 경우
> - 성폭력범죄의 처벌 등에 관한 특례법 제2조의 성폭력범죄 또는 아동 · 청소년의 성보호에 관한 법률 제2조 제2호 및 제3호의 아동 · 청소년대상 성범죄 및 아동 · 청소년대상 성폭력범죄가 발생한 경우
> - 아동복지법 제17조의 금지행위가 발생한 경우

04 수련지구에 설치하여야 하는 시설의 종류가 아닌 것은?

① 수련시설
② 체육시설
③ 모험활동시설
④ 녹지
⑤ 평생교육기관

> 수련지구에 설치하여야 하는 시설의 종류(청소년활동 진흥법 시행령 제29조 제1항 관련 별표4)
> • 수련시설 : 청소년수련원 및 유스호스텔 각각 1개소 이상
> • 체육시설 : 실내체육시설 1개소 이상 및 실외체육시설 3개소 이상
> • 문화시설 : 공연장, 박물관, 미술관, 과학관, 그 밖에 이와 유사한 시설 중 1개소 이상
> • 자연탐구시설 또는 환경학습시설 : 자연학습원, 환경학습장, 동·식물원, 그 밖에 이와 유사한 시설 중 1개소 이상
> • 모험활동시설 : 수상·해양·항공 또는 산악훈련장, 극기훈련장, 모험활동장, 그 밖에 이와 유사한 모험활동시설 중 1개소 이상
> • 녹지 : 수련지구 지정면적의 10% 이상

05 청소년활동 진흥법상 청소년수련시설의 종합평가에 관한 내용이다. ( )에 들어갈 용어로 옳은 것은?

> ㄱ. ( )은/는 수련시설의 전문성 강화와 운영의 개선 등을 위하여 시설 운영 등 수련시설 전반에 대한 종합평가를 정기적으로 실시하고 그 결과를 공개하여야 한다.
> ㄴ. 수련시설 종합평가의 주기·방법·절차 및 평가결과의 공개 등에 필요한 사항은 ( )령으로 정한다.

① 대통령, 보건복지부
② 국무총리, 여성가족부
③ 여성가족부장관, 여성가족부
④ 여성가족부장관, 대통령
⑤ 국무총리, 보건복지부

> ㄱ. 여성가족부장관은 수련시설의 전문성 강화와 운영의 개선 등을 위하여 시설 운영 및 관리체계, 활동프로그램 운영 등 수련시설 전반에 대한 종합평가를 정기적으로 실시하고 그 결과를 공개하여야 한다(청소년활동 진흥법 제19조의2 제1항).
> ㄴ. 수련시설 종합평가의 주기·방법·절차 및 평가결과의 공개 등에 필요한 사항은 여성가족부령으로 정한다(청소년활동 진흥법 제19조의2 제7항).

정답 02 ⑤ 03 ① 04 ⑤ 05 ③

06 청소년활동 진흥법령상 청소년수련시설 운영대표자의 자격을 갖추지 못한 사람은?

① 청소년육성업무에 8년 종사한 사람
② 2급 청소년지도사 자격증 취득 후 청소년육성업무에 2년 종사한 사람
③ 7급 일반직공무원으로서 청소년육성업무에 3년 종사한 사람
④ 3급 청소년지도사 자격증 취득 후 청소년육성업무에 5년 종사한 사람
⑤ 초·중등교육법 제21조에 따른 정교사 자격증 소지자 중 청소년육성업무에 5년 종사한 사람

> 수련시설 운영대표자의 자격(청소년활동 진흥법 시행령 제8조 제1항)
> • 1급 청소년지도사 자격증을 소지한 사람
> • 2급 청소년지도사 자격증 취득 후 청소년육성업무에 3년 이상 종사한 사람
> • 3급 청소년지도사 자격증 취득 후 청소년육성업무에 5년 이상 종사한 사람
> • 초·중등교육법에 따른 정교사 자격증 소지자 중 청소년육성업무에 5년 이상 종사한 사람
> • 청소년육성업무에 8년 이상 종사한 사람
> • 7급 이상의 일반직공무원 또는 이에 상당하는 별정직공무원(고위공무원단에 속하는 일반직공무원 또는 별정직공무원을 포함)으로서 청소년육성업무에 3년 이상 종사한 사람(이외의 공무원 중 청소년육성업무에 종사한 사람의 경우에는 5년 이상)

07 청소년 기본법상 한국청소년단체협의회의 활동 내용이 아닌 것은?

① 지역사회 청소년통합지원체계의 구축·운영
② 청소년 관련 분야의 국제기구활동
③ 회원단체의 사업과 활동에 대한 협조·지원
④ 청소년지도자의 연수와 권익 증진
⑤ 외국 청소년단체와의 교류 및 지원

> 한국청소년단체협의회의 활동 내용(청소년 기본법 제40조)
> • 회원단체의 사업과 활동에 대한 협조·지원
> • 청소년지도자의 연수와 권익 증진
> • 청소년 관련 분야의 국제기구활동
> • 외국 청소년단체와의 교류 및 지원
> • 남·북청소년 및 해외교포청소년과의 교류·지원
> • 청소년활동에 관한 조사·연구·지원
> • 청소년 관련 도서출판 및 정보 지원
> • 청소년육성을 위한 홍보 및 실천운동
> • 지방청소년단체협의회에 대한 협조 및 지원
> • 그 밖에 청소년육성을 위하여 필요한 사업

08 청소년활동 진흥법령상 청소년수련시설 안전기준에 관한 내용으로 옳지 않은 것은?

① 비상연락장치를 유지하여야 한다.
② 시설물에 대한 안전점검을 매년 2회 실시하여야 한다.
③ 수련시설의 종사자에 대하여 정기적으로 안전교육을 실시하여야 한다.
④ 부상자·병자에 대하여 응급처치를 할 수 있는 구호설비·기구를 갖추어야 한다.
⑤ 안전사고·응급환자 발생 등에 대비하여 긴급 후송대책 등의 방안을 마련하여야 한다.

> 매월 1회 이상 시설물에 대한 안전점검을 실시하여야 하며, 점검결과를 시설물 안전점검기록대장에 기록·관리하여야 한다(청소년활동 진흥법 시행령 별표1).

CHAPTER 05 　청소년활동 실제

01 청소년수련활동 인증제도의 운영에 관한 내용이 아닌 것은?

① 인증위원회는 위원장과 부위원장 각 1명을 포함한 15명 이내의 위원으로 구성한다.
② 활동진흥원의 이사장은 인증위원회의 위원이 될 수 있다.
③ 국가는 청소년수련활동 인증제도를 운영하기 위하여 청소년수련활동 인증위원회를 활동진흥원에 설치·운영하여야 한다.
④ 청소년활동에 관한 지식과 경험이 풍부한 사람 중에서 대통령령으로 위촉한 사람은 인증위원회의 위원이 된다.
⑤ 국가는 인증을 받은 청소년수련활동을 공개하여야 한다.

> 청소년활동에 관한 지식과 경험이 풍부한 사람 중에서 여성가족부장관이 위촉하는 사람은 인증위원회 위원이 될 수 있다(청소년활동 진흥법 제35조 제4항 제4호).

02 청소년활동 진흥법령상 청소년수련활동 인증위원회에 관한 설명으로 옳은 것은?

① 위원의 임기는 1년으로 한다.
② 위원장은 대통령이 지명한다.
③ 위원 구성은 30명으로 한다.
④ 구성·운영에 관한 사항은 여성가족부령으로 정한다.
⑤ 한국청소년활동진흥원에 설치·운영한다.

> ⑤ 국가는 청소년수련활동 인증제도를 운영하기 위하여 청소년수련활동 인증위원회를 활동진흥원에 설치·운영하여야 한다(청소년활동 진흥법 제35조 제2항).
> ① 청소년수련활동 인증위원회의 위원의 임기는 3년으로 한다(동법 시행령 제19조 제3항).
> ② 인증위원회의 위원장과 부위원장은 위원 중에서 호선한다(동법 시행령 제19조 제4항).
> ③ 인증위원회는 위원장과 부위원장 각 1명을 포함한 15명 이내의 위원으로 구성한다(동법 제35조 제3항).
> ④ 인증위원회의 구성·운영, 청소년의 활동기록의 유지 및 관리 등에 필요한 사항은 대통령령으로 정한다(동법 제35조 제6항).

03 청소년수련활동 인증 시 사후관리자료에 해당하는 것을 모두 고르면?

| ㄱ. 청소년의 인적사항 | ㄴ. 활동참여 일자 및 시간 |
| ㄷ. 장소 | ㄹ. 수련활동 내용 |

① ㄱ, ㄴ, ㄷ
② ㄱ, ㄷ
③ ㄴ, ㄹ
④ ㄹ
⑤ ㄱ, ㄴ, ㄷ, ㄹ

> 인증수련활동을 실시한 활동시설 및 개인·법인·단체는 청소년이 참여한 수련활동에 관하여 개별 청소년의 인적사항, 활동참여 일자·시간, 장소, 주관기관, 수련활동 내용 등을 기록하여야 한다(청소년활동 진흥법 시행령 제23조).

04 청소년활동 진흥법령상 인증을 받아야 하는 '위험도가 높은 청소년수련활동 프로그램'에 해당하는 것을 모두 고른 것은?

ㄱ. 수상오토바이	ㄴ. 패러글라이딩
ㄷ. 4시간 이상의 야간등산	ㄹ. 10km 이상 도보이동

① ㄱ, ㄴ ② ㄴ, ㄷ
③ ㄷ, ㄹ ④ ㄱ, ㄴ, ㄷ
⑤ ㄱ, ㄴ, ㄷ, ㄹ

위험도가 높은 청소년수련활동(청소년활동 진흥법 시행규칙 별표7)

구 분	프로그램
수상활동	래프팅, 모터보트, 동력요트, 수상오토바이, 고무보트, 수중스쿠터, 레저용 공기부양정, 수상스키, 조정, 카약, 카누, 수상자전거, 서프보드, 스킨스쿠버
항공활동	패러글라이딩, 행글라이딩
산악활동	암벽타기(자연암벽, 빙벽), 산악스키, 4시간 이상의 야간등산
장거리 걷기활동	10km 이상 도보이동
그 밖의 활동	유해성 물질(발화성, 부식성, 독성 또는 환경유해성 등), 하강레포츠, ATV 탑승 등 사고위험이 높은 물질·기구·장비 등을 활용하여 이루어지는 청소년수련활동

05 청소년활동 진흥법상 국가 및 지방자치단체의 '청소년문화활동의 지원' 내용으로 명시되지 않은 것은?

① 전통문화의 계승
② 청소년문화활동의 기반 구축
③ 청소년축제의 발굴지원
④ 학교교과과정 지원
⑤ 청소년동아리활동의 활성화

청소년문화활동의 지원
- 청소년문화활동의 진흥(제60조)
- 청소년문화활동의 기반 구축(제61조)
- 전통문화의 계승(제62조)
- 청소년축제의 발굴지원(제63조)
- 청소년동아리활동의 활성화(제64조)
- 청소년의 자원봉사활동의 활성화(제65조)

정답 02 ⑤ 03 ⑤ 04 ⑤ 05 ④

06 청소년활동 진흥법상 청소년수련활동 인증프로그램의 신청 시 작성해야 할 내용이 아닌 것은?

① 활동의 장소·시기
② 개별 청소년 인적사항
③ 진행방법 및 평가에 관한 사항
④ 청소년지도자에 관한 사항
⑤ 활동의 대상 및 내용

> 청소년수련활동의 인증절차(청소년활동 진흥법 제36조 제4항)
> 인증을 신청하려는 자는 청소년수련활동에 필요한 프로그램을 진행하는 활동의 장소·시기·목적·대상·내용·진행방법·평가·자원조달·청소년지도자 및 전문인력 등에 관한 사항을 작성하여 인증위원회에 제출하여야 한다.

07 다음이 설명하는 청소년활동은?

- 학교 내외의 공간에서 이루어지는 활동이다.
- 공통의 취미나 관심사를 갖는 비슷한 연령대의 소집단 활동이다.
- 청소년 스스로 조직하고 운영하는 것을 기본원칙으로 한다.

① 특별활동　　　　　　　② 지도활동
③ 학습활동　　　　　　　④ 상담활동
⑤ 동아리활동

> 동아리활동
> - 유사한 관심사를 가진 청소년들이 자기개발, 진로탐색 등을 위해 자율적으로 참여하여 조직하고 운영하는 형태의 청소년활동이다.
> - 학교나 사회에서 취미, 소질, 가치관, 문제의식 등을 공유하는 청소년들이 이루어가는 자생적·자치적·지속적인 집단활동이다.
> - 자발성에 기인하여 청소년들이 주체적으로 참여하는 활동으로 가장 이상적인 청소년활동 중 하나이다.
> - 공통 목적과 관심사를 가지고 모이는 소그룹 성격을 띤다.

08 다음 중 청소년 자원봉사활동의 특성에 대한 설명으로 옳지 않은 것은?

① 자신이 선택·결정한 것에 책임감과 능동적·적극적 의지를 가져야 한다.
② 물질적 대가 혹은 보상이 목적이 아닌 이타적 성격의 활동이므로 존중과 사랑으로 수행해야 한다.
③ 자아실현 달성에 중요 요소인 사회성을 실천에 옮기는 과정의 노력이다.
④ 일회성 활동으로도 자원봉사의 가치를 충분히 습득 혹은 실현할 수 있다.
⑤ 친족 또는 자신을 위한 활동이 아니라 사회나 타인을 위한 활동이어야 한다.

> 청소년 자원봉사활동의 특성은 일회성 활동으로는 자원봉사의 가치를 습득 혹은 실현하기가 어려우므로 지속적으로 꾸준히 이루어져야 한다.
> ① 자발성, ② 무보수성, ③ 사회성, ⑤ 이타성에 대한 설명이다.

09 청소년문화활동의 진흥을 위한 국가 및 지방자치단체의 역할로 옳지 않은 것은?

① 청소년문화시설 확충
② 청소년축제 장려 시책을 수립
③ 청소년문화활동 프로그램 개발
④ 청소년동아리단체의 수동적 참여 유도
⑤ 청소년문화활동에 대한 청소년의 참여 기반 조성

> 청소년문화활동의 지원(청소년활동 진흥법 제6장)
> - 국가 및 지방자치단체는 청소년문화활동 프로그램 개발, 문화시설 확충 등 청소년문화활동에 대한 청소년의 참여 기반을 조성하는 시책을 개발·시행하여야 한다(동법 제60조 제1항).
> - 국가 및 지방자치단체는 다양한 영역에서 청소년문화활동이 활성화될 수 있도록 기반을 구축하여야 한다(동법 제61조 제1항).
> - 국가 및 지방자치단체는 전통문화가 청소년문화활동에 구현될 수 있도록 필요한 시책을 수립·시행하여야 한다(동법 제62조).
> - 국가 및 지방자치단체는 청소년축제를 장려하는 시책을 수립하여 시행하여야 한다(동법 제63조).
> - 국가 및 지방자치단체는 청소년이 자율적으로 참여하여 조직하고 운영하는 다양한 형태의 동아리 활동을 적극 지원하여야 한다(동법 제64조 제1항).
> - 국가 및 지방자치단체는 청소년의 자원봉사활동을 활성화할 수 있는 기반을 조성하여야 한다(동법 제65조).

10 청소년 체험활동의 계획단계에 해당하지 않는 것은?

① 활동계획 협의
② 목표의 상세화
③ 주의사항 숙지
④ 학습방법의 구체화
⑤ 현장답사 및 사전교육

'주의사항 숙지'는 본 활동 체험단계 중 준비활동에 해당한다.
청소년 체험활동의 단계

계획단계 (사전활동)	활동계획 협의	일시, 장소, 활동영역, 내용, 이동방법, 학생의 흥미나 욕구 수용 등
	활동계획서 수립	목표의 상세화, 학습방법의 구체화, 현장답사, 사전교육, 안전지도, 준비물 안내
체험단계 (본 활동)	준비활동	현장 체험학습 준비물 검사, 주의사항 숙지, 현장학습의 구체적 안내, 이동 안내 등
	체험활동	전개안에 따른 현장 체험학습 실시(각 영역에 따른 체험 실시)
	정리활동	현장 체험학습의 정리를 위한 토의 및 질의응답, 내용 정리하기 학습지(보고서 쓰기) 등
평가단계 (사후활동)	평가 및 반성	소감록(견학기록문, 감상문) 쓰기, 추수지도, 학습활동의 관찰을 통한 평가, 포트폴리오식 평가, 체험학습의 반성 등

CHAPTER 06 청소년활동 제도 및 지원

01 청소년활동 진흥법상 (   )에 들어갈 용어로 옳은 것은?

청소년수련시설을 설치·운영하는 개인·법인·단체 및 제16조 제3항에 따른 위탁운영단체는 청소년활동을 활성화하고 청소년의 참여를 보장하기 위하여 청소년으로 구성되는 (   )를 운영하여야 한다.

① 청소년특별회의
② 청소년운영위원회
③ 청소년참여위원회
④ 청소년정책위원회
⑤ 지방청소년육성위원회

청소년수련시설을 설치·운영하는 개인·법인·단체 및 위탁운영단체(수련시설운영단체)는 청소년활동을 활성화하고 청소년의 참여를 보장하기 위하여 청소년으로 구성되는 청소년운영위원회를 운영하여야 한다(청소년활동 진흥법 제4조 제1항).

02 청소년수련활동 인증제에서 '활동프로그램' 영역에 해당하는 인증기준을 모두 고른 것은?

| ㄱ. 프로그램 구성 | ㄴ. 프로그램 자원운영 |
| ㄷ. 지도자 역할 및 배치 | ㄹ. 안전관리 계획 |

① ㄱ, ㄴ　　　　　　　　　　　② ㄱ, ㄷ
③ ㄴ, ㄷ　　　　　　　　　　　④ ㄴ, ㄹ
⑤ ㄷ, ㄹ

인증기준의 구성

구 분	영역 및 유형	기 준	
공통기준	활동프로그램	• 프로그램 구성	• 프로그램 자원운영
	지도력	• 지도자 자격	• 지도자 역할 및 배치
	활동환경	• 공간과 설비의 확보 및 관리	• 안전관리 계획
개별기준	숙박형	• 숙박관리 • 영양관리자 자격	• 안전관리 인력 확보
	이동형	• 숙박관리 • 영양관리자 자격 • 휴식관리	• 안전관리 인력 확보 • 이동관리
특별기준	위험도가 높은 활동	• 전문지도자의 배치	• 공간과 설비의 법령 준수
	학교단체 숙박형	학교단체 숙박형 활동 관리	
	비대면방식 실시간 쌍방향	실시간 쌍방향 활동 운영 및 관리	
	비대면방식 콘텐츠 활용 중심	콘텐츠 활용 중심 활동 운영 및 관리	
	비대면방식 과제수행 중심	과제수행 중심 활동 운영 및 관리	

정답　10 ③ // 01 ② 02 ①

03 국제청소년성취포상제에 관한 설명으로 옳지 않은 것은?

① 포상활동별 최소 활동기간을 충족하고 성취목표를 달성해야 포상을 받을 수 있다.
② 타인과의 경쟁을 강조하고 수행결과를 중시한다.
③ 동장활동 영역에는 봉사, 자기개발, 신체단련, 탐험이 있다.
④ 영국의 에딘버러 공작에 의해 시작되었다.
⑤ 만 16세 미만 청소년은 금장활동에 참여할 수 없다.

> 국제청소년성취포상제는 자신이 평소에 하고 싶었던 가치 있는 활동을 스스로 정하고, 계획하여 매주 지속적으로 참여하는 활동이다. 포상제 참여는 개인적인 도전이며 타인과의 경쟁이 아니다.

04 청소년 기본법령상 청소년특별회의에 관한 설명으로 옳지 않은 것은?

① 2년마다 개최하여야 한다.
② 참석대상과 운영방법 등의 세부사항은 대통령령으로 정한다.
③ 여성가족부장관은 회의참석 대상을 정할 때 성별·연령별·지역별로 각각 전체 청소년을 대표할 수 있도록 노력해야 한다.
④ 특별시·광역시·도·특별자치도 단위의 지역회의를 개최한 후에 전국 단위의 회의를 개최하여야 한다.
⑤ 청소년분야의 전문가와 청소년이 참여한다.

> 국가는 청소년정책과제의 설정·추진 및 점검을 위하여 청소년특별회의를 해마다 개최하여야 한다(청소년 기본법 제12조 제1항).

05 청소년 기본법령상 청소년 방과 후 활동 종합지원사업이 아닌 것은?

① 청소년의 역량 개발 지원
② 청소년의 기본학습 및 보충학습 지원
③ 청소년 유해약물 피해 예방 및 치료와 재활
④ 청소년의 안전하고 건강한 방과 후 활동을 위한 학부모 교육
⑤ 청소년의 안전하고 건강한 방과 후 활동을 위한 급식, 시설 지원 및 상담

> 방과 후 활동 종합지원사업(청소년 기본법 시행령 제33조의4 제2항)
> • 청소년의 역량 개발 지원
> • 청소년의 기본학습 및 보충학습 지원
> • 청소년의 안전하고 건강한 방과 후 활동을 위한 급식, 시설 지원 및 상담
> • 청소년의 안전하고 건강한 방과 후 활동을 위한 학부모 교육, 청소년의 방과 후 활동을 지원하는 기관 및 단체 등의 개발 및 연계
> • 그 밖에 청소년의 방과 후 활동을 지원하기 위해 필요한 활동

06 청소년활동 진흥법령상 청소년운영위원회에 관한 내용으로 옳지 않은 것은?

① 위원장은 위원 중에서 호선(互選)한다.
② 국가 및 지방자치단체는 예산의 범위 내에서 운영위원회의 운영에 필요한 경비를 지원할 수 있다.
③ 청소년운영위원회의 구성·운영 등에 필요한 사항은 대통령령으로 정한다.
④ 위원의 임기는 2년으로 한다.
⑤ 수련시설운영단체의 대표자는 운영위원회의 의견을 수련시설 운영에 반영하여야 한다.

> ④ 위원의 임기는 1년으로 한다(청소년활동 진흥법 시행령 제3조 제2항).
> ① 청소년활동 진흥법 시행령 제3조 제3항
> ② 청소년활동 진흥법 시행령 제3조 제8항
> ③ 청소년활동 진흥법 제4조 제3항
> ⑤ 청소년활동 진흥법 제4조 제2항

정답 03 ② 04 ① 05 ③ 06 ④

07 청소년자기도전포상제의 금장 활동영역으로 옳지 않은 것은?

① 합숙활동
② 신체단련활동
③ 자기개발활동
④ 봉사활동
⑤ 탐험활동

청소년자기도전포상제의 포상단계별 활동영역 및 기간

포상단계	활동구분	활동영역				
		봉사활동	자기개발활동	신체단련활동	탐험활동	진로개발활동
동장	도전활동	8주(회)	8주(회)	8주(회)	1일 / 5시간	10개 과제
	성취활동	참여청소년은 봉사, 자기개발, 신체단련활동 중 하나를 선택하여 추가로 8주(회) 이상 수행				
은장	도전활동	16주(회)	16주(회)	16주(회)	1박2일 / 10시간	14개 과제
	성취활동	동장 미보유 청소년은 봉사, 자기개발, 신체단련활동 중 하나를 선택하여 추가로 16주(회) 이상 수행				
금장	도전활동	24주(회)	24주(회)	24주(회)	2박3일 / 15시간	7개 과제
	성취활동	은장 미보유 청소년은 자기개발, 신체단련, 봉사활동 중 하나를 선택하여 추가로 24주(회) 이상 수행				

※ 자기개발 · 신체단련 · 봉사 활동은 1주에 각 1회 40분 이상을 원칙으로 함
※ 단계별로 4가지 활동영역을 모두 이수해야 함
※ 탐험활동은 사전 기본교육이 필수로 진행되어야 함
※ 진로개발활동은 단계별 과제 수행 시마다 1회 활동으로 간주하며, 워크북 활동, 캠프형 활동으로 운영할 수 있음

08 청소년방과후아카데미에 관한 설명으로 옳지 않은 것은?

① 청소년 기본법에 법적 근거를 두고 있다.
② 초등학교 1학년부터 중학교 3학년까지가 지원 대상이다.
③ 한국청소년활동진흥원에서 운영지원을 하고 있다.
④ 청소년수련시설에 설치 · 운영할 수 있다.
⑤ 담임(SM)은 상담 및 생활기록 · 관리 업무를 수행한다.

청소년방과후아카데미의 지원대상은 초등학교 4학년부터 중학교 3학년까지이다.

CHAPTER 07 　 청소년활동 여건과 환경

01 자유학기(년)제와 관련된 설명으로 옳지 않은 것은?

① 아일랜드의 전환학년제, 영국의 갭이어, 덴마크의 애프터스쿨 등의 정책을 참고하여 도입되었다.
② 청소년 진로교육 강화에 대한 사회적 분위기를 반영하였다.
③ 자유학기제는 2016년 전국의 모든 중학교로 확대되었고, 2018년부터 자유학년제가 시범적으로 도입되었다.
④ 비교과 활동을 활성화하고 과정중심평가를 강화한다.
⑤ 현재 교육부가 주도적으로 정책을 추진하며 여성가족부가 지원한다.

> ⑤ 자유학기(년)제는 교육부가 단독으로 정책을 추진한다.

02 특성화·전문화된 청소년프로그램의 운영에 관한 설명으로 옳지 않은 것은?

① 생활권 수련시설 중심의 대안교육 프로그램의 개발 및 실시
② 청소년프로그램 평가위원회 운영
③ 청소년수련프로그램의 다양한 테마별 청소년활동 권장
④ 청소년 시민교육프로그램 개발 및 지원
⑤ 청소년을 위한 국제를 제외한 국내교류프로그램 개발 지원

> 특성화·전문화된 청소년프로그램은 청소년을 위한 국제문화 이해 교육, 국제교류프로그램 개발과 운용 및 지원 등을 포함한다.

정답　07 ①　08 ②　//　01 ⑤　02 ⑤

03 다음 보기의 내용이 설명하는 기관은?

- 1996년부터 청소년자원봉사센터로 출범하여 2006년에 개편·설치되었다.
- 청소년의 요구를 수용하여 청소년의 발달단계와 여건에 맞는 프로그램과 정보를 상시 안내하고 제공한다.
- 지역의 각급 학교 및 평생교육시설에서 필요로 하는 청소년활동 관련사항을 지원할 수 있다.
- 국가(중앙)–지방(시·도)–지역(시·군·구)으로 이어지는 청소년정책 전달체계의 기관이다.

① 한국청소년단체협의회
② 시·도 청소년상담복지센터
③ 한국청소년쉼터협의회
④ 지방청소년활동진흥센터
⑤ 한국청소년수련시설협회

> 지방청소년활동진흥센터(청소년활동 진흥법 제8조·제9조 참보)
> - 국가, 지방, 지역으로 이어지는 청소년정책 전달체계의 기관으로, 1996년부터 청소년자원봉사센터로 출범하여 2006년에 개편·설치되었다.
> - 청소년의 요구를 수용하여 청소년의 발달단계와 여건에 맞는 프로그램과 정보를 상시 안내하고 제공하여야 한다.
> - 학교 및 평생교육시설과의 협력체제를 구축하여야 한다.
> - 해당 지역 각급학교 및 평생교육시설에서 필요로 하는 청소년활동 관련 사항을 지원할 수 있다.
> - 매년 1회 이상 상호 협의하여 청소년수련거리를 개발하고, 해당 지역의 수련시설에 이를 보급하여야 한다.
> - 학생인 청소년을 위한 청소년수련거리를 개발할 때, 필요하면 교육청 및 각급학교에 관련 자료를 요청할 수 있다. 이 경우 관계 기관은 특별한 사유가 없으면 그 요청에 적극 협조하여야 한다.

04 청소년활동 진흥법령상 청소년이용권장시설의 지정에 관한 내용이다. (   )에 들어갈 내용은?

시장·군수·구청장은 청소년이용권장시설의 지정신청을 받은 날부터 (   ) 이내에 그 지정 여부를 결정하고 청소년이용권장시설 지정서를 교부하여야 한다.

① 7일
② 15일
③ 30일
④ 3개월
⑤ 6개월

> **청소년이용권장시설의 지정(청소년활동 진흥법 시행규칙 제14조)**
> - 청소년이용권장시설의 지정을 신청하려는 자는 청소년이용권장시설 지정신청서를 시장·군수·구청장에게 제출하여야 한다.
> - 시장·군수·구청장은 청소년이용권장시설 지정신청을 한 시설부터 반경 50미터 이내에 청소년보호법에 따른 청소년유해업소 또는 그 밖에 청소년의 이용에 적합하지 아니한 시설이 있는지 여부를 고려하여 지정 여부를 결정하여야 한다.
> - 시장·군수·구청장은 청소년이용권장시설의 지정신청을 받은 날부터 7일 이내에 그 지정 여부를 결정하고 청소년이용권장시설 지정서를 교부하여야 한다.

05 다음 중 청소년시설의 문제점에 대한 설명이 아닌 것은?

① 청소년시설의 지역적 확산 현상
② 청소년수련시설들의 특성화 부족
③ 청소년시설에 관한 민간참여 부족
④ 운영상의 문제
⑤ 청소년수련시설의 전반적인 이용률 저조

> **청소년시설의 문제점**
> - 전체 청소년 인구에 비해 청소년시설의 수가 절대적으로 부족하다.
> - 청소년시설의 지역적 편중 현상이 존재한다.
> - 청소년수련시설들의 특성화가 부족하다.
> - 청소년시설에 관한 민간참여가 부족하다.
> - 운영상의 문제(여름철 집중, 계절별 불균형)가 있다.
> - 청소년수련시설의 전반적인 이용률이 저조하다.

정답 03 ④ 04 ① 05 ①

선택과목 07 주관식 단답형 문제

❖ 문제를 읽고 ( ) 안에 들어갈 단어를 적어주세요.

01 청소년 기본법 제3조에 규정된 (　　)(이)라 함은 청소년의 균형 있는 성장을 위하여 필요한 활동과 이러한 활동을 소재로 하는 수련활동·교류활동·문화활동 등 다양한 형태의 활동을 말한다.

02 (　　)은/는 만 14~24세 사이의 모든 청소년이 신체단련·자기개발·봉사, 탐험, 합숙활동을 통해 그들의 잠재력을 최대한 개발하고, 청소년 자신 및 지역사회와 국가를 변화시킬 수 있는 삶의 기술을 갖도록 하는 국제적 자기 성장 프로그램이다.

03 청소년의 직업체험·문화예술·과학정보·환경 등 특정 목적의 청소년활동을 전문적으로 실시할 수 있는 시설과 설비를 갖춘 수련시설을 (　　)(이)라 한다.

04 청소년활동·청소년복지·청소년보호에 관한 종합적 안내 및 서비스를 제공하며, 청소년자원봉사활동의 활성화와 청소년활동 프로그램의 개발 및 보급 등의 기능을 수행하는 곳은 (　　)(이)다.

05 국가는 수련활동이 청소년의 균형 있는 성장에 기여할 수 있도록 그 내용과 수준을 향상시키기 위하여 (　　)을/를 운영하여야 한다.

06 (　　)는 중학교 1학년, 1년 동안 지필시험을 시행하지 않고, (　　)보다 더 많은 참여형 수업과 다양한 체험활동으로 꿈과 끼를 찾을 수 있게 장려하는 제도이다.

07 비형식적이며, 구성원의 아이디어에 대해서 어떠한 비판도 하지 않고, 집단의 구성원이 어떤 문제나 과제에 대해 창의적인 집단사고를 통하여 해결방안을 모색하는 지도방법을 (　　　)(이)라 한다.

08 주로 자연과 더불어 체험활동 위주의 수련활동을 실시하는 시설로서 숙박기능을 갖춘 생활관과 다양한 수련거리를 실시할 수 있는 각종 시설 및 설비를 갖춘 종합수련시설은 (　　　)(이)다.

09 청소년활동 프로그램은 '(　　　) → 프로그램 설계 → 프로그램 마케팅 → (　　　) → 프로그램 평가'의 개발과정을 거친다.

10 청소년지도사의 연수과정은 (　　　)시간 이상으로 하며, 연수내용은 청소년지도사로의 자질과 전문성을 함양할 수 있는 내용으로 한다.

정답

01 청소년활동
02 국제청소년성취포상제
03 청소년특화시설
04 한국청소년활동진흥원
05 청소년수련활동인증제도
06 자유학년제, 자유학기제
07 브레인스토밍
08 청소년수련원
09 프로그램 기획, 프로그램 실행
10 30

07 기출문항 OX 문제

❖ 문제를 읽고 ( ) 안에 맞는 답을 (O / X)로 표기하세요.

01 비숙박형 청소년수련활동 중 인증을 받아야 하는 활동이 아닌 경우도 청소년수련활동을 주최하려면 여성가족부령으로 정하는 절차와 방법에 따라 특별자치시장·특별자치도지사·시장·군수·구청장에게 그 계획을 신고하여야 한다. ( )

02 청소년이 활동의 주체가 되어 적극적으로 참여하고, 활동의 목적·내용·시기 등을 선택하며 결정할 수 있도록 하는 청소년지도방법의 원리는 자기주도성의 원리이다. ( )

03 국제청소년성취포상제의 활동영역에는 탐험·봉사·자기개발·신체단련활동, 합숙활동(금장 단계만) 등이 있다. ( )

04 청소년수련시설 설치의 개별 기준에 따라 체육활동장을 설치해야 하는 시설은 청소년수련관, 청소년수련원, 청소년야영장이다. ( )

05 청소년문화의 집은 간단한 수련활동을 실시할 수 있는 시설 및 설비를 갖춘 정보·문화·예술 중심의 수련시설이다. ( )

06 청소년활동프로그램 기획단계는 요구조사 및 정보 수집 → 기획안 작성 → 프로그램의 필요성과 목적에 대한 인식 → 의사결정의 순으로 이루어진다. ( )

07 청소년방과후아카데미는 초등학교 4학년부터 중학교 3학년까지의 청소년을 대상으로 방과 후 학습지원, 체험활동, 급식, 상담 등 종합서비스를 제공하여 청소년의 전인적 성장을 도모함을 목적으로 한다. ( )

08 청소년어울림마당은 청소년들이 주체가 되어 기획·진행될 수 있도록 하고 청소년의 다양한 문화표현의 장으로 운영될 수 있도록 하며, 청소년의 접근이 용이하고 다양한 지역사회 자원이 결합된 일정한 공간인 동시에 청소년의 건전한 여가활동을 증진하기 위한 놀이마당식 체험 공간이다. ( )

09 관할구역의 위기청소년을 조기에 발견하여 보호하고, 청소년보호를 효율적으로 수행하기 위한 지역사회 청소년통합지원체계를 구축·운영하여야 하는 자는 한국청소년단체협의회장이다. ( )

10 하트(Hart)가 제시한 청소년의 참여수준 8단계 중 청소년들이 활동내용에 대해 전혀 이해하지 못한 채 청소년지도자의 지시에 일방적으로 따라다니는 상태는 조작(Manipulation) 단계이다. ( )

정답 및 해설

01 × 02 ○ 03 ○ 04 ○ 05 ○ 06 × 07 ○ 08 ○ 09 × 10 ○

01 숙박형 청소년수련활동 및 비숙박형 청소년수련활동을 주최하려는 자는 여성가족부령으로 정하는 절차와 방법에 따라 특별자치시장·특별자치도지사·시장·군수·구청장에게 그 계획을 신고하여야 한다. 다만, 비숙박형 청소년수련활동 중 인증을 받아야 하는 활동이 아닌 경우는 제외된다(청소년활동 진흥법 제9조의2 제1항 제4호).

06 청소년활동프로그램 기획단계 순서는 프로그램의 필요성과 목적에 대한 인식 → 요구조사 및 정보수집 → 기획안 작성 → 의사결정 순이다.

09 지방자치단체의 장은 관할구역의 위기청소년을 조기에 발견하여 보호하고, 청소년복지 및 청소년보호를 효율적으로 수행하기 위하여 지방자치단체, 공공기관, 청소년단체 등이 협력하여 업무를 수행하는 지역 사회 청소년통합지원체계를 구축·운영하여야 한다(청소년복지 지원법 제9조 제1항).

아이들이 답이 있는 질문을 하기 시작하면
그들이 성장하고 있음을 알 수 있다

– 존 J. 플롬프

청소년상담사 3급
2024년 23회

최신기출문제

1교시

- 필수 1과목   발달심리
- 필수 2과목   집단상담의 기초
- 필수 3과목   심리측정 및 평가
- 필수 4과목   상담이론

2교시

- 필수 5과목   학습이론
- 선택 6과목   청소년이해론
- 선택 7과목   청소년수련활동론

2024 청소년상담사 3급
23회 최신기출문제
1교시 A형

필수과목 01 발달심리

01 발달에 관한 설명으로 옳은 것을 모두 고른 것은?

> ㄱ. 유전과 환경 간 상호작용의 결과이다.
> ㄴ. 성숙은 훈련이나 연습에서 기인하는 발달적 변화를 의미한다.
> ㄷ. 인간발달의 모든 단계에 긍정적 변화와 부정적 변화가 모두 존재한다.
> ㄹ. 발달과정에서 인간은 역사적·사회적 환경과 서로 영향을 주고받는다.

① ㄱ, ㄷ
② ㄴ, ㄷ
③ ㄴ, ㄹ
④ ㄱ, ㄷ, ㄹ
⑤ ㄴ, ㄷ, ㄹ

> ㄱ. 발달은 유전적 요인과 환경적 요인의 상호작용을 통해 이루어진다.
> ㄷ. 전체적인 발달과정은 어떤 특징의 양적 증대 및 기능적 발달 등의 긍정적인 변화와 양적 감소 및 쇠퇴 등의 부정적 변화가 함께 포함된다.
> ㄹ. 인간은 환경에 반응할 뿐만 아니라 상호작용하고 변화시키기 때문에 발달과정에서 인간은 역사적·사회적 환경과 서로 영향을 주고받는다.
> ㄴ. 성숙은 경험이나 훈련에 관계없이 인간의 내적 또는 유전적 기제의 작용에 의해 나타난다.

02 발달연구방법에 관한 설명으로 옳은 것은?

① 종단적 설계에서는 연령 변화와 출생동시집단(Cohort) 효과의 구분이 어렵다.
② 횡단적 설계에서는 같은 참가자들을 일정한 기간 동안 반복해서 연구한다.
③ 계열적 설계에서는 여러 연령집단을 표집하여 일정한 기간 동안 반복 관찰한다.
④ 상관설계에서는 변인 간의 인과관계를 파악한다.
⑤ 실험설계에서 통제집단은 과외변인의 효과를 비교하는 역할을 한다.

> ① 종단적 설계는 동시대 출생집단(Cohort) 효과의 영향을 받지 않는다.
> ② 종단적 설계에 대한 내용이다. 횡단적 설계는 어느 한 시점에서 다수의 분석단위에 대한 자료를 수집하여 연구한다.
> ④ 상관설계에서는 관심 있는 변인들 간의 관련성에 초점을 두기 때문에 변인 간 쌍방 관계만을 설명하고 정확한 인과관계를 규명하기는 어렵다.
> ⑤ 통제집단은 실험 처리가 이루어지지 않은 집단으로, 실험집단과 통제집단 간의 종속변인에 관한 결과를 비교함으로써 독립변인의 종속변인에 대한 효과와 영향을 비교하는 역할을 한다.

03 발달 이론가와 그의 주장이 올바르게 짝지어진 것이 아닌 것은?

① 에릭슨(E. Erikson) : 특정 발달 단계에서의 위기 극복에 실패하더라도 다음 단계로 발달이 진행된다.
② 베일런트(G. Vaillant) : 성인발달은 질적으로 다른 네 개의 시기로 구성되며, 각 시기는 전환기로 시작한다.
③ 비고츠키(L. Vygotsky) : 아동의 발달을 사회적 상호작용과 문화로부터 분리할 수 없다.
④ 브론펜브레너(U. Bronfenbrenner) : 개인과 생태학적 체계 간의 관계는 양방향적이다.
⑤ 설리반(H. Sullivan) : 질풍노도의 시기는 성·친밀감·안전 욕구 간의 충돌로 인해 일어난다.

> ② 레빈슨(D. Levinson)이 주장한 내용이다. 레빈슨은 성인의 인생을 크게 네 개의 시기로 나누고, 각 시기 사이에 세 번의 시기간 전환기를 설정하여 설명하였다. 한편, 베일런트(G. Vaillant)는 방어기제의 성숙도에 따른 위계론을 주장하였으며, 미성숙한 방어기제 사용단계에서 성숙한 방어기제 사용단계로 발달해 나간다고 보았다.

04 피아제(J. Piaget)가 제시한 전조작기 발달 특성으로 옳은 것을 모두 고른 것은?

> ㄱ. 무생물체도 생명이 있다고 생각한다.
> ㄴ. 자신의 조망과 타인의 조망을 구분할 수 있다.
> ㄷ. 구체적 사실이 없어도 가설 연역적 추론을 할 수 있다.

① ㄱ
② ㄱ, ㄴ
③ ㄱ, ㄷ
④ ㄴ, ㄷ
⑤ ㄱ, ㄴ, ㄷ

> ㄱ. 전조작기에는 생물과 무생물을 구별하지 않고 모두 살아있는 것으로 여기는 물활론적 특징을 갖는다.
> ㄴ. 전조작기에는 자신의 조망과 타인의 조망을 구별하지 못하는 자아중심성의 특징을 갖는다.
> ㄷ. 전조작기에는 비가역성으로 인해 논리적 사고가 어렵다. 가설 연역적 추론이 가능한 시기는 형식적 조작기(12세 이상)이다.

05 다음 ( )에 해당하는 개념은?

( )(이)란 물체가 시야에서 사라져도 그것이 사라지지 않고 계속 존재한다는 것을 아는 것을 의미한다. ( )(을)를 획득하지 않은 영아는 눈앞에서 물체가 사라져도 이를 찾기 위해 노력하지 않는다.

① 실행기능
② 대상영속성
③ 지연모방
④ 마음이론
⑤ 메타인지

대상영속성은 대상이 보이지 않더라도 대상이 계속해서 존재한다는 것을 아는 능력이다.
각 단계별 대상영속성 개념의 발달(피아제, Piaget)

단계	내용
1단계 (0~1개월)	움직이는 물건이 보이면 눈으로 그 물건을 따라가다가 시야에서 사라지면 관심을 보이지 않는다. 대상영속성의 개념이 전혀 없는 단계이다.
2단계 (1~4개월)	영아의 눈앞에 물건이 보이면 눈을 움직여 물건을 따라간다. 그러나 물건이 사라지면 물건이 사라지기 바로 전에 머물렀던 지점을 잠시 바라보다가 고개를 돌린다.
3단계 (4~8개월)	눈에서 물건이 보이지 않아도 어딘가에 존재한다는 사실을 어렴풋이 이해하는 단계이지만, 감춰진 물건을 찾으려고 하지는 않는다.
4단계 (8~12개월)	영아가 다른 사람이 감춘 물건을 찾을 수 있게 되는 단계이다. 그러나 영아는 지켜보고 있는 동안에 물건을 처음 감춘 장소에서 다른 장소로 옮겨놓아도, 처음 감추었던 장소에서 그 물건을 찾으려고 한다.
5단계 (12~18개월)	영아가 보는 앞에서 빠른 속도로 물건을 이리 저리 숨겨놓아도 그것을 찾을 수 있는 단계이다.
6단계 (18~24개월)	대상영속성의 개념이 완전하게 발달하는 단계이다. 물건을 보이는 곳에 숨겼을 경우뿐만 아니라, 보이지 않는 곳의 물건도 모두 찾아낼 수 있다.

정답 04 ① 05 ②

06 다음 설명에 해당하는 애착의 유형은?

> 낯선 상황 실험에서 어머니를 안전기지로 삼아 환경을 탐색하며, 주위의 환경을 탐색하기 위해서 어머니로부터 쉽게 분리된다. 어머니가 실험실 밖으로 나가면 울기도 하지만 대안적인 위안을 찾고, 어머니가 돌아오면 영아는 울음을 멈추고 어머니를 반기며 적극적으로 접촉하고 쉽게 편안해한다.

① 회피 애착
② 저항 애착
③ 혼란 애착
④ 몰입 애착
⑤ 안정 애착

애착 유형		
안정 애착		• 낯선 곳에 혼자 있거나 낯선 사람과 함께 있으면 때때로 불안을 보인다. • 어머니가 잠시 떠나는 것에 대해 크게 격리불안을 보이지 않으며, 영아의 약 65%가 해당한다. • 어머니가 돌아오면 반갑게 맞고 신체접촉과 눈맞춤으로 안도감을 느낀 후, 다시 놀이를 시작한다.
불안정 애착	회피 애착	• 대략 15~20% 정도의 유아에게서 나타나며, 유아는 어머니에게 별다른 반응을 보이지 않고, 어머니가 밖으로 나가더라도 울지 않는다. • 유아는 정서적 신호나 요구에 무감각하고, 낯선 사람과 단둘이 있을 때나 어머니와 함께 있을 때에도 비슷한 반응을 보인다.
	저항 애착	• 어머니의 부재에 대해 불안을 느낀다. • 어머니가 돌아오면 접촉 추구와 함께 분노나 저항을 보이면서도 곁에 머무르려고 하는 양가적 행동을 보이며, 잘 놀지 않고 달래지지 않는다. • 어머니가 있을 때조차 낯선 사람을 경계한다.
	혼란 애착	• 불안정하면서도 회피와 저항의 어느 쪽에도 분류되지 않는다. • 일관성이 없고 혼란스러운 양상을 보인다. • 때때로 접촉욕구가 강하면서도 어머니의 무시나 구박에 대한 공포를 보이기도 한다. • 어머니의 일관성 없는 양육태도나 우울증이나 학대에서 비롯되기도 한다.

07 다음 사례에 해당하는 언어발달특징으로 옳은 것은?

> 양육자가 고양이를 가리키며 "야옹이"라고 말했을 때, 영아는 자신이 본 고양이와 다르게 생긴 고양이는 "야옹이"라고 부르지 않는다.

① 공동주의
② 과잉축소
③ 과잉확대
④ 전보식 언어
⑤ 과잉일반화

> ② 과잉축소 : 어떤 단어를 그 단어의 실제 의미가 허용하는 것보다 더 적은 범위의 지시물에 적용하여 사용하는 것이다.
> ① 공동주의 : 타인이 바라보는 곳과 동일한 방향으로 따라 보는 것이다.
> ③ 과잉확대 : 어떤 단어를 실제 그 단어가 의미하는 것보다 더 광범위한 대상을 지칭하여 말하는 것이다.
> ④ 전보식 언어 : 조사나 접속사 등 문법적 기능은 생략하고 중요 단어만 조합하는 것을 말한다.
> ⑤ 과잉일반화 : 지금까지 배운 문법적 지식을 가지고 그 규칙이 적용되리라 생각하는 곳에 적용하는 것을 말한다.

08 아동기의 인지발달특징으로 옳은 것은?

① 상상적 청중
② 상징적 사고
③ 다중 유목화
④ 개인적 우화
⑤ 추상적 사고

> ③ 두 개 이상의 속성에 따라 분류하는 다중 유목화는 후기 아동기 인지발달특징 중 하나이다.
> ① · ④ 상상적 청중과 개인적 우화는 청소년기 사고에 해당한다.
> ② 상징적 사고는 유아기 인지발달특징이다.
> ⑤ 추상적 사고는 청소년기 인지발달특징이다.

09 청소년기 인지발달특징에 관한 설명으로 옳은 것을 모두 고른 것은?

> ㄱ. 뇌량의 수초화가 완성된다.
> ㄴ. 전전두엽의 발달은 아직 미성숙하다.
> ㄷ. 형식적 조작사고의 발달은 문화보편적으로 일어난다.
> ㄹ. 메타인지가 발달하면서 자신의 인지과정을 계획하고 조정할 수 있다.

① ㄱ, ㄴ
② ㄷ, ㄹ
③ ㄱ, ㄴ, ㄷ
④ ㄱ, ㄴ, ㄹ
⑤ ㄴ, ㄷ, ㄹ

> ㄱ. 청소년기에는 인지발달에 직접적인 영향을 주는 뇌량의 수초화가 완성된다.
> ㄴ. 청소년 시기에는 감정을 담당하는 변연계의 발달에 비해 이성을 담당하는 전두엽의 발달은 아직 미진하다.
> ㄹ. 메타인지는 자신의 사고과정에 대해서 알고, 자신을 조절하는 것을 통해 체계적·조합적인 사고가 가능하므로 청소년기에는 메타인지가 발달하면서 자신의 인지과정을 계획하고 조정할 수 있다.
> ㄷ. 청소년은 폭넓은 경험을 하면 할수록 추상적이고 체계적으로 사고할 가능성이 많아지나, 형식적 조작사고를 할 기회가 상대적으로 적은 농경문화권 등의 문화적 발달이 낮은 사회의 청소년들은 형식적 조작과제를 완전히 습득하지 못할 수 있으므로 형식적 조작사고의 발달은 모든 문화에 보편적이지 않다.

10 청소년기 발달에 관한 발달 이론가의 주장으로 옳은 것은?

① 안나 프로이트(A. Freud)는 청소년기를 질풍노도의 시기로 보는 관점을 부정한다.
② 셀먼(R. Selman)에 따르면 조망수용 발달의 마지막 단계에 있는 청소년들은 제3자의 입장이 사회제도, 관습 등의 영향을 받을 수 있음을 이해한다.
③ 에릭슨(E. Erikson)은 심리적 유예기를 자아정체감 위기로 보았다.
④ 마샤(J. Marcia)는 정체감 위기를 경험하지 않고, 직업선택에 대한 관심이 없는 지위를 정체감 유실(Foreclosure)이라고 하였다.
⑤ 길리건(C. Gilligan)은 여성은 남성과 유사하게 도덕적 추론을 한다고 주장한다.

> ① 청소년기를 질풍노도의 시기로 보는 관점을 부정한 것은 미드(M. Mead)의 주장이다. 안나 프로이트(A. Freud)는 '금욕주의'와 '지성화'를 청소년기에 특히 자주 볼 수 있는 방어기제로 보았다.
> ③ 에릭슨(E. Erikson)은 심리적 유예기를 자아정체감 형성을 위해 대안적인 탐색을 계속 진행하는 시기로 보았다.
> ④ 마샤(J. Marcia)는 정체감 위기를 경험하지 않고, 직업선택에 대한 관심이 없는 지위를 정체감 혼미(Diffusion)라고 하였다.
> ⑤ 길리건(C. Gilligan)은 콜버그의 추상적 도덕원리를 강조하는 '정의지향적 도덕성'과는 달리, 인간관계의 보살핌·애착·책임·희생 등을 강조하는 '대인지향적 도덕성' 이론을 제시하였다.

셀만(R. Selman)의 역할수용능력 발달단계

0수준 (3~7세)	자기중심적 역할수용단계(자기중심적 수준)로 아직 타인과 자신의 시각을 분리하지 못하여 다른 사람이 자신의 생각과 같다고 판단한다. 또한, 심리적 의도와 물리적 결과의 관계를 구분하지 못한다.
1수준 (6~8세)	사회적·정보적 역할수용단계(단독적, 일방적 수준)로 분화된 주관적 조망능력 수준이다. 타인과 자신의 시각이 다름을 이해하지만, 타인이 자신과 같은 입장이나 상황이라면 자신과 같은 행동을 했을 것이라 믿는다.
2수준 (7~12세)	자아숙고의 역할수용단계(호혜적 수준)로서, 상호호혜적 조망능력 수준이다. 자기반영적 수용 수준이라고도 하며, 자신의 심리적 의도에 비추어 행동이 이루어졌음을 이해한다.
3수준 (10~15세)	상호역할수용단계(상호적 수준)로서, 객관화된 상호이해 조망능력 수준이다. 다른 사람의 관점이나 자신의 관점을 제3자의 입장에서보다 객관적으로 판단하기 때문에, 타인에게 보이는 자신을 의식하기도 하고 자신을 주체 및 객체로서 바라볼 수 있다.
4수준 (12~15세)	사회·관습적 체계의 역할수용단계(사회적 조망 협응 수준)로서, 사회 구조적·상징적 역할 조망능력 수준이다. 자신과 다른 사람의 입장을 사회가 수용할 수 있는 방식으로 통합한다.

11 다음에 해당하는 발테스(P. Baltes)의 성공적 노화의 요인은?

> 특정 영역에서 수행을 유지하기 위해 예전보다 연습에 더 많은 시간을 투자한다.

① 최적화
② 보 상
③ 의도적-선택
④ 상실기반-선택
⑤ 사회정서적-선택

발테스와 발테스(P. Baltes & M. Baltes)는 성공적 노화의 요인으로 다음과 같이 '선택'과 '최적화', '보상'의 3가지로 보았다.	
선 택	나이가 들어감에 따라 쇠퇴 및 감소분이 증가하므로, 자신에게 중요한 활동이나 목표를 선택적으로 남겨놓고 다른 영역은 무시하는 것을 말한다.
최적화	노인들이 보존하고 있는 능력들을 선택한 다음 그것을 충분히 증대시키는 것을 의미하는데, 양적·질적 측면 모두에서 선택한 것을 극대화하는 노력을 말한다.
보 상	생물학적·사회적·인지적 기능의 상실이 일어났을 때, 어떠한 학습이나 보조기구, 외부적 도움, 심리적 보상기제 등으로 그 부족함을 보완하는 것을 말한다.

12 노년기 발달특징에 관한 설명으로 옳은 것을 모두 고른 것은?

> ㄱ. 비관련 정보들의 처리를 억제하는 데 어려움을 겪는다.
> ㄴ. 조직화와 같은 기억 전략을 더 사용한다.
> ㄷ. 경험에 대한 개방성이 증가한다.
> ㄹ. 긍정적 정보에 더 많은 주의를 기울인다.

① ㄱ, ㄹ   ② ㄴ, ㄷ
③ ㄴ, ㄹ   ④ ㄱ, ㄴ, ㄷ
⑤ ㄴ, ㄷ, ㄹ

> ㄴ. 노년기에는 단기기억(작업기억)의 감소로 조직화와 정교화 등과 같은 기억 전략을 덜 사용한다.
> ㄷ. 뇌의 노화가 진행될수록 지적 호기심과 새로운 경험을 받아들이는 개방성은 감소하게 된다.

13 전생애 발달적 조망에서 발달에 미치는 영향요인에 관한 설명으로 옳은 것은?

① 40대 직업전환은 규범적 연령관련 요인이다.
② 사춘기는 규범적 역사관련 요인이다.
③ 청소년기 부모의 실직은 규범적 연령관련 요인이다.
④ 출생동시집단 효과는 비규범적 요인이다.
⑤ 코로나 팬데믹은 규범적 역사관련 요인이다.

⑤ 코로나 팬데믹은 전 세계에 영향을 미친 전염병이므로, 규범적 역사관련 요인이다.
① 40대 직업전환은 개인의 독특한 경험에 따라 발생하는 사건으로, 비규범적 요인이다.
② 사춘기는 일정 연령에 대부분의 사람이 경험하는 과정으로, 규범적 연령관련 요인이다.
③ 청소년기 부모의 실직은 독특한 개인의 경험에 따라 발생하는 사건으로, 비규범적 요인이다.
④ 출생동시집단 효과(Birth Cohort Effect)는 특정 세대가 공통으로 겪은 사회적·역사적 환경이 해당 세대에 미치는 영향을 설명하는 개념으로, 이는 규범적 역사관련 요인이다.

14 다음에 해당하는 성염색체 이상 증후군은?

○ 남성이 여분의 X염색체를 가진다.
○ 고환이 미성숙하고, 유방이 돌출되는 등 여성의 2차 성징을 보인다.

① 취약 X증후군
② XYY증후군
③ 터너 증후군
④ 다운 증후군
⑤ 클라인펠터 증후군

⑤ 클라인펠터 증후군 : X염색체가 더 많은 XXY, XXXY 등의 비정상적인 형태를 나타내고, 남성염색체가 있음에도 불구하고 고환의 위축, 무정자증, 유방의 발달 등 여성의 신체적 특성을 보인다.
① 취약 X증후군 : X염색체에 취약한 부분이 있어서, 지적장애를 일으키는 유전성 질환이다.
② XYY증후군 : 슈퍼남성(메일) 증후군(Supermale Syndrome)이라고도 하며 남성의 성염색체에 여분의 Y염색체가 있는 질환으로, 남아 500~1,000명 가운데 1명꼴로 나타난다.
③ 터너 증후군 : 성염색체 이상으로 X염색체가 1개이며, 전체 염색체 수가 45개이다.
④ 다운 증후군 : 대부분(약 95%)은 21번째 염색체가 3개(정상은 2개) 있어서 전체 염색체 수가 47개(정상은 46개)인 기형이다.

15 태내발달에 관한 설명으로 옳지 않은 것은?

① 태아기는 임신 2개월부터 출생까지의 시기이다.
② 임신 28주경이 되면 태아는 자궁 밖에서 생존 가능하다.
③ 배아기는 기형유발물질에 의한 중추신경계 손상에 가장 민감한 시기이다.
④ 산모의 과도한 흡연은 과체중아 문제를 야기한다.
⑤ 태아기 동안 실제로 필요한 뉴런보다 훨씬 더 많은 뉴런이 생성된다.

> 흡연은 저체중아 출산의 대표적인 원인으로서, 뇌 결함이나 구개파열 장애를 유발하고 조산아가 태어날 확률이 높아진다.

16 다음 사례에 해당하는 신생아의 반사행동은?

> 생후 1개월 된 신생아가 문을 쾅 닫는 소리에 등을 구부리고 팔다리를 앞으로 쭉 뻗는 행동을 보였다.

① 바빈스키 반사
② 수영반사
③ 모로반사
④ 파악반사
⑤ 걸음마반사

> ③ 모로반사 : 영아가 갑작스러운 큰 소리를 듣게 되면, 자동적으로 팔과 다리를 쫙 펴는 반응이다.
> ① 바빈스키 반사 : 영아의 발바닥을 간지럽게 하면, 발가락을 발등 위쪽으로 부채처럼 펴는 반응이다.
> ② 수영반사 : 영아의 얼굴을 물속에 넣으면 잘 조정된 수영동작을 하는 반사이다.
> ④ 파악반사 : 쥐기반사라고도 하며, 영아의 손바닥에 무엇을 올려놓으면, 손가락을 쥐는 것과 같은 반응을 한다.
> ⑤ 걸음마반사 : 바닥에 아이의 발을 닿게 하여 바른 자세가 갖추어지면, 아이가 걷는 것처럼 두 발을 번갈아 떼어 놓는 반응이다.

17 소근육 운동 발달 순서를 옳게 나열한 것은?

> ㄱ. 잡기반사가 나타난다.
> ㄴ. 손바닥으로 물체를 잡는다.
> ㄷ. 물건을 향해 팔을 휘두른다.
> ㄹ. 엄지와 검지를 이용해 작은 물체를 잡는다.

① ㄱ - ㄴ - ㄹ - ㄷ
② ㄱ - ㄷ - ㄴ - ㄹ
③ ㄴ - ㄱ - ㄷ - ㄹ
④ ㄷ - ㄹ - ㄱ - ㄴ
⑤ ㄹ - ㄴ - ㄱ - ㄷ

> 영아기의 소근육 운동 발달 순서는 팔 휘두르기 → 손 뻗기 → 손 전체로 물건 잡기 → 엄지와 검지로 물건 잡기 순으로 발전한다. 출생 직후 나타나는 반사는 비자발적 운동으로 일반적으로 생후 4개월 이후에 소멸한다.

18 지능에 관한 설명으로 옳은 것을 모두 고른 것은?

> ㄱ. 카텔(R. Cattell)과 혼(J. Horn)은 지능을 유동성 지능과 결정성 지능으로 구분한다.
> ㄴ. 플린효과(Flynn Effect)는 세대가 반복될수록 평균 지능검사의 점수가 상승하는 현상이다.
> ㄷ. 스턴버그(R. Sternberg)는 지능을 인지적 요인과 정서적 요인으로 구분한다.
> ㄹ. 스피어만(C. Spearman)은 지능을 일반 지능과 특수 지능으로 구분한다.

① ㄴ
② ㄱ, ㄴ
③ ㄷ, ㄹ
④ ㄱ, ㄴ, ㄹ
⑤ ㄴ, ㄷ, ㄹ

> ㄷ. 스턴버그(R. Sternberg)는 개인의 내부세계와 외부세계에서 비롯되는 경험 측면에서 성분적 지능, 경험적 지능, 맥락적 지능으로 구분하였다(삼원지능이론).

19 다음 A의 행동을 설명하는 발달 이론은?

> A는 길을 가다가 우연히 다른 아이가 넘어졌을 때 도와주는 친구를 보았다. 이를 보고 A는 친구의 행동에 감명을 받아 기억하고 또 다른 친구가 어려움에 처했을 때 도와주었다. 도움을 받은 친구는 A에게 고마움을 표했고, A는 뿌듯함에 계속 친구들을 도와주게 되었다.

① 피아제(J. Piaget)의 인지발달이론
② 프로이트(S. Freud)의 정신분석이론
③ 반두라(A. Bandura)의 사회학습이론
④ 로렌츠(K. Lorenz)의 동물행동학적 이론
⑤ 브론펜브레너(U. Bronfenbrenner)의 생태학적 이론

> ③ 반두라(A. Bandura)의 사회학습이론 : 인간의 행동이 외부자극에 의해 통제된다는 행동주의 이론에 반박하여 인간의 인지능력에 관심을 가진 이론으로 직접경험에 의한 학습보다는 모델링을 통한 관찰 학습과 모방학습을 강조하였다.
> ① 피아제(J. Piaget)의 인지발달이론 : 인간의 인지를 유기체가 환경에 생물학적으로 적응하는 한 형태로 보았으며, 인간의 생애를 거치며 경험하는 네 가지 주요 인지발달단계를 제시하였다.
> ② 프로이트(S. Freud)의 정신분석이론 : 인간을 비합리적이고 결정론적인 존재로 가정하여 인간 행동의 기본이 생물학적인 충동과 본능을 만족시키는 욕망에서 동기화된다고 본 이론으로 어린 시절 경험과 무의식을 강조하였다.
> ④ 로렌츠(K. Lorenz)의 동물행동학적 이론 : 각인을 통해 아동발달에 있어서 '결정적 시기'의 주요 개념을 도출하였다. 여기서 '결정적 시기'란 아동이 적응적인 행동을 획득하기 위해 생물학적으로 준비되어 있는 특정의 시기를 말하는 것으로서, 이 시기에 각인이 이루어지지 않는 경우, 이후 그와 같은 행동을 습득하기 매우 어렵다는 것이다.
> ⑤ 브론펜브레너(U. Bronfenbrenner)의 생태학적 이론 : 인간 발달을 사회문화적 관점에서 이해한 이론으로 아동에게 영향을 주는 환경을 미시체계, 중간체계, 외체계, 거시체계, 시간체계의 다섯 수준으로 분류하여 제시하였다.

20 콜버그(L. Kohlberg)의 이론으로 A, B, C가 획득한 성 역할 발달특성을 옳게 분석한 것은?

> A : 나는 남자야.
> B : 머리 모양이 달라졌다고 해도 남자가 여자가 되지는 않아.
> C : 남자는 자라서 남자 어른이 되고, 여자는 자라서 여자 어른이 되는 거야.

① A : 성 정체성, B : 성 항상성, C : 성 안정성
② A : 성 정체성, B : 성 안정성, C : 성 항상성
③ A : 성 안정성, B : 성 정체성, C : 성 항상성
④ A : 성 안정성, B : 성 항상성, C : 성 정체성
⑤ A : 성 항상성, B : 성 안정성, C : 성 정체성

콜버그(Kohlberg)의 성 역할 발달

성 정체성 발달	3세경	남자와 여자를 범주화하는 능력이 발달한다.
성 안정성 발달	4세경	남아는 남자 어른, 여아는 여자 어른이 된다는 인식이 발달한다.
성 항상성(일관성) 발달	6세경	성이란 놀이, 복장, 외모의 변화에도 불구하고 변하지 않는다는 인식이 발달한다.

21 공격성 발달에 관한 설명으로 옳지 않은 것은?

① 닷지(K. Dodge)는 공격성이 잘못된 사회인지적 판단에 기인한다고 본다.
② 적대적 공격성은 타인에게 고통이나 해를 가하는 것 자체가 목적이다.
③ 영아의 공격성은 대체로 물건을 차지하기 위한 도구적 공격성이다.
④ 유아는 언어적 공격성을 먼저 보이지만 점차 물리적 공격성을 더 많이 보이게 된다.
⑤ 보상이론가들은 공격적 행동은 그러한 행동이 결과적으로 공격자에게 보상을 가져다주기 때문에 발달한다고 주장한다.

> 유아기는 연령이 증가함에 따라 신체적 공격에서 점차 언어적 공격이 증가한다. 즉, 유아는 물리적 공격성을 먼저 보이지만 점차 언어적 공격성을 더 많이 보이게 된다.

22 콜버그(L. Kohlberg)의 도덕성 발달단계 중 '가' 단계에 관한 설명으로 옳은 것은?

> 벌과 복종 지향 → 목적과 상호교환 지향 → 착한 아이 지향 → 법과 질서 지향 → (가) → 보편적 원리 지향

① 자신의 최고 이익에 따라 도덕적 판단을 한다.
② 남들에게 칭찬을 받고 비난받지 않기 위해 법을 지킨다.
③ 사회적 규범이나 법을 지키는 것을 전체적인 사회질서를 유지하기 위한 것이라고 생각한다.
④ 스스로 규정한 도덕적 정의와 원칙을 지향한다.
⑤ 사회적 규범이나 법칙이 절대적이 아니라는 것을 알게 된다.

콜버그(L. Kohlberg)의 도덕성 발달단계

전인습적 수준 (4~10세)	제1단계	타율적 도덕성의 단계로서, 처벌과 복종을 지향한다.
	제2단계	개인적·도구적 도덕성의 단계로서, 상대적 쾌락주의에 의한 욕구충족을 지향한다.
인습적 수준 (10~13세)	제3단계	대인관계적 도덕성의 단계로서, 개인 상호 간의 조화를 중시하며, 착한 소년·소녀를 지향한다.
	제4단계	법·질서·사회체계적 도덕성의 단계로서, 사회질서에 대한 존중을 지향한다.
후인습적 수준 (13세 이상)	제5단계	민주적·사회계약적 도덕성의 단계로서, 민주적 절차로 수용된 법을 존중하는 한편, 상호합의에 의한 변경 가능성을 인식한다.
	제6단계	보편윤리적 도덕성의 단계로서, 개인의 양심과 보편적인 윤리원칙에 따라 옳고 그름을 인식한다.

23 정서 발달에 관한 설명으로 옳지 않은 것은?

① 일차 정서는 학습으로 인해 나타난다.
② 공포는 위험에 대한 반응으로 나타난다.
③ 자아의 인식 이후에 이차 정서가 나타난다.
④ 연령이 증가할수록 만족지연 능력이 증가한다.
⑤ 유아는 사람들이 진짜로 느끼는 정서와 그들이 표현하는 정서를 잘 구별하지 못한다.

> 일차 정서는 인류가 보편적으로 경험하는 기본 정서인 행복, 기쁨, 분노, 공포, 슬픔 등 선천적으로 타고난 정서를 말한다.

24 DSM-5에서 품행장애의 진단기준에 해당하지 않는 것은?

① 재산파괴
② 사기 또는 절도
③ 심각한 규칙 위반
④ 사람과 동물에 대한 공격성
⑤ 보복적 특성

> 보복적 특성은 적대적 반항장애의 진단기준이다. DSM-5에서 품행장애의 진단기준에는 사람과 동물에 대한 공격성, 재산파괴, 사기 또는 절도, 심각한 규칙 위반이 해당한다.

25 DSM-5의 신경발달장애 중 투렛장애 진단기준으로 옳지 않은 것은?

① 여러 가지 운동 틱과 한 가지 또는 그 이상의 음성 틱이 질병 경과 중 일부 기간 동안 나타난다.
② 틱은 처음 틱이 나타난 시점으로부터 1년 미만으로 나타난다.
③ 물질의 생리적 효과나 다른 의학적 상태로 인한 것이 아니다.
④ 18세 이전에 발병한다.
⑤ 운동 틱과 음성 틱이 반드시 동시에 나타날 필요는 없다.

> **투렛장애 DSM-5 진단기준**
> - 18세 이전(보통 아동기)에 발병하며, 여아보다 남아에게서 더 많이 나타난다.
> - 틱장애 중 가장 심각한 유형으로서, 여러 '운동성 틱(Motor Tic)'과 한 가지 이상 '음성 틱(Vocal Tic)'이 일정 기간 나타난다. 두 가지 틱이 반드시 동시에 나타날 필요는 없다.
> - 틱은 1년 이상의 기간 동안 거의 매일 또는 간헐적으로 하루에 몇 차례씩(대개 발작적으로) 일어난다.
> - 장애는 물질의 생리적 효과나 다른 의학적 상태로 인한 것이 아니다.

정답 22 ⑤ 23 ① 24 ⑤ 25 ②

필수과목 02 집단상담의 기초

26 집단상담에 관한 설명으로 옳지 않은 것은?

① 여러 사람들이 모여서 자신의 성장과 변화를 도모하는 상담경험이다.
② 다양한 집단원들과 함께 대인관계 기술을 연습할 수 있다.
③ 집단상담의 목표는 집단 전체의 목표와 집단원 개인의 목표로 나눌 수 있다.
④ 집단의 역동을 다루기보다 개인의 문제 해결에 중점을 둔다.
⑤ 집단 참여에 대한 압력을 받아 심리적 부담을 느낄 수 있다.

> ④ 집단상담은 의식적 사고와 행동, 허용적 현실에 초점을 둔 정화, 상호신뢰, 돌봄, 이해, 수용 및 지지 등의 치료적 기능들을 포함하는 역동적인 상호교류 과정이다. 집단상담은 집단원 개개인의 실제적인 행동의 변화를 가져오는 것이기는 하나 개인상담에 비해 개인의 문제를 깊게 다루는 데 한계가 있다.

27 집단상담 유형에 관한 설명으로 옳지 않은 것은?

① 비구조화 집단에서는 집단의 내용과 활동을 집단상담자가 미리 구성한대로 진행한다.
② 집중적 집단상담은 일정기간 동안 집중적으로 실시하는 형태이며, 마라톤 집단이 해당된다.
③ 자조집단에서는 공통의 관심사나 어려움을 경험했던 사람들끼리 집단을 이끌어간다.
④ 과업집단은 집단원들에게 당면한 과제를 해결할 필요가 있을 때 운영되는 집단이다.
⑤ 성장집단에는 참만남 집단, 자기성장 집단, 감수성 훈련집단이 해당된다.

> ① 비구조화 집단은 자기 성장이나 자아실현과 같은 목표에 도달하는 방법을 훈련하는 과정에 초점을 두는 집단으로, 사전에 정해진 주제나 활동이 없다. 집단의 내용과 활동을 집단상담자가 미리 구성한대로 진행하는 집단은 구조화 집단이다. 구조화 집단은 자기주장 훈련이나 사회성 훈련과 같이 구체적인 내용 또는 문제를 가진 사람들이 그 문제를 극복하도록 돕는데 초점을 둔 집단으로 집단의 목표, 과정, 내용, 절차, 활동방법 등을 미리 체계적으로 구성해 둔다.

28 집단상담기술에 관한 설명으로 옳은 것을 모두 고른 것은?

> ㄱ. 연결 : 집단원들 간에 공통의 관심사를 공유함으로써 응집력을 촉진시키는 역할을 한다.
> ㄴ. 질문 : 어떤 사실이나 상황에 대한 정보를 얻을 목적으로 사용된다.
> ㄷ. 재진술 : 집단원이 이야기한 내용을 집단상담자가 동일한 내용의 다른 말로 바꾸어 줌으로써 의미를 분명하게 해준다.
> ㄹ. 명료화 : 핵심이 되는 주제에 초점을 맞추게 하거나 혼란스러운 감정을 분명하게 정리해 준다.

① ㄱ, ㄴ
② ㄴ, ㄷ
③ ㄱ, ㄷ, ㄹ
④ ㄴ, ㄷ, ㄹ
⑤ ㄱ, ㄴ, ㄷ, ㄹ

> ㄱ. 연결하기 : 한 집단원의 말과 행동을 다른 집단원의 관심과 연결하고 관련짓는 기술로, 집단원이 제기하는 여러 가지 문제의 관련 정보나 자료들을 서로 연관시키며, 집단원 간 상호작용과 응집력을 촉진한다.
> ㄴ. 질문하기 : 구체적인 정보를 얻고 문제를 더 깊이 있게 탐색하거나 각 정보들 간의 관련성을 알아보기 위해 사용한다.
> ㄷ. 재진술 : 집단원이 어떤 상황, 사건, 사람, 생각을 진술하고 나면 그 내용을 집단상담자가 다른 동일한 말로 바꾸어 말함으로써 집단원 자신이 한 말에 주의를 기울이도록 의미를 분명하게 해주는 기술이다.
> ㄹ. 명료화 : 어떤 중요한 문제의 밑바닥에 깔린 혼란스럽고 갈등적인 느낌을 가려내어 분명히 해주는 기술이다.

29 집단상담 평가에 관한 설명으로 옳지 않은 것은?

① 집단상담 계획 시에 집단상담 효과성 평가를 위한 계획을 수립해야 한다.
② 집단원은 평가 대상이면서 평가자가 되기도 한다.
③ 청소년 상담기관에서 집단상담을 실시할 경우 상담기관이 평가주체가 될 수 있다.
④ 평가방법은 주로 면접, 심리검사, 관찰 등으로 이루어진다.
⑤ 추수평가는 집단상담의 전 과정이 끝날 무렵 1~2회의 모임을 할애하여 진행된다.

> ⑤ 추수평가(추후평가)는 전체 집단원을 대상으로, 집단상담의 전 과정이 끝나고 2~3개월 후에 실시한다. 집단경험이 일상생활에 어떤 결과를 가져왔는지, 그때의 변화가 어느 정도 계속되고 있으며, 집단상담의 효과가 어느 정도인지 등에 대해 평가해볼 수 있다.

30 집단상담자의 윤리적 행동으로 옳은 것을 모두 고른 것은?

> ㄱ. 보호관찰 명령으로 집단에 참여하는 집단원이 중도에 집단을 포기하려고 할 때, 그 선택으로 발생할 수 있는 문제를 안내하고 참여 여부를 스스로 선택하게 한다.
> ㄴ. 청소년 집단원이 성폭력 피해에 대한 신고를 원하지 않을 경우, 비밀을 보장한다.
> ㄷ. 집단원들의 사생활에 관한 이야기를 외부에 발설하지 않도록 안내한다.
> ㄹ. 집단상담자와 연인관계에 있는 사람도 집단참여자로 선정한다.

① ㄱ, ㄴ
② ㄱ, ㄷ
③ ㄴ, ㄹ
④ ㄱ, ㄷ, ㄹ
⑤ ㄴ, ㄷ, ㄹ

> ㄱ. 집단원은 집단상담 참여 여부에 대해 선택할 권리가 있다. 집단원이 중도에 집단을 포기하려고 할 때 집단상담자는 그 집단원에게 집단상담을 완료하지 못할 경우 어떤 결과가 초래되는지 안내하고 참여 여부를 스스로 선택하게 하여야 한다.
> ㄷ. 집단상담자는 집단원의 사생활이 보호되고, 불법적인 정보유출이 이루어지지 않도록 필요한 조치를 강구해야 한다.
> ㄴ. 집단상담자는 집단원이나 집단원 주변인에게 닥칠 위험이 분명하고 위급한 경우, 법원의 명령이 있는 경우, 집단원의 생명이나 사회의 안전을 위협하는 경우, 집단원에게 감염성이 있는 치명적인 질병이 있는 경우 등에는 집단원의 비밀을 사전동의 없이 관련자에게 공개할 수 있다.
> ㄹ. 집단상담자와 연인관계, 성적인 관계 등의 성적 이중관계에 있는 사람은 전문적인 상담관계를 해칠 수 있으므로 집단참여자(집단원)로 받아들이지 않아야 한다.

31 합리적정서행동치료(REBT)의 ABCDE 모형을 순서대로 옳게 나열한 것은?

> ㄱ. 개인이 가진 비합리적 신념에서 비롯된 결과
> ㄴ. 활성화된 사건에 대한 개인의 비합리적 신념
> ㄷ. 반응을 일으키는 사건, 상황, 환경
> ㄹ. 합리적 신념에서 비롯된 새로운 감정이나 행동
> ㅁ. 결과를 야기한 비합리적 신념을 논박

① ㄴ → ㄱ → ㄷ → ㅁ → ㄹ
② ㄴ → ㄱ → ㅁ → ㄷ → ㄹ
③ ㄷ → ㄴ → ㄱ → ㅁ → ㄹ
④ ㄷ → ㄴ → ㅁ → ㄱ → ㄹ
⑤ ㄷ → ㄱ → ㅁ → ㄹ → ㄴ

합리적정서행동치료(REBT)의 ABCDE 모형

선행사건 (Activating Event)	집단원의 감정을 동요시키거나 집단원의 행동에 영향을 미치는 사건을 의미한다.
비합리적 신념체계 (Belief System)	선행사건에 대한 집단원의 비합리적 신념체계나 사고체계를 의미한다.
결과 (Consequence)	선행사건을 경험한 후 자신의 비합리적 신념체계를 통해 그 사건을 해석함으로써 느끼게 되는 정서적·행동적 결과를 말한다.
논박 (Dispute)	집단원이 가지고 있는 비합리적 신념이나 사고에 대해 그것이 사리에 부합하는 것인지 논리성·현실성·효용성에 비추어 반박하는 것으로서, 집단원의 비합리적 신념체계를 수정하기 위한 것이다.
효과 (Effect)	논박으로 인해 나타나는 효과로서, 집단원이 가진 비합리적인 신념이 합리적인 신념으로 대체된다.

32. 해결중심 집단상담에서 집단원에게 하는 주요 질문기법으로 옳지 않은 것은?

① 그런 문제가 덜 일어날 때는 언제입니까?
② 당신이 어렸을 때 겪었던 가장 고통스런 경험은 무엇인가요?
③ 지난 집단 회기 이후에 나아진 것이 있습니까?
④ 지금 당신의 불안을 0에서 10점의 척도에서 몇 점을 줄 건가요?
⑤ 만약 밤에 자는 동안 지금의 문제가 사라져 버렸다면, 당신의 문제가 해결된 것을 어떻게 알 수 있고 무엇이 다른지를 어떻게 알 수 있을까요?

> ② 해결중심 집단상담은 문제의 원인을 규명하기보다는 집단원이 가진 자원을 활용하여 해결방안을 마련하는 단기적 접근방법에 해당한다. 집단원의 병리적 측면에 관심을 기울이기보다는 성공 경험, 강점과 자원, 능력과 잠재력 등 집단원의 건강한 측면에 초점을 두므로, 고통스러웠던 과거 경험을 묻는 것은 해결중심 집단상담의 질문기법이 아니다.
> ① 예외질문에 해당한다.
> ③ 면담 전 변화에 관한 질문에 해당한다.
> ④ 척도질문에 해당한다.
> ⑤ 기적질문에 해당한다.

33 집단상담 이론과 목표에 관한 설명으로 옳은 것은?

① 정신분석 : 어릴 때 형성된 왜곡된 관계에서 일그러진 생애각본을 변경한다.
② 여성주의치료 : 현재 자기가 경험하고 있는 정서적 장애의 원인이 자기상실에 있다는 것을 각성하게 한다.
③ 게슈탈트 : 집단원이 자신과 환경을 이해하고 자신을 수용하며 접촉할 수 있는 힘을 증진시킨다.
④ 동기강화상담 : 스스로 선택하고 책임질 수 있는 방법으로 각자의 생존, 소속, 권력, 자유, 즐거움 등의 심리적 욕구를 충족할 수 있도록 돕는다.
⑤ 실존주의 : 사회적 관심을 갖게 하고, 재교육을 통해 생활양식을 재정향한다.

> ③ 게슈탈트의 중요한 목표는 '알아차림'과 '접촉의 증가'이며, 유기체의 자각 또는 알아차림을 통한 접촉 결여를 주요 문제로 간주한다. 자신의 욕구와 감정을 분명히 알아차리고 수용하며, 환경과의 접촉을 통해 문제를 해소하도록 돕는다.
> ① 일그러진 생애각본(인생각본, 생활각본)을 변경하는 것은 교류분석의 목표이다.
> ② 정서적 장애의 원인이 자기상실에 있다는 것을 각성하게 하는 것은 실존주의의 목표이다.
> ④ 스스로 선택하고 책임질 수 있는 방법으로 각자의 생존, 소속, 권력, 자유, 즐거움 등의 심리적 욕구를 충족할 수 있도록 돕는 것은 현실치료의 목표이다.
> ⑤ 사회적 관심을 갖게 하고, 재교육을 통해 생활양식을 재정향하는 것은 개인심리학의 목표이다.

34 집단상담 이론에 관한 설명으로 옳은 것을 모두 고른 것은?

> ㄱ. 인간중심상담에서는 인간이 현상학적 장을 경험하고 지각하며, 그것에 주관적인 의미를 부여하는 존재임을 강조한다.
> ㄴ. 이야기치료에서 집단원은 자신의 경험에 대한 주 해석자이다.
> ㄷ. 해결중심상담은 과거 미해결 문제를 현재로 가져와서 다루는 데 초점을 둔다.
> ㄹ. 실존주의상담에서는 집단원에게 이중자아의 역할을 해보게 한다.

① ㄱ, ㄴ
② ㄴ, ㄷ
③ ㄱ, ㄷ, ㄹ
④ ㄴ, ㄷ, ㄹ
⑤ ㄱ, ㄴ, ㄷ, ㄹ

ㄱ. 인간중심상담의 주요 개념 중 하나인 현상학적 장(Phenomenal Field)은 '경험적 세계' 또는 '주관적 경험'으로도 불리는 개념으로서, 특정 순간에 개인이 지각하고 경험하는 모든 것을 의미한다. 로저스(Rogers)는 동일한 현상이라도 개인에 따라 다르게 지각하고 경험하므로, 이 세상에는 개인적 현실, 즉 현상학적 장만이 존재한다고 보았다. 또한 인간이 이러한 현상학적 장을 경험하고 지각하며, 그것에 주관적인 의미를 부여하는 존재임을 강조하였다.
ㄴ. 이야기치료에서는 인간을 처음 시작부터 자신이 속한 문화와 사회의 이데올로기 속에서 어떠한 형태로든 영향을 받으며 자신에 대한 이해를 구축해 가는 존재로 본다. 또한 자신의 경험을 만들어내고 해석하는 능동적 존재, 자신의 경험을 특정한 방식으로 해석하고 의미를 부여하는 주 해석자로 본다.
ㄷ. 과거 미해결 문제를 현재로 가져와서 다루는 데 초점을 두는 집단상담 이론은 게슈탈트상담이다. 미해결 문제(미해결 게슈탈트)란 개체가 어떤 게슈탈트를 형성하였지만 이를 해결하지 못하였거나 형성 자체가 방해를 받아서 완결 혹은 해소되지 않은 게슈탈트를 말한다. 게슈탈트상담에서는 미해결 과제가 많아질수록 개체는 자신의 유기체 욕구를 효과적으로 해소하는 데 실패하여 심리적·신체적 장애를 일으키며, 이를 해결할 방법은 '지금-여기'를 알아차리는 것이라고 하였다.
ㄹ. 집단원에게 이중자아의 역할을 해보게 하는 집단상담 이론은 심리극이다. 이중자아 기법이란 보조자가 주인공 뒤에서 주인공의 또 다른 자아 역할을 하여, 주인공이 실제로 표현하기 주저하는 내면심리를 보조가가 대신하여 표현하는 기법이다.

35 집단상담의 이론과 기법의 연결로 옳은 것은?

① 현실치료 - 유머사용, 역설적 기법
② 개인심리학 - 각본분석, 역설적 의도
③ 교류분석 - 자기표현, 버튼누르기
④ 게슈탈트 - 빈의자 기법, 탈숙고
⑤ 행동주의 - 자극통제, 마치~처럼 행동하기

① 현실치료 이론의 기법으로는 유머, 역설적 기법, 질문, 토의와 논쟁, 맞닥뜨림(직면) 등이 있다.
② 개인심리학 이론의 기법으로는 즉시성, 충고하기, 격려하기, 수렁(악동) 피하기, 역설적 의도(개입), 시범 보이기, 역할놀이, 단추(버튼) 누르기, 수프에 침 뱉기, 타인을 즐겁게 하기, 스스로 억제하기, 과제부여, '마치 ~인 것처럼' 행동하기 등이 있다.
③ 교류분석 이론의 기법으로는 구조분석, 의사교류분석, 게임분석, 인생각본(생활각본, 생애각본) 분석, 라켓분석 등이 있다.
④ 게슈탈트 이론의 기법으로는 뜨거운 자리, 차례로 돌아가기, 신체언어, 질문형을 진술형으로 고치기, 빈 의자 기법, 창조적 투사하기 등이 있다.
⑤ 행동주의 이론의 기법으로는 혐오치료(기법), 내현적 가감법, 타임아웃, 과잉교정, 체계적 둔감법, 홍수법, 반응대가, 내현적 모델링, 자극통제, 용암법, 노출법, 주장적 훈련, 자기표현 훈련, 토큰경제(환권보상치료), 행동조성(조형), 프리맥의 원리 등이 있다.

36 다음에서 사용되는 방어 기제에 관한 설명으로 옳은 것은?

> 자신의 공격적이거나 성적인 감정을 받아들이기 어려운 집단원이 다른 집단원을 적대적이거나 유혹적이라고 느낀다.

① 심각한 스트레스를 경험할 때 종종 어릴 적 취했던 방식으로 되돌아가는 것이다.
② 타인에게 드러내고 싶은 감정이나 행동을 자신에게 되돌려 표현하는 것이다.
③ 타인의 신념이나 기준을 자신의 것으로 소화하지 못한 채 무비판적으로 받아들이는 경향이다.
④ 개인의 내적 경험과 외적 현실 사이의 구별이 모호한 상태를 의미한다.
⑤ 수용할 수 없는 자신의 생각, 감정, 행동, 동기를 타인에게 돌리는 것이다.

> ⑤ 제시된 내용에서 해당 집단원이 사용한 방어기제는 '투사'이다. '투사'는 용납하기 어려운 감정이나 동기를 타인이나 외부에 돌리는 경향을 말한다.
> ① 퇴행, ② 반전, ③ 내사, ④ 융합에 대한 설명이다.

37 심리극 집단상담 단계에 관한 설명으로 옳지 않은 것은?

① 워밍업 단계에서는 심리극이 시작되기 전 집단의 목표, 한계 등을 안내한다.
② 워밍업 단계는 연출자의 준비, 신뢰감 형성 등의 활동이 포함된다.
③ 시연단계에서는 연출자가 다양한 기법을 활용하여 주인공의 무의식 속 욕망, 갈등 등이 드러나게 한다.
④ 시연단계에서는 연출자가 공개적으로 주인공의 문제를 분석하고 자신의 유사한 경험을 개방한다.
⑤ 종결단계에서는 연출자는 참여자들이 심리극 과정에 참여하면서 느낀 소감을 주인공과 함께 나누도록 돕는다.

심리극의 진행단계	
워밍업 단계	• 심리극이 시작되기 전 집단의 목표, 한계 등을 안내하는 단계이다. • 연출자의 준비, 신뢰감 형성 등의 활동이 포함된다. • 집단원들이 집단 밖에서 일어났던 일로부터 현재 이 순간 집단에서 일어나고 있는 것으로 관심을 돌리는 단계이다. • 참여하고자 하는 사람들이 진실로 참여할 수 있게끔 도와주는, 비교적 긴장감이 덜한 중립적 활동이 가장 필수적인 과제이다.
시연(실연) 단계	• 연출자가 다양한 기법을 활용하여 주인공의 무의식 속 욕망, 갈등 등이 드러나게 하는 단계이다. • 구체적으로 문제를 다루며 조연, 보조자아 등이 등장하여 주인공이 문제를 탐색할 수 있도록 도와준다. • 시연(실연)을 통해 비로소 주인공은 자신의 문제를 통찰하고, 억압했던 감정들을 상징적으로 행동화시킴으로써 감정의 정화(Catharsis)를 맛본다.
종결단계	• 시연(실연)에서 활성화된 사고나 감정을 나눔으로써 재통합하는 시기이다. • 관객들(참가자들)이 자신의 느낌이나 유사한 경험을 개방하고 공유한다. • 시연(실연)하였던 주인공을 분석하거나 비판해서는 안 된다.

38 집단역동에 관한 설명으로 옳지 않은 것은?

① 네 가지 차원(Level)으로 설명된다.
② 집단원에게 해를 끼칠 가능성도 있다.
③ 집단에서 발생하는 다양한 상호작용과 역동적인 과정을 포괄하는 개념이다.
④ 집단역동이라는 단어를 최초로 사용한 학자 루빈(K. Lewin)은 "소집단 안에서 일어나는 모든 것을 의미한다."고 하였다.
⑤ 집단의 성격과 방향에 영향을 미쳐서 집단의 분위기를 만든다.

① 집단역동은 개인 내적 역동, 대인 간 역동, 전체 역동이라는 세 가지 차원(Level)으로 설명된다.
집단역동
• 집단원들이 목적을 달성하기 위해 노력할 때 일어나는 상호작용적 힘을 의미한다.
• 집단역동이라는 단어를 최초로 사용한 루빈(K. Lewin)은 집단역동을 소집단 안에서 일어나는 모든 것을 의미한다고 정의하였다.
• 집단발달에 긍정적으로 작용할 수도 있고, 부정적으로 작용할 수도 있다.
• 개인 내적 역동, 대인 간 역동, 전체 역동이라는 세 가지 차원(Level)으로 설명된다.
• 집단역동의 구성요소로는 집단구조 및 의사소통, 집단 내 상호작용, 집단응집력, 집단규범과 가치, 집단원의 지위와 역할, 집단지도력 및 집단문화갈등 등이 있다.

39 집단역동 중 개인 내적 역동을 파악하기 위한 내용으로 옳은 것을 모두 고른 것은?

> ㄱ. 집단원의 생각, 감정, 태도
> ㄴ. 집단 내에서 발생하는 갈등, 연합, 동맹
> ㄷ. 집단의 규범, 리더십 역학, 집단 유대감
> ㄹ. 집단원의 동기, 방어, 어린 시절의 기원
> ㅁ. 희생양 만들기, 집단 수준의 저항

① ㄱ, ㄴ
② ㄱ, ㄹ
③ ㄱ, ㄴ, ㄹ
④ ㄴ, ㄷ, ㄹ, ㅁ
⑤ ㄱ, ㄴ, ㄷ, ㄹ, ㅁ

집단역동의 세 가지 차원

차 원	역동을 파악하기 위한 내용
개인 내적 역동	집단원의 생각, 감정, 태도, 동기, 방어, 어린 시절의 기원
대인 간 역동	집단 내에서 발생하는 갈등, 연합, 동맹
전체 역동	집단의 발달 단계·규범, 리더십 유형 및 역학, 집단 유대감, 희생양 만들기, 집단 수준의 저항

40 코리(G. Corey)의 집단발달단계 중 초기단계에서 집단상담자의 역할로 옳지 않은 것은?

① 집단상담자와 집단원의 책임과 역할을 명확히 한다.
② 집단원들의 염려와 질문을 개방적으로 다룬다.
③ 적극적으로 경청하고 반응하기와 같은 기본적인 대인관계 기술을 알려준다.
④ 집단원들이 구체적인 개인 목표를 설정하도록 돕는다.
⑤ 미성년자인 경우 보호자 또는 법적 대리인의 동의서를 받는다.

> ⑤ 미성년자인 경우 보호자 또는 법적 대리인의 동의서는 집단상담 시작 전에 받는다.
> **집단발달단계 중 초기단계에서 집단상담자의 역할**
> • 집단상담의 구조화 : 분명한 집단목표 및 개인목표, 그리고 기본규칙과 집단규범을 설정한다.
> • 초기 집단응집력 형성 : 집단상담자를 포함하여 집단원들 간에 친밀성과 소속감에 기반을 둔 정서적 유대와 신뢰가 형성되도록 돕는다.
> • 상호작용 촉진 : 집단원이 상호작용하면서 유사한 감정과 관심을 갖고 있다는 사실을 깨닫도록 돕는다.
> • 수용 : 집단상담자는 이 시기 집단원의 불안과 저항을 어떤 모임을 시작하기 전에 자연스럽게 나타나는 반응으로 이해하고 존중한다.

41 코리(G. Corey)의 집단상담 과도기 단계의 특징으로 옳은 것을 모두 고른 것은?

> ㄱ. 불안과 방어가 다양한 행동으로 나타난다.
> ㄴ. 기본적인 규칙을 개발하고 규범을 세운다.
> ㄷ. 통제와 힘과 관련된 문제가 드러나거나 집단 내의 다른 사람들과 갈등을 경험하기도 한다.
> ㄹ. 집단원은 집단 환경이 얼마나 안전한지 판단하기 위해 집단상담자와 다른 집단원들을 시험한다.

① ㄱ, ㄴ
② ㄴ, ㄷ
③ ㄱ, ㄴ, ㄷ
④ ㄱ, ㄷ, ㄹ
⑤ ㄱ, ㄴ, ㄷ, ㄹ

> ㄱ·ㄷ·ㄹ. 집단상담 과도기 단계는 시작단계(초기단계)를 지나면서 집단원들 사이에 친밀감이 형성되지만, 그에 따라 집단원들의 불안감이 더 고조되고, 갈등과 저항 등의 행동이 나타나는 시기이다. 저항의 일종으로 집단상담자의 권위와 능력을 시험하고 도전하는 집단원이 나타난다.
> ㄴ. 기본적인 규칙을 개발하고 규범을 세우는 단계는 초기단계이다.

42 집단발달단계에 따른 특징을 순서대로 옳게 나열한 것은?

> ㄱ. 저항이 표출되고, 갈등이 나타난다.
> ㄴ. 집단원들은 분위기를 시험하며 친밀감을 형성해 간다.
> ㄷ. 집단과정에서 일어난 미해결 문제를 표현하고 다룰 수 있다.
> ㄹ. 역기능적인 행동 패턴을 탐색하고 변화를 위한 시도를 한다.

① ㄱ → ㄴ → ㄷ → ㄹ
② ㄱ → ㄴ → ㄹ → ㄷ
③ ㄴ → ㄱ → ㄷ → ㄹ
④ ㄴ → ㄱ → ㄹ → ㄷ
⑤ ㄴ → ㄹ → ㄱ → ㄷ

정답 39 ② 40 ⑤ 41 ④ 42 ④

ㄴ. 시작단계(초기단계)의 특징이다. 이 단계에서는 근심과 불안, 걱정으로부터 구성원들이 서로 친밀해질 수 있도록 노력하고 집단의 한계를 찾으며, 집단의 규칙을 세워 힘과 영향력을 행사하고, 개인과 집단의 목표를 정한다.
ㄱ. 갈등단계(과도기단계)의 특징이다. 이 단계에서는 집단원들 사이에 친밀감이 형성됨에 따라 집단원들의 불안감이 더 고조되고, 갈등과 저항 등의 행동이 나타난다.
ㄹ. 생산단계(작업단계)의 특징이다. 이 단계는 집단상담에서 가장 핵심적인 단계로 심리치료, 문제해결, 학습과 성장을 위해 노력하는 과정이 주를 이룬다. 집단원의 비효과적인 행동패턴을 탐색하고 행동변화를 촉진하며, 내재된 적대감과 불신을 표현하는 등 변화를 도모하고 과감하게 시도한다.
ㄷ. 종결단계의 특징이다. 이 단계는 집단들이 집단경험을 통해 변화되고 학습한 것들을 총체적으로 정리하는 단계이다. 집단원들이 바람직하지 못한 행동에서 벗어나 새로운 행동을 학습함으로써 목표를 달성하고, 집단에서 다루려고 했던 문제를 완결한다. 집단원들은 집단과정에서 일어난 미해결 문제를 표현하고 다룰 수 있다.

43 집단상담의 종결단계에 관한 설명으로 옳지 않은 것은?

① 소극적 참여
② 이별 감정과 작별인사
③ 저항분석과 감정의 정화
④ 성장과 변화에 대한 평가
⑤ 추수상담에 대한 안내

③ 저항분석은 갈등단계(과도기단계), 감정의 정화는 생산단계(작업단계)에서 이루어진다.
집단상담 종결단계의 특징
• 집단활동에 대한 애착과 정서적 관여가 감소한다.
• 집단원의 성장과 변화를 평가한다.
• 종결에 따른 아쉬움과 이별의 감정을 다루어야 한다.
• 종결 후의 추수집단 모임을 결정한다.
• 최종적인 마무리와 작별인사를 한다.

44 학교에서 이루어지는 청소년 집단상담에 관한 설명으로 옳은 것을 모두 고른 것은?

> ㄱ. 집단상담은 자발적 참여자를 대상으로만 운영한다.
> ㄴ. 학교의 승인을 받아 집단을 운영한다.
> ㄷ. 대상의 연령에 따라 집단 운영 시간은 다를 수 있다.
> ㄹ. 교육을 목적으로 한 집단상담인 경우 사전동의서는 불필요하다.

① ㄱ, ㄴ
② ㄴ, ㄷ
③ ㄱ, ㄷ, ㄹ
④ ㄴ, ㄷ, ㄹ
⑤ ㄱ, ㄴ, ㄷ, ㄹ

> **학교에서 이루어지는 청소년 집단상담**
> - 학생의 보호자 및 학교교육 책임자의 승인과 관련자의 협조를 필요로 한다.
> - 학교에서 이루어지는 집단상담은 대개 강제로 참여하게 되므로 자발성이 떨어질 수 있다.
> - 집단상담은 운영 형태 및 자발성 여부와 관계없이 사전에 집단원과 협의함으로써 상호 간의 동의를 이루어야 하며, 교육을 목적으로 한 집단상담도 사전동의서는 필요하다.
> - 대상의 연령에 따라 집단 운영 시간은 다를 수 있다.

45 청소년상담사 윤리강령에 근거하여 집단상담을 진행할 때 '사전동의'에 관한 설명으로 옳지 않은 것은?

① 집단상담의 목표와 한계에 대해 명확히 알려야 한다.
② 집단상담자와 집단원 모두의 권리와 책임에 대해 알려야 한다.
③ 사례지도 및 교육을 위해 녹음과 녹화가 원칙적으로 진행됨을 안내한다.
④ 만 14세 미만의 청소년인 경우, 보호자 또는 법정대리인의 상담 활동에 대한 사전동의를 구해야 한다.
⑤ 집단상담에 대해 집단원이 충분한 설명을 듣고 선택할 수 있도록 적절한 정보를 제공해야 한다.

정답 43 ③ 44 ② 45 ③

③ 녹음이나 녹화를 할 경우 집단원의 허락을 받아야 한다.

사전동의
- 집단상담 전문가는 상담이 시작될 때나 상담과정 전체에 걸쳐 사전에 집단원과 협의함으로써 상호 간의 동의를 이루어야 한다.
- 집단상담 전문가가 상담을 통해 집단원에게 제공하는 기본정보로는 상담의 목적과 목표, 상담에서 사용할 기법, 상담서비스로부터 얻을 수 있는 이익과 상담의 한계, 그리고 상담 중에 발생할 수 있는 위험 등에 대한 정보가 포함된다.
- 집단상담자와 집단원 모두의 권리와 책임에 대해 알려야 한다.
- 녹음이나 녹화를 할 경우 집단원의 허락을 받아야 한다.
- 아동·청소년 집단상담에서 18세 이하의 경우, 부모의 동의를 얻는 것이 법적으로 규정되어 있는 것은 아니다. 단, 만 14세 미만의 경우에는 법정대리인이 동의서를 작성해야 한다.
- 집단원이 자발적으로 참여를 희망할 경우에도 사전동의 절차를 밟는다.

46 청소년 집단상담을 초기, 중기, 종결기로 나누었을 때 종결기의 효과적인 개입전략은?

① 집단의 구조화
② 긴장과 불안 줄이기
③ 자발성과 신뢰감 형성을 위한 활동하기
④ 분리감과 상실감 다루기
⑤ 집단행동의 모범을 보이기

종결기의 효과적인 개입전략
- 분리감정 다루기 : 집단상담자는 종결에 따른 아쉬움과 이별의 감정을 다루어야 한다.
- 학습내용 개관하기 : 집단 과정의 전반적인 내용을 개관하고 요약해야 한다.
- 목표달성 점검 : 집단원의 성장 및 변화를 평가하고, 집단상담의 초기 지각과 후기 지각을 비교한다.
- 미해결 문제 다루기 : 집단원의 지속적인 성장 또는 미해결 문제에 대한 해결 계획을 수립해야 한다.
- 학습결과의 적용문제에 대해 집단원과 논의하며 피드백을 주고받아야 한다.
- 집단원들의 변화를 강화하고, 특별한 기술들을 다양한 일상에서 적용하도록 돕는다.
- 종결 후의 추수집단 모임을 결정해야 한다.
- 최종적인 마무리와 작별인사를 하도록 한다.

47. 청소년 집단상담에서 집단원 선정 시 제외해야 할 대상으로 옳은 것은?

① 이혼가정의 청소년
② 임산부인 청소년
③ 왕따를 당하고 있는 청소년
④ 조현병 진단을 받은 청소년
⑤ 교우관계 갈등을 겪고 있는 청소년

> 급성 정신증이 있는 청소년, 조현병 진단을 받은 청소년, 자살충동 등 극도의 위기상황에 처해 있는 청소년, 편집증적이고 극히 자기중심적인 청소년 등 정신적으로 병적인 집단원은 집단상담에 부적합하여 집단원 선정 시 제외해야 할 대상이다.

48. 청소년 집단상담에서 밑줄 친 부분의 집단상담자 반응 기술로 옳은 것은?

> 향기 : 저는 어려서 교통사고로 눈가에 흉터가 있어요. 그래서 흉터를 가리려고 늘 모자를 눌러쓰거나 머리를 길러서 얼굴을 가리고 있어야만 해요.
> 집단상담자 : 눈가에 있는 흉터 때문에 모자를 쓰거나 머리를 기르고 있었구나. 많이 힘들었겠다. 근데 지금 내가 자세히 보니 흉터가 눈에 띄지 않는구나. 향기가 말하지 않았다면 흉터가 있는지도 몰랐을 것 같은데, 옆에 있는 나무는 향기의 흉터가 어떻게 보여지는지 말해줄 수 있겠니?

① 피드백
② 명료화
③ 공 감
④ 연 결
⑤ 해 석

> ① 피드백 : 타인의 행동에 대한 자신의 반응을 상호 간에 솔직하게 이야기해주는 과정을 말하는 것으로, 집단원이 타인이 자신을 어떻게 보고 있으며, 동시에 자신이 타인에게 어떻게 반응하는지에 대해 학습할 기회를 제공한다.
> ② 명료화 : 어떤 중요한 문제의 밑바닥에 깔려있는 혼란스럽고 갈등적인 느낌을 가려내어 분명히 해주는 기술로 질문, 재진술, 다른 집단원들을 활용하여 명료화하는 방법 등의 기법을 이용한다.
> ③ 공감 : 집단상담자가 집단원 입장에서 그 느낌 또는 내적 경험을 이해하고, 이를 직접 말로 전달하는 것이다.
> ④ 연결 : 한 집단원의 말과 행동을 다른 집단원의 관심과 연결하고 관련짓는 기술로, 집단원이 제기하는 여러 가지 문제의 관련 정보나 자료들을 서로 연관시키며, 집단원 간 상호작용과 응집력을 촉진한다.
> ⑤ 해석 : 집단상담자가 집단원이 표면적으로 표현하거나 인식한 것 이면에 숨겨진 문제를 제대로 파악할 수 있도록, 행동·사고·감정에 새로운 의미를 부여하거나 새롭게 설명하는 것을 말한다.

정답 46 ④ 47 ④ 48 ①

49 다음 집단원에 대한 청소년 집단상담자의 공감반응으로 옳은 것은?

> 어제 엄마가 저에게 시험이 며칠 남지 않았는데 게임 좀 그만하라고 화를 내시는 거예요. 사실 엄마가 방에 들어오기 전까지 진짜 열심히 공부하고 있었거든요.

① 공부하고 있었는데 하필 게임할 때 엄마가 들어 오셨구나.
② 게임을 더 하고 싶은데 그러지 못해 화가 났구나.
③ 시험이 며칠 남지 않아서 엄마가 걱정을 많이 하고 있나보다.
④ 열심히 공부하고 있었는데 엄마가 몰라주고 오해해서 속상했구나.
⑤ 엄마에게 공부 열심히 하고 있었다고 솔직히 말을 해보는 게 좋을 것 같은데.

> 공감반응
> • 집단상담자가 집단원 입장에서 그 느낌 또는 내적 경험을 이해하고, 이를 직접 말로 전달하는 것이다.
> • 집단원이 집단상담자와 집단을 수용하고 신뢰감을 느낄 수 있게 하는 효과를 발휘한다.
> • 이해한 것을 적절히 말로 표현하여 그 집단원 자신이 이해받고 있다는 사실을 느끼도록 하는 것이 중요하다.
> 예 "선생님이 노력한 것을 알아주지 않아 서운했겠네요."

50 청소년 집단상담의 기법과 효과의 연결로 옳지 않은 것은?

① 구조화 : 집단원들의 불안 감소
② 초점 맞추기 : 집단원의 내면 탐색
③ 피드백 : 변화의 계기 제공
④ 경청 : 타인에 대한 올바른 이해
⑤ 명료화 : 응집력 향상

> ⑤ 명료화의 효과는 갈등의 명확화이다. 응집력 향상에 효과가 있는 기법은 '긍정적 피드백'과 '연결하기'이다.

필수과목 03 심리측정 및 평가

51 정규화된 표준화 점수인 T점수에서 평균(M)과 표준편차(SD)는?

① 평균(M) = 50, 표준편차(SD) = 10
② 평균(M) = 100, 표준편차(SD) = 15
③ 평균(M) = 100, 표준편차(SD) = 10
④ 평균(M) = 50, 표준편차(SD) = 15
⑤ 평균(M) = 5, 표준편차(SD) = 2

> T점수는 평균이 50, 표준편차가 10이다. 즉, T점수는 평균이 50, 표준편차가 10이 되도록 Z점수를 변환한 점수이다.

52 의미변별척도의 단점으로 옳지 않은 것은?

① 똑같은 형용사 쌍이라도 수검자들의 개별적인 경험에 따라 각기 다른 의미로 인식될 수 있다.
② 동일한 대상자의 다른 특성에 대해서는 평가와 의미부여가 달라 일관성이 없는 경우가 많다.
③ 동일한 대상에게 여러 가지 유사한 개념들을 사용할 경우, 수검자들이 과제에 흥미를 잃고 지루해할 수 있다.
④ 형용사 반응의 차이들을 제곱하여 합하는 방식이기 때문에 특성에 대한 전반적인 차이를 계산할 수 없다.
⑤ 형용사 쌍이 중복된다고 판단될 경우 나중 반응은 별 의미가 없을 수 있다.

> 의미변별척도
> • 양극단의 형용사 단어들 사이에서 대상이 어느 쪽에 얼마만큼 가까운지를 답변하도록 하는 척도이다.
> • 응답자가 자신의 의견을 충분히 표현할 수 있어서 결과를 통계적으로 유의미하게 만드는 데 도움이 되어 개념, 척도, 개인 간의 차이 등을 쉽게 밝힐 수 있다.

정답 49 ④ 50 ⑤ 51 ① 52 ④

53 통계에 관한 설명으로 옳지 않은 것은?

① 표준편차(Standard Deviation)와 분산(Variance)은 변산도를 측정하는 지표이다.
② 비모수통계는 모집단의 확률분포가 정상분포를 따르지 않을 때 사용하는 방법이다.
③ 비율척도는 서열사이의 간격이 동일하지만 절대영점은 존재하지 않는 척도이다.
④ 유층표집은 전집을 여러 개의 하위집단으로 나눈 후 하위 집단 내에서의 비율을 고려하여 무선표집하는 방법이다.
⑤ 리커트 척도는 순위는 정할 수 있으나 서열의 크기와 정도는 비교할 수 없다.

> ③ 비율척도는 척도를 나타내는 수가 등간일 뿐만 아니라 절대영점을 가지고 있는 경우에 이용되는 척도이다.

54 문항반응이론의 기본가정에 관한 설명으로 옳지 않은 것은?

① 모든 문항은 오직 하나의 잠재적 특성만을 측정해야 한다.
② 특정 문항에 대한 반응은 다른 문항에 대한 반응에 영향을 미치지 않아야 한다.
③ 문항 특성은 표본의 특성에 따라 달라지지 않아야 한다.
④ 수검자의 능력 수준은 능력을 측정하기 위해 사용하는 문항에 따라 달라지지 않아야 한다.
⑤ 검사점수를 설명하기 위해서는 수검자가 여러 가지 능력이 있다고 가정한다.

> **문항반응이론의 기본가정**
> - 일차원성 가정 : 한 검사의 모든 문항은 반드시 하나의 잠재적 특성만을 재어야 한다.
> - 지역독립성 가정
>   – 특정 문항에 대한 반응은 다른 문항에 대한 반응에 전혀 영향을 미치지 않아야 한다.
>   – 문항 특성은 표본의 특성 분포와 관계없이 일정해야 한다.
>   – 수검자의 능력 수준은 능력을 측정하기 위해 사용하는 문항에 따라 달라지지 않아야 한다.

55 검사문항 간(Inter-item) 정답과 오답의 일관성을 종합적으로 측정하는 상관계수는?

① Kuder-Richardson 계수
② 불확실성(Uncertainty) 계수
③ Pearson 적률상관계수
④ Spearman 순위상관계수
⑤ Kendall의 tau-b 계수

> **문항 내적 합치도(내적일관성 분석법)**
> - 개념 : 한 검사 내에 있는 문항 하나하나를 각각 독립된 별개의 검사로 간주하여, 문항 간 정답과 오답 사이의 일관성을 일종의 상관계수로 표시하는 방법
> - 종류
>
> | | |
> |---|---|
> | Kuder-Richardson 20 (KR-20) | • 이분채점문항['예/아니오' 또는 '정(正)/오(誤)']인 검사에 사용된다.
• 문항점수가 0과 1일 때 사용한다. |
> | Kuder-Richardson 21 (KR-21) | 문항점수가 리커트 척도와 같이 연속변수일 때 검사의 신뢰도를 추정하는 방법이다. |
> | 호이트 신뢰도 | 1941년 분산분석의 반복 설계를 이용하여 호이트(Hoyt)에 의하여 제안된 방법이다. |
> | Cronbach's α Coefficient | • 신뢰도가 낮은 경우 신뢰도를 저해하는 항목을 찾을 수 있다.
• 계수는 0~1의 값을 가지며, 값이 클수록 신뢰도가 높다.
• α는 0.7 이상이 바람직하며, 0.8~0.9 정도를 신뢰도가 높은 것으로 본다. |

56 신뢰도에 영향을 주는 요인에 관한 설명으로 옳지 않은 것은?

① 신뢰도는 문항 난이도의 영향을 받는다.
② 검사-재검사 신뢰도는 검사를 시행하는 시간간격의 영향을 받는다.
③ 신뢰도는 검사문항 수의 영향을 받는다.
④ 신뢰도는 사례 수의 영향을 받는다.
⑤ 동형검사 신뢰도는 연습효과의 영향을 받지 않는다.

정답 53 ③ 54 ⑤ 55 ① 56 ⑤

신뢰도에 영향을 미치는 요인
- 문항의 난이도
- 검사-재검사 신뢰도의 경우 검사를 시행하는 시간 간격
- 검사문항 수나 사례 수
- 집단의 동질성
- 신뢰도 추정 방법
- 개인차의 정도
- 문항의 반응 수
- 무선적인 오차
- 검사점수의 변산도

57. 문항반응이론에서 문항별 능력추정치(Ability Estimate)에 해당하는 것을 모두 고른 것은?

ㄱ. 문항곤란도 ㄴ. 문항변별도
ㄷ. 추측정답 가능성 ㄹ. 정답문항 제시의 무작위성
ㅁ. 낮은 수검동기

① ㄱ, ㄴ, ㄷ
② ㄱ, ㄷ, ㄹ
③ ㄱ, ㄹ, ㅁ
④ ㄴ, ㄷ, ㄹ
⑤ ㄷ, ㄹ, ㅁ

문항반응이론(IRT ; Item Response Theory)
- 개념 : 시험이나 설문지 등을 설계, 분석, 채점하고 평가 문항들에 대한 응답에 근거하여, 피험자의 특성(인지능력, 물리적 능력, 기술, 지식, 태도, 인격 특징 등)이나 평가 문항의 난이도, 변별도를 측정하기 위한 검사 이론
- 문항별 능력추정치

문항곤란도	• 문항이 어느 능력 수준에서 기능하는가를 나타내는 지수 • 문항의 답을 맞힐 확률이 0.5에 해당하는 능력 수준의 점
문항변별도	• 문항이 피험자를 능력에 따라 변별하는 정도를 나타내는 지수 • 문항 곤란도에서의 기울기
추측정답 가능성(문항 추측도)	능력이 전혀 없음에도 불구하고 문항의 답을 맞힐 확률

58 다음 내용에서 설명하는 타당도는?

○ 관심이 있는 동일한 특성을 측정하는 현재 검사 외의 다른 대안적 방법에서 측정된 내용과의 관계를 보는 것
○ 동일 시점에서 측정된 내용과의 상관관계를 보는 타당도

① 내용(Content)타당도 ② 예언(Predictive)타당도
③ 공인(Concurrent)타당도 ④ 안면(Face)타당도
⑤ 구성(Construct)타당도

① 내용(Content)타당도 : 측정도구에 포함된 지표가 측정하고자 하는 내용을 얼마나 대표하는지, 그 정도를 나타낸다. 즉, 측정도구의 대표성 또는 표본 문항의 적절성을 의미한다.
② 예언(Predictive)타당도 : 준거타당도의 한 종류로 준거의 기준시점에 따라 미래를 기준으로 한 경우로, 미래의 행동 유형을 측정하고자 하는 검사에 주로 사용된다.
④ 안면(Face)타당도 : 내용타당도와 마찬가지로 측정 항목이 연구자가 의도한 내용대로 실제로 측정하고 있는지에 대한 것으로서, 전문가가 아닌 일반인 수검자들의 시각에서 검사 목적 혹은 주제가 검사에 잘 반영되어 있는지 확인하는 방법이다.
⑤ 구성(Construct)타당도 : 연구자가 측정하고자 하는 추상적 개념이 실제로 측정도구에 의해 제대로 측정되었는지의 정도를 나타내는 방법이다.

59 분류기준상 학업성취도 검사가 해당되는 유형은?

① 성향검사 ② 교육검사
③ 모의상황검사 ④ 축소상황검사
⑤ 목적위장검사

① 성향검사(습관적 수행검사) : 성격, 정서, 동기, 흥미, 태도 등을 측정하는 비인지적 검사로 일반적으로 정답도 없고 시간제한도 없으며 정직한 응답을 요구한다.
③ 모의상황검사(모의장면검사) : 실재적인 장면을 인위적으로 만들어 놓고 그 장면에서 수검자의 수행과 그 성과를 관찰하고 평가하는 검사로 시뮬레이션 검사라고도 한다.
④ 축소상황검사 : 실제상황과 같지만 구체적인 과제나 직무를 축소시켜, 그 수행 결과를 관찰하고 평가하는 것이다.

60 검사자를 문제해결의 권위자로 인식시키고, 수검자를 검사자에게 의존하게 만든다고 비판하면서 심리검사를 반대했던 연구자는?

① 비네(Binet)
② 로저스(Rogers)
③ 로샤(Rorschach)
④ 융(Jung)
⑤ 터먼(Terman)

> 로저스(Rogers)의 내담자 중심 이론에서 심리검사자는 문제해결의 권위자로 인식되어 수검자의 의존성을 유발시킨다고 지적하여 심리검사를 반대했다.

61 심리검사 및 평가의 윤리에 관한 설명으로 옳은 것은?

① 자해 위험성이 있는 경우라도 비밀보장의 원칙은 반드시 지켜야 한다.
② 검사 전-후의 사적인 만남은 관계형성에 필요하다.
③ 심리검사의 결과는 수검자에게 무조건 비밀로 해야 한다.
④ 검사의 경우, 수검자와의 이중관계는 문제가 되지 않는다.
⑤ 평가 의뢰인과 수검자가 동일하지 않은 경우, 평가서나 의뢰보고서는 의뢰인의 동의가 전제되어야 수검자에게 열람될 수 있다.

> ① 생명이나 사회의 안전을 위협할 때는 비밀보장의 원칙을 지키지 않아도 된다.
> ② 검사자는 심리검사 전(全) 과정에서 특별한 경우를 제외하고는 수검자와 심리검사실 밖에서 비공식적인 사적 관계를 맺어서는 안 된다.
> ③ 심리검사의 결과는 '수검자의 설명을 요구할 권리'를 존중하여야 하므로 수검자에게 알아듣기 쉬운 방식으로 충분히 설명해야 한다.
> ④ 이중관계는 검사자가 수검자와의 관계에서 두 가지 이상의 역할을 동시에 수행할 때 성립되며 검사자의 판단력을 손상하고, 치료관계에 문제를 초래한다.

62 수검자나 수검자의 법적 대리인으로부터 '동의'가 필요하지 않은 경우를 모두 고른 것은?

ㄱ. 법률이나 정부 규정에 따라 검사실시가 필요할 때
ㄴ. 동의 능력이 없는 아동에게 검사를 실시할 때
ㄷ. 고용이나 입학 허가 등 동의의 뜻이 명확하게 내포되어 있을 때

① ㄱ
② ㄱ, ㄴ
③ ㄱ, ㄷ
④ ㄴ, ㄷ
⑤ ㄱ, ㄴ, ㄷ

> ㄴ. 상담자는 자발적인 동의 능력이 없거나 불가능한 내담자 또는 미성년인 내담자를 상담할 때에는 부모 또는 법적 대리인의 동의를 받아야 한다.

63 K-WAIS-IV에 관한 설명으로 옳은 것을 모두 고른 것은?

ㄱ. 10개 핵심소검사와 5개 보충소검사로 구성되어 있다.
ㄴ. 소검사의 표준점수 평균은 10이고 표준편차는 3이다.
ㄷ. 전체지능지수(FSIQ) 범위는 30~150 사이에서 산출된다.
ㄹ. 일반지능지수(GAI)는 작업기억과 처리속도의 핵심소검사로 구성된 조합점수이다.

① ㄱ, ㄴ
② ㄱ, ㄷ
③ ㄴ, ㄷ
④ ㄴ, ㄹ
⑤ ㄷ, ㄹ

> ㄱ. K-WAIS-IV의 소검사 구성은 핵심소검사 10개(공통성, 어휘, 상식, 토막짜기, 행렬추리, 퍼즐, 숫자, 산수, 동형찾기, 기호쓰기)와 보충소검사 5개(이해, 무게비교, 빠진 곳 찾기, 순서화, 지우기)로 구성되어 있다.
> ㄴ. K-WAIS-IV의 환산 점수는 평균 10이고 표준편차 3인 표준 점수로 변환한 것이다.
> ㄷ. 전체지능지수(FSIQ) 범위는 40~160 사이에서 산출된다.
> ㄹ. 일반지능지수(GAI)는 언어이해의 주요소검사(공통성, 어휘, 상식)와 지각추론의 주요소검사(토막짜기, 행렬추리, 퍼즐)로 구성된 조합점수이다.

정답 60 ② 61 ⑤ 62 ③ 63 ①

64 K-WISC-IV와 K-WISC-V에 관한 설명으로 옳지 않은 것은?

① K-WISC-V는 만 6세 0개월에서 16세 11개월까지의 아동과 청소년에게 실시된다.
② 산수 소검사는 K-WISC-V에서 처리속도 지표에 포함된다.
③ K-WISC-V는 언어이해, 시공간 기능, 유동추론, 작업기억, 처리속도의 5개 지표점수로 구성된다.
④ K-WISC-IV는 언어이해, 지각추론, 작업기억, 처리속도의 4개 지표점수로 구성된다.
⑤ 토막짜기 소검사는 K-WISC-V에서 시공간 기능 지표에 포함된다.

② 산수 소검사는 K-WISC-V에서 유동추론(FRI)에 포함된다.

65 K-WAIS-IV의 숫자(Digit Span) 소검사가 측정하는 것을 모두 고른 것은?

ㄱ. 주의지속력
ㄴ. 즉각적이고 단순한 회상능력
ㄷ. 언어적 지식
ㄹ. 시각적 구성력
ㅁ. 청각적 연속능력

① ㄱ, ㄴ, ㄷ
② ㄱ, ㄴ, ㅁ
③ ㄱ, ㄷ, ㄹ
④ ㄴ, ㄹ, ㅁ
⑤ ㄷ, ㄹ, ㅁ

한국판 웩슬러 성인용 지능검사 4판(K-WAIS-IV)의 숫자 소검사가 측정하는 주요 내용은 주의력 및 주의집중력(지속력), 즉각적인 기계적 회상능력, 청각적 단기기억능력, 연속적 정보처리능력, 암기학습능력 등이다.

66 지능에 관한 개념과 이론에 관한 설명으로 옳지 않은 것은?

① 스피어만(Spearman)은 지능이 일반요인과 특수요인의 2요인으로 구성되어 있다고 주장하였다.
② 가드너(Gardner)는 언어, 유창성, 수, 기억, 공간, 지각속도, 논리적 사고 등 다요인의 기초정신능력을 주장하였다.
③ 길포드(Guilford)는 요인분석을 통해 '내용, 조작 및 결과' 차원의 3차원 모델을 제시하였다.
④ 카텔과 호른(Cattell & Horn)은 유동지능과 결정지능의 Gf-Gc 이론을 제안하였다.
⑤ CHC(Cattell-Horn-Carroll) 이론에서는 지능을 일반지능 1층위, 소수의 넓은 인지능력 2층위, 몇십 개의 좁은 인지기능 3층위로 구성된다고 본다.

> 언어, 유창성, 수, 기억, 공간, 지각속도, 논리적 사고 등 다요인의 기초 정신 능력을 주장한 사람은 써스톤(Thurstone)이다. 가드너(Gardner)는 다중지능이론을 주장하였다.

67 벤더도형 검사(BGT)의 정신병리 채점에서 형태의 일탈(변화)에 포함되는 것은?

① 단순화(Simplification)
② 폐쇄 곤란(Closure Difficulty)
③ 퇴영(Retrogression)
④ 단편화(Fragmentation)
⑤ 중첩 곤란(중복 곤란, Overlapping Difficulty)

> ② 형태의 일탈(Deviation of Form)에는 폐쇄 곤란, 교차 곤란, 곡선 모사의 곤란, 각도의 변화가 포함된다.
> ①·③·④·⑤ 형태의 왜곡(Distortion of Form)에 포함된다.

68 MMPI-2에서 임상척도 2번(D)이 70점 이상 상승(다른 임상척도는 60점 이하)할 때 임상적, 정서적 증상이나 특징으로 옳지 않은 것은?

① 심리적, 행동적인 에너지 수준이 낮음
② 슬픔이나 불행감을 자주 경험함
③ 밝고 즐거운 정서 경험이 낮음
④ 다른 사람 탓을 하고 적대적임
⑤ 흥미와 의욕이 저하됨

> MMPI-2에서 임상척도 2번 D(Depression, 우울증)는 검사 수행 당시 수검자의 우울한 기분, 자신에 대한 과소평가, 열등감 등을 반영한다. 높은 점수의 수검자들은 우울하고 비관적이며, 근심이 많고 무기력하다. 또한, 지나치게 억제적이며 쉽게 죄의식을 느낀다.

69 MMPI-2에서 임상척도 4번(Pd)이 70점 이상 상승(다른 임상 척도는 60점 이하)할 때 임상적, 정서적 증상이나 특징으로 옳지 않은 것은?

① 사회적 가치와 규범을 내재화하는데 어려움이 있음
② 가족 갈등과 불화가 많을 수 있음
③ 권위에 대한 거부감이 강함
④ 무기력감이 강함
⑤ 자기중심성이 강함

> MMPI-2에서 임상척도 4번 Pd(Psychopathic Deviate, 반사회성)는 갈등의 정도, 특히 가정이나 권위적 대상 일반에 대한 불만, 자신 및 사회와 괴리, 권태 등을 반영한다. 높은 점수의 수검자들에게 반사회적 인격장애가 흔하게 나타나며, 이들은 외향적·사교적이며, 남에게 호감을 주고 남을 잘 속인다. 또한, 쾌락에 탐닉하고 자기 과시적이며, 신뢰할 수 없고 미성숙하며 적대적이다.

70 5요인 성격검사(Neo-PI-R)에서 성실성에 포함되는 하위요인을 모두 고른 것은?

> ㄱ. 유능감　　　　ㄴ. 성취동기
> ㄷ. 책임감　　　　ㄹ. 심미성
> ㅁ. 활동성

① ㄱ, ㄴ, ㄷ　　　　② ㄱ, ㄴ, ㅁ
③ ㄱ, ㄷ, ㄹ　　　　④ ㄴ, ㄹ, ㅁ
⑤ ㄷ, ㄹ, ㅁ

성실성 요인에서 높은 점수를 보이는 사람들은 열심히 일하고, 책임감이 강하고, 신중하고, 철저하고, 계획성이 있고, 신뢰감을 주는 특성을 나타낸다. '세심한', '철저한', '책임감 있는', '조직적인', '계획적인' 등과 같은 특질을 포함한다.

척도의 구성

요인명	내용(하위요인)	
N요인(신경증)	• N1 - 불안 • N3 - 우울 • N5 - 충동	• N2 - 적대감 • N4 - 자의식 • N6 - 심약성
E요인(외향성)	• E1 - 온정 • E3 - 자기주장 • E5 - 자극 추구	• E2 - 사교성 • E4 - 활동성 • E6 - 긍정적 감정
O요인(개방성)	• O1 - 상상 • O3 - 감정개방 • O5 - 사고개방	• O2 - 심미 • O4 - 행동개방 • O6 - 가치개방
A요인(수용성)	• A1 - 신뢰 • A3 - 이타심 • A5 - 겸양	• A2 - 정직 • A4 - 순응성 • A6 - 동정
C요인(성실성)	• C1 - 능력감 • C3 - 충실성 • C5 - 자기통제	• C2 - 질서 • C4 - 성취동기 • C6 - 신중성

71 성격평가질문지(PAI) 척도에 관한 설명으로 옳지 않은 것은?

① 조증(MAN) : 활동수준의 증가, 자기-과대감, 초조함, 인내심 저하
② 지배성(DOM) : 타인에 대한 지배, 독립성과 자기주장
③ 망상(PAR) : 과도한 경계심과 의심, 피해의식, 불신과 원한
④ 비지지(NON) : 사회적 지지의 부족이나 결여
⑤ 치료거부(RXR) : 대인관계에서의 윤리적 태도와 온정성

> ⑤ 치료거부(RXR)는 치료 고려 척도로 심리적·정서적 변화에 대한 개인적 관심과 관련된 속성과 태도를 평가하기 위한 척도이다.

72 객관적 검사와 비교하여 투사 검사의 특성에 관한 설명으로 옳은 것을 모두 고른 것은?

> ㄱ. 검사자극이 무엇을 보여주는지 불명료하고 모호하다.
> ㄴ. 채점과 해석이 어렵다.
> ㄷ. 자기를 긍정적이거나 부정적인 방향으로 보여주고 과장, 축소하기 쉽다.
> ㄹ. 검사자의 태도와 주관이 개입되기 어렵다.
> ㅁ. 각 개인의 고유하고 특유한 심리적 반응이 산출된다.

① ㄱ, ㄴ, ㄷ
② ㄱ, ㄴ, ㅁ
③ ㄱ, ㄷ, ㄹ
④ ㄴ, ㄹ, ㅁ
⑤ ㄷ, ㄹ, ㅁ

> ㄷ. 투사 검사의 모호한 검사 자극은 수검자가 검사의 의도를 파악하기 어려우므로 수검자의 의도된 방어적 반응에 적절히 대처할 수 있다. 또한 검사의 자극적 성질이 매우 강렬하여 평소에는 의식화되지 않던 사고나 감정이 자극됨으로써, 수검자의 전의식적이거나 무의식적인 심리적 반응까지 가감 없이 유도할 수 있다.
> ㄹ. 검사자의 태도와 주관이 개입되기 어려운 것은 객관적 검사이다. 투사적 검사는 검사자의 태도와 주관이 개입되기 쉽다.

73 문장완성검사에 관한 설명으로 옳지 않은 것은?

① 문장에 따라 모호함의 정도가 다르다.
② 자유연상검사와 단어연상검사 등으로부터 발전하였다.
③ Sacks의 문장완성검사는 '가족, 성(이성), 대인관계, 자기개념'의 네 가지 영역으로 구분된다.
④ 구조화가 분명하므로 투사검사로 볼 수 없다.
⑤ 각 문장을 읽고 즉각적으로, 제일 먼저 떠오르는 것을 완성하도록 한다.

> 문장완성검사(SCT)는 로샤검사나 주제통각검사(TAT)보다 더 구조화되어 있으므로, 몇몇 학자들에 의해 투사적 검사로 보기 어렵다는 견해도 존재하지만, 미완성된 문장을 통해 수검자의 투사를 유도하여 수검자가 솔직하고 자유롭게 자기의 생각대로 문장을 완성하도록 하여 적절한 응답을 얻을 수 있도록 하는 투사적 검사에 해당한다.

74 MMPI-2와 문장완성검사(SCT)에 관한 설명으로 옳은 것은?

① 문장완성검사에서는 개인의 독특하고 고유한 성격과 심적 갈등이 반영될 수 없다.
② MMPI-2는 정신병리와 성격 요인에 대한 개인 내 비교가 불가능하다.
③ 문장완성검사에는 표준화된 채점과 해석이 있다.
④ 문장완성검사는 규준을 통한 개인 간 비교가 가능하다.
⑤ MMPI-2 실시에는 시간제한이 없다.

> ⑤ MMPI-2 실시에는 시간제한은 없으나 많은 문항을 수록하고 있는 방대한 검사이기 때문에 될 수 있는 대로 빨리 읽고 빨리 답하도록 한다.
> ① 문장완성검사는 자유연상을 이용한 투사 검사이기 때문에 개인의 독특하고 고유한 성격과 심적 갈등이 반영된다.
> ② MMPI-2는 성격 병리 5요인(PSY-5) 척도 등이 포함되어 있어 정신병리와 성격 요인에 대한 개인 내 비교가 가능하다.
> ③ 문장완성검사는 수검자의 투사를 토대로 하므로 객관적 검사에서 하는 표준화된 채점과 해석이 불가능하다.
> ④ 문장완성검사는 투사 검사이므로 규준을 통한 개인 간 비교가 불가능하다.

75 엑스너(Exner)의 로샤(Rorschach) 검사 종합체계에서 결정인 채점기호가 아닌 것은?

① FC
② FC'
③ FA
④ FV
⑤ FT

> ① FC(형태-색채 반응) : 반점의 형태가 주요 결정요인, 색채가 이차적 개입일 때 채점
> ② FC'(형태-무채색 반응) : 형태가 일차적 결정요인, 무채색이 이차적 결정요인일 때 채점
> ④ FV(형태-차원 반응) : 반점의 형태가 일차적으로 지각되고, 차원·깊이가 이차적 개입일 때 채점
> ⑤ FT(형태-재질 반응) : 반점의 형태가 일차적으로 지각되고, 재질이 이차적 개입일 때 채점

필수과목 04 상담이론

76 상담에 관한 설명으로 옳지 않은 것은?

① 내담자가 가지고 있는 문제를 해결해주는 과정이다.
② 상담자, 내담자, 상담관계는 상담의 주요 구성요소이다.
③ 상담자는 상담에 대한 전문적, 인간적, 윤리적 자질을 갖추어야 한다.
④ 2인 이상의 내담자를 동시에 상담하기도 한다.
⑤ 내담자의 긍정적인 변화와 성장을 목표로 한다.

> ① 상담은 올바른 적응을 위해 조력이 필요한 내담자와 조력자로서 전문적 훈련을 받은 상담자 간의 직접적인 면접을 통해 이루어가는 전인적 학습 과정으로, 내담자의 바람직하지 못한 행동이나 생각 등을 올바르게 수정하고 해결하도록 조력하는 기능을 한다. 즉 상담은 상담자가 내담자를 조력하는 과정이다.

77 상담관계에 관한 설명으로 옳지 않은 것은?

① 상담관계를 기초로 상담의 목적을 이루어간다.
② 직접 대면으로 형성되거나 전화, 인터넷, 문자 등의 매체를 통해 형성된다.
③ 신뢰와 존중, 친밀감을 기초로 하기 때문에 상담목표를 향한 작업 관계이자 사교적 관계이다.
④ 상담자와 내담자가 대등한 위치에서 상담에 참여하는 것이 바람직하다.
⑤ 상담관계가 올바르게 형성되지 않으면 상담의 효율적 진행은 불가능해진다.

> ③ 상담관계란 도움을 받는 사람과 도움을 주는 사람, 즉 내담자와 상담자의 관계를 말한다. 상담관계는 신뢰와 존중, 친밀감을 기초로 상담목표를 달성하고자 하는 작업 관계로, 일반 대인관계와는 다르다. 상담자는 특별한 경우를 제외하고는 내담자와 상담실 밖에서 사적인 관계를 맺어서는 안 된다.

78 비밀유지 원칙의 예외 상황으로 옳은 것을 모두 고른 것은?

> ㄱ. 내담자가 자신을 해칠 의도나 계획을 말하는 경우
> ㄴ. 내담자의 아동학대 피해 사실을 알게 되는 경우
> ㄷ. 법원에서 공개를 요구하는 경우
> ㄹ. 전문가에게 슈퍼비전을 받는 경우

① ㄱ, ㄴ
② ㄷ, ㄹ
③ ㄱ, ㄴ, ㄷ
④ ㄱ, ㄴ, ㄹ
⑤ ㄱ, ㄴ, ㄷ, ㄹ

> 상담자는 사생활과 비밀보장에 대한 내담자의 권리를 최대한 존중해야 할 의무가 있으나, 아래와 같이 내담자 개인 및 사회에 임박한 위험이 있다고 판단될 때 내담자에 관한 정보를 사회 당국 및 관련 당사자에게 제공해야 한다.
> **비밀유지 원칙의 예외 상황**
> • 내담자가 자신이나 타인의 생명 혹은 사회의 안전을 위협하는 경우
> • 내담자가 감염성이 있는 치명적인 질병이 있다는 확실한 정보를 가졌을 경우
> • 미성년인 내담자가 학대를 당하고 있는 경우
> • 내담자가 아동학대를 하는 경우
> • 법적으로 정보의 공개가 요구되는 경우

정답 75 ③ 76 ① 77 ③ 78 ③

79 다음 설명에 해당하는 개인심리학적 상담기법은?

> 내담자가 반복적으로 나타내는 자기패배적 행동의 감춰진 동기를 확인하고 그것을 매력적이지 못한 것으로 만듦으로써 그 행동의 유용성을 제거하는 기법

① 단추 누르기
② 수프에 침 뱉기
③ 마치 ~인 것처럼 행동하기
④ 수렁 피하기
⑤ 직 면

② 수프에 침 뱉기 : 내담자가 반복적으로 나타내는 자기파멸적인 행동 동기를 확인하고 그것을 매력적이지 못한 것으로 만듦으로써 내담자가 상상한 이익을 제거하는 개인심리학적 상담기법이다.
① 단추 누르기 : 내담자가 '유쾌한 경험'과 '유쾌하지 않은 경험'을 번갈아 가면서 상상하도록 하고, 각 경험에 따른 감정변화에 관심을 두게 하는 개인심리학적 상담기법으로, 단추를 누를 것인지 누르지 않을 것인지를 선택하듯이, 감정 또한 내담자 스스로 선택할 수 있음을 인식하도록 돕는다.
③ 마치 ~인 것처럼 행동하기 : 내담자가 바라는 행동을 실제 상황이 아닌 허구(가상) 장면에서 '마치 ~인 것처럼' 해보게 하는 것 또는 바람직한 자신의 모습을 상상함으로써 실제로 그렇게 해보도록 요청하는 일종의 역할놀이로서, 내담자가 자기에 대해 색다르게 느끼면서 변화할 수 있도록 돕는 개인심리학적 상담기법이다.
④ 수렁 피하기 : 상담자가 실망이나 분노를 드러내며 자신을 통제하려는 내담자의 의도를 알아차려 그러한 기대와 다르게 반응함으로써 사람들이 흔히 빠지는 함정과 난처한 상황을 피하도록 돕는 개인심리학적 상담기법이다. 이때 상담자는 내담자의 자기 파괴적 행동을 변화시키기 위해 예측하지 못했던 새로운 방식을 제안할 수 있다.
⑤ 직면 : 내담자의 자기이해를 돕기 위해 상담자의 눈에 비친 내담자의 행동 특성 또는 사고방식을 지적하여, 내담자가 외부에 비친 자기 모습을 되돌아보고 통찰의 순간을 경험하도록 하는 직접적·모험적 자기대면의 방법으로, 모순을 드러내어 새로운 통찰과 바람직한 변화를 유도하는 상담기법이다.

80 인지오류의 유형과 예시의 연결이 옳은 것을 모두 고른 것은?

ㄱ. 정신적 여과 : (벤치에 앉아 있는 사람들이 웃는 것을 보고) 저 사람들이 제 외모를 보고 비웃는 것 같아요.
ㄴ. 과잉일반화 : 저는 수학을 못 하니까 형편없는 학생이에요.
ㄷ. 임의적 추론 : (여자 친구가 바쁜 상황으로 연락을 자주 못하자) 이제 여자 친구가 나를 멀리하는 것 같아요.
ㄹ. 개인화 : 제가 소풍을 갈 때마다 비가 와요.

① ㄱ, ㄴ
② ㄷ, ㄹ
③ ㄱ, ㄴ, ㄷ
④ ㄴ, ㄷ, ㄹ
⑤ ㄱ, ㄴ, ㄷ, ㄹ

ㄴ. 과잉일반화 : 한두 개의 고립된 사건에 근거해서 일반적인 결론을 내리고, 그것을 서로 관계없는 상황에 적용하는 인지오류이다.
ㄷ. 임의적 추론 : 어떤 결론을 지지하는 증거가 없거나 그 증거가 결론에 위배됨에도 그와 같은 결론을 내리는 인지오류이다.
ㄹ. 개인화 : 자신과 관련시킬 근거가 없는 외부사건을 자신과 관련시키는 성향으로서, 실제로는 다른 것 때문에 생긴 일을 자신이 원인이고 자신이 책임져야 할 것으로 받아들이는 인지오류이다.
ㄱ. 제시된 예시는 '개인화'에 해당한다. 정신적 여과(선택적 추상화/추론)는 다른 중요한 요소들은 무시한 채 사소한 부분에 초점을 맞추고, 그 부분적인 것에 근거하여 전체 경험을 이해하는 인지오류이다.
예) B는 수업시간에 과제를 발표한 후 대부분의 학생들이 긍정적인 반응을 보인 반면, 소수의 학생들이 부정적인 반응을 보이자, 부정적 반응에 초점을 두고 자신의 발표가 잘못되었다고 단정 짓고 낙담한다.

81 합리정서행동치료(REBT)의 ABCDE 모델에서 B에 해당하는 것은?

① "저는 A를 받아야만 해요. A를 받지 못한다면 한심한 인간이 될 거예요."
② "제 자신에 대해 너무 화가 나고 수치심마저 느껴져요."
③ "네가 다른 친구들보다 성적이 더 높아야 하는 이유는 무엇이니?"
④ "이번 중간고사에서 수학 성적이 평균보다 낮게 나왔어요."
⑤ "한 번 시험에 망했다고 해서 끝은 아니죠. 이번 시험에서 망한 이유를 살펴보고 재도전해 볼게요."

합리정서행동치료(REBT)의 ABCDE 모델

Activating Event (선행/촉발사건)	개인에게 정서적 혼란을 일으키는 어떤 사건이나 현상 또는 행위를 말하며, 이는 내담자의 부정적인 정서를 유발한다.
Belief System (비합리적 신념체계)	선행/촉발사건에 대한 개인의 비합리적 신념체계나 사고체계를 의미한다.
Consequence(결과)	선행사건에 접했을 때 합리적 또는 비합리적 태도·사고방식을 가지고 그 사건을 해석함으로써 느끼게 되는 정서적 결과를 말하는데, 비합리적 사고방식을 가진 사람들은 대개 지나친 불안, 원망, 비판, 죄책감 등과 같은 감정을 느끼게 되고 정신장애와 질환을 앓기 쉬우며, 방어적 태세를 취하는 경향이 있다.
Dispute(논박)	자신의 비합리적인 신념이나 사고에 도전해 보고, 과연 그 생각이 사리에 맞는 것인지를 다시 한번 검토해 보도록 상담자가 촉구하는 것을 말하며, 상담자는 논리적인 원리들을 제시하여 내담자의 그릇된 신념들을 논박함으로써 내담자가 자기패배적인 생각을 바꾸거나 포기하도록 돕는다.
Effect(효과)	내담자의 비합리적인 신념을 철저하게 논박함으로써 합리적인 신념으로 대치한 다음에 느끼게 되는 자기수용적 태도, 긍정적 감정·행동을 지칭하며, 이성적으로 생각하게 되는 인지적 효과와 바람직한 정서로 바뀌는 정서적 효과, 바람직한 행동으로 나타나는 행동적 효과 등이 있다.

82 정신분석에 관한 설명으로 옳지 않은 것은?

① 불안을 느끼게 되면 방어기제가 작동된다.
② 성적 추동은 인간의 가장 기본적인 욕구이다.
③ 개인의 행동을 이해하기 위해 어린 시절의 경험을 탐색한다.
④ 자아는 현실원리에 따라 본능적 욕구와 외적인 현실 세계를 중재한다.
⑤ 개인이 겪는 심리적 문제의 원인은 외부에 존재한다.

> ⑤ 정신분석에서는 개인이 겪는 심리적 문제의 원인이 정신 내부에 존재한다고 본다.

83 행동주의 상담에 관한 설명으로 옳은 것을 모두 고른 것은?

> ㄱ. 내담자의 현재 문제에 영향을 주는 요인들을 다룬다.
> ㄴ. 과학적 방법의 원리와 절차에 근거한다.
> ㄷ. 심리적 문제의 근원에 대한 역동적 통찰을 요구한다.
> ㄹ. 행동변화의 전략은 내담자의 필요와 요구에 따라 개별화된다.

① ㄱ, ㄴ
② ㄱ, ㄹ
③ ㄴ, ㄷ
④ ㄱ, ㄴ, ㄹ
⑤ ㄴ, ㄷ, ㄹ

> **행동주의 상담의 특징**
> - 겉으로 드러난 구체적인 현재 행동을 강조하므로 성격의 구조나 발달, 역동성보다는 행동 변화에 더 관심이 있다.
> - 상담을 진행할 때 인간 내부의 심리적 구조보다는 환경과의 상호작용을 중시한다.
> - 현재의 모든 행동을 오랜 학습 과정을 거쳐 이루어진 것으로 보며, 그 행동을 지속시키는 환경적인 자극이 있음을 강조한다.
> - 행동 변화의 전략은 내담자의 필요와 요구에 따라 개별화된다.
> - 과학적 방법의 원리와 절차에 근거하며 과학적 방법으로 상담기술을 개발한다.
> - 객관적인 목표의 설정 및 평가를 강조한다.

정답 81 ① 82 ⑤ 83 ④

84 다음에서 설명하는 게슈탈트 상담이론의 접촉경계 혼란 현상은?

> ○ 부모나 사회의 영향에 의해 형성된 가치관
> ○ '항상 열심히 일해야 한다', '늘 다른 사람을 먼저 배려해야 한다'와 같은 가르침을 아무 비판 없이 수용하는 경향성

① 내 사
② 투 사
③ 융 합
④ 반 전
⑤ 편 향

접촉경계 장애[혼란 현상]

내 사	개체가 환경과의 접촉을 통해 자신에게 필요한 행동방식이나 가치관을 외부로부터 무비판적으로 받아들임으로써 발생하는데, 이는 완전히 동화되지 못한 채 개체의 행동이나 사고방식에 악영향을 미친다. 예 "엄마는 제가 어려서부터 변호사가 되길 원하셨어요. 저는 변호사 이외에 다른 직업을 생각해 본 적이 없어요."
투 사	개체가 자신의 생각이나 욕구, 감정 등을 타인의 것으로 지각하는 현상이다. 예 "제가 원하는 것을 엄마가 해 주지 않을 때 정말 화가 나요. 엄마는 자기중심적이세요."
반 전	개체가 다른 사람이나 환경에 하고 싶은 행동을 자신에게 하는 것 또는 타인이 자기에게 해주기를 바라는 행동을 스스로 자기 자신에게 하는 것을 말한다. 예 "아빠가 술을 드시고 제게 화를 내시면 저는 자해를 하곤 했어요."
융 합	개인이 중요한 타인과 자신의 경계를 짓지 못하고 의존적 관계를 형성하는 것이다. 예 "제가 원하는 대로 진로를 결정한다면 엄마가 실망하실 거예요. 저는 엄마를 실망시켜 드리고 싶지 않아요."
편 향	감당하기 힘든 내적갈등이나 환경자극에 노출될 때, 이에 압도당하지 않으려고 자신의 감각을 둔화시켜서 환경과의 접촉을 피하거나 약화시키는 것이다. 예 "부모님이 이혼하신 지 한 달이 지났지만 힘들지는 않아요. 통계자료를 봐도 이혼 가정 청소년들이 모두 힘든 것은 아니잖아요."

85 게슈탈트 상담에 관한 설명으로 옳지 않은 것은?

① '지금-여기'에서 경험하는 것들에 초점을 맞춘다.
② 내담자가 회피하려는 행동을 직면시킨다.
③ 내담자의 자기인식과 문제해결을 돕기 위해 다양한 실험을 활용한다.
④ 내담자가 실존적 삶을 살아가도록 돕는다.
⑤ 알아차림-접촉 주기는 '배경 → 감각 → 알아차림 → 행동 → 에너지동원 → 접촉'의 순으로 이루어진다.

> ⑤ 알아차림-접촉 주기는 '배경 → 감각 → 알아차림 → 에너지동원 → 행동 → 접촉'의 순으로 이루어진다.

86 인간중심 상담이론에 관한 설명으로 옳지 않은 것은?

① 유기체적 경험과 자기개념 간의 불일치는 심리적 부적응의 원인이다.
② 모든 인간은 자기실현경향성을 가지고 태어난다.
③ 내담자에 대한 진실성, 무조건적 긍정적 존중, 공감적 이해를 중시한다.
④ 궁극적인 목표는 내담자가 온전히 기능하도록 돕는 것이다.
⑤ 현실적 자기는 다른 사람으로부터 긍정적으로 평가받기 위한 가치의 조건을 반영한다.

> ⑤ 자기(자기개념)는 현재 자신의 모습에 대한 인식으로서 현실적 자기(Real Self)와 앞으로 어떤 존재가 되어야 하며, 어떤 존재가 되기를 원하는지에 대한 인식, 즉 이상적 자기(Ideal Self)로 구성된다. 이상적 자기(Ideal Self)는 다른 사람으로부터 긍정적으로 평가받기 위한 가치의 조건을 반영한다.

87 다음 인간관에 기초한 상담이론은?

> ○ 세상에 우연히 던져진 존재
> ○ 유한성을 지닌 존재
> ○ 자유와 책임을 지닌 존재

① 게슈탈트　　　　　　　② 실존주의
③ 인간중심　　　　　　　④ 개인심리학
⑤ 분석심리학

> **실존주의 상담의 인간관**
> • 인간은 자기인식 능력을 지닌 존재이다.
> • 인간은 자신의 의사와 상관없이 이 세상에 우연히 던져진 존재이다.
> • 인간은 자유로운 입장에서 스스로 존재 방식을 선택할 수 있다.
> • 인간은 자신이 선택한 삶에 책임을 져야 한다.
> • 인간이 처한 실존상황의 주된 네 가지 조건은 '죽음, 고독(고립), 무의미, 자유'이다.

88 다음 설명에 해당하는 상담이론은?

> ㄱ. 내담자와 문제를 분리하고, 새로운 관점에서 삶과 미래를 재저작하는 것을 강조한다. 대표 학자는 화이트(M. White)와 엡스턴(D. Epston)이다.
> ㄴ. 성격이론이면서 상담 및 심리치료이론으로 창시자는 번(E. Berne)이다.

① ㄱ : 이야기치료, ㄴ : 교류분석
② ㄱ : 이야기치료, ㄴ : 게슈탈트
③ ㄱ : 마음챙김기반 인지치료, ㄴ : 교류분석
④ ㄱ : 마음챙김기반 인지치료, ㄴ : 게슈탈트
⑤ ㄱ : 사회구성주의이론, ㄴ : 게슈탈트

- ㄱ. 이야기치료 : 사회구성주의와 포스트모더니즘의 원리 및 철학에 토대를 둔 상담이론으로, 화이트(M. White)와 엡스턴(D. Epston)에 의해 발전되었다. 외재화/외현화 대화법을 사용하여 문제를 개인으로부터 분리하여 자신의 문제를 새로운 방식으로 볼 수 있게 한다. 또한 내담자가 지역사회에서 문화적인 배경, 그리고 자신의 지식과 기술을 근거로 대화의 골격을 새롭게 만들어 새로운 관점에서 삶과 미래를 재저작할 수 있도록 돕는다.
- ㄴ. 교류분석 : 번(E. Berne)이 창시한 성격이론이자 상담 및 심리치료이론으로 '의사거래분석 이론'이라고도 한다. 인간의 약점이나 결함보다는 인간의 강점에 초점을 두는 이론으로, 인간을 반결정론적·가변적·자율적인 존재로 보았다. 즉, 인간은 환경과 경험에 의해 어린 시절에 이미 행동양식이 중요하게 결정·형성되지만, 현재 자기 행동양식을 이해하고, 더 나아가 그러한 행동을 새롭게 다시 선택·결정할 수 있다고 보았다.

89 현실치료에 관한 설명으로 옳은 것을 모두 고른 것은?

- ㄱ. 인간을 자신의 행동을 선택하는 존재로 가정한다.
- ㄴ. 경험·환경이 형성한 5가지 욕구를 가정한다.
- ㄷ. 뇌 속의 비교장소를 상정한다.
- ㄹ. 주요 개념은 4R, 전행동, 선택이다.
- ㅁ. 개인의 선택과 삶에 대한 통제를 중시한다.

① ㄱ, ㄴ, ㄷ
② ㄱ, ㄷ, ㄹ
③ ㄱ, ㄷ, ㅁ
④ ㄴ, ㄹ, ㅁ
⑤ ㄷ, ㄹ, ㅁ

- ㄱ·ㄷ. 인간이 뇌의 작용을 통해 자신의 행동을 선택 또는 통제한다고 보며, 구뇌(Old Brain)와 신뇌(New Brain)와 같이 뇌 속의 비교장소를 가정한다.
- ㅁ. 인간은 자신의 목표를 스스로 선택하고자 하는 욕구가 있으며, 자신이나 환경을 통제할 수 있다고 본다.
- ㄴ. 현실치료를 창시한 글래서(W. Glasser)는 인간이 5가지 기본욕구를 가지고 태어난다고 가정하였다. 이것은 '생존 욕구, 사랑과 소속의 욕구, 힘의 욕구, 자유의 욕구, 즐거움의 욕구'이다. 여기서 생존 욕구를 제외한 다른 욕구들은 모두 심리적 욕구이다. 또한 생존 욕구는 구뇌(Old Brain)에, 심리적 욕구는 신뇌(New Brain)에 있다고 하였다.
- ㄹ. 현실치료의 주요 개념은 3R, 전행동(Total Behavior), 선택이론 등이다. 3R은 책임(Responsibility)·현실(Reality)·옳고 그름(Right or Wrong)을 가리킨다. 전행동(Total Behavior)은 행동하기, 생각하기, 느끼기, 생리적 반응으로 구성되어 있다. 선택이론은 인간 행동 대부분이 내적으로 동기화되어 있으며, 통제할 수 있는 유일한 인간은 나 자신뿐이고 불행과 갈등도 선택한 것이라고 본다.

90 해결중심상담에 관한 설명으로 옳지 않은 것은?

① 상담자와 내담자가 내담자 운명의 공동건축가라고 본다.
② 내담자가 중요하다고 생각하는 것을 상담목표로 세운다.
③ 문제 해결에 필요한 자원을 내담자 자신이 갖고 있다고 본다.
④ 긍정적 예외상황 탐색, 새로운 해결책 도출에 초점을 둔다.
⑤ 악몽질문은 기적질문, 예외질문 등이 효과가 없을 때 주로 사용된다.

> ① 해결중심상담에서는 상담자를 내담자가 신념을 품고 자신의 문제를 스스로 해결할 수 있게끔 돕는 내담자의 협조자로 본다. 즉, 상담자는 방향을 제시하지 않고 다만 내담자의 문제에 새로운 의미를 부여하며, '알지 못함의 자세'로 해결 방법을 찾도록 내담자와 협력하는 역할을 한다고 본다.

91 상담이론과 설명의 연결로 옳은 것은?

① 교류분석 : 세 자아상태 중 한 상태, 세 자아기능 중 한 기능으로 메시지를 주고받는다.
② 개인심리학 : 부모나 환경에 대한 반응으로서의 결정들을 토대로 인생각본이 형성된다.
③ 변증법적 행동치료 : 삶이라는 클럽의 회원구성을 새롭게 함으로써 자신의 정체성을 재구성한다.
④ 현실치료 : 선택이론에서 통제이론으로 초점을 옮기면서 의료에서 교정, 학교 영역까지 확장되었다.
⑤ 인지행동치료 : 타 이론의 효과적 기법들을 수용한 복합적, 다요인적 접근이다.

> ⑤ 인지행동치료는 인지이론과 행동주의적 요소가 결합된 개념으로서, 생각하고 정보를 처리하는 과정인 인지과정의 연구로부터 도출된 개념과 함께 행동주의와 사회학습이론으로부터 나온 개념들을 통합하여 적용한 것이다.
> ① 교류분석 : 세 자아상태(PAC) 중 한 상태, 다섯 가지 자아기능(CP, NP, A, FC, AC) 중 한 기능으로 메시지를 주고받는다.
> ② 인생각본은 교류분석의 주요 개념으로서 부모의 영향을 받아 어린 시절에 만들어지며, 그 후의 체험에 의해 강화되고 고착화된 인생계획을 의미한다.
> ③ 삶이라는 클럽의 회원구성을 새롭게 함으로써 자신의 정체성을 재구성하는 상담이론은 이야기치료이다.
> ④ 현실치료 : 통제이론에서 선택이론으로 발전하면서 의료에서 교정, 학교 영역까지 확장되었다.

92 다음 사례개념화에 부합하는 상담이론은?

> 내담자는 쪽지시험 실수, 친구에게 한 실언 등 통제하지 못한 실패에 집착하여 불면, 스트레스성 소화장애에 시달린다. 본 상담에서는 내담자가 자신의 생각과 감정으로부터 떨어져 바라보게 해서 더 명료하게 알아차릴 수 있도록 돕고, 자신에게 가치 있는 삶에 집중할 수 있도록 돕는 접근이 필요하다.

① 개인심리학
② 동기강화상담
③ 수용전념치료
④ 실존주의상담
⑤ 마음챙김기반 인지치료

수용전념치료(ACT ; Acceptance and Commitment Therapy)
- 마음챙김 및 수용 기반 인지행동치료의 접근법 중 하나이다.
- 인지행동치료의 '제3의 동향'으로서 기존 인지행동치료를 보완·혁신하는 방법 중 하나이다.
- 인지적 탈융합과 마음챙김을 통해 심리적 건강과 삶의 질을 향상시킬 수 있다고 보는 이론으로 스티븐 헤이즈(S. Hayes)에 의해 발전되었다.
- 생각과 느낌을 수용하고 현재에 존재하며, 가치 있는 방향을 선택하고 행동을 취하는 방법이다.
- 인간의 고통을 보편적·정상적인 것으로 본다.
- 정신병리 등 내담자의 문제는 경험 회피와 인지적 융합으로 인한 심리적 경직성에 의해 발생한다고 본다.
- 상담목표는 심리적 유연성을 증대시키는 것이다.
- 핵심 원리로는 가치 탐색, 전념 행동, 현재에 머무르기, 인지적 탈융합 등이 있다.

---

93 변증법적 행동치료(DBT)에 관한 설명으로 옳은 것을 모두 고른 것은?

> ㄱ. 경계선 성격장애 치료를 위해 개발되었다.
> ㄴ. 정서적 취약성을 타고난 경우 어려움을 겪는다고 가정한다.
> ㄷ. 파괴적 행동의 수정과 감정의 비판단적 수용을 강조한다.
> ㄹ. 기술훈련모듈에는 인지처리, 감정조절, 고통감내, 대인조절이 있다.

① ㄱ, ㄴ
② ㄷ, ㄹ
③ ㄱ, ㄴ, ㄷ
④ ㄴ, ㄷ, ㄹ
⑤ ㄱ, ㄴ, ㄷ, ㄹ

> **변증법적 행동치료(DBT ; Dialectical Behavior Therapy)**
> - 마음챙김 및 수용 기반 인지행동치료의 접근법 중 하나이다.
> - 인지행동치료의 '제3의 동향' 흐름으로서 기존 인지행동치료를 보완·혁신하는 방법 중 하나이다.
> - 마샤 리네한(Marsha Linehan)이 경계선 성격장애 치료를 위해 개발하였다.
> - 고통감내기술, 의미창출기술 등을 통해 정서를 수용하도록 돕는 역설적인 치료법이다.
> - 정서적 취약성을 타고난 경우 어려움을 겪는다고 가정한다.
> - 파괴적 행동의 수정과 감정의 비판단적 수용을 강조한다.
> - 기술훈련모듈에는 마음챙김, 감정조절, 고통감내, 대인조절 등 네 가지가 있다.

94 통합적 접근에 관한 설명으로 옳지 않은 것은?

① 최근 동향에서는 이론적 통합을 지향한다.
② 효과성을 기준으로 선택한 개입전략들의 조합이 바람직하다.
③ 상담자의 숙고와 철학에 바탕을 두고 다양한 접근을 조화롭게 통합하여 사용하는 것이다.
④ 정서중심치료는 공감, 표현예술치료, 마음챙김의 통합이다.
⑤ 변증법적 행동치료는 인지행동, 마음챙김, 인간중심, 전략적 요소 등의 통합이다.

> ④ 정서중심치료는 애착이론과 경험주의 관점, 체계이론의 통합이다.

95 여성주의 상담에 관한 설명으로 옳지 않은 것은?

① 여성의 삶의 맥락에 주목한다.
② 다양한 정체성을 가진 위험·취약 집단 여성에 주목한다.
③ 내담자 자신의 경험과 판단을 신뢰하도록 격려한다.
④ 권력분석은 내담자와 상담자 사이 권력차이를 감소시킨다.
⑤ 여성이 사회적으로 여전히 존재하는 성차별주의와 분투 중이라 본다.

> ④ 권력분석(힘의 분석)은 내담자가 사회의 다양한 힘(권력)에 대해 인식하고 대처할 수 있도록 돕는 기법이다.

96 다문화 사회정의 및 옹호 상담자에 관한 설명으로 옳지 않은 것은?

① 내담자에게 필요한 자원 및 지지 제공을 위해 지역사회 내 단체, 지도자, 교장 등과 협력한다.
② 연결(Linking) 기법을 사용하여 지역사회 내 단체들 간 협력을 지원한다.
③ 내담자가 강점 인식 및 자기 옹호를 배우도록 조력한다.
④ 정치적 행동을 취할 필요가 있는 사회 문제를 인식한다.
⑤ 개인-체제 간 균형잡힌 관점으로 문제의 원인을 개념화한다.

> ② 다문화 사회정의 및 옹호 상담자는 내담자의 문제를 심리적인 면에서만 살펴보지 않고, 그 내담자를 둘러싼 사회적, 환경적 맥락을 함께 고려하며 내담자를 지원하고 선한 영향력을 끼칠 외부환경을 내담자와 연결(Linking)한다. 또한 내담자가 자신과 연결된 사람들을 더 이해하고 그러한 관계에서 자신의 역할은 무엇인지 찾아보게 한다.

97 상담을 시작하기 전 준비해야 할 사항으로 옳은 것은?

① 변화를 위한 실천행동 계획
② 상담할 공간의 편안함과 쾌적함 점검
③ 상담 진행방식에 대한 안내와 합의
④ 상담에서 제시할 과제 목록 작성
⑤ 보호자의 심리검사 실시 후 결과 확보

> **상담을 시작하기 전 준비해야 할 사항**
> • 상담 장소에 방음장치, 녹음시설, 녹화시설, 필기도구 등 구비
> • 상담할 공간의 편안함과 쾌적함 점검
> • 내담자의 동의가 필요한 경우를 대비하여 사전 동의서 준비
> • 비밀보장이 될 수 있는 분위기 조성

정답 94 ④ 95 ④ 96 ② 97 ②

98 상담목표에 관한 설명으로 옳은 것을 모두 고른 것은?

> ㄱ. 내담자를 주체로, 상태나 행동을 진술한다.
> ㄴ. 내담자의 연령, 특성을 고려하여 세운다.
> ㄷ. 목표수립은 다음 단계인 촉진적 관계 형성을 활성화한다.

① ㄱ
② ㄴ
③ ㄷ
④ ㄱ, ㄴ
⑤ ㄴ, ㄷ

> ㄷ. 상담목표는 상담자와 내담자 간에 촉진적 관계 형성을 활성화한 후 내담자의 상담준비도, 개인능력, 관계자원 등을 고려하여 현실적으로 수립하여야 한다. 이때 내담자와 목표를 협의하여 내담자가 상담에 적극적으로 참여할 수 있도록 하여야 한다.

99 호소문제에 관한 설명으로 옳은 것을 모두 고른 것은?

> ㄱ. 상담자는 호소문제를 우선적으로 들어야 한다.
> ㄴ. 호소문제를 해결하는 상담목표를 수립해야 한다.
> ㄷ. 호소문제를 들으면서 비언어적 행동을 면밀히 관찰해야 한다.

① ㄷ
② ㄱ, ㄴ
③ ㄱ, ㄷ
④ ㄴ, ㄷ
⑤ ㄱ, ㄴ, ㄷ

> **호소문제**
> 상담자는 호소문제를 우선적으로 들어야 하며 호소문제와 호소문제 관련 개인사 및 가족관계, 외모 및 행동 등을 파악하여 내담자의 문제를 이해하고 평가하여야 하고, 호소 문제를 고려하여 구체적(구체성)이고 실행 가능(성취가능성)한 목표를 설정한다.

100 상담자의 자기개방에 관한 설명으로 옳지 않은 것은?

① 자기공개, 자기노출, 자기폭로라고 불린다.
② 상담자에게 이해받는다는 인식을 하게 한다.
③ 상담자와 내담자 간 동질감을 형성하게 한다.
④ 모델링 학습의 목적으로 사용한다.
⑤ 변화가능성과 도전을 위한 용기를 불어넣고자 할 때 사용한다.

② 상담자의 자기개방은 내담자 자신이 무엇을 말하고 느끼는지 이해하는 데 도움을 준다.
자기개방[자기노출, 자기폭로(Self Disclosure)]
- 상담자가 자기 경험이나 생각을 내담자에게 전달하는 것으로서, 특수한 상황이나 만남이 효과적이기 위해 상담자가 내담자에게 도움이 될 정보를 제공해 주는 것이기도 하다.
- 상담자의 자기노출은 내담자에게 단순한 정보의 제공을 뛰어넘어 공감의 효과를 불러오기도 하는데, 이는 내담자가 상담자를 자신과 같은 평범한 인간으로 볼 수 있는 기회를 제공하기 때문이다.
- 내담자는 상담자의 자기노출에 공감의 분위기가 형성되어 있음을 인식하면서, 자신이 무엇을 말하고 느끼는지 이해하는 데 도움을 얻을 수 있지만, 때로는 위험을 수반하므로 조심스럽게 시도하여야 한다.

2024 청소년상담사 3급 23회 최신기출문제

2교시 A형

필수과목 05 학습이론

01 학습의 정의에 관한 설명으로 옳지 않은 것은?

① 학습은 직접적으로 관찰 가능해야 한다.
② 성숙에 의한 변화는 학습이 아니다.
③ 수행(Performance)이 없어도 학습은 일어날 수 있다.
④ 행동 변화는 학습 경험 후에 즉시 일어나지 않아도 된다.
⑤ 약물에 의한 일시적 신체 변화는 학습의 범주에 포함되지 않는다.

> ① 학습은 직접 관찰하고 측정할 수 없으며, 학습이 일어났다는 것은 학습자의 행동변화를 관찰하여 간접적으로 확인할 수 있다.
> ② 성숙은 경험이나 훈련과 관계없이 개인의 성장에 따라 개인 내에서 일어나므로, 성숙에 의한 행동 변화는 학습의 범주에 포함하지 않는다.
> ③ 수행이 없어도 학습은 일어날 수 있다.
> ④ 행동이 즉각적으로 변화하지 않아도 행동을 다르게 할 수 있는 잠재력이 있다면 학습결과가 나타난다고 할 수 있다.
> ⑤ 학습은 비교적 영구적인 행동의 변화 및 경험을 통한 행동 잠재력의 변화이며, 질병, 피로 또는 약물로 인해 일시적인 신체 상태에 기인하지 않는다.

02 손다이크(E. Thorndike)의 이론적 관점에 관한 설명으로 옳지 않은 것은?

① 학습은 통찰적이라기보다 점진적이다.
② 학습된 반응은 이미 형성된 방향으로 일어나기 쉽다.
③ 자극과 반응 간 연합은 연습만으로도 강화된다.
④ 문제해결을 하는 데 걸리는 시간은 시행 횟수가 증가함에 따라 체계적으로 증가한다.
⑤ 반응 다음에 만족스러운 사상태(satisfying state of affairs)가 따라오면 자극과의 연결 강도가 높아진다.

> ④ 손다이크(E. Thorndike)는 문제 해결의 시행 횟수가 증가함에 따라 수행 기회를 더 많이 가지게 되어 문제를 보다 빠르게 해결하므로 문제해결을 하는 데 걸리는 시간(종속변인)이 체계적으로 감소한다고 보았다.

03 처벌에 관한 설명으로 옳지 않은 것은?

① 타임아웃(Time-out)은 정적 처벌의 하나이다.
② 처벌 전 사전 경고를 하는 것이 효과적이다.
③ 행동과 처벌 간 시간 간격이 길수록 처벌의 효과는 떨어진다.
④ 처벌받는 행동은 분명하고 구체적인 용어로 제시되어야 한다.
⑤ 처벌받는 행동이 받아들여질 수 없는 이유에 대해 설명해 주어야 한다.

> ① 타임아웃(Time-out)은 문제행동이 발생하였을 때 문제행동을 한 사람을 일정 시간(약 5분) 동안 모든 강화자극(행동의 빈도를 높이는 자극)에 접근하지 못하게 하는 기법으로, 부적 처벌의 하나이다.
> • 정적 처벌 : 불쾌 자극을 제시하여 행동의 빈도를 줄이는 것
> • 부적 처벌 : 유쾌 자극을 철회하여 행동의 빈도를 줄이는 것

04 학습된 무기력(Learned Helplessness)에 관한 설명으로 옳은 것을 모두 고른 것은?

ㄱ. 인간을 포함한 많은 종의 동물들에서 발견할 수 있다.
ㄴ. 학습된 무기력이 높은 사람은 실패의 원인을 노력 부족으로 생각한다.
ㄷ. 통제 불가능한 상황에서 혐오자극에 반복적으로 노출되면 발생할 수 있다.
ㄹ. 인간의 경우 삶의 다양한 시도들이 좌절되어 무기력하고, 움츠러들며, 마지막에는 포기해 버리는 특징이 있다.

① ㄱ, ㄹ
② ㄱ, ㄴ, ㄷ
③ ㄱ, ㄷ, ㄹ
④ ㄴ, ㄷ, ㄹ
⑤ ㄱ, ㄴ, ㄷ, ㄹ

ㄴ. 학습된 무기력이 높은 사람은 실패의 원인을 능력 부족으로 생각한다.

학습된 무기력(Learned Helplessness)
- 개인이 과제를 달성할 능력이 있음에도 불구하고 스스로 환경을 거의 통제할 수 없다고 믿음으로써 무기력에 빠지게 되는 현상으로 학자 셀리그만(M. Seligman)이 최초로 제안하였다.
- 자신이 통제할 길이 전혀 없는 스트레스를 오랜 기간 받거나 계속해서 실패할 경우 생기며, 그로 인해 상황을 개선하고자 하는 의지를 상실하기도 한다.
- 행동과 그 결과 사이에 관련이 없다고 인식될 때 나타난다.
- 심한 절망감을 불러일으켜 그것이 원인이 되어 결과적으로 우울증이 생긴다.
- 통제불가능한 상황에서 혐오자극의 반복적 노출로 발생할 수 있다.
- 수행지향성이 높은 사람에게 나타날 가능성이 높고, 이들은 실패를 능력 부족으로 생각한다.
- 실패를 내적이고 안정적이며 광범위한 상황에 일반화할 수 있는 원인으로 귀인한다.
- 사전에 상당한 수준의 훈련을 받을 경우 개체는 학습된 무기력에 대해 일종의 면역을 갖게 된다.
- 인간뿐 아니라 개 이외의 다른 동물들에게도 나타나는 현상이다.

05 고전적 조건형성의 적용 사례로 옳지 않은 것은?

① 범죄 뉴스에서 특정 국가의 사람을 보면 그 국가 국민에 대한 편견이 형성된다.
② 노란색 옷을 입고 등교한 날 시험을 잘 보면, 시험 보는 날은 노란색 옷을 입는다.
③ 아이가 토끼 옆에 있을 때 갑자기 큰 소리에 노출되면, 토끼에 대한 공포가 형성된다.
④ 멋진 아이돌 가수가 특정 제품을 광고하면, 그 제품에 대한 긍정적 이미지가 형성된다.
⑤ A는 열 살 때 오이를 먹고 몇 시간 뒤 독감에 걸렸다. 그 후 A는 오이를 싫어하게 되었다.

> ② '조작적 조건형성'의 적용 사례이다. 인간이 환경적 자극에 수동적으로 반응하여 형성되는 행동인 반응적 행동에 몰두한 파블로프(Pavlov)의 고전적 조건형성과 달리, 스키너(Skinner)의 조작적 조건형성은 행동이 발생한 이후의 결과에 관심을 가진다. 어떤 행동의 결과에 대해 보상이 이루어지는 경우 그 행동이 재현되기 쉬우며, 반대의 경우 행동의 재현이 어렵다는 점을 강조한다.

06 다음 실험에서 밑줄 친 부분과 고전적 조건형성의 개념을 옳게 짝지은 것은?

> 파블로프(I. Pavlov)는 배고픈 개에게 고기를 주기 바로 전에 똑딱거리는 메트로놈을 반복적으로 들려주었다. 실험 초반에는 메트로놈의 똑딱거리는 소리가 개에게 침을 흘리게 하지 않았으나, ㉠고기를 줄 때는 개가 ㉡침을 흘렸다. 그러나 결국 개는 고기를 받기 전에 똑딱거리는 ㉢메트로놈 소리만 들려도 ㉣침을 흘리게 되었다.

① ㉠ - 조건 자극, ㉡ - 무조건 반응
② ㉠ - 무조건 자극, ㉣ - 무조건 반응
③ ㉡ - 무조건 반응, ㉢ - 조건 자극
④ ㉡ - 조건 반응, ㉣ - 무조건 반응
⑤ ㉢ - 무조건 자극, ㉣ - 무조건 반응

> ㉠ 고기 : 무조건 자극(UCS)
> ㉡ 침을 흘렸다 : 무조건 반응(UCR)
> ㉢ 메트로놈 소리 : 조건 자극(CS)
> ㉣ 침을 흘리게 되었다 : 조건 반응(CR)

07 고전적 조건형성에서 다음 설명에 해당하는 개념은?

> 메트로놈 소리와 고기를 짝 짓는다. 고기는 배고픈 개에게 침을 흘리게 할 것이고, 메트로놈 소리와 고기가 몇 차례 짝 지어지면 메트로놈 소리만 제시하여도 개는 침을 흘린다. 이후 새로운 조건 자극인 반짝이는 불빛과 이전의 조건 자극(메트로놈 소리)을 짝 짓는다. 이 시행을 몇 차례 반복하면 개는 반짝이는 불빛만 제시하여도 침을 흘린다.

① 변별
② 일반화
③ 제지 조건화
④ 차별적 강화
⑤ 고차적 조건화

> ⑤ 고차적 조건화(Higher Order Conditioning) : 어떠한 중립 자극이 고전적 조건화 과정을 거쳐 조건 자극이 된 후 이 조건 자극이 또 다른 중립 자극과 연합되는 경우, 또 하나의 새로운 조건 반응을 야기할 수 있다. 이를 '2차적 조건화'라고 하며 이런 2차 이상의 조건화를 가리키는 것이 고차적 조건화이다.

08 다음 과정에 관한 이요인 이론(Two-factor Theory ; O. Mowrer)의 설명으로 옳지 않은 것은?

> A방에 개가 있다. 그 방의 불빛이 꺼지고 잠시 후 개는 전기충격을 받는다. 곧 개는 장벽을 뛰어넘어 전기충격이 없는 B방으로 간다. 이 과정을 도식화하면 다음과 같다.

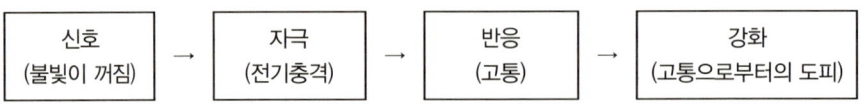

신호(불빛이 꺼짐) → 자극(전기충격) → 반응(고통) → 강화(고통으로부터의 도피)

① 고통은 전기충격에 대한 조건 반응이 된다.
② 개가 장벽을 뛰어넘는 것은 부적 강화력을 가진다.
③ 불빛이 꺼지는 것은 고통에 대한 조건 자극이 된다.
④ 고전적 조건화와 조작적 조건화라는 두 종류의 학습 경험이 관여한다.
⑤ 개가 장벽을 뛰어넘는 것은 공포를 종결시키는 활동을 학습한 것으로 해결학습(Solution Learning)에 해당된다.

① 고통은 불빛이 꺼지는 신호에 대한 조건 반응이 된다.
② 개가 장벽을 뛰어넘는 것은 불쾌한 자극을 제거함으로써 행동이 강화되는 부정적 강화의 과정이다.
③ 불빛이 꺼지는 것이 조건 자극(CS)이 되고, 이에 대한 고통이 조건 반응(CR)이 된다.
④ Mowrer의 이요인 이론은 고전적 조건화와 조작적 조건화 두 종류의 학습 원리를 통해 불안 반응을 설명한다.
⑤ 개가 장벽을 뛰어넘는 것은 불안에 대한 회피 행동을 함으로써 불안이 종결된다는 것을 학습한 경우로 해결학습(Solution Learning)에 해당된다.

Mowrer의 이요인 이론(Two-factor Theory)
- 1요인 : 고전적 조건형성을 통해 불안(공포증)을 유발하는 조건 자극을 형성함
- 2요인 : 조작적 조건형성을 통해 회피행동이 부정적 강화로 인해 유지됨

09 다음 사례에 해당하는 강화계획은?

> A학급에서 B교사는 칭찬스티커 10개를 모은 모둠에게 떡볶이 쿠폰을 준다. 또한 10권의 책을 읽은 학생에게 독서상을 준다.

① 연속강화
② 고정간격강화
③ 변동간격강화
④ 고정비율강화
⑤ 변동비율강화

④ 고정비율강화계획 : 일정한 수의 반응이 일어난 후 강화를 주는 것
　예 옷 공장에서 100벌을 만들 때마다 1인당 100만 원의 성과급 지급
① 연속강화계획 : 반응의 횟수나 시간에 상관없이 기대하는 반응이 나타날 때마다 강화를 주는 것
　예 아이가 공부를 열심히 하는 경우 텔레비전 시청을 허락함
② 고정간격강화계획 : 일정한 시간 간격이 지난 후에 강화를 주는 것
　예 주급, 월급, 일당, 정기적 시험 등
③ 변동간격강화계획 : 강화 시행의 간격이 다르지만, 평균적으로 확인할 수 있는 시간 간격이 지난 후에 강화를 주는 것
　예 1시간에 3차례의 강화를 부여할 경우 25분, 45분, 60분으로 나누어 부여
⑤ 변동비율강화계획 : 반응행동에 변동적인 비율 적용, 불규칙한 횟수의 바람직한 행동이 나타난 후 강화를 주는 것
　예 카지노의 슬롯머신, 복권

10 프리맥 원리(Premack Principle)에 관한 설명으로 옳은 것을 모두 고른 것은?

> ㄱ. 높은 빈도로 나타나는 행동이 낮은 빈도로 나타나는 행동을 강화할 수 있다.
> ㄴ. 일차 강화물과 이차 강화물을 구분한다.
> ㄷ. 행동의 강화적 속성을 결정하는 것은 상대적 가치이다.
> ㄹ. 좋아하는 활동을 덜 좋아하는 활동의 강화인으로 활용한다.

① ㄱ, ㄴ, ㄷ
② ㄱ, ㄴ, ㄹ
③ ㄱ, ㄷ, ㄹ
④ ㄴ, ㄷ, ㄹ
⑤ ㄱ, ㄴ, ㄷ, ㄹ

> ㄴ. 스키너는 강화물을 음식, 과자와 같이 선천적 욕구를 만족시키는 일차 강화물과 경험을 통해 일차 강화물과 연합하여 조건화된 이차 강화물로 구분하였으나, 프리맥(Premack)은 이를 구분하지 않고 '행동' 자체를 강화물로 활용하여 높은 확률로 일어나는 행동이 상대적으로 잘 일어나지 않는 행동의 강화물이 된다는 행동의 상대적 가치를 강조하였다.
>
> **프리맥(Premack)의 원리**
> - 더 선호되는 행동이 덜 선호되는 행동을 증가시키기 위한 정적 강화물(Reinforcer)로 작용하는 현상이다.
> - 강화의 상대성을 이용한 것으로서, 선호하는 반응은 덜 선호하는 반응을 강화하여 행동의 발생빈도를 증가시킨다.
> - 높은 빈도의 행동(게임 등 선호하는 활동)은 낮은 빈도의 행동(숙제와 같은 덜 선호하는 행동)에 대해 효과적인 강화인자가 될 수 있다는 원리이며, 이것이 효과적이기 위해서는 낮은 빈도의 행동(덜 선호하는 행동)이 먼저 일어나야 한다. 예 게임을 하기 위해서 우선 싫어하는 숙제부터 먼저 하고, 나중에 좋아하는 게임을 즐긴다.

11 관찰학습에 관한 설명으로 옳지 않은 것은?

① 모델의 행동을 관찰함으로써 학습하는 것이다.
② 인간 외의 동물들도 관찰을 통해 학습할 수 있다.
③ 인간은 모델이 매력적이고 유명한 사람일 때 더 잘 배우는 경향이 있다.
④ 연령도 관찰학습에 영향을 미치는데, 생활 연령이 정신 연령보다 더 중요하다.
⑤ 비숙련 모델(Unskilled Model)은 관찰자에게 모델의 성공뿐만 아니라 실패로부터도 배우게 한다.

> ④ 연령도 관찰학습에 영향을 미치는데, 생활연령보다 발달연령(정신연령)이 더 중요하다. 또한 관찰자의 연령이 낮을수록 모방 경향성이 높으며, 관찰자의 연령이 높을수록 학습 정도가 높다.

12 관찰학습의 과정을 순서대로 옳게 나열한 것은?

> ㄱ. 학습한 것에 대한 인지적 시연
> ㄴ. 모델에 대한 주의
> ㄷ. 학습한 것에 대한 동기화
> ㄹ. 관찰한 것의 파지

① ㄴ - ㄱ - ㄹ - ㄷ
② ㄴ - ㄷ - ㄹ - ㄱ
③ ㄴ - ㄹ - ㄱ - ㄷ
④ ㄷ - ㄴ - ㄱ - ㄹ
⑤ ㄷ - ㄴ - ㄹ - ㄱ

반두라(A. Bandura)의 관찰학습 과정

주의(Attention)	모델의 행동을 관찰하고 주의 깊게 집중하며, 모델을 정확하게 지각하는 과정이다.
파지/보존(Retention)	관찰학습의 모델이 되는 행동을 돌이켜보기 위해 관찰자가 하는 인지적 행위이다.
행동산출(운동재생/생산, Behavioral Production)	심상에 저장된 모델 행동의 상징적 표상을 적절한 행동으로 전환하는 과정이다.
동기화(자기강화, Motivation)	행동 수행에 영향을 미칠 수 있는 강화조건에 따라 모델의 행동이 수행되는 과정이다.

정답 10 ③ 11 ④ 12 ③

13 통찰학습에 관한 설명으로 옳지 않은 것은?

① 문제해결에서 정신적 숙고의 과정을 거친다.
② 미해결에서 해결로의 전환은 서서히 단계적으로 나타난다.
③ 통찰로 얻은 원리는 구조적으로 유사한 문제에 쉽게 적용할 수 있다.
④ 통찰로 얻은 해결책은 상당한 시간 동안 유지된다.
⑤ 통찰로 얻은 해결책에 기초한 수행은 대개 부드럽고 오류가 없다.

> ② 미해결에서 해결 상태로의 전환이 갑작스럽다.
> **통찰학습이론**
> - 쾰러(Köhler)가 주장한 학습이론으로 형태주의 심리학에 근거한 인지주의 학습이론이다.
> - 학습과정 속에서 문제사태를 인지하고 재구조화(인지의 분화와 통합)하면서 동시에 심리적 이해력이 드러나게 된다.
> - 학습자는 문제해결에 대한 모든 요소를 생각해보고, 문제를 해결할 때까지 여러 가지 방법을 생각하게 된다.
> - 통찰학습 능력은 다른 문제의 유형으로 전이된다.

14 학습과 인지구조에 관한 비고츠키(L. Vygotsky)의 주장으로 옳지 않은 것은?

① 언어나 상징과 같은 문화적 도구의 중요성을 강조한다.
② 근접발달영역(ZPD)에서 학습이 이루어진다.
③ 지식은 혼자 발견하기보다 타인과의 상호작용을 통해 전수된다.
④ 사회와 문화적 맥락에서의 학습에 초점을 둔다.
⑤ 동화와 조절을 통해 인지구조의 성장이 일어난다.

> ⑤ 동화와 조절을 통해 인지구조의 성장이 일어난다고 보는 것은 피아제(Piaget)의 주장이다. 피아제는 인간의 인지발달이 동화와 조절이라는 적응과정을 통해 내면적인 평형이 이루어지면서 가능하다고 보았다.

15 앳킨슨과 쉬프린(R. Atkinson & R. Shiffrin)의 기억에 관한 설명으로 옳은 것은?

① 감각등록기(Sensory Register)는 주의를 기울이는 동안만 유지된다.
② 단기기억은 매우 짧은 시간동안 매우 많은 정보를 저장한다.
③ 일화기억(Episodic Memory)은 개인적 경험을 담은 단기기억이다.
④ 장기기억의 저장용량은 기존에 저장된 정보가 많을수록 줄어든다.
⑤ 새로운 정보는 단기기억을 거친 다음에 장기기억으로 이동한다.

> ① 주의를 기울이는 동안만 유지되는 것은 단기기억(작업기억)이다.
> ② 매우 짧은 시간동안 매우 많은 정보를 저장하는 것은 감각기억이다.
> ③ 일화기억은 개인적 경험을 담은 장기기억으로 '자서전적 기억'이라고도 부른다.
> ④ 장기기억은 저장 정보가 많을수록 늘어나며, 무한한 정보를 영구적으로 저장할 수 있다.

16 다음 학습 전략은?

> ○ 정보를 단기기억에서 장기기억으로 저장하는 방법
> ○ 어떤 정보를 반복적으로 되새기는 과정

① 암송(Rehearsal)
② 정교화(Elaboration)
③ 청킹(Chunking)
④ 재조직화(Reorganization)
⑤ 군집화(Clustering)

> ① 암송(Rehearsal)은 정보를 내적으로 혹은 소리내어 반복하여 되새기는 과정을 통해 기억을 유지시켜 주는 방법이다. 정보를 많이 암송할수록 단기기억에서 장기기억으로 더 잘 전이된다.

17 기억의 역행간섭(Retroactive Interference)에 해당하는 사례는?

① 단어목록을 외웠는데 제일 앞 단어만 기억난다.
② 교통사고를 겪은 순간이 잘 기억나지 않는다.
③ A의 첫인상은 뚜렷한데 가장 마지막 인상은 희미하다.
④ 술에 취한 이후에 있었던 일이 기억나지 않는다.
⑤ 전화번호를 바꾼 후 예전 전화번호가 기억나지 않는다.

> **역행간섭(Retroactive Interference)**
> • 후속학습이 선행학습을 방해하는 경우를 말한다.
> • 역행간섭은 후속학습이 선행학습을 방해하여 기억이 약화 또는 소멸되는 망각의 한 종류이므로, 망각을 지연시키는 것이 아니라 망각을 일으키는 요인이라고 할 수 있다.

18 파이비오(A. Paivio)의 이중부호이론(Dual-coding Theory)에 관한 설명으로 옳지 않은 것은?

① 정보가 장기기억에 저장되는 방식에 대한 이론이다.
② 단어보다 그림을 더 잘 기억한다.
③ 정보는 시각적 부호와 언어적 부호로 입력된다.
④ 시청각 교재가 학습효과를 촉진한다.
⑤ 추상적인 단어를 구체적인 단어보다 더 잘 기억한다.

> 추상적 단어보다 구체적인 특성을 표현하는 단어를 사용하면 보다 쉽게 이미지를 떠올릴 수 있으므로 훨씬 더 쉽게 습득하고 잘 기억한다.

19 다음 사례에 해당하는 이론은?

> 철학에 대해 잘 몰랐는데, 철학과 친구와 논쟁적인 철학적 질문들을 찾아 토론하다 보니 철학에 대해 더 많이 알게 되었다.

① 정보처리수준 이론
② S-R 이론
③ 계열위치효과 이론
④ 기대-가치 이론
⑤ 절차적 학습 이론

> ① 정보처리수준 이론 : 대상 항목이 의미 있고 깊게 처리될 때에 기억이 증진되는 것을 말한다.
> ② S-R 이론 : 학습은 강화를 통한 자극과 반응(S-R)의 연합 과정에 의해 이루어지며, 시행착오의 반복을 통해 고정되는 습관이라고 보는 이론이다.
> ③ 계열위치효과 이론 : 정보의 위치에 따라 회상률에 차이가 생기는 것으로, 항목들을 하나씩 순서대로 모두 제시하여 학습한 후 순서에 상관없이 떠올리라고 할 때 단어목록의 시작 부분과 마지막 부분에 있던 단어를 중간 부분의 단어보다 더 잘 기억하는 것이다.
> ④ 기대-가치 이론 : 자신이 학습을 통하여 성공할 것이라는 기대와 그 성공에 대하여 자신이 부여하는 가치를 곱한 것만큼 학습동기가 생긴다는 관점을 말한다.
> ⑤ 절차적 학습 이론 : 절차적 사고는 해결해야 할 문제가 발생하면 이를 작게 나누어 단계별로 처리하는 사고 과정을 말하며, 절차적 학습은 이러한 절차적 사고 과정을 통하여 학습하면 문제를 더 쉽게 해결할 수 있다는 것이다.

20 학습에 관한 뇌과학적 설명으로 옳지 않은 것은?

① 도파민은 정적 강화를 받을 때 분비되는 신경전달 물질이다.
② 신경생성(Neurogenesis)은 청소년기 이후에 중단된다.
③ 편도체는 어떤 사건이나 정보를 기억할 때 그 기억에 감정을 결합시키는 역할을 한다.
④ 베르니케 영역은 언어의 의미를 이해하는 데 중요한 기능을 한다.
⑤ 신경가소성(Neuroplasticity)은 뇌가 신경연결을 재조직하거나 수정하는 능력이다.

> ② 신경생성(Neurogenesis)은 성인기에도 지속된다.

21 다음 사례를 설명하는 이론은?

> 혼자 공부할 때는 책의 내용이 머리에 잘 들어오지 않고 졸리기만 한데 사람이 적당히 많은 스터디 카페에서는 정신도 맑아지고 공부가 훨씬 잘된다.

① 켈러(J. Keller)의 ARCS이론
② 드웩(C. Dweck)의 마인드셋
③ 헐(C. Hull)의 추동감소이론
④ 헵(D. Hebb)의 최적각성수준
⑤ 솔로몬(R. Solomon)의 반대과정이론

- ④ 헵(D. Hebb)의 최적각성수준 : 인간에게는 최적각성수준이 존재한다고 보았는데, 각성수준이 너무 낮으면 뇌에 전달된 감각정보를 이용할 수 없고 반대로 너무 높으면 피질부가 분석하는 정보의 양이 많아져서 부적절한 행동으로 이어지기 때문에, 최적수행에는 최적의 각성수준이 필요하다는 이론이다. 즉, 과제가 다르면 최적수행과 결합되어 있는 각성수준도 달라지게 된다.
- ① 켈러(J. Keller)의 ARCS이론 : 켈러는 학습 환경에서 학습자들의 동기를 유발하고, 유발된 동기를 계속 유지시키기 위한 전략을 ARCS 이론으로 발전시켰다. ARCS 이론은 인간의 동기를 결정지을 수 있는 여러 가지 다양한 변인들과 그에 관련된 구체적 개념을 통합하여 4가지 개념적 범주(주의, 관련성, 자신감, 만족감)로 제시하였다.
- ② 드웩(C. Dweck)의 마인드셋 : 지능에 관한 학습자의 믿음 정도에 대한 이론이다. 고정 마인드셋을 가진 학습자는 지능은 고정되어 있어 바뀌지 않으므로 바꿀 수 없다고 생각하지만, 성장 마인드셋을 가진 학습자는 지능은 노력에 의해 성장시킬 수 있다고 생각한다는 것이다.
- ③ 헐(C. Hull)의 추동감소이론 : S-O-R 모형을 통해 자극과 반응 사이에 직접 관찰할 수 없는 유기체라는 매개변인을 가정하는데, 추동은 매개변인 중 하나로서 우리 몸에 생리적 결핍이 생길 때 생체의 기관으로 하여금 그 결핍의 상태를 감소시키도록 촉구하는 각성된 심적 상태를 말한다.
- ⑤ 솔로몬(R. Solomon)의 반대과정이론 : 솔로몬은 사람들은 항상 서로 반대되는 감정을 동시에 느낀다고 주장하였다. 처음 우세하게 느낀 감정은 반복 노출될수록 강도가 약해지고 반대로 처음 열세였던 감정은 점차 강해진다고 보았다.

22 몰입(Flow)에 관한 설명으로 옳지 않은 것은?

① 활동에 완벽하게 몰두하는 상태를 말한다.
② 내적 동기보다는 외적 동기에 의해 유도된다.
③ 과제 도전정도와 학습자 기술수준의 균형이 맞을 때 나타난다.
④ 도전정도가 기술수준보다 너무 높으면 불안해진다.
⑤ 기술수준이 도전정도보다 너무 높으면 지루해진다.

> ② 몰입(Flow)은 내재적 동기에 해당된다.

23 매슬로우(A. Maslow)의 욕구위계이론에 관한 설명으로 옳지 않은 것은?

① 결핍욕구는 만족되면 다음 단계로 넘어갈 수 있다.
② 성장욕구가 완전히 만족되었을 때 성장이 시작된다.
③ 소속감과 애정에 대한 욕구는 결핍욕구에 해당한다.
④ 자아실현에 대한 욕구는 성장욕구에 해당한다.
⑤ 하위 단계의 욕구가 충족된 다음에 상위 단계 욕구가 나타난다.

> 성장욕구(존재욕구)는 충족되면 충족될수록 더 높은 성취를 위해 증가된다. 따라서 결핍욕구와는 달리 성장욕구는 완전히 충족될 수 없으며 그것을 성장시키고, 성취하려는 동기는 끊임없이 유발된다.

24 다음 사례를 통해 증진시킬 수 있는 학습의 내재적 동기는?

> 고려시대 역사를 공부하는 학생들에게 그 시대 청소년들의 평범한 하루가 어떠했을지 생각해보게 한다.

① 근접(Proximity)
② 도전(Challenge)
③ 통제(Control)
④ 상상(Fantasy)
⑤ 주의(Attention)

정답 21 ④ 22 ② 23 ② 24 ④

④ 학습자가 상상하면서 창의적 과제를 학습하면 자신만의 상상을 이용하여 내용을 자신의 것으로 만들 수 있으므로 학습자가 내재적으로 동기화된다.

레퍼와 호델(Lepper & Hodell)의 내재적 동기의 원칙

호기심	현재의 지식 또는 믿음과 일치하지 않거나 놀라워 보이거나 모순되어 보이는 정보나 생각을 제시할 수 있는 활동을 제공한다. 적당한 수준의 불일치성이 가장 효과적이다.
도 전	난이도는 중간 수준으로, 지속적으로 높아지도록 설정하면 도전적 목표의 달성으로 학습자는 자신이 점점 유능해지고 있다는 정보를 얻게 된다. 이는 효능감과 결과에 대한 지각된 통제를 높일 수 있다.
통 제	활동에 선택권을 주고 규칙과 절차를 확립하는 데 일정한 역할을 부여하면 통제의 지각을 형성할 수 있다.
상 상	학습자에게 시뮬레이션이나 게임을 통해 가상세계에 참여하게 하는 방법으로, 주의를 집중시키고 인지적 노력을 증가시킨다.

25 '수행목표(Performance Goal)' 지향 학습자의 특성을 모두 고른 것은?

ㄱ. 남들 앞에서 실패를 해도 수행에 만족할 수 있다.
ㄴ. 시험과 같은 평가 상황에서 특히 더 불안감을 느낀다.
ㄷ. 도전적인 과제보다는 실패가능성이 낮은 과제를 선호한다.
ㄹ. 남들과 비교하기보다는 자신이 전보다 더 유능해졌는지가 중요하다.
ㅁ. 자기불능화(Self-handicapping) 전략을 사용하는 경우가 상대적으로 더 많다.

① ㄱ, ㄴ, ㄷ ② ㄱ, ㄷ, ㄹ
③ ㄴ, ㄷ, ㅁ ④ ㄴ, ㄹ, ㅁ
⑤ ㄷ, ㄹ, ㅁ

ㄱ. 숙달목표지향적인 학습자에 대한 설명이다. 수행목표지향 학습자는 타인과의 상대적 비교를 기준으로 성공여부를 판단한다.
ㄹ. 숙달목표지향적인 학습자에 대한 설명이다. 수행목표지향 학습자는 남의 눈에 유능하게 보였는지가 중요하다.

선택과목 06 청소년이해론

26 청소년기의 다양한 관점에 관한 설명으로 옳은 것을 모두 고른 것은?

> ㄱ. 스탠리 홀(G. Stanley Hall)은 청소년기를 질풍노도의 시기로 규정하였다.
> ㄴ. 청소년기는 아동에서 성인으로 발달해 나가는 과도기적 발달 시기이다.
> ㄷ. 청소년기를 생물학적 측면에서 정의한다면 성적 성숙이 시작되는 시점부터 성적 성숙이 완성될 때까지의 기간을 의미한다.
> ㄹ. 플라톤은 청소년기의 특징으로 이성의 발달을 주장하였다.
> ㅁ. 우리나라의 청소년관련법에서는 청소년의 연령범위가 하나로 통일되어 있다.

① ㄱ, ㄴ
② ㄱ, ㄷ, ㅁ
③ ㄱ, ㄴ, ㄷ, ㄹ
④ ㄴ, ㄷ, ㄹ, ㅁ
⑤ ㄱ, ㄴ, ㄷ, ㄹ, ㅁ

ㅁ. 우리나라의 청소년관련법에서는 청소년의 연령범위가 각각 다르게 되어 있다.

청소년관련법상 청소년의 연령

법률	연령 구분
아동복지법	18세 미만인 사람
청소년 보호법	만 19세 미만인 사람
소년법	
아동·청소년의 성보호에 관한 법률	
청소년 기본법	9세 이상 24세 이하인 사람
청소년활동 진흥법	
청소년복지 지원법	
학교 밖 청소년 지원에 관한 법률	

정답 25 ③ 26 ③

27 〈보기 1〉의 학자와 〈보기 2〉의 내용이 바르게 연결된 것은?

〈보기 1〉

ㄱ. 에릭슨 (E. Erikson)
ㄴ. 프로이트 (S. Freud)
ㄷ. 셀먼 (R. Selman)

〈보기 2〉

a. 조망수용 이론
b. 심리성적 발달단계
c. 심리사회적 발달단계

① ㄱ – a, ㄴ – c
② ㄱ – c, ㄴ – b
③ ㄱ – c, ㄷ – b
④ ㄴ – b, ㄷ – c
⑤ ㄴ – c, ㄷ – a

ㄱ. 에릭슨(E. Erikson)의 심리사회적 발달이론은 인간의 성격이 전 생애에 걸쳐 변화하고 발달한다고 본 이론으로, 인간의 발달을 8단계로 나누고 각 단계별로 극복해야 할 심리사회적 위기와 발달과업을 제시하였다.
ㄴ. 프로이트(S. Freud)의 심리성적 발달이론은 성적 에너지인 리비도가 입, 항문, 성기 따위에 따라 인간의 발달 5단계를 설명하였다.
ㄷ. 셀먼 (R. Selman) : 조망수용 이론에서 사회적 조망 단계를 0단계 미분화된 조망수용, 1단계 사회정보적 조망수용, 2단계 자기반성적 조망수용, 3단계 제삼자적 조망수용, 4단계 사회관습적 조망수용의 총 5단계로 구분하였다.

28 엘킨드(D. Elkind)의 청소년기 자아중심성 개념 중 다음 설명에 해당하는 것은?

> ○ 어른들은 청소년의 독특함과 특별함을 절대로 이해하지 못한다고 생각한다.
> ○ 엄마는 내 첫사랑을 절대로 이해하지 못한다고 생각한다.

① 거짓 어리석음 ② 상상 청중
③ 위 선 ④ 개인적 우화
⑤ 가설연역적 사고

> **개인적 우화(Personal Fable)**
> • 청소년기 특유의 비합리적이고 허구적인 자아 관념을 말한다.
> • 자신의 우정이나 사랑 등은 다른 사람이 결코 경험하지 못하는 것으로 생각하는 반면, 다른 사람이 경험하는 죽음·위험·위기가 자신에게는 일어나지 않을 것이며 혹시 일어난다고 하더라도 피해를 입지 않을 것이라고 확신하는 관념이다.
> • 자신이 다른 사람들과는 달리 특별하고 독특한 존재이며, 자신의 사고·감정·경험 세계가 다른 사람과 근본적으로 다르다고 믿는다.

29 마샤(J. Marcia)의 정체감 지위이론에서 자기탐색을 위한 정체감 위기를 경험하지 않고 자신에 대해 쉽게 의사결정을 한 경우에 해당하는 것은?

① 정체감 혼미 ② 정체감 유실
③ 정체감 성취 ④ 정체감 유예
⑤ 정체감 확산

> **마샤(J. Marcia)의 정체감 지위이론**
>
> | | |
> |---|---|
> | 정체감 성취 | 자아정체감과 관련된 위기를 경험하였으나, 다양한 대안과 선택을 신중하게 고려해 자아정체감을 확립한 상태이다 |
> | 정체감 유예 | 현재 정체감 위기의 상태에 있으면서 자아정체감 형성을 위해 다양한 역할, 신념, 행동 등을 실험하고 있으나, 의사 결정을 내리지 못한 상태를 말한다. |
> | 정체감 유실 | 자신의 신념, 직업선택 등의 중요한 의사결정에 앞서 수많은 대안에 대하여 생각해 보지 못하고, 부모나 다른 사람의 역할모델의 가치나 기대 등을 그대로 수용하여 그들과 비슷한 선택을 하는 경우를 말한다. |
> | 정체감 혼미 | 자아에 대해 안정되고 통합적인 견해를 갖는 데 실패한 상태를 말한다. 이는 위기를 경험해 보지 않았고, 직업이나 이념 선택에 대한 의사결정을 하지 않을 뿐만 아니라 이러한 문제에 관심도 없는 상태를 말한다. |

정답 27 ② 28 ④ 29 ②

30 콜버그(L. Kohlberg)의 도덕발달 단계에서 타인의 눈을 의식하여 친구들에게 좋은 사람으로 인정받기 위해 행동을 결정하는 경우에 해당하는 것은?

① 착한 소년·소녀 지향 단계
② 도구적 쾌락주의 지향 단계
③ 법과 질서 지향 단계
④ 사회계약 지향 단계
⑤ 보편적 원리 지향 단계

콜버그(Kohlberg)의 도덕성 발달이론

제1수준 전인습적 수준 (4~10세)	제1단계 타율적 도덕성	• 처벌과 복종을 지향한다. • '힘이 곧 정의다', '적자생존'과 같은 힘의 원리를 지향한다.
	제2단계 개인적·도구적 도덕성	• 상대적 쾌락주의에 의한 개인의 욕구충족을 지향한다(도구적 상대주의 지향). • 자기 자신을 가장 우선적으로 생각한다.
제2수준 인습적 수준 (10~13세)	제3단계 대인관계적 도덕성	• 다수 의견에 따른 개인 상호 간의 사회적 조화를 지향하며, 사회적 인습에 따른다. • 착한 소년·소녀를 지향한다.
	제4단계 법·질서· 사회체계적 도덕성	• 현존하는 법률, 질서와의 일치 여부에 따라 도덕성을 판단한다. • 사회질서 유지를 위해 법에 복종해야 한다는 점을 중시한다.
제3수준 후인습적 수준 (13세 이상)	제5단계 민주적·사회계약적 도덕성	민주적 절차로 수용된 법을 존중하는 한편, 법을 상호 합의에 의한 것으로 인식하고 변경 가능성을 인정한다.
	제6단계 보편윤리적 도덕성	성문화된 법체계뿐만 아니라 개인의 양심과 보편적인 윤리원칙에 따라 옳고 그름을 인식한다.

31 청소년기 신체적 발달의 특징에 관한 설명으로 옳지 않은 것은?

① 청소년기는 신체적 성장급등이 이루어지는 시기이다.
② 여자 청소년들이 임신 가능한 신체로 형성되어 가는 것은 성호르몬인 테스토스테론의 영향에 의한 것이다.
③ 이차 성징이 뚜렷해지는 것과 관련 깊은 내분비선으로는 뇌하수체와 생식선을 들 수 있다.
④ 급격한 신체변화로 인해 자신의 체형에 대한 불만족을 느끼는 경우 청소년의 정신건강에 부정적인 영향을 미칠 수 있다.
⑤ 또래에 비해 신체적 발달이 빨리 이루어지는 경우는 신체적 조숙에 해당한다.

> 성호르몬인 테스토스테론은 남성 생식기관의 발달과 2차 성징 발달 및 유지시키는 역할을 한다. 여성의 2차 성징 및 발달에 관여하는 호르몬은 에스트로겐과 프로게스테론이다.

32 청소년기 성역할 고정관념의 증가현상을 의미하는 것은?

① 성역할 집중화
② 성역할 분리화
③ 성역할 정체감
④ 성역할 동일시
⑤ 성역할 유형화

> 성역할에 대한 고정관념이 증가하는 것을 성역할 집중화 현상이라 한다. 성역할 집중화 현상은 남녀 청소년 모두에게 나타나지만 특히 여자 청소년에게 더 보편적인 현상이다.

33 청소년기 또래집단의 기능에 관한 설명으로 옳은 것을 모두 고른 것은?

> ㄱ. 자아정체감 형성에 도움
> ㄴ. 준거집단으로의 기능
> ㄷ. 심리적 지원과 안정감 제공
> ㄹ. 동성애 발달의 기초 제공
> ㅁ. 또래문화에 대한 정보제공의 기능

① ㄱ, ㄴ
② ㄴ, ㄷ, ㄹ
③ ㄱ, ㄴ, ㄷ, ㅁ
④ ㄱ, ㄷ, ㄹ, ㅁ
⑤ ㄱ, ㄴ, ㄷ, ㄹ, ㅁ

청소년기 또래집단의 기능
- 자아정체감 형성에 도움
- 준거집단으로의 기능 및 역할
- 문화학습 및 전승
- 심리적 지원과 안정감 제공
- 동조감 형성
- 활동성
- 또래문화에 대한 정보제공의 기능

34 진로 및 직업발달 이론에 관한 설명으로 옳은 것은?

① 수퍼(D. Super)의 이론은 개인의 성격에 적합한 직업을 선택하는 것이 바람직하다는 '성격유형이론'이다.
② 홀랜드(J. Holland)의 직업발달이론에서 청소년상담사는 탐구적 유형에 해당한다.
③ 긴즈버그(E. Ginzberg)는 진로발달이론에서 욕구와 현실 간의 절충으로 직업발달을 완성해나간다고 주장하였다.
④ 수퍼(D. Super)의 이론에서 청소년기 자아정체감이 생겨나기 시작하면서 직업에 관해 막연하고 일반적인 생각을 가지게 되는 단계를 '실행' 단계라 하였다.
⑤ 긴즈버그(E. Ginzberg)의 진로발달이론에서 현실적 시기는 환상적 시기 다음에 경험하는 과정이다.

① 성격유형이론을 주장한 사람은 홀랜드이다. 한편 수퍼(D. Super)는 진로 자기개념의 발달과 진로의식 성숙이 전 생애를 통해 진행된다고 보았다.
② 홀랜드(J. Holland)는 성격유형을 6가지로 분류하고 이를 기초로 직업과 관련된 흥미를 파악하였다. 청소년상담사는 사회적 유형으로 분류할 수 있는데, 이 유형은 사람들과 어울리기를 좋아하며 친절하고 이해심이 많으며 남을 잘 도와주고 봉사적·감정적·이상주의적 유형에 속한다.
④ 수퍼(D. Super)의 이론에서 청소년기 자아정체감이 생겨나기 시작하면서 직업에 관해 막연하고 일반적인 생각을 가지게 되는 단계를 '결정화 단계'라 하였다.
⑤ 긴즈버그(E. Ginzberg)의 진로발달이론에서 현실적 시기는 잠정적 시기 다음에 경험하는 과정이다.

35 브론펜브레너(U. Bronfenbrenner)의 생태학적 체계 중 ( )에 들어갈 내용으로 옳은 것은?

> 대중매체는 청소년이 직접적으로 상호작용하지는 않지만 청소년에게 영향을 미치는 지역사회 수준에서 기능하고 있는 사회적 환경이라는 점에서 ( )에 해당한다.

① 중간체계
② 미시체계
③ 거시체계
④ 시간체계
⑤ 외체계

> ① 중간체계 : 가정, 학교, 또래집단과 같은 미시체계들 간의 연결이나 상호관계를 나타낸다.
> ② 미시체계 : 개인과 아주 가까운 주변에서 일어나는 활동과 상호작용을 나타낸다.
> ③ 거시체계 : 개인이 속한 사회의 이념이나 제도, 즉 정치, 경제, 문화 등의 광범위한 사회적 맥락을 의미하며, 하위체계에 지지기반과 가치 준거를 제공한다.
> ④ 시간체계 : 아동이 성장함에 따라 겪게 되는 부모의 죽음 등의 외적인 사건이나 심리적 변화 등의 내적인 사건을 구성요소로 전 생애에 걸쳐 일어나는 변화와 사회역사적인 환경을 포함한다.

36 청소년 문화를 사회 전체 문화 중 한 부분을 이루는 문화로 보는 입장에 해당하는 것은?

① 미숙한 문화로 보는 입장
② 비행문화로 보는 입장
③ 대항문화로 보는 입장
④ 하위문화로 보는 입장
⑤ 주류문화로 보는 입장

> ④ 하위문화로 보는 입장 : 하위문화란 하위집단을 지역, 계층, 연령 등 다양한 범주로 구분하였을 때 연령에 따라 형성된 청소년 집단을 전체 사회집단을 구성하는 하나의 하위집단의 문화라고 보는 시각이다.
> ① 미숙한 문화로 보는 입장 : 미숙한 문화란 성인문화는 온전한 문화로 보고, 청소년 문화는 미숙하고 성인문화를 모방하는 미성숙한 문화로 보는 것을 말한다.
> ② 비행문화로 보는 입장 : 비행문화란 청소년문화를 청소년들이 가지고 있는 다양한 삶의 규범 및 의무에서 벗어나기 위해 만들어진 문화라며, 부정적 시각으로 바라보는 관점이다.
> ③ 대항문화로 보는 입장 : 대항문화란 기성세대의 생활양식을 거부하고 저항적 실천으로 새로운 문화를 추구하고자 하는 청소년 문화를 말한다.
> ⑤ 주류문화로 보는 입장 : 주류문화란 한 사회 구성원이 전반적으로 누리는 문화를 말한다.

37 미디어의 다양한 기능 중 미디어가 상세히 보도하는 이슈를 대중들도 중요한 이슈로 인식하게 되는 현상을 의미하는 것은?

① 문화전승 기능
② 오락 기능
③ 환경감시 기능
④ 사회화 기능
⑤ 의제설정 기능

> **매스 미디어의 4대 기능**
> - 환경감시 기능 : 현대사회의 다양한 정보를 구성원들에게 전달하여 사회가 환경변화에 적절히 대응하고 합리적인 의사결정을 할 수 있게 하는 기능
> - 의제설정 기능(상관조정기능) : 단순한 정보전달뿐 아니라 복잡한 현대사회의 중요한 이슈로 인식되는 현상을 자세히 보도하고 설명하여 주는 기능
> - 사회화 기능(문화전승기능) : 과거 사람의 입과 글을 통해 전승되어 온 문화와 전통을 미디어가 대신 맡아 전수하는 기능
> - 오락 기능 : 일과 구분되는 놀이와 유흥을 제공하여 즐거움과 휴식을 주는 기능

38 명품으로 대변되는 상류사회의 규범과 위선에 반격을 가하는 도전적인 젊은이들이 추구하는 청소년 패션 문화를 의미하는 것은?

① 코스프레 패션
② 테크노 패션
③ 피어싱 패션
④ 차브 패션
⑤ 복고 패션

> ④ 차브 패션 : 상류사회의 클래식하고 엘레강스한 문화를 거부하고, '싸구려가 자랑스럽다'고 떳떳이 드러내는 패션 문화로 매치한 아이템이 어울리지 않을수록, 멋을 낸 티가 나지 않을수록 '잘 입는다'고 인정받는 패션
> ① 코스프레 패션 : 만화나 애니메이션, 게임에 나오는 캐릭터들이 입는 것과 동일한 의상 패션
> ② 테크노 패션 : 광택나는 소재, 금속소재가 더해진 원단, 비닐, 플라스틱, 코팅 등의 표면 가공을 거친 하이테크 소재의 의상과 기계적 장신구들이 결합한 패션
> ③ 피어싱 패션 : 장신구 등을 신체에 통과시켜 자기표현과 정체성을 나타내는 형태의 패션
> ⑤ 복고 패션 : 복고주의를 지향하는 하나의 의상스타일

39
청소년기 비행이론 중 허쉬(T. Hirschi)가 제안한 사회유대의 하위차원에 해당하지 않는 것은?

① 애착(Attachment)
② 관여(Commitment)
③ 열정(Passion)
④ 참여(Involvement)
⑤ 신념(Belief)

> **허쉬(T. Hirschi)가 제안한 사회유대의 하위차원**
> - 애착(Attachment) : 의미 있는 타인에 대한 애정적인 유대관계를 말하며, 부모와 애착이 잘 형성된 청소년들은 유대관계 때문에 문제행동을 쉽게 하지 못한다.
> - 관여(Commitment) : 일상적인 사회적 목표나 수단을 존중하고 그에 순응하는 것이며, 이렇게 하지 않을 때 야기되는 결과에 대한 두려움으로 문제행동을 하지 않는다. 공부 잘하는 학생은 문제행동을 통해 평판도 잃고 좋은 직장에 취업할 기회도 잃지 않을 것이라는 논리이다.
> - 참여(Involvement) : 일상적인 활동에 참여하는 것으로서, 무엇인가에 적극적으로 참여할 경우 문제 활동을 할 절대적 시간이 없기 때문에 문제행동을 하지 않는다는 단순한 논리이다.
> - 신념(Belief) : 개인이 전통적인 가치를 어느 정도 수용하고 있는지에 따라 달라진다. 즉, 비행에 대한 부정적인 태도를 가질수록 문제행동을 할 가능성이 줄어든다는 논리이다.

40
학교폭력예방 및 대책에 관한 법률상 학교폭력대책심의위원회의 기능에 해당하지 않는 것은?

① 피해학생의 전학
② 피해학생의 보호
③ 학교폭력의 예방 및 대책
④ 피해학생과 가해학생 간의 분쟁조정
⑤ 가해학생에 대한 교육, 선도 및 징계

> **학교폭력대책심의위원회의 기능(학교폭력예방 및 대책에 관한 법률 제12조 참조)**
> - 학교폭력의 예방 및 대책
> - 피해학생의 보호
> - 가해학생에 대한 교육·선도 및 징계
> - 피해학생과 가해학생 간의 분쟁조정
> - 학교폭력의 예방 및 대책과 관련하여 학교의 장이 건의하는 사항

41 청소년기 자살에 관한 설명으로 옳은 것을 모두 고른 것은?

> ㄱ. 부모와의 유대는 자살을 예방하는 보호요인이 될 수 없다.
> ㄴ. 모방자살을 하는 경향이 있다.
> ㄷ. 또래와 동반자살을 시도하는 경향이 있다.
> ㄹ. 우울증이나 약물남용은 청소년 자살의 원인 중 하나이다.

① ㄱ, ㄴ
② ㄷ, ㄹ
③ ㄱ, ㄴ, ㄹ
④ ㄴ, ㄷ, ㄹ
⑤ ㄱ, ㄴ, ㄷ, ㄹ

> ㄱ. 가정의 불화를 자신의 탓으로 생각하므로, 부모 등 가족 간의 유대는 자살을 예방하는 보호요인이다.

42 청소년 보호법상 청소년 유해약물 분류에 해당하지 않는 것은?

① 「주세법」에 따른 주류
② 「담배사업법」에 따른 담배
③ 「마약류 관리에 관한 법률」에 따른 마약류
④ 「화학물질관리법」에 따른 환각물질
⑤ 「약물남용법」에 따른 유해물질

> 청소년 보호법상 청소년 유해약물에는 주류, 담배, 환각물질, 중추신경에 작용하여 습관성, 중독성, 내성 등을 유발하여 인체에 유해하게 작용할 수 있는 약물 등이 있다.

43 다음 중 학교부적응 요인으로 옳은 것을 모두 고른 것은?

> ㄱ. 낮은 학업성취도
> ㄴ. 입시위주의 교육
> ㄷ. 또래관계에서의 소외감
> ㄹ. 부모와의 친밀한 유대감

① ㄱ, ㄴ
② ㄷ, ㄹ
③ ㄱ, ㄴ, ㄷ
④ ㄴ, ㄷ, ㄹ
⑤ ㄱ, ㄴ, ㄷ, ㄹ

> **학교부적응의 요인**
> - 개인적 요인 : 신체장애, 지적 능력 결핍, 정서적 장애, 사회화 문제
> - 가정적 요인 : 빈곤 · 결손 가정, 위기가정, 부적절한 양육태도
> - 학교적 요인 : 입시위주의 획일적인 교육, 과도한 경쟁지향적 학교 운영, 낮은 학업성취도, 또래관계에서의 소외감, 교사나 친구의 부정적인 영향
> - 지역사회적 요인 : 가치관의 혼란, 사회계층 간의 갈등, 유해한 대중매체, 교육적이지 못한 환경

44 청소년 보호법령상 인터넷게임 중독 · 과몰입 등의 예방 및 피해 청소년 지원에 해당하지 않는 것은?

① 청소년과 그 가족의 인터넷게임 중독 · 과몰입 여부 진단
② 인터넷게임 중독 · 과몰입 예방을 위한 교육 · 상담 및 프로그램 개발 · 운영
③ 인터넷게임 중독 · 과몰입 청소년과 그 가족의 치료 · 재활을 위한 프로그램의 개발 · 운영
④ 인터넷게임 중독 · 과몰입 청소년과 그 가족의 치료 · 재활을 위하여 협력하는 병원의 지정
⑤ 청소년상담사 등에 대한 인터넷게임 중독 · 과몰입 전문상담 교육

> **인터넷게임 중독 · 과몰입 등의 예방 및 피해 청소년 지원(청소년 보호법 시행령 제23조 제1항)**
> - 청소년의 인터넷게임 중독 · 과몰입 여부 진단
> - 청소년의 인터넷게임 중독 · 과몰입 예방을 위한 교육 · 상담 및 프로그램 개발 · 운영
> - 인터넷게임 중독 · 과몰입 청소년과 그 가족의 치료 · 재활을 위한 프로그램의 개발 · 운영
> - 인터넷게임 중독 · 과몰입 청소년과 그 가족의 치료 · 재활을 위하여 협력하는 병원의 지정
> - 청소년상담사 등에 대한 인터넷게임 중독 · 과몰입 전문상담 교육

45 청소년 기본법상 ( )에 들어갈 내용으로 옳은 것은?

> 청소년복지란 청소년이 정상적인 삶을 누릴 수 있는 기본적인 여건을 조성하고 조화롭게 성장·발달할 수 있도록 제공되는 ( ), ( ) 자원을 말한다.

① 심리적, 사회적
② 사회적, 경제적
③ 심리적, 경제적
④ 경제적, 문화적
⑤ 사회적, 문화적

> 청소년복지(청소년 기본법 제3조 제4호)
> 청소년이 정상적인 삶을 누릴 수 있는 기본적인 여건을 조성하고 조화롭게 성장·발달할 수 있도록 제공되는 사회적·경제적 지원을 말한다.

46 청소년복지 지원법상 다음이 설명하는 청소년복지시설은?

> ㄱ. 학습·정서·행동상의 장애를 가진 청소년을 대상으로 한다.
> ㄴ. 정상적인 성장과 생활을 할 수 있도록 지원한다.
> ㄷ. 청소년에게 적합한 치료, 교육 및 재활을 종합적으로 지원하는 거주형 시설이다.

① 청소년쉼터
② 청소년회복지원시설
③ 청소년자립지원관
④ 청소년치료재활센터
⑤ 청소년상담복지센터

> ④ 청소년치료재활센터 : 학습·정서·행동상의 장애를 가진 청소년을 대상으로 정상적인 성장과 생활을 할 수 있도록 해당 청소년에게 적합한 치료·교육 및 재활을 종합적으로 지원하는 거주형 시설
> ① 청소년쉼터 : 가정 밖 청소년에 대하여 가정·학교·사회로 복귀하여 생활할 수 있도록 일정 기간 보호하면서 상담·주거·학업·자립 등을 지원하는 시설
> ② 청소년회복지원시설 : 감호 위탁 처분을 받은 청소년에 대하여 보호자를 대신하여 그 청소년을 보호할 수 있는 자가 상담·주거·학업·자립 등 서비스를 제공하는 시설
> ③ 청소년자립지원관 : 일정 기간 청소년쉼터 또는 청소년회복지원시설의 지원을 받았는데도 가정·학교·사회로 복귀하여 생활할 수 없는 청소년에게 자립하여 생활할 수 있는 능력과 여건을 갖추도록 지원하는 시설
> ⑤ 청소년상담복지센터 : 청소년에 대한 상담·긴급구조·자활·의료지원 등의 업무를 수행하기 위하여 설치·운영하는 시설

정답 43 ③ 44 ① 45 ② 46 ④

47 다음이 설명하는 청소년 기본법의 조항은?

> 청소년의 기본적 인권은 청소년활동·청소년복지·청소년보호 등 청소년육성의 모든 영역에서 존중되어야 한다.

① 청소년의 자치권 확대
② 청소년육성의 기본 계획
③ 청소년상담사의 의무
④ 국가 및 지방자치단체의 책임
⑤ 청소년의 권리와 책임

> **청소년의 권리와 책임(청소년 기본법 제5조)**
> - 청소년의 기본적 인권은 청소년활동·청소년복지·청소년보호 등 청소년육성의 모든 영역에서 존중되어야 한다.
> - 청소년은 인종·종교·성별·나이·학력·신체조건 등에 따른 어떠한 종류의 차별도 받지 아니한다.
> - 청소년은 외부적 영향에 구애받지 아니하면서 자기 의사를 자유롭게 밝히고 스스로 결정할 권리를 가진다.
> - 청소년은 안전하고 쾌적한 환경에서 자기발전을 추구하고 정신적·신체적 건강을 해치거나 해칠 우려가 있는 모든 형태의 환경으로부터 보호받을 권리를 가진다.
> - 청소년은 자신의 능력을 개발하고 건전한 가치관을 확립하며 가정·사회 및 국가의 구성원으로서의 책임을 다하도록 노력하여야 한다.

48 청소년복지 지원법상 청소년증에 관한 설명으로 옳지 않은 것은?

① 9세 이상 18세 이하의 청소년에게 발급한다.
② 다른 사람에게 양도하거나 빌려주어서는 아니된다.
③ 누구든지 청소년증 외에 청소년증과 동일한 명칭의 증표를 사용할 수 있다.
④ 여성가족부가 청소년증의 발급에 필요한 사항을 정한다.
⑤ 특별자치시장·특별자치도지사 또는 시장·군수·구청장이 발급할 수 있다.

> 누구든지 청소년증 외에 청소년증과 동일한 명칭 또는 표시의 증표를 제작·사용하여서는 아니 된다(청소년복지 지원법 제4조 제3항).

49 학교 밖 청소년 지원에 관한 법률상 다음이 설명하는 지원에 해당하는 것은?

> 국가와 지방자치단체는 학교 밖 청소년에게 생활지원, 문화공간지원, 의료지원, 정서지원 등을 제공할 수 있다.

① 교육지원
② 자립지원
③ 취업지원
④ 상담지원
⑤ 직업체험지원

> ② 자립지원 : 국가와 지방자치단체는 대통령령으로 정하는 바에 따라 학교 밖 청소년의 자립에 필요한 생활지원, 문화공간지원, 의료지원(건강진단을 받은 후 확진을 위한 검사에 사용된 의료비의 지원을 포함), 정서지원 등을 제공할 수 있다(학교 밖 청소년 지원에 관한 법률 제11조).
> ① 교육지원 : 국가와 지방자치단체(교육감을 포함)는 학교 밖 청소년이 학업에 복귀할 수 있도록 재취학, 재입학, 진학, 시험의 준비 등을 지원할 수 있다(동법 제9조).
> ③ · ⑤ 직업체험 및 취업지원 : 국가와 지방자치단체는 학교 밖 청소년이 자신의 적성과 능력에 맞는 직업의 체험과 훈련을 할 수 있도록 직업적성 검사 및 진로상담프로그램, 직업체험 및 훈련프로그램, 직업소개 및 관리, 그밖에 학교 밖 청소년의 직업체험 및 훈련에 관한 사항을 지원할 수 있다(동법 제10조).
> ④ 상담지원 : 국가와 지방자치단체는 학교 밖 청소년에 대하여 효율적이고 적합한 지원을 할 수 있도록 심리상담, 진로상담, 가족상담 등 상담을 제공할 수 있다(동법 제8조).

50 청소년복지 지원법상 지역사회 내 청소년 필수연계기관과 연계하여 위기청소년의 상담, 보호, 교육, 자립 등 맞춤형 서비스를 제공하는 것은?

① 청소년우대정책
② 청소년복지바우처
③ 청소년어울림마당
④ 지역사회 청소년통합지원체계
⑤ 청소년유해환경감시정책

> **지역사회 청소년통합지원체계의 구축 · 운영(청소년복지 지원법 제9조)**
> • 지방자치단체의 장은 관할구역의 위기청소년을 조기에 발견하여 보호하고, 청소년복지 및 청소년보호를 효율적으로 수행하기 위하여 지방자치단체, 공공기관, 청소년단체 등이 협력하여 업무를 수행하는 지역사회 청소년통합지원체계(통합지원체계)를 구축 · 운영하여야 한다.
> • 국가는 통합지원체계의 구축 · 운영을 지원하여야 한다.
> • 통합지원체계에 반드시 포함되어야 하는 기관 또는 단체 등 통합지원체계의 구성 등에 필요한 사항은 대통령령으로 정한다(필수연계기관을 반드시 포함하여 구성).

선택과목 07 청소년수련활동론

51 다음에서 설명하는 청소년활동은?

> ○ 영국의 베이든 포우엘(Baden-Powell)이 주도하였다.
> ○ 군정찰 활동을 청소년활동에 적용하였다.
> ○ 국가와 사회가 필요로 하는 청소년육성을 목적으로 한다.

① 반더포겔(Wandervogel) 운동
② 4-H 운동
③ 국제청소년성취포상제
④ 스카우트 활동
⑤ YMCA

> ① 반더포겔(Wandervogel) 운동 : 독일에서 일어난 청년 학생들의 도보 여행 운동이다.
> ② 4-H 운동 : 국가의 장래를 이끌어갈 청소년들로 하여금 지·덕·노·체를 생활화함으로써 훌륭한 민주시민으로 키우는 동시에 지역사회와 국가발전에 기여하게 하려는 일종의 사회교육운동이다.
> ③ 국제청소년성취포상제 : 영국 에딘버러 공작에 의해 처음 설립되어 전 세계 130여 개국에서 운영되는 국제적으로 공인된 자기성장프로그램이다.
> ⑤ YMCA : 1844년 영국에서 결성한 기독교 민간단체로 다양한 청소년활동의 프로젝트와 서비스를 제공한다. 세계 120개국, 1만여 개의 조직이 있으며, 한국에는 1903년에 창립한 대한기독교청년회연맹이 한국 YMCA의 시작이다.

52 칙센트미하이(M. Csikszentmihalyi)의 몰입이론에서 활동과제 수준이 자신의 수행능력을 완전히 초월할 때 경험하는 것은?

① 몰입(Flow)
② 이완(Relaxation)
③ 무관심(Apathy)
④ 지루함(Boredom)
⑤ 불안(Anxiety)

> ① 몰입(Flow) : 학습자가 인지한 활동과제의 수준과 자기 수행능력이 모두 높을 때 경험한다.
> ② 이완(Relaxation) : 학습자가 인지한 활동과제 수준이 낮고 자기의 수행능력이 높을 때 경험한다.
> ③ 무관심(Apathy) : 학습자가 인지한 활동과제 수준과 자신의 수행능력이 모두 낮을 때 경험한다.
> ④ 지루함(Boredom) : 학습자가 인지한 활동과제의 수준이 자신의 수행능력보다 낮을 때 경험한다.

53 프로그램 개발 과정에서 다음이 설명하는 요구분석 기법은?

> ○ 미래에 대한 예측과 정보를 얻는 방법이다.
> ○ 예측하려는 문제에 관해 전문가의 견해를 유도하고 종합하여 집단적으로 정리한다.
> ○ 미국 랜드연구소(Rand Corporation)에서 개발하였다.

① 능력분석법
② 델파이법
③ 개별이력분석법
④ 관찰법
⑤ 데이컴법

① 능력분석법 : 전문가가 특정 영역에서 갖추어야 할 전문적 능력을 그 영역에서 일하는 사람에게서 확인·분석하는 방법이다.
③ 개별이력분석법 : 요구를 개인적으로 결정하고 기록하는 데 이용되는 방법이다.
④ 관찰법 : 관찰자가 조사 대상이 되는 개인, 사회집단, 또는 지역사회의 행동이나 사회현상을 현장에서 직접 보거나 들음으로써 필요한 정보나 상황을 정확히 알아내는 방법이다.
⑤ 데이컴법 : 직무(Job) 혹은 직업(Work)을 분석하는 데 매우 효과적인 방법이다.

54 청소년활동 진흥법령상 위험도가 높은 청소년 수련활동에 해당하지 않는 것은?

① 3시간 야간등산
② 수상스키
③ 스킨스쿠버
④ 10Km 도보이동
⑤ 고무보트

① 위험도가 높은 청소년 수련활동 4시간 이상의 야간등산이 해당한다.
위험도가 높은 청소년수련활동(청소년활동 진흥법 시행규칙 별표7)
- 수상활동 : 래프팅, 모터보트, 동력요트, 수상오토바이, 고무보트, 수중스쿠터, 레저용 공기 부양정, 수상스키, 조정, 카약, 카누, 수상자전거, 서프보드, 스킨스쿠버
- 항공활동 : 패러글라이딩, 행글라이딩
- 산악활동 : 암벽타기(자연암벽, 빙벽), 산악스키, 4시간 이상의 야간등산
- 장거리걷기활동 : 10km 이상 도보이동
- 기타 : 유해성 물질(발화성, 부식성, 독성 또는 환경유해성 등), 하강레포츠, ATV탑승 등 사고위험이 높은 물질·기구·장비 등을 활용하여 이루어지는 청소년수련활동

55 스터플빔(D. Stufflebeam)의 CIPP 평가모형에서 다음에 해당하는 것은?

> ○ 프로그램 종료 후 참여자에게 즉각적으로 나타난 변화 또는 일정기간 후 지속된 변화를 평가한다.
> ○ 프로그램의 공헌도를 측정하고 해석하여 판단하는 것을 목적으로 한다.

① 상황평가
② 투입평가
③ 산출평가
④ 과정평가
⑤ 형성평가

스터플빔(D. Stufflebeam)의 CIPP 평가모형
- 개념 : 평가가 의사결정에 필요한 정보를 설계, 획득, 제공하는 과정이라는 정의를 바탕으로 상황평가, 투입평가, 과정평가, 산출평가의 과정을 강조한 모형이다.
- 평가의 종류

상황평가	• 문제를 진단하기 위한 평가 • 교육목표를 결정하는 합리적 기초나 이유를 제공하는 평가
투입평가	• 도출된 문제 해결을 위한 대안을 찾는 평가 • 평가에 사용되는 인적자원 목표달성을 위한 전략, 전략 실행 설계 등의 활용 방법을 결정하는데 필요한 정보를 수집하고 제공
과정평가	• 프로그램의 계획을 수립하고 진행 과정을 평가 • 의사결정의 실행에 도움을 주는 평가
산출평가	• 프로그램의 성과를 측정하는 평가 • 프로그램 종료 후 참여자의 즉각적인 변화 또는 일정기간 후 지속된 변화를 평가 • 프로그램의 공헌도를 측정하고 해석하여 판단하는 것이 주 목적

56 콜브(D. Kolb)의 경험학습모델에서 추상적 개념화 과정을 통해 도출된 일반원리들을 새로운 상황에 적용하여 검증하는 과정에 해당하는 것은?

① 조작적 개념화(Operational Conceptualization)
② 구체적 경험(Concrete Experience)
③ 반성적 관찰(Reflective Observation)
④ 적극적 실험(Active Experimentation)
⑤ 긍정적 판단(Positive Judgement)

> 콜브(D. Kolb)의 경험학습 진행과정
> - 구체적 경험 : 특수한 경험이나 사람들과의 직·간접적인 활동, 느낌 및 사람들에 대한 민감성으로부터 학습한다.
> - 반성적 관찰 : 판단하기 전의 주의 깊은 관찰, 다른 관점에서 사물을 보는 시각, 어떤 사물로부터 의미를 찾는 행위로부터 학습한다.
> - 추상적 개념화 : 제시된 아이디어에 대한 논리적인 분석, 체계적인 계획, 어떤 상황을 이해하기 위한 지적 활동이다.
> - 능동(적극)적 실험 : 주어진 일을 직접 완성할 수 있는 능력이나 새롭게 설정된 가설을 검증하기 위한 실험이다.

57 한국청소년활동진흥원에서 운영하는 국립청소년수련시설에 해당하지 않는 것은?

① 국립중앙청소년수련원
② 국립중앙청소년디딤센터
③ 국립청소년우주센터
④ 국립청소년미래환경센터
⑤ 국립청소년해양센터

> ② 국립중앙청소년디딤센터는 정서·행동에 어려움을 겪고 있는 청소년들에게 상담과 치료, 보호와 교육의 통합적 서비스를 제공하고자 여성가족부가 설립한 거주형 치료·재활 시설이다.
> 국립청소년수련시설
> 국립중앙청소년수련원, 국립평창청소년수련원, 국립청소년우주센터, 국립청소년농생명센터, 국립청소년해양센터, 국립청소년미래환경센터, 국립청소년생태센터

58 제7차 청소년정책 기본계획에서 제시한 '플랫폼 기반 청소년활동 활성화'에 포함된 정책과제가 아닌 것은?

① 청소년 디지털역량 활동 강화
② 청소년 미래역량 제고
③ 위기청소년 복지지원체계 강화
④ 학교안팎 청소년활동 지원강화
⑤ 다양한 체험활동 확대

③ 위기청소년 복지지원체계 강화는 데이터 활용 청소년 지원망 구축에 포함된 정책 과제이다.

제7차 청소년정책 기본계획(2023~2027년)

대과제(5개)	중과제(14개)
플랫폼 기반 청소년활동 활성화	• 청소년 디지털역량 활동 강화 • 청소년 미래역량 제고 • 학교안팎 청소년활동 지원강화 • 다양한 체험활동 확대
데이터 활용 청소년 지원망 구축	• 위기청소년 복지지원체계 강화 • 청소년 유형별 맞춤형 지원 • 청소년 자립 지원강화
청소년 유해환경 차단 및 보호 확대	• 청소년이 안전한 온·오프라인 환경 조성 • 청소년 근로보호 강화 • 청소년 범죄 예방 및 회복 지원
청소년의 참여·권리 보장 강화	• 청소년 참여 활동 강화 • 청소년 권익 증진
청소년정책 총괄 조정 강화	• 청소년정책 인프라 개선 • 지역 맞춤형 청소년정책 추진체계 구축

59 청소년활동 진흥법상 청소년의 직업체험, 문화예술, 과학정보, 환경 등 특정 목적의 청소년활동을 전문적으로 실시할 수 있는 시설과 설비를 갖춘 수련시설은?

① 청소년수련관
② 청소년문화의 집
③ 청소년유스호스텔
④ 청소년야영장
⑤ 청소년특화시설

> ① 청소년수련관 : 다양한 청소년수련거리를 실시할 수 있는 각종시설 및 설비를 갖춘 종합수련시설
> ② 청소년문화의 집 : 간단한 청소년수련활동을 실시할 수 있는 시설 및 설비를 갖춘 정보·문화·예술 중심의 수련시설
> ③ 청소년유스호스텔 : 청소년의 숙박 및 체류에 적합한 시설·설비와 부대·편익시설을 갖추고, 숙식편의 제공, 여행청소년의 활동지원을 기능으로 하는 시설
> ④ 청소년야영장 : 야영에 적합한 시설 및 설비를 갖추고, 청소년수련거리 또는 야영 편의를 제공하는 수련시설

60 프로그램 개발 통합모형에서 프로그램의 목표 진술과 프로그램 내용을 선정하는 단계는?

① 프로그램 설계
② 프로그램 기획
③ 프로그램 마케팅
④ 프로그램 실행
⑤ 프로그램 평가

> ② 프로그램 기획 : 프로그램 개발팀 구성, 청소년기관 분석, 청소년 참여자 분석, 프로그램 개발 타당성 분석, 프로그램 개발 기본 방향 설정, 아이디어 창출, 청소년 요구 및 필요분석, 우선순위 설정 등
> ③ 프로그램 마케팅 : 잠재적 고객 분할, 프로그램 마케팅 방법 및 기법 결정, 마케팅 자료 및 매체 제작, 마케팅 실행 등
> ④ 프로그램 실행 : 청소년 관리(등록·학습·참여), 지도자 관리(섭외·교수), 활동자료 관리(교재·매체), 자원 확보 및 관리, 청소년지도자와 청소년이 만나 프로그램의 매력성·효율성·효과성을 결정하는 단계
> ⑤ 프로그램 평가 : 프로그램 평가목적 설정, 평가영역 및 준거 설정, 평가지표 및 도구 개발, 평가자료 수집 및 분석, 프로그램 평가보고 및 개정 등

61 청소년활동 진흥법령상 청소년수련시설의 운영대표자의 자격을 갖춘 사람에 해당하는 것을 모두 고른 것은?

ㄱ. 1급 청소년지도사 자격증 소지자
ㄴ. 2급 청소년지도사 자격증 취득 후 청소년육성업무에 5년 종사한 사람
ㄷ. 3급 청소년지도사 자격증 취득 후 청소년육성업무에 5년 종사한 사람
ㄹ. 「초·중등교육법」 제21조에 따른 정교사 자격증 소지자 중 청소년육성업무에 5년 종사한 사람

① ㄱ, ㄹ
② ㄱ, ㄴ, ㄷ
③ ㄱ, ㄴ, ㄹ
④ ㄴ, ㄷ, ㄹ
⑤ ㄱ, ㄴ, ㄷ, ㄹ

> **수련시설의 운영대표자의 자격(청소년활동 진흥법 시행령 제8조)**
> - 1급 청소년지도사 자격증 소지자
> - 2급 청소년지도사 자격증 취득 후 청소년육성업무에 3년 이상 종사한 사람
> - 3급 청소년지도사 자격증 취득 후 청소년육성업무에 5년 이상 종사한 사람
> - 초·중등교육법 제21조에 따른 정교사 자격증 소지자 중 청소년육성업무에 5년 이상 종사한 사람
> - 청소년육성업무에 8년 이상 종사한 사람
> - 7급 이상의 일반직공무원 또는 이에 상당하는 별정직공무원(고위공무원단에 속하는 일반직공무원 또는 별정직공무원을 포함한다)으로서 청소년육성업무에 3년 이상 종사한 사람(이외의 공무원 중 청소년육성업무에 종사한 사람의 경우에는 5년 이상)

62 청소년활동 진흥법령상 청소년수련시설 건립심의위원회에 관한 내용이다. ( )에 들어갈 내용으로 옳은 것은?

> 심의위원회의 위원은 5명 이상 10명 이하로 구성하며, 위원 중 청소년 및 청소년 전문가의 참여 비율은 각각 ( ) 이상으로 한다.

① 5분의 1
② 6분의 1
③ 7분의 1
④ 8분의 1
⑤ 10분의 1

> **수련시설 건립심의위원회(청소년활동 진흥법 시행령 제15조)**
> - 국가 및 지방자치단체는 법 제28조 제2항에 따라 심의 과정에 청소년 관련 전문가 및 청소년이 참여할 수 있도록 하기 위하여 소관 수련시설 건립 시 수련시설건립심의위원회를 구성하여 운영하여야 한다.
> - 심의위원회의 위원은 5명 이상 10명 이하로 구성하며, 위원 중 청소년 및 청소년 전문가의 참여 비율은 각각 5분의 1 이상으로 한다.

63 청소년수련활동인증제의 인증기준 중에서 공통기준 영역에 포함되지 않는 것은?

① 프로그램 구성
② 지도자 전문성 확보 계획
③ 안전관리 계획
④ 학교단체 숙박형 활동 관리
⑤ 공간과 설비의 확보 및 관리

> ④ 학교단체 숙박형 활동 관리는 특별기준 영역에 해당한다.

정답 61 ⑤ 62 ① 63 ④

64 청소년수련활동인증제에서 구분하고 있는 활동유형 중 다음이 설명하고 있는 것을 옳게 나열한 것은?

> ㄱ. 활동내용에 따라 선정된 활동장소로 이동하여 숙박하며 이루어지는 활동
> ㄴ. 전체 프로그램의 운영시간이 2시간 이상으로서, 시행한 날에 끝나거나 또는 2일 이상의 각 회기로 구성되어 있으며, 숙박 없이 수일에 걸쳐 이루어지는 활동

① ㄱ : 이동형, ㄴ : 기본형
② ㄱ : 숙박형, ㄴ : 기본형
③ ㄱ : 이동형, ㄴ : 학교단체 숙박형
④ ㄱ : 숙박형, ㄴ : 학교단체 숙박형
⑤ ㄱ : 이동형, ㄴ : 청소년단체 숙박형

활동유형(인증대상)	
기본형	전체 프로그램 운영시간이 2시간 이상으로서, 실시한 날에 끝나거나 또는 2일 이상의 각 회기로 구성되어 있으며 숙박 없이 수일에 걸쳐 이루어지는 활동
숙박형	숙박에 적합한 장소에서 일정 기간 숙박하며 이루어지는 활동
이동형	활동 내용에 따라 선정된 활동장을 이동하여 숙박하며 이루어지는 활동
학교단체숙박형	학교장이 참가를 승인한 숙박형 활동 ※ 개별단위프로그램 : 학교단체 숙박형 활동을 구성하는 각각의 프로그램

65 청소년활동 진흥법상 ( )에 들어갈 내용으로 옳은 것은?

> 특별자치시장 · 특별자치도지사 · 시장 · 군수 · 구청장은 청소년활동 진흥법 제9조의2 제1항에 따른 숙박형 등 청소년수련활동의 계획을 신고받은 날부터 ( )일 이내에 신고수리 여부를 신고인에게 통지하여야 한다.

① 14
② 15
③ 18
④ 20
⑤ 25

특별자치시장 · 특별자치도지사 · 시장 · 군수 · 구청장은 청소년활동 진흥법 제9조의2 제1항에 따른 숙박형 등 청소년수련활동의 계획을 신고받은 날부터 14일 이내에 신고수리 여부를 신고인에게 통지하여야 한다(청소년활동 진흥법 제9조의2 제2항).

66 청소년활동 진흥법상 청소년문화활동의 지원에 해당하지 않는 것은?

① 전통문화의 계승
② 청소년축제의 발굴지원
③ 청소년동아리활동의 활성화
④ 청소년의 자원봉사활동의 활성화
⑤ 교포청소년 교류활동 지원

> ⑤ 교포청소년 교류활동 지원은 청소년교류활동의 지원에 해당한다.
> **청소년문화활동의 지원**
> - 청소년문화활동의 진흥(청소년활동 진흥법 제60조)
> - 청소년문화활동의 기반 구축(동법 제61조)
> - 전통문화의 계승(동법 제62조)
> - 청소년축제의 발굴지원(동법 제63조)
> - 청소년동아리활동의 활성화(동법 제64조)
> - 청소년의 자원봉사활동의 활성화(동법 제65조)

67 청소년활동 진흥법령상 청소년운영위원회에 관한 내용으로 옳지 않은 것은?

① 위원의 임기는 1년으로 한다.
② 위원장은 필요시 회의를 소집하며, 그 의장이 된다.
③ 청소년운영위원회의 구성·운영 등에 필요한 사항은 대통령령으로 정한다.
④ 청소년운영위원회는 10명 이상 25명 이하의 청소년으로 구성하여야 한다.
⑤ 위원장은 운영위원회를 대표하고, 운영위원회의 직무를 총괄한다.

> ④ 청소년운영위원회는 10명 이상 20명 이하의 청소년으로 구성하여야 한다(청소년활동 진흥법 시행령 제3조 제1항).

68 청소년 방과 후 활동 지원의 근거가 되는 법은?

① 청소년활동 진흥법
② 청소년 기본법
③ 청소년복지 지원법
④ 청소년 보호법
⑤ 소년법

> **청소년 방과 후 활동의 지원(청소년 기본법 제48조의2)**
> 국가 및 지방자치단체는 학교의 정규교육으로 보호할 수 없는 시간 동안 청소년의 전인적(全人的) 성장·발달을 지원하기 위하여 다양한 교육 및 활동 프로그램 등을 제공하는 종합적인 지원 방안을 마련하여야 한다.

69 청소년활동 진흥법령상 청소년수련시설 설치·운영자가 수련시설 이용자에게 실시하여야 하는 안전교육을 모두 고른 것은?

> ㄱ. 수련시설 이용 시 유의사항 및 비상시 행동요령에 관한 사항
> ㄴ. 청소년수련활동 유형별 안전사고 예방에 관한 사항
> ㄷ. 성폭력·성희롱 예방 및 대처요령에 관한 사항

① ㄱ
② ㄱ, ㄴ
③ ㄱ, ㄷ
④ ㄴ, ㄷ
⑤ ㄱ, ㄴ, ㄷ

> **안전교육(청소년활동 진흥법 시행규칙 제8조의3)**
> 수련시설 설치·운영자 또는 위탁운영단체는 수련시설의 이용자 및 청소년수련활동에 참여하는 청소년에게 다음의 안전교육을 실시하여야 한다.
> • 수련시설 이용 시 유의사항 및 비상시 행동요령에 관한 사항
> • 청소년수련활동 유형별 안전사고 예방에 관한 사항
> • 성폭력·성희롱 예방 및 대처요령에 관한 사항
> • 그 밖의 해당 수련시설의 이용 및 청소년수련활동에 필요한 안전에 관한 사항

70 청소년활동 진흥법상 인증심사원의 자격 및 선발에 관한 내용이다. (   )에 들어갈 내용으로 옳은 것은?

> 인증심사원이 되려는 사람은 인증기준, 인증절차 등 인증심사와 관련된 내용을 중심으로 인증위원회가 실시하는 직무연수를 (   )시간 이상 받아야 한다.

① 10
② 20
③ 25
④ 30
⑤ 40

> 인증심사원이 되려는 사람은 인증기준, 인증절차 등 인증심사와 관련된 내용을 중심으로 인증위원회가 실시하는 직무연수를 40시간 이상 받아야 한다(청소년활동 진흥법 시행규칙 제15조 제3항).

71 청소년활동 진흥법령상 수련시설의 종합평가에 관한 내용으로 옳지 않은 것은?

① 여성가족부장관은 수련시설에 대한 종합평가를 3년마다 1회 이상 실시하여야 한다.
② 국가 및 지방자치단체는 종합평가의 결과 우수한 수련시설에 대하여 포상을 실시할 수 있다.
③ 여성가족부장관은 종합평가 결과를 여성가족부 홈페이지 또는 여성가족부 장관이 지정하는 인터넷 홈페이지에 공개하여야 한다.
④ 여성가족부장관은 종합평가 결과에 따라 수련시설 운영대표자에게 미흡사항에 대한 개선이나 그 밖의 필요한 조치를 하도록 요구할 수 있다.
⑤ 종합평가는 필요한 경우 현장평가를 할 수 있다.

> ① 여성가족부장관은 수련시설에 대한 종합평가를 2년마다 1회 이상 실시하여야 한다(청소년활동 진흥법 시행규칙 제9조의2 제1항).
> ② 동법 제19조의2 제4항
> ③ 동법 시행규칙 제9조의2 제3항
> ④ 동법 제19조의2 제5항
> ⑤ 동법 시행규칙 제9조의2 제2항

72 국제청소년성취포상제에서 합숙활동의 최소 활동기준에 관한 설명이다. ( )에 들어갈 내용으로 옳은 것은?

> 국제청소년성취포상제에서 금장의 경우 합숙활동에서는 최소 ( )의 합숙활동을 충족시켜야 한다.

① 1박 2일
② 2박 3일
③ 3박 4일
④ 4박 5일
⑤ 5박 6일

④ 금장 단계에서는 4박 5일의 합숙활동을 해야 한다.

73 청소년자기도전포상제의 운영기준에 관한 설명으로 옳지 않은 것은?

① 초등학교 1학년~중학교 3학년이면 누구나 참여할 수 있다.
② 자기개발활동은 주 1회 최소 50분 이상의 활동을 원칙으로 한다.
③ 참여 청소년은 5가지 활동영역 중 4가지 활동을 선택하여 각 영역에서 요구되는 포상단계별 최소 활동 기간을 충족해야 한다.
④ 탐험활동은 사전 기본교육이 필수로 진행되어야 한다.
⑤ 포상활동은 봉사, 자기개발, 신체단련, 탐험, 진로개발 등 5가지 활동영역으로 구성되어 있다.

② 자기개발활동, 신체단련활동, 봉사활동은 1주에 각 1회 40분 이상을 원칙으로 한다.

74 청소년방과후아카데미의 운영유형 중에서 일반형에 해당하지 않는 것은?

① 기본형
② 장애형
③ 주말형
④ 다문화형
⑤ 농산어촌형

청소년방과후아카데미 운영유형 및 인원

운영유형		1개반	2개반	3개반
일반형	기본형	30명	40명	60명
	농산어촌형	30명	40명	60명
	장애형	–	15~20명	25~30명
	다문화형	–	30명	45명
	탄력운영형	15명	–	–
주말형		30명	–	–

75 청소년활동 진흥법상 지방청소년활동진흥센터에서 수행하는 사업이 아닌 것은?

① 지역 청소년활동의 요구에 관한 조사
② 지역 청소년 자원봉사활동의 활성화
③ 청소년수련활동 인증위원회의 설치 및 운영
④ 청소년활동 프로그램의 개발과 보급
⑤ 청소년활동에 대한 교육과 홍보

지방청소년활동진흥센터 수행 사업(청소년활동 진흥법 제7조 제2항)
- 지역 청소년활동의 요구에 관한 조사
- 지역 청소년 자원봉사활동의 활성화
- 청소년수련활동 인증제도의 지원
- 인증받은 청소년수련활동의 홍보와 지원
- 청소년활동 프로그램의 개발과 보급
- 청소년활동에 대한 교육과 홍보
- 숙박형 등 청소년수련활동 계획의 신고에 대한 지원
- 숙박형 등 청소년수련활동 관련 정보공개에 대한 지원
- 그 밖에 청소년활동을 위하여 필요한 사업

정답 72 ④ 73 ② 74 ③ 75 ③

참고문헌

- 청소년지도연구소 : 청소년지도사 2·3급, 시대고시기획, 2012
- 임은미·강지현 외 : 인간발달과 상담, 학지사, 2013
- 김진이·최미선 외 : 청소년상담사, 시대고시기획, 2008
- 김태련 : 발달심리학, 학지사, 2005
- 1급 사회복지사시험연구회 : 인간행동과 사회환경, 나눔의집, 2009
- 장휘숙 : 전생애발달심리학, 박영사, 2009
- 정옥분 : 발달심리학, 학지사, 2006
- 노용오 : 청소년심리, 구상, 2005
- 임영식 : 청소년심리의 이해, 학문사, 2000
- 김계현 : 카운슬링의 실제, 학지사, 1995
- 송명자 : 발달심리학, 학지사, 1995
- 이장호 : 상담심리학, 박영사, 1995
- 나동성 : 자살, 청소년문제론, 한국청소년연구원, 1992
- 이영숙 : 성문제, 청소년문제론, 한국청소년연구원, 1992
- 박아청 : 발달심리학, 평생발달의심리, 형설, 1989
- 이춘재 : 청년심리학, 중앙적성출판사, 1988
- 김태련·장휘숙 : 발달심리학, 박영사, 1987
- 이재창 : 청소년의 행동성향에 관한 연구, 대한교육연합회, 1986
- 정성란·고기홍 외 : 집단상담, 학지사, 2013
- 김헌수·장선철 : 집단상담이론과 실제, 태영출판사, 2006
- 이장호·김정희 : 집단상담의 원리와 실제, 법문사, 1999
- 이형득 외 : 집단상담, 중앙적성출판사, 2007
- 박영숙 외 : 최신심리평가, 하나의학사, 2010
- 김영종 : 사회복지조사론 이해와 활용, 학지사, 2008
- 김정희 : 심리검사와 상담, 한국발달상담연구소, 2000
- 박영숙 : 심리평가의 실제, 하나의학사, 1998
- 오완섭 : 오완섭 사회복지학(개론), 서울고시각, 2009
- 이봉건 : 이상심리학, 시그마프레스(주), 2005
- 임인재·김신영 외 : 심리측정의 원리, 학연사, 2006
- 이윤로 : 사회복지조사론, 와이드프로, 2008
- 양명숙·김동일 외 : 상담이론과 실제, 학지사, 2013
- 김충기·강봉규 : 현대상담이론과 실제, 교육과학사, 2006
- 심윤무 : 심윤무 Beautiful 테마 사회복지학(개론), 글사랑출판사, 2009
- 오완섭 : 오완섭 사회복지학(개론), 서울고시각, 2009
- 이장호·정남운 외 : 상담심리학의 기초, 학지사, 2006
- 이현림 : 상담이론과 실제, 원미사, 2000
- 이형득 : 상담이론, 교육과학사, 1992
- 이형득 : 상담의 이론적 접근, 형설, 1984
- 강갑원 : 알기 쉬운 상담이론과 실제, 교육과학사, 2004
- 김충기 : 교육심리학, 동문사, 2002
- 이장호 : 상담심리학입문, 박문사, 1996
- 민영순 : 교육심리학, 문음사, 1994
- 홍경자 : 성장을 위한 생활지도, 탐구당, 1986

참고문헌

- 정원식 · 박성수 : 카운슬링의 원리, 교학도서, 1978
- 이윤로 : 인간행동과 사회환경, 와이드프로, 2008
- 김정진 : 사회복지실천기술론, 와이드프로, 2008
- 오완섭 : 오완섭 사회복지학(개론), 서울고시각, 2008
- 1급 사회복지사시험연구회 : 사회복지실천론, 나눔의 집, 2008
- 김영채 : 학습심리학, 전영사, 2007
- 변영계 : 교수학습이론의 이해, 학지사, 2005
- 전성연 · 김수동 : 교수학습이론, 학지사, 1998
- 김아영 외 : 교육심리학, 박학사, 2007
- 권낙원 : 교수학습이론의 이해, 문음사, 2006
- 백영균 외 : 교육방법 및 교육공학, 학지사, 2003
- 김충기 : 교육심리학, 동문사, 2002
- 김진호 외 : 교육방법의 기초, 문음사, 2001
- 전성연 : 교수학습의 이론적 탐색, 원미사, 2001
- 윤운성 : 교육의 심리적 이해, 양서원, 2001
- 최충욱 외 : 청소년교육론, 양서원, 1998
- 김창남 : 대중문화의 이해, 한울아카데미, 1998
- 또 하나의 문화 편집부 : 새로 쓰는 청소년 이야기, 또 하나의 문화, 1997
- 한국청소년개발원 : 청소년문화론, 한국청소년개발원, 1993
- 조한혜정 : 학교를 거부하는 아이, 아이를 거부하는 사회, 또 하나의 문화, 1996
- 김진화 외 : 청소년문제행동론, 학지사, 2003
- 홍봉선 · 남미애 : 청소년복지론, 공동체, 2007
- 이소희 외 : 청소년복지론, 나남출판, 2005
- 한국청소년학회 : 청소년학총론, 양서원, 2004
- 한국청소년개발원 : 청소년심리학, 교육과학사, 2004
- 청소년위원회 : 청소년상담백서, 한국청소년상담원, 2005
- 오윤선 : 청소년 이해와 상담, 예영 B&P, 2006
- 권이종 : 청소년이해론, 교육과학사, 2006
- 김계현 : 상담심리학, 학지사, 1997
- 박성희 : 얼굴표정과 정서, 청주교육대학교, 1997
- 김계현 : 카운슬링의 실제, 학지사, 1995
- 양미경 : 질문의 교육적 의의와 그 연구과제, 서울대학교대학원 박사학위논문, 1992
- 박재황 : 비행청소년과 정상청소년의 비합리적 신념의 차이, 서울대학교 석사학위논문, 1982
- 한국청소년개발원 : 청소년수련활동, 교육과학사, 2006
- 김형준 : 청소년상담사 3급 강의자료, 고려사회복지교육원, 2009
- 권일남 외 : 청소년활동지도론, 학지사, 2008
- 노용오 : 청소년수련활동, 구상, 2005
- 노 혁 : 청소년복지론, 대학출판사, 2002
- 오치선 외 : 청소년지도학, 학지사, 2001
- 이광호 외 : 청소년수련활동 운영체계 개발, 한국청소년개발원, 1997
- 김성수 외 : 청소년수련활동 지도론, 서울대학교출판부, 1994
- 조용하 외 : 청소년활동론, 한국청소년개발원, 1993

우리 인생의 가장 큰 영광은
결코 넘어지지 않는 데 있는 것이 아니라
넘어질 때마다 일어서는 데 있다

– 넬슨 만델라

좋은 책을 만드는 길, 독자님과 함께 하겠습니다.

2025 시대에듀 청소년 상담사 3급 한권으로 끝내기

개정18판2쇄 발행	2025년 02월 10일 (인쇄 2025년 07월 24일)
초 판 발 행	2006년 01월 05일 (인쇄 2005년 12월 16일)
발 행 인	박영일
책 임 편 집	이해욱
저　　　자	시대청소년상담사 수험연구소
편 집 진 행	박종옥 · 오지민
표지디자인	김지수
편집디자인	김휘주 · 조성아
발 행 처	(주)시대고시기획
출 판 등 록	제10-1521호
주　　　소	서울시 마포구 큰우물로 75 [도화동 538 성지 B/D] 9F
전　　　화	1600-3600
팩　　　스	02-701-8823
홈 페 이 지	www.sdedu.co.kr
I S B N	979-11-383-8404-9 (13330)
정　　　가	44,000원

※ 이 책은 저작권법의 보호를 받는 저작물이므로 동영상 제작 및 무단전재와 배포를 금합니다.
※ 잘못된 책은 구입하신 서점에서 바꾸어 드립니다.

기출문제 완전 정복은
기출이 답이다
청소년상담사 3급

5개년(2020~2024년) 기출문제로 최신 출제유형 완벽 숙지!

상세하고 친절한 해설로 빈틈없는 학습 가능!

※ 도서의 이미지와 구성은 변경될 수 있습니다.

실전 대비 모의고사는

최종모의고사
청소년상담사 3급

실전 유형 최종모의고사 5회로 필기시험 완벽 대비!

최신기출 키워드 소책자로 휴대하며 복습 가능!

※ 도서의 이미지와 구성은 변경될 수 있습니다.

초단기 합격은 Win-Q 단기합격 청소년상담사 3급

시험에 꼭 나오는 핵심이론 & 기출 기반 핵심예제로 효율적인 학습 가능!

최신기출 1회분 & 상세한 해설로 2024년 시험 완벽 대비!

※ 도서의 이미지와 구성은 변경될 수 있습니다.

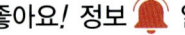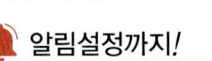